中国社会科学院马克思主义理论学科建设与理论研究工程资助项目

马克思思想年编

（书信卷）

姜　辉　主　编

辛向阳　苑秀丽　副主编

中国社会科学出版社

图书在版编目(CIP)数据

马克思思想年编.书信卷/姜辉主编.—北京:中国社会科学出版社,2021.10
ISBN 978-7-5203-9329-4

Ⅰ.①马… Ⅱ.①姜… Ⅲ.①马克思主义—文集②马克思著作—书信集
Ⅳ.①A81-53②A13

中国版本图书馆 CIP 数据核字(2021)第 234730 号

出 版 人 赵剑英
责任编辑 田 文 刘 洋 程春雨
责任校对 张爱华
责任印制 王 超

出 版 中国社会科学出版社
社 址 北京鼓楼西大街甲 158 号
邮 编 100720
网 址 http://www.csspw.cn
发 行 部 010-84083685
门 市 部 010-84029450
经 销 新华书店及其他书店

印 刷 北京君升印刷有限公司
装 订 廊坊市广阳区广增装订厂
版 次 2021 年 10 月第 1 版
印 次 2021 年 10 月第 1 次印刷

开 本 787×1092 1/16
印 张 56.25
字 数 1167 千字
定 价 358.00 元

摘编说明

《马克思思想年编》（书信卷）从《马克思恩格斯全集》中文第一版中，摘录马克思自 1837 年至 1883 年的主要书信，摘录其中展现马克思主要思想理论和观点的内容编撰而成。本卷摘录《马克思恩格斯全集》第 27—35 卷、第 40 卷、第 50 卷中的书信。本年编以写作时间排序，并附有评论。在个别情况下，为了保持文献的有机联系，表达内容的完整性，作了变通处理。本年编既是学习马克思主义经典著作的新成果，又是推进马克思主义中国化时代化大众化的新尝试。

《马克思思想年编》（书信卷）约 117 万字。整个摘编工作力图贯彻准确、客观、具有参考价值等要求，体现如下摘编原则：

一、思想和文本相统一，择取重点。本年编摘录马克思书信中的主要思想理论和观点，通过丰富的内容全面系统地反映马克思书信中的思想理论，展现马克思思想的形成与发展，为广大读者全面学习、科学理解马克思的思想提供参考。本年编力求在有限的篇幅里呈现经典，做到科学可靠、客观准确。

二、写作时间为序，展现思想历程。马克思的书信卷帙浩繁，本年编以书信的写作时间编排，力求做到对书信的原原本本的呈现，按照写作时间把马克思在书信中展现的思想发展历程展现在读者面前，便于读者学习和研读。

三、摘录和评论并行，深化思想理解。本年编每封书信包括摘录和评论两个部分，摘录部分选取书信中的重要论述、经典表达，以主要思想理论和观点为主，评论部分从每篇文献的写作背景、主要内容、理论贡献等多个角度对书信进行介绍和解读。摘录和评论两大部分体现的宗旨，一是客观呈现马克思思想的形成、发展、完善、成熟的过程；二是帮助读者系统学习、深刻理解马克思的思想与理论。这样的编撰目的与努力，也是一次尝试。

《马克思思想年编》（书信卷）力求为广大读者深入、全面、系统地学习和研究马克思的书信和思想提供帮助。本书的出版，对于全面反映马克思书信的内容，系统展现马克思的思想形成和发展历程具有重要价值；对于进一步深入学习马克思的理论，更好地用马克思主义武装全党，具有重要意义。

中国社会科学院马克思主义研究院

二〇二〇年十月

学习掌握马克思主义基本原理和立场观点方法 不断创新发展中国化马克思主义

——《马克思思想年编》总序

姜　辉

2021 年，中国共产党迎来了百年华诞。一百年来，中国共产党团结带领中国人民，以"为有牺牲多壮志，敢教日月换新天"的大无畏气概，书写了中华民族几千年历史上最恢宏的史诗。这一百年来开辟的伟大道路、创造的伟大事业、取得的伟大成就，必将载入中华民族发展史册、人类文明发展史册！中国共产党能够带领中国人民创造世所罕见的经济快速发展奇迹和社会长期稳定奇迹，中华民族迎来了从站起来、富起来到强起来的伟大飞跃，一个很重要的原因就在于中国共产党有着马克思主义科学理论的指导。习近平总书记在庆祝中国共产党成立 100 周年大会上的讲话中明确指出："马克思主义是我们立党立国的根本指导思想，是我们党的灵魂和旗帜。中国共产党坚持马克思主义基本原理，坚持实事求是，从中国实际出发，洞察时代大势，把握历史主动，进行艰辛探索，不断推进马克思主义中国化时代化，指导中国人民不断推进伟大社会革命。中国共产党为什么能，中国特色社会主义为什么好，归根到底是因为马克思主义行！"[①]

马克思主义行，是因为它是科学的理论、人民的理论、实践的理论、不断发展的开放的理论、创新的理论，它为人类指明了从必然王国向自由王国飞跃的途径，为劳动人民指明了实现解放和建设美好生活的道路。自从马克思主义产生以后，这一理论就"犹如壮丽的日出，照亮了人类探索历史规律和寻求自身解放的道路"[②]。

[①] 习近平：《在庆祝中国共产党成立 100 周年大会上的讲话》，人民出版社 2021 年版，第 12—13 页。

[②] 习近平：《在纪念马克思诞辰 200 周年大会上的讲话》，人民出版社 2018 年版，第 6 页。

一、学习掌握马克思主义是科学的理论，坚定共产主义远大理想和中国特色社会主义共同理想

马克思主义是由马克思和恩格斯共同创立的科学世界观和方法论，是关于无产阶级和人类解放的学说。19世纪40年代，马克思和恩格斯通过批判地吸收和改造德国古典哲学，形成了辩证唯物主义世界观，在此基础上考察了人类社会发展的历史，创立了唯物史观，发现了人类社会发展的一般规律。19世纪五六十年代，马克思通过批判吸收英国古典政治经济学，创立了科学的劳动价值论，并在此基础上深入研究资本主义生产方式，创立了剩余价值理论，从而发现了资本主义社会的特殊运动规律。唯物史观和剩余价值理论为社会主义和共产主义学说提供了坚实的理论基础，从而使社会主义从空想变为科学。

马克思和恩格斯科学阐明社会主义和共产主义取代资本主义的历史必然性，科学揭示了人类社会最终走向共产主义的必然趋势。他们认为，社会生产力的不断发展必然要求突破资本主义私有制的狭隘局限，在生产资料由社会共同占有的基础上，以满足全体社会成员的需要为目标，有计划地组织社会生产，而无产阶级反对资产阶级的斗争和革命，是实现资本主义向社会主义和共产主义转变的现实途径。他们提出，随着个人的自由而全面的发展，社会生产力不断增长起来，集体财富的一切源泉都充分涌流之后，"社会才能在自己的旗帜上写上：各尽所能，按需分配！"[1]未来的共产主义社会，"将是这样一个联合体，在那里，每个人的自由发展是一切人的自由发展的条件"[2]。他们坚信，只要"人民成为自己的主人、社会的主人、人类社会发展的主人，共产主义理想就一定能够在不断改变现存状况的现实运动中一步一步实现"[3]。

马克思主义为中国革命、建设、改革提供了强大思想武器，使中国这个古老的东方大国创造了人类历史上前所未有的发展奇迹。一百年来，正是马克思主义奠定了中国共产党人坚定理想信念的理论基础，指引中国成功走上了建设中国特色社会主义、全面建设社会主义现代化强国的康庄大道。今天，我们学习掌握马克思主义是科学的理论，就要坚持辩证唯物主义和历史唯物主义世界观和方法论，深刻认识共产主义的实现是一个一个阶段性目标逐步实现的历史过程，深刻认识"中国共产党人追求的共产主义最高理想，只有在社会主义社会充分发展和高度发达的基础上才能实现"[4]，从而把共产主义远大理想同中国特色社会主义共同理想统一起来、同我们正在做的事情统一起来，坚定中国特色社会主义道路自信、理论自信、制度自信、文化自信，坚守共产党人的理想信念，为共产主义奋斗终身。

---

[1]　《马克思恩格斯文集》第3卷，人民出版社2009年版，第436页。
[2]　《马克思恩格斯文集》第2卷，人民出版社2009年版，第53页。
[3]　习近平：《在纪念马克思诞辰200周年大会上的讲话》，人民出版社2018年版，第16页。
[4]　《中国共产党章程》，人民出版社2017年版，第1页。

二、学习掌握马克思主义是人民的理论，依靠人民群众创造历史伟业

马克思主义行，源于它坚持人民立场，指明了依靠人民推动历史前进的人间正道。在马克思主义诞生之前，社会上占统治地位的理论都是为统治阶级服务的。马克思运用唯物史观科学分析了现代社会的生产方式和社会结构，一针见血地指出，现代社会的资产阶级同样像奴隶主、封建主一样占有他人的无酬劳动，不同的地方只是在于占有的方式不同罢了。现代资产阶级社会"也是人数不多并且仍在不断缩减的少数人剥削绝大多数人的庞大机构"[①]。因此，在为推翻资产阶级统治而进行的无产阶级运动中，马克思始终强调："过去的一切运动都是少数人的，或者为少数人谋利益的运动。无产阶级的运动是绝大多数人的，为绝大多数人谋利益的独立的运动。"[②] 而领导这种运动的共产党同无产阶级的关系，马克思认为："共产党人不是同其他工人政党相对立的特殊政党。他们没有任何同整个无产阶级的利益不同的利益"，"在无产阶级和资产阶级的斗争所经历的各个发展阶段上，共产党人始终代表整个运动的利益"[③]。因此，共产党领导的无产阶级和无产阶级运动，必然要代表全体人民的利益，为全人类谋解放。马克思主义正是站在人民的立场上，第一次创立了人民实现自身解放的思想体系。马克思主义"归根到底就是一句话，为人类求解放"[④]。

让人民获得解放是马克思毕生的追求，也是中国共产党人矢志奋斗的目标。一百年来，中国共产党始终牢记"江山就是人民、人民就是江山，打江山、守江山，守的是人民的心"[⑤]。在革命时期，中国共产党为了实现民族独立、人民解放，浴血奋战、百折不挠，终于推翻了帝国主义、封建主义、官僚资本主义三座大山，建立了人民当家作主的中华人民共和国，创造了新民主主义革命的伟大成就。在建设时期，中国共产党为了实现一穷二白、人口众多的东方大国大步迈进社会主义社会的伟大飞跃，自力更生、发愤图强，终于消灭了在中国延续几千年的封建剥削压迫制度，确立了社会主义基本制度，实现了中华民族有史以来最为广泛而深刻的社会变革，创造了社会主义革命和建设的伟大成就。在改革时期，中国共产党为了实现人民生活从温饱不足到总体小康、奔向全面小康的历史性跨越，解放思想、锐意进取，终于全面建成小康社会，实现了从生产力相对落后的状况到经济总量跃居世界第二的历史性突破，创造了改革开放和社会主义现代化建设的伟大成就。在新时代，中国共产党为了实现中华民族伟大复兴提供更为完善的制度保证、更为坚实的物质基

---

① 《马克思恩格斯文集》第 3 卷，人民出版社 2009 年版，第 461 页。
② 《马克思恩格斯文集》第 2 卷，人民出版社 2009 年版，第 42 页。
③ 《马克思恩格斯文集》第 2 卷，人民出版社 2009 年版，第 44 页。
④ 习近平：《在纪念马克思诞辰 200 周年大会上的讲话》，人民出版社 2018 年版，第 8 页。
⑤ 习近平：《在庆祝中国共产党成立 100 周年大会上的讲话》，人民出版社 2021 年版，第 11 页。

础、更为主动的精神力量，自信自强、守正创新，终于实现了第一个百年奋斗目标，明确了实现第二个百年奋斗目标的战略安排，在统揽伟大斗争、伟大工程、伟大事业、伟大梦想的过程中，创造了新时代中国特色社会主义的伟大成就。一百年来的历史充分证明，中国共产党的百年奋斗史，就是"一部践行党的初心使命的历史，就是一部党与人民心连心、同呼吸、共命运的历史"①。一百年来，中国共产党始终坚守根基在人民、血脉在人民、力量在人民，始终代表最广大人民根本利益，与人民休戚与共、生死相依，从而始终赢得人民信任，得到人民支持，就能够克服任何困难，就能够无往而不胜。

今天，我们学习掌握马克思主义是人民的理论，就要始终把人民立场作为根本立场，把为人民谋幸福作为根本使命，深刻认识人民群众才是创造历史的主人，从而依靠人民推动历史前进。新的征程上，必须"坚持全心全意为人民服务的根本宗旨，贯彻群众路线，尊重人民主体地位和首创精神，始终保持同人民群众的血肉联系"②，"践行以人民为中心的发展思想"，"着力解决发展不平衡不充分问题和人民群众急难愁盼问题，推动人的全面发展、全体人民共同富裕取得更为明显的实质性进展"③，从而"凝聚起众志成城的磅礴力量，团结带领人民共同创造历史伟业"④。

三、学习掌握马克思主义是实践的理论，在时代和实践发展中推进马克思主义中国化时代化

"实践的观点、生活的观点是马克思主义认识论的基本观点。"⑤ 马克思主义不是书斋里的学问，它是为了改变无产阶级和人民群众历史命运而创立的，是在无产阶级和人民群众求解放的实践中形成的。自马克思主义诞生以来，就指导全世界无产阶级和劳动人民为争取自身解放和全人类解放而进行社会主义革命。无产阶级在革命斗争的实践中才从"自在"阶级变成"自为"阶级，无产阶级的革命运动才从"自发"运动变成"自觉"运动。1847 年共产主义者同盟的成立，标志着国际共产主义运动的兴起。1864 年国际工人协会即第一国际的建立，奠定了工人国际组织的基础。1869 年德国社会民主工党的建立，开启了无产阶级政党在民族国家发展的进程。1871 年巴黎公社革命，进行了人类历史上无产阶级建立政权的第一次伟大尝试。在每一次无产阶级的革命运动中，马克思和恩格斯都重视从革命运动的实践出发去分析形势，提出解决问题的斗争策略，并通过总结革命运动的经验教训，不断

---

① 习近平：《学党史悟思想办实事开新局 以优异成绩迎接建党一百周年》，《人民日报》2021 年 2 月 21 日第 1 版。
② 习近平：《在纪念马克思诞辰 200 周年大会上的讲话》，人民出版社 2018 年版，第 17 页。
③ 习近平：《在庆祝中国共产党成立 100 周年大会上的讲话》，人民出版社 2021 年版，第 12 页。
④ 习近平：《在纪念马克思诞辰 200 周年大会上的讲话》，人民出版社 2018 年版，第 17 页。
⑤ 习近平：《在纪念马克思诞辰 200 周年大会上的讲话》，人民出版社 2018 年版，第 9 页。

丰富和发展自己的理论。正如恩格斯 1895 年 3 月 11 日在给韦尔纳·桑巴特的信中所强调的："马克思的整个世界观不是教义，而是方法。它提供的不是现成的教条，而是进一步研究的出发点和供这种研究使用的方法。"① 而对马克思主义基本原理和方法的运用，"随时随地都要以当时的历史条件为转移"②。

　　一部马克思主义发展史就是马克思和恩格斯以及他们的后继者们不断根据时代、实践、认识发展而发展的历史，是不断吸收人类历史上一切优秀思想文化成果丰富自己的历史。一部中国共产党的历史，是一代代中国共产党人不断根据时代、实践、认识发展而发展的历史，是一部把马克思主义基本原理同中国具体实际相结合、同中华优秀传统文化相结合的历史。一百年来，中国共产党人坚持把马克思主义基本原理同中国具体实际相结合，准确把握时代发展脉络，牢牢抓住时代主题，团结带领广大人民努力探索符合本国国情的社会主义革命、建设和改革道路，在马克思主义中国化的历史进程中，使中国革命、建设和改革事业都取得了举世瞩目的伟大成就。同时，灿烂辉煌的中华优秀传统文化是中华民族的精神命脉，潜移默化地影响着中国人的思想方式和行为方式，为中华民族自强不息、坚韧求真、发展壮大提供了丰厚的精神滋养，也为马克思主义在中国生根、开花、结果提供了肥沃的土壤。习近平总书记指出："马克思主义传入中国后，科学社会主义的主张受到中国人民热烈欢迎，并最终扎根中国大地、开花结果，决不是偶然的，而是同我国传承了几千年的优秀历史文化和广大人民日用而不觉的价值观念融通的。"③ 正是中国共产党实现了马克思主义与中华优秀传统文化的结合与融合，马克思主义的中国化才真正成为现实。

　　马克思主义在指导无产阶级和人民群众的社会实践中，成为指导人们认识世界、把握规律、追求真理、改造世界的强大思想武器。今天，我们学习掌握马克思主义，就要坚持把马克思主义基本原理同中国具体实际相结合，坚持理论联系实际、实事求是，坚持"从中国实际出发，洞察时代大势，把握历史主动，进行艰辛探索，不断推进马克思主义中国化时代化"④。同时，坚持从中华优秀传统文化的精神宝库中汲取营养，并不断吸收人类历史上一切优秀思想文化成果丰富自己，从而能够指引人民改造世界的行动，指导中国人民不断推进伟大社会革命。

四、学习掌握马克思主义是不断发展的开放的理论，不断回答时代发展提出的新课题，解决人类社会面临的新问题

　　马克思主义不是封闭的、一成不变的教条，而是开放的、不断发展的理论。对

---

① 《马克思恩格斯文集》第 10 卷，人民出版社 2009 年版，第 691 页。
② 《马克思恩格斯文集》第 2 卷，人民出版社 2009 年版，第 5 页。
③ 《习近平谈治国理政》第 3 卷，外文出版社 2020 年版，第 120 页。
④ 习近平：《在庆祝中国共产党成立 100 周年大会上的讲话》，人民出版社 2021 年版，第 12—13 页。

马克思主义而言，不变的是它的唯物主义世界观、辩证分析方法以及共产主义奋斗目标，发展的则是它的具体结论和具体策略。真正的马克思主义者，不会固守马克思主义的个别观点或个别结论，而是运用马克思主义基本原理和方法客观分析具体情况，得出合乎实际的结论和行动策略。这正是马克思主义至今仍然能够为我们认识世界和改造世界提供科学理论指导的根本原因所在。1887 年 1 月 27 日，恩格斯在致弗洛伦斯·凯利－威士涅威茨基夫人的信中明确指出："我们的理论是发展着的理论，而不是必须背得烂熟并机械地加以重复的教条。"① 1895 年 3 月，德国社会民主党中央机关报《前进报》发表了一篇社论，未经恩格斯同意就从他为马克思《1848 年至 1850 年的法兰西阶级斗争》一书所写的导言中断章取义地摘引了几处，把恩格斯针对德国当时的情况提出的反对使用暴力的策略说成是恩格斯的一般主张。针对这一错误，恩格斯 4 月 3 日在给保尔·拉法格的信中作了澄清。他强调指出："但我谈的这个策略仅仅是针对今天的德国，而且还有重要的附带条件。对法国、比利时、意大利、奥地利来说，这个策略就不能整个采用。就是对德国，明天它也可能就不适用了。"② 因此，马克思和恩格斯以及他们的后继者们坚持不断地根据时代、实践发展而发展马克思主义，从而使马克思主义"能够永葆其美妙之青春，不断探索时代发展提出的新课题、回应人类社会面临的新挑战"③。

社会主义从来都是在奋勇开拓中前进的，必定随着形势和条件的变化而不断向前发展。一百年来，中国共产党始终坚持把握时代特点、直面时代课题。在革命时期，面对改变旧中国半殖民地半封建社会积贫积弱、一盘散沙的局面，推翻三座大山，争取民族独立、人民解放和实现国家富强、人民幸福就成为中国人民的历史任务。中国共产党在坚持马克思主义的同时发展马克思主义，提出了新民主主义革命理论，回答了关于中国革命道路和任务的历史课题，这种关于中国革命和建设的正确理论原则和经验总结，是马克思列宁主义在中国的运用和发展。在建设时期，为了消灭在中国延续几千年的封建剥削压迫制度，确立社会主义基本制度，推进社会主义建设，中国共产党运用马克思主义基本原理进行社会主义革命，独创性地实现了农业、手工业和资本主义工商业的社会主义改造，丰富和发展了马克思列宁主义的科学社会主义理论。并在吸收借鉴苏联社会主义建设的经验教训基础上，开始探索适合中国国情的社会主义建设道路。在改革时期，面对社会主义建设和改革的艰巨任务，中国共产党明确提出走自己的路、建设中国特色社会主义，科学回答了什么是社会主义、怎样建设社会主义，建设什么样的党、怎样建设党，实现什么样的发展、怎样发展等重大问题，成功开创了中国特色社会主义，形成了中国特色社会

---

① 《马克思恩格斯文集》第 10 卷，人民出版社 2009 年版，第 562 页。
② 《马克思恩格斯文集》第 10 卷，人民出版社 2009 年版，第 700 页。
③ 习近平：《在纪念马克思诞辰 200 周年大会上的讲话》，人民出版社 2018 年版，第 9—10 页。

主义道路、中国特色社会主义理论体系、中国特色社会主义制度。在新时代，为了实现中华民族从站起来、富起来到强起来的伟大飞跃，中国共产党坚持和完善中国特色社会主义制度、推进国家治理体系和治理能力现代化，坚持依规治党、形成比较完善的党内法规体系，为实现中华民族伟大复兴提供了更为完善的制度保证、物质基础和精神力量。历史和实践证明，中国化的马克思主义正是在体现时代性、把握规律性、富于创造性中不断展现蓬勃的生机活力。

当今世界正处于百年未有之大变局。新一轮科技革命极大地推动了社会生产力的发展，各国的综合实力、经济和社会结构发生重大变化，国际经济、科技、文化、安全、政治等格局都在发生深刻调整。世界多极化、经济全球化、社会信息化、文化多样化深入发展，全球治理体系和国际秩序变革加速推进。同时，世界面临的经济增长乏力，贸易保护主义、孤立主义、民粹主义、恐怖主义、贫富分化、网络安全、气候变化等不稳定性不确定性因素仍然突出。今天，我们学习掌握马克思主义是不断发展的开放的理论，就是要在坚持马克思主义的同时发展马克思主义，在坚持中国特色社会主义的同时发展中国特色社会主义，不断推动物质文明、政治文明、精神文明、社会文明、生态文明协调发展，不断探索时代发展提出的新课题、回应人类社会面临的新挑战，从而能够创造中国式现代化新道路，创造人类文明新形态。

五、学习掌握马克思主义是创新的理论，不断开辟当代中国马克思主义发展新境界

马克思主义历来注重创新，勇于根据时代条件和实践要求的变化进行理论创新和理论创造。马克思主义本身，就是理论创新和理论创造的典范。马克思正是对所处的时代和世界的深入考察，对人类社会发展规律的深刻把握，创新提出了"那些被资产阶级狭隘性所限制或被资产阶级偏见束缚住的人所不能得出的结论"①。可以说，"马克思的思想理论源于那个时代又超越了那个时代，既是那个时代精神的精华又是整个人类精神的精华"②。即便如此，马克思和恩格斯在创立马克思主义之后，也没有停止理论创新和理论创造的步伐。在1848年《共产党宣言》发表时，马克思和恩格斯依据当时的时代条件和实践要求的变化，对欧洲革命的形势进行了乐观的估计。但随着革命低潮的到来，他们及时总结经验教训，不断提出关于无产阶级革命和无产阶级专政的创新理论。马克思和恩格斯为《共产党宣言》前后撰写的七版"序言"，集中体现了他们根据不同的时代条件和实践要求，对无产阶级的斗争理论和策略作出的创新和调整。在《共产党宣言》1872年德文版序言中，马克思和恩格斯提到："不管最近25年来的情况发生了多大的变化，这个《宣言》中所

---

① 《列宁专题文集 论马克思主义》，人民出版社2009年版，第296页。
② 习近平：《在纪念马克思诞辰200周年大会上的讲话》，人民出版社2018年版，第7页。

阐述的一般原理整个说来直到现在还是完全正确的。"① 但是，"这些原理的实际运用，正如《宣言》中所说的，随时随地都要以当时的历史条件为转移"②。比如，正是有了巴黎公社革命的经验教训，实践地证明了"工人阶级不能简单地掌握现成的国家机器，并运用它来达到自己的目的"③，必须要打碎旧的国家机器，建立无产阶级专政，从而创新了马克思主义的无产阶级专政理论和国家学说。

"理论的生命力在于不断创新，推动马克思主义不断发展是中国共产党人的神圣职责。"④ 一百年来，中国共产党始终坚持根据时代条件和实践要求的变化，坚持解放思想和实事求是相统一、培元固本和守正创新相统一，不断推进理论创新、进行理论创造。在准确把握时代发展脉络，牢牢抓住时代主题，团结带领广大人民努力探索符合中国国情的社会主义革命、建设和改革道路的历史进程中，中国共产党不断开辟马克思主义新境界，产生了毛泽东思想、邓小平理论、"三个代表"重要思想、科学发展观，产生了习近平新时代中国特色社会主义思想。在这些马克思主义中国化的理论成果指导下，中国共产党团结带领人民进行伟大斗争、建设伟大工程、推进伟大事业、实现伟大梦想，走出了一条中国特色社会主义的康庄大道，中国革命、建设和改革事业都取得了举世瞩目的伟大成就，使中华民族伟大复兴进入了不可逆转的历史进程。

"创新是一个民族进步的灵魂，是一个国家兴旺发达的不竭动力，也是中华民族最深沉的民族禀赋。"⑤ 当代中国的伟大社会变革，"不是简单延续我国历史文化的母版，不是简单套用马克思主义经典作家设想的模板，不是其他国家社会主义实践的再版，也不是国外现代化发展的翻版。社会主义并没有定于一尊、一成不变的套路"⑥。今天，我们学习掌握马克思主义是创新的理论，就要始终掌握马克思主义解放思想、实事求是、与时俱进、守正创新的精髓，深刻认识马克思主义与时俱进的理论品质，始终坚持根据时代条件和实践要求的变化，不断推进理论创新和理论创造，不断深化对共产党执政规律、社会主义建设规律、人类社会发展规律的认识。只有始终坚持用马克思主义观察时代、把握时代、引领时代，才能不断开辟当代中国马克思主义、21世纪马克思主义新境界。

"这是一个需要理论而且一定能够产生理论的时代，这是一个需要思想而且一定能够产生思想的时代。"⑦ 在新时代，习近平新时代中国特色社会主义思想，深化了对共产党执政规律、社会主义建设规律、人类社会发展规律的认识，贯通了马克

① 《马克思恩格斯文集》第2卷，人民出版社2009年版，第5页。
② 《马克思恩格斯文集》第2卷，人民出版社2009年版，第5页。
③ 《马克思恩格斯文集》第2卷，人民出版社2009年版，第6页。
④ 习近平：《在纪念马克思诞辰200周年大会上的讲话》，人民出版社2018年版，第27页。
⑤ 习近平：《在欧美同学会成立100周年庆祝大会上的讲话》，《人民日报》2013年10月22日第2版。
⑥ 习近平：《在纪念马克思诞辰200周年大会上的讲话》，人民出版社2018年版，第26—27页。
⑦ 习近平：《在哲学社会科学工作座谈会上的讲话》，人民出版社2016年版，第8页。

思主义哲学、政治经济学和科学社会主义，为发展 21 世纪马克思主义作出了原创性贡献。习近平新时代中国特色社会主义思想运用马克思主义观察时代、解读时代、引领时代，坚持马克思主义世界性与民族性的有机统一，以深远的历史眼光和宽广的世界眼光审视马克思主义创新发展的理论需要和实践需要，用鲜活丰富的当代中国实践来推动马克思主义发展，是 21 世纪马克思主义创新发展的旗帜和典范。在当代中国，坚持习近平新时代中国特色社会主义思想，就是真正坚持马克思主义。在习近平新时代中国特色社会主义思想指引下，中国特色社会主义在中国的成功实践，使科学社会主义在 21 世纪的中国焕发出强大生机活力，在世界上高高举起了中国特色社会主义伟大旗帜。新时代中国特色社会主义的不断发展，拓展了发展中国家走向现代化的途径，给世界上那些既希望加快发展又希望保持自身独立性的国家和民族提供了全新选择，为解决人类问题贡献了中国智慧和中国方案。

　　"问渠那得清如许，为有源头活水来。"马克思主义就是中国特色社会主义的源头活水。我们继续发展当代中国马克思主义、21 世纪马克思主义，首先必须全面学习和深刻把握马克思主义基本理论。为方便广大干部和理论工作者全面学习和掌握马克思主义基本原理和立场观点方法，我们组织中国社会科学院马克思主义研究院的相关科研人员，在深入研究的基础上摘编了这套《马克思思想年编》。马克思的思想和理论博大精深，它贯穿和体现于马克思本人著述的全部文献中。马克思留存于世的文献十分庞大，《马克思恩格斯全集》中文第一版有 50 卷，约 3200 万字。《马克思思想年编》以《马克思恩格斯全集》中文第一版为依据，从马克思的著作、文章、手稿和书信等文献中，精心摘选出体现马克思主要思想理论和观点的重要内容，以写作时间为主线进行编排，以便呈现出马克思思想的形成和发展。《马克思思想年编》摘编的每篇文献，都附有相关评论，重点介绍该篇文献的写作背景、主要内容和理论贡献，以帮助读者更好地理解和掌握马克思的思想和理论。希望这套《马克思思想年编》能够为广大党员干部和理论工作者学习领会马克思主义经典原著，深入掌握马克思主义基本原理和立场观点方法，提供一套基本的、重要的参考资料。

2021 年 10 月

目　　录

1837 年

11 月 10—11 日　致信父亲，指出：生活中往往会有这样的时机，它好象是表示过去一段时期结束的界标，但同时又明确地指出生活的新方向。

在这样的转变时机，我们感到必须用思想的锐利目光去观察今昔，以便认清自己的实际状况。而世界历史本身也喜欢把视线投向过去，并回顾自己，这往往使它显得是在倒退和停滞；其实它只是好象坐在安乐椅上深思，想了解自己，从精神上了解自己的活动——精神活动。

所以，当我在这里度过的一年行将结束，回顾一下其间所经历的各种情况，以便回答你，我亲爱的父亲，从埃姆斯寄来的那封极其亲切的信的时候，请允许我象考察整个生活那样来观察我的情况，也就是把它作为在科学、艺术、个人生活方面全面地展示出来的精神活动的表现来观察。

当我离开了你们的时候，在我面前展现了一个新的世界，一个爱的——，而且起初是热烈追求的、没有希望的爱的世界。甚至到柏林去旅行我也是淡漠的，要是在别的时候，那会使我异常高兴，会激发我去观察自然，还会燃烧起我对生活的渴望。这次旅行甚至使我十分难受，因为我看到的岩石并不比我的感情更倔强、更骄傲，广大的城市并不比我的血液更有生气，旅馆的饭食并不比我所抱的一连串幻想更丰富、更经得消化，最后，艺术也不如燕妮那样美。

到了柏林以后，我断绝了从前的一切交往，有时去看人也是勉强的，只想专心致志于科学和艺术。

对我当时的心情来说，抒情诗必然成为首要的题材，至少也是最愉快最合意的题材。然而它是纯理想主义的；其原因在于我的情况和我从前的整个发展。我的天国、我的艺术同我的爱情一样都变成了某种非常遥远的彼岸的东西。一切现实的东西都模糊了，而一切正在模糊的东西都失去了轮廓。对当代的责难、捉摸不定的模糊的感情、缺乏自然性、全凭空想编造、现有的东西和应有的东西之间完全对立、修辞学上的考虑代替了富于诗意的思想，不过也许还有某种热烈的感情和对蓬勃朝气的追求，——这就是我赠给燕妮的头三册诗的内容的特点。无边无际的、广泛的渴求在这里以各种不同形式表现出来，使诗作不够紧凑，显得松散。

但是写诗可以而且应该仅仅是附带的事情，因为我应该研究法学，而且首先渴望专攻哲学。这两门学科紧密地交织在一起，所以一方面，我读了——不加任何批判地，只是按学生的方式——海奈克齐乌斯和蒂博的著作以及各种文献（例如，我把罗马法全书头两卷译成德文），另一方面，我试图使某种法哲学体系贯穿整个法的领域。我在前面叙述了若干形而上学的原理作为导言，并且把这部倒霉的作品写到了公法部分，约有三百印张。

这里首先出现的严重障碍正是现实的东西和应有的东西之间的对立，这种对立是唯心主义所固有的；它又成了拙劣的、错误的划分的根源。开头我搞的是我慨然称为法的形而上学的东西，也就是脱离了任何实际的法和法的任何实际形式的原则、思维、定义，这一切都是按费希特的那一套，只不过我的东西比他的更现代化，内容更空洞而已。在这种情况下，数学独断论的不科学的形式从一开始就成了认识真理的障碍，在这种形式下，主体围绕着事物转，这样那样议论，可是事物本身并没有形成一种多方面展开的生动的东西。三角形使数学家有可能作图和论证；但它仍然不过是空间的一个概念，并没有发展成任何更高的形式；需要把它同其他某种事物对比，这时它才有了新的位置，而对同一对象采取的不同位置，就给三角形创造了各种不同的关系和真理。在生动的思想世界的具体表现方面，例如，在法、国家、自然界、全部哲学方面，情况就完全不同：在这里，我们必须从对象的发展上细心研究对象本身，决不应任意分割它们；事物本身的理性在这里应当作为一种自身矛盾的东西展开，并且在自身求得自己的统一。

第二部分是法哲学，按照我当时的观点，就是研究成文罗马法中的思想发展，好象成文法在自己的思想发展中（我说的不是在它的纯粹有限的规定中）竟会成为某种跟第一部分所应当研究的法概念的形成不同的东西！

此外，我又把这第二部分分成关于形式法和实体法的学说；其中关于形式法的学说，应当叙述体系在连贯性和联系方面的纯粹形式，它的分类和范围；关于实体法的学说，相反地，则应当叙述体系的内容，说明形式怎样凝缩在自己内容中。这也就是我后来也在冯·萨维尼先生关于占有权的学术著作中发现的那种错误，区别只是萨维尼认为概念的形式规定在于"找到某学说在（制定的）罗马体系中所占的地位"，而实体规定是"罗马人认定与这样规定的概念相联系的成文内容的学说"，我则认为形式是概念表述的必要结构，而实体是这些表述的必要性质。错误就在于，我认为实体和形式可以而且应当各不相干地发展，结果我所得到的不是实在的形式，而是象带抽屉的书桌一类的东西，而抽屉后来又被我装上了沙子。

概念也是形式和内容之间的中介环节。因此从哲学上说明法时，形式必然从内容中产生出来；而且，形式只能是内容的进一步的发展。因此我把材料作了其作者至多为了进行肤浅的和表面的分类所能够作出的划分。但这时法的精神和真理消失了。整个法分成契约法和非契约法。为了醒目起见，我冒昧提出了一份包括公法——其形式部分也经过整理——的分类的纲目。

I	II
Jus privatum〔私法〕	*Jus publicum*〔公法〕

Ⅰ. *Jus privatum*〔私法〕

（a）关于有条件的契约的私法。

（b）关于无条件的非契约的私法。

（A）关于有条件的契约的私法

（a）人对人的权利；（b）物权；（c）在物上人对人的权利。

（a）人对人的权利

Ⅰ. 有偿契约；Ⅱ. 担保性契约；Ⅲ. 无偿契约。

Ⅰ. 有偿契约

2. 组织社团法人契约（societas）；3. 租雇契约（locatio conductio）。

3. *Locatio conductio*〔租雇契约〕

Ⅰ. 就其与 operae〔劳务〕的关系来说：

（a）原来意义上的租雇契约（既非指罗马的租赁，亦非指罗马的租佃）；

（b）mandatum〔委任〕。

2. 就其对 usus rei〔物的使用〕的关系来说：

（a）土地：usus fructus〔用益权〕（也非纯粹罗马含意）；

（b）房屋：habitatio。

Ⅱ. 担保性契约

1. 仲裁或和解契约；2. 保险契约。

Ⅲ. 无偿契约

2. 认可契约

1. fide jussio〔保证书〕；2. negotiorum gestio〔无因管理〕。

3. 赠与契约

1. donatio〔赠与〕；2. gratiae promissum〔示惠许诺〕。

（b）物权

1. 有偿契约

2. Permutatio stricte sic dicta〔严格意义上的互易〕。

1. permutatio〔互易〕本身；2. mutuum（usurae）〔借贷（利息）〕；3. emptio venditio〔买卖〕。

Ⅱ. 担保性契约

pignus〔典质〕。

Ⅲ. 无偿契约

2. commodatum〔借用〕；3. depositum〔寄存保管〕。

然而，为什么还要连篇累牍地列满我自己后来加以摒弃的东西呢？整个体系贯穿着三分法，叙述得令人厌倦的冗长，而对于罗马概念，为了能把它们塞进我的体系，也随便乱用。但是，另一方面，我因此喜爱这些材料并获得了综览它们的能力

——至少是从一定角度来说如此。

在实体的私法的结尾部分，我看到了全部体系的虚假，体系的纲目近似康德的纲目，而执行起来却完全不是那样。这又一次使我明白了，没有哲学我就不能前进。这样我就必须怀着我的良知重新投入她的怀抱，并写了一个新的形而上学原则的体系，但在这个体系的结尾我又一次不得不承认它和我以前的全部努力都是不恰当的。

这时我养成了对我读过的一切书作摘录的习惯——例如，摘录莱辛的《拉奥孔》、佐尔格的《埃尔温》、温克尔曼的《艺术史》、卢登的《德国史》——并顺便在纸上写下自己的感想。同时我翻译了塔西佗的《日耳曼尼亚》和奥维狄乌斯的《哀歌》，并且开始自学，即根据文法学习英文和意大利文——直到现在还没有什么成绩，我读了克莱因的《刑法》和他的《年鉴》以及所有的文学新作，不过后者只是顺便浏览而已。

到学期终了，我又转向缪司的舞蹈和萨蒂尔的音乐。在我寄给你们的最后一册笔记中，理想主义渗透了那勉强写出来的幽默小说《斯科尔皮昂和费利克斯》，还渗透了那不成功的幻想剧本（《乌兰内姆》），直到最后它完全变了样，变成一种大部分没有鼓舞人心的对象、没有令人振奋的奔放思路的纯粹艺术形式。

在作这种种事情的时候，我在第一学期熬过了许多不眠之夜，经历了许多斗争，体验了许多内心的和外在的激动。但是这一切都没有使我大大充实起来，不仅如此，我还忽视了自然、艺术、整个世界，跟朋友们也疏远了。这似乎连我的身体也有反映。一位医生劝我到乡下去，于是我第一次穿过全城到了城门前走向施特拉劳。我并没有想到，虚弱的我，在那里会变得十分健康和强壮。

我从理想主义，——顺便提一提，我曾拿它同康德和费希特的理想主义比较，并从其中吸取营养，——转而向现实本身去寻求思想。如果说神先前是超脱尘世的，那么现在它们已经成为尘世的中心。

先前我读过黑格尔哲学的一些片断，我不喜欢它那种离奇古怪的调子。我想再钻到大海里一次，不过有个明确的目的，这就是要证实精神本性也和肉体本性一样是必要的、具体的，并且具有同样的严格形式；我不想再练剑术，而只想把真正的珍珠拿到阳光中来。

我写了一篇将近二十四印张的对话：《克莱安泰斯，或论哲学的起点和必然的发展》。彼此完全分离的科学和艺术在这里在一定程度上结合起来了。我这个不知疲倦的旅行者着手通过概念本身、宗教、自然、历史这些神性的表现从哲学上辩证地揭示神性。我最后的命题原来是黑格尔体系的开端，而且由于写这部著作需要我对自然科学、谢林、历史作某种程度的了解，我费了很多脑筋，而且写得非常［……］（因为它本来应当是一部新逻辑学），连我自己现在也几乎想不起它的思路了；这部著作，这个在月光下抚养大的我的可爱的孩子，象欺诈的海妖一样，把我诱入敌人的怀抱。

由于烦恼，我有几天完全不能够思考问题，就象狂人一样在"冲洗灵魂，冲淡茶水"的肮脏的施普雷河水旁的花园里乱跑，我甚至和我的房东一块去打猎，然后又跑到柏林去，想拥抱每一个遇见的人。

此后不久，我只从事一些正面的研究。我研究了萨维尼论占有权的著作、费尔巴哈和格罗尔曼的刑法、克拉麦尔的《论词义》、韦宁－英根海姆关于罗马法全书体系的著作和米伦布鲁赫的《关于罗马法全书的学说》，后者我现在还在研究；最后我还研究了劳特巴赫文集中的某些篇章、民事诉讼法、特别是教会法，后者的第一部分，即格拉齐安的《矛盾宗规的协调》，几乎全部在《［法典］大全》中读完了，并且作了摘要；我也研究了附录——朗切洛蒂的《纲要》。后来，我还翻译了亚里士多德《修辞学》一部分，读完了著名的维鲁拉姆男爵培根的《论科学的发展》，对赖马鲁斯的著作下了很大功夫，我高兴地细读了他的著作《关于动物的复杂本能》。我还研究了德国法，但是我研究的主要只是法兰克王的敕令和教皇给他们的信。

由于燕妮的病和我的徒劳无益的脑力劳动引起烦躁心情，由于不得不把我所憎恶的观点变成自己的偶像而感到苦恼，我生病了，这是我以前已经告诉过你的，亲爱的父亲。病好以后，我便把所有的诗和小说草稿等等都烧了，我认为我能把它们丢得一干二净；直到现在，我丝毫没有出现与此相反的情况。

在患病期间，我从头到尾读了黑格尔的著作，也读了他大部分弟子的著作。由于在施特拉劳常和朋友们见面，我接触到一个"博士俱乐部"，其中有几位讲师，还有我的一位最亲密的柏林朋友鲁滕堡博士。这里在争论中反映了很多相互对立的观点，而我同我想避开的现代世界哲学的联系却越来越紧密了；但是一切声音都安静下来，我陷入了真正的讽刺狂，而这在如此多的东西遭到否定以后，是很容易发生的。此外又加上燕妮的沉默，而且只要我还没有通过类似《访问》等等拙劣作品来掌握现代主义和现代科学观点，我也安不下心来。

冯·夏米索先生寄来一封毫无意义的短信，告诉我，"他们感到抱歉，年鉴不能采用我写的作品，因为年鉴早已付印了。"我遗憾地领受了这封信。书商维干德把我的计划寄给销售好乳酪和坏书刊的温德尔公司的代理人施米特博士。今附上他的来信。施米特博士还没有回信。但是我无论如何不放弃这个计划；特别是因为通过大学讲师鲍威尔（他在黑格尔学派著名美学家中起重大作用）和我的同伴鲁滕堡博士的帮助，所有黑格尔学派著名美学家都答应撰稿。

评论：这封信是马克思在柏林大学读书期间写给父亲的信，是马克思学生时代保留下来的唯一一封书信。在信中，马克思向父亲详细介绍了自己从研究法哲学转向研究黑格尔哲学的具体过程，因而它是研究马克思早年思想发展转变的重要文献。1835 年，马克思中学毕业，进入波恩大学学习法律。1836 年 10 月，马克思转入柏林大学继续学习法律。当时的柏林大学法学教师中，既有历史法学派的代表人物卡尔·萨维尼教授，也有黑格尔学派的重要成员爱德华·甘斯教授。在 1836—1837 年度冬季学期，马克思选修了萨维尼讲授的《学说汇纂》和甘斯讲授的刑法等三门课程。当时，这两派围绕立法原则和根据的论战使得哲学问题凸显出来。因此，马克思在信中说，"我应该研究法学，而且首先渴望专攻哲学。这两门学科紧密地交织在一起"。从信中可以看到，马克思学习十分刻苦，他一方面阅读了大量的法学著作和文献，另一方面又试图构建一个法哲学体系。他为此写了大约三百印张的初稿。因为无法解决"现有之物和应有之物的对立"这一基本问题，这一计划不得不中断。这使他进一步认识到"没有哲学我就不能前进"，因此，马克思转而研究黑格尔哲学。1837 年春，马克思在柏林郊外的施特拉劳养病期间阅读了黑格尔及其学生的大部分著作，参加了青年黑格尔派的团体"博士俱乐部"，并迅速成为其中的重要成员。由此，马克思在哲学上接受了黑格尔的唯心主义思想，在政治上成为一名激进的革命民主主义者。这成为马克思思想发展的重要起点。

1841 年

　　4 月 6 日　　致信弗里德里希·巴赫曼，指出：现将我为获得博士学位而写的论文《德谟克利特的自然哲学和伊壁鸠鲁的自然哲学的差别》寄给阁下，并随信附上申请书、自传、波恩大学肄业证书和柏林大学毕业证书，以及法定费用十二个弗里德里希斯多尔，同时我最诚恳地请求您，如果系方对我的著作感到满意，请尽快授予博士学位。一来，我在柏林只能逗留几周，二来，出于不由自主的原因，我希望在我动身之前获得博士学位。

　　毕业证书我拟收回，因为这是原件。

　　评论：这是马克思为申请博士学位给耶拿大学哲学系主任巴赫曼写的信。马克思的博士论文连同应考学位的德文和拉丁文申请书于 1841 年 4 月 13 日正式登入耶拿大学登记册第 26 号。同日，巴赫曼和几位教授签署了对论文的推荐评语。4 月 15 日函授马克思哲学博士学位并发给证书。

1842 年

　　2 月 10 日　　致信阿尔诺德·卢格，指出：我冒昧地给您寄去一篇为《德国年鉴》写的小文章，即随函附上的对书报检查令的批评。

　　如果这篇文章对您的杂志适用，我请您除维干德外暂时不要把我的名字告诉任何一个人，同时请您马上把登载我的文章的《德国年鉴》给我寄来，因为在特利尔，目前我完全同文坛隔绝了。

不言而喻，如果书报检查机关不查禁我的评判文章，那末赶快把它刊印出来是有利于事业的。

如果您还没有人来评论法特克的绝顶聪明的书《论罪恶》（要不是这本书如此绝顶聪明，倒可能会把它叫做愚蠢的书），那么我的批判的热情就可以为您效劳。

同样，对拜尔的著作《道德精神》，也许可以再来一次评论。费尔巴哈的评论是一种友好的帮助。拜尔的道德信念之可敬，正如他的著作很差，甚至很不道德一样。

现在我已结束了几件浩繁的工作，因此不言而喻，我力所能及的一切都将由《德国年鉴》支配。

评论：由于普鲁士政府实行反动政策，各大学解聘许多进步学者，马克思在取得博士学位后不得不放弃在大学执教的想法，而去从事政论工作。马克思在 1842 年与卢格的通信主要与他为《德国年鉴》杂志、《德国现代哲学和政论界轶文集》和《莱茵报》撰稿有关。在这封信中，马克思与卢格谈论为《德国年鉴》写作的文章《评普鲁士最近的书报检查令》。此外，马克思还提议由他评论威·法特克的著作《在同罪恶和神赐的关系中的人类自由》和卡·拜尔的著作《论道德精神概念和道德实质》，且认为费尔巴哈在 1840 年《哈雷年鉴》杂志上发表的对卡·拜尔一书的评论可以为评价此书提供友好的帮助。

3 月 5 日　致信阿尔诺德·卢格，指出：我完全同意《哲学轶文集》的计划，并且认为最好把我的名字也署上。象这样的一种示威行动就其性质来说是不容许用任何匿名的做法的。这些先生们应当看到，我们是光明磊落的。

由于萨克森书报检查的突然恢复，我的原定作为《末日的宣告》的第二部分发表的《论基督教的艺术》一文，显然是完全不可能刊印了。如果把它修订一下收入《轶文集》里，您认为怎样？反对书报检查的思想现已广泛深入人心，这或许有可能使《轶文集》随着材料的积累用许多分册的形式出版。我为《德国年鉴》写的另一篇文章是在内部的国家制度问题上对黑格尔自然法的批判。这篇文章的主要内容是同君主立宪制作斗争，同这个彻头彻尾自相矛盾和自我毁灭的混合物作斗争。Respublica（国家，共和国）一词根本无法译成德文。这两篇文章要不是需要誊写清楚和部分地进行修改，那我马上就把它们寄出去试一试了。问题在于，我未来的岳父，冯·威斯特华伦先生卧病三月之久，在前天去世。因此在这期间不可能做什么有益的事情了。

评论：马克思认同卢格在瑞士出版两卷集《德国现代哲学和政论界轶文集》的计划，要求署上他的名字作为一种示威形式。马克思认为可将原定作为布·鲍威尔匿名出版的著作《对黑格尔、无神论者和反基督教者的末日的宣告。最后通牒》1841 年莱比锡版的第二部分发表的《论基督教的艺术》一文收录到《德国现代哲学和政论界轶文集》，因为萨克森书报检查制度的恢复导致该文不能刊印。两卷集

《德国现代哲学和政论界轶文集》收录了马克思的文章《评普鲁士最近的书报检查令》以及布·鲍威尔、费尔巴哈、科本、卢格和其他人的文章。此外，马克思还介绍了为《德国年鉴》写作的文章的主要内容，该文在内部国家制度问题上批判了黑格尔自然法，旨在同君主立宪制及其学说作斗争。信中还告知卢格，布·鲍威尔被普鲁士政府从波恩大学赶走。布·鲍威尔在波恩大学担任神学副教授，但由于他的无神论的观点和自由主义的反对派言论，于1842年3月被赶走。马克思所提到的布·鲍威尔的信没有保存下来。

　　3月20日　致信阿尔诺德·卢格，指出：当我还在幼年天真的时候，我就知道在柏林下的蛋不是勒达的蛋，而是鹅蛋。不久以后我才明白是鳄鱼蛋，例如，最新的一个鳄鱼蛋，就是根据莱茵等级会议的建议，虚假地废除了有关叛国罪等等以及有关官吏犯罪的法国法律所受到的非法限制。不过这次，由于涉及客观的法律规定，这个骗局又显得太愚蠢了，甚至连莱茵最笨的法学家也一眼就把它看穿了。而且普鲁士又十分幼稚地声明，如果把诉讼公开，就是把普鲁士官员的声望和威信置于危险地位。这确是又一次坦率的自白。我们莱茵省所有论述公布和公开的文章都有一个根本性的弊病。那些老实人正在继续不厌其烦地证明，这不是政治制度，而纯粹是法律制度，它们是法，而不是非法。似乎问题就在这里！似乎这些制度的全部祸根并不在于它们是法！我倒很想证明其反面，就是普鲁士不可能做到公布和公开，因为自由的法庭和不自由的国家是互不相容的。同样，对于普鲁士的虔诚也必须给以应有的评价，因为先验的国家不能没有一个天启宗教，犹如俄国的骗子不能没有一个贴身神像一样。

　　总之，说到本题，我发现，《论基督教的艺术》一文（现已改为《论宗教和艺术，特别是基督教的艺术》）应当彻底改写，因为我诚心诚意追随过的《末日的宣告》式的笔调。

　　这种《末日的宣告》式的笔调和臃肿而拘谨的黑格尔叙述方式，现在应当代之以更自由、因而也更实在的叙述方式。再过几天我要去科伦，我选择了这个地方作为我的新住地，因为同波恩的教授们离得太近我实在受不了。谁愿意总跟那些精神的臭鼬，那些只是为了到处寻找新的死胡同而学习的家伙打交道呢！

　　因此，在这种情况下，我不能为最近这一期《轶文集》寄去黑格尔法哲学批判了（因为这篇文章也是为《末日的宣告》写的），如果您愿意久等，我保证在4月中把我那篇论述宗教艺术的文章寄出。我将更乐意从新的观点来考察这个问题，并写出一个论浪漫主义者的结尾作为附录。目前我要按歌德的说法，积极有效地继续研究这个问题，并等待您的决定。请您回信到科伦，下月初我就在那里了。因为我在科伦还没有固定的住址，请您把给我的信寄到荣克那里。

　　在这篇论文里，我不免要谈到宗教的一般本质；在这个问题上，我同费尔巴哈有些争论，这个争论不涉及原则，而是涉及对它的理解。不管怎样，宗教是不会从这里占到什么便宜的。

评论：马克思揭露了 1842 年 2 月修改普鲁士政府以前某些法令的内阁法令的骗局，这些法令实际上保存了普鲁士法在叛国罪、官吏渎职案等方面的效力。他批评了毕洛夫－库梅洛夫 1842 年在柏林出版的著作《普鲁士，它的国家制度，它的管理和它同德意志的关系》，认为库梅洛夫是"用假花装饰起来的乡村卖俏"。而马克思写作这封信的主要目的是探讨他正在写作的《论基督教的艺术》一文，他将以一种更自由更实在的叙述方式和新的观点改写这篇文章，并附上一个论浪漫主义者的结尾作为附录。在这篇文章涉及的宗教的一般本质问题上，马克思认为他与费尔巴哈的争论只关乎理解，不关乎原则。信中还谈到要离开波恩，远离那些"精神的臭鼬"，但是，马克思未能实现他去科伦的意愿。1842 年 4 月他从特利尔返回波恩，断断续续在那里住到那年的 10 月中。

4 月 27 日 致信阿尔诺德·卢格，指出：好在我这里一切已大致准备就绪。我将给您寄去四篇文章：（1）《论宗教的艺术》，（2）《论浪漫主义者》，（3）《法的历史学派的哲学宣言》，（4）《实证哲学家》（我对这些哲学家稍微恭维了一下）。这些文章在内容上都是相互联系的。

您将收到的论宗教艺术的文章是大大压缩了的，因为这篇东西几乎信手写成为一本书了，同时我又被吸引到各种各样的研究中去，而这些研究还需要相当长的时间。

我移居科伦的计划业已放弃，因为我感到那里的生活太喧闹；好友的众多，并不导致哲学的完美。

我给《莱茵报》寄去了一篇关于我们最近莱茵省议会的长文章，文章有一个对《普鲁士国家报》的讽刺性引言。由于出版问题的辩论，我又重新回到书报检查和出版自由的问题上来了，从另一观点加以考察。

评论：马克思给卢格寄去四篇内容上相互联系的文章，分别为《论宗教的艺术》《论浪漫主义者》《法的历史学派的哲学宣言》《实证哲学家》，这四篇文章，刊登出来的只有一篇，即发表在《莱茵报》上的《法的历史学派的哲学宣言》。信中还告知，给《莱茵报》寄去文章《第六届莱茵省议会的辩论（第一篇论文）。关于出版自由和公布等级会议记录的辩论》，讨论书报检查和出版自由的问题。此外，马克思还谈论了对哈赛、法特克、费希特、扎克的看法，批评了他们所谓的"虔诚"。

7 月 9 日 致信阿尔诺德·卢格，指出：从 4 月以来直到今天，我总计起来大约最多只工作了四个星期，而且还是断断续续的。由于最近的丧事，我不得不在特利尔呆了六个星期，而余下的时间都被极不愉快的家庭纠纷分散和浪费了。我的家庭给我设下了重重障碍，使我目前陷入极为窘迫的境地，尽管我的家庭经济情况不坏。我决不是要用谈论这些私人生活中的琐事来麻烦您；社会的肮脏事使一个坚强的人不可能为私事而烦恼，这是真正的幸事。在这段时间里，我曾给《莱茵报》写稿，我早就应该把我的文章等等寄给它了。这些插曲，要不是我打算在最近一两天把我的文章写完，本来会早就告诉您的。再过几天我要去波恩，在给《轶文集》写的文章结束以前，我什么也不做。不言而喻，在这样的环境中，我已不能象题材所要求的那样，特别把《论艺术和宗教》一文仔细加工了。

不过，您不要以为，我们在莱茵省是生活在一个政治的埃尔多拉多里。要把《莱茵报》这样的报纸办下去，需要最坚强的毅力。我的关于省议会的第二篇论文，即关于教会纠纷问题的论文被检查官抽掉了。我在这篇论文中指出了国家的拥护者怎样站在教会的立场上，而教会的拥护者又怎样站在国家的立场上。由于愚蠢的科伦天主教徒中了圈套，而维护大主教的言论又能招引订户，因此发生这件事对《莱茵报》来说就更为不利。同时您也难以想象，这些暴虐的家伙是何等的卑劣，他们在对付正统的糊涂虫时又是何等的愚蠢。可是事情却顺利地这样结束了：普鲁士在全世界面前亲吻教皇的鞋子，而我们的执政的奴才们则走在大街上，脸都不红一下。《莱茵报》现已就这篇文章提起诉讼。总之，对报纸来说，斗争现在开始了。《科伦日报》社论的作者，即从前的政治性报纸《汉诺威日报》的前任编辑海尔梅斯，站在基督教一边，反对科尼斯堡和科伦的哲学报纸。如果书报检查官不再捣鬼的话，那末在下期的附刊里就会登载我的一篇答复。莱茵的宗教党派是最危险的党派。反对派近来太习惯于在教会范围里进行反对活动了。

评论：马克思告诉卢格家里丧事和家庭纠纷影响了《论艺术和宗教》一文的写作，表达了他与家庭因立场分歧而产生的障碍造成的经济等方面的窘迫。还告知自己为《莱茵报》写作的关于省议会的第二篇论文，即关于教会纠纷问题的论文由于没有通过检查被撤掉了。信中提到的马克思的文章，没有保存下来。此外，马克思还谈论了关于"自由人"、与海尔梅斯论战等的看法。"自由人"是19世纪40年代上半期由柏林著作家组成的青年黑格尔派小组的名称，"自由人"脱离实际生活，醉心于抽象的哲学争论，在1843—1844年便背弃了激进主义，堕落为庸俗的主观唯心主义，鼓吹这样一种理论：只有杰出的人物，即"精神"的、"纯粹的批判"的体现者才是历史的创造者，而群众、人民似乎只是毫无生气的东西，是历史发展的障碍。马克思和恩格斯合写的第一部著作《神圣家族，或对批判的批判所做的批判》，就是揭露青年黑格尔派的有害的反动思想的。马克思认为1842年6月17日《科尼斯堡日报》第138号上的一篇报道"自由人"小组的目的和任务的文章是不策略的，认为那样直接地展示自己的观点会激怒他们，不利于解放事业。马克思在信中表示，将继续在一个长时期同海尔梅斯论战，批判他们的愚昧、庸俗和迂腐。

8月25日左右　致信达哥贝尔特·奥本海姆，指出：如果您在这个问题上的看法同我一致，就请您把《论中庸》一文也寄给我，以便批判。这个问题必须心平气和地进行讨论。首先，关于国家制度的完全是一般理论性的论述，与其说适用于报纸，无宁说适用于纯学术性的刊物。正确的理论必须结合具体情况并根据现存条件加以阐明和发挥。

既然已经发生了这种事情，那就必须注意两件事。只要我们同其他报纸发生论战，人们或早或迟都可能提起这件事来责难我们。这种明显地反对目前国家制度基础的示威，会引起书报检查制度的加强，甚至会使报纸遭到查封。南德意志的《论坛报》就是这样垮台的。无论如何，我们这样做就会使许多甚至大多数具有自由思想的实际活动家起来反对我们；这些人承担了在宪法范围内逐步争取自由的吃力角色，而我们却坐在抽象概念的安乐椅上指出他们的矛盾。诚然，《论中庸》一文的作者号召进行批判；但是，一，我们大家都知道，政府怎样来回答这样的挑战；二，光是某个人屈服于批判（本来也不会去问他是否允许进行批判），是不够的；问题在于，他是否选择了适当的场所。只有当问题成了现实国家的问题，成了实际问题的时候，报纸才开始成为这类问题的合适场所。

评论：马克思希望奥本海姆把迈尔在《莱茵报》上发表的关于市政体制的文章、海尔梅斯所有反对犹太人的文章以及文章《论中庸》寄给他。标题为《论中庸》的是一组文章，这些文章没有署名，作者是青年黑格尔分子埃德加尔·鲍威尔。马克思还谈到关于报纸的认识，包括书报检查的影响、报纸的时效性、报纸与撰稿人的关系等，提出要让《莱茵报》领导撰稿人。单单一个作者无法像报纸那样掌握全盘。报纸通过一系列文章，给撰稿人提供明确的行动计划。

11 月 17 日左右　致信冯·沙培尔，指出：至于书报检查部的训令，特别是要求《莱茵报》改变自己的方针而采取另一种符合政府意图的方针这一点，我认为这个要求只适用于形式，它在内容允许的限度内，可以作一些改变。象《莱茵报》这样的报纸，不是由枯燥无味的文摘和卑鄙的阿谀奉承拼凑起来的毫无原则的东西，而是以意识到自己崇高的目标的（虽然是尖锐的）批判精神来阐明国家大事和国家机构的活动的；这种报纸的方针，根据不久前颁布的书报检查令和陛下在别处多次发表过的观点来看，我们认为只能是符合政府愿望的方针。事实上，至今从未向责任编辑指出不同意这种方针。此外，《莱茵报》既然是置于最严格的检查之下的，那么对它的初次警告就是查封，怎能认为是合理的呢？我可以向阁下保证，《莱茵报》在它力所能及的范围内，今后仍将继续协助开辟通往进步的道路，在这条道路上，现在普鲁士正走在德国其他部分的前面。正因如此，我必须拒绝训令中对我的指责，说什么《莱茵报》竭力在莱茵地区散布法国的思想和对法国的同情。相反，《莱茵报》认为它的主要任务是，使许多人还在盯着法国的目光转向德国，并唤起德国的而不是法国的自由主义，而德国的自由主义当然不会使弗里德里希－威廉四世的政府感到不快。同时，《莱茵报》总是指出普鲁士决定德国其他部分的发展。那些针对奥格斯堡报反普鲁士意图的关于普鲁士领导权的论战性文章，就是这方面的证明。所有那些旨在反对汉堡《记者》和其他报纸上一些文章的论普鲁士关税同盟的文章是一个证明；在这些文章中，《莱茵报》都极为详尽地证明，汉诺威·梅克伦堡和汉萨一些城市加入同盟是极其有利的。再次，首先可以作为证明的是《莱茵报》不断强调北德意志科学的意义来同法国学说和南德意志学说的肤浅相对比。《莱茵报》是把北德意志精神——新教精神引进莱茵省和南德意志来的第一家莱茵的和整个南德意志的报纸；如果不依靠精神一致——抵御一切外来风暴的政治一致的灵魂和唯一保障——还能用什么去把各个分散的民族更紧紧地联结在一起呢！

　　至于说《莱茵报》似乎有反宗教倾向，那么最高当局不能不知道，就某种肯定的教义的内容来说，——本来涉及的只是这个内容，而不是我们过去没有触犯过而且今后也不想触犯的宗教，——整个德国，特别是普鲁士分裂成为两个阵营，而每一阵营在自己的拥护者中都有在学术上和国家中地位很高的人物。难道报纸在这场尚未解决的、轰动一时的争论中应当不采取任何立场或者只采取官方给它规定的立场吗？（如果说路德违反皇帝和帝国的意旨，用一种甚至毫无节制的、过分激烈的方式攻击了当时基督教的唯一存在形式，——天主教教会，都没有被认为有罪，难道在新教的国家中对于不是以轻率的抨击，而是以根据严肃的、主要是德国的科学所作的合乎逻辑的论述来替反对现代教义的观点申辩却要加以禁止吗？）何况我们从来没有越过报纸选题的范围，而只是由于其他报纸试图把宗教变成国法并把它从它自身的领域转到政治领域，我们才涉及教理、宗教教义和教会制度。对于我们来说，如果用一位普鲁士国王弗里德里希大帝的一些相同的而且更厉害的言论来作为我们每一言论的佐证，那是轻而易举的，而我们认为这种权威是普鲁士政论家们都有权引用的。

　　评论：马克思以官方承认的报纸责任编辑伦纳德的名义给莱茵省总督冯·沙培尔写的这封信。马克思在 1842 年 10 月 15 日成了《莱茵报》主编后给该报制定的方针，引起了普鲁士当局的忧虑。根据莱茵省总督冯·沙培尔的委托，科伦的行政长官冯·格尔拉赫于 1842 年 11 月 12 日将书报检查部关于改变报纸方针的训令，以及要求解除阿道夫·鲁滕堡在编辑部中的职务（当局认为他是激进方针的倡导者）和要求提出新编辑人选呈报总督批准的两项指令交给《莱茵报》编辑部。而编辑部的答复是报纸正式责任编辑、书商 J. E. 伦纳德的信，实际上信的作者是马克思。这可以从保存下来的草稿看出来，而信就是按这个草稿发表的。

　　马克思为了策略上的目的，在论据中利用了书报检查令和其他政府命令的假自由主义的空话；这些论据使政府代表无法找到借口来查封报纸。当局没有放弃对《莱茵报》的编辑，特别是对马克思着手侦查的意图。但是，由于缺乏迫害的正式理由，当局只好暂时限于加强检查措施。信中还对要求立即解除鲁滕堡的职务问题、编辑的呈报批准问题提出质疑，马克思认为这种要求没有法律条款的依据。

　　11 月 30 日　致信阿尔诺德·卢格，指出：您知道，书报检查机关每天都在无情地破坏我们，报纸常常几乎不能出版。因此，"自由人"的大批文章都作废了。不过我自己淘汰的文章也不比书报检查官淘汰的少，因为梅因一伙人寄给我们的是一大堆毫无意义却自命能扭转乾坤的废料；所有这些文章都写得极其草率，只是点缀上一点无神论和共产主义（其实这些先生对共产主义从未研究过）。在鲁滕堡负责的时候，由于他毫无批判的能力，又缺乏独立性和才能，这班人已习惯于把《莱茵报》看成是自己的唯命是听的机关报，而我则决定不让他们再象以前那样空谈下去。因此，把"自由"——这种自由主要是力图"摆脱一切思想的自由"——的几篇毫无价值的作品去掉，就成了柏林上空阴云密布的第一个原因。

几天前我接到了小梅因（他心爱的范畴确实是：必然）的信，他在信里向我提出了几个关于我的态度的问题：（1）对您和海尔维格，（2）对"自由人"，（3）对编辑部的新原则，以及对政府的态度。我立即回了信，并坦率地说出了对他们的作品的缺点的意见，这些作品不是从自由的、也就是独立的和深刻的内容上看待自由，而是从不受任何拘束的、长裤汉的、而且是方便的形式上看待自由。我要求他们：少发些不着边际的空论，少唱些高调，少来些自我欣赏，多说些明确的意见，多注意一些具体的现实，多提供一些实际的知识。我声明说，在偶然写写的剧评之类的东西里偷运一些共产主义和社会主义的原理即新的世界观，我认为是不适当的，甚至是不道德的。我要求他们，如果真要讨论共产主义，那就要用另一种完全不同的方式，更切实地加以讨论。我还要求他们更多地联系着对政治状况的批判来批判宗教，而不是联系着对宗教的批判来批判政治状况，因为这样做才更符合报纸的基本任务和读者的水平。要知道，宗教本身是没有内容的，它的根源不是在天上，而是在人间，随着以宗教为理论的被歪曲了的现实的消灭，宗教也将自行消灭。最后，我向他们建议，如果真要谈论哲学，那末最好少炫耀"无神论"的招牌（这就象那种对一切愿意听他讲话的人保证自己不怕鬼怪的小孩一样），而多向人民宣传哲学的内容。我所说的就是这些。

评论：1842 年 10 月上半月，马克思来到科伦，并从 10 月 15 日起担任《莱茵报》的编辑。在他的领导下，该报开始具有越来越明确的革命民主主义倾向。马克思在信中探讨了与"自由人"的纠纷。马克思自 1842 年 10 月 15 日担任《莱茵报》编辑以来，淘汰了一大堆爱·梅因等"自由人"寄来的写得极其草率且毫无价值的文章。在鲁滕堡负责《莱茵报》时，他的批判能力、独立性和才能的缺乏导致该报成为唯命是听的机关报。马克思决定改变《莱茵报》的办报原则和对待"自由人"的态度，反对发空论、唱高调，而是多说明确的意见，多注意具体的现实，多提供实际的知识；反对像"自由人"那样把无神论和共产主义当作文章的点缀，而是要切实地讨论问题，结合具体情况、根据现存条件讨论问题；反对为了稳重的考量把报纸这一阵地让给书报检查机关，而是应当在顽强的、充满责任感的斗争中坚守阵地。1842 年 11 月中，普鲁士当局和《莱茵报》编辑部之间发生了尖锐的冲突。马克思作为该报的编辑，为了避免该报遭到被查封的危险，作了不少努力。1843 年 1 月 19 日，普鲁士政府作出决定，从 4 月 1 日起查封《莱茵报》；在查封之前，对该报实行了特别严格的新闻检查。尽管要忍受书报检查制度的折磨，马克思表示将坚守岗位，不让暴力实现它的计划。

1843 年

　　1 月 25 日　致信阿尔诺德·卢格，指出：报纸的查封是一些特殊情况一起促成的：报纸的畅销；我的《摩塞尔记者的辩护》（这篇文章把一些高官厚禄的国家要人狠狠地干了一顿）；我们坚决拒绝说出给我们送来婚姻法草案的人的名字；议会的召开（我们的鼓动可能对它产生影响）；最后，我们对查封《莱比锡总汇报》和《德国年鉴》所进行的批评。

　　将在日内见报的内阁训令比前几次训令差劲多了。所提出的理由如下：

　　（1）胡说什么我们没有得到许可，好象在普鲁士这个没有警察局发的号牌连狗也不能生存的地方，《莱茵报》未经官方许可却得以出版哪怕是一天似的。

　　（2）12 月 24 日的书报检查令的目的是规定倾向的书报检查。所谓倾向，被理解为想象，被理解为浪漫主义地相信享有了自由，而实际上人们本来是不可能让自己享有自由的。如果说在以前的政府统治下流行的那种理性的伪善具有一副严峻的理智面貌，那末这种浪漫主义的伪善所需要的主要是想象力。受检查的出版物必须学会生活于对自由的幻想之中，生活于对恩准了这种幻想的高贵人物的幻想之中。可是，如果说，书报检查令要的是倾向的书报检查，那末现在内阁训令则解释说，查禁、封闭也就是为了对付极坏的倾向才在法兰克福创造出来的。据说检查制度的存在只是为了检查离开好倾向的偏向，尽管检查令所肯定的恰好相反，即好倾向允许有偏向。

　　（3）什么思想恶劣、空谈理论等老一套的胡言乱语和其他鬼话。

　　我对这一切都不感到惊奇。您知道，我从一开始对书报检查令就抱着怎样的看法。这件事在我看来不过是一个必然的结果；我从《莱茵报》被查封一事看到了政治觉悟的某些进步，因此我决定不干了。而且，在这种气氛下我也感到窒息。即使是为了自由，这种桎梏下的生活也是令人厌恶的，我讨厌这种小手小脚而不是大刀阔斧的做法。伪善、愚昧、赤裸裸的专横以及我们的曲意奉承、委屈求全、忍气吞声、谨小慎微使我感到厌倦。总而言之，政府把自由还给我了。

　　评论：马克思告诉卢格《莱茵报》被查封了且在处决前的时间里必须接受双重检查。他分析了报纸被查封的五方面原因，包括报纸的畅销；《摩塞尔记者的辩护》一文对一些高官厚禄的国家要人的狠狠的批评；坚决拒绝说出给《莱茵报》送来婚姻法草案的人的名字；《莱茵报》的鼓动对议会的召开的影响；对查封《莱比锡总汇报》和《德国年鉴》所进行的批评。执行当局准备和讨论 1842 年制定的离婚法草案是在极端秘密的条件下进行的。尽管如此，《莱茵报》在 1842 年 10 月 20 日公布了这一草案，因而引起了各家反对派报纸对这一草案的广泛公开的讨论。马克思在《论离婚法草案》一文中对这个法律草案进行了批判。这引起了当局的警惕。信中还批评了即将见报的内阁训令。在马克思看来，在书报检查令下，《莱茵报》被查封是一个必然的结果，而这种让人窒息的氛围和为了保证报纸发行的曲意奉承、忍气吞声、谨小慎微促使马克思决定不再留在《莱茵报》。此外，马克思还告诉卢格自己的家庭纠纷和与燕妮订婚的消息。

　　3 月 13 日　致信阿尔诺德·卢格，指出：即使《德国年鉴》重新获准出版，我们至多也只能做到一个已停刊的杂志的很拙劣的翻版，而现在这样已经不够了。相反，《德法年鉴》，这才是原则，是能够产生后果的事件，是能够唤起热情的事业。当然，我所谈的仅仅是我的一个非决定性的意见，在其他方面是靠着命运的永恒威力的。

　　最后，（报纸问题使我不得不结束这封信），我还想和您谈谈我个人的计划。我们一订好合同，我就到克罗茨纳赫去结婚，在我未婚妻的母亲那里呆一个月或更多些时候，因为在着手工作以前，我们无论如何应该有几个现成的作品。而且，如果有必要的话，我还可以在德勒斯顿逗留几个星期，因为一切婚前手续、结婚启事等都需要花费相当多的时间。

　　评论：马克思与卢格商谈《德法年鉴》杂志的出版计划。他认为《德法年鉴》不能做成《德国年鉴》这本已停刊的杂志的拙劣翻版，而是应当作为一种原则、一个能产生后果的事件、一项能唤起热情的事业。此外，马克思告诉卢格自己的结婚计划，以及燕妮为了他进行的持久艰难的反抗。信中还谈到了马克思对自己家族的反抗。马克思还评价了布·鲍威尔的文章和著作，以及费尔巴哈的警句，并告知卢格自己不想留在《莱茵报》，不想继续在普鲁士书报检查制度下写作了。

　　10 月 3 日　致信路德维希·费尔巴哈，指出：您是第一批宣布必须实现德法科学联盟的著作家之一。因此，您必然也是旨在实现联盟事业的第一批支持者之一。而现在要轮流发表德国和法国著作家的著作。巴黎的优秀作者们已经表示同意。我们十分高兴从您那里得到稿件，而您手头想必也有一些现成的东西。

　　从您的《基督教的本质》第二版序言中，我几乎可以有把握地得出结论：您正在写关于谢林的详尽著作，或者至少是打算就这个吹牛大王再写些什么东西。可以想见，这会成为很好的第一炮。

　　您知道，谢林是德意志联邦第三十八个成员。德国所有警察都归他统辖；我作为《莱茵报》编辑一度有机会亲自领教过这一点。就是说，书报检查令不会放过任何旨在反对神圣的谢林的东西。因此在德国，只是在篇幅超过二十一印张的书中才能批判谢林，而篇幅超过二十一印张的书就不是给人民写的书。卡普的书很值得称赞，但它过于冗长，笨拙地使结论脱离了事实。而且我们的政府也找到了使这类作品不起作用的方法。这类作品是不许评论的。对它们或者闭口不谈，或者用少数特许出版的评论性出版物中的几句鄙薄话来对付一下。大人物谢林自己装出根本不知道这种批判的样子，却就老保路斯的坏作品搞了一场财政上的喧闹，成功地转移了对卡普的书的注意力。这是巧妙的外交手腕！

谢林先生曾经多么巧妙地使法国人——起初是使懦弱的折衷主义者库辛，稍后甚至是使天才的勒鲁——中了圈套！就是说，在比埃尔·勒鲁之流眼里，谢林一直是一个用理性的现实主义代替了超验的唯心主义，用有血肉的思想代替了抽象的思想，用世界哲学代替了行帮哲学的人！谢林向法国的浪漫主义者和神秘主义者说：我把哲学和神学结合起来了。向法国唯物主义者说：我把肉体和观念结合起来了。向法国的怀疑论者说：我把独断主义摧毁了。一句话，我……谢林！谢林不仅能把哲学和神学结合起来，而且能把哲学和外交结合起来。他把哲学变成一般的外交学，变成应付一切场合的外交手腕。因此，对谢林的批判就是间接地对我们全部政治的批判，特别是对普鲁士政治的批判。谢林的哲学——这就是在哲学幌子下的普鲁士政治。

因此，如果您马上给创刊号写一篇评论谢林的文章，那就是对我们所创办的事业，尤其是对真理，做出了一个很大的贡献。您正是最适合做这件事情的人，因为您是谢林的直接对立面。谢林的真诚的青春思想——我们也应该承认我们对手的一切长处，不过他要实现这一思想，已经除了想象以外没有任何能力，除了虚荣以外没有任何力量，除了鸦片以外没有任何刺激剂，除了容易激动的女性感受力以外没有任何器官了——谢林的这种真诚的青春思想，在他那里只落得一场青春幻梦，而在您那里却成了真理、现实、男子汉的事业。因此谢林是您的预先出现的模拟像，而一旦现实出来反对，这种模拟像就会烟消云散了。因此，我认为您是自然和历史的陛下所召来的、谢林的必然的和自然的对手。您同他的斗争是真哲学同假哲学的斗争。

评论：1843年夏季，马克思从科伦去克罗茨纳赫，6月19日在那里同燕妮·冯·威斯特华伦结婚。从1843年3月到9月，马克思同卢格商谈在国外出版《德法年鉴》杂志的问题。给费尔巴哈的这封信，就是与马克思打算吸收德国和法国知识界的先进代表人物为杂志撰稿有关。1843年10月底马克思移居巴黎，因为《德法年鉴》在那里出版。马克思致信费尔巴哈邀请他为《德法年鉴》创刊号撰稿。费尔巴哈是实现德法科学联盟的第一批支持者，马克思希望他支持《德法年鉴》事业，为杂志撰写一篇评论谢林的文章。在普鲁士当时的书报检查制度下，反对谢林的著作是难以出版的，谢林对哲学和神学、哲学和外交的结合，使得对他的批判不仅是真哲学对假哲学的批判，也是对当时全部政治特别是普鲁士政治的批判。信中马克思以为费尔巴哈正在写批判谢林的著作，马克思认为费尔巴哈的文章将"打响第一炮"。但是从 1843 年 10 月 25 日费尔巴哈给马克思的复信中可知，费尔巴哈在《基督教的本质》序言中提到的即将出版的批判谢林的书，并不是指他自己的著作，而是卡普的著作《弗里德里希·威廉·约瑟夫·冯·谢林》。费尔巴哈在复信中完全同意马克思信中对谢林哲学的政治评价，但是他借口忙于其他的创作计划，拒绝给《德法年鉴》寄有关谢林的文章。

11 月 21 日 致信尤利乌斯·弗吕贝尔，指出：刚刚接到您的信，但这封信看来很怪。

1. 您所说的附来的东西，除恩格斯的文章外，全都没有。而且恩格斯的文章也不全，因而也不能用。这篇文章是从第五开始的。

2. 给莫伊勒和给我的信是装在我附去的信封里，盖的是"圣路易"的邮戳。就在这个信封里装了几页恩格斯的文章。

3. 给莫伊勒的信同我的信一样，在所附信封中也未封口，上面也有别人的字迹。现在附上写有这种字迹的一页。

因此，只有两种可能。

可能法国政府截住并拆开了您的信件和您的邮包。在这种情况下，就请把所附的地址寄回。我们就要不仅对法国邮局起诉，同时还要在所有反对派报纸上报道这一事实。无论如何，您如果以后能把所有邮包寄给一个法国出版社，恐怕要更好些。不过，我们并不认为，法国政府会做出这种迄今为止只有奥地利政府做得出的卑鄙无耻的事情。

因此，还有第二个可能性，就是你们的布伦奇里和他的娄罗们干出了这种密探勾当。如果是这样，那末，1. 您应当对瑞士人起诉，2. 作为法国公民的莫伊勒，应当向内阁提出抗议。

如果你们的瑞士人做出了这种卑鄙的事情，那末我就不仅要在《改革报》、《国民报》、《和平民主日报》、《世纪报》、《信使报》、《新闻报》、《喧声报》、《商业报》和《独立评论》上，而且要在《泰晤士报》上反对他们，而如果你同意的话，我还可以用法文写成小册子来反对他们。

这些假共和派应当看到，同他们打交道的并不是放牛娃和裁缝帮工。

至于编辑部用的房子，因为我准备搬家，我尽力寻找能包括编辑部用房在内的住宅。从业务上和经济上来讲，这样都是最恰当的。

写得很杂乱，请原谅。由于心情激愤，我不能再写了。

评论：马克思愤慨地告诉弗吕贝尔，他寄来的文章缺失很多且信封未封口、有字迹，有可能被法国政府或布伦奇里一伙拆封，应当提出起诉和抗议。接着，马克思主要谈了出版《德法年鉴》杂志的情况，包括杂志的印刷时间，拒绝了赫斯、魏尔等的文章，写信联系费尔巴哈、卡普、哈根邀稿，万一被密探向政府告密的应对举措，以及编辑部用房等问题。《德法年鉴》杂志是在苏黎世弗吕贝尔出版社的印刷所里排印的。

1844 年

4 月 14 日　致信《总汇报》编辑部，指出：在德国各报上出现的关于《德法年鉴》停刊的种种谣言，使我不得不声明：瑞士的出版社由于经济原因突然拒绝这项工作，因而使杂志在最近期间不能继续出版。

评论：除了马克思在这封信中所指出的瑞士出版社由于经济原因突然拒绝出版《德法年鉴》，杂志不能继续出版之外，实际上，马克思和卢格之间的意见分歧对杂志的停刊起了很大的作用。

8 月 11 日　致信路德维希·费尔巴哈，指出：我趁此机会冒昧地给您寄上一篇我的文章，在文章中可以看到我的法哲学批判的某些成分。这一批判我已经写完，但后来又重新作了修改，以便使它通俗易懂。我并不认为这篇文章有特殊的意义，但我能有机会表示我对您的极崇高的敬意和爱戴（请允许我用这个字眼），我感到很高兴。您的两部著作《未来哲学》和《信仰的本质》尽管篇幅不大，但它们的意义，却无论如何要超过目前德国的全部著作。

在这些著作中，您（我不知道是否有意地）给社会主义提供了哲学基础，而共产主义者也就立刻这样理解了您的著作。建立在人们的现实差别基础上的人与人的统一，从抽象的天上下降到现实的地上的人类概念，——如果不是社会的概念，那是什么呢！

现在法国人会立即对这本书进行攻击，因为两派人——一派是僧侣，另一派是伏尔泰信徒和唯物主义者——都渴望着外援。值得注意的是，与十八世纪相反，现在宗教观念是在中等阶层和上层阶级的队伍中传播着，而非宗教观念——那种感到自己是人的人所固有的非宗教观念——却降临到了法国无产阶级的队伍里。您应当出席法国工人的一次集会，这样您就会确信这些受尽劳动折磨的人纯洁无瑕，心地高尚。英国的无产者也做出了巨大的成绩，但他们的文化水平不及法国人。我也不能不指出瑞士、伦敦和巴黎的德国手工业者的理论贡献。只不过德国手工业者仍然过分象手工业者。

但无论怎样，历史是会把我们文明社会的这些"野蛮人"变成人类解放的实践因素的。

对于德国人来说，要摆脱对立的片面性是很困难的，我的多年的朋友（但现在同我越来越疏远了）布鲁诺·鲍威尔在他的柏林出版的批判性报纸《文学报》中重新证明了这一点。不知您看过这个报纸没有。那里有不少隐讳的论战是反对您的。

这个《文学报》的基本特征是："批判"变成了某种超验的存在物。这些柏林人认为自己不是从事批判的人，而是由于偶尔的不幸才成为人的批判家。因此他们只承认一个现实的需要——进行理论批判的需要。因此象蒲鲁东这样的一些人遭到非难，被指责是从某种"实践的""需要"出发。因此这种批判就成了灰心丧气但又妄自尊大的唯灵论。意识或自我意识被看成是唯一的人的本质。例如，爱情之所以被否定，是因为情人在这里只不过是"对象"。打倒对象！因此这种批判认为自己是历史上唯一的积极的因素。与这种批判相对立的是作为群众、作为怠惰的群众的整个人类，群众只是作为精神的对立物才有意义。因此，对批判家来说，滔天的罪行就是具有感情或情欲——批判家应该是善于冷嘲和凛若冰霜的哲人。

因此鲍威尔的《文学报》的整个语调是没有热情的轻蔑的语调，鲍威尔这样做是比较容易的，因为他用您以及我们整个时代所获得的成果，来谴责别人。鲍威尔只是揭露矛盾，他满足于这样做，并轻蔑地"哼"一声就溜掉了。他声称，批判不会提供什么，因为它太唯灵论了。

评论：马克思给费尔巴哈寄去自己的《〈黑格尔法哲学批判〉导言》以表达崇高的敬意和爱戴，并高度赞扬费尔巴哈的《未来哲学的基本原理》和《路德所说的信仰的本质。对〈基督教的本质〉的补充》两本著作。在马克思看来，费尔巴哈这两本著作将人与人的统一建立在人们的现实差别上，将人类的概念、社会的概念从天上降到地下，给社会主义提供了哲学基础。而这样的观念会使费尔巴哈招致法国人包括僧侣以及伏尔泰信徒和唯物主义者的攻击。但法国人与德国人的特性又是对立的，前者突出情欲，后者崇尚纯思维活动，这在布鲁诺·鲍威尔于柏林出版的批判性报纸《文学报》中将"批判"变为某种超验的存在，而且是唯一的现实需要中体现得尤为明显。马克思告诉费尔巴哈他将出版一本小册子专门批判鲍威尔的唯灵论，希望费尔巴哈提供宝贵意见。

1845 年

1月12日 致信亨利希·海涅，指出：出版商列斯凯刚才到我这里来了。他在达姆斯塔德出版一种不受书报检查的季刊。我、恩格斯、赫斯、海尔维格、荣克等人都为它写稿。他要我和您商量，请您写稿——写些诗歌或散文。我相信您是不会推辞的，因为我们需要利用每一个机会在德国本国站稳脚跟。

评论：马克思邀请海涅为《莱茵年鉴》杂志撰稿。这本杂志是在达姆斯塔德出版的一种不受书报检查的季刊，马克思、恩格斯、赫斯、海尔维格、荣克等为它写稿。信中还表达了对离开巴黎、离开革命的朋友们的伤感，特别表达了同海涅离别的难过心情。

1846 年

　　5 月 5 日　致信比埃尔·约瑟夫·蒲鲁东，指出：现在我们就直接来谈正事！我和我的两个朋友，即弗里德里希·恩格斯和菲力浦·日果（他们两人都在布鲁塞尔）一起同德国的共产主义者和社会主义者建立了经常性的通讯活动，借以讨论学术问题，评述流行的著作，并进行社会主义宣传（在德国，人们可以用这种办法进行社会主义宣传）。不过，我们这种通讯活动的主要目的，是要让德国的社会主义者同法国和英国的社会主义者建立联系，使外国人经常了解德国不断发展的社会主义运动，并且向德国国内的德国人报道法国和英国社会主义运动的进展情况。通过这种方式，可以发现意见分歧，从而得以交流思想，进行无私的批评。这是文字形式的社会运动为了摆脱民族局限性而应当采取的一个步骤。而在行动的时刻，当然每个人都非常希望对外国情况了解得象本国情况一样清楚。

　　除了德国国内的共产主义者以外，住在巴黎和伦敦的德国社会主义者也将参加我们的通讯活动。我们已经同英国建立了联系；至于法国，我们一致认为，我们在那里不可能找到比您更合适的通信人了。您知道，到目前为止，英国人和德国人比您自己的同胞更看重您。

　　总之，您可以看到，问题只在于建立一种经常性的通讯活动，保证能够了解各国的社会运动，以便取得丰硕的、多方面的成果，而靠一个人的努力是永远也做不到这一点的。

　　又及：我希望您提防一下巴黎的格律恩先生。他无非是一个文字冒险家，一个妄想利用现代思想从中取利的骗子手。他企图用傲慢和狂妄的词藻来掩盖自己的无知，但是空话连篇只不过使他自己成了笑柄。除此以外，这个人很危险。他靠着自己的厚颜无耻去同一些有名的作者结识，他就滥用这种关系，把这些人当作自己的垫脚石，从而使这些作者在德国读者的眼中丧失威信。他在他的一本评论"法国社会主义者"的书里，就胆敢自称为蒲鲁东的老师（讲师——德国的一种学位），他妄称，他把德国科学最重要的原理传授给了蒲鲁东，并且对蒲鲁东的著作加以讥讽。您要留神这个寄生虫。以后我也许还会再次谈到这个家伙。

　　评论：1846 年年初，马克思和恩格斯在布鲁塞尔创立共产主义通讯委员会，通过推动德国、法国、英国和其他国家的社会主义者之间的通信，团结各国社会主义者，为建立一个国际的无产阶级政党奠定基础。在此背景下，马克思致信蒲鲁东希望他作为法国社会主义者的代表参加活动，与各国社会主义者建立一种经常性的通讯活动，以文字的形式推动世界社会主义运动发展。在马克思看来，动员各国社会主义者建立经常性的通讯活动，可以推动学术讨论和社会主义宣传，还可以增进各国社会主义者对世界社会主义运动的了解。此外，马克思还在信中提醒蒲鲁东提防格律恩，这位"文字冒险家"在他的《法兰西和比利时的社会运动》这本书中妄称是蒲鲁东的老师，讥讽蒲鲁东的著作。蒲鲁东在 1846 年 5 月 17 日给马克思的回信中拒绝参加这一活动，并宣称他反对革命的斗争方法和共产主义。

12 月 28 日 致信巴维尔·瓦西里也维奇·安年柯夫，指出：我必须坦白地对您说，我认为它整个说来是一本坏书，是一本很坏的书。您自己在来信里开玩笑地说到了蒲鲁东先生在这一杂乱无章而妄自尊大的著作中所炫耀的"德国哲学的一个角落"，但是您认为哲学之毒并没有感染他的经济学研究。我也丝毫不把蒲鲁东先生在经济学研究方面的错误归咎于他的哲学。蒲鲁东先生之所以给我们提供了对政治经济学的谬误批判，并不是因为他有一种可笑的哲学；而他之所以给我们提供了一种可笑的哲学，却是因为他没有从现代社会制度的联结——如果用蒲鲁东先生象借用其他许多东西那样从傅立叶那里借用的这个名词来表示的话——中了解现代社会制度。

他自己给了我们一把解答这个哑谜的钥匙。蒲鲁东先生在历史中看到了一系列的社会发展。他发现了实现于历史中的进步。最后，他发现，人们作为个人来说并不知道他们在做什么事情，他们误解了自身的运动，就是说，他们的社会发展初看起来似乎是和他们的个人发展不同、分离和毫不相干的。他无法解释这些事实，于是就作出假设，说是一种普遍理性在自我表现。发明一些神秘的原因即不合常理的空话，那是最容易不过的了。

社会——不管其形式如何——究竟是什么呢？是人们交互作用的产物。人们能否自由选择某一社会形式呢？决不能。在人们的生产力发展的一定状况下，就会有一定的交换和消费形式。在生产、交换和消费发展的一定阶段上，就会有一定的社会制度、一定的家庭、等级或阶级组织，一句话，就会有一定的市民社会。有一定的市民社会，就会有不过是市民社会的正式表现的一定的政治国家。这就是蒲鲁东先生永远不了解的东西，因为，当他从诉诸国家转而诉诸社会，即从诉诸社会的正式表现转而诉诸正式社会的时候，他竟认为他是在完成一桩伟大的事业呢。

这里不必再补充说，人们不能自由选择自己的生产力——这是他们的全部历史的基础，因为任何生产力都是一种既得的力量，以往的活动的产物。所以生产力是人们的实践能力的结果，但是这种能力本身决定于人们所处的条件，决定于先前已经获得的生产力，决定于在他们以前已经存在、不是由他们创立而是由前一代人创立的社会形式。单是由于后来的每一代人所得到的生产力都是前一代人已经取得而被他们当做原料来为新生产服务这一事实，就形成人们的历史中的联系，就形成人类的历史，这个历史随着人们的生产力以及人们的社会关系的愈益发展而愈益成为人类的历史。由此就必然得出一个结论：人们的社会历史始终只是他们的个体发展的历史，而不管他们是否意识到这一点。他们的物质关系形成他们的一切关系的基础。这些物质关系不过是他们的物质的和个体的活动所借以实现的必然形式罢了。

蒲鲁东先生混淆了思想和事物。人们永远不会放弃他们已经获得的东西，然而这并不是说，他们永远不会放弃他们在其中获得一定生产力的那种社会形式。恰恰相反。为了不致丧失已经取得的成果，为了不致失掉文明的果实，人们在他们的交往方式不再适合于既得的生产力时，就不得不改变他们继承下来的一切社会形式。——我在这里使用《commerce》一词是就它的最广泛的意义而言，就象在德文中使用《Verkehr》一词那样。例如：各种特权、行会和公会的制度、中世纪的全部规则，曾是唯一适合于既得的生产力和产生这些制度的先前存在的社会状况的社会关系。在行会制度及其规则的保护下逐渐积累了资本，发展了海上贸易，建立了殖民地，而人们如果想把这些果实赖以成熟起来的那些形式保存下去，他们就会失去这一切果实。所以就爆发了两次霹雳般的震动，即 1640 年和 1688 年的革命。一切旧的经济形式、一切和它们相适应的社会关系、曾经是旧的市民社会的正式表现的政治国家，当时在英国都被破坏了。可见，人们借以进行生产、消费和交换的经济形式是暂时的和历史性的形式。随着新的生产力的获得，人们便改变自己的生产方式，而随着生产方式的改变，他们便改变所有不过是这一特定生产方式的必然关系的经济关系。

这正是蒲鲁东先生没有理解、尤其是没有证明的。蒲鲁东先生无法探索出历史的实在进程，他就给我们提供了一套怪论，一套妄图充当辩证怪论的怪论。他觉得没有必要谈到十七、十八和十九世纪，因为他的历史是在想象的云雾中发生并高高超越于时间和空间的。一句话，这是黑格尔式的废物，这不是历史，不是世俗的历史——人类的历史，而是神圣的历史——观念的历史。在他看来，人不过是观念或永恒理性为了自身的发展而使用的工具。蒲鲁东先生所说的进化，是在绝对观念的神秘怀抱中发生的进化。如果揭去这种神秘辞句的帷幕，那就可以看到，蒲鲁东先生给我们提供的是经济范畴在他的头脑中的排列次序。我用不着花很多力量就可以向您证明，这是一个非常没有秩序的头脑中的秩序。

换句话说：蒲鲁东先生不是直接肯定资产阶级生活对他说来是永恒的真理。他间接地说出了这一点，因为他神化了以观念形式表现资产阶级关系的范畴。既然资产阶级社会的产物被他想象为范畴形式、观念形式，他就把这些产物视为自行产生的、具有自己的生命的、永恒的东西。可见，他并没有超出资产阶级的视野。由于他谈到资产阶级的观念时，认为它们是永恒真理，所以他就寻找这些观念的综合，寻求它们的平衡，而没有看到，现在它们达到平衡的方式是唯一可能的方式。

评论：马克思在给安年柯夫的复信中评价了蒲鲁东的《贫困的哲学》。马克思评价这本书是"一本坏书"，在这本书中蒲鲁东不是从生产力和生产关系的现实关系来理解历史、社会和人，而是把历史进程中的社会发展理解为观念或永恒理性的自我表现，把人看作观念或永恒理性发展自身的工具。因此，蒲鲁东是按照经济范畴在头脑中的活动而不是真实的历史来分析资产阶级社会的分工、机器、所有制、垄断、奴隶制等，资产阶级社会及其产物也就被视为自行产生的、永恒的存在，这种理论未能超出资产阶级的视野。在马克思看来，社会形式是与一定生产力相适应的生产、交换和消费形式，社会形式会随着生产力的发展和生产方式的改变而发生改变，人们赖以进行生产、消费和交换的经济形式是暂时的、历史性的形式，作为现实关系的抽象的范畴形式、观念形式也是暂时的、历史性的形式。由于蒲鲁东不能从生产力和社会关系的角度理解历史运动，他关于现代问题的解决方案只取决于头脑中的范畴、观念的辩证运动，把改变范畴当作改变现实社会的动力，所以马克思说蒲鲁东必定是一个"空论家"，不用对空想家改造社会的方案及其在文献上的表现抱以期待。

限于篇幅，马克思没有评价蒲鲁东对共产主义的可笑责难，但谈论了蒲鲁东对社会主义的态度。蒲鲁东虽然厌恶"绵羊般的、温情的、空想的社会主义"，但局限于小资产阶级的立场，完全无力批判空想社会主义，只能在谩骂中极力撇清关系。这是小资产阶级的矛盾所在，一方面迷恋大资产阶级的豪华，另一方面又同情底层人民的苦难。蒲鲁东自以为在资产者和人民之间寻找到真正的平衡，其实不过是把矛盾神秘化。这种小资产阶级的矛盾立场，正是资产阶级社会的矛盾的一种体现。在信的最后，马克思还向安年柯夫提到出版他的《政治和政治经济学批判》和《德意志意识形态》的困难。

1847 年

5 月 15 日 致信恩格斯，指出：你知道，福格勒已在 5 月初于亚琛被捕。这样一来，目前已没有可能出版你寄来的那本小册子。我十分喜欢这本小册子的前三分之一。另外两部分一定要作一些修改。关于这一点，留待下次详谈。

附上你的讽刺画的样张。我已把讽刺画送交《布鲁塞尔报》。

至于格律恩或他那一伙登在《特尔利日报》上的那篇真正令人作呕的文章，现在确实已经太迟；而你如果是一开始就在那个混账报纸上写两行驳斥的话就好了。

我不能去伦敦了。经济情况不允许我去。但我想我们会派沃尔弗去。这样，有你们两个人在那里，也就够了。

评论：这是目前所知的最早的一封马克思写给恩格斯的信。在信中，马克思谈到恩格斯的《德国的制宪问题》一书的出版困难和修改问题，以及恩格斯作的讽刺画。1847 年 4 月 11 日联合议会在柏林开幕时普鲁士国王弗里德里希－威廉四世发表了御前演说，恩格斯为此作了一幅讽刺画。此外，马克思还告诉恩格斯自己因经济方面的窘迫状况，不能去伦敦参加大会。马克思打算去参加 1847 年 6 月初在伦敦召开的正义者同盟的代表大会，这次代表大会以共产主义者同盟第一次代表大会载入史册。信中还嘱托恩格斯让贝尔奈斯付清欠款。信中提到的《德意志—布鲁塞尔报》，是侨居布鲁塞尔的德国政治流亡者所创办的，从 1847 年夏天马克思、恩格斯以及他们的战友在该报发表文章以后，该报就日益成了宣传革命民主主义和共产主义思想的喉舌。1847 年 9 月起，马克思和恩格斯成了该报的经常撰稿人并对该报的方针开始发生直接影响，该报成了形成中的无产阶级革命政党——共产主义者同盟的机关报。

9 月 29 日　致信威纳尔·韦尔特海姆，指出：德国的刊物现在处于何种状况，您是晓得的。书报检查几乎扼杀了每一个合理的创举。另一方面，各种观点五花八门，以致好不容易达到某种程度统一的德国著作界又面临分裂为许多地方著作界——柏林的、萨克森的、莱茵的、巴登的等等——的危险。而从这些四分五裂的著作界中又可以看出各种极不相同的宗教的、政治的和社会的观点的大杂烩。

在德国的朋友们提醒我注意，正是在这种混乱的状态下，出版一种应对所有这些派别和观点采取批判态度的综合性杂志完全符合时代的需要；不过，这种批判不能从先入为主的原则出发，相反，应当指出德国政治的、宗教的和社会的政党和派别及其著作同德国经济条件的联系；因此，在这样的杂志上起主要作用的应当是政治经济学。在德国本土出版这个杂志是不可能的，大家都有同感。所以，决定着手集股在布鲁塞尔创办这样的杂志，它的编辑工作由我主持。还决定用股票收入创办自己的排字和印刷车间，以节约生产费用。

为此目的，将在全德国推销股票——每股 25 塔勒；所以我想问一问，您和您的友人是否愿意参加？

我认为毫无疑问，只有首先阐明生产关系问题，以及从社会生活的其他领域同生产关系的联系中去考察和评价这些领域，才能对当前非常分散的德国运动，以至整个现代运动有一个清楚的认识。

评论：信中介绍了德国的刊物混乱复杂的现状，并谈了自己的一些想法。马克思打算在布鲁塞尔集股创办由他编辑的新的理论刊物，请韦尔特海姆支持，但这个想法后来没有实现。在此后的 1849 年 4 月中旬到 5 月初，马克思到德国西北部和威斯特伐利亚的一些城市游历是为了同德国各地的革命者接触和建立广泛联系，并筹集资金继续出版《新莱茵报》。

10 月 26 日　致信格奥尔格·海尔维格，指出：布鲁塞尔这里我们已建立了两个公开的民主团体。

（1）一个德国工人团体，已有成员一百人。这里进行的讨论完全是议会式的，此外也组织社交性的娱乐活动，如唱歌、朗诵、演剧等。

（2）一个比较小的国际性的民主团体，参加的有比利时人、法国人、波兰人、瑞士人和德国人。

如果你什么时候再到这里来的话，你一定会发现，在小小的比利时甚至在进行直接的宣传方面，也可以比在很大的法国做更多的事情。而且，我认为，尽管公开活动还很有限，但它对每个人都起着非常振奋的作用。

我们可能要遭到警察当局的陷害，因为现在掌权的是自由派内阁，而自由派是不会改变自己的本性的。但是我们能够对付他们。这里的情况不象巴黎那样，在那里外国人是孤立地同政府对抗。

因为你本来早就欠我一封信了，我请你这一次克服不愿写信的毛病，赶快给我回信。此外，我想请你问一下巴枯宁，通过什么途径，按照什么地址，用什么方式我能够把一封信寄到托尔斯泰手里？

评论：马克思提到在布鲁塞尔已经建立的两个公开的民主团体，一个是由马克思和恩格斯于 1847 年 8 月底建立的德意志工人协会，协会的主旨是对侨居比利时的德国工人进行政治教育和向他们宣传科学共产主义思想。在马克思和恩格斯的影响下，该协会成为团结比利时无产阶级革命力量的合法中心。另一个是 1847 年秋成立的民主协会，协会的主旨是团结无产阶级革命者（主要是德国的革命流亡者）、资产阶级和小资产阶级的民主派的先进分子。马克思和恩格斯对协会的成立起到积极作用。在他们的影响下，该协会成为国际民主主义运动的中心之一。协会中的优秀分子加入了共产主义者同盟的布鲁塞尔支部。协会在建立布鲁塞尔民主协会方面起了重要的作用。1848 年法国二月革命后不久，3 月初马克思被驱逐出布鲁塞尔和协会中最革命的分子遭到比利时当局逮捕和驱逐出境以后，协会的活动就变成比较狭窄和纯地方性的了，到 1849 年活动实际上已告停止。此外，马克思还提到计划与德国国内的德国人合股创办一家月刊性的评论杂志和一家印刷厂的事情，并托海尔维格联系巴枯宁询问托尔斯泰的联系方式。

12 月 9 日　致信巴维尔·瓦西里也维奇·安年柯夫，指出：党的事情（我在这里不能详述），促使我前来伦敦。同时我也利用这次伦敦之行，建立了布鲁塞尔民主协会同英国宪章派之间的联系，并在一个公开的集会上对英国宪章派讲了话。您也许已经看到英文和法文报纸上对此所作的一些报道。

不过，我踏上旅途后（我还得在这里呆几天），却把我的家庭撇在极其艰难和无望的困境之中。问题还不仅是我的妻子和孩子们都在生病。我的经济状况目前也十分危急，我的妻子可以说正受到债主们的围攻，她遇到了极端严重的经济困难。

怎么会落到这样危急的地步呢，原因很简单。我的德文手稿没有全部印出来。已印出来的那部分，只是为了能够问世，我答应不拿报酬。我反对蒲鲁东的那本小册子销路很好。但是要到复活节我才能拿到其中的一部分收入。

评论：马克思告诉安年柯夫自己 1847 年 11 月底与恩格斯前往伦敦的目的是参加共产主义者同盟第二次代表大会，同时建立布鲁塞尔民主协会同英国宪章派之间的联系，并在 11 月 29 日"民主派兄弟协会"为纪念 1830 年波兰起义纪念日举行的伦敦国际大会上发表讲话。马克思也提到自己家庭极其艰难和危急的经济状况，燕妮正遭受债主们的围攻。而造成这种困境的原因之一是《德意志意识形态》的出版困难，以及《哲学的贫困》的稿费没有及时收到。马克思希望安年柯夫能够施以援手帮助他们克服经济困难。

1848 年

11 月中　致信恩格斯，指出：我的钱勉强够用。我这次旅行中弄来一千八百五十塔勒：从波兰人那里得到一千九百五十，旅途中用了一百。预支给报纸一千塔勒（包括我付给你和其他流亡者的预支金）；这个星期还要付机器费五百。剩余三百五十。同时，我还没有从报纸得到一文钱。

至于你们的编辑职务，我这样做了：（1）在第 1 号报上就立即指明，编辑委员会原有成员不变；（2）向愚蠢而反动的股东们声明：他们可以随意把你们不再看做编辑部的人员，但我有权随意付出我所要给的稿费，所以，他们在金钱上将丝毫占不了便宜。

本来，不向报纸投入这样大笔款子，对我更加合理些，因为我被三四起违反出版法的诉讼案所缠，每天都可能被捕，那时我就会象鹿渴求清水那样渴求金钱了。但是问题在于，在任何情况下都要坚守住这个堡垒，不放弃政治阵地。

我能把你丢开不管吗？哪怕是一会儿，那也是纯粹的幻想，你永远是我的最知心朋友，正象我希望的我是你的最知心朋友一样。

评论：马克思在信中谈及寄给恩格斯的钱，以及为继续出版《新莱茵报》筹到的资金及其使用情况。1848 年 8—9 月，马克思为了取得继续出版《新莱茵报》的资金，到柏林和维也纳旅行了一次。马克思在同波兰的民主主义者洽谈后，从弗·科斯策尔斯基那里得到两千塔勒。尽管马克思正被三四起违反出版法的诉讼案缠身，但他仍将大笔资金投入报纸的出版中。这封信不仅体现出马克思和恩格斯之间的相互扶持和伟大友谊，而且体现了马克思对《新莱茵报》这个堡垒和政治阵地的重视，以及对共产主义事业的无私奉献。

1849 年

3 月 3 日　致信恩格斯上校，指出：于是，这两位军士先生就向我声明，如果我不把"这个人"说出来，"交出来"，他们就"再也不能约束他们的人"，事情就可能"严重了"。我回答这两位先生说，用威胁和恐吓从我这里是根本得不到什么东西的。之后，他们就嘟囔着走了。

如果连队象一帮土匪一样派代表到个别市民那里去，想用威胁手段来迫使他们做这样或那样的供认，那末纪律一定松弛到了严重程度，法制观念大概完全没有了！我特别不明白"我们再也不能约束我们的人"这句话的意思。难道这些"人"有自己的司法权？难道这些"人"除了法律上的起诉手段以外还有其他手段？

上校先生，我请您对这一事件进行调查，并把这种奇特的蛮横要求给我解释清楚。如果迫使我诉诸舆论，那是令人遗憾的。

评论：马克思致信第二卫戍司令恩格斯上校请他调查自己被威胁和恐吓的事情。1849 年 2 月 28 日《新莱茵报》第 233 号附刊一篇没有署名的简讯，指责第十六步兵团第八连上尉冯·乌滕霍芬滥用公家燃料和用公家燃料作投机买卖。这个步兵团第八连两位军士找到马克思家里，威胁马克思说出文章作者的名字，引起马克思的强烈抗议。

6 月 7 日　致信恩格斯，指出：在这封信中不准备和你详谈。首先你应该回信告诉我，这封信到达时是否完好无损。我想，人们又要兴高采烈地拆阅信件了。

这里是保皇主义反动派统治着，比在基佐时代更无耻，只有 1815 年以后的时期能与之相比。巴黎是一片阴沉气氛。而且霍乱异常猖獗。尽管如此，革命火山口的大爆发从来没有象现在的巴黎这样逼近。这一点以后再详谈。我正同全体革命派会晤，过几天我就将掌握所有的革命报刊。

至于这里的普法尔茨—巴登的使节们，布林德由于被真的或假的霍乱病吓倒，已经搬到离巴黎有几小时路程的村庄上去了。

关于许茨，这里要指出以下情况：

（1）临时政府把他置于虚假的地位，不给他寄任何情报。法国人要求提供实情，而谁也不写东西给他，他从哪里取得实情呢？他必须尽可能经常地得到文件。显然，目前他是什么也做不成的。唯一能达到的是迷惑普鲁士政府，因为许茨能时常同山岳党的领袖们会晤。

（2）普法尔茨的临时政府的第二个不可原谅的错误是，有人背着官方的使节授予一伙卑鄙的德国人以这样或那样的使命。必须坚决制止，以便使许茨起码能够在山岳党人面前保持自己的体面，而这正是目前他的使命的全部涵义（对普鲁士来说）。

许茨一般来说消息相当闭塞，这是不言而喻的，因为他只是同某些官方的山岳党人来往。但我将经常使他熟悉情况。

评论：《新莱茵报》被查封后，马克思和恩格斯于 1849 年 5 月下半月前往美因河畔法兰克福，试图在那里唤起全德国民议会的小资产阶级的代表采取坚决行动维护革命成果，从那里他们又前往当时发生维护帝国宪法起义的德国西南部。然后马克思于 1849 年 6 月初以民主主义者中央委员会的代表资格前往巴黎。而恩格斯在当时普法尔茨临时政府的所在地凯则尔斯劳顿逗留不久，又从那里前往欧芬巴赫，加入巴登—普法尔茨的革命军。在信中，马克思提出希望在《卡尔斯卢厄日报》或《曼海姆晚报》的通讯中直截了当地说明，他是作为民主主义者中央委员会的代表去巴黎的。在信的开头，马克思向恩格斯讲述了自己的"巴黎印象"，此时的巴黎被保皇主义反动派统治着，气氛阴沉，霍乱猖獗，革命日益逼近。接着，马克思谈到许茨在普法尔茨的临时政府中的作用和局限。1849 年 5 月，萨克森、莱茵普鲁士、巴登和普法尔茨在维护宪法的口号下爆发了起义。但是，法兰克福的国民议会没有给起义者任何支援。1849 年 7 月，运动终于被镇压下去。在恩格斯的著作《德国维护帝国宪法的运动》和《德国的革命和反革命》中对维护帝国宪法的运动作了评述。信中还谈到《科伦日报》关于普法尔茨运动的小品文，希望恩格斯在相关报纸的通讯中作出回应。

　　7 月 31 日　致信斐迪南·弗莱里格拉特，指出：我向你承认，拉萨尔的行为使我非常吃惊。我个人曾向他求援，因为我自己也曾把钱借给伯爵夫人，另一方面，我也知道拉萨尔对我是不错的，所以我根本没有料到会这样使我难堪。相反地，我曾经请他千万不要张扬出去。我宁愿过最贫困的生活，也不愿公开求乞。为此我给他写过信。

　　这件事真叫我说不出的生气。

　　我们来谈谈政治吧，因为这可以摆脱一切个人不愉快的事。瑞士的情况愈来愈复杂，而现在意大利方面又加了一个萨瓦问题。看来奥地利打算在不得已时，用牺牲意大利来弥补它在匈牙利的失利。但是，如果现在的法国政府容许萨瓦并入奥地利，它就会把自己置于死地。法国议会的多数派正处于明显的瓦解中。右派分裂为纯菲力浦派、与菲力浦派一起投票的正统派，以及最近和左翼一起投票的纯正统派。梯也尔之流的计划就是要使路易-拿破仑执政十年，直到巴黎的伯爵成年，然后再代替他。如果国民议会——几乎是肯定了——再征收酒税，那就会使所有的葡萄酒酿造者起来反对它。它的每一个反动措施都会使一部分居民脱离它。

　　但是目前主要的问题是英国。不要对以科布顿为公认首领的所谓和平派空抱希望。也不要对英国人在全国举行集会时对匈牙利人所表示的"无私的热情"空抱希望。

　　和平派不过是自由贸易派的一种打扮。二者内容相同，目的相同，首领相同。就象自由贸易派在国内攻击贵族，以废除谷物法和航海法来破坏贵族的物质基础一样，现在，他们又攻击贵族的对外政策，攻击它在欧洲的联系，企图破坏神圣同盟。英国的自由贸易派是激进的资产者，他们为了毫无限制地进行统治，想同贵族彻底决裂。他们没有想到，这样一来，他们就违背自己的意志，把人民引上了舞台，使人民获得政权。不用中世纪的战争，而只用贸易战争来剥削各国人民——这就是和平派的口号。科布顿在匈牙利问题上的行动是直接由一些实际理由引起的。现在俄国想签订一个借款协定。科布顿这个工业资产阶级的代表，禁止金融资产阶级签订这种协定,在英国是工业统治银行,而在法国却是银行统治工业。

科布顿对俄国人进行了比邓宾斯基和戈尔盖所进行的更可怕的战斗。他揭露了俄国人财政方面的穷困状况。他说,俄国人是最贫穷的民族。西伯利亚矿山每年只给国家七十万英镑,而国家所收的酒税却比这大十倍多。诚然,彼得堡银行地下室里的金银储藏量达一千四百万英镑,但它却是八千万英镑纸币流通的金属储备。因此,如果沙皇动用银行地下室的储备,那他就会使纸币贬值,而在俄国国内引起革命。傲慢的英国资产者叫喊道:可见没有我们的贷款,这个专制主义的庞然大物是动弹不了的,而我们什么也不给它。我们用纯粹资产阶级的办法再进行一次资产阶级反对封建专制主义的战争。金牛犊比坐在世界宝座上的其他一切蠢牛都有力量。当然,在匈牙利问题上,英国的自由贸易派也有直接的利害关系。他们不是采取迄今实行的奥地利的封锁政策的做法,而是同匈牙利签订贸易条约和进行某种自由贸易。他们深信,他们现在悄悄地积极提供给匈牙利人的钱,将会通过贸易的途径带着利润和利息回到他们手里来。

英国资产阶级对大陆专制主义所采取的这种立场,是与它从 1793 年到 1815 年所进行的反对法国的斗争完全相反的。这一发展过程是值得特别注意的。

评论:马克思在这封信中谈论了 19 世纪 40 年代末欧洲的政治状况。他简要提及瑞士、意大利、奥地利、法国等国的政治状况,着重分析了英国的政治状况以及英国和平派在俄国借款问题、匈牙利问题上的态度。马克思认为,英国以科布顿为首领的和平派不过是自由贸易派的一个变体,两者具有相同的内容、目的和首领,都为了实现资产阶级的无限制统治,要同贵族彻底决裂。在俄国问题上,英国自由贸易派禁止金融资产阶级与俄国签订借款协定,而是主张进行一次资产阶级反对封建专制主义的战争。在匈牙利问题上,英国自由贸易派要同匈牙利签订贸易条约和进行自由贸易,希望通过提供资金和自由贸易的方式赚取利息和利润。英国资产阶级对大陆专制主义的反对体现出其特殊的阶级利益诉求。

8 月 1 日左右 致信恩格斯,指出:我全家都在这里。政府曾经要把我驱逐到摩尔比安,这个布列塔尼的朋齐维沼地去。直到现在我拒不执行。但如果你想要我把我在这里的情况和总的形势较详细地写信告诉你,你就必须告诉我一个更可靠的通讯处,因为这里很紧张。

你现在有极好的机会就巴登—普法尔茨革命写一部历史或一篇抨击性文章。如果没有你参加这次战争,我们是不能就这种滑稽戏提出我们的看法的。你在这样做的时候可以很好地表达《新莱茵报》对民主派的总的态度。我确信这种著作会有价值,并且会给你弄来些钱。

我已经开始商谈在柏林出版一种定期的政治经济杂志(月刊),写稿的主要应该是我们两人。

评论:马克思告知自己被政府驱逐的情况,他希望恩格斯利用参加巴登—普法尔茨革命的经历，写一部历史或一篇抨击性文章，表达《新莱茵报》对民主派的总的态度。马克思谈到正在商谈在柏林出版一种主要由马克思和恩格斯撰稿的政治经济杂志，即《新莱茵报。政治经济评论》。这本杂志作为共产主义者同盟的理论和政治机关刊物，将成为马克思和恩格斯在1848—1849年革命期间出版的《新莱茵报》的延续。后来这本杂志从1850年3月到11月共出版6期，发表了马克思的《1848年至1850年的法兰西阶级斗争》、恩格斯的《德国维护帝国宪法的运动》和《德国农民问题》，总结了1848—1849年革命，阐述了革命的无产阶级政党的策略和任务。

8月17日　　致信恩格斯，指出：这里的总的形势，我可以用两句话给你描绘一下：多数派分裂成原来的、互相敌对的分子，波拿巴主义永远声名扫地，农民因保存四十五生丁税而怨恨，葡萄酒酿造者因受到保存酒税的威胁而狂怒，舆论中重新出现反对反动的气流，在延期召开的议会中和在内阁中正在形成反动派的清一色统治，他们正忙于把巴罗—杜弗尔集团赶出内阁。这事一旦发生，你就可以期望革命即将复兴了。

我不知道，你在瑞士是否有可能观察英国的运动。英国人正是从运动被二月革命所中断的那个地方重新开始了自己的运动。正象你知道的那样，和平派无非是自由贸易派的一种新打扮。不过，工业资产阶级这一次比在反谷物法同盟的运动时期还要革命些。这有两个方面：（1）由于取消谷物法和航海法而在对内政策方面受到严重打击的贵族，在它的对外政策方面，即在它同欧洲的关系方面，也将被摧毁。这与皮特的政策完全相反。反对俄国、奥地利、普鲁士，一句话，支持意大利和匈牙利。科布顿认真地以发动抵制来威胁那些要给俄国贷款的银行家，从而对俄国的财政展开了真正的征讨。（2）进行争取普选权的运动，以便在政治上使佃农完全脱离土地贵族，让城市在议会中占绝对多数，使上院不起任何作用；搞财政改革，以便限制教会和减少贵族的政治收益。

在这两方面的运动中，宪章派和自由贸易派都是联合在一起的。哈尼和帕麦斯顿看起来相安无事。在伦敦的最近一次群众大会上，奥康瑙尔和汤普逊上校完全一致。

这次对封建制度和神圣同盟的经济征讨战可能产生完全预料不到的后果。

评论：马克思在信中谨慎地谈到了巴黎的形势，担心通信秘密是否能保证。1849年6月13日小资产阶级政党山岳党在巴黎组织了一次和平示威，抗议总统和立法议会的多数派破坏法兰西共和国的宪法。这次示威被军队几乎不费力地就驱散了，并证实了法国小资产阶级民主主义的破产，马克思的文章《六月十三日》和《1848年至1850年的法兰西阶级斗争》分析了当时的情况。在这种形势下，马克思期待革命在法国的复兴；信中分析了英国的运动，指出英国工业资产阶级比反谷物法同盟运动时期更为革命，取消谷物法和航海法使贵族受到严重打击；信中还评价了普鲁士的现状，认为普鲁士会在参与必将演变为一场普遍战争的匈牙利事件中走向灭亡。

8 月 23 日 致信恩格斯，指出：我要被驱逐到摩尔比安省，这个布列塔尼的朋齐维沼地去。你知道，我不会同意这个变相的谋杀。所以我要离开法国。

去瑞士不给我护照，所以我必须去伦敦，而且就在明天动身。瑞士本来会很快被严密地关闭起来，老鼠会一下子全被捉住的。

此外，我在伦敦创办德文杂志有肯定的希望。一部分钱已有保证。

所以，你必须立即前往伦敦。而且你的安全也要求这样做。普鲁士人会枪毙你两次：（1）由于巴登；（2）由于爱北斐特。你在瑞士什么也不能干，何必在那里呢？

评论：由于被政府驱逐到摩尔比安省，马克思决定离开法国，去伦敦，希望恩格斯出于安全考量，也立即前往伦敦。1849 年 8 月底，马克思来到伦敦，居住在这里直到逝世。而恩格斯于 1849 年 11 月来到伦敦。在伦敦期间，马克思和恩格斯致力于恢复共产主义者同盟的工作，并于 1850 年 3 月合写了《中央委员会告共产主义者同盟书》，总结 1848—1849 年的革命经验。

12 月 19 日 致信约瑟夫·魏德迈，指出：我已不记得是什么时候给你写的信了。日常生活的种种烦恼，各种各样的事务以及我写信时动作困难，这就是我长期沉默的原因。经过种种波折，现在我终于把我的杂志安排妥了，我在汉堡找到了印刷厂主和发行人。一般说来，整个事情都要用私人的经费进行。糟糕的是，在德国在能够开印以前，总是要费许多时间。我几乎不怀疑，还没有来得及出三期或许两期月刊，世界大火就燃烧起来，而《政治经济学》连写完草稿的机会也没有了。

目前在英国这里，正在开展一个极其重要的运动。一方面是保护关税派进行宣传，这种宣传受到狂热的农村居民的支持（谷物自由贸易的后果开始象我在几年前所预言的那样表现出来了）。另一方面是自由贸易派从自己体系中作出进一步的政治和经济结论，他们在对内政策方面是财政改革和议会改革派，而在对外政策方面，又是和平派。而最后是宪章派，他们同资产阶级一起反对贵族，同时又更加起劲地开展了他们这一派反对资产者的斗争。如果象我所希望的那样（这种希望不是没有可靠根据的），托利党在内阁中代替了辉格党，那末，这些党派之间就会发生大规模的冲突。宣传的外部形式就会更有革命性，更加激烈。

大陆上另一个还没有明朗化的事件，就是工业、农业和商业的大危机即将到来。如果大陆上的革命延迟到这个危机爆发的时候，那末，英国也许一开始就会成为（即使不是出于本意）革命大陆的同盟者。我认为，革命过早爆发（除非它是直接由俄国的干涉所引起），是一种不幸，因为现在正好是贸易日益扩大的时候，法国、德国等地的工人群众，以及整个小店主阶层等，也许在口头上是革命的，但是实际上当然不是如此。

你想必已经知道，我的妻子给世界增添了一个公民。她要我向你和你的夫人衷心问好。我也向你的夫人衷心问好。

　　又及：你能否给我弄到公民亨策的地址？

　　你从报上可以看到臭名远扬的海因岑愚蠢的大话。德国的革命把这个家伙毁灭了。要知道，在革命以前他的作品有一定的吸引力，因为小资产者和商品推销员喜欢看这些白纸黑字印出来的蠢事和大话，他们自己就是坐在小酒馆里吃着乳酪和饼干，十分神秘地干这种蠢事，说这种大话的。现在他想在政府面前损害其他居住在瑞士和英国并积极参加革命的流亡者的声誉，来挽回他自己的面子。他大吵大闹，并且威胁说，不久以后要在进早点的一刻功夫吞掉千百万人，力图以此获得一种有利可图的殉道者的光荣。

　　评论：马克思在信中告诉魏德迈《新莱茵报。政治经济评论》的出版情况和订阅情况，邀请他为杂志撰稿介绍南德意志的情况，并询问他对蒲鲁东、勃朗和比埃尔·勒鲁之间争论的看法。马克思还向魏德迈介绍了英国和大陆的政治情况，认为革命的形势日益逼近。在英国，保护关税派、自由贸易派、宪章派之间各具立场，潜伏着大规模冲突的危机。保护关税派支持关税保护，得到农村居民的拥护；自由贸易派对内支持财政改革和议会改革，对外政策是和平派立场；宪章派不仅同资产阶级一起反对贵族，同时也反对资产阶级。而大陆上，工业、农业和商业的大危机即将到来。马克思认为，如果大陆上的革命与危机同时爆发，英国就会成为革命大陆的同盟者。但他并不认为革命过早爆发是一件好事，因为当时正处于贸易扩大化的时期，工人群众等人的革命意愿并不强烈。信的末尾，马克思告诉魏德迈一个好消息，那就是亨利希·格维多·马克思的出生。在信的附言中，马克思还谈论了对于海因岑的看法。

1850 年

　　6 月 27 日　致信约瑟夫·魏德迈，指出：请寄钱给瑙特。这家伙是个诚实的笨驴。下一次我将向你说明情况。不要为我妻子那些激动的信生气。她给孩子喂奶，而我们这里的处境又格外艰难，忍耐不住是情有可原的。

　　吕宁的批评（我看到了第一篇和第二篇）证明，他不懂得他要批评的东西。我也许要在我们的《评论》上给他作一些说明。

　　今天是个重要的日子。内阁可能今天倒台。这样一来，一个真正的革命运动将在这里开始。我们个人很可能是托利党的第一批牺牲品。早已决定的驱逐出境，那时也许就会执行。

　　评论：马克思在这封简短的信中提及三个事情。一是解释燕妮在 1850 年 5 月 20 日写给魏德迈的长信是处境所迫。燕妮在这封长信中讲述了日常琐事的困扰、经济状况的极端困难、被驱逐流亡的境遇、身体的折磨、债主围攻的窘迫等情况,请求魏德迈把《新莱茵报》的报酬寄给马克思。二是提及吕宁对《新莱茵报》的批评。吕宁在《新德意志报》上评论了巳出版的四期《新莱茵报》,特别针对马克思的《1848 年至 1850 年的法兰西阶级斗争》和恩格斯的《德国维护帝国宪法的运动》两部著作,歪曲他们关于无产阶级专政和消灭阶级差别的观点。后来马克思在《致〈新德意志报〉编辑的声明》中回应了这种批评。三是认为 6 月 27 日可能是内阁倒台的重要日子,真正的革命运动即将开始。而自己也有可能在这时被驱逐出英国。

6 月 30 日 致信流亡者会议主席,指出:当资产阶级的所有走狗攻击六月革命时,我公开地捍卫了这些恐怖的日子,我认为,这些日子是工人阶级反对资本家阶级的斗争的最伟大的表现。

我今天没有出席流亡者的这个庆祝集会,是因为我身体不适,不能到你们那里去;但是我的心是和你们在一起的。

评论:马克思致信流亡者会议主席,一是谈及对于六月革命的看法,二是解释因身体原因不能参加流亡者庆祝六月革命的集会。1848 年 6 月 23—26 日,巴黎无产阶级起义。马克思认为六月革命是工人阶级反对资产阶级的斗争的最伟大表现,后来列宁称之为无产阶级和资产阶级之间的第一次国内战争。

12 月 2 日 致信海尔曼·贝克尔,指出:1. 你知道,舒贝特先生把我们的《评论》办得多么糟糕。我想,最近几天,他那里就要出版最近两期。我希望这个刊物(从二月份起)作为季刊继续办下去,每个季度二十印张。更大的篇幅就有可能容纳更加丰富多采的材料。你能否承担出版的责任?需要什么条件?

2. 我的一位朋友把我一本反对蒲鲁东的书从法文译成了德文,并为它写了一篇序言。为此我向你提出同上面一样的问题。

3. 我拟了一个计划,准备给读者提供一套由若干篇幅不大的小册子组成的现代社会主义文献。在三月份以前,还不能开始这样做。如果你愿意承担这件事,那末现在就可以做些准备工作。我以为,德国的读者在最近从高级政治中获得令人快慰的经验以后,将逐渐地不得不转而关注现代斗争的真正内容。

评论:马克思谈到三个出版计划,询问贝克尔是否能够承担出版责任以及相关出版条件。这三个出版计划:一是把《新莱茵报》作为季刊办下去,每个季度二十印张,以便容纳更多内容;二是皮佩尔用德文翻译的《哲学的贫困》;三是一套由若干篇幅不大的小册子组成的现代社会主义文献。

1851 年

1 月 7 日　致信恩格斯，指出：现在从头说起，你知道，根据李嘉图的地租理论，地租不过是生产费用和土地产品的价格之间的差额，或者，按照他的另一种说法，不过是最坏的土地的产品为补偿它的费用（租佃者的利润和利息总是算在这种费用里面的）所必需的出售价格和最好的土地的产品所能够得到的出售价格之间的差额。

依照他自己对他的理论的解释，地租的增加表明：

1. 人们不得不耕种越来越坏的土地，或者说，连续使用于同一块土地的同量的资本获得的产品不一样。一句话：人口对土地的要求愈多，土质就变得愈坏。土地变得相对地愈来愈贫瘠了。这恰恰为马尔萨斯提供了他的人口论的现实基础，而他的学生们现在也在这里寻求得救的一线希望。

2. 只有当谷物价格上涨时，地租才能（至少在经济学上是合乎规律地）提高；当谷物价格下跌时，地租必定降低。

3. 全国的地租总额如果增加，这只是由于很大数量的相对地坏的土地被耕种了。

可是，这三个论点处处都是和历史相矛盾的。

1. 毫无疑问，随着文明的进步，人们不得不耕种越来越坏的土地。但是，同样毫无疑问，由于科学和工业的进步，这种较坏的土地和从前的好的土地比起来，是相对地好的。

2. 自 1815 年以来，谷物的价格从九十先令下降到五十先令，而在谷物法废除以前，还降得更低，这种下降是不规则的，但是不断的。而地租却不断地提高。英国是这样。大陆上到处也有相应的变化。

3. 我们在各个国家都发现，象配第曾经指出的：当谷物价格下跌时，国内地租的总额却增加了。

在这里，主要问题仍然是使地租规律和整个农业的生产率的提高相符合；只有这样，才能解释历史事实，另一方面，也才能驳倒马尔萨斯关于不仅劳动力日益衰退而且土质也日益恶化的理论。

由此得出结论：

1. 虽然土地的产品的价格下跌，地租却能提高，而李嘉图的规律仍然是正确的。

2. 李嘉图用一个最简单的命题提出来的地租规律（撇开从它引伸出来的结论不谈），不是以土壤肥力的递减为前提，而仅仅是以（尽管随着社会的发展土壤肥力普遍地日益提高）土壤肥力各不相同或连续使用于同一土地上的资本所产生的结果各不相同为前提。

3. 土地的改良进行得愈普遍，被改良的土地的种类就愈多，虽然谷物的价格普遍下跌，全国的地租总额能够增加。拿上面的例子为例，这里的关键只是在于：生产二十六蒲式耳（每蒲式耳五先令）以上但不一定是恰好生产三十蒲式耳的土地数目有多少，也就是说，介于最好和最坏之间的土地的质量有多少种。这和最好的土地的地租率没有关系。这和地租率根本没有直接的关系。

你知道，地租问题的根本实质就在于：地租是由于使不同的生产费用所得到的产品的价格平均化而产生的，但是这种市场价格规律不过是资产阶级竞争的规律而已。此外，即使在资产阶级的生产被废除以后，仍然会存在这样的问题：土地相对地愈来愈贫瘠，连续使用同样的劳动所创造的东西愈来愈少，虽然那时和在资产阶级制度下不同，最好的土地所提供的产品将不会和最坏的土地所提供的产品一样贵了。可是依照上面所说，这种顾虑就消除了。

评论：这是迄今所知最早的一封马克思就讨论政治经济学问题写给恩格斯的信。在信中，马克思阐释了新的地租理论。他指出李嘉图地租理论处处与历史相矛盾，土地肥力没有随着人口的增长而递减，谷物价格不是影响地租的唯一要素，全国地租总额的增加不只是由于相对坏的土地被耕种了。他认为，问题在于使地租规律和整个工业的生产率的提高相符合。马克思通过引入科学和工业的进步对农业生产率及由此对地租产生的影响，总结出地租问题的根本实质。

信中，马克思还告知自己对某些流亡者建议的拒绝。德国民主派流亡者格罗斯、希奈和威尔海米曾于 1850 年年底从辛辛那提写信建议马克思和恩格斯无报酬地给所谓"进步的论战文集"和这些民主派所筹划的机关刊物《社会民主主义者》和《农民共和国》撰稿。马克思和恩格斯看出某些流亡者企图利用他们的困境来达到自己发财的目的，所以拒绝了这个建议。

2 月 3 日 致信恩格斯，指出：由此可以明白一个道理：因为纸币必然重复金属货币的运动，因为在这种情况下人为的调节必将取代在另一种情况下起作用的自然规律，所以每当贵金属流进时英格兰银行就要增加银行券的发行（例如，通过收购国家有价证券、国库期票等手段），而金属储备减少时，它就要通过缩减自己的贴现业务或抛售国家证券的办法来减少银行券的发行。而我却认为，银行应当做的恰好相反，也就是说，当金属储备减少时，应当扩大自己的贴现业务，而当金属储备增加时，贴现业务仍应照常进行，以避免不必要地加剧即将到来的商业危机。不过，这个问题下次再谈。

我在这里要谈的是有关这个问题的基本原理。我断定，除了在实践中永远不会出现但理论上完全可以设想的极其特殊的情况之外，即使在实行纯金属流通的情况下，金属货币的数量和它的增减，也同贵金属的流进或流出，同贸易的顺差或逆差，同汇率的有利或不利，没有任何关系。图克提出了同样的论断，但是我在他 1843—1847 年出版的《价格史》一书中没有发现任何的论述。

你知道，这个问题是重要的。第一，这样一来，从根本上推翻了整个的流通理论。第二，这证明，信用制度固然是危机的条件之一，但是危机的过程所以和货币流通有关系，那只是因为国家政权疯狂地干预调节货币流通的工作，从而更加加深了当前的危机，就象 1847 年的情况那样。

应当指出，在下面的论述中，我的出发点是：贵金属的流进是同物价还不高但正在上涨，资本有剩余，出口超过进口等兴旺景象相联系的。而黄金的流出则同相反的条件，相应的变化相联系。那些同我论战的对手也是从这个前提出发的。他们根本无法反驳这一点。其实，可以举出一千零一个例子来说明，在输出黄金的国家，虽然其他商品的价格大大低于那些输入黄金的国家，但是其黄金仍然外流。例如，在 1809—1811 年和 1812 年英国就是这种情况，等等。不过，总的前提，第一，抽象说来是正确的，第二，货币流通学派的好汉们是可以接受的。因此在这里暂时不必争论。

评论：在信的开头，马克思对恩格斯在之前来信中对他的新地租理论保持沉默表达不满，也对恩格斯认同这一理论表示满意。在这封信中，马克思主要讨论货币流通理论。他认为，依据李嘉图等人的货币流通理论得出的结论，即在实行纯金属流通的情况下，金属货币的增减受到贵金属流动的影响，是不正确的。马克思关于金属储备对货币流通毫无影响的观点，完全推翻了李嘉图等人的货币流通理论，重新诠释了信用制度、货币流通等与危机的关系。

2 月 10 日　致信恩格斯，指出：事情的经过是这样的。

教堂街正安排 2 月 24 日宴会，邀请了勃朗、赖德律－洛兰，其中还有朗道夫。路易·勃朗为了向赖德律－洛兰显示他还得到一个世界主义的委员会的支持，为了惩罚教堂街把他和赖德律"同等"看待，正在从大磨坊街协会和堕落的波兰人光顾的小酒馆招募自己的队伍。

又是一招！你对此有什么看法？

几天以前，教堂街接到一份参加 2 月 24 日盛大宴会的铅印的请客通知（同时也是宣言），第一个署名的是朗道夫，紧接着沙佩尔的是路·勃朗。教堂街大为恼怒！大磨坊街欣喜若狂！

路易·勃朗在通知的宣言中不是以某个民族的名义讲话，而是以自由、平等、博爱这个永恒公式的名义和精神讲话。使我不快的只是我欠朗道夫一英镑半，现在必须马上通过沃尔弗送还。

评论：马克思认同恩格斯提出的反对路易·勃朗的观点，还指出朗道夫、路易·勃朗同维利希—沙佩尔联合起来了。维利希—沙佩尔的拥护者反对马克思和恩格斯的斗争策略，不考虑欧洲的现实局势而坚持立即发动革命的宗派冒险主义的策略，导致共产主义者同盟中央委员会关于策略问题的原则分歧尖锐化，而马克思和恩格斯以及拥护者在 1850 年 9 月就退出了伦敦德意志工人教育协会。朗道夫、路易·勃朗同维利希—沙佩尔的联合说明这种革命的冒险主义在当时的影响较大。信中提到的伦敦教堂街是法国社会民主主义者兄弟协会的所在地。

伦敦德意志工人教育协会设在大磨坊街，在共产主义者同盟分裂以后，维利希—沙佩尔的拥护者聚集在这里。根据马克思和恩格斯的指示，新的科伦中央委员会于 1850 年 12 月起草了同盟的新章程。由于警察对同盟盟员的迫害和逮捕，共产主义者同盟在德国的活动实际上在 1851 年 5 月就停止了。科伦共产党人案件后不久，1852 年 11 月 17 日，同盟根据马克思的提议，宣布解散。

2 月 23 日　致信恩格斯，指出：现在在这里的泰西埃·杜·莫太告诉我，路易·勃朗的事情原来是这样：

教堂街协会假称自己是一个救济法国政治流亡者的慈善团体。赖德律－洛兰、路易·勃朗、亚当，总之，所有的人都在这个借口之下参加了这个团体。章程规定不过问政治。2 月 24 日马上就要到了。你知道，对于这种出风头的机会，法国人很早就很隆重地进行了准备，就象孕妇对待即将来临的分娩一样。他们说，即使协会只具有慈善的性质，但是它的成员作为法国人也应该庆祝 2 月 24 日。于是便确定某个晚上讨论这件大事。赖德律和勃朗两人当天晚上都出席了。后者发表了一篇早已准备好的、精心炮制的、伪善的演说，他力图证明，政治性的宴会违背这个团体的章程，这种宴会只能向法国表明这个团体内部存在的分歧等等。科西嘉的这位侏儒在关于博爱的悲鸣中，对赖德律和马志尼不让他参加临时政府大发牢骚。他得到了回答。尽管他发表了自己觉得十分得意的演说，还是决定举行宴会。

这样，堂堂的哈尼便成了普通的阴谋的工具，而且正是反对赖德律－洛兰的阴谋的工具。而哈尼是同他经常来往的，明天赖德律－洛兰举行宴会哈尼还要亲自光临。为了更进一步刺激这个虽然具有开朗的和可敬的品质但太容易受感动的平民——对待名人特别容易受感动，在名人的影子面前匍匐跪拜，——同时为了向赖德律—马志尼表示，谁要是对抗社会主义的拿破仑就不能不受到惩罚，矮子又接受巴黎工人的祝贺。这些"巴黎工人"——我们的"亲爱的"一想到他们不久将要出现就十分激动——当然无非就是臭名昭著的卢森堡委员会的二十五名代表；他们从来不代表任何人，在全巴黎是其他工人所憎恨或讥笑的对象，这些家伙同德国预备议会和五十人委员会的成员不相上下。他们需要随便一个小的上帝，即偶像，而这个矮子外表长得有些畸形，永远可以成为崇拜的对象。而他也让他们坚信，他们是世界上最伟大的人物和最彻底的社会主义者。难道他不是已经把他们晋升为未来工人共和国的贵族了吗？只要他用手指一示意，他们就祝贺，只要他们一祝贺，他就公开向他们表达动人的谢忱。这一次他用手指示意了一下，而哈尼自然就认为，巴黎，整个巴黎的各行各业都在进行祝贺。

评论：马克思向恩格斯谈论了法国社会民主主义者兄弟协会举办的宴会。这个成立于 1850 年的协会位于伦敦教堂街，假称为救济法国流亡者的慈善团体，章程规定不问政治，但却为庆祝二月革命举办政治性宴会。赖德律－洛兰、路易·勃朗、亚当是这个团体的成员，而哈尼也参加了这些人举行的会议。马克思向恩格斯揭露了哈尼的虚伪性。信中还揭露了臭名昭著的卢森堡委员会。这一委员会是由路易·勃朗主持的、于1848年2月28日至1848年5月16日在巴黎卢森堡宫开会的政府工人问题委员会。委员会由工人和企业主的代表组成，它的活动是调解劳动纠纷，由于路易·勃朗的妥协策略，这些活动常常对企业主有利。1848年5月15日人民群众发动起来后，政府撤销了卢森堡委员会。

2月26日　致信恩格斯，指出：当哈尼给你来信时，你只要注意一点。你在信中对赖德律和勃朗的理论上的批判写得过于详细。哈尼现在硬说我们要求他作我们的尾巴。首先应当向他指出：

1. 问题完全仅仅在于他同沙佩尔和维利希的关系，他已经站在我们的直接的个人的卑鄙无耻的敌人一边，他在德国面前把他的全部威望用来支持他们并反对我们。难道他不是已经同我们一起以书面的形式表示同维迪尔、巴特尔米和维利希断绝关系了吗？他怎么能够不关照我们、背着我们和违反我们的意志去恢复这种关系！如果这是正派的话，那我就糊涂了。

2. 他背弃了我们，因为在施拉姆和皮佩尔的事件发生之后，他没有马上在会上予以反击和立刻退出。他不这样做，反而竭力向他的朋友们说明整个这件事是无关紧要的小事。

评论：马克思再次向恩格斯讲述法国社会民主主义者兄弟协会2月24日在伦敦举行宴会的情况。在这次宴会中，施拉姆和皮佩尔被参会的两百名暴徒殴打，而哈尼却没有在这个事件发生后退出协会，反而站在沙佩尔和维利希一边，背弃了马克思和恩格斯。"民主派兄弟协会"是宪章运动左翼代表人物（哈尼、琼斯）和革命流亡者（正义者同盟的盟员等）为了在各国民主运动之间建立密切的联系而于1845年在伦敦成立的国际性民主团体。马克思和恩格斯同"民主派兄弟协会"保持着经常的联系，竭力以无产阶级国际主义和科学共产主义的精神教育协会会员，并通过协会从思想上影响宪章运动。协会会员的理论上的幼稚观点，曾受到马克思和恩格斯的批判。1848年宪章派失败以后，协会的活动大为削弱，1853年协会彻底瓦解了。

2月28日　致信海尔曼·贝克尔，指出：事情就是在2月24日伦敦的宴会上，我们的两个朋友、党的同志在"海瑙！"的叫喊声中，在英勇的骑士维利希主持宴会的情况下当众遭到毒打。为了了解后面所叙述的事实，必须先作如下说明：

法国流亡者也象所有其他流亡者一样，分裂成各种各样的派别。后来，他们在教堂街建立了一个统一的协会。这个协会本应是慈善性质的，即对流亡者进行救济。政治被排除在协会之外。因此为形形色色的法国流亡者建立了一个中立地带。这里，同时出现了赖德律－洛兰和路易·勃朗，山岳党人和卡贝分子，布朗基分子等等。

2 月 24 日快到了。你们知道，法国人对于这样一种可以出出头的机会，就象女人将要分娩那样，长久地准备着，讨论它，并从各方面研究它。因此教堂街协会召开了全体会议，以便筹备庆祝这个"光荣的"日子。路易·勃朗和赖德律－洛兰出席了会议。小个子勃朗——注意，他不能即席讲话，他写了演讲稿，对着镜子记住和背熟——站起来，发表了精心炮制和仔细修饰的狡诈的演说，他在演说中千方百计地说明，这个慈善性的协会不能举办政治性的宴会，因此，也不能庆祝二月革命。赖德律－洛兰反驳了他。在激烈的争论中小个子勃朗脱口而出说，由于赖德律和马志尼不让他加入欧洲中央委员会，所以他也不会同他们一起参加任何宴会。别人回答他说，宴会不是欧洲中央委员会举行的，而是有形形色色的法国流亡者的代表参加的教堂街协会举行的。

现在来谈谈这个委员会的产生和性质，以及它在各有关团体中的追随者。

当维利希和沙佩尔及其拥护者被开除出同盟的时候，他们便同维迪尔、巴特尔米以及波兰、匈牙利、意大利流亡者中的渣滓联合起来，并迫使这群败类承认他们是欧洲中央委员会。沙佩尔和维利希（他们当然希望这个肮脏的、不象样子的和可怜的杂色画从远处看好象是一件艺术品）还有一个特殊的目的。他们想向德国共产党人表明，欧洲流亡者是跟他们走，而不是跟我们走的，他们——不管德国愿意不愿意——完全有决心一遇机会就在那里夺取政权……

路·勃朗为了实现他反对教堂街的阴谋，并不厌弃同他所看不起的这帮人进行联系。他们当然兴高采烈。好不容易他们才获得了地位。这些先生们虽然竭力要把所有的作家开除出他们的协会，但是只要某个著名作家表示愿意为他们效劳，他们就双手抓住他不放。沙佩尔和维利希已经预感到自己胜利在望了……到那时，德国共产党人就可能顶不住而怀着懊悔的心情回到他们的庇护之下……

宴会于 2 月 24 日在伊斯林顿举行。我们的两位朋友，施拉姆和皮佩尔，出席了宴会……宣读了贺词。路·勃朗宣读了他的代表们的贺词。朗道夫宣读了议员格雷波的贺词（在巴黎再也没有能搞到第二份贺词），一个波兰人宣读了他的一些巴黎同伙的贺词，而主持宴会的伟大的维利希宣读了来自拉绍德封的贺词。他们从德国什么东西也没有弄到……

现在你们应当尽一切力量，在德国无产阶级面前痛斥这些胆小的诽谤者和卑鄙的匪徒，只要有可能的地方，都要去做。

评论：马克思向贝克尔详细讲述了法国社会民主主义者兄弟协会纪念法国 1848 年二月革命的宴会过程，以及施拉姆和皮佩尔在宴会中惨遭毒打的事情。由此，马克思分析了这一协会的产生、性质和内部斗争。在马克思看来，维利希、沙佩尔及其拥护者都是些胆小的诽谤者和卑鄙匪徒。信中提到的欧洲民主派中央委员会是根据马志尼的倡议于 1850 年 6 月在伦敦成立的。该委员会是联合各国资产阶级和小资产阶级流亡者的组织。由于意大利和法国民主派流亡者之间的关系尖锐化，该委员会于 1852 年 3 月实际上已经瓦解。

3 月 22 日　致信恩格斯，指出：德国中央行骗局的真正的创立者是不知疲倦的韧如兽皮的修脚师和食草动物司徒卢威。这个家伙现在仅仅是重操旧业，这就是，用骨相学、道德和诸如此类的瞎话来引人注意。这是一个市场上的叫卖者，而且还带有一种嘶哑的喉音。在最近的二十五年中，这头蠢驴编写了《民主主义政治科学辞典》和《民主主义世界通史》，这两个东西什么也不是，一个不过是用司徒卢威的语言翻译的韦尔凯尔—罗泰克的著作，另一个不过是用民主主义词句把罗泰克的著作改头换面。卢格已经堕落到如此地步，只有悲天悯人的警察当局才阻止他在德国印刷这些胡说八道的东西。

愚蠢的金克尔十分善于驱散庸人的幻想。他陷入了司徒卢威和卢格这样的有经验的小丑手中，再没有什么能比这更深刻地揭露这头蠢驴。他在这一伙人中不管怎样都要失去自己的狮子皮。

评论：马克思向恩格斯分析"德国事务委员会"。卢格、司徒卢威、豪格、隆格、金克尔建立了所谓的"德国事务委员会"，并于 1851 年 3 月发表了宣言《告德国人》。马克思委托皮佩尔将宣言寄给恩格斯，后来还把这个宣言的摘要发表于他们的抨击性小册子《流亡中的大人物》。在这封信中，马克思称"德国事务委员会"为"德国中央行骗局"，认为它的创立者司徒卢威不过是用道德等诸如此类的瞎话引人注意。

4 月 2 日　致信恩格斯，指出：最糟糕的是，我现在突然不得不停止在图书馆的研究工作了。我已经干了不少，再有大约五个星期我就可以把这整个的经济学的玩意儿干完。搞完这个以后，我将在家里研究经济学，而在博物馆里搞别的科学。这开始使我感到厌烦了。实际上，这门科学从亚·斯密和大·李嘉图时代起就没有什么进展，虽然在个别的常常是极其精巧的研究方面作了不少事情。

既然你现在正在研究军事学，那末你不能利用《新莱茵报》、帕麦斯顿的蓝皮书等等把匈牙利战争史重新加以叙述吗？这是很有用处的。我或早或迟将出版两卷六十印张的书，那时这就非常适用了。如果你想要知道有关各种阴谋、战役和人物的细节，就写信给我——不用封口——寄到冯·倍克男爵夫人处就行了。我同她有联系。她是科苏特的密探，也是一部匈牙利的龌龊勾当的真正的编年史。应当利用她一下。她很愚蠢，不会隐瞒真情。我在这方面已经做过试验。

评论：马克思告知恩格斯收到他寄来的汇票，以及在大英博物馆的图书馆进行经济学研究的进展。他希望恩格斯回复他上封信询问的经济学问题，同时利用《新莱茵报》、帕麦斯顿的蓝皮书等把匈牙利战争史重新加以叙述。信末，马克思告诉恩格斯自己妻子生女的消息，并希望恩格斯谈谈对丹尼尔斯的手稿《小宇宙。生理人类学概论》的看法。

5 月 28 日　致信恩格斯，指出：为了避免被捕，弗莱里格拉特本能地及时离开了。他刚到这里，所有的流亡者集团，如博爱主义的金克尔党羽，唯美主义的豪伊特之流，以及其他等等，都对他设下了罗网，拉他去入伙。他对所有这些企图非常不客气地回答说：他属于《莱茵报》，他和世界主义的一伙人没有任何关系，只和"马克思博士及其最亲密的朋友"来往。

现在同你谈一谈《宇宙》的事。在谈以前，对法国的状况还要说几句。

我愈来愈确信，不管怎样，目前在所有候选人中，拿破仑的机会是最多的。人们在原则上将决定修改宪法，但是实际上只是修改有关总统的条款。如果少数派吵闹得太厉害，就会通过一项简单的多数派［决议］，宣布解散国民议会，召开新的议会；而新的选举将在福适、电报和5月31日的法律的监护下进行。资产者是会看中卡芬雅克的；但是用一种激进的新选举来打破现状的作法对他们来说又过于冒险。现在已经有许多工厂主强迫他们的工人在修改宪法和延长总统任期的请愿书上签名。无论如何，问题很快就要解决了，我们是会看到的！

《宇宙》已经彻底失败了。

评论：马克思告知恩格斯警察搜查和逮捕特使的情况，认为这是伦敦的流氓者集团如博爱主义的金克尔党羽、唯美主义的豪伊特等造成的。此外，马克思还谈了法国状况，认为在所有的候选人中，拿破仑胜算机会最大。1850年5月31日，法国立法议会通过了废除普选权的反动的选举法。根据这个选举法，实行了三年居住期的资格限制和许多其他限制。由于5月31日的选举法，大约有三百万人被剥夺了投票权。信中还谈到对杂志《宇宙》的看法，摘录了《宇宙》杂志中的《金克尔的讲演》，评价"这件东西臭虫都嫌臭"。

6月27日 致信约瑟夫·魏德迈，指出：我现在从可靠方面获悉，我们的朋友们被捕是因为出现了叛变和告密。我从心眼里确信，维利希先生和沙佩尔先生以及他们那帮下贱的坏蛋直接参与了这一卑鄙勾当。你知道，在德国排除那些在他们看来是阻碍他们通往宝座之路的人，对于这些 inpartibus〔非现实的〕"大人物"来说是何等重要。这些蠢驴不懂得，别人把他们看作是蠢驴，而且充其量也只能对他们嗤之以鼻。

维利希尽管有他市侩般诚实的、斯巴达式斋戒的、军士的伪善的道德，却是个十足平庸的——请注意，十足平庸的——骗子手，一个整天在酒馆鬼混的人，此外——虽然有一位可敬的庸人告诉过我，但我对此不敢担保，——他是个行骗的赌棍。这家伙整天呆在酒馆里，不过当然是在民主派的酒馆里，他在那里吃白食，他给酒馆招揽客人以代替付款，他用连这位骑士自己也不再相信的关于未来革命的一成不变的空话为这些客人解闷，而且在各种不同场合经常重复这些空话，却总是收到同样的效果。这个家伙是最下贱的帮闲。但是所有这一切当然是在爱国主义的幌子下干的。

这个家伙的全部共产主义归结为，他决定和其他游荡的骑士们一起依赖社会过自由自在的生活。此人的全部活动就是，在酒馆里造谣中伤和诬蔑我们，吹嘘他在德国的联系，他虽然没有这些联系，但他的同伙："中央的小丑"阿·卢格，傻瓜海因岑和撒谎成性的丑角、装腔作势的神学美文学家金克尔，却都相信。他在法国人面前也吹嘘这些联系。

评论：马克思在这封信中主要向魏德迈揭露维利希的真实面孔。马克思从可靠信息获悉，他的朋友被捕是由于叛变和告密，认为这一卑鄙勾当是维利希、沙佩尔及其拥护者干的。马克思将维利希界定为"十足平庸的骗子手""整天在酒馆鬼混的人""行骗的赌棍"，维利希理解的共产主义就是依赖社会过自由自在的生活，而他的全部生活就是整天呆在酒馆里重复空话、自我吹嘘和中伤马克思等。在信的附言中，马克思还谈论了英国的对外贸易比率、民主派及其周刊、正在大英博物馆进行的研究。

7月31日　致信恩格斯，指出：至于同法兰克福的艾布纳尔谈判的事，他来信说，科塔可能接受我的政治经济学——我已将该书的计划寄去，——如果不成，他会找到另外的出版商。我在图书馆的工作本来早就可以结束。但是，间断太多，阻碍太大，而在家里，由于一切总是处于紧急状态，并且流不尽的眼泪使我整夜烦恼和生气，自然干不了多少事情。我感到对不起我的妻子。主要的负担都落在她的身上，实际上，她是对的。工作应该比婚姻更多产。尽管如此，你该记得，我生来就缺乏耐性，甚至有些严厉，所以常常不够冷静。

海因岑和卢格继续在纽约《快邮报》上喋喋不休地反对共产主义者，特别是反对我们。但是，这种行为实在太愚蠢了，唯一的对付办法，就是在适当时机把卢格的拙劣作品中最滑稽可笑的东西汇集起来，给德国人看看，目前是谁在违反他们的意志而任意摆布他们。

蒲鲁东的最新著作，你也许已经看过了吧？

评论：马克思谈论了施拉姆和康拉德的无赖行径，并告知恩格斯由于经济处境困难准备给美国杂志写通讯稿，而家庭状况不仅影响了政治经济学研究的进度，还使他愧对承担了主要负担的妻子。此外，马克思还简短提及海因岑和卢格在纽约《快邮报》上发表的反对共产主义者的拙劣作品，以及蒲鲁东的最新著作《十九世纪革命的总观念》等。

8月2日　致信约瑟夫·魏德迈，指出：现在谈谈别的事情。海因岑先生和尊敬的卢格一起，每个星期都在纽约《快邮报》上攻击共产主义者，尤其是攻击我、恩格斯等人。这里所有的民主派坏蛋都利用这家报纸当作他们倒垃圾的臭坑，这里当然长不了谷物，也结不了果实，然而却是莠草丛生。最后，海因岑还恶毒攻击《国家报》，而《国家报》却连这个对手也不能对付。

不管《国家报》执行什么样的美国政策，在欧洲政策方面，你将不受约束。海因岑在那里完全是以大作家自命。如果有人去那里，给这个爱吹牛的空谈家一个厉害看看，那美国报界将会感到高兴。

又及：我刚刚获悉，大人物们，卢格及其集团，金克尔及其集团，沙佩尔和维利希及其集团，还有这些大人物之间的调停人菲克勒尔、戈克及其集团，建立了一种海绵式的联合。你知道，有一个关于农民的故事，一个农民把每十二舍费耳的谷物以低于成本的价格出售了。然而他说，数量必定起作用。这些懦夫也这样说："数量将起作用"。其实，把这个生面团粘在一起的粘合剂是对"《新莱茵报》集团"，特别是对我的仇恨。当他们凑成一打的时候，他们说他们是真正的力量。

评价：马克思谈及魏德迈前往美国的决定，这一决定将解决魏德迈的谋生问题，同时有助于推进党的工作，使美国也拥有具有理论造诣的党的常驻代表。马克思还谈论了海因岑和卢格在纽约《快邮报》上对共产主义者的攻击特别是对自己和恩格斯的攻击，以及这些污蔑和日常生活操劳对妻子燕妮的负面影响。在信的附言部分，马克思简要谈及流亡者集团试图建立某种联合。

8月8日　致信恩格斯，指出：《纽约论坛报》愿意出稿费邀请我和弗莱里格拉特作撰稿人。这是北美发行最广的一家报纸。如果你能用英文写一篇关于德国局势的文章，在星期五早晨（8月15日）以前寄给我，那将是一个良好的开端。

现在谈一谈比·约·蒲鲁东的《十九世纪革命的总观念》。当我第一次在信中对你谈到这本书的时候，我只看过该书的摘要，而且还有很多被歪曲的地方。现在我可以把要点寄给你。先说一句：书中批驳卢梭、罗伯斯比尔和"山岳党"等等的地方写得好。用不朽的卢格的话来说，真实过程的力量是这样来的：

第一篇：只有反动才导致革命的发展。

第二篇：十九世纪的革命有充分的理由吗？

第三篇：论联合的原则。

第四篇：论权力的原则。

第五篇：社会清算。

第六篇：经济力量的组织。

第七篇：政府在经济机体中的解体。

请来信详细地告诉我，你对这个药方有什么想法。

评论：马克思告诉恩格斯他将为提供稿费的美国《纽约每日论坛报》撰稿，希望恩格斯写一篇关于德国局势的文章作为良好的开端。《纽约每日论坛报》是一家美国报纸，1841年至1924年出版。在20世纪50年代中期以前是美国辉格党左翼的机关报，后来是共和党的机关报。马克思从1851年8月至1862年3月曾经为该报撰稿。为该报写的文章中有一些是马克思约恩格斯写的。在这封信中，马克思花了很大的篇幅摘录蒲鲁东的《十九世纪革命的总观念》一书七个篇章的要点寄给恩格斯，涉及革命、联合的原则、权力的原则、社会清算、经济力量的组织、对外贸易等议题。马克思认为这本书批驳卢梭、罗伯斯庇尔和山岳党等地方写得好，并询问恩格斯对蒲鲁东提出的诸种措施的看法。在之后的几封信件中，马克思和恩格斯围绕蒲鲁东的书进行了详尽的探讨。撇开蒲鲁东提出的举措的缺陷，恩格斯认为这本书表明蒲鲁东"非常彻底地完成了从黑格尔到施蒂纳的过渡，这也是一种进步"。

8月14日　致信恩格斯，指出：蒲鲁东主义的实质——整个蒲鲁东主义首先是反对共产主义的一场论战，尽管他从共产主义中剽窃了许多东西，而且是通过卡贝—勃朗的歪曲来认识共产主义的——我认为可以归结为以下几个论点：

必须反对的真正敌人是资本。资本的纯粹经济表现是利息。所谓利润无非是工资的一种特殊形式罢了。把利息变成年金，即对资本的分年偿还，就可以废除利息。这样一来，将保证工人阶级——应读作产业阶级——永远占有优势，而资本家阶级本身则注定要逐渐消失。货币利息、房租、地租是利息的不同形式。因此，资产阶级社会仍然保存，并获得了正当的理由，只是要铲除其不良倾向。

社会清算只是重建"健全的"资产阶级社会的一种手段。是快还是慢，这对我们无关紧要。我想先听听你对这种清算本身的矛盾、不确切的地方和不清楚的地方是怎么看法。但是这种重新建立的社会的真正灵药是废除利息，即把每年支付的利息变为年金。这种不是当作经过改良的资产阶级社会的手段，而是当作它的经济规律提出来的措施，自然会造成两种结果：

1. 使小的非产业资本家变成产业资本家。2. 使大资本家阶级永世长存，因为在实质上，如按平均计算，社会总的说来——产业利润不计在内——任何时候都只是支付年金。不然的话，普莱斯博士所计算的复利就成为现实了，而整个地球上的财富也不够用来支付从基督诞生以来就开始流通的最小的资本的利息。事实上，以英国即最稳定的资产阶级国家为例，可以有把握地说，在最近五十年或一百年中，投入土地或其他方面的资本，从来没有产生过利息，至少按照价格说来是如此，而这里所谈的正是这个问题。譬如说，英国的国家财富估计最多约五十亿。就算英国每年生产五亿，那末它的全部财富仅仅等于年劳动产品的十倍。因此，资本不仅没有产生利息，而且按价值来说，甚至没有把它自身再生产出来。而这是由于一个简单的规律的缘故。价值最初是由最初的生产费用，即生产该产品最初所必需的劳动时间来决定的。但是产品一旦生产出来，产品的价格便由该产品再生产所必需的费用来决定了。而再生产的费用在不断地下降，而且在产业方面，时代愈发展，这种下降就愈迅速。因此，是资本价值本身不断贬值的规律，使地租和利息的规律失去作用，否则地租和利息的规律就会成为荒谬的东西。你提出过一个论点，认为没有一个工厂能够抵偿它的生产费用，其原因也在这里。因此，蒲鲁东不能通过施行一种即使他不提出而社会实质上也在遵循的规律来改造社会。

蒲鲁东想赖以实现一切目的的手段就是银行。这里存在一种混淆。银行业务可以分为两部分：1. 把资本变成现金。在这种场合我所给的只是货币而不是资本，其所以能这样做当然只是考虑到生产费用，也就是考虑到零点五厘或零点二五厘的利息。2. 以货币的形式贷出资本，在这里利息要依资本的数量而定。在这种场合，信用所能做的，只是通过积聚等等办法把现存的、非生产性的财富变成真正的、能动的资本。蒲鲁东把这第二项看得同第一项一样容易，然而最后他会发现，如果他依靠假想的一定量的货币形式的资本，在最好的情况下，只是使资本的利息降低多少，资本的价格就以同样的比例提高多少。其结果无非是使他的证券失去信用。

至于关税同利息的联系，我想让你通过原文去玩味。这么美妙的东西是不应该用删节去损害它的。蒲鲁东先生既没有确切地说明，公社参加房屋和土地的管理是怎么回事——而他为了反对共产主义者，无论如何是必然要这样做的；又没有确切地说明，工人将怎样占有工厂。他虽然希望有"强大的工人协会"，但是又十分害怕这种产业"行会"，以致他尽管没有让国家但却让社会具有解散它们的权利。作为一个地道的法国人，他只是把联合会局限于工厂，因为他既不知道"莫泽斯父子公司"，也不知道中洛迪安的农场主。在他看来，法国的农民和法国的鞋匠、裁缝、商人是自古以来就有的，必须承认他们的存在。我越是研究这个臭东西，我就越确信：改造农业，因而改造建立在农业基础上的所有制这种肮脏东西，应该成为未来的变革的基本内容。否则，马尔萨斯神父就是对的了。

同路易·勃朗等人相比，这部著作是很可贵的，特别是对于卢梭、罗伯斯庇尔、上帝、博爱以及诸如此类的荒唐东西作了大胆抨击。

至于《纽约论坛报》的事，我由于搞政治经济学忙得要命，现在需要你的帮助。请你写一些关于1848年以来的德国的文章，要写得俏皮而不拘束。这些先生们在外国栏中是非常大胆的。

评论：马克思继续讨论蒲鲁东的《十九世纪革命的总观念》一书。他认为蒲鲁东主义反对共产主义，却又剽窃了共产主义的很多东西。在信中，马克思归纳了蒲鲁东主义的实质，征询恩格斯对于社会清算的看法，分析蒲鲁东关于银行业务的看法，并指出蒲鲁东由于反对共产主义而对公社参加房屋和土地管理语焉不详、对强大的工人协会"希望又惧怕"的复杂态度。马克思认为与路易·勃朗等人相比，蒲鲁东这部著作是难能可贵的，特别是对于卢梭、罗伯斯庇尔、上帝、博爱等的大胆抨击。此外，马克思还谈到希望恩格斯帮忙给《纽约每日论坛报》写一些关于1848年德国的文章，等等。

8 月下半月 致信海尔曼·艾布纳尔，指出：您大概在各种德文报纸上读到了半政府的《石印通讯》上的一篇文章，在这篇文章里，伦敦的官方德国流亡者向公众宣布他们兄弟般的团结，宣布他们已组成一个完整的组织。所有渴望达成协议的民主派分成三个集团：卢格集团，金克尔集团和难于描述的维利希集团。在这三者之间，还飘荡着持中间立场的众神：小文学家，如梅因、孚赫、奥本海姆等，前柏林协商派，最后还有陶森瑙和一些奥地利人。

官方流亡者的总数，除了极少数例外，是由零构成的，其中每一个零都认为，如果它同别的零一起构成一打的话，它就成为一。由此产生了他们经常的想统一和合并的企图，这些企图总是由于这些渺小的大人物之间的小小的无谓争吵、倾轧、卑鄙行为和竞争而失败，但是又经常地这样干。他们一方面在北美报纸上彼此相互攻击，一方面又想面对着德国结成一条战线；他们聚集成一大堆散播流言蜚语的乌合之众，同时认为，这样才造成有力量和牢固的组织的效果。他们经常要自己相信，为了使公众敬仰，他们始终还缺少点什么东西；因此他们也就有组织地把每一个新来的流亡者招募到自己一边去。他们为了使弗莱里格拉特脱离马克思和把他拉到自己一边所做的努力既是死乞白赖的，当然也是徒劳无益的；为此他们现在用沉默来惩罚他。为了使他加入他们的正义者同盟，金克尔试用过一切手段，而阿·卢格甚至用书面形式向他呼吁。现在，他当然也和威·沃尔弗和其他与这种麻烦离得远远的流亡者一样，不属于"这一类流亡者"。又多一个人！如果要这些革命的卡普勤教士，这些革命的行乞的教士献出什么东西的话，那末为了多一个人，特别是多一个象弗莱里格拉特这样的如此有声望的人，他们会献出一个王国。追名逐利之徒和沽名钓誉者——就是这些人组成了流亡者的总和。这些先生们认为，革命即将来临，而他们当然要为革命做好准备。于是，帝国议会的成员们便在瑞士成立了类似的同盟，同盟中未来的职位已经根据教阶制原则按次序分配好了。在这当中，在谁应该当第十七号或者第十八号代表的问题上进行了一场激烈斗争。

　　如果说亲如兄弟的流亡者在某一点上是一致的话，那末这一点就是他们对马克思的普遍的疯狂的仇恨，出于这种仇恨，他们准备去做任何蠢事，去干任何卑鄙勾当，去搞任何阴谋，只是为了发泄自己对这个 bêtenoire〔骇人的怪物〕的恼怒和愤恨的感情。要知道这些先生们甚至不厌弃同古比茨的《伴侣报》的前撰稿人贝塔（也叫贝特齐希）建立联系，并以这位大作家和爱国者为媒介，在快活的酒馆老板路易·德鲁克尔的机关报上怀疑马克思搞间谍活动，理由是，他是普鲁士大臣冯·威斯特华伦的妹夫。冯·威斯特华伦先生同马克思只打过一次交道，这一次就是，他通过没收贝克尔的印刷所并把在科伦的海·贝克尔投入监狱的办法，破坏了贝克尔开始出版的、第一分册已经问世的《马克思文集》的出版，并且阻挠出版已在印刷中的杂志。由于萨克森政府公布了共产主义的告同盟书，对马克思的仇恨就更加增加了，因为他被认为是这份告同盟书的作者。不过，马克思已经多年完全埋头于政治经济学批判和政治经济学史，他正如弗莱里格拉特以及他们共同的朋友一样，既没有愿望也没有时间来回答这些亲如兄弟的流亡者的流言蜚语。

　　评论：马克思在这封给美因河畔法兰克福的新闻记者艾布纳尔的长信中，主要谈论了伦敦的德国流亡者中三个民主派集团的代表人物即卢格、金克尔和维利希，揭露了伦敦的小资产阶级流亡者的阴谋和对无产阶级革命家的污蔑。马克思不了解艾布纳尔实际上是奥地利警察局的秘密情报员。艾布纳尔收到马克思的信件后，没有把信件内容发表在刊物上，而是立即转交给奥地利警察局。这些信件经由奥地利警察局转到奥地利内政部，又转到奥地利外交部，最后转到奥地利国家档案机关，于 1856 年第一次刊登在《奥地利国家档案公报》第 9 卷。

8 月 25 日　致信恩格斯，指出：首先要感谢你写的文章。它不象你说的那样一塌糊涂，而是写得很出色，我毫无改动地寄到纽约去了。你写得非常适合《论坛报》的口味。我一收到该报的头几份，马上就寄给你，以后便按时寄去。

你已经知道，在 8 月 8 日星期五那天，亲如兄弟的流亡者召开了第一次正式会议，其中特别引人注目的有：所谓的"达姆"做主席，叔尔茨做秘书，此外是戈克、济格尔兄弟俩、菲克勒尔、陶森瑙、弗兰克（奥地利的庸人）、维利希、波克罕、席梅尔普芬尼希、约翰·隆格、梅因、赖辛巴赫伯爵、奥本海姆、施托尔佩的鲍威尔、蛮不讲理的吕德尔斯、豪格、阿·卢格、泰霍夫、施莫耳策（巴伐利亚的中尉）、佩茨累尔、伯勒尔、格尔克、谢特奈尔、哥林盖尔，等等；金克尔和施特罗特曼当然也在座。总之，主要的集团是：1. 卢格—菲克勒尔，2. 金克尔，3. 陶森瑙。在这些集团之间还有其他一些独立的文坛无赖和协商派。这一关系重大的伟大壮举的基本内容是：卢格—菲克勒尔—陶森瑙—戈克—济格尔—豪格等人提议要选举一个正式委员会，其目的，部分是为了揭发反动派的罪行，部分是为了代表流亡者，部分也是为了"采取行动"——对德国进行宣传。白痴卢格在这里还有一个不可告人的目的，就是让人们承认他享有全权同赖德律—马志尼保持联系，从而使他除了他自己的名义以外，还可以把全体德国流亡者作为一支军队交给他们支配。相反地，金克尔先生（站在他这一边的，除了他的救命恩人叔尔茨和他那臭气熏天的传记作者以外，特别还有维利希、泰霍夫、施莫耳策、席梅尔普芬尼希）却反对成立这一类正式的机构，一方面是为了不损害他对此地的伦敦资产阶级的立场（因为古尔登币具有决定意义），另方面是为了不致被迫或多或少地在马志尼—赖德律面前承认卢格的地位。从一开始，卢格—菲克勒尔集团看到会场十分拥挤，就很恼火。在秘密会议上他们达成协议，只邀请"名人"参加。但是，金克尔集团为了保证获得多数选票，把小百姓也带来了。

评论：在这封信中，马克思告诉恩格斯他写给《纽约每日论坛报》的文章《德国的革命和反革命》很出色，并主要谈论了流亡者的行径，包括他们召开的第一次正式会议、协商派会议、17 日的重大事件、第三次会议以及流亡者之间的纠纷，等等。

9 月 11 日　致信约瑟夫·魏德迈，指出：马志尼先生也不得不看到，现在是"民主"临时政府瓦解的时代。经过一场激烈的斗争以后，少数派已经退出意大利委员会。这些人也许是比较先进的。

我认为马志尼的政策是根本错误的。他鼓动意大利立即同奥地利决裂，他的活动只是有利于奥地利。另一方面，他忘记了：他应当面向多少世纪以来一直深受压迫的那部分意大利人，即农民，他忘记了这一点，就是在为反革命准备新的后援。马志尼先生只知道城市以及城市中的自由派贵族和"有教养的公民"。意大利农村居民（他们同爱尔兰的农村居民一样，都遭到了敲骨吸髓的压榨，经常被弄得精疲力尽，愚昧无知）的物质需要，对马志尼的世界主义的、新天主教的、痴心妄想的宣言里的那一套高谈阔论来说，当然是太卑下了。但是毫无疑问，要向资产阶级和贵族说明：使意大利获得独立的第一步就是使农民得到完全的解放，并把他们的对分租佃制变为自由的资产阶级所有制，这确实是需要勇气的。马志尼似乎认为，借一千万法郎要比争取一千万人更革命一些。我很担心，奥地利政府在紧要关头会自己动手去改变意大利的土地占有制形式，会按照"加里西亚的方式"去进行改革。

　　评论：马克思告知魏德迈民主派的最新动向，认为马志尼的政策是根本错误的。一方面，马志尼对意大利和奥地利分裂的鼓动只有利于奥地利；另一方面，他只知道城市和城市中的贵族和公民，忘记了意大利农村居民。马克思认为，意大利获得独立的第一步就是完全解放农民，把分租佃制变为自由的资产阶级所有制。

　　9 月 13 日　　致信恩格斯，指出：意大利委员会也分裂了。为数不小的少数派退出了该委员会。马志尼在《人民之声报》上伤心地谈到这件事。主要的原因似乎有这么几点。首先是上帝，他们不要上帝。其次，更重要的是，他们指责主子马志尼鼓动起义，就是说，过早地发动起义，从而是为奥地利效劳。最后，他们坚决主张直接维护意大利农民的物质利益。但是要做到这一点，另一方面也就不能不触犯资产者和自由派贵族的物质利益，而马志尼的伟大队伍正是由这些人组成的。最后这一情况非常重要。如果马志尼，或者将要领导意大利宣传活动的别的什么人，这一次不是大胆地立即使农民从对分制佃农变为自由的土地所有者（意大利农民的状况是很悲惨的，对这种丑恶现象我现在已经作了认真的研究），那末，一旦爆发革命，奥地利政府就会采取加里西亚的办法。它已经在《劳埃德氏杂志》扬言要"彻底变革占有形式"并"消灭不安分的贵族"。如果马志尼到现在还不睁开眼睛，那他就是一个糊涂虫。的确，这里涉及宣传活动的利益。如果他冒犯了资产者，那他从哪里能得到一千万法郎呢？如果他向贵族宣布，首先要剥夺贵族，那他怎么能继续得到贵族的支持呢？这一切对这类旧学派的蛊惑家们来说都是困难。

　　评论：马克思在信中主要讨论了意大利临时国民委员会的分裂及其原因。这个委员会由 1849 年 7 月罗马共和国陷落后流亡到英国的大批制宪议会议员组建，马志尼及其拥护者也加入了委员会。马克思认为分裂的原因主要是在上帝信仰、发动革命的时机、维护意大利农民的利益等方面的不同看法，并揭露了马志尼屈从于资产者和贵族的真实面目。

　　9 月 23 日　　致信恩格斯，指出：巴黎文件的事弄得十分愚蠢。德国报纸如科伦和奥格斯堡的报纸都硬说文件是我们搞的，这群没有任何批判嗅觉的狗这样做是意料中的事。另一方面，可怜的维利希及其同伙又放出空气，说什么是我们通过自己的熟人在巴黎把这个肮脏东西泄露给了警察当局。你对此有什么看法？

康·施拉姆也被捕了。真是活该。下一次——等再得到一些消息以后——我再写信和你谈这里的丑事。今天我送给你的东西，是在下面摘录的公民泰霍夫登在《纽约国家报》上的一篇冗长的宣言，题目叫做：《未来战争概论。8月7日于伦敦》。（文章写得很糟，充满了学理主义的味道，从我们的《评论》中引了种种旧的论据；表面看来似乎阐述得很内行，但是内容肤浅，行文很不生动，没有任何精辟的地方。）泰霍夫一开头慷慨激昂叙述1849年革命的那些地方，我就不摘给你看了。他从这里首先做出了如下的实际结论：

1. 对付暴力，除了用暴力以外，没有其他对抗的办法。

2. 革命，只有当它成为普遍的革命，也就是说，只有当它在运动的各大中心（巴伐利亚的普法尔茨、巴登）爆发，其次，当它并不是某一个反对派的表现的时候，才能取得胜利。（例如：1848年的六月起义。）

3. 民族斗争不可能具有决定性的意义，因为它起分散的作用。

4. 街垒战只是居民反抗的信号，并使政府的力量受到考验，即考验军队对于这种反抗的情绪，此外，没有任何其他意义。不管这种考验的结果如何，组织作战，建立有纪律的军队，永远是革命的第一个最重要的手段。因为只有依靠这个才有可能发动进攻，而只有发动进攻才能取得胜利。

5. 国民制宪议会无法组织作战。这些议会把全部时间都花费在内部政治问题上。而解决这种问题的时机只有在胜利以后才会到来。

6. 要组织作战，革命必须赢得空间和时间。因此它必须在政治上采取攻势，也就是说，把尽可能多的地盘置于自己的势力范围之内，因为在军事上它起初总是局限于防御。

7. 组织作战，无论在共和派营垒还是在保皇派营垒中都只能以强制为基础。从来还没有一个人在同有纪律和指挥良好的士兵作战时，能依靠政治热情，依靠想象的神奇的起义部队而取得一次开阔地的战役的胜利。军事上的热情只有在取得一系列的胜利以后才会出现。为了取得这些胜利，最初除了严格的铁的纪律以外，没有更好的基础。民主原则比在国家的内部组织中更加充分地运用于军队之中，只有在革命胜利以后才有可能。

8. 未来战争，就其性质来说，是歼灭战——不是歼灭各国人民，就是歼灭各国君主。由此便要承认各国人民在政治上和军事上的团结，即干涉。

9. 未来革命的地域，在空间上仍是已失败的革命的地区，即法国、德国、意大利、匈牙利和波兰。

由于这一切可以得出如下结论：未来的革命的问题同未来欧洲战争的问题含义是一样的。战争的基本问题是，欧洲究竟成为哥萨克的欧洲，还是成为共和派的欧洲。战争的场所还是原来的，即上意大利和德国。

评论：马克思在信的开头告知他们被栽赃是泄露维利希—沙佩尔集团文件的

元凶并询问恩格斯的看法。这是指1851年夏季维利希—沙佩尔集团在共产主义者同盟分裂后所成立的单独同盟"宗得崩德"的代表大会上通过的告它的盟员书。在信的主体部分，马克思评论了泰霍夫发表在《纽约国家报》上的文章《未来战争概论》，认为这篇文章充满学理主义味道，内容肤浅。马克思给恩格斯摘录了书中的主要观点，涉及以暴制暴、革命、民族斗争、街垒战、国民制宪议会、组织作战、未来战争、未来革命的地域等，以及泰霍夫统计的反革命兵力和革命兵力，并分析了这篇文章的真正政治倾向。

10月13日　致信恩格斯，指出：你想必已经从《科伦日报》上看到我为驳斥奥格斯堡《总汇报》的诽谤而写的一篇声明。那种胡说简直太岂有此理了。我清楚地知道，那些蠢材近来在所有的德文报纸上连续不断地进行攻击，目的是使我陷入进退两难的地步：或者是公开谴责这种密谋，这样也就是谴责我们党内的朋友，或者是公开承认这种密谋，这样也就是犯了"法律上的"叛逆罪。然而这些先生太愚蠢了，他们不能使我们上当。

魏德迈9月29日由哈佛尔乘船到了纽约。他在那里遇见了也是横渡大西洋到了美国的赖希。赖希曾经和施拉姆一同被捕，他说警察在施拉姆那里搜出了一个记录的抄本，其中记载着引起他和维利希决斗的那场争论，也就是他痛斥维利希并退出会议的那天晚上会议的记录。这个文件是他亲笔写的，但没有署名。这样一来，警察发现他是施拉姆，而不是他住在巴黎时所用的护照上写的那个"班贝尔格尔"。另一方面，这个记录使警察局长魏斯先生及其同僚更加茫然，因为我们的名字也被牵涉到这个臭事里面。既然施拉姆干了这种蠢事，那么这个"正直的人"将自食其果，至少是件乐事。

最后，你必须把对蒲鲁东的看法告诉我，简单点也行。我现在正从事政治经济学的研究，所以对此尤其感兴趣。近来我继续上图书馆，主要是钻研工艺学及其历史和农学，以求得至少对这个臭东西有个概念。

英国人承认，美国人在工业博览会上得了头奖，并且在各方面战胜了他们。1. 古塔波胶。有新的原料和新的品种。2. 武器。有左轮手枪。3. 机器。有收割机、播种机和缝纫机。4. 第一次广泛采用银版照像术。5. 船舶方面，快艇。最后，为了表明美国人也能够供给奢侈品，他们陈列了加利福尼亚金矿的一大块金子和用纯金制成的一套餐具。

评论：马克思在信中谈及他发表在1851年10月9日《科伦日报》上驳斥奥格斯堡《总汇报》谣言的文章。奥格斯堡《总汇报》散布谣言，说马克思把有关共产主义者同盟活动的消息告诉倍克男爵夫人，使得这些消息传到政府，导致同盟盟员被逮捕。马克思在这个声明中驳斥了这个诽谤。马克思还告诉恩格斯有关施拉姆、金克尔、海因岑、施泰翰等人的行径，以及自己的日常交往、书信来往和研究进展。在这段时间里，马克思主要从事政治经济学研究，钻研工艺学及其历史和农学。在信的末尾，马克思探讨美国在工业博览会上展现的最新产品，这表明美国在这些领域已经超过英国。

10 月 16 日　致信约瑟夫·魏德迈，指出：你要我介绍统计学的参考书。我向你推荐 1845 年出版的麦克库洛赫的《商业辞典》，因为这本辞典里也有关于经济学的解释。现在也有比较新的著作，例如麦克格莱哥尔的著作，他关于统计学的著作大概是全欧洲最好的。但是价格很贵。你在纽约的图书馆里肯定可以找到这些书。麦克库洛赫的辞典则是每个给报纸写文章的人所必须具备的手册。

专门关于英国的书，还可以向你推荐 1851 年新版的波特的《国家的进步》。

关于商业史一般有：

图克的《价格史》，三卷，到 1848 年为止。关于北美的，我特别推荐麦克格莱哥尔所著的专门关于美国的统计学。

关于德国的有：冯·雷登男爵的《文化的比较统计学》。关于法国的有莫罗的著作。

我还有一件事要委托你。我应前德国天主教神父科赫（你可以向《国家报》打听到这个人，因为他有时给该报写文章）的要求，寄给他二十份《宣言》（德文的）和一份英译本，并且委托他把英译本连同哈尼的序言印成小册子。此后我再没有得到科赫先生的一点消息。请你第一，让他说明一下，在他给我写了十分恳切的信以后，为什么采取这种极可疑的沉默态度；第二，让他把英译本交给你，你看看能不能把它印成小册子出售，也就是说能不能付印、发行和出售。不言而喻，如果可能，你可以得到一些收入，而我们则要求得到二十到五十份小册子。

评论：马克思向魏德迈介绍了各项研究的参考书，包括统计学、英国、商业史、德国等。此外，马克思还嘱托魏德迈联系前德国天主教神父科赫，确认关于《共产党宣言》英译本出版的事情。

10 月 19 日　致信恩格斯，指出：路易·波拿巴先生的突然转变——无论它的结局怎样——是日拉丹的妙计促成的。你知道，这位先生曾在伦敦和赖德律－洛兰有来往，他的报纸有一个时期办得真是愚蠢到只有赖德律－洛兰和马志尼的同伙才能达到的地步。突然，他采取普选权的步骤，他通过写文章，通过维隆博士和个人的会晤，促使波拿巴也这样干。保皇党的阴谋就这样破灭了。向来很有外交风度的《辩论日报》变得暴跳如雷，最好不过地证明了这一点。福适、卡尔利埃、尚加尔涅，甚至高贵的贝利耶和布洛利（这两个人看来已经和波拿巴相勾结）全是一伙。无论如何，"革命"，在爆发的意义上讲，现在被用这种狡猾的手段消灭了。有了普选权，革命就没有什么可考虑的了。但是日拉丹先生是不喜欢伪装革命的。他一视同仁地既欺骗了保皇党，也欺骗了职业革命家，是否他也在有意地欺骗路易·波拿巴，还是一个问题。因为如果将来恢复了普选权，谁能保证波拿巴有权修改宪法呢？即使可以修改，谁又能保证按他的心意修改呢？况且估计到法国农民的天生的愚蠢，根据普选权当选的这个人，即使由于人们感谢他恢复普选权，甚至他逐渐任命自由派的部长，并通过巧妙的抨击文把一切责任推到据说是拘禁了他三年的保皇派阴谋家的身上，即使如此，这个人是否能再度当选，还是一个问题。这就要看他的手腕了。波拿巴现在至少知道，他对秩序党是毫无指望的。

在这场阴谋中的一个喜剧性的插曲，就是《国民报》和《世纪报》的伤感的表现，谁都知道，这两家报纸曾在长时期中起劲鼓吹普选权。现在，当法国正面临着再度领受普选权幸福的危险时刻，它们却无法再掩藏自己的愤懑。正象保皇派希望靠有限选举权选出尚加尔涅一样，它们也希望用同样的选举权选出卡芬雅克。日拉丹直截了当地对它们说，他知道，它们对修改宪法——这给波拿巴带来再度当选希望——采取的共和主义的厌恶态度，只是用来掩盖他们对普选权的仇恨，因为普选权不能给卡芬雅克和他的全体党羽带来胜利。可怜的《国民报》已经用丧失普选权来自慰了。

有一点是肯定的：这个打击将使1852年5月的暴动化为泡影。如果当政的集团中的某一个企图发动政变，那末暴动至少会早一些爆发。

评论：马克思告诉恩格斯一些糟心消息，包括帮忙转交信件的铁路列车员被捕和皮佩尔办事漫不经心，以及流亡者领导人如金克尔等的举动和自己的一些交往。此外，马克思还谈到关于日拉丹促成波拿巴采取普选权的看法。信中提到的"有息债券"，指的是所谓"德美革命公债"，是金克尔和小资产阶级流亡者的其他领导人于1851—1852年企图在德国流亡者和美籍德国人中间举借的公债，其目的是募集经费用于在德国立即唤起革命。马克思和恩格斯在他们的许多著作中尖刻地嘲笑了金克尔这一企图的冒险性，认为这是在革命运动处于低潮时人为地唤起革命的有害而无成果的一种尝试。

11月24日　致信恩格斯，指出：我们在科伦的人终于要到陪审法庭受审了，这是个好消息；杜塞尔多夫的出版商许列尔昨天有把握地告诉我，要到12月陪审法庭的特别法庭开庭时才进行审讯。

几天以前，我在图书馆看到蒲鲁东先生关于无息信贷驳巴师夏的作文练习。就浮夸、怯懦、叫喊和荏弱来说，这东西超过了这个人以往所写的所有的东西。举一个例子：法国人以为他们平均支付五至六厘的利息。事实上他们支付十六分的利息。这是怎么一回事呢？是这么一回事。抵押债务、期票债务和国债等等的利息达十六亿。但法国只有十亿黄金和白银的资本。这就是要证明的。再举一个例子：当法兰西银行建立时，它有九千万资本。当时法律允许它收五厘的利息。现在它经营的资本（包括存款等等在内）是四亿五千万至四亿六千万，其中四分之三不是它的，而是属于公众的。所以，这个银行不必收五厘，而收一厘的利息（90：450＝1：5），就可以得到合法的利润。因为法兰西银行（即股东）在必要情况下（2）可以满足于一厘的利息，所以对法国来说利率可以降低到一厘。而一厘几乎是无息信贷了。

在这里你必须看到，这家伙是怎样用黑格尔的辩证法在巴师夏面前炫耀自己的。

评论：马克思告诉恩格斯《哲学的贫困》一书的出版问题，由于出版问题他的政治经济学研究计划可能要被推翻。马克思还谈到被捕的共产主义者同盟盟员的受审问题、经济问题等。普鲁士政府千方百计地力求延长 1851 年 5 月被捕的共产主义者同盟盟员的审前羁押时间。马克思和恩格斯希望被监禁的共产主义者同盟盟员案件尽快地转为公开审理。

信中评价了蒲鲁东的《无息信贷。弗·巴师夏先生和蒲鲁东先生的辩论》，马克思认为蒲鲁东这篇关于无息信贷驳巴师夏的文章"浮夸"，不过是"用黑格尔的辩证法在巴师夏面前炫耀自己"。此外，马克思还提到恩格斯写的《对蒲鲁东的〈十九世纪革命的总观念〉一书的批判分析》。

信中询问恩格斯关于揭露伦敦小资产阶级流亡者的著作的进展。恩格斯当时正在写一部揭露伦敦小资产阶级流亡者风气的抨击性著作。

12 月 1 日　致信恩格斯，指出：关于第一封信，鲁普斯还忘记谈两件你感兴趣的事实。第一件：《德国的革命和反革命》一文已经用德文在《纽约晚报》上登出来，并且经其他许多报纸转载，获得了好评。克路斯在信上没有说明这是不是从《论坛报》上翻译的，我为此事已直接写信给德纳。第二件：金克尔的主要工具维斯先生公开宣称，他同意我们在"经济学方面"的见解。你看看这些狗在搞什么名堂。

至于科伦人，那些把猪嘴伸进整个报纸污水坑里的卑鄙的流亡猪猡们一贯采取这种做法：用保持沉默的阴谋来对待这个案件，但求他们自身不受损害。现在必须同这种做法进行斗争。我今天已经把反对普鲁士司法的信寄往巴黎，以便把这个问题在那里的报纸上披露出来。鲁普斯已经答应给美国和瑞士写文章。现在你必须给我写出一篇给英国的文章，还要写一封给《泰晤士报》编辑的私人信，必须想办法把这个东西寄给这家报纸。《泰晤士报》现在正力图提高自己声望，如果有人把它看作是在大陆上唯一有影响的报纸，那它准会洋洋得意，何况它本来就是反对普鲁士的。如果《泰晤士报》愿意承担这件事情，那么就可以通过它对德国发生影响。主要应当揭露普鲁士的司法状况。

评论：马克思告诉恩格斯《德国的革命和反革命》一文用德文发表在《纽约晚报》上，获得许多转载和好评。马克思谈到被捕的科伦共产主义者同盟的成员，要和鲁普斯、恩格斯写文章寄给巴黎、美国、瑞士、英国、法国的报纸，揭露普鲁士政府对科伦被告的专横行为，但后来这些文章都没有被刊登。马克思还谈到宪章派的托恩顿·汉特和哥本哈根广场事件，以及德国工人要来访的事情。由于科苏特于 1851 年 10 月来到英国，宪章派准备在伦敦哥本哈根广场哥本哈根大厦举行隆重大会欢迎他。

12 月 2 日　致信海尔曼·艾布纳尔，指出：金克尔先生断然宣称，他在美国募集的钱不是用来援助流亡者的。他甚至承担了这样的义务。您知道，这只不过是为了不让流亡者下层分享英镑，而让他一个人独吞的诡计。这个诡计现在已经实行了，而且随着财物的增加，必将以下面的方式在更大的规模上实行：

（1）七个执政和他们的七个部应当领取薪水，就是说金克尔和维利希等人的所有亲信和这些先生本人这样一来就可以借口进行革命活动而拿到这些钱的大部分。例如维利希先生在这里靠公开行乞已经生活了两年。

（2）这些先生在出版石印的通讯，他们把它免费分发给各家报纸。可怜的文学家梅因、奥本海姆和大学生叔尔茨等人捞取用来支付稿酬的另一部分钱。

（3）大人物中的另一些人，如席梅尔普芬尼希和叔尔茨等人，又作为"特使"再领取薪水。

由此您可以看出，这整个计划具有双重目的：不许非常贫困的流亡者群众（工人等）使用这些钱，而另一方面，金克尔先生和他的亲信却可以得到可靠的、同时政治上有利的高俸的闲差，这一切都是在钱只能用于革命目的的借口下进行的。如果让广大公众知道大学生叔尔茨所策划的这些财政上的投机勾当，肯定是非常适合的。

在结束这封信以前，我还必须简单地谈谈科苏特。科苏特在他的活动中显示了很大的才能，一般说来，对待英国公众的态度是有分寸的。但是情况不象这个东方人所想象的那么简单。一方面，他极力向资产阶级献媚，并且以东方的方式赞美象伦敦的西蒂区和它的市政体制那样的制度，而这些制度每天都被《泰晤士报》攻击为社会的弊病。另一方面，他激起宪章派对他的敌视，宪章派通过它的最有才能的代表厄内斯特·琼斯激烈地攻击他，就象它攻击海瑙那样。而科苏特无论如何是不策略的，他原来不让自己对任何一个党表示任何的支持，现在却站在一个党一边。最后，科苏特亲自看到了，热情和现金是彼此成反比的。直到目前为止，对他的公债的全部热情还没有使他获得八百英镑。

评论：马克思在信中讨论了金克尔和小资产阶级流亡者领导人发起的"德美革命公债"。马克思给美因河畔法兰克福的新闻记者艾布纳尔的这封信，以及马克思1851年12月2日给艾布纳尔的信于1856年第一次刊登在《奥地利国家档案公报》第9卷上。从《公报》所发表的其他材料中可以看出，这些信件在艾布纳尔收到以后立即就被他转交到奥地利警察局的手里，艾布纳尔是它的秘密情报员。马克思把揭露伦敦的小资产阶级流亡者的阴谋和吵闹的这些信寄给艾布纳尔，目的是让这些信的内容发表，马克思也力图公开驳斥形形色色的小资产阶级流亡者集团所散布的对无产阶级革命家的诬蔑。马克思和恩格斯在1852年他们所写的抨击性著作《流亡中的大人物》中广泛地利用了这些信件。

12月9日　致信恩格斯，指出：我被巴黎的这些悲喜剧事件弄得十分忙乱，因而让你老等回信。我不能象维利希那样说："真奇怪，巴黎方面竟什么也没有告诉我们!"我也不能象沙佩尔那样,老是拿着一杯啤酒在谢特奈尔酒馆里高谈阔论。为了拯救祖国,沙佩尔带了几个侍从,以守护为名,在谢特奈尔酒馆里睡了两夜。这些先生们,和卡耳贝的勒韦之流一样,已经收拾好他们的行装,但因为智虑是勇敢的最大要素,所以他们决定等到事情"决定下来"以后再大踏步前进。

现在,关于局势我应该给你写些什么呢?有一点是非常明显的:无产阶级保全了自己的力量。波拿巴已经暂时取得了胜利,因为他在一夜之间就把公开投票变成了秘密投票。不管阿尔古事后怎样声明,波拿巴的确是利用从银行里窃取的一百万英镑收买了军队。如果选举的结果对他不利,他还能再一次实行政变吗?大多数人都会参加选举吗?奥尔良王朝的人已经动身到法国去了。要想预料以克拉普林斯基为主角的一出戏的结局,那是困难的,甚至是不可能的。无论如何,我看政变是使局势好转了,而不是恶化了。波拿巴要比国民议会和它的将军们更容易对付。而国民议会的专政"已站在门外了"。

评论:马克思在信中评论了1851年12月2日的波拿巴政变。经此政变,法国建立起以拿破仑三世为首的第二帝国的反革命政体。马克思将这次政变称为"悲喜剧事件"。他认为虽然波拿巴暂时取得了胜利,但无产阶级保全了自己的力量,而且由于波拿巴比国民议会好对付使得局势好转了。这次政变也表明流亡者在革命中丝毫不起作用。

1852 年

1 月 1 日 致信约瑟夫·魏德迈,指出:恭贺新年!并请代我和我的妻子向你的夫人祝贺。

我现在才把文章寄给你,是因为工作不但受到当前急剧发展的事态的影响,而且在更大程度上还受到私事的干扰。从现在起开始正常了。

鲁普斯病得很厉害,因此直到现在还不能给你寄任何东西。红色沃尔弗的文章我认为不能用,所以没有寄给你。

如果你由于资金困难不得不把自己的事业推迟一个较长的时间,——希望不会发生这种情况,——那就请你把文章交给德纳,以便他把文章译成英文供他的报纸刊用。不过我希望这没有必要。

请代我问候德纳。告诉他,他的信和报纸我都收到了,下星期将给他寄去一篇新写的文章。

至于《评论》,因为我这里手头没有,而要重新从汉堡索取,单从钱方面来说就有困难,所以请你来信说明,你认为在美国大致能指望有多大销路。

我将把我们的朋友厄内斯特·琼斯——英国党最杰出的领袖所办的《寄语人

民》从这里寄给你。对你来说，它将是一个真正的宝库，因为它能帮助你弥补你的刊物的材料不足。

评论：马克思给魏德迈发去新年祝福，并告知已把《路易·波拿巴的雾月十八日》第一章寄给他。他简要提到鲁普斯病重，红色沃尔弗的文章不能用，《路易·波拿巴的雾月十八日》第一章的发表问题，给德纳寄去恩格斯的《德国的革命和反革命》，《新莱茵报。政治经济评论》的销路问题，给魏德迈寄去琼斯办的《寄语人民》等。

1月16日　致信约瑟夫·魏德迈，指出：今天是我两个星期以来第一次起床。你可以看出，我的病是严重的，直到目前还没有痊愈。因此这星期我不能如愿把我论波拿巴的文章的第三篇寄给你。附在这封信中的是弗莱里格拉特的诗和他的私人信。请你：（1）要精心把诗印好，诗节之间应有适当的间隔，总之，不要吝惜版面。如果间隔小，挤在一起，诗就要受很大影响。（2）写一封亲切的信给弗莱里格拉特。别舍不得用恭维话，因为所有的诗人甚至最优秀的诗人多多少少都是喜欢别人奉承的，要给他们说好话，使他们赋诗吟唱。我们的弗莱里格拉特在私生活上是一个最可爱最朴素的人，在他的真诚的善良心灵里隐藏着最灵敏和最善讽刺的才智；他的热情是"真实的"，但并不使他成为"非批判的"和"迷信的"。他是一个真正的革命者，是一个十分忠诚的人——这是我只能对少数人用的赞语。但是诗人——不管他是一个怎样的人——总是需要赞扬和崇拜的。我想这是他们的天性。我说这些只是要你注意，在同弗莱里格拉特通信时不应忘记"诗人"同"批评家"之间的区别。而他把自己的诗直接寄给你，这是他的好意。我认为这对在纽约的你来说将是一个支持。

我不知道今天能不能再给你寄一篇文章。皮佩尔曾经答应给你写一篇文章，但至今他还没有露面，而当他出现时，文章首先得经受检验，其结果或者是付之一炬，或者是被认为值得作一次跨越大洋的旅行。我现在还非常虚弱，不能继续写了。一星期后再给你详细写。我们全家向你们全家问好。

又及：再附上我们同盟的一个盟员的《声明》，要用小号字把它登在你的报纸的广告中间或是报纸的末尾。

丹尼尔斯、贝克尔等人的案件在陪审法庭一月份开庭期间又没有审理，借口是侦查非常困难，必须重新进行侦查。他们坐牢已经九个月了。

评论：马克思告诉魏德迈自己因病重而不能如愿寄去《路易·波拿巴的雾月十八日》第三章，以及随信寄去弗莱里格拉特的诗和私人信，请魏德迈精心排版诗作，并写一封亲切的信给弗莱里格拉特这位真诚、善良、忠诚的真正革命者。在附言部分，马克思提到1852年1月21日普芬德的《声明》，该《声明》批判了维利希和沙佩尔，请魏德迈刊登在《革命》杂志上，同时提到丹尼尔斯、贝克尔的案件还要侦查。

1月20日　致信恩格斯，指出：皮佩尔怀着他那种最初十分钟的热情，自告奋勇要为我办理期票贴现，因为我不能出门，也不能按计划去查普曼那里。他在第二天晚上把钱带给了我，但是却说要把期票寄给你，好让期票在曼彻斯特贴现。我和我的妻子向他解释说，我们知道你是不能办这件事的。但是他的信已经写好了，而且对我相当明确地表示，似乎我出于某种不便明说的动机给他制造困难，因此只好随他的便，让他见鬼去，我相信你会把这张纸条寄回给他。现在他把这一事实告诉我，表明他根本不是那么着急，只不过是想摆一下架子罢了。这件事所以使我不愉快，是因为你会认为我办事轻率。

法国的情况好极了。我希望美丽的法国不要过于马虎地读完这个学校，而应该进行较长时间的学习。我认为，早几个月或迟几个月，战争是不可避免的。我们已经有了和平的拿破仑，路易决不会模仿路易－菲力浦。而以后会怎样呢？

你知道，科伦人并没有被提交陪审法庭，借口是这个案件十分困难，必须重新开始侦查。

马迪耶刚才来过这里，他用一种最庸俗的方式向我证明，说法国人能轻而易举地占领伦敦，五小时内就能在英国的所有海岸登陆。这些可怜虫太可怜了，只好默不作声地听他们胡说八道。

评论：马克思在信中表达了对皮佩尔办理期票贴现一事的不满，谈论了法国的局势，认为战争是不可避免的。马克思不赞同马迪耶认为法国能够迅速占领伦敦的判断。信中提到的被逮捕的科伦共产党人是指 1851 年 5 月被普鲁士警察当局逮捕的、被控为"进行叛国性密谋"的共产主义者同盟盟员。在普鲁士警察当局最终写成"起诉书"之前，被捕者受到大约一年半的审前羁押。审讯是 1852 年 10 月 4 日至 11 月 12 日在科伦进行的。受审的有十一名共产主义者同盟盟员：亨·毕尔格尔斯、彼·诺特荣克、彼·勒泽尔、海·贝克尔、卡·奥托、威·赖夫、弗·列斯纳、罗·丹尼尔斯、约·克莱因、约·埃尔哈特和阿·雅科比。科伦共产党人案件的被告弗莱里格拉特流亡伦敦，避免了逮捕和审判。被控告的物证是普鲁士警探们假造的同盟中央委员会会议的"原本记录"和其他一些伪造文件，以及警察当局从维利希—沙佩尔冒险主义集团那里偷来的一些文件。七名被告分别被判处三年到六年的徒刑。马克思和恩格斯对这个案件的组织者的挑衅行为和普鲁士警察国家用来反对国际工人运动的卑鄙手段，进行了彻底的揭露。

1 月 23 日 致信约瑟夫·魏德迈，指出：关于雾月十八日，现在你还会收到两篇文章；其中第一篇无论如何将在这个星期五寄出，第二篇如果不能同时寄出，也将紧随第一篇之后寄上。

附上皮佩尔的一篇文章。

至于鲁普斯，我曾再三催促他，看来他决定为你的报纸写一篇关于回顾科苏特在匈牙利的事业的文章。你犯了两个错误：第一，你在你的启事中没有在提到我们的同时提到鲁普斯；第二，你没有专门邀请他撰稿。你应该写信请求他给你写文章，以此来弥补后一个错误——你可以把这封信装在给我的信的信封里。我们之中谁也不能象他那样写得十分通俗。他是非常谦逊的。尤其应该避免造成这样的印象，似乎他的撰稿被认为是多余的。

由于我的住处离弗莱里格拉特很远，又因为我在邮件寄走之前的最后一分钟才接到皮佩尔的文章，所以今天不得不给你寄去两封信而不是一封信。今后我们将避免这种情况。

还附上我的朋友普芬德的声明（鲍威尔已经不再是我们同盟的人了）。你必须刊登这个文件，因为磨坊街协会诬告普芬德的声明，不但在欧洲的报纸上而且在美国的报纸上也登载了。最好你能在声明后面加个补充，说它仅仅提到在目前警察条件下所能公布的情况（鲍威尔和普芬德同旧同盟之间的账目，我们占有多数的那个中央委员会后来对这笔钱的使用的监督——所有这些当然现在还不能写上去）。还要写上：老长舌妇和欧洲民主主义的"糊涂虫"——阿尔诺德·文克里特－卢格，利用我们出于政治上的考虑而必须在德国特别慎重行事这一情况，同时还暗示一些与普芬德和鲍威尔有关的事件（他本人只是从第三者或第四者传来的谣言中听来的），来竭力引起公众对我和恩格斯的怀疑，虽然我们与此毫无关系。这头蠢驴还以同样的方式声称，似乎我们是从磨坊街协会中被赶出来的，其实是我们自己声明退出这个协会的；普芬德的信也能说明这一点。

你还可以报道，在伦敦成立了一个由施泰翰领导的新的工人协会，它将同"流亡者"、"鼓动者"和大磨坊街协会一律不发生联系，并具有严正的宗旨。

我的亲爱的，你知道，这个协会是我们的，尽管我们只是派去了我们的青年；我这里指的不是我们的工人，而是我们的"有学问的人"。工人全都参加了这个协会。

施泰翰有些行会市民的妄自尊大和小手工业者的动摇性，但是他是可以教育的，并且他在德国北部的声望很高。因此，我也建议他给你写文章。我们逐渐把他推到他竭力想回避的前列，使他面对他原想掩饰的矛盾。维利希曾要他当金克尔公债的保证人，但他拒绝了。起初，沙佩尔－维利希欣喜若狂地接待他，企图唆使他反对我们，但是由于他健全的本性，很快就认清这些恶棍及其信徒们的卑鄙和无聊。这样，他就公然同这些恶棍绝交了（这部分是由于我们悄悄派去帮助他的罗赫纳和其他的助手促成的）。

评论：马克思讲自己因病无法工作；提到《路易·波拿巴的雾月十八日》第三章和第四章的写作进度；威廉·沃尔弗决定为《革命》杂志写一篇回顾科苏特在匈牙利的事业的文章；并附上普芬德的声明，要求魏德迈必须刊登这个声明。此外，马克思认为魏德迈还可以报道在伦敦成立的由施泰翰领导的新的工人协会，认为施泰翰虽然有自身的问题，但可以教育且声望高。新的工人协会是在马克思的支持下于 1852 年 1 月在伦敦成立的，主席是汉诺威的流亡者施泰翰，加入该协会的是脱离了受维利希—沙佩尔集团影响的德意志工人教育协会的工人们。后来，该协会的许多成员，包括施泰翰本人在内，都受到维利希—沙佩尔集团的影响，并归附于原先的组织了。

1 月 24 日 致信恩格斯，指出：我只写几行，因为刚刚收到贝尔姆巴赫从科伦寄来的信，我希望你明天就能收到它。你现在必须：（1）把《给〈泰晤士报〉编辑》那封关于科伦案件的信给我寄来，并附上几句话，我将把这几句话放在犯罪构成的前面；（2）用你自己的名义给《每日新闻》写一封同样的信，虽然犯罪构成本身即声明本身要用"普鲁士人"或诸如此类的署名。我认为给《泰晤士报》的信署名"博士"，而给《每日新闻》的信署名"曼彻斯特商人"较妥，就是说，刊登的机会要多些。对人的称呼要用他们的头衔：贝克尔博士、毕尔格尔斯博士（!）、丹尼尔斯博士、克莱因博士、雅科比博士、奥托（德国科学界著名的化学家）、勒泽尔和诺特荣克。科伦检察院是极其胆小的。此外，根据新的纪律法，法官也已经不再是"终身的"了，或者至多只是名义上的"终身"。

你为德纳写的文章好极了。

你从这里走后，我给可怜的魏德迈自然只能寄去一篇文章。这次痔疮对我的折磨比法国革命还厉害。我要设法在下星期写出点东西。我的"臀部的"情况还不允许我去图书馆。

没收奥尔良王室偷来的和讨来的财产！富尔德下台！培尔西尼！妙极了！一切顺利。

英国资产者从 1688 年起就按传统硬把贵族集团置于行政权的首位，而在这种特殊的贵族集团统治之下，陆军、海军、殖民部门、筑城工程事业以及整个行政管理腐败的程度，是令人吃惊的。在英国人大肆吹嘘之后，当自由派在科苏特的庇护下发出叫嚣之后，以及在博览会期间高唱了世界主义的、博爱主义的和商业上的和平赞歌之后，一句话，在资产阶级自吹自擂的这个时期之后，令人高兴的是，现在这些恶棍发现，在丹麦王国里不是"有点"腐败，而是"全部"腐败了。此外，这些先生们也过分漫不经心地观看大陆上的斗争了。

评论：马克思在这封信中简要提及恩格斯关于科伦案件的信、恩格斯的《德国的革命和反革命》、自己的身体状况以及法国和英国的政治状况。就法国来说，波拿巴政府没收奥尔良王室的财产，任命培尔西尼接替莫尔尼就任内务部长，以及随后的财政部长富尔德辞职，表明 1851 年 12 月 2 日政变后建立的波拿巴政权并不稳固，波拿巴统治集团已经开始出现内讧。就英国来说，1688 年英国政变后在土地贵族和金融资产阶级妥协的基础上建立了君主立宪制，这种制度把贵族集团置于行政权首位，导致整个行政体系的腐败问题相当严重。英国资产阶级自由派在 1851 年 10 月和某些政府官员热烈欢迎抵达英国的科苏特，利用科苏特大肆吹嘘英国的立宪自由，还将 1851 年 5 月 1 日至 10 月 15 日在伦敦举行的第一届世界工商业博览会描绘为"普遍和平"纪元的开端，以掩盖资产阶级在镇压欧洲革命中扮演的不光彩角色。

　　1月26日　致信斐迪南·弗莱里格拉特，指出：你寄给我看的那一节诗写得非常好，巧妙地表达了犯罪构成，但我认为，它将损害整首诗的效果。首先，金克尔真是一个"德国诗人"吗？我和许多其他知道底细的人敢于对此提出怀疑。其次，"德国诗人"同"商业的"巴比伦之间的重大对立，难道不会由于后来又谈到"自由的"诗人同"卑躬屈节的"诗人之间的对立而缩小吗？尤其是，在《安徒生》中已经详尽地描述了傲慢的文学家对待与"诗人"相对立的世界的态度。因为，在我看来，没有任何内在的必要性在这个地方引伸到金克尔，那样做只会给敌人提供理由来猛烈攻击这一节诗，说它是个人意气或敌对的表现。但是，既然这一节诗写得非常成功，不能不加以利用，那末你——如果你认为我的意见是正确的话——务必找机会将它放到你今后要写的有关别的问题的某一首诗里。的确，素描是好极了。

　　因为恩格斯和维尔特没有把我给他们寄去的你的第一首诗的抄件寄回来，所以我昨天只能给红色沃尔弗朗诵我记忆中的几个片断。但是，这已经足以使他达到他所特有的那种狂喜的状态。

　　我收到贝尔姆巴赫的一封约有三十行字的信。他问为什么这样久得不到我的消息。回答很简单。我往科伦寄了几乎半印张的信，结果却是，过了很长时间才收到廖廖数行，而且根本不答复我的问题；例如，关于丹尼尔斯的健康状况等等只字未提。贝尔姆巴赫的这封信从曼彻斯特一寄回来，你就可以收到它。恩格斯为英国报纸写文章必须利用它。这张废纸中唯一重要的是下面这一点：检察院鉴于——要特别注意！——"缺乏客观的犯罪构成，因此没有起诉的根据"，决定重新开始侦查。这样，根据荒谬的臆断，你首先得坐九个月牢；然后发现，你坐牢是没有任何法律根据的。最后：你必须坐到侦查员能够为诉讼提出"客观的犯罪构成"为止，如果"客观的犯罪构成"找不到，你就得在监牢里吃苦头。

　　这种无耻的胆怯是难以想象的。主要的罪责落到一言不发的可怜的"报刊"头上。《科伦日报》、《国民报》和《布勒斯劳报》还登了几篇文章——而科伦检察院未必敢冒这样的危险。但是这些民主派和自由派畜生们正在为他们的共产主义敌人这一次被清除而欢呼。当泰梅和形形色色的民主派恶棍同警察当局和法庭发生冲突时，难道我们没有出来为他们讲话吗？曾经受到贝克尔的提挈和毕尔格尔斯的庇护的金克尔，在他的用美国钱喂养起来的《石印通讯》上从来没有为了报答这一点而提到他们。真是流氓！

　　如果我知道科伦某个可靠的资产者的地址，我就写信给丹尼尔斯夫人，使她对政局多少放心一些。从皮佩尔告诉我的情况可以看出，反革命的每个胜利都被"勇敢的市民们"用来使她担惊受怕和忧虑烦恼。

评论：马克思称赞弗莱里格拉特寄给他的那节诗，即弗莱里格拉特的《致约瑟夫·魏德迈（诗笺二)》，但认为这节诗会损害整首诗的效果。马克思不认同这节诗中对金克尔的评价，认为没有必要在这个地方引申到金克尔，只会给敌人提供猛烈攻击的机会。马克思还提到沃尔弗对弗莱里格拉特《致约瑟夫·魏德迈（诗笺一)》的肯定，不回信给艾布纳尔的原因，是对报界对科伦案件的沉默以及民主派和自由派的欢呼表示愤怒。

2月4日 致信恩格斯，指出：上星期四，即几乎一个星期以前，我把《给编辑的信》寄给《泰晤士报》了。看来，这家曾经把针对波拿巴的论战当作自己职业的报纸，现在认为有必要宽恕普鲁士了。因此，你必须同《每日新闻》接洽。如果这也失败了（我相信不会失败），那末还有《旁观者》。这大概是有把握的。

昨天乔·朱·哈尼给我寄来了他的重新出版的、篇幅略有增加的《人民之友》第一期。但愿他是为此而离开世界八个月，并藏身到愁闷的苏格兰去了！不过，为了使你尝到这个甘美果实的味道，一句话就足够了：

"不变的、普遍的、永恒的正义被宣布为最高原则，这项原则将同时是我们的指路明灯，我们的行动准则，以及试金石等等。"

够啦！不过哈尼给了波拿巴足够的惩罚，他把波拿巴叫做"私生子路易"。

我不知道，这个"过去的亲爱者"把他的小报寄给我是否为了博得我们的同情，或者他由于对我们的恶感而成了一个比我们所能想象的还要庸俗的民主主义者。不过，除了庸俗和"不变的正义"，还有职业蛊惑者的卑鄙伎俩。他借助空谈家马西，即"自由精神"，来反对琼斯，这个马西是城堡街缝纫工人协会的书记，一个向经营这家铺子的牧师阿谀奉承的人，是所有被大陆吐出来的渺小的大人物的传令官，诬蔑琼斯的诽谤者，一个女骗子（使他确信她是个慧眼）的丈夫。哈尼通过这个马西来散布对各协会特别是对联合会的辩护，这种辩护恐怕会延续许多期。而罗多芒特－哈尼曾亲自对琼斯说过，他实际上是赞同琼斯对这些协会的看法的。同时，他预告要发表《科苏特在美国受到的接待和旅行》一文，虽然他在给琼斯的一封信里把科苏特叫做骗子。这些讲"最高原则"的先生们就是这样。我不知道，这些原则如果不是为自己的利益而给别人规定的规则，那又是什么。哈尼一个时期引退了，而让脾气暴躁的琼斯去败坏声望，以便使他自食其果。但是，如果说他可能使琼斯受到损害，他本人也将毫无所得。这个家伙作为著作家已经彻底完蛋，而且正象在约翰街听过他演说的鲁普斯对我说的那样，他作为演说家，而首先是作为人，也彻底完蛋了。让这种人民运动见鬼去罢，特别是，如果运动是和平的话。在这种宪章派鼓动中，奥康瑙尔疯了（你在报上看到了他最近在法庭上的吵闹吗？），哈尼庸俗化了，琼斯破产了。这就是参加人民运动的人们的生命的最终结局。

昨天"班迪亚上校"来我这里。在谈话中他讲到，科苏特在伦敦向聚集在他周围的匈牙利流亡者们讲了这样一段话："我将关心你们大家，但是我要求你们大家对我忠诚、忠实和顺从。我不是蠢才，对那些同我的对手一起搞阴谋反对我的人，我不会养活他们。我要求每个人无条件地表态。"这就是这个谦逊的科苏特背地里讲的话。其次，我从班迪亚那里了解到，瑟美列、卡季米尔·鲍蒂扬尼和佩尔采尔（将军）要来伦敦，组织一个反科苏特的对抗委员会。最后，这整个阴谋的领导者是马志尼先生。他用科苏特做自己的传话筒，并且在自己的小房间里多少把自己打扮成马基雅弗利。这位先生手里牵着线，但是却不知道，他所驱使跳跃的那些傀儡只是他自己想象中的英雄，而别人谁也不这样看。例如，他写信给科苏特，要他同金克尔建立亲密的关系。据说他本人不能做这件事，因为他要负责同另一部分重要的德国人士联系。看来科苏特真同金克尔建立了友好关系，而金克尔在他的每封信中都谈到他的可尊敬的、他的杰出的、他的"不亚于他的"朋友科苏特。科苏特也自以为，他一方面依仗着德国的独裁者金克尔，另一方面依仗着意大利的独裁者马志尼，背后还肯定有法国的独裁者赖德律这个盟友。可怜虫堕落得太深了。

至于商业情况，简直使我莫名其妙。时而好似危机临头，西蒂区一片萧条，时而一切又好转上升。我知道，所有这一切都防止不了崩溃。而为了观察当前的动态，现时伦敦不是一个合适的地方。

评论：信中主要谈论了哈尼的观点和活动，以及有关科苏特的消息。1852 年 2 月 7 日，哈尼把《人民之友》第一期的校样寄给了马克思，马克思认为他的文章充斥着"庸俗"和"职业蛊惑者的卑鄙伎俩"，不认同也不看好宪章派鼓动下的人民运动。马克思还谈到从班迪亚那里听到有关科苏特的消息，一是科苏特在伦敦向匈牙利流亡者的讲话与其谦逊的名声不相符合。二是马志尼一方面在组织一个反科苏特的对抗委员会；另一方面又写信给科苏特要他同金克尔建立关系，信中揭露了这些独裁者的蛊惑伎俩。

2 月 13 日 致信约瑟夫·魏德迈，指出：附上我的文章的续篇。这个问题我越写越多——你还将收到两篇。此外，下次邮班我将给你寄点关于马志尼先生的东西。你的报纸老早就该到了。你知道，为了给一家报纸写文章，必须看到它；如果我的同事们看到他们的东西刊登了，他们的劲头就会更大。

这里谈几句在科伦监狱里的我们的朋友的状况。希望你用这个材料写一篇文章。

他们已经坐了将近十个月的牢房。

案件在 11 月已通过了侦讯室，侦讯室决定将该案提交陪审法庭。此后案件转到检察院。检察院在圣诞节前作出一项决定，在这个决定的陈述理由部分中写道："由于缺乏客观的犯罪构成，因而也缺乏起诉的根据"（但是，由于政府对这个案件非常重视，如果不对被告进行司法追究，我们担心丢掉我们的职位），"因此我们将案件重新交给原来的侦查员去逐项进行调查"。拖延的主要原因是，政府确信它在陪审法庭上会遭到可耻的失败。它希望在这期间成立审讯叛国案的高级法庭，或者至少使陪审法庭无权审理一切政治罪行，——关于这个问题已经向普鲁士第一议院提出一个提案。我们的朋友们被关在彼此隔离和同外界隔绝的单人牢房里，他们被剥夺了通信和会客的权利，甚至得不到书籍，而在普鲁士，这些事情对一般犯人从来没有拒绝过。

如果报界对这个案件哪怕稍微加以干预，检察院也就无法作出这项无耻的决定。但是，象《科伦》一类的自由派报纸由于胆怯而沉默，"民主派"报纸（其中也包括金克尔靠美国钱出版的《石印通讯》）由于对共产党人的仇恨、害怕失去他们自己的威信以及对"新的"蒙难者的敌对而沉默。这些坏蛋就是这样来酬谢《新莱茵报》，而该报在这帮民主派恶棍（例如泰梅等人）同政府发生冲突时曾一贯维护过他们。金克尔先生就是这样来酬谢《西德意志报》，而在这个报纸上贝克尔曾提挈过他，毕尔格尔斯曾庇护过他。真是流氓！必须同他们进行殊死的斗争。

评论：马克思提到给魏德迈寄去《路易·波拿巴的雾月十八日》第四章，并等魏德迈寄来刊登了他的文章的杂志《革命》。在信中马克思主要谈了在科伦监狱里的共产主义者同盟盟员的状况，希望魏德迈用这个材料写一篇文章。马克思寄给魏德迈和克路斯的关于被捕并在科伦受审的共产主义者同盟盟员的状况的材料，克路斯曾加以利用，克路斯曾把关于在科伦的被监禁者的一篇长文章寄往在辛辛那提出版的民主派报纸《高地哨兵》。

2 月 20 日　致信约瑟夫·魏德迈，指出：2 月 18 日，我收到了你的那封带有克路斯附笔的信。你碰上了两件特殊的讨厌事情：（1）在纽约失业；（2）猛烈的西风使由伦敦驶往美国的船只迷了航。除了最初几天以外，从英国（即从我、恩格斯、弗莱里格拉特、埃卡留斯等人）给你寄文章是非常准时的，任何报纸所希望的也不过如此。另一方面，这里人们有点懈怠了，因为，虽然来了好多艘轮船，却没有从美国收到任何消息。我认为没有必要把你的刊物暂时停刊一事告诉任何人，除了恩格斯和鲁普斯以外。不然这会使人更加懈怠。

此外，如果你希望得到这里的经常支持，你必须履行下列条件：

（1）每星期写信，并注明寄到你那里的所有我们的信的日期。

（2）使我们了解你那里发生的事情并经常往这里寄有关的材料和剪报等。

我的亲爱的，你知道，在不了解读者等等情况下，给在大洋彼岸出版的报纸撰稿，是多么困难。但只要你能履行上述条件，我保证你会有必要的文章。我手持鞭子站在每个人后面，能够迫使他们写东西。德国方面也答应给你寄文章并为你的刊物撰稿。只要我得知报纸还继续存在，我在巴黎就会有现成的不取报酬的撰稿人，他每星期都可以写通讯。我将写信给这个人——这是我最优秀和最有才智的朋友之一。糟糕的只是，谁也不愿意 pour le roi de Prusse 工作，时事性的文章，如果收到以后不马上发表，就会失去任何价值。再者，因为你无法付酬，那就更必须使人们确信，他们是在做真正的党的工作，他们的信不会被放进书桌里不管。

我认为，你坐在家里等信件，是你的失策。你应当象所有的报纸那样，通知邮局，在轮船到达后你将按时亲自去取信。这样就不难避免误投和延宕。

顺便提一下。如果希尔施的声明还没有刊登，就不要登了。

现在有许多坏蛋（其中包括裁缝列曼和裁缝约瑟夫·迈耶尔）从这里前往纽约。其中某些人将会用我的名义去找你。如果谁拿不出我的几行亲笔信，你就不要相信他。向这些家伙询问一下维利希等人的情况倒是可以的。列曼和迈耶尔是耶稣–维利希的狂热信徒。

至于德纳，我认为，他刊登西蒙的文章是愚蠢的。如果我的经济状况允许，我会立即拒绝再撰写任何东西。他可以允许对我和恩格斯的攻击，但是不应当允许这种无知的小学生的攻击。德纳十分庸俗，竟让一个头脑简单的家伙——这个家伙曾经把普鲁士皇帝、三月同盟和帝国摄政福格特钦赐给德国，现在又想把他自己，连同他的失败了的同事、议会和经过某些修改的帝国宪法钦赐给人民——把"鼓动者"和"流亡者"这两个只存在于报纸上的虚构东西作为历史的现实展示在美国公众面前。没有比这个从阿尔卑斯山高峰操着大政治家的语言进行说教的恶棍更为可笑的了。我原以为德纳会有分寸一些。特利尔的路德维希·西蒙！这个家伙什么时候才会放弃高贵的议会称号？

你可以想象，这些家伙在伦敦这里完全是一伙乌合之众。使他们在某种程度上结合在一起的唯一的东西，就是对哥特弗利德·基督–金克尔的救命钱的垂涎。另一方面，白痴卢格连同隆格和其他两三头蠢驴在"鼓动者"名义下过着空虚的苟且偷安的生活，正象死水潭给自己命名为"汪洋大海"一样。

当然，欧洲现在不是忙于这些微不足道的小事，而是忙于其他事情。自从12月2日和新的革命分子从法国来到这里以后，赖德律–洛兰本人象空心球一样瘪了。马志尼发表极端反动的演说。不久我将把其中的一次给你作一分析。

至于厄内斯特·琼斯的《寄语人民》——你在那里可以找到英国无产阶级的全部现代史——，只要我的经济状况允许，我马上就寄给你。往美国寄一个邮包，我得花八先令。

如果你的报纸不能出版，那末你是否能把我的小册子分印张出版或者象我给你寄去的那样分篇出版？否则时间会拖得太长。

评论：马克思讲述自己因为经济困境而无法从事研究和写文章；收到带有克路斯附笔的信，了解关于纽约失业等信息；魏德迈希望得到马克思等人为他写文章需要履行的条件；希尔施的声明可以不发表；警惕以马克思的名义到纽约找他的人；不认可德纳发表西蒙的文章，把"鼓动者"和"流亡者"这两个只存在于报纸上的虚构东西作为历史现实呈现在美国公众面前；欧洲流亡者赖德律、洛兰、马志尼的最新动向；在经济状况允许的情况下将给魏德迈寄去琼斯的《寄予人民》，因为这一文献呈现了英国无产阶级的全部现代史；问候克路斯。

2月23日　致信恩格斯，指出：西蒙先生自我吹嘘的那号《论坛报》，我将找来给你寄去。真是拙劣的小学生！他还总是署名"特利尔的西蒙"。这家伙还不能下决心放弃高贵的议会称号。载勒尔曾经看过译载这篇臭东西的《州报》。你知道，从他的叙述中是从来什么也搞不清楚的。我从他那里得出以下几点：特利尔的路德维希·西蒙以瑞士流亡者的名义出面说话，他认为"鼓动者"（卢格及其同伙借以掩盖他们空虚的隐遁生活的名称）和"流亡者"之间的大问题是非常重要的问题，是目前欧洲的紧急问题，他从"阿尔卑斯山的高峰"俯视一切。谈到这里——同时还把维利希当作非常重要的人物来引用，并且列举对这个英雄的成就的广泛反应——，西蒙把话题转到伦敦的第三个危险的政党，即以恩格斯和马克思为首领的"钦赐一切的政党"。说什么我们想用暴力把"自由"钦赐给人民。我们是比俄国皇帝还要坏的暴君。我们第一个以"讥讽而轻蔑的态度"对待"普选权"，等等。我们用我们的"钦赐欲"早已把一切都败坏了。可怜的家伙！难道普鲁士皇帝、三月同盟、帝国摄政福格特都是我们钦赐给德国人的吗？我们要钦赐他一脚。波拿巴甚至什么也没有教会这些蠢驴。他们仍然相信"普选权"，而且一心一意地进行着可怜的计算，他们应如何再一次把他们的卑鄙人物钦赐给德国人民。当人们听到这些家伙无休止地老调重弹时，真会不相信自己的耳朵。这是真正的畜生，是顽固的蠢驴。这个好虚荣的小流氓是怎样混进《论坛报》的，我十分清楚。大概公民弗吕贝尔是介绍人。他老早就同德纳有联系。

附上莱茵哈特的信，信中有非常妙的流言。

罗素以一种可笑的方式下台了。我只是希望得比执政。在这个短短的议会开会期间你已经看到，曼彻斯特派在没有客观形势推动的时候，是多么可怜。我并不为此责怪他们。任何进一步争得的民主成就，例如无记名投票，当然都是他们仅仅在必要时对工人所作的一种让步。

昨天我曾同一个刚刚从巴黎来的法国商人谈话。商业情况很糟。你知道这头蠢驴说什么？"波拿巴不如共和国。以前的商业情况要好些。"法国资产者经常要他们的政府对商业危机负责，这真是一种幸运。纽约的失业和伦敦的破产，大概也要归罪于波拿巴了。

还有一件关于波拿巴的非常有趣的（你在这里会感到尊敬的载勒尔的影响）事情。正象我写信告诉过你的那样，班迪亚同瑟美列和鲍蒂扬尼有联系。他是鲍蒂扬尼的代理人。他秘密地告诉我，说鲍蒂扬尼和查尔托雷斯基正在同波拿巴搞阴谋，差不多每天都同他见面。波拿巴希望，背着俄国和奥地利，在贵族流亡者中间给自己找到同盟者，并在波兰和匈牙利产生影响。此外，他向他们明确地说过，他将不顾尼古拉和其他一切，入侵比利时，也可能入侵巴登，而且就在最近。

艾韦贝克将他的大部头著作《德国和德国人》给我寄来十二本。有一本是给你的。这样的东西真是见所未见，闻所未闻。从太古讲起的历史部分是陈旧的小学教科书的复制品。至于他在现代史方面的成就，你从下面的事实就可以作出判断：

弗·李斯特把自由贸易学说介绍到德国，而卢格把社会科学介绍到德国。黑格尔之所以不朽，是因为他使德国人明白了质、量等范畴（原话如此），而费尔巴哈则证明了，人的认识不能超出人的理性范围。彼得罗·杜扎尔（司徒卢威老婆的弟兄）是最伟大的德国自由战士之一，弗莱里格拉特由于给《新莱茵报》撰稿而出了名。此外，他的文风也令人笑破肚子。例如，象约逊的战士由龙牙生长出来一样，日耳曼部落经常彼此殴斗。罗慕洛·奥古斯图路是个"温和可爱的少年"，而德国人三百年来已经习惯于听其邻人称他们是蠢货。

　　评论：信中主要谈论了《纽约每日论坛报》上刊载的小资产阶级民主主义者前法兰克福国民议会议员路·西蒙攻击马克思和恩格斯的文章。在这篇文章中，西蒙高度评价1851年在伦敦出现的两个相互竞争的德国小资产阶级流亡者组织，即以金克尔、维利希为首的德国流亡者俱乐部和以卢格、戈克为首的鼓动者协会，却把马克思和恩格斯及其拥护者看作"比俄国皇帝还要坏的暴君"。在马克思看来，西蒙无视德国的现实政治和历史教训，无休止地老调空谈"普选权"，没有任何益处。此外，马克思还谈到有关波拿巴的一些消息，以及艾韦贝克的拙劣的大部头著作《德国和德国人》。

　　2月23日　　致信斐迪南·拉萨尔，指出：自从我上次给你写那封信以来，我的健康状况又有好转，虽然我的眼睛仍然很痛。可是社会条件却恶化了。我接到了出版商断然拒绝印刷我的《政治经济学》的通知；我的反蒲鲁东的手稿在德国漫游了整整一年，同样也找不到栖身之地；最后，财政危机达到了尖锐的程度，只有现今在纽约和伦敦所感觉到的商业危机才能与之相比。可惜我甚至连象商人先生们那样宣布自己破产的可能性都没有。波拿巴先生在冒险举行政变时就处于类似的境地。

　　讲到这位波拿巴先生，我认为最好是把巴黎一位朋友寄给我的一封信摘要告诉你；他是个大怀疑论者，对于人民不大看得起。

　　这里的一件最重要事情是，以得比伯爵（斯坦利勋爵）为首的托利党人取代辉格党人组阁了。这个事件好极了。英国只有托利党人执政才能前进。辉格党人对各个方面都充当中间人，并使一切死气沉沉。此外，商业危机越来越逼近，它的最初的征候在这里已经到处可见。事情正在发展。如能勉强度过这个过渡时期，就算不错了。邮件发送时间到了。就此搁笔。

　　评论：马克思提到自己健康状况的好转和社会条件的恶化，包括他的《政治经济学》和《哲学的贫困》在德国的出版困难，以及财政危机的尖锐化。他还摘录莱茵哈特寄给他的信的摘要对波拿巴的评述，指出波拿巴对人民的轻视，以及托利党取代辉格党组阁带来的良好前景和商业危机的临近。

　　2月27日　　致信恩格斯，指出：我发现上次忘了把莱茵哈特的信给你寄去了。给德纳写的文章已寄出，我要求他在伦敦给我指定一家银行，还没有得到他的答复。我的老太太虽有诺言，但仍无音信。给在德国的熟人们写的信，至今也没有收到一封回信。一个星期以来，我已达到非常痛快的地步：因为外衣进了当铺，我不能再出门，因为不让赊账，我不能再吃肉。所有这一切都算不了什么，不过我担心这种困境总有一天会弄得出丑。唯一的好消息是我们从内兄大臣的夫人那里得到的，说我妻子的非常结实的伯父得了病。如果这头畜生现在死了，那末我就可以摆脱困境。

今天我不能详谈，因为正忙于口授一篇给魏德迈的文章，并为他修改和邮寄其他的材料。

我在《奥格斯堡报》上看到（由于载勒尔的帮忙），施蒂纳先生出版了《反革命的历史》。他要证明，革命失败了，因为它是"神圣的"，而反革命胜利了，因为它持"利己主义的"态度。

2月25日，法国人举行了纪念二月革命的宴会，或者不如说是备有茶和火腿面包的无酒的聚会。我和我的妻子受到邀请。其他与会者付入场费一法郎。因为我不能去，也不想去，就让我的妻子同一个法国人去了。赖德律、皮阿、托雷、马丁·贝尔纳等人，一句话，发起这件事的整个洛兰集团都没有出席，因为他们觉得为了流亡者而收入场费太庸俗了。路·勃朗也写信谢绝了。出席的只是那些大部分自称为布朗基派的流亡者渣滓。但后来矮小虚伪的科西嘉人露面了，显然他是呆在附近的某个单独的房间里，通过他的暗探确信赖德律及其同伙没有出席才露面的。这个身穿漂亮灰色燕尾服的人，尽管毫无才干和威望，却受到热烈鼓掌欢迎。他的演说（他一演说完就走掉了）使他的敌人惊叹不已。迷住了他们。征服了他们。而这个小个子，这个社会主义的约翰尼·罗素是怎么说的呢？这里，在国外，人们对法国的异乎寻常的事件感到惊讶，而他却比任何时候都更坚信祖国会时来运转。为什么呢？他说，我要向你们讲一讲历史的发展等等。就是说，在所有的伟大军事家，例如弗里德里希大帝和拿破仑大帝的一生中，都有大胜利和大失败。那好，法国是一个军事国家。它有自己的兴盛和自己的灾难。这正是需要证明的。它想要做的，它总是能做到，1789年驱逐了封建主，1830年赶走了国王。1848年它想要推翻谁呢？可能你以为是资产阶级。绝对不是，是贫困，可恶的贫困。接着就是为贫困而簌簌流出社会主义的热泪。贫困并不是一种固定的和抓得住的东西，然而法兰西民族在新的革命中将战胜贫困，那时母亲们将不再亲手弄死自己腹中的胎儿，七岁的小女孩将不再"集结"在机器旁边，诸如此类的蠢话说了很多。同时他在自己的演说中慷慨地用了三个很俏皮的词。他称波拿巴是：（1）冒险家；（2）私生子；（3）模仿他伯父的猴子。最后这个新提法弄得与会者害了真正的舞蹈病。你对此有什么看法？这些癞蛤蟆真令人感到绝望。一般说来，他们的行径是讽刺短诗式的、真正戏剧性的艺术作品，这些家伙！我的上帝！勃朗先生的攻击使我想起马索耳曾经给我讲过的一件趣闻。波拿巴总是在夜里十二点以后，在一群被他召集在自己周围狂饮的"下流男女"中喝得酩酊大醉。这时候他就指天誓日，咒骂不休，而同他厮混的女士之一便为他辩护说："他是个军人嘛!!"

评论：马克思告诉恩格斯自己十分窘迫的经济状况，谈到施蒂纳 1852 年出版的《反动的历史》一书，并描绘了法国人在 2 月 25 日举办的纪念二月革命的宴会，特别是勃朗在宴会上发表的演说。在马克思看来，这些在英国的法国小资产阶级流亡者的行径不过是"讽刺短诗式的、真正戏剧性的艺术作品"。在 3 月 2 日恩格斯给马克思的回信中，他告诉马克思给他寄去了五英镑，并评价施蒂纳的书是"一部毫无价值的文集"。

3 月 3 日　致信恩格斯，指出：星期一我收到了五英镑，虽然鲁普斯是住在宽街 3 号而不是 4 号。今天我还收到了给德纳写的文章，写得非常成功。

你给《革命》和《论坛报》的邮件被拆开了。甚至没有动动手把它再封上。

你从附上的信中可以看到，我们同警察局之间的情况怎样。除了鲁普斯 2 月 5 日替我担任主席以及告密者把我们给《泰晤士报》的信同给丹尼尔斯夫人的回信弄混之外，事实全是伪造的。暗探是汉堡的"希尔施"，这个人在两个星期以前就被我们驱逐出同盟了。他是在德国被吸收的，因为我从来没有完全信任过他，所以也从来没有当他的面说过半句有危险的话。

琼斯就魏德迈驳斥海因岑的文章，交今天的邮班给魏德迈寄去一封正式信件，在信中对海因岑表示了极大的轻蔑，并且在"阶级斗争"问题上给了他一顿教训。前天全国改革同盟召开了一个大会；至少有两千听众。琼斯恰当地批驳了休谟先生、华姆斯莱先生及其同伙，取得了一次真正的胜利。看来伦敦和曼彻斯特现在采取了这样的分工：在那里资产者较多地进行政治上的攻击，在这里则较多地进行商业上的攻击。

几天前，我得到了马志尼先生用意大利文写的宣言。他不顾一切地充当神圣的资产者，并痛骂"非神圣的"法国资产者。他把首倡作用从巴黎移往罗马。"唯物主义"和"利己主义"毁灭了法国。工人从资产者那里继承了这两种恶习。法国从 1815 年起不再是起首倡作用的国家了。现在意大利和匈牙利是神选的国家。

"马志尼先生"以隐士彼得的身分责备罪恶的法国人，同时却向那些自然是体现了"忠诚"和"信仰"的英国自由贸易派卑躬屈节。蠢货！

评论：马克思告诉恩格斯收到他给德纳写的文章《德国的革命和反革命》，提到恩格斯给《革命》杂志和《纽约每日论坛报》的邮件被拆一事，以及与警察局的斗争。信中还介绍了琼斯对海因岑及休谟、华姆斯莱等人的批判，并对马志尼的宣言进行了批评。

3 月 5 日　致信约瑟夫·魏德迈，指出：我担心出了什么差错，因为我误解了你的上一次来信，把最近两封信都按下列地址寄出去了："钱伯斯街 7 号《革命》办事处 1817 号信箱"。这个该死的"1817 号信箱"引起了混乱，因为你来信说要在"旧地址"上加这么几个字，但没有说明是指第一个地址还是指第二个地址。可是我希望，在这封信寄到以前事情已经弄清楚，特别是因为上星期五寄出的那封信里附有我的文章的很长的第五篇。第六篇，也就是最后一篇，这个星期我未能写完。但是，即使你的报纸重新出版了，这次延宕也不会碍事，因为你手上掌握的材料已经足够了。

你驳斥海因岑的文章写得很好，可惜恩格斯寄给我太晚了；它写得既泼辣又细腻，这种巧妙的结合称得上是名副其实的论战。我已经把这篇文章给厄·琼斯看了，这里附上他给你的一封信，这封信准备发表。琼斯写得很潦草，又有一些缩写，而我想你还不是一个地道的英国人，所以我把我妻子誊写的抄件和德译文连同原稿一起寄给你，以便你把原稿和译文两者同时发表。你还可以在琼斯的信后面附上这样几句话：至于说到乔治·朱利安·哈尼（他对海因岑先生来说也是一个权威），那末他在他的《红色共和党人》报上发表了我们的《共产党宣言》的英译文，并且还加了一个边注，说：这是《the most revolutionary document ever given to the world》（"世界上前所未有的最革命的文件"），而他在他的《民主评论》上译载了被海因岑"驳倒了的"智慧，即《新莱茵报评论》上发表的我的关于法国革命的文章；而且哈尼还在一篇论路易·勃朗的文章中把这些文章当作对法国事件的"真正的批判"介绍给他的读者。不过，在英国只是不需要引证"极端分子"的话。如果英国的一个议员要当大臣，他就得重新经过选举。

为了使海因岑这样一个不学无术的"有性格的人"不致认为，贵族拥护谷物法，资产者反对谷物法，因为前者想"垄断"，后者要"自由"（一个笨伯只是在这种思想形式中才看到对立），那只应当指出，在十八世纪，英国的贵族拥护"自由"（贸易自由），而资产者则拥护"垄断"，也就是目前"普鲁士"这两个阶级对"谷物法"所采取的立场。《新普鲁士报》是贸易自由的最狂热的拥护者。

最后，我要是处在你的地位，我就要向民主派先生们指出，他们最好是先熟悉一下资产者的著作本身，然后再去大胆地对它的对立面狂吠。这些先生要弄清过去的"阶级的历史"，就应当譬如说研究一下梯叶里、基佐、约翰·威德等人的历史著作。他们想要批判政治经济学批判，就应当先懂得政治经济学的基本原理。

美国的资产阶级社会现在还很不成熟，没有把阶级斗争发展到显而易见和一目了然的地步，关于这一点，北美唯一有影响的经济学家查·亨·凯里（费拉得尔菲亚人）提供了十分出色的证明。他攻击李嘉图这个资产阶级的最典型的代表者和无产阶级的最顽强的反对者，认为他的著作是无政府主义者、社会主义者和资产阶级制度的一切敌人的军火库。他不仅指责李嘉图，而且指责马尔萨斯、穆勒、萨伊、托伦斯、威克菲尔德、麦克库洛赫、西尼耳、惠特利、理·琼斯等等，一句话，指责欧洲的经济学权威，说他们分裂社会和制造内战，因为他们证明了：各个不同阶级的经济基础一定会在它们中间引起一种必然的、不断发展的对立。他拼命驳斥他们，虽然他不象愚蠢的海因岑那样把阶级的存在同政治特权和垄断的存在联系起来，但是他想证明，经济条件——地租（地产）、利润（资本）和工资（雇佣劳动）不是斗争和对立的条件，而是联合与和谐的条件。实际上他只是证明，美国的"不成熟的"社会关系在他看来是"正常的关系"。

至于讲到我，无论是发现现代社会中有阶级存在或发现各阶级间的斗争，都不是我的功劳。在我以前很久，资产阶级的历史学家就已叙述过阶级斗争的历史发展，资产阶级的经济学家也已对各个阶级作过经济上的分析。我的新贡献就是证明了下列几点：（1）阶级的存在仅仅同生产发展的一定历史阶段相联系；（2）阶级斗争必然要导致无产阶级专政；（3）这个专政不过是达到消灭一切阶级和进入无阶级社会的过渡。象海因岑这类不仅否认阶级斗争，甚至否认阶级存在的无知的蠢才只不过证明：尽管他们发出一阵阵带有血腥气的和自以为十分人道的叫嚣，他们还是认为资产阶级赖以进行统治的社会条件是历史的最后产物，是历史的极限；他们只不过是资产阶级的奴才。这些蠢才越不懂得资产阶级制度本身的伟大和暂时存在的必然性，他们的那副奴才相就越令人作呕。

你可以利用上述意见中你认为有用的东西。此外，海因岑已经用我们的"中央集权"去代替他的"联邦共和国"，等等。当我们现在所传播的关于阶级的种种观点变得不怎么新奇，而且为"正常的人的思想"所接受的时候，这个粗鲁的家伙就会大叫大嚷地把这些观点说成是他"自己的洞察力"的最新产物，并且对我们进一步发展这些观点发出狂吠。因此，当黑格尔哲学还是进步的时候，他凭借他"自己的洞察力"对它发出狂吠。而现在，他却靠黑格尔哲学中变得淡而无味的、卢格没有消化掉又吐出来的面包屑来糊口。

评论：马克思告诉魏德迈因为弄错地址，误投了两封信，信中附有《路易·波拿巴的雾月十八日》第五章。他赞扬魏德迈驳斥海因岑的文章，是泼辣和细腻巧妙结合的论战。在马克思提到的那封预定在《革命》上发表的琼斯1852年3月3日给魏德迈的信中，阐述了英国社会各阶级的状况并评述了英国阶级斗争的发展。马克思还随信附上琼斯给魏德迈的信，并提出可以在信后面加上哈尼肯定《共产党宣言》和《1848年至1850年的法兰西阶级斗争》的话，因为哈尼对海因岑来说也是一个权威。此外，马克思还谈了关于阶级的观点，认为要认识阶级的历史必须阅读梯叶里、基佐、约翰·威德等人的历史著作，赞扬了美国经济学家凯里《论工资率》中对尚不成熟的美国资产阶级社会及其阶级斗争发展情况的论述，并指出自己对阶级理论的三个方面的新贡献。马克思在这封信中谈到对凯里的意见，后来克路斯在他驳斥海因岑和其他小资产阶级民主派的文章《"合众国最优秀报纸"及其"最优秀人物"和政治经济学家》中曾加以利用。信末，马克思提到随信附上匈牙利通讯的最后一部分，以及共产主义者同盟章程。该章程是在1850年9月共产主义者同盟分裂后，科伦的同盟中央委员会于1850年12月制订的。

3月25日 致信约瑟夫·魏德迈，指出：祝世界的新公民幸福！没有比出世在当代更为美好的了。当人们只用七天就从伦敦到达加尔各答的时候，我们两人早就毁灭了，或者老态龙钟了。而澳大利亚、加利福尼亚和太平洋呢！世界的新公民们将不能理解，我们的世界曾经是多么小。

如果你在一星期以前没有收到这里所附的结尾部分，那是你完全沉默的过错。

我请你在小册子中也用一、二、三、四、五、六、七把我的文章分开，就象给你寄去的那样。这些数目字对读者来说将成为支点。它们代替标题。在第五篇末尾还要加上如下的话："然而波拿巴象阿革西拉乌斯回答国王亚奇斯那样回答了秩序党：'你把我看作蚂蚁，但是总有一天我会成为狮子的'"。当然，现在整个事情必定会完整地出现。

克路斯的声明非常好。

或许——我看这很好——你把厄内斯特·琼斯的信就刊登在第一期上？只要写上两句前言就足以把它说清楚。

再就是：克路斯可能已经把关于瑟美列的事情告诉你了。首先你必须利用同某个出版商的关系，设法把他的关于科苏特、路·鲍蒂扬尼和戈尔盖的小册子——约十印张——用德文然后用英文出版。如果这能做到，你可以把德文本作为你的第二期出版，——当然不必添加任何其他东西。如果不是你自己出版这部著作，那末出版商就必须为它出钱。

最近我将着手批驳马志尼。金克尔先生，他自己承认是从"奶妈的童话"中吸取自己的智慧的，现在到处看到"大人物"之间的团结，不过等他一回来就会发现突然爆发的最好形式的斗争。事情就是，赖德律和马志尼曾用意大利公债的一万法郎买下了布鲁塞尔的日报《民族报》。现在马志尼先生却居然抛出了他的第一篇文章，用尽他的下流的蠢话攻击法国，攻击社会主义，说什么法国失去了革命的首倡作用。他的攻击如此疯狂，以致赖德律现在不得不（据说已经决定）亲自出面反对他。另一方面，社会主义者路·勃朗、比埃尔·勒鲁、卡贝以及马拉尔梅等已经联合起来，并发表了一篇由癞蛤蟆路·勃朗撰写的恶毒的答复。同时，多数法国流亡者对赖德律异常愤怒，并公正地认为他应对马志尼的愚蠢负责。大火已在他们自己营垒中燃烧起来了。

评论：马克思谈到《路易·波拿巴的雾月十八日》的排版与补充；认为克路斯的声明写得好，在这个声明中，克路斯根据马克思的指示，揭露了"革命公债"是冒险的举动，并抗议金克尔集团为了自己的利益而使用推销公债所募集到的款项；建议把琼斯给魏德迈的信刊登在《革命》第一期上，琼斯在信中阐述了英国社会各阶级的状况并评述了英国阶级斗争的发展；请魏德迈设法在美国出版瑟美列的小册子《路德维希·鲍蒂扬尼伯爵、阿尔都尔·戈尔盖、路德维希·科苏特》；他将着手批驳马志尼在布鲁塞尔《民族报》上发表的观点，马志尼把全部反革命行动归罪于社会主义者，认为法国已经失去革命的首倡作用。此外，马克思还谈到德朗克被捕、皮佩尔的文章，询问埃德加尔·冯·威斯特华伦的消息，以及克路斯的抗议书和魏德迈的杂志《革命》获得好评。

　　3 月 30 日　　致信恩格斯，指出：这里有许多新闻。哥特弗利德·基督－金克尔派出，或者确切点说，已经派出大学生叔尔茨和席梅尔普芬尼希，去到处鼓吹 4 月中要在伦敦召开一个有瑞士、巴黎、德国和比利时代表参加的会议，目的是保证革命公债，彻底调整这项基金的管理机构，并组织 in partibus〔在国外〕的民主政府。但是你必须在星期六以前把这包脏东西寄还给我。

　　科苏特在美国被瑟美列揭露，而且已经同他所背弃的伦敦委员会完全决裂；当他获悉这一时期民主派伙伴中间发生了怎样的分裂时，是会吃惊的。

　　正是那个已经当了两年 in partibus 的民主教会的教皇的马志尼先生，终于认为是发泄他对社会主义和法国的怨恨的时候了，于是在布鲁塞尔的《民族报》（这个报纸是他在赖德律的同意下用意大利基金的一万法郎收买的）上用法文发泄了。他在那里把十二月二日、占领罗马，一句话，把全部反革命行动都归罪于社会主义者，并且用他那种傲慢的多米尼克派的口吻起劲地痛斥异教徒，教派，唯物主义，怀疑论，法国的巴比伦，就象他在伦敦讨好英国的自由资产者一样起劲。法国似乎已经失去了革命的首倡作用。民族之王已不再存在。现在坐第一把交椅的已是其他民族了，等等。一句话，这是有幸刊登在《祖国报》和《立宪主义者报》上的真正的革除教门令。这在法国人看来未免太过分了。这时，小个子路·勃朗看到了这里有使自己重新恢复名誉并出人头地的机会，便赶紧把卡贝、比埃尔·勒鲁、比昂基、纳多和瓦斯邦太（蒲鲁东主义者）集合起来。他们在《晨报》上用最粗暴的方式攻击了马志尼先生。他们答复的理论部分几乎与马志尼的攻击同样无力。至于有关他个人的那一部分——材料是马索耳供给勒鲁的——，毁灭了这个傲慢的上帝使者。

　　赖德律这方面为了不失去全部影响，认为自己必须退出欧洲中央委员会。他也在《民族报》上答复了对法国的攻击。这是一篇可怜的毫无逻辑的文章。他坚持"法国的革命首倡作用"，真妙！读起来实在恶心！据说赖德律现在打算去美国。

　　这样，一方面，白痴卢格失去了他的欧洲中央委员会；另一方面，金克尔（他在美国象狗一样对自己的竞争者科苏特摇尾乞怜）看到，普遍地"混合"，也就是在 1848 年以来就庸俗化了的"民主共和国"、"普选权"等空话的旗帜下融合所有的民主追求者的作法，并没有实现。这样，勇敢的维利希也将作为"共产主义者"同他们发生冲突。

　　同时英国政府用国家的经费每周大批地把法国的流亡者平民送往美国。可怜的小个子勃朗想用突然的总示威来反对马志尼，以便被确认为遭受迫害的教会的理所当然的领袖。为了阻止他的小阴谋，我将纵容马索耳去反对比埃尔·勒鲁。最后，为了彻底造成这场混乱，蒲鲁东要来这里。

　　伪善的费里克斯·皮阿这个艺术人（法国人用这个术语粉饰某个人的短处，粉饰他没有性格和智慧）把十二月事件写成一出传奇歌剧，由此你可以看出官方的大人物堕落得多么厉害。他找到了一个英国企业家，将同他一道在纽约等地上演这个丑剧：杀人、驱逐、流放等等场面。有什么能比利用自己国家的不幸来投机更卑鄙的呢？而这头蠢驴竟认为这种出卖法国灾难的娼妓行径是爱国行动。

因为阴谋成了这里的流亡政客的重大活动的最不可告人的秘密，所以济格瓦特－金克尔也在大学生叔尔茨和隆格夫人的妹妹（据说很有钱）之间干起了拉皮条的勾当。

讨厌的只是，这些蠢驴由于吹牛和搞阴谋，经常给警察局提供新的材料，使我们在德国的朋友们处境恶化。

评论：马克思密切关注金克尔、科苏特、马志尼、勃朗、赖德律等小资产阶级流亡者的领导人的各种"投机"行径和"卑鄙"勾当。在马克思看来，这些流亡政客的重大活动不过是"吹牛"和"搞阴谋"，无助于推动无产阶级运动，反而为反动当局提供了压制无产阶级运动的借口。

4月5日　致信恩格斯，指出：在你把德朗克的第一封信寄还给我的第二天，他从狱中给弗莱里格拉特写了一封信，这事我忘记告诉你了。弗莱里格拉特立即把这封信寄给拉萨尔，要他往巴黎给德朗克寄钱。大概这没有什么困难，因为拉萨尔可以拿这封信去向杜塞尔多夫的所有自由资产者求援。遗憾的是，据《祖国报》报道，在德朗克身上发现了暴露内情的信件。难道他愚蠢到这种地步，竟把他同糊涂的里昂人以及其他人联系的证件带在身上？

正象我预料的那样，路易·勃朗打算利用反对马志尼的共同声明，以便建立新的"行动组织"，并挤到前头去充当革命政党的领袖。他甚至想拉我参加他的全体"法国"社会主义者的同盟，并约我见一次面。当然，我甚至没有赏给他一个回答，只是让中间人知道，我对这种纠缠感到惊讶。因为蒲鲁东要来这里，所以现在同我结成联盟对小个子来说正是时候。

德纳终于给我来信了，并按已经刊登的文章的篇数付给了九英镑。同时由于目前总统选举占了报纸的所有的篇幅，他请我把其余部分压缩成五、六篇，并且在最后一篇中主要叙述革命的德国的前景。这提供了一个痛斥流亡者的极好机会，在最近的一封信里我将把我这方面的观点详细地告诉你。

瑟美列现在把他的分为三、四部分的关于"科苏特、戈尔盖和路德维希·鲍蒂扬尼"的手稿（德文）给我寄来了。魏德迈应该在美国把它出版，这对他来说是一件极好的事情，尤其是他或许能够由此为他的报纸弄到五百美元。

但是在德文原稿寄往美国以前，应该在英国这里将它译成英文，以便这本书用德文在美国出版以后，好为这里的读者出版单行本。你即使把给德纳写文章的事情搁一个时候，也未必有时间来干这个。因此，我应当把这份手稿交给琼斯。每印张译文要付一英镑。

你看，金克尔的钦赐比路易·波拿巴还厉害。最初，他指定他的下院即保证人代表大会的成员。后来，他对自己独特的创举害怕了，既不遵守指定的日期，又不遵守指定的地点，而是在只有七个人能够参加的日期和地点召开了会议。这七个人里有六个对他投了信任票。他同他们一起草拟了自己的宪法；他们任命他为美国的代表，他则规定他所组成的委员会对他们负责。

评论：信中告知有关德朗克狱中的情况、勃朗的活动，以及与德纳、瑟美列等人的联系，并向恩格斯推荐了赛雷耳梅伊上校。在附言部分，马克思随信寄给恩格斯克路斯寄来的有关金克尔的活动的资料。

4月22日　致信阿道夫·克路斯，指出：主要工业部门即棉纺织工业，现在比任何时候都繁荣。尽管今年的棉花收成比1848—1849年增加了三十万包，而这里和美国的棉价仍在上涨，致使美国的工厂主已经比去年多购了二十五万包，这里的工厂主已经开始断言，即使收获三百万包棉花也满足不了他们的需要。到目前为止，与去年相比（按每年9月1日到来年4月7日计算）美国向英国多输出十七万四千包，向法国多输出五万六千包，向大陆其他国家多输出两万七千包。这种繁荣一方面说明，为什么路易·波拿巴能够如此安心地筹备他的没落帝国。到目前为止，1852年直接输入法国的棉花比1850年增加十一万包——三十万二千包比十九万二千包，——即增加百分之三十三。另一方面，这也是这里的政治生活消沉的原因。一方面，托利党人虽然是执政的，但在这种繁荣情况下却不能反对"自由贸易的福利"；另一方面，自由贸易派不开展政治鼓动，因为工厂主们当生意兴旺的时候不希望有任何政治风潮和骚动。印度市场在棉纺织工业的这种繁荣中起着主要作用，虽然英国货不断地大量输入印度市场，但前些时候以来仍然从那里传来好消息。这是因为，在英国人新近征服的信德、旁遮普等地区，以前几乎只有地方手工业，现在这种手工业终于被英国的竞争所压倒。1847年印度的最近一次危机以及由此引起的英国商品在印度的大跌价可能助长了这种情况。印度市场的这种出乎意料的容量，加利福尼亚和澳大利亚的情况，以及在没有大规模投机活动的情况下大部分原料的价格低廉，都使人们有根据推断：繁荣将罕有地持续下去。可能一直持续到春季，等等……

评论：马克思在信中描述了主要工业部门即棉纺织工业的繁荣景象，以及这种繁荣对法国和英国的政治生活的影响。他描述了棉花收成、棉价、棉花出口的增长，认为这种繁荣一方面是路易·波拿巴安心筹备没落帝国的原因，另一方面也是其政治生活消沉的原因。

4月30日　致信恩格斯，指出：与这封信同时，你将收到从美国寄来的大量材料。我今天还收到了克路斯的信，现在摘录几段在下面。因为，直到下星期，我都需要这封信。

德朗克平安无事地到了这里。他比我意料中的更令我满意一些。他长高了，也发胖了。因此变得更自信了。他暂时非常快乐地住在安许茨那里，受到安许茨的热情款待。他将在这里开始做点小生意，受巴黎方面的委托，在这里代售烟盒和钱包。取百分之十的佣金。通过安许茨他很快就会取得干这种买卖所必要的联系。

我从他那里了解到，"高尚的"泰霍夫给瑞士寄去了一篇评述我们的文章，把我们特别是把你痛骂了一顿。军人们把你当作竞争者那样嫉妒。而我认为，总有一天你会证实他们的预感是正确的。此外，席利从日内瓦要求这些先生们同我们和解。接着出现了一个由维利希、泰霍夫、沙佩尔和席梅尔普芬尼希所签署的文件，其中谈到：（1）他们同这个完全无能为力的党彻底决裂了；（2）我们当中有警探，把全部情况都向普鲁士政府报告了。

我不知道是否已经写信告诉过你，或者当你在这里时已经听说过，金克尔先生及其同伙归根到底只有三千美元现款，所有象卡耳贝的勒韦那样体面的人都退出了，维利希同金克尔和赖辛巴赫之间的关系非常紧张，这整个混账集团正在瓦解。

昨天，这些狗东西在这里开了保证人会议。他们选出了常务委员会。卢格先生写了一封信表示抗议。维利希没有出席。赖辛巴赫一开始就完全拒绝参加这个肮脏勾当。委员会的委员将领取报酬。当选的有：金克尔、维利希（是否同意，还是问题）、卡耳贝的勒韦（一定会拒绝）、菲克勒尔、隆格和美因兹的许茨，还有一个。他们是自行加聘的。卢格在他的信中攻击金克尔是普鲁士亲王的代理人和共济会会员。

顺便提一下。我为瑟美列写了几个在伦敦的德国大人物的素描，交给了班迪亚。不知道怎么搞的，这封信读给一个德国出版商听了，但没有向他提我的名字。他现在要这些先生的"人物素描"，据班迪亚说，他准备出二十五英镑买几个印张。当然是匿名或者用笔名。你看怎么样？老实说，这种幽默作品应该由我们合写。我有些犹豫。如果你认为我值得写这种玩意儿，那你就从我的信中和你手头有的其他资料中，收集一些可以用来描写这些畜生的片断。至少你必须把关于维利希在"行动"时期和"在瑞士"时的一些札记寄给我。

凯里先生将出版一本论述"利益一致"的经济学著作，这一点，我在看到他的第一部著作时就已经预见到了。

卢格在我给你寄去的《雅努斯》中企图把共产主义作为自己"人道主义思想"的最新成果而据为己有，亲爱的，你对他有什么看法？妙极了！我的老天爷！

你看过哈尼和琼斯之间的公鸡斗架吗？如果没有，我就把他们互相对骂的文章给你寄去。在这里，他们两人堕落到了德国流亡者论战的水平，一个是主动进攻，另一个是被迫应战。

评论：马克思提及德朗克已到达伦敦并将从事小生意；泰霍夫写文章痛骂他和恩格斯；维利希和金克尔集团正在瓦解。他提到有出版商愿意买他写的讽刺欧洲流亡者的"人物素描"，就此征求恩格斯的意见，并希望恩格斯提供维利希的有关材料。他还希望恩格斯为赛雷耳梅伊一本书的广告作润色和翻译。还评论了凯里和卢格的著作、琼斯与哈尼的论战、鲍威尔有关议会的荒谬论述。

4月30日 致信约瑟夫·魏德迈，指出：至于我和班迪亚写信给你谈到的那种漆的发明，你不应忽略了。你可以马上发财。请写信告诉我，纽约的博览会什么时候开幕，以及你关于博览会所知道的一切情况。你还可以利用这个机会结识一些熟人，并同外国商人建立发行业务上所必要的联系。请立即来信详尽地告诉我，这样做要多大开支。当然应当预先把钱给你。第一，你需要有一个人经常在博览会照管东西，——你自然不能为这种废物整天呆在那幢房子里。第二，你需要花钱在报纸上登广告作宣传。因此请把详细的支出预算寄来。

如果第一期不登你的反驳金克尔的论战性文章，那是遗憾的。他的好时光已经过去了。有一个姓戈德施米特的丹麦人，在《科伦日报》的小品文栏里狠狠地把他嘲笑了一番，描述了同他和叔尔茨在伦敦的一次会见。德朗克终于在巴黎被释放，已经到了这里，说朋友叔尔茨私下称金克尔为蠢驴，而他叔尔茨只不过想利用他而已。金克尔的这个谦逊的"解放者"把一篇文章塞进了奥格斯堡《总汇报》，宣称自己是"伦敦流亡者中唯一重要的人物"，说金克尔和卢格都"老朽了"，并且为了证明自己的伟大，举出了这样一件事：他打算同一个"有钱的"姑娘即隆格的姨子结婚，而且结婚后将去美国。多么伟大的人物啊！——至于捷列林格，请告诉我有关这个人的一切情况。在适当时机，我不但能把他从我们党的心目中，而且能把他从所有政党的心目中清除掉。

昨天金克尔先生召开了自己的保证人代表大会。维利希先生由于我们间接转给他的材料（这些材料我们是从克路斯那里弄到的）而对金克尔非常痛恨，没有出席会议。卢格先生来了一封信，他在信里称金克尔为"普鲁士国王"的代理人，并把自己打扮成一个受侮辱的高尚人物。赖辛巴赫先生宣称，他不想再同这种丑事有任何纠葛。最后，选出了由七人组成的常务委员会，在所谓的共产主义者之中选进委员会的只有维利希一人，而他未必会接受选举。此外，选进去的有卡耳贝的勒韦，他已经拒绝了。其次就是金克尔、美因兹的许茨和菲克勒尔。其他两人我不知道。据说，这些狗东西不是有三千美元，就是有九千美元现款。他们立即通过决议：临时政府的七名委员必须领取薪水。关于此事，你一定要在《体操报》上报道。不过这全部丑闻正在传开。在接到我的指示之前，你无论如何要给德国准备好一部分《革命》。——你给琼斯的信我已经转给他了。他没有能力付钱。他同我们一样穷，我们大家给他写东西都是无代价的。克路斯大概已经把琼斯和哈尼之间的斗争告诉你了。我曾把此事的详细情况告诉过他，但是要尽可能推迟在美国报刊透露这件事。——英国以至大陆的巨大的商业和工业的状况比任何时候都好。由于出现了特殊情况——加利福尼亚，澳大利亚以及英国人的商业渗入东印度的旁遮普、信德和不久前占领的其他地区——危机可能推迟到1853年。然而危机一旦爆发，就会是非常厉害的。在这以前根本不可能去考虑任何革命动荡。——科伦人案件又拖延到七月份陪审法庭开庭期。到那时，普鲁士这样的法庭即陪审法庭很可能已经取消了。——我从德朗克那里得知，庸人吕宁偕其夫人到这里来了，目的是为了使"鼓动者"和"流亡者"联合起来，不过这当然是不会有结果的。

评论：马克思在信中谈到对《路易·波拿巴的雾月十八日》的出版消息感到满意；迫切期待收到魏德迈发表在《体操报》上反驳金克尔的文章；对普芬德的声明以小册子的形式发表感到不满；询问国际工业博览会在纽约举办的时间和相关信息，以及同外国商人建立发行业务上的联系需要的开支；无法给瑟美列寄去"一捆"《革命》；德朗克和舒尔茨的最新动向；金克尔召开了自己的保证人代表大会；英国的工商业情况和危机的推迟；科伦案件的延期；等等。

5月6日 致信恩格斯，指出：你将收到随信附上的一张可笑的便条，这是从金克尔—维利希先生给他们支部成员的一个通告上匆忙抄下来的。最可笑的是，他们的支部的一个领导人每次都把这类废纸送给普鲁士的总领事黑贝勒，因为后者出钱收买。当然普鲁士政府如同金克尔—维利希一样，是能够揭开这种似乎重要的奥秘的。尽管有种种原则性的考虑，维利希还是接受了常务委员会里的职位。谁有钱，维利希就是谁的。

毫无疑问，正在策划一次暴动。克拉普卡将军已经前往马耳他，口袋里装着科苏特和马志尼签署的任命他为匈意军队总司令的命令。我认为，他们打算在西西里开始发动。这些先生如果一年不吃两次败仗，不被揍痛，他们就觉得不舒服。他们从来不想承认，世界历史的发展并不取决于他们的推动、他们的干涉、即使是官方的干涉。如果事情失败了——这是无疑的——，那末马志尼先生将会找到新的借口，借助给某个格莱安的愤怒的信来抬高自己的身价。这种事情不会损害他的消化力。

班迪亚把瑟美列用匈牙利文写的《概述》翻译出来了，我现在正在校订他的译文。原文必定很好，而现在要从这个十分糟糕的、常常是几乎不能理解的、完全不合语法和时态的译文恢复它的本来面目，却要费很大力气。从内容上可以看出下述情况：拉约什·科苏特先生推翻奥地利王朝（这是在政治上不利并有害的时刻宣布的），是为了保证自己统治者的地位。他担心，如果他动手迟了，他以后就不得不毫无抵抗地把这个位子让给常胜的戈尔盖。拉约什还犯了一个不进军维也纳而去攻打欧芬的错误，他急于作为一个凯旋者携带家眷胜利地进入首都。

附带谈一下。我刚接到班迪亚的信。柏林的出版商现在提出最后的建议：出二十五英镑买五六印张的人物素描，并免费赠送二十四本。我把手稿一交给班迪亚，就可以从他那里拿到钱。但是出版商要得很急。

我的计划如下：最初由我和德朗克（这样，我的文风多少要消失一些）写个草稿。或许两个星期之后有可能和你一道完成这个东西。无论如何，你还必须在最近的来信中向我谈一些有关维利希（在运动期间和在瑞士时）的情况。

评论：马克思告诉恩格斯关于金克尔—维利希、科苏特—马志尼流亡团体的勾当，前者服从于金钱和社会地位，后者不顾客观现实密谋暴动。马克思谈到班迪亚在翻译瑟美列用匈牙利文写的《路德维希·鲍蒂扬尼伯爵、阿尔都尔·戈尔盖、路德维希·科苏特》，这本书揭露了科苏特推翻奥地利王朝是为了保证自己统治者地位的真相。此外，马克思还谈到近期的写作计划和出版计划。

　　5月10日　　致信阿道夫·克路斯，指出：关于瑟美列。我生来就不过于轻信他人，至少是对于1848—1849年公认的名人。可是对于瑟美列则不同。我正在校订他的《概述》的德译文，因为原文是匈牙利文。书中每行字都证明他是一个才智卓越的人；他以高超的技巧运用他那轻蔑而嘲讽的笔调，把民主派的狂怒描写得淋漓尽致。虽然他的小册子很自然地反映出匈牙利的观点，并且按古典的方式把"祖国和公民"提到首位，但在他的作品中却非常强烈地使人感到一种批判的思想。这样思考和这样写作的人，当然不是奥地利的代理人。至于"敬爱的韦伯上校"，瑟美列同他进行谈判时并不了解他，但一收到关于他的材料，就马上停止了谈判。获得财产的经过很简单。瑟美列自己连一生丁也没有。他同一个（现在已经去世的）拥有百万财富的奥地利的"宫廷代理人"（在匈牙利这样称呼奥地利国王的全权代表）的女儿结了婚。在整个1848—1849年革命期间，瑟美列夫人住在维也纳她的母亲那里。在老太婆没有死和她没有得到老太婆的财产之前，瑟美列不仅禁止她写信给他，而且甚至要她同他断绝一切关系。1849年年底，老岳母死了，瑟美列夫人悄悄地把自己的全部产业卖光，把它们变成了现款，这当然没有遭到任何指责。她父亲的律师巴赫大臣在这件事情上帮她的忙，暗中捞了不少油水。瑟美列夫人把自己的财产变成现款汇到伦敦兑换成英国的有价证券，然后好不容易弄到一张到普鲁士庸医普里斯尼茨那里去的护照，但是，她没有去普鲁士，而是赴伦敦转巴黎到她的丈夫那里去了。奥地利的老爷们则没有捞到什么可以使他们的国库得到充实的东西。所有这一切说明什么呢？只能说明瑟美列并不那样简单，会把百万财产送给他的敌人。我曾亲自写信给瑟美列，要他不用提科苏特，而只对自己的私事做个说明，我则为他安排把说明登在《纽约论坛报》上。

　　在科苏特最接近的人们中间，有奥地利的密探，普尔斯基夫人就是。这个普尔斯基伯爵按血统是加里西亚的犹太人。普尔斯基夫人是维也纳一个极端反动的犹太银行家的女儿，每星期都写信给老母亲，奥地利政府从这个来源了解它所要知道的一切。普尔斯基伯爵和伯爵夫人（这里《泰晤士报》经常嘲笑这两个人窃取伯爵头衔）是否答应过把科苏特先生诱入陷阱，以此来换回自己被没收的土地，这还是个很大的问题。普尔斯基在当大学生时曾经把自己的伙伴参加"蛊惑者的阴谋"一事报告给奥地利政府，这是事实。

　　附上克拉普卡将军的声明，你从声明中可以看出，连他也开始反叛科苏特了。这个文件的结尾只能表明，克拉普卡将参加马志尼预谋的叛乱。如果我没有记错的话，我已经给你写信谈过关于马志尼、科苏特等先生图谋叛乱的计划。这对列强特别是对波拿巴来说，将是非常称心的，而对我们来说则将是非常有害的。

顺便说说。请问一下魏德迈是否到过德纳那里，因为德纳正等着魏德迈把从我这里得到的关于科伦被监禁者的情况和普鲁士政府的行径的说明转交给他，以便以此写成社论。看在上帝的面上，如果可能的话，请叫他不要忘记办这件事。

如果你们能够把弗莱里格拉特针对金克尔及其同伙的诗印成传单，那末你们可以确信，仅仅在莱茵就能够推销五百份。但是应该赶快行动。否则就太迟了。

要尽量使你们手里的文章等等东西不至于过时，以免失去其尖锐性。如果你们不能刊登它们（埃卡留斯和恩格斯等人的文章）那就按你们的意见把它们转给某家报纸，例如《体操报》也行。无论如何要让人们读到它们，这样总比人们根本不知道它们要强。

评论：马克思委托克路斯处理捷列林格写来的诽谤信；赞扬瑟美列是一个才智卓越的人，他的小册子《路德维希·鲍蒂扬尼伯爵、阿尔都尔·戈尔盖、路德维希·科苏特》体现了一种批判的思想；揭露普尔斯基夫人是奥地利的密探；附上克拉普卡将军的声明，说他将参加马志尼预谋的叛乱，马克思认为这个图谋判乱的计划会危害革命；琼斯的《人民报》销售一空，而哈尼的《自由之星报》却开始攻击宪章派；请克路斯提醒魏德迈将关于科伦案件的情况写成社论。此外，马克思还提到，如果克路斯无法刊登埃卡留斯和恩格斯等人的文章以及弗莱里格拉特的诗，就把它们转给某家报纸。

5 月 28 日　致信约瑟夫·魏德迈，指出：这封信的主要目的是，预先提醒你注意三个即将到美国去的家伙。

（1）海泽（加塞尔的《大胡蜂》的人），维利希的密探（他在与他关系很不好的金克尔背后竭力传播维利希的名声）。顺便提一下。维利希先生是属于布吕宁克男爵夫人的御用骑士一伙的，他、泰霍夫、席梅尔普芬尼希等人每星期在她那里白吃一顿饭。布吕宁克是一个风流少妇，她喜欢戏弄这头把自己打扮成禁欲者的老山羊。有一天他向她进行了直接的肉体进攻，此后他可耻地被推出门外。要注意海泽，丝毫不要相信他。

（2）美因兹的许茨。金克尔分子。欧美国家公债管理委员会的委员。

（3）康拉德·施拉姆。我们给了他一张非常谨慎地写成的委托书，使他离了你就寸步难行。康·施拉姆同他的哥哥及其哥哥的朋友们有时表现得不很正派。对他的信任不应当是无条件的，而应当是非常有限的。在这里不良环境的影响下，他堕落得很厉害。在钱财方面，他完全不可靠，也不很细心，喜欢推销员式的蛮干和吹牛，因此很容易败坏自己熟人的声誉。另一方面，他也有优点。我认为有责任把所有这一切预先告诉你们。请把这些意见也告诉克路斯。

至于鲁普斯的信，你不必过于细心地去琢磨。沃尔弗是在激动的时刻写的；他完全想象到你前进道路上的许多困难。

请不要忘记下次把关于纽约的"维利希军团"的详细报告给我寄来。

评论：马克思和恩格斯在信中提醒魏德迈注意三个即将去美国的流亡者，分别是海泽、许茨和施拉姆。他希望魏德迈不要在意沃尔弗的信，并寄来关于纽约"维利希军团"的详细报告。"维利希军团"曾是在维利希指挥下参加1849年巴登—普法尔茨起义的起义军队伍的成员，他们试图在美国再建一支专门的部队以便参加欧洲仿佛已经临近的革命。"维利希军团"的组织者们要求独立于国家政权之外。魏德迈在1852年6月17日给马克思的信中对维利希拥护者的行动作了评价，认为这是企图建立一种与其他许多昙花一现的小资产阶级流亡者团体类似的组织。

7月3日 致信恩格斯，指出："乌合之众"为我们的小册子伤透了脑筋。特别是梅因甲虫怕得要命。他"简直想不起他对我们有过什么过错"。维利希力图通过第三者向我探听，他同布吕宁克的事情是不是也写上了。这使他坐卧不安。

维利希和金克尔正为他们如何用一千二百英镑制造革命一事大伤脑筋；叔尔茨、席梅尔普芬尼希、施特罗特曼等越来越疏远金克尔。就是用一百马力也不能使维利希同钱柜分离。一个星期以前，金克尔到过伊曼特那里，知道他同我见过面，对他说：遗憾，我的《政治经济学》还没有出版，如果出版了，人们终于会得到一个良好的基础。伊曼特问他对弗莱里格拉特的诗，有什么看法。哥多弗雷杜回答说："我不看这种东西。"

同时，在应当制造革命的无可告慰的维利希和金克尔面前展现出一种新的前景。洛贝尔图斯、基尔希曼和其他野心勃勃的大臣候补者先生们派了使节到伦敦。这些先生想按照福格特式的法国人的样子建立一个德国烧炭党人协会。同最极端的政党也打算建立联系。要在德国发行纸币作为经费。因为他们竭力保全自己的性命，所以这些纸币应当由流亡者，而且是"一切"政党的流亡者签署。

沙佩尔曾通过伊曼特向我表示悔过并向我试探。回答是：首先他必须同维利希公开决裂，下一步很清楚。这是必要的条件。

你大概已经看到了在巴黎进行新的逮捕的消息。这些蠢货（这次是卢格集团的）自然必定又议论起虚构的密谋来了。正如人们老早就告诉我的，他们驻巴黎的通讯员，是个英国人、公开的警探（在巴黎），他自然会把他们的每一封信立即交给警察局。法国警察局并不满足于这点，还派西蒙·多伊奇到这里，以便在陶森瑙那里探询所需要的一切。路易-拿破仑无处不需要密谋。

但是，有一个密谋在威胁着他，大概他还没有料到。这是奥尔良王室的密谋，它的代理人现在是班迪亚先生（但是得到匈牙利"激进派"的赞同）。计划是：在某个晚上当波拿巴背着英国女人跑到下等娼妓那里去的时候把他逮住。警察局的一个大警探被收买了。他们获得了两个将军的支持。奈穆尔公爵在两个星期以前亲自来到巴黎。为了散发攻击路易-拿破仑的小册子，花了一大笔钱。

评论：马克思向恩格斯解释自己因为经济状况窘迫而没给他写信。他在信中谈到维利希等人因马克思与恩格斯合著的《流亡中的大人物》一书而坐立不安，到处打探情况，为自己的丑闻辩解。他还讲述了金克尔和维利希等人的勾当，以及波拿巴与奥尔良复辟派之间的相互密谋。最后，马克思抄录了阿雷蒂诺的一首讽刺诗。

7月13日 致信恩格斯，指出：关于选举的文章，我还没有写。因为我认为必须等待总的结果。据我到目前为止所看到的，我认为，辉格党人占有五、六票的优势，从前的议会将完全恢复。这帮家伙正陷入无法摆脱的绝境。到目前为止唯一受到重大损失的是皮尔派。《纪事晨报》在一篇为格莱安辩护的文章中声称，剩下的只有一条出路。辉格党人同托利党人一样无能。除了格莱安及其拥护者以外，唯有科布顿、布莱特及其同伙是有能力的人，而他们必须共同执政。值得注意的是，第二天《泰晤士报》也登载了一篇为格莱安辩护的文章；你大概已经看到了。

班迪亚现在同奥尔良派的阴谋家"雷缪扎"非常亲近。有个匈牙利人曾经要他提防在德法密谋中"出卖了"德国人的那个人。雷缪扎在巴黎警察局有密探。他没有向班迪亚先生透露一个字而写给他的密探们，要他们向他提供有关这位先生的情报。我所知道的答复是，班迪亚毫无嫌疑。他及时溜掉了，否则他也被抓住了。出卖者是"一个叫做弗兰克的舍尔瓦尔，他的真姓是克列美尔"。

这个舍尔瓦尔一开始就是在警察局的同意下进行活动的。不仅如此，雷缪扎拿到了舍尔瓦尔给普鲁士大使馆的亲笔信；他在信中说，根据这个大使馆在马扎斯对他许下的诺言，以及在他表明效忠于秩序的"原则"之后，大使馆本来应该"有责任"发给他必要的"经费"。但是普鲁士大使馆却表示，因为他是从法国方面领取津贴的间谍，不应该同时效忠于两个主人，所以他不能期望从普鲁士方面得到什么东西。这样，他被派去伦敦监视德国的流亡者，另外还"注视着克勒蒙特"。作为后一项使命的执行者，他曾去见过雷缪扎，并表示愿意为雷缪扎当密探。得到巴黎方面消息的雷缪扎假装同意，并且以中间人的身分给他介绍了克勒蒙特的一个侍从，这个侍从实际上负有任务要通过舍尔瓦尔把法国警察当局引上歪路。——奥尔良派的鼓动活动组织得很好，这些家伙拥有合法的、正规的违禁品转运站，通过这些转运站把信件、包裹和小册子可靠地寄到法国，就象通过邮局寄送不引起怀疑的东西一样。

评论：马克思首先分析了英国的选举形势，谈了对辉格党、皮尔派和托利党的看法。基于对1852年英国选举的完整观察，后来马克思为《纽约每日论坛报》撰写了一系列文章，包括《英国的选举。——托利党和辉格党》《宪章派》《选举中的舞弊》和《选举的结果》，评述了英国各政党，并揭露了英国选举制度的反人民性。马克思为《纽约每日论坛报》撰稿实际上是从这组文章开始的。接着，马克思谈到德国流亡者如泰霍夫等将前往澳大利亚，因为继1848年在加利福尼亚发现金矿后，1851年在澳大利亚也发现了丰富的金矿。最后，马克思揭露了德国流亡者中的密探雷缪扎和舍尔瓦尔，指出设法拿到舍尔瓦尔同普鲁士大使馆联系的亲笔信，就可以推翻在科伦受审的共产主义者同盟盟员的起诉书。

7月20日　致信恩格斯，指出：维利希把他对席梅尔普芬尼希讲的有关布吕宁克的话收回了。现在席梅尔普芬尼希散布一种说法，似乎维利希曾试图用催眠术使布吕宁克道德败坏。好一个道德高尚的维利希！

有个叫克尔德罗瓦的（不过，他是个很好的共和主义者），曾经发表过一本反对马志尼、赖德律、路·勃朗、卡贝等人的抨击性小册子，现在出版了一本评述所有法国流亡者的完整的著作。

蒲鲁东出版了新的著作。因为论述宗教、国家等已经不可能了，剩下的就只有"个体"了。他的这一发现是对施蒂纳的模仿。

评价：马克思摘录了贝尔姆巴赫关于科伦案件的来信，简要谈及维利希的行径、克尔德罗瓦论述流亡者的著作《战斗的舞台》和《论人和社会中的革命》以及蒲鲁东的新著作《从十二月二日政变看社会革命》。在马克思看来，蒲鲁东的这本评价波拿巴政变的著作不过是对施蒂纳的模仿，突出"个体"。

7月20日　致信阿道夫·克路斯，指出：这里选举的结果，议会依然如故，差别仅仅是，辉格党或者托利党，最多多得十来张选票。恶性循环两头连接上了。旧选民选举了旧议会。在旧议会里，至今占统治地位的各政党正从内部解体，相互势力不相上下，都使对方无能为力，于是不得不重新诉诸选民，并如此无休止地循环下去，直到这种循环在群众的外部压力下被打破为止，这种情况看来很快就会发生了。到目前为止，不论在哪次选举中，实际多数同由于选民的特权而造成的官方的多数之间，矛盾都没有表现得这样尖锐过。你知道英国每次选举时的表决方法是：（1）全体人民表决时，用举手的办法；（2）用票选的办法，这具有决定的意义，因为投票的只是有投票权的人。在举手选出的人（被提名为候选人的人）中间，议会议员一个也没有；而在议会议员中间，即票选选出的人（实际当选的）中间，没有一个是举手推选出来的候选人。例如，哈里法克斯的选举就是这样，在那里辉格党的（财政）大臣伍德在选举中是厄·琼斯的对手。在举手表决时伍德被喝了倒采。琼斯得了一万四千票，而且被人抬着凯旋地走过了全市；在用票选的办法时，却选出了伍德，琼斯只得了三十六票。

关于流亡者的情况，新闻很少。维利希除去几个混蛋以外，越来越失去了自己的拥护者，谁也不再相信他的正直了。我告诉过你，虽然赖辛巴赫早已退出了委员会，但是在常设委员会成立之前，他不愿交出公债基金的一文钱。他不能承认维利希和金克尔，同样也不能承认他们所选出的某些恶棍。赖辛巴赫是个认真负责的正直的资产者。

法国流亡者分裂成三个营垒：（1）"革命派"（赖德律）；（2）"代表团派"（走得更远）；（3）前两者的一千五百名反对派，即平民，或象贵族所称呼的那样，《populean》。有个叫克尔德罗瓦的人（其实是个非常热烈的共和主义者）出版了反对马志尼—赖德律和卡贝—勃朗的小册子，不久还要发表一点东西。出版时都给你寄去。

　　评论：马克思评价了英国 1852 年的选举结果，认为这次选举不过是"旧选民选举了旧议会"，一种恶性循环，但这种恶性循环终将在群众的外部压力下被打破。他还指出英国选举方式对选举结果的影响，也就是用举手选举和投票选举产生的结果并不一致，他举例哈里法克斯选举中，举手表决选出的是琼斯，而票选时选出的是辉格党的财政大臣伍德。此外，马克思还谈论了流亡者的情况，维利希越来越失去他的拥护者，法国流亡者分裂为"革命派""代表团派""平民"三个阵营。最后，马克思摘录了一封来自科伦的信，信中谈论了科伦案件的进展情况。

　　7 月 30 日　致信阿道夫·克路斯，指出：最后这封信，"约翰……"先生不声不响地收下了，而信现在正在流亡者中间流传着。金克尔只是以后在《流亡中的大人物》第一册出版时才会感到主要的妙处。就是说，在对哥特弗利德作这次毁灭性攻击之前不久，我为了开开心，还把他个人直接羞辱了一番，并同时在其他愚蠢的流亡者面前表现出自己是"正义的一方"，为此我需要从约翰……那里得到"白纸黑字"写成的某种东西。

　　现在谈谈重要的事情：马志尼为了把这里资产阶级流亡者的所有正式存在的各部分联合起来，已经好几天象疯子一样地到处奔走。他也访问了约翰……。结果是：马志尼、科苏特、赖德律—洛兰和金克尔组成一个欧洲执行委员会。这个机构的每个成员，都有权在这里引进两名本民族的人。但是关于这项吸收新成员的问题要由四名主要代表中的多数来决定，而这就是马志尼。于是从德国人中遴选出阿·卢格和阿·戈克。别的民族中是谁，我还不知道。金克尔这方面似乎提出了两个条件：（1）为他的公债要求两万美元。我认为这是一种诈骗。（2）金克尔—维利希财政委员会继续独立存在，等等。这仅仅是对维利希的一种表面上的尊重，因为事实上已经商定，把所有公债的钱都移交给阿·戈克了。最后，金克尔及其一伙将会老老实实地承认美国革命联盟。这就是近来的转变。签订这项重要条约的事情是有所进展，还是尚处于预备谈判阶段，我不得而知。无论如何，应该在美国传播这一事件，并且特别要着重指出下面的情况。1852 年 5 月，在最后选出金克尔—维利希委员会的上一次伦敦保证人会议上，金克尔非常庄严地发誓说，如果把阿·卢格选入委员会，他就退出，因为他决不同公然声称他是"普鲁士亲王的代理人"的人呆在一个委员会里。其次，如果财政部长阿·戈克把金克尔在美国张罗到的美元都花完了，魏特林及其一伙将说些什么呢？而这一点正好有人打算这样做，为的是支持卡·海因岑的《雅努斯》，以及推销卢格、海因岑等人的不朽文章。

　　至于马志尼，这个不可救药的狂热者，日益堕落到意大利的"古斯达夫·司徒卢威"等人的地步了。他已经叫嚷了四年："行动，行动！"最后，奥地利警察局在意大利逮捕了六百名马志尼分子，他们都是用密写墨水在手帕上写东西来通信的。这些人不愿坐牢，又有广泛的亲属关系，所以马志尼先生收到来自意大利的一封信说，现在应当认真地采取"行动"，举行起义。这个唱高调的实干家事后突然产生了"健康的思想"，于是他央求他们，看在上帝的面上，不要发动，因为全国到处都是外国兵，光是他们什么也干不成，并重复1849年以来恰好已经不正确的那类老生常谈。行动，行动！意大利自己能够胜任！——前几天，鲁普斯见到马志尼委员会中的一个意大利人，就向他指出所有这一切的荒唐无稽。罗马人反驳说，怎么一次战斗中竟要死六百多人！但是，意大利人都害怕他们会很快被逮捕、枪毙，或者关进监狱，马志尼演说的一些受害者把自己的亲属送到伦敦去，所以这个实干家怕某个受迷惑而激动的同胞出于误解而刺杀他，于是借口必须躲避奥地利人而每天晚上改变自己的住处。但他胆怯地躲避的不是奥地利人，而是"受迷惑"的意大利人。难道这个反教皇者不该上绞架吗？损害这样的一个民族，愚弄它，弄得它精疲力尽！特别是象意大利这样的民族，其必然的结果是：象酒醉以后那样可怕的软弱无力，完完全全的意志消沉。

昨天我们的人本来应该出席科伦陪审法庭受审，但是突然又宣布审判延期，因为原告证人之一，柏林的警务顾问舒耳茨生病了。因此，如果舒耳茨先生死了，那被告直到世界的末日都得受审前羁押。同时贝克尔要失明，丹尼尔斯已经患肺结核。这真太卑鄙了。资产阶级的报刊在这里也扮演了极不体面的角色。

最重要的政治新闻是普鲁士、奥地利和俄国在沙皇逗留维也纳期间所签订的条约。《纪事晨报》前天头一个把这项条约刊登出来。昨天《泰晤士报》转载了，因此你自己可以读到。这里的选举情况是这样：托利党在谷物法问题上将不得不作出让步，而在所有其他的问题上将得到相当大的反革命的多数，因而我认为，这个内阁只有在某种多少有些声势的革命的示威游行面前才会退却。资产者老爷们现在看到，从1846年以来他们没有同时利用自己在反谷物法斗争中取得的胜利的政治后果，是犯了怎样的错误。他们对此还要感到后悔的。我关于《雾月》的勘误表快要发霉了；如果我早知道，我就会用已经花掉的钱来付你的寄费。但是，正如斯宾诺莎所说：放心罢，要从永恒的观点来观察事物……

评论：马克思抄录了写给金克尔的信及回信，揭露金克尔诽谤马克思和恩格斯却不敢承认的胆怯与卑鄙。他分析了马志尼、科苏特、赖德律—洛兰和金克尔组成的欧洲执行委员会，指出金克尔的公债是一种诈骗，金克尔—维利希委员会最终会承认美国革命联盟，而马志尼的狂热给意大利革命事业造成了危害。此外，马克思还谈论了科伦案件延期审判的消息，以及英国托利党在选举中的情况。

8月5日 致信恩格斯，指出：请不要忘记在星期二以前把文章的余下部分寄给我。光是有关托利党的部分太少了。这一次不能给德纳寄篇幅太短的文章，有两个原因：（1）恶棍海因岑在辛辛那提表示拥护辉格党反对民主党，因为他颇有道理地认为竞选时期出卖自己是最合适的。格里利在《论坛报》上报道了海因岑在那里的演说，并赞扬了他。因此来自这方面的风暴在威胁着我。（2）因为几个星期以来，特别是最近两个星期，我每天不得不为弄到六便士的生活费而奔走六小时，加上女房东又重新折磨我,我没有别的办法,只好昨天写信给约翰逊,问他是否同意贴现我以《论坛报》的名义开的一张期票。如果他通情达理,表示同意(这还是个疑问),我就必须写信告诉德纳这件事。而如果德纳将收到一些短文章,他会认为这是抢劫,并把我抛弃,因为他现在有海因岑、卢格和布·鲍威尔等人提供的极为充足的稿源。除了这种种不幸之外,我今天还从《泰晤士报》上看到《每日论坛报》是保护关税派。看来,这是一个十分不祥的征兆。趁现在还没有取消预约,应该尽快地寄些文章给这个家伙。我的文章还不能寄出,因为头痛得厉害,而且根本不是啤酒引起的。

评论:马克思担心《纽约每日论坛报》会拒绝刊登有关英国辉格党的文章,一是该报在美国竞选运动中支持美国辉格党的代表、总统候选人司各脱,而美国辉格党主要代表工业资产阶级和金融资产阶级的利益;二是该报拥有海因岑、卢格、鲍威尔等人提供的充足的稿源,其中海因岑就表示拥护辉格党反对民主党;三是该报是保护关税派。然而,《纽约每日论坛报》的稿酬对于正遭受"六便士的生活费"和房租等经济问题困扰的马克思来说又是极为重要的,他希望趁约稿未取消之前尽快把文章寄给德纳。

8月6日   致信恩格斯,指出:从附上的克路斯的一封信中你可以看出,金克尔先生在辛辛那提的资产阶级圈子里声称,"马克思和恩格斯不是革命者,而是两个流氓,他们在伦敦被工人从小饭馆里赶出来了"。我知道我们这位哥特弗利德的为人,所以先给他寄去了下面这张便条,假装不完全相信这个事实,为的是让他再作出一个表里不一的声明。

星期二,8月3日,召开了金克尔的保证人会议。主要的问题是:赖辛巴赫象塞卜洛士一样看守着金库。金克尔和维利希花掉了二百英镑,他们向格尔斯滕堡等人借了二百英镑,并保证用革命存款来偿还。根据章程,只有保证人指定的人,而且不得少于三人,才有权支配这笔存款。赖辛巴赫坚持要履行这项手续。为了摆脱窘境,金克尔和维利希决定指定泰霍夫为第三人。诚然,泰霍夫三星期以后要到澳大利亚去。不过根据借款章程,委员会在三个委员全部出席时,可以独自指定两个新委员。因此,泰霍夫只是被用来:(1)使赖辛巴赫交出金库;(2)使他们以后可以把两个傀儡领进委员会,以代替泰霍夫。但是,会议当即表示反对泰霍夫,因为他只是被人当作一个幌子,而且要到澳大利亚去。金克尔和维利希被通知说,会议对他们办的事是不满意的,对他们是不信任的,他们必须作出关于花掉二百英镑的详细报告,然后这笔开支才能获得批准。批准开支以及通过其他决议,都应在今天,星期五,6日,第二次保证人会议上进行。

赖辛巴赫在3日的会议上建议将一千英镑存入英格兰银行,非到革命爆发不得动用。勒韦(和卢格联合)建议把钱交给美国革命联盟。——虽然金克尔在附上的给胡策耳的信中宣称卢格怀疑他是普鲁士亲王的代理人;虽然他在今年5月的保证人会议上发誓永远不愿和卢格同坐在一个委员会里，然而，哥特弗利德"为了事业"，现在声称他准备同戈克、卢格等人共同行动，共同管钱，以便他能参与总的管理。而维利希现在确信，一千英镑不会象花掉的二百英镑那样对他再有什么油水，已决定要到美国去，他的亲信格贝尔特和迪茨已经比他先去那里了。

老爷子戈克上星期又召集他的鼓动者协会开会。仔细一算，协会刚好由八个人组成，也就是说，新参加的奥斯渥特和德腊勒代替了不知去向的济格尔和菲克勒尔。此外，尽管戈克在此期间以充当科苏特的侍从而享有盛名，并且作为革命联盟的鼓动者而作出了"应有的贡献"，却没有弄到足够的钱来偿还因旅费所负的债务。在这种危急的情况下，"鼓动者们"认为他们不得不试图与金克尔结成联盟，以便体面地搞到一千英镑。金克尔的确也认为这是使自己不至于同这一千英镑彻底割断姻缘的最后机会。戈克抱着促使这个计划实现的不可告人的目的，将在明天，7日，在谢特奈尔那里召开流亡者全体大会，借口是报告他的伟大的事业，而实际上却是要大会同意同金克尔结成联盟，并搞到这一千英镑。这大概是不会得逞的。

可是现在又发现第三件臭事，其直接结果可能恰好是使金克尔和戈克双方都远离"金库"。这就是：一方面，我们的爱德华·梅因鼓吹要用一笔钱在伦敦出版一种大型周报。另一方面，"有批判力的"埃德加尔·鲍威尔刚一听到一千英镑所处的困境，便爬了出来，躲在席利、伊曼特、席梅尔普芬尼希等人的后面，也申请办一种报纸。伊曼特等人认为这是从金克尔和戈克那里抢救这笔钱的唯一办法。埃德加尔·鲍威尔在这些人面前则装出"心无恶意的幽默家"的样子。

评论：马克思在信的正文摘录了他与金克尔之间的书信来往，揭露了金克尔的胆怯和卑鄙。由于马克思和恩格斯在《新莱茵报》杂志1850年第4期上发表了《哥特弗利德·金克尔》，揭露了因参加维护帝国宪法的运动而在拉施特法庭上受审的金克尔的卑鄙行为，即金克尔在辩护词中企图否认自己曾参加革命并赞扬霍亨索伦王朝，金克尔写信给马克思要与他断绝来往。这种态度与金克尔之前写信给克路斯想同马克思建立某种政治联系相矛盾。在信的附言部分，马克思还谈论了流亡者的其他勾当和阴谋。

8月10日　致信恩格斯，指出：首先附上科苏特的秘密通告的原文。

现在报告：（1）关于8月6日的保证人会议；（2）关于8月7日戈克召开的会议。

关于（1），出席者：金克尔、维利希、赖辛巴赫、卡耳贝的勒韦、梅因、叔尔茨（这一次没有泰霍夫）、席梅尔普芬尼希、伊曼特，其他的人我就不知道了。啊，差点忘了谢特奈尔。

金克尔在美国和瑞士设法选出了委员会必要的第三个委员（泰霍夫）。现在还得让伦敦的十二至十五个保证人参加选举。正如我已经告诉过你的，泰霍夫在这里落选了，之后他宣布，他不能接受这个职务，因为他要到澳大利亚去。

关于（2），从美国回来的没有财政可管的财政大臣戈克召开的会议。

出席者：主席达姆"本人"（还没有溜到澳大利亚去）、戈克、隆格、施特劳斯博士、另一位济格尔、弗兰克（维也纳人）、奥斯渥特、德腊勒（这都是"鼓动者"）、金克尔、叔尔茨、梅因、维利希、伊曼特、席利、贝克尔、谢特奈尔的侍从、诺伊斯的流氓无产者酒鬼海尔维格、科尼斯堡的副博士亨策、加尔特、维也纳的一个青年（姓名不详）。

戈克宣布开会，并且谈了他在美国的活动，由于他的这些活动而建立了革命联盟。这一行动的结果，美利坚共和国将被抢光，从而把德意志巴登共和国建立起来，美国民主党也将获得对辉格党的胜利等等。此外，这个谦虚的年青人宣称（而且刚刚来到的哲学副博士亨策也证实了这一点），在美国，来自德国各地的德国人注视着伦敦，等待着所有出席这次会议的人互相拥抱的重要时刻，并且准备对此发出雷鸣般的"欢呼"，这欢呼声将得到大洋这边千万人的响应。因此，他要求把会议作为革命联盟的分支机构确定下来，以便让可怜的同胞不致再在这种期待的状况下忍受折磨。

结局。会议还持续了两个钟头。戈克恳求大家加入革命联盟，哪怕是暂时的。上面提到的那个维也纳的青年宣称，凡是拖延加入的人，哪怕是拖延一小时，都是"祖国的叛徒"。但是，在每一个建议，的的确确是每一个建议被多数票否决以后，所有这帮人便各自回家去了，美欧澳革命联盟的分支机构也就没有建立起来。

评论：马克思告诉恩格斯小资产阶级流亡者团体召开的两次会议的出席者及其观点，一个会议是 1852 年 8 月 6 日的保证人会议，另一个会议是 1852 年 8 月 7 日戈克召开的会议。

8 月 19 日　致信恩格斯，指出：为了写匈牙利战争，你再看一看下面这本书也许有好处：

西吉兹蒙特·塔利上校《匈牙利独立战争时期科马罗姆（科莫恩）的要塞》，威廉·腊希顿译（译自德文），累登霍耳街詹姆斯·马登出版。

既然你想认真钻研全部军事学，我在下面再给你开一张有关这个问题的书单，或许其中哪一本你觉得有购买的价值：

卡里翁—尼萨《军事学术通史概论》1824 年巴黎版。

考斯勒《各民族战争史》1825 年乌尔姆版；以及《词典》和《战役地图集》1825 年和 1831 年版。（这两本书是战争史方面唯一的一般参考书。可能相当枯燥。）

热拉尔《军事学术全书》1833 年维也纳第 2 版。

《军官手册：军事学大全，供专业和非专业人员用》，普鲁士军官协会出版，1828 年柏林版。

奥·约·米－尔（米特巴赫尔）《罗马人的军事学，根据古代文献编写》，奥滕伯格编，1824 年布拉格版。

勒尔《希腊人和罗马人的军事学》1830 年维尔茨堡第 2 版。

布莱桑《围攻战的历史》1821 年柏林版。

霍伊尔《军事学术史》1797 年哥丁根版。

尚布雷《论 1700—1815 年军事学术中的变化》，德文本，1830 年柏林版。

施滕策尔《德国军事组织史，以中世纪为主》1820 年柏林版。

巴尔托耳德《格奥尔格·冯·弗龙兹堡》1833 年汉堡版。

今天接到克路斯寄来的信，等鲁普斯和同盟盟员看后就寄给你。

顺便说说。第十五篇在《论坛报》上登出来了。——海因岑为了换换花样，现在在圣路易斯当起"精神贵族"来了（地地道道的）。他正在糊里糊涂地反复咀嚼从别人那里剽窃来的费尔巴哈—施蒂纳的思想；既然革命联盟遭到破产，"精神贵族"就想出一个"人道主义的"联盟。

据《农业报》报道，法国未来的收成将比中等年成低三分之一，按照让·巴·萨伊的说法，对法国来说，这等于饥荒。德国的收成中等。在英国，由于购买谷物，英格兰银行已经开始黄金外流。同时西蒂区出现疯狂的投机。在上星期，证券交易所发生破产事件。最后，在北美，正如我从《纽约先驱报》上看到的，铁道、银行、住宅建设等方面的投机活动最为疯狂，信贷系统等等扩展到空前未有的规模。这不就是正在逼近的危机吗？革命可能比我们预想的来得早。没有比革命者要为面包操心更糟糕的了。

评论：马克思给恩格斯开列研究匈牙利战争和军事学的书单，告诉恩格斯《路易·波拿巴的雾月十八日》面临的出版问题。他批评了海因岑对费尔巴哈和施蒂纳思想的剽窃，指出金克尔的尴尬处境，分析了维利希与戈克之间的矛盾，并谈论了琼斯的近况。在信的末尾，马克思还论及法国、德国、英国的收成情况，以及英国和美国出现的投机活动，认为革命形势比料想得更为紧迫。

8 月 19 日　致信亨利希·布罗克豪斯，指出：请问，您的《现代》是否需要题为《1830 至 1852 年的英国现代政治经济学文献》的评论文章。据我所知，这类文章无论是英文还是德文均未发表过。文章将包括：（1）关于政治经济学的一般著作，（2）在这一时期出版的专题论著，其取舍按涉及最重要问题——如人口问题、殖民地问题、银行作用问题、保护关税和贸易自由问题等——的论战程度而定。

如果您愿接受这一建议，我想知道一下，这篇文章按您的出版总计划，篇幅应有多大，因为材料的分配应以此而定。

还有一篇文章在目前也许是很合时宜的，这就是《各党派的现状》，介绍在下届议会中将互相对立的各党派的现状。

评论：马克思询问布罗克豪斯的《现代》是否需要题为《1830 年至 1852 年的英国现代政治经济学文献》的评论文章，文章的内容将包括政治经济学的一般原理，以及这一时期出版的专题论著。此外，还询问布罗克豪斯是否需要《各党派的现状》的文章，文章将介绍下届议会中各党派的现状。

8 月 27 日 致信彼得·伊曼特，指出：我要是处在你的地位，一定作如下的声明来回答这些好汉们：

保证人会议已指定一个由赖辛巴赫、勒韦、叔尔茨组成的委员会（临时的）来整顿事务。你们本应该等待这个委员会的工作报告。金克尔和维利希根本无权提出任何问题和要求答复。他们威胁要宣布，在欧洲的人凡是 9 月 1 日以前（很短的期限）不作答复就是同意他们，——这只是他们在会议上遭到失败以后企图以转弯抹角的方式来篡夺货币基金的管理权。你对这些行动提出抗议，必要时发表一个详细说明理由的抗议书。

同时要给赖辛巴赫写这样一封信：

向他复述以上的内容，并宣布他在你们指定的委员会提出自己的报告以前不得花一生丁钱。让他注意文件中的一些要点，即：

"为了使我们能在必要时使用货币基金，我们请求美国的保证人火速赋予我们以遴选第三个委员的权利。那时我们将推选戈克或革命联盟在此地的另一成员云云。"

这就是说，这些先生们认为就是要把货币基金"火速"从赖辛巴赫的手中夺走，因为维利希及其同伙恰好现在有了"使用货币基金"的"必要"。

评论：马克思的这封信，是对伊曼特 1852 年 8 月 27 日来信的复信，伊曼特随信给马克思寄去了德国小资产阶级流亡者集团的两个文件：一个是金克尔、维利希和戈克 1852 年 8 月 11 日签署的、作为建立新的流亡者组织——人民同盟——的基础的《关于同盟条约的初步协议》，另一个是金克尔、维利希和戈克致所谓"德美革命公债"的美国保证人的通告。

8 月 30 日 致信恩格斯，指出：你从我寄给你的文件中看到金克尔—维利希是怎样活动的。他们在直接接近自己的人中间，对于他们被自己的保证人罢免装作无所谓的样子，并且力求个别地骗取选票，为此，叔尔茨在 12 日以后马上去美国了。（他还有另一个目的——在那里创办"光明之友"的幼儿园。）实际上这些先生是要最后达到掌管钱的目的，如果对他们不让步，即以完全退出相威胁。主要问题在于：这些家伙花了二百英镑，这笔开支在这里未必会被批准。因此他们企图直接地而且"火速"从美国得到使用钱款或吸收第三个委员的全权，以便他们能够作为一个法定的委员会来进行活动。他们按自己的方式狡猾地着手工作。先背着伦敦的保证人把文件寄到美国和瑞士。然后在 26 日，把信件交给这些保证人（虽然信的日期是 11 日和 12 日），指出沉默将被视为同意。

在本月初，金克尔—维利希派了一个密使去德国，此人就是酒鬼裁缝帮工格贝尔特。在马格德堡，他召集了一个所谓的共产主义者支部；一连进行了三天讨论，有二十六至三十人参加；主席是一个叫哈梅耳的；反对马克思和恩格斯的发言非常激烈；除了很多行政问题和组织问题以外，还涉及怎样和用什么方式建立一个印刷所的问题。找到了一个不富裕的印刷厂主，他在马格德堡或离那里很近的地方开业；同他订立了合同。他提供自己的印刷所作宣传之用，并保持原来的商号。为此立即付给他一百塔勒，并开了一张从现在起为期一年的三百五十塔勒的期票。

维利希已经声誉扫地。谁也不会因"革命"要爆发而借钱给他了。他的朋友谢特奈尔前几天当众向他宣称，现在"免费"吃喝必须停止。他脸红得象公火鸡一样，而无情的谢特奈尔却硬要他马上从理论转到实践，对刚刚吃过的菜食付出现钱。维利希在与他通奸的老市侩女房东处还是找到一些支持，但是不够充分。而这也已经是人所共知的事情了。谁也不再相信这个桑科·判扎的禁欲主义了。如果他同约翰……一起写："笔的时代过去了，剑的时代已经来临"，那末，后一句话用普通的德语来说，就是"行乞的时代已经来临"。

革命将军泰霍夫过几天就要偕施蒂纳夫人和他的未婚妻到澳大利亚去了。正如你所知道的，他在这里住在施蒂纳那里很久了。但是现在他的未婚妻，一个有钱的女人就要来了。施米特获悉这事以后说，不再接待他。但是，当这位未婚妻知道泰霍夫曾同施米特同居以后，她也宣称不愿再认他了，并且让她的后备未婚夫，一个东普鲁士的农场主到这里来。然而，泰霍夫住在她家里，而未婚夫（另一个）离伦敦有一小时的路程。不幸的布利丹－泰霍夫呵！

前几天，皮阿（费里克斯）召集支持他的法国人开会，并且向他们提出一个纲领，这个纲领现在应该公布出来了。在那里面自然也出现了"上帝"。出席者之一反对在革命的纲领中给"上帝"一个位置。皮阿根据"直接民权"的原则，把问题提付表决。"上帝"以七票的多数通过。至高无上的神再度得到拯救。从前人们说：上帝不抛弃自己的奴仆。现在应该说：奴仆不抛弃上帝。互相庇护。

费特尔将军很久不在伦敦了，谁也不知道到哪里去了。秘密揭开了。费特尔带着一张注明他是画家的美国护照，偕同他的情妇，一个叫费伦齐的歌女旅行去了。他以一个艺术家的身分周游各地。她则在所有的大城市举行音乐会，他们就这样从热那亚和米兰一直到罗马、那不勒斯和巴勒摩。他有马志尼—科苏特的暗语和介绍信。所以，他既可以进入意大利的秘密团体，又可以利用假职业深入上层人士之间。前不久他回到这里，并且给"欧洲"中央委员会作了报告。（注意：达拉什死了，已于上星期安葬。）使"虔诚的"马志尼大为伤心的主要一点是：意大利完全陷入实利主义了。在那里人们只谈商业、交易、丝、油和其他世俗的无价值的东西。资产者念念不忘地仔细盘算着三月革命给他们带来的损失，并且只想着如何能使这些损失现在就得到补偿。至于革命的首创作用，他们荣幸地把它交给法国人这个轻浮而富于感情的民族了。他们只害怕一点，就是法国人过于着急。

我从可靠来源获悉，老傻瓜列列韦尔和塔杰乌什·哥若夫斯基代表波兰的集中来到了这里。他们向科苏特和马志尼提出了一项起义计划，而波拿巴的协助是该计划的关键。这些秘密活动的老蠢驴一天天越陷越深了。他们过去和现在都有一个叫兰茨科隆斯基伯爵或类似的人物作这里的代理人。此人（住在汉普斯泰特路哈林顿街7号）是俄国的密探，所以他们的起义计划荣幸地预先得到彼得堡的审查和修正。

评论：马克思在信中主要揭露了金克尔和维利希为了骗取选票和革命钱款开展活动的真相。马克思还谈论了格贝尔特召集的反对马克思、恩格斯的会议；泰霍夫风流成性；皮阿将上帝引入革命纲领；费特尔将军在欧洲到处招摇撞骗；科苏特冒险计划破产等。

9月3日　致信阿道夫·克路斯，指出：附上巴黎的海弗纳尔（曾当过维也纳一家唯一过得去的报纸《宪法报》的编辑）的一份手稿的抄件。这个人有一次被人利用来反对我，他受唆使在《汉堡消息报》上发表有利于金克尔的言论。手稿不是寄给我，而是寄给我在巴黎的一个熟人的，由于他"不谨慎"而到了我手中，这也许在某种程度上正是作者本人预先考虑到的。因此，如果有机会，你可以利用这个文件，但是要把一切可能使人猜出来源或甚至直接指出文件的地方删掉。这个小小的海弗纳尔虽然鸡胸驼背，但写东西和考虑问题却比许多体态匀称和高大的革命庸人要好些，并且是一个比他们硬一些的小伙子……

这里谣传，酒鬼裁缝帮工、维利希的仆从之一格贝尔特已到美国去了。情况不是这样。金克尔和维利希在8月初把他作为特使派到德国去了。

因为这些家伙在他们最近给保证人的通告中胡诌了各种关于"组织"的谎话，而总的说来在德国没有联系，所以共产主义者同盟在这个国家剩下的一些人（他们由于某种原因与科伦不发生关系）就必须用来作为这种"组织"的假象和相应的借口。问题是这些先生必须对数达二百多英镑的花费作出交代。因此就需要拿出一定数目的钱用在某一方面，以便仍然能体面地说是把钱"用于革命"。他们以为，这样一来，对花掉的另一部分钱也将比较容易搪塞过去了。最后，应该专门在德国工人心目中消灭（按这个词的直接含义）马克思、恩格斯及其同党。金克尔指望，在他的资产阶级保证人面前能把欺骗和央求到的共产主义者同盟残余部分冒充为一个资产阶级民主主义联合会。那位由自己本人和金克尔委派为德国工人代表的维利希，真的希望最终从在德国的工人中给自己网罗一批随从。

现在接着谈。在马格德堡，格贝尔特召集了一个所谓的共产主义者支部；一连进行了三天讨论，有二十六至三十人参加，主席是一个叫哈梅耳的（有特殊含义的姓）。反对马克思和恩格斯的发言非常激烈，宣布主要任务是消灭他们本人、他们的影响以及他们的"学说"（哈梅耳兄弟要做到后面这点不那么容易）。除了很多行政问题和组织问题以外，还涉及怎样和用什么方式建立一个印刷所的问题。找到了一个不富裕的印刷厂主，他在马格德堡或离那里很近的地方开业，同他订立了合同。

他提供自己的印刷所作宣传之用，并保持原来的商号。为此立即付给他一百塔勒，并开了一张为期一年的三百五十塔勒的期票。

可见，革命的钱必须用来宣扬金克尔和维利希个人，并用来施展各种阴谋以分裂德国的"组织"。

你对此有什么好说的！这样一来，这些流氓就使普鲁士政府能够把科伦案件再搅乱，等等。——而目的是什么呢？目的就是为了遮盖他们的空头开支报告，为了掩饰他们至今从事的关于革命委员会的毫无效果的阴谋活动，为了满足他们对自己敌人的卑劣的报复心理，等等。这目前还必须保密。但是，你只要一得悉格贝尔特被关起来或者开始逮捕"共产党人"的消息，就要毫不迟疑地开始行动……

评论：随信附上的一份手稿的抄件，是住在巴黎的德国小资产阶级流亡者列·海弗纳尔的回忆录《在巴黎三年》，其中对1849—1851年的德国流亡者作了评述。1851年年初，在《汉堡消息报》上发表了一篇评论马克思的文章，文章是由海弗纳尔根据舒尔茨和席梅尔普芬尼希对马克思极其敌视的说法而写出来的。信中揭露了金克尔、维利希、格贝尔特等人对革命的破坏，对自己和恩格斯的诋毁和攻击。

9月8日　致信恩格斯，指出：给德纳的文章我没有写，因为我连读报用的便士也没有一个。不过，等你把第十九篇寄来，我就立即去信把我关于第二十篇的意见告诉你，这一篇应当对当前的臭事作出总的评论。

当我在你那里的时候，你曾告诉我，在8月底以前，你能给我弄到一笔较大的款子，我把此事告诉了我的妻子，使她得到宽慰。你三、四个星期以前寄来的信表明，希望并不很大，但仍有一线希望。因此，我把向所有债权人付款的期限拖到了9月初，你知道，对他们的债务，总是一小部分一小部分偿还的。现在，四面八方都在袭击我了。

从我的一些信中，你大概已经看出，当我亲身遭遇到这种坏事而不是听别人议论时，我通常都是很无所谓地忍受过去的。然而有什么办法呢？我的家变成了一个诊疗所，而危机是这样尖锐，迫使我不得不把我的全部注意力都放在这上面。有什么办法！

评论：马克思在信中告诉恩格斯自己窘迫的经济状况。这种状况不仅导致家人生病得不到及时治疗，甚至使得最基本的温饱都得不到保障，也严重影响了文章写作。对于这种迫于生计到处欠债而疲于应付的生活，马克思表示出无奈。而在这种艰苦的条件下坚持从事理论研究和工人运动，体现出马克思对于共产主义事业的坚定信仰和伟大奉献。

9月23日　致信恩格斯，指出：一英镑和校订过的译文都收到了。你在译文上花的工夫太多了。如果事情要进行下去（成功与否要看这第一篇），你应该看得简单一些，我是说，删掉不必要的辞藻和史实，如果它们难译的话。

关于科苏特的事情，完全可能是波拿巴给他设下圈套，以便取悦于奥地利。

海弗纳尔应皮阿利的请求，同卢格—陶森瑙建立了通讯联系，所以现在的情况就好象我们同阿尔诺德先生直接通讯。这样，我们将从第一手材料中获悉大人物的秘密。

为数八人的"人民同盟"（根据魏德迈给你的信来判断，卢格凭他的特技把它组成了三个委员会）的成员（其中有隆格和德腊勒），现在也打着建立"自由公理会"的旗号在西蒂区跑来跑去。真见鬼，隆格的"德国天主教"同"自由公理会"有什么关系？有些"德国天主教"的商人，特别是犹太商人，已在捐款单上签了自己的名字，即使只是他们名字的第一个字母，并且捐了几英镑——本来就是指望这一点。

维利希现在每星期六也在大磨坊街协会为所谓通讯经费正式筹款。

关于波拿巴在各省受到热烈欢迎，你有什么看法？法国人大大出丑了。——我以为，关税同盟正接近于必然的灭亡。奥地利的破产总还能够对付普鲁士的繁荣。

这样，"我们的人"就应该在10月4日出庭！毕尔格尔斯会承认一切，至少是涉及到他的。根据他的职业，他将"在原则上"进行辩护。在侦查期间，他随笔录附上了一份关于"共产主义的实质"的长达三十页的备忘录。恶意揣度者可耻。据说，丹尼尔斯觉得身体不错。检察官将从圣西门主义者开始；施奈德尔律师为了击败他，决心从巴贝夫开始。如果谁也不追溯到印加人或莱喀古士，那就算是幸事了。

品得的"秘密"使我很开心，他没有到我这里来。你同老席利的冒险事很有意思。

谈谈琼斯。虽然我个人并不怎么特别赞许他，我仍然——他又来纠缠我了，因为他遇到了危机，——在上星期支持了他，就象我们大家一样。另一伙人召开了两三次集会，在会上本来要通过这样的决议："本会认为，不能相信与尼内斯特·琼斯先生有关的任何民主运动会取得成就"。他们被击败了，真是活该。起先，这些蠢驴企图利用钱的问题使他丢脸。在这一点上，他们失败了。于是，他们攻击他，——我们恰恰由于这一点而支持他，——说他以自己的宣传煽起"各个阶级之间不友好的感情"。问题在于，哈尼、侯里欧克、《先驱》的汉特、牛顿（合作社主义者）以及诸如此类的人，为了建立一个"民族党"而联合起来了。这个民族党要普选权，但不要宪章运动。老一套。但是在开战以前，他们认为必须消灭琼斯。他们大大失算了。他把他的报纸的价格提高了一便士而没有失去一个订户。

评论：马克思谈到《路易·波拿巴的雾月十八日》的翻译问题，认为可以删掉一些辞藻和史实，以免翻译占用恩格斯太多时间。他随信附上叔尔茨的信、克路斯的信以及《德国人在伦敦的革命宣传和革命公债》的两段摘录。他还谈到科苏特落入波拿巴的圈套，人民同盟和维利希等人到处活动筹款。此外，马克思还谈到科伦案件，以及1852年9月琼斯同宪章运动革命派的敌人进行的斗争。

9月28日 致信恩格斯，指出：你已经好久没有接到我的信了。主要的原因在维尔特；他把我通常用来写作的晚上的时间，差不多全都占了。而我并不非常高兴。你知道，我很喜欢维尔特，不过，在处境十分狼狈的情况下，身边却有一个如此文质彬彬的绅士，而且还必须把最羞于出口的事情瞒着他，这是很痛苦的。这种情况使人感到特别尴尬；我希望他明天就到曼彻斯特去，等他再来时，会发现我又能同他无拘无束地交往了。不过我想，除了我的妻子的病情，他还不深知我的境遇。

附上巴特尔米给维利希的信的摘录：巴特尔米把这封信交给一个名叫杜朗的法国人，让他转交给维利希。杜朗辨认不出签名，问德朗克，他能不能把信转交给维利希。德朗克当然同意了，他上我这里来，鲁普斯——这方面的大专家——老练地把信拆开了。德朗克将这封信中最重要的抄了下来，其余的全是废话。你对这位"认为不能让波拿巴平平安安地享受自己的胜利"的勇敢的巴特尔米作何感想？发抖吧，拜占庭！至于那封所谓的布朗基的信，我觉得是阴暗的巴特尔米的戏剧性谣言。因为，他关于布朗基报道了些什么呢？不过是贝耳岛囚犯的状况极端凄惨。如果布朗基没有什么别的东西告诉他，那他无论如何不如把自己的哀书留在自己心里。而且，从巴特尔米的整个信里可以看出，他完全脱离了法国流亡者，也完全脱离了法国国内的法国团体。

为了使你能"稍微站在世界历史的观点上"，现在寄给你一篇奥格斯堡《总汇报》关于密探阿·迈尔的文章；在伦敦这里，他甚至被他亲近的朋友维利希和沙佩尔"赶出门外"。

我已经写信告诉你，赫尔岑在这里，并且到处散发反对海尔维格的回忆录，海尔维格不仅使他戴了绿帽子，而且从他那里骗走了八万法郎。

顺便谈谈：

已经确实知道，奥尔良派的阴谋活动日益加紧，它的规模和成功的机会正日益增大。这些先生们同卡芬雅克、沙尔腊斯、拉摩里西尔、贝多达成了协议。路·波拿巴的副官中有三人被收买了，就是说，给他们在英格兰银行存了一笔数目可观的款子。同"纯粹共和派"签订的条约如下。第一：成立完全由将军们组成的临时政府。第二：作为一种保证，卡芬雅克取得马赛，拉摩里西尔取得里昂，沙尔腊斯取得巴黎，贝多取得斯特拉斯堡。第三：临时政府号召人民在初选选民大会上决定，是愿意要1830年宪法和奥尔良王朝呢，还是要1848年宪法和总统。在后一种情况下，茹安维尔将被提出来作候选人。——犹太人富尔德同奥尔良派保持经常联系。暂定在3月实现计划，而且必要时，波拿巴应由自己的副官们杀掉。不过他们想让波拿巴先当皇帝，使他的权威更加降低。

我从皮阿利的一封信中获悉，帕麦斯顿勋爵在伦敦同一个意大利的女贵族流亡者的私人会见中，谈了许多关于意大利的令人宽慰的话，也谈到使他本人得到"宽慰"的前景，即至迟不过一年就要当英国"首相"。老头子们如此喜欢撒谎吹牛，令人吃惊。不过，至少有一点帕麦斯顿先生是说得直截了当的。在起义的情况下，伦巴第和威尼斯应该立即并入皮蒙特。而关于"意大利共和国"的梦想，则应该有待于"未来"去决定了。

评论：马克思谈到与维尔特的交往情况，并托他给恩格斯转交德国小资产阶级流亡者列·海弗纳尔的回忆录《在巴黎三年》，其中对 1849—1851 年的德国流亡者作了评述。他附上巴特尔米给维利希的信的摘录，寄去一篇奥格斯堡《总汇报》关于密探阿·迈尔的文章，并谈到赫尔岑的回忆录《往事与回忆》以及赫尔岑与海尔维格之间的矛盾。此外，他还评论了奥尔良派的阴谋活动，以及帕麦斯顿勋爵。

10 月 5 日　致信阿道夫·克路斯，指出：你 9 月 16 日的信是今天很晚的时候收到的。所以，既然你要求立即回信，我就只写几行。星期五将给你写封较详细的信。布吕宁克夫人的事（她不是密探，而是同她的住在巴黎的姨母利文公爵夫人有书信来往，那是一个尽人皆知的密探），我是从班迪亚那里知道的。但是由于很重要的原因，不应该提到他的名字。不然的话，他就会失去不少对我们说来很重要的、必须保持的"情报来源"。

你可以写信给施瑙费尔，让他简单地回答说，没有任何必要进一步援引权威的证人，因为他（布吕宁克）殷勤款待的诸如金克尔和维利希之类的人自己在伦敦散布谣言，说布吕宁克夫人是个有可疑的政治联系的女人。

维利希这样声言过，那是众所周知的；因为席梅尔普芬尼希曾经要求他就此作出解释。这在必要时可以援引证人的话来证实。

金克尔曾直截了当地提出过这种怀疑，譬如，当他的朋友制刷工康姆（波恩人）去美国路过这里时，他就对他这样说过。康姆后来把它传开了。

评论：信中谈论如何处理布吕宁克夫人的事情，并表示在以后再详细写信告知；告知不要泄露出是班迪亚提供消息，因为班迪亚是很重要的消息来源。

10 月 8 日　致信阿道夫·克路斯，指出：你大概已接到了我关于布吕宁克的信。我们对无耻的哥特弗利德应该一报还一报，这从我们方面说来将是公正的。伊曼特关于伦敦保证人会议的最近的报告，《警钟报》上已经摘要发表，从报告中可以看出，泰霍夫（他现在到澳大利亚去了）站起来说道："那些享受过布吕宁克盛情招待的人散布对布吕宁克夫人的诬蔑，特别可耻。"金克尔丝毫不感到难为情，光着前额，要人们相信他的无辜，虽然伊曼特可以揭露他是说谎。维利希一动不动，好象长在座位上一样。

至于第二件事——关于支付薪水，——我在这里无法进一步弄清情况，因为告诉我这件事的比斯康普（不过我请你不要提到他的名字）已经迁居法国，而我同他又没有通信联系。但是不管薪水的事怎么样，可以肯定：

（1）金克尔和维利希花掉了二百英镑，没有给伦敦保证人代表大会作出关于这笔花费的任何满意的交代；

（2）维利希以开销通讯费用为名，自己给自己发了薪水，直到不能这样做为止；

（3）金克尔（这就是他在财务方面清白的证据）在逃到巴黎以后，立即秘密告知该地斯拉夫—德意志……革命委员会的一个领导人，说住在巴黎的德国民主派最好能设晚宴对他表示欢迎，然后他将通过报纸大肆吹嘘。（后来真的这样做了。）问他所需的钱从哪里出，哥特弗利德回答说，可以从革命委员会的基金中出。当对他指出钱柜不但没有钱，而且有很大的亏空时，哥特弗利德说，委员会的一个成员（班迪亚）可以借钱出来，他已跟这人谈过。要知道，他金克尔在德国名气很大，钱一定会源源而来。后来就是这个金克尔为了他个人的需要用革命委员会的名义，向班迪亚拿了五百法郎。他写的收据还保存着。这笔钱他到今天还没有还。

这个收据我看到过，但是班迪亚坚持不要提他的名字，当时在场的海弗纳尔也是如此。他们是有道理的。金克尔的策略是要用无耻的谎言（这个人一贯说谎，他跟我和维斯博士的事可以证明，维斯博士曾经不得不发表公开的驳斥，因为金克尔硬说他同"以他的名义发行的公债"没有任何关系。见《纽约德意志报》，维斯的声明也登在那里；这件事实你可以利用）迫使我摊牌，使他有可能逐步探出我借以揭发他的阴谋的一切来源。这样一来，我就会失去战斗力。这办不到。

你可以根据《科伦日报》留心陪审法庭对我们朋友们的案件的审理情况，审理已经从本月4日开始。陪审员的成分糟透了。都是大地主大资本家，即：参政官明希－贝林豪森、海布林·冯·兰岑瑙尔、菲尔施坦堡男爵、冯·比安卡、冯·特塞勒、冯·拉特、约斯特（科伦最大的糖厂主）、黑尔什塔德（科伦最大的银行家之一）、达·来丁（大资本家），最后还有列文（酒商）和克罗伊斯勒尔教授。

我认为，你们现在应该用下述方式收拾一下海因岑：必须刺痛他，着重指出，这头蠢驴从1847年以来，每逢对他进行原则性批驳的时候（例如目前魏德迈对他的批驳，以及后来你对他的批驳），总是避不作答，而过了一两个月之后，又若无其事地以他惯用的大喊大叫、招摇撞骗的姿态出来说话。

评论：马克思提到金克尔和维利希散布有关布吕宁克是密探的谣言，认为应当给予还击，并揭露了金克尔和维利希贪污革命委员会的基金的情况。他还提及科伦审判的不利情况，陪审员都是大地主大资本家。他随信附上伊曼特的信、10月6日《晨报》中卢格－隆格吹嘘自己作用的文章的抄件，以及马索耳从巴黎来的信。最后，马克思认为克路斯应当收拾一下海因岑，每当对他进行原则性批驳时，他总是视而不见。马克思指出海因岑在论述婚姻的历史发展时抄袭了格·荣克的《妇女史》，后者取材于迈纳斯的《妇女史》四卷本、赛居尔的《妇女》三卷本、亚历山大的《妇女史》两卷本、托马的《论妇女的性格》以及翁格尔的《婚姻在世界历史上的发展》，以此打消海因岑想用从社会主义者那里抓来的词句冒充新发现的兴致。

10月18日　致信阿·布吕宁克，指出：我从今天的邮件中收到1852年9月27

日的《巴尔的摩警钟报》，那里刊载了您的一个声明。我是华盛顿阿·克路斯的通讯员之一，与这件事有直接关系，因此请您给我指定一个我们在星期四或星期五（本星期）会面的地点。我这一方面将带来一个证人，并请您也同样做，但我预先声明，这个证人不能是卢格、隆格、金克尔或维利希，因为这些先生与所说的事情有牵连；席梅尔普芬尼希先生也不能作这种证人。这位先生曾经在巴黎公开声明，说他有责任"用任何可能的诽谤来消灭我"。虽然我并不相信他有消灭我的本领，但在这类声明之后，我认为不能与他见面了。

届时我将向您解释我与巴尔的摩的文章有什么关系，如果我的解释您还认为不够，我将准备使您得到合乎绅士身分的满足。

评论：这是一封草稿。针对布吕宁克在《巴尔的摩警钟报》上刊载的声明，马克思致信布吕宁克，与他约定时间互带证人进行会面，在会面中马克思将解释他与巴尔的摩的文章的关系。这篇文章大概是指在《巴尔的摩警钟报》上发表的克路斯的一篇文章，克路斯在这篇文章中，根据马克思告诉他的一些情况，谈到了布吕宁克夫人和维利希之间发生的事件以及金克尔和维利希对于她从事间谍活动的指责。

10 月 25 日　致信恩格斯，指出：对我们的通信，应当采取一些措施。在得比内阁里，无疑有一个参加阅读我们信件的伙伴。此外，在我的家门口至少试探性地又设置了一个警卫（每天晚上）。因此，我认为现在不宜让普鲁士政府知道的事情，我绝对不能写信告诉你。

德纳对我非常粗暴。大约六个星期以前，我直接写信给他，谈了我的情况，并且请他把已经寄去的文章的稿酬立即寄来。但是，他定期发表文章，稿酬却仍然没有寄来。当然，尽管如此，我仍不得不继续准时地写下去。否则，受惩罚的还是我。

科特斯和贝尔姆巴赫之所以被捕，是因为我通过前者给后者寄去了一件为辩护所必需的东西，这件东西相当厚（尽管纸薄字小）。政府以为得到了一个绝好的猎物。但是，经过进一步的审查，年青的泽特一定会想尽办法把这件事压下，因为这件东西对于他的天才等等有预料不到的非难，如果被陪审员知道了，它就只能促进被告的释放。

案件一结束，不管其结果如何，我们两人应该发表一篇一两印张的《告公众书》。向全国讲话的更好时机不会再有了。此外，我们无论如何要消除掉这个案件所留下的可笑印象——这种印象，即使是温和的亨利希的道德品质和科学修养也不能把它清除掉。

舍尔瓦尔自己写信给伦敦德意志工人协会说，他是"密探，不过是高尚的'库伯密探'"。我通过可靠的途径把必要的说明寄给了律师之一。

关于上面提到的发表有关"科伦案件"的东西，现在就应当打听一下了。我觉得，最好是你写信给康培；他如果自己太胆小怕事，他应该给你指定一个可靠的经理人。因为你是一个有支付能力的人，所以可以告诉经理人，如果到一定时间，譬如说三个月后，出售所得抵销不了自己的开支（确实如此），他可以拿到钱（根据期票），总之，这样的玩意儿，印刷费顶多不过二十五塔勒。

评论：马克思告诉恩格斯他们之间的通信受到监视，应当采取一些措施；德纳拖欠稿费；房东催债；由于缺钱，无法从海关取出克路斯寄来的一百三十本《路易·波拿巴的雾月十八日》；科特斯和贝尔姆巴赫被捕一事等。此外，马克思认为科伦案件结束后，他们应当立即发表《告公众书》，把握向全国讲话的时机并消除掉这个案件的负面影响。

10 月 27 日 致信恩格斯，指出：我写信告诉过你，我打算编一本关于"科伦案件"的"石印通告"。现在，"石印通告"成了一本近三印张的抨击性著作。石印这个东西不值得，原因有二：第一，石印这样厚的著作太贵，而且不会有任何收入，因为这种石印通告不便于出售。第二，没有一个人会去读——甚至也不能要求人家读——有三印张厚的石印出版物。

所以这个东西除了铅印，没有别的办法。在德国不可能办到。伦敦是唯一可能的地方。只要我能预付一部分，我就可以赊账。请你同维尔特和施特龙商量一下这件事。但是一天也不能耽搁。如果现在出不来，以后它就引不起任何兴趣了。我的小册子，不是对原则进行辩护，而是根据事实和案件进程的叙述来抨击普鲁士政府。我自己当然无力为这个案件拿出哪怕是一分钱来。昨天我为了买书写纸，把从利物浦带来的一件上衣也当了。

帝国在迅速发展。为了使这一次商业危机在法国比在英国更加厉害，波拿巴比任何人都有办法。

评论：马克思告诉恩格斯自己写了一本关于"科伦案件"的批判性著作，即《揭露科伦共产党人案件》，希望这本书能够尽快铅印发表以免错过最佳时机。在这本著作中，马克思痛斥了普鲁士警察国家用来对付共产主义运动的种种无耻手段。1852 年 10 月底，当迫害共产主义者同盟的审判还在科伦进行的时候，马克思就萌生在审判结束时发表一篇《告公众书》的想法，一是抓住向社会阐明立场的最佳时机；二是消除社会对这个案件的错误印象。马克思在 10 月底开始写作，12 月初写完这一著作。信中还谈到出版这一著作面临的经济困难和受到普鲁士政府的控制，只可能在伦敦出版。信末，马克思还谈到法国的商业危机。

10 月 28 日 致信恩格斯，指出：星期一施奈德尔第二收到我经杜塞尔多夫寄去的一封信（信寄给弗莱里格拉特认识的一个商人），信的内容简述如下：（1）舍尔瓦尔是 1847 年根据沙佩尔先生的建议并由沙佩尔在伦敦接受加入同盟的，当时我在布鲁塞尔，而不是 1848 年由我在科伦接受加入的。（2）从 1848 年春末到 1850 年夏天，舍尔瓦尔一直住在伦敦，什么地方也没有去，这一点可以由他的房东们证明。因此，在这一段时间里，他不在巴黎当宣传员。（3）只是在 1850 年夏天他才迁居巴黎。从他那里搜查出的文件和他在巴黎陪审法庭上的供词都证明，他是沙佩尔—

维利希的密探，是我们的敌人。说舍尔瓦尔是警探，证据如下：（1）判决以后，他（和吉佩里希一起）马上从巴黎监狱奇怪地逃出。（2）虽然他被认为是一个刑事犯，却毫无阻碍地呆在伦敦。（3）雷缪扎先生（我委托施奈德尔在必要的时候点他的名）曾告诉我：舍尔瓦尔曾提出愿以奥尔良亲王密探的身分为其效劳；他此后写信到巴黎，并且得到了（用几个小时复制的）文件（我看到了抄件），从这些文件中可以看出，舍尔瓦尔起先是普鲁士的警探，而现在是波拿巴的密探了。普鲁士警察当局拒绝给他钱，因为他为"两方面"服务并且法国人给他钱。——最后，我给施奈德尔作了某些简单的理论说明，他根据这些说明可以把沙佩尔—维利希的文件同我们的区别开来，并且证明它们的差别。

在你转寄给施奈德尔第二的信的同时，同一个文件经美因河畔法兰克福（老艾布纳尔在这里将文件投邮并拿了收据）送给了冯·洪特海姆律师；这是在星期二。这个包裹里有：（1）贝克尔给我的信，上面有伦敦和科伦的邮戳，从这封信里可以看出，我们的通信首先谈的是出版事宜；（2）丹尼尔斯的两封信，附在贝克尔给我的信里；在这两封信中，他只谈到自己的手稿；（3）希尔施写的记录的两段摘录；（4）《人民报》的一份剪报，恰好舍尔瓦尔本人在这里写明了自己的住址；（5）《新莱茵报》时期施梯伯先生给我的信（原件），现把它抄在我这封信的第三页。

星期二晚上偶然收到施奈德尔的信，从这封信中可以看出，他从邮局寄出的第一封信被扣下了。可是，他收到了这里的一封挂号信，这封信是我委托德朗克写的，在这封信中告诉他，亨策六至八星期以前在这里维利希处，维利希同他谈过话，并且自己在这里吹牛说他已指令亨策，叫他出来怎样反对我们。施奈德尔来信说，所有的律师都坚信文件是伪造的；他坚决要求给他寄去证据，特别是要证明，丹尼尔斯夫人从来没有写信给我。

评论：马克思给恩格斯简述了写给律师施奈德尔的信，揭露舍尔瓦尔在德法密谋案件中充当密探和奸细的事情。马克思给科伦案件的辩护人提供材料驳斥原告提出的诽谤，最终使普鲁士当局污蔑马克思和恩格斯领导的共产主义者同盟参加了维利希—沙佩尔集团的成员的巴黎冒险密谋活动的企图破产了。

11 月 10 日 致信恩格斯，指出：至于班迪亚的事，只扣了柯尔曼的一封信。他要是向我问起这封信，我会推说我老是忘了请你把它寄还。假如班迪亚方面预先设下骗局，那他自己就给我们提供了对付他的罪证。这是清清楚楚的。班迪亚起先是被指控泄露了巴黎密谋，后来又被指控在科伦案件中态度不老实。这两种情况暴露出有矛盾。从施奈德尔的信来判断，科特斯的地址是由科特斯本人的一个熟人泄露的。末了，说到我们的小册子，很可能维尔特就柯尔曼地址一事已经采取了什么措施，这件事一定要弄清楚。我把给柯尔曼的信交给了班迪亚，在这封信中我向他指出，他出版小册子的期限在合同中已经定下来了，并且声明，只要我们愿意，就可以把还在我们手上的手稿原件拿到布鲁塞尔或纽约出版，合同并不禁止我们这样做。同样，合同并不禁止我们在两个星期以后，把这个小册子的已经写好的第二部分作为一个完整的整体，用另一个标题，交另一个出版商去出版，等等。

现在来谈科伦案件。

我如果处于毕尔格尔斯的地位，决不会允许贝克尔先生这样无耻地靠牺牲别人来自诩为超人，并且这样贬低整个案件的意义而使民主主义者兴高采烈。为自己辩护是一回事，靠牺牲别人来自我吹嘘，却是另一回事。贝克尔是一个革命的模仿者，他很狡猾，但不够聪明，总想靠要手腕而摇身一变成为伟人。他的全部才能，就是一个极其平庸的人的才能。

你已经知道，政府于绝望之余，抓住了戈德海姆的补充证词中的英勇手段，但是又掉进了陷阱。

希尔施承认，他曾竭力伪造李卜克内西的笔迹，并在商人弗略里（这个狗东西还很有钱，跟一个出身于很体面的英国战栗教徒家庭的女儿结了婚）的领导之下工作，而弗略里本人则在格莱夫手下工作。我先前根据《科伦日报》说的"原本记录"的内容和日期所推论出来而至今没有一个律师适当地加以利用的一切，就这样被完全证实了。

我看，科伦的被告们将全部毫无例外地被释放，这是没有任何疑问的。

评论：马克思分析如何应对被指控的班迪亚，并谈论了贬低科伦案件意义的贝克尔的可鄙行径，以及依据戈德海姆的证词弄清了格莱夫、弗略里、希尔施服务于普鲁士当局，揭露了维利希与希尔施之间的卑鄙勾当。马克思认为科伦案件的被告将全部被释放。

11 月 16 日　致信恩格斯，指出：如果你有可能，就在星期五以前为《论坛报》写一篇关于科伦案件的文章。现在，全部材料你知道得并不比我差，而四五个星期以来，我为大家的事情丢开了家里必须处理的全部臭事，以致这个星期我虽然很想工作，但还是不行。

你没有告诉我，你是否收到了上星期寄给你的赖辛巴赫的通告？

今天晚上我们将讨论一篇交给英国报界的关于科伦案件的声明。不一定有时间事先寄给你看一下。但是，如果你也在写这样的声明，并且能赶在星期四早晨以前寄到这里，那就好极了。

评论：马克思希望恩格斯为《纽约每日论坛报》写一篇关于科伦案件的文章，以及参与撰写一篇交给英国报界的关于科伦案件的声明。恩格斯根据马克思的要求，于 1852 年 11 月 29 日写了《最近的科伦案件》一文。信中谈到的声明是指《关于最近的科伦案件的最后声明》要送交《晨报》编辑。在信的附言中，马克思谈到1852 年 11 月 9 日在伦敦举行的由卢格及其拥护者组织的纪念罗伯特·勃鲁姆的大会，卢格等小资产阶级激进派和民主派在大会上发言，而科苏特、马志尼、赖德律等缺席会议，显示出小资产阶级流亡者之间的分裂。

11 月 19 日 致信恩格斯，指出：星期三这里的同盟根据我的建议自动解散了，并宣布同盟还在大陆上继续存在是不合时宜的。而且，自毕尔格尔斯和勒泽尔被捕以来，它在大陆上实际上已经不存在了。附上给英国各报用的声明，作为对我们的第一个声明的补充；请你从英语方面把它修饰一下。我这里再没有德文原件了。此外，我还写了一篇石印通讯，详细地叙述警察当局所干的卑鄙勾当；并且向美国发出关于救济被捕者及其家属的呼吁书。收款人是弗莱里格拉特。我们所有的人都签名了。

不过，给《论坛报》的文章全由你负担了。你应该把寄给你的声明，或者更确切些说，把对声明的修改方案，尽快地寄回来，因为对于伦敦报界，一天也不能再耽误了。

评论：马克思告诉恩格斯 1852 年 11 月 17 日共产主义者同盟伦敦区部在其建议下自动解散了。他希望恩格斯从英语方面对他们合著的《关于最近的科伦案件的最后声明》进行修饰。他还提到他写的石印通讯《揭露科伦共产党人案件》，以及致在美国的德国工人的呼吁书，这个呼吁书是马克思以科伦共产党人被判罪者救济委员会的名义写的，呼吁救济被捕者及其家属。

12 月 3 日 致信恩格斯，指出：小册子很可能将在瑞士小沙贝利茨那里印刷，他从他父亲那里分出来，开办了自己的出版社。此外，克路斯认为，如果可以抵偿生产费用，他可以在华盛顿印这个东西。这个东西是应该印的，哪怕是为了在革命开始以后成为正式文件也好。关于舍尔瓦尔等人的密谋，我还有很有趣的新发现，但愿你在印好以后读到它。

维尔特在星期日晚上来过，发现我很忙，情绪也不很好。他带着有点傲慢的难听的鼻音问我，"我关于科伦案件打算写点什么？"我问他，"他打算在西印度做点什么？"过了一刻钟，他便溜了。星期二晚上他又来了，对我说，他本来是不打算再来了，但是他对弗莱里格拉特的坚持作了让步。要知道，在星期天他觉得我很忙和很不耐烦。我让维尔特先生注意到：自我认识他以来，他十有九回差不多总是不耐烦和不满意，而他却不能说我是这样。在我稍微说了他几句以后，他又恢复了原来的状态，成为原来的维尔特了。我发现他市侩化得厉害，并且对待自己的名利太"认真"了。施特龙至少仍然是老样子，不是太敏感。

波拿巴帝国的蜜月是非常妙的。这个小子总是靠借债度日。只要使信贷所在法国尽量普遍，并且让法国一切阶级都能利用，大家就都会相信，千年王国已经到来了。此外，还有一个为股票投机和铁路骗局而设的专门私人银行。这个家伙始终不变。实业投机家和王位追求者两者并行不悖。如果他不发动战争，不尽快地发动战争，他就会被金融毁灭掉。蒲鲁东式的拯救社会的计划正以它们能够实际实行的唯一形式，即信贷骗局和多少是直接欺骗的形式来实现，这是件好事。

评论：马克思先解释了回信迟的原因，接着谈到《揭露科伦共产党人案件》的印刷问题、维尔特的市侩化以及就柯尔曼一事给班迪亚写的信。在附言部分，马克思指出波拿巴帝国靠信贷维持会使其被金融毁灭掉。

12 月 7 日　致信阿道夫·克路斯，指出：你们将随此信收到：1. 我的手稿《揭露科伦共产党人案件》。这部手稿昨天寄到瑞士去了；在那里排印，并且将发送到德国，作为给普鲁士先生们的新年礼物。如果你认为在美国市场上能收回生产费用，那你就在美国出版吧。收回得多些，就更好了。在这种情况下，应该在报刊上预先登广告，以便引起读者的好奇心。如果小册子在美国印，就应象在瑞士一样，匿名出版。如果你们考虑到，小册子的作者因无裤子和鞋子而被囚禁在家里，他的一家人过去和现在每分钟都受到确实极端贫困的威胁，那末你们是能够赏识这本小册子的幽默的。案件使我的处境更加恶化了，因为五个星期以来，我不是为糊口而挣钱，而是必须为党工作，揭露政府的阴谋诡计。此外，案件使德国出版商完全离开了我，我本来希望就出版我的《政治经济学》能同他们签订合同。最后，贝尔姆巴赫的被捕，使我失去了出售你寄来的那些《雾月》的希望，这本东西早在 5 月就通过他订购了三百本。总而言之，情况很糟。

在伦敦这里，我广泛地放出风声，说小册子将在北美印刷，以便从瑞士对普鲁士人来一个出其不意的佯动。他们怀疑正在准备什么东西，于是汉堡、不来梅和卢卑克的海关警卫和警探都要戒备起来。

2. 寄上关于给科伦被监禁的人及其家属以经济救济的呼吁书。请你们把它登在各种报纸上。如果你们在那里也建立起委员会，那是很好的。这关系到党的示威。你看，厄内斯特·琼斯干脆以党员身分讲话。也许你们应该在你们署名的前言里专门强调一下，这里不是象金克尔之流那样用革命的名义进行乞讨，而是执行党的一定的任务，完成这项任务是每个工人政党应尽的光荣职责。

关于政府在科伦案件中无耻行径的一篇较长的声明（由我、鲁普斯、弗莱里格拉特和恩格斯署名）已经发表在伦敦各报上。普鲁士大使馆特别恼火的是，这个对普鲁士政府的公开揭露，在最高尚的、最有名望的伦敦周刊——《旁观者》和《观察家》——上登了出来。

你们今天寄给我的《晚报》上的那篇责难我同警方有联系等等的短评，是马·格罗斯先生的卑劣把戏；他干出这种事来，是受一个住在纽约的维利希的拥护者的怂恿。这个"诚实的"维利希在科伦案件中扮演了什么角色，你从我的手稿中就可以看出。但是有很多东西我还没有说，一则是为了不损坏整本书的文体结构，再则是为了如果这个家伙敢于——不过我几乎不相信他敢——回答我，就让他尝新的滋味。

菲克勒尔的信，使我很开心。布林德现在同他的妻子一起住在这里，他告诉我，菲克勒尔，这个行善的菲克勒尔，在工业博览会期间租了一大所房子，并且置办了富丽堂皇的家具，为的是以后转租出去。投机没有成功。菲克勒尔赶紧溜到美国，不仅是为了躲债。他溜走时关于自己的意图没有向同他住在一起的成年女儿说过一个字，也没有给她留一个钱。当然人家把她赶出了房子。后来她情况如何，不得而知。行善的菲克勒尔就是这样一个人！

关于蒲鲁东，你们两人都正确。马索耳所以有此错觉，是因为蒲鲁东以他惯用的精明的欺骗手段，从我这里剽窃了一些思想，宣称这些思想是自己的"最新发现"，例如：认为不存在任何绝对的科学；一切都必须根据物质关系来加以解释等等这样一些原理。他在他论路易·波拿巴的书中公开承认了我早就根据他的《贫困的哲学》所论证了的东西，即承认小资产者是他的理想。他说，法国是由三个阶级构成的：（1）资产阶级；（2）中等阶级（小资产者）；（3）无产阶级。历史的目的，特别是革命的目的，就在于把两极——第一个和第三个阶级——溶解在第二个阶级之中，即中庸之中，而这一点靠蒲鲁东的信贷业务就能达到，此种业务的最终成果应该是废除各种形式的利息。

关于科苏特。我从你们寄来的材料中得知，美国的德文报纸上所发生的第一次争吵是由于我在《论坛报》上写了一篇"特约通讯"。我曾用"您的特约通讯员"的署名给《论坛报》寄去了一篇声明，内容简单归纳如下……后来，我接到你寄来的一篇文章的剪报，其中科苏特的某个秘书说我是卑鄙的造谣者，并且进行了有利于比埃尔的活动等等，这时，我就把我给《论坛报》的第一篇声明的内容通知科苏特先生，并要这位先生作出明确的回答。科苏特让人转告我：（1）他以名誉担保，他没有任何秘书——也许这个职务名称是住在美国的卞尼格先自己给自己安上的，此人以前曾经在他的办公室干过事；（2）关于所谓的声明，他只是从我这里才得知的（我把你信里附来的便条作为物证转寄给他了）；（3）他感谢我的"警告"，并再次请求在某个中立的地点同他见面。——对第一点及第二点，我将在下星期五再给《论坛报》写个东西。关于这件事情请随时告诉我。

关于金克尔。金克尔在布莱得弗德和曼彻斯特作现代诗等等的讲学，在讲学中他象一个僧侣的、唯美的、自由主义的帮闲，同德国犹太人调情。关于他在美学方面的功绩，听过他讲学的人对我这样说：他在布莱得弗德宣布，他将作论歌德《浮士德》的讲学，规定入场费为三先令。讲堂里挤满了人。大家对他的讲学抱很大希望。而哥特弗利德做了什么呢？他从头至尾大声朗读了《浮士德》，把这叫作论《浮士德》的讲学。当然，哥特弗利德很精明，他把这种骗人的勾当留到最后一次讲学时抛出来。

贝克尔在科伦陪审法庭审讯时损害了自己和党的荣誉。事先同他说定了，他不要以同盟盟员的身分出现，以免他的民主主义的小资产阶级追随者离开他。但是他突然惊慌失措——他的理论水平非常低，但他卑劣的虚荣心却很强——，决定靠牺牲共产主义者而扮演民主派的伟人。他不仅想把自己洗刷得干干净净，而且想利用受审判的荣誉来达到个人的目的。他的行为不仅无耻，而且卑鄙。

最后，再谈谈法国。一直靠借债过活的波拿巴认为，保证法国黄金时代到来的最好的方法，就是到处建立信贷机构而且尽可能使一切阶级都能享用。他的活动有两个好的方面：酝酿一次可怕的财政危机，并表明蒲鲁东的信贷诡计一旦从理论幻想的领域转入实际运用的范围，会导致什么后果，也就是导致从罗的时代以来没有听说过的投机风潮。

评论：马克思随信附上手稿《揭露科伦共产党人案件》，以及给科伦被监禁的人及其家属以经济救济的呼吁书，请克路斯在美国出版和发表。马克思提到他和恩格斯发表在伦敦各报上的《致英国各报编辑部的声明》惹恼了普鲁士大使馆；马·格罗斯在《晚报》上发表文章是责难马克思与警方有联系的卑劣把戏；菲克勒尔投机失败撇下女儿溜掉了。他还肯定了克路斯与魏德迈有关小资产阶级教条主义者蒲鲁东的观点与革命思想根本不同的看法，不认同马索耳指出的蒲鲁东采取了与他19世纪40年代的著作不同的革命立场的观点，而马索耳之所以会产生这种错觉在于蒲鲁东剽窃了马克思的一些思想。此外，马克思还谈到他与科苏特之间发生的事情和金克尔的骗人勾当，以及贝克尔在科伦陪审法庭时损害了自己和党的荣誉。信末，马克思谈到波拿巴到处建立信贷机构的行为及其后果，并告诉克路斯如果海因岑等利用贝克尔在科伦的发言来自我吹嘘，他应当发表一个声明。

12月14日 致信阿道夫·克路斯，指出：今天只写几行。布吕宁克给我来了一封信。我书面答复他说：这个谣言是金克尔和维利希放出来的，我在给你的信中正是暗指他们而没有点名。

如果金克尔在美国报纸上公开否认这一点，那末，我就把全部通信，以及有关他、我和雅·胡策耳之间的关系的记录发表出来，以证明他是多么热爱真理，也将表明，他坚持他所提出的控告是多么勇敢。

如果布吕宁克要求你收回你说的话，或者公开攻击你，说"你随意歪曲了我告诉你的消息"，那末，你要坚持下列几点：（1）你有一切理由作出结论：布吕宁克夫人是密探，甚至连她的朋友们也这样怀疑她，何况她是赫赫有名的俄国密探利文公爵夫人的密探。（2）你不必讲客气，因为布吕宁克夫人的密友席梅尔普芬尼希宣称自己的原则就是应该诽谤马克思和他的战友。（3）假如布吕宁克直接找《警钟报》和你，而不把可怜的卢格—隆格牵涉到这个事件中去，也许你自己就要发表一个声明。这就够了。

关于厄·琼斯。琼斯的影响现在增长很快。和他竞争的哈尼的报纸《自由之星报》已经约有三个星期成了无光之星了。

关于金克尔—维利希。这两个家伙反对赖辛巴赫的声明无耻到了极点。

（1）赖辛巴赫对这些好汉太厚道了，隐瞒了首先促使他采取这个步骤的真实原因。问题在于，直到现在，赖辛巴赫签字的债券还在美国流通。金克尔和维利希通过自己的代理人，用贴现的办法，把这些债券在美国换成了硬币，并且要求把收进的款子直接送给他们，虽然伦敦的保证人早就拒绝承认他们是财政委员会的成员。他们也在伦敦推销这些债券。关于他们用这种办法弄到的款子，他们也没有提出任何报告。这是一个不折不扣的骗局，赖辛巴赫为了避免对此负责，认为有必要作出自己的声明。

（2）德文报纸赞扬把钱寄回美国的决定，并且为此特别把金克尔夸耀了一番。这个混蛋默认了资产阶级的这些吹捧，根本不想承认他不论在布莱得弗德，还是在曼彻斯特，都是反对这个决定的。金克尔想在德国资产者的心目中保持令人尊重的假象，以便有可能捞到钱。在美国的革命庸人们面前，他扮演的角色是一个对革命充满信心的人，好把他从他们那里骗得的钱，从塞卜洛士－赖辛巴赫的利爪中夺过来。

（3）维利希把希望寄托在美国和伦敦之间的距离上。这里所有的流亡者都认为这个家伙是一个现了原形的密探和被揭露了的坏蛋。在美国，他仍旧希望担任革命的出纳员的角色。——希尔施在布拉米奇街的一个工人团体里宣称，维利希是他的同伙。他本人——狡猾的希尔施（!!!）说——是为民主派效劳的密探，而维利希已经是为警方效劳的密探了。维利希的团体知道了这一点。质问等等就接踵而来了（可能你已经从我的《揭露》中知道这一点了）。他没有别的办法，只好同自己团体的一个不大的核心一起搬到另一个为访问者去不了的地方，而把自己的住处搬到伦敦的一个偏僻的角落。在美国也必须撕掉这两个坏蛋的假面具。在这里，他们已经完全吃不开了。

关于戈克。戈克几个月来到处散布谣言，说他参加惠林代表大会去了，实际上他这段时间是在斯特拉斯堡，并且在那里收集了他剩下的财产三百英镑。现在，他同隆格一起在办幼儿园和诸如此类的由"德国天主教徒"组织的教育机构。

评论：马克思告诉克路斯在对待有关布吕宁克夫人的问题上应采取的对策，指出琼斯的影响的快速增长使得哈尼的《自由之星报》黯然无光，揭露了金克尔—维利希反对赖辛巴赫的无耻声明，并提及戈克的真实行踪。

12 月 28 日　致信古斯达夫·泽尔菲，指出：由于有两个情况，班迪亚才有可能欺骗我这样久。第一，他同瑟美列认识，瑟美列关于戈尔盖、科苏特等人的手稿，一下子就使我相信，这是匈牙利的最有头脑的人物之一；还有他同您的友谊，因为在我们短暂的个人结识期间，您使我产生了无条件的信任。第二，我总是尽可能设想，这些矛盾、谎言等等是因为班迪亚根据非常微不足道的理由而表现出的一种狂热，想要使自己的所作所为神秘化，并且不仅同别人，而且同自己本人捉迷藏。

就是现在我还倾向于认为他不是一个真正的暗探，而是象您正确地指出的那样，他走上了一条可疑的道路，扮演了不同党派之间"谣言传播者"和政治撮合人的角色。

但是我们先谈谈您特别感兴趣的事吧。

西尔莫伊无疑是科苏特的密探。根据他的几次不经心的声明，我认为他负有通过德·莫帕先生与波拿巴建立联系的使命。在此以前不久，科苏特通过班迪亚和自己的巴黎通讯员马林格尔，企图从奥尔良派那里得到一百五十万贷款，但是被拒绝了。现在回过来谈班迪亚。

我亲眼看到过一个由科苏特起草并经西尔莫伊签字的文件，科苏特在这个文件中任命班迪亚为所谓流亡国外的警察局长——好象是与各国政府作斗争的反抗警察当局的长官。一方面，这个文件使我不再担心班迪亚的某些可疑的关系和熟人；我们认为，这些关系是属于他的职务范围之内的事，而且，如果利用得当，是可以给我们党带来好处的。我本人就通过这条途径从他那里获悉某些有关普鲁士政府的重要细节。另一方面，我直截了当地问过他：怎么把他和科苏特的关系同他和瑟美列的关系调和起来？他毫不为难地回答我说，他是为着瑟美列的利益才这样做的，后者授权他和科苏特保持关系。因此，后来我就不再谈这个问题了。

我完全同意您和瑟美列的意见，即这的确是必须做的。困难仅仅在于怎样去完成。现在，一家瑞士出版社出版了我的小册子《揭露科伦共产党人案件》。（我将设法尽快寄给您和瑟美列两本。）这一家出版社准备为德国出版我的《雾月十八日》。但是，指望它出版我的第三部著作是不行的。在德国，现在已经没有一家出版社敢于冒险印我的任何一本东西了。所以只有自己花钱来印，而这在我目前的情况下是不可能的。然而这却是必要的。我将考虑可以干些什么。

您从《揭露》中可以看出，格莱夫是个十足的坏蛋。他在 1851 年 12 月因德法密谋案件去巴黎，目的是要搞到我的科伦朋友们和巴黎笨蛋们之间的莫须有的联系的证据。

然而经查明，当格莱夫还在伦敦这里的时候，班迪亚就定期地于每月 3 日或 4 日从柏林收到钱。您是否知道他收到的这些钱的来源？

整个这件事情的主要之点，就是遵循"以一个半海盗对付一个海盗"的惯例。如果班迪亚想成为一个"危险人物"，那就只需向他提醒一下，他在我们掌握之中，因为我们知道他同马林格尔和奥尔良派的联系。

评论：马克思解释被班迪亚欺骗的两个原因，倾向认为他不是一个真正的密探，而是扮演了不同党派之间"谣言传播者"和政治撮合人的角色。他指出西尔莫伊是科苏特的密探，谈到班迪亚与科苏特的关系以及利用得当可以为党带来好处，但要谨慎而巧妙地与之相处。此外，马克思还谈到《揭露科伦共产党人案件》和《路易·波拿巴的雾月十八日》的出版情况。信末，他还指出格莱夫是一个十足的坏蛋，怀疑格莱夫与班迪亚有金钱往来，还提出应对"危险人物"的策略。

1853 年

1 月 21 日　致信阿道夫·克路斯，指出：昨天我读了海因岑给班贝尔格尔的信。他抱怨没有钱花，说他被迫退出了《雅努斯》。至于克耳纳博士，他当过一阵《新莱茵报》的通讯员。你们试试用某种方式跟他建立联系。也许，第一步应该是，在魏德迈试探之后，你给他寄一篇"象样的"文章去……既然在这里再也吃不开的恶棍维利希，在上星期已经作为金克尔的代理人乘船去美国了，那末至少使小册子中涉及到他的那一部分在报刊上登出来，就十分重要了。如果你能促使小册子在杂志上刊登出来，那就再好不过了。小册子现在已经在瑞士出版，因此下一步也就不那么重要了。伯恩施太因想引诱我们"上钩"，在这件事上不能也利用他一下吗？据我所知，他和他的伙伴贝尔奈斯对关于警察欺诈伎俩的描写会很感兴趣。我认为跟这些人建立联系是很策略的。我向你保证，如果贝尔奈斯找到机会（而这个机会应该给他）又和我们建立联系，那末我是能够随意支配这两个家伙的。关于施拉姆，还有捷列林格，你听到什么消息吗？

评论：马克思希望克路斯与克耳纳建立联系，将马克思的小册子《揭露科伦共产党人案件》中涉及维利希的部分刊登在报刊上，并策略性地与贝尔奈斯建立联系。

1 月 29 日　致信恩格斯，指出：由于议员赖辛巴赫和勒韦的手腕不高明，以及伊曼特的疏忽大意，一千英镑落到金克尔先生的手里了，而且结果搞成这样：如果保证人不另外设法解决问题，就要以他的名义把钱存入英格兰银行，而赖辛巴赫必须在 5 月份把存折交给他。这个决定，现在当然没有任何价值。班迪亚先生在巴黎已经三个星期了。李卜克内西在犹太人奥本海姆那里弄到一个很好的职位。除了伊曼特，其余的伙伴仍然是游手好闲。

你从附上的《工人共和国报》（编辑魏特林）的剪报中可以看出，这位裁缝大王和"康姆尼"移民区的独裁者对科伦共产党人案件和对马克思派进行了多么恶毒的攻击。

昨天我第一次冒险自己用英文为德纳写了一篇文章。皮佩尔当校对，只要我有一本很好的语法书并大胆动手写下去，事情一定会顺利地进行的。

秋播作物收成的现状使我确信，危机一定要到来。当粮食这个主要消费品多少还充足和便宜，同时还有澳大利亚等等情况时，事情还会有所拖延。但是现在这已到头了。总之，你说奇怪不奇怪，例如《经济学家》在颂扬英格兰银行最近关于贴现率的决议时写道，这个决议的目的是"阻止资本输出"。我们清楚地知道，这是指的什么。可是，它的自由贸易派的良心不会因下面的问题而感到不安吗？这就是：

难道你也想阻止棉织品、棉纱等等形式的"资本输出"吗？为什么你反对以黄金形式输出资本呢？难道说，自由贸易派的政治经济学的终点是：回到纯粹的重商主义上来，并认定黄金的流出和流入是事情的本质吗？

在波拿巴最近发表演说以后，西蒂区全都相信要发生战争了。我也收到了老艾布纳尔从法兰克福寄来的一封信，他在信中谈到，由于波拿巴的结婚演说，在德国的傀儡中间，特别是在美因河畔法兰克福的外交家中间引起了恐惧。我们的同胞是多么愚蠢，我昨天顺便看到《法兰克福报》，其中有一篇海得尔堡的通讯，说自从波拿巴投入了"民主派"的怀抱和我们处在宣传战争的前夕以来，据说，现在上层社会中大概已经对迫害伟大的盖尔温努斯感到遗憾了。

我担心的是，克拉普林斯基将被德国农民和小市民当作"教主和朋友"来欢迎。看来，这个荒唐的人物的使命就是完全歪曲一切传统的立场和政党，使它们具有滑稽可笑的性质。

一个糟糕的秋季对一场正在开始的战争有什么影响呢？

关于工业方面的情况，特别是有关棉花方面的情况，也请写信告诉我。

评论：马克思在信中谈到维利希到美国充当金克尔的代理人，金克尔将把"德美革命公债"募集到的一千英镑以个人名义存入英格兰银行。信中附上发表在魏特林于纽约出版的1852年12月25日《工人共和国》第52号上的《关于科伦共产党人案件的结论》一文，文章污蔑攻击了马克思和共产主义者同盟。马克思提到在用英文为《纽约每日论坛报》撰写文章，即《死刑。——科布顿先生的小册子。——英格兰银行的措施。》。他还预言了危机的到来，批评了《经济学家》颂扬英格兰银行最近关于贴现率决议的文章，讨论了波拿巴1853年1月22日在参议院发表的演说引起的对于战争爆发的恐慌，并询问恩格斯关于"危机对战争的影响"的看法等。

2月23日　致信恩格斯，指出：你已经看到，科苏特怎样利用美国海盗梅恩·里德船长否认了据说是他写的米兰宣言。而昨天瑟美列从巴黎写信给我说，他确切地知道，宣言是真实的。其实，这从它的内容上也看得很清楚。

不论米兰事件作为马志尼长远阴谋的结局多么悲惨，以及我深信他本人也受到严重的损害，——我还是相信，这次事件对整个革命运动是有益的。特别是由于象奥地利人……那样用来攫取好处的粗暴行为。如果拉德茨基仿效斯特拉索尔多的先例，如果他赞扬米兰市民的"奉公守法"，把整个事件说成是一些"坏蛋"的无谓的捣乱，而且为了表示自己的信任，装样子稍微放松缰绳，那末革命政党就要在全世界面前丢脸了。可是现在，当他名副其实地施行掠夺制度的时候，他就把意大利变成了"革命的火山口"，而这是马志尼用他演说的全部魅力也从来没有能够达到的。

还有一点。我们中间有谁会相信，反动派在他们所有的四年胜利、军事准备和大肆吹嘘以后，会感到自己如此无限的软弱，以致他们一遇到小叛乱就发出真正的恐惧哀号呢？这些家伙对革命的信心是不可摧毁的。现在他们在全世界面前再次证明自己不行。在"流亡者"事实上已经完全破产而不能吸引一个人的时候，他们就借所有的各自的政府报纸之口，在全世界到处散布流亡者的实力强大，并造成一种信念：诚实的公民们被阴谋之网从四面八方捆住了。

关于班迪亚。他目前正在巴黎。现在我手头握有证明材料，证明这位高贵的人物是奥地利政府的密探。他以接受法国警务部的秘密职务为代价得以返回法国。同时他又是想从波拿巴那里弄到钱的科苏特在巴黎的正式代理人。然而，这个家伙在巴黎编结一张捆绑自己的罗网。至于我们的手稿，他把它卖给一个用"舒耳茨"这个名字到处乱跑的格莱夫了。不过，这两个人都欺骗了政府，声称他们似乎从一个"秘密团体"的档案里"设法取得了"这份"文件"。这是他们的行话。

我从可靠方面了解到，赖德律——这是秘密（大概拿破仑也和我一样很清楚地知道此事）——打算三、四个星期以后在巴黎"给以攻击"。一个目睹者告诉我说，关于米兰起义的最初消息在巴黎震动很大。人民成群地聚集在街头等地，不是为了举行起义，而是为了议论新闻。一般说来，此地的法国人对马志尼先生的"行动"出了丑感到非常满意。这是对他的报复。

我们的支援科伦人的六行呼吁书，由于克路斯的协助，在所有的美国报纸上登出来了，而且都用有关的体操协会的名义加上了前言。我们看看再说。我们在科伦本地的亲爱的朋友们仍然还是毫无音信。真是小心谨慎！其中的一个，即科伦案件中充当被告证人的前尉官施特芬来到了这里，立即在弗里德兰德的学校里得到一个教员的职位。布林德每天为"赫尔岑"来纠缠我；同样德朗克为赖辛巴赫的声明也每天来纠缠我。这对于德朗克之所以重要，为的是有可能用别人的名字开始在科伦的《国民议院报》上撰稿。

你对国教会的教士们积极参加不幸的争取十小时工作日运动有什么看法？还是老玩意儿。星期六我将把克路斯留在我这里的一包报纸和信件全部寄给你。

评论：马克思在这封信中主要谈论米兰事件。米兰事件指1853年2月6日意大利革命家马志尼的拥护者在米兰发动的、受到匈牙利革命流亡者支持的起义，目的是推翻奥地利在意大利的统治。由于米兰起义根据密谋策略组织，没有客观估计现实的形势，很快遭到失败。在这封信中，马克思谈到匈牙利流亡者科苏特否认是米兰宣言的作者，而马志尼作为起义的领袖未曾亲临米兰，却在紧要关头离开英国，营造出奔赴战场的假象，从而揭露出小资产阶级流亡者的胆小和软弱。但是，马克思认为米兰事件对于整个革命运动是有益的。此外，马克思还谈到手握证明班迪亚是奥地利政府密探的材料，以及支援科伦人的呼吁书在美国的发表，并询问恩格斯关于英国教会参加争取十小时工作日运动的看法。

3月10日 致信恩格斯，指出：这个星期差点儿死了。我害了肝炎或者很象肝炎的一种病。这在我们家里是遗传的。我的老头就是害这种病死的。我在英国四年，从来没有发过，以为病已经根除了。现在已经脱离危险，甚至没有求医——这是件大好事。不过还有点虚弱。

至于德纳，他已承兑了我的期票。"善良的"班贝尔格尔最初凭这张期票给了我五英镑，随后让我往西蒂区接连来回跑了两个星期，到这个星期才付了其余部分，而我的女房东已经整天整天地在"咆哮"（确实是咆哮）了。在此期间，我还给《论坛报》寄去了七篇文章。明天将再寄一篇。如果不是这该死的转期债务缠着我，我现在不管怎样也脱身了。不过，如果这个卑鄙的瑞士人不使我再度陷于困难境地，那末，这项债务我也还清了相当一部分。因此，我现在必须给德纳寄一篇关于高级政治的长篇文章，使他对我有好印象。这样一来，可诅咒的东方问题又出现了，住在这里的一个可恶的美国佬，企图就这个问题和我在《论坛报》上竞争。但是，这个问题——首先是军事和地理方面的，不在我的写作范围之内。因此，你还得再作一次牺牲。土耳其帝国将会怎样，我一点也不清楚。因而谈不出什么总的看法。

对于写报纸论文——不过在这种论文中应该回避问题本身，而用军事、地理和历史的幕布遮盖起来——我觉得直接从门的内哥罗问题得出下面主要几点是必要的：

1. 不管怎样耍手腕和在报纸上空谈政治，东方问题决不会成为欧洲战争的导火线。它总是会通过外交途径而被压制下来，直到总的殴斗把这种压制情况也结束为止。

2. 俄国对土耳其的侵犯。奥地利的贪婪。法国的野心。英国的利益。这个纠纷的种子在贸易上和军事上的意义。

3. 一旦发生总的殴斗，土耳其将迫使英国站到革命的一边，因为英国在这里同俄国发生冲突是不可避免的。

4. 伊斯兰教帝国必然崩溃。它将通过这样或那样的途径处于欧洲文明的影响之下。

目前还应当专门谈一谈门的内哥罗事件和英国现在正式扮演的卑鄙角色。苏丹之所以让步，只是因为法国和英国没有答应给予援助。在这个问题上，两国都戴着"诚意协商"的假面具，争先恐后地向神圣同盟讨好。还应当指出：统治着英国的寡头政治在对外政策方面已不能起昔日的作用，即不能保证英国民族对大陆的领导地位，仅就这点来说，它必将垮台。

评论：马克思首先谈到自己由于肝炎而身体虚弱。接着他摘录了雅科布·沙贝利茨的信，认为沙贝利茨迟迟不给马克思寄来已经出版印刷的《揭露科伦共产党人案件》，不是由于运送时被普鲁士政府扣留，而是他为了钱向普鲁士政府出卖了马克思。马克思还谈到了继续为《纽约每日论坛报》供稿，希望恩格斯给该报写一篇关于高级政治如东方问题的长篇文章，以免被该报的其他撰稿者即流亡伦敦的匈牙利政论家普尔斯基所取代。在门的内哥罗问题上，马克思提出了论述这个问题的四个要点：第一，东方问题不会成为欧洲战争的导火索；第二，这个问题在贸易和军事上的意义；第三，土耳其将迫使英国站到革命的一边，同俄国发生冲突；第四，伊斯兰教帝国必然崩溃。此外，马克思还谈到自己的经济状况，询问英国经济形势，并列举了党的成员的特点。

3月10日　致信贝尔塔兰·瑟美列，指出：您最近的来信已收到。想必您已经看过科苏特的各种声明。在马志尼的声明发表之前，我已知道，他给在这里的一位英国友人写了一封关于科苏特的非常令人遗憾的私信。为此，我给《纽约每日论坛报》写了如下的看法：

"既然现在马志尼先生本人已经打破沉默，那末我完全可以告诉大家，科苏特在他巴黎的朋友们的压力下已经否认了他自己发表过的文件。在科苏特以往的活动中，表现出优柔寡断、极端矛盾和不顾信义的模棱两可，这已经不是第一次了。他具有一切令人喜欢的优良品格，但同时也具有一切典型的女性的演员气质的缺点。就言词方面来说他的确是一个大演员。谁要不愿意为流行的偏见所左右，而希望有自己的以事实作为根据的见解，那我就介绍他读一下不久前出版的、瑟美列先生所写的一本传记《鲍蒂扬尼、戈尔盖和科苏特》"。

我在我所有的文章上都签了名。现在会招来攻击，这样我就有机会更透彻地探讨事情的实质。如果您事先把您得到的关于流亡者的消息，特别是有关"高贵的两兄弟"的消息告诉我，我非常感激。有了某些这类消息，我就有根据在《论坛报》上叙述事情本身了。

泽尔菲，我两个星期没有见到了。当然，我对他说过，如果我同科苏特有私交、就会义不容辞地让科苏特提防班迪亚。我认为泽尔菲是个多嘴多舌的和不太谙事理的人。但是我决不会把他同班迪亚同等看待，相反，他正派得多。

2000册我的《揭露科伦共产党人案件》（1852年12月6日发往瑞士）三个月后在巴登边境被没收。我认定，班迪亚也插了一手。这个败类应当消灭。

普尔斯基到美国大约有一个月了。我想是科苏特派他到美国去的，为的是在报刊上恢复自己已经动摇了的声望和阴谋反对自己的对手们。普尔斯基也在《纽约论坛报》上极力中伤我，但是我敢断言，他不会有什么大的作为。

评论：信中询问瑟美列是否看过科苏特的各种声明。科苏特在英国报刊上多次讲话，否认他参与过遭到失败的米兰起义。这次起义是1853年2月6日由意大利革命家马志尼的拥护者发动，并得到匈牙利革命流亡者的支持。特别是科苏特以他的名义在英国报纸上发表的致梅因·里德的信中否认他是起义时期在米兰散发的由他署名的传单《以匈牙利人民的名义致在意大利的士兵们》的作者。马克思对米兰起义和马志尼、科苏特以及其他匈牙利革命家在这次起义中的作用作过评论。信中马克思转述了给《纽约每日论坛报》的文章《强迫移民。——科苏特和马志尼。——流亡者问题。——英国选举中的贿赂行为。——科布顿先生》中的看法。

3 月 22［—23］日　致信恩格斯，指出：最近几期《经济学家》中有一期登载了下面这样一篇论《土耳其的作用》的短文，不知你看过没有？

马志尼在这里已经几天了，但是目前他还是用化名。

"可爱的阿伯丁"是多么乐意向流亡者找麻烦，你从警察局上星期编造流亡者名单一事就可以看出。三三两两的暗探从一个广场到另一个广场，从一条街到另一条街，进行巡逻，把多半是从邻居或啤酒店老板那里收集来的情况记录下来。在某些场合，例如在普尔斯基——这个流氓现在在美国——的家中，他们则借口这里发生了盗窃案等等，闯进流亡者本人的住所，乱翻他们的文件。

可尊敬的巴特尔米只受了两个月的监禁。这个无耻的家伙叫人转告赖德律 - 洛兰，说要把他当狗一样用枪打死。赖德律回答说，他决不与这样的人用枪决斗。巴特尔米又扬言，如果他要迫使人用枪决斗，他知道该怎么办——当众飨以耳光，往脸上吐唾沫和诸如此类的灵验的办法。赖德律在答复这一点时，叫人转告他说，在这种情况下，巴特尔米将领教他的棍子和英国法庭。这位巴特尔米决心想成为流亡者中的黎纳尔多·黎纳尔丁尼。这也是一种雄心。

维利希老爷子到了纽约。朋友魏特林为他举行了三百人的宴会，维利希佩带红色大绶带出席，发表了长篇演说，大谈面包比自由更可贵，接着魏特林向他赠送军刀。随后魏特林讲了话，并证明耶稣基督是第一个共产主义者，而他的继承人不是别人，正是大名鼎鼎的威廉·魏特林。

沙贝利茨寄来了一封信，现附上。从这封信中可以看出，第一，他虽然没有政治上的背叛行为，但是他的作法愚蠢透顶。第二，他至少曾经想、而且现在还想从商业的角度欺骗我。根据合同，他最初只应当印两千册。但从他的信看来，印了不止此数。多印了多少？他至今没有回答。同时，德朗克曾经就这件事写信给费德尔森博士，现在已经收到了回信。他证实了沙贝利茨的信的内容，但同时写道，他认为，法院对沙贝利茨进行法庭侦讯，不会有什么结果。请问，现在怎么办？普鲁士政府愿意将此事完全暗中了结，甚至外交大臣已下令没收似乎是我在巴塞尔出版的某种《共产主义理论》。可见，他们连书名都想对公众隐瞒。怎么办呢？

泽尔菲在这里。在搜捕外国记者时，他从巴黎逃出。他认为，朋友班迪亚（附带说一下，看来，他的情况不好，打算在 5 月间再来这里）告发了他是登载在《科伦日报》上败坏"金发皇后"名誉的一些论文的作者。泽尔菲是个好说闲话的人，但关于匈牙利的事情，却比我所交谈过的所有其他匈牙利流亡者具有更多独立的和合理的见解。这也许是由于他不是马扎尔人，而是"士瓦本人"，而且不仅是士瓦本人，甚至还是汉诺威一个犹太人的儿子。他的姓大概是策尔弗，在马扎尔语化以后成为泽尔菲。

评论：马克思摘录了发表在 1853 年 3 月 12 日《经济学家》第 498 期上的短文《土耳其的作用》，之后恩格斯在为《纽约每日论坛报》写的《在土耳其的真正争论点》一文中使用了这段引文援引的资料。马克思指出《晨邮报》和《泰晤士报》在土耳其问题上的不同观点，显示出英国内阁在这一问题上的强烈分歧和矛盾。此外，马克思还谈论了马志尼、巴特尔米、赖德律、维利希等的最新动态，以及沙贝利茨寄来的信，信的内容表明沙贝利茨没有向普鲁士政府出卖马克思，但是做法愚蠢透顶。此外，他还谈到关于泽尔菲的看法，以及法国皇后患了一种无伤大雅的病。

3月25日 致信阿道夫·克路斯，指出：沙贝利茨给我写了一封详细的信。小册子《揭露》他在两个月前就印好了，但在国境那边巴登的一个小村子威尔搁了五个星期。这头蠢驴不是在那里找个可靠的人，而是把这事全部交给了一个走私贩，这个家伙从他那里一步一步榨取了相当多的钱之后，最后自己向巴登政府投了案。其余的你大概已经从最近一号《论坛报》上知道了。普鲁士政府对这本小册子多么有兴趣，而这本小册子因此对"祖国"又多么重要，你可以从下述事实看出，即施梯伯这个英雄不仅被任命为柏林的警察局长，而且政府每次讨论对付革命者和革命活动的预防措施时都邀请他出席会议。小册子还压着出不去，使我非常气愤。你这方面，在我看来，这件事办得不象平常那么好。照这样安排，《新英格兰报》将整年一小段一小段地刊登它，同时会把整栏篇幅给予可鄙的卢格的 figuredefouine，他的"轮廓鲜明的"尾巴在这里始终不超过五个人。为什么你不把这东西刊登在你参加撰稿的那个发行量大得多的机关报《民主主义者报》上呢？你下次来信时应该给我一个明确的答复：可不可以在美国把这个东西印成小册子。这应该为欧洲而印，并且经过汉堡运入普鲁士；要是我稍微有点钱，我马上会在阿尔托纳把它印出来。我这样说，不是因为我把这个揭露性东西估计过高，而是因为我确切知道普鲁士的形势，确信这在目前能给我们最可爱的普鲁士人以最能触到痛处的打击。

切记不要忽视流氓维利希。他是我们最凶恶的敌人，而且是个白痴。

普尔斯基呆在你们那里，不仅是为了从事高级政治。派他到大洋那边去，也是为了制服在美国对"伟大的科苏特"表示不满并阴谋反对他的费特尔将军。从你今天寄来的《每日论坛报》上，我很吃惊地看到，它登了我反对科苏特—马志尼的言论。我对此曾极为怀疑，尤其是因为格里利的白色、红色、黑色的朋友——犹太人普尔斯基现在正在美国。

评论：马克思回应克路斯指责自己不写信的抱怨，告诉他《揭露科伦共产党人案件》被普鲁士政府扣压的情况，询问他能不能在美国印好后运往普鲁士，以便给普鲁士人最能触到痛处的打击。他还提到普尔斯基待在美国的目的，瑟美列从巴黎寄来的报道，巴特尔米因决斗被判监禁，席梅尔普芬尼希从布吕宁克夫人那里获得一千英镑遗产，赖辛巴赫和勒韦想去美国，拉斯拜尔夫人的葬礼，蒙蒂霍的患病，等等。

4月17日 致信阿道夫·克路斯，指出：今天收到从纽约寄来的最前面的五号，不知道是魏德迈还是克耳纳寄的。由于你的帮助，其中大部分我已经知道了。

这至少是一家正派的报纸，在美国很少有，况且还是工人的报纸。但是另一方面，主编装模作样地强调他不愿降格谈"个人问题"（同时也是党的问题），他那假装的天真无邪，他那圣经般的严肃，不能说都很合我的口味。不过必须实事求是地看待这家报纸。我最喜欢的是魏德迈给他的《经济学概论》写的引言。这很好。我已向这里的朋友们打过招呼；德朗克和皮佩尔好象已经寄去一些东西了。琼斯我正要找他谈。但是总的说来，约人撰稿不那么简单。我自己工作太忙，而别人，可惜由于过去的经验而心有余悸。鲁普斯的情况很糟糕。埃卡留斯不得不从早晨五点到晚上八点当裁缝，并且肺结核已经很危险。恩格斯把他不在办事处的全部时间完全用于搞研究，看来他由于在美国报刊上所发现的对他的挑剔还在生气。我们的党可惜很穷。我还要向过去在科伦案件中作过被告证人、现在在伦敦郊区当教员的前尉官施特芬提出要求。他的空闲时间最多，而且他很能干。——你要皮佩尔写的那些文章，他还一直没有写完，所以你至今还没有收到……

至于希尔施事件，我当即通过恩格斯寄出了一个声明，该声明……恩格斯……。关于班迪亚不清白这一点，我在半年多以前就知道了，但只是在这头蠢驴让我了解了他的一切联系，把那些证明我无辜而他有罪的文件交到我手中，并完全受我控制之后，我才跟这个家伙决裂了。我已在几个月以前就把他赶出了瑟美列的大门。

维利希的最后一着只是证实了我对他的怀疑。首先，我知道，他和金克尔曾用革命的钱给希尔施付报酬，并且还继续这样做！其次，维利希在科伦案件期间，在开始后不久，曾向弗略里夸耀过（弗略里把这又告诉了伊曼特），他有我的一封信，即从曼彻斯特写给班迪亚的一封信。当时我要求班迪亚答复。他说准备同弗略里当面对质。当伊曼特受我委托把这告知弗略里的时候，弗略里否认了。可见，维利希当时与希尔施保持着不体面的联系。他知道，希尔施与格莱夫有不体面的联系，他的朋友弗略里是暗探。通过这些家伙他得到了我的一封信。这个"勇敢而正直的人"（顺便说一下，不花钱的吃喝是他的最高目标）想给我设个圈套，并且为了这个目的与警探一起搞了卑鄙的阴谋。

评论：马克思评价收到的《改革报》是一家正派的报纸，最欣赏上面发表的魏德迈的《政治经济学概论》，并谈到约稿的困难。马克思还谈到他就希尔施事件写的声明；维利希与希尔施保持着不正当联系；赖辛巴赫等去美国了。

4 月 26 日　致信阿道夫·克路斯，指出：如果《科伦的揭露》还没有印成小册子，或者《新英格兰报》没有把它"免费"印成小册子，那就把这事搁下吧，因为现在已经太晚了。

维利希给赫尔岑（俄国人）写信说，一切都"好极了"，他取得了非常"巨大的成果"，并且很快就会回来。

在柏林事件中，亨策一定又牵连进去了。他作为维利希—金克尔的代理人，自然有旧的传单和革命的处方。此外，这些大人物曾预定他为柏林的军事司令官。

此地的赖德律-洛兰的支持者对我们告知他们的卢格的号召书感到难为情。不可能是赖德律允许卢格发表这封可耻的信，卢格是通过前普法尔茨律师、赖德律过去的仆从、法国前议员、贩卖过德语形容词的萨瓦骗取了赖德律的这封信。不管怎么样，赖德律的威信现在比任何时候都要低。

评论：马克思告诉克路斯暂停印刷《揭露科伦共产党人案件》；维利希给赫尔岑写信说自己取得巨大成果；亨策被牵连到柏林事件中；卢格通过萨瓦骗取了赖德律的信。

4月26日　致信约瑟夫·魏德迈，指出：4月21日我收到了附在下面的匿名便条。民主酒吧间的老板谢特奈尔和哥林盖尔收到了同样的匿名信。信中所说的事实我核对过了。我想（谢特奈尔和哥林盖尔的名字你可以提到），你应该把它刊登出来，前面加几句按语，指出消息是你从伦敦得到的。施梯伯先生和戈德海姆先生来到这里，是为了把科苏特的可疑的火药密谋同柏林案件"联系起来"。从下面的东西你可以看出，"伤心的"希尔施是如何继续成为"间谍活动的受害者"。但愿这个流氓不要在柏林造成新的牺牲品！我认为，这件事在美国将使他彻底完蛋。附在下面的东西我同时寄给你和克路斯。你发表在《改革报》上的两篇文章，我们大家都很喜欢。

评论：马克思转抄了一张有关施梯伯和戈德海姆抵达伦敦的匿名便条，认为魏德迈应该刊登出来。他分析施梯伯和戈德海姆来伦敦是为了把科苏特的可疑的火药密谋同柏林案件联系起来。英国当局为了制造借口镇压侨居英国的政治流亡者，于1853年4月控告罗瑟海特（伦敦附近）的火箭工厂厂主同科苏特有密谋联系。此外，马克思还赞扬了魏德迈发表在《改革报》上的《政治经济学概论》，同时谈到在《改革报》上发表1852年3月3日厄内斯特·琼斯给魏德迈的信，以回应海因岑发表在《人民报》上的关于宪章派的文章。

6月2日　致信恩格斯，指出：附上的伟大的维利希在《新英格兰报》上发表的声明，如果不是以为魏德迈本人已经把它寄给你，我早就给你寄去了。这第二个声明的草稿完全是货真价实的，地道的维利希。人们在写"文章"，他在写"事实"，而且为了使诽谤失去其尖刻性，必须同他有"私人关系"，这是小型的游击手法。他不对他自己的希尔施负责。他宁愿向他的公众阐述"种种理由"，说明为什么马克思不反驳他的希尔施。他现在找到了一个根据，可以施展某种高超技艺。所以，高尚的人"不愿意"把事实"公开"。他自然更乐意在啤酒店桌旁同庸人交头接耳地谈论这些事实，而且在三年期间帮助金克尔用"走私方式"在两个半球上传播这些事实。然后施展另一个手法——使公众处于紧张状态。他只字不提那些使他为难的事实，却对那些据说能毁灭"批判的作家"的事实大肆渲染。同时这位高尚的人还象一个"国家活动家"那样"威风凛凛"。如果他答复，他不是答复马克思的粗鲁的"代理人"，而是答复这些"机灵的"帮闲文人。最后他向公众示意：他的反对者如此大胆地挺身而出，只是因为他们相信他"决定"引退；而这位起如此重要作用的人物现在却大张旗鼓地宣布，他"已改变了"自己的决定。

所有这一切对前尉官来说并不是那么坏。至于谈到第二个声明的文体，且不管它多么拙劣，其真伪毕竟可疑。看来另外有人插手此事，大概是安内克太太。无论如何，现在维利希先生正打算出版一个对捷列林格的小册子的必要补充。既然这种下流作品将全部呈献在公众之前，那就必须把事情进行到底。如果魏德迈、克路斯等人行动谙练，那末，他们现在就应当打乱维利希的整个阵脚，使他为公众所准备的出人意外的礼物失去任何意义和新鲜感。等着瞧吧！

你称赞我的"幼稚的"英文，使我大为鼓舞。我的不足之处，第一是在语法上没有把握，第二是不能灵活运用辅助短语，而没有这些短语就不可能写得很生动。《论坛报》先生就我的第二篇关于格莱斯顿的预算的文章，在报纸开头加了一个按语，要公众注意"巧妙的说明"，并且声称，在别的任何地方都没有碰到过"更为一针见血的批评"，"没有想到会出现这样的文章"。这非常好。但是，对下一篇文章，《论坛报》又侮辱我，把我的极不重要的开头部分用我的名字登出（在当时情况下，这一部分应该是不重要的），而把你的"瑞士人"一文据为己有。我将写信给德纳说，他有时把我的文章作为社论刊登，我感到很"荣幸"，但是，请他们不要把我的名字放在一些无关重要的短评下面。另外两篇联系英国写的关于《中国》的文章，现在已寄给这些蠢驴。你如果有时间，又愿意写点什么关于瑞士、东方、法国、英国，关于棉花或丹麦的东西，就请随时写一点，因为我现在想大力压挤这些先生的钱袋，以弥补三个星期的损失。如果你能随时给我寄来一点什么东西——各式各样的，我总能把它们安排好，因为，你知道，我在这些家伙那里是"操作一切的女仆"，而且我总能轻易地用这种或那种方法把任何题目同当前的题目联系起来。一切的一切都会办妥。

你来信中关于希伯来人和阿拉伯人的那一部分使我很感兴趣。顺便提一下：（1）可以探索一下有史以来一切东方部落中定居下来的一部分和继续游牧的一部分之间的一般关系。（2）在穆罕默德的时代，从欧洲到亚洲的通商道路有了很大改变，而且早先同印度等地有过大量贸易往来的一些阿拉伯城市，在商业方面已经衰落了；这当然也是个推动。（3）至于宗教，可以归结为一个一般的、从而是易于回答的问题：为什么东方的历史表现为各种宗教的历史？

在论述东方城市的形成方面，再没有比老弗朗斯瓦·贝尔尼埃（他在奥朗则布那里当了九年医生）在《大莫卧儿等国游记》中描述得更出色、更明确和更令人信服的了。他还出色地记述了军事状况，以及供养这些庞大军队的组织等等。

贝尔尼埃完全正确地看到，东方（他指的是土耳其、波斯、印度斯坦）一切现象的基础是不存在土地私有制。这甚至是了解东方天国的一把真正的钥匙。

关于休迪布腊斯式的鲁道福－格莱斯顿的"缩减国债的财政方案"遭到失败，你有什么看法？

前天《辩论日报》泄露了俄国为什么如此厚颜无耻的真正秘密。该报断言，大陆或由于俄国的危险而有丧失独立之虞，或是走向战争，而这就意味着"社会革命"。可怜的《辩论日报》只是忘记了，俄国和贝坦先生一样害怕革命，而现在全部戏法就在于，谁演"勇士"演得最好。但是，英国和法国——官方的——现在已经如此微不足道，只要尼古拉态度强硬，便可以为所欲为。

评论：马克思在信中评论了维利希在《新英格兰报》上发表的声明，指出这个声明不过是通过捏造事实和渲染事实来回应马克思，希望魏德迈等人采取行动，打乱维利希的阵脚。接着马克思还谈到自己的英文水平和给《纽约每日论坛报》写作的稿件，包括《君士坦丁堡的乱子。——德国的招魂术。——预算》《火箭案件。——瑞士的暴动》《中国革命和欧洲革命》，但对该报纸把自己的名字放在一些无关重要的文章下面表示不满。马克思提议恩格斯为该报纸写作一些关于瑞士、东方、法国、英国、丹麦或棉花的文章，以赚取更多稿酬。在东方问题上，马克思也发表了自己的看法，一是列举了"东方部落中定居人口和游牧人口的一般关系""东方部落的通商情况""东方的历史与各种宗教的历史的关系"三个感兴趣的问题；二是摘录了贝尔尼埃的《大莫卧儿等国游记》关于东方城市的形成和军事状况的描述，指出不存在土地私有制是了解东方的一把真正钥匙。信末马克思还对《辩论日报》中关于俄国和欧洲大陆的观点表示异议。

6 月 14 日 致信恩格斯，指出：美国经济学家凯里出版了一本新书：《国内外的奴隶制》。这里所说的"奴隶制"，是指各种形式的奴役、雇佣奴隶制等等。他把他的著作给我寄来了一本，他一再引用我的话（《论坛报》上的），时而把我称做"新进的英国作家"，时而又把我称做"《纽约论坛报》的通讯员"。我以前曾对你说过，这个人在他过去出版的全部著作中，都是论述资产阶级社会的经济基础的"一致"，并把一切祸患归于国家的多余的干涉。国家是他最憎恶的东西。现在他却唱另一种调子了。一切祸患都产生于大工业的集中化的影响。而这种集中化的影响又要归咎于英国，因为它使自己成为世界工场，并把其他一切国家抛回到粗野的、脱离工场手工业的农业中去。而要为英国的罪过负责的又是李嘉图—马尔萨斯的理论，特别是李嘉图的地租理论。无论是李嘉图的理论还是工业的集中化，其必然结果都将是共产主义。为了避免这一切，为了以地方化和散布在全国各地的工厂与农业的联盟来同集中化相对抗，我们这位极端自由贸易派终于建议实行保护关税。为了避免他认为应当由英国负责的资产阶级工业的影响，他作为真正的美国佬，找到了一条出路，这就是在美国本土人为地加速这种发展。此外，由于他反对英国，从而使他象西斯蒙第那样称颂瑞士、德国和中国等国的小资产阶级制度。就是这个家伙，他曾经由于法国和中国相似而不断地嘲笑过法国。这本书里唯一真正有意思的地方，是把过去英国在牙买加等地的黑奴制同美国的黑奴制加以对比。他指出，牙买加等地的大部分黑人常常是新输入的野蛮人，因为在英国人的虐待下，黑人不仅不能维持他们原有的人口，而且每年新输入的黑人中总有三分之二死亡。美国现在的一代黑人已经是当地出生的；他们多少已经美国人化了，会说英语，等等，因此有能力求得解放。

《论坛报》当然竭力替凯里的这本书吹嘘。它们二者确实有共同点，它们在西斯蒙第的博爱主义社会主义的反工业化的形式下，替美国的主张实行保护关税的资产阶级即工业资产阶级说话。《论坛报》虽然大谈各种"主义"和社会主义的空话，却能够成为美国的"第一流报纸"，其秘密也就在于此。

你那篇关于瑞士的文章当然直接打击了《论坛报》的"社论"（反对集中化等等）和它的凯里。我在第一篇论印度的文章中继续了这场隐蔽的战争，在这篇文章中把英国消灭当地工业当作革命行为来描述。这会使他们很不高兴。然而，不列颠人在印度的全部统治是肮脏的，直到今天还是如此。

亚洲这一部分的停滞性质（尽管有政治表面上的各种无效果的运动），完全可以用下面两种相互促进的情况来解释：（1）公共工程是中央政府的事情；（2）除了这个政府之外，整个国家（几个较大的城市不算在内）分为许多村社，它们有完全独立的组织，自己成为一个小天地。

帕特尔多半是世袭的。在某些这样的村社中，全村的土地是共同耕种的，但在大多数情况下是每个土地所有者耕种自己的土地。在这种村社内部存在着奴隶制和种姓制。荒地作为公共牧场。妻子和女儿从事家庭纺织业。这些田园共和国只是怀着猜忌的心情防范邻近村社侵犯自己村社的边界，它们在新近刚被英国人侵占的印度西北部还相当完整地存在着。我认为，很难想象亚洲的专制制度和停滞状态有比这更坚实的基础。英国人虽然已经使这个国家大大地爱尔兰化了，但是打破这种一成不变的原始形态毕竟是欧洲化的必要条件。只靠税吏是不能完成这项任务的。要破坏这些村社的自给自足的性质，必须消灭古老的工业。

在爪哇东海岸的巴厘岛，印度人的这种组织还完整地和印度人的宗教一起保存下来，它的痕迹和印度人的影响一样，在整个爪哇都可以看到。至于所有制问题，这在研究印度的英国作者中是一个引起激烈争论的问题。在克里什纳以南的同外界隔绝的山区，似乎确实存在土地私有制。至于在爪哇，如前英国驻爪哇总督斯坦弗德·莱佛尔斯爵士在他的《爪哇史》中指出的，在这个"可以获得相当可观的地租的"国家中，全部土地的绝对所有者是君主。无论如何，伊斯兰教徒似乎首先从原则上确定了在整个亚洲"不存在土地私有制"。

关于上面提到的村社，我还要指出，它们在摩挐法典中就已经出现，而在这部法典中它们的整个组织是这样的：一个高级税吏管辖十个村社，以后是一百个，再后是一千个。

评论：马克思在信中提到皮佩尔的健康每况愈下、卢普夫进了疯人院、从《先驱报》上得到的有关卢格和赫尔岑的消息，以及维利希企图对马克思进行的污蔑和攻击。马克思在信中评价了美国经济学家凯里新出版的《国内外的奴隶贸易：这种贸易存在的原因及其消灭的方法》一书以及《纽约每日论坛报》对凯里的吹捧。马克思在他的一系列书信、《资本论》和《剩余价值理论》中批判了凯里的观点。最后，马克思引用 1812 年英国下院委员会的报告对村社的描写来讨论亚洲的停滞性，并由此延展到关于爪哇的所有制问题的争论中。马克思在《不列颠在印度的统治》一文以及后来的《资本论》中使用了这些材料。

6 月 14 日左右 致信阿道夫·克路斯，指出：对于《改革报》，我劝你们，除了理智，还要特别克制。我对这个自作聪明的庸人不感兴趣，他过去在黑森——而黑森是他的世界——只不过代表他自己这个世界的缔造者，即黑森庸人，而现在他装作是一向在"唯物主义基础上"代表无产阶级的。这个得意扬扬的小人，用所罗门格言来"强调"他比越轨的政党明智并具有独特的审慎，他是"海泽通讯"的活的注解，——这个家伙自然使我不感兴趣，并且使我厌恶。但是你们帮助创办了报纸。报纸在纽约出版。半个德国到纽约看博览会。你们在纽约并没有别的报纸。因此，抛开克耳纳和他的报纸岂不是失策？这样做你们就反而给这些家伙帮了忙。你们要装成天真的样子，继续给他写东西。对他说来，不可能有比这更坏的了。不要让他摆脱你们的影响，就一切情形来看，这已经使他非常难以忍受了。你们要象普鲁士的资产者那样干：政府和曼托伊费尔想方设法要摆脱这些资产者的友谊。可是他们却装作似乎相信自己的政府是真正立宪的，于是政府也只好成为立宪的了。这就是处世哲学。

《新英格兰报》过去是，现在依然是很不可靠的。施累格先生这个大学生，是个非常肤浅的家伙，自以为精通世间的一切（正象克耳纳一样，"弄巧成拙"），其实是个狂妄自大的庸人。他写信给皮佩尔，说我应该给《新英格兰报》写文章论述从资产阶级生产方式向共产主义生产方式过渡的必要性。马克思公民以其"善于概括和整理"的头脑很适合施累格公民向他提出的这个任务。但是马克思公民应该"不用他那些抽象的词句"，而象所有其他人那样写作，云云。好样的施累格公民，他同时也给皮佩尔写信，说皮佩尔只是不应该攻击（他经常删去皮佩尔的这种话）卢格和海因岑公民，因为他的报纸的"一部分优秀读者"（其余的是什么人，可想而知）是海因岑派，而《新英格兰报》注定要由《雅努斯》的广大读者来继承（一字不差这样写的）。好个伟大的施累格公民！好个最伟大的庞培！尽管如此，我仍劝皮佩尔继续给施累格写东西。原因很简单。我们给我们的敌人写东西，不是给他们帮忙，而是完全相反。这是我们同他们开的最厉害的玩笑……

评论：马克思认为应当对预期要发表的维利希的声明给予回应，因为维利希于 1853 年 5 月初在《美文学杂志和纽约刑法报》和《新英格兰报》上宣称他打算在报刊上"揭露"马克思及其拥护者。他谈到应当理智和克制地看待《改革报》，虽然克耳纳是得意洋洋的小人，但不应当失去《改革报》这个阵地，要继续写文章给克耳纳以利用他的报纸。他还谈到对《新英格兰报》的看法，认为这个报纸很不可靠，而施累格是个非常肤浅、狂妄自大的庸人。

　　6月29日　　致信恩格斯，指出：新近结婚的妹妹和她丈夫突然来访，他要由此地坐船到好望角去做批发生意。这件事，加上为《论坛报》写通讯，还有美国方面的一些琐事需要处理，占去了我许多时间。希望新婚夫妇明天出发。我听伊曼特说，你的母亲将来伦敦；由此得出结论，你很快也会来的。

　　附上拉萨尔关于往德国寄书的单子。我的妻子将把书寄往曼彻斯特。我希望你们在曼彻斯特关照这件事。琼斯在你们那一带徘徊，据说曾在哈里法克斯组织了一次群众大会，你没有看见他吗？

　　上星期三接到克路斯一封很生气的信，使我很吃惊，他说有人写信告诉他，皮佩尔在给施累格的信中把他和阿尔诺德描写成"二等代理人"，而把自己说成是传达"第一手"消息的人，等等。可惜所有这些没有一句是真事；只是维利希、安内克、魏特林之流企图在我们自己的队伍中制造不和，特别是使"令人极不愉快的克路斯"中立。自然给大洋彼岸立即寄去了必要的解释。我现在找不着克路斯的第一封信，因此将第二封信附上。

　　附去的材料说明海因岑对"通常作战法"怕得要死和厌恶到极点了。

　　关于"瑞士的论文"，是我弄错了。德纳将寄去的文章分作两部分，但都用我的名字发表了。

　　评论：信中马克思谈到他的妹妹和妹夫的到来、为《纽约每日论坛报》写通讯以及处理美国方面的琐事，占用了他的许多时间。1853年6月，马克思在英国博物馆的图书馆为给《纽约每日论坛报》写通讯搜集资料；同时特别注意研究英国在印度的殖民政策、英国的工人运动以及欧洲国际关系的发展。在印度方面，他特别注意查普曼、狄金逊、穆勒、坎伯尔、默里和其他作者关于印度的著作，并将其中有关英国的殖民制度、印度的经济和政治制度问题作了摘录。在欧洲政治的根本问题方面，他特别注意俄土冲突的发展及西欧外交界在这一冲突中所持的立场。马克思告诉恩格斯给他寄去《揭露科伦共产党人案件》一书，并询问恩格斯对有关宪章派的领袖们组织群众大会一事的看法。同时马克思谈到克路斯给自己的一封信，对信中谈到的有关皮佩尔的做法表示气愤。此外，马克思谈到收到的逼债信、海因岑的小册子《杀人和自由》、马克思和恩格斯的《火箭案件。——瑞士的暴动》以及恩格斯的《瑞士共和国的政治地位》。

　　7月18日　　致信恩格斯，指出：前天接到拉萨尔的信，他不知如何是好，怀疑有人把信件扣下了等等。要是你告诉了我，寄给他的邮包是否已经发出，那就好了。拉萨尔是唯一还敢于和伦敦通信的人，必须注意使他不要讨厌这件事。所以请你把邮包的情况告诉我。这个邮包的寄送时间之所以对我很重要，还因为得到小册子收入的时间取决于它。

我的妻子从最近一次邮班接到安·德纳一封十分友好而亲切的信，说明他不能在伦敦指定一家银行。但无论如何，对我提出的期票将迅速付款。他又说，我的文章"受到《论坛报》的所有者和读者很高的评价"，他对我的寄稿数量不加限制。

在关于"广告税"的辩论中——约在两星期前——布莱特先生对《纽约论坛报》大加赞赏，并对其中恰好载有我的关于预算的文章的一号报纸进行了分析。

至于雅科比，你不要被这个在牢笼里坐了两年的明登区二十三岁青年的笨拙和不懂世故所吓倒。他是个能干的小伙子。我看过他的博士论文，"十分满意"。

琼斯组织了一些很重要的群众大会，甚至引起了资产阶级报纸的注意。

评论：马克思在信中询问恩格斯有关寄给拉萨尔的邮包的情况，讲述了德纳告知自己刊载在《纽约每日论坛报》上的文章受到很高的评价，以及肯定了雅科比的博士论文《关于自然界生命的探索》。在附言中，马克思提到以琼斯为首的宪章运动革命派领袖们为了恢复群众性的宪章运动，于1853年6—7月在全国举行了一系列群众集会。

8 月 18 日 致信恩格斯，指出：德朗克这个挑拨是非的人自然在到处写信大肆吹牛。例如，他向伊曼特写道，"他已经为鲁普斯迁往美国作好安排"。我们私下说说，我怀疑这个小伙计为了用廉价的手法抬高自己的身价，曾向鲁普斯暗示过，管这事的是他，而不是你。我觉得，至少从沃尔弗方面流露出对曼彻斯特的某种不满情绪。德朗克善于搬弄是非，这一点是无庸置疑的。要相信有亲身经验的人。

［我］在金钱方面很不走运。我现在有两张开在美国名下的［期］票，共四十二英镑，可是用它连四十二法寻也得不到，虽然我现在不［仅］要为自己，而且还要为皮佩尔谋取生活资料。我已把二十四英镑的第一张期票交给了施皮耳曼先生，他要我过五个星期之后去取款。现在已经过去七个星期了。同时由于这样糟糕地往西蒂区跑，把每个星期一和星期四，即恰好是我必须为星期二和星期五准备通讯的两天，都浪费掉了。施皮耳曼总是用他那犹太人的带鼻音的话来打发我，说"没有任何消息"。对于这样"小的"款项，他的代理人只是就便写信通知的。如果我马上需用钱，必须预先对他说，我愿意支付特别快信的邮资等等，等等。因此，我现在不仅象通常一样处境困难，而且更糟的是我的妻子以为能及时拿到钱，给各种债主说定了还债的日期，所以这些狗现在简直是包围了我的家。同时我不得不拼命快地写文章。你要是寄给我一两篇文章，使我有工夫写出点较好的东西，那就太好了。为了弄到几文钱，把我四分之三的时间都用在奔走上了。

海泽现在在这里，他本人倒不是坏家伙。科苏特先生现在充当《纽约时报》的通讯员，而使自己处于可笑的地位。戴·乌尔卡尔特在《晨报》上发表四篇关于东方问题的文章，尽管这人有些怪想法，文章中却有一些有趣的东西。对琼斯"我们罢工"已经两个星期了。

评论：马克思在信中提到沃尔弗希望恩格斯和施特龙给予一些帮助，指出德朗克喜欢大肆吹牛和搬弄是非，请恩格斯寄钱给皮佩尔，并谈及自己的困难处境。最后，马克思还谈到海泽、科苏特和乌尔卡尔特的消息，认为乌尔卡尔特在《晨报》上发表的四篇关于东方问题的文章有一些有趣的东西，这四篇文章分别是乌尔卡尔特在 1853 年 8 月 11、12、15 和 16 日《晨报》上发表的《何谓"保护"希腊正教?》《外交中的时间因素。——"欧洲的承认"》《俄国和大不列颠的力量对比》和《英法战争》。

9 月 3 日 致信恩格斯，指出：好久没有给你写信了，甚至接到五英镑也没有回信（其中两英镑半付给了皮佩尔，一英镑半付给了鲁普斯），因为我不得不把我的全部时间和精力都花费在这种极其令人讨厌的事情上。7 月 7 日我把我的期票交给施皮耳曼。8 月 31 日，即在我往他那里跑了七趟之后，这个家伙对我说期票遗失了，我必须给他提供复本等。这样，我和他周旋了许多星期，同时把所有的东西都当了，而向债主还债的最后日期从 7 月拖下来以后，又定为 8 月 31 日。因为我除了《论坛报》的收入以外，没有任何来源，所以你很容易想象出我的处境，理解我既无时间、也无心情来写信。

雅科比如果还没离开，请告诉他，我为他的事已去信给魏德迈等人。

今天给你写信，是有以下原因：

就我所知，你是不看《晨报》的。这家"联合的小酒店主"的报纸，刊载了一个"外国通讯员"（我猜是戈洛文先生）的一篇颂扬巴枯宁的文章。为回答这一点，某匿名作者弗·马·在这同一家报纸上宣布巴枯宁是俄国的间谍，说他现在日子过得如何好，等等。接着戈洛文和赫尔岑出来回答，他们说，早在 1848 年就有一家"德国报纸"传播过这种诽谤，"甚至敢于声言有乔治·桑作证"。

三天以前，阿尔诺德·卢格博士出场，说这家德国报纸就是《新莱茵报》，该报编辑"马克思博士"也和所有其他的民主主义者那样确信这种诽谤是捏造的。

同时想问一下，你是否愿意和德朗克一起以《新莱茵报》编辑的身分也写一篇声明? 集团对集团。反对我们的只有卢格、赫尔岑和戈洛文。后者连巴枯宁本人也称他为"浪荡汉"。他在 1843 和 1844 年是尼古拉的狂热的崇拜者之一，后来成为民主主义者，因为他认为自己已被怀疑，不敢回俄国。这后一着就是他全部英雄气概之所在。

评论：马克思谈到自己经济上的困难处境，以及自己因被污蔑而被卷入赫尔岑和戈洛文与弗·马·之间关于巴枯宁的论战。为了自证清白，马克思在《晨报》上刊登了说明，而戈洛文在《晨报》上又发表了议论混淆视听，因此马克思请恩格斯对他拟写的声明进行修改用以反击戈洛文。

9 月 7 日　致信恩格斯，指出：你的信的确来得太迟。我把那篇乱七八糟的东西压缩了，去掉了所有不必要的愤激的话，修饰一番，于星期一送给了联合的"享有专利权的小酒店主"的可爱的机关报。没有登载。不过这家具有高度一贯性的报纸却在星期一刊登了"一个本国通讯员"（大概是戴·乌尔卡尔特）的一封短信，在这封信里，该报"外国通讯员"被相当明确地揭发是"俄国间谍"，巴枯宁本人也决没有被算作圣人。《晨报》没有登载我的回答，显然是因为它写得不如"本国通讯员"的信那样混乱。现在这篇东西将在《人民报》上发表。

我在给你的信中提到德朗克先生，这纯粹是一种失言———一种老习惯！我并不认为"小"布朗基的声明会有什么意义，或我们会因添上他而得到什么好处。

勇敢的矮子这么卖力地搬弄是非，以致（1）鲁普斯从来没有向我吐露过一句关于他要离开的事，虽然我早已从你那里听说了；（2）这个鲁普斯在谈到你时总是十分拘谨；（3）昨天晚上我经受了令人难以置信的场面。

我正在工作。妻子和孩子们在房间里。鲁普斯昂首阔步走了进来。我猜想他终于来告别了，因为他在我家从来没有提到过将要离开的事。

一年前我向他借了一本薄薄的西班牙语语法书，弗兰塞宗著，约一百二十页。我记得，大约五个月前我已把这本臭书还给他了。如果没有还，那就是德朗克拿走了。

这个老头子关于这本臭书已经向我的妻子和琳蘅问过两次，她们俩都答应给他找一找。

昨天晚上，这个家伙进来时就气呼呼的，我用尽可能和缓的语气对他说，我找不到那本臭书，我已到处找过，因此我想已经还给他了，等等。这个坏蛋用粗鲁的、愚蠢的、无耻的口气回答说："你把它卖掉了"。（如果谁在整个伦敦能把这本臭书卖两个法寻，我就给他一个索维林。）我自然发火了，同他吵了起来，他象一匹执拗的马那样坚持自己荒唐的设想，当着我家人的面辱骂我。你知道，对于那些按党的传统值得尊敬的智力衰退的老年人，我是倍加原谅的。但一切都有个限度。我想这个老笨蛋看到我终于给了他颜色看而感到吃惊。

所有这一切都是德朗克耍阴谋的结果，是杜松子酒喝得过多和脑软化的结果。也许海上的空气对他的思维器官会起良好的作用。人们固然可以说"老人爱唠叨"，但是这种特权不应该随便滥用。我的道路也不是铺满了玫瑰花，他的处境困难我认为绝不能成为原谅的理由。

可怜的俄国人无论在《论坛报》上还是在伦敦的《晨报》上（尽管是不同的人，用不同的方式），现在都在演出他们的拿手好戏，说什么俄国人民是彻头彻尾民主主义的，而官方的俄国（沙皇和官僚）只是一些德国人，贵族也是德国的贵族。

因此，应当同在俄国的德国斗争，而不是同在德国的俄国斗争。

关于俄国你比我知道得多，如果你能有时间来驳斥这种谬论（条顿的蠢驴们也完全同样地把弗里德里希二世等的专制主义归罪于法国人，好象落后的奴隶始终用不着文明的奴隶来进行必要的训练），我会非常感谢。自然是在《论坛报》上。

评论：马克思告诉恩格斯《晨报》的编辑没有刊登他反击戈洛文的声明，因而把声明发表在 1853 年 9 月 10 日《人民报》第 71 号上。马克思还谈到德朗克的搬弄是非和耍的阴谋，以及应当同在俄国的德国势力作斗争。鉴于恩格斯在俄国问题上的研究，马克思希望他能写文章发表在《纽约每日论坛报》上反驳该报和《晨报》上关于俄国问题的谬论。

9 月 15 日　致信阿道夫·克路斯，指出：今天我收到了刊登在《改革报》最近一号上的你的魁北克通讯以及克耳纳为佩舍辩护的文章，就是这个佩舍，在我同时收到的 9 月 3 日的《新英格兰报》上对可笑的"怪人"、"阶级斗士"庸俗地进行挖苦，而自以为机智。从你专门为我寄《改革报》的时候起，我恰好开始又经常收到该报，但是《论坛报》却不经常收到，而这对我却很重要。例如，我就没有那篇我引用了列强就丹麦问题交换的照会的文章，也没有那篇我说明土地所有制关系的文章……

我觉得，现在正是时候，你们应该重新开始论战，把这些发明唯物观点的庸俗的格普—佩舍好好挖苦一顿；他们的唯物主义实际上是庸人的唯物主义。对手变得厚颜无耻，这是事实，这种事实至少在《新莱茵报》时期是不可能有的。在 1848 年革命时期实际上开了小差、然后跑到美国去零售自己天才的大学生施累格，还老是不断地把他的《新英格兰报》寄给我，大概是为了让我亲眼看看他们是些什么东西。恐怕从来没有一家报纸，其愚蠢和虚荣是如此矫柔造作地结合在一起的。

克耳纳太软弱；看来他不懂得，每一家报纸要进行斗争，都必须论战。他还有一种不幸的本能，即在他的敌人给他一顿拳打脚踢之前两天还经常夸奖他们。对海因岑是这样，对佩舍也是这样，顺便说一下，佩舍在一篇关于货币流通的可怜文章中显示了他的百科全书般的知识……

无论如何，运动比我期待和希望的来得早（我认为，商业萧条将在春季开始，象 1847 年那样）。我总是希望，在这个时间到来以前我能隐居几个月，搞我的《政治经济学》。但是看来办不到了。经常给报纸写乱七八糟的东西已经使我厌烦。这占去我许多时间，分散注意力，而到头来一事无成。不管你怎样力求不受限制，总还是被报纸及其读者捆住了手脚，特别是象我这样需要拿现金的人。纯粹的科学工作完全是另外一回事，与某个 A. P. C.、某个女通讯员和某个"大主教"并驾齐驱的荣誉，实在不值得羡慕。

评论：马克思告知克路斯收到的三篇文章。马克思提到应当重新与发明唯物主义观点的庸俗的格普—佩舍进行论战，而克耳纳在这方面太软弱。马克思指出，运动比预期来得早，并占去他很多时间。此外，马克思希望克路斯支持克莱因创建的共产主义者同盟新支部。

9 月 17 日 致信恩格斯，指出：在今后两个星期里，我绝对需要你的合作。皮佩尔今天要离开两三个星期，——固然他不是去修道院，然而是去一所卫生监狱似的德国医院，在那里将把他的肉欲所引起的可悲后果彻底治好。因为我本来就由于往这个可恶的施皮耳曼那里跑而耽误了三四篇文章，所以现在必须定期在每星期二和星期五各寄出一篇，好使下次期票所开的钱数不致太少。可能弗莱里格拉特会在他的同行中找到人定期办理我的期票贴现。

如果你在这段时间内能写出点什么，我就把其余的东西寄给你过目；你只需把你在《辩论日报》上或其他地方看到的关于土耳其的最新消息，或者收到的特别重要的电讯，加在开头或结尾，然后把这篇乱七八糟的东西寄往利物浦。

我希望在星期二以前收到你一篇文章。

就军队的态势等等写点什么是很重要的。英国各报上关于这个问题写了许多无聊的东西，说什么奥美尔－帕沙已越过多瑙河等等。

我已寄出两篇关于商业危机的文章，一篇是上星期五寄的——论述英格兰银行，它的贴现率和皮尔法令的作用（或者不如说对它的作用的估价）；第二篇是星期二寄的——论述粮食价格和生产过剩的征候。

能得到一些关于工业区的比较详细的材料，是很重要的。

另附上"《论坛报》的一个人"写的一些东西，以及《论坛报》出版者"关于他"的介绍。最后终于弄清楚，这不是个俄国人，而是个德国人。

评论：马克思谈到由于皮佩尔入院的耽误，需要恩格斯在这段时间写些文章以保证下次期票的钱数。文章的内容可围绕土耳其问题、军队的态势等。他自己已寄出两篇关于商业危机的文章，分别是《维也纳照会。——美国与欧洲。——苏姆拉来信。——皮尔的银行法令》和《政治动态。——欧洲缺粮》。最后马克思简单谈到普尔斯基、琼斯和沃尔弗，并附上 1853 年 9 月 3 日《新英格兰报》上刊载的泰奥多尔·佩舍写的《论"阶级斗士"》一文的简报，作者在这篇文章中企图反驳资本主义制度下发生经济危机的必然性，并且否定不可调和的阶级矛盾的存在。

9 月 28 日 致信恩格斯，指出：附上魏德迈的信一封，克路斯的信几封，维利希先生的声明一件，马志尼致美国莫特夫人（废奴派）的信一封。

我把你的文章分成两个部分，改写成为两篇，已寄往纽约。这一次是我的妻子当秘书。

关于德朗克先生的事，我想弄个水落石出。我现在得知，他曾把皮佩尔的一本李嘉图的著作和工人罗赫纳的一本德文政治经济学史等等给卖掉了。这自然更加重了我对他的怀疑。

沃尔弗先生在离开之前，还把他对待我的那种厚颜无耻的举动告诉了伊曼特，完全歪曲事实，而且用一种庸俗气愤的口气。我恼火的是，我对这个饶舌鬼太关心了，而没有给他点颜色看。

情况非常妙。当所有这一切金融上的骗局破灭时，法国将出现惊人的破产景象。

雅科比在《改革报》上写了一篇调子很忧伤的论地球毁灭的文章。

你留意过《晨报》上与巴枯宁有关的一件事情吗？乌尔卡尔特以此为借口，发表了一篇文章，对巴枯宁表示怀疑，第一，因为他是俄国人，第二，因为他是"革命者"。乌尔卡尔特肯定地说，在俄国人当中没有一个诚实的革命者，他们的自称为民主主义的著作（攻击赫尔岑和游手好闲的戈洛文）什么也没有证明，并且在文章结束时对大陆的革命者宣布说，如果他们信任俄国人，他们就和他们的政府一样，也是叛逆。于是有一个"英国人"（理查兹），看来是受俄国人怂恿，出来开火了；他忌恨乌尔卡尔特，因为后者自恃资格老，在《晨报》上夺去了他的《〈泰晤士报〉和土耳其》这个论题。理查兹声明说，认为巴枯宁是间谍，同指责帕麦斯顿被俄国收买一样，都是荒谬的；他援引卢格和我的话为证，并称赞赫尔岑的《革命思想》等等。昨天又有一个叫作 A. B. 的乌尔卡尔特的喽啰出来声明说，他熟悉"青年俄罗斯"的全部著作，这些著作证明乌尔卡尔特的观点是正确的，并证明了泛斯拉夫主义等等。

无论如何，俄国的阴谋家们会发现，在这里不象在可怜的法国民主派当中那么容易装腔作势，那么容易获得威望和那么容易扮演革命流亡者的贵族的角色。在这里是要吃残酷的拳头的。这些蠢驴对巴枯宁有什么帮助呢？他们只是使他受到了严重的公开指责，而他们自己也挨了耳光。

评论：马克思随信附上魏德迈、克路斯和马志尼的信以及维利希的声明，谈到寄给《纽约每日论坛报》的两篇文章《西方列强和土耳其。——经济危机的征兆》和《伦敦交易所的恐慌。——罢工》，皮佩尔的病情，沃尔弗写给林格斯的信，对德朗克的怀疑以及雅科比的文章《论地球的毁灭》。在附言部分，马克思还谈论了布林德写来的信以及围绕巴枯宁展开的一场争论。

9 月 30 日　致信恩格斯，指出：军事文章好极了。俄军向西推进，我自己也担心过，不过自然不敢相信自己在这类事情上的判断。在发生罢工的六个月当中，我关于罢工断断续续写了一系列文章。现在的确开始了一个新的阶段。在利用你关于罢工的一般评论而写的那篇文章中，我列举了许多发生罢工的地名；也叙述了普雷斯顿和威根发生的事件。关于曼彻斯特的情况我没有写任何细节。普雷斯顿人的手段我曾描写为（很简短，注意）：（1）工厂主们企图掩饰他们想摆脱生产过剩，其借口是，工人们提出的要求使他们不得不关闭工厂；（2）企图以饥饿来迫使工人们屈服。

你看，我的罢工史只写到上星期二，而且完全没有涉及曼彻斯特。

关于棉纱和棉花的价格——可能的话还有关于工业制成品的价格——的评论，你可以稍微扩充一些，使它至少能成为文章中的单独一部分。

　　除了主要论题以外，我还必须有步骤地在每篇文章中对俄国的照会和英国的外交政策（而它是高明极了！）进行透彻的研究，因为纽约的这些驴子认为这是最重要的，而且毕竟也没有什么比阐述这种"高级政治"更容易的了。

　　下星期二以前我将写好一篇论述"东方教会"的文章，下星期五以前我将写完关于丹麦的三篇文章中的第一篇，一个月以后，各种等级会议又将重新在丹麦上演。

　　如果发生什么军事事件，我就完全指望曼彻斯特的陆军部会立即给我指示；在棉花和棉纱方面也是如此，这里的报纸关于这方面的报道十分可怜。

　　评论：马克思赞扬了恩格斯写的《俄国在土耳其》，谈了他关于英国工人罢工斗争问题的一系列文章的写作计划，以及利用恩格斯关于罢工的一般评论写的文章《伦敦交易所的恐慌。——罢工》。他认为恩格斯可以扩充关于棉纱和棉花的价格和工业制成品的价格的评论，使之成为文章中单独一部分。马克思还谈到他即将写作的关于"东方教会"和丹麦的文章。

　　10 月初　致信约瑟夫·魏德迈，指出：布林德突然发现，吃饭问题与南德意志人所说的土耳其问题一样重要。你知道，这位先生觉得自己是了不起的大人物，完全以国家要人自居，象是上层流亡人士的代表；你也知道，由于皮佩尔轻率地写了一篇嘲笑俄国的文章（不过这种文章对《新英格兰报》是完全适用的，而且一个无家可归的人一下子不可能写出什么别的东西来），布林德两个月中在《新英格兰报》上就抛出了不下三篇文章，对海因岑多少表示了兄弟般的支持（旧情不灭），等等。因而他同我们的关系紧张了。当我说到"我们"的时候，我是除开鲁普斯先生的，他由于同情《晨报》，自然而然地倾向布林德，并且早就显出一种特点：爱同自己的所谓党内朋友争吵，同情政治庸人。几天前，布林德又出现了，他给我的妻子带来一封写着克路斯地址的信，也就是给沃尔弗的信，因为沃尔弗曾给他写了一封温情的告别信，表示愿意通信，并留下了克路斯的地址。我妻子自然把英国目前还是伟大的亲土耳其分子的避难所一事告诉了他。自然，这决不是这个福斯泰夫式地自我吹嘘的以前的朋友来访的原因。巴登法庭扣押了他前妻（第二次结婚是在第十三区）生的孩子们的全部财产，直到孩子们被送回德国，交给想使他们信犹太教的犹太人。这样一来，布林德先生的财产就减少到他或他妻子的原来财产的四分之一，现在他认为，研究"吃饭问题"，还是应该先于土耳其战争的结束和彼得堡的被攻占。情况起了这样的变化，他需要律师琼斯（厄内斯特）帮忙，于是又想起了我的存在，对我自然特别殷勤。

　　评论：马克思在信中谈到布林德自认为是了不起的人物，还在《新英格兰报》上发表三篇文章对海因岑表示同情，使得他与马克思等人的关系紧张了。而沃尔弗对海因岑的同情，表明沃尔弗倾向于同情政治庸人。此外，马克思谈及自己和妻子与布林德的来往情况。

　　10 月 5 日　致信阿道夫·克路斯，指出：虽然我已连续不停地工作了三十个小时——现在这对我来说已经是家常便饭——，但是今天还是给你写信，你一定看得出：我已经被写作激情，甚至"高度的"激情所控制。

首先，我希望你能尽力设法使我的关于帕麦斯顿的文章在德文报刊上发表。

17日，琼斯要再到工人区去一趟，明天晚上要到我这里来取反对当地大骗局的运动的材料。不得不教英国人学本国的历史，真可笑。

维利希的老粗协会（伦敦人）——自从我们退出之后已经堕落——现在竟然落得连河马沙佩尔都离它而去。

如果有质量相同和所处位置同样有利的地块，那么地租当然完全决定于投入土地的资本的多少。这一点连李嘉图也不否认。在这种情况下，地租不过是固定资本的利息。如果不存在本来的特定意义上的地租，那末也就不存在地租对资本和劳动的特定对抗，这正像说在既没有投入劳动也没有投入资本的地方也不存在资本和雇佣劳动之间的对抗一样正确。在这种情况下反而存在利润和利息之间，食利者（通常意义上的）和工业资本家之间的对抗。租佃者向投资于土地的人支付的钱越少，他的利润就越多，反之亦然。租佃者和他的地主（虽然后者完全从投入土地的资本中取得利息）象以往一样是相互敌对的。

对凯里来说，下述情况是最好的情况：

假设一种劳动产品，利润和利息 =2，地租 =1，工资 =2。而假如由于劳动生产率的提高，产品增加一倍并变成 =10，那末地租就会成为 =2，利润和利息 =4，工资 =4。所以说，每一种收入的增加都可以不由劳动负担，而且不致造成土地所有者、资本家和工人相互敌对，但是：

（1）把这种最好的情况当作现实，只不过是使所有三种对抗——地租、利润、工资——深化，而在相互关系方面实质上没有失去任何东西。

（2）它们要相对地提高和降低只能靠相互牺牲。在上述的例子中，比例构成是1：2：2。这种比例数如果等于2：4：4，难道比例会变吗？例如，如果工资变为5，利润 =3，地租 =2，三种收入的这种比例就变化了。那时，利润已相对降低，虽然它的绝对数还是增长了。

（3）如果认为，只要劳动总产品增长，应参加分配这种产品的三个阶级就会均等地分享这种增长，那就太幼稚了。当利润增长百分之二十时，工人必须通过罢工才能提高工资百分之二。

（4）总产品增长的条件从一开始就排除了增长的这种相对均等的性质。总产品无论由于分工的改进或者由于更广泛采用机器而增长，工人一开始就处于比资本家不利的地位。如果总产品是由于土地肥力的提高而增长，那末土地所有者就处于比资本家不利的条件。

评论：信中请克路斯在美国的德文报刊上发表他的文章《帕麦斯顿》。信中讲到的大骗局是，由于琼斯将到工厂区（特别是，罢工运动的中心——曼彻斯特工业区）去进行新的宣传旅行，以便建立广泛的工人组织"群众运动"，马克思显然打算向琼斯提供一些事实材料，揭露以冒充工人的"天然朋友"的曼彻斯特激进派为代表的英国资产阶级的虚伪的反工人政策。马克思在他的一篇文章中把他们所建立的所谓"制止曼彻斯特工业区工人骚动厂方合作协会"称作反对工人阶级的"暗地里阴谋"，在这封信中称作"大骗局"。信中还分析批驳了凯里和李嘉图的地租理论。

10 月 8 日　致信恩格斯，指出：首先要请你马上（如果可能的话）寄给我一笔钱，那怕数量不大也行。两个星期以前，施皮耳曼终于付款了，扣了差不多两英镑。在这期间，债务自然大大增加，以致一切最必需的东西都送进了当铺，全家穿得破烂不堪，家里已经十天没有一文钱了。现在我手上有证据，证明施皮耳曼骗了我。但是这有什么用？纽约那家公司根据我的要求已把期票寄还给我，并附来一封信，从这封信里可以看出，公司已经在 7 月 22 日照期票付了款，可是我在 9 月底才收到钱。现在我按期票还要得到二十四英镑。（自从皮佩尔被囚禁以后，我已寄出六篇文章，其中有一篇是愤怒控诉帕麦斯顿的起诉书；在这里我追述了他从 1808 年至 1832 年的全部经历。续篇在星期二以前我不一定能写好，因为需要翻阅许多本蓝皮书和《汉萨德》，星期五和今天由于奔走钱的事情已经白白过去了。星期五的文章，我已经在夜里写好；从早晨七点到十一点，我把它念给我的妻子抄写，然后到西蒂区去。）弗莱里格拉特为了把这张期票在比朔夫斯海姆那里贴现，答应尽他的全部力量，如在票据上背书等等，不过在八至十天之内是不会有什么结果的。这就是战争的缘由。得想办法把这几天对付过去。食品的赊欠（热饮料等除外）已经告贷无门。此外，皮佩尔明天出院可能到我这里来；大概会这样。我一收到钱，就给了他三英镑，但是这头蠢驴竟托李卜克内西给他保存，结果现在他一法寻也不会拿到。

这些年来我在这里遇到的所有愉快的意外事情中，最使我感到愉快的总是由所谓党内的朋友做出来的，象红色沃尔弗、鲁普斯、德朗克等等。今天弗莱里格拉特告诉我说，弗兰茨·约瑟夫·丹尼尔斯住在伦敦，曾经同红色沃尔弗一起到过他那里。他说他不打算到我这里来，因为据他说，我借助于班迪亚，把他的兄弟关进监狱，否则他是不会被捕的。班迪亚第一次到我这里来是 1852 年 2 月，把丹尼尔斯拘禁起来是在 1851 年 5 月！你看，这真是追溯既往的效力！这种罕见的卑鄙谣言（这是对我的全部劳动，对我花费的时间以及案件所引起的其他令人高兴的后果而给予的奖赏），自然被某些人贪婪地抓住，用来掩盖他们自己对我所采取的卑鄙行径和他们自己的胆怯的背叛。但是所有这些肮脏事的直接原因是德朗克和威·沃尔弗两位先生到处散布唠叨不休的怨言，他们把最方便的工作——编造谣言留给自己，而乐于把真正费力气的事推给我。

如果我生活舒适，或者至少生活上无忧无虑，我当然不会介意这些卑鄙行径。但是，多年来的小市民生活中的讨厌东西，再加上诸如此类的讨厌事情，那就太过分了。我打算一有机会就公开声明，我同任何一个党派都没有任何关系。我不愿再忍受党的任何一头蠢驴以党为借口来侮辱我了。

你现在会看到，把我的小册子送到德国去是多么必要。因为你不能办这件事，所以请你把施特龙的地址寄来，我想同他商量一下。

我也很想听一听德朗克先生关于这本书所作的解释。至于鲁普斯先生，看来他想通过对我采取无耻举动，来冲淡他对维护他的资产者所献的殷勤。我可以向他保证，他借口辞行，在伊曼特面前吹嘘他对我大动庸人肝火，这件事决不能就此结束。

评论：马克思介绍了自己的拮据处境，请恩格斯寄钱给他。他谈到威廉·沃尔弗、德朗克散布的怨言被利用，一些人制造关于自己的卑鄙谣言，用来掩盖他们的卑鄙行径和胆怯的背叛。生活的窘迫加上谣言的困扰导致马克思对不科学的党派十分厌恶，因此他认为把《揭露科伦共产党人案件》寄到德国是十分必要的。最后马克思附上克路斯的信，谈到克路斯1853年9月发表在《改革报》上的文章《"合众国最优秀报纸"及其"最优秀人物"和政治经济学家》，文章反对波士顿报纸《新英格兰报》散布的庸俗资产阶级和小资产阶级的学说，波士顿报纸把这些学说当作经济思想和社会主义思想的最新成就。克路斯根据马克思就这个问题给他以及可能还有给魏德迈的许多信件的内容，对巴师夏和凯里的庸俗学说进行了批判性分析。

10月12日　致信恩格斯，指出：至于《论坛报》，我论帕麦斯顿的第二篇文章星期五将写好。第三篇即最后一篇，包括1848年至1852年这一时期，需要查阅非常多的蓝皮书和《议会辩论录》，星期天英国博物馆又不开门，所以星期二以前我无论如何写不完。因此，如果你能帮我在星期二写完一篇文章，那就再好不过了，同时也是为了赢得时间。但写什么呢？真的，我自己也不知道。是否写点当前政治方面的东西，不过我只能补充一些最新的消息。如果你对这方面相当注意（对格里利和麦克耳腊思两位先生不需要写得太多），也许可以论述一下面临的危机将加速推翻波拿巴制度。我认为现在把注意力转到法国正是时候，那里终究要爆发一场灾难。谷物和葡萄歉收。因为巴黎的面包价格较低，吸引了全法国的工人，这就使革命大军得到源源不断的补充，而这些新来的人又使巴黎人本来就在下降的工资更加降低了。亚尔萨斯—洛林、香槟等地发生了抢粮风潮。农民对优待巴黎表示不满；工人对军队受到过高的尊崇表示不满；资产者对有利于工人的强制干涉经济规律表示不满。首先是奢侈品的销路缩小了。工场倒闭。与这幅贫困景象形成鲜明对照的，是波拿巴家族的骄奢淫逸和交易所的投机。整个信贷体系有名无实，竟变成了流氓无产者皇帝和犹太人富尔德指导下的一种庞大的纯粹骗人的企业。交易所、银行、铁路、抵押银行和其他各种类型的骗人机关，应有尽有。路易－菲力浦的末日制度正在重现，不过同一切龌龊的东西混为一体，而帝国和复辟王朝的可补救之处却不具备。

政府对银行施加压力。税吏在农村比任何时候更加苛刻。设想的预算和实际的预算之间差距极大。所有城市当局，为了维持表面的"繁荣"而债台高筑。其次是东方问题影响了国家有价证券，而宫廷本身则利用证券行情的波动进行危险的交易。军队士气低落。还应该特别强调的是，象赖德律、路易·勃朗以及其他一切形形色色的人物，这些空谈家的宣言、文告等等，没有引起丝毫变化，而社会危机和经济危机却立即推动一切，如此等等。我当然不知道你是否对这个题目感兴趣。无论如何你要立即告诉我，能不能指望星期二有一篇文章，因为我要根据这一点进行安排。

评论：由于为《纽约每日论坛报》写作论帕麦斯顿的第三篇文章需要查阅资料，而星期天英国博物馆不开门，所以马克思不能在星期二前完成写作，希望恩格斯能够写一篇文章。关于文章的主题方面，马克思提议论述一下面临的危机将加速推翻波拿巴制度，为此他对法国的社会危机和经济危机状况进行了一番分析。

10 月中 致信阿道夫·克路斯，指出：关于《改革报》，我考虑一下能托别人做些什么。唯一能指望得到实际帮助的人，就是恩格斯。红色沃尔弗结婚了，他正在零售从普鲁茨、谷兹科夫和科塔那里贩来的空话，对我们来说，他现在一文不值。鲁普斯不愿写；他非常固执，不可能使他忘掉魏德迈的《革命》造成的挫折。德朗克现在当店员，懒得象巴黎浪漫女郎。维尔特为了经商，在北美和南美旅行已经几乎有一整年了。恩格斯工作实在繁重，不过他是一部真正的百科全书，不管在白天还是黑夜，不管是头脑清醒还是喝醉酒，在任何时候他的工作能力都很强，写作和思索都极快，因此在这件事上从他那里还是能指望得到一些东西的……

海因岑的英勇业绩使我非常开心。如果你们需要再次教训这个家伙，你们就利用他的愚昧无知，指出这个可恶的东西费了九牛二虎之力把自己对手的话学了来，但这些话已经成为淡而无味的老生常谈了。妙的是，这个家伙为了追求威望常挨拳头。这对这样的青年人倒不会有什么坏处！

俄国坏蛋们，虽然我没有感到他们对欧洲有什么危险，但对我们德国人却很伤脑筋。我们在癞蛤蟆和卡尔梅克人之间处于困境……

卢格继《西方先驱报》之后把一篇针对一切共产党人的臭东西寄给了《新英格兰报》，该报没有发表。施累格公民，施累格公民！雅科比那里还是有好处的。不要仅仅因为杜朗、"来自律内堡荒地的新教徒拉梅耐"而使自己丢脸。很想知道，卢格的这个臭名远扬的第二个"我"是否把海因岑需要的乱七八糟的东西寄出了。在这种情况下，如果你们轻率地处理问题，《改革报》又会蒙受耻辱……

评论：马克思告诉克路斯在给克莱因的信中并无失言之处，提醒他留神克莱因，但考虑到克莱因在佐林根工人中的威望，应当加以利用。他还告诉克路斯只能指望恩格斯为《改革报》写文章，不能寄希望于费迪南·沃尔弗、威廉·沃尔弗、德朗克、维尔特。海因岑在《新英格兰报》上发表了一篇演说，克路斯和魏德迈在《改革报》上对海因岑的行动和刊物上发表的东西进行了尖刻的嘲笑，而马克思在这封信中指出，如果克路斯和魏德迈要再次教训海因岑就要利用他的愚昧无知。此外，马克思还提到追求王朝冒险主义目的的波拿巴法国执政集团在东方问题上采取的立场，及沙皇俄国的侵略行动。沙皇俄国于 1853 年 6 月把自己的军队开进了莫尔达维亚和瓦拉几亚多瑙河两公国，马克思认为这是对欧洲民主政治的一种威胁。最后，马克思还提到卢格寄给《新英格兰报》的针对一切共产党人的文章没有获得发表。

10 月 18 日　致信阿道夫·克路斯，指出：你为了抄写关于中国的东西真是化了很多工夫，要是早知道这么费事，我大概不致于这样不客气地为这篇文章请你帮忙了。德纳几乎逐字地抄下我的文章，冲淡了某些言词，并以罕见的分寸感删掉了所有大胆的话。随他的便吧。这是他的事情，而不是我的事情。

克莱因在莱茵省最优秀的佐林根工人中的确享有威望。不管是喝醉酒，还是头脑清醒，任何时候我自己都没有说过，工人只配当炮灰，虽然我认为这些家伙（克莱因逐渐堕落到这些家伙的水平）连当炮灰都不配。你对小克莱因要留神——这你做得到——，因为——天晓得，他在一旦行动的时刻是还用得着的人。

给皮佩尔的信已转交。同《坦率报》完全吹了，因为该报不付报酬，而皮佩尔生活十分贫困，不能为该报白写稿。

至于《改革报》，我考虑能托别人做些什么。唯一能指望得到实际帮助的人，就是恩格斯。红色沃尔弗结婚了，他正在零售从普鲁茨、谷兹科夫和科塔那里贩来的空话，对我们来说，他现在一文不值。鲁普斯不写；他非常固执，不可能使他忘掉在魏德迈的《革命》上的挫折。德朗克现在在布莱得弗德当营业所职员，懒得像巴黎浪漫女郎。维尔特到北美和南美经商差不多已经有一整年了。恩格斯工作实在繁重，不过他是一部真正的百科全书，不管在白天还是黑夜，不管头脑清醒还是喝醉酒，在任何时候他都能够工作，写作和思索起来像鬼一样快，因此在这件事上从他那里还是能指望得到一些东西的。

海因岑的英勇业绩使我非常开心。如果你们什么时候想再教训这个家伙，那就利用他的愚昧无知，指出这个不幸的人费了多大气力才把自己对手的早已过时和有馊味的话学了来。妙的是，这个家伙在追求声望。同时总是吃拳头！活该。

地租。我在《贫困》中引过一个例子：英国在一定的科学发展水平上认为是不肥沃的土地在科学有了进一步发展的时候就变为最肥的土地。我可以指出一个具有普遍意义的事实，即中世纪在各地，特别是在德国，主要是耕种重壤土土地，因为这些地原来就比较肥沃。但是，最近四、五十年来由于种植马铃薯、养羊并因此而上了肥料等等，轻沙土土地提到了首位，尤其是它们不需要化钱搞排水设施等等；另一方面，化学肥料很容易补充这种土壤所缺少的东西。由此可以看出，"肥力"，甚至"天然"肥力在多大程度上是相对而言的。同时，也可以看出，凯里先生如果认为人们总是从肥力最差的土地开始，那他是多么不了解情况，甚至在历史方面也是这样。他根据什么得出这样的结论呢？从这样的事实：热带沼泽地非常肥沃，而要加以开垦需要文明。但是热带沼泽地本身对杂草来说是肥沃的，而对有益的草类决非如此。文明显然产生在小麦野生的地区，小亚细亚等等的某些地区就是这样。历史学家正是把这样的土地，而不是把生长有毒植物和需要化费很大的工夫耕耘才能使之成为对人类来说是肥沃的土地，称为自然沃土。肥力本来只是土地对人类需要而言的关系，而不是绝对的概念。

李嘉图的规律只适用于资产阶级社会。在那里只有资产者本身同土地发生相互关系，而一切农民的、或封建的、或宗法的关系都被排除，因此，在那里这个规律以它最纯粹的形式出现，即首先对开采贵金属的矿场和种植像甘蔗和咖啡这样的商业作物的种植园发生作用。关于这个问题，下次再详谈。在这两种情况下，资产者首先从纯商业的观点来看待对土地的使用和利用。

评论：信中感谢克路斯的帮助。1853 年 6 月 14 日在《纽约每日论坛报》上发表了马克思的文章《中国革命和欧洲革命》。克路斯并不是总能为马克思弄到刊载他的文章的《纽约每日论坛报》，所以有时不得不把文章抄下来。信中详细讲述了克莱因的误解，分析了能为《改革报》供稿的人，评价了海因岑。还阐述了对地租的认识，认为李嘉图的规律只适用于资产阶级社会。

10 月 28 日 致信恩格斯，指出：感谢你的两篇文章。我担心的是，你受斯米特先生的影响，对俄国军事成就的评价高了一些。首先谈一下 1828—1829 年的战局，据大多数同时代人证明，——我所指的也包括威灵顿公爵的副官寄给他并在《公文集》上发表的报告——这一战局不值一提。占领要塞与其说是靠强攻，不如说是靠收买。总的来说，收买在这一战局中起了主要的作用。吉比奇在越过巴尔干山脉的时候，对自己是打胜仗，还是悲惨地落入敌人圈套并被截断后路，他自己也没有把握。又是对一个高级指挥官的收买，以及土耳其军队的完全瓦解，才使他得救。俄国发动战争是在土耳其舰队在纳瓦林会战中被歼、土军旧组织被马茂德消灭而新组织还没有建立起来的时候。现在的情况却无论如何是另一个样子了。

最近两星期的《辩论日报》刊载了一系列关于 1828 年和 1829 年各次战局的文章。不过我没有读过。其他的材料我到图书馆去找一找。

皮佩尔在一星期以前出院了，并立即在两处找到了工作：（1）由克路斯介绍，在《华盛顿同盟报》当通讯员；（2）在西蒂区一个癞蛤蟆那里当文书（从九点到五点），一星期二十五先令。这样，我就不能再让他帮忙了。这对他更好些。我为他摆脱这个困境而高兴。

我把论帕麦斯顿的续篇寄给你。琼斯要求把续篇继续寄给他。我又给他寄去了一篇文章，但我声明说，如果不消除可恶的差错（这一次差错很严重，歪曲了原意），就不再寄去任何东西。本来原稿是写得很清楚的。

林格斯突然疯了，他在习艺所呆了几天，他的状况仍旧叫人担心。原因是狂饮，独一无二的鲁普斯"在这里有大功"，因为林格斯关了自己的铺子以后，鲁普斯就教他慢慢喝上了杜松子酒。加上林格斯性情过于急躁，不能忍受没有事情干，而目前他还没有找到新的工作。我们这里的人都要发疯了，真该死。

附上的东西是谈海因岑的伟大生平的。

评论：马克思认为恩格斯受斯米特的《1830 年和 1831 年波兰起义和战争的历史》的影响，过高地评价了俄国军事成就，认为 1828—1829 年战局不值一提。此外，马克思还提到皮佩尔的近况，论帕麦斯顿的续篇文章，以及林格斯的精神病。

11 月 2 日　致信恩格斯，指出：你必须在后天以前寄给我哪怕是一两页（如果你实在没有工夫的话）有关土军占领卡拉法特时渡过多瑙河的情况。昨天我提到这件事时还是把它当作十分可疑的消息。但看来这已被证实，你一定会从明天的报上了解到情况。既然我们已经从纯科学的观点研究了这个问题，我就不能对此保持沉默，也不能从一个"健康的人的思想"的观点来写它了。根据法国各报的消息来看，沙米尔已经重创俄军，甚至威胁到梯弗里斯，而沃龙佐夫将军仿佛已经报告自己的政府：在两面受敌的情况下，如果没有相当数量的增援部队，他就不能守住格鲁吉亚。

《论坛报》近来经常采取并吞政策。第一，你的第一篇军事文章被当作社论并吞了，第二，我论帕麦斯顿的文章被并吞了，它的续篇也因此而预先被并吞了。你也许会觉得可笑，但我仔细地研究了这位高尚的子爵二十年来的活动，得出了同有偏执狂的乌尔卡尔特同样的结论，即帕麦斯顿数十年以前就把自己出卖给俄国了。你读完我的文章的续篇（特别是关于叙利亚和土耳其冲突的历史）以后，一定要把你对这个问题的意见告诉我。我高兴的是，偶然的机会促使我更深入地去熟悉二十年来的对外政策——外交政策。这一方面我们完全忽略了，可是，我们应当知道我们要和什么人打交道。

整个外交界是在大规模地重复施梯伯、班迪亚及其同伙们的手法。

韦伯将军编辑的《纽约问询报》（我还没有看过那篇文章）反对《论坛报》上你写的一篇社论。据他说，那篇社论从科学上来说是正确的，不过土耳其战争是根据另外的原则进行的。他说土军在任何情况下都将进攻，等等。

工厂无—产—阶—级的情况怎样？

评论：马克思请恩格斯写一篇文章讨论有关土军占领卡拉法特时渡过多瑙河的情况。他还谈到《纽约每日论坛报》对他和恩格斯的文章采取的并吞政策，希望恩格斯读完他写的《帕麦斯顿勋爵》第四篇后谈一下自己对叙利亚和土耳其冲突的历史的看法。信末，马克思还提及《纽约问询报》反对恩格斯《俄军在土耳其》一文的观点。

11 月 6 日　致信恩格斯，指出：附上伟大的卡尔·海因岑登在他的《西方先驱报》上的旨在反对我和共产主义的谩骂文章。

同时附上克路斯的一封信。你从信里可以看到，维利希的燃烧火箭将随下一次邮班到达。最恶劣的是，这些家伙把他们那些乌七八糟的东西在整个德国推销，而我的抨击性小册子却安静地睡在曼彻斯特和伦敦；并且他们现在又在海因岑的身上得到响亮的回声，而在几个月以前，维利希除了《刑法报》，没有掌握一家报纸。我收到这篇臭东西后，就立即转寄给你，以便你能写信告诉我，照你看应该怎么办。

你从克路斯的信中会看到《改革报》的情况。请"老头子"和德朗克给该报写稿。他们有的是时间。我不知道我们两人直接亲自动笔是否妥当。

评论：马克思随信附上海因岑反对马克思和共产主义的文章，以及克路斯的一信封。从这封信的内容可以了解到维利希的诽谤性文章《卡尔·马克思和他的〈揭露〉》在德国产生了影响，而马克思的《揭露科伦共产党人案件》没有在德国得到出版发行，对此马克思询问恩格斯的意见。此外，马克思还谈到《改革报》的情况，由于1853年10月魏德迈成为《改革报》的责任编辑，马克思的拥护者对该报的影响加强了，他认为可以请沃尔弗和德朗克给该报写稿。

11月中　致信阿道夫·克路斯，指出：至于《改革报》，我将设法在德国和巴黎搞点东西。皮佩尔现在从早晨九点到晚上八点在西蒂区上班。这样，如果再考虑到给《同盟报》写通讯，他剩下的时间就很少了。他只能搞一点。如果付钱，我主张先让埃卡留斯得一点，否则他只能整天干裁缝活。根据我们商定的结果，他现在将定期寄通讯去。如果有可能，请设法让他得一点钱。至于他关于法国的文章，琼斯已停止发表了，而手稿没有退还给我，现在也没法拿到手，因为琼斯现在正在进行宣传旅行。但我还是把这件事写信告诉了他。我也已经约海泽写稿。多样化是有好处的，我认为，海泽由于同我们交往，将会变好。我已通过恩格斯向鲁普斯和德朗克约稿。不过这不会有多大效果。在这个悲惨的不幸时刻，鲁普斯的年岁加上单身汉的习惯造成了不良后果。

维利希的臭东西我还没有看到。差不多把全部注意力都放到来自战场的消息上去了，甚至没有一分钟去考虑伟大的维利希。虽有电讯，但消息来得很乱，断断续续，而且很晚，况且这些东西无例外地都要通过维也纳警察局之手，也就是说，都经过检查。君士坦丁堡的消息当然来得太晚。民主派的英雄们蠢蠢欲动。这对土军是个不祥之兆。至于维利希，我想尽可能避免发表个人声明，我最后只能在《改革报》小品文一栏里给这个卑鄙庸人的"意识形态"描绘一幅心理学的，或更确切些说是现象学的风俗画。

上星期二在收到你的信的同时，收到了克莱因的信，应该说，信写得很出色，很机智，是经过周密考虑的。他写道，他将从他那方面搞一个反对维利希的声明，因为他可以揭穿这个家伙在伦敦的整个时期的谎言。克莱因有一个固执的想法，仿佛你对他很傲慢。我将设法调解一下。

对于《论坛报》，也许最好的办法是假装你们似乎"认出了我的文风"。论帕麦斯顿的文章在乌尔卡尔特的心目中提高了我的声望。为了帮助我写作，他给我寄来一些书，不过这些书我都已经知道……

评论：马克思谈到为《改革报》约稿的情况，以及评价维利希的《卡尔·马克思博士和他的〈揭露〉》的可能方式。他赞扬了克莱因的信和想法，设法调解克路斯和克莱因的关系。最后，他还谈到在《纽约每日论坛报》上发表译文《帕麦斯顿勋爵》如何体现作者的事情。克路斯把发表在《纽约每日论坛报》上的马克思的抨击文《帕麦斯顿勋爵》的一部分译成了德文，并把译文寄给了《改革报》，《纽约每日论坛报》以社论的形式刊载了这篇著作，没有署马克思的名字。马克思认为最好的方式就是假装他们认出了是自己的文风。

11 月 21 日　致信恩格斯，指出：同时寄上维利希的那篇卑鄙透顶的胡说八道。

你和德朗克一定要在星期五以前把涉及到我的声明寄来，我将以声明的形式把它放在我的总答复中。高贵的维利希曾是那样拖延，我们的回答却要非常迅速。你要尽量把自己的声明写得幽默一些。

谢谢你关于土耳其的文章。当文章寄到时，我已经得到土军退却的消息，因此我把它相应地修改了一下。请给我一次回信吧，——你已经四个星期没有回我的信了，总共才敷衍了事地写了六行字。

评论：马克思随信附上鲁普斯的汇票和维利希的文章，请恩格斯寄来涉及他的声明，并对恩格斯写的《土耳其战争的进程》表示感谢。

11 月 23 日　致信恩格斯，指出：把《人民报》忘了。现附上。至今为止在琼斯的报上发表的五篇文章，只作为三篇文章在《论坛报》发表。

你虽然很忙，我还是要请你在星期五以前至少（更多也不必）给我寄来两页（象你平常所用的篇幅）稿子，要用英文写，以免再花时间翻译。我觉得战局到今年冬季应该算是结束了。无论如何，战局的第一个时期是完了，因此可以对它作总的评论了。总之，我指望从你那里至少能得到两页稿子。

对于维利希的那件令人讨厌的事，必须迅速采取行动，而不是象他那样一拖半年。

评论：马克思随信附上在《人民报》上发表的五篇论帕麦斯顿的文章，请恩格斯用英文写作两页稿子对战争作总的评论。此外，他认为必须迅速对维利希采取行动。

12 月 2 日　致信恩格斯，指出：德朗克先生的所作所为象一个卑贱的小阴谋家。他对施特龙说，他已经把他的声明和报纸寄给你了。他要使你相信，我已经收到这两件东西，事实上我什么也没有收到。至少让这个小个子把报寄给你。我这里有自己的一份。不过在布莱得弗德什么也不需要。因为德朗克没有把这篇臭东西寄来，我就翻阅了旧信，偶然发现了一个有一段犯罪的话的物证，我逐字逐句地引用了这段话。这封信是寄给你的。如果挖苦的形容词损害了事实的准确性，那末德朗克先生毕竟只得怪自己，为了证明我至少是准确的，我要把他的信寄往纽约。那里面有些奇怪的、现在看来大概是使人不快的地方，例如，谈到什么"狂徒伊曼特"，这是他现在的亲密朋友，他每星期要给他写两次信。矮子为了有利于自己而在我们背后搬弄是非，我们是清清楚楚的。

我的答复《高尚意识的骑士》已于星期二发出。他将会感到惊奇。你的信以及施特芬的信和米斯科夫斯基的信（附有科苏特的供词）等都包括在内，作为正文的组成部分，自然要署你们的名。

琼斯遭到《经济学家》的攻击，从而出了名。

顺便提一下。星期二举行了波兰人大会。马志尼和科苏特没有参加。沃尔策耳、卢格和赖德律的痴人妄谈对这些听众是相称的。我的妻子参加了这次会。星期一民主派波兰人召开的另一个大会，情况也是一样。哈尼被宣布为主席。出席的五六十个英国工人，大闹会场表示反对。一片嘘声，大喊大叫"叛徒"、"骷髅"（他曾这样称呼宪章派）、"变节分子"。大打出手。哈尼不敢就主席位，他被乱揪、乱打、乱骂，虽然他多次试图发言，但始终无法开口。愚蠢的瓦西拉普斯基们自然什么也不懂，而是把这一切都视为"反动"。这就是乔治·朱利安·哈尼老爷子得到的涅墨西斯。

评论：马克思感谢恩格斯的文章《多瑙河战争》，并谈论德朗克的卑鄙行为，谈到回应维利希的《卡尔·马克思博士和他的〈揭露〉》一文写的《高尚意识的骑士》，以及琼斯被在《经济学家》杂志上发表的《工人议会》一文所攻击。此外，马克思还提及 1853 年 11 月 28 日和 29 日波兰流亡者的代表在伦敦为庆祝 1830—1831 年波兰起义纪念日组织的大会。

12 月 12 日左右　致信恩格斯，指出：从今天早晨接到的你的电报中，我自然不能看出：

（1）你是否收到了纽约克路斯等人的答复和涉及维利希的几号《改革报》？可能正好相反，因为鲁普斯先生在寄给克路斯的一封荒谬的信中，企图用对魏德迈的辱骂来掩盖自己的懒惰。

（2）德朗克把有关的那几号《刑法报》寄回了没有？我已委托切斯特的施特芬到你那里去取这几号，因为我缺少这里唯一的那一份就不好办。当我——这次是由你发起的——在上一封信中谈到"著名的德朗克博士"的声明的有趣事件时，我立即就想到，最近的后果将是：在事件没有了结以前，你在一个时期（一两星期）内是不会给我私人来信了。至少这是你现在惯用的方法，自鲁普斯先生迁居曼彻斯特以来，你在涉及我同这两位先生的私人关系的一切事情上就惊人地一贯采用了这种方法。为了使我们的通信不致降到单纯的电报往来，最好我们两人今后完全不要在话里涉及你那里的朋友和受保护者。

评论：马克思谈了对恩格斯发来的电报的看法。马克思询问是否收到了一些材料，包括克路斯等人的答复、几号《改革报》以及几号《刑法报》。马克思还表示最好不要再谈论鲁普斯和德朗克，以免引起分歧。

12 月 14 日　致信恩格斯，指出：你知道，每个人有时都有他自己的怪癖和《nihil humani》〔"人所具有的"〕东西，等等。关于"秘密活动"和诸如此类的胡说，我自然从来没有想过。我的一些忌妒，你已经习惯了，实际上使我生气的是，我们现在不能同生活，同工作，同谈笑，而你的那些"受保护者"却能很方便地同你在一起。

附上《骑士》的副本一份。另一份今天可到达华盛顿，或者昨天已经到达了。我把这篇东西寄给克路斯，是为了在两个声明之间不致出现矛盾的地方，并使他可以删去那已经用过的部分。在寄往美国的副本上还作了一些细小的文字上的改动。寄给你的副本缺少最后一页，是丢失了；那上面只有几句幽默的结束语。虽然没有听到有关维利希的任何消息，但他现在也许又到伦敦了。你在《改革报》上看到了安内克主持下的一次会议的精彩记录没有？会上没有一个人表示愿在"维利希麾下"作为"革命的战士"回到德国去。

谈到帕麦斯顿，只要有把握以后能找到一个愿出版这部著作的书商，我就同意把它搞成"德文"。问题是我没有德文手稿，因为自从我不得不用英文写作所有这些无用的东西以来，我就直接用"盎格鲁撒克逊文"写作了。给《论坛报》写的稿，我想以 1840 年和 1841 年的条约来结束，为此，除了《汉萨德》和《通报》以外，我还要参阅一些很厚的蓝皮书。帕麦斯顿在希腊、阿富汗、波斯和塞尔维亚的勾当，由于不大重要，我就不提了。诚然，还剩下一个革命的时期，但是，那些蓝皮书对此可以提供丰富的材料，虽然材料被歪曲得很厉害；关于我们在什列斯维希—霍尔施坦的"卫国"战争等等，也是这样。

至于你的充当炮兵上尉或作家的波拿巴，我看最好由你自己署名把这种文章送到：（1）《每日新闻》；或（2）《观察家》，或（3）《韦斯明斯特评论》。也许送到《每日新闻》最好。你用这类文章可以一下子——通过政变——在伦敦报界赢得一种地位，使你有可能"控制报界"，同时保证你有机会用英文在伦敦出版你论匈牙利战局的著作，这无论如何比在可怜的莱比锡出版要更有效更有利。

《论坛报》自然以你的文章而大肆自我吹嘘，人们认为可怜的德纳是这些文章的作者。此外，他们既然把论帕麦斯顿的这篇文章也据为己有，所以八个星期以来，马克思和恩格斯就成了真正的"编辑部"，《论坛报》编辑部。

比较大的文章被他们作为社论据为己有，而且这些文章只能论述一些比较重大的事件或者某些阶段，例如战争爆发、沃耳特尼察会战等等，除了这样一些文章，如果你还能（假如时间允许的话）把比较次要的、各阶段中间发生的情况用"英文"写成一两页的叙事短文寄来，那就好了。这些小东西甚至在语言方面给我带来的困难，也要比深奥的（！）议论或者特别是我多年来由于阅读英文书籍而必须用英文与之打交道的那种材料大得多。这自然只有在没有"大事件"的情况下才对我是必要的。主要问题是，在我感到自己不能完全掌握的那些东西上我担心我的批判意识。我的竞争者只单纯地抄录一些事实（或者确切些说，伦敦报界假冒为事实的东西）。

附上我的妹夫尤塔的建议，他建议每月为《南非人报》（卡普施塔德）写一次东西，你对此有何意见？尤塔的法文修养很差，但他是一个可爱而懂事的人。要是我们——你和我——当时在伦敦创办一个英文通讯社，你就不用在曼彻斯特受办事处的折磨了，我也不会为债务所累了。不过我相信，只要你现在开始为伦敦各报写些军事文章，过两三个星期你就会得到一个固定的地位，提供给你的物质报酬将同曼彻斯特的一样多，而给你留下的空余时间却更多。现在"军事作家"供不应求。

能弄到一个军事撰稿人，《泰晤士报》自己大概也会十分高兴，因为它这一栏很不行。值得试一试。我的出发点，自然是认为英国所有的报纸都是一种商店，只要自己的"商品"不被损坏，无论陈列在哪里，都毫无关系。

评论：马克思为不能与恩格斯在一起工作生活表示遗憾。他在信中提到给恩格斯寄去《高尚意识的骑士》的原因，对于维利希的看法，《帕麦斯顿勋爵》的出版问题及其可能带来的影响，以及《纽约每日论坛报》将比较大的文章据为己有的情况。马克思随信附上了尤塔的建议，认为可以通过为伦敦各报写军事文章来获取物质报酬，从而使恩格斯摆脱曼彻斯特的工作并使马克思免遭债务的拖累。

1854 年

1月5日 致信恩格斯，指出：你走后全家都患了流行性感冒和别的病。穆希和我现在还没有好。这样一来，这点病已经使我耽误了《论坛报》的三篇通讯，目前也还有困难。来信告诉我一下，下星期你能不能替我写一篇文章，写什么东西，随你的便。不过我要确切地知道，你写不写，什么时候写好。

我还没有出家门，自然无法留心报纸。皮佩尔告诉我，今天的《先驱晨报》刊登了一篇论俄国战局计划的长文。主要战场似乎在亚洲而不在欧洲，他们想从小亚细亚（！）方面攻占君士坦丁堡，等等。

约瑟夫·波拿巴的回忆录现在已出了三卷。第三卷里面有老拿破仑关于西班牙战局的书信。

评论：马克思在信中告诉恩格斯自己因病耽误了给《纽约每日论坛报》写三篇通讯，希望恩格斯帮他写一篇。他还谈到《先驱晨报》上刊登的论俄国战局计划的长文，波拿巴的回忆录出了三卷，即《约瑟夫国王有关政治和军事问题的回忆录和通信集》1—3卷，其中有老波拿巴关于西班牙战局的书信。此外，他还简要提及全家人的身体情况，以及德纳寄来的信。

1月10日　致信恩格斯，指出：乌尔卡尔特昨天晚上从纽里（奥尔斯脱）寄来一篇演说词，我让妻子抄了出来，在开头和结尾我加上了一些话，就成了一篇文章。因此，你就不用为星期五写文章了。如果在这个问题上再发生什么情况，请在星期五早上以前告诉我，我好再加上一点佐料。

刚才塔克尔这口猪派人到我家里来了。《帕麦斯顿》第一版的五万册已经售完。这位先生现在派人到我这里来——他从来没有这样慈悲过——，并要我对这本书作些修改，好出第二版。你看我该怎么办，请马上来信。

评论：马克思在信中告知恩格斯自己写了《西方列强和土耳其》一文，恩格斯就不需要为星期五的报纸写文章了。此外，马克思简要提及全家人的身体状况、克路斯的信以及《帕麦斯顿勋爵》的销售情况。

1月18日　致信恩格斯，指出：你要在星期五以前就锡塔勒或齐塔勒会战给我写点一般性的东西（讲肯定的东西恐怕不可能）。我想到的有这些方面：

（1）沃耳特尼察会战是一种误会，它破坏了大使们强加于土耳其政府的停战。同样，切塔特会战也是一种误会，它破坏了在英国军舰威逼下强加给土耳其政府的和平建议。

（2）沃耳特尼察相反。那里是土耳其人躲进战壕，这里则是俄国人，等等。

（3）结果也同那里一样。经过五天的殊死战斗，战士都回到自己的掩蔽所里。我只看到结果，不知道本来应当怎么办。不过有一点是清楚的，这不是拿破仑式的作战方法。

外交界的阴谋家们深深地陷入自己设下的罗网，一场全面的战争已迫在眉睫。你知道，西诺普事件曾被利用（雷德克利夫先生的威胁不在此列）来强迫土耳其人接受维也纳议定书、并把哈利耳－帕沙和里扎－帕沙安插到政府中去。帕麦斯顿安排好这一切以后，便提出辞职。联合内阁觉察到这是圈套，于是在他辞职期间，即12月19日，下令在黑海举行示威。帕麦斯顿在加倍出丑之后，重新进入内阁，并设法争得26日的决定以使整个舰队出海，但同时又扮演着交战双方的中立调停人的角色——表面上此举相当坚决，实际上则是企图破坏12月19日决定、切断土耳其人同他们亚洲战区的联系。然而，波拿巴先生根据19日的决定下了相反的命令，装作似乎他把26日的决定理解为只是19日决定的进一步发展。帕麦斯顿自然不得不强作欢颜，以保持热心爱国者的荣誉。这样，这些家伙就倒了霉，而且这种装样子将使他们陷得更深，特别是由于31日还需要向议会表现出一定的"热心"。这些家伙提交给土耳其人去签字的照会表明他们已准备向俄国完全投降，只是"误会"才破坏了一片好心。

你给施特芬的信我当天就寄往布鲁塞尔了，施特芬还住在布鲁塞尔他姐姐家里。我担心的是，你的《炮兵中尉拿破仑》目前会遭到拒绝，因为《泰晤士报》已接到命令，不准露出同波拿巴进行争论的任何一点迹象。既然他是"我们的"盟友，因此所有的报纸目前都要有同样的爱国主义的考虑。不过，只要写好了，即使报纸不愿接受，我们也可以把它印成小册子。我不好意思向出版商推荐我自己的作品。但对你的作品我不会有这种想法。

蠢驴魏德迈又把《高尚意识》拖延下来了。然而全部意义就在于迅速作出答复。过了六个星期，文章就愚蠢可笑了。我不理解克路斯，他似乎总是故意让我当魏德迈先生的牺牲品。

评论：马克思请恩格斯就锡塔勒或齐塔勒会战写点一般性评论，为此马克思谈了自己关于沃耳特尼察会战的看法，认为外交界的阴谋家们深深地陷入自己设下的罗网，一场全面的战争迫在眉睫。他还谈到恩格斯的文章《炮兵中尉拿破仑》的发表困难，因为《泰晤士报》已不准发表同波拿巴进行争论的文章，以致恩格斯就这个题目给英国报刊写文章的意图没有得到实现。信末，马克思还提及魏德迈拖延了《高尚意识的骑士》的发表，这会使得这篇文章因失去时效性而变得愚蠢可笑。

1 月 25 日　致信恩格斯，指出：如果不发生违背外交或置外交于不顾的"误会"，战争不一定会打起来。列施德－帕沙的照会等于完全向俄国投降。它甚至比最初的维也纳照会让步更多，土耳其是由于维也纳照会而宣战的。帕麦斯顿再度入阁不是没有目的的。另一方面，在黑海的示威看来是特意安排在议会会议期间的一种诡计，目的是，如果俄国接受它自己的、被列入列施德照会中的条件并得到它所要求的一切，那末会造成一种印象，似乎俄国向优势兵力作了让步。不管怎样，计划就是如此。否则，在尼古拉就最近一次维也纳照会作出或可能作出声明之前，就通知他联合舰队行将驶进黑海，岂不是荒唐？只有军事上的偶然事件还可能导致战争的结局。根据协议，这位皇帝甚至在联合舰队驶入时都没有抱怨，反而表现出极大的"克制"。当然事情不会因为"误会"而受到影响。"误会"总是可能的。

今天《泰晤士报》从《漫游者》报转载了关于切塔特会战的进一步报道，我等着听你的意见。所谓俄军在曼成、茹尔日沃、卡拉法特等地同时发动进攻，以及甚至已占领锡利斯特里亚的消息，我看都是谣传。顺便说一下，还有一点请你用英文书面说明你的意见。法文报纸上写道，土耳其人想从陆地加固君士坦丁堡。这是不是对俄国的一个决定性打击？况且，君士坦丁堡同本帝国的亚洲和欧洲海岸都有海路联系，因而人员和粮食的运入决不可能中断。看来大要塞现在已成为防止拿破仑式大战的一种办法。这样一来，我们会不会又回到小战上去？

柏林不设防是一种耻辱。

科布顿，这个"普通"而"质朴的人"，因为最近一次演说而大丢其脸。他表明，他本人和那些向他鼓掌的"普通的人"，都不配管理英国。战栗教徒布莱特只承认内战。科布顿发现英国的社会结构同俄国的相似，因为在俄国有迭米多夫家族，在英国有得比家族，这种发现对某个普法尔茨—纽施塔特的革命庸人说来倒是相称的。

皮佩尔先生星期六前往布莱顿到迈耶尔处作客去了。尽管后者对他的光临感到麻烦，但他会在那里度过特鲁波给他规定的整个时间，因为"海上的空气"对他是有益的，并且显然他给这个资产者写了一封荒唐的信。愚蠢的小后生把自己的放荡看作天才的落拓。你从克路斯的信中可以看出，这位最有"天才"的年青人想弄一张美国护照去君士坦丁堡，大概是为了在那里当一名看狗人。可悲的是，他总是夸耀自己，但做的蠢事却接二连三，成为笑柄。

顺便说一下。我正同塔克尔商谈。下一次抨击文写安吉阿尔－斯凯莱西条约。因此，请把你那里的手稿（第四篇和第五篇）修改一下。然后我再加进一些东西，并把所有修改好的寄给你过目。

纽约有人通过德纳约我为一家杂志撰写关于康德以来的德国哲学史的文章，每印张十二英镑。但要求：（1）文章尖刻辛辣而又能引起兴趣；（2）不包括任何有损该国宗教感情的东西。这怎么写呢？如果我们两人在一起，而且手边又有书，那我们很快就会赚到五、六十英镑。我一个人可不敢冒险干这项工作。

评论：马克思认为在遵守外交原则的情况下，战争不会发生，认为列施德－帕沙的照会已经等于向俄国投降。他期待恩格斯关于切塔特会战的意见，用英文书面分析土耳其从陆地加固君士坦丁堡对于俄国的影响。他还谈到对科布顿的看法、皮佩尔的放荡行径、自己的经济状况以及近期的写作计划。

2月9日　致信恩格斯，指出：今天同时寄上几份《骑士》和三份第二版的波兰胡说（其中我作了一些修改）。请给鲁普斯和德朗克每种各一份。我糊涂了，没有把这堆叙利亚式的帕麦斯顿废话中的刊误订正（魏德迈也放过了不少），就寄给你了。

我已同乌尔卡尔特碰过头。他令人吃惊地恭维了我，说文章就象出自"土耳其人"之手，但是这样的意见得不到我的承认，我说我是一个"革命者"。他是一个十足的偏执狂。坚信有朝一日他会当上英国的首相。当其他人都垮台的时候，英国会来找他，说：乌尔卡尔特，救救我们吧！于是他就去拯救英国。在谈话中，特别是在同他有矛盾时，他就激昂慷慨，这给我留下十分可笑的印象，以致他的每一句话和引语我都背得下来。这一点倒使我对他的"激昂慷慨"有了怀疑，真有点象是演戏。这家伙的主要思想是：俄国统治世界是由于有特殊优越的头脑。要对付它，必须有一个具有乌尔卡尔特式的聪明头脑的人，如果这个人不幸不是乌尔卡尔特本人，那至少应当是个乌尔卡尔特分子，也就是说要信仰乌尔卡尔特的信仰：信仰他的"形而上学"，他的"政治经济学"等等，等等。必须到"东方"去看一看，或者至少应当具有土耳其"精神"等等。

评论：马克思随信寄去《高尚意识的骑士》和翻印了马克思的抨击文《帕麦斯顿勋爵》第三篇的《帕麦斯顿与俄国》小册子，文章内容是帕麦斯顿1830—1840年在波兰问题上的立场。他还谈了与乌尔卡尔特的会面以及对他的看法。

3 月 9 日 致信恩格斯，指出：星期二我要给好望角寄去最后一篇试探性文章（因此你要替我给《论坛报》准备点什么东西，也许可以谈谈希腊革命后？）。运输公司在付款条件上同政府吵翻了，星期二是开往好望角的最后一次定期航班。

一想到今年春季和夏季仍要象过去一样忍受长时间的贫困，真叫人心烦，因为单靠《论坛报》那点收入实在不能填补过去的亏空。想到这些琐事没有尽头，我有时非常生气。

工人议会邀请我作为名誉代表参加曼彻斯特会议（纳多和路易·勃朗也被邀请）。今天我回信感谢他们，其中有些话既可以理解为极端革命的，也可以理解为异常温和的，这要看怎样读了。今天我把你的办事处的地址寄给琼斯了。

伟大的卢格打算在美国办一所大学（免费的），据海因岑说，为了这个高尚目的已筹集到一百五十美元。

伟大的弗兰茨·济格尔成了杜朗的女婿。过几天你将收到一包东西，你从那里可以知道这帮家伙所干的其他一些事情。

乌尔卡尔特昨天在《晨报》上发表一篇军事（？）文章，他坚持说，土军本应把他们的主力部队派到多布鲁甲，从那里猛攻俄军。他还提到了瓦伦提尼将军。我设法给你寄去这份报纸。

我已给拉萨尔去了信，正等他的进一步的消息。

契尔奈尔到过这里，没有遇见我；为了一桩钱款的事情将同他八十岁的老母亲到美国去，然后在这里住下来。伊曼特告诉我，契尔奈尔肯定说认识你。

评论：马克思谈到因忙于家庭琐事很久没有写信，告知恩格斯《帕麦斯顿勋爵》的出版没有获得稿酬，以及准备给开普敦的《南非人报》写稿，希望恩格斯为《纽约每日论坛报》准备文章。马克思表达了对仍将面临春季和夏季长时间的贫困的忧虑。此外，马克思还提到拉萨尔的信、工人议会的邀请，以及卢格、济格尔、乌尔卡尔特、契尔奈尔等的情况。

3 月 29 日 致信恩格斯，指出：拉萨尔的外交部分——除去他的报道还好以外，——象他的军事部分一样糟。他所谈论的有关帕麦斯顿的东西，全是大陆上流行的那套废话。

你看到了秘密往来的公文吗？如果进行这些公文往来的大臣们被允许进行战争——看来这很有可能，——那末事情也只能以英国彻底丢脸而告终，即使大陆无论如何会陷入极其可喜的慌乱中。

附上昨天乌尔卡尔特论述战争的文章以及他过去的有关他的战争计划的小册子的剪页。希望得到你对这两者的详细意见。

我昨天偶然碰到一个曾在土耳其军队供职的普鲁士教官，他说，土耳其的炮兵很精锐，而陆军完全是装饰品，因为从君士坦丁堡可以粉碎任何有力的行动。

在你写的俄军从卡拉法特撤退的文章中，你对这一行动的解释是，鉴于英法军队的到来，打算在敖德萨建立一个阵地。但是，根据最近消息看来，对面的俄军似乎已经横渡或曾想横渡多瑙河。也许明天会有更详细的消息，因此你可以在后天以前寄给我一点这方面的东西。《论坛报》太无礼了，我在前天的信里禁止把军事文章以外的其他东西抓去当社论，否则必须一概去掉我的署名，因为我不愿意仅仅为了一点无足轻重的东西出面。现在正是要以军事文章向它说明：它没有我就不行。

如果《泰晤士报》的曼彻斯特商业通讯员的报道属实，那里的情况一定很糟。这里每天都会发生巨大的破产事件。巴黎也是如此。显然那些破了产的生意人，长期地煞费苦心地拖延宣布破产，是要利用战事的爆发来使自己显得体面些。

《海陆军报》断言，法国发明了一种能在水下继续燃烧的毁灭性武器，路易－菲力浦政府拒绝采用，俄国人买了去，而且在西诺普使用了。该报据此预言土耳其军舰将迅速而彻底地覆灭。

据《汉堡记者》报——可以把它看作半俄国的机关报——的消息，尼古拉打算公布新的文件，包括阿尔伯特亲王的信件。

现在我有了一本哈麦尔的《奥斯曼帝国史》。读它一遍，需要有耐心。我还剩下大约四分之一。你如需要，可以给你用。

评论：马克思在信中抱怨皮佩尔成了他的累赘，询问恩格斯关于沃尔弗遭劫一事的详情。他提到拉萨尔有关俄土战争前景的观点，英国驻圣彼得堡公使西摩尔同英国外交大臣罗素之间秘密往来的公文，乌尔卡尔特论述战争的文章，土耳其军队教官关于土耳其炮兵和陆军的看法，恩格斯的文章《俄军从卡拉法特撤退》等。在信的末尾，他讲述了伦敦和巴黎每天都发生巨大的破产事件，以及法国发明的一种毁灭性武器。在信的附言中，马克思向恩格斯推荐了哈麦尔的《奥斯曼帝国史》一书。

4月4日　致信恩格斯，指出：你从附上的克路斯的信里可以看出，克耳纳博士和朋友魏德迈是多么公道地对待了他。魏德迈没有给他讲清情况，反而使他陷入困境，——这是朋友魏德迈对自己的朋友们一贯执行的一项任务。

关于《每日新闻》的消息很好。今天我要看看是否已经登出了什么东西。我希望，Sir〔先生〕，您将离开曼彻斯特，Sir，永远离开，Sir。当每周都得去读议会辩论，特别是约翰·罗素的演讲时，你对于《Sir》（或者不如 Sar）这个词会非常习惯。罗素这个家伙可以概括为两个词："那末，Sar！"

你从附上的信里可以看到，皮佩尔收到了从华盛顿寄来的第一张期票，昨天晚上又为自己弄到了寓所。现在他傲慢得象只火鸡。他不是简单地挣到了钱，而是作为一个作家挣到了钱，而且不仅是作为一个作家，还作为一个政治家！暂时他发誓——或者至少他说是发誓——要同伦敦的公娼断绝关系，而要找一个健康的爱人。身分不计。年龄可能也不拘。但是健康，这却是关键。经验教训了这个雄纠纠的青年要从医学观点去观察女性。如果把他的本来面目描绘出来，这个雄纠纠的青年人可以作为他人的鉴戒。在他情况好转后，我曾告诉他，如果魏德迈作出否定回答或拒付期票，你委托我向他提供你的帮助。这一声明现在已不再有重大意义了，然而却给了这个雄纠纠的年青人以极深的印象，他仍然是一个心地善良的小伙子。

重要的是，正是在现在，你不要不管我同《论坛报》的事情而自己在《每日新闻》上开火。否则，那些本来就被我最近的声明所激怒而且还在阅读《每日新闻》的家伙们会认为，我现在把自己最好的东西卖给伦敦（现在所有的报纸都愿以军事文章来炫耀自己），而把渣滓卖给纽约。这些家伙可以不费力地把我踢开，因为他们在这里有一个通讯员，在利物浦还有一个。他们的报纸会因此变得差些，但他们可以节省二百英镑，而这还是划得来的。因此，首先必须再诱使他们刊登一篇军事文章作为社论。这样，他们又逃不出我的手心了。最近有一号《纽约先驱报》在嘲笑"《论坛报》的军事编辑"，说他给奥美尔－帕沙起草了一个战局计划，而当现在这一计划没被执行时，他就叫起背叛来了。

华盛顿·威尔克斯著的《三个时代的帕麦斯顿》。这本书包括两个时代。在第一个时代，华盛顿·威尔克斯最无耻、最愚蠢地抄袭了我在《论坛报》上发表的文章。在第二个时代，他靠蓝皮书把乌尔卡尔特的《俄国的进展》一书中关于匈牙利的一章加以扩充增补。不管这本劣作是多么可怜，也不管这个家伙在一切问题上是多么无知——剽窃者的真正的无知，——但他却靠这本书钻进了伦敦的各种大会，受到乌尔卡尔特及其一伙的庇护，并且被视为伦敦的"社会活动家"。

关于内阁"背叛"的议论开始在这里的庸人中间流传开来，如果这些老爷们胆敢再玩弄一次 1840 年和 1846 年那样的手法，那末这一次是不会白白过去的。

评论：信的开头，马克思指责魏德迈使朋友陷于困境。他认为关于《每日新闻》的消息很好，希望恩格斯将离开曼彻斯特。他谈了从克路斯的信中得知的皮佩尔的近况，希望恩格斯不能因给《每日新闻》写稿而影响了给《纽约每日论坛报》供稿的事情。他还谈及华盛顿·威尔克斯写的《三个时代的帕麦斯顿》这本书，指出这本书抄袭了自己发表在《纽约每日论坛报》上发表的文章。信末，他提到关于内阁"背叛"的议论。

4 月 6 日 致信斐迪南·拉萨尔，指出：第一，对你的军事观点，第二，对你的外交观点，我都应当提出一些意见。关于第一点。对于我的有关埃内兹和罗多斯托的意见，你回答说——在这一点上同英国政府报纸完全一致——，君士坦丁堡需要加以掩护。但如果黑海的两个舰队和多瑙河军团不能掩护君士坦丁堡，那末十万名法军和英军也无济于事。把他们从罗多斯托调到塞瓦斯托波尔或敖德萨要比从马耳他或土伦调去更方便，这我当然不否认。

认为奥军侵入塞尔维亚就会处于"土耳其多瑙河军团的后方"，这种看法我觉得不完全正确。为了进入瓦拉几亚，奥军应当在贝尔格莱德附近或稍下一点渡多瑙河，或者是沿左岸通过麦哈提亚前进。在前一种情况下，他们将处在土军左翼的延长线上；在第二种情况下，他们将处于其正面。这样，土军就不得不放弃对卡拉法特和维丁的保卫，而只留下卫戍部队，这是很清楚的，但是不应由此得出结论说，土军左翼注定要覆灭，其残部必须撤至苏姆拉一线。相反，对奥军来说，正确的战术是立即经尼什向索非亚推进，而对土军来说，正确的战术也是从维丁向索非亚撤退。由于土军的路程较短，所以他们将先于奥军到达该地，从而能够在巴尔干设防固守，或向阿德里安堡退却。

如果奥军采取错误决定进军维丁，那末土军仍然应当进军索非亚。在这种情况下同奥美尔－帕沙的主力分开，决不意味着分散兵力。因为新的敌人要求有一条新的作战线：阿德里安堡—索非亚—贝尔格莱德—维丁。这样，土军左翼就将成为一支独立的军队。

但是，尽管如此，如果军事行动还是照你设想的那样发展，那末无论怎样把军队拉到苏姆拉一线都无济于事，因为在放弃从贝尔格莱德到君士坦丁堡主要干线的情况下，这一防线反正已被迂回过了，相反，正是在这种情况下，这一防线需要急速放弃，以便在阿德里安堡集中全部后备力量，去抗击越过巴尔干的敌人。

关于第二点。关于帕麦斯顿。你对帕麦斯顿所持的意见，就是在大陆上和在大多数英国自由派中间占上风的那种意见。但是在我看来，毫无疑问，帕麦斯顿是俄国的代理人，顺便提一句，他的债务，在 1827 年是由利文公爵夫人代为偿还的，他 1830 年进入外交部靠的是利文公爵，而对他的警告是坎宁在临死时提出的。我得出这一结论之前，曾经根据蓝皮书、《议会辩论录》及他自己的外交代理人提供的证据，非常认真和详尽地研究了他的全部升迁史。作这件工作远不是愉快的，况且占去了我很多时间，但是这是值得的，因为它给了我一把打开近三十年来秘密外交史大门的钥匙。（顺便说一说，我发表在《论坛报》上的几篇关于帕麦斯顿的文章，在伦敦以单行本形式翻印了五万份。）——帕麦斯顿不是天才。天才不会扮演这样的角色。但他是一个非常能干的人和成功的策略家。他的高明之处并不在于他为俄国效劳，而在于他为俄国效劳时善于扮演"真正英国大臣"的角色。他同阿伯丁不同的仅仅是，阿伯丁为俄国效劳是因为他不理解俄国，而帕麦斯顿尽管理解俄国，还是为俄国效劳。因此，前者是俄国的公开拥护者，后者是它的秘密代理人，前者是白白地效劳，后者是有报酬地效劳。即使他现在居然想反对俄国，他也不能这样做，因为他在它的掌握之中，他不得不时时刻刻提心吊胆，生怕彼得堡把他当作牺牲品。就是这个人，在 1829 年责难阿伯丁的政策不够亲俄，就是这个人，罗伯特·皮尔在下院针对他说，不清楚他是谁的代表。这个人在 1831 年牺牲了波兰，在 1833 年把安吉阿尔－斯凯莱西条约强加给土耳其政府，在 1836 年把高加索和多瑙河口送给了俄国，促成了 1840 年和 1841 年条约的签定以及新的反法神圣同盟的建立。这个人为俄国人的利益进行了阿富汗战争，在 1831、1836 和 1840 年曾经准备把克拉科夫并入奥地利，以便在 1846 年再来加以反对，等等。凡是他插手的地方，他都借口保护英国商业利益而损害了它。他在那不勒斯硫磺问题上就是这样办的。

他破坏了只等批准的有利于英国的同法国的贸易条约。就是这个人出卖了意大利和匈牙利去任人宰割。假如他只是反对革命的民族，那是可以理解的。但是就在纯粹有关英国利益的问题上，他也总是用最精巧的方法把英国的利益出卖给俄国。不过，在这里人们已经开始了解他到底是个什么人。

评论：马克思在信中谈了对拉萨尔的军事观点和外交观点的意见。在军事观点方面，马克思不认同奥军侵入塞尔维亚就会处于"土耳其多瑙河军团的后方"。在外交观点方面，马克思指出帕麦斯顿是俄国的秘密代理人。

4 月 19 日　致信恩格斯，指出：从附上的克路斯的信中，你一方面可以知道席梅尔普芬尼希对你的军事文章的赞叹——这算在我的名下了，另一方面也可以了解到他的狡猾的批评意见。

如果你能就哥尔查科夫今天的报告（载《泰晤士报》）和《北方蜜蜂》关于切尔克西亚沿岸的迂回运动的报道替我为《论坛报》写一篇文章，那你可以对席梅尔普芬尼希的意见给以匿名的打击，公众现在对他的意见是非常注意的。

《泰晤士报》突然停止攻击内阁（在战争问题上）是什么意思？

你从美国一些报纸的剪页可以看到（昨天我已从私人消息方面证实了这一点），最近六个月"中央委员会"拥有巨额资金。你从《先驱者》上卡尔格（赖德律的应声虫）的文章可以看到，赖德律本人，以及同他一起的所有正统的流亡者都对这位赖德律的重要性和未来的作用抱有怎样的幻想。德国方面已经同他谈妥，一旦他成为法兰西的可汗，他就派法国军队侵入德国，不过军队要由德国的卢格—布林德—戈克来统率。

评论：马克思在信中讲述了席梅尔普芬尼希对恩格斯一篇军事文章的看法，并希望恩格斯替他为《纽约每日论坛报》写一篇文章，讨论切尔克西亚沿岸的迂回运动，同时以之作为对席梅尔普芬尼希的打击。信中马克思还提到"中央委员会"拥有巨额资金、赖德律的行动预测、席利等人的动向。

4 月 22 日　致信恩格斯，指出：关于《每日新闻》的事，皮佩尔确实没有过错，因为半年来他同流亡者根本没有见过面。布林德是与《晨报》而不是与《每日新闻》有联系。赫尔岑一帮人——克拉普林斯基－沃尔策耳、流氓戈洛文——自从由于乌尔卡尔特的影响而被赶出《晨报》以后，就明显地同《每日新闻》有了联系。奥托·冯·文克施特恩先生从《泰晤士报》转到了《每日新闻》，但他已不在伦敦了，因为这家明智的报纸指派他为军事记者到奥美尔－帕沙那里去了。这个文字骗子！这个家伙很可能而且甚至一定还带去了另一个德国坏蛋。不过我主要怀疑的是俄国人。《每日新闻》办得非常英明，从最近关于印花税的报告中可以看出，它的印数自 1851 年以来急剧减少，在报纸中居于《先驱报》之后。

我认为你应当就按现在这个样子马上把文章寄给《泰晤士报》，不要再等其他任何材料了（我看能否在这里弄到《军事行动记述》）。下个星期该报还不会有材料，因为议会要休会到 5 月 1 日，虽然名义上说是到 4 月 27 日。因此，他们对任何投稿都会欢迎的，而且这些人在文字和政治分寸上比《每日新闻》的蠢才们要讲究得多，他们情愿接受哪怕是出自魔鬼之手的有意思的文章，所以我坚信他们会立即刊登你的文章。同时你也就对那家坏透了的小报进行了报复。如果同《泰晤士报》打交道不成功（我怀疑这一点），那末，第一，你可以相信，任何人不会知道此事，因为我不会告诉任何一个人，第二，你还有机会向杂志投稿。我再次劝你不要等待，立即把这第一篇文章寄给《泰晤士报》，不用作任何修改。

至于席梅尔普芬尼希，我认为在《论坛报》上谈论这个家伙是过于抬举他了。你可以在给我的一封私人信里把有关这方面所有要写的写来，我好转告克路斯，让他给《改革报》写一篇文章。

《论坛报》最近又把我的所有文章当作社论，而我的名字则只摆在一些废物下面。例如，它把对奥地利金融进行详细分析的文章以及论希腊人暴动的文章等等都据为己有。此外，用你的军事文章来自吹自擂已成为"合法化的"现象了。我已打定主意，一旦收到德纳对我上次警告的答复，就要求提高稿酬，并将提出为写军事文章所必要的花费。你看怎样？这些老爷们应当对每篇文章至少付出三英镑。他们派泰勒到印度去，花了五百英镑，而这家伙从那里写来的东西，与我从这里就同一题目写的东西相比，又糟又少。他在这样一个国家作如此仓促的旅行能了解到什么呢？每篇文章有三英镑，我就将最终爬出泥坑了。

由于乌尔卡尔特的缘故，出现了一些奇怪的不干不净的话，注意，我同此人第一次见面以后，在伦敦就再没有见到过他。内阁的《地球》报星期六向他猛烈开火，说他时而随便招来一个人，并使之改信他的信仰，不过都为时不久。

评论：马克思在信中谈到了《每日新闻》与流亡者的来往及对它的看法，并希望恩格斯把文章《喀琅施塔得要塞》寄给《泰晤士报》。他告知恩格斯《纽约每日论坛报》又再次把他的文章当作社论发表而据为己有，决定要求德纳提高稿酬。此外，马克思还谈及乌尔卡尔特及其同伙的行径，以及皮佩尔的自满和庸俗。

4 月 29 日　致信恩格斯，指出：在海泽离开这里的前几天，我同他当着其他人的面就《高尚意识的骑士》发生了争吵，而且他是作为骑士的老（秘密的）信徒，或者至少是作为一个凶狠的独立者来反对我们的。事情以大闹一场而结束。我认为告诉你这件事是多余的，第一，因为你自己对海泽是足够了解的，第二，因为他曾苦苦哀求我把他介绍给你，而我并不愿意给他一封"乌利亚的信"。

可能这个人已经完全转到我们这一边来了，不过，如果他是因为穷困才抓住我们不放，那这绝不能作为证明。无论如何我认为你不要同海泽太接近了，不要太相信他，特别是不要同这个年青人共同写什么东西。在允许他参加这种事情，从而使公众也"习惯于"这样看他以前，必须有更多的证据来证明他的诚心。我们曾经有过使人十分难受的经验，我们需要谨慎，哪怕是有一点点戒心也好。

评论：马克思告诉恩格斯自己同海泽就《高尚意识的骑士》发生了争吵，认为这个人不太可信，希望恩格斯不要同他走得太近。

5 月 3 日 致信恩格斯，指出：因为用了"乌利亚的信"这个说法，引起了你的误会。我没有交给这个海泽任何信，他根本没有向我告别过，而且由于他喝得烂醉也不可能这样做。他从曼彻斯特附近他所住的一个偏僻地方给我来过信，要我在曼彻斯特帮他的忙。只是在这个意义上我认为那是"乌利亚的信"，稍微"大胆地"用了这个说法。他在伊曼特和席利面前假充"伟人"、"独立者"、"不满者"的主要动机也许在曼彻斯特已经失去意义了。确实没有别的办法，你只有同他要外交手腕，提醒他逐渐干些事。自从他来到英国，一直靠别人生活，即使给他介绍个能维持生活的工作，他也很快就把它丢掉。他现在既然空闲时间太多，那至少应当定期给《改革报》写文章。不过《改革报》甚至也没有给埃卡留斯支付过一法寻。但是，如果现在支持它，那它很快就会有支付能力。

我发现，你的军事文章（关于"俄军从卡拉法特撤退"和多布鲁甲的形势）正在得到辉煌的证实。炮轰敖德萨看来是俄军挑起的。如果英军不让陆军在那里登陆，我认为他们不会有多大成绩，——也许只不过是使这里的庸人平息一下，他们由于战争日益使捐税和公债增加而对联军舰队按兵不动极端愤怒；也有可能，尼古拉需要这样一种示威，以便使他的"告人民书"更加激烈。对于英国内阁和彼得堡的协议，自从大家知道了"秘密往来的公文"中去掉了阿伯丁（1844 年）同意俄国提议的那个公文以后，就不能再有任何怀疑了。早在托利党前外交大臣在上院暗示"备忘录"的日期和签字是伪造的时候，我就预感到这里包藏有某种东西。这些家伙现在还在同俄国商议自己的下一步棋（虽然《圣彼得堡报》也责备他们的"两面派立场"），这一点你从关于中立船只和特别是关于俄国船只问题的《女王在枢密院的宣言》中可以看出来。几乎用同样词句写成的"宣言"同时在圣彼得堡也出现了。这不可能是偶然的巧合。不过，他们在这里并没有考虑到波拿巴。不论这家伙是怎样的一个人，但他知道，在这种情况下关系到他的脑袋，作为一个职业骗子他是不会让自己象可怜的路易－菲力浦在 1839 年和 1840 年那样干的。要是你看到 1830—1848 年间的秘密文件，你就不会怀疑：英国推翻了路易－菲力浦，而可敬的《国民报》尽管盲目地仇视英国并且正是由于这种仇视，却恰好不自觉地成了英国政策的主要工具之一。

正如你所知道的，《论坛报》对于充当基督教的卫道者非常心满意足。尤其使我好笑的是，我在一篇文章中主要谴责土耳其人保存了基督教，当然用词不是那样尖锐，而这些家伙竟把它当作社论登载出来。的确，土耳其人容许拜占庭神权政治以甚至希腊皇帝也从来未能设想到的形式发展起来，仅此一点他们就应该灭亡。实质上，还只存在两个宗教民族：土耳其人和土耳其的希腊—斯拉夫人。两者都注定要灭亡；后者至少是同在土耳其人统治下巩固起来的牧师社会组织一起灭亡。此外，我还给《论坛报》寄去了一篇有关土耳其的"圣墓"和"保护权"的丑史，这些家伙是不会察觉到在史料背后的对基督教的辛辣嘲笑的。

如果我现在能得到你为《论坛报》写的东西，我会非常高兴，因为我正在啃包括奥托国王时期的近代希腊史，两星期内还不能得出什么结果，也许会有一整组文章。曾任希腊驻君士坦丁堡公使并在那里进行过阴谋活动的梅塔克萨斯——巴黎的《新闻报》刊登过一篇对这一帮俄国—希腊班迪亚们描绘得不错的文章——，已成为恶棍卡波第斯特里亚的主要工具。

我现在正抽空学西班牙文，从卡德龙学起。歌德在写他的《浮士德》时不仅在个别地方，而且整场整场地汲取了卡德龙的《神奇的魔术家》——天主教的浮士德。此外，说来可怕，用法文不能阅读的东西，却用西班牙文读完了，如沙多勃利昂的《阿塔拉》和《勒奈》，贝尔纳丹·德·圣比埃尔的东西。现在我拼命读《唐·吉诃德》。我发现，学西班牙文的初期比学意大利文要更多地求助于字典。

偶然得到一本《从庇护九世即位到放弃威尼斯的三年期间意大利问题文献》，比我读过的有关意大利革命党的所有文献都要好。其中收集有秘密文件和公开文件，以及截得的信件等等。编排得不错。"帕米斯顿"（梯也尔这样念"帕麦斯顿"的名字）在这里也是主要角色。这个家伙无处不搞阴谋活动，而且他的生活方式总是十分有趣的。

关于乌尔卡尔特的军事文章，你还欠着我的债。这个人，只要有"真正的"知识就可以击溃他。在这方面同在他的政治经济学方面一样，都可以明显地指出他的肤浅。

评论：马克思谈了对海泽的看法，认为他应当工作干些事，而不是依靠别人生活。接着，他以详细的论述证明恩格斯在《俄军从卡拉法特撤退》和《双方军队在土耳其的态势》两篇文章中的观点正在得到辉煌的证实。马克思还谈到《纽约每日论坛报》充当基督教的卫道者的立场，而不能察觉他在《希腊人暴动》和《宣战。——关于东方问题产生的历史》背后对基督教的辛辣嘲笑。马克思告诉恩格斯自己正在阅读奥托国王时期的近代希腊史，且在学习西班牙文和阅读卡德龙的《神奇的魔术家》、沙多勃利昂的《阿塔拉》和《勒奈》、贝尔纳丹·德·圣比埃尔的东西以及《唐·吉诃德》。此外，由于偶然获得，马克思正在阅读《从庇护九世即位到放弃威尼斯的三年期间意大利问题文献》，认为这本书是他迄今为止读到的所有意大利革命党的文献中最好的文献。信末，他希望恩格斯写作关于乌尔卡尔特的军事文章以击溃他。

5月6日　致信恩格斯，指出：波兰人米斯科夫斯基——见《高尚意识的骑士》——死得很惨。可怜虫早就很穷，根本弄不到去君士坦丁堡的路费，因为他不在"执政者"的"宠臣"之列，沦落为怀特柴泊的流氓无产者，我们在西头有时给他一点不大的援助。两三天以前，这个可怜的人和另外六个在怀特柴泊和他住在一个木棚里的流亡者被活活烧死了。先是受穷，后来是濒于饿死，最后是烧死，自然，在这个"极乐世界"中所能够要求的就是这些。

既然万能智慧博士维斯在《工人共和国报》上疯狂攻击我们的"腐朽的思想"和无原则的"轻薄话"，那末，关于这位世界灯塔和魏特林快乐畜棚里的现在的股东，我认为有必要从埃德加尔·鲍威尔（我有时看见他，这种见面从来是使人头疼的）那里得到一些介绍。我所知道的简单情况是这样的：

维斯先生看来是在你离开柏林以后很快出现在那里的。这是一个徒骛虚名的青年，非常厌恶"实在的"知识，因而从来没有把他的医学考试考完过，但却极其热心地投向集中在施特赫利那里的"世界智慧"。他最初是布鲁诺的追随者，后来是施蒂纳的追随者，终于成了埃德加尔·鲍威尔"自由人"协会的成员，对妇女解放很有兴趣，他决心要成为"轻薄汉"。为了实现这个愿望，他竟同寓所的女房东——一个接生婆通奸。这个接生婆后来同"轻薄汉"吵闹，要他拿出良心，她抱怨失掉了自己的"小瓦拉几亚"；于是笨蛋维斯马上就试图赔偿她的这种损失，同她"自由"结婚。不管这个接生婆如何珍视维斯先生的钱袋，但也不轻视住在同一所房子里的一个工人（强壮的机器制造工）的"天然的囊袋"。不过，这种不幸也由伟大的维斯解决了；他让工人象机器一样地劳动，而他自己则有权用"蒲鲁东－傅立叶·维斯"的名字把他的劳动产品变得高贵些。如果"自由人"协会里面谈到蒲鲁东，那就不应当理解为巴黎的蒲鲁东，而应当理解为取名为维斯的、机器制造工的后裔。维斯先生花了不少钱，却什么也没有学到，还不断吹嘘他的自由婚姻，所以，老维斯不供给他生活费了，于是他只好象梅因一样，靠写些短小作品和对他寄以"希望"的柏林慈善家们预支给他的钱来过活。革命来到了。维斯成了人民演说家，成了民主俱乐部的一位副主席（是埃德加尔·鲍威尔把他拉进去的）。后来他成了《改革报》的撰稿人，不过，他的才华的光芒显得那样暗淡，连卢格都能遮住它。最后，他坚持对革命的"讽刺关系"，同他的接生婆举行了合法的世俗的和宗教的婚礼，同他的老头言归于好，象一条落水狗一样，带着他的接生婆和蒲鲁东－傅立叶·维斯急急忙忙逃到美国去了，在那里，他作为医生、哲学家和"康姆尼"的成员兴旺了起来。

评论：马克思首先讲述了米斯科夫斯基不幸的遭遇和悲惨的结局。接着他向恩格斯介绍了对他们发起攻击的维斯，维斯在 1854 年 3—6 月《工人共和国报》上发表文章《当代的基本趋向》，攻击马克思和恩格斯思想腐朽、无原则。在马克思看来，维斯是一个徒有虚名的青年，厌恶"实在"知识，选择成为布鲁诺、施蒂纳、鲍威尔的追随者；在革命到来时成为人民演说家和民主俱乐部的副主席；作为《改革报》的撰稿人，才华的光芒暗淡。

6 月 1 日 致信斐迪南·拉萨尔，指出：至于《帕麦斯顿》，——他现在正用一切力量要把全部军事管理权抓到手，但是碰上了皮尔分子纽卡斯尔公爵这个对手，——我为《论坛报》写的文章只有前几篇在这里翻印成了小册子。我自己曾经阻止这些文章继续发表，因为就在同一套《政治评论集》中，除了我的文章外，还有乌尔卡尔特的抨击文，而我不愿意被列为这位先生的战友，我同他只在一点上，即在对帕麦斯顿的评价上是一致的；其他一切方面，我都抱着截然相反的意见，这在我们第一次见面时就清楚了。他是个浪漫的反动派，十足的土耳其人，想用土耳其的方式和照土耳其制度来改造整个西方。我决定不把这几本小册子寄给你，因为寄小件邮包的费用贵得不成比例。至于问题的本质，那你有充分权利保留自己的意见，直到它被完全不可辩驳的事实改变为止。我的观点不是根据这个或那个个别的事实，——须知每一个个别的事实都可以有不同的解释，——而是根据这个人的全部行为，根据他1829年以来的总的活动情况。在他的活动中，我发现有一个统一的协调一致的计划，这个计划采取了多种多样的和往往表面上相互矛盾的形式，但永远是引向同一个目标，而且总是以同样高度的技巧来实现的。

对于你特别提到的几点，我作如下的说明：

（1）保护帕西菲科的远征。在帕麦斯顿过去派驻雅典大使馆的一个秘书（1836）的一本书里，即在帕里什先生的著作《希腊外交史》里，你首先会看到一个证据，证明1830年以后，帕麦斯顿千方百计要把希腊变成俄国的一个省。保护帕西菲科的远征最终把希腊完全抛入了俄国的怀抱。这次远征提高了帕麦斯顿在英国的声望，同时使他有可能在这一年同布隆诺夫签定了根据俄国利益草拟的关于丹麦继承程序的条约，这个条约直到1852年才最后定下来。如果说在希腊这件事上，帕麦斯顿使法国遭到了很大的损失，而没有向法国猛扑过去，那他的这种让步只是对英国人民耍的一种"外交手腕"。与他敌对的报纸已经开始强调，在1840年他就把英国变成了俄国的盟友和法国的敌人。

（2）承认政变。这是为笼络波拿巴所必需的。以前，由于西班牙发生内讧，他曾同样地搞过四国同盟，使路易－菲力浦遭殃。

（3）1839年6月19日的训令完全证实了我的看法。主张在任何情况下不许俄国实现安吉阿尔－斯凯莱西条约（顺便提一句，这个条约是帕麦斯顿搞出来的）的提议，并不出自伦敦，而是出自巴黎。苏尔特1839年5月30日给布尔克奈男爵的急电证明了这一点，1839年6月17日的急电等等也可证明。帕麦斯顿装出一副样子，似乎他认为苏丹希望履行安吉阿尔－斯凯莱西条约并使俄军进抵君士坦丁堡，他在6月19日给巴黎的格兰维耳伯爵发去一份急电，并附去他同一天的"给海军上将罗伯特·斯托普福德爵士的训令初稿"，他在其中除提出一系列模棱两可和荒唐的提议以外，还命令海军上将在必要时"用武力强行通过达达尼尔"。苏尔特的判断很正确（见格兰维耳伯爵1839年6月28日从巴黎给帕麦斯顿子爵的急电），他要帕麦斯顿注意，他们的敌人不是苏丹而是俄国，因此强行通过达达尼尔是荒谬的，只要英法两国驻君士坦丁堡的大使要求苏丹——这正是苏丹所希望的——允许联军舰队通过达达尼尔，就已经完全够了。帕麦斯顿对此不能作任何反对，但提出了一个更加荒唐的建议，对此，苏尔特向他写道：

"看来，高贵的勋爵过于轻易地容忍俄军占领君士坦丁堡的前景了。"

事态本着同样的精神继续发展，而且帕麦斯顿一直阻挠法国反对俄国，他装出一副样子，似乎只要布隆诺夫还不到伦敦来，他还没有同他签订 1840 年的条约，他的全部怒火就要发泄在穆罕默德－阿利身上。后来，这个条约在 1841 年关于达达尼尔的条约中找到了归宿，1841 年条约只是安吉阿尔－斯凯莱西条约的一个欧洲批准书。

评论：马克思提到自己和家人的身体状况，以及有关流亡者活动的消息。他指出自己与乌尔卡尔特的观点存在巨大差异，除了对帕麦斯顿的评价一致，其他一切方面都抱着截然相反的意见。此外，马克思还针对保护帕西菲科的远征、1852 年 12 月 2 日法国的波拿巴政变以及 1839 年 6 月 19 日的训令发表了自己的看法。

6 月 3 日　致信恩格斯，指出：现在我已经痊愈，孩子们虽然还不能出门，也全都下地了，但我的妻子感到很不舒服，大概是由于守夜和照料病人的缘故。最糟糕的是，她不想找医生，而是自己开药方，她借口说，两年前也是这样的小病，弗罗恩德开的药却使她的病情恶化了。如果情况不好转，我最后还得采取强迫手段。所以每星期二的通讯稿我不能寄出了，因为皮佩尔在这一天有课，不能给我当秘书，我妻子目前这样的状况，也不能烦劳她去抄写。你看，我简直成了彼得·施莱米尔。不过，全家这几年总的来说都还健康，希望这次危机过去后也还是那样。其实全家人轮流生病倒好些。

在昨天的通讯稿中，我对星期四那一号《泰晤士报》所登的军事计划嘲弄了一番。不过，如果法国报纸可信的话，这个计划看来是非官方的。《通报》报道说，奥美尔－帕沙正急于保卫锡利斯特里亚。也许这篇简讯只是为了支持巴黎人的情绪和抵销伟大的布瓦肖留住巴黎的后果。据俄国人的报道和今天报上纳皮尔的报告，我不能对情况得出一个明确的概念。似乎英国人终究又没有得到什么东西。

昨天，有一个叫奥托博士的矮胖的民主主义者无赖到我这里来。是个丹麦人。据他说，现在他是从什列斯维希—霍尔施坦被驱逐出来的，而在 1848—1849 年间他参加过什列斯维希—霍尔施坦运动和绍林吉亚运动。鲁普斯是否知道他的一些详细情况？

已读完《三年期间意大利问题文献》。编者在书末所附的《简评》中，与他自己所收集的文件相反，试图证明"青年意大利"，也就是朱泽培·马志尼是 1848 年运动的灵魂。不过，特别可笑的是结论，其中说运动应当摆脱自己的狭隘民族的性质，在 1848—1849 年间由于分散而遭到失败的各民族应当结成兄弟；或者是俄罗斯，或者是欧洲联邦。

评论：马克思告诉恩格斯全家人的身体状况，针对 1851 年 6 月 1 日《泰晤士报》的一篇社论写作了《英国特别的陆军部的成立。——多瑙河上的军事行动。——经济状况》，告知一位叫奥托的民主主义无赖的来访，正在阅读的《从庇护九世即位到放弃威尼斯的三年期间意大利问题文献》关于马志尼的看法以及马志尼的最新动态。

6月13日 致信恩格斯，指出：关于锡利斯特里亚的文章好极了。由奥地利出面要求俄国答应撤出多瑙河各公国（并在此基础上缔结和约和在维也纳召开会议），这是由俄国自己策动的。同时据推测，锡利斯特里亚将很快落入俄军手里。整个政府报刊使英国公众对这一事件作好了准备。因此帕斯凯维奇焦急不安。土军在锡利斯特里亚的抵抗推翻了这些估计，正如去年秋天类似的计划成熟时所发生的情况一样。

格拉赫上校是我认识的一个特利尔人；他不是普鲁士教官，而是一个有才干的冒险家，在土耳其碰运气已经有十九年或大约十九年的时间了。在巴黎捕获的布瓦肖，正如我从一个被称为癞蛤蟆的人那里所知道的，确实是由皮阿一伙当作政治特使派往法国的，不过，根本不是象皮阿用非常蹩脚的英语在《晨报》上所保证的那样，说他到那里是为了探望自己五年未见的老母亲。相反，这些癞蛤蟆从来没有扮演好自己的脚色，也不能放弃这种诉诸小资产者心灵的"轻歌剧式的"谎言。这是令人厌恶的。

很快你将收到新出版的《先驱者》。海因岑对已经停刊的《改革报》自然是大骂大叫，甚至还引用了卡图鲁斯的话，这些话大概是他从某一本附有题解的教科书里抄袭来的。还有对杜朗的可笑的攻击。伟大的卢格给双方都写信，既写给友人"杜朗"，也写给友人"海因岑"。他把自己打算在辛辛那提创办一所免费大学的全部计划告诉了后者。卢格打算在那里以异教国土上受尊敬的校长的身分愉快地度过自己的晚年。最终毕竟要成为一个教授的念头使他不能安宁，这是他过去竭尽奴颜卑膝之能事而未能从萨克森大臣林德瑙和更早从普鲁士大臣阿尔坦施泰因那里"挣得"的。在这一改造过的德国大学的赝制品中，也将"授予博士学位"。只需要一百万美元和六名管理财务的辛辛那提市民。还加上一个全部学科的说明广告。荒诞的混合，黑格尔《哲学全书》的标题和埃尔希、格鲁伯的书目的复杂混合物。例如：《普通语言学》（见埃尔希和格鲁伯的书，以及波特论语言的传播的文章）。不许上讲台的有：（1）施特劳斯和布鲁诺·鲍威尔；（2）把哲学变成胡说的"诡辩家"；（3）不是共产主义学说本身，而是"出卖共和国和自由的卑鄙的个人"。

评论：马克思赞扬了恩格斯的《对锡利斯特里亚的围攻》一文，并谈了对这一事件和格拉赫上校的看法。他谈到海因岑对《改革报》停刊的反应，卢格创办免费大学的计划和卢格对自己匿名出版的《帕麦斯顿勋爵》的称赞，以及妻子燕妮的身体状况。

6月21日 致信恩格斯，指出：你的文章在两三点之间及时到达。但是因为我只等到两点,两点以后必须出城去办家务事,而我的妻子又从附信中看到,文章不能这样寄出,所以就把文章留下了。我将在写星期五的文章时利用它,不过在这以前请你为我再补充几点,如果没有时间,就尽管写短些:

(1)昨天《每日新闻》的土耳其通讯中有什么新闻?你是否知道有关〔5月〕28日到〔6月〕13日事件的详细情况(据我所知,这些天已经有一些最新的消息,虽然是一些片断)?

(2)切尔克西亚沿岸的迂回运动中有什么值得从军事观点提出的东西?关于沙米尔的消息当然需要进一步证实。

(3)关于奥军入侵瓦拉几亚的问题,从军事观点看有什么可以谈的?

评论:为写作《俄军的撤退》,马克思请恩格斯补充关于土耳其、切尔克西亚沿岸的迂回运动、奥军入侵瓦拉几亚三个方面的军事观点。此外,马克思还提到妻子燕妮病情危急,但医生由于医疗费被拖欠而不再给燕妮治病,为此而准备向德朗克借钱。

7月22日 致信恩格斯,指出:关于西班牙你有什么要说的?

我无论如何必须再写一点关于土耳其军事的东西。第一,关于亚洲的丑事。第二,关于我从法国报纸上弄清楚的最近在多瑙河上发生的事件;但是由于我没有地图,不知道地名的正确程度如何。从7日到8日晨,同索伊蒙诺夫和赫鲁廖夫(可能"廖"是"洛")率领的三万人的俄国一个军发生了战斗。到7日傍晚,赫鲁廖夫占领了茹尔日沃以北的阵地。当夜土耳其各军绕过了该城,渡河插入俄军后方,因此赫鲁廖夫被迫于拂晓时突围,遭到相当大的损失。俄军退却了,而且不是从一个方向退,一部分退向弗雷特什提,另一部分退向克鲁格廉尼(?),还有一部分往东退向阿尔哲什河。他们就配置在这些地方,而塞里姆-帕沙同伊斯甘德-贝伊看来于9日和10日在弗雷特什提附近成功地袭击了俄军。哥尔查科夫于9日率领两万人推进到朱尔朱姆(?),而且每天调去新的部队。他的兵力配置在阿尔哲什河左岸,在这条河的富洛伊契(?)、法拉斯托克(?)、科罗察尼(?)和普热切尼(?)等地的渡口都筑有工事加以防守。整个俄军的配置是:从金波隆格和肯皮纳(?)的左翼起沿阿尔哲什河伸向布来洛夫和加拉兹。土军的配置是:从卡拉法特经都诺、茹尔日沃伸向沃耳特尼察和(?)卡拉腊什。从都诺到伊兹拉茨。塞里姆-帕沙在这里是以伊斯甘德-贝伊为后援的;已经推进到前方阵地的茹尔日沃附近的各主力军和茹尔日沃上方的各军,位于阿尔哲什河、沃耳特尼察和锡利斯特里亚的左方。第三,根据《晨报》的报道,俄军的总数如下表,不过我与报道不同,认为每营的人数只有五百五十。

第四,关于法军和英军的乌龟爬行般的前进,没有地图就没有什么幽默话可说,看来他们不会渡过多瑙河。圣阿尔诺在这样炎热的天气迫使自己的军队由阿德里安堡开往布加斯,其目的是什么呢?大概这位骑士是为了贪图车马费而竭力不停地向君士坦丁堡前进，然后再由那里转回随便那一个地方。瓦尔那、迭夫尼亚等地的英军军需部门的实际情况怎样？

评论：马克思在信中讲述了自己拮据的经济状况，以及准备写一些关于土耳其军事的文章。在土耳其军事方面，他将讨论四个方面的问题，一是亚洲的丑事，二是多瑙河上发生的俄土战争，三是俄军的总数，四是法军和英军的前进路线，并希望恩格斯就此写一些评语供自己在文章中利用。在附言部分，他谈了恩格斯之前询问他的关于一首诗歌的作者身份的看法。

7月27日　致信恩格斯，指出：等着你为星期二写点东西。赫伯特先生的牛皮吹得真大。这位赫伯特是沃龙佐夫的内弟，同时又是英国军务大臣。英国人吹牛皮说，似乎奈斯密斯和巴特勒"单独地"守住了锡利斯特里亚，这纯粹是奇谈怪论。迪斯累里在星期一下午的会议上用一根针把小约翰和《泰晤士报》的"塞瓦斯托波尔"的肥皂泡戳破了，这一段消息你读到了吗？

同时我从弗莱里格拉特那里听说，骗子特吕布纳宣称这些《评论集》属于他的出版物之列。请注意，塔克尔要"《论坛报》的文章"，为的是再一次回避稿酬问题。但是，（1）在整个伦敦不能为他找到一份《论坛报》，因为只有订户才收得到，甚至在纽约，过期也不能补订一份；（2）不作很多的补充，就没有一篇文章现在是适用的。必须同这家伙照实地谈，中止"温情"的态度。如果他满意，另一方面，你也同意，我将提出下列建议：

（1）我将从《论坛报》选出对秘密公文的往来的批判供他转载。为此德朗克必须把有关这个题目的第二篇文章转给我，这里的邮局把这篇文章弄丢了。这不要稿酬。第二篇和第三篇则要现金，在交稿时支付，即：

（2）对帕麦斯顿的一般性抨击文，我用《论坛报》上的序论作为开始，中间和结尾部分重新写。

（3）有关宣战以来的英国人的外交和军事行动的抨击文，必须同你一起写。我们可以利用刊登在《论坛报》上的文章作为这两方面的材料。如果你同意这三点，那么问题是：

要多少报酬？

看来我的东西比乌尔卡尔特的容易销售。当塔克尔把乌尔卡尔特在《晨报》上的拙劣作品收入他的一套《评论集》时，乌尔卡尔特是"兴高采烈"的。

如果这些你都同意（自然第二篇和第三篇应写得辛辣些，以便在伦敦引起真正的轰动，此外，现在同塔克尔已建立这样一种关系，可以随意写，不必惧怕英国人的偏见），你就给我起草一封通知塔克尔先生的信。因为我在事务问题上太没有办法，所以直到现在无论口头或是书面都故意没有给他回答。但不应失掉时机。

1853年出版的梯叶里的《第三等级的形成和发展史概论》一书，使我感到很大的兴趣。令人奇怪的是，这位作为法国历史编纂学中的"阶级斗争"之父的先生，在序言中竟对一些"新人物"感到愤怒，原因是他们现在也看到资产阶级和无产阶级之间的对立，并且竭力从 1789 年以前的第三等级的历史中寻找这种对立的线索。他花了许多精力来证明，第三等级包括除了贵族和僧侣以外的一切等级，而资产阶级起着所有这些其他成分的代表者的作用。例如，他引证威尼斯公使馆的报告说：

"那些称为王国各等级的，是这样三等人：僧侣、贵族和其余可以通称之为人民的那些人"。

如果梯叶里先生读过我们的著作，他就会知道，资产阶级当然只是在不再作为第三等级同僧侣和贵族相对立的时候，才开始和人民坚决对立。至于说到"昨天刚产生的对立"的"历史根源"，那末他的这本书提供了最好的证明：第三等级一形成，这种"根源"就产生了。这个本来很机智的批评家应当从"元老院和罗马人民"这种说法中按照他自己的观点得出结论说，在罗马，除元老院和人民之间的对立，从来没有其他对立。使我很感兴趣的是，从他所引证的文件来看，《catalla, capitalia》即资本这个词是随着城市公会的发展而产生的。此外，他违反愿望地证明了，法国资产阶级的胜利之所以推迟，只是因为他们在 1789 年才决定和农民采取共同行动。虽然缺少适当的概括，但是叙述得很好：

（1）法国资产阶级从最初起，至少是从城市出现以后，就由于自己组成议会和官僚机构等等而获得了极大的影响，而不象在英国那样仅仅是由于商业和工业。这毫无疑问地还是现在的法国的特点。

（2）他的描述很好地说明了，这个阶级是如何发展起来的，而这个阶级在各个不同的时期成为重点的各种不同的形式，以及通过这些形式而获得影响的各种不同的部分都消失了。我认为，任何著作也没有把这个阶级在它成为统治阶级以前的这一系列演变作过这样好的描述，至少就材料的丰富而言是如此。遗憾的是，关于行会师傅，行会负责人等等问题，总之，即关于工业资产阶级发展的形式问题，虽然只有他一个人知道这方面的材料，可是他几乎只作了一般的和众所周知的阐述。他很好地阐明并强调了的东西，就是十二世纪城市运动所具有的密谋的和革命的性质。德国皇帝，例如，弗里德里希一世和二世曾经颁布取缔这些"公会"、"秘密组织"、"盟会"的勅令，同德意志联邦议会的精神完全一致。

评论：马克思提到赫伯特的吹牛、皮佩尔的挥霍，以及塔克尔要把马克思论帕麦斯顿的文章收录到《塔克尔政治评论集》却不想支付稿酬的问题。他谈到对 1853 年出版的梯叶里的《第三等级的形成和发展史概论》感兴趣，并分析了书中的一些观点。他不认同梯叶里把资产阶级看作除了贵族和僧侣之外的第三等级的代表者，指出资产阶级只是不再作为第三等级同僧侣和贵族相对立的时候，才开始和人民坚决对立。但马克思对梯叶里关于资产阶级的起源和发展史，以及十二世纪城市运动所具有的密谋和革命的性质的论述表示认同。

8月26日　致信恩格斯，指出：你摆脱了海泽很好。我不明白，对这种"二流子"人们会发生什么兴趣。我当然不了解伊曼特同德朗克和海泽有通信关系，但是我知道伊曼特至多是"在理论上"参与他们的儿戏。伊曼特在这里生活得象一个诚实而勤劳的市民。

接到拉萨尔的来信，他得意扬扬地通知我说，七年甚至是八年的哈茨费尔特战争结束了。到底结束了！案件以缔结一项老太婆"取得胜利的"协议而告终，她的品德、还有她的钱袋都同样"贞洁地"退出了战斗。拉萨尔现在想把自己的公馆迁到柏林去，但是已经听到警察方面为难的意见。

迈耶尔写信告诉我，柏林法庭（哪个法庭，他没有告诉我）中止了对柏林蛊惑者案件（哥特弗利德式的哥特弗利德在其中起了作用）的审理，因为原告的主要证人亨策"值得怀疑"。你对此有什么看法？

评论：马克思简略地谈论了妻子身体的恢复，克路斯的失联，恩格斯对海泽的摆脱，拉萨尔来信告知哈茨费尔特案件的结束，迈耶尔来信告知柏林法庭中止了对柏林蛊惑者案件的审理，米凯尔来信告知其不幸遭遇，舍尔瓦尔的最新动态，丹尼尔斯的病情以及西班牙的混乱。

9月2日　致信恩格斯，指出：你现在是交易所的一员，而且是完全受尊敬的。特向你祝贺。很想听一听你在这狼群中的咆哮。

海泽写信给伊曼特说，——我不知在什么地方，——有一些工厂里的人（没有说是工人还是厂主）一起凑钱请他去当大家的教师，每星期可以拿到两英镑。这对他是更好些。

关于亚洲的战事，现在应当在《论坛报》上再谈一谈。我有一些窘，因为我在最近写的文章里有一次把土军在卡尔斯总崩溃的消息说成是维也纳的虚构。电讯的确是假的，但是它所根据的情报是真实的。

我现在的主要研究对象是西班牙。到目前为止，我主要研究了1808年到1814年和1820年到1823年这两个时期的西班牙史料。现在转入1834年到1843年这个时期了。历史相当混乱。最困难的是阐明事态发展的内在动机。无论如何，我已经非常及时地着手研究《唐·吉诃德》。如果把整个这些材料最扼要地加以阐述，可以给《论坛报》写六篇文章。目前，我的科学研究能得到报酬，这确实是一种进步。

德朗克，——我们私下这样说——由于没有其他"精神上的"刺激，正热中于对"施特芬"的探讨，他在给伊曼特的信里把各种罪过都加到施特芬的身上，企图把他说成是政治上的"可疑分子"。我轻而易举地向伊曼特证明了德朗克的各种无端寻衅是荒谬的。简直是荒谬绝伦。我认为施特芬是我们党的一个非常难得的人。他有性格，有学识。他在自己视为专长的比较地理学方面，发表了完全独特的观点。可惜，他关于这个问题所写的手稿留在科伦。

评论：马克思祝贺恩格斯成为交易所的一员，提到海泽当上了教师，燕妮可能怀孕了，并附上克路斯的信。他认为应当谈一谈亚洲的战事。马克思谈到这一阶段的主要研究对象是西班牙，他指出，这一研究最大的困难在于从混乱的历史中阐明事态发展的内在动机。为此，他及时着手研究《唐·吉诃德》。保存下来的有马克思的五本笔记，其中都是从英、法、西等国家的著作中作的摘录。此外，他还提到德朗克的荒谬行径和对施特芬的看法，以及米凯尔因得霍乱而咯血。

9 月 13 日　致信恩格斯，指出：我又不得不向你要钱了，尽管这使我很不愉快；但是，外界压力迫使我不得不这样做。我不能把自己的期票提前几个星期去贴现，因为，弗莱里格拉特由于在比朔夫斯海姆处为此发生了不愉快的事，不再贴现票额不到二十五英镑的期票了。总的说来，这样倒好一些，因为，在零星借债不断的情况下，尽管日常的债务可以偿清，但固定的债务却在增加。此外，我还必须从下一次期票的款项中抽出八英镑给弗罗恩德，因为在目前情况下需要特别照顾妻子。我家在危机时通常动用的特殊手段又已耗尽，什么东西都当光了，同西班牙的国库一样。

此外，至于整个"国库"的情况，我已把债务的总数降至五十英镑，即比年初大约减少了三十英镑。你由此可以看出，不得不运用更多的财政巧计了。如果我同拉萨尔的谈判获得成功，他借给我三十英镑，你借给我其余部分，那我终于又可以翻身，并可使家里的面貌完全改观，而现在，单是当铺我就得支付百分之二十五，再加上总有欠债，无法收拾。从我的老太太那里什么也弄不出来，这一点在特利尔再度得到了证实，除非我亲自出马。

目前，因为索荷区是霍乱的主要流行区，身无分文的状况，——且不谈家里的消费一刻也没有停止——就更令人难忍了；人一批一批地死（例如，宽街平均每户死三个人），对付这种讨厌事情，最好的是"食品"。

行了，这个问题谈得够多了。我把这封信寄到你家里，因为我怕由于某种误会，这封很少慰藉的信落到你办事处里不可靠的人的手中。

至于亚洲的事件，《纪事晨报》来自那里的战地通讯在这里引起了轰动，《观察家报》和其他周刊都转载了这篇通讯。

朱阿夫兵高喊"猢狲们滚蛋！我们要拉摩里西尔！"不知道这种喊叫声是否传到了曼彻斯特。埃斯潘纳斯作为这些骚动的第一个牺牲者被召回法国。

党近来不走运。施特芬所在的那个学校的校长破产了，所以他失去了在布莱顿的位子。他能否争取到已经赚得的薪水，还是疑问。皮佩尔失掉了《同盟报》通讯员的位子，因为皮尔斯先生也破产了，他的报纸没有财力使用外国通讯员了。琼斯的印刷厂主和债主——麦克戈温得霍乱死了。这是对琼斯的一个打击。所有这一切都是使人不太愉快的。

评论：马克思告诉恩格斯自己面临的债务问题，希望恩格斯能够提供援助。信中谈到霍乱在索荷区的流行，《纪事晨报》关于亚洲事件的战地通讯引起了轰动，以及党的成员的动态，包括施特芬和皮佩尔失去工作，琼斯受到打击，以及对德朗克的厌恶。

9 月 29 日　致信恩格斯，指出：从附上的德纳的信里，你会知道美国的危机对我发生了多大的影响。我要求发表文章都要署上我的名字，或者就什么也不要发表，他们却回答说，今后我的文章只用作社论发表，付给我的稿费将是过去的一半。我暂且给德纳写了一封信，说我还没有作出决定；同时我将继续照旧每周寄去两篇文章，这是因为，一方面有塞瓦斯托波尔的事件，另一方面，我论述十九世纪西班牙革命的文章在西班牙议会复会之前必须结束。在这段时间里，我们可以仔细考虑怎样最后回答这些先生。

评论：马克思告诉恩格斯美国危机对他产生了很大的影响，最直接地体现为《纽约每日论坛报》只会把马克思的文章当作社论发表，且稿费减半。虽然马克思对此做法还没有作出回应，但他将继续按照约定每周给该报寄去两篇稿子，原因有二：一是英、法、土联军 1854 年 9 月 28 日开始围攻塞瓦斯托波尔；二是他要在西班牙议会复会之前完成论述 19 世纪西班牙革命的文章，即《革命的西班牙》。

10 月 10 日　致信恩格斯，指出：首先请接受我对你的出色而有充分论据的批判性文章的祝贺。可惜的是，这些"武器的成就"不能够在伦敦的报刊上发表出来。本来这样的活动是会保证我们在这方面的地位的。

至于我们的好心的圣阿尔诺，他很有预见地及时死掉了，我已经在几个月前就给《论坛报》写了他的详细的传记。"一事不重罚！"这条规矩自然也适用于这个家伙。

怎样解释下述问题：（1）英国人没有把一支舰队安置到叶尼卡列海峡以阻挡俄国人从阿纳帕等地渡河。难道用小型舰艇控制阿速夫海以阻止从海上运送任何军队是没有可能的吗？难道这在目前情况下是没有必要的吗？

（2）应不应该对贝萨拉比亚（奥美尔－帕沙）采取佯攻以阻止俄国人从那里增援克里木？对这一点的忽视，除了英奥的外交阴谋还能用其他理由来解释吗？

我认为，自从统帅们掉进克里木这样的陷阱以后，他们这方面的任何外交手段自然就都停止。但是总的说来，从整个计划来看，我并不相信，到目前为止帕麦斯顿至少对他的"善良的意志"曾有一秒钟停止过提供证据。

我的竞争者 A. P. C. 在最近的某一号《论坛报》上祝贺该报对埃斯帕特罗的"出色述评"。他自然不怀疑他的"恭维话"是对我说的，但同时却本能地特别强调完全属于《论坛报》的最愚蠢的结束语。其实该报完全删掉了我对一般宪法英雄们所讲的那些俏皮话，因为它嗅出了，在"蒙克—拉斐德—埃斯帕特罗"三重唱后面隐藏着对高贵的"华盛顿"的某种影射。这家报纸简直太缺乏批判能力了。最初他们颂扬埃斯帕特罗，说他是西班牙唯一的国家活动家。然后他们又刊登了我的一些把他说成是一个喜剧人物的文章，而且还补充说：由此可见，对西班牙是没有任何指望的。后来，他们收到了关于西班牙的一组文章的第一篇，——这纯粹是一篇论及 1808 年以前情况的序言——，却以为这就是全部，并给文章加上了一句完全不伦不类、但却是善意的结束语，以劝说西班牙人，要他们表现出是值得《论坛报》信任的。我不知道他们以后会怎样处理。

如果你想读一点极其可笑的东西，那你应当弄一份星期六的《晨报》，在那上面，享有专利权的小酒店主正在跟这家小酒店报纸的目前的编辑部打官司。控告和辩护同样都是可笑的。控告是由福斯特先生提出的，他曾在尼科尔森男爵的法庭上当过律师。乌尔卡尔特由于颂扬有专利权者，说他们是翱翔于英国各政党之上的人，而受到粗暴的和解职的奖赏。一般说来，生意人内心最隐蔽的肮脏东西，还从来没有这样暴露无遗。

你是否看到了布鲁诺·鲍威尔的《西方列强的傲慢》？这本东西我也还没有弄到。

评论：在信中马克思赞扬了恩格斯的批判性文章《阿尔马河会战》，提及圣阿尔诺之死和自己写的《英国军事部门的改组。——奥地利的要求。——英国的经济状况。——圣阿尔诺》，询问恩格斯对英国军队的行动的看法，评价了普尔斯基发表在《纽约每日论坛报》上的《欧洲状况》和该报对自己的文章的缺乏批判力的删改。最后，马克思谈到李卜克内西的婚事、福斯特的可笑的官司和布鲁诺·鲍威尔在 1854 年出版的《论西方的专政》。

10 月 17 日　致信恩格斯，指出：如果从旧政策的观点来看——要知道英国和法国除此以外是不会执行其他政策的，所不同的只是，英国政府并不认真实行，而拿破仑第三则是进行可笑的模仿，——那也许应当把法国和英国的利益加以区别。一旦在黑海和波罗的海的俄国舰队被消灭，俄军被逐出克里木、高加索以及他们从波斯人和土耳其人那里强占来的省份，则英国又可以获得五十年的海上霸权和对亚洲最发达地区的特殊统治地位。那时它就可以完全按照它的老一套做法让大陆列强在七年战争和其他战争中弄得精疲力竭（这些战争的主要战场在德国，有的在意大利），以便在战争结束后，不论是俄国、奥地利或法国，都不能够获得在大陆上的独特统治地位。相反，对于法国，从俄国海军力量和俄国在亚洲南部的势力被消灭的时候起，真正的斗争还只是开始。因此法国就不得不力图粉碎俄国的陆军，从而扩充它自己在大陆上的霸权，来与英国相抗衡。谁能保证，一旦英国人消灭了波罗的海和黑海上的俄国人，从而使他们不致危害自己以后，大陆上就不会爆发革命，而英国人不会以此作为借口来重新同俄国人正式订立反对大陆的同盟？

但全部问题在于，现在当权的英国人不是查塔姆之流、小皮特之流，甚至也不是威灵顿之流，他们并没有认真考虑要消灭哪怕是俄国的海上力量和俄国在土耳其、波斯和高加索的势力。如果他们自己不彻底的措施迫使他们这样做，他们也许会决心走这样远，但是同时，踌躇不决和诈骗勾当大概要使他们遭到不幸，引起国内运动。

我认为，在评论联军进行的战争时，正象你有时在文章中提示的那样，必须考虑到唐宁街（特别是当帕麦斯顿坐交椅的时候）和彼得堡之间的经常的联系。我深信，只要军队处于危急的情况下，将军们就会唾弃内阁，而干出他们所能干的一切：要知道，将军先生们很少或者从来不知道那些秘密活动，而同时却在拿自己的生命冒险，这已为海军上将宾的事例所证实，他同现在的邓达斯一样，接到了当时海军部发出的糟糕的训令。

我尽力搞到鲍威尔最近的著作，然后把它转寄给你。

我不知道，纳皮尔和其他西法战争史学家是否正确地描写了西班牙作者完全确定的一件事实，即除了拿破仑亲自在西班牙指挥的一个短时间外，在法国军队中一直到战争结束，都存在一个完全有组织的共和主义者的阴谋，其目的是推翻拿破仑，恢复共和制。还有，文件资料表明，伟大的"米纳－伊－埃斯波斯"是一个真正的无赖，他比约翰·贝克尔差得远，毫无军事才干，但极其狡猾，阅历颇深，主要是一个贼。详细研究西班牙革命的历史，就可以弄清楚一个事实，即这些人为了摧毁僧侣和贵族统治的物质基础花了差不多四十年的工夫，但是在这段时间里，他们完成了旧社会制度的彻底变革。此外，临时政府等等在那里表现出了几乎象在法国等等一样的洞察力。虽然整个种族具有满腔热血，而对流血事件又无动于衷，但值得注意的是，直到1834—1840年内战时期，唯有革命党垄断了博爱主义的宽容，为此，它以后不得不一再受到惩罚。

评论：在信中马克思首先赞扬了恩格斯对俄国兵力的计算，并提出了自己的看法。接着他分析了英法的战略意图和英国外交上的勾结行为，以及英法的下一步计划。再次，他评价了西法战争史学家的观点并谈了自己关于西班牙革命历史的看法。最后，他提到皮佩尔的工作动态和自己的经济困境。

10月26日　致信恩格斯，指出：我在研究西班牙垃圾堆的时候，也弄清了尊贵的沙多勃利昂的诡计，这个写起东西来通篇漂亮话的家伙，用最反常的方式把十八世纪贵族阶级的怀疑主义和伏尔泰主义同十九世纪贵族阶级的感伤主义和浪漫主义结合在一起。自然，从文风上来看，这种结合在法国应当是件大事，虽然，这种文风上的矫揉造作有时一眼就可以看出（尽管施展了一切技巧）。至于此人的政治活动，他本人在其《维罗那会议》中把自己完全揭露出来了，问题只在于，他是得到了亚历山大·巴甫洛维奇的"现金"，还是简简单单地被阿谀奉承收买了，这个虚荣的花花公子比谁都爱奉承。不管怎样，他从彼得堡得到了安得列也夫勋章。"子爵"（？）先生虽然时而恶魔般地，时而基督徒般地向《vanitatum vanitas》〔"虚无中的虚无"〕卖弄风情，但是他的vanitas却从每个毛孔中散发出来。你知道，在会议期间，维莱尔是路易十八的首相，而沙多勃利昂是法国在维

罗那的代表。他在自己的《维罗那会议》——你以前也许看过这本书——中引述
了一些文件、会谈记实等等。一开始，他谈了 1820—1823 年西班牙革命的简短历
史。这段"历史"，只要提一提下面这些就行了：他把马德里搬到了塔霍河（只是
为了引用一句西班牙俗话：这条河出产黄金），还说什么里埃哥率领一万人（其实
只有五千人）去迎战率领一万三千人的弗莱雷将军，结果被击溃，带着一万五千
人退却了。他不说里埃哥向龙达山撤退，而硬说他向摩勒纳山撤退，为的是能够
把他同拉曼彻的英雄媲美。我顺便举出这几点，以便说明他的手法。至于日期，
几乎没有一个是对的。

但全书的重点是沙多勃利昂先生在维罗那会议上的功绩，会议一结束，他就成
了外交大臣，领导了对西班牙的干涉。

他还承认，只要坎宁有区区两个团在里斯本登陆，法军就要倒霉。为了造成这
样一个结局，还注意到使法军由于陆军大臣贝冷公爵和吉埃米诺将军之间的纠纷，
在进入西班牙以后突然陷入没有粮食和运输工具的状态。于是就出现一场非常可爱
的笑剧，似乎法军为了神圣同盟并在它的道义支持下取得的胜利，应该帮助法国摆
脱维也纳条约。"子爵"并不象这里所想象的"那样笨"。他清楚地知道，问题在什
么地方："俄国没有在君士坦丁堡派驻大使"。它当时正同希腊人搞阴谋，由于法国
同英国之间的战争，特别是法国为西班牙事件所纠缠，以及法国在那里的失败，都
使它得以放手去干。

评论：马克思评价了沙多勃利昂论述西班牙革命的著作《维罗那会议。西班牙
战争。谈判。西班牙的殖民地》及其政治活动。他认为沙多勃利昂写的东西通篇漂
亮话，文风矫揉造作，用反常的方式把 18 世纪贵族阶级的怀疑主义和伏尔泰主义同
19 世纪贵族阶级的感伤主义和浪漫主义结合在一起。他在书中对自己的政治活动进
行自我吹捧和拔高，将自己塑造为西班牙战争的主要发起人。马克思揭露了沙多勃
利昂的欺骗手段和虚伪本质。

11 月 22 日　致信恩格斯，指出：附上德纳的信，从中你可以看到这些骗子是
怎样利用军事文章的。信中提到的里普利论墨西哥战争的书我还没有收到。明天收
到书，浏览一下就寄给你。

只要你有可能，就请在星期五把文章寄出，因为星期二我写了一篇关于西班牙
的文章，在目前情况下一星期写两次是不可能的，另一方面，我的经济情况极端困
难，放过一篇文章，从各方面来说都是不好的。

国家检察官布林德阁下得到关于占领塞瓦斯托波尔的不真实的消息时，就决
意计划召集一次德国人的大会——还要作出一项原则声明——，以反对俄国和德
国各邦"君主"，特别是为了检察官先生和全体德国流亡者获得无尚荣誉。为此，
各党团的"领袖们"要心平气和地聚集在一起。当然，我和弗莱里格拉特把这次
进攻击退了，因此布林德的计划暂时遭到破产。但是英雄所见略同，现在正用各

种下流货塞满《晨报》的孜孜不倦的阿尔诺德·卢格也出现了同样的念头；根据他的书面邀请，举行了一次预备性的会议，成员有：菲廷霍夫（修脚师，六十岁，库尔兰人，不懂任何一种语言，以前是库尔兰伯爵菲廷霍夫的仆人，现在冒充自己的主人；根据阿尔诺德的计划，这个菲廷霍夫应该当主席，而出钱和召开大会的事则应由德国商人中的一帮坏蛋——格尔斯滕茨魏克等人来负责，在他们的庇荫之下打算让德国流亡者登台），还有勒麦（贝克尔的继父、众所周知的警探）、梅因、布赫海姆、隆格、卢格、布林德和那个花花公子。会议的结果是：花花公子和隆格多少互相"挑衅"了一番。愤怒的国家检察官布林德退出了会场，因为卢格这个懦夫不愿意把"使我们大家联合起来的共和国"这句话写进纲领中去。在这之后，布林德到我这里来（我不在家），向我妻子诉"苦"，抱怨德国流亡者命中注定要受"轻视"，抱怨我们破坏了一切"共同的"行动。仿佛我们当中有谁妨碍七、八头驴子的"联合"和发表公告似的。（的确，我们准备，如果这些人的集会闹得太厉害并且在英国人面前卑躬屈节得过于损害了"德国"的荣誉，就可能在伦敦宪章派的帮助下举行一次对抗的会议，这一点是完全秘密的，枢密官布林德直到现在还不晓得。）你看，"流亡中的大人物"认为现在又需要"创造和完成"什么事情了。

评论：马克思在信中提到德纳的信，并请恩格斯为他写一篇文章以应对极端困难的经济情况。他还谈到布林德要召开一次德国流亡者大会，后计划遭到破产，而卢格举行了一次预备性会议，但结果不欢而散。马克思表达了对这些流亡者及其活动的蔑视。

11 月 30 日 致信恩格斯，指出：前天我终于收到了两卷大开本的里普利的《墨西哥战争》，将近一千二百页。我觉得——当然这仅仅是外行的见解——里普利成为一个军史学家多少是受纳皮尔的影响。书写得很有道理，而且我认为也不无批判力。德纳一定没有读过它，不然他会发觉，他们的英雄司各脱将军，不论是作为总司令还是作为绅士，形象都极其不妙。这段历史特别使我感兴趣，因为不久前我读了安东尼奥·德·索利斯《征服墨西哥》一书中关于费南多·科尔特斯的进军。倒是可以对两次征服作一个非常有趣的比较。此外，虽然两个统帅——泰勒和司各脱——在我看来都是非常平庸的，但整个战争对美国佬的伟大国家的战争史来说无疑是一个当之无愧的序幕。进行军事行动的地域之广，使用的人力之少（并且志愿军多于正规部队），赋予这场战争以"美国"的特色。至于泰勒和司各脱，他们的全部功绩，看来只是深信，不论美国佬被引入怎样的泥坑，他们终究是会从里面挣扎出来的。下周初我把两卷书寄给你。书很大，请来信告诉我怎么办好些，是邮寄（我对新规则还很不清楚）还是通过包裹公司？

评论：马克思在信中希望恩格斯把德纳的信寄还给他，并指出恩格斯由于粗心使写的文章缺了页。他收到医生弗罗恩德第三次讨债的单子，询问恩格斯应对方法。

他谈到罗·萨·里普利1849年出版的两卷大开本《同墨西哥交战》，赞扬书写得很有道理且具有批判力。马克思表现出对墨西哥战争的兴趣，认为可将这一事件与安东尼奥·德·索利斯的《征服墨西哥》中提到的费南多·科尔特斯的进军作一个有趣的比较，因为这场战争拉开了美国战争史的序幕，并体现出地广人少的美国战争的特色。

12 月 2 日 致信恩格斯，指出：先生，我并不认为可以把你的信或者甚至仅仅是你的名字同可敬的"朋友"联系起来。（这个犹太人之所以一个劲地逼债，是因为他的妻子按他的要求在圣约翰伍德开办的一所高贵的学校使他濒临破产的边沿。我现在才通过科内利乌斯了解到底细。）按照你的来信，我向他写了以下两点：（1）从附去给他的安·德纳的信中他可以看出，美国的商业危机如何影响了我，并通过我影响了他；（2）为了补偿损失，我找到了新的撰稿联系，根据这一点我愿意作出书面保证，从1855年1月起每月10日偿还他四英镑。全部债务大约还有十七英镑。如果弗罗恩德先生不干，就让他向法院对我起诉。德纳的信可以在任何法院面前替我辩解，这一点他也明白。如果我直接提到你，那我：（1）在对弗罗恩德的关系上会失掉有利的地位；（2）他会将此事告诉（而且马上拿出信来）他学校里的教师哥特弗利德·金克尔先生，金克尔就会告诉格尔斯滕堡，后者就会告诉西蒂区的每一个德国犹太人，等等，直到弄得勃朗都知道，那是我绝不愿意的。

我问过拉萨尔，他能不能为我在德国找到某种撰稿工作，因为收入减少而开支增加，不得不认真考虑这一点。现在拉萨尔对我提出了下面的建议，对这件事，我希望你仔细斟酌后提出意见。他的表弟弗里德兰德博士本月初将成为《新奥得报》的所有者，但是同施泰因和埃尔斯纳合伙。要我作该报驻伦敦通讯员。弗里德兰德认为，开始他无力支付每月二十塔勒以上的稿费，但拉萨尔相信能够使他把稿费提到三十塔勒。建议就是这样。这个数目是微不足道的。但是从另一方面来说，不能为了替德国偏僻的小报写两三篇通讯而要价太高，四、五十英镑什么时候都是有用的。主要的障碍是埃尔斯纳和施泰因！其所以要更认真地考虑，是因为这些先生们不是保守派，甚至是自由派，他们和我们的对立比《新普鲁士报》更直接得多。"这就是问题所在。"请你好好考虑一下。

寄给你一号《人民报》，使你了解一下琼斯对巴尔贝斯（我们私下说，他把巴尔贝斯看成是布朗基）的事情所要的手腕，了解一下他就波拿巴计划访英一事所作的反波拿巴宣传。这件事使地方"当局"严重不安，警察尽可能把各处的标语撕掉。甚至《雷诺新闻》和《先驱》都指责琼斯的思想是不爱国的。原先他在自己那个领导反波拿巴运动的委员会中选进了一些名誉委员，把我也选了进去。我嘲笑了他并且专门指出，为了使这个运动在这里和在大陆发生作用，它应当具有纯粹英国的性质。从他在同法国流亡者一同举行的预备会议上发表的意见中你可以看到，他同意了这一点。

评论：马克思告诉恩格斯自己与弗罗恩德的债务关系，并询问恩格斯关于为《新奥得报》撰稿的意见。他随信附上一号《人民报》，谈论了琼斯对巴尔贝斯的事情所耍的手腕和就波拿巴计划访英一事所作的反波拿巴宣传。他还提到对美国征服墨西哥战争中的司各脱和泰勒的看法，认为这场战争体现出美国人特有的独立感和个人的勇气。

12月8日　致信恩格斯，指出：今天把文章寄出，虽然我知道，今天邮局不会发走。过一个星期，我要写关于议会的东西。还是一定请你在星期二之前把文章寄给我，以便在星期五（那时我将发出期票）之前我能指望再得到两英镑。在这之前我已经好几次没有寄文章了。如果没有发生什么事情，你可以写写奥地利的兵力。

你应当写关于《日耳曼人和斯拉夫人》的小册子。你还得读一读鲍威尔的《英国和俄国》（用法文写的）。古斯达夫·迪策尔也就这个问题写过一本"厚厚的"书。你看到博德男爵关于俄国的统计资料（大约是在半年以前出版的）没有？

评论：马克思告诉恩格斯他的文章《克里木战争》已经寄出，请他写一篇关于奥地利兵力的文章。根据马克思的要求，恩格斯写了《奥地利的兵力》一文。恩格斯想写一本批判泛斯拉夫主义思潮的小册子，马克思肯定这一意图，并向恩格斯推荐鲍威尔的《英国和俄国》、古斯拉夫·迪策尔的《俄国、德国和东方问题》和阿·弗·博德的《俄国欧洲部分林区旅行札记》。在1855年春，马克思曾在德国接洽出版这本书，但计划没有实现。

12月15日　致信恩格斯，指出：巴特尔米的结局确实是光辉灿烂。在昨天的审讯笔录（确切点说是验尸员的调查）中说到，从他那里发现重要的文件，虽然不是关系到凶杀案的。如果其中有前些年的文件，那是令人不快的，根据那些文件，我们会被看成同一个替我们"贮藏"子弹（坏蛋们正是这样夸张的）以备返回巴黎用的人有着某种关系。

下星期我将开始为《新奥得报》写通讯。暂时是一个月三十塔勒。但我推测，这些家伙每周三篇通讯才能满意。我不能为了每月三十塔勒而不再去博物馆，买书我又没有钱。虽然我对这项工作很不乐意，但为了安慰我的妻子还是接受下来了。她以后的日子当然是很不快活的。

对里普利的书我特别喜欢的是，他并没有作任何过分的夸张。在完全没有计划的情况下，墨西哥战争中的战略上的错误就很可以理解了。至于更细的战术上的失算，我是什么也不懂。纳皮尔描绘墨西哥人如同前者描绘西班牙人一样，其次，在对敌人方面他也尽量做到公正，我觉得纳皮尔在这方面是里普利的榜样。

评论：马克思对恩格斯的即将来访表示高兴，并评价了巴特尔米案件的结局。他告诉恩格斯他将开始为《新奥得报》写通讯，以及为了填补家用而写通讯与作研究之间产生冲突的矛盾心理。他赞扬了里普利的《同墨西哥交战》和纳皮尔的《比利牛斯半岛和法国南部战争史》。

12 月 20 日 致信摩里茨·埃尔斯纳，指出：我的通讯将在星期六着手写。恰好在议会的"预备"会议结束的时候开始写通讯，本来并没有什么意思。而对这次短促的会议做一个概括，也许是最好的开端。两年来我只是用英文写作，我指的是为报刊写稿。用德文写作，开始会有些困难。

您知道，我曾在整整一年的时间里编辑一家受检查的普鲁士报纸。因此，我能充分设想《新奥得报》在新的书报检查形式下要遭到怎样的磨难；这些困难以及要同当局进行的隐蔽的斗争，促使我协助这家报纸。

由于议会的会议将要结束，而除了对议会会议写一篇概述和可能对财政问题发表一些意见以外，写其他报道我很少有重要材料，所以我打算——如果这个想法可行——写一组文章来评述直到现在还在克里木进行的战争。关于这个问题，不论在这里还是在德国，都没有看到一篇象样的，即批评性的文章。此外，我认为，这个题目会使人最感兴趣，同时也最少可能引起同间接的普鲁士王室的书报检查机关的冲突。

评论：马克思表示将为《新奥得报》写通讯，可以对恰好结束的议会的"预备"会议作一个概括。鉴于《莱茵报》的办报经历，马克思还表示将协助《新奥得报》同书报检查制度进行隐蔽的斗争。此外，马克思表示还将写一组文章来评述还在进行的克里木战争。从这篇述评起，马克思开始为该报撰稿。

1855 年

1 月 17 日 致信恩格斯，指出：我昨天自然不能给《论坛报》写文章，而且在今后一段时间内还是不能写，因为昨天早晨六、七点我妻子顺利地生了一个可信任的旅行者；可惜是个女孩。如果是个男孩，就更好一些。

你知道不知道红色沃尔弗是《奥格斯堡报》驻伦敦的一名通讯员？这是我偶然发现的；我读了该报的一篇文章，其中有关于"家园"、"故乡"和"异国"的各种庸俗议论——这都是用来说明不列颠部队在巴拉克拉瓦碰到的"龌龊事情"。我在遇见弗莱里格拉特时曾告诉他，我在奥格斯堡《总汇报》上看到了一篇只有 Lupus Rufus 才写得出来的荒唐东西。弗莱里格拉特也证实，沃尔弗是"真正的科贝斯"。

现在我家里有海涅的三卷书。顺便说一下，他详尽地叙述了一件捏造的事，说在奥格斯堡《总汇报》"攻击"他从路易-菲力浦那里领取津贴的时候，我和其他一些人曾经来安慰过他。好心的海涅故意忘掉了这样一种情况，即我为了他而进行的干预是在 1843 年底，所以，无论如何不可能同 1848 年二月革命以后才知道的一些事实联系起来。不过我们不再提这件事了。他受着良心的责备，——要知道，这条老狗对这种丑事有着惊人的记忆力——就竭力讨好卖乖。

　　评论：马克思告诉恩格斯女儿爱琳娜·马克思的出生。他指出费迪南·沃尔弗是奥格斯堡报《总汇报》驻伦敦的通讯员，认为他发表在该报的通讯《评英国人》是庸俗议论。他讨论了海涅在其著作《各种作品集》的文章《回顾说明》中不完全准确地转述的一件事。1848 年法国二月革命以后公布了从路易－菲力浦政府领取津贴的人的名单，德国反动报刊对海涅进行新的攻击，而海涅为自己辩解时，在海涅的叙述中，他捏造了马克思为他进行干预的时间，马克思的干预是在 1843 年年底。

　　1 月 23 日　　致信斐迪南·拉萨尔，指出：至于你向我提出的各种经济问题，据我所知，到现在为止关于这些问题既没有官方的资料，也没有经过科学整理的综合资料。从贸易部的统计表中，当然可以借用谷物进口的官方数字。但是再也没有别的了。现在一定会很快涌现一大批关于这些问题的文章。在英国，危机的时期同时也是理论研究的时期。我在笔记本中利用各种来源收集了一切可能收集到的统计资料，根据我的这些笔记本，一有可能，就为你搞个综合材料。

　　能不能说，每年的消费量都增加了这么多呢？显然，这取决于对另一个问题的答案，即：在英国，小麦生产的数量是不是同以前一样？对这一点，只有在我们有了农业统计资料的时候才能回答，而这种统计正好现在才开始进行。关于爱尔兰和苏格兰，我们知道，在废除谷物税以后，大量的土地变成了牧场等等。[至于英格兰]，我们暂时只能用归纳的办法得出某种结论。如果在英格兰没有荒芜大量耕地，那怎么可能出现这样的情况：在这一年，虽然收成非常好，但是粮价却比采用保护关税的 1839 年还高，而国外进口的缩减额，无论如何不会超过收成好坏之间，即 1854 年收成和 1853 年收成之间的差额。下面这张官方统计表（爱尔兰的）表明，在自由贸易制度下，停止耕种土地的趋势——在大多数情况下，大概是由于把耕地变成了牧场——是多么普遍。

　　相反，上一年（1853）减少的总数只不过是四万三千八百六十七英亩。两年共计十七万二千四百四十二英亩。由于近两年来对一切农产品的需求都增加了，这个数字更显得惊人。至于从事农业的"人手"，我们知道，从 1852 年起每年从大不列颠移居国外的三十万人中，大部分是农业工人。我们知道，在 1853 年，人口第一次减少了，而不是增加。最后，农业工人大量减少的最好证明，就是 1853 年农业地区的工资提高了，这是 1815 年以来的第一次，而为了重新降低工资，几乎到处都采用了收割机。（顺便指出，外国粮食的自由输入大大推动了英国农业的发展。）自由贸易对工业品价格有什么[影响]，根据现有资料还完全不能断定。例如，毛纺织业和麻纺织业中价格的波动同原料有关，未必是由于废除谷物法而引起的。总的说来，我认为，从 1849—1854 年期间的价格历史中可以看出，一切工业产品价格和粮食价格之间的比例，各个工业部门产品价格和相应的原料价格之间的比例，仍然同废除谷物法以前一样（这些部门内部价格的变动也如此）。

　　至于工厂中的工资（数字下次再讲），可以完全肯定地说，谷物法的废除，（1）

对绝对工资没有产生任何影响，（2）促使了相对工资的降低。在发生危机的一年，工资降低了。在比较好的 1849—1852 年（包括 1852 年，至少包括前八个月），工资并没有提高。为什么没有提高呢？因为生活资料的价格下跌了。在 1852 年期间，开始大量移居国外，而另一方面，美国、澳大利亚、东印度等地的需求大大增加。当时工人要求把工资提高百分之十，而且在很短的时间内，即在繁荣达到顶点的时候（大体上是在 1853 年 8 月以前），几乎在大多数部门达到了这个要求。你知道，——譬如你回忆一下普雷斯顿的罢工，——这个百分之十的提高很快又从他们那里夺走了，虽然 1853—1854 年粮价平均高于实行保护关税的年份，如 1843—1845 年和 1830—1837 年。可见，工资的提高，而且是短时间的提高，——因为现在又已经开工不足，开始发生危机了，——无论如何也不能归功于贸易自由；这种提高是完全符合一切繁荣年代工资的提高的。贸易自由实际上促成的只是 1849—1852 年期间工资没有提高。工资所以没有提高，是因为同样的工资可以买到更多的生活资料。实际上则是利润的相对提高。这样一来，相对工资，即和利润比较的工资，实际上是下降了——这就是结果，关于这一结果的必然性，我已在 1847 年的一本小册子（用法文写的）里作了说明。

当然，不能否认，谷物法的废除在某种程度上（与调整食糖税、允许外国轮船自由驶入，对英属北美进口木材取消保护关税等问题配合起来）大概使得英国人扩大和获得了新的国外市场，以销售他们的工业品。例如，美国颁布带有较大自由贸易性质的立法，无疑部分地是由于英国废除谷物法所造成的。但是不能对此赋予太大的意义；例如英国对俄国的输出减少了，而英国从俄国的输入由于谷物法的废除却大大增加了。整个看来，欧洲作为英国的市场的意义是相对地越来越降低，因为 1854 年的输出总额中（我在这里指的是英国产品的输出总数，而没有包括再出口数字），仅仅美国、澳大利亚和东印度就占百分之六十，更不用说欧洲以外的英属殖民地了（除东印度）。

评论：马克思提到女儿爱琳娜·马克思的降生。信中马克思向拉萨尔分享自己收集的资料，并根据搜集的资料回答拉萨尔提出的各种经济问题。他讨论了自由贸易和谷物法的废除对小麦和面粉的输入、耕地的面积、农业工人的数量、工人工资、英国国外市场等的影响。

1 月 31 日 致信恩格斯，指出：附上两篇论述格莱斯顿的财政管理的文章。第一篇文章中的某些数字，这些家伙显然是印错了。不过你所需要的只是回忆起整个方案的总的精神。

看了上面这些，可以使你回忆起足够的事实来嘲笑这些家伙，同时可以预先对可敬的帕麦斯顿（如果他当上首相的话）敲打几下。

评论：马克思随信附上论述格莱斯顿的财政管理的文章。在 1853 年 4 月和 1854 年 5 月，马克思写了很多有关格莱斯顿的财政政策的文章，包括《英镑、先令、便士，或阶级的预算和这个预算对谁有利》《君士坦丁堡的乱子。——德国的招魂术。——预算》和《不列颠的财政》等。在信的主体部分，马克思概述了 1853 年和 1854 年联合内阁的活动。马克思认为这些概述可以使恩格斯回忆起足够的事实来嘲笑联合内阁，并对帕麦斯顿（如果他当上首相）进行敲打。

　　2 月 2 日　致信恩格斯，指出：非常感谢你的文章。罗素被纽卡斯尔狠狠地羞辱了一场，但是这头蠢驴在自己发言的末尾却显得非常令人可怜。

　　附上：（1）拉萨尔的信；（2）丹尼尔斯的信；（3）拉萨尔所引用的那份剪报。戈德海姆用"拉萨尔"的名义在佐林根和其他地方的工人中间到处活动；（4）施特芬的信。顺便提一句，他忘记注明他在布莱顿的地址，如果我因此没有回信给他，他又要抱怨了。

　　由于巴尔贝斯的蠢事，琼斯自然已经同癞蛤蟆们而且同他们中的败类搞在一起了。结果又要在二月纪念日举行世界各族人民的大规模宴会。他也到我这里来过，我嘲笑了他一顿。但是他那伙法国人（完全是一帮不知名的家伙）却钻进了前沙佩尔协会，协会当然没有拒绝这样诱人的建议。波兰和意大利流亡者当中的不属于"流亡者上层"的不满分子，似乎也已经组织起来，以便派自己的代表去参加委员会。昨天我同格茨为了寻开心，让琼斯带我们去参加他们的会议，权充"旁听者"。他介绍说，我们是"宪章派的老朋友"，当然有权满足自己的好奇心。参加会议的是些什么人呢？有各式各样的最次的癞蛤蟆。一个西班牙裁缝或者烟草厂厂主，他是"自行与会"的，还有施泰翰（一个疯疯癫癫的人），接着还有三个坏透了的德国混蛋。在沙佩尔本人离开以后，施泰翰就竭力模仿他的面部表情，他的忧郁而严肃的神情和姿态，正象肉铺老板勒让德尔模仿丹东一样。但这还不是全部。俄国人赫尔岑没有得到邀请就自行出席了上一次会议，并且（自行）提议把自己选为委员会成员。在我们出席的那次会议上，宣读了他的一封谄媚的信，因为法国政治贤人们发现他是一个"出色的人"，所以当即接纳了他。整个这次会议，法国人的饶舌，德国人的死板面孔，西班牙裁缝的手势，这些简直都是使人受不了的，以致琼斯（主席）提议：（1）每人只能发言一次，并且不得超过十分钟；（2）有人指出西班牙人不是流亡者，因为在那里民主派已经得胜，他对这个意见说了一句模棱两可的恭维话："希望在伦敦的所有流亡者都能有这样的命运"，那时在伦敦"各种国际委员会就都成为多余的了"。格茨和我作为静观者，免费地欣赏了这一场喜剧，我们拼命地抽烟。在那里可以亲眼看到，"真正的民主派"成了什么样子。

　　评论：马克思谈到罗素、燕妮和女儿爱琳娜的情况。附上拉萨尔、丹尼尔斯、施特芬的信以及拉萨尔引用的简报。他还提到琼斯的动态，一是以琼斯为主席的国际委员会在二月纪念日举行世界各族人民的大规模宴会，二是马克思同格茨旁听了他们的会议，认为会议是一场让人无法忍受的闹剧。

　　2 月 13 日　致信恩格斯，指出：首先告诉你"金条"已收到；其次，今天的出色的论文也已收到。我有四、五天不能给任何人写信，也不能给你写信，因为眼睛发炎很厉害，到现在还没有完全好，而我的"常任秘书"也因为天冷不能象通常那样很快就恢复过来。不过我想，她最近会重新承担起自己的职务。我的眼病是由于审阅自己的政治经济学笔记引起的，——我想把材料整理出来，至少也是为了掌握材料，为整理材料作好准备。

赫尔岑怎样把自己强加给"国际委员会"，我已经告诉你了。附上他的一封信，在信里他对"没有发出的""邀请"表示感谢。这封信本来准备在《人民报》上发表，以便在公众面前证明他是重要的角色。但是没有成功，因为我立即从琼斯手里把这糟糕东西骗了来。然而，赫尔岑还是硬让他们派他当了纪念会的主持人之一。

同时附上第二封信，这个委员会在信中邀请我出席宴会，并且"参加大会"。我不想使癞蛤蟆们感到难堪，更不想使宪章派感到难堪。问题是：我用什么方式来拒绝？请赶快把你的意见写信告诉我。我之所以必须拒绝，是因为：（1）这种大会总是一场无谓的喧嚷；（2）这在目前情况下会毫无益处地引起政府方面的迫害，而帕麦斯顿本来就在盯着我了；（3）我不愿意在任何时间和任何场合同赫尔岑一起出面，因为我不赞成这样的意见：似乎旧欧洲要用俄罗斯的血液来更新。在回信中是否借口赫尔岑要出席而加以推托？

琼斯干了一件极其"愚蠢"的事，简直晕头转向，把工作的领导权交给了癞蛤蟆们和德国混蛋们。他由于希望在公开的大会上把所有外国流亡者都变成宪章派的尾巴，而不惜牺牲一切。这将是一次很大的会，它会引起一场争吵，其后果将是：（1）乌尔卡尔特和他的一伙（如果这事引起注意，则还有《泰晤士报》）会指责宪章派是受俄国代理人领导的，——这是一定的；（2）使内阁有借口来恢复外侨管理法案；（3）造成宪章派内部的分裂。分裂现在已经开始了。一部分伦敦宪章派断言，琼斯在关于成立作为联系宪章派和外国流亡者的中间环节的分委员会的通告中，放进了关于"社会民主共和国"的话，就是任意违背了宪章，使宪章派的整个事业蒙上了污点。虽然不能不承认琼斯有充沛的精力、坚强的毅力和主动精神，但是，他那大喊大叫的宣传，不知分寸地借各种理由进行的鼓动，以及毫无休止地想超越时间等等作法，会把一切都毁掉的。当他没有可能进行真正的鼓动的时候，他就追求表面形式，随意地掀起一个又一个的运动（自然，一切都不会有什么进展的），而且使自己周期性地处于一种虚假的紧张状态中。我警告过他，但是没有用。

戈洛文先生，赫尔岑的忠实的阿哈特今天在《晨报》上登了一篇题为《二月革命》的简短报道，内容如下：

"他听说赫尔岑应当代表俄国出席大会，或者确切些说应当代表自由主义的俄国出席大会。仅仅他的名字就说明他是一个德国人，或者不如说是一个德国的犹太人。在俄国，人们都在责怪皇帝，怪他竟愿意使用这样的人。流亡者要谨防陷入这种错误。"

如果象今天《纪事晨报》增刊上巴黎的通讯员所报道的那样，小波拿巴亲自统率对抗普鲁士的莱茵军队，那末"战局"最终将对法国不利。

评论：马克思告诉恩格斯收到他寄来的钱和出色的文章《克里木的斗争》，以及自己因为从事政治经济学研究引发的眼病。他谈到赫尔岑把他自己强加给国际委员会，讲述了自己想拒绝参加委员会召开的大会及其原因，询问恩格斯用什么方式加以拒绝。马克思认为，琼斯为了动员外国流亡者而交出国际委员会的领导权是一件愚蠢的事情，而这次大会无疑会变为一场争吵并导致一定的后果，特别是宪章派内部的分裂。最后，马克思提到赫尔岑的追随者戈洛文发表在《晨报》上的简短报道《二月革命》，以及《纪事晨报》上关于拿破仑第三率领军队对抗普鲁士的莱茵军队的报道。

3 月 8 日　致信恩格斯，指出：致拿破仑·波拿巴的小册子（日拉丹在《新闻报》上声明，这不是他的作品），使我非常开心。虽然小册子力图赋予"国君"一种庄严的姿态，虽然它充满了法国式的吹牛、肤浅以及军事问题上的极大的错误，但它对于我们的勒卢阿，或者说圣阿尔诺却是一座珍贵的纪念碑，而且一般说来，对于描述"身居王位的巴纳姆"以及他的亲信，也是很珍贵的。

关于克里木的臭事，你要给我解释下面这一点：伊文思将军向调查委员会说，军队在塞瓦斯托波尔溃败，主要原因是没有道路通向巴拉克拉瓦港；要修筑道路，一千人十天也就够了，但是——问题也正在这里——所有抽得出来的人，都用来挖战壕了，而英军应占的战线之长，从一开始就同英军的人数完全不相称。这就产生一个问题：能不能认为这种倒霉的事情是法国人耍的把戏？

不久前我又仔细研究了奥古斯都时代以前的（古）罗马史。国内史可以明显地归结为小土地所有制同大土地所有制的斗争，当然这种斗争具有为奴隶制所决定的特殊形式。从罗马历史最初几页起就有着重要作用的债务关系，只不过是小土地所有制的自然的结果。

今天我看到了福斯特牧师的三本书的广告，书的总称是《最初的语言》。

想必你已经看到，赫尔岑先生现在甚至在奥格斯堡《总汇报》上也叫嚷起来了。同时，他在琼斯的群众大会上的演说登在《人民报》上，印成了单行本，也登在里贝罗耳老爹的光荣的《人》报上。

评论：马克思提到儿子埃德加尔·马克思的身体状况、妻子将获得一笔遗产以及一笔退款。他评价了塔韦尔尼埃写的1855年匿名出版的评价拿破仑·波拿巴的小册子《论东方战争的进行。克里木远征。一个将军致拿破仑第三皇帝陛下政府的报告》。马克思认为这本小册子尽管充满吹牛、肤浅和错误，但对勒卢阿或者说圣阿尔诺和拿破仑第三来说却很珍贵。此外，马克思还请教恩格斯有关克里木战争的军事问题，谈到自己正在仔细研究奥古斯都时代以前的（古）罗马史，并将古罗马的国内史看作为奴隶制所决定的小土地所有制同大土地所有制的斗争。最后，马克思提及赫尔岑在《总汇报》上登载的通讯《俄国人赫尔岑》，以及将1855年2月27

日群众大会上的演说发表在《先驱》报、《人》报上，并出版了单行本。

　　4 月 17 日　致信摩里茨·埃尔斯纳，指出：附上两篇文章，作为同泛斯拉夫主义论战的开端。我认为，德国早就应当严肃地研究关于威胁着它的危险的问题了。这些东西，您觉得什么时候合适，就什么时候登，因为它们同通讯没有直接的联系。然而我深感必须不失时机地在德国敲起警钟。况且，柏林的"批判的批判"也会由于自己高傲的愚蠢而得到应有的报偿。

　　评论：马克思告诉埃尔斯纳关于德朗克将替他写通讯的消息，德朗克将寄出一篇关于波拿巴的文章。马克思随信附上恩格斯的文章《德国和泛斯拉夫主义》，以之作为同泛斯拉夫主义论战的开端。他认为，泛斯拉夫主义是威胁着德国的危险问题，德国早就应当对之进行严肃的研究。

　　5 月 16 日　致信恩格斯，指出：克路斯终于又寄来了几份《论坛报》，还写了几行字，说他打算写文章。

　　附上：（1）《星期日时报》上关于《索荷的蝎子》的文章；（2）《人民报》的剪报，从中你可以了解到琼斯先生同西蒂区改革派的奇怪的谈判，以及"他怎样被欺骗"（这些家伙显然希望工人民众作为哑角，站在他们门前的大街上，展示并证明他们的运动深入人心）。真是件有趣的事情！

　　《政治评论集》现在变成了一大本书。塔克尔先生在序言中指名感谢我，在目前外侨管理法案可能恢复的情况下，这样介绍并不很妙。

　　评论：马克思告诉恩格斯全家仍沉浸在埃德加尔·马克思离世的悲痛中。他谈到让德朗克给恩格斯寄书的事情，希望恩格斯在给德朗克寄套鞋的时候，把布鲁诺·鲍威尔一些反映了泛斯拉夫主义思想的书等寄给他。此外，他告诉恩格斯正在联系出版商谈出版他想写的批判泛斯拉夫主义思潮的小册子的事宜，询问恩格斯书的计划篇幅。最后，马克思谈到随信附上《星期日时报》和《人民报》的剪报，让恩格斯了解琼斯同西蒂区改革派的谈判。马克思在一系列文章里指出，协会宣传只要求在国家管理方面作一些温和的改革，这种宣传失败后，协会就不再存在了。特别是在《资产阶级反对派和宪章派》一文中，揭露了西蒂区改革派的真正目的。

　　5 月 18 日　致信恩格斯，指出：《论坛报》真可恶。现在无论如何必须让它反对泛斯拉夫主义。如果它不干，我大概不得不同它断绝关系，这样做是很不愉快的。

　　想必你已经在以前的一号奥格斯堡《总汇报》上看到，伟大的赫尔岑从 8 月开始要在这里出版一种俄文杂志——《北极星》。

　　评论：马克思告诉恩格斯燕妮病了，希望他寄些钱来。马克思对《纽约每日论坛报》的立场表示愤怒，认为必须让它反对泛斯拉夫主义，否则就与之断绝关系。马克思和恩格斯认为，揭露为沙皇俄国侵略性对外政策辩护的泛斯拉夫主义理论，具有重大的意义，因此马克思指出，在《纽约每日论坛报》上就这个问题发表意见在当时是很重要的，因为俄国流亡者、泛斯拉夫主义的鼓吹者古罗夫斯基的思想，对美国舆论有一定的影响。此外，他还提到赫尔岑在 8 月要出版一种俄文杂志，即《北极星》文集。《北极星》文集由赫尔岑自 1855 年至 1862 年和 1869 年在"自由俄国印刷所"出版，共八册，宣传革命民主主义思想，向读者介绍俄国作家和诗人被沙皇书报检查机关禁止的作品。

　　6 月 15 日　　致信恩格斯，指出：我刚收到你的文章（下午四点）。喝醉了的邮差已经走过去了，琳蘅赶上去把信拿来了。从附上的德纳的信中你可以看到，他要求：（1）为《论坛报》写一篇关于普鲁士军队的文章，篇幅是一栏；（2）为《普特南氏月刊》写一篇关于欧洲各国军队的文章，篇幅是一印张。后一篇文章如果你没有时间写，就把材料寄来，我自己写。我对要写的东西不熟悉，文章自然写不好，不过我不能放弃挣十英镑的机会，因为应该从遗产中分得的钱还没有到手，另一方面，开支很大，而且又放过了几篇文章，因为勇敢的德朗克在我离开时没有给《新奥得报》寄一篇文章（他食言了），《论坛报》还预支给我一笔钱（今天寄出的文章才抵上这笔账）。

　　至于彼得曼的书，我是连同一张便条一起托普芬德带到曼彻斯特去的，那时你正好到湖滨去了。普芬德现在又到了曼彻斯特，你可以问他。

　　评论：马克思谈到德纳要求写的两篇文章，为《纽约每日论坛报》写一篇关于普鲁士军队的文章，为《普特南氏月刊》写一篇关于欧洲各国军队的文章。他还提及托普芬德给恩格斯捎去彼得曼主编的《地理学方面新的重要研究通报》，以及沃尔弗的近况。

　　6 月 26 日　　致信恩格斯，指出：上星期五我没有寄出文章，因为同时从伦敦和曼彻斯特收到文章会使这些家伙发生怀疑。星期二（上星期）我寄出了一篇关于波拿巴外交、1815 年条约和普鲁士元帅克奈泽贝克的一般性的文章。关于后者，谈了他在维也纳会议上对波兰人所作的中肯的讽刺。下星期五看来不能没有一篇军事文章论述滑铁卢纪念日发生的马拉霍夫和凸角堡的战役。明天和后天我到图书馆去找西班牙军队的资料。凡是我能找到的，在周末以前你一定都能收到。

　　评论：马克思提及寄出的文章《奇怪的政策》，认为应当写作一篇军事文章论述滑铁卢纪念日发生的马拉霍夫和凸角堡的战役。恩格斯在《六月十八日的强攻》一文中对这次战役作了分析。马克思还谈到出版恩格斯批判泛斯拉夫主义的小册子的联系情况，以及在海德公园举行的示威。1855 年 6 月 17 日，宪章派在海德公园举行了规模最大的一次群众示威，伦敦人民群众抗议议会通过一系列损害劳动者利益的措施。

　　6 月 29 日　　致信恩格斯，指出：你读了附去的一堆废料以后会说：multa instead of multum。这是完全正确的。最主要的东西，即西班牙火炮的数量和口径，虽然我浏览了整本条令，还是没有找到。关于山炮在这方面的一些材料你可以在注释里找到。根据葡萄牙《军事评论》的一个地方来判断，西班牙炮兵的兵器，大体上是仿照法国的。

我把各种各样的材料都收集了，可能有些东西用得上。

提到米努托利（男爵）的那个地方，是指他的一本书：《西班牙及其进一步发展》1852 年柏林版。

评论：马克思谈到对西班牙火炮和山炮的了解情况，并收集了各种各样的资料用于研究西班牙，包括米努托利 1852 年出版的《西班牙及其进一步发展》。

7 月 3 日　致信恩格斯，指出：我在博物馆花三天时间翻阅了大量的东西，但是除了下面这些在麦克库洛赫《统计、地理词典》中已经有的以外，没有找到任何关于那不勒斯军队的材料。

1848 年，军队人数约为四万九千人（看来，这是战时人数，因为我在一本都灵出版的《政治词典》中找到 1840 年的人数为两万六千至两万七千人）。其中基干步兵三万两千，骑兵五千，炮兵和工程兵四千，宪兵八千。他们断言，能够使自己的军队达到六万四千二百三十七人，这个数字被引为正式的战时编制。我从里恰迪的书中了解到，斐迪南一世的儿子和炮弹国王的父亲最早——1824 年或 1825 年——雇用瑞士人当兵，期限为三十年（因为那不勒斯军队仿效西班牙军队，举行了叛乱），规定薪饷为当地部队的三倍。由于双西西里王国政府在国内依靠瑞士人和拉察罗尼，在国外依靠奥地利军队，而把自己那支薪饷菲薄、纪律松弛、士气低落、胆小怕死的军队看得等于零，所以，我认为在评述欧洲各国军队时，可以照政府自己的看法，把这支军队当作"零"，只顺便指出它的人数就行了。

马里奥蒂的书里可能有些详细的资料。但是我得不到这本书，因为不管我去借多少次，它总是"已借出"。

我的家仍然充满悲伤。妻子还是非常痛苦。对心爱的不幸的孩子的怀念折磨着她，他的姐妹们嬉戏时，她也感到难过。这样的创伤只有随着时间的推移才能慢慢愈合。就是对我说来，这种损失也仍然象第一天那样历历在目，所以我懂得妻子的痛苦。如果苏格兰的钱来得还及时，我就到肯特去住几星期，据说那里风景优美的地方很多，而且花费也不大。

上星期天海德公园的场面，使人很讨厌，一方面警察们专横肆虐，另一方面大量的群众纯粹是消极反抗。不过，显然一切正在酝酿和沸腾；但愿克里木的大失败能起推动作用。

评论：马克思告诉恩格斯查到的关于那不勒斯军队的材料，和家人特别是妻子仍未走出埃德加尔·马克思离世带来的悲痛。他还提及参加反对禁止星期日交易法案的海德公园第二次示威的人遭到警察猖狂镇压一事，马克思在《关于更严格地遵守星期日例假制的法案所引起的风潮》一文中对这个事件作了描述。

7 月 17 日　致信恩格斯，指出：施特龙在我这里，遗憾的是他妨碍我今天寄文章给《论坛报》。因此我想星期五寄出一篇关于最近内阁危机的文章，标上星期二的日期；如果你同时能寄给我一篇哪怕是关于普鲁士军队的文章（如果战场上没有发生什么事情的话），使我能一次寄出两篇，那就太好了。问题在于下星期我不得不以《论坛报》的名义开期票，由于我上次已经超支而最近时间又白白放了过去，所以我还要预先开期票，而且数目相当大。

从美国佬的国家回来的德国人古斯达夫·佩克耳，带来了埃德加尔写的几句话，以及他和其他熟人的一些详细消息。近来埃德加尔在纽约附近当雇农，他打算把自己在得克萨斯州的农场卖掉。施拉姆生肺病，已经受到死亡的威胁，也在纽约州。艾韦贝克大约在一年半以前到诺沃奥去找卡贝时路过那里。菲克勒尔在利埃夫尔破产以后，接收了他的莎士比亚饭店，并且还竭力欺骗他。雅科比情况不错，美国佬喜欢他"严肃"和"审慎"的性格。布伦克尔元帅和其他几个革命喜剧时期的坏透了的骗子用偷盗来的钱买了土地，而且据说他们对待自己工人的那种粗暴举动和高傲态度，远远超过了美国佬。海因岑又在纽约办起了他的《先驱者》。总的说来，德国人在那里生活得很糟：他们同时受到缅因州禁酒令、"什么都不知道"的压迫，受到工农业危机的折磨。因此，回德国以及去加拿大和南美的侨民很多。

由于巴黎的德国商人的斡旋（其中一人是《新莱茵报》的拥护者），德朗克回巴黎的申请，已经得到肯定的回答。只要弄到"生产费用"，他打算本星期就动身。

伊曼特已经前往苏格兰海泽那里，去一个月。他在这段时间把坎柏威尔他那套小屋子让给我用。全家都搬到那里去换换空气，目前也只能做到这一步。

附上下列信件：

第一、拉萨尔从巴黎来的信。

第二、为了使你开开心，寄上赛雷迪的《亚细亚的领袖们》以及此人请我帮忙的信。

第三、弗洛伦库尔关于遗产情况的信（你要寄还给我的只有这一封信）。从信中你可以了解到，一方面遗产增加了五百一十五英镑，另一方面，各种各样的拖延使事情不能很快实现。这不是那个臭名远扬的弗洛伦库尔，而是他的兄弟。

评论：马克思谈到要寄给《纽约每日论坛报》关于罗素因议会批判内阁而辞职的文章的写作情况，希望恩格斯同时给他寄一篇关于普鲁士军队的文章。他还讲述了埃德加尔、施拉姆以及海因岑等在美国的生活情况，总的来说德侨在美国的生活很糟。此外，马克思还提及德朗克、伊曼特的近况，并随信附上三封信件。

8月7日　致信恩格斯，指出：全家仍在坎柏威尔（自然，我大部分时间也在那里）。皮佩尔在我们这里作客已有一星期。所以，我除了最必需的文章——给纽约和德国的文章——以外没有可能写什么东西。关于《军队》的文章非常出色。

从附上的施特芬的信中，你可以了解到，我们的朋友丹尼尔斯和毕尔格尔斯处境很坏。我特别可怜前者。我不记得我在简述从美国佬国家来找我的人所说的情况时，有没有提到康拉德·施拉姆生了肺病，并且在前元帅布伦克尔那里用驴奶治疗。

最近几星期我给《论坛报》写了一组关于约翰·罗素勋爵的文章，确切点说是三篇，在文章中我从头考察了这个小个子的升迁史。虽然如此，还是要很快再写点关于战争的东西，也许还要写点关于亚洲形势的东西。

评论：马克思告诉恩格斯全家在坎柏威尔，赞扬了恩格斯的文章《欧洲军队》，提及丹尼尔斯和毕尔格尔斯处境很糟。他谈到最近在给《纽约每日论坛报》写的关于约翰·罗素勋爵的抨击文章，他还提到德朗克护照的事情，简要评价了波拿巴的举措，并询问恩格斯对奥地利军队在意大利集结的看法。

9 月 1 日　致信恩格斯，指出：伊曼特非常冒险地指望在阿布罗思找到工作，于是结束了自己在这里的一切事务，动身到蒙特罗斯去了。我得到了他的家具，并且要在这里呆到苏格兰的钱来。那时我要租一套象样的房子。在这以前第恩街的房子还得保留着。乡村的空气对于全家，特别是对我的妻子非常有益。

你的文章昨天收到了。汉堡各报也登了俄国的报告。

现在必须赶快给《普特南氏月刊》写文章。我收到德纳的来信，已经说担心第二篇到得太迟。但是从更晚的一封信中看到，它还是及时寄到了。普特南又要求写一篇文章，题目是：《现代作战方法中的进步》。《纽约时报》登了一篇一般说来给了你适当赞扬但显然不怀好意的批评。说英国人不执勤是不穿"瘦小的裤子"的，他们的骑兵连有四百多人，而且在"人"这个词的后面，打上了一个问号；最后，说作者看来不知道，在英国鞭笞现在只限于五十下，而且只有在例外情况下才使用。大约两星期前，在阿尔德肖特有一个士兵被打了三十皮鞭而死去，这件事就是对这个批评家的作品的注释，关于批评中的荒唐东西，我已经写信给德纳提出了必要的意见。

你是否注意到纳皮尔和格莱安之间的争吵？第一篇文章发表在《泰晤士报》上，第二篇发表在《晨报》和《先驱报》上。今天《晨报》在第一篇社论里引用了查理和詹姆斯之间的来往信件。据说今天在一家报纸上也发表了格莱安对纳皮尔第一篇文章的回答。不知你注意到没有，奥地利人在加里西亚集结军队时利用时机，由海斯作最高指挥修筑仅在战略上有重要意义的铁路，同时还构筑要塞，以对付俄国。

评论：马克思提到由于伊曼特要到蒙特罗斯去，因而得到了他的家具。他希望恩格斯赶快给《普特南氏月刊》写文章，并谈论了纳皮尔和格莱安之间的争吵，以及奥地利为应对俄国采取的措施。马克思在一系列文章中对纳皮尔的信件以及他同格莱安之间的通信作了剖析。

9 月 6 日　致信恩格斯，指出：你从《科伦日报》上大概已经知道了，我们的朋友丹尼尔斯已经去世。他完全是普鲁士警察卑鄙行径的牺牲品。你应当象我这样写几句话给他的妻子。地址是：科伦施尔德尔巷阿马利亚·丹尼尔斯博士夫人。最好让鲁普斯也这样做。我根据经验知道，在这种情况下朋友的信是多么珍贵。我要在《论坛报》上登一篇悼念我们的可怜朋友的短文。至于美国的德文报刊，我认为最好是在纽约《新时代》（名义上编辑是伯恩哈特，实际上负责编辑的是卡耳贝的勒韦）上登一则简短的讣告，由你、弗莱里格拉特、鲁普斯和我署名。这样做之所以必要，还因为要揭露对毕尔格尔斯所采取的行动。

你大概知道，奥康瑙尔在几天以前死了。

琼斯的妻子也快死了。这个可怜的人现在已经陷入了绝境。

星期二有轮船开出。对《普特南氏月刊》说来，重要的是最迟在 10 月 10 日以前把全部东西都送到纽约。转寄给你的那份杂志收到了吗？愚蠢的挑剔文章不是登在《论坛报》上，而是登在和它竞争的《纽约时报》上。阿尔德肖特的事件简单说来是这样的：大约两星期前，有两个士兵因为对自己的长官"不尊敬"，一个被罚五十皮鞭，另一个被罚三十皮鞭。九尾皮鞭照例浸足了尿。第一个挨了四十下就送进了医院，第二个挨了三十下以后很快就死了。至于侦查，显然连谈也谈不上。

布林德在《晨报》上继续"从根本上震撼欧洲专制列强"。

伦敦又出版了一种德文小报。真正的主编是臭名远扬的济格蒙德·恩格兰德尔，他同巴黎警方的联系是尽人皆知的。主要撰稿人是：隆格、俄国人赫尔岑和一个叫科尔恩的，此人是个酒鬼，似乎还是个退伍的上尉。

评论：马克思告诉恩格斯丹尼尔斯去世的消息，希望他和沃尔弗给丹尼尔斯的妻子写慰问信，而马克思还准备在《纽约每日论坛报》和纽约《新时代》上登载悼文和讣告。马克思提到奥康瑙尔的去世和琼斯妻子的病危。他再次提醒恩格斯在约定时间内给《普特南氏月刊》写稿，并谈了阿尔德肖特事件以及德国出版的一种德文小报。

9 月 6 日　致信阿马利亚·丹尼尔斯，指出：惊悉亲爱的、永不能忘却的罗兰特逝世的噩耗，简直无法向您描述我的悲痛。虽然施特芬告诉我的最后消息是不能令人放心的，但我对您出色的丈夫恢复健康一分钟也没有失去过希望。他是一个温和、精细、高尚的人，坚定、才干和外表的美异常和谐地在他身上融为一体。当我在科伦人中间看见丹尼尔斯的时候，他总是使我感到他是一尊被任意丢在一群霍屯督人中间的希腊神像。他的早逝，不仅对他的家庭和朋友来说是不可挽回的损失，而且对科学界以及受苦受难的广大群众来说也是一个不可挽回的损失。在科学界，人们对他抱有无限的希望，而受苦受难的群众则把他看成可靠的先进战士。

我深知您的英雄性格，因而我确信，无法安慰的悲伤不会妨碍您忠诚地关注罗兰特遗留给您的珍贵保证。您会让自己的孩子们加倍地补偿世界因失去他们的父亲而遭到的损失。

关于这个新的损失的消息，使我的妻子痛切地回忆起我们唯一的一个小儿子的死，她的心情使她现在不能写信给您。她象孩子一样地哭泣、伤心。

我不想安慰您，因为我自己也很伤心——我失去了一个朋友，我喜爱他，甚于喜爱其他任何人。这样的悲痛是无法减轻的，只能分担。我只要稍微忍住了初时的痛苦，就为死者在美国的许多朋友在《纽约论坛报》上登一则讣告。希望有一天会出现一种情况，使那些缩短了他的寿命的人受到比这个讣告所给予他们的更为严重的惩罚。

评论：马克思在信中讽刺地把自己被迫前往曼彻斯特比作俄军 1855 年 9 月 8—9 日放弃塞瓦斯托波尔南部。马克思在曼彻斯特从 1855 年 9 月 12 日待到 12 月初，原本只计划停留一个星期。马克思离开伦敦以及在曼彻斯特长时间逗留，是因为弗罗恩德医生进行了司法追究，同时也因为分给燕妮·马克思的遗产迟迟不能得到，以致马克思不能在短期内偿清债务。

9 月 11 日 致信摩里茨·埃尔斯纳，指出：我深深感到，您的报纸，在困难的条件下和您所处的狭隘范围里，办得很巧妙、很有分寸，能够使明眼的读者读出言外之意。说您从"立宪派"那里拿钱，这种指责是再荒谬不过了。某些十足的"立宪"资产者，曾购买过《新莱茵报》的股票。纵然这些先生们后来对此感到后悔，但是编辑部无论如何从来也没有禁止他们继续出钱。

假如我不是担心我的任何一个熟人仅仅因为和我通信而会使他声誉受到影响，我早就为了您的报纸而往莱茵省写信了。拉萨尔在科伦等地没有引起人们对《新奥得报》的注意，无论如何是不对的。他本来是可以做到这点的。

如果《新奥得报》不再存在下去，那我们要引以自慰的是，我们现在的一切活动、一切作为和创举，都纯粹是暂时的，是权宜之计。

在伦敦这里开始出版一种德文周报，是由前法国警探、维也纳的流亡者济格蒙德·恩格兰德尔创办的。撰稿人有：俄国人赫尔岑、约翰奈斯·隆格和一个冒称上尉的姓科尔恩的酒鬼。

评论：马克思告诉埃尔斯纳自己因弗罗恩德医生提出的司法追究而无法写文章，并赞扬了埃尔斯纳在困难的条件下将《新奥得报》办得巧妙和有分寸。信末，马克思还提到维也纳流亡者恩格兰德尔创办了一种德文周报，赫尔岑等将为之撰稿。

11 月 8 日 致信摩里茨·埃尔斯纳，指出：我没有看到霍约耳，但鲁普斯偶尔和他见面。霍约耳出于爱国主义，把《布勒斯劳报》带进了这里的雅典神殿；这个情况使我们的小沃尔弗有从这个曼彻斯特几乎唯一的诗神避难所中被赶出来的危险。

博尔夏特我很熟，我已向他转致您的问候。博尔夏特同布勒斯劳的西蒙公民有经常的亲密的通信联系。他第一次问我知道不知道《新奥得报》同立宪派处于非法的同居关系时，我回答他说："这与我有什么相干？难道您不知道，在我看来，立宪派和民主派，——至少是普鲁士的，——都是一路货？接受一部钦赐宪法而拒绝另一部钦赐宪法的民主派，同接受了第一部，而后来又同意第二部的那些人，这两者有必要加以区分吗？《新奥得报》最大限度地刊载了在目前出版条件下可以刊载的一切。您还希望什么呢？"

我接到巴黎特别熟悉情况的一些人的来信。据他们说，帝国的声望越来越低。郊外到处在说，"它快要完蛋了"。情况确实很严重，这从社会生活中的两件事可以看出来，这就是总检察官卢兰的演说和《立宪主义者报》刊登的格朗尼埃·德·卡桑尼亚克"论未来革命的恐怖"的文章。未来革命的可能性，甚至格朗尼埃先生也认为是无疑的了。

这里关于"侨民问题"（泽稷岛等等）的丑剧是雷声大雨点小。舆论坚决地转而反对政府，我甚至想，这本来就是政府的一个打算。它这样笨拙地、使人啼笑皆非地向波拿巴的第一批要求让步，正是为了用实际向他表明，对英国政府说来，作进一步的让步是不可能了。假如政府严肃地看待这件事，它就会更灵活地行事，而不会在议会开会前很久就采取它那荒谬的步骤。当然，帕麦斯顿不喜欢流亡者，但是他认为他们是他手边随时可以用来吓唬人的东西，需要的时候就威胁大陆说："看我来教训你！"不过，内阁的交椅他坐得很不稳，然而把老狐狸拉下马来也决不是容易的事。

评论：马克思告诉埃尔斯纳收到他寄来的两封信，而鉴于埃尔斯纳退出《新奥得报》，将立即停止为该报供稿。信中，马克思提到霍约耳、博尔夏特的情况，以及有关波拿巴政府即将垮台的消息。他还谈及"侨民问题"，评价了英国政府的举措和帕麦斯顿。信末，马克思简要提到隆格和夫人、金克尔和约翰娜·金克尔、卢格、陶森瑙、梅因等的消息。

11 月 8 日　致信斐迪南·拉萨尔，指出：你问到科菲尼埃尔的题为《交易所的秘密》这本书，我想这本胡说八道的东西直到现在好象还在我留在国内的那些书籍里。我第一次住在巴黎的时候，由于受书名的诱惑，我先是买了这本书，后来又看完了它。科菲尼埃尔先生是个律师，实际上他丝毫不懂交易所，只说要提防"交易所经纪人"的"司法上的"欺诈。因此，这本书是空无一物，既没有事实，也没有理论，甚至连一个引人入胜的笑话都没有；何况现在它已经完全过时了。"饶了他吧，"——即饶了科菲尼埃尔，——"亲爱的夫人，他不值得使你生气。"

维尔特在大陆长期旅行后（他于 7 月底由西印度归来），现在又来到曼彻斯特。过一个星期他又要乘船离开这里到热带去。听他谈话是很有趣的。他见得多，经历多，观察也多。他走遍了南美、西美和中美的大部分地方。他骑马越过了帕姆帕斯草原，登上了秦布拉索峰。他在加利福尼亚也度过了不少时间。他现在虽然没有写小品文，但却在口述它们；这样，听的人还得到一个好处，可以看见他生动的模仿和面部表情，听到充满热情的笑声。维尔特总是幻想着西印度的生活，非常蔑视人类的糟粕，也不喜欢此地的天气及其北方气候。的确，这里是很糟的，糟透了。

关于泽稷岛事件和关于流亡英国的侨民问题的其他丑事，你从报上可以看到。

我并不认为事态会有重大变化。我甚至不认为这里的政府想取得什么重大的结果。否则他们会把这件丑事留到议会开会前夕去干。现在留出了时间让舆论来个转变，这种转变在许多方面已经开始了。

评论：信中告知回信晚的原因：收到信比较晚，因为自己在曼彻斯特，不在伦敦；还因为遭受牙痛的折磨。信中谈论了科菲尼埃尔的《交易所的秘密》一书，认为这本书空无一物，既没有事实，也没有理论。信中谈论了维尔特在长期旅行后又来到曼彻斯特，风趣地讲述自己的旅行见闻。信中谈到泽稷岛事件和关于流亡英国的侨民问题的丑事，马克思认为事态不会有重大变化。

12 月 7 日 致信恩格斯，指出：美国，就是说纽约，还没有任何回音。那些先生看来是在"仔细考虑"。华盛顿没有来信，只收到一号《警钟报》和随报附来的一张反对席梅尔普芬尼希的传单，——看来是克路斯写的。可惜我不留心把《警钟报》在那个"出语粗鲁，纸张柔软……"的地方用掉了。这家报纸断定说，在美国的德国人是功利主义者，他们追逐"面包"，因为"马克思先生是经济学家和令人莫解的人"。马克思先生是用《旧约》来解释这一点的。他"把我们的交易——这不是什么新鲜东西——变成了哲学体系"。而把在美国的善于思考的德国青年对他的追随，说成是因为德国人惯于"拜倒在旧约民族中有聪明才智的著作家脚下"，云云。

大约从我到这里以后，在赫尔岑和某个匿名的反对者之间，在《晨报》上进行着一场鸡斗。反对者把他称为骗子，责难他把自己打扮成俄国的西耳维奥·佩利科。单是他的书名就已经是撒谎，因为他从来也没有到过西伯利亚，云云。赫尔岑的反驳软弱无力：书名是出版者想出来的，他对此没有责任，说他立即在《地球》等报刊上对错误地把一些东西强加在他身上提出了抗议，云云。而他的反对者又出来说话了（昨天），揭发他又撒了谎，在《地球》这方面也是如此。但是除这种攻击以外，也有个英国人出面为他辩解说，就算赫尔岑没有到过西伯利亚，而且也不是俄国的西耳维奥·佩利科，但他的书还是很有趣，而且内容也无害："一个老实人，瞧，马上发火了！他确实是个很好的人，而且打得一手好球；可是叫他扮亚历山大，唉，你们都看见的，实在有点儿不配。"最后，这家愚蠢的小报，象它通常那样，宣布争论现在结束，——说争论过于带有个人色彩等等，——今后不再登载。这场冲突，虽然进攻一方并不光彩，但它肯定在伦敦小市民心目中极大地损害了赫尔岑的形象。

丽娜告诉了我关于科伦案件的一些新的细节。在我的抨击性著作中列举的陪审员名单自然是不可靠。陪审员之一约斯特在整个审判过程中一直画漫画讽刺被告，而且将漫画在法庭上传看。体面的小泽特在开始的一整个星期一直把短剑放在自己的面前。被告的嘲笑迫使他终于把短剑藏进了"衣服"。真没有比他更装腔作势的花花公子了！带短剑的泽特！真笑死人！

评论：马克思提及没有收到琼斯的答复，也没有收到华盛顿的来信，只收到一号《警钟报》和随报附来的一张反对席梅尔普芬尼希的传单。接着，他谈到赫尔岑和某个匿名反对者之间的争论，丽娜告诉他的关于科伦案件的新细节，以及毕尔格尔斯的情况。在附言部分，他谈了关于齐施克的看法。

12 月 14 日　致信恩格斯，指出：拘禁在家已经开始使我厌烦了。一点新鲜空气也没有。昨天又有一千德国人被赶走。琼斯今天似乎终于要来了。

前天晚上有人到我这里来，你一定想不到是谁！来的是我已经一年没有见面的埃德加尔·鲍威尔，同他一起来的还有布鲁诺。后者到这里已经两星期，而且大约要逗留六个月，"以检验自己的主张正确与否"，从他着手的方法来估计，他不可能达不到目的。他显然老了，头也秃了，多少使人觉得他象一个迂腐的老教授。目前他住在埃德加尔那里，那是一个座落在海格特一头的破旧小房，处于最可怜的小市民的环境里，周围什么都看不见，听不到。他认为伦敦就是这个样子，并且深信除三万个有特权的人以外，一切英国人的生活都同埃德加尔·鲍威尔一样。因此，他非常仇视和"鄙视"这个国家。他觉得好象是住在"特罗伊恩布里岑"一样。说从"柏林"到了伦敦，就觉得伦敦是一所道道地地的"监狱"。这样也就弄清楚了，他现在的理想是"东弗里西安的"、"阿尔坦堡的"和部分"威斯特伐里亚的"乡下佬。这是些真正高尚的人。他还深信，什么东西也不能把这些傻瓜引入歧途，而为这位"分解"人物所担忧的普遍的现代放荡生活，也将在这些礁石上碰得粉碎。听起来很可笑，"批判"认为，归根到底倍尔托特·奥艾尔巴赫是它的真正的基础。在布鲁诺看来，除了几个"纯商业城市"，德国的城市正在衰落，"农村"正在大大繁荣。关于工业高涨他只字不提，但是对于现今德国除了一些"改进"而别无作为这点，他表示了隐隐的哀愁。

在他看来"英语"是"可怜的"，它已经完全罗曼语化了。为了安慰他，我说，荷兰人和丹麦人关于德语也正是这样说的，而"冰岛人"是唯一没有受罗曼语影响腐蚀的真正日耳曼人。

布鲁诺这个老东西在语言上下了不少工夫。他能说波兰话，因此宣称波兰语是"最美的语言"。他研究语言，显然是完全不加批判的。例如，他认为多勒罗夫斯基远比格林"更杰出"，并称之为比较语言学的鼻祖。此外，柏林的波兰人使他深信，老列列韦尔在自己最近的著作中驳倒了格林的德意志语言史。

顺便提一句。他说到德国出了厚厚的一本书（德国人著的），反对格林的词典。全书列数了格林词典中的差错。

他虽然竭力装出一副幽默的样子，但是对"现实"还是明显地流露出很大的不满和忧郁的情绪。在德国——真可怕！——除了自然科学方面编纂的一点点东西以外，没有什么可读，也没有什么可买。你来了之后，这个老光棍一定会使我们很开心的。

　　科本写一本关于佛教的书已经好几年了。鲁滕堡在出版《国家通报》。贝尔根罗特先生当（商业）代理人，奔走于美洲（北美和南美），两手空空，抱病回来。

　　我还在等《泰晤士报》或者《晨邮报》增刊。也许，消息会迫使我把关于卡尔斯的话说得比较活一些。为此，也只需作很少的更动（说几句带假定语气的话）。我自己想，卡尔斯已经陷落了。我的妻子告诉我，今天《先驱报》登了一篇很有趣的文章，谈到波拿巴对帕麦斯顿子爵的真实意图感到担心。帕姆同宫廷关系很坏，这你可以从《泰晤士报》发表的反对阿尔伯特亲王的文章中看出来。它又使用了惯技，把事情描写成似乎阿尔伯特亲王对"内阁"施加压力。

　　评论：马克思讲他厌烦了拘禁在家的生活，谈了埃德加尔·鲍威尔和布鲁诺·鲍威尔的来访以及对他们的看法。他还提及布鲁诺的语言学习，以及科本、鲁滕堡的书。最后马克思提到《先驱报》上登载了一篇关于拿破仑对帕麦斯顿的真实意图的很有趣的文章，和《泰晤士报》上发表的反对阿尔伯特亲王的文章。

1856 年

　　1 月 18 日　致信恩格斯，指出：我在文章中没有涉及科布顿的抨击性小册子，因为光是多瑙河地区和瑞典的历史，便填满了不少无聊的篇幅。我很希望你来写科布顿。

　　一旦我看到《泰晤士报》的增刊，就对你的文章再稍微作些补充。昨天该报所谓"无条件接受"的论调，纯粹是交易所的手法，这种手法曾使它赚了许多钱。"两公国在欧洲列强共同保护下的独立"——这是 1772 年叶卡特林娜二世在福克夏尼会议上就已经向土耳其人提出的。我在图书馆找到 1841 年德国出版的海尔曼的著作，他在一家德国图书馆里找到米尼希元帅关于安娜时代的克里木远征的手稿，并写了序言加以发表。你如感兴趣，我一定替你作些摘录。

　　想必你在《奥格斯堡报》上已看到法耳梅赖耶尔很称赞穆腊耳特的《四世纪至十一世纪的拜占庭历史》（一部得过彼得堡科学院奖金的著作）。

　　又多次遇见布鲁诺。浪漫情调愈来愈证明是批判的批判的"前提"。在政治经济学方面，他热衷于他所不理解的重农学派，并且相信地产的特殊恩赐作用。此外，他对德国浪漫派亚当·弥勒的经济幻想估价很高。在军事学方面，他的最高典范是"天才的"毕洛夫。我坦率地对他说，他的这些最新的自白充分地向我表明，他的思想已经麻木到什么程度。至于俄国，他说：西方的旧秩序必须彻底推翻；这只能从东方来实现，因为只有东方人恰好对西方人怀有真正的仇恨，而俄国是东方唯一严密坚实的势力，而且是欧洲唯一还存在着"内聚力"的国家。至于所谓的我们关于内部阶级斗争的"幻想"，他说：（1）工人没有任何"仇恨"；（2）即使有仇恨，他们永远干不出什么名堂；（3）他们是（对复类福音作者不感兴趣的）"贱民"，只能用暴力和诡计加以制服和引导；（4）只要多给几文钱，就可以对他们"为所欲为"。此外，据他说，凡是不属于"征服者后裔"的人，根本不可能起世界历史意义的作用——只是理论方面除外。而在这一方面，如果说最近十六年来的确有所建树的话，那只是在德国，而且恰恰是他布鲁诺一人完成的。他说他使得德国这个唯一存在过"科学的"神学的地方不再存在这种神学，并使得"托路克不再写作"。多么巨大的成果！简直是一个可笑的老先生。他想在英国呆一年。我认为，他是想英国传播德国已不复存在的"科学的神学"。他宣布洪堡是一头道地的蠢驴，因为洪堡在国外骗取了本来应当属于他的荣誉。

　　我把乌尔卡尔特的劣作寄给你，这是他们在报纸出版以前寄给我的。涉及宪章运动历史的"揭露"确实非常幼稚，因为乌尔卡尔特暴露出自己是英国的警探，幻想扮演西塞罗对待卡提利纳的角色。我从柏林《国民报》上看到，未来的普鲁士大臣布赫尔甚至吸取了乌尔卡尔特的"哲学"，并且跟着他逐字逐句地反复咀嚼。对一个德国人来说，这已经是够受的了。

　　评论：马克思谈到他给《纽约每日论坛报》写的但编辑部没有发表的关于多瑙河各公国——莫尔达维亚和瓦拉几亚的文章。马克思希望恩格斯来写关于科布顿1856年出版的抨击性小册子《今后怎样?》的文章。他告诉恩格斯将在看到《泰晤士报》增刊后，对他的文章《欧洲战争》进行补充，并谈到1856年1月17日《泰晤士报》驻维也纳通讯员在该报发表的一篇电讯，称俄国已"无条件接受"奥地利代表同盟国于1855年12月中旬提出的作为和谈条件的和解建议。他提到恩·海尔曼1843年出版的著作《俄罗斯国家的历史》，以及爱·穆腊耳特1855年出版的《试论拜占庭年代记学（供研究没落帝国编年史特别是395年至1057年斯拉夫年代记之用）》一书。在信中，马克思重点谈了对布鲁诺·鲍威尔的看法。他指出，鲍威尔在政治经济学方面热衷于重农学派，在军事学方面推崇毕洛夫，将俄国视为彻底推翻西方旧秩序的东方唯一坚实的势力，将工人视为只能用暴力和诡计加以制服和引导的"贱民"，否认工人可以起到的世界历史意义的作用。在马克思看来，鲍威尔的看法是愚蠢和可笑的。信末，马克思还谈到给恩格斯寄去一号乌尔卡尔特派报纸《自由新闻》。这一号报纸以《宪章运动通讯》为题发表了有关1839年至1841年宪章派活动的文件，其中包括乌尔卡尔特同当时的英国首相墨尔本勋爵、内务大臣诺曼比勋爵和其他官员来往的信件。从这些信件中可以看出，乌尔卡尔特像政府的暗探那样监视宪章派，把宪章派领袖们的计划和意图报告给英国政府。

　　2月12日　致信恩格斯，指出：我在博物馆发现一些十七世纪末和十八世纪最初几十年的历史资料，这些资料有关彼得一世和查理十二之间的斗争和英国在这一出戏中所扮演的决定性角色。当时托利党人和辉格党人在对外政策上的不同之处只不过是前者把自己出卖给法国，后者把自己出卖给俄国。出卖这是不言而喻的，他们的同时代著作家就是把它作为"不言而喻的"问题来讨论和陈述的。威廉三世同查理十二缔结的攻守同盟证明，他一开始就对沙皇陛下心存疑惧。他在位时大臣们违背他的意图行事。从乔治一世时起，辉格党人的活动就容易多了，因为汉诺威的选帝侯们执行了愚蠢的王朝政策，并且认为韦尔登和不来梅是欧洲利益的焦点。也许，主要由英国帮助俄国成为波罗的海的强国这一事实，不如十八世纪初人们就揭露出这个政策并异常精确地预言俄罗斯帝国必将强大这一点，令人感到兴趣。尽管彼得从不列颠官方人士那里得到空前的让步并得到他们的直接帮助，他却同时跟王位追求者勾结起来搞阴谋。他的御医（厄斯金），马尔伯爵的亲戚充当这件事的中间人。整个这段秘史的主要资料是：

（a）《当真理合乎时宜时才是真理，或我国内阁目前采取反对俄国佬的措施具有简单明了的理由，这些理由是为了证明，我们不列颠贸易的利益和我们国家的利益都要求不许沙皇拥有舰队，即使他必须在波罗的海有一个海港……》1719 年伦敦版。

（b）《沙皇陛下的大臣韦谢洛夫斯基先生递交给不列颠国王陛下的备忘录》1717 年伦敦版。

（c）《1700 年已故国王威廉陛下和瑞典现在在位的国王查理十二之间签订的防御条约……》，附有若干问题的附件（1716 年）。

（d）《北方危机或对沙皇政策的公平意见……》"稍微使点劲，他就能上天"1716 年伦敦版。

（e）《大不列颠在欧洲当前局势下采取的行动的原因之探讨》1727 年伦敦版。

（f）《从 1698 年到缔结纽施塔特和约前的彼得大帝日记，译自按照档案中保存下来并经皇帝陛下亲自补订的手稿刊印的俄文原本》，附有俄国出版者米哈伊尔·舍尔巴托夫（щербатовъ）公爵的序言（1770 年 8 月 2 日彼得堡版）。德文版是：1773 年柏林和莱比锡版。

（g）《瑞典国王和他的大臣们关于格尔茨男爵谈判等等的信件的抄本和摘录，按照丹麦国王的谕旨在哥本哈根发表》1717 年伦敦版。

（h）《尤伦堡伯爵、格尔茨男爵、斯帕勒等人的书信集》，经批准后刊印。1717 年伦敦版。

除了上述抨击性小册子之外，还有许多偶尔谈到瑞典英国俄国三国关系的历史的著作，或一些显然是在瑞典大使尤伦堡的策动下写的英文抨击性小册子，例如《评杰克逊先生的备忘录……》。

辉格党人散布谣言，说"瑞典国王是罗马天主教徒，而沙皇是善良的新教徒"。从这里你可以看出辉格党人采取了什么手段。每个人都应当注意到，当初英国人对奥地利在奥斯坦德成立的印度公司发出多么可笑的叫嚷，但是他们却正式把自己的舰队交给彼得支配，帮助他在波罗的海东部海岸建设港口。同时，从当时波罗的海的英国商人的控诉中可以看出，彼得先生对他们远不是温和的。英国还是承认他的皇帝称号等等的第一个欧洲大国。上述抨击性小册子首先证明，这种行动方式决不是出于幻想和无知。

《弗里德里希大帝的姊姊的回忆录》中的下面几段关于彼得的轶事，会使你开心。彼得和皇后曾在波茨坦拜会过她。

我想把我在博物馆发现的奇闻寄到什么地方发表。如供报纸，这些东西追溯得太远了。所以我想投给《普特南》。但是你必须先写信告诉我《现代战争的进步》什么时候可以脱稿，因为普特南在谈新的供应之前，自然会先要已订的货物。

我非常关心法国局势，只要《观察家》刊登这一类的东西，就请寄给我。《卫报》在威尔德这儿有。现在给报纸写东西非常困难，因为英国本地没有发生什么事情，经济情况的变化还很不明显。当前，交易所的投机活动是值得注意的，但是在这方面缺乏必要的材料。

那时以来，我又见过布鲁诺一两次。这个家伙显然有一个计划，因为他是两手空空来找亲爱的弟弟的。他是典型的老光棍，他为自己的保养和防老焦虑，并且他在自己对待现实的态度方面不无某些隐忧。他渐渐开始发现，伦敦是一个绝妙的地方，这里有"贫富的对立"，而且他还有其它类似的"发现"。一方面，他妄自尊大和表现出超脱尘世的样子，另一方面，他对一切东西都表现了小孩子般的好奇和乡下佬般的惊异，整个形成不很令人喜爱的对照。现在他主要是在啃英语。只要我再见到他，一定告诉你。

评论：马克思提到在英国博物馆的图书馆发现的有关 17 世纪末和 18 世纪早期彼得一世和查理十二之间的斗争以及英国在当中扮演的决定性角色的历史资料，这些历史资料表现出托利党人和辉格党人的外交政策并无质的差别，不过是把自己出卖给不同的国家。在信中，马克思列出收集到的多种历史资料，作了简单的摘录和评价，并询问恩格斯相关评论文章适合发表的地方。出于对法国局势的关心，他还请恩格斯给他寄去一些相关报纸。最后，马克思谈了对布鲁诺·鲍威尔的看法，指出他的妄自尊大和乡下佬般的惊异形成不很令人喜爱的对照。

2 月 29 日 致信恩格斯，指出：你要的三本书，诺盖特和威廉斯那里一本也没有。我订购了《伊戈尔胜利之歌》，至于其他两本，我想先给你讲一讲。

多勃罗夫斯基著的《斯拉夫学》（汉卡出版）和它的书名所引起的期望并不相符。如果不按材料的编排，而按内容来说，这本书可分为两部分，即：

（1）关于斯拉夫语言学的一些短文。根据最新的研究，它们充其量只能有古董趣味（例如温德人的新约片断、教会斯拉夫文的变格法，关于旧约的教会斯拉夫文的翻译等等）。

（2）一种不偏不倚地把斯拉夫各民族的特性和盘托出的没有任何论战锋芒的尝

试。全是对各种著作的摘录，主要是德文著作。下面是构成这本书的骨架的一些著作：

斯拉夫各民族（摘自海德的《观念》等等）。

克罗亚特人的风俗（摘自恩格尔的《达尔马戚亚、克罗戚亚、斯拉窝尼亚的历史》1798 年哈雷版）。

伊利里亚人、摩尔拉克人等的风俗习惯（摘自同书）。

伊利里亚人的特性（摘自陶贝的《斯拉窝尼亚王国记述》1777 年莱比锡版）。

伊利里亚人的服装（摘自哈克特的《泽姆林旅途见闻》）。

普罗科皮阿斯对于斯拉夫人和安迪人的记述（摘自施特里特尔的《根据拜占庭史料编写的斯拉夫人历史》，载于施略策尔的《北方通史》）。

巴·哈克特教授先生的《对西南部和东部斯拉夫人的记述和描写》一书的摘要。

俄罗斯人的风土人情（摘自杜普雷·德·圣莫尔的《对俄罗斯人的风俗习惯的考察》1829 年巴黎版，三卷）。

斯拉夫民族的特性和文化（摘自沙法里克的《斯拉夫各种方言史》1826 年欧芬版）。

差不多这是全部了。有一篇捷克文附录《波希米亚的卡托》，摘自已故的沃伊格特在《手抄文献》中叙述过的旧手稿。

多勃罗夫斯基的写作具有一种粗犷、质朴和天真的风格，他对"已故的"或尚健在的德国同行表现了最大的好感。《斯拉夫学》中唯一使我感到兴趣的是他坦率地承认德国人是研究斯拉夫史料和语言学的鼻祖的那些地方。

在语言学方面，他顺便引证了施略策尔的《斯拉夫语比较语法和辞典的方案》。然后是施略策尔的《用拉丁字完全正确地和准确地表达俄语的方案》。"宫廷顾问施略策尔先生"简直成了教长，而其他一切人都承认是他的弟子。"施略策尔的《奈斯托尔》，对每一个想要了解整个斯拉夫史、特别是俄国编年史的批判性叙述的方法的人来说，是一部必读的著作"。

关于沃伊格特的《普鲁士历史》："他是第一个向捷克人介绍古代文物的人"。

此外，引证的有：

约翰·莱昂哈德·弗里施的《斯拉夫文学纲要》（1727—1736 年），"他研究了许多斯拉夫方言的历史"。

杜宾根的教授克利·弗里德·施努雷尔的《十六世纪维尔腾堡的斯拉夫文书籍印刷出版业。文献报告》（1799 年）——"一部很有价值的书，书中有关于温德人和克罗亚特人的书籍出版史的极好的极珍贵的资料"。

另外，还引证了：施略策尔的《北方通史》。约翰·克利斯托夫·德·约丹的《关于斯拉夫人起源的著作》1745 年维也纳版两卷。格拉西乌斯·多布涅尔神父的

《关于哈耶克的〈捷克编年史〉》1761 年和 1763 年布拉格版。（施略策尔说这部著作是第一部不杜撰的书）。施特里特尔的《多瑙河各民族记述……拜占庭的著作》1774 年彼得堡版。格尔肯的《斯拉夫人上古史试论》1771 年莱比锡版。加特雷尔的《对照通史绪论》1771 年哥丁根版。格布哈尔迪的《世界史》1789 年版。

至于第三本书，它的书名是：摩·威·赫弗特尔博士：《公元五世纪末以来德意志人和斯拉夫人的世界斗争》1847 年版（定价七先令）。作者在序言中自己承认，他实际上只是对斯拉夫历史中有关普鲁士"祖国"的地方，才根据原始材料有所了解。全书四百八十一页中有四分之三以上的篇幅是论述五世纪末至 1147 年这个时期的。其余部分只偶然地极概略地叙述了十三世纪或者十四世纪以后的史实。

此外，还出版了一本赫弗特尔的《斯拉夫民族》。1852 年莱比锡版（四十五页或四十五页左右）。是布罗克豪斯出版的小丛书《有益的讲话》的第十册。对斯拉夫历史作了通俗的叙述。我从这本小书里得知，1849 年尼古拉下令"严禁所有臣民参加泛斯拉夫主义运动"。

我在博物馆找到五册对开本关于俄国的手稿（只涉及十八世纪）并作了摘录。这些手稿是以收藏丰富著名的大助祭司柯克斯的一部分遗产。其中有英国驻彼得堡大使们给这里内阁的许多信件原稿（迄今没有发表过），某些信件会大出其丑。有一份是使馆一位随员 1768 年写的关于"俄罗斯民族的性格"的手稿。我将把这个手稿的某些摘录寄给你。还有一篇皮特的堂兄弟、大使馆的神父写的关于俄国"劳动组合"的有趣报告。

最近的法文著作，除了少数的例外，几乎都染上了泛斯拉夫主义的色彩，虽然也带有反俄的色彩。德普勒，特别是西普廉·罗伯尔就是这样，后者于 1848 年在巴黎出版了一份杂志：《波兰。东欧民族……现代年鉴》。出于这位作者手笔的还有《土耳其的斯拉夫人》1844 年版本，附有……前言，八开本，1852 年巴黎版。其次是《斯拉夫世界，它的过去、现在和将来》1852 年巴黎版。一位巴黎著作家（笔名艾德门，但据说是波兰人）则例外，因为他发表了一本非常恶毒的小册子，攻击俄国人对社会主义的奢望，论述他们的公社等等。这本小册子，我迄今未能弄到。我将看一看《两大陆评论》，似乎那里刊载过它的摘要。

评论：马克思谈论他为恩格斯搜集到的研究泛斯拉夫主义的文献资料。他为恩格斯订购了《伊戈尔远征记》一书，并详细讲述了多勃罗夫斯基的《斯拉夫学》和摩·威·赫弗特尔的《公元五世纪末以来德意志人和斯拉夫人的世界斗争的发生、发展和后果》。马克思指出，多勃罗夫斯基的书主要包括斯拉夫语言学的一些短文和关于斯拉夫各民族特性的缺乏论战锋芒的摘录，同时，马克思还向恩格斯介绍了赫弗特尔的《斯拉夫民族》，以及在大英博物馆找到的五册关于俄国的手稿。马克思还指出，最近的法文著作大多数都染上了泛斯拉夫主义色彩，特别是伊·德普勒和西普廉·罗伯尔。信末，马克思还简要提及海泽、奥格、卢格、蒲鲁东等的近况。

　　3 月 5 日　　致信恩格斯，指出：下星期我将把赫弗特尔的东西更仔细地看一遍。如果那里有材料，我就订购。艾希霍夫的《斯拉夫人的语言文学史》（1839 年巴黎版）是一本糟糕透顶的书。除了我不能评论的文法部分外（但是我注意到，立陶宛人和拉脱维亚人被说成是斯拉夫人，这难道不是胡扯吗?），其余多半是从沙法里克那里剽窃来的。这个家伙还引用了原文和法译文的斯拉夫人的民族诗歌。我在其中也发现伊戈尔的远征。这部史诗的要点是号召俄罗斯王公们在一大帮真正的蒙古军的进犯面前团结起来。诗中精彩的一段是："瞧啊，哥特族美丽的少女在黑海岸边唱着自己的歌。"可见，凯特人，或哥特人已经庆祝突厥族的波洛夫人战胜俄罗斯人了。全诗具有英雄主义和基督教的性质，虽然多神教的因素还表现得非常明显。可是，捷克人英雄诗集（德译本由汉卡和斯沃博达出版）里的捷克英雄史诗扎博伊（萨莫?）对待德意志人是完全论战性的，充满了狂热。看来是为反对一位曾被捷克人击败的德意志统帅达哥贝尔特写的。但是，这是号召象报复德意志人那样报复基督教；对于德意志人，其中以极其质朴的诗体斥责他们想要强迫威武的捷克人只能有一个妻子。我从民间诗（除了《阿德尔贝特的祈祷》（对圣母的）之外，波兰人根本没有民间诗）里还找到：

　　格策：《弗拉基米尔公爵和他的侍从》1819 年版；《俄罗斯人民的歌声》1828 年版。

　　卡佩尔（齐格弗里特）：《斯拉夫旋律》1844 年莱比锡版。还有他的《塞尔维亚人的歌曲》1852 年版（比雅科布写的更完全）。最后，还有武克·斯蒂凡诺维奇：《塞尔维亚婚礼曲》。欧·韦泽利的德译本 1826 年佩斯版。

　　我所注意的和我下周还要为你翻阅的著作，除了西普廉和德普勒的著作之外，有《1850 年夏南方斯拉夫之行》共两卷 1851 年莱比锡版（有英译本）。《论塞尔维亚公国》1851 年维也纳版。《南匈牙利的塞尔维亚人的运动》1851 年柏林版。《斯拉夫主义和假马扎尔主义。一切人之友，假马扎尔主义者之敌著》1842 年莱比锡版。《匈牙利的斯拉夫人的抗议和控诉》1843 年莱比锡版。

　　我不记得曼彻斯特是否有《新普鲁士报》。这报现在很有趣。如今普鲁士政府也象当年路易十八一样有了自己的"无双议院"，但是，官僚政府对认真看待自己胜利的顽固的容克地主感到棘手。当讨论农村公社、乡村法院问题和地产关系问题——这些问题，正如老多里沙尔所说，"关系到面包问题"——的时候，普鲁士议院中的冲突越来越严重。也许你从中已经看到，普费尔伯爵要求让地主有痛打自己仆人的特权，并吹嘘他本人在这方面完成的丰功伟绩。于是，左派把 1848 年这位普费尔亲自签署的、完全以"疯狂年"的精神草拟的 1848 年传单找了出来。事情发展到双方决斗的程度，今天《新普鲁士报》发表了一篇 leader，即社论，直截了当地说，在它的党内有"下流恶棍"，而自由党内则有非常"高尚的"人。社论宣扬"宽容"、"和解"，"原则斗争，但决非个人争吵"。社论说，左派应当想一想，"山岳派总是要吞掉吉伦特派的"。它应当注意到，不论将来"有没有和平，但是普鲁士正面临非常严重的内部或外部的纷争"，在这种情况下，"派系倾轧"无异于"自杀"。这不是好极了吗？要知道，普鲁士没有一个人为议会和它的分裂操心。这种对恐惧的自供尤其重要。利奥神父在国王面前作了关于闵采尔的演讲（一部分刊登在《新普鲁士报》上）。可以说，演讲是直接针对你在《新莱茵报评论》上发表的著作的。他说，不应当再指责宗教改革是革命之母了。闵采尔是"幻想家"，他曾经说过："我为信仰而理解"。而路德说："我为理解而信仰"。《施本纳报》回答说，路德晚年已经懊悔在政治上所起的不体面的作用等等。你看，就连官方人士也有不满情绪了。

顺便谈谈宗教改革：奥地利到底从一开始就下工夫使斯拉夫人变成一种危险。在斯拉夫人当中，除了俄罗斯人之外，一切民族都同情宗教改革。宗教改革使圣经译成斯拉夫民族的各种方言。由于宗教改革，至少各民族有了觉醒，另一方面，同新教的德意志北方建立了紧密的联盟。如果奥地利不镇压这个运动，那末通过新教就会既奠定德意志精神优势的基础也建立抵御正教俄罗斯的屏障。奥地利把德意志人拖进了臭泥坑，并且在德意志也象在东方一样，替俄国作了事情。

勒维。是由杜塞尔多夫工人派来的，有两重使命：

（1）揭发拉萨尔。经过一番非常细致了解，我认为他们说得对。自从伯爵夫人得到她的三十万塔勒，拉萨尔完全变了样：故意疏远工人；奢侈享乐；向"贵族血统"的代表人物献媚。工人们甚至指责他经常利用党去干私人的肮脏勾当，甚至为了有利于诉讼想利用工人去从事个人犯罪行为。诉讼案是这样结束的：哈茨费尔特伯爵的代理人施托库姆（后来被陪审法庭判处五年徒刑，这你是知道的，跟伯爵吵翻了。他透露给拉萨尔说，他手中有一批文件，这批文件可以使伯爵因违誓和伪造等行为而带上镣铐。拉萨尔答应给他一万塔勒。另一方面，拉萨尔劝说检察长克斯特里茨（由于这个勾当曾被迫辞职）通知哈茨费尔特伯爵，有告发他的起诉书。哈茨费尔特本来已准备好逃往巴黎，这时拉萨尔把有损名誉的文件交给了他以换取他在跟伯爵夫人的和睦协议上签字，并撤回了起诉书。（当然，克斯特里茨只不过是他手中的工具。）这样一来，不是他的法律上洞察力，而是最平庸的阴谋使这一诉讼得到意外的结局。拉萨尔没有把这一万塔勒付给施托库姆。工人们说得对，如果他把这笔钱交给党，而不是保存着给伯爵夫人，这种背信行为才能原谅。他们还讲了他私生活中许多见不得人的行为，我无法转述给你，因为都记不清了。其中有这么一件事：拉萨尔同杜塞尔多夫人朔伊埃尔合伙搞买卖外国国家有价证券的投机，朔伊埃尔为此借钱给他。他们失败了。同时朔伊埃尔破了产。拉萨尔打赢了官司。朔伊埃尔索取他借给拉萨尔的钱。拉萨尔嘲弄他，把法典第六条禁止搞外国证券投机指给他看。工人们说，他们原谅拉萨尔的这一切，只是因为他把这次诉讼看成是荣誉的事情，才牵涉进去。他们说，现在官司打赢了，他不是要伯爵夫人给他劳动报酬，做一个独立自主的人，而是毫无理由地、恬不知耻地靠伯爵夫人供养并听命于她。他经常把官司打赢后将要做的事情加以吹嘘。而现在他以特别引人注目的挑衅态度把工人当作无用的工具丢开。在元旦，拉萨尔还参加了某一次（私人）集会，因为那里有某位法国上校出席。但是使大家惊异的是，他向六十名工人只谈"文明对野蛮斗争"、西方列强对俄国斗争，而不谈其他问题。他计划去柏林，在那里装作大人物，展开社交活动。他当勒维的面答应伯爵夫人在他从柏林一回来就给她张罗"内侍官著作家"。他也正是当勒维的面不断表现出自己的"独裁欲"（看来，拉萨尔对自己的看法和我们对他的看法完全不同；他自认为是世界的征服者，因为他在搞私人阴谋方面是毫无顾忌的。好似一个真正重要的人物竟在这样一些小事上牺牲了十年的工夫）等等。此外，他是一个十分危险的人物：为了让工人政党中的一个人打入警察局去当暗探，他把我的一封信交给那个人，那个人必须说这封信是从拉萨尔那里偷的，以此来骗取信任。工人们还说：如果他肯定不打算投靠资产阶级政党，他这样有外交手腕的人是不会这样激烈地反对他们的。同时，他认为他有足够的影响，使他在起义的时候，只要登上讲台向群众发表庄严演说，就能够迷惑住群众等等。勒维说，工人们非常恨他，以致如果他在运动时出现在杜塞尔多夫，不论我们的决定如何，工人们就会杀掉他。但是他们确信，一旦他知道了这些怀疑，他就会立刻投到另一方面去。

爱北斐特（或者是巴门?）的制革工人在 1848 年和 1849 年的情绪是非常反动的，现在却显得特别革命了。勒维使我相信，你个人在乌培河谷的工人中间被看做"自己"人。此外，在莱茵河畔，对法国革命的信心似乎是传播得相当广的，甚至庸人们都说：这一次同 1848 年不一样。这一次出场的将不是 1848 年的空谈家而是象罗伯斯比尔等等的人物。民主派的威信至少在莱茵河畔已经十分低落了。

评论：马克思在信中评价艾希霍夫 1839 年出版的《斯拉夫人的语言文学史》是一本糟糕透顶的书，该书抄袭了巴·约·沙法里克 1826 年出版的《斯拉夫各种方言的语言文学史》。马克思从《新普鲁士报》发表的一篇揭露普鲁士面临严重"派系倾轧"的社论，分析普鲁士政府出现了类似 1815—1816 年法国出现的"无双议院"。"无双议院"是 1815—1816 年由极端反动分子组成的法国众议院。接着，马克思从普鲁士政府的内部纷争谈到奥地利的宗教改革，认为宗教改革使圣经译成斯拉夫民族的各种方言，不仅促进了各民族的觉醒，而且推动奥地利同新教的德意志北方建立紧密的联盟，有助于在奥地利奠定德意志精神优势的基础和建立抵御正教俄罗斯的屏障。此外，马克思还谈到议会中伊文思和帕麦斯顿之间的交锋，载勒尔因被追缉乘船去了美洲，勒维肩负揭发拉萨尔和向马克思介绍莱茵省工人状况的任务。在拉萨尔方面，马克思认为不能偏听一方，但要继续观察拉萨尔的动向，要迫使他表明自己的立场。在德国工人运动方面，马克思认为莱茵工人不能贸然地独自行动，需要对革命形势具有全局认识和判断，并在巴黎或维也纳或柏林发动革命后才发起行动。

3月25日　致信恩格斯，指出：下一封信我再来答复你这一次的来信。今天只急于提出一个问题，希望你尽快答复。今天我没有给《论坛报》寄任何文章，因为我来不及读完关于卡尔斯的蓝皮书——昨天夜晚才拿到它。我的文章要到星期五同请你写的那篇文章同时寄出。现在言归正题。

蓝皮书的很大一部分是纯军事的；你以后看一看，能否用它写点什么东西。不过，有一点我希望得到你的批评的意见，因为它对这件事的政治和外交方面也是重要的，而我在星期五寄出的文章里就必须谈这个问题。6月底，土耳其人建议调辅助部队到列杜特－卡列，从那里向库泰依斯方向运动等等。而英国政府打算派兵经过特拉比曾德到埃尔斯伦去解救被围部队，大概把卡尔斯作为无关紧要的据点放弃而把埃尔斯伦看成抵抗中心。不管怎样，这次争执使得有利的战机不可挽回地丧失了。为了使你透彻了解这个问题，我把最重要的地方摘录在这里。

应当承认，克拉伦登的战略以及潘缪尔—卡诺勋爵赞同在塞瓦斯托波尔大胆突击而非难土耳其向格鲁吉亚进行战略运动的计划之间的这种细微的差别，在我看来是非常可笑的。

评论：马克思给恩格斯摘录了蓝皮书《关于在土耳其亚洲部分的战事、卡尔斯的保卫和投降的文件》中最重要的地方。由于该蓝皮书大部分是纯军事的内容，马克思希望恩格斯能够对它进行批判性分析，也为自己就这个问题进行评论提供参考。

4月10日　致信恩格斯，指出：几天后，你将收到新来的俄文和德文的《伊戈尔》、蓝皮书、德斯特里耳的《土耳其内幕》和《人》的剪报（它不知放到哪里去了，因此今天不能和其他东西一并寄出）；这份剪报是一个名叫塔西利埃的流放犯人从凯恩寄给海军大臣先生的一封信；这封信揭露了布斯特拉巴对流放犯人的骇人听闻的卑鄙行为。蓝皮书你本来早就可以收到了，但起初由于事件的影响，我不得不几次中断写这个题目的文章去写另外的东西，这样就不能没有这本书。而后来，来了几个你认识的朋友，他们想领略一下新鲜玩意，哪怕一天也好，但是过了一个星期还没有把书还回来。

至于这些有关卡尔斯的文件，《泰晤士报》的三篇声势吓人的社论只叙述了其中从1854年8月到大约1855年2月的一部分文件，就是说，它丝毫没有涉及真正有趣的和决定性的时期。其目的自然要把全部责任从内阁身上转嫁到雷德克利夫和亚洲的土耳其的帕沙们身上。而精彩的是，英国政府用强力手段让可恶的雷德克利夫的土耳其内阁掌握政权，而这个内阁一方面庇护威廉斯所抱怨的可耻行为，另一方面自己还制造这种行为，这一点，你在德斯特里耳的书中一定可以看到。然而，这一切并不是主要的。由于运用曾经用以对付施梯伯的那种办法，也就是，揭穿伪造日期和引文的行为，我觉得我已无可争辩地证明了英国政府计划要放弃卡尔斯，并且一贯执行这一计划；另外，与波拿巴相反，它这一次造成了一种印象，似乎它非常为"事业"操心。纯军事方面，即保卫卡尔斯的问题，我自然没有涉及，但是我对威廉斯的"伟大"有几分怀疑。我把手稿给琼斯看过，如果有可能，即如果他能弄到租用马丁堂的钱，他打算在议会开始辩论卡尔斯的陷落问题之前，在那里发表关于这个问题的演讲。

目前在太恩河畔新堡、伦敦、北明翰和其他一些地方，宪章派和乌尔卡尔特派正在进行激烈的争论。也许你知道，琼斯和他的影子芬伦一起宣布自己是宪章派的独裁者并创立了新组织。的确，这个组织正不断成长，但另一方面，它惹起了对他愤怒的风暴。

从法国转到莱茵省和柏林的"利用投机的投机"——不是利用思想投机，而是利用股票投机——，看来，也象在莱茵河彼岸一样猖狂。对这种"社会灾难"和欺骗之风的怨声，已经反映到内阁的《普鲁士通讯》上了。它严肃地和意味深长地暗示，普遍的金融危机在最近的将来是"不可避免的"。

评论：马克思给恩格斯寄去勒维写给马克思的提到土鲁特是法国前上校的信，以及俄文和德文的《伊戈尔远征记》、蓝皮书、德斯特里耳的《土耳其内幕》和《人》的剪报。马克思谈到《泰晤士报》上有关于卡尔斯的三篇社论，这些社论没有涉及决定性的周期，并试图将全部责任从内阁身上转嫁到雷德克利夫和亚洲的土耳其的帕沙们身上。他提及 1856 年 1 月 19 日《自由新闻》发表所谓《宪章运动通讯》后在宪章派和乌尔卡尔特派之间更加尖锐起来的斗争。

马克思还提及 1856 年 2—3 月，宪章派领袖厄内斯特·琼斯试图改组 1840 年成立的宪章派全国协会。马克思和恩格斯批评琼斯企图用人为的办法使宪章运动复活，他们认为这种做法不可能使英国争取人民宪章的斗争重新高涨起来，主要任务是在英国工厂无产阶级中间进行工作，为在英国建立真正革命的无产阶级政党打下基础。

此外，马克思还谈到莱茵省和柏林出现的股票投机，海涅的死讯和路德维希·西蒙对海涅的诽谤，保护小商人协会出版的毫无价值的周报《保护贸易》，以及皮佩尔过着的海盗式的生活等。

4 月 16 日 致信恩格斯，指出：今天通过你所熟悉的托运公司给你寄去一个包裹，内有：（1）关于卡尔斯的文件；（2）《伊戈尔》；（3）德斯特里耳的《土耳其内幕》；（4）两号《人》，一号上有来自凯恩的一封信，另一号上有皮阿今年 2 月 25 日在庆祝法国革命周年纪念日的宪章派群众大会上发表的对"玛丽安娜"的连祷。这位可敬的好汉自然希望这一次又会重演由于他《致女王的信》而引起的丑事，但是他失算了。同时，你可以从这里看到，此地的法国革命制造者们对"玛丽安娜"是多么唯命是从。（5）《人民报》的两份剪报——我的关于卡尔斯文件的头两篇文章。续篇和末篇也将寄给你。因为第一篇的原稿遗失了，而时间，尤其是厄内斯特·琼斯逼我，我只好凭着记忆勉勉强强地，而且匆匆忙忙地把《论坛报》的文章重写了一遍，所以这里难免有各种荒唐的东西，而这些东西当然是逃不出你那敏锐的嗅觉的。但是这不要紧！我告诉你这个，只是为了让你知道我为什么没有把这个东西马上寄给你。

前天为《人民报》的创刊纪念举行了一个小小的庆祝宴会。这次我接受了邀请，因为目前的形势似乎要求我这样做，尤其是因为在所有的流亡者中只有我一个人（象《人民报》所披露的那样）被邀请，而且还让我第一个举杯祝酒，即由我提议为世界各国无产阶级的主权而干杯。因此我用英语发表了一个简短的演说，但是我不让它刊登出来。我想达到的目的已经达到了。塔朗迪埃先生（他不得不花两个半先令买了一张入场券）以及其余一切法国的和其他的流亡者伙帮都确信：我们是宪章派的唯一"亲密的"盟友；虽然我们不做公开的表示并且听凭法国人公开向宪章派献媚，我们仍然有能力随时重新占据历史上已属于我们的地位。使这点变得更加必要的，是在前面已经提到的 2 月 25 日由皮阿主持的群众大会上，德国大老粗谢尔策尔（老滑头）发表了演说，并且以实在骇人听闻的行会狭隘精神指责德国的"学者"、"脑力工作者"抛弃了他们（大老粗），从而使得他们在其他国家面前丢丑。你在巴黎的时候就已知道谢尔策尔。我又和朋友沙佩尔见了几次面，我发现他是一个正在痛心忏悔的罪人。他近两年来所过的闭门幽居生活，看来对他的智力有相当大的磨炼。你知道，有这个人在手边无论如何是好事情，尤其是把他从维利希手里争取过来。沙佩尔现在对磨坊街的大老粗非常恼怒。

你给施特芬的信我一定转交给他。勒的信你本来应当留下。凡是我不要求退还的信件，你全都这样处理吧。信件愈少通过邮局愈好。我完全同意你对莱茵省的看法。对我们说来糟糕的是，遥望未来，我看到某种带有"背叛祖国"味道的东西。我们是否会被迫处于美因兹俱乐部派在旧革命中所处的境遇，这在很大程度上要看柏林情况的转变如何。这将不是轻而易举的。我们是多么了解莱茵河彼岸我们那些英勇的兄弟呵！德国的全部问题将取决于是否有可能由某种再版的农民战争来支持无产阶级革命。如果那样就太好了。

评论：马克思告诉恩格斯给他寄去的五份材料，包括关于卡尔斯的文件、《伊戈尔远征记》、德斯特里耳的《土耳其内幕》、两号《人》、《人民报》的两份简报。他谈到受邀参加的为《人民报》创刊纪念举行的庆祝宴会，马克思在宴会上用英语发表了一个简短演说。他认同恩格斯关于莱茵省的看法，并指出德国的全部问题将取决于是否有可能由某种农民战争来支持无产阶级革命。

4 月 26 日　致信恩格斯，指出：附上：

（1）两篇关于卡尔斯的文章——续篇和末篇。

（2）关于约克公爵的文章。这篇文章我给了琼斯。我在这里好坏模仿了老科贝特的手法，并专门为了通知鲁普斯，我将把它寄给他。

（3）老宪章主义者弗罗斯特在纽约的演说。

（4）米凯尔的信。这封信必须寄回。因为我还没有答复，希望在答复之前能听到你的详尽的"意见"。这是有点难以把握的东西。"问题有时很微妙"，回答时难以掌握适当的尺度。

你对瓦列夫斯基先生的演说有什么看法？在伦敦人们普遍对政府不满，甚至小店主也讲起革命的词句来了。

如果你能够的话，请寄点什么给皮佩尔。可能他现在在《人民报》找到校对员的差事。目前我只能供给他一些实物。他由于愚蠢的行为而又流落街头，我曾为此狠狠地责备了他。关于这里的政治，我本可以告诉你一些。但是通过邮局来做是冒险的。

在今天《晨报》的巴黎通讯中，有一则关于"玛丽安娜"拥护者的审判案的简短的、但很有趣的报道，这些人表现得很出色。

《新闻报》（巴黎的）刊载了佩尔坦抨击波拿巴的立法诗人贝耳蒙太的一篇颇有教益的文章；佩尔坦在这篇文章中这样侮辱"皇帝"，可能将被驱逐出境。

评论：马克思随信附上他的《卡尔斯的陷落》第三篇和第四篇、《上院和约克公爵的纪念像》、老宪章主义者弗罗斯特在纽约的演说，以及米凯尔的信。前共产主义者同盟盟员约翰·米凯尔请求马克思谈一谈他对无产阶级政党在行将来临的德国革命中对待资产阶级政党的态度问题的看法。米凯尔的信证明，他当时已经离开了革命的立场。

马克思询问恩格斯关于法国外交大臣瓦列夫斯基伯爵1856年4月8日在巴黎和会的全体会议上的演说的看法。瓦列夫斯基指出，鉴于希腊国内存在"不正常"的形势，英国和法国还不能立刻停止对该国的占领（当时希腊的民族解放运动开展起来了），但是它们正在寻求办法，以"结束那里占统治地位的无政府状态"。他对法奥军队占领教皇国的问题也表示了同样的态度。瓦列夫斯基还提请和会参加者注意比利时报刊对法皇拿破仑第三进行的在他看来是不能容忍的攻击，因为比利时报刊公开支持法国秘密的共和团体——"玛丽安娜"，并号召他所谓的"暴动和行凶"。瓦列夫斯基指出，必须停止似乎威胁着一切欧洲大国利益的比利时滥用报刊的行为。

此外，马克思希望恩格斯能够援助皮佩尔，还提及《晨报》巴黎通讯中关于"玛丽安娜"拥护者的审判案的有趣报道，以及《新闻报》刊载的佩尔坦抨击波拿巴的立法诗人贝耳蒙太的文章。

5月8日　致信恩格斯，指出：我很高兴你和鲁普斯完全同意我对米的信的看法，——我对需要忍受这种"明智"心里感到"很难受"。

我再去博物馆的时候，一定完成你的委托。

附上：

两封信：（1）伊曼特的一封，（2）科伦来的一封。如果我通过我的妻子给科伦人复信，也许最为妥当，不是吗？在无产阶级运动的领导权方面，科伦和杜塞尔多夫之间发生了某种程度的角逐。此外，我不知道，科伦人是否知道杜塞尔多夫人同拉萨尔完全决裂了。拉萨尔在他们所有的人中间名声极坏。

昨天从设菲尔德寄来下面一封可笑的信：

"1856 年 5 月 6 日于设菲尔德会议厅

博士：

您在《人民报》上对卡尔斯文件所作的精辟的分析，对公众有莫大的帮助，设菲尔德外交事务委员会委托我向您转达热烈的谢忱。

谨致

敬礼

秘书　赛普尔斯"

这说明了一定程度的宽宏大量，因为《人民报》和《自由新闻》之间，总的说来，宪章派和乌尔卡尔特派之间进行着殊死的斗争。伟大的埃恩赛德更进了一步，命令马博士有权得到"全国的感谢"等等。如果这些家伙把他们用《帕麦斯顿勋爵传记》的书名翻印（以小册子形式）关于帕麦斯顿的文章捞到的钱寄给我，那会更加好得多。

载勒尔从纽约寄给我一篇文章，是今天寄到的，它刊载在《民主主义者》上，叫做《美籍德国人在欧洲的权利》。至少在这个世界上，永远不会有人读它。

评论：马克思对恩格斯和鲁普斯认同他对米凯尔的信的看法感到高兴。他提到科伦和杜塞尔多夫之间就无产阶级运动的领导权发生的角逐，《人民报》和《自由新闻》之间也就是宪章派和乌尔卡尔特派之间进行的殊死斗争，以及载勒尔和皮佩尔的近况。

5 月 23 日　致信恩格斯，指出：附上巴赞库尔的书——对克里木历史的"拿破仑式的"叙述。不能用它给《普特南》写点什么吗？我非常需要利用这家公司，因为旅行和旅行用品的开支迫使我通过齐施克的介绍，开了一张为期三个月的三十英镑的单名期票。《普特南》的代表之一曾去过弗莱里格拉特那里，他们同意接受稿件。

我只看过法国报纸上刊登的巴赞库尔的书的摘要。就摘要来看，我觉得这部书有许多供幽默作品的材料。我想，关于这个东西，非用轻松的笔调写不可。如果要写，那就不要写得太短，而要打定主意把篇幅弄大些。

特吕布纳两个月以前似乎已经同意出版我的关于瑞典的劣作，可是后来没有一点消息，昨天他来信，约定星期二面谈这件。这一次可能出版一本二十个印张的著作。

关于巴赞库尔的书，请来信告诉我，你是否还需要第一部。如果用它写不出什么东西，那就最好不买了。

我今天提笔很吃力，但还要请你解释一个语文学上的疑问。在莎士比亚的《亨利四世》中，Hiren 代替了 Syrene，而自命不凡的学者约翰逊在注释中说，Hiren 这一形象在其他古代英国作家的作品中也出现过。H 和 S 之间的替换是完全正确的。但是，Hiren 能否同 Hure 有关系，从而 Syrene 也同它有关系呢？或者同 hoeren，auris 等等有关系呢？这个问题能使我发生这样大的兴趣，你看我今天的情绪是多么沮丧。

关于卢格的悲剧《新世界》——其中，"爱情的悲剧变成了爱情的闹剧"——我获悉非常有趣的情况。下一次再告诉你。

评论：马克思随信附上巴赞库尔的《塞瓦斯托波尔陷落前的克里木远征。东方战争纪事》一书，认为该书对克里木历史进行了"拿破仑式的"叙述，并希望恩格斯能针对这本书为《普特南》写文章，以填补旅行开支。马克思谈到特吕布纳约他商谈关于瑞典的著作的出版事宜。它是马克思曾经打算要写但未完成的关于 18 世纪英国和俄国外交史的著作。此外，马克思谈到面临的旅行问题，询问恩格斯关于莎士比亚的《亨利四世》中一个语文学上的疑问，并提及卢格和赫尔岑的情况。

6 月 21 日 致信燕妮·马克思，指出：我又给你写信了，因为我孤独，因为我感到难过，我经常在心里和你交谈，但你根本不知道，既听不到也不能回答我。你的照片纵然照得不高明，但对我却极有用，现在我才懂得，为什么"阴郁的圣母"，最丑陋的圣母像，能有狂热的崇拜者，甚至比一些优美的像有更多的崇拜者。无论如何，这些阴郁的圣母像中没有一张象你这张照片那样被吻过这么多次，被这样深情地看过并受到这样的崇拜；你这张照片即使不是阴郁的，至少也是郁闷的，它决不能反映你那可爱的、迷人的、"甜蜜的"、好象专供亲吻的面庞。但是我把阳光晒坏的地方还原了，并且发现，我的眼睛虽然为灯光和烟草烟所损坏，但仍能不仅在梦中，甚至不在梦中也在描绘形象。你好象真的在我的面前，我衷心珍爱你，自顶至踵地吻你，跪倒在你的跟前，叹息着说："我爱您，夫人！"事实上，我对你的爱情胜过威尼斯的摩尔人的爱情。撒谎和空虚的世界对人的看法也是虚伪而表面的。无数诽谤我、污蔑我的敌人中有谁曾骂过我适合在某个二流戏院扮演头等情人的角色呢？但事实如此。要是这些坏蛋稍微有点幽默的话，他们会在一边画上"生产关系和交换关系"，另一边画上我拜倒在你的脚前。请看看这幅画，再看看那幅画，——他们会题上这么一句。但是这些坏蛋是笨蛋，而且将永远都是笨蛋。

暂时的别离是有益的，因为经常的接触会显得单调，从而使事物间的差别消失。甚至宝塔在近处也显得不那么高，而日常生活琐事若接触密了就会过度地胀大。热情也是如此。日常的习惯由于亲近会完全吸引住一个人而表现为热情，只要它的直接对象在视野中消失，它也就不再存在。深挚的热情由于它的对象的亲近会表现为日常的习惯，而在别离的魔术般的影响下会壮大起来并重新具有它固有的力量。我的爱情就是如此。只要我们一为空间所分隔，我就立即明白，时间之于我的爱情正如阳光雨露之于植物——使其滋长。我对你的爱情，只要你远离我身边，就会显出它的本来面目，象巨人一样的面目。在这爱情上集中了我的所有精力和全部感情。我又一次感到自己是一个真正的人，因为我感到了一种强烈的热情。现代的教养和教育带给我们的复杂性以及使我们对一切主客观印象都不相信的怀疑主义，只能使我们变得渺小、孱弱、罗嗦和优柔寡断。然而爱情，不是对费尔巴哈的"人"的爱，不是对摩莱肖特的"物质的交换"的爱，不是对无产阶级的爱，而是对亲爱的即对你的爱，使一个人成为真正意义上的人。

最后，告诉你几件事。今天，我给艾萨克·埃恩赛德寄去了一组文章中的第一章，并附去（即附在该急件中）我亲笔写的便条，而且是用我自己的英语写的。在这篇东西寄走以前，弗里德里希读它时不言不语地皱着眉，颇有批评之意，这自然使我不十分愉快。不过他在第一次读时，感到非常惊奇，并高呼这一重要的著作应该用另一种形式出版，首先用德文出版。我将把第一份寄给你和在德国的老历史学家施洛塞尔。

顺便告诉你，在《奥格斯堡报》（它直接引用了科伦共产党人案件中的我们的通告）上我读到，"似乎"从同一个来源，即从伦敦又发出了一个新的通告。这是一种捏造，是施梯伯先生按我们的作品搞出来的可怜的改编；这位先生由于近来在普鲁士不大吃香，想在汉诺威装作一个汉诺威的大人物。我和恩格斯将在奥格斯堡《总汇报》上加以驳斥。

评论：马克思的夫人燕妮·马克思同她的三个女儿从1856年5月22日到9月10日前后住在特利尔，去探望生病的母亲，后者于7月23日去世，而马克思本人1856年6—7月住在曼彻斯特恩格斯那里。在这封信里，马克思以诗化的语言表达自己对燕妮炽热浓烈的爱和思念，这种爱使他成为"一个真正意义上的人"。此外，他还谈到已寄出《十八世纪外交史内幕》的第一章和恩格斯对这部著作的态度，以及《总汇报》上的通告对施梯伯事件的捏造。

6月21日　致信艾萨克·埃恩赛德，指出：我仔细地考虑了您的提议并且基本上同意它。对于这种事情，不可能确切地规定一切细节，约定字体大小等等，而我也不认为，由于这些方面或由于有关"使用材料"的条件而可能发生某些困难，因为我相信，您不会由于成见或出于党派的考虑而对历史真相保持缄默。因此，我将为半月后星期六出版的一号及时寄上整整两栏的材料，并保证以后每周寄给你同样多的材料。如能在每一号出版后收到汇款，对我则最为合适（如果您处允许这样做的话）。

至于文章在您出版的丛书中转载，我并不反对，不过，我当然保留今后以我认为适当的方式运用这些材料的权利。

关于最后一点，如果删节了我确信有重要历史意义的地方，我将认为必须停止出版，我想，您一定会认为这是正当的。

承蒙您寄来那套丛书，向您表示衷心的感激，您未能把《帕麦斯顿勋爵传》的校样转寄给我，使我不能不感到遗憾。措词、历史事实和帕麦斯顿的演说引文，都因刊误而被歪曲得很厉害，按我的意见，这本书照目前的样子不仅没有好处，反而显然有害。

关于整本著作的计划，只要简短的几句话就够了。我将不按惯例开头先作一番通论，而相反地直接从叙述事实开始。

我将和历史学作家通常的做法相反，不先写通论，而先写事实。第一章将由十八世纪各个时期的要件所构成，以揭露这一世纪中英国外交的俄罗斯精神。

评论：马克思不反对埃恩赛德在《设菲尔德自由新闻报》上发表自己的著作《十八世纪外交史内幕》，和把这一著作收入乌尔卡尔特的《〈自由新闻〉小丛书》中的提议，但要求保留自己以适当的方式运用这些材料的权利。并且，马克思不允许删节书中有重要历史意义的地方。同时，马克思谈到《十八世纪外交史内幕》的写作计划，将先写事实，而不是通论。

8月1日 致信恩格斯，指出：设菲尔德方面还没有寄钱来。今天通过皮佩尔寄去了书面要求。在这段时间里发生了下述事情：昨天乌尔卡尔特叭喇狗——著名的科勒特来我家。他说，他是受了大科夫塔本人的委托而来的。据说乌尔卡尔特对埃恩赛德先生竟干预我的文章感到十分不快，万分遗憾等等，他认为我的这些文章非常有价值等等。然后他要我给他讲一讲这一切是怎样发生的。他说，乌尔卡尔特先生认为争执的主要原因是删节了稿件的若干部分等等。我当时向他讲了事情的经过并给他看了书面的证据。接着，他便问我是否愿意作一些让步，我断然拒绝了，并且告诉他，我不是下贱文人，不能象对待伦敦的瘪三文人那样对待我。他似乎正是期望这种解释，以便非常严肃地告诉我，乌尔卡尔特认为《自由新闻》是不能令人满意的。埃恩赛德先生有难处，因为《自由新闻》实际上不过是《设菲尔德自由新闻报》（顺便说一说，它比《自由新闻》要大一倍）的摘要；能满足《设菲尔德自由新闻报》读者要求的东西，决不能经常都合《自由新闻》读者的口味，反之亦然。因此乌尔卡尔特先生决定大约一个月后开始在伦敦出版一份外交报。他希望我把《内幕》全文刊登在该报上，并希望我对他毫无恶感。我做了模棱两可的回答，这个回答可以理解为肯定的，但是，如果将来条件很坏或报纸极其荒唐的话，我是可以拒绝的。一切将取决于报纸的性质。伦敦不是设菲尔德，如果乌尔卡尔特出来散布反革命的胡说，使我因撰稿而在此地革命者的心目中名声扫地的话，那么，我自然要拒绝，不管在目前的困境中这将对我是怎样的沉重。我们瞧着吧。无论如何，现在我在关于我写作荣誉的问题上已得到足够的满足，因为上司公开地否认了他的部下的话。即使是由于布赫尔和民主主义败类的缘故，这样的结局也是有利的。

乌尔卡尔特阵营内部现在要发生严重的内讧。我似乎看出有一种邪恶的诡计——让可怜的赛普尔斯当替罪羊。例如，科勒特对我说，他怀疑赛普尔斯是否真正经过埃恩赛德的同意而后把他的信寄给我的。我回答他说，赛普尔斯看来是个忠厚人，由于老是听到对"秘密外交"的责骂，自然以为《自由新闻》编辑部内是盛行"公开外交"的。

又及，我在布林德那里看到特利尔的西蒙写的两卷流亡者哀史。拖泥带水的胡说八道，每个字都是乏味的不成熟的劣笔，纨袴子弟的怯懦，不知天高地厚的装腔作势，加了格律恩的酸浆果的施给乞丐的稀汤，又臭又长，——从来还没有出版过这样的作品。为了给"德意志议会"的屁股上最后来一脚，本来正缺少他的主人公之一的这种自我暴露。当然，我只是翻阅了一下。我宁愿喝肥皂水，或同伟大的琐罗亚斯德痛饮热牛尿结义，也不愿读这部劣作。我们的幽灵不停地追逐他和他的伙伴。路易·勃朗、布朗基、马克思和恩格斯对他来说是恶魔般的四位一体，他永远忘不了。据他说，我们两人是"经济平等"的导师，似乎宣传"武装〈！〉占有资本"。甚至我们在《评论》上发表的关于瑞士的俏皮话也"激怒了"他。"没有皇室费，没有常备军，没有百万富翁，没有乞丐"——"马克思和恩格斯希望德国永远不要降到这样的低级阶段"。最奇怪的是，这个家伙把我们两人看成是单数："马克思和恩格斯说"等等。

评论：马克思在信中谈论《设菲尔德自由新闻报》删减其著作《十八世纪外交史内幕》的事情。科勒特受乌尔卡尔特的委托对马克思表示遗憾，并询问事情的经过，希望把马克思的稿件发表在伦敦的另一份外交报上。马克思认为将视报纸的性质而定，不能为了稿费而破坏自身在伦敦革命者心中的形象。从这件事情中，马克思看出乌尔卡尔特阵营内部的严重内讧。马克思在信中还提到妻子燕妮的来信，以及路·西蒙写的两卷本流亡者哀史《流亡纪事》。马克思对西蒙的书评价极低，并嘲讽了书中对他和恩格斯的评价。

9月22日 致信恩格斯，指出：维尔特的死讯使我非常震惊，我简直不敢相信。弗莱里格拉特也已经给我来信谈悼词的事情。但是实际上我看德国没有一家合适的报纸。在时间允许我们做得更好、更多以前，唯一可行的办法也许是首先在《论坛报》上发表一篇悼词。你的意见怎样？

普特南氏月刊的人又来到这里，今天邀我赴宴。我不知道是否应当去。我那蹩脚的英语会使我出丑。

《论坛报》退回了未刊登的文章。总起来说这是泛斯拉夫主义和我的关于多瑙河两公国的文章。德纳先生写道，如果我不能把它们安排在别的地方，他们按理必须承担"损失"，因为他们没有及时表示拒绝。否则，他们期待退回他们的一部分稿费。瞧着吧。

布鲁诺·鲍威尔要出两卷关于英国的书。大概他将非常详细地描述他亲爱的弟弟的猪圈。我不知道他在英国还看到了什么东西。

戈洛文在伦敦出版的报纸《俄罗斯……》你看到了吗？

《人》因缺乏资金，暂时停刊了。《民族报》已不再出版。现在只剩下一家同一流派的，然而更糟糕得多的《国民报》。

评论：马克思告诉恩格斯一系列事情。在找住所和安置家具方面遇到经济困难，希望恩格斯能施以援助；维尔特的死讯让人难以置信，应当在《纽约每日论坛报》上发表一篇悼词；奥姆斯特德邀请他赴宴；《纽约每日论坛报》退回关于泛斯拉夫主义和多瑙河两公国的文章；布鲁诺·鲍威尔要出版埃德加尔·鲍威尔的《英国的自由》一书；皮佩尔遇到住所问题；科伦案件的新进展；施特龙来访；海涅去世后的情况；赫斯的近况等。

9 月 26 日 致信恩格斯，指出：除了施蒂纳的死，没有别的新闻，这件事你也许已经知道了。其次，我听弗莱里格拉特说，他"过去的心上人"从澳大利亚给伦敦这里寄来一封信，通知说，她已改嫁，同时成为信教的人，由于常常提到"天国生活"而使她的新丈夫进了"疯人院"。后者应当按原意来理解。

我还是同普特南氏月刊的人一起吃了一顿晚餐。除我之外，只有弗莱里格拉特和一个老美国佬。普特南氏月刊的人是个沉静和善的人，而那个美国佬却是个活泼而机灵的家伙。普特南要求在巴赞库尔以后尽可能再写一写"军舰进攻要塞"的问题，这是由于最近的战争而使美国特别感到兴趣的问题。然后，还要写浮动炮台和炮艇，轻炮或重炮等等。看来，这一切是鉴于在较近或较远的将来可能爆发美英之间的战争。除了这些军事文章之外，我还应当写点关于海涅的东西。一句话，现在我们可以同这家很"好的"公司经常联系。

你对金融市场的情况有何看法？大陆上贴现率的提高，有一部分原因无疑是这样的，即由于有了加利福尼亚和澳大利亚的黄金，白银对黄金的比价提高了，在比利时银行，一拿破仑币只能兑换十九法郎四十生丁（银质的），因此凡是以黄金和白银为法定的货币本位的地方，贵金属商人都从银行提取白银。但是，贴现率的提高，不论其原因如何，总是在加速巨额投机活动的崩溃，特别是巴黎的大 pawning-shop 的崩溃。我不认为，一场大的金融危机的爆发会迟于 1857 年冬天。不列颠的蠢驴们以为，这一次他们那里会跟大陆不同，一切都将是"健康的"。针线街的老太太和巴黎的康采恩之间的亲密关系姑且不谈，这些蠢驴忘记了，英国大部分资本贷给了大陆各国，他们的工商业活动的"健康的"过度的发展（今年输出可能达到一亿一千万英镑）是建筑在大陆的"不健康的"投机上面的，正象他们 1854 年到 1856 年的文明宣传是建筑在 1851 年政变上面一样。不论怎样，与以前的危机不同，法国这一次发明了一种形式，使投机狂能够广泛发展并风行于全欧洲。与圣西门主义的诡计、交易所的投机和帝制不同，英国本国的投机似乎恢复了简单的、毫不掩饰的欺骗的原始形式。欺骗成了斯特兰、保罗和贝茨的秘密，成了萨德勒氏梯培雷里银行的秘密，成了伦敦西蒂区的戴维逊—柯尔公司的巨大欺骗业务的秘密，现在又成了英国皇家银行和水晶宫事件（曾有四千份假股票投入流通）的秘密。英国人在国外按照大陆的方式进行投机，而在自己家里又转回到简单的欺骗，这些先生正是把这个事实称之为"健康的商业状况"。

此外，这一次事情具有了以前从未有过的全欧规模，我不认为我们还能长久地在这里当旁观者。甚至我终于又找到了住宅并弄回了自己的书这一点也使我相信，"动员"我们的人的日子不远了。

评论：马克思在信中谈到搬家的进展；施蒂纳去世；参加奥姆斯特德宴请；由于加利福尼亚和澳大利亚发现黄金，提高白银对黄金的比价和贴现率，加速了巨额投机活动的崩溃，一场大的金融危机将不会迟于 1857 年冬天爆发。这封信中引用的关于欧洲金融市场状况的材料，马克思在他的关于 1857—1858 年世界经济危机的一组文章的头三篇中使用过。

10 月 16 日　致信恩格斯，指出：附上梅洛斯拉夫斯基的书的摘要。你知道，这个人不无小聪明，但是在这本著作中却有许多低劣的小聪明，特别是有许多那种法国人在变得"深刻"和不再是肤浅的伏尔泰信徒以后费了很大气力才学到的华而不实的文体。还有许多那种"未被承认的"民族借以把自己的过去吹得天花乱坠的迷人油膏。对俄国的仇恨；更多的是对德国的仇恨，对泛斯拉夫主义的仇恨；与此相对立的是斯拉夫各民族同作为阿基米得的民族的波兰结成的自由联盟。波兰的社会革命被坚决地作为政治革命的基本条件提出来；但却试图通过一种恰恰证明相反的东西的历史演绎法来证明恢复旧的土地公社（Gmina〔格密纳〕——俄国公社的拉丁化）是真理。

最近几个星期，我还比较认真地研究了白银的问题，如有机会将向你报告。

照我的看法，波拿巴未必能够逃脱得了停止现金支付这一着，而到那时——帆船，随风漂吧！

《卫报》已收到。不久我将写信细谈。奥托被赦免了。

直到上上星期为止，乌尔卡尔特派仍然断断续续转载我修改过的旧劣作。同他们的交涉至今还没有任何进展。但是这个问题必须在这个星期就解决。乌尔卡尔特又在《先驱晨报》上以预言家的姿态把他刚刚得知的事情当作他早已知道的秘密来发表。伟大的布赫尔在《国民报》上写了一篇关于"有趣的揭露"的文章，一字一句都是从我的文章上抄袭的；但是不提我的名字并使人推测揭露是来自英国方面。你看，这些坏蛋是何等妒忌和可恶。

评论：马克思附上路·梅洛斯拉夫斯基的《欧洲均势中的波兰民族》一书的摘要，指出这本书充斥着许多低劣的小聪明、华而不实的文体和对民族历史的吹嘘。他告诉恩格斯最近在认真研究白银问题，认为波拿巴将面临停止现金支付的危机。由于法兰西银行现金外流极其严重，使得银行的储备大为减少，于是存在着储备完全枯竭的危险，而这将会导致停止现金支付。在附言部分，马克思提到乌尔卡尔特派在断断续续地转载他的《十八世纪外交史内幕》，乌尔卡尔特在《先驱晨报》上把自己刚刚得知的事情当作早已知道的秘密来发表，而布赫尔在《国民报》上发表的文章完全抄袭了马克思的文章。

10 月 23 日　致信查理·多布森·科勒特，指出：由于上月我离开了伦敦，并在您的报上读到关于篇幅不够的声明，我把我的文章的续篇搁到了今天。随函附上新手稿一份，我认为，由于新旧《自由新闻》的篇幅不同，最好就我的文章在您的报上刊载的条件订立一个新的合同。

在答复您上次来信时，我必须指出，您在转载旧的小册子时用大号或小号字体，我无所谓，但是对于那些以前没有发表过的文件，我认为如用小号字体排印，那就是把事情弄糟了。至于您希望我自己的评论不要用注释的形式，您可以看到，只是在真正合适的地方才这样做的，而且这些注释已经以各章引言的形式在正文中出现过了。最后，您希望我把所考察的时代和现代作对比，在您发表的那几章中，我在一定程度上已经这样做了。经常地和更多地进行这种对比，就会改变我的计划，而我的计划并不在于使众所周知的材料具有新的意义，而是在于提供新的材料，以便对历史作出新的说明。我想，满足读者这方面的要求，倒是编辑的责任。

评论：在这封信中，马克思谈到由于《自由新闻》篇幅变动而修改了新手稿，并提出与该报订立新的合同。同时，马克思还与科勒特讨论了转载小册子的字体、注释和写作计划等问题。

10 月 30 日　致信恩格斯，指出：我正在口授一篇关于波斯的文章。因此只能写几行。你的五英镑已收到。这个星期你能否再给我寄一点关于瑞士的军事方面的东西，因为我在这上头卡住了，文章写不下去。不久给你写一封详细的信。

卢格在出版：

1. 猎人和动物的故事（儿童读物）。

2. 关于古埃及宗教的哲学论文集。他把这事告诉了布林德，布林德这时发觉，可敬的卢格连吕特的著作的名称都不知道。

评论：马克思在信中提到在口授文章《英国—波斯战争》，希望恩格斯写一点关于瑞士的军事方面的文章。此外，马克思还提及卢格在出版《猎人和动物的故事（儿童读物）》和关于古埃及宗教的哲学论文集。

10 月 30 日　致信恩格斯，指出：关于巴赞库尔的文章好极了。附上梅洛斯拉夫斯基的末尾。我懒得写信，主要是因为我的妻子最近几个月一直生病。

在梅洛斯拉夫斯基那里你自己会发现：（1）认为在波兰不可能建立外交王国的同一个人，却想在那里搞一次外交革命，即在路易·波拿巴和帕麦斯顿保护下的革命。（2）"民主的"波兰格密纳的命运是必然的：原来的土地所有权被国王和贵族等等所篡夺；土地所有权和农民公社之间的宗法关系导致农奴制；随意分割土地造成一种农民中间等级、即骑士等级，农民只有在侵略战争和殖民化继续下去的时候才有可能上升到这个等级，但是，此二者又正是加速他们灭亡的条件。一旦达到这个界限，这个不能起真正中间等级作用的骑士等级，就会变为贵族的流氓无产阶级。莫尔达维亚和瓦拉几亚等地罗曼语居民中的土地所有权和农民有同样的命运。这种发展是很有趣的，因为在这里可以说明农奴制是纯粹按经济的途径产生的，没有侵略和民族的政合国等中间环节。

你们的《曼彻斯特卫报》有被看作波拿巴攻击英国报刊的直接导火线的特别荣誉。请你时常把 X 的文章寄给我。帕麦斯顿在发现波拿巴的 1847 年已临近时，便象他在宗得崩德战争时期对路易－菲力浦所做的那样，竭力怂恿波拿巴完全采取路易－菲力浦的立场——联俄反英的立场。虽然他一方面在那不勒斯的丑事中拉拢波拿巴反对奥地利，但是他却在土耳其问题上联合奥地利反对波拿巴。法国报纸又对老奸巨猾的阿尔比昂的诡计非常耽心。看来，商业危机的发生现在毕竟要由俄国修筑铁路的情况最终决定。"世界工业宫"的承包人先生们的破产，在一定程度上说明了英国资本家参加大陆企业的原因。在德国，工业的和银行的股份企业雨后春笋般地建立起来。光是这些企业的名字，柏林《国民报》就公布了好几大栏。

普特南氏月刊的人奥姆斯特德和在他那里的一位美国同伴告诉我，古罗夫斯基（波兰人）对德纳有很大的影响，同时这两位先生还告诉我，这个可敬的家伙经常直接从俄国驻华盛顿的大使馆领取津贴。这个古罗夫斯基为了泛斯拉夫主义而反对我们，只是由于这个原因，你的文章被退回。德纳先生把我的关于多瑙河两公国的稿件退给我时，忘记把这个古罗夫斯基亲笔用法文写的评语擦掉。其中，关于我引证的罗马尼亚人口的统计资料，他写道：

"所有这些数字都被夸大，为的是吹嘘罗马尼亚民族的观念。它们正在被事实、历史和逻辑所驳倒。"

可见，我们很荣幸，我们的文章受到——或更确切地说，已经受到——俄国大使馆直接的监督和检查。现在，德纳似乎终于明白了古罗夫斯基是个什么样的人。

评论：马克思称赞恩格斯根据巴赞库尔 1856 年出版的著作《塞瓦斯托波尔陷落前的克里木远征。东方战争纪事》为美国杂志《普特南氏月刊》撰写的一篇文章《圣阿尔诺》。他附上路·梅洛斯拉夫斯基的《欧洲均势中的波兰民族》一书的末尾，评论了书中关于外交革命的矛盾观点，以及关于农奴制的论述。在马克思看来，土地所有权和农民公社之间的宗法关系导致农奴制，农奴制是纯粹按经济的途径产生的，在这个过程中，造成了一种农民中间等级即骑士等级，而一旦达到农民灭亡的界限，骑士等级就会转变为贵族的流亡无产阶级。马克思揭露了帕麦斯顿在外交政策上的老奸巨猾，认为商业危机的发生将由俄国修建铁路的情况最终决定。他还告诉恩格斯关于泛斯拉夫主义的文章和他的关于多瑙河两公国的文章被德纳退稿，是因为古罗夫斯基对德纳产生了很大的影响，而古罗夫斯基直接从俄国驻华盛顿大使馆领取津贴，这说明他们的文章受到俄国大使馆的监督和检查。

12 月 2 日 致信恩格斯，指出：同梅洛斯拉夫斯基发生了似乎是命数注定的"分手"，就是说，大部分为你作的摘录（大约写了满满的两张）大概都从稿纸本上撕下当点烟的纸捻了。但是你损失的不多。我后来看了列列韦尔的《论昔日波兰的政治状况及其人民的历史》——要和他的通俗的历史区别开来。他和马策约夫斯基（？）（这个姓是我凭记忆叫的）实际上提供了曾经成为梅洛斯拉夫斯基的深刻推理的依据的材料。另外，我在最近研究波兰的历史时，使我决心坚决同情波兰的，是这样一个历史事实：1789 年以来一切革命的强度和生命力，都可以由它们对待波兰的态度相当准确地测量出来。波兰是这些革命的"外在的"寒暑表。这一点可用法国历史详尽地说明。在我们德国的短短的革命时期，以及在匈牙利的革命时期，这一点都表现得非常明显。在包括拿破仑第一在内的所有革命政府中，只有公安委员会是例外，而且只是在它拒绝干涉这一点上，不过它拒绝干涉并不是由于软弱，而是由于"不信任"。1794 年，他们把波兰起义者的代表请去，对这个"公民"提出了下列问题：

"你们的考斯丘什科是一个人民独裁者，但是竟容忍一个国王在身旁，况且不可能不知道这个国王是由俄国捧上宝座的，这是怎么回事？你们的独裁者，由于害怕那些不愿失去'人手'的贵族，竟不敢对农民实行征兵，这是怎么回事？他的进军路线使他离开克拉科夫愈远，他的宣言就愈失去革命色彩，这是怎么回事？他对华沙的造反的人民立即处以绞刑，而让'背叛祖国'的贵族们逍遥法外，或者用拖延起诉的办法去庇护他们，这是怎么回事？请回答！"

这位波兰"公民"对此只得默不作声。

你对纽沙特尔和瓦兰壬有什么看法？这一事件促使我去充实我在普鲁士历史方面的极端贫乏的知识。的的确确，世界历史还从来没有产生过更加卑鄙的东西。法国的名义上的国王怎样变成了真正的国王这一漫长的历史，也充满了卑劣的斗争、背叛和阴谋。但这是一个民族兴起的历史。关于德意志帝国的一个诸侯怎样建立起自己家族势力的奥地利历史之所以令人感到兴趣，是因为这个诸侯一跃而为皇帝，因为这一历史同东方、波希米亚、意大利和匈牙利等等有错综复杂的关系，最后还因为这个家族势力大为扩张，以致全欧洲都耽心它要变成一个世界君主国。而在普鲁士就根本没有这种情况。普鲁士不曾征服过任何一个强大的斯拉夫民族，它在五百年当中甚至连波美拉尼亚也没有能得到，直到最后通过"交换"才得到它。总之，勃兰登堡边区侯国从它被霍亨索伦王朝继承以来，除了征服西里西亚以外，根本没有实行过真正的征服。因为西里西亚是它的唯一征服地，所以弗里德里希二世也堪称"唯一王"了！卑劣的盗窃、贿赂、直接收买和对遗产的猎取等等，全部普鲁士历史就归结为这一类流氓无赖行径。封建历史中通常令人感到兴趣的一切：君主同诸侯的斗争、对城市施展的阴谋诡计，等等——所有这一切在这里表现为侏儒式的可笑模仿，因为城市卑劣而无聊，封建主可恶而低微，君主本身也微不足道。

在宗教改革时期，也同在法国革命时期一样，是怯懦的背信弃义、中立、单独媾和、追求俄国在进行瓜分时扔给它某些残羹剩饭（就象俄国对瑞典、波兰和萨克森所做的那样）。加之在当权者的名单里始终只有三类人物，他们象白昼和黑夜那样互相更替，只是在次序的更换上才出现不规则的现象，但从来没有插入一个新的类型；这三类人物就是：伪君子、军士和小丑。如果说国家尽管如此还是维持下来了，那只是由于中庸——aurea mediocritas——簿记准确、避免极端、军事条例精确以及某种低劣的庸俗见解和"教会规则"。所有这些令人讨厌！

目前曼彻斯特的情况怎样？你不能告诉我一些工厂区的详情吗？

评论：马克思谈论他为恩格斯搜集的研究波兰历史的资料和关于波兰历史的看法。他为恩格斯作的关于路·梅洛斯拉夫斯基的《欧洲均势中的波兰民族》的摘录没有保存下来，认为应该区别列列韦尔的《论昔日波兰的政治状况及其人民的历史》和他写的通俗历史。他还认为，1789年以来一切革命的强度和生命力，都可由它们对待波兰的态度来进行准确估量。他还评价了普鲁士历史，认为全部普鲁士的历史可归结为盗窃、贿赂、直接售卖和对遗产的猎取等流氓无赖行径。马克思在他的文章《霍亨索伦王朝的神权》中发挥了他在这封信中表达的他研究普鲁士历史后所产生的思想。同时，马克思还谈到海泽、格茨、弗莱里格拉特的情况，并请恩格斯帮助解决他的经济困难。

1857 年

1 月 10 日　致信恩格斯，指出：不管某些报纸怎样说，纽沙特尔事件还没有完全解决。双方也许都过于夸口了。双方都已经出了丑，——不论是我们的对波拿巴毕恭毕敬的霍亨索伦，还是举止"充满尊严"的瑞士人。要知道，这些恶棍因为工人们举行了鼓动性的示威，而把好几百工厂工人赶到皮蒙特去了。"债主们"以为用这种办法可以使自己既受到波拿巴的尊敬，也受到奥地利的尊敬。拉摩里西尔和贝多表示要把自己的剑交给瑞士市民，你以为怎样？显然，这纯粹是对波拿巴的示威，因为这些家伙确信瑞士债主们是不会抓住他们的话的。

小资产阶级民主派中现在情绪非常激昂。这一次冲突正合他们的心意。而且德国南部的爱国者自然把瑞士人看成是同族，并且实际上把目前的冲突仅仅看成是1849年维护帝国宪法运动的继续。此外，可能发生黑林人的起义等等。的确，普鲁士人从自己方面在尽一切力量防止"破坏和平"。例如，胖子给他的彼得堡的亲戚写了一封信，口气就象那个请求妻子抓住他，不然他要从窗口跳出去自杀的人一样。"抓住我"——我们的世袭君主依次向所有的大国呼喊。但是问题在于，它们是否愿意"抓住"他，西方和东方是否不会同样幸灾乐祸地把火煽得更旺。不论结局怎样，丢脸的事是少不了的。

　　蒲鲁东现在在巴黎出版一部"经济学的圣经"。我要破坏，我也要建设。如他所说的，第一部分他已在《贫困的哲学》中完成了。现在他要来为第二部分"揭幕"。这部劣作用德文出版了，译者是路德维希·西蒙，此人现在在巴黎满不错地当了克尼格斯瓦特（或者类似的名字，《国民报》派的著名银行家）的代理人。我这里有蒲鲁东的学生的一部新著作：阿尔弗勒德·达里蒙《论银行改革》1856 年版。老一套。停止流通黄金和白银，或把一切商品象黄金和白银一样都变为交换工具。这部著作由艾米尔·日拉丹写了序言，并且满篇是吹捧伊萨克·贝列拉的话。因此，它使人可以在某种程度上看出，波拿巴在最后一刹那仍然能够求助于一种什么样的"社会主义"政变。

　　我有一大包布鲁诺·鲍威尔在俄国战争时期写的小册子。平淡无味而又装腔作势。现在这个可敬的家伙和他的兄弟埃格伯特在柏林市郊向柏林市政府租了五十英亩土地。伦敦人埃德加尔的老岳母（老洗衣妇或这一类人）则将照管"市场"方面。布鲁诺写信给埃德加尔说，这是一条达到"独立"的途径。他每英亩付五帝国塔勒的租金，合计每年付二百五十帝国塔勒。这是一块旧荒地。布鲁诺以为，这块地的收益和产品将使他有闲工夫来写完他的《早期基督教的历史》，它应当成为他的福音书批判的"历史的"检验。这些美妙的批判的幻想就是这样，也许，它们在一定程度上是由于回忆起浮士德在第二部中变成土地占有者而产生的。布鲁诺只是忘记了，这种转变所需的钱浮士德是从魔鬼那儿得到的。

　　拉勒斯泰德《斯堪的那维亚，它的忧患和希望》是梅洛斯拉夫斯基的书的瑞典版。包含有一些有趣的事实。例如，拉勒斯泰德了解到，在上个世纪英国经常为俄国人的利益而愚弄瑞典。他说，查理十二死后，英国人表面上为了反对俄国人而派去了诺里斯海军上将，后者被彼得一世用一颗很贵重的宝石收买了。关于贝尔纳多特的行为也提供了一些新材料。

　　评论：马克思谈到威廉·沃尔弗、希尔等人以及纽沙特尔事件的情况，指出小资产阶级民主派中出现了激昂的情绪。他还批判了刚出版的蒲鲁东的《交易所投机者手册》以及蒲鲁东的学生达里蒙的《论银行改革》，并指出布鲁诺·鲍威尔在俄国克里木战争时期写的一系列小册子平淡无味又装腔作势。同时，他还指出拉勒斯泰德的《斯堪的那维亚，它的忧患和希望》是梅洛斯拉夫斯基的《欧洲均势中的波兰民族》的瑞典版，包含了一些有趣的事实。

　　1 月 20 日　致信恩格斯，指出：我真是一个倒霉透顶的人。已经有大约三个星期，德纳先生将每天的《论坛报》寄给我，显然只是为了对我表示，他们不再刊载我的任何东西了。除了关于法兰西银行的手段的大约四十行之外，他们没有登过我一行东西。我一星期又一星期地延迟开《论坛报》名下的期票，因为我总希望文章将来还会发表，但是任何类似这样的情况都没有。我的关于普鲁士、波斯、奥地利的文章都一律被退回。这些狗用自己的名字刊登所有我的文章（也有你的文章）约有四年之久，从而使美国佬忘却了我的名字，本来我的名声正在提高，而且可使我找到另一家报纸或以转入另一家报纸去威吓他们的。怎么办呢？在这种情况下，实在没有好办法。如果我现在开期票，这会给他们提供口实断然拒绝我，如果每星期写两篇寄去，指望十篇之中可能有一篇登出和得到稿酬，这实在得不偿失，无法干下去。如果文章都没有登出，我又怎能开期票呢？

还有一件倒霉的事。我看了11月、12月和1月的《普特南》。上面没有关于巴赞库尔的文章。它或许丢失了（虽然我亲自将它送到邮政总局），或许只是推迟发表。如果认为这些家伙收到它，但是不想发表，也不通知我，那是十分荒唐的。

我还没有最后同乌尔卡尔特派达成协议，此外，他们的小报篇幅有限，一篇文章一个月只能登出几小段，常常要拖上五六个星期才能登完。它们充其量只能用作微不足道的次要的来源。《论坛报》在它的极端贫乏无味的社论中，对于我在文章中写的看法，大都提出相反的意见。俄国人的影响是无可怀疑的。

瑞士的夸口可悲地破产了，这是预见到的。没有任何不可抗拒的力量迫使这些先生蒙受屈辱。因为，正如科内利乌斯本人在巴黎所看到的，不仅在巴黎人中间，而且在军队中都笼罩着不满情绪，波拿巴在任何情况下也不能允许普鲁士人至少在法国边境上采取严重的军事行动。所以他才努力进行调停。瑞士人的耻辱完全是波拿巴的耻辱造成的。波拿巴最初向普鲁士人为瑞士担保，当瑞士否认他的调停权时，他在《通报》上表示抗议；后来他又向瑞士为普鲁士人担保，而现在不得不在半官方的小文章中承认，普鲁士对他没有承担任何义务。他竟然在从《新普鲁士报》那里得到的官方辟谣上签了字。这个家伙已如此声名狼藉，而他的异父弟弟莫尔尼已经盘算在俄国国家机关中给自己找个位置。

不知你是否注意到，赖德律－洛兰先生已公开号召法国"共和派"参加布斯特拉巴的立法团选举。可见，他已降为合法的反对派。如果这一方面表明他放弃了追求者的大喊大叫的姿态，那末这在另一方面无疑还表明反对派在法国本国现在又认为有可能存在，资产阶级共和派正在赶紧同奥尔良派联合起来重新占据议会席位，以便能够为了自己的利益巧妙地利用将来的革命。

我似乎曾写信告诉过你，布鲁塞尔的《民族报》已经寿终正寝；现在代替它的是曾经同它竞争的《国民报》，这是一家低能的、枯燥无味的比利时报纸。高贵的《人》也完蛋了。代替它出现了《流亡者报》，后者存在了不超过两个星期。有时还出现一些法国流亡者写的小册子（如象皮阿的《Ave Maria》〔《福哉，马利亚》〕）——它们都象钟式裙那样鼓胀、空洞、夸夸其谈，所不同的只是价钱较为便宜，销路更其不佳。

《论坛报》发现，近三十年来（到1851年为止）法国富裕的程度比英国大得多，因此现在在政治方面也将赶过它。证据是：法国地产的价格（即票面价格）提高了一倍，而英国提高得有限；诚然，法国人把房屋价格也包括在土地价格里，而英国则不然；但是，因为英国人口在上述时期内总共只增长了百分之三十三，所以房屋的数目（《论坛报》把房屋的数目和房屋的价格视为同义语）大概也只增长了这么多。

你的军事评论好极了。《奥格斯堡报》上有一篇文章，它把通过康斯坦茨描写得非常困难。我只粗略地看了一下。

评论：马克思谈到《纽约每日论坛报》已有三个星期没有刊载他和恩格斯的文章，《普特南氏月刊》没有发表恩格斯的文章《圣阿尔诺》，他也没有与乌尔卡尔特派达成约稿协议，这些情况使得马克思的处境比五年前更糟糕。他分析了当时因纽沙特尔公国而同普鲁士发生冲突的瑞士政府在拿破仑第三的压力下所作的让步，以及波拿巴在这一事件中扮演的角色。他提到赖德律-洛兰公开号召法国"共和国派"参加布斯特拉巴的立法团选举，讲述了《民族报》《国民报》《人》《流亡者》等欧洲报纸的兴衰，对比了法国和英国的地产价格情况，并称赞了恩格斯关于山地战的第二篇文章。

1 月 23 日　致信恩格斯，指出：约十天前我给奥姆斯特德写了一封信，所以我正在等待回信。我觉得，德纳对弗莱里格拉特泄漏他的秘密生气，同《论坛报》的行动有些关系，或者更确切地说，同他不能运用自己的影响有关系。

给《纽约先驱报》写稿是不可能的；应当同《纽约时报》试一试。我想不声不响地通过阿伯拉罕·雅科比大夫跟它交涉一下。这个人至少不会声张出去，而且总的说来，他由于性格温和，看来很受美国佬的敬仰。我下星期二将给他写信，同时还将给德纳写信，不过这封信要使他比他想象的还要不愉快得多。我很希望你能在星期二以前——星期二以后，我可能在未接到纽约的回信以前不再给《论坛报》寄通讯，——寄来一篇关于波斯的军事文章。这一次用不着写得很有分量。只要几条一般的战略上的论述就行了。《论坛报》也许以为，它一赶我，我就会乖乖地放弃美国这块阵地。它的"军事的"和"金融的"垄断转移到另一家报纸的前景未必能使它开心。因此，今天寄给它一点"金融的"东西。关于波斯战争的文章，不论写得怎样仓卒，都会有重大的意义，因为它将提醒《论坛报》，"战争"还在进行中，而其他报纸会用它来作自己的广告。当然，对俄国人和英国人的胜负可能性（军事上的），只略提一下就够了。

总之，我在打听到能否在纽约别的什么地方发表东西以前将避免公开的破裂。如果这事不成，而《论坛报》又不改变态度，自然还是必须破裂。但是我认为，在这样一场讨厌的斗争中，重要的是赢得时间。我觉得，《论坛报》认为，从美国形势的"大转变"时起它可以节省所有的号外（至少，欧洲的号外）。一个人不得不把能同这类小报为伍视为幸福，这实在令人作呕。象习艺所的赤贫者一样，把骨头捣碎，磨成粉，再煮成汤，——这就是一个人在这种企业里完全注定要做的政治工作。我简直是头蠢驴，我不仅最近，而且多年来，为了几个钱而给这些家伙拿出的东西太多了。

评论：马克思在信中主要谈论寻找发表文章的报纸杂志的问题。美国《普特南氏月刊》出版公司的代表奥姆斯特德告诉马克思关于波兰政论家、泛斯拉夫主义者古罗夫斯基伯爵给《纽约每日论坛报》撰稿的消息，而且古罗夫斯基对《纽约每日论坛报》的编辑查理·德纳有很大影响，马克思由此断定，该报编辑部退回自己关于多瑙河各公国的文章和恩格斯批判泛斯拉夫主义的文章以及迟迟不发表自己的其他文章，都与上述情况有关。他将尝试与《纽约时报》联系，并打听是否能在纽约别的地方发表文章。同时，他提到皮佩尔取得了教职，询问鲁普斯的惊险故事，告知在《晨报》上看到1856—1857年的英国—波斯战争的摘要，这次战争是19世纪中叶英国在亚洲实行侵略性的殖民政策的一个阶段。

2月16日　致信恩格斯，指出：附上奥姆斯特德的一封答复我的询问的信。可见，这篇文章没有被采用。但是，即使看了这封信之后，我仍然认为《军舰进攻要塞》他们将很愿意发表。问题是你有没有时间写。在最后放弃普特南之前也许必须对他再试一试。无论如何，这位先生四个月后才把情况告诉我是无耻之尤。因为我一定要给奥姆斯特德写信，所以请你看看，能否从信中辨认他的名字。

米凯尔的信，想必你已经收到。弗莱里格拉特说，给《世纪》写稿的，除了卢格和赫斯之外，还有奥本海姆及诸如此类的败类。

弗莱里格拉特请求你不要忘记维尔特的事情。假定犹太人施泰因塔耳占有了维尔特的日记（关于日记的事，高贵的康培已经写信告诉了维尔特的哥哥），那末这里就有另一种危险，就是说，维尔特的亲属们若是把日记拿到手，就会把它 in usum delphini，即以经过了修改和检查的形式出版。如果维尔特的哥哥直接去找你，那很好。如果日记还要出版，那你同时可以教训这些庸人一顿。此外，施泰因塔耳对待老太太非常无耻，他只是干巴巴地写了几句关于维尔特去世的话，没有详情，没有序也没有跋。这个笑里藏刀的奸商。

我重读了你的关于泛斯拉夫主义的文章（还没有全读完），一来是为了自己得到教益，二来是为了标出你在用德文修改的时候还必须找材料的地方，这种材料除了伦敦博物馆之外，在英国很难找到。同时，我发现那个陌生人的笔迹（目前我敢于说它是波兰叛徒古罗夫斯基的笔迹）——在我的被退回的文章《多瑙河各公国》上也有同样的笔迹：《Tout ces chiffrés sont éxagérés》等等（好漂亮的法文！）

在我目前处于自身危机的时候，了解一下一般危机的情况对我自然很有教益，所以请你写几行，告诉我一点工业区的情况。根据伦敦报纸的报道，情况很不妙。

从1849年开始出版的图克的《价格史》，最后两卷出来了。这个老先生在反对通货学派及皮尔法的不倦斗争中，过多地探讨有关流通的无稽之谈。这一点自然令人惋惜，但是在目前来说还是有意义的。

评论：马克思谈到《普特南氏月刊》在四个月之后才告知不能刊载恩格斯的文章《圣阿尔诺》的行为是无耻之尤；维尔特的日记若是被他的亲属们占有，将面临被删节和修改的危险；重读了恩格斯泛斯拉夫主义的文章，发现了古罗夫斯基的批语笔迹，证实了他们的文章被俄国驻华盛顿大使馆监督和检查的事实。最后，马克思希望恩格斯告知一些工业区的情况，并提到图克的《价格史》最后两卷已经出版，这本书过多地探讨有关流通的无稽之谈，但总体还是有意义的书。

3 月 18 日　致信恩格斯，指出：《卫报》今天已收到。《纽约论坛报》仍然没有回信。我给奥姆斯特德的信，除了告诉他如果他没有将文章交给哈普尔发表便将它退回之外，自然不可能写任何事情。

蒲鲁东的新的经济学著作已经出了七版，我还没有看到。

我不明白，米凯尔怎么会以为我能给《世纪》撰稿，而这家小周报的撰稿人是卢格、路·西蒙、梅因、伯·奥本海姆、莫·赫斯等人。我一期也没有看过，但是我有"第二出版年"第一期的封面，上面印有如下的目录：《战争以后，决胜以前。四》阿尔诺德·卢格著。《巴黎、瑞士和伦敦的来信》（即路·西蒙、科拉切克、梅因的来信）。《当代的精神；新年祝词》阿尔诺德·卢格著。《自然科学和社会学说。五》莫·赫斯著。《宗教教育和人道教育》。《札记》。

埃德加尔·鲍威尔在出版一本书：《英国的印象》。真是妙事。

梅洛斯拉夫斯基的书和列列韦尔的书（后者的第一卷真正是给儿童读的历史）的价格，我将打听一下。

关于脏猪鲍勃·娄现在我手头上没有任何材料。也许这个星期还可以搜集到一些。这是个适合十二月十日会的家伙。

帕姆的"自由主义"对外政策每天都有新的暴露。起初是同奥地利的"秘密条约"。现在是他向波拿巴表示愿意出力镇压那不勒斯的任何革命。然而波拿巴对此有一点保留，即"缪拉特的"复辟不应属于"革命"的范畴。由于这个"误会"，远征那不勒斯没有搞成。帕姆昨天在下院以非常"暧昧的态度"否认了这一点。但是，大概这个星期还会出现别的揭穿他的谎言的文件。

俄国人这一次行事不完全象往常那样慎重。一贯标榜自己极端仇恨帕姆的《北方报》，成了从内阁危机以来大陆上第一个把帕姆当作真正英国大臣而予以保护的报纸。甚至《新普鲁士报》也说这是"无原则的联盟"。

波斯事件，正如我所预料的，落得一场空：除了一些纯粹名义上的让步之外，英国人什么也没有得到；相反，在主要问题上却向波斯宫廷让了步。可是，俄国却得到了割让给它的一小块地方，——累亚德前天把这事秘密地告诉了伦敦居民，使之惊讶不已。当然，他没有勇气把这两件事实的真正因果联系讲出来。他再一次保证说（迪斯累里在下院早已经这样说过，而帕姆当时一句也没有辩驳），在对俄战争时期，帕姆禁止波斯人按照他们的愿望采取攻势。当时他们本来以为能够收复失地的。在波兰革命（1830 年）时期，他也向他们提出过同样的警告。

　　要正确评价波斯和中国的动乱，必须把它们同帕姆在这两个地区的头一次行动加以比较，因为它们两者都只是重复而已。在他掌权的整个时期，第一次对华战争即使再打一百年，除了使俄国的陆上茶叶贸易扩大并使俄国在北京的影响增强以外，也不会有任何结果。只是罗伯特·皮尔爵士内阁时期的埃伦伯勒才使这次战争发生"英国式的"转变。

　　应当希望——而这是十分可能的，——这一次将选出这样一个议会，它除了消极地服从帕姆之外，不会承担任何义务。表现为联合内阁（如阿伯丁的内阁）的旧党派的解体，与其说给资产阶级敲了警钟，不如说使他们产生了一种想法：现在他们可以躺在月桂冠上睡大觉了。而表现为帕姆独裁的同样的解体，必定不仅会在国外招致最令人称快的失败和困难，而且会在国内导致民怨沸腾，可能导致革命。这个曾经参与过曼彻斯特的"小型屠杀"和帮助制定过六项"禁口法"的老家伙，自然决不会害羞。适当地改变一下说法，帕姆独裁对联合内阁的关系，就正如最近一届法国议会中的联合保皇派的统治对波拿巴的统治的关系。英国的事态终将发展到一个严重的顶点。

　　关于班迪亚。这个班迪亚从 1855 年起便是塞弗尔－帕沙的助手。他娶了一位切尔克西亚军事长官的女儿（这必定使他在布达佩斯的合法妻子和在巴黎的不合法妻子都同样感到高兴），现在则自己当了切尔克西亚的军事长官。他通过他同伦敦的关系招募了三百名波兰人并把他们连同军事装备等等一起送到黑海，据报纸的消息，他们在黑海上躲过俄国的巡洋舰，顺利地到达塞弗尔－帕沙那里。你的看法怎样？这个家伙看到他在西方已经扮演完毕自己的角色，便开始在东方扮演新的角色。是否又当民主主义的奸细还是出于信仰，那是另一个问题。

　　评论：马克思提到蒲鲁东的新作《交易所投机者手册》已经出了七版；米凯尔误会马克思为《世纪》撰稿；埃德加尔·鲍威尔出版了《英国的自由》一书，这封信中写成《英国的印象》。马克思指出帕姆的对外政策每天都有谎言被揭穿，并认为波斯事件没有使英国人受益，反而使俄国得到了一小块割让的土地，而帕姆掌权期间发起的第一次鸦片战争只是扩大了俄国的陆上茶叶贸易并增强了俄国在北京的影响，直到皮尔爵士内阁时期的埃伦伯勒才使战争发生了"英国式"转变。马克思希望这次选出一个消极服从帕姆的议会，英国的事态将发展到一个严重的顶点。同时，马克思谈论了班迪亚，这位切尔克西亚的军事长官把三百名波兰人连同军事装备一起送到塞弗尔－帕沙那里。

　　3 月 24 日　致信恩格斯，指出：附上几件反帕麦斯顿的东西，即：（1）《英国的背叛》，两份（注意：就是那个在这里翻印安斯提的演说摘要的肯宁格姆，如今成了布莱顿的极端帕麦斯顿派候选人）。（2）塔克尔评论集，八本。（3）《安斯提的演说》。（4）《帕麦斯顿首相》。（5）《三个时代的帕麦斯顿》（除了从乌尔卡尔特那里抄袭的匈牙利的事件之外，其余部分威尔克斯先生自然是按照自己的方式从我在《论坛报》上发表的文章中抄袭的）。（1）和（2）两项，你不必保存，但是，（3）、（4）和（5）也许应当保存。如果找到的话，明天我还要寄几本其他的小册子。至于《北方报》，应当提一下，我提到的那篇文章甚至被《邮报》转载过（在3月4—9日之间的一号上）。后来这家报纸的确改变了论调。

现在谈谈私事。首先，《论坛报》来了一封信，我写完回信便把它寄给你。我要给别的报纸写稿的威胁还是起了作用，至少起了一定的作用。尽管语调非常友好，但表明我正确地理解了这些先生们。提出的办法是这样：他们每周支付一篇文章的稿酬，不论他们发表与否；第二篇文章要碰运气，如果他们发表，才能开《论坛报》名下的期票。可见，他们实际上把我的稿酬减了一半。我还是同意，而且不能不同意。况且，如果英国的局势象我所预料的那样发展下去，那末不久我又会有过去那样的收入。

我感到十分难过的是，我暂时还不得不压榨你，因为我的一身亏空使我把一切能够典当的东西都典当了，我只有找到新的收入来源，才能弥补收入上的亏损。

我很希望你寄给我几行"幽默的"东西，譬如说，五十行或一百行，谈谈英国人在波斯和广州近郊是怎样显示奥兰多式的勇敢的。你会看到，布什尔远征的成功主要归功于一个用虚假借口派到布什尔当政治特派员的琼斯上尉的谍报工作。明天或许能给你多写一些，因为今天我打算去给你寄小册子。

评论： 马克思附上一些反帕麦斯顿的材料，包括《英国的背叛》《塔克尔政治评论集》《安斯提的演说》《帕麦斯顿首相》《三个时代的帕麦斯顿》。他谈到《纽约每日论坛报》的态度已有所转变，同意每周支付一篇文章稿酬，但要发表第二篇文章才能开期票。同时，他希望恩格斯能在经济上给予他资助，也希望恩格斯能写文章谈谈英国人在波斯和广州的行径。

3月31日 致信恩格斯，指出：如果方便的话，请寄给我一些《曼彻斯特观察家报》。我现在对布莱特派的声明感到兴趣。只是它的失败才赋予选举以历史意义。只有现在，当帕麦斯顿在议会里拥有决定的多数，而在议会外——反谷物法同盟成立以来第一次——又出现严重的反内阁宣传时，他的处境才变得危险。英国陷入严重的危机，——《泰晤士报》已经指出它看见正在聚集的乌云，——如果现在大陆上重新开始运动，那末约翰牛再也不能象1848年那样采取高尚的中立立场了。帕姆的胜利是1848年6月开始的种种事件的最高峰。曼彻斯特的消息，通过帕姆无耻的书面和口头的解释，在比较有文化素养的伦敦公众中引起了震惊。此间人士一致的看法是：曼彻斯特丢了脸，而且丢尽了脸。如果《笨拙》没有被帕姆收买的话（它的主编泰勒被安置在卫生部，薪俸一千英镑），波特尔、特纳和加内特无论如何下星期三一定会在那里出现。关于这些家伙和他们的行止，请来信告诉我一些详情。

德朗克先生写信告诉弗莱里格拉特，他"要同他的犹太人决裂并作为独立经理人开业"。关于班迪亚，即关于他同君士坦丁堡和切尔克西亚的关系，我曾寄给乌尔卡尔特一篇短评。附上从《雷诺新闻》剪下的关于《晨报》编辑格兰特先生的剪报。句句真实。

　　另附上德纳的信。请寄还给我。他在列举已刊登的文章时只提到最近的几篇，而且其中个别文章是在它们寄到纽约五六个星期后，当他看到形势有了变化的时候才发表的。他提出的付稿酬的办法充分证明，我没有看错这位先生的意图。他对文章篇幅的意见很合我的心意。我可以写得更少了。不过，令人吃惊的是，他现在竟然一连好几个月拨出两三栏刊登最庸俗的伦敦流言。

　　普鲁士也发生一场小小的议会危机。"在金钱问题上，是没有温情可言的"这个原理看来在那里又被证实了。

　　瑞士人大概将会同意驱逐所有的流亡者。

　　你是否注意到上周突然被揭发的澳大利亚农业公司、伦敦银行、东方银行和北欧轮船公司（佩托先生是这个公司的理事会的成员）的骗局！

　　评论：马克思评价英国议会选举的结果，认为布莱特派的失败赋予选举以历史意义，而帕麦斯顿虽然在议会中取得多数支持，但面临着严重的反内阁宣传，英国陷入了严重的危机。他提到德朗克写给弗莱里格拉特的信、寄给乌尔卡尔特的短评《切尔克西亚的叛徒》、《雷诺新闻》上关于格兰特的简报、与德纳的约稿交往，以及普鲁士发生的小议会危机。

　　4月9日　致信恩格斯，指出：康拉德·施拉姆因肺病在费拉得尔菲亚去世。听说，纽约的《新时代报》在报道他的死讯的同时还登了一篇类似悼词的文章，不过我还没有看到。

　　交易所情况好转的表面现象又在消失。利率又在提高，动产信用公司的股票和法国的无期公债又在下跌，而被揭露的股份公司的商业骗局在伦敦和巴黎层出不穷。幸而，在巴黎连政府也被直接牵连进去了。想必你已看到贝列拉和费兰之间的丑事？若不是我认为《曼彻斯特卫报》的女通讯员会注意到这一切，早就把这个消息抄给你了。我现在有时看看帝国的唯一真正的报纸巴黎《费加罗报》。它把表面的一套虚礼都丢开了。

　　我不记得是否提醒过你注意两个反对帕姆的新证据。第一，赫伯特在南威尔特郡向他的选民们说：他曾经下令炮击敖德萨，但是在他辞职后，帕姆亲自发布了保全该城的命令。第二，罗素向西蒂区选民们说：帕麦斯顿给了他一份关于在维也纳会议上采取什么态度的书面训令，而克拉伦登不让他公布它，由于执行这个训令，小约翰彻底垮了台。对老帕姆来说，令人注意的是，他经常在自己的报纸上抓住赫伯特在敖德萨的背叛（供一般人阅读的帕姆机关报——《晨报》第一次指出赫伯特和沃龙佐夫是亲戚）和罗素在维也纳的背叛大做文章。

　　我将再给你找一些反帕麦斯顿的材料。帕姆反对安斯提的演说（一本很厚的小

册子），如果皮佩尔没有拿走的话，一定在我这里。在较大的著作中有帕里什的
《希腊君主国外交史》和乌尔卡尔特的《中亚细亚》。为了补充前一本著作，还必须
看看提尔施和毛伦布勒歇尔关于这个题目的叙述，他们的著作是在 1836 年（？）出
版的（我看过已经很久了）。在所有的蓝皮书中，给我印象最深的是关于第二次叙
利亚—土耳其战争的那一部。

我在《自由新闻》上发表的只有五章。李卜克内西等人已把它们带走。但是我
可以给你找到。我在最后一章中逐字逐句地利用了你关于彼得一世的那些文章中的
一篇。现在我只写完了引言。但是，这些先生起初拖了好几个月；后来他们开始发
表得较快一些。现在，第一次支付的日期已经到了，我催他们也白费力气。如果他
们在这方面不能比以往有所改进，那就只好跟他们一刀两断。他们跟我签订过新的
合同。但是，如果他们在最重要的问题上不遵守这个合同，它还有什么用处。

评论：马克思在信中提到施拉姆去世的消息，分析了法国交易所的情况，提醒
恩格斯注意反对帕麦斯顿的两个新证据，并表示还可以再找到一些反帕麦斯顿的材
料。最后，马克思谈到给《自由新闻》撰稿遇到的发表慢和稿费支付的问题。

4 月 21 日　致信恩格斯，指出：请马上来信告诉我，我应当怎样回答附上的德
纳的信。回信必须随星期五的邮班发出。

遵从基督教的戒律："如果你的牙使你难受，就将它拔掉"，我终于得到了安
宁；同时我发现，这个该死的牙是几个月来折磨我的一切其他疾病的根本原因。你
正确地找到了我们的住所。埃德加尔先生的书不叫《英国的印象》，而叫《英国的
自由》。听说，这本书的四分之一是谈摩门教的。整个这本书自以为提供了民族性
格的人相学，或者，如果你愿意的话，民族性格的生理学。我根本没有读过它。过
几天再写信给你。

评论：马克思与恩格斯商量如何答复德纳邀请他们参加《美国新百科全书》撰
稿工作的问题，并谈到埃德加尔·鲍威尔的《英国的自由》一书。《美国新百科全
书》是一部科学参考书，由《纽约每日论坛报》编辑部的一些美国资产阶级进步的
新闻工作者和出版者出版。在《美国新百科全书》中，马克思和恩格斯站在革命无
产阶级的、唯物主义的立场上写作条目。马克思主要负责编写许多军事活动家和政治
活动家的传略，恩格斯也帮助马克思阐明军事方面的问题。马克思和恩格斯为《美国
新百科全书》撰写条目的工作从 1857 年 7 月持续到 1860 年 10 月。

4 月 23 日　致信恩格斯，指出：明天我立即写信给德纳。你可以想象，这件事
对我来说是多么应时。这也使我妻子感到宽慰，这在她目前的情况下，是很重要的。
我现在就给施特芬写信（这家伙没有通知我就搬了家，不过仍住在布莱顿）。皮佩
尔——你会记得我曾在以前的一封信里提到过——从圣诞节起在博格诺尔当了教师，
当然，我不会去动他。他一天天变得越来越庸俗、懒惰、无用，而且越来越会花钱。
他现在在牧师那儿工作，在牧师的管教下，他是会改正的。而且这个家伙离开我的

时候，正当我妻子有病，他认为我不能缺少他，看来并不反对以较优厚的条件劝他留下。我根本没有那样做，相反地，只是对他终于找到了一个职位表示满意。事实表明，"缺少不了"他仅仅是他个人的幻想。我妻子执行秘书的职务，没有了这位高贵青年的一切烦扰。给女孩子们授课他也完全不行。因此，这次变动对双方都有好处。如果这个家伙会——我确信这一点——重新成为有用的人，那是因为他认识到我不需要他这一点对他起了很大作用。

因此，根本谈不上在伦敦这里建立一个机构。这里没有合适的人。可能，——过几天我就会知道，——德纳已直接向弗莱里格拉特约稿。我们的弗莱里格拉特对自己的职位又不满意了，然而，他在那里能十分稳当地拿三百英镑，而且几乎不做什么事。使他烦恼的，一方面是股东们向他发泄不满的那种牢骚和怨言，另一方面自然是他的地位不明而责任重大，给他的却只不过是形式上的自主。至少，他自己是这样解释他的情绪的。而实际上，我看在这后面隐藏着他对一切责任的厌恶。象在胡德公司工作时一样，有个职员的位置，而又能摆脱责任，这在现在和将来都是他的理想。其次，他的诗人的荣誉与汇率之间的冲突也使他苦恼。从他偶然的流露中我可以看出，所有这些动产信用公司的人暗中都惶惶不安。一个伦敦交易所的老手肯定地对他说，在他四十年的经历中，还没有看到过象现在这样的慢性危机。直到现在我还没有空闲，但什么时候总要详细研究一下汇率与贵金属储备量之间的关系。货币本身在决定利率和金融市场方面所起的作用是很惊人的，是与政治经济学的所有规律完全矛盾的。刚出版的图克写的两卷《价格史》是很重要的著作。可惜，这个老头子因为要把自己的观点与"通货原理"派的观点直接对立起来，使自己的全部研究变得完全片面了。

就我这方面来说，最乐意给德纳写的是《李嘉图》、《西斯蒙第》等这类条目。这些东西无论如何可以写得象美国佬所要求的那样客观。用英语写德国哲学很难。不过我将向德纳提出各种各样的题目，让他选择。

布莱特和科布顿他们那一派无疑将恢复元气，因为孚赫当了他们伦敦《晨星报》国外栏的编辑。我现在不得不同这个家伙谈话，因为我免不了在埃德加尔·鲍威尔那里偶然碰见他。这家伙自命为世界上的头号人物。"布鲁诺·鲍威尔对自己已失去信心。他觉得不是他，而是我将征服普鲁士"。孚赫还是个奇怪的自由贸易派，他甚至不知道什么是中等阶级。他说，统治普鲁士，而且应该统治普鲁士的是"军官和大学生"。"不论哪次英国的集会，我一讲话，就能把它搞垮"。"我创造了历史。科布顿关于广州的提案就是我起草的"。这就是他谈话中的一些精华。这个人论撒谎真是个闵豪森，论吹牛真是个毕斯托准尉。每隔半年听他吹一次倒是令人开心的。

在海得尔堡附近某地出版了一部《罗马史》，据说有许多新内容，不知你或者鲁普斯听到什么消息没有？

评论：鉴于恩格斯对撰写《美国新百科全书》工作的支持，马克思将立即答复德纳。他谈到皮佩尔的近况，说他越来越庸俗和懒惰，却越来越会花钱；弗莱里格拉特不满意自己在公司里的职位，这背后隐藏着他对一切责任的厌恶；图克写的《价格史》是很重要的著作，但图克为了与"通货原理"派的观点对立起来而使得研究片面化了；乌尔卡尔特派预付的稿费刚好够他付清面包商和肉商的欠款；孚赫当了伦敦《晨星报》国外栏的编辑，他是一个喜欢撒谎和吹牛的人；泰·蒙森出版了《罗马史》一书等。

5月8日 致信恩格斯，指出：附上拉萨尔的信，给鲁普斯看了以后，请于下星期初寄还给我。我应该怎样对待这个家伙？要不要回信？这个家伙拼命追求荣誉，无缘无故写了七十五印张论述希腊哲学，他这种可笑的虚荣心会使你发笑。

我已象你建议的那样，写信把一切告诉了德纳。你的巴赞库尔我早些时候就已催他退还。你要的那种书，施特芬不知道；他自己好象在把吕斯托夫的《凯撒的军事制度》译成英文。

皮佩尔准备再干他从前的蠢事。他给我写了一封"天才的"信。不是他对新工作的兴趣，而是他的新工作及其上司对他的兴趣，看来已经象往常一样消失。他想以"信使"的身分去瑞士，或者在仲夏脱离他的上司，口袋里装上二十英镑再来伦敦摆威风。再去信时，我将对这个天才泼泼冷水。这个青年要再变得"有点出息"，就必须在牧师的鞭子底下多呆些时候。动产信用公司的最近一次报告你看过没有？发表在《泰晤士报》上。它揭示了衰落的迹象。帕姆当改革家！他会给这些家伙彻底进行改革的！

如有可能，下星期给我写一点关于波斯或中国的军事方面的东西。我妻子的病愈来愈成为一场灾祸，秘书的工作她愈难胜任了。

评论：马克思询问恩格斯应该如何回复拉萨尔的信，提到拉萨尔为了荣誉写作《爱非斯的晦涩哲人赫拉克利特的哲学》一书。同时，他谈到让德纳归还恩格斯关于巴赞库尔的文章，皮佩尔准备再干蠢事，动产信用公司的最新报告揭示了衰落迹象。此外，他希望恩格斯写一点关于波斯和中国的军事方面的文章。

5月22日 致信恩格斯，指出：你大概已经从报上知道，动产信用公司的第二个董事（第一个董事是普拉斯），即银行家图尔内桑因负债约三千至四千万法郎而垮台了。从这个出色的机关的最近一个报告书（4月最后一天发表的4月28日的报告书）中可以看出，虽然它的纯利润还是达到百分之二十三，但与1855年比较，毕竟已降低了将近一半。贝列拉先生解释降低的原因是：（1）1856年3月的《通报》上的命令。波拿巴以此命令禁止动产信用公司从法国当时存在的过度投机中捞取油水；（2）这个表现"最高智慧"的命令仅仅由于考虑不周只涉及了股份公司，从而使动产信用公司受到两合公司最猖狂的竞争；（3）1856年最后三个月的危机，动产信用公司诚然企图利用这次危机进行某些金融投机勾当，但是在这种"爱国的"活动中，它受到法兰西银行和路特希尔德领导的巴黎银行业主公会狭隘的利己主义的阻挠；（4）波拿巴仍然不准他们按照章程发行他们自己发明的六亿纸币。这批纸币的发行，至今还是前景渺茫。看来，贝列拉在竭力催逼波拿巴。如果后者不贸然批准的话，大概就会拟定出一条中间路线，也就是通过新的法案从上面来使法兰西银行成为动产信用公司的助手。其次，从报告书中可以看出，动产信用公司的业务同它的资本极不相称，并且它向公众借来的资本完全用于鼓励交易所的投机活动。一方面，动产信用公司作为波拿巴的名义上的国家机关，宣称有责任维持国家有价证券、股票、债券——总之，一切国家交易所证券——的行情，为此，它把向公众借来的货币贷与股份公司和某些证券投机商去经营交易所业务。另一方面，它作为一个"私人机关"，主要是利用交易所证券的涨和落进行投机。贝列拉用某种莫泽斯·赫斯能够称为"社会哲学"的东西去调和这种矛盾。

你的关于中国和波斯的文章我只是在某些地方删去了一点，并修改了一些用语。我全都同意，只是不认为驻在波斯的军队会这样快开往中国。条约上明确规定，波斯人不撤出赫拉特，他们就不撤出波斯。帕姆不会赐与他们有碍健康的季节。印度总督坎宁请求辞职，同时英国的将军和海军上将自杀，意味着帕姆在这方面又发了极其"莫名其妙的"的指令。同时——正如维也纳报纸所报道的——主要目的已达到了。波斯已让与俄国两块领土。

评论：马克思谈到自己糟糕的身体状况及对工作和学习的影响，妻子即将分娩但经济状况堪忧。他讨论了发表于 1857 年 4 月 30 日《通报》上的动产信用公司的报告书，报告书反映出动产信用公司利润降低，以及动产信用公司的业务同它的资本极不相称，它向公众借来的资本完全用于鼓励交易所的投机活动。他谈论恩格斯的文章《波斯和中国》，对文章进行了一些删改，全部认同文章的观点，只是不认为驻在波斯的军队会这样快开往中国。

7 月 6 日　致信恩格斯，指出：威廉斯那里没有吕斯托夫的书。至于施特芬，他多疑，我不想写信给他提这件事，因为他自己正在把这本书译成英文。我看，关于古代世界你可以只作一些最一般的叙述，并且就在条目中直接说明，这些问题将在《希腊军队》和《罗马军队》中阐明。这样将赢得时间。而到那时不仅可以找到吕斯托夫的书，而且我还可以给你寄来大量其他详细资料，因为我经过长期的搜寻，在博物馆里找到了有关古代军事史的一套完备的资料。目前最重要的是要快。你知道，我已照你的建议又给德纳寄去了第二个条目单；我将用什么理由对这个人解释呢？我不能推说有病，因为这样我就应该完全停止给《论坛报》寄通讯，而使我的本来就很微薄的收入全部化为乌有。德纳在不得已的时候可能请那位已经给他提供了一部分军事条目的先生帮忙。这样，我就会被排挤掉。为了避免这一着，我必须于星期五去信，困难的是我不知该写些什么。

弗莱里格拉特给我写了一封短信，从信中可以看出，动产信用公司处于恐慌中，尽管丰收在望，但巴黎交易所的有价证券连续下跌，引起了金融家的真正恐慌。

印度事件十分可喜。马志尼的暴动完全是按照旧的官方形式进行的。如果这头蠢驴至少不把热那亚牵扯进去，那该多好。

评论：马克思为恩格斯撰写《美国新百科全书》的条目《军队》搜集有关古代军事史的资料，为如何保住撰写条目的工作而忧虑。他提到弗莱里格拉特写的信反映出，巴黎交易所的有价证券的连续下跌，引起了金融家的真正恐慌。信末，他认为印度事件让人可喜，以及马志尼的暴动是按照旧的官方形式进行的。印度事件指1857—1859 年的印度起义，即印度人民为争取民族独立、反对英国统治而举行的一次最大的起义。在这次起义以前已经发生过一连串武装反抗英国殖民者的事件。这次起义的根本原因是印度所有各阶层居民普遍痛恨残酷的殖民剥削方法。起义是1857 年春季在所谓西帕依部队（英国殖民者在印度本地人中间招募、并由英国军官指挥的雇佣兵）中爆发的（从1856 年年中起就已开始准备）。驻扎在印度北部的孟加拉军的西帕依部队成了起义的军事核心。总的说来这是反映着印度农民（普通西帕依都是从印度农民中招募来的）和城市贫穷手工业者不满的人民起义，规模巨大，席卷印度北部、中部的最大地区。1857—1859 年震撼了全印度的起义遭到了英国殖民者的残酷镇压，印度的封建主出卖了起义，并积极帮助英国殖民者。马志尼的暴动指1857 年6 月底至7 月初，一小批意大利资产阶级革命者遵循马志尼的指示，夺取了一艘从热那亚开往突尼斯的意大利轮船，并且在那不勒斯湾的海岸登陆，企图在意大利发动反对奥地利统治的起义。起义失败后，参加者几乎全部被捕。

7 月 16 日 致信恩格斯，指出：附上的笔记，也许除了一些引文以外，用处不大。虽然我浏览过《英国百科全书》，但是没有时间好好去读。所以恐怕这些笔记中对你说来未必有什么新的东西。这方面还可利用埃尔希和格鲁伯的《全书》、鲍利的《古典古代实用百科全书》（1844—1852 年）。这些书正好现在我不能读。可惜我没有早些着手。《英国百科全书》差不多是逐字逐句从德文和法文著作中抄下的，所以，不读专门的著作本身，用它作根据是困难的。

评论：马克思给恩格斯寄去为撰写《美国新百科全书》的《A》开头的第一批军事条目搜集到的材料，包括威·吕斯托夫的《凯·尤利乌斯·凯撒的军事制度和指挥艺术》和马克思写的关于军队的笔记。他认为，德国学者约·赛·埃尔希和约·哥·格鲁伯在莱比锡1818 年开始出版的《科艺全书》，以及鲍利的《古典古代实用百科全书》（1844—1852 年）在撰写条目时可以利用。

8 月 15 日 致信恩格斯，指出：据我看，德里的情况是，一当严重的雨季来临，英军就不得不撤退。我大胆地做出了这样的判断，因为我曾不得不暂时代你在《论坛报》当军事通讯员。请注意，这里的前提是，目前为止的报告都是确实的。可能我会出丑。不过，在这种情况下，应用一些辩证法总会有所帮助。我当然是把我的论点说得在相反的情况下也是正确的。加尔各答政府在印度本地不断散布德里陷落的谣言，正如我从印度报纸所看到的，这是用来使马德拉斯管区和孟买管区保持平静的主要手段。附上德里的一张地图供你消磨时间，但你必须归还我。

从法兰西银行大多数的报告中已经可以看出，一个波拿巴分子已取代阿尔古掌权。他对贴现和银行券的发行是不太在乎。法国的金融崩溃一定会规模巨大，因为各方面都在极其疯狂地促成它。

评论：马克思对恩格斯的治疗方案提出意见。他告诉恩格斯，由于暂时代他充当《纽约每日论坛报》的军事通讯员，写作了《印度起义的现状》和《印度起义》两篇文章，在文章中作出英军可能从德里撤退的推测。信末，他提到波拿巴分子日尔明尼掌权，将会进一步促成法国规模巨大的金融崩溃。

9 月 15 日　　致信恩格斯，指出：盼望星期五有德纳的信来。今天把《巴克莱》、《贝尔蒂埃》、《勃鲁姆》、《布里昂》和你的文章寄给他了。下星期将《B》字头的第二批稿件寄出，这对我很重要。在最近修订关于法国将领的文章时要问你的几个问题，在下次信中寄给你。关于贝姆在波兰的业绩，我找到下面的材料：

对上述材料是否可靠，我十分怀疑，所以请你加以核对，最好立即将修改的地方简略地用英文写给我。

你要的摘录，明天我到博物馆去查。

评论：马克思提到将他与恩格斯合写的条目《巴克莱—德—托利》和他写的《贝尔蒂埃》以及恩格斯写的条目《炮座》《棱堡》《刺刀》寄往纽约。马克思摘录了贝姆传记，用来为《美国新百科全书》写《贝姆》这一条目，摘录所依据的史料不明，其中一部分与 1849 年莱比锡出版的施特格编辑的《百科辞典续编》第 4 卷关于贝姆的记载相符。这封信附有马克思应恩格斯的请求所作的关于军事桥梁的摘录。

9 月 17 日　　致信恩格斯，指出：贝尔纳多特很难写。在路易－菲力浦时代从事著述的法国将军大部分是他绝对的拥护者；而现在在布斯特拉巴时代的作者大部分却是他绝对的反对者。下面是我请你核对的主要争论之点：

1. 他参加奥斯特尔利茨会战的情况，他在会战前的部署。
2. 他在耶拿会战中和埃劳会战前的行动。
3. 他在瓦格拉姆会战中的行动。

他在维也纳当外交使节的情况完全不象你描写的那样。据证明（其中有施洛塞尔写的《评拿破仑》），巴黎的波拿巴报纸因贝尔纳多特没有悬挂法兰西国旗而攻击他为保皇党人。它们迫使他采取了这一个后来波拿巴否认的步骤。

总之，波拿巴觉察到，贝尔纳多特在他的将领中是个追求自己"个人计划"的"政治家"。波拿巴，特别是他的兄弟们用浅薄的可怜的阴谋反对贝尔纳多特，却为他建立了远比他自己所能期望的更为显赫的地位。

拿破仑对所有他认为有"个人目的"嫌疑的人，总是采取卑鄙手段。

关于布吕歇尔，你必须给我写：他参加的主要会战，对他在军事上的一般评价以及格里斯海姆十分强调的战术功绩。

关于贝西埃尔、布律恩、布朗、毕若，也是这样。

还有克里木战局中的博斯凯。

请把德纳的《B》字头的条目单寄来，因为我的一份遗失了。

评论：马克思与恩格斯商讨写作《美国新百科全书》的条目《贝尔纳多特》，他列出了请恩格斯核对的主要争论点，讨论了贝尔纳多特与波拿巴的关系。此外，他还提到了《布吕歇尔》《贝西埃尔》《布律恩》《布朗》《毕若》《博斯凯》等条目的撰写。

9 月 21 日 致信恩格斯，指出：上星期五接到德纳一封冷淡而简短的信。我回信说，我立即向邮局追查。其次，我这里的《阿尔及利亚》和《弹药》已经完成，所以就寄给了他，说明我另外留了副本，并且告诉他，我还保留了《军队》的原稿，所以我让人重抄后立即寄去（我这样做，是因为你最近来信中曾不止一次说过，《军队》已接近完成）；至于《炮兵》，大部分将写在《火炮史》里，我已经不再有手稿了。将要寄去的仅仅还有《A》字头的条目《军队〔Army〕》、《西班牙舰队〔Armada〕》、《艾阿库裘〔Ayacucho〕》——虽然现在可能太晚，——总之，碰碰运气吧。我指定了后两篇东西，是因为你可以写得非常简短，而在我寄给你的材料中，关于西班牙舰队和艾阿库裘（关于埃斯帕特罗）有某些独特的东西。事情就是这样。

明天还将寄出三篇传记。

我的情况不允许我去布莱顿，更不能陪你去泽稷。

关于《B》字头的将军的条目，经仔细审查以后，除了请你答复关于贝尔纳多特〔Bernadotte〕的问题和提供关于布吕歇尔〔Blücher〕、毕若〔Bugeaud〕、博斯凯〔Bosquet〕（在克里木战争中）的最重要材料外，就不需要什么了。有关其他的法国人的材料我这里已够了。最后，还需要乔·布朗爵士的材料，我对他是一无所知。但关于他不需写很多。

你写的《B》和《C》字头的条目单我已寄给德纳。

评论：马克思提到寄给德纳的稿子，包括恩格斯的《阿尔及利亚》和《弹药》，将要寄去的条目《军队》《西班牙舰队》《艾阿库裘》，以及马克思和恩格斯的《卞尼格先》和马克思的《勃鲁姆》《布里昂》三篇传记。同时，讨论了《B》字头的将军的条目。

9 月 23 日 致信恩格斯，指出：当然，我很想在你离开以前与你见面。只要有一点可能，我就去布莱顿。困难的是，在季度末，整个夏季延搁下来的全部困难问题又都来了。主要和唯一可以拯救我的是给《百科全书》加紧工作。随着秋季的来临，也必须从当铺赎回些东西。

　　我打算到下星期将传记（全部）写完。（关于乔治·布朗爵士这头蠢驴还有什么可说的？）

　　我已开始在《论坛报》上写一组关于波拿巴政体的财政勋业及其冒险行径的文章，我在得不到印度新闻的时候就写这些东西。至于印度问题，我想拿着地图和你当面谈谈。到目前为止，我总是本能地找到了正确的答案。不过现在很快就该对这件讨厌的事作点军事上的概括了。

　　评论：马克思计划赶写完给《美国新百科全书》的所有条目，但后来只完成了他和恩格斯合写的《贝姆》和《博斯凯》以及他自己写的《贝西埃尔》。他提到给《纽约每日论坛报》写的关于波拿巴的财政政策的五篇文章，这五篇文章没有发表。

　　9 月 25 日　致信恩格斯，指出：你的《军队》一文写得非常好，只是它的分量使我吃惊，因为工作量这样大，一定会损害你的健康。如果我知道你一直要工作到深夜，那我宁愿让这一切见鬼去。

　　军队的历史比任何东西都更加清楚地表明，我们对生产力和社会关系之间的联系的看法是正确的。一般说来，军队在经济的发展中起着重要的作用。例如，薪金最初就完全是在古代的军队中发展起来的。同样，罗马人的 peculium castrense 是承认非家长的动产的第一种法律形式。fabri 公会是行会制度的开端。大规模运用机器也是在军队里首先开始的。甚至金属的特殊价值和它作为货币的用途，看来最初（格林石器时代以后）也是以它在军事上的作用为基础的。部门内部的分工也是在军队里首先实行的。此外，军队的历史非常明显地概括了市民社会的全部历史。如果今后有时间，你应当从这个观点去探讨这一问题。

　　在我看来，你在叙述中疏忽的地方只有以下几点：（1）雇佣军以完备的形式一下子大规模地第一次出现在迦太基人当中（为了我们个人的需要，我将查考一本最近才知道的、一个柏林人写的关于迦太基军队的著作）；（2）十五世纪和十六世纪初意大利军队制度的发展。无论如何，战术方法是在这里发展起来的。同时，马基雅弗利在他所著的佛罗伦萨的历史中极其有趣地描写了雇佣兵队长的作战方式（我将摘要寄给你）。（不过，如果我去布莱顿看你——但什么时候去？——我不如把马基雅弗利写的书带给你。佛罗伦萨的历史是一部杰作。）最后，（3）亚洲的军事制度，最初出现在波斯人中间，但后来在蒙古人和土耳其人等等中间则被改得面目全非了。

　　我因写传记等东西自然必须看各种百科全书，其中也有德国的。于是我发现《劳动》、《阶级》、《生产》等等条目都是忠实地抄袭我们的东西，而且抄得很笨。但是又全都避免提到我们，甚至在整篇讲到埃德加尔·鲍威尔先生和这一类大人物时也是如此。这对我们倒更好。德国的百科全书中的传记是写给八岁以下的儿童看的。法国的百科全书虽然有偏见，但至少内容很丰富。英国的百科全书是老老实实地抄袭德国百科全书和法国百科全书的。从德国的百科全书看来，是同一些老爷以同一些废物供给了不同的出版商。埃尔希和格鲁伯只是后面几卷是好的，那里有许多科学的材料。

评论：马克思称赞恩格斯的《军队》一文，并认为军队在经济发展中起着重要的作用。他指出，薪金、军营中的财产、军事工匠公会、大规模运用机器及其金属的特殊价值、部门内部分工等都首先在军队中发展起来，而且军队的历史概括了市民社会的全部历史。他还指出恩格斯在叙述中疏忽的三个方面，包括雇佣军以完备的形式大规模地第一次出现在迦太基人当中、15 世纪和 16 世纪初意大利军队制度的发展、亚洲的军事制度，并给恩格斯推荐了伯提歇尔的《迦太基史》和马基雅弗利的《佛罗伦萨史》。由于翻阅各种百科全书，马克思发现这些书的《劳动》《阶级》《生产》等条目都抄袭自己和恩格斯的观点，但又避免提及他们的名字。

10 月 20 日　致信恩格斯，指出：美国危机妙极了（我们在 1850 年 11 月的述评中就已经预言过它一定会在纽约爆发）。它立即影响到法国工业，因为目前纽约出售的丝织品比里昂生产的更便宜。英国的金融评论员哀叫说，英国的商业是健康的，不健康的是国外的顾主，这个说法是独出心裁，是可笑的。曼彻斯特的厂主们情况怎样？现在发现，格拉斯哥的厂主把许多商品运到国外委托出售。

你对在印度的英军有什么看法？这些家伙就是在失败的时候也走运。我现在有一张他们 6 月 18 日以来派遣部队的非常详细的单子，并附有政府估计应当到达的日期和开往的地点。

既然已用开了数字，不妨在这里再引一些关于波拿巴经济的数据。长期国债的数据是确实可靠的。1856 年和 1857 年短期国债的数据是按平均计算的，其他年份是根据《通报》。（法国人断定短期国债为二十亿，这大致相近。）

如果考虑到，这个家伙登位时的长期国债是四十亿法郎左右，也就是说，从第一共和国的 Tiers consolidé 时算起，而在六年中他又增加了约二十七亿的长期国债和短期国债，这就不能不承认，他逗留在伦敦对他很有好处。加上他的短期国债的统计中还列进了偿债基金等等可笑的玩意，以致监察也大成问题了。但是这个家伙具有某种赌徒的幽默。他认为，1852 年——帝国的千年王国的第一年——绝对没有赤字和短期国债。于是五千万法郎就被他算在 1851 年的账上（按可笑的法兰西方法，1851 年的预算在 1850 年 8 月制定，而在 1854 年才结束），而另一部分则转到 1853 年的账上。他宣布了他的政府与路易－菲力浦的政府相反，没有赤字，接着在 1853 年又恬不知耻地立即宣称有一笔从 1800 年以来法国最大的短期国债。当财政部长帕西于 1849 年向他提议限制发行短期国债并将其改为长期国债的时候，他立即将他革职，而任用了阿希尔·富尔德。只要仔细了解一下，就知道他的财政制度与路易－菲力浦的没有什么两样，不同的只是毫无顾忌，玩弄了老一套的戏法，而且达到了登峰造极的地步。

评论：马克思建议恩格斯不要去天气恶劣的曼彻斯特，不利于身体健康。他指出美国危机对法国工业的影响，并开列了英国派遣到印度的加尔各答、锡兰、孟买、卡拉奇、马德拉斯的部队，以及波拿巴经济的数据。

11月24日　致信恩格斯，指出：伦敦的金融恐慌近日来缓和了一些，但不久就会重新开始；富尔德也将促进这一点，他同法兰西银行的一个经理来到这里安排从英国运黄金到法国的事。自然，银行法的暂停生效本身所能起的作用，只是减轻了这个法律所引起的恐慌的人为的加剧。不然，银行部在第二天就得宣布没有支付能力，因为准备金总共只有四十至五十万英镑，然而公私存款却超过一千七百万。另一方面，这种危险只是法律本身造成的，因为发行部的贵金属储备量比发行的银行券的三分之一还稍少些。法律加速了金融恐慌的爆发，因而也许就使它不那么剧烈。但是另一方面，英格兰银行的以百分之十的利息为最高限度的贷款（用第一流的有价证券作抵押的）使得有可能做成一大批交易，而这些交易最终还是会引向再度破产。例如，目前谷物和糖等的价格还保持在原先的水平上，因为它们的占有者把要他们承兑的以这些商品作抵押的期票拿去贴现，而不是把商品卖掉。这些商品的价格依我看来势必下跌，所以我认为这些先生只是为自己准备着严重的破产。在1847年5月，情况也正是这样。与历次危机不同，现在在某种程度上还在伦敦维持着所谓金融市场的，是一些实际上只是近十年来才得到发展的股份银行。这些银行付给小市民、小食利者等的利息，比英格兰银行的官方牌价低百分之一。百分之九的诱惑力太大了，无法真正加以抵制。因此在西蒂区活动的一帮人，现在比过去任何时候都更多地控制了小市民的小资本。如果现在这些银行中有一家破产，那就要普遍地闹起来。所以非常遗憾的是，英国皇家银行破产过早了。

在美国保护关税派将因危机而获胜，看来，几乎是无疑问了。这将持久而严重地影响英国的先生们。

不知道施特芬是否已经通知你他要离开英国。事情是这样的：他的一个姊妹因危机丧失了她那小小的财产（我不知道是怎样丧失的）。为了把她接来，共同勉强度日，他要动身去德国。我认为这一步是完全走错了。我根据可靠的来源知道，卢格夫人（她只会说萨克森的方言）在布莱顿是唯一的德语教员，而且需求大大超过供应，以致她现在已使她的女儿也投身于这一行。所以，如果施特芬善于同人们搞好关系，他的这个姊妹就可以在布莱顿找到个好位置。顺便谈谈卢格。这头老蠢驴在几个月前已经散发了关于重新出版过去的《德国年鉴》的广告。其主要使命应该是为反对自然科学的和工业的唯物主义，以及为反对现在流行的比较语言学等等而斗争，总之，为反对需要精确知识而斗争。要实现这个计划，他需要有一千个订户（每户十塔勒）。两个月总共找到了四十个订户，可以说是四十个"精神自由"的崇拜者。因此，他在德国检阅他的信徒的结果，使他感到十分难堪。

关于德朗克先生，我只知道，几个月前他在弗莱里格拉特那里要谋个从事空头期票活动的经纪人的位置（即贴现人）；他想同老瑙特一起从事这种活动。当然，弗莱里格拉特把他赶走了。在这以后不久，德朗克写信给他说，虽然他的地位"很好"，他还是准备不论到哪儿当个有二百至二百五十英镑薪俸的职员。他说，弗莱里格拉特应该给他找个合适的位置。看来，这一切说明，他很快就要退出商业界了。

贝克尔出狱了；相反地，毕尔格尔斯却受到新的迫害。

你在一封信里说，工厂主只有在棉价六便士的时候才能继续生产。但是，生产的大大缩减不是必然很快就会使棉价降低到这个水平吗？

琼斯扮演了一个非常愚蠢的角色。你知道——他并没有其他确定的意图，而只是为在沉寂时期寻找进行鼓动的某种借口——他早在危机之前就已经订出了召开宪章派会议的日期，同时还打算邀请资产阶级激进派（不仅是布莱特，而且甚至象肯宁格姆这样的人物）参加会议。总之，就是要和资产者进行这样的妥协：如果他们同意工人享有男子普选权，那就在无记名投票权方面迁就他们。这一建议引起了宪章派的分裂，而这种分裂又使琼斯更深地陷入了他的那一套计划之中。而现在，他不是利用危机，以真正的鼓动去代替进行鼓动的拙劣的借口，而是硬要坚持他那一套荒谬的东西，用跟资产者合作的说教来推开工人，而他也根本没有得到资产者一丝一毫的信任。一些激进派报纸赞扬他，是为了彻底把他毁灭掉。琼斯本人把弗罗斯特这头老蠢驴捧为英雄，并指派他为他的会议主席；而弗罗斯特这头老蠢驴却在自己的报纸上发表了一封非常粗鲁的反对他的信，在信中提到：如果他认为同资产阶级合作是必要的，没有这种合作就什么事也做不了，那他就应当采取诚恳的态度。是谁给他以不经同盟者同意，就起草会议纲领的权力呢？是谁授权给他，让他指派弗罗斯特为主席，而自己则扮演独裁者的角色等等呢？这样，他就陷入了困境，第一次扮演了一个不仅是愚蠢的而且也是模棱两可的角色。我很久没有见到他了。但是现在我想去看看他。我认为他是正直的，而且因为在英国一个社会活动家不论做了什么蠢事也不会失去声望，所以问题只在于他能尽快地摆脱为自己设置的圈套。这头蠢驴首先应当成立一个党，为此他必须去工厂区。到那时，激进资产者是会来同他妥协的。

评论：马克思在信中谈论了伦敦的金融恐慌及与法律的关系，以及1857年危机的特点与影响。法律加速了金融恐慌的爆发，银行法的暂停生效减轻了这个法律引起的金融恐慌，但银行的无法兑付的危险又是法律本身造成的。他认为英格兰银行的贷款促成的一大批交易会导向破产，因为商品的价格势必下跌，这些商品作抵押的期票就无法贴现。在他看来，这次危机与历次危机的不同在于，维持着伦敦金融市场的是近十年来才得到发展的股份银行，这些股份银行吸纳和控制了更多小市民的小资本。同时，马克思谈到危机对施特芬的影响，以及卢格将要再版《德国年鉴》以为反对自然科学的、工业的唯物主义等而斗争，总之，为反对需要精确知识而斗争。此外，他还提及德朗克、贝克尔、毕尔格尔斯、琼斯等的动向。

12月8日 致信恩格斯，指出：至于谈到事实本身，根据"经济学家"来看，明辛街和马克街的先生们的确是用他们的产品作抵押又获得了贷款，不过大约从上星期三起，这种活动已经停止了。特别是谷物的价格，有几天甚至有点上涨的趋势，但是由于法国的允许自由输出谷物和面粉的法令，每二百八十磅又跌了三先令（这里说的是面粉）；由于波罗的海沿岸的谷物价格猛跌，昨天谷物价格也大大下跌。（注意：波拿巴的这个措施，在法国只有一时的效果，法国的价格略微上涨，但这种上涨立即使至今还没有投入法国市场的存货进一步增加。）这里有些粮商破产了，但暂时还只是一些小公司以及粮食交易所里一些签订了长期的谷物供售合同的投机商。春季，从美国将运来大量的货物。一当在英国压力变得更加严重，法国人就将以不计价格的谷物向英国轰击。依我看——如果按照老规矩，目前将一连有几次丰收，——取消谷物法的后果在英国只是现在才会影响大地主和农场主，而且很久以前的农业危机将以最好的形式重新出现。工业繁荣带来的国内贸易的良好情况和多年的歉收，使这种实验不可能在 1847—1857 年期间进行，而使废除谷物法变为一纸空文。

《论坛报》使我感到相当满意。11 月 6 日我在给它写的一篇解释 1844 年英格兰银行法的文章中说，过不了几天就会演出使这个法律暂停生效的喜剧，但也不该认为这种金融恐慌有多么大的作用，因为问题实质在于当前的工业崩溃。《论坛报》以社论的形式刊登了这篇文章。《纽约时报》（它处于伦敦《泰晤士报》的附庸的地位）在三天后回答《论坛报》说，第一，银行法不会暂停生效，并象印刷大楼广场的金融评论员那样吹捧这个法律，它宣称，英国"工业崩溃"的说法"简直是荒谬的"。这是 24 日的事。而隔了一天，它就接到"大西洋"的电报说，银行法暂停生效，同时还有工业危机的消息。然而，妙的是，现在劳埃德－奥维尔斯顿发表演说，公开解释他狂热地忠于 1844 年法律的原由。他说，这项法律使"那些善于算计的人"从商业界榨出百分之二十至三十。

叫嚣反对"劳动权"的资本家们，现在到处请求政府给予"公家的帮助"，从而在汉堡、柏林、斯德哥尔摩、哥本哈根和英国本国（以暂时取消银行法的形式）宣称，要牺牲公众的利益维持自己的"利润权"，这是很妙的。而下面这件事也很妙：汉堡的小市民拒绝今后再周济资本家。

尽管法国的资产阶级具有乐观的性格，然而它现在一想到恐慌就感受到恐慌，这当然最好地说明了，这一次法国的恐慌意味着什么。但是巴黎资产者的高尚的气质，不会比汉堡防止恐慌协会的活动有更大的效果。

上星期日的《观察家报》报道说，由于关于动产信用公司的令人不快的流言到处传播，大家都奔向交易所，竭力要把自己的股票脱手。法国的资本——与贝列拉先生所发现的它所具有的世界主义的天性相违背，——在商业本身中照旧是胆怯、吝啬和谨慎的。投机狂（它反过来的确又成为稳固的商业和工业的前提）其实只存在于国家直接或间接作为真正的企业主的那些部门。象法国政府这样的大资本家，即使成为自在的破产者（用一个黑格尔可能用的说法），它还是可以比私人资本家多维持些日子，这是十分明显的。现在在法国实际上正竭力实行禁止贵金属输出的警察措施，而同时新收获的产品——谷物、丝、酒等等——却更厉害地不计价格地向外输出，这一切曾有几个星期制止了贵金属从法兰西银行外流。尽管如此，贵金属还是会外流，而且只要外流达到象 1856 年（10 月）那样的规模，一切都会完蛋。同时，法国的厂主对待他们的工人是这样无礼，好象从没有发生过革命似的。这样更好。另一方面，波拿巴先生正把法兰西银行变为工程陷于停顿的铁路的企业主。一当贵金属开始外流，立即采取的步骤大概就是发行阿西涅。如果家伙没有失去勇气，而且目前还能够体面地给军队发饷，那我们不久还会看到精彩的序幕。

你关于曼彻斯特情况的叙述我很感兴趣，因为报纸把这些情况掩饰起来了。

我现在发狂似地通宵总结我的经济学研究，为的是在洪水之前至少把一些基本问题搞清楚。

因为鲁普斯对我们的危机预言作经常的记录，请你告诉他，——根据上星期六的《经济学家》的声明——1853 年的最后几个月、1854 年全年、1855 年秋季和"1856 年的突然转变"期间，欧洲只是勉强幸免于逼在眼前的危机。

评论：马克思在信中谈论妻子被要债人催债的苦恼处境。他分析了取消谷物法对法国和英国的影响，认为很久以前的农业危机将重新出现。马克思在这封信里所表达的关于欧洲大陆的危机的某些思想，在他的《欧洲的金融危机》一文中有了更详尽的发挥。他提到发表在《纽约每日论坛报》上的一篇解释 1844 年英格兰银行法的社论文章，文章认为银行法将暂停生效并引起金融恐慌，而问题的实质在于当时的工业崩溃。马克思的预测在不久后得到了印证，狠狠打脸《纽约时报》的辩护。马克思还分析了恐慌情绪和令人不快的流言导致法国出现了股票兑现风波，法国政府竭力实行禁止贵金属输出的警察措施，以制止贵金属从法兰西银行外流。信末，马克思还谈及自己在通宵达旦地写作他的 1857—1858 年经济学手稿，为的是在洪水之前至少把一些基本问题搞清楚。这些手稿是马克思为了写他计划中的经济学巨著而早在 19 世纪 50 年代初就开始进行的经济研究的材料。

12 月 18 日 致信恩格斯，指出：我的工作量很大，多半都工作到早晨四点钟。工作是双重的：（1）写完政治经济学原理。（这项工作非常必要，它可以使公众认清事物的实质，也可以使我自己摆脱这个讨厌的东西。）

（2）当前的危机。关于危机，除了给《论坛报》写的文章外，我只是做做笔记，但是花费的时间却很多。我想，到春天，我们可以合写一本关于这个问题的小册子，以便重新提醒德国公众：我们还在，还和过去一样。我备了三大本笔记簿——英国、德国、法国。至于美国，全部材料《论坛报》上都有。这些材料可以以后整理。此外，希望《卫报》尽可能每天寄来。一下子整理一星期或五六天的报纸，往往事倍功半，而且会出差错。

在法国（在商业中），特别是在哈佛尔，"德国人"可能开始大吵大闹；总之，现在要注意他们。此外，——且不谈这个破产的国家的普遍腐化，——在马赛和波尔多，在外来者的加入和干预把卑鄙的癞蛤蟆身上那种卑鄙渺小的吝啬和胆怯打掉的地方，贸易方面的情况特别糟糕。的确，只有在这样一个呆滞不动的国家，才可能有和必须有一个动产信用公司。对"各国的救世主"越是了解，就越是不喜欢他。

你一有时间，就写信来，因为过后你会把这样必需的危机"丑闻"忘掉；我要把它们从你的信中摘出，分别记入几个主要的笔记本中。

评论：马克思提到自己严重的经济困难和巨大的工作量，这一时期他主要集中从事政治经济学原理研究和危机研究的双重工作，他计划写一本关于危机的小册子，将利用他准备的关于英国、德国、法国的三大本笔记簿，以及《纽约每日论坛报》上关于美国的材料，可惜马克思的这个意图没有实现。此外，他还分析了法国的商业情况。

12 月 21 日　致信斐迪南·拉萨尔，指出：谢谢你的《赫拉克利特》。我对这位哲学家一向很感兴趣，在古代的哲学家中，我认为他仅次于亚里士多德。［较晚的］哲学家——伊壁鸠鲁（尤其是他）、斯多葛派和怀疑论者，［我］曾专门研究过，但与其说出于哲学的兴趣，不如说出于［政治的］兴趣。我向你［表示］谢意，同时［告诉你，］我还没有收到这本书。

［纳特］当然会立即给我寄来这本书，只要他……

写……内阁。你知道我对帕麦斯顿的看法，这些看法并没有改变。此外，我根本不知道这个报纸，因为这里连一份奥地利的期刊都没有，所以我不知道它的总的倾向。无论如何，我很想读到几号这个报纸。

我在这里生活得很孤寂，因为除了弗莱里格拉特，我的所有朋友都离开伦敦了。不过，我也不希望有什么交往。弗莱里格拉特生活得还算不错，他在瑞士银行担任经理的职务。他和以前一样，仍然是一个可爱可亲的人。鲁普斯和恩格斯仍然住在曼彻斯特。对于维尔特的去世，我们至今还感到悲痛。

目前的商业危机促使我认真着手研究我的政治经济学原理，并且搞一些关于当前危机的东西。我不得不为了挣钱的工作而消耗……白天。我［只］剩下夜晚来做真正的工作，而且还有病痛来［打扰］。［我］还没有找到出版商，因为根据经验，我知道……我不能告诉你什么新闻，因为我象隐士一样过日子。去年冬天和夏天，我的妻子病得很厉害，不过现在稍微好一些了。

如果你知道埃尔斯纳博士的地址，代我向他问好。

听说老蠢驴卢格企图使他的《德国年鉴》复活。但是历史是不会倒退的，要使它们重新复活是不可能了。

评论：马克思提及没有回复弗莱里格拉特的原因。他谈到拉萨尔的《爱非斯的晦涩哲人赫拉克利特的哲学》，表达对赫拉克利特的研究兴趣。针对弗里德兰德建议自己为奥地利的资产阶级报纸《新闻报》撰稿一事，马克思表明自己对帕麦斯顿的态度和对《新闻报》立场的不了解。同时，他还告知拉萨尔关于弗莱里格拉特、威廉·沃尔弗和恩格斯的动向。此外，他还提及自己从事政治经济学原理研究和危机研究的原因，以及白天工作挣钱，晚上忍受病痛从事研究的处境和未找到出版商的情况。信末，他对卢格企图复活《德国年鉴》一事表示消极态度。

12 月 22 日 致信恩格斯，指出：附上伟大的拉萨尔的信（连同附信），他很肯定地告诉我，由于自己的成就，他实际上确实在柏林开始获得了声望。这种高尚的心灵的流露，一定会使你和鲁普斯大为开心。威武的拉萨尔开始搞起哲学，搞起赫拉克利特来了，就象搞哈茨费尔特的官司那样，而且，如果相信他的话，他的这场"官司"最终是打赢了。看来，老头儿们——语文学家和黑格尔派——确是因能再看到这过去时代遗下的花朵而感到惊奇。但我们总是要亲自看看这个东西，虽然这是匹赠送的马，也得仔细看一看它的牙口，——当然要有一个明确的条件，即赫拉克利特不发出大蒜的气味。你可以想象一下，这家伙怎样在柏林的大街上摇来摆去，"抬高自己的身价"，象孔雀那样翘起尾巴，迈一步，停一停，咬紧嘴唇，带着"一种政治的目光"，好象在说："这就是写'赫拉克利特'的人。"只要这家伙不怕自己正在经济学方面寻求的荣誉会因竞争而受到损失，从而使他的"官司"遭到失败，也许这家伙在为我们找找出版商方面还有些用处。我通过拉萨尔先生回复弗里德兰德说，我也是"反法的"，但同样也是"反英的"，决不能写什么东西来维护"帕姆勋爵"。这样，我就拒绝了他的建议。如果弗里德兰德寄给我《新闻报》，使我事先了解这报纸是谁的精神产物，又如果这些先生只是希望一星期从我那里得到一篇金融论文，——自然他们必须付稿酬，——那末，我当然也可以同意写稿。在这种情况下就谈不上什么政治了。

我给拉萨尔写的信简短而冷淡。我说，我确已收到了弗莱里格拉特转来的信，但是由于书面难于说明的原因，我没有回信。除此之外没说多少话。

评论：马克思感谢恩格斯将他从经济困难中解救出来。他附上拉萨尔的信，提到拉萨尔在柏林的近况，拉萨尔在柏林开始获得声望，他开始搞哲学，写作了《爱非斯的晦涩哲人赫拉克利特的哲学》，以抬高自己的身价。他还谈到给弗里德兰德的回复和给拉萨尔的回信。此外，他还提及来丁和琼斯的情况。

12 月 25 日 致信恩格斯，指出：因为当前我们的主要任务是要弄清楚法国的情况，所以我把所有关于法国商业、工业和危机的摘录重新看了一遍，得出了几点结论，想简略地告诉你：

（1）英国、北方各国和美国的危机，在法国从没有直接引起"法国的危机"，而只是发生间接的影响——慢性的灾难、生产的限制、商业的萧条以及普遍的不安。

原因：法国同美国、汉撒诸城市、英国、丹麦的贸易是出超的。它同瑞典、挪威的贸易是入超，但是这方面因同汉堡的贸易而得到抵偿，并且还有赢余。因此，这些危机决不会在法国引起贵金属外流，从而也不会引起真正的所谓金融恐慌。如果说银行，就象它这次所做的那样，还是提高了利率，这只是要防止资本家为了获得更多的利益而把钱投到上述那些国家去。但是，只要贵金属的输出还不是贸易平衡的必然后果，而仅仅是贪利者追求利润的结果，那就可以象现在波拿巴再次表现的那样，利用宪兵来有效地加以制止。如果一个贸易顺差的国家不提供长期贷款，也没有积存起向各个遭到危机的中心输出的产品，——这两者都是违背法国厂主和商人的那种只追求蝇头小利的本性的——那末这个国家会遭受损失等等，但不会遇到严重的危机。法国因此成功地逃脱了普遍危机的第一阶段，而这一现象曾经把路易－菲力浦也迷惑住。二月革命前夕，他在向议院作的御前演说中，就曾祝贺"美丽的法国"这样得天独厚。

（2）承认这一点，那就应当说，危机的第一阶段已经对法国的工业和商业发生的影响，比过去任何时候所发生的类似情况都要严重。

（3）危机在法国的第一个结果——这是符合癞蛤蟆的本性的——就是非常胆怯地缩小了开支和营业。因此，法兰西银行的货币随着它的贴现业务大大减少而积存起来。因此——由于这样一个情况，即危机总是在秋季来临，而且法国的任何一个政府，如果在清算账目时利率很高的话，每到年终就担心政治动荡——在12月份，利率降低了。1847年12月路易－菲力浦就曾命令法兰西银行把利率降低到百分之四。

（4）资本从商业和工业中腾出，同时使交易所更加活跃。这种情况，在布斯特拉巴时代，比在路易－菲力浦时代更有发展，因为布斯特拉巴用1852年法令强迫法兰西银行以铁路有价证券、国家有价证券和土地信用公司的证券作抵押发放贷款，将全国贴现局已经贴现过的投机期票再行贴现，这就等于以这个贴现局自己发放贷款时作抵押的那些有价证券作为抵押，向它发放贷款。因此，例如尽管法国铁路的收入在英国危机开始后比英国铁路的收入减少得更加厉害，法国铁路的股票和债券的行市却提高了。举例来说，奥尔良铁路的收入从10月29日到11月26日减少百分之二十四，而且在这以后又进一步减少。但是，奥尔良铁路的股票在12月22日的行市为1355，而10月29日的行市为2985。从法兰西银行的12月的月报也可以看出，12月份的贴现业务比10月份缩减了九千四百二十三万六千五百二十法郎，比11月份缩减了四千九百九十五万五千五百法郎，与此同时，以铁路的有价证券作抵押的贷款却增加了。

（5）只有在荷兰、比利时、关税同盟、意大利（包括的里雅斯特）、列万特和俄国（敖德萨）的普遍危机达到相当尖锐的程度以后，法国才会爆发真正的危机，因为法国同这些国家的贸易有相当大的逆差，因而直接从那里来的压力在法国会引起金融恐慌。但是一当这种情况在法国出现，它就会对这些国家发生非常惊人的反作用。法国同瑞士的关系，和美国同英国的关系是一样的。暂时的贸易结算总是对法国有利。但是法国既然欠了瑞士大笔的债，后者就始终有可能在危机期间要求还债。

（6）如果真正的危机在法国本国爆发，那末，证券市场和这种场的保障——国家，都会完蛋。（这种情况也会影响到英国，因为目前英国满不在乎地在玩弄外国的有价证券。）在汉堡、英国、美国，从事投机的是私人资本家，而在法国则是国家本身，而且法国所有的小店主都是交易所的赌徒。光是英美危机的回声，已使各个铁路公司陷于绝境。波拿巴先生做了些什么呢？强使法兰西银行成为事实上的铁路承包人，并且以债券作抵押向这些先生发放贷款，而他们是根据 1856 年 11 月 30日的协定获得债券发行权的。1858 年这种债券将近九百万英镑。到 12 月 3 日已完全陷于困境的动产信用公司准备与土地信用公司和全国贴现局合并。为什么？因为法律规定后两者有权以他们的有价证券作抵押从法兰西银行获得贷款，并且将它们已经贴现的期票再行贴现。这样，显然，按照布斯特拉巴的计划，法兰西银行不依靠自己的资本，而只依靠存放在它那里的资本——只要邻国一出现什么苗头，这些资本就会流掉——，将成为他一切投机活动的总管。这确实是把法兰西银行也毁掉的一个很好的办法。不过，连波拿巴先生本人也不会想到去迫使法兰西银行按照股东提出的要求进行支付。根据 1856 年 11 月 30 日的协定，1858 年仅就法国各铁路来说，这种要求的总额就在一千万英镑以上。就所有进行投机活动的康采恩来说，要支付的总额则至少有三千万英镑，这些康采恩包括：马德里工商业公司（路特希尔德家族）、法美航运公司、维克多－艾曼努尔二世铁路公司、厄尔谢朗施铁工厂公司、奥地利铁路公司、萨拉哥沙公司、法国—瑞士铁路公司、洛桑—弗里布尔铁路公司、拿骚公司、皮革厂总公司、炼焦公司、希梅—马里昂堡铁路公司、伦巴第—威尼斯铁路公司、南美轮船公司等等。什么样的魔鬼也无法使法国人有能力按照所有这些要求进行支付。此外，德国人、荷兰人、瑞士人——法国有价证券的大持有者——不论在法国国内一出现严重恐慌，或者在他们本国市场受到压迫的时候，都会开始把这些证券不计价格地在巴黎交易所抛售。因此，布斯特拉巴未必能够顺利地度过 1858 年，除非他还能依靠戒严和发行纸币来维持一些时候。现在所有这些旧的丑恶东西都在完蛋，而在英国等地方的证券市场上直到现在还充满着的那种可笑的冒险劲头也一定会导致可怕的结局。

关于巴黎全国贴现局，还应该注意到，这个由临时政府用来贴现只有两个背书的期票和其他小额的期票而设立的机构，在 1851 年政变的几天之后，曾由布斯特拉巴授权发放以法国无期证券、工业股份公司或信用股份公司的股票和债券为抵押的贷款。1854—1855 年以这些有价证券为抵押的贷款为九十四万英镑；1855—1856 年为一百五十万英镑左右。此外，1851 年这个局获得建立"铁路贴现分局"的权利，这个分局的唯一职能就是发放以铁路股票和债券为抵押的贷款。到 1852 年 6 月底，这个分局的贷款为五十二万英镑；到 1852 年年底为一百二十四万英镑；1852—1853 年为三百六十万英镑；到 1854 年年底为四百五十六万英镑，即几乎为 1851 年贷款的九倍。这正是 1846—1847 年使苏格兰各兑换银行毁灭的一项美妙的营业。

评价：马克思分析他关于法国商业、工业和危机的摘录，得出几点结论：第一，法国危机不会引起贵金属外流和真正的金融恐慌，而只是发生间接的影响——慢性的灾难、生产的限制、商业的萧条以及普遍的不安；第二，危机的第一阶段对法国工业和商业的影响，比过去任何时候发生的情况都要严重；第三，危机使法国缩小了开支和营业，也使法兰西银行的货币积存起来，使得危机总是在秋季来临；第四，资本从商业和工业中腾出，使得交易所更加活跃；第五，只有在荷兰、比利时、关税同盟等的普遍危机达到相当尖锐的程度时，法国才会爆发真正危机；第六，一旦法国爆发真正的危机，法国的证券市场和国家就会完蛋，因为在波拿巴时期，法国从事投机的是国家本身，法兰西银行是一切投机活动的总管。马克思列出了法国从事投机活动的康采恩。在信的附言部分，他提到巴黎全国贴现局的设立历史和主要业务，并希望恩格斯注意身体。马克思在该信中所表达的关于法国经济危机进程的看法是他的《法国的危机》一文的基础。

1858 年

1 月 5 日　致信恩格斯，指出：对于《G》字头的条目，我确实感到很为难；从 11 月 27 日以来就没有再给德纳寄东西，因为由我承担的那部分（即非军事的）我早已写完。如果曼彻斯特的事务使你在这个月里不能认真地从事这项工作，那我就不得不了结这件事，找一个什么借口，告诉德纳，解除我们与《百科全书》的合同。我寄去了长长的新条目单，而旧的却没有完成，这最终必定会引起他的怀疑，这样，我的声誉就要受到影响。大概正是由于这个缘故，他根本不回信，也不预约新的稿件。而由于经常整月整月地中断，这项工作也就谈不上有什么收入了。

我一直不想和你谈这件事，因为我无论如何不愿让你过度紧张，有害你的健康。不过有时我又觉得，如果你每隔两三天写一点，那也许可以防止你喝酒，根据我知道的曼彻斯特的情况来看，在目前的紧张时刻，喝酒恐怕是"在所难免"，但这无论如何对你没有好处。

目前我根本不可能来写军事部分——为此我必须花费许多时间在博物馆里，而且即使这样也还是写不出什么象样的东西来，——因为，我无论如何必需完成其他的工作，哪怕是整个房子塌下来压在我的头上也要完成；而这些工作却要占去全部时间！

评论：马克思提到关于《美国新百科全书》的《G》条目的写作进度。由于恩格斯忙于曼彻斯特的事务而影响了条目的写作及相关稿酬收入，虽然马克思担心恩格斯的身体状况，但希望他可以有计划地开展写作，因为他的研究工作已经占据了他的全部时间，无暇写作条目的军事部分。

1月7日　致信恩格斯，指出：寄上你感兴趣的一个文件，这是乌尔卡尔特派以他们特有的从容不迫的纠缠办法从贸易部硬要来的。除了最近三年来英国在贸易平衡方面情况不好以外，从中你还可以看到普鲁士在俄国战争期间弄到了多少钱；其次可以看到我们的汉撒诸城市在对英贸易的各个入超地区中居于首位。

我看危机的暂时沉寂对我们的利益——我指的是党的利益——很有好处。甚至在1848年的英国，在第一次沉寂以后，经过两三次间断，还出现了很大的震动，而在当时，火山口从1847年4月已经开始活动了。

曾使深谋远虑的政治家们操过不少心的"那不勒斯问题"，现在因发生地震而以最惊人的方式解决了。至少《晨报》的小酒店的政客们是这样说的。

评论：马克思称赞了恩格斯的《勒克瑙的围攻和强攻》一文。他提到恩格斯关于拉萨尔的信、鲁普斯的信以及皮佩尔的游手好闲。他附上克里木战争时期（1853—1856年）关于英国的贸易平衡及其进出口价值的统计资料，马克思在他的《英国的贸易》一文中利用了资料内的数据。这些资料表明了英国的贸易平衡情况不好、普鲁士在俄国战争期间弄到的金钱、汉撒诸城市在对英贸易的各个入超地区中居于首位等。此外，马克思还提到，危机的暂时沉寂对于党的利益有好处；"那不勒斯问题"因地震的发生以惊人的方式解决了；希望恩格斯注意身体健康；海因岑在《先驱者》中发表荒谬观点；动产信用公司抬高了自己股票的行市。

1月11日　致信恩格斯，指出：《战局》等文章收到了。你说的东西，这几天我将去博物馆查阅。

印度的事态——英雄温德姆——又有了值得注意的转变。如果这个星期，譬如说，星期三以前，能收到更详细的报道，那我一定会寄点关于这方面的东西给《论坛报》。

在制定政治经济学原理时，计算的错误大大地阻碍了我，失望之余，只好重新坐下来把代数迅速地温习一遍。算术我一向很差。不过间接地用代数方法，我很快又会计算正确的。

为了写布吕歇尔，我多少翻阅了一下克劳塞维茨的书。这个人具有近乎机智的健全推断能力。

评论：马克思收到了恩格斯为《美国新百科全书》写的《C》字头的头几个条目，其中有《战局（Campaign）》和《Captain》。他关注到印度事态的转变，将就这方面写些东西寄给《纽约每日论坛报》。为了制定政治经济学原理，马克思温习了一遍代数，以减少计算的错误。信末，他还谈到，为了写布吕歇尔翻阅了克劳塞维茨的《俄国1812年战局，法国1813年休战前的战局和1814年战局》，以及《法国1815年战局》两本著作。

　　1 月 14 日　致信恩格斯，指出：你的文章很出色，在风格和文体上都使人回想起《新莱茵报》的全盛时代。至于温德姆，他可能是个很蹩脚的将军，不过，率领新兵在这一次是这个家伙的不幸，而在凸角堡会战时却是他的运气。总的来说，我认为英国奉献给印度人的这第二支军队——没有一人会生还的——远不如第一支军队勇敢、自信和坚强。而第一支军队看来几乎已全军复没。至于气候对军队的影响，我在各篇文章中——当我暂时负责军事"部"的时候——已用精确的计算证明，死亡率要比英国官方报告宣布的高得多。印度使英国不断消耗人力和财力，现在是我们最好的同盟军。

　　星期一我再去博物馆，那时将把最好的参考书中关于弹射器的资料与其他所要的东西一并寄上。《库霍尔恩》还没有写，因为搜寻合适的资料要占去我很多时间。

　　你的身体见好，使我非常高兴。我却又一连吃了三个星期的药，今天才停止。我经常夜间工作，工作时虽然只喝些柠檬水，但是抽了大量的烟。不过，我取得了很好的进展。例如，我已经推翻了迄今存在的全部利润学说。完全由于偶然的机会——弗莱里格拉特发现了几卷原为巴枯宁所有的黑格尔著作，并把它们当做礼物送给了我，——我又把黑格尔的《逻辑学》浏览了一遍，这在材料加工的方法上帮了我很大的忙。如果以后再有功夫做这类工作的话，我很愿意用两三个印张把黑格尔所发现、但同时又加以神秘化的方法中所存在的合理的东西阐述一番，使一般人都能够理解。

　　在所有的现代经济学家中，巴师夏先生的《经济的谐和》集庸俗之大成。只有癞蛤蟆才能搞出这种谐和的烂泥汤。

　　对朋友琼斯你有什么看法？我还不愿相信这家伙真的叛变了。也许，他1848年的经历还使他感到痛苦。由于十分自信，他甚至会认为他有能力利用资产阶级，或者会想象，只要他厄内斯特·琼斯以某种办法进入议会，世界历史就一定会发生新的转折。最妙的是，雷诺现在在他的报上以坚决反对资产阶级和任何妥协的姿态出现，这自然是故意同琼斯为难。同样的，布·奥勃莱恩现在也成了一个完全无法制服的宪章主义者。唯一可以用来为琼斯表白的理由就是，目前英国工人阶级普遍笼罩着一种萎靡不振的情绪。不管怎样，他在现在这条路上走下去，不是被资产阶级所愚弄，就是成为叛徒。过去，任何小问题他都要胆怯地同我商议，现在他则同样胆怯地回避我，这个事实说明他还有点良心。

　　评论：马克思谈到康拉德·施拉姆在最后的日子还为金钱所困，赞扬恩格斯的文章《勒克瑙的解救》很出色。他谈论工作取得的良好进展，翻阅了迄今存在的全部利润学说，浏览了一遍黑格尔的《逻辑学》，这些工作为他加工材料提供了帮助。他评论巴师夏的《经济的和谐》是一部庸俗的著作，煮了一锅烂泥汤。他还提及对琼斯的看法，不愿相信他叛变了，认为他若能进入议会，世界历史就一定会发生新的转折。

1月23日　致信恩格斯，指出：我收到了（1）几份《卫报》，（2）《C》字头的条目（《马枪〔Carabine〕》等等）。一星期前寄给你一封信，其中附有给鲁普斯的信，你没有告诉我是否收到。

附上德纳的信，你必须把它寄还给我，因为我还没有给他回信。使我感到不愉快的是，我——根据这封信可以知道——欠了这些先生们相当多的债，因为我算错了我的稿酬，而在《火炮》一稿寄出后又开了期票。可是稿费一行字连一便士也不到。

至于德纳要求的《B》字头的新条目（对我来说，主要是尽快清偿我在阿普耳顿那里透支的款项，因为不然我以后就不能向《论坛报》支钱，那样一来，我就会彻底搁浅），除一个例外，全部都是你编写的条目单里的。至于这一个例外——《孟加拉起义的历史》，我看可以不客气地向德纳拒绝这个题目。在这样短的时间内，到哪儿去找资料？既然文章"必须立即寄出"，而且必须"尽可能简短"，那末，工作和稿酬之间就太不协调了，而这只会妨碍其他文章的写作。你的意见如何？这里主要的是军事方面的，但是整个说来，军事和政治的都包括在内，我看都还没有成熟到可以"立即寄出"。

德纳所说的阿耳布埃拉会战中的错误，我记不起来了。

弗莱里格拉特写信告诉我说，伟大的恩斯特·德朗克从巴黎来到伦敦；他是由于谋刺事件而第一次离开该地。

评论：因为严冬降临，经济问题又迫使马克思向恩格斯寻求援助。这种求助于人和被日常琐事困扰的处境使马克思难以忍受，也使他对妻子充满歉意。在信中，马克思谈论了拉萨尔的《爱非斯的晦涩哲人赫拉克利特的哲学》一书，指出拉萨尔谎称自己从1846年开始构思这本书，判断这本书应当充满了老年黑格尔派的精神。他还提到奥尔西尼等人的密谋使普鲁士的大赦取消了，而当时马克思和恩格斯预期的对政治流亡者和1848—1849年革命参加者的大赦于1861年年初才由普鲁士政府宣布，恩格斯也列入大赦的名单。

1月29日　致信恩格斯，指出：《B》字头的三个条目收到了。你把《博罗迪诺》写得比较长，这很好。既然这些先生的栏这么大，稿酬却这么少，那末，对付他们的唯一办法，就是把条目拉长。为了我能还清欠这些狗的债，希望你着手写《骑兵》的时候，尽量写得长一些。

法国的情况很妙。小店主们对谋刺事件所抱的冷淡态度，激怒了这家伙。小店主们的这种冷淡态度的秘密大概就在于，他们很多人暗中希望，能够发生什么突然的政治事件，好让他们摆脱困境。按照布斯特拉巴的命令，银行、贴现局等已经让这些先生中的多数人的期票延期兑付。不过延期并不意味着取消。有相当多的法国资产者已经看到商业崩溃不可避免，他们胆战心惊地等待着清算的日期到来。他们的处境与布斯特拉巴在政变以前的处境完全一样。所以，为了体面地摆脱困境，这些家伙——完全和十年前一样——极想抓住任何一种政治借口。布斯特拉巴看到了这点，而且现在想要做一个真正的"暴君"。让我们等着瞧吧。如果他信赖马尼扬、卡斯特朗等人，那末他就将被所有人抛弃。

我在经济学的写作中现在遇到一个问题，想从你那里得到一些实际材料的解释，因为这在理论著作中是找不到的。这个问题就是关于资本的周转，周转在不同种类的企业里的差别，以及它对利润和价格的影响。在这方面如果你能告诉我一些什么东西，那就太好了。

评论：马克思希望恩格斯把给德纳的条目写长点，以还清欠债。他评论了法国的情况，认为小店主们对谋刺事件的冷淡态度的秘密在于，当中很多人希望突发的政治事件能让他们摆脱困境。马克思还询问恩格斯在经济学写作中遇到的关于资本周转的问题，即周转在不同种类的企业里的差别，以及它对利润和价格的影响。最后，马克思摘录了拉萨尔的《爱非斯的晦涩哲人赫拉克利特的哲学》一书序言中的片段，指出拉萨尔在撒谎。

2月1日　致信恩格斯，指出：《弹射器》的材料（不多）我已给你准备好。《野营》的大部分也已经搞好了（不过，关于希腊的野营我还需查阅瓦克斯穆特写的《希腊古代》，关于犹太人的野营还需查阅德·韦特的著作）。由于必须列举许多各种各样的枪闩等等，《雷管》的写作弄得很详细。如果中间不是德纳下了新的命令，那我已经把这篇糟糕东西搞完了。现将所有这些乱七八糟的东西一起寄上。此外，每逢我去博物馆，都需要查许多材料，以致一眨眼时间就到了（现在仅开馆到四点）。而且到那里还要走路。这样就浪费了许多时间。

明快的拉萨尔所写的《晦涩哲人赫拉克利特》，实际上是一部非常无聊的作品。赫拉克利特借以阐明肯定和否定的统一的许许多多形象，拉萨尔都一一提到了，并趁此机会给我们献出黑格尔《逻辑学》中的某些片断，而这个逻辑学未必能因此就博得好评；而且他总是唠唠叨叨地说一大套，就象一个小学生要在一次作业中证明，他已经把它的"本质"、"现象"以及"辩证过程"都掌握了。如果一个小学生作这样的抽象推理，那末就可以深信：他的思维过程只能准确地按照开好的方子、按照神圣化了的形式进行。我们的拉萨尔也正是这样。看来这个家伙曾妄想通过赫拉克利特来阐明黑格尔的逻辑学，而且老是丝毫不知疲倦地一再开始这种过程。他竭力炫耀他的博学。但是每一个内行人都知道，只要有时间和金钱，并且象拉萨尔先生那样，能够随心所欲地叫人直接把波恩大学图书馆的书送到家里去，这种引文展览是不值什么钱的。可以看出，这个家伙自以为戴上这种闪闪发光的语文学的装饰品就显得非常"伟大"，他的一举一动都完全象一个生平第一次穿上时髦衣服的人那样文静娴雅。因为大多数语文学家都不具备赫拉克利特常用的思辨概念，所以每个黑格尔分子都有无可争辩的特长——能理解语文学家所不理解的东西。（如果一个人不精通德国哲学，而因为他学习希腊语，就精通了希腊哲学，这倒是很奇怪的。）拉萨尔先生不是简单地把这一点看成不言而喻的事情，而是把这一切用冒牌的莱辛方式奉送给我们。这是以烦琐的法学家方式的黑格尔的解释去反对语文学家因缺乏专门知识而弄错的解释。这样一来，我们就得到双重的享受：首先，给我们完整地复制了我们几乎已逐渐淡忘的辩证事物；其次，给我们拿出这种"思辨的遗产"，把它当做拉萨尔先生一种特别的语言学和法学方面的博学多才去反对非思辨的语文学家。可是，不管这个家伙怎样大言不惭，说什么赫拉克利特是迄今为止的一部深奥的著作，其实他对黑格尔在《哲学史》中所说的绝对没有加进一点新的东西。他不过说得详细一点，而要做到这一点，两个印张自然就完全够了。这家伙更没有想到要说出关于辩证法本身的某些批判思想。如果把赫拉克利特的片断全部印在一起，也不见得有半个印张。只有用可怕的"人"的钱印书的家伙，才能以这样的借口把六十印张的两卷书拿去问世。

《晦涩哲人赫拉克利特》有一句名言，他想用这句名言解释一切事物都向它们的对立面转化，他说："金变万物，万物变金。"拉萨尔说，黄金在这里就是货币（这是正确的），而货币就是价值。也就是说，是观念的东西，是一般，是一（价值），而物则是实在的东西，是特殊，是多。他利用这一惊人的论断，是为了在一个长长的注释中表明他在政治经济学这门科学中的发现的重大意义。每句话都是错误，但都是用惊人的自负的口气说出来的。单是从这样的一个注释中我就看出，这个家伙竟打算在他的第二部大作中用黑格尔的方式来阐述政治经济学。但是使他遗憾的是，他会看到：通过批判使一门科学第一次达到能把它辩证地叙述出来的那种水平，这是一回事，而把一种抽象的、现成的逻辑体系应用于关于这一体系的模糊观念上，那完全是另外一回事。

评论：马克思列出新确定的《B》字头条目，提出为恩格斯写作《弹射器》《野营》《雷管》等条目准备好了材料。他评价拉萨尔写作的《爱非斯的晦涩哲人赫拉克利特的哲学》一书是一部非常无聊的作品，妄想通过赫拉克利特来阐明黑格尔的逻辑学，不过是将思维过程按照神圣化的形式展现出来，对黑格尔所说的绝对没有加进新东西，更没有说出辩证法的批判性维度。马克思还看出拉萨尔打算在第二部大作，即后来1864年在柏林出版的《巴师夏—舒尔采—德里奇先生，经济的尤利安，或者：资本和劳动》中，试图用黑格尔的方式来阐述政治经济学。在马克思看来，拉萨尔是把一种抽象的逻辑体系应用于关于这一体系的模糊观念上，而并不是通过批判使一门科学达到能把它辩证地叙述出来的水平。

2月14日 致信恩格斯，指出：你答应给我寄《卫报》，所以我一直等到今天，因为法国是目前唯一的通讯题材，而对这些先生来说，一些流言蜚语和奇闻轶事要比任何一点思想更加可贵。我想，你所答应的报纸明天会寄到，不过，我坚决请求你今后都在星期四以前寄来，最迟星期五以前。在文章寄出以后，它们显然对我的通讯工作就毫无用处了。

在还不知道我的期票（大概是在开票以后几个星期才从这里寄出的）是否照付以前，我现在将有两三天如坐针毡。我与阿普耳顿的问题不解决，至少将不能再凭送去的文章以《论坛报》的名义开期票。我对寄给他的"商品"的估价完全错了。此外，德纳对论述玻利瓦尔的那篇较长的文章表示怀疑，因为照他看来，这文章写得有"倾向性"；他要求我告诉他资料来源。当然，资料来源我可以告诉他，虽然这种要求是很奇怪的。至于说到"倾向性"，我的确有点离开了百科全书的语调。不过，如果把这个最怯懦、最卑贱、最可怜的恶棍宣扬成拿破仑第一，那就太荒谬了。玻利瓦尔，这是一个道地的苏路克。

波拿巴事件使拟议中的普鲁士大赦也慌忙中止了。然而路易仅仅是在模仿他的假伯父。他确实不仅是维克多·雨果所说的与大拿破仑相对而言的小拿破仑，而且令人惊叹地体现着大拿破仑的所有细小的方面。我看了一下科贝特氏纪事年刊1802—1803年各卷，发现"杀人犯的巢穴"等等在当时的《通报》上也一字不差地全有。

评论：马克思请求恩格斯在约定的时间给他寄《卫报》，以利于通讯工作的开展。他谈到面临的期票兑付问题，以及德纳询问《玻利瓦尔—伊—庞特》一文的资料来源问题。他担忧骑马对恩格斯的健康的影响，希望他在紧张的活动中保持中庸。他还谈到波拿巴事件导致拟议中的普鲁士大赦中止了，1858年1月14日意大利革命者费利切·奥尔西尼谋刺拿破仑第三以后，马克思和恩格斯所预期的对政治流浪者的大赦没有立即得到实现，直到1861年年初才由普鲁士政府宣布。

2月22日　致信恩格斯，指出：附上拉萨尔的信，其中谈到鲁道夫·施拉姆的地方很有趣。这人关于我的"逻辑"所写的那些话，可以简单地归结为他不愿理解我。你知道，我曾不客气地给他指出，我不给他写信，是因为问题已到了必须以口头说明来继续书面通信的地步。实际上，我是以十足的外交词令来谈这个模棱两可的问题的。

自然，我给了他回信，为的是要他仔细打听一下柏林的出版商。我打算把稿件分册出版，因为我既没有时间也没有钱来从从容容地把它全部写完。分册出版也许有损于形式，但是至少有利于推广，而且便于找出版商。

至于可恶的美国佬，我当然极想给德纳和阿普耳顿两位先生写信，请他们俩对我……不过，情况简述如下：

我向阿普耳顿透支了据说是二十英镑，按我的计算，则最多透支了五英镑。但是我没有别的办法，因为一些12月底到期的账必须偿还。好吧。现在那二十英镑——恰好我明天本来应该以《论坛报》的名义开一张这个数目的期票——暂时被德纳先生记入《论坛报》的往来账上了，因此在没有能够用寄给阿普耳顿的稿件偿清这笔臭账以前，我的所有一切收入来源都被断绝了。所以，在这以前我处于困境。一旦欠这位阿普耳顿的债用"商品"还清，因而我又能打开通向《论坛报》的闸门时，我就赞成完全抛弃阿普耳顿，特别是如果维也纳的《新闻报》同意我的建议——一周寄一篇金融论文去的话。总之，我认为只要以停止供稿相威胁，就会使德纳和阿普耳顿不得不好好考虑一下，迫使他们同意付给较多的稿酬。但是这种手段只有在摆脱了目前的困境以后才能采取。如果这些坏蛋采用了《玻利瓦尔》，依我估计，那就还需要寄去三十至三十二栏。在这以前，我简直是悬在半空中。此外，这些狗知道，我现在是在他们的支配之下。因而现在应该竭力做到的是文章尽可能少压缩，只要不致平淡无味就行。

至于《毕洛夫》和《贝雷斯福德》，我可以写传记部分，但是军事部分你要完全用英文写，使它们不致与其他许多文章不同。此外，在这里，一些简单的指点对我没有用处，因为要阐述它们，我还是必须加以研究，而这在现在是不可能的。《B》字头的条目一写完，请你立即着手写《骑兵》，因为它可以清偿欠款。

好样的《卫报》现在会说什么呢？米尔纳·基卜生和布莱特的报复确实很精彩。说句私话，我想帕姆解散自己的内阁是自有其"理由"的，而且导致这种结果的一切表面的错误，从他这方来看是预先估计到的。

从不久前《通报》公布的一个文件可以看出，在法国海关仓库里堆积的存货与1856 年和1855 年比较，是个巨大的数目，《经济学家》的通讯员直截了当地说，波拿巴促使法兰西银行以这些商品作抵押发放贷款，因此货主就有可能保存这些商品。不过随着春季临近，这些商品必须抛到市场上去，那时在法国无疑就会发生崩溃，而比利时、荷兰、莱茵普鲁士等也将跟着发生崩溃。

意大利的经济情况实在糟糕。除工业危机外，农业的情况也很坏。（按照法国农业会议的结论，那里的农业情况也非常糟。会议曾提到，在一百公升的小麦卖十七法郎的情况下，经营无法进行下去。）

就整个来说，危机象一只能干的老田鼠那样挖得好。

评论：马克思谈到给拉萨尔写信打听政治经济学的稿件分册出版的事情；为德纳和阿普耳顿写稿以偿清债务，希望恩格斯立即着手写作相关条目；基卜生和布莱特就取缔阴谋活动法案提出修正案，报复帕麦斯顿政府；春季临近，法国会发生经济崩溃，意大利的经济情况也很糟糕。

2 月 22 日　致信斐迪南·拉萨尔，指出：纳特现在已经把《赫拉克利特》寄给我。一俟读完，就把意见告诉你。但是，你得耐心地等一些时候，因为恰好目前我的空闲时间特别少。对于斯多葛派，我个人没有研究过他们在自然哲学方面对赫拉克利特的态度，因为我觉得他们在这个学科上就象小学生那样地认真。相反地，对伊壁鸠鲁则可以详细地指出：虽然他是以德谟克利特的自然哲学为出发点，但是他到处都把问题要点颠倒过来。未必应该责难西塞罗和普卢塔克没有理解这一点，因为象培尔，甚至象黑格尔本人这样的聪明人都没有想到。不过，对黑格尔这样一个最早了解全部哲学史的人，是不能要求他在细节上不犯错误的。

你大概已经从报上看到，帕麦斯顿垮台了。最了解这个老骗子手的人最倾向于这样的看法：他近来故意犯一些严重错误，为的是暂时退出舞台。他们说，他整个一生的最终目的就是引起英法之间的战争，他目前以为已达到了这一点，先要用别人的手来实现他的计划，而当一切陷入相当混乱的时候，国家是会被迫重新召他回来的。这种想法或许太狡猾了，但是帕姆的退职决不违背他的意志，这一点我认为是毫无疑问的。

至于你的表弟，有一点我可以同意，不过我仍然认为《新闻报》不会同意。那就是，我所能承担的，是每星期一篇文章，谈谈英、法、美三国的贸易、金融等，根据兴趣而定。这也是进攻波拿巴的最可能的形式。其次，这种形式使我也可以在政治上和《新闻报》绝对没有共同之处。我认为，目前特别是对法国的金融情况以及法国的总的经济情况，普遍都是一无所知。试问，《新闻报》，或者更正确地说，它的读者，是否对这一切有足够的兴趣？关于这一点，当然他们自己最清楚。每星期写这样一篇文章，我希望能得到一英镑。此外，还必须先给我寄来几号《新闻报》，以便我能确定我的信念是否允许给该报撰稿。无论如何，承蒙你的表弟在这件事情上想到我，请代我向他致谢。

我想把我的经济学著作进行的情况告诉你。事实上，最近几个月来我都在进行最后的加工。但是进展很慢，因为多年来作为主要研究对象的一些题目，一旦想最后清算它们，总是又出现新的方面，引起新的考虑。加之，我并不是我的时间的主人，而宁可说是它的奴隶。给我自己留下的仅仅是夜里的时间，而肝病的经常侵袭和复发，又使这种夜间工作受到妨碍。在这样一种情况下，如果我能把全部著作不定期地分册出版，那对我来说是最合适的了。这样做也许还有一个好处，就是比较容易找到出版商，因为他在这上面只要投入少量流动资本就行了。能不能在柏林找到一个出版商，如果你能打听一下，我当然非常感谢。我所指的"分册"，就是象费舍的《美学》那样陆续出版的东西。

应当首先出版的著作是对经济学范畴的批判，或者，也可以说是对资产阶级经济学体系的批判。这同时也是对上述体系的叙述和在叙述过程中对它进行的批判。我还一点不清楚全部著作究竟有多少印张。假如我有时间、安宁和资金，能把全部著作好好加工一番再拿去出版，那末，我会把它大大压缩，因为我一向喜欢简要叙述的方法。而以这种分册的形式（也许更便于读者理解，但无疑会损害形式）陆续出版，必然会使这部著作写得长一些。请注意：一旦你打听清楚能不能在柏林办这件事，就请写信告诉我，因为如果那里不成，我想在汉堡试一下。另外还有一点，就是承办这件事的出版商必须付钱给我——这可能使全部事情在柏林告吹。

叙述（我指的是叙述的方式）是完全科学的，因而按一般意义来说并不违犯警章。全部著作分成六个分册：（1）资本（包括一些绪论性的章节）；（2）地产；（3）雇佣劳动；（4）国家；（5）国际贸易；（6）世界市场。当然，我有时不能不对其他经济学家进行批判，特别是不能不反驳李嘉图，因为作为资产者，李嘉图本人也不能不犯即使从严格的经济学观点看来的错误。但是，政治经济学和社会主义的批判和历史整个说来应当是另一部著作的对象。最后，对经济范畴或经济关系的发展的简短历史概述，又应当是第三部著作。末了，我预感到，在我进行了十五年研究工作以后的今天，当我能够动笔的时候，也许会受到外部暴风雨般的运动的妨碍。这没有关系。如果我完成得太晚，以致世界不再关心这类东西，那显然是我自己的过错。

近来法国所发生的事件和商业危机之间的联系，大概清楚的人不多。然而，这种联系会变得很明显，如果（1）考察一下因最近的一次危机而在法国造成的真实经济情况；（2）提出一个问题并加以认真的回答，即为什么谋刺引起了这样的后果，而这些后果显然与据说是引起它们的原因不相符，甚至毫无必然联系。

评论：马克思告诉拉萨尔自己还无暇阅读《爱非斯的晦涩哲人赫拉克利特的哲学》，同时谈了对伊壁鸠鲁哲学的看法，肯定了伊壁鸠鲁对德谟克利特的自然哲学的颠倒，但也宽容地理解西塞罗、普卢塔克、培尔甚至黑格尔没有看到这一点。他谈了对帕麦斯顿垮台的看法，揭露帕麦斯顿通过引起英法之战让国家重新召回自己的狡猾伎俩。同时，他谈了为《新闻报》撰稿的事情，在内容上可以写关于英、法、美三国的贸易、金融等，在政治上却和《新闻报》完全不同，就此他希望拉萨尔给他寄来《新闻报》以便了解该报的立场。接着，马克思谈到自己忍受肝病的复发写作《政治经济学批判》，希望拉萨尔能帮忙在柏林找到一个出版商以分册的形式出版这部著作，并论述了自己的六个分册计划和叙述方式。此外，马克思对康拉德·施拉姆的去世表示悲痛。最后，马克思谈到希望时代表面上的宁静能够再继续几年以利于科学工作，但风暴时代的来临无疑会将庸人的处世哲学扫除。在附言部分，马克思指出，对于奥尔西尼谋刺拿破仑第三的事件，必须将它与商业危机联系起来进行考察。

3 月 2 日　致信恩格斯，指出：不久前我曾写信告诉你关于意大利的贸易情况，特别是米兰的情况，这些我是从都灵的报纸上摘来的。报上登了许多这个地区的通讯。的确，把意大利奥属地区的情况尽量描写得黑暗，对都灵是有利的。但是米兰的来信所谈到的详情，看来完全符合实际情况。——至于法国的贸易状况，请看今天《泰晤士报》关于这方面的巴黎通讯。虽然通讯员现在竭力把一切都归咎于奥尔西尼和法国的上校们，但这是可笑的。

给你寄上皮阿、塔朗迪埃之流的可怜的作品。赖德律－洛兰、马志尼和贝尔纳的声名使这些家伙不能成寐，而法国政府看来却已完全把他们遗忘了。他们认为，革命即将到来，而当他们在伦敦进行了种种"活动"——塔朗迪埃曾经象以前伯恩施太德那样声嘶力竭地叫喊——以后，革命的欧洲的注意力，却因其他事件而从他们身上转移开了，这使这几位大人物非常非常伤心。正因为如此，恰恰在这个时刻，他们发表了信中附上的这篇荒唐东西。没有风格，没有思想，甚至也不是法语；完全是《喧声报》以前的撰稿人和短贺词的作者在模仿圣马丁门的妓女卖弄风骚。为了让这篇作品达到目的，他们把这篇拙劣的东西分送给所有的报纸。培尔西尼—帕麦斯顿的詹金斯——《晨邮报》——立即落入圈套。这家报纸在社论中向尊敬的沃尔波尔先生告发了这些家伙及其小作品，而且为了更慎重起见，把小作品全部译成了拙劣的英文。不仅如此。得比在他的庄严的演说中向上院指出，已委托皇家律师研究，是否可以对他们提起诉讼。正是这样，公民塔朗迪埃、皮阿、贝森就用他们的愚蠢作品完全实现了他们的大吹大擂的计划，而且达到了他们几乎不能想象的程度。

至于贝尔纳，大概他还要被监禁一个时期。

帕姆在成为自由主义反对派的首领以及把自己抬高到"对面的尊贵绅士"方面所表现的卑鄙和无耻实在令人吃惊，然而他对他自己创立的下院自然还可以为所欲为。

再者，你能否告诉我，隔多少时间——例如在你们的工厂——更新一次机器设备？拜比吉断言，在曼彻斯特大多数机器设备平均每隔五年更新一次。这个说法在我看来有点奇怪，不十分可信。机器设备更新的平均时间，是说明大工业巩固以来工业发展所经过的多年周期的重要因素之一。

评论：马克思提到稿件被邮局暗中检查的情况；意大利的贸易情况比较糟糕，符合相关报纸上通讯报道的情况；附上皮阿、贝森、塔朗迪埃于1858年2月24日写给英国议会和新闻界的信，指责小资产阶级流亡者的冒险行动，认为在反动势力统治着欧洲的情况下，这种行动只能引起对政治流亡者的警察迫害。信末，马克思询问恩格斯工厂设备的更新周期问题，对拜比吉在《论机器和工厂的经济性质》一书中提出的机器更新周期为5年的观点持有怀疑，这种怀疑获得了恩格斯的肯定，恩格斯在回信中给出了自己的观察结论，指出拜比吉的断言是荒谬的。

3月5日　致信恩格斯，指出：非常感谢你对机器设备的说明。十三年这个数字，就其必要性说来，与理论也相符，因为它为多少与大危机重现的周期相一致的工业再生产的周期规定了一个计量单位，而危机的过程从它们间断的时间来看，当然还是由绝然不同的另一些因素所决定的。在大工业直接的物质先决条件中找到一个决定再生产周期的因素对我是很重要的。在机器设备的再生产不同于流动资本的再生产这个问题上，使人不禁想起摩莱肖特派，他们象经济学家那样，也是非常不重视骨胳更新周期的长短，而满足于人体的整个更新周期的平均数。另一个问题我也只需要一个例证，哪怕是大概的，例如在你们工厂里，或者更确切地说在一般工厂的营业中流动资本在原料和工资上是如何分配的？你们平均有多大一部分流动资本存进银行？其次，你们在自己的簿记里是怎样计算周转的？理论上的规律在这里十分简单明了。不过，这一切在实践中是什么样的，有一个概念还是好的。商人的计算方法比起经济学家的计算方法来，在某种程度上自然是建立在更多的幻想上面；但是另一方面，他们以实践中的幻想纠正经济学家们的理论上的幻想。你谈到百分之十的利润，我想你在这里没有把资本的利息估计进去，利息大概是同利润同时出现的。我在《工厂委员会的第一报告》中找到下列数据做为例证：

厂房和机器的投资……………………………10000 英镑

流动资本……………………………………7000 英镑

500 英镑为 10000 英镑固定资本的利息

350 英镑为流动资本的利息

150 英镑为租金，国家税和地方税

$\dfrac{650\ 英镑}{1650\ 英镑}$ 为 6.5% 的固定资本损耗折旧基金

$\dfrac{1100\ 英镑}{2750\ 英镑}$ 为意外费用（？）、运输、煤、油

$\dfrac{2600\ 英镑}{5350\ 英镑}$ 为工资和薪金

$\dfrac{10000\ 英镑}{15350\ 英镑}$ 购买约 40 万磅籽棉（每磅价格 6 便士）

一万六千英镑购买三十六万三千磅的纺成纱。价值为一万六千。利润为六百五十，或为百分之四点二左右。这里的工资约为六分之一。

的确，在这种情况下全部利润——包括资本利息，——只有百分之十左右。但是为厂主的利益写作的西尼耳先生却指出曼彻斯特的平均利润为百分之十五（包括资本利息）。很遗憾，在上述材料中没有指出工人的人数；也没有所谓的薪金和真正意义的工资之间的比例数。

其实，就是最优秀的经济学家，甚至李嘉图本人一当走上通常资产阶级思维的道路，便陷于纯粹幼稚的妄谈。昨天我偶然看到李嘉图写的下面一段话，又使我非常注意。你记得，那位还在坚持极其陈腐的观点的亚当·斯密断言，对外贸易与国内贸易比较起来，对国家生产活动只有一半的推动力等等。李嘉图举了下面的例子来反驳这一点：

在上述情况下，德国将不是向法国而是向英格兰买丝绸，而法国将不是向德国而是向苏格兰买亚麻布，这种假设对象李嘉图这样的经济学家是不相称的。

评论：在信的开头，马克思请恩格斯和威廉·沃尔弗商议回复旅居美国的德国流亡者弗里德里希·康姆 1857 年 12 月 19 日给马克思的信。康姆在信中说，他和他的朋友在纽约组成了一个三十人的共产主义者协会，请马克思寄给他一些理论著作

和过去共产主义者同盟的正式文件，并请在新建协会的工作安排上出些主意。在信的主体部分，马克思讨论了机器设备的更新周期问题。他认同恩格斯提出的 13 年为机器更新周期的观点，认为必须重视机器设备的再生产问题。同时，他还询问恩格斯流动资本在原料和工资上的分配问题，以及簿记中如何计算周转。在马克思看来，理论上的规律和实践中的情况是相互完善的。由此，马克思延伸到对资产阶级经济学家的批评，以李嘉图在《政治经济学和赋税原理》中关于对外贸易和国内贸易的观点为例，揭露出资产阶级经济学家局限于纯粹幼稚的妄谈。

3 月 11 日　致信斐迪南·拉萨尔，指出：至于所谈的事，请允许我按颠倒的次序回答，从给我提出的第四个问题谈起。

1. 出版商可以有权从第二分册起就停止出版。不过他必须预先通知我。如果他同意不只出版一分册，让他从第三分册起同我签订一个完全的合同。

2. 至于稿酬，在不得已的情况下，我同意对第一卷可以到最低限度，一文不取；当然，我不能写整本著作而不取报酬，但我更不愿因钱的问题而影响这一著作的出版。我完全不了解德国出版界付稿酬的情况，不过如果你认为三十塔勒一个印张并不过高，就请要求这个数。如果你以为这个数过高，请代为降低。只要事情有所进展，就能看出在什么条件下出版商能够并且愿意继续出版。

3. 每分册最少四个印张，最多六个印张。当然，最好每一分册都是一部比较完整的著作，但是各个章节不会是完全一样长短的。

第一分册无论如何应当是一部比较完整的著作，而由于它包括整个叙述的基础，所以未必能少于五至六个印张。这一点我在最后加工时就能看清。这一分册包括：（1）价值，（2）货币，（3）资本一般（资本的生产过程，资本的流通过程，两者的统一，或资本和利润、利息）。这将是一本独立的小册子。你自己在研究经济问题的时候大概已经发现，李嘉图阐述利润问题的同时却与自己（正确的）价值定义发生了矛盾；这种矛盾使他的学派完全放弃了基础，并成为最讨厌的折衷主义。我认为，我已经搞清楚了这一问题。（无论如何，经济学家们在进一步观察时将会发现，总起来说，这是个难题。）

4. 至于总共有多少印张，老实说，我还很不清楚，因为本书的材料在我的笔记本中只是一种专题研究的形式，常常过于详尽，在最后综合时就不会这样了。整个著作将分成六分册，不过我并不准备每一分册都探讨得同样详尽；相反地，在最后三册中，我只打算作一些基本的叙述，而前三册专门阐述基本经济原理，有时可能不免要作详细的解释。我想，整个著作不会少于三十至四十个印张。

评论：马克思谈到自己的身体状况，感谢拉萨尔对出版《政治经济学批判》的付出，并回答了拉萨尔提出的有关出版计划、稿酬、印张数量、分册计划等四个问题。马克思将在前三册阐述基本经济原理，并把第一分册看作整个叙述的基础，在后三册作一些基本的叙述，预估整个著作不会少于三十到四十个印张。

3 月 29 日 致信恩格斯，指出：今天接到拉萨尔的信。敦克尔将出版我的政治经济学，条件是：每隔两个月我提供三至六印张的一分册。（这是我自己提出的建议。）他有权停止出版第三分册。总之，在第三分册以后我们才签订最后的合同。暂时他一印张付三个弗里德里希斯多尔。（拉萨尔来信说，柏林的教授只得两个弗里德里希斯多尔。）第一分册（即手稿）必须在 5 月底写完。

我必须在下一封信里把第一分册的纲要写给你，好让你提意见。我又生重病，已经两个星期了，现在开始服治肝病的药。夜间不断工作和白天家庭经济状况引起的许多细小烦恼使得我最近经常发病。

在法国，斗争正以最好的方式继续进行。夏季也未必能安静地过去。你对五个帕沙辖区有什么看法？原先佩利西埃被任命为帕沙辖区的最高长官。可是波拿巴经过认真思考以后觉得，从他这方面来说，这等于是放弃权力。这样一来，措施还是不彻底的，而且在法国完全建立了西班牙式的镇守司令区的机构。难道这不破坏中央集权并在实际上削弱军队的力量吗？我们将希望，法国的历史不要照西班牙那样发展，而这种分权制度只会削弱革命所遇到的阻力。

评论：马克思告知收到拉萨尔的信，了解到自己的政治经济学著作的出版情况，计划在下一封信中把第一分册的纲要发给恩格斯。他认为法国的斗争正以最好的方式继续进行，因为按照拿破仑第三 1858 年 1 月 27 日颁布的法令，法国的全部领土分为五个大军区，分别由驻在巴黎、南锡、里昂、土鲁斯、图尔的法国元帅管理，这种分权制度在实际上破坏了中央集权并削弱了军队的力量，为革命事业削弱了阻力。

4 月 2 日 致信恩格斯，指出：《卫报》上的报道非常有趣。《每日电讯》的通讯员（直接在帕姆的庇护下）写道，在巴黎"聋子"是非常危险的。警察把所有"耳聋的英国人"都当作奥耳索普而加以迫害。他说，英国人成批地离开巴黎，一部分是由于警察找碴，一部分是由于怕爆发政变。因为在后一种场合，如果波拿巴分子获胜，约翰牛就担心他们会遭到疯狂的士兵的屠杀，而且通讯员自己就非常坦白地说，在这种形势下，他在任何地方都行，只是不要在巴黎。在目前商业萧条的情况下，约翰牛的逃亡使巴黎的小店主、房东、妓女等大伤脑筋。你注意到没有，现在他们已公开承认预算中的三亿法郎"不见"了，而且谁也不知道它们是怎么回事。对波拿巴财政将逐渐出现愈来愈多的揭露，《论坛报》的蠢驴们会看到，他们不刊登我在半年前寄给他们的多次推敲过的有关这个问题的文章是多么聪明。这是些地地道道的蠢驴：凡不是最原始意义上的"当日惊人消息"，他们就当作无趣的东西抛在一边，等以后这同一个问题被提到议事日程上来时，再就这个问题发表根据别人作品拼凑起来的最愚蠢的胡话。

注意，这里的军人俱乐部里传说在腊格伦留下的文件里发现了证据：（1）阿尔马河战役时他曾提出正确的建议，不是从海上而是从对面的翼侧攻击俄军，并把他们赶下海去；（2）在阿尔马河战役以后，他曾建议到辛费罗波尔；（3）在因克尔芒会战时，只是由于最坚决的请求和威胁他才迫使康罗贝尔下令博斯凯急速支援。同时还传说，如果拉芒什彼岸继续吹嘘，这些文件就会被公布出来，而且将证实，法国人一直都准备出卖他们亲爱的同盟者。德·雷希·伊文思在下院说的一些话也是影射这些。

下面是第一部分的简单纲要。这一堆讨厌的东西将分为六个分册：1. 资本；2. 地产；3. 雇佣劳动；4. 国家；5. 国际贸易；6. 世界市场。

一、资本又分成四篇。（a）资本一般（这是第一分册的材料）；（b）竞争或许多资本的相互作用；（c）信用，在这里，整个资本对单个的资本来说，表现为一般的因素；（d）股份资本，作为最完善的形式（导向共产主义的），及其一切矛盾。资本向地产的转化同时又是历史的转化，因为现代形式的地产是资本对封建地产和其他地产发生影响的产物。同样，地产向雇佣劳动的转化不仅是辩证的转化，而且也是历史的转化，因为现代地产的最后产物就是雇佣劳动的普遍建立，而这种雇佣劳动就是这一堆讨厌的东西的基础。好吧（今天我感到写东西困难），我们现在来谈 corpus delicti。

（一）资本。第一篇。资本一般。（在整个这一篇里，假定工资总是等于它的最低额。工资本身的运动，工资最低额的降低或提高放在论雇佣劳动的那一部分去考察。其次还假定：地产＝0，就是说，地产这一特殊的经济关系在这里还不加以考察。只有这样，才能在研究每一个别关系时不致老是牵涉到一切问题。）

1. 价值。纯粹归结为劳动量；时间作为劳动的尺度。使用价值（无论是主观上把它看做劳动的有用性，或者客观上把它看做产品的有用性）在这里仅仅表现为价值的物质前提，这种前提暂时完全退出经济的形式规定。价值本身除了劳动本身没有别的任何"物质"。首先由配第大致指出，后来由李嘉图清楚地阐明的这种价值规定只是资产阶级财富的最抽象的形式。

2. 货币。

关于作为货币关系体现者的贵金属的几点说明。

（a）作为尺度的货币。

（b）作为交换手段的货币或简单的流通。

（c）作为货币的货币。

（d）从这种简单流通本身（它是资产阶级社会的表面，这里掩盖了产生简单流通的各种较深刻的过程）来考察，除了形式上的和转瞬即逝的区别以外，它并不暴露各个交换主体之间的任何区别。这就是自由、平等和以"劳动"为基础的所有制的王国。

3. 资本。

实际上，这是这第一分册中最重要的部分，关于这部分我特别需要你的意见。

但是我今天不能继续写下去了。讨厌的胆病使我难于执笔，一低头写字就感到头晕。因此下次再谈吧。

评论：马克思从《每日电讯》通讯员的文章入手，讨论了英国人由于警察找碴或担心政变爆发而逃离巴黎，这同时暴露出波拿巴财政政策的问题。马克思讥讽了《纽约每日论坛报》早前不发表他关于波拿巴的财政政策的五篇文章的短视。马克思讨论了军人俱乐部关于腊格伦留下的文件的传闻，这些文件一旦公开，将证实法国人一直都准备出卖他们的同盟者。在这封信的主体部分，马克思把政治经济学第一分册的简单纲要抄寄给恩格斯。他指出，政治经济学将分为资本、地产、雇佣劳动、国家、国际贸易、世界市场六个分册，其中第一分册的内容包括价值、货币、资本等，并着重介绍了价值、货币等内容，而至于资本这个第一分册中最重要的部分由于身体原因没有在信件中进行详述。

4 月 29 日 致信恩格斯，指出：我长久没有写信，可以用一句话向你解释，就是不能执笔。这不仅是就写作而言，而且是就这句话的本来意义而言的（在某种程度上，现在也是这样）。给《论坛报》一定要写的少数几篇文章，我是向妻子口授的，但就是这一点，也只是在服用烈性兴奋剂之后才做到的。我的肝病还从来没有这样厉害地发作过，一度曾耽心肝硬化。医生要我去旅行，但是，第一，经济情况不许可，第二，天天希望能够再坐下来工作。总是渴望着手工作而又不能做到，结果倒使得情况恶化了。不过一星期来已有好转，但还不能工作。要是坐上几个钟头，写写东西，过后就得躺好几天不能动。我焦急地盼望这种状况到下星期能够结束。这事来得太不是时候了。显然是我在冬季夜里工作过度所致。原来这就是痛哭流涕的原因。

你的信和《卫报》都已收到无误。

路易·勃朗的一本关于 1848 年革命的书已出版。这本书对"小矮个"——如他所说，工人这样称呼他——毫无掩饰地备加颂扬。其实，仔细读一下就会看出这本书是出了这家伙的丑，因为书中表明，每当决定性关头，工人们都不告诉他，也不顾他的意愿如何就行动起来，完全是用感情来报答他的"感情"，然而他们却因此认为，他们同卢森堡神托所彻底清算了。

俄国的农奴解放运动我认为很重要，因为它标志着这个国家的一段国内历史的开端，这段历史能够挡住俄国传统对外政策的道路。赫尔岑自然又一次发现，"自由"已从巴黎转移到莫斯科去了。

班迪亚这位老兄看来已被塞弗尔－帕沙的儿子揭发私下同俄国将军菲力浦逊通信。这就是说，他已同他的一些匈牙利和波兰的同谋者一起被枪决了。

评论：马克思告诉恩格斯自己因为肝病缠身而不能执笔写作，这是在冬季夜里工作过度导致的。他提及路易·勃朗在 1858 年出版的《1848 年。历史真相。献给诺曼比勋爵》一书，指出这本书实际上暴露出工人们对勃朗的不信任。此外，马克思还评价了俄国的农奴解放运动，认为它标志着俄国历史的新开端，改变了沙皇政府的传统对外政策。

5月31日 致信恩格斯，指出：现在我已能工作，马上就着手整理［手稿］付印，上一个星期我只给《论坛报》写了两篇文章。其余时间总是来回跑动，因为头昏和便秘使我耽心会旧病复发。

关于克路斯。这个年轻人在走以前又到沙佩尔那里去了一趟。壮汉子从我这里回去后，吃惊地发现自己从巴黎带回了某种东西，即下疳和各种恶性附带症状。他卧床不起，并向沙佩尔提出这一点，作为他退出文明世界的原因。

关于佩利西埃。我们在曼彻斯特曾开玩笑地推测，佩利西埃会马上勾结奥尔良王族，现在这却成了千真万确的事实，而且成了伦敦大家都在谈论的话题。

你对波拿巴的没收的贪婪意图有什么看法？

当我不在时，伦敦出版了麦克拉伦的一本关于全部通货史的著作；就《经济学家》的摘引看来，这是一本第一流的书。图书馆还没有，这些东西总是在出版了几个月以后才会到那里。但是，在完成我的论述之前，我当然应该把这本书看一遍。因此，我让妻子到西蒂区找出版商。但使我们吃惊的是，书价竟达九先令六便士，比我们整个"军费"金库所存还要多。因此我很希望你能把这笔钱用邮局汇票寄给我。也许这本书对我说来没有什么新东西；不过，由于《经济学家》的推荐和我自己读了这些摘引，我的理论良心不允许我不读这本书就写下去。

你不认为自己有足够材料，可以在星期五以前写出关于不列颠军队在印度的现状的一般看法和某些预测吗？这对我是一件大好事，因为我把自己的手稿从头到尾看一遍差不多就要花一个星期。困难的是，这些手稿（印出来有很厚一大本）很乱，其中有许多东西只是以后的篇章才用得上。因此我得编一个目录，好很快地在某册某页上找到我工作中首先需要的东西。

我终于写信给拉萨尔了。请你宽恕，我不得不对《晦涩哲人赫拉克利特》加以赞扬。在顺便提出的一些无关紧要的意见中——因为赞扬只有在批评的衬托下才显得是认真的——我也稍稍暗示了一下著作中的真正缺点。

明后天就会收到有关班迪亚的新报纸，我将寄两份到曼彻斯特，一份给你，另一份给鲁普斯。顺便提一下：我从一份《论坛报》上看到，普尔斯基正竭力抢先把那些极其肮脏的内幕发表出来，他把班迪亚说成是梅特涅的间谍和施泰因将军的叛卖者。国家活动家布林德在此以后仍认为自己必须通过《晨报》给"匈牙利显赫的统治者"科苏特发一张赤贫证明书，直接要求科苏特进行"反驳"。科苏特自然是一言不发。

评论：马克思告诉恩格斯自己已能工作，将着手整理出版《政治经济学批判》。他谈到克路斯、佩利西埃的动向，询问恩格斯关于拿破仑第三向国务会议提出没收法国慈善机关的地产的提案的看法，并希望恩格斯能够寄些钱给他用于购买麦克拉伦 1858 年出版的著作《通货简史》，使他在着手写《政治经济学批判》之前能够全面掌握既有的研究。他还告诉恩格斯已经写信给拉萨尔，在信中他违心地赞扬了拉萨尔的著作《爱非斯的晦涩哲人赫拉克利特的哲学》，只是稍微暗示了该书的缺点，特别是对黑格尔辩证法的非批判态度。信末，他提及《纽约每日论坛报》上关于普尔斯基对班迪亚的揭发。

5 月 31 日 致信斐迪南·拉萨尔，指出：我在病中细读了你的《赫拉克利特》，并且发现，根据保存下来的零星残篇而恢复起来的体系作得很高明；而机智的论战也使我感到不小兴趣。我现在要提出的，主要地只是一些形式上的不足之处。我认为，可以在不损害内容的条件下写得更紧凑一些。其次，我很想在这本书中找到你对黑格尔辩证法采取批判态度的证明。既然这种辩证法无疑是整个哲学的最新成就，那末，另一方面，解除它在黑格尔那里所具有的神秘外壳就是极端重要的。最后，在某些细节上，我不同意你的看法，例如，在理解德谟克利特的自然哲学方面。但是这一切都是次要问题。你在写作中必须克服的困难，我尤其清楚，因为十八年前我曾对容易理解得多的哲学家——伊壁鸠鲁进行过类似的工作，也就是说，根据一些残篇阐述了整个体系。不过，我确信这个体系，赫拉克利特的体系也是这样，在伊壁鸠鲁的著作中只是"自在地"存在，而不是作为自觉的体系存在。即使在那些赋予自己的著作以系统的形式的哲学家如象宾诺莎那里，他的体系的实际的内部结构同他自觉地提出的体系所采用的形式是完全不同的。此外，我不理解，你在百忙之中怎么能有工夫把希腊语文学掌握到这样的程度。

总的说来，目前是一个不坏的时期，历史显然将会出现新的起点，到处可以看到土崩瓦解征兆，这使一切不愿意保持现状的人感到欢欣鼓舞。

评论：马克思告诉拉萨尔自己由于疾病无法从事脑力劳动，被迫到曼彻斯特去骑马和进行其他体育锻炼以治疗疾病，为此耽误了《政治经济学批判》的写作和出版，希望拉萨尔向出版商说明情况。接着，马克思评价了拉萨尔的《爱非斯的晦涩哲人赫拉克利特的哲学》，他一方面肯定了拉萨尔将残篇建构为体系并展开机智的论战，另一方面也指出一些不足，特别是没有对黑格尔辩证法进行批判，没有解除黑格尔辩证法的神秘外壳。最后，他谈了对所处时期的看法，认为新的历史起点必将出现，旧的社会秩序必将解体。

6 月 7 日 致信恩格斯，指出：随信附上有关班迪亚的报纸两份，一份给你，另一份给鲁普斯。

已收到你的：（1）来信及邮局汇票；（2）第二封来信；（3）给《论坛报》写的文章（而且是很有趣的一篇）。收到了这些东西以后，一直没有回信，因为天天都在等有关班迪亚的这两份报纸；此外，许多家务事占去了时间。

附上拉萨尔的信。真是一桩天大的怪事。在未得到你和鲁普斯的意见之前，我不能作答。因此我希望你们马上商量一下，并立即将你们的意见告诉我。我的意见是，拉萨尔不应该去同法布里策这头蠢驴决斗；即使从决斗的观点来看，"地方法院"的两位先生进行攻击这件事本身就已表明，根本谈不上什么决斗。我认为，议论决斗本身是否符合"原则"当然是可笑的，而一般说来我的看法是，在现在的形势下，在这种特殊的等等情况中，在当前历史时期，革命派可以用棍棒或拳脚去回答他们的私人仇敌，但不应该进行决斗。然而，如果一度表示如此坚决反对一切决斗的拉萨尔，竟让自己被十字军骑士的胡说八道所吓倒，那我认为是完全不正确的。

　　评论：马克思告知收到恩格斯寄来的汇票、来信和文章，询问他和鲁普斯关于拉萨尔同法布里策进行决斗一事的看法，并给出自己反对的立场。此外，他还提到沙佩尔、载勒尔、海泽的动向。

　　6 月 10 日　致信斐迪南·拉萨尔，指出：你本来可以马上收到回信，但是我认为把这件事告诉在曼彻斯特的恩格斯和鲁普斯，并征求他们的意见，是适当的，这不是为了要形成我个人的看法，而是因为"三人才能凑成一个会"。由于他们的看法和我自己的看法在所有各点上都是一致的，所以你可以把下述意见看作是我们共同的意见。

　　1. 从决斗的观点来看。十分明显，军需部长官和次官这两位先生由于在街上进行卑鄙的袭击而完全站到匪徒的立场上，因此同这种好汉可能进行的唯一的决斗已经以殴打的形式进行了。如果两个家伙伺候某个第三者，并且两人一起袭击他，那我们不认为世界上还有什么决斗规则会允许同这样的流氓进行决斗。如果法布里策先生想靠马鞭来强行挑起一场决斗，那末博尔曼先生在这种场合应该完全抱消极态度，作一个证人，或者根本不参与。但是，如果两个人同时袭击一个人，而且其中的一个人还在牺牲者的背后（从后面）行动，那就是一帮坏蛋，同时也证明，同他们不可能进行公正的决斗、正大光明的对打。

　　2. 决斗的原则。总的说来，我们不认为，象决斗这样的相对的事物可以列入好或坏的范畴。决斗本身是不合理的，这是毫无疑问的。它是前一个文化阶段的残余，这也是毫无疑问的。但是，资产阶级社会的片面性造成这样的结果：与这个社会相对立，个人权利有时以封建的形式被巩固下来。在美国，公民决斗权最明显地表明了这一点。个人之间能够发生不可忍受的冲突，以致他们认为决斗是唯一的出路。但是，老实说，对待一些无所谓的家伙，例如军需部长官，或次官，或尉官，就谈不上这种不共戴天的仇恨。在这方面理应有深刻的个人关系。否则，决斗完全是滑稽剧。如果由于顾及所谓的"社会舆论"而去决斗，那决斗始终是滑稽剧。

　　3. 因此我们进行决斗要根据情况而定，就是说，决斗作为一种例外，在万不得已的情况下，在特殊的情况下可以采取。但是，目前一切情况都表明要坚决反对决斗，即使街上的袭击没有把决斗的问题完全排除。

4. 首要的具有决定意义的情况是，你不仅在原则上反对一切决斗，而且你还发表过这个原则，并且是当着法布里策的面说的。因此，如果你现在终究因为害怕"社会舆论"而要去决斗，那就会使自己的名誉扫地。

5. 目前，除了履行某些特权阶层所承认的某种约定俗成的仪式之外，决斗根本没有任何意义。我们党必须坚决反对这些等级制的礼节并以无礼的嘲笑来回答那种强求服从这些礼节的无耻要求。现在是一个严重的时期，不能采取这种幼稚的行动。如果你由于法布里策是"军需部长官"并且属于有权决斗的集团就同他决斗，而对于一个譬如说，在街上袭击了你的裁缝或鞋匠，就直接把他告到法院去，而不怕有损自己的"体面"，那完全是一种幼稚的行为。目前，如果你不是要和法布里策（对你来说是无所谓的一个人），而是要和"军需部长官"决斗，这是十分荒谬的。一般说来，形形色色的大人先生都要求一定得通过作为他们的特权的决斗——而一切时髦的决斗都是基于这种观点——来解决同他们的冲突，对这种要求，必须予以无情的嘲笑。承认这种要求就是不折不扣的反革命。

评论：马克思告诉拉萨尔有关自己、恩格斯和鲁普斯对于拉萨尔同法布里策进行决斗一事的看法。第一，同一帮坏蛋不可能进行公正的决斗；第二，决斗是封建的文化阶段的残余，是由资本主义社会的片面性所造成的；第三，进行决斗要视情况而定，就当时情况而言应当坚决反对决斗；第四，拉萨尔不能自相矛盾地由于"社会舆论"而进行决斗；第五，从党的立场来看，要坚决反对这种幼稚和荒谬的决斗。

7月2日 致信恩格斯，指出：由于一大堆家事的打搅，迟迟没有告诉你《骑兵》的情况。最小的孩子患百日咳已经好几个星期了，病很危险；而我妻子的身体也很不好。加上家里其他一些乱七八糟的事，常常该死地中断我的工作。

你知道，我给我们的施拉姆弄了一个美国驻泽稷通讯员的位置。现在，他死后，他过去写的几篇文章的稿酬才寄来，约有六英镑，当然落入鲁道夫的腰包，作零用钱了。

这里别无其他新闻。龚佩尔特出版的伦敦德文小报看来已转向伟大的布林德领导的"联合民主派"方面，报名是《新世界》〔《Neue Welt》〕。

我想，你在《星报》上已经看到图尔先生以及君士坦丁堡的匈牙利流亡者的说明。如果没有的话，我把《自由新闻》给你寄去。科苏特现在还是一个劲地沉默不言。我们所作的班迪亚事件摘要已在《论坛报》上登出。在纽约传开的这件丑闻会迫使科苏特出来说话。或许我还要直接干预此事。普尔斯基老早就在《论坛报》为自己开辟了一条后路，他在报上说班迪亚是梅特涅的（！）老间谍。我在弗莱里格拉特那里见过一面的克拉普卡关于班迪亚只是冷冷地说："事以结局为贵"。看来，他对科苏特已经厌烦了。目前他正从事土耳其股票投机事业。

关于智者埃夫拉伊姆，我已经两个星期没有听到一点消息了。我当然深信他决不会慎重利用我的信，所以我在写信时很小心，使他极难滥用这封信。撇开这件事的特殊情节不谈，——在这方面我几乎逐字逐句地重复了你的意见——我只是从如下角度对决斗进行了严厉的批判，即从等级特权的观点来看，决斗只是一帮老爷先生感兴趣的事，他们认为，他们对侮辱的报复应该与某个裁缝、鞋匠等人对侮辱的报复有所不同。我写道，对于这种愚蠢的要求和这些家伙，站在"平民观点"和"棍子原则"上就是革命。另一方面，我针对埃夫拉伊姆的拘泥迂腐说，决斗是属于亚里士多德视为可做可不做的"无所谓的"事物之列。据他说，这是前一发展阶段的残余，但"在资产阶级关系具有片面性和局限性的情况下，个性有时只有通过封建的形式才能表现出来"，这当然是对的。

我希望下星期你无论如何寄一篇关于印度的文章来。给《论坛报》写一篇文章，材料总是够用的，否则，《泰晤士报》及其他报纸要转载。总之，主要是把文章发出去。

评论：马克思谈到由于妻儿生病和家庭琐事中断了工作；施拉姆的稿酬在他去世后才寄来；龚佩尔特出版的报纸《新时代》已转向布林德领导的"联合民主派"方面；他们关于班迪亚事件的文章《历史上有趣的一页》已经发表在《纽约每日论坛报》上，丑闻的传播将迫使科苏特站出来说话；在与拉萨尔的通信中批判他同法布里策的决斗；希望恩格斯下周寄一篇关于印度的文章。

8月8日 致信恩格斯，指出：最近给《论坛报》写了很多东西，好增加一些收入，但是材料非常少。印度不是我要写的部分。关于瑟堡，倒是可以写各种各样的政治趣闻，但我在军事方面很不内行，写不出有份量的文章来。我觉得瑟堡象布斯特拉巴所有的伟大行动一样，无非是一个骗局，纯粹是玩弄手法，——但这完全是主观判断，也许完全是成见。至少《通报》有一些不祥的暗示，指出军事权威们决不认为地点选择得恰当，他们对工事本身的构筑也提出了很多具体的反对意见。此外，所有这一切还远没有完成，从目前状况来看，给人的印象与其说是已经完成，还不如说是应当完成。唯一完工的是拿仑骑马的大雕像。我认为中印度事件可以说是由于瓜廖尔的失陷而结束了。印度报纸都十分仇视坎伯尔，并抨击他的"策略"。

附上拉萨尔的信。智者埃夫拉伊姆是个可笑的家伙。虽然他要求我严守秘密，并且把事情弄得无比神秘，但是整个这段肮脏故事基本上都在《科伦日报》上登出来了。在这个人的全部书信中都流露出一种令人发笑的吹牛狂。"于是我递上了……锋利而尖锐的报告"。"我促使伯克和洪堡行动起来"。洪堡写了一封"爆炸式的信"。"我自己直接向亲王呈递了一份措词极为尖锐的控诉书"。"对大臣的真正致命的控告"。"坚决的请求"。"绝密"。"我的最大的论据"。"毫无希望"。"最大的沉默和秘密"。"假如这不合臭虫们的脾胃的话……"。

顺便提一件事，鲁普斯听到一定会感兴趣的：小燕妮获得了一年级第一名奖（英语奖也包括在内），小劳拉得了奖状。她们俩在班上都是最小的。此外小燕妮还得了法语奖。

评论：马克思告诉恩格斯自己在弗莱里格拉特的帮助和担保下终于办了期票贴现，希望恩格斯有机会写信称赞弗莱里格拉特，并询问了恩格斯的身体状况。他谈到把身体糟糕的妻子送到兰兹格特疗养，在考虑如何向母亲开口求援。他提及为《纽约每日论坛报》写文章以便增加收入，同时附上了拉萨尔的信。信末，马克思还谈到小燕妮和小劳拉的好消息。

8 月 13 日 致信恩格斯，指出：《百科全书》的情况我一点也不知道。只是在《论坛报》上看到了第二卷的广告。可见它继续在出版。假如你有空，可以继续写《C》字头的条目。只是有两点要估计到：（1）目前我不可能去博物馆；（2）对我直接有好处的是增加我在《论坛报》的收入。自从我的妻子离开后，我在《论坛报》已经造成小小的脱节，而且现在我自己根本不能为它写两次稿，因为我无法研究象印度、门的内哥罗、中国以及波拿巴军事制度（铁路的和瑟堡的）这样的题目。因此，我非常希望你在最近一有时间（自然也不要妨碍你的身体）就更多地替《论坛报》写些东西，题目不限。

你看到《泰晤士报》上对格莱斯顿的论荷马一书的批评了吗？其中（在批评中）有某些有趣的东西。其实象格莱斯顿的这种著作正说明英国人没有能力搞"语文学"。

曼彻斯特的营业似乎又上升了？最近几星期来，世界总的又显得异常乐观了。

皮阿先生仍然很苦恼，因为在最近几次政治迫害中他的名字都没有博得应有的地位，他又刊印了一封《信》，说明自己的致议会的《信》，为"弑君"辩护。为了迫使政府对他进行迫害，他违犯警章，在刊印他的低劣信件时不注明印刷者的名字。但是政府无动于衷。皮阿不会成为殉道者，而且一次也不会被民事法官判处包括诉讼费在内的二先令六便士罚金。可怜的人！

评论：马克思谈到要寄给恩格斯的两封信遗失了；在《纽约每日论坛报》上看到《美国新百科全书》第二卷的广告，希望恩格斯继续撰写《C》字头的条目和时评文章；海边疗养对妻子的精神恢复起到较好的效果；格莱斯顿的《荷马与荷马时代的研究》一书体现出不高的语文学研究水平；对皮阿之流不顾客观条件刻意制造事端与政府对抗的做法表示鄙夷和不认同。

8 月 18 日 致信恩格斯，指出：如有可能，请在星期五以前把关于印度或关于瑟堡的文章寄来。没有这道加菜，我简直不能前进。昨天（从兰兹格特——那篇东西是在那里抄的——回来的途中）我写了关于在古巴买卖奴隶的文章，由此你可以看出，我的处境是多么困难。另一方面，对我来说，正是现在比任何时候更加重要的是：要把我的信用提高一点。

又及：我已经把金克尔关于湖上旅行的广告发表在《新时代》（伦敦出的德文小报）上了；这不是我直接办的，而是通过李卜克内西，李卜克内西又是通过别人进行的。事情已经引起了争吵。金克尔现在矢口抵赖。你把这方面的情况写给我十分重要。

评论：马克思请恩格斯在约定时间内给他寄来关于印度或瑟堡的文章，以赚取一些稿酬贴补家用。为了缓解困难的处境，马克思为《纽约每日论坛报》撰写了一篇关于在古巴买卖奴隶的文章，但后来这篇文章没有发表。

9月21日 致信恩格斯，指出：我好久没有写信，你一定会象通常那样宽宏大量地原谅我。我在离开曼彻斯特以前所患的病，拖了整整一个夏天，又转成慢性的了，因而不论写什么东西都要费很大劲，以致我的手稿直到现在（过了两星期）才寄出去，不过一次就寄去了两章。除了对已经写好的东西作修辞上的润色外，我没有什么东西好写了，但是有时为了推敲几个句子，仍然一坐就是几个小时。不过将近八天来我已经好多了，总之，凉爽的季节对我比较有利。此外，大有希望的是，靠我母亲的帮助，我完全可以把家务安排好，还要重新开始骑马。事情一安排就绪，第一桩事就是骑马。

关于班迪亚，我手头曾有过（但可惜只有过几个钟头）涉及到他的君士但丁堡来信以及君士但丁堡报纸的剪报。按照《自由新闻》的摘录，情况不太清楚。又完全是重复"总司令"的故事。看来科苏特要被直接揭露出来。现在我在《论坛报》上叫他出来解释！

顺便谈一下，我在《论坛报》上引出了一个不坏的笑话。我给它寄去了几篇专谈银行问题、货币流通问题等等的文章，批评关于最近危机的《委员会的报告》，《论坛报》把这些文章作为社论登出来了。于是出来一位银行家，自称是"金条党人"，写信给《论坛报》说：（1）从来还没有写出过如此言简意赅地叙述整个问题的文章等等；（2）但是提出各种反对意见，请编辑部给他答复。于是，这些可怜虫不得不答复；而他们努力的结果，的确令人非常失望。但这样的事对我却是有利的。

我们的朋友琼斯肯定已卖身（而且是以低得不能再低的价格）投靠了布莱特集团。这头蠢驴在政治上毁灭了自己，在商业上也不能挽救自己。我将把《雷诺新闻》上关于他的材料剪下来寄给你。但是这种变节——小伙子鼓吹资产阶级和工人阶级联合（他将《人民报》出卖给《晨星报》的先生们；自己在报上只占了两栏；不过由于钱的关系，已经同新的同盟者争吵起来了）——对他没有多大好处，你从下面一件事就可以看出来：前天他上弗莱里格拉特那儿去，把一封德文信交给弗莱里格拉特，信中向弗莱里格拉特要四英镑，否则他会被"送去坐牢"。弗莱里格拉特建议他去找"我们的朋友吉耳平"。这位吉耳平正好是瑞士银行和琼斯参加的那家报纸的经理。

如果你有时间，请在星期五之前写点东西。我昨天写了论中国条约一文。

根据《经济学家》杂志的最近报告，法国贸易在最近几个月来不是好转，而是恶化了。（附件请转交鲁普斯）。

评论：马克思解释长久没有写信的原因。他请恩格斯帮忙打听冯·保拉太太的消息，并谈及班迪亚事件。他给《纽约每日论坛报》写的文章《1844 年的英格兰银行法》《英国的贸易危机和货币流通》《英国的贸易和金融》作为社论发表后，引起一位银行家的反对意见，而马克思对编辑部作出的答复感到非常失望。马克思判断琼斯已卖身投靠布莱特集团，认为他在政治上毁灭了自己，在商业上也毁灭了自己。信末，他简要提到为《纽约每日论坛报》写了一篇关于中国条约的论文。

10 月 8 日　致信恩格斯，指出：今天你一次收到两包信件，因为在一封信里装不下全部东西。计有：

（1）从《雷诺新闻》上剪下的关于琼斯的材料。你自己可以看出，什么是雷诺的事实和有事实根据的判断，他在哪些地方进行了恶毒的诽谤。雷诺比起琼斯来更是个大无赖，不过他有钱而且善于投机。他成为一个"彻头彻尾"的宪章主义者这一个事实表明，这种立场想必仍然"有利可图"。琼斯在曼彻斯特的演说，我看过了。因为你不知道他以前在格林威治等地的演说，所以不会发觉，在这里他又有了转变，又在竭力使"同盟"更加符合自己过去的言论。

（2）皮阿最近写的《信》，里面有一两件有意思的事，其余的都是老一套。信边上画的杠杠是我的小家伙乱画的，对内容没有任何意义。

（3）马志尼先生的新宣言。他确是一头老蠢驴。只是他现在这样仁慈，不再把 salariat 看成绝对的和最终的形式了。没有比下面这种矛盾更可笑的了：一方面他说意大利的革命党是按他的精神建立的，另一方面他按"自己的方式"证明，不仅整个国家支持这个党，而且这个党取得胜利的所有外部条件也都有保证，可是到底他也没有解释，为什么尽管有了"上帝和人民"，再加上马志尼，意大利却还是毫无动静。

（4）从《辛辛那提高地哨兵》剪下的一小页，其中有维利希"将军"的一封信。

在目前世界贸易好转的时刻（虽然伦敦、巴黎和纽约等地的银行积存巨额存款这一事实证明，事情还远未走上常轨），至少令人感到安慰的是：在俄国革命已经开始了；我认为把"名士"召集到彼得堡去，就是这一革命的开端。普鲁士也是这样，目前的情况比 1847 年还要糟，关于普鲁士亲王倾向于资产阶级的可笑幻想将在愤怒中烟消云散。如果法国人看到，世界没有他们也在"运动"（如宾夕法尼亚人所说的），这对他们不会有害处。同时，在斯拉夫人中间，特别是在波希米亚，正在发生不平常的运动，虽然这是反革命的运动，但毕竟给真正的运动提供了酵素。1854—1855 年的俄国战争虽然十分卑鄙，虽然结果对俄国人并没有多少损害（宁可说，只损害了土耳其），但是毕竟显然加速了俄国目前形势的变化。唯一使德国人在自己的革命运动中完全成了法国仆从的情况，就是俄国的态度。随着莫斯科公国内部运动的开始，这种恶劣的玩笑就要结束。一旦那里的情况发展得比较明显，我们就会得证据，证明可敬的政府顾问哈克斯特豪森已经受了"官吏"和经过这些官吏训练的农民的愚弄。

不能否认，资产阶级社会已经第二次经历了它的十六世纪，我希望这个十六世纪把它送进坟墓，正象第一个十六世纪给它带来了生命一样。资产阶级社会的真实任务是建立世界市场（至少是一个轮廓）和以这种市场为基础的生产。因为地球是圆的，所以随着加利福尼亚和澳大利亚的殖民地化，随着中国和日本的门户开放，这个过程看来已完成了。对我们来说，困难的问题是：大陆上革命已经迫于眉睫，并将立即具有社会主义的性质。但是，由于在极为广阔的领域内资产阶级社会还在走上坡路，革命在这个小小角落里不会必然被镇压吗？

至于特别谈到中国，那末，我在仔细分析了 1836 年以来的贸易动向之后，可以肯定地说：首先，1844—1846 年英国和美国的出口增长，在 1847 年就已经证明完全是假的，并且在后来的十年当中出口额平均起来几乎没有什么变化，而英国和美国从中国的进口却大大地增长了；其次，五口通商和占领香港仅仅产生了一个结果：贸易从广州转移到上海。其他"贸易中心"就不用谈了。这个市场失败的主要原因看来是鸦片贸易，事实上，对中国的出口贸易的全部增长额始终都只限于这一项贸易，第二个原因是国内的经济组织和小农业等等，摧毁这种小农业需要很长的时间。目前的英中条约，我看是帕麦斯顿在彼得堡当局同意下制定出来，并在额尔金勋爵出发时交给他的；这个条约从头到尾都是侮辱。

不能告诉我关于俄军在中亚细亚推进的材料是从哪里弄到的吗？无论如何，我要把这篇文章登在《自由新闻》上。

评论：马克思告知寄给恩格斯的信件中包含的材料：《雷诺新闻》关于琼斯的材料；皮阿写于 1858 年 7 月 14 日并以单行本发表的《给陪审法庭的信。为致议会和新闻界的信辩护》；1858 年 9 月 14 日登载在意大利文报纸《思想和行动》上的马志尼起草的宣言；《辛辛那提高地哨兵》上维利希的一封信。同时，他分析了欧洲形势：俄国废除农奴制的革命已经开始，在圣彼得堡召开的各省委员会贵族代表大会是这个革命的开端；普鲁士的情况比 1847 年更糟；斯拉夫国家的民族运动高涨，虽然运动进程中出现本国资产阶级对国内革命运动的镇压，但这些民族运动是消除封建农奴制残余和把 1848—1849 年未完成的资产阶级民主革命进行到底的总问题的一个部分。在马克思看来，随着加利福尼亚和澳大利亚的殖民化，以及中国和日本的门户开放，资产阶级社会已经建立起世界市场，这一时期困难的问题是无产阶级革命能否发展起来而不被镇压。此外，马克思评价了英国对中国的贸易政策是失败，不仅没有增加英国的出口，还向中国出口鸦片，而且 1858 年英国强加给中国的天津条约是一种彻头彻尾的侮辱。

11 月 2 日　致信恩格斯，指出：《蒙塔郎贝尔》一文正好用上。昨天我写了关于加西莫多的葡萄牙事件。

附上伟大的布林德的作品，此人现在以"统一的人民之友"的身分活动。一百英镑也是由金克尔转给他的。请保存这个材料。你可看到，皮阿和马志尼毕竟比这位德国民主主义者在风格和其他方面要高。同时，布林德在这里又干起他在《曼海姆晚报》上学会的那一套手艺来了。他通过在汉堡的几个熟人，终于把信（他自己写的）寄给英国报纸，信中说他的匿名小册子引起了强烈的反应。在此之后，他的朋友们又写信给德国报纸说，这些小册子在英国报纸上引起了怎样怎样的轰动等等。你看，这就叫做实干家。

评论：马克思在信中揭露了小资产阶级流亡者布林德的自我吹嘘行为。马克思提到布林德把自己和朋友写的信寄给英国和德国报纸，夸赞 1858 年匿名出版的小册子《英国"德意志统一和自由"协会宣传册》引起强烈反响。

11 月 10 日　致信恩格斯，指出：你的文章已于昨天寄出，顶星期五的稿子，因为星期五什么也没有寄去；我自己写了论普鲁士的新内阁的文章。现在已经寄给《论坛报》大约六篇关于普鲁士的文章，都注明寄自柏林。因此我想，下星期二以前，你不会有关于普鲁士的什么新材料了。有一个问题可以写，这就是最近十年内普鲁士工业发展的问题，但我怕我们的材料不够。然而到哪里去找"材料"呢？关于"日本"，我想美国佬比我们知道得多，虽然他们知道的往往是非常表面的东西。高等政客（例如《论坛报》的普尔斯基先生）胡扯什么在意大利可能发生以奥地利为一方和以波拿巴、皮蒙特为另一方的战争。我认为这完全是胡说八道。但如果有可能在波拿巴对德意志的军事部署这方面说点有道理的话，那倒也不错。你要是不喜欢这个题目，就请写别的好了，法国、俄国、或者你愿意写的其他什么题目。

我忘了把布林德的"小册子"寄给你。可惜我没有找到那篇最愚蠢的《向什列斯维希—霍尔施坦呼吁》。不过最后还是找着了。另外，你还会收到从伦敦《新时代》上摘下的小丑埃德加尔·鲍威尔的演说。请把这些东西保存起来。

下星期我必须付给当铺一英镑多的利息。因为现在不可能马上以《论坛报》的名义开期票，所以很盼望你能寄来这一英镑。

请详细写信告诉我你对埃·鲍威尔先生的《历史的哲学》的意见。

评论：马克思在信中提到他们为《纽约每日论坛报》写的文章《对蒙塔郎贝尔的起诉》《新内阁》《普鲁士国王的疯癫症》《普鲁士的摄政》《普鲁士状况》，并商讨了可以撰写的题目，包括最近十年普鲁士工业发展的问题、波拿巴对德意志的军事部署等。此外，他还提及给恩格斯寄去《向什列斯维希—霍尔施坦呼吁》，以及伦敦《新时代》上发表的埃德加尔·鲍威尔 1858 年 11 月初在伦敦德意志工人共产主义教育协会所作的关于宗教改革时期以来欧洲强国政治史的演说，并询问恩格斯对埃·鲍威尔的《历史的哲学》的意见。

11 月 12 日　致信斐迪南·拉萨尔，指出：总之，首先：不被人用科斯特尔的眼睛看，而自己用科斯特尔的眼睛看的"人才是幸福的"。我和弗莱里格拉特曾详细地对科斯特尔本人讲过，由于肝病严重，我几乎整个夏天不能工作。至于我的"光辉的处境"，弗莱里格拉特和我都认为，用最光辉的图画去迷惑这个平凡的德国资产者而把一切阴暗面遮掩起来的做法，是适当的，因为我们俩都认为，哪怕这类比较好的资产者，如果了解到"亡命之徒"的真实生活条件，也一定会幸灾乐祸。以上说的是科斯特尔。

至于手稿寄迟一事，起初是病耽搁了，后来我为了稿酬必须赶写其他著作。但是，主要的原因是：材料我已经搞好了；所差的只是给它一个形式。然而，在我所写的一切东西中，我从文体上感觉出了肝病的影响。而我有双重理由不允许这部著作由于医疗上的原因而受到损害：

1. 它是十五年的、即我一生的黄金时代的研究成果。

2. 这部著作第一次科学地表述了对社会关系具有重大意义的观点。因此，我必须对党负责，不让这东西受肝病期间出现的那种低沉的呆板的笔调所损害。

我所追求的不是优美的叙述，而只是写出我平素的风格。我在患病的这几个月中至少在这个题目上未能做到这一点，虽然我在这期间不得不写文章，而且还写了至少两大本关于各种各样事情的英文社论。我想，即使是不如你机灵的人把这个情况告诉敦克尔先生，他也只会同意我的作法；要知道，对于他这个出版商，我的这种作法，简单说来，是我给他头等商品，他给我钱。

大约过一个月，我才能完成，因为实际上我刚刚开始写。

还有另外一个情况（但是，只要稿件一寄到，你就会就此情况提出问题）：第一篇《资本一般》很可能一下子就占两分册，因为我在定稿过程中发现，这里正是叙述政治经济学的最抽象的部分，写得过于简短，读者不易理解。但是另一方面，这两分册必须同时出版。内部的联系要求这样做，整个的效果也取决于这样做。

顺便提一下。你从法兰克福写来的信，根本没有向我提起你的经济学著作。至于谈到我们的竞争，我不认为德国读者是苦于这方面的东西过于丰富了。政治经济学，作为德国意义上的科学，实际上还有待建立，为此不仅需要我们两个人，而且需要一大批人。我希望，我这本书的成就至少应当表现在它会吸引一定数量的优秀思想家来参加这个领域的研究工作。

评论：马克思提及自己因牙痛而耽误回信，表明对待德国资产者科斯特尔应当采取的态度，谈到由于诸种原因耽误了《政治经济学批判》的写作。《政治经济学批判》是马克思十五年来研究成果的凝结，是对社会关系的第一次科学表述，因此马克思对于这本著作的出版极为谨慎。在他的出版计划中，《资本一般》可能将占两册，叙述政治经济学的最抽象的部分。对于拉萨尔也将出版政治经济学著作，马克思表示两人的著作不会冲突，因为这个领域的工作需要一大批人来从事。

11 月 29 日 致信恩格斯，指出：文章收到了；非常好。关于波拿巴，我最近写了两件事情：葡萄牙事件中英国虚假的挑衅，并且一般谈到这家伙如何只在"同英国联盟的界限内"用假示威来报滑铁卢之仇（因而实际上得到英国政府的许可），事实上他是英国的奴仆。其次，关于他的粮食储备法令。这位"社会主义者"想通过这项法令牺牲面包商的利益，制造人为的需求，以避免因粮价低廉而引起破产以及使农民不满而造成危险。总之，靠政府指令提高粮食价格，这是一种非常危险的试验。粮价上涨在城市里使他的声誉受到的损害，比在农村可能给他带来的好处要大。

关于欧洲资产阶级的普遍上升我没有写。在写普鲁士的时候，自然暗示了这一点。至于俄国的农民运动，半年来大约写过两次。第二次只是为了证明我第一次的诊断是正确的。

关于英国的改革运动，最近我只提到布莱特在北明翰召开的大会，要点是：他的提纲把人民宪章的要求降到资产阶级的水平。前些日子，大约八至十二个星期以前，（好象议会甚至就这个问题还开了会）我指出辉格党应当解散，同托利党合而组成一个贵族的政党。就写了这些。

我的妻子正在誊抄手稿，恐怕月底以前寄不出去。拖延的原因是：长时期身体不适，现在天气冷了才好了。家务和钱财上的麻烦事太多。最后，第一篇内容更充实了，因为头两章比原来计划的要写得更详细。其中第一章《商品》，在草稿里根本没有写，第二章《货币或简单流通》只有一个简单的轮廓。

埃德加尔·鲍威尔先生现在是伦敦《新时代》的真正编辑，而魏特林的信徒谢尔策尔先生这个大老粗是名义编辑。埃德加尔先生自然关于埃德加尔先生及其为工人办的讲座谈得很多，同时还亲自写有关埃德加尔先生的一切事情。这个小丑认为必须来一个革命的转变。他主持过纪念罗伯特·勃鲁姆的宴会。在最近一号《新时代》的一篇文章中这个小丑揭露：现在普鲁士正在实施立宪"帝制"。这一号由于转载了司徒卢威的《社会共和国》上的一篇文章，还不无趣味，然而这篇文章在这里是一个叫法伊贝耳的人写的。在同一号上，弗莱里格拉特利用在美国出版他的诗作的机会，竟让别人把他当成无产阶级政党的真正英雄来祝贺。

评论：马克思赞扬了恩格斯的文章《1858 年的欧洲》，告诉恩格斯自己最近写的两篇关于波拿巴的文章。一篇是关于葡萄牙事件，即 1857—1858 年法国和葡萄牙之间的外交冲突。另一篇是关于波拿巴的粮食储备法令。波拿巴试图靠政府指令提高粮食价格以防止农民破产引起的不满和危险，为此马克思写了文章《法国调整粮食价格的方案》进行分析。同时，马克思提到，在俄国农民运动方面，他写了《英国的政党。——欧洲状况》和《关于俄国废除农奴制的问题》两篇文章，而在英国的改革运动方面，他写了文章《布莱特的演说》，文章在发表时也被《纽约每日论坛报》编辑部作了很大的修改。此外，他还告诉恩格斯《政治经济学批判》手稿的写作进展，增加了第一章《商品》，丰富了第二章《货币或简单流通》。信末，他谈到埃德加尔·鲍威尔是伦敦《新时代》的真正编辑，发表了很多关于鲍威尔自己的一切事情的文章。

12 月 17 日 致信恩格斯，指出：布林德的这种货色（完全象他自己告诉我的那种黑克尔的制品），我是知道的，当然，一些令人发笑的详细情节我不清楚。第一，这份《晨电讯快报》由几个载勒尔类型的英国人编辑，它的所有电讯，至少大部分，都是从伦敦各晨报转载来的。我可以证明这样一个事实：布林德把一则假造的"电讯"（注明来自布鲁塞尔）偷偷投送了《晨报》。不言而喻，《晨电讯快报》马上就采用了。第二，布朗纳医生不是布林德的代理人之一，而是布林德的唯一代理人，［因为他］没有"任何第二个人"可以派遣。我还认为，布林德曾直接"命令"［送信］给鲁普斯，因为布朗纳［未经］主子的许可是不敢乱动一步的。今天你在《每日电讯》上也能看到柏林通讯："那些住在布莱得弗德和利物浦的德国商人已向议会（霍尔施坦）递交了类似的请愿书。"这些在民主主义脓疮里孵化出来的巴登小跳蚤的辛勤活动实在令人惊异。早在古代，对于跳蚤的跳跃就发表过各种各样富有教益的见解了。

我对《论坛报》有一点是满意的。这家讨厌的报纸一连几个月把我关于中国的全部文章（英中贸易的全部历史等等）作为社论发表出来，甚至还对这些文章写了恭维话。但是最后当中英条约的正式条文公布的时候，我写了一篇文章，其中谈到，中国人"现在使鸦片输入合法化而且还对鸦片征收进口税，最后大概还要允许在中国本土种植鸦片"，因此，"第二次鸦片战争"迟早会给英国的鸦片贸易，特别是印度国库以致命的打击。好！德纳先生把这篇文章作为伦敦的一个"临时通讯员"写的东西刊登出来，而自己写了一篇空洞无物的社论，来反驳他的"临时"通讯员。而就在这个时候（大约星期一），菲兹吉拉德和斯坦利在下院代表内阁逐字逐句证实了我的预言。因此，星期二我以"临时通讯员"的身分又写了一篇文章，对我的"反驳者"稍加嘲笑，语气自然是克制的。

评论：马克思谈到布林德的勾当，形容他是"民主主义脓疮里孵化出来的巴登小跳蚤"。他对《纽约每日论坛报》一连几个月刊登他关于中国的全部文章感到满意，但对德纳把他关于中英条约的文章当作临时通讯员的文章刊登，并用自己写的文章反驳马克思的文章的行为，表示不满。在附言部分，马克思还谈到金克尔、布林德、克路斯、埃德加尔·鲍威尔的相关动向。

12 月 30 日 致信恩格斯，指出：关于霍季斯上校，已断定他是帕麦斯顿的班迪亚。这也充分证明帕姆参与了塞尔维亚事件。

目前这一段时期我又为《论坛报》写经济文章和关于普鲁士的文章，因此其余的整个世界由你选择。此外，昨天我写了关于爱尔兰以及那里的阴谋和政府诡计的文章。如果我要写上面两个题目以外的什么东西，一定告诉你。

评论：马克思谈到对霍季斯上校身份的判断，认为这说明帕姆参与了塞尔维亚事件。他还谈到为《纽约每日论坛报》写了经济文章、关于普鲁士的文章以及《爱尔兰的惶恐》，恩格斯可就这些题目之外的事件写文章。

1859 年

1月6日 致信恩格斯，指出：如果你已写完关于塞尔维亚的文章，那末还有一个我必须写的新题目——普鲁士后备军中的变化（拟定的）。在今天的《泰晤士报》上有一篇注明寄自维也纳的通讯，详细地叙述了塞尔维亚最近发生的动乱。

埃德加尔·鲍威尔先生当了谢尔策尔手下的一名编辑，他甚至承认"阶级对立"，并使之柏林化了；同时哥特弗利德·金克尔先生在伦敦出版了《海尔曼》（恐怕不是凯鲁斯奇人，而是歌德笔下的蠢家伙）周报，他不可能放过机会而不利用"金克尔的复活"。弗莱里格拉特，就他给我的短信来看，我觉得已对他所犯的过错后悔了。如果你给他写信，就告诉他（但是，自然要十分有礼貌，否则他会埋怨你信中的粗暴的或卤莽的口吻）：曼彻斯特的德国人对他同金克尔的同盟议论很多；同时还可以把黑克舍尔的笑话告诉他，并引证一些材料。目前对我们重要的是，使弗莱里格拉特同这些恶棍决裂。

顺便说一下，维利希现在辛辛那提编体操小报。在那里"当选"为编辑。他在一份自吹自擂的呼吁书中谈到自己的职务（克路斯给他安排这个职务，很可能是为了摆脱他）时说：对他说来现在是领导宣传工作的时候了，因为人民暂时不需要军事领导。

评论：马克思希望恩格斯在写完关于塞尔维亚事件的文章后，写一篇关于普鲁士后备军中的变化的文章。他还提到埃德加尔·鲍威尔、金克尔、弗莱里格拉特和维利希的近况。

1月13日和15日之间 致信恩格斯，指出：手稿大约可排十二印张（三册），尽管它的标题——别被吓倒了——是《资本一般》，但这几册还一点没有谈到资本，它们一共只有两章：（1）商品。（2）货币或简单流通。你可以看到，已经仔细加工（5月间我在你家里的时候）的那一部分还完全没有出来。这从两方面来看都是好的。如果事情顺利，那末第三章《资本》可以马上接着出版。其次，根据书的性质，这些狗在对已出版的部分进行批评时，不能单纯地随意谩骂了，而且全书看起来都非常严肃、科学，因此我迫使这些坏蛋今后也要十分严肃地看待我对资本的见解。总之我认为，撇开各种实际的考虑不谈，论货币的一章会引起专家们的兴趣。

　　你的关于波拿巴和意大利的文章，我要稍加改动，因为星期二我自己也写了一篇同样主题的文章。在推动波拿巴的那些势力中间，你忘了谈俄国。帕姆到巴黎去不是徒劳的，俄国人在意大利进行的阴谋诡计也不是没有作用的，而俄国自巴黎和约签订以来向波拿巴的献媚也是这样。如果俄国能够通过波拿巴迫使奥地利撤换布奥尔的大臣职务，而代之以一个泛斯拉夫主义的俄国代理人，那末仅仅这一点就使俄国受益不浅了。

　　作为柏林通讯员，我答应写一篇关于普鲁士军队的文章，请想办法在这几天内写出来。

　　卢格在美国报纸上狂热地为普鲁士亲王辩护。施拉姆已得到许可回普鲁士去（对他的逮捕令已撤回），并且不经审前羁押而重新受审。

　　评论：马克思谈到政治经济学手稿的写作和出版进度，他准备出版十二印张（三册），标题为《资本一般》，涵盖"商品"和"货币或简单流通"两章，接着将出版第三章"资本"。他提及对《欧洲的金融恐慌》一文的改动，增加了俄国在推动波拿巴方面的内容。他希望恩格斯写一篇关于普鲁士军队的文章。信末，他还谈及卢格和施拉姆的动向。

　　1月28日　致信恩格斯，指出：各种各样的麻烦事使我昨天未能写信给你。今天又是写文章的日子。所以只好等到明天了。但是附上"有趣的东西"。

　　今天我写的是克洛蒂尔达及其天使般的温柔。希望你星期二以前寄一篇文章来。不能写一篇关于曼彻斯特的棉花情况、工业展望等等问题的文章吗？我在星期二写的一篇经济文章中故意没有涉及这个领域。

　　评论：由于马克思和恩格斯每星期，即星期二和星期五给《纽约每日论坛报》寄两次文章，马克思写了一篇关于克洛蒂尔达的文章，希望恩格斯能写一篇关于曼彻斯特的棉花情况、工业展望等问题的文章。

　　2月1日　致信约瑟夫·魏德迈，指出：近两年来，我的情况不是好了，而是坏了。一方面，可尊敬的《论坛报》由于危机把我的收入减少了一半，尽管它在繁荣时期从来没有给我增加一个分尼；另一方面，由于需要抽出许多时间来研究我的政治经济学（下面再详谈），不得不拒绝（虽然很不乐意）人们在伦敦和维也纳向我提出的收入极其可观的建议。但是我必须不惜任何代价走向自己的目标，不允许资产阶级社会把我变成制造金钱的机器。

　　克路斯先生去年5月曾经来过这里。当时我正好在曼彻斯特恩格斯那里。克路斯拜访了我的妻子并答应改天再来，但是并没有来。他［不声不响地离开了］伦敦，再也没有露面。不仅如此，"由于感到狼狈"，他还给我的妻子写了一封相当"不礼貌的"信。他也没有去曼彻斯特。后来我们听说，他同维利希先生订立了同盟。这就是为什么他莫名其妙地中断通信的原因。如果我们是有虚荣心的人，一听说维利希这样的傻瓜甚至在克路斯这样聪明的人的心目中也战胜了我们，一定会感到自己受到了相当大的惩罚。但是，这整个插曲是如此滑稽，以致消除了一切的不快。

我已经同厄内斯特·琼斯决裂了。尽管我一再提出警告，并对他准确地预先谈到过现在所发生的事情，就是说，他将毁灭自己并搞垮宪章派，他仍然走上了试图同激进资产者达成协议的道路。现在他已经是一个堕落的人，但是他给英国无产阶级带来的危害却非常大。当然，错误将会被纠正，但是大好的行动时机却错过了。你可以想象，一支军队，在会战前夕它的将领投到敌人方面去了，会是什么状况。

你大概已经听说，由于金克尔夫人跳楼丧命，金克尔先生又成为著名的人物了。这个"乐观者"——他从来没有感到象莫克尔老太婆死后这样痛快，——决定立刻去兜售他的"悲痛"。弗莱里格拉特被哥特弗利德表演的感伤场面所迷惑，写了一首悼念约翰娜的诗，现在他已经后悔了。因为，第一，他确信哥特弗利德非常高兴，第二，这个人利用这首诗在全世界散布谣言，说什么弗莱里格拉特和他联合了，而同我们决裂了。哥特弗利德决定立刻利用由他妻子的死而引起的"金克尔的复活"，一星期后就开始在伦敦出版以《海尔曼》为名的周报。如果不是指雪恩奈希写诗讴歌和哥特谢德高度赞扬的那个海尔曼，那末名称就应当是《哥特弗利德》。要知道，第一，这个小报鼓吹同上帝的和平和同世界的和平，第二，它纯粹是哥特弗利德先生在伦敦西蒂区的德国庸人中间的广告。从来还没有过比它更无聊的刊物，我们只能祝贺自己：十年的流亡彻头彻尾地暴露了我们的民主派朋友的空虚。与此相比，《科伦日报》是机智勇敢的。

现在来谈谈主要的事情。我的《政治经济学批判》将由弗兰茨·敦克尔（贝塞尔出版社）在柏林分册出版（第一分册过八至十天即可出版）。多亏拉萨尔的异常的热心和雄辩的口才，才说服了敦克尔同意这样做。但是他给自己留了一条后路。合同的最后的签订要取决于第一分册的销路。

我把全部政治经济学分为六册：

资本；地产；雇佣劳动；国家；对外贸易；世界市场。

第一册：资本，共分四篇。

第一篇：资本一般，共分三章：（1）商品；（2）货币或简单流通；（3）资本。第一章和第二章（大约十印张）构成最先出版的一个分册的主要内容。至于第三章《资本》，我要等到重新有了坚实的基础时再出版，我这样做的政治动机，你是了解的。

目前要出版的一册的内容如下：

第一章：商品。

（A）｛威廉·配第（查理二世时代的英国人）；布阿吉尔贝尔（路易十四时代）；本·富兰克林（第一部青年时代的著作，1729 年）；重农学派；詹姆斯·斯图亚特爵士；亚当·斯密；李嘉图和西斯蒙第｝。

第二章：货币或简单流通。

（1）价值尺度。

（B）关于货币计量单位的学说（十七世纪末——洛克和朗兹，贝克莱主教（1750 年）；詹姆斯·斯图亚特爵士；卡斯尔里勋爵；托马斯·阿特伍德；约翰·格雷；蒲鲁东派）。

（2）流通手段。

（a）商品的形态变化。

（b）货币的流通。

（c）铸币。价值符号。

（3）货币。

（a）货币贮藏。

（b）支付手段。

（c）世界货币（money…of…the…world）。

（4）贵金属。

（C）关于流通手段和货币的学说｛货币主义；《旁观者》，孟德斯鸠，大卫·休谟；詹姆斯·斯图亚特爵士；亚·斯密，让·巴·萨伊；金条委员会，李嘉图，詹姆斯·穆勒；奥维尔斯顿勋爵及其学派；托马斯·图克（詹姆斯·威尔逊，约翰·富拉顿）｝。

同时，在这两章里从根本上打击了目前在法国流行的蒲鲁东社会主义。它要保存私人的生产，但是私人产品的交换要加以组织，它要商品，但是不要货币。共产主义必须首先摆脱这个"假兄弟"。但是，撇开一切论战的目标不谈，你知道，分析简单的货币形式是最困难的，因为它是政治经济学的最抽象的部分。

我希望为我们的党取得科学上的胜利。但是党本身现在应当表明，它是否有那么多的成员来购买足够数量的书以安慰出版商的"良心的不安"。第一分册的销路决定着整个事情的以后的命运。只要我签订了最后的合同，一切就没有问题了。

评论：马克思解释回信晚的原因，并代表身边亲人和朋友问候魏德迈。接着，马克思谈论了恩格斯、威廉·沃尔弗、弗莱里格拉特、德朗克、伊曼特、维尔特和自己的近况，他与克路斯之间的不愉快交往和与琼斯之间的决裂，以及金克尔利用夫人去世大做文章和弗莱里格拉特被金克尔蒙骗。此外，马克思还向魏德迈介绍了自己的《政治经济学批判》六册计划，列出了第一分册的要点，希望该书能够顺利出版和出售。

2 月 2 日　致信恩格斯，指出：《立宪主义者报》的情况极妙，因为据《泰晤士报》讲，作者就是布斯特拉巴先生。

今天收到拉萨尔来信（以后再寄给你），说手稿还没有寄到。现在要注意：手稿是星期二（25 日）寄出的。1 月 30 日我就接到这里邮局的回执：手稿已寄到柏林了。拉萨尔写信的日期是 1 月 31 日。可见政府把我的手稿至少扣留了三四天（如果敦克尔是在拉萨尔寄给我信之后收到手稿的话）。大概施梯伯先生在手稿里进行了搜索，或者是冯·帕托夫先生决定要迅速涉猎一些经济学知识。已立即写信给拉萨尔。你那里的庸人们也把你替我写的东西（星期二用的）截住了。文章没有寄到。我一直等到三点钟。后来仓卒地另外写了一篇。

评论：马克思谈到 1859 年 1 月 30 日《立宪主义者报》上发表的、由法国记者路·博尼法斯署名的一篇文章的作者就是路易－拿破仑本人。文章谈到，一旦发生战争，法国可以向国外派出五十万军队。1 月 31 日恩格斯写了《法国军队》一文，作出自己的估计并指出，法国在战时派到意大利与奥地利作战的军队将只有二十万人。恩格斯在文章中援引了巴黎的消息，指出《立宪主义者报》上的材料和它所依据的数字都来自路易－拿破仑。因此，马克思于 2 月 1 日把恩格斯的文章寄给《纽约每日论坛报》以后，认为有必要把 2 月 2 日《泰晤士报》上的材料告诉恩格斯：《立宪主义者报》上发表的一篇文章的作者就是路易－拿破仑本人。同时，马克思谈到《政治经济学批判》手稿在寄到柏林给拉萨尔的过程中被政府扣留审查的事情，认为恩格斯寄给马克思的文章应该也被截住导致仍没有寄到。

2 月 2 日　致信斐迪南·拉萨尔，指出：手稿 1 月 26 日从这里寄出，1 月 31 日这里已经收到柏林方面的回执：手稿已寄到。包裹公司是从它的代办所那里接到这个回执的。另一方面，你 1 月 31 日的来信却说没有收到手稿。可见，普鲁士政府——可能是朋友施梯伯——至少在手稿里搜索了三天。据我所知，按照法律，他们只能搜查包裹里有没有布鲁塞尔的花边，其余一切则与他们无关。谁能担保哪一个小官吏不会为了开开心而抽出一两页来点烟斗。

我想，普鲁士政府为了它本身的利益不致于对我的手稿采取不正确的做法。否则，我就在伦敦的报纸（《泰晤士报》等等）上掀起一场恶魔似的风暴。

评论：马克思告知拉萨尔寄出《政治经济学批判》手稿的时间，分析手稿遭到了普鲁士政府的搜查，但认为普鲁士政府不至于对手稿采取不正确的做法，否则他将在伦敦的报纸上掀起一场风暴。

2 月 4 日　致信斐迪南·拉萨尔，指出：关于战争的问题：这里一致认为，战争在意大利是不可避免的。毫无疑问：艾曼努尔先生真心想打，而波拿巴先生也曾真心想打。决定后者行动的是：（1）害怕意大利的匕首。自从奥尔西尼死后，他就不断暗地里对烧炭党人进行欺诈，"克洛蒂尔达"的丈夫普隆－普隆则充当中间人。（2）极端严重的财政困难；在"和平时期"再继续供养法国军队，事实上是不可能的；伦巴第是块肥肉。此外，战争一爆发，也就又有可能发行"战时公债"了。其他任何公债都是"不可能"发行的。（3）最近两年来，波拿巴在法国各政党中已日益失去威信，他的外交活动也同样是一连串的失败。因此，必须做点什么事来挽回他的声望。甚至在农村里，也由于粮价惨跌而怨声载道，波拿巴先生企图通过他的关于粮食库存的法令来人为地提高小麦价格，但是徒劳无功。（4）俄国推动了土伊勒里宫的暴发户。借助于波希米亚、莫拉维亚、加里西亚以及匈牙利南部、北部、东部和伊利里亚等地的泛斯拉夫主义运动，借助于在意大利的一次战争，俄国就几乎肯定能摧毁奥地利还在不断地对它进行的反抗。（俄国惊恐地面临着一次国内土地革命，而对外战争，单就转移视线这一点来说，也许就会受到政府的欢迎，更不用说一切外交目的了。）（5）前威斯特伐里亚国王的儿子普隆－普隆先生及其党羽（以日拉丹为首的一帮匈牙利、波兰、意大利的形形色色的冒牌革命家）尽一切努力来使事情有个结局。（6）在意大利进行的对奥战争，是不能直接出面拥护教皇等人和反对所谓自由的英国将在其中保持中立的唯一的战争，至少在最初是这样。假如普鲁士在战斗开始的时候就想进行干预的话（但是我相信不会这样），它会受到俄国的威胁。

另一方面，路易·波拿巴先生对真正的严重的战争毫无疑问地是害怕得要命的。（1）这个人总是疑虑重重，并且象所有的赌徒一样，不可能果断。他经常爬到卢比康河边，然而总是必须靠站在他背后的人把他推下去。在布伦附近、在斯特拉斯堡附近、在1851年12月，每次他都是最后被迫认真地执行了他的计划。（2）在法国，人们对他的计划采取极端冷淡的态度，这当然不是使他感到鼓舞的事情。群众表示无所谓。但是大金融资本家、工业家、商人、僧侣的党派，以及高级将领（例如佩利西埃和康罗贝尔）都直接而严肃地提出反对。事实上，军事方面的前景并不是光明的。即使把《立宪主义者报》上的吹牛当做实话看待，情况也还是如此。如果法国总共能凑足七十万人，那末其中适合服兵役的最多不过五十八万人。这些人当中还要减去驻阿尔及利亚的五万人，宪兵等等四万九千人，防守法国的城市（巴黎等地）和要塞的十万人（最低限度），驻扎在靠近瑞士、德国、比利时的边界上的监视军至少十八万一千人。剩下的只有二十万人，即使把皮蒙特的那一点点军队加进去，对于在明乔河和阿迪杰河设有坚固阵地的奥地利人来说，这也决不能算是优势力量。

无论如何，如果波拿巴先生现在退却，那末他就会在法国士兵群众当中彻底垮台；这可能就是使他终于向前挺进的原因。

你似乎认为匈牙利会在这样一种战争中起义。我对这一点非常怀疑。奥地利当然会派遣一支监视军到加里西亚—匈牙利边界上去对付俄国，而这同时也会使匈牙利受到威胁。匈牙利的团队（只要它们不象在大多数情况下那样，分散在它们的敌人，如捷克人、塞尔维亚人、斯洛文尼亚人等等当中），将会被派往德意志人居住的省份去。

战争自然会引起严重的后果，而且最后肯定会引起革命的后果。但是，在最初，它将在法国保持波拿巴主义，在英国和俄国削弱国内的运动，在德国重新唤起极端狭隘的民族热情，等等，因此，据我看来，它在各方面起初都将起反革命的作用。

不管怎样，我对这里的流亡者不抱任何希望。除了至少是个狂信者的马志尼之外，他们全都是十足的冒险家，他们的全部野心就是骗取英国人的钱。科苏特先生完全堕落了，变成了一个巡回讲演者，在英格兰和苏格兰各地区散布同一套谬论，把它奉献给一批一批的新听众。

这些狗已经成为十足的保守派，实际上应当得到赦免。例如，哥特弗利德·金克尔先生在这里出版名叫《海尔曼》的周报，就连《科伦日报》同它相比，都算得上是勇敢机智的报纸。（据说，这位可爱的善于做戏的牧师由于向富于美感的犹太女人献殷勤使他妻子跳楼丧命。在悲痛万状的表演的感动下，弗莱里格拉特出于慈悲心肠竟然写了一首悼念死去的约翰娜·莫克尔的诗，但是过了几天，他确信，悲痛是假的，哥特弗利德先生从来没有感到象他妻子死后这样"轻松和自由"。）这个家伙鼓吹催眠的、献媚的和软绵绵的"乐观主义"。这家报纸应当叫《哥特弗利德》。至于我，我宁愿在"曼托伊费尔"的束缚下写东西，也不愿意在伦敦西蒂区的德国庸人的束缚下写东西。而对金克尔来说，这种束缚倒更觉轻松和惬意，因为从性格和观点来说，他同这些庸人毫无区别。"列伐尔特"（又叫"施塔尔"）关于已故的莫克尔夫人的废话使后者在这里更加名声扫地。

评论：马克思告知没有收到敦克尔已经收到信的回执。接着，他从波拿巴惧怕意大利烧炭党人的报复、极端严重的财政困难、波拿巴挽回声誉的迫切性、俄国方面的推动、普隆－普隆及其党羽的努力等六个方面分析了意大利爆发战争的必然性，同时又从波拿巴的疑虑重和大金融资本家等反对战争两个方面分析了波拿巴对真正严重的战争的惧怕。随后，马克思还分析了匈牙利一方和奥地利一方在战争中可能的表现，以及这场战争会引起革命的后果以及各方面的反革命作用。最后，马克思还谈论了流亡者中的马志尼、科苏特和金克尔，对这些流亡者不抱任何希望。

2月8日 致信恩格斯，指出：我将手稿寄往柏林，到今天已经两星期了；从那时起我给拉萨尔写过两封信，但至今还没有得到收件回执。而我要等到这份"收件回执"来了之后才能寄序言。你了解，当什么事都这样不顺利的时候，人是会失去任何耐心的。我真烦恼得完全病倒了。

附上拉萨尔的信。看后请寄还。

今天我写了评波拿巴的卑鄙演说和抨击性小册子的文章。

评论：马克思谈到等待《政治经济学批判》手稿收件回执的烦恼，以及在写文章。卑鄙演说是指拿破仑第三在1859年2月7日立法议会开幕时发表的御前演说，抨击性小册子指在拿破仑第三的示意下于 1859 年年初在巴黎匿名出版的拉·格隆尼埃尔的《皇帝拿破仑第三和意大利》。

2 月 15 日　致信恩格斯，指出：《自由新闻》的两张剪报（它们是从《纽约先驱报》转载来的，所以尤其重要）将使你了解中国战争和帕麦斯顿先生的政策。

关于弗莱里格拉特。我去他那里，恰巧正是他收到你的信那一天。他把信给我看了。他辩解说，如果说他的诗没有从政治上考虑问题，那是因为他是"诗人"。其次，关于《海尔曼》本身，他在给你的信里只是"开开玩笑"。最后，他作了这些毫无意义的解释之后说，他要写信告诉你，他已经同我把问题完全解决了。不过，你的信使他非常"欣慰"。我对他说，你的信"写得很好"，他自然笑我在这种场合首先注意"形式"。有一点是肯定的，这就是弗莱里格拉特确信，金克尔利用了他，甚至利用了他以后还对他有些横蛮无礼。（例如，弗莱里格拉特感到很不痛快的是，在《海尔曼》的新书广告中间印着一行大字：《哥特弗利德和约翰娜·金克尔文集》，而在这个标题之下印着几个小字：《斐·弗莱里格拉特诗集》；这样一来，斐·弗莱里格拉特诗集似乎成了哥特弗利德和约翰娜文集的附加部分。这使我们的这个蠢材非常恼火。）另一方面，弗莱里格拉特又很感激金克尔，因为，似乎完全出乎意料，金克尔帮助他重新在政治上出头露面，顺便说一下，如果我没有弄错，这一点博得了德国庸人们的喝采，甚至得到了他们的礼物。注意。丹尼尔斯夫人写信给丽娜（答复后者关于金克尔事件所讲的某些笑话）说："我们〈即她和沉静的亨利希〉赞赏并陶醉于弗莱里格拉特的诗"，而这个"更加自信和更加坚强了"的绝顶聪明的亨利希，甚至发觉"阴险的"《科伦日报》删掉了弗莱里格拉特的诗中那些只存在于亨利希的神仙头脑中的"最精彩的诗句"。

评论：马克思给恩格斯附上尤塔的信、埃卡留斯的信、《自由新闻》两张简报，这两张简报包括 1858 年 12 月 22 日《自由新闻》发表的文章《一个俄国人揭露对华战争和条约的目的》，和结束第二次鸦片战争的中英条约。此外，马克思还谈到弗莱里格拉特对自己的辩解，说他为金克尔写作诗作《约翰娜·金克尔安葬之后》没有政治考量，他将未出版的报纸与金克尔出版的小资产阶级庸俗民主主义的周报《海尔曼》相提并论只是开玩笑，而且他被金克尔利用了。但马克思也指出，弗莱里格拉特同时也很感激金克尔，让他重新在政治上抛头露面，由此揭露出弗莱里格拉特的两面派行为。

2 月 21 日　致信恩格斯，指出：明天我要写评工厂视察员报告的文章，同时非常希望收到你的文章，因为我现在正在整理《资本》。

注意。我已写信给德纳，请他给我找一个美国人出版《政治经济学》的英文版。这样，如果事情合算，我就要去曼彻斯特呆几星期，和你一起准备英译本。

评论：马克思谈到尤塔将去曼彻斯特拜访恩格斯，而且尤塔的肝病很严重。他将要写文章评论工厂视察员的半年报告，之后他于 1859 年 2 月 25 日和 3 月 4 日写作了两篇同一标题的文章《不列颠工厂工业的状况》。马克思希望恩格斯为《纽约每日论坛报》写文章，因为他忙着整理自己的《资本》这一章，计划把它作为《政治经济学批判》第二分册出版。同时，他正在联系德纳找出版商在美国出版《政治经济学批判》。

2月25日 致信恩格斯，指出：《波河与莱茵河》是一个很好的主意，应当马上付诸实现。你应当立即动手，因为在这里时间就是一切。今天我已经给拉萨尔写了信，相信这个小犹太布劳恩会把事情办妥。

小册子（有多少印张？请立即答复）应当先匿名出版，这样读者会以为作者是一位著名的将军。在出第二版——这东西如能及时出版，这是不成问题的——时，你可以在六行来字的序言中说出自己的姓名。这将是我们党的一个胜利。我在《序言》中已经向你表示了一些敬意；如果你接着马上亲自出场，那就更好了。

民主派的狗和自由派的无赖将会看到，我们是在可恶的和平时期唯一没有变成糊涂虫的一批人。

你今后将按期收到《论坛报》。直到现在，军事文章一篇都还没有登。你很久以前写的第一篇，德纳先生没有登，但是现在大概要登了。他们对待我也一贯这样。这些蠢驴往往过三个月后才看到我们早已正确地向他们预言了事件，那时他们才登出有关的文章。

评论：马克思赞同恩格斯以《波河与莱茵河》为题写一部著作的打算。恩格斯在1859年3月9日以前写成了这部著作，从战略角度阐述即将发生的法国和皮蒙特对奥地利的战争。恩格斯的这个打算曾在他给马克思的一封信里叙述过，这封信没有找到。马克思认为这部著作第一版应当匿名出版，第二版再亮明身份，这将使民主派和自由派看到党的清醒和睿智。此外，马克思还谈到德纳没有刊登自己和恩格斯的关于军事的文章，没有预见他们对事件的预言。

2月25日 致信恩格斯，指出：由于时间紧迫，今晚又写一封信给你。我心里确信，在我给拉萨尔去信以后，敦克尔会接受小册子。的确，在我的手稿寄到以后，小犹太布劳恩没有给我写过一封信，而且已经过了四个多星期。一方面，他一直忙于出版自己的不朽的"激动人心的"著作之一（不过，小犹太写的东西，甚至他的《赫拉克利特》，虽然写得很拙劣，也比民主派能够吹嘘的一切作品都要高明），然后，他也许要对拙作进行最后的校对。其次，我的货币分析间接给了他当头一棒，打得他显然是晕头转向了。于是，他给《赫拉克利特》写了下面这样一个附注——虽然这个附注极长，我还是逐字逐句转抄给你（但是你也应当把它看完）：

"如果我们在上面说，赫拉克利特在那个残篇中指出了货币的真正的国民经济学的实质和职能〈也就是赫拉克利特所说的："火变万物，万物变火，正如金换物，物换金一样"〉，那末，当然用不着说，我们并不因此把他算为国民经济学家，因而也远不认为，他似乎从这个残篇中得出了什么进一步的结论。但是，虽然这门科学当时根本不存在，也不可能存在，因而也不是赫拉克利特的思维对象，下面的看法无论如何还是对的：正因为赫拉克利特从来不遵循反思的规定，而只是遵循思辨概念，所以他在这个残篇中从货币的实在的深度认识了货币的本质，并且比现代许多经济学家认识得正确。考察一下，在这一领域中的新发现是怎样从上述思想的单纯的结论中自然而然产生的，这也许不是毫无意义的，而且这并不象乍一看来那样与论题无关。〈注意。拉萨尔对这些发现一无所知〉。

如果赫拉克利特把货币看做同一切参加交换的实在的产品相对立的交换手段，并且认为这种职能才是它的真正的存在〈我把拉萨尔本人原来加的着重号加上〉，那就是说，货币本身甚至不是具有独立物质价值的产品，也不象其他商品一样是商品（萨伊学派直到现在还固执地把金属货币看做是商品）〈所谓存在着萨伊学派，这真是美妙的大陆幻想〉，而只是实在的流通着的产品的观念上的代表，是它们的价值符号，这种符号只是把它们表示出来。这部分地是从残篇中得出的结果，部分地是赫拉克利特自己的隐含的思想。

如果全部货币只是全部实在的流通着的产品的观念的统一物，或价值的表现，它只有在同时构成它的对立物的这些产品中才获得它的真正的存在，那末从这种思想的单纯的结论中可以得出结论〈多么美妙的文笔："从单纯的结论中可以得出结论"!〉：一国的价值总和，或财富，只能靠增加实在的产品而增加，决不能靠增加货币而增加，因为货币本身不是财富和价值的任何因素〈现在我们看到的是财富和价值，而在这以前看到的是价值总和，或财富〉，它作为抽象的统一物，始终只是表现包含在产品〈"又是个美妙的地方"〉中并且只包含在它们之中的实在的价值。因此产生贸易差额制度的错误〈这可以和卢格媲美〉。其次，可以得出结论：全部货币在价值上总是同全部流通着的产品相等的，因为只有货币才把它们联合成为观念的价值统一物，从而表现它们的价值；因此现有的货币额的增减决不影响货币总额的价值，而这个价值始终同流通着的产品的总和相等；严格地说，全部货币的价值决不能同全部流通着的产品的份值相比较，因为在进行这种比较时，货币的价值和产品的价值就会被人看成是两种各自独立的价值，而实际上只存在一种价值，它具体地实现在物质的产品中并表现在作为抽象的价值统一物的货币中，或者更正确些说，价值本身无非是从现实的东西里抽象出来的统一物——价值作为价值来说，并不存在于现实的东西里；而货币是价值的特别表现。因此，全部货币的价值不是简单地同全部产品的价值相等，正确些说，全部货币只是〈这个着重号是作者加的〉全部流通着的产品的价值。所以由此得出结论：在铸币数量增加时，由于总额的价值不变，单个铸币的价值总是下降的，而在铸币数量减少时，单个铸币的价值又必定上升。其次，可以得出结论：因为货币同实在的产品和物质相对立，只是价值的不实在的、思维的抽象，所以货币本身不需要含有任何实在性，就是说，不需要由任何有实在价值的物质构成，而作为纸币它可以有同样的功效，而且恰好在这种情况下才最符合货币的概念。所有这些和其他许多只是从李嘉图的研究以来才通过完全不同的途径得出而且还远没有得到公认的结论，可以从赫拉克利特所认识的思辨概念中作为单纯的结论而得出"。

我对这种学究式的智慧自然根本没有注意，但是对李嘉图却由于他的货币理论而给予了严厉的斥责——顺便说一下，这个货币理论的创始人并不是他，而是休谟和孟德斯鸠。于是，拉萨尔感觉到这个地方触动了他本人。其实这里完全不是这么回事，我自己在驳斥蒲鲁东的著作中就采用过李嘉图的理论。但是小犹太布劳恩还在很早以前就给我来过一封极可笑的信，说他"对我的著作很快就要出版感到兴趣，虽然他自己现在正在从事大部头的国民经济学著作"，这部著作他"打算花上两年功夫"。但是如果我"先于他搞出很多新东西，那末他可能要抛弃整个这一工作"。后来我回信说，用不着害怕竞争，因为在这门"新的"科学中足以容纳他和我，再加上一打其他人。他现在从我对货币问题的论述中应当懂得，要么是我对此完全无知，而这样的话，所有以前的货币理论和我都犯了罪，要么他自己是头蠢驴，他竟敢用几句如象"抽象的统一物"等的抽象的话来评论那些还需要经过更长时期的研究才有权评论的经验的事物。因此目前他内心可能对我不很乐意。但是，——这一点我想特别加以强调——首先，拉萨尔的确对"这个事情"很感兴趣，其次，他是地道的"智者埃夫拉伊姆"，他会不惜任何代价同我们站在一起，由于他同杜塞尔多夫人的争吵，他特别有必要这样做。同时他在柏林的逗留已使他确信，象他这样能干的人物对资产阶级政党也无能为力。

因此，无论他要出什么"激动人心的"花样，无论他怎样用最长的注解来惩罚表达思想最简洁的哲学家赫拉克利特，只要巧妙地对付他，这个人是完全可以属于我们的。根据同样的理由，我确信，他在必要的时候会迫使敦克尔接受你的小册子。另外，我把给他的信写得使他可以拿给敦克尔看。这封信实际上是给敦克尔写的，而不是给拉萨尔写的，虽然这一点埃夫拉伊姆（尽管他智慧过人）未必能觉察出来。

因此，我认为敦克尔接受小册子是肯定无疑的，所以当前最重要的是，你要立刻着手写这本小册子，因为这和报纸文章是一样的。不能耽误时间。根据同样的理由，为了能够立即取得效果，我认为你不要超过四五个印张（如果这样的篇幅是必要的话）。所以，在这东西完成以前，我认为你应当完全摆脱给《论坛报》写稿的工作（除非在你的小册子写完以前发生什么战事，而这是不太可能的）。最好你佯称突然患病，不去办事处，以便把这东西一口气写完。

评论：马克思分析了《政治经济学批判》的出版还没有消息的原因，一是由于拉萨尔忙于出版自己的《弗兰茨·冯·济金根》；二是《政治经济学批判》关于货币的分析给了拉萨尔当头一棒，迫使他为《爱非斯的晦涩哲人赫拉克利特的哲学》

写了一个极长的附注。马克思对拉萨尔关于货币和赫拉克利特的观点表示不赞同。此外，马克思认为敦克尔一定会接受恩格斯的《波河与莱茵河》，请恩格斯立即着手写这本小册子。

2月25日　致信斐迪南·拉萨尔，指出：恩格斯打算发表（先用匿名）一本名叫《波河与莱茵河》的小册子。

主要内容：从军事上，即从军事科学上证明，用以论证奥地利人必须占领明乔河一线以保卫德国的一切理由，完全适于论证法国必须以莱茵河为疆界以保卫自己；其次，虽然明乔河一线对奥地利有切身的利害关系，但是对作为统一的大国的德国却没有任何利害关系，意大利在军事上受德国的统治将一直继续到整个瑞士不再是法国的属地的时候为止。小册子主要是针对奥格斯堡《总汇报》的战略家们的，而总的说来，自然是充满了民族精神，反对波拿巴先生。

我可以以我的整个"判断力批判"担保，这本小册子的出版几乎不需要任何费用，因为只有几个印张，在目前出版它简直是出版社的一桩（真正的）投机生意。

恩格斯在参加巴登战役以后，对军事问题进行了专门研究。并且，正如你所知道的，他写的文章非常令人信服。

但是出版商必须为作者保守秘密，直到作者本人揭开这个秘密为止。你可以相信，人们将会怀疑作者是普鲁士的大军事作家。

这是一个当前的急迫问题，只有目前出版这本小册子才有意义。因此必须赶快进行。你认为敦克尔肯干吗？这一定会符合他自己的利益。如果写的是纯科学问题，人们决不可能知道，庸人购买的情况如何，他们会不会买，但是，写的是这种当前的急迫问题，那就可以有几乎是数学般准确的把握。

如果敦克尔肯干，那末恩格斯授权你以他的名义根据你认为必需的条件签订一项合同。如果他不肯干，那你是否有别的出路？我在汉堡认识一个出版商，他可能愿意干。但是，因为这个人始终是《新莱茵报》的私敌，——他曾公开向我的朋友海涅承认过这一点，——所以，他哪怕从我们当中的任何人那里收到一行字，我都会感到非常不快。另外，他对我们的永远不能忘怀的和不可多得的朋友维尔特采取了非常无耻的态度。

评论：马克思向拉萨尔介绍恩格斯打算先匿名发表的小册子《波河与莱茵河》。这本小册子论证了法国必须以莱茵河为疆界保卫自己的理由，反对奥格斯堡《总汇报》的观点和波拿巴的立场。马克思认为这本小册子的出版将为出版社带来利益，希望出版商能为作者的身份保密，同时迫于形势的紧迫能够尽快出版。最后，马克思与拉萨尔商讨了签订出版合同的事宜。

3月3日　致信恩格斯，指出：你从附上的拉萨尔的信中可以看出，我很了解自己的人，并懂得如何对待他们。

现就这信本身谈如下几点意见：

（1）你确实应当听从我的劝告，完全丢开办事处几天。当然，我是向他这样说的：我已经看过你的手稿。早两天或迟两天没有关系，但是如果你只是晚上写作，那你是不能及时写完的。

（2）以你的地位来说，你不能同意菲薄的稿酬，即使只是为了名誉，也应当选择纯利润的半数。

（3）我认为，拉萨尔提出让你把标题（因此，手稿上就不必写标题）、序言（一般说来，我是不主张写的）和目录寄给他本人（柏林波茨坦街131号斐·拉萨尔）是个好主意。因为邮局要拆包裹，而标题是不应当让政府知道的，否则它会获悉全部秘密。

我将从这里象寄我自己的手稿那样（用保险的办法）把手稿寄给柳德米拉·阿辛格小姐转交敦克尔。不过，寄件人我写的是普芬德。

（4）你确实可以在小册子里加上一些民族的和反波拿巴的东西，但要写得小心谨慎、光明磊落。你尽可以使小册子具有这种色彩，因为你的小册子的倾向，比起1848年国民议会（拉多维茨—明乔）来，对马志尼来说实际上是个大胜利。这样，你第一次使德国人可以问心无愧地关心意大利的解放。

哥特弗利德先生在他的最近一号《哥特弗利德》上向典型商人祖泽—济贝特以及写过一本拙劣的美国书目的卑鄙书商特吕布纳大拍马屁。小伙子，你的英勇应受赞美！

评论：马克思就《波河与莱茵河》的写作时间、稿酬、邮寄方式、内容等方面给恩格斯提意见。他希望恩格斯可以加上一些民族的、反波拿巴的内容。信末，他还提到金克尔出版的《海尔曼》周报。这家周报颂扬伦敦的德国祖泽—济贝特大公司出版的《商业消息报》，还吹捧1859年在伦敦出版的特吕布纳的《美国图书索引》。

3月10日　致信恩格斯，指出：小册子已收到。按照一般小册子的印法，大概有四个印张，也许更多一些。我已读了一遍；妙极了；就连政治问题也阐述得非常出色，这是非常不容易的。小册子必将大受欢迎。我只删去了唯一的一句关于罗伊斯－施莱茨的话；不是在谈这个国家"自然疆界"的地方，而是在开头的地方，这句话在这里是不必要的重复，并且只能冲淡印象。

建议删去《军事研究》这个副标题，因为它也只能冲淡印象。

如果你明天写信给拉萨尔先生，请你以自己的名义说一说我自己不便说的话。事情是这样：星期一（3月7日）终于从柏林寄来一些东西。你猜这是什么？是第一印张的校样，可是直到今天还没有寄来第二印张。可见，同敦克尔先生的那封明确的信相反，我的手稿已被搁置了六个星期，而现在，看来一个星期将付排一印张。你的手稿寄到后，可能又将中断，因此还要拖上好几个月。我认为这很糟糕，你可以自己的名义向拉萨尔稍微谈一谈这个情况。莫非这些先生是想把我的著作拖到战争终于爆发，从而肯定使它毁掉，并使敦克尔先生有口实拒绝付排后面的部分？

关于《论坛报》。该报已经六个星期没有登过你我一篇文章。总统竞选活动业已开始。我根据经验认为，不登文章是一种预备措施，为的是以后可以告诉我，他们暂时每星期只需要一篇文章。

我深信战争必定发生。外交插曲之所以需要，一来是由于德国的喧嚷，二来是由于法国资产阶级的叫嚣，最后是由于英国议会，也还可能是为了使俄国在这同时能够从奥地利那里索取种种让步。俄国人已经达到了一个主要目的。当 1846 年奥地利的财政第一次没有赤字的时候，俄国通过克拉科夫事件使奥地利又陷入极可怕的财政困难之中。当奥地利人 1858 年看来在某种程度上整顿了自己的财政并宣布银行恢复现金结算时，波拿巴立即被推上舞台，于是奥地利的财政又陷入和 1848 年同样的境地。英国议会解散，英国政府一个时期不断换班，然后是帕麦斯顿出任外交大臣，这也是俄国为进行战争所必需的几着棋。

评论：马克思赞扬了恩格斯的小册子《波河与莱茵河》，告知恩格斯他对小册子的一点修改，并希望恩格斯写信给拉萨尔询问自己的《政治经济学批判》的出版进度。他分析了当时的国际形势，认为战争必定发生，因为德国、法国、英国和俄国各方面的因素都在导致战争的发生。

3 月 16 日　致信恩格斯，指出：我不知道星期五应当写点什么？你能不能写点东西，哪怕写一篇关于阿姆斯特朗火炮的文章也好。

听说，布鲁诺·鲍威尔先生写了一本支持俄国和法国对抗奥地利和英国的"时事问题"小册子。他现在是曼托伊费尔的同盟者，最近在《时代》上撰文支持曼托伊费尔。

寄上小丑埃德加尔·鲍威尔的这张报纸。这个已经成为伟大的共产主义者和工人代表的人，同他的小报都快完蛋了。第一篇文章《争论》，是直接攻击我的。说什么我应当不声不响地归顺埃德加尔先生并摆脱我的"好鸣不平"和"多疑"的孤立状态。这个小丑成了地道的道德鼓吹家。他不敢触犯《海尔曼》，因为他怕这些家伙揭他的老底。

金克尔的报纸经营得不坏。他自己现在出于谨慎根本不写东西。经费一部分来自一个叫尤赫的博士，另一部分来自葡萄牙籍犹太人卡斯特洛（葡萄牙的一家老银号），他是被伟大的格尔斯滕堡拉进来的。

评论：马克思谈到《政治经济学批判》的排版缓慢；布鲁诺·鲍威尔写了一本支持俄国和法国对抗奥地利和英国的小册子；埃德加尔·鲍威尔写文章《争论》攻击自己；金克尔的周报《海尔曼》的经营情况不错，有两个经费来源等。

3 月 16 日　致信斐迪南·拉萨尔，指出：你的最新著作和所附的来信还没有寄到，而且也不会很快寄到。托书商转寄，这同你经彼得堡、堪察加和北美把书寄给我差不多。

如果还来得及的话，请关照一下，在我最近寄给你的手稿上印上"翻译权归作者所有"。不然，这里的一些德国小丑会糟蹋这本书。

由于某些情况（今天没有机会详谈，在给你写这封信的同时，我还正口授一篇英国通讯稿），我现在手头拮据。你能不能在柏林替我做一次期限为几个星期的期票交易，而后你可以从敦克尔那里拿到稿酬来支付。

昨天一个从巴黎来的人来看我，我很重视这个人的看法。他谈到了战争，说："在巴黎只有一种意见——战争一定要打起来。"他坚持这样的观点，如果波拿巴退让，他就要垮台，甚至军队会倒戈，就象苏路克皇帝遭遇的那样。就连巴黎资产者，尽管他们渴望和平，也开始抱怨说，这个人还不如路易－菲力浦勇敢。

还有一个你不应当忽视的因素：俄国正在对整个这件事情进行煽动，它的同盟者帕麦斯顿（你哪怕看一看《泰晤士报》）施展一切手段迫使波拿巴打仗。况且，这里很快就要更换内阁，那时帕麦斯顿就能够亲自主持这件事情。这里为波埃利奥等人举办的一些活动完全是他搞的。他让他的女婿舍夫茨别利伯爵作为"责任编辑"来领导这些活动。

归根到底，我现在仍然认为，战争可能也会给我们提供某些机会。

评论：马克思告知还没有收到拉萨尔的新作《弗兰茨·冯·济金根》，让拉萨尔在恩格斯的手稿《波河与莱茵河》印上"翻译权归作者所有"，并替自己做一次期票交易以应付手头拮据的处境。最后，马克思谈到俄国在推动意大利对奥战争中扮演的角色，并认为战争可能将有利于革命者。

3 月 28 日　致信斐迪南·拉萨尔，指出：关于经济困难。首先我感谢你的热心。目前我先另找出路，写信给我的母亲，问她是否同意把钱借给我用两个星期。试试看吧。在伦敦这里期票交易只有通过格尔斯滕堡才能进行。但是，他是金克尔的保护人，是一个小器的、傲慢的傻瓜，我不会请求他给予哪怕是纯形式的帮助而使他感到愉快。

关于敦克尔。到这个星期三（后天），手稿在他那里便将近有九个星期了。我只收到三个印张校样。老实说，我觉得他对揽下这件事感到后悔。所以他用这种维茨拉尔官厅的拖拉作风来办这件事。如果继续这样拖下去，这本书就是到复活节也不能出版。对我来说，由此产生了另一个困难。我正在同一个英国人交涉出版第一分册的英文版，这当然要取决于德文版的出版，因为在伦敦一切事情都是开足马力在干，所以这个英国人开始有所怀疑。德国人办事的方式对英国人来说是完全不可理解的。

你将看到，第一篇还不包括主要的一章，即第三章——资本。从政治上考虑，我认为这是适当的，因为真正的战斗正是从第三章开始，我认为一开始就使人感到害怕是不明智的。关于发电讯稿。我接受建议。事情并不象你想的那样简单。得到消息并不困难，但要花很多时间。我将把办事处设在交易所的附近（那里还有几家拍发消息的电报公司的营业处）。但是你的表弟必须告诉我：（1）他希望通过哪一条路线得到电讯稿？有三家公司：一家经过法国转递电讯稿，另一家经过奥斯坦德，第三家经过安特卫普。依我看，只有那些不怕法国检查的东西才应经过法国转递。然而这是最短的路线。（2）他希望得到什么消息？各家报纸对什么是重要消息持有不同看法。（3）他需要几天发一次电讯稿？（4）除了英国的新闻之外，他是否还需要美洲的新闻，简而言之，非欧洲的新闻？他必须明确指明这一切，因为发电讯稿首先需要避免一切多余的东西。（5）最后，我必须知道，《新闻报》认为几点钟收消息比较适宜（至少，在英国各家报纸收消息的时间不同，这是由于出版的时间不同）。当然，发生非常事件时是不能预先规定时间的，但对通常的电讯稿来说这是可能的。由于弗莱里格拉特，我将有一个得到交易所消息的绝好来源。

关于《新闻报》。我也接受这个建议。第一，因为与上一次不同，没有向我提出关于对待个别政治活动家的态度的条件。绝不同意任何条件，这是我的一个绝对的原则。另一方面，每家报纸都可以要求通讯员掌握分寸。第二，因为时期不同了，我认为现在极其重要的是使我们的党在一切可能的地方占领阵地，哪怕暂时只是为了不让别人占领地盘。当然，目前还必须慎重地利用这些阵地，但重要的是，为了决定性的时刻保证自己在各个据点的影响。你说弗里德兰德给我寄来了几号《新闻报》，我没有收到，大概是通讯处弄错了。但是必须立刻给我寄来。需要根据这家报纸本身来确定的，不是应当为维也纳读者写什么，而是怎样写。

关于你给《新闻报》撰稿的问题。我绝对相信，你应当写通讯稿。当然，对你这个普鲁士人来说，现在给奥地利报纸写稿也许"有失体面"。但是，我们原则上应当，按照路德关于上帝的说法，"用坏蛋打坏蛋"，并利用一切机会制造恐慌和促进总崩溃。在目前的混乱出现以前，我自己不会给《新闻报》写东西，也不主张你写。然而发酵的过程已经开始，现在每个人都应当尽力工作。哪里有需要，就应当向哪里投毒。如果我们只限于给基本上同情我们观点的报纸撰稿，那末我们就必定会把各种报刊工作完全搁置起来。难道应当容许所谓的"社会舆论"都充满反革命材料吗？

评论：马克思感谢拉萨尔的热心并表示将另找出路解决经济困难。他谈到敦克尔在出版《政治经济学批判》上的拖延，并说明第一篇不包括"资本章"的政治考量。此外，马克思还谈论发电讯稿、为《新闻报》撰稿和关于《纽约每日论坛报》的相关事宜，认为应当使党占领一切阵地，但也必须慎重地利用这些阵地，保证决定性时刻党在各个据点的影响。

4月1日　致信恩格斯，指出：我写了关于改革法案和内阁的文章。下星期我的文章是：印度财政状况。因此，其余的一切领域对你都是开放的。

可见，帕麦斯顿象在贡比臬（而背后是彼得堡）决定的那样，又将进入内阁，至于担任什么职务，无关紧要。没有他，俄国是不会同意进行战争的。布莱特和罗素现在象在 1852 年和 1855 年一样为他火中取栗。

总的说来，议会的辩论很滑稽。辉格党人和激进派主要是把托利党人当作革命者加以攻击。布莱特和基卜生在这个场合扮演了极可怜的角色（后者甚至不切实际地对选区表示不满）。而另一方面，正在表演一出闹剧：托利党人以资产阶级的名义，辉格党人和资产阶级则以工人阶级的名义，为维护自己的肮脏东西而互相攻击。这表明英国有了很大进步。

评论：马克思附上拉萨尔和德纳的信，德纳在 1859 年 3 月 15 日给马克思的信中通知说，在美国不可能找到《政治经济学批判》英文本的出版人，并且请求马克思给《美国新百科全书》写《筑城》和《步兵》两个条目。信中马克思谈到的他写的关于改革法军和内阁的文章《纽约每日论坛报》编辑部没有登载。同时，他谈到了帕麦斯顿又将进入内阁（指 1858—1859 年在第二届得比内阁期间，由于布莱特和罗素反对，政府垮台，帕麦斯顿再次组阁）。在马克思看来，议会辩论是一场滑稽的闹剧，托利党人和辉格党人为维护自身利益而相互攻击。

4 月 9 日 致信恩格斯，指出：你是否已经看到帕麦斯顿在意大利问题（1848年）上丢丑的消息？

安斯提从香港回来，对帕麦斯顿以报复相威胁。安斯提是他的危险的敌人，至少比乌尔卡尔特危险。

印度的财政混乱应看做是印度起义的实际的结果。看来，印度财政的总崩溃是不可避免的，除非向那些直到现在一直是英国的最可靠的拥护者的阶级征税。但即使这样做，也不能根本解决问题。因为约翰牛现在必须每年在印度支付四百至五百万英镑现金，以保持这架机器的转动，并通过这个美好的迂回途径，使自己的国债重新相应累进地增加。毫无疑问，为了给曼彻斯特棉织品保住印度市场，需要付出极高的代价。根据军事委员会的报告，在印度必须长年保持八万欧洲军队和二十至二十六万土著军队。这需要大约二千万英镑，而全部纯收入总共不过二千五百万英镑。此外，由于起义而增加了五千万英镑长期债务，或者，根据威尔逊的计算，每年增加了三百万英镑固定赤字。其次，国家在铁路方面要保证每年支付二百万英镑，直到铁路筑成为止，而如果将来它的纯收入达不到百分之五，还得长期支付一笔少于二百万英镑的钱。直到今天，印度（一小段已竣工的铁路除外）除了有幸给英国资本家的资本支付百分之五的利息以外，没有从这方面得到任何东西。但是约翰牛欺骗了自己，或者确切些说，受了他的资本家的欺骗。印度只在名义上支付，而约翰牛却在实际上支付。例如斯坦利公债的大部分就只是用于向英国资本家支付甚至还没有动工的铁路的百分之五利息。最后，由于同中国缔结条约，现在每年达四百万英镑的鸦片收入也受到很大的威胁。垄断必定会被打破，不久之后，鸦片的种植在中国本土也将发展起来。鸦片的收入正是由于它是走私品才获得的。据我看来，现在的印度财政浩劫比过去的印度战争更为严重。

评论：马克思简要提及与德纳商谈稿酬的问题、帕麦斯顿在意大利问题上的丢丑以及安斯提与帕麦斯顿之间的冲突。1854—1858 年任香港首席检察官的托马斯·契泽姆·安斯提返回英国，他由于反对香港英国当局的暴虐和贪污，被政府解职。马克思还提到印度的财政混乱是印度起义的实际结果，印度的财政混乱不可避免，而英国为了使曼彻斯特的棉纺织品保住印度市场需要付出极高的代价。

4 月 12 日　致信恩格斯，指出：关于你的小册子，昨天拉萨尔来信说：

"恩格斯的小册子三天前已经出版了。今天我要按印刷品给他寄去两本，我将这样连续寄六天。这是我们所能想得出〈！〉的唯一方法，这样既可这个省去大笔邮费，又可使某些人猜不出小册子的作者是谁。请写信告诉他情况。"

你见过这种愚蠢的举动吗？为了不引起对你的注意，他们将当做印刷品给你"连续寄六天"！

关于这东西本身，拉萨尔写道：

"小册子所发挥的战略认识的尖锐性和严整性确实令人钦佩。"

（"认识的尖锐性"应当看做是笔误。）

顺便说说：《新时代》就要完蛋了。最后甚至把自己文集中的一篇小说拿来点缀这家报纸的埃德加尔先生，因为看来世人根不理会他的天才，于一星期前退出了编辑部。该报在星期六只出了半张，而在这个星期之内就要收场。据传，《海尔曼》也快要寿终正寝了。这些狗拚命抓住机会，恬不知耻地把自己的卑劣面目摆在世人面前，这好得很。金克尔亲手戳穿了这个金克尔骗局。另一方面，小丑深信，在共产主义的文坛中取代我们的地位是非常"容易"的。

评论：马克思对拉萨尔关于恩格斯的《波河与莱茵河》和自己的《政治经济学批判》的出版情况的回复感到不满。他还提到埃德加尔·鲍威尔的《新时代》和金克尔的《海尔曼》两种报纸都将寿终正寝。

4 月 19 日　致信恩格斯，指出：（1）五英镑已收到。十分感谢。

（2）《论坛报》我将在这个星期找齐并寄给你。

（3）今天收到的《论坛报》（4 月 5 日）上载有攻击你的文章，特附上（也许出于匈牙利的某一头蠢驴的手笔），你应当在星期五就予以答复，我手头没有这头蠢驴引用的"本月 14 日"的"答复"。不过你从他自己的重复中可以知道他在"他的简短答复"中所说的一切。

（4）奥格斯堡《总汇报》对你在《论坛报》上发表的那些文章说了些什么？

（5）昨天我在《汉堡记者》上看到敦克尔登的《波河与莱茵河》的广告。

（6）到现在为止，我自己已经收到八个印张校样。看来这东西快印完了，但是敦克尔恐怕又会两个星期左右不寄东西来。

（7）关于拉萨尔，明天我要写信和你详谈。

评论：马克思谈到 1859 年 4 月 5 日《纽约每日论坛报》登载了亚历山大·阿什

博特的一封信，他在信中抨击这个报纸发表的恩格斯的《在即将爆发的战争中双方取胜的可能性》一文。马克思还询问奥格斯堡《总汇报》对恩格斯的文章的评论。此外，马克思还提及恩格斯的《波河与莱茵河》一书的广告和自己的《政治经济学批判》的出版进度。

4月19日 致信斐迪南·拉萨尔，指出：在英国这里，阶级斗争的进展是极其令人高兴的。遗憾的是，在这种时候连一家宪章派的报纸也不再存在了，所以，差不多两年以来，我不得不停止通过写作参与这个运动。

我现在来谈谈《弗兰茨·冯·济金根》。首先，我应当称赞结构和情节，在这方面，它比任何现代德国剧本都高明。其次，如果完全撇开对这个剧本的纯批判的态度，在我读第一遍的时候，它强烈地感动了我，所以，对于比我更容易激动的读者来说，它将在更大的程度上引起这种效果。这是第二个非常重要的方面。

现在来谈谈缺点的一面：第一，——这纯粹是形式问题——既然你用韵文写，你就应该把你的韵律安排得更艺术一些。但是，不管职业诗人将会对这种疏忽感到多大的震惊，而总的说来，我却认为它是一个优点，因为我们的专事模仿的诗人们除了形式上的光泽，就再没有别的什么了。第二，你所构想的冲突不仅是悲剧性的，而且是使1848—1849年的革命政党必然灭亡的悲剧性的冲突。因此我只能完全赞成把这个冲突当作一部现代悲剧的中心点。但是我问自己：你所选择的主题是否适合于表现这种冲突？巴尔塔扎尔的确可以设想，如果济金根不是借骑士纷争的形式举行叛乱，而是打起反对皇权和公开向诸侯开战的旗帜，他就一定会胜利。但是，我们也可以有这种幻想吗？济金根（而胡登多少和他一样）的覆灭并不是由于他的狡诈。他的覆灭是因为他作为骑士和作为垂死阶级的代表起来反对现存制度，或者说得更确切些，反对现存制度的新形式。如果从济金根身上除去那些属于个人和他的特殊的教养，天生的才能等等的东西，那末剩下来的就只是一个葛兹·冯·伯利欣根了。在后面这个可怜的人物身上，以同样的形式表现出了骑士对皇帝和诸侯所作的悲剧性的反抗，因此，歌德选择他作主人公是正确的。在济金根——甚至胡登在某种程度上也是如此，虽然对于他，正象对某个阶级的一切思想家一样，这种说法应当有相当的改变——同诸侯作斗争时（他反对皇帝，只是由于皇帝从骑士的皇帝变成诸侯的皇帝），他实际上只不过是一个唐·吉诃德，虽然是被历史认可了的唐·吉诃德。他以骑士纷争的形式发动叛乱，这只是说，他是按骑士的方式发动叛乱的。如果他以另外的方式发动叛乱，他就必须在一开始发动的时候就直接诉诸城市和农民，就是说，正好要诉诸那些本身的发展就等于否定骑士制度的阶级。

因此，如果你不想把这种冲突简单地化为《葛兹·冯·伯利欣根》中所描写的冲突——而你也没有打算这样做，——那末，济金根和胡登就必然要覆灭，因为他们自以为是革命者（对于葛兹就不能这样说），而且他们完全象1830年的有教养的波兰贵族一样，一方面使自己变成当代思想的传播者，另一方面又在实际上代表着反动阶级的利益。革命中的这些贵族代表——在他们的统一和自由的口号后面一直还隐藏着旧日的帝国和强权的梦想——不应当象在你的剧本中那样占去全部注意力，农民和城市革命分子的代表（特别是农民的代表）倒是应当构成十分重要的积极的背景。这样，你就能够在更高得多的程度上用最朴素的形式把最现代的思想表现出来，可是现在除宗教自由以外，实际上，国民的一致就是你的主要思想。这样，你就得更加莎士比亚化，而我认为，你的最大缺点就是席勒式把个人变成时代精神的单纯的传声筒。你自己不是也有些象你的弗兰茨·冯·济金根一样，犯了把路德式的骑士反对派看得高于闵采尔式的平民反对派这样一种外交错误吗？

其次，我感到遗憾的是，在性格的描写方面看不到什么特出的东西。我是把查理五世、巴尔塔扎尔和理查·冯·特利尔除外。然而还有别的时代比十六世纪有更加突出的性格吗？照我看来，胡登过多地一味表现"兴高采烈"，这是令人厌倦的。他不也是个聪明人、机灵鬼吗？因此你对他不是很不公平吗？

甚至你的济金根——顺便说一句，他也被描写得太抽象了——也是多么苦于不以他的一切个人打算为转移的冲突，这可以从下面一点看出来：他一方面不得不向他的骑士宣传与城市友好等等，另一方面他自己又乐于在城市中施行强权司法。

在细节的方面，有些地方我必须责备你让人物过多地回忆自己，这是由于你对席勒的偏爱造成的。例如，在第121页上，胡登向玛丽亚叙述他的身世时，如果让玛丽亚把从"感觉的全部音阶"等等一直到"它比岁月的负担更沉重"这些话说出来，那就极为自然了。

前面的诗句，从"人们说"到"年纪老迈"，可以摆在后面，但是"一夜之间处女就变成妇人"这种回忆（虽然这指出玛丽亚不是仅仅知道纯粹抽象的恋爱），是完全多余的；无论如何玛丽亚以回忆自己"年老"来开始，是最不能容许的。在她说了她在"一个"钟头内所叙述的一切以后，她可以用关于她年老的一句话把她的情感一般地表现出来。还有，下面的几行中，"我认为这是权利"（即幸福）这句话使我愤慨。为什么把玛丽亚所说的她迄今对于世界持有的天真看法斥为说谎，因而把它变成关于权利的说教呢？也许下次我将更详细地对你说明我的意见。

我认为济金根和查理五世之间的一场是特别成功的，虽然对话有些太象是公堂对质；还有，在特利尔的几场也是成功的。胡登关于剑的格言是非常好的。

评论：马克思提及与弗里德兰德协商撰稿的事情，以及英国阶级斗争的良好进展。接着，他评论了拉萨尔的《弗兰茨·冯·济金根》，一方面称赞了这个剧本的结构、情节和感染力，另一方面也认为剧本在韵律、冲突设计、性格描写、人物塑造、细节等方面存在缺点。马克思认同拉萨尔把1848—1849年革命政党必然灭亡的悲剧性冲突当作这部戏剧的中心点，但认为济金根的覆灭不是由于本身的狡诈，而是由于反对现存制度的新形式。因此，马克思指出，应当把剧本更多的注意力放在农民和城市革命分子的代表身上，而不是革命中的贵族代表身上。这种冲突设计表明拉萨尔像济金根一样把骑士看得比平民反对派重要。最后，马克思提到恩格斯的《波河与莱茵河》有严重的勘误，并附上了一个勘误表。

4 月 22 日　致信恩格斯，指出：我根据最新的消息，对你的文章作了修改。

我相信你没有把时间花费在钻研星期一的议会辩论上（我已被迫这样做了）。辩论的要点如下：

（1）英国在整个谈判期间受了骗。

（2）英国决定站在奥地利一边。

关于第一点。英国的大臣们曾一度宣布，一切都解决了。这是在所有报纸都刊载从罗马撤出军队的消息的时候。从上院的公告中可以看出：教皇确实要求把军队从他的辖区撤走。法国曾经常向英国诉苦，说它在罗马的处境很尴尬。它倒是想撤走，但它受到阻碍，一方面由于教皇的顾虑，另一方面奥地利拒绝同时撤走。这甚至是布斯特拉巴在英国面前为 1 月 1 日同奥地利公使演出的那场戏作辩护的官方借口。妙极了！教皇戳穿了这个借口。奥地利实际上从博洛尼亚撤走了两个营，并下令准备撤出其余部队。那时，波拿巴找到了不撤走的借口，结果一切都被打乱了。这使得比先生极不痛快，波拿巴为了安抚他，同考莱勋爵就"意大利问题"作了开诚布公的谈话，考莱给伦敦发出电报，认为他的要求"是令人满意的"。在这之后，考莱带着为英国所接受的波拿巴的要求去维也纳。（这个考莱就是 1848—1849 年在维也纳策划阴谋反对德国革命的那个恶棍。）这是 2 月底的情形。奥地利本来就是不得已才决定作战的，当时它的军备还远远没有达到 3 月中旬的水平，因而接受了一切条件。当考莱返巴黎途中经过伦敦的时候，据得比本人说，"他"和"内阁"完全确信一切都解决了；由于向议会发表了关于这方面的新的声明而又出了丑。总之，考莱兴高采烈地前去巴黎。他在这里得知，他受了愚弄，布斯特拉巴同意按照俄国的建议召开大会，并且这个会议还要按照俄国的建议只许五个大国出席，因而撒丁被排斥了。得比直截了当地说，只有俄国的干涉（虽然取得法国的同意，但波拿巴当然不能拒绝英国以他的名义向奥地利提出的条件）才是和平解决未能实现的唯一原因。同一天帕麦斯顿在下院说，他不谴责俄国（当然！）。说什么如果英国的调停成功，那末俄国就不能起会议上所必定起的和在欧洲事务上所应该起的作用。得比虽然很不乐意，还是在某些条件下接受了俄国的建议，这些条件中主要的一点是，1815 年维也纳条约有关领土的各项规定原封不动。奥地利本来以为一切都解决了，这时认清，战争已肯定要打，大家只是想愚弄它。因此它对英国的新建议报以无耻的要求，即以撒丁必须裁军作为召开会议的先决条件。于是得比建议波拿巴促使撒丁接受这个屈辱的条件，而由英国和法国用共同的条约来担保它在会议期间不受奥地利的进攻。波拿巴这头蠢驴拒绝了这个建议。如果他接受建议，那末他就可以随意通过他的代理人在奥地利和皮蒙特边界上挑起各种骚乱，这样，英国就会同法国和撒丁缔结军事条约对付奥地利，而帕麦斯顿就会迫使托利党人履行自己的诺言。另一方面，奥地利人对于英国在一定条件下如此轻易地准备订立军事同盟来反对他们，感到吃惊。因此，他们立即表示赞同英国的建议，把撒丁裁军问题变为普遍裁军问题。于是开始就下列问题争吵起来：应当象奥地利要求的那样，在会议召开以前裁军，还是象波拿巴要求的那样，在会议召开以后裁军；其次，是否应当让撒丁出席会议等等。总而言之，一切新的困难都来自波拿巴，因为（1）他在裁军问题上进行诡辩；（2）他和俄国建议不让撒丁出席会议。得比星期一极为气愤，据说，他简直狂叫起来，宣布英国现在还要提出最后一个建议，说他对这种毫无作用的斡旋已经厌倦，如果这个建议遭到失败，他再也不当调停人了等等。

关于第二点。波拿巴会接受这些最后的建议，因为在奥地利在军备方面超过他的情况下，这些建议只对奥地利不利。他肯定会接受这些建议，以使得比没有直接责难他的理由。而奥地利如果不愿丧失一切优势等等，就必须拒绝这些建议。指望得比垮台和帕麦斯顿上台的波拿巴陷于极为不妙的境地，因为得比和迪斯累里在演说中直截了当指出，他们被波拿巴和俄国哄骗得厌烦了，此外，他们直接站在奥地利一边。马姆兹伯里说，他不明白波拿巴用什么借口干涉意大利的纷乱。得比说，英国起初将保持武装中立，然后将反对以"虚伪的借口"挑起战争的那个大国。得比说，英国在亚得利亚海的利益不允许它袖手旁观；据他说，他认为对的里雅斯特的进攻几乎就是宣战的理由。迪斯累里说，奥地利表现了"应有的节制"，而撒丁却是"暧昧、不安，甚至怀有野心"。最后，他们都说，1815 年的条约必须保持，而关于调整意大利领土问题，他们不止一次强调指出，这些条约"旨在制止法国的侵略野心"。

十分肯定的是：由于意外的情况，即得比没有辞职，而是让议会见鬼去，这样就把帕麦斯顿暂时禁锢在家庭生活中，俄法的勾当便面临着严重的抉择。

只有两种可能：或者是奥地利被来自伦敦和柏林的恐吓电报吓住了，撤回居莱给皮蒙特的最后通牒。在这种情况下，不论哪一个上帝也帮不了波拿巴的忙。那时他将不得不实际上裁军，军队将象对待苏路克那样对待他。巴黎的工人本来就对卑鄙地流放布朗基去凯恩感到愤慨。或者是奥地利厌烦了外交把戏，向都灵进军。在这种情况下，由于奥地利必将首先宣战，因此波拿巴先生将获得外交胜利，但是他要为这种外交胜利付出可耻的军事失败作为代价。在这种情况下，我不能担保，他的皇冠和宝座能保持哪怕四个月。

顺便说一下。伟大的帝国的福格特写信通知弗莱里格拉特说，这个帝国帮要在苏黎世（或是伯尔尼，我忘了）出版一种新的报纸。他约请弗莱里格拉特为该报的小品文专栏撰稿，并请求他找深谋远虑的布赫尔当政治问题的通讯员。

帝国的福格特想据以建立新"党"的纲领，如他自己所说，是亚·赫尔岑所欣然接受的，这个纲领的内容是：德国放弃它的非德国的领地。不支持奥地利。法国的专制制度是暂时的，而奥地利的专制制度是不变的。让这两个专制者去厮杀。

（甚至可以觉察到有些倾向于波拿巴。）德国采取武装中立。关于德国的革命运动，正如福格特"根据最好的消息得知"，在我们这一代是不用想了。因此，只要奥地利被波拿巴消灭，在祖国就会自然而然地开始帝国摄政的、温和的、自由主义民族的发展，而福格特也许还会成为普鲁士的宫廷小丑。从福格特的信中可以知道，他以为弗莱里格拉特似乎同我们再也没有联系了。这位帝国的福格特是多么不了解与他有来往的人：布赫尔这个乌尔卡尔特分子是奥地利的支持者。

另一方面，伟大的布林德面临左右为难的窘境，或者他作为德国人反对波拿巴，或者作为$\sqrt{}$罗泰克反对奥地利，他目前正在召开"德国议会"，关于这一点，电报很快就会向曼彻斯特报告。

评论：马克思在这里根据 1859 年 4 月 19 日的《泰晤士报》叙述了 1859 年 4 月 18 日英国议会辩论的两个要点，一是英国在整个谈判期间受骗了，二是英国决定站在奥地利一边。此外，马克思还谈论了福格特及其拥护者打算在苏黎世出版《新瑞士》周报，并建立新"党"的纲领。信末，马克思还提到 1859 年 4 月 16 日《海尔曼》第 15 号发表的卡尔·布林德的《解放者拿破仑》一文。布林德在这篇文章中既反对拿破仑第三，又反对奥地利，并指出，他认为摆脱已经形成的"混乱局面"的唯一办法是联合德国的"一切人民政党的领袖"。

5 月 5 日　致信斐迪南·拉萨尔，指出：你从附上的 4 月 12 日的信（请寄还给我）中可以看到，你的表弟弗里德兰德向我提出的条件和你起初告诉我的条件之间有很大的差别。但是我立刻接受了这些条件并通知了他。我仅仅指出：

（1）我不能支付电讯费，这是不言而喻的，而且在你的信中已经有言在先。

（2）如果取得协议，我希望（但是我不曾把这一点作为必要的条件）象同《论坛报》进行结算那样，寄去的文章等等的稿费，能够凭期票从这里的一个银行家那里取得。

从那时起，我一直没有得到回音，对此我感到十分诧异。如果编辑部改变了主意，那末从礼节来说应当告诉我。你知道，我自己决没有强求过这件事。在我承担了这件事之后，我在英国报纸等等上采取了某些准备措施，我不愿意在这些人以及其他的我从业务上考虑曾告诉过这件事的熟人面前丢脸。如果我这方面还没有寄出一篇文章，那是理所当然的，因为还没达成最后的协议。

遗憾的是，这里进行的选举对托利党人来说，是不够顺利的。在最近的情况下，这里很快会开始革命运动。帕麦斯顿耍了一些花招之后，现在必定会重返外交部，这样一来，俄国又将直接操纵英国的政策。

评论：马克思告知拉萨尔他与弗里德兰德之间就为《新闻报》撰稿一事商讨电讯费、稿费等问题，但一直未收到弗里德兰德的回复。信末，马克思谈到英国正在进行的选举对托利党人不利，而帕麦斯顿在运用了一些花招之后必将重返外交部，这将导致俄国对英国政策的直接操纵。正如事件进一步的发展所表明的，马克思的这一预见得到了证实。英国议会于 1859 年 4 月被解散，经过新的选举以后，以过去的反对派帕麦斯顿为首的政府于 1859 年 6 月上台。

5 月 6 日 致信恩格斯，指出：你的文章收到了。可能你已经从电讯中知道了海斯反对居莱的计划（也许把它称作没有计划更正确些）。从我们的，即从革命的观点来看，最初奥地利或者遭失败，或者再撤回伦巴第（这在士气上是相同的），都不是什么违反愿望的事。事态将因此有很大的发展，同时将为巴黎的事件成熟提供必要的时间。总之，情况是这样：无论哪一方面失算，都必定对我们有利。如果奥地利一开始就击溃皮蒙特军队，占领都灵，在阿尔卑斯山山口打退法军，那末俄国也许立刻就会转过身来反对波拿巴（无论如何俄国还没有在事实上承担反对德国的义务），而我们卑鄙的普鲁士政府就会摆脱已经陷入的而且必将置它于死地的绝境。其次，这种致命的失败一开始就会引起反波拿巴的法国兵变和巴黎革命。以后会怎么样呢？在这个时刻，其结果必定是，神圣同盟会全副武装地胜利镇压巴黎可能成立的革命政府，当然，这不是我们所指望的。拉德茨基本人胸中燃起了 1848 年革命的火焰。但是我认为，从奥地利和法国双方来说，战争目前将以反动的有节制的方式进行。

你应当至少再寄来两本小册子：一本给普芬德，他曾以自己的名义寄发了你的手稿，另一本给弗莱里格拉特。最好也给彼·伊曼特（丹第市丹第师范学校）寄一本。你应当更多地注意党的联系和保持人们的情绪。

顺便说一下。在你的上星期五的文章中，我删去了整个导言。第一，因为我对奥地利人抱有疑虑；第二，因为我们决不能把自己的事情同当前德国各邦政府的事情等同起来。

我认为，可敬的帕麦斯顿不久又会以外交大臣或陆军大臣的身分掌握政权。这些托利党的蠢材实际上为他的活动帮了大忙。这些家伙起初以卑鄙的调停的幌子破坏奥地利人的活动。后来，当法俄条约为人所共知的时候，他们就竭力否认有这个条约，以证明他们没有张惶失措。这给《泰晤士报》提供了讥笑他们的把柄，并使它采取反对俄国的爱国立场。但是问题的实质在于，《泰晤士报》和一切其他的帕麦斯顿报纸（虽然这些报纸按照所分配的角色，对各有关的大国采取赞成或反对的态度）一样，指出必须重新让"真正英国大臣"掌握政权（以一般人民为对象的《晨报》和《每日电讯》公然这么说）。卑鄙的托利党本应当不这样做，而应当"相信"俄法条约并趁此机会攻击帕姆。他们曾经有很好的机会这样做。首先，在制订这整个计划的时候，帕姆在贡比桌。其次，怀特塞德先生以内阁的名义已经告诉愚蠢的约翰牛说（关于这一点，蓝皮书早已透露），奥地利于 1848 年向帕麦斯顿表示，如果他愿意调停，它准备完全放弃伦巴第，并在威尼斯建立以奥地利大公为首的意大利政府。同时皮蒙特和法国也向他这样表示过。帕姆怎么样呢？他拒绝了这一建议，因为必须完全放弃威尼斯（这是借口）。这个答

复是他在沉默了三个星期以后作出的。当拉德茨基取得了胜利的时候，帕麦斯顿
要求奥军执行曾经告诉他的计划。在匈牙利问题上，他也耍了同样的花招（这一
次是关于绝望的匈牙利人已经愿意降服的那些条件）。这个家伙重返内阁是一种真
正的危险。但是，在德国人们开始认清他的面目，汉堡出版的符尔姆教授的书
（东方战争史）和另一个德国人（记不得他的姓名了）写的关于尼古拉的书，干
脆攻击帕姆是俄国的代理人。

　　关于交易的问题。弗里德兰德这头蠢驴4月12日给我来信了，但是把主要的事
情，即指定某一家银行汇钱给我的问题忘掉了。他不谈这个，而谈"垫付"问题。
这是胡扯。每星期的电讯费要花八至十英镑，常常达十五英镑，我已经写信把这一
点告诉了这头蠢驴。至今尚无回信，虽然他经常给我寄来维也纳《新闻报》（我在
该报上看到，它现在有二万六千家订户）。昨天我给拉萨尔写了一封措词严厉的信。
我在《新闻报》上看到，拉萨尔开始十分热心地（虽然没有什么才能）给该报写通
讯稿和发电讯稿。但是，他只是在得到我的书面"允许"之后才接受这个工作的，
因为他（如他来信所说）没有我的同意不愿在政治上冒险。如果整个谈判的结果仅
仅是拉萨尔本人在那里得到了一个职位，这岂不是笑话？但是，这种拖延可能是由
于弗里德兰德在当前动乱的情况下在维也纳解决钱的问题有困难。我已等得不耐烦
了，现在只得做做代数。

　　评论：马克思收到恩格斯论述1859年意大利战争的开端的文章，并从革命的观
点分析了奥地利将军海斯对总司令居莱所制定的计划的反对。马克思认为无论哪一
方失败都将有利于革命，而事态的发展将为巴黎事件的经济社会条件的成熟争取时
间。恩格斯还在《意大利战争。回顾》一文中，论述了关于1859年4月底开始的
法国和皮蒙特反对奥地利的战争的进程，他对奥军总司令居莱所制定并受到海斯将
军严厉批评的作战计划所作的评价同马克思的看法一致。此外，马克思希望恩格斯
至少再寄来两本《波河与莱茵河》，并多注意党的联系和保持人们的情绪，还谈到
对恩格斯的文章《战争的前提》的修改，分析了帕麦斯顿会以外交大臣或陆军大臣
的身份掌握政权及其影响。最后，马克思还谈到与弗里德兰德就为维也纳《新闻
报》撰写通讯稿的协商中在电讯费和稿酬方面遇到的问题。

　　5月16日　致信恩格斯，指出：你从附上的拉萨尔的信（这信我必须立即收
回）中可以看出，维也纳交易的事发展得多快。我当即给弗里德兰德写了信。拉萨
尔自然不知道，我每天都收到《新闻报》（我寄给你一些它的剪报），而我清楚地知
道他在我的信之前就一直在写通讯稿，但是该报已停止登载他从柏林发的电讯稿，
因为它们太冗长；此外，他的通讯稿不仅没有提供任何东西，而且对任何报纸都有
妨碍。可能整个事情不会成功，但也可能维也纳的商业恐慌（只有汉堡的商业恐慌
可以同它相比）迄今阻碍了这些先生们同我最后达成协议。等着瞧吧。

　　下次再多写，而且要写些很可笑的事。今天只告诉你一件事：我们的前发行人

科尔夫因伪造期票而在新奥尔良被判处十二年苦役。

前帝国摄政福格特投靠了拿破仑。

评论：马克思谈到为《新闻报》撰稿的计划遇到了阻碍，这可能与维也纳的商业恐慌有关。在这里，马克思认为1859年5月5日在维也纳以阿恩施坦—埃斯克勒斯大公司的破产开始的商业恐慌与1857年秋天在汉堡发生的商业恐慌类似。信末，马克思还谈到前帝国摄政福格特投靠了拿破仑。这是马克思从德国小资产阶级民主主义者布林德那里得到的消息，福格特从法国政府领取进行波拿巴主义宣传的经费。

5月16日　致信麦克斯·弗里德兰德，指出：我定期收到维也纳《新闻报》，您把它寄来，使我在这个重要的时刻了解到奥地利的情况，尤其令我感激。

几个星期以前我曾寄给您一封信，至今没有回音。如果维也纳金融市场的混乱使已达成的协议难以实现，请您立刻通知我，因为我为了发电讯稿的事已同这里的几家报纸达成了协议，我必须为此花钱，在这种情况下我将立刻废除这个协议。

评论：马克思对弗里德兰德定期寄送《新闻报》表示感谢，同时告知自己关于为《新闻报》撰稿方面的问题一直未得到回复，希望弗里德兰德能够告知具体决定，以免自己为发电讯稿的事花费冤枉钱。

5月18日　致信恩格斯，指出：拉萨尔的信里有几点我要严加驳斥。首先，这个小子谈到他"必须为我做"的事情。但是我并没有要求他做什么事，只是要他（因为整个这件事是他提出来的，而且我一直在《新闻报》上看到他的通讯）给我解释维也纳的令人迷惑的沉默。这是他分内的事情。其次，他装模作样，似乎他是经过一再推辞之后，由于"我的"坚持才给《新闻报》写通讯稿的。但是他在这一封信中的一个地方承认，还在我表示意见以前他已经开始给维也纳写通讯稿了。但他随后把"事情的关系"颠倒了。当他写信告诉我弗里德兰德的建议时，他用两页的篇幅大谈他应不应当给维也纳写通讯稿，并且说这取决于我的决定。首先，不言而喻，如果我认为自己可以给《新闻报》撰稿，那末我就不会认为拉萨尔这样做是不对的。另外，我从他的信里看出，他多么渴望得到我的"同意"。那末现在这样彻底粉饰自己而颠倒因果关系是为了什么呢？拉萨尔关于"倾向"（他来信说，他为此"严厉斥责了"弗里德兰德）所说的话全是无稽之谈。维也纳《新闻报》是在现存的条件下编得巧妙而十分高明的奥地利报纸，它的编辑手法比拉萨尔所能表现的要策略得多。最后，我没有请这个小子教训我，什么对我是"值得"的，什么是不值得的。我认为，他在这方面向我作暗示未免太狂妄了。如果弗里德兰德能够解决钱的问题，那我将坚持自己的决定，决不会由于拉萨尔的通讯稿似乎不合弗里德兰德的口味而作罢。我从最近几号《新闻报》上获悉，它的订户增加到二万七千户。

拉萨尔的小册子是一个莫大的错误。你的"匿名"小册子的出版使他睡不着觉。目前德国革命党的地位的确非常困难，但在对情况进行某种批判性的分析后，它也是清楚的。至于"各邦政府"，那末显而易见，从一切观点来看，即使为德国的生存着想，也应当要求它们不保持中立，而象你所正确地说的那样，要保持爱国的立场。这个问题之所以具有革命的尖锐性，完全是由于对抗俄国将被强调得比对抗布斯特拉巴更要厉害些。拉萨尔本来会这样做以对抗《新普鲁士报》的反法叫嚣。同时，恰好是这一点会在战争过程中实际上使德国各邦政府背叛帝国，那时它们将被人揪住衣领。总之，如果拉萨尔竟然敢于以党的名义讲话，那末他将来或者是必须准备我们公开驳斥他，因为情况十分严重，不能讲客气，或者是必须预先同持有其他观点的人达成协议，抛弃火和逻辑交织的灵感。我们现在必须绝对保持党的纪律，否则将一事无成。

　　思想混乱达到了惊人的地步。首先是从巴黎领取现金的背叛帝国的"帝国摄政"。梅因先生在汉堡的《自由射手》上大肆吹捧福格特的小册子。有一种庸俗民主派（他们当中一些正直的人认为，奥地利的失败，再加上匈牙利和加里西亚等地的革命，会引起德国的革命；可是这些笨蛋忘了，现在德国的革命，即瓦解它的军队，并不对革命者有利，而对俄国和布斯特拉巴有利），对这些人来说，能够同具有波拿巴主义情绪的匈牙利人（全是班迪亚之流）、波兰人（采什科夫斯基先生前几天在普鲁士议院中把尼古拉称为波兰人的"伟大的斯拉夫盟友"）和意大利人一个鼻孔出气，自然是一种欢乐。另一帮希望把爱国主义和民主主义结合起来的人，例如布林德，由于既要求同奥地利一起对布斯特拉巴作战又要求召开帝国议会，而使自己大出其丑（包括老乌朗特在内）。首先，这些蠢驴没有看到缺乏实现这种卑鄙愿望的任何条件。其次，他们毫不考虑实际情况，不知道：在德国唯一具有决定作用的部分——普鲁士，资产者以他们的议会两院自豪，而两院的权力必将随着政府的困难的增加而扩大；这些资产者有充分的理由（正如最近的议院辩论表明）根本不愿在"议会"的幌子下听从巴登人和维尔腾堡人的指使，这正如普鲁士政府不愿在"联邦议会"的幌子下受奥地利的统治一样；这些资产者从 1848 年以来就知道，议会同他们的议会两院并存，会消除两院的权力，而议会本身也要成为纯粹的幻影。实际上，从普鲁士议会两院（它们表决预算，并在某些情况下得到一部分军队和柏林平民的支持）人们可以得到的革命支持，要比从称之为"帝国议会"的辩论俱乐部得到的多得多。巴登人、维尔腾堡人和其他的平庸之徒由于意识到本身的重要性而持有相反的意见，这是可以理解的。在我们自己的党内朋友和其他正直的革命者中间充满着真正的恐怖，他们以为同布斯特拉巴作战就会回到 1813—1815 年的时期。最后，动产信用公司在德国的代表们（《科伦日报》和富尔德—奥本海姆等）自然赞同民主派的顾虑并利用墨守成规和目光短浅的普鲁士王朝的背信弃义（巴塞尔和约等）进行投机。另一方面，民主的和革命的党的一部分人认为必须从爱国主义出发象扬—阿伦特那样表明态度。鉴于这种混乱情况和（据我看来）目前正处在解决德国命运的关头，我认为，我们两人有必要共同发表一个党的宣言。如果维也纳的事情办妥，那你应当为此在圣灵降临节到这里来，否则，我将去曼彻斯特。

这些一般性问题就谈到这里，现在来谈谈伦敦的（德国）各党派的情况，在这里我必须谈谈某些事情，而这些事情在它们还没有完结以前，我认为告诉你是很乏味的。

首先，你记得，正当我同小丑埃·鲍威尔公开决裂的时候，李卜克内西先生却把他引进了所谓的共产主义者协会，而且小丑担任了《新时代》的编辑工作，这个不学无术的笨蛋在报上夸大从谢尔策尔那里拿来的一些共产主义的语句，使我们的党遭到耻笑。我对此事极为不快，这不是由于伦敦的几个大老粗，而是由于民主派那伙人的幸灾乐祸，由于被巧妙地寄到德国和美国去的一些肮脏小报在那里造成了一种错误的印象，由于小丑知道了党的可怜的状况，最后，由于他同这里的国际委员会建立了联系。当小丑在国际委员会里发表演讲和编辑《新时代》的时候，李卜克内西先生始终在该协会里；此外，李卜克内西还胡说八道，说什么他不得不在那些工人（即大老粗）对我极端仇视的情况下为我辩护等等。当《新时代》由于缺乏资金，只出半张（我给你寄过）的时候，李卜克内西担任了为挽救该报而举行的、邀请各个社团参加的会议的主席。结果当然一无所获。在这场戏之后，我召集了一些人（人数不多：普芬德、罗赫纳等以及几个新人，自从我迁出城以后，李卜克内西把他们看作是他旧时的私人俱乐部的人），趁这个机会严词谴责了李卜克内西（这不会使他好受），直到他宣布自己是后悔了的罪人为止。他说，曾经有人试图重新出版《新时代》，但由于他极力干预没有成功。所以，几天以后，当我收到以《人民报》为名的、似乎是《新时代》续刊的刊物的时候，我感到惊讶。但事情被可笑地解释成这样（还可参看附上的信）。

评论：马克思驳斥了拉萨尔的信中的观点，就为《新闻报》撰稿的事情，揭露了拉萨尔的不负责任、颠倒是非、狂妄自大。他评价拉萨尔于1859年5月初在柏林匿名出版的小册子《意大利战争和普鲁士的任务。民主派的主张》是一个"莫大的错误"。拉萨尔在小册子里认为自己持德意志各邦在意大利战争中采取的普鲁士—波拿巴主义的中立立场，但是，实际上，他为拿破仑第三辩护，主张普鲁士必须利用奥地利的失败来统一德国。马克思认为，恩格斯的《波河与莱茵河》一书的出版将使拉萨尔的观点站不住脚，因为从一切观点来看，德国都不应当采取中立立场，因为对抗俄国具有革命的尖锐性。接着，马克思分析了德国极其混乱的思想舆论：投靠了拿破仑的前帝国摄政福格特及其拥护者在思想上制造欧洲舆论，特别是德国舆论，便于拿破仑第三实行他的对外政策的冒险；一些庸俗民主派认为奥地利失败会引起德国革命，却看不到德国革命将有利于俄国和布斯特拉巴；希望把爱国主义和民主主义结合起来的人，既要求同奥地利一起对布斯特拉巴作战，又要求召开帝国议会；民主的和革命的党的一部分认为要从爱国主义出发表明态度。鉴于这种混乱的情况，马克思认为他们应当共同发表一个党的宣言。在分析了德国的一般情况后，马克思又谈论了伦敦的德国各党派的情况，严词谴责了埃德加尔·鲍威尔和李卜克内西的卑鄙勾当，特别是埃德加尔·鲍威尔投靠金克尔的行为。

信中马克思还叙述了《人民报》的创办过程，以及对待《人民报》邀请撰稿的态度。《人民报》是一家周报，从 1859 年 5 月至 8 月在伦敦用德文出版。该报是伦敦的德意志工人共产主义教育协会和伦敦的其他德意志工人协会的机关报。从 7 月初起，马克思实际上是该报的编辑，该报也成了无产阶级革命者的机关报。

5 月 25 日 致信恩格斯，指出：按我日记本上的记录看来，从我把最后三个印张校样（即九至十一印张）寄给敦克尔这条狗到今天，已经整整两个星期了。东西可见已经完成了，这个家伙只剩下把最后三个印张的清样寄来编勘误表，就无事可作了。但是今天我收到的不是这个，你想是什么？竟是拉萨尔的小册子，因为我们家里分文不剩，而一切可以典当的东西差不多都当光了，所以我不得不把最后一件稍微象样的上衣送进当铺，因为必须为这个臭作品支付二先令（它在柏林也许只值八便士）。但我真正想说的是：

现在十分清楚，把我的东西再一次扣压两个星期，是为了给拉萨尔先生腾出地方。我的书充其量还需要三小时的工作。但是这个该死的沽名钓誉的笨蛋故意加以扣压，以使读者的注意力不致分散。敦克尔这个恶棍喜出望外，认为有了新的借口来拖延向我支付稿酬。小犹太的这一着我是不会忘记的。急于付印他的脏玩意儿表明，他对拖延付排我们的东西要负主要的责任。同时这个畜生非常醉心于他那费尽心血的作品，自以为我简直迫不及待地想看到他的"匿名作品"，而且相当"客观"地把扼杀我的书看做是合乎常理的事。

鲁普斯如果认为李卜克内西这个傻瓜能够亲笔写出象《帝国摄政》这样的东西，那是完全看错了。这是比斯康普写的（我给他提供了事实），而且什么东西都要由比斯康普来写。李卜克内西只是写了署名为《π》的《政治评论。——伦敦》，而且就连这个也不全是他自己写的。李卜克内西在写作方面不中用，正象他自己不牢靠和性格软弱一样，关于这方面，我还要更详细地告诉你。如果不是迫于某些情况，还要暂时利用他当稻草人，本星期就应当把这个家伙一脚踢开。

评论：马克思再一次气愤地谈到敦克尔拖延出版他的《政治经济学批判》第一分册，还给他寄来拉萨尔的小册子《意大利战争和普鲁士的任务》，导致他为了支付这个小册子的费用典当了最后一件像样的上衣。他指出 1859 年 5 月 14 日《人民报》第 2 号发表的抨击福格特文章《帝国摄政》的作者是比斯康普，而不是李卜克内西。最后，马克思还提到不能在下星期前往曼彻斯特的原因。

5 月 27 日 致信恩格斯，指出：你的军事文章应写得更生动一些，因为你是给普通报纸写的，而不是给学术性的军事报纸写的。根据《泰晤士报》的通讯等等，稍微多写些叙述性的和具有特色的东西，是容易做到的。这一点我不能作补充，因为这样会造成文风上的不协调。否则德纳会任意在我们的文章里添一些极其无聊的东西。

今天我寄给你两号（最新的）《新闻报》，让你看看这个报纸你能否加以利用。

自从整个印刷所由于李卜克内西先生长期不在（这头蠢驴总是从事各种活动）——正如比斯康普告诉我的——而搞得乱七八糟之后，昨晚七点钟他来了，并带来了给《人民报》写的六行短文。我对这个畜生明确指出，你的小册子中的哪些东西还必须转载。他不愿这样做，却想根据这小册子写一篇社论，而他自然写不出来。这是毕尔格尔斯的复活，不过比毕尔格尔斯糟糕得多，因为毕尔格尔斯至少还可以在社团里被用来进攻。

我看，加里波第是被故意派到他必遭复没的阵地上去的。

科苏特和克拉普卡都已经"承认""康斯坦丁"为匈牙利的俄罗斯国王，而马志尼（在意大利的爱国主义问题上，大概是比拉萨尔先生更大的权威）和科苏特不同，表现得很不坏。我在竭力设法弄到他的最近出版的最后一期《思想和行动》。请把你的《波河与莱茵河》寄给我一本，送马志尼。我将写几句题辞，或者最好由你自己写。

评论：马克思认为恩格斯写给普通报纸的军事文章要不同于学术性的军事文章，应当多写生动的、叙述性的、具有特色的内容。他谈到《人民报》由于李卜克内西长期不在而很混乱，且不采纳马克思的意见转载恩格斯的《波河与莱茵河》。他还提到科苏特、克拉普卡、马志尼关于扶植俄国大公康斯坦丁的不同看法。此外，马克思还提到1859年5月16日出版的《思想和行动》最后一期刊载了马志尼的宣言《战争》，后来马克思在《纽约每日论坛报》上发表了它的译文并加上了按语。

5月28日　致信恩格斯，指出：顺便提一下，现在我从比斯康普（他是从小丑本人那里听来的）那里知道，布鲁诺·鲍威尔确实接受过俄国的钱。他从俄国大使冯·布德堡那里拿到三百弗里德里希斯多尔。小丑是同谋者。布鲁诺已经断绝了这种关系，因为布德堡对他不够"尊重"，让他在前室等候。他来英国的目的是，兄弟俩，——高贵的兄弟俩——试图同英国政府进行交易。当然，他们碰了一鼻子灰。你对此有什么看法？

评论：马克思询问恩格斯如何答复德纳的来信。他提到布鲁诺·鲍威尔接受过俄国大使冯·布德堡的钱，而布鲁诺·鲍威尔和埃德加尔·鲍威尔还试图同英国政府进行交易，但碰壁了。

6月1日　致信恩格斯，指出：附上《新闻报》一份，其中有些东西也许是你感到兴趣的。弗里德兰德这家伙当然不会回信。现在我对情况是这样想的：拉萨尔自然不仅以自己的名义，而且以我的名义在"倾向"问题上把弗里德兰德训斥了一顿。弗里德兰德认为，我同晦涩哲人赫拉克利特是一条心。所以他当然想不到，我在目前情况下会给维也纳报纸撰稿。维也纳的《新闻报》上每天都在隐蔽地进行反对柏林这个自作聪明的无耻之徒的论战。例如，5 月 29 日的社论说：

"但是人们要求这样一些思辨家拿出民族气节来：这些人把拿破仑第三看做历史的惩治铁腕，而且在他的所谓解放各族人民的天才中满意地发现了他们自己的分辨范畴的理性是笨拙、迂腐和无能的。"

拉萨尔坚决请求我不要再给他的表弟写信，这表明，这个家伙也盗用我的名义进行撞骗。结果这个畜生使我夏季的如意打算落了个空。此外，我最好能在维也纳《新闻报》里插一手，以防万一。

如果你再要写关于加里波第的文章，那末无论他的命运如何，你尽管嘲笑只有"伯父的侄子"才可能碰到的那种变化：这个志愿军的领导人与他并列为英雄。你想一想老拿破仑时代的某些情况吧！但是，《泰晤士报》的巴黎通讯员今天写道，波拿巴分子对加里波第的"荣誉"满腹牢骚，"一些经过挑选的警探"打入了他的部队，把他的情况作了详细报告。加里波第完全按照马志尼的指示行事，在他的宣言里没有提到波拿巴。一般说来，马志尼最近的东西并不象我想象的那样好。以前我只是粗略地看了看摘要。他对社会主义抱有宿怨。我们不能同他直接打交道。但是可以有效地利用他作为对抗科苏特等人的权威。附带说一句，从他的最近一期杂志（我将于本星期末把它寄给你）中，你会重新认识卡尔·布林德先生的重要性。

又及：布林德退出了《海尔曼》，但是，他如果指望加入《人民报》，那就错了。尽管这个小报力量薄弱，但是使得这里所有的流亡者（包括科苏特—波拿巴为了在伦敦制造德国的"舆论"而收买的陶森瑠及其同伙）暴跳如雷和惊慌不安。

评论：马克思谈到与弗里德兰德协商为维也纳《新闻报》撰稿的事情仍无下文，他认为拉萨尔盗用他的名义进行撞骗使得撰稿计划落了空。此外，马克思为恩格斯撰写加里波第的文章提供了建议，并讨论了加里波第与波拿巴主义的关系，指出加里波第完全按照马志尼而不是波拿巴的指示行事，而马志尼对社会主义抱有宿怨，不能同他直接打交道，但可以利用他来对抗科苏特等人。在附言部分，马克思还谈到布林德的动向，不认为他在退出《海尔曼》后能加入《人民报》，因为后者是让所有流亡者惊惶不安的报纸。

6 月 10 日　致信恩格斯，指出：今天收到两份手稿。一份非常出色，就是你的关于筑城的文章，但同时我的确感到内疚，因为我占去了你本来就很少的时间。另外一份荒唐可笑，即拉萨尔向我和你所作的关于他的《济金根》的答辩。写得密密麻麻的纸一大叠。在这样的季节，在这样具有世界历史意义的事件面前，一个人不仅自己有工夫来写这种东西，而且还想叫我们花费时间来看它，实在不可理解。

关于《人民报》。如果你们的书商真的供应这个小报（我对这一点表示怀疑），那末你和鲁普斯对在明天出版的一号上发表关于我们和其他人"打算"撰稿的消息将会感到惊奇。促使我采取这一步骤的外交理由，以后面谈。

敦克尔：我什么也没有收到，不论钱还是书。请把后一点告诉鲁普斯，不然他本来可以收到一册了。

关于施拉姆。这个大人物在柏林失败了。因此，他妻子的亲属会议做出了决定：他必须在克雷弗尔德的商业界找个小差事。后来，这个"倒霉鬼"给柏林的大臣们写了一封长信说，他认为同可恨的大臣曼托伊费尔斗争到底是他的政治义务；但现在他已经履行了这一义务，他要求脱离国籍，因为普鲁士配不上他的身分。达到目的以后，他就同其他一伙人来到伦敦。现在他将象威胁霍亨索伦王朝内阁那样在英国"入籍"。这是普鲁士自从耶拿会战以来遭到的最沉重的打击。

关于拉萨尔。对于他的大作（同时他顺便谈到"匿名作品"，说他是"以党的名义"写的），我（今天）给他去信作了答复，该信约为此信的三分之一。关于他的小册子，我只指出："决不是我们的观点。在这里谈它是多余的，因为我们将在刊物上公开发表意见"。

评论：马克思称赞恩格斯的文章《筑城》，嘲讽拉萨尔为《弗兰茨·冯·济金根》辩护写了一大叠纸，在具有世界历史意义的事件面前做一些没有意义的事情。他谈到 1859 年 6 月 11 日《人民报》第 6 号发表的《人民报》编辑部的声明，声明指出，卡·马克思、弗·恩格斯、斐·弗莱里格拉特、威·沃尔弗、亨·海泽参加该报的撰稿工作。马克思认为恩格斯对这个消息也会感到惊奇。此外，马克思还提及敦克尔未寄来《政治经济学批判》第一分册的成书和稿费；施拉姆在柏林失败了；答复拉萨尔，声明拉萨尔的小册子《意大利战争和普鲁士的任务》不代表他们的观点，不代表党的立场。

6 月 10 日　致信斐迪南·拉萨尔，指出：现在只谈如下几件事：

关于《济金根》：只要有时间，我就会读它并随后作一答复。

关于小册子：绝不是我的观点，也不是在英国的我的党内朋友的观点。不过，我们可能在报刊上发表我们的观点。

关于敦克尔：我已经写信给他说，如果信对他有所冒犯，很对不起。这样拖延毕竟是前所未闻的。最近一个印张的校样我在五个星期以前就收到了。你不能要求我在订立了合同以后同出版商保持这样的关系并容许他这样对待我，好象他出版书是对我的"恩赐"。目前他已经给我的好处，就是使我在一段时间内丧失了英国出版商。

关于福格特（帝国的福格特）：我们手里有证据证明，这个人从波拿巴那里领取津贴不仅为了自己，而且为了收买德国人进行法俄宣传。不过，到目前为止他只是在政治上的否定的大人物——哥特弗利德·金克尔方面取得了成功。

关于蒲鲁东：据说，他已经疯了，被送进了布鲁塞尔的疯人院。

评论：马克思告知拉萨尔自己回信迟的原因。他谈到将在有时间的时候答复拉萨尔 1859 年 5 月 27 日给自己和恩格斯的信，拉萨尔在信中表示不同意他们对他的剧本《弗兰茨·冯·济金根》的批评。马克思表明小册子不是他和在英国的党内朋友的观点，但有可能会在报刊上发表观点。他谈到与敦克尔关于出版《政治经济学批判》的沟通和自己的态度。他还谈到自己有证据证明福格特从法国政府领取进行波拿巴主义宣传的经费并企图收买一些政论家支持拿破仑第三。最后，他提到关于蒲鲁东被送进布鲁塞尔疯人院的听闻。

7 月 14 日 致信恩格斯，指出：你对我长久的沉默，一定会感到惊奇，但是说来原因很简单。头一个星期，为了多少整顿一下《人民报》，我发疯似地四处奔跑，而这一个星期是忙于私事。

事情就是这样。当我回到这里的时候，《人民报》的情况如下：金克尔已经被我们最近的一些辛辣文章击溃了。（我从那时起继续搞《报刊述评》。这一号上的这一部分将由我一人来编，除非发生什么新的事件使比斯康普有机会塞进一些笑话。）但同时《人民报》完全处于瓦解状态，能否继续出版已经成为问题。当我不在的时候，借了六英镑多的债，因为"代理人"、印刷所老板、上帝和魔鬼都知道，我一回来，这种胡闹就将终止。比斯康普情绪非常低沉。《科伦日报》把他解雇了（由于竞争者的告密）；他不愿意领施佩克的情，于是在"公园"里过了几夜。最后，"一些真正的民主主义者，也是社会主义者，然而是温和的社会主义者和一切私人政治的敌人"（布林德？）来到印刷所老板那里，他们想掌握《人民报》并给以必要的津贴。这就是我来到伦敦时的一般情况。我首先给了比斯康普三英镑，同时劝他在埃德蒙顿担任学校教师的职务；因为他不住校，不必监督学生，只教四小时课，所以他将来还是能够象以往一样给报纸撰稿。否则，困苦和动荡的生活很快就会使他解除武装。他 8 月 1 日到那里去。这样，他离伦敦实际上并不比我远。另一方面，他本人将不在这里，我感到高兴，因为，我想，我无论如何必须更多地亲自插手小报的工作。我只替报纸（还债）付了一英镑五先令，并迫使加尔特、施佩克和几个大老粗凑了三英镑十五先令，偿还了欠霍林格尔的一部分债款。此外，我偿还了李卜克内西先生十六先令，这笔钱是我不在时他付给霍林格尔的。这样一来，还在着手"日常的"工作以前就已花了五英镑一先令。剩下的这笔钱，又付给卡斯滕斯十五先令，付发行部的房租五先令，付邮资四先令，付霍林格尔先生两个半先令作为第九号的订金。你看，没有开始工作，就已把钱用光了。但是完全有希望：只要我们再维持几个星期，《海尔曼》就会垮台，并给我们完全让出地盘。此外，报纸有了新的发行部，就不会赔钱了。我坚信，虽然今后一个时期我们还不得不使报纸处于这样低的水平，但是到一定的时候我们将给它指出一个重大的方向。如果《海尔曼》垮台，我们就能把希尔什菲尔德的印刷所拿过来。（价格比较便宜，允许较多的赊欠，而且工作效率高。）但是现在来自曼彻斯特的某些津贴是绝对必需的。

拿破仑和约完全出乎我的预料。昨天在伦敦的一帮法国革命者全都欣喜若狂，路易·勃朗疯狂地四处奔跑，而意大利人则咬牙切齿。甚至马志尼，虽然他在战争结束前的六星期曾预言过战争的结局，后来也幻想，波拿巴至少将把奥地利人赶出意大利。我看了一个在巴黎和巴杜亚公爵夫人姘居的爱尔兰人写的信（私人信）。这个家伙写道，条约的秘密条款是：两个土耳其省给奥地利；普鲁士的莱茵省同比利时联合成为一个"天主教"国家，或者更正确些说，建立这个"新的帝国"，是为以后自己吞掉这块肥肉制造借口。

受到拉萨尔等人支持的普鲁士的自作聪明的卑鄙行径，使德国（和普鲁士）陷入困境，除了激烈的革命以外，没有其他拯救的办法。

评论：1859 年 6 月下半月，马克思住在曼彻斯特恩格斯处，他们讨论了有关出版《人民报》的一些问题。马克思大约在 7 月 2 日回到伦敦，直到 7 月 14 日才给恩格斯写信。所以，信的一开头，马克思就说明长时间没给恩格斯写信的原因，一是为整顿《人民报》四处奔走，二是处理私事。接着，马克思谈到法国和皮蒙特反对奥地利的战争的结束，这场战争的结局出乎马克思的意料，它使得德国和普鲁士陷入困境，只能寄望于革命作为拯救的办法。信末，马克思让恩格斯注意随信寄去的报纸上的消息，是 1859 年 7 月 13 日乌尔卡尔特的报纸《自由新闻》第 7 号发表的 1837 年草拟的《关于俄国的报告书，呈当今皇上》，这个报告书中拟定了俄国对外政策的基本方针。

7 月 18 日　致信恩格斯，指出：因为最近几号《人民报》内容十分贫乏，所以我想在这个星期写点关于俄国的东西。但是我非常希望能同时登载你的文章。能否写点关于这次战役的军事总结，或者以别的什么方式嘲笑一下这整个事件？但是稿子最好能在星期四以前寄到这里。如果小报星期五不能出版，就会对收入发生很大的影响，而由于经理人员全班人马突然更换，收入本来就已经大大下降；顺便说说，还必须赶走谢尔策尔。小丑埃德加尔·鲍威尔（拿破仑的崇拜者）大肆恫吓，说要在下一号《海尔曼》上攻击我们……我们瞧着吧……你在什么地方看到过关于我的书出版的广告吗？

评论：为了丰富《人民报》的内容，马克思准备写关于俄国的文章，希望恩格斯写一写关于意大利战争的军事总结。应马克思的请求，恩格斯给《人民报》写了一组文章，标题是《意大利战争。回顾》。

7 月 19 日　致信恩格斯，指出：关于和约的文章，我本来很愿意写，因为我只要把我在星期五和今天给《论坛报》写的文章的内容叙述一下就行了。还有一个理由是——愤怒出诗人——我的文章写得好。但由于比斯康普已开始写这个文章，而且已经声明他将发表他的文章的第二部分，由于他事实上或者至少名义上领导一切，所以在礼节上不允许这样插手。可是只要他一到埃德蒙顿去，那时既然他远在别处，社论在这样的关键性时刻就可以从他手里拿过来而不致伤害他的自尊心，因为这对他说来完全是自尊心的问题。

然而我们两人所能够做的，是从两边给他以支持，以便把下一号搞得内容更充实。借评论乌尔卡尔特的文件的机会，我将简单地论述一下俄国在这个悲喜剧中所扮演的角色，同时也把波拿巴收拾一顿。你也应该借写军事总结方面的文章的机会（顺便打击一下普鲁士）狠狠抨击波拿巴等等。依我看，在精神方面特别重要的是，不让那种相信波拿巴伟大的心理在德国人中间滋长起来。至于奥地利，既定的路线——把一切归咎于国父——就够了。

关于文件。它是在摄政危机期间，当曼托伊费尔突然被解职的时候落到"普鲁士亲王"手里的。从乌尔卡尔特派那些蠢驴手里不可能弄到更多的东西。个别的地方被窜改了，因为他们没有搞到文件的全文。正是一切俄国的，甚至"秘密的"文件都具有的那种文笔，证明这一切都是真实的——通过这些文件，人们互相交换某种传统的约定好的谎言。连波茨措－迪－博尔哥也是这种笔法。只有在不直接在俄国政府供职的俄国代理人偶然发表的文件中，例如在泰耳斯（荷兰人）和帕特库尔的回忆录和书信（1796 年在柏林出版）中，才能弄清俄国的阴谋诡计的真相。

《公文集》。我要给你（也给自己）弄到在巴黎出版的文件全集。《公文集》只能刊载其中帕麦斯顿所允许的东西。

《人民报》。送报人的报酬已减到每份半个便士。开支大的原因是：必须维持比斯康普本人的生活；当我不在的期间，由于全体工作人员不和，经营搞得一塌糊涂；最后，我回来以后，全部工作人员都换了。到这个周末，我将开出一张总账单。按迄今为止的情况看来，这需要花很大的工夫。这个星期内还得征到能收四五英镑的广告，以便向霍林格尔偿还第九号和第十号的债务。

比斯康普想写一篇关于我的《政治经济学批判》的短评等等。我劝阻了，因为他对此一窍不通。可是既然他（在《人民报》上）已经许愿要谈一谈这部著作，所以我请你（如果不在本星期，就在下星期）替他写一写。简短地谈一下方法问题和内容上的新东西。你同时可以借此给这里的通讯员定一个基调并反击拉萨尔要扼杀我的计划。

评论：马克思谈到他还没有给《人民报》写关于法奥双方签署初步和约的文章的原因。虽然他可以利用给《纽约每日论坛报》写作的文章《媾和》和《维拉弗兰卡条约》，但碍于比斯康普已经为《人民报》写了社论《维拉弗兰卡和约》，只有合适的机会才能就此为《人民报》撰写社论。马克思还告诉恩格斯，他打算写一组文章评论乌尔卡尔特的文件，并论述俄国在这个悲喜剧中扮演的角色和抨击波拿巴，后来由于《人民报》停刊，文章没有写完。此外，马克思还谈到《人民报》的开支情况，并邀请恩格斯为《人民报》写一篇关于《政治经济学批判》的短评，简要谈论该书方法问题和内容上的新东西，并以此反击拉萨尔扼杀这一著作的计划。

7 月 22 日　致信恩格斯，指出：三英镑收到了。马上就付给了霍林格尔二英镑，列斯纳十五先令。外埠的订户正在增加（现在已有六十家），但他们的钱要在季度末才能收到，暂时每星期还要支付邮资。我现在确信：（1）大约有七英镑的债务，在我去曼彻斯特之前，没有告诉过我；（2）广告（收入约二十先令，而不是五英镑）和伦敦的订户——纯粹是谢尔策尔先生的欺骗，我把他赶走了。如果正确经营（现在这种经营刚开始，几个星期后才能看出结果），只靠广告就可以维持这家小报。因为马上需要更多的钱，请你写信给德朗克。如果你告诉这个矮子，目前报纸仅靠党的捐助维持，所以我们要求所有党员作出牺牲，那末，他如果愿意，可能会把这封信刊印出来。我确信，再过六个星期，事情就有保证了。现在当加格恩之流，一句话，1848 年那一帮人重新登上舞台的时候，谈不到放弃报纸的问题。提姆请求我们在报纸上指明他是曼彻斯特的发行人。本星期我不能实现自己的打算，因为天气炎热，患了一种类似霍乱的疾病。从早到晚呕吐。今天又能写作了；依据弗兰茨－约瑟夫的宣言和波拿巴的宣言，给《论坛报》写了一篇东西，指出你的军事文章的论点如何绝妙地被证实了。这家报纸十分惶恐，有一个时候竟把你的一切文章压下不登。布林德曾趁我不在时施展阴谋，想把《人民报》攫取过去。我给他写了一封最不客气的信，后来还同他谈过话。但是在这以后，暂时还不能向这个人要钱。庸人弗莱里格拉特直到现在连一次都没有付过报费，尽管已经催过他两次。他不付钱，却在尤赫博士面前耸耸肩膀，表示《人民报》的调子"不足取"，虽然在我们跟前他对《人民报》表示赞赏。迟早我们要对这些耍手腕的家伙进行报复的。

你忘了告诉我，你是否同意写一篇关于我的书的短评。在这里，这些家伙兴高采烈。他们满以为这部著作失败了，因为他们不知道，敦克尔直到现在一次也没有登过关于这部著作的广告。如果你要写的话，别忘记说：（1）蒲鲁东主义被连根铲除了，（2）通过最简单的形式、即商品形式，阐明了资产阶级生产的特殊社会的，而决不是绝对的性质。李卜克内西先生对比斯康普说，"从来没有一本书使他这样失望过"；而比斯康普自己也对我说，他不明白"有什么用处"。鲁普斯回来了吗？

在你的关于战争的第二篇文章里，你自然不会忘记指出波拿巴获胜后追击不力和他的可怜的呻吟；他终于达到这样的地步，欧洲已不再象过去那样由于害怕革命而允许他在一定的范围内扮演老拿破仑的角色了。同时追述一下 1796—1797 年的战争是很重要的。当时法国没有条件用一切手段从从容容地准备"局部战争"，不得不在财政十分混乱的情况下既在莱茵河彼岸又在明乔河和艾契河彼岸作战。波拿巴确实抱怨，他再也不能"靠名声而得到成功"了。

评论：马克思告诉恩格斯相关款项的分配情况，以及为了维持《人民报》运行需要采取的行动。他谈到为《纽约每日论坛报》写的文章《被证实了的真理》，证实了恩格斯的军事文章《历史的公断》中的论点。马克思再次询问恩格斯是否同意为《政治经济学批判》写一篇短评，以反击李卜克内西等对这本书的轻视和贬低。马克思还谈到恩格斯的文章《意大利战争。——二》，并就文章的内容提出了一些建议。

8 月 8 日 致信恩格斯，指出：上星期一（每逢星期一结账，因此是在一个星期以前），全部亏空总共约两英镑。（第十三号今天才算账，当然没有包括在内，至于第十四号就更不用说了，这笔费用要一星期后才支付。各号总是在出版以后的周末算账。）可见情况是好的。但是今天必须支付一笔新的开支。此外，通常还需要一英镑（十五先令给列斯纳，五先令给报纸的营业所）。我自己的境况很窘迫，现在一文钱也拿不出来，而且这整个事情占去的时间比应当花的时间还多。至于庸人弗莱里格拉特，他认为，只要在我们和《海尔曼》之间保持"中立"，就足以表现出自己忠实于"信念"。

赖德律和路易·勃朗已经联合起来，出版《共和联盟》。它将于下月在印《人民报》的同一个印刷所里开始出版，它会给《人民报》带来好处，因为霍林格尔那时将用机器印刷，而不再象以前那样，用手工印刷。同时，《人民报》的继续出版现在特别重要。

评论：马克思告知恩格斯《人民报》的亏损情况和开支情况，希望恩格斯为《人民报》的继续出版筹集一些运行经费。他认为赖德律和路易·勃朗联合出版《共和联盟》，将为《人民报》的出版带来好处，因为这将使印刷采用机器而不是手工。

8 月 13 日　致信恩格斯，指出：附上的便条，我是在星期四下午收到的。我急忙赶到城里。向加尔特借了四英镑（必须归还），才把事情解决了。星期一我要写信给博尔夏特。我认为，让报纸现在垮台是荒谬的，理由如下：（1）这样会使快要完蛋的《哥特弗利德》能够维持下去；（2）普鲁士国王一死，德国就会发生急剧的变化，那时我们必须有报纸；（3）订户正在增加（虽然在金钱方面暂时只会带来损失，因为每周要花费更多邮资，而报费要到季度末才能收到）。《人民报》在美国已经有很大的影响。例如我的书的序言在《人民报》发表后，从新英格兰到加利福尼亚的许多德文报纸都转载了，并加上种种按语。

总之，我们私下里说说，如果每次不是由于新的盗窃行为而出现新的亏空，那我们是能够改善我们的金钱情况的。而这些盗窃全是老的经理人员干的。我把所有出过丑的人，从谢尔策尔起，都赶跑了。留下这种渣滓反正毫无用处，即使这些恶棍到今天还老老实实，他们也会由于招摇撞骗而被撵走。上星期我终于撵走了最后一个，即朗格先生。创办完全新的报纸，比象比斯康普和李卜克内西那样把一个腐败透顶的东西接着办下去（虽然只是名义上）要容易得多。

你的亲戚济贝耳（虽然我对他的诗作并不很欣赏）能不能为《人民报》写些短诗？但是不要伤感的。为了嘲弄弗莱里格拉特，我们无论如何应该找一个诗人，哪怕我们必须自己替他写诗。

评论：马克思分析了必须维持《人民报》的出版的理由：第一，促使金克尔出版的周报《海尔曼》垮台；第二，应对普鲁士国王弗里德里希－威廉四世去世后急剧变化的德国形势；第三，订户在增加；第四，《人民报》在美国已经有很大影响。

为了解决盗窃行为导致《人民报》出现亏空，马克思还赶走了一些经理人员。此外，马克思还请恩格斯向济贝耳约稿，写些短诗讽刺弗莱里格拉特。

8月26日　致信恩格斯，指出：《人民报》垮台了。你在上周末寄来二英镑，可是我早就给霍林格尔付了这笔钱了，因为不然的话，上星期五（一星期以前）那一号就出不来。所以我把这二英镑付给了自己。此外，我欠加尔特四英镑（为报纸欠的），还欠列斯纳大约二英镑，总共六英镑。其次，在霍林格尔那里积下了亏空，当然，这和我们并没有十分直接的关系。但也不能再增加了。只有订户的钱到手之后，才能结清。法文报因为大赦的缘故不出版了。

博尔夏特这个吹牛家来信说，在曼彻斯特搞不出什么名堂。首先是由于和约，其次是由于大赦。而主要的是因为《人民报》是谩骂的报纸，而对这一点他自己也反驳不了（这个庸人简直是一头蠢驴！）。换句话说，《人民报》对施泰因塔耳之流和其他败类来说不够温柔。相反，我同时收到的鲁普斯的信则非常称赞《人民报》。但全部问题在于：随着报纸的改进，亏损增加了，而读者减少了。此外，比斯康普这头蠢驴受各方面影响，似乎由于自己在报纸里的作用越来越小而感到不快。

归根到底（因为报纸虽然在大老粗中间销路不好，但是在伦敦的德国上层外交人士中间却很畅销），由于李卜克内西的无能和比斯康普的懦弱，越来越需要我亲自从事编辑工作。由于这里距离较远，这件事本来就已占去我过多的时间，而我个人的事情又这样令人失望，使我不能不去操心。

德朗克这个坏蛋，连一个订户也没有征求到。至于你的表弟济贝耳，你可以从附件中看到，他是贝塔任编辑时的《海尔曼》的一位诗人。

评论：马克思告诉恩格斯《人民报》无法维持运行，并分析了具体原因。包括经济困难，亏损增加了，读者减少，以及报纸编辑不得力等原因。

9月5日　致信恩格斯，指出：你能不能在星期五以前寄给我一点关于中国的军事方面的东西？今天（上星期五因为有人对我作很讨厌的访问而报销了）我写完了关于意大利和匈牙利的文章。纯粹的政治材料已经用完，在议会开幕以前不会有新的东西了。

评论：马克思请恩格斯写一些关于中国军事方面的文章，并告知自己写完了文章《科苏特和路易－拿破仑》。

9月17日　致信威廉·李卜克内西，指出：你转来的布林德9月8日的信，如果不是其中有些地方使我必须从我这方面采取进一步的措施来确定犯罪构成，我早就奉还了。

布林德在信中硬说，他与"这件事"（即当众揭露福格特一事）没有"任何关系"。另外，他硬说，他"私下谈话中"（可见，他只是"私下"谈到福格特）所说的"意见……被完全错误地理解了"。这个所谓错误理解的指责是对我而言的。我"完全错误地"理解了布林德"在私下谈话中"所说的"意见"，因而"完全错误地"把它告诉了你和比斯康普。这里不是有意识的、蓄意的歪曲，而是这样的歪曲，它或者是由于布林德天生低能，不能清楚表达自己的思想而引起的，或者是因为我的理解力差和我天生喜欢曲解所造成。

对此，我指出下面几点：

（1）福格特成了波拿巴收买德国国内的自由主义者和国外的革命者的工具。其次，福格特曾经表示要给在德国的某个自由主义作家三万古尔登，以引诱他参加波拿巴主义的宣传。这两个消息是布林德在 5 月 9 日乌尔卡尔特组织的第一次群众大会那一天以最认真的口吻告诉我的。他曾经把这两个消息告诉过弗莱里格拉特。他告诉过其他人。他曾经当着你的面，当着霍林格尔的面，当着我的面，在我们同他一起谈话的那一天重复了，或者更正确地说，再次确认了这两个消息。可见，在这两点上谈不上理解错误或正确的问题。它们被承认了。它们能够得到证人的证实。这是事实，因为我们认为布林德的讲话是事实。

（2）至于布林德的"理解"，除了作为波拿巴的行贿代理人的福格特的名字和三万古尔登一事之外，它包括在 5 月 27 日伦敦《自由新闻》上的一篇文章里，文章标题是：《康斯坦丁大公——匈牙利未来的国王》。布林德是这篇文章的作者，他在文章中说，"他〈日罗姆·拿破仑亲王〉曾经同一位议员谈过这个题目"，他"知道一位瑞士议员的名字"，而且甚至知道普隆－普隆对这个瑞士议员讲了什么；他布林德还知道"……企图为俄国—拿破仑计划争取一些被驱逐出境的德国民主主义者以及在德国国内的有威望的自由主义者"；他还知道"大量金钱用来收买他们"，最后他说，他"很高兴"，"这种提议遭到了愤怒的拒绝"。这个"理解"被刊印出来了，可见，不只是"在私下谈话中说的"。由此可以看出，布林德不仅与"这件事"有"关系"，而且是作为首倡者"参与了"这件事。

（3）把一、布林德讲的，后来又被他证实的事实，和二、布林德刊印出来的（这在法律上可以得到证明）"理解"，合而为一，结果将是什么东西呢？就是匿名传单《警告》，不过删去了一些无足轻重的话。因此，布林德是不是这份传单的作者完全无关紧要。他是构成这份传单的那些成分的发行负责人。

至于说奥格斯堡《总汇报》，我同它之间过去始终存在、直到今天还存在某种程度的敌对关系。但是，在 10 月 28 日将在奥格斯堡公开进行的诉讼中，问题并不牵涉到奥格斯堡《总汇报》和福格特之间的争吵，而是牵涉到对前德意志帝国摄政福格特和法国皇帝路易·波拿巴之间的关系做出法律判决。因此，在我看来，在这种情况下，对每一个德国革命者来说，即使他不属于"祖国之友协会"，这并不是"与他完全格格不入的一家报纸的事情"，而是他切身事情。但这是口味问题。

评论：这封信主要是围绕布林德否认曾告诉马克思，福格特从法国政府领取进行波拿巴主义宣传的经费并企图收买一些政论家支持拿破仑第三这件事情展开。信的一开头，马克思告诉李卜克内西自己一直未归还布林德 9 月 8 日的信的原因，接着回应了布林德在信中撇清自己与这件事的关系，认为是马克思误解了他的意思的观点。马克思在这封信中证实这个消息是布林德传播的。同时，马克思还谈到布林德否认自己是传单《警告》的作者一事，指出这也是不可改变的事实。最后，马克思提到自己与奥格斯堡《总汇报》始终存在的敌对关系。

10 月 2 日　致信斐迪南·拉萨尔，指出：至于我不写信，那末简略说来有下述原因：

第一，你的两封信我都是在它们寄出好几个星期之后，即在我从苏格兰回到伦敦之后才收到的，——我为了一件事取道曼彻斯特去苏格兰作了一次旅行。在这段时间里，事情一桩紧接着一桩发生，可以说使我们的争论的迫切性减弱了。因为争论在实质上不是，而且在我们之间也不可能是关于民族的问题，——争论的是关于德国革命者对本国政府和外国应当实行的最合理的政策。但是，若不是由于新的情况耽搁下来，即使晚了，我也要给你复信的。你在一封信中要求关于福格特的证据。这些证据都在卡尔·布林德手里。这个"正直的民主主义者"很喜欢在暗地里装腔作势地表示义愤，挑起争端，但是，不管你如何要求，他都不肯公开露面。因此，我跟他决裂了（他甚至否认他是在伦敦匿名印发，并经奥格斯堡的报纸转载的反对福格特的传单《警告》的作者。但是，我在这方面弄到了驳斥他（布林德）的书面证据，必须"在适当的时机和适当的场合"来谈谈它们。）这一切成了我继续不写信的新的原因。因为"坏事之可诅咒，还在于它必然继续产生坏事"，所以不写信本身就成了打破这种状况的障碍。另外，——请你不要认为这是辩词，——还有许多日常生活上的烦恼事，这些事到现在还远没有平息，它们的确使我没有任何心情写信。关于不写信的原因，我能够说的就是这些。我不写信没有任何恶意，虽然从外表上看来似乎不是这样。

至于敦克尔，我回到伦敦后看到他的一封信，在这之后，我认为我不可能再直接同这个人交涉出版续篇的问题，另一方面，因为好久没有给你写信，我不能突然为了我的私事开始通信。因此，我没有采取任何行动，暗自盘算，如果到了一定的日期收不到敦克尔的任何东西，那我就只好另找出版者。

看过你以前的一封信，老实说，我认为敦克尔已答应出版两个分册，即整个第一篇（《资本一般》）。但是，另一方面，第一分册的篇幅要比原定计划预计的大得多，而且我也根本不愿意使他成为"被迫的出版者"。无论如何，最好至少前两个分册由同一个出版者出版，因为这两个分册是一个整体。

我现在应当全部重新加以修改，因为第二分册的手稿是一年以前写的。但是目前情况不允许我在这上面花许多时间，所以我不相信我在 12 月底以前能够完成。而这是最后的期限。

我正在进行第一分册英文版的准备工作，这个工作也同样被日常的风暴所打断。我在英国至少可以指望得到比在德国好一些的待遇，据我所知，在德国到目前为止没有任何人提到这部著作。但是，我想至少把这第一篇完全献给德国读者。如果德国读者仍旧对这部著作毫不关心，那末后面的各部分我打算直接用英文写，不再对德国的蠢材们抱任何希望。

评论：马克思告知拉萨尔自己不写信的原因，包括去苏格兰旅行、与福格特决裂以及日常生活的烦心事。此外，马克思谈到不再同敦克尔交涉出版《政治经济学批判》第二分册的事情，同时在进行《政治经济学批判》第一分册英文版的准备工作。

10 月 5 日 致信恩格斯，指出：这里现在很混乱（施佩克破了产，人也不见了；而出纳员加尔特现在在布莱顿），而《人民报》过去一直就很混乱，在这种情况下不可能得到关于列斯纳以前时期外埠订户的精确账目。比斯康普肯定说，除了最初的几号之外，给提姆一直是寄十二份。

霍林格尔为了《人民报》的十二英镑几先令欠款，包括没有出版的最后一号的付排费，对我提出诉讼。这个恶棍突然要把我变成报纸的"所有者"，虽然这整个废物之所以以亏空告终（我不愿说是毁灭，因为同这里的庸人是搞不出什么名堂来的），正是因为我不是所有者，不论花了多少时间，也一直未能把这个烂摊子整顿好。同样，我从来没有向这个家伙作过任何法律上的保证。我认为账目是不确实的，因为这个家伙，除了其他的进款不算，单是由于最后一号的前三号（他的账目上只有后两号）就从我手里收到七英镑（给列斯纳的十五先令没有经他的手，是我直接付的）。但是我决不参加关于这个问题的任何辩论，因为那样一来我就会立刻承认他有权对我提出诉讼。这个恶棍将发誓并逼迫他的一个排字工人发誓，说我曾经向他作过保证。（即使是这样，他也应当先对比斯康普提出诉讼。）我将找比斯康普等人当反证人。我手中如果有钱，就立刻付钱，以避免任何的公开审理，不过不是付给霍林格尔本人，而是要收买一个叫利斯耳的人——霍林格尔的房东和印刷所的所有者，让他向霍林格尔要债。霍林格尔欠这个人六十英镑，直到现在一文钱也没有还。

最后，我来谈谈两个"大人物"的情况。

关于鲁·施拉姆。这个可怜的畜生不久前在奥斯坦德，并且从那里给《海尔曼》发了一篇通讯。我没有看到这篇废物，是弗莱里格拉特告诉我的。鲁·施拉姆在这篇通讯中报道说，细听一下德国人在海滨的谈话，就足以明了他们堕落到何等地步。例如，他说，他听到两位女士操着道地的乌培河谷方言闲谈，而其中的一位称另一位为"恩格斯太太"。这就是这个小人的报复！但是，这个畜生得到了惩罚，他在不久前（据弗莱里格拉特证明）损失了二千英镑。因为这个蠢货作起了"宝石生意"。这也使他在伦敦办自己的德文报纸（本来应当在这个月出版）的计划流产了。我已经通过比斯康普把这些事实——报纸不出版、宝石生意、赔钱——交给《威塞尔报》发表，作为对他的幼稚的恶作剧的答复；使得这个家伙大伤脑筋。

　　关于卡·布林德。对于这位"国家活动家"，我必须多讲几句。

　　我从曼彻斯特回到伦敦后，大约过了两星期，比斯康普告诉我，布林德通过霍林格尔向他提出，要他（即《人民报》）同布林德及其同伙联合起来，但是我和所有的共产主义分子都必须走开。由合理的社会主义取而代之。正象你知道的，当时除了几篇打趣的短文之外，我在《人民报》上什么也没有写。但是我马上给布林德写了一个不是信，而是大约十行字的便条，在那里除了说别的以外，还称他为"国家活动家"和"重要人物"，并谈到他的忠实的"菲德利奥"（即霍林格尔）。第二天，李卜克内西来了，对我说，布林德和霍林格尔坐在拐角一家酒馆里。前者在等我。我和李卜克内西一起到那里去了。布林德发誓说，没有这么一回事。恶棍霍林格尔也是这样。所以我不得不相信。但是，这次会晤提供了顺便谈到布林德的其他欺诈行为的机会。其中谈到了福格特。布林德发誓说（这点他过去也对弗莱里格拉特谈过，只是没有发誓），起草和散发匿名传单《警告》的不是他。我说，这使我感到惊讶，因为它的内容完全是他在 5 月 9 日乌尔卡尔特召开的群众大会上对我亲口讲的东西。我提醒他，他当时曾保证说，他手头有证据，他知道福格特要奉送三万或四万古尔登的那个人的名字，但"可惜"他不能告诉我等等。布林德这时已经不敢否认这一点，相反地，当着李卜克内西和霍林格尔的面，明白无误地一再确认了这一点。

　　好吧！几个星期以前，奥格斯堡《总汇报》给李卜克内西写来一封信，因为李卜克内西给该报寄去了《警告》。李卜克内西来找我。我让他去找布林德，而我将到"布林德拐角的酒馆"等着"国家活动家"。布林德已经到疗养地去了，我想是圣莱昂纳兹。李卜克内西给他写了信；一次，两次。终于接到"国家活动家"的回信。他以最冷漠的和"最外交的"措辞表示遗憾说，"我"白白地跑了路去找他。他说，李卜克内西必须明白，他（布林德）不想干预对他"完全陌生的报纸"的事务和对他完全陌生的事务。至于李卜克内西对"私下谈话"中所谈的"意见"的暗示，那"完全"是出于误解。"国家活动家"以为这么一来就万事大吉了。

　　于是，我带着李卜克内西去找科勒特。我记得 5 月 27 日《自由新闻》（《康斯坦丁大公……》，第五十三页）上有一段话，我当时就认为它是出自布林德的手笔，它同布林德对李卜克内西、霍林格尔和我亲口确认的事情在一起，就构成匿名传单的整个内容，另外，这还证明，布林德不只是在"私下谈话"中顺便涉及到对他"完全陌生的事务"。这样，我才去找科勒特，他立即说布林德是作者。他还保存着布林德的一封信，布林德在信中附了自己的名片，但要求别说出名字。这就是罪证。

　　评论：马克思告诉恩格斯《人民报》混乱的账目情况，以及自己被霍林格尔误当作《人民报》的所有者提出诉讼的遭遇和被生活琐事缠身无法继续写作《政治经济学批判》一书的境遇。马克思还揭露小资产阶级流亡者中两个"大人物"施拉姆和布林德的卑鄙行径。施拉姆在《海尔曼》发表的一篇通讯中诽谤和贬低马克思和恩格斯。布林德由于不愿意公开反对福格特,否认自己是反对福格特的匿名传单《警告》的作者,宣称马克思才是传单的作者。在信中,马克思还提到自己找到了指证布林德的罪证。

10 月 8 日 致信贝尔塔兰·瑟美列,指出:来信收到,从来信可以看出,您似乎以为到现在为止没有针对科苏特做什么事。这完全是错误的。

(1)星期四(9 月 29 日)我寄给您一份 9 月 28 日的伦敦《自由新闻》,那上面登有一篇报道,标题是:《科苏特和路易-拿破仑之间的交易的详情》。这一号《自由新闻》在出版的当天就送到了伦敦报纸的编辑部。《泰晤士报》只是在从《自由新闻》那里弄清楚了科苏特和《泰晤士报》的下流作者一样是可收买的家伙以后,才发表自己的文章来为科苏特辩护。

为了防止寄给您的那一号《自由新闻》万一被法国邮局扣压,我把上述那篇文章随信附上。

(2)英格兰、苏格兰和爱尔兰的地方报纸都转载了《自由新闻》的报道。我的朋友们在奥格斯堡《总汇报》和不来梅《威塞尔报》上刊登了逐字逐句的译文。另一篇德译文似乎发表在柏林《国民报》上。

(3)今天在收到您的来信的同时,也收到 9 月 24 日的《纽约论坛报》。该报在显著地位以《科苏特和路易-拿破仑》为题刊登了我的详细文章,占两栏半篇幅。因为《论坛报》向来对科苏特抱有好感,普尔斯基是该报的伦敦通讯员,所以这篇文章的发表是一个真正的胜利,尤其是,这篇文章点了普尔斯基的名字并嘲笑了他在《纽约论坛报》上发表的文章中一些为科苏特辩护的地方。有一百多家用英文出版的美国小报从《论坛报》那里接受"口令",因此将转载这篇文章。而从纽约到旧金山的美国德文报刊一定已经把它译成了条顿语言。

此外,不应当忘记,纽约是在美国的匈牙利侨民的中心。

如果您弄不到 9 月 24 日的《论坛报》,我将把这篇文章寄给您,但有一个条件:您必须归还,因为我再没有第二份了,如果普尔斯基答复的话,我可能还要用它。

(4)《泰晤士报》社论提到的科苏特给麦克亚当的信,成了伦敦各家报纸的大笑柄,以致科苏特迫使麦克亚当在该报上声明说,这是一封不是为了发表而写的私人信件。附上伦敦《每日电讯》的社论,作为科苏特的信被如何评论的一个实例。

(5)如果您能告诉我关于科苏特在匈牙利的宣言和阴谋的任何详情细节,那正是时候,并且一定会见报。

(6)我的书商无法弄到您要的那几号《泰晤士报》。要在出版几天之后弄到几号伦敦的日报通常是很难的。

(7)《自由新闻》上的文章提到佩尔采尔是根据他本人的公开声明。为了使科苏特的追随者们在消息来源方面晕头转向,我认为这样提是适当的。

（8）从附上的便条中您可以看到，英国商人经过考虑之后拒绝做酒的生意。而我说过的那个德国人回大陆了。这样一来，我认为不可能在英国办妥这件事。

评论：马克思认为瑟美列仍未针对科苏特采取行动是错误的，接着谈到伦敦《自由新闻》《泰晤士报》、奥格斯堡《总汇报》、不来梅《威塞尔报》、柏林《国民报》《纽约每日论坛报》等刊载了揭露科苏特和路易-拿破仑交易的文章。

10 月 10 日　致信恩格斯，指出：附上我在《论坛报》上发表的关于科苏特的文章。把它给鲁普斯也看一看。然后寄还给我。有一件大丑事将发生，因为普尔斯基是《论坛报》的伦敦通讯员。所引用的关于"同情奥地利"，"反拿破仑狂"等语是从《论坛报》发表的普尔斯基的一封信中摘出的，他在这封信中竭力为科苏特及其党羽辩护。《论坛报》在这种情况下，不顾它一般对科苏特的偏爱，竟然刊登了这篇文章，我的确感到惊异；诚然，我在随文章附去的德文便条上给德纳打了气。

科勒特寄给科苏特五份最新的《自由新闻》。奥格斯堡《总汇报》转载了这个东西。《威塞尔报》也转载了。

昨天科勒特到我这里来了。"国家活动家"布林德曾经去找他，非常抱怨他（科勒特）向我泄露了编辑部的秘密。说什么他（科勒特）应当找我，不让我今后再惹事生非。他说，奥格斯堡《总汇报》是"俄国的（！）喉舌"。因此，他（布林德）不想帮助它。科勒特对我说："我一看就知道他是一个诡计多端的家伙。""国家活动家"布林德这个高尚的人没有答复李卜克内西，而他打算通过科勒特来麻痹我。蠢货！同时，他还想从科勒特那里打听出是谁在《自由新闻》上写关于科苏特的文章。

评论：马克思感谢恩格斯的经济援助和写作文章《步兵》。他对 1859 年 8 月 23 日《纽约每日论坛报》刊载了一篇为科苏特和路易-拿破仑做交易辩护的文章感到惊异。这篇文章没有署名，只是注明"本报通讯员"。马克思在《科苏特和路易-拿破仑》一文中提到的那些"伙同科苏特，侵吞波拿巴那笔钱的"人物中有该报这位伦敦通讯员的名字。马克思在信中还提到 1859 年 9 月 28 日《自由新闻》第 10 号刊载的自己的短评《科苏特和路易-拿破仑之间的交易的详情》。1859 年 10 月 3 日奥格斯堡《总汇报》第 276 号附刊转载了这篇短评。信末，马克思还揭露了布林德的诡计多端，妄图通过科勒特麻痹自己。

10 月 26 日　致信恩格斯，指出：敦克尔明确表示同意出版第二分册。拉萨尔把他的"意大利"策略说成是一个十分成功的东西，并迫使我作出解释，同时表示一种小小的希望，即我也许已放弃了"我的"观点。

弗莱里格拉特"作为德国诗人"，不能不参加这里的金克尔或席勒纪念活动（它会有极坏的结局），虽然我警告过他，说他只会成为哥特弗利德的装饰品。

在《人民报》的事情上，我避免了郡的法庭的诉讼，办法是牺牲了大约五英镑，另一方面，让霍林格尔在收据上承认比斯康普是所有者，这样他（比斯康普）

要负责偿还余下的债款，但是由于他没有任何财产，他也就没有任何责任。在目前的情况下必须采取这个极不愉快的步骤，因为金克尔一伙人正是期待用这件事来制造一场公开的丑事，而且团结在该报周围的全体人员也不适宜于在法庭上出现。

应《奥格斯堡报》的请求（包括在两封苦苦央求的信中），我把有关布林德的文件寄给了它。这个家伙罪有应得，尤其是因为他跑到科勒特那里，（1）打算利用他来搞阴谋，（2）告诉科勒特说李卜克内西"属于共产党"，并且为了最后置他于死地，（3）把奥格斯堡《总汇报》说成是"俄国的"喉舌。

评论：马克思告知恩格斯敦克尔同意出版《政治经济学批判》第二分册；拉萨尔在1859年10月写给自己的信中，再一次竭力为他自己在1859年意大利战争时期的策略问题上的错误路线辩护；弗莱里格拉特表示自己不得不参加1859年10月10日席勒诞生一百周年纪念活动，马克思认为以追求自我宣扬目的的哥特弗利德·金克尔为首的小资产阶级流亡者组成的委员会，把在伦敦的纪念活动的筹备工作都抓在自己的手里。弗莱里格拉特只会成为装饰品。马克思还谈到自己避免了由于《人民报》的欠债被霍林格尔起诉的事情，为此他牺牲了五英镑。此外，马克思提及自己应《总汇报》请求将有关布林德的文件寄了过去。由于福格特对奥格斯堡《总汇报》提出诉讼，马克思于1859年10月19日给该报编辑部寄去排字工人奥·费格勒1859年9月17日写的书面声明。这个声明指出，传单《警告》是在霍林格尔的印刷所排版的，手稿是布林德的笔迹，霍林格尔说布林德是这个传单的作者。这里提到的奥格斯堡《总汇报》的两封信见抨击性著作《福格特先生》附录《10.奥尔格斯先生的信》。

11月3日　致信恩格斯，指出：列斯纳没有寄去《人民报》的那些人的名单。他只知道他定期寄给提姆的份数（十二份）。

比斯康普断言，他在提姆那里订购书籍不是由他出钱，而是由当时雇他当家庭教师的那个牧师出钱。他说，提姆从来没有向他提起这件事。他将写信和他谈谈这件事，并且还要谈谈潘策尔的占有欲。几天前比斯康普在《威塞尔报》找到了工作，月薪五十塔勒。

我的工作进展很慢。过多的家庭琐事和乱七八糟的东西拖我的后腿。这里的"伟大的"席勒纪念活动，你自然已有所闻。弗莱里格拉特和金克尔，或正确地说，金克尔和弗莱里格拉特将成为英雄。因为这里的事情全是金克尔一伙人策划的，甚至关于成立委员会的邀请信也是哥特弗利德的心腹可怜的贝塔写的，所以几个星期以前我在给弗莱里格拉特的信中希望他不要参加金克尔的吹嘘活动。这个肥胖的庸人给我写了一封十分含糊其词的回信。他在信中说：

"即使金克尔抢去庆祝会演说这个布理丝，阿基里斯也没有理由赌气返回自己的营幕。"

可见，金克尔是亚加米农，弗莱里格拉特是阿基里斯！此外，据他说，纪念活动"还"具有"另外的意义"（什么意义，马上就可以见分晓）。最后，他说，他应邀为波士顿（美国）写了一首纪念席勒的诗。

后来我从《海尔曼》上看到，弗莱里格拉特是以委员会委员的身分进行活动，所说的是他为纪念席勒而写的一首赞美诗（鲍尔作曲）；原来，这个庸人对我隐瞒了某些事情。后来我又接到他的第二封信，他在信中说，看来还是我正确，但是，他的参加在一定程度上打乱了哥特弗利德的计划。

最近见面时，这个家伙非常激动地向我讲述了这件事的全部经过。金克尔的代理人贝塔和尤赫从美国方面得知弗莱里格拉特给波士顿写了纪念席勒的诗。哥特弗利德不仅打算把演说，而且还打算把纪念赞美诗由自己包下来。不过，因为他明白，不能同样的东西来两回，弗莱里格拉特参加而不让他，或更确切地说，不十分期望他写诗（虽然指望他拒绝这种表示），那是没有道理的，所以贝塔和尤赫以金克尔委员会的名义请弗莱里格拉特参加委员会并写赞美诗。弗莱里格拉特对他们说，他已经给波士顿写了一首赞美诗，但是他说得很不肯定，并且答应给予委员会以协助。委员会把这当成纯粹的形式，再也没有重提这个请求。而弗莱里格拉特却满腔热情地（叫他为《人民报》哪怕写上三行都办不到的那些困难，全都不见了！）干起来了，写了赞美诗（采用了席勒的《酒神颂》的韵律；他念给我听过——华而不实，很不入耳），跑去找鲍尔，请求为它谱曲，并且通过自己的朋友、席勒纪念活动的参加者催促金克尔及其同伙再一次请他。然后他把这篇肮脏东西寄去并告诉他们，"由于搞错了日期"，它已经大功告成，不仅写好，而且谱成了曲子，而他在信的末尾还把自己比作"仆人"，这个"仆人"没有得到"主人"（金克尔先生、贝塔先生、尤赫先生及其同伙）吩咐，就侍候在旁了！（这一切都是庸人自己对我说的。）

他同哥特弗利德的"紧张关系"并没有就此告终。弗莱里格拉特到委员会去，受到金克尔的冷遇。原来，弗莱里格拉特——据他说，"完全偶然地"——在自己的赞美诗里写了一段话，当朗诵到这里时"一定"要给席勒的半身像揭幕。而哥特弗利德也"偶然地"把自己的说教的精彩地方安排在"揭幕的时刻"。争执了相当长的时间，庸人弗莱里格拉特始终一言不发地坐着，却让他的朋友（形形色色的败类）讲话，后来终于决定，由弗莱里格拉特"揭幕"；于是，哥特弗利德唉声叹气说，他只好始终对着"被覆盖着的雕像"进行说教。这时，弗莱里格拉特的一个同伴站起来说，如果金克尔在赞美诗之后发表演说，这问题就解决了。哥特弗利德对此表示坚决反对，并怒气冲冲地叫喊说："他在这件事上已经作了许多牺牲，但是这一点绝对做不到。"所有的人都沉默不语。所以说教将最先进行。

关于布林德。这个无耻的家伙不久前曾到过霍林格尔那里。因为奥格斯堡《总汇报》写信告诉他，如果他继续保持沉默，就要毫不留情地当众揭露他。该报通知说，它掌握了不利于他的文件。布林德指责霍林格尔向我们出卖了他。霍林格尔以充分的理由指出，没有这回事，并反过来问他为什么总是不肯承认。他回答说，原稿固然是他的笔迹，但作者却是他的一个朋友。实际情况是：布林德既是执笔者，又是作者，而主要的揭露材料是从戈克那里得到的。蠢材戈克现在"可说是"福格特的朋友，并且应当是这样，因为法济通过瑞士银行买了他的镜子工厂的二万五千法郎的股票，简直成了他的银行家。因此，戈克只能暗地里表示他对"背叛祖国"的愤慨。这些"正经的共和主义者"就是这样。

评论：马克思谈到核算《人民报》的订购数量和账目问题，以及《政治经济学批判》第二分册的进展缓慢。同时，他讲述了以金克尔为首的小资产阶级流亡者筹划的纪念席勒诞生一百周年的活动，弗莱里格拉特不顾马克思的劝阻参加了纪念活动并写了一首赞美诗，在活动中还与金克尔产生了争执。此外，马克思提到布林德在关于《警告》作者身份一事上的狡辩，揭露了布林德的胆小和虚伪。信末，马克思请恩格斯写一篇关于普鲁士军队的新变化的文章。

11 月 6 日　致信斐迪南·拉萨尔，指出：（1）感谢你在敦克尔那里奔走张罗。但是，如果你以为，我期望得到德国报刊的赞扬或者我认为这种赞扬有任何意义的话，你就错了。我期望的是攻击或批评，只是不要完全不理，完全不理也会大大影响销路。要知道，这些人在各种场合骂我的共产主义可卖劲了。所以可以期望他们会挖空心思地反对它的理论根据。在德国也有专门的经济学杂志。

在美国，从纽约到新奥尔良的所有德文报刊对第一分册展开了认真的讨论。我只怕它对当地的工人读者来说写得太带理论性了。

（2）关于福格特。

奥格斯堡《总汇报》关于福格特诉讼的报道和我在那里处于多么奇怪的一伙人之中，想必使你感到惊奇。

简单说来，事情是这样的：

这里除了《海尔曼》之外，有一家最近由埃德加尔·鲍威尔编辑的所谓工人报纸《新时代》。给该报撰稿的有在乡下当教师的比斯康普。这家报纸同《海尔曼》有所谓原则性的对立。埃德加尔·鲍威尔认为把自己装扮成共产主义者是适时的。我自然同这件事毫不相干。鲍威尔写信给比斯康普这样说，为了摆脱竞争者，金克尔把自己的报纸交给了承印《新时代》的印刷所老板印刷（《新时代》是依靠这位印刷所老板的贷款，并且完全受他操纵的）。比斯康普收到这封信后，马上赶到伦敦，他不仅发现金克尔以出版自己的报纸挤垮了《新时代》，而且发现所谓的"工人报纸"的编辑埃德加尔也参加了《海尔曼》的编辑部，投到金克尔那边去了。

这位比斯康普的情况大致如下：他曾经是《大胡蜂》报的发行人之一，并且同杜朗和卢格一起编过《不来梅每日纪事报》。在瑞士他曾加入共产主义者同盟。由于他跟卢格有联系，我们在他逗留伦敦期间没有同他会过一次面。我根本不注意他，但是他却偶尔对我提出论战性的批评。这个人是高尚的本能、软弱的天性（和身体）、禁欲主义和游手好闲、康德的道德意识和不通人情的任性的奇怪混合体。当他神经质地暴怒时，他能够"从原则出发"牺牲任何立场，突然陷于无能为力的状态，消极地和克制地忍受一个时候，然后又突然作出一些近乎无耻的蠢事。当然，我当时对这个人的了解并不象我在这里向你描绘的这样。我现在是按照我跟比斯康普交往中逐渐形成的印象来描绘他的。

现在再回过来谈上面的事情。比斯康普马上放弃了教师的职位，并且为了进行"劳动反对资本的斗争"（即反对金克尔的斗争），创办了《人民报》，但除了一个工人协会给予的津贴之外，没有任何经费，等等。当这种情况还继续的时候，他当然一直在挨饿。而他的新职务一为人所知，他就失去了在此以前所得到的给几家德国报纸写通讯稿的机会。过去，搞点私人授课曾使他得以勉强维持名士派的生活。

我还必须预先指出，从1851年起，我没有跟任何一个公开的工人协会，包括跟所谓的共产主义协会发生过任何联系。我会见的唯一的一批工人是经过挑选的二三十个人，我私下向他们讲授政治经济学。不过，李卜克内西是资助比斯康普创办《人民报》的那个工人协会的主席。

这个报纸创办后几天，比斯康普和李卜克内西一起到我家，请我给它撰稿。我当时断然谢绝了这个请求，一则因为没有时间，再则因为我曾打算长期离开伦敦。我只是答应通过在英国的朋友搞些钱，而且已经这样做了。那一天我对他们俩讲了布林德在前一天义愤填膺地告诉我的关于福格特的情况，同时告诉了他们我的消息的来源。我后来看到，比斯康普根据这个情况写了一篇文章。当我不在的时候，他在《人民报》上转载了承印《人民报》的同一个印刷所印的布林德的匿名传单。与此同时，李卜克内西把传单的副本寄到奥格斯堡《总汇报》，他一直供给这家报纸关于英国的文章。（关于后面这个情况，应当指出，这里的流亡者一视同仁地给所有的报纸写文章。我认为我在这方面是唯一的例外，因为我不给任何一家德国报纸写东西。不过，我要指出，帕麦斯顿曾经企图通过也曾利用英国书商威廉斯作为自己工具的普鲁士大使馆，借口李卜克内西有"反政府倾向"而把他撵出奥格斯堡《总汇报》。）

我回到伦敦以后，《人民报》收到我和恩格斯的几篇与福格特案件毫无关系的文章。除了几篇抨击施莱尼茨的外交通告的文章之外，我只寄去一些揶揄的评论，从文法观点分析了金克尔在《海尔曼》上的漂亮的说教。在伦敦这里生活十分枯燥，八年来这样的消遣只有这么一次。

至于我给奥格斯堡《总汇报》的声明，事情的经过如下：

你知道，布林德发表了揭露福格特的文章。与此同时，伦敦《自由新闻》（乌尔卡尔特的报纸）发表了他的内容大体相同的匿名文章（随信附上），不过文章中没有提到福格特的名字，也没有某些细节。当福格特向法院控告了奥格斯堡《总汇报》以及该报找到李卜克内西的时候，对奥格斯堡《总汇报》负责的李卜克内西自然也就找到我，而我又自然找到布林德。但是布林德不愿对自己的声明负责。他说一切都出于误会。整个案件与他无关。他甚至还发誓说，他同匿名传单毫无关系。

一再要求都没有什么结果。这种行为尤其无耻的是，这个蠢材知道，福格特在伦敦私下地、而在瑞士公开地指出我是揭露材料的来源，并把整个案件说成是共产党人对"伟大的民主主义者"和"前帝国摄政"嫉妒和仇视的结果。因此，我首先找科勒特，他毫不含糊地声明，《自由新闻》上的文章是布林德写的。后来我搞到了排过传单的排字工人的证词。布林德的背信弃义行为应当受到惩罚。我根本不打算为这个"共和主义者"火中取栗。此外，弄清真相的唯一可能就是迫使他和福格特相互攻击。最后，对奥格斯堡《总汇报》就象对刊载过这种揭露文章的其他报纸一样，应当讲清事情的全部情况。

德国的整个庸俗民主派现在都攻击我，所以比斯康普的蠢举将会帮他们的忙。当然，我并不打算在一些小报上同所有这些狗崽子对骂，但是我仍然认为应当教训一下《自由射手》的爱德华·梅因先生，使其他人不敢再动。我要寄一份给奥格斯堡《总汇报》，寄一份给汉堡《改革报》。如果我寄给你的一份能够在随便哪一家柏林报纸上发表，那就太好了。

评论：马克思感谢拉萨尔与敦克尔交涉《政治经济学批判》第二分册的事情。他详细地叙述了关于揭露福格特的文章引起纠纷的整件事的来龙去脉。马克思谈到比斯康普创办《人民报》的过程，《人民报》转载了布林德的匿名传单，接着奥格斯堡《总汇报》转载了李卜克内西寄给该报的传单的副本，由此引发了福格特对《总汇报》的诉讼，但布林德却否认自己是传单的作者，而是无耻地污蔑马克思才是揭露材料的来源，引起德国整个庸俗民主派对马克思的攻击。在信的附言部分，马克思谈到自己的经济困难，希望拉萨尔能够为他办一次小额期票贴现业务。

11 月 7 日　致信恩格斯，指出：关于摩洛哥，我还没有写什么，也没有写高加索，也没有写关于亚洲的军事文章。我没有任何关于摩洛哥的外交详情。因此必须由你再写。在目前的情况下，我简直不可能继续写第二分册。我认为这个分册具有决定性的重要意义。实际上，这是全部资产阶级污垢的核心。

比斯康普的信无耻透顶；他的处境可以解释这件事，但是不能作为为它辩护的理由。整个庸俗民主派在德国报刊上竭力掩饰布林德的事情并猖狂攻击我。《自由射手》的现任编辑梅因先生就是这样。我刚刚给奥格斯堡《总汇报》和汉堡《改革报》寄去了一篇措词强硬的声明。我要把福格特和布林德弄到一块儿，尽管我必须用粗绳子牵着这两个家伙。

这位不幸的普尔斯基在《论坛报》用几行话把我的信打发过去了，说什么这封信是出自"发了疯的"乌尔卡尔特的阵营。这些家伙不敢张嘴。因为他们不知道我们手中掌握有什么证据。这就是，正如瑟美列来信告诉我的，科苏特在维拉弗兰卡和约签订之后，没有向克拉普卡和其他军官作任何交代，就秘密逃走了。他害怕被引渡给奥地利人。因此，匈牙利营垒里对他特别仇恨。我要好好地训斥一下这位普尔斯基。

评论：由于缺少相关材料，马克思认为应该由恩格斯写关于摩洛哥的外交详情的文章。他指出《政治经济学批判》第二分册具有“决定性的重要意义”，但当时的情况使他无法继续写作。马克思提到庸俗派在德国报刊上掩饰布林德的事情，并猖狂攻击他。1859 年 11 月 3 日《自由射手》第 12 号发表（未署名）一篇攻击马克思的短评《卡尔·福格特对奥格斯堡〈总汇报〉的诉讼》。为了答复它，马克思给几家德国报纸寄去一篇声明（见卡·马克思《致〈改革报〉、〈人民报〉和〈总汇报〉编辑部的声明》），在声明中用事实说明布林德正是传单《警告》的作者。

11 月 14 日　致信斐迪南·拉萨尔，指出：关于福格特，对我们党来说——与庸俗民主派相反，——问题是要迫使他同布林德斗起来。看来，这两位先生都同样胆怯地尽量彼此离得远一些。福格特很狡猾，第一，他把我说成是揭露材料的来源；第二，他不攻击在伦敦出版的《人民报》，而攻击奥格斯堡《总汇报》。既然涉及到我，他就可以把整个事情说成是想要进行报复，哪怕是出于过去《新莱茵报》对他的仇恨。（你大概知道，鲁普斯在参加法兰克福国民议会的时候，曾经反对乌朗特给帝国摄政王约翰的感谢词。福格特借此机会大放毒素。他作了骂街式的发言，一般地反对《新莱茵报》，具体地反对鲁普斯。此后，鲁普斯要求同他决斗。但是福格特声称，他的性命祖国太需要，不能让它遭受这样的危险。鲁普斯则威胁要在大街上当众飨以耳光。从此，福格特除非一边由他的姐妹，一边由他的姐妹的女友陪着，他就哪儿也不露面。鲁普斯当时太讲礼貌了……）此外，福格特先生知道，德国庸俗民主派把我看做是他们的 bête noire。其次，如果他向法院控告的不是《总汇报》，而是《人民报》，那末布林德和其他一些人就不得不出庭作证，事情就必然会水落石出。最后，同革命报纸作斗争和同反动的《总汇报》作斗争完全是两回事。看看“高尚的”福格特（他的辩护人称他为“圆胖的”福格特，这个称呼对他比较合适）如何在他的俾尔《商业信使报》上攻击我，是很有趣的。他说什么我“同警察”有联系，靠牺牲工人过活以及诸如此类的胡说。

至于科苏特，瑟美列（前匈牙利总理，现住巴黎）把他同波拿巴勾结的全部详情都告诉了我。我已把我在《论坛报》上发表的揭露科苏特的文章寄给他，一俟他从巴黎把这份剪报寄还，我就把它寄给你。其中最有趣的是，科苏特的代理人普尔斯基是《论坛报》的伦敦通讯员。

在这里，席勒纪念活动成了金克尔纪念活动。弗莱里格拉特曾不顾我的警告参加了这个纪念活动，现在他亲自看到，哥特弗利德纯粹利用他当工具。他告诉我，金克尔的矫揉造作的报告真正是猢狲作态，没有看到的人是无法想象的。如果我把在事情发展到公开演出以前金克尔和弗莱里格拉特之间在后台发生的事情告诉你，你会捧腹大笑。在《新莱茵报》时代，哥特弗利德在报刊上出现时总是带着一种标记——行囊，稍后是火枪，后来是竖琴，最后是纺车。现在这个牧师则手不离黑红黄三色旗。他纠集在自己周围的那些所谓“工人”属于这样一些行会，它们的章程

第一条规定："按照章程，本会的辩论不得涉及任何政治"。在 1848 年以前，这些家伙是受本生庇护的。

评论：马克思谈到请拉萨尔都他开期票的事情。接着，他分析了应对福格特事件的策略。他认为问题在于迫使福格特和布林德斗起来，不能让福格特借此机会大放毒素的阴谋得逞。他谈到从巴黎来伦敦的瑟美列在拜访时告诉他关于科苏特和路易－拿破仑作交易的消息，他将根据消息写作的揭露科苏特的文章《科苏特和路易－拿破仑》寄给了瑟美列。最后，他还提到金克尔组织的纪念席勒的活动变成纪念金克尔的活动，批评弗莱里格拉特不顾他的警告参加了活动，沦为金克尔的工具。

11 月 17 日 致信恩格斯，指出：如果你在明天来不及把关于摩洛哥的文章写完，还可以拖到星期六（即取道科克）。我今天在写（因为星期二没有写）苏伊士问题。摩洛哥的事必须写，不然他们不得不从《泰晤士报》转载。

评论：马克思谈到请恩格斯写摩洛哥的文章的时间限制，以及自己在写苏伊士问题的文章。这封信里提到的这篇关于摩洛哥的文章，恩格斯是否写了，无法确定。这个时期英法在苏伊士运河的建设问题上的矛盾很尖锐，马克思关于苏伊士运河问题的文章，《纽约每日论坛报》编辑部没有发表。

11 月 19 日 致信恩格斯，指出：你今天会收到我寄上的各种各样有趣的东西：（1）庸人弗莱里格拉特给我的信，（2）奥尔格斯（奥格斯堡《总汇报》的）给比斯康普的信，（3）在莱比锡出版的《凉亭》一期（第四十三期），（4）伊曼特给我的信，附有特利尔《人民报》的剪报。最后，我劝你买一份今天的《海尔曼》，因为它载有贝塔先生所写的关于这里席勒纪念活动的纪事，对我们的朋友弗莱里格拉特的所作所为作了奇怪的说明。

在谈这些事情之前，我先告诉你（以免忘了），匈牙利人在纽约、芝加哥、新奥尔良等地举行了集会，决定写一封信给科苏特，要求对我在《纽约论坛报》上发表的文章加以澄清。否则，他们就要与他决裂。我不知道，我是不是已经向你说过瑟美列最近告诉我的消息。首先，维拉弗兰卡和约签订以后，科苏特没有向军官们，包括克拉普卡，作任何交代，就逃出意大利。科苏特害怕波拿巴把他引渡给弗兰茨－约瑟夫。正如瑟美列现在所写的，这个蠢材起初并没有参加波拿巴主义的事件。克拉普卡、基什和泰列基由自己负责同普隆－普隆商定在匈牙利掀起革命。但是科苏特听到风声，便从伦敦进行威胁，如不让他参加这个协定，就要在英国报刊上揭露他们。这些好汉就是这样。

我很羡慕你住在曼彻斯特，能够置身于这场老鼠与青蛙之战以外。我不得不过问这全部肮脏东西，而且现在的情况本来就要占去我不少从事理论研究的时间。而另一方面，我仍然感到高兴的是，你在间接地体验这全部肮脏东西。

上星期四收到弗莱里格拉特的信，现附上。为了使你明白他的极端卑鄙下流，告诉你这样一个情况：正当布林德对我们采取背信弃义的态度时，他同弗莱里格拉特过从甚密。在席勒纪念活动筹备委员会中，在金克尔和弗莱里格拉特的大冲突中，布林德曾经充当他的代理人。而在纪念活动中，弗莱里格拉特和布林德两家人亲密无间地坐在一起看表演。第二天早晨《晨报》刊登了一篇报道，说弗莱里格拉特的诗"在中等水平以上"。过去，批判的嗅觉（实际上，要撕下大学生布林德的匿名面具，并不需要很灵敏的嗅觉）曾经告诉我，是布林德，并且只有布林德才能写出《自由新闻》上那段反对福格特的话；而这次同一种批判的嗅觉又告诉我，他是这篇文章的作者。我感到惊异的只是，这个拍马成性的下流家伙竟敢这样冷淡地谈论弗莱里格拉特。我把剪报寄给了弗莱里格拉特。我从他那里收到了附上的信，从信中多少可以看出他是怀疑我造了假，把一些反对弗莱里格拉特的话偷偷塞进了大学生布林德的作业。我星期六到弗莱里格拉特那里去了。当时我还不知道他在奥格斯堡《总汇报》上发表了声明（即说他决不是告发福格特的人，并且从来没有在《人民报》上写过一行东西）。他也不敢对我说起这件事。我立刻对他说，如果布林德发觉弗莱里格拉特的诗"在中等水平以上"，我认为布林德并没有犯罪；这是审美性质的判断；而他如果受布林德的蒙骗，以为我通过某个神秘人物篡改了布林德的作业并塞进了一些反对弗莱里格拉特的话，那才真是发了疯呢。庸人十分狼狈，立刻承认他把我的信拿给布林德看过，并且把布林德的两封信拿出来给我看。大学生布林德在第一封信中描述了那个在 5 月 9 日乌尔卡尔特的群众大会上几乎始终可以看到同我在一起，而在水晶宫（11 月 10 日）总是围着布林德打转转的人。在第二封信中（弗莱里格拉特竟低三下四地写信对布林德说，他不能相信会添上反对他的话），布林德表示他也不愿意直接说出这一点。于是，我对这个庸人说，唯一的两个德国人，而且 5 月 9 日在台上几次纠缠我的人，就是布林德和孚赫，再也没有别人。而布林德原来认识孚赫。他是在席勒委员会经别人介绍认识孚赫的，他曾代表弗莱里格拉特感谢孚赫支持弗莱里格拉特的"赞美诗"，反对"演说"。这个巴登狄徒这里又不提孚格拉特的"赞美诗"，反对"演说"。这个巴登狄徒这里又不提孚赫的名字。（我曾把这件事立即告诉了后者。）因为孚赫认识《晨报》的编辑格兰特，如果他要求后者亲自说明他（孚赫）是否曾让他（格兰特）往布林德的文章里添加东西，就能够促使布林德被赶出专利的小酒店主的报纸；因此，大学生布林德能够记得 5 月 9 日孚赫的相貌怎样。他也记得同样的相貌 11 月 10 日在水晶宫曾围着他打转转。但是他记不得这个他如此熟悉的人是同一个孚赫。

　　整个这件事是如此卑鄙，如此混乱，对弗莱里格拉特和布林德这两个蠢货如此具有代表性，使我不由得这么详细地叙述了这全部肮脏东西。对蠢货弗莱里格拉特有代表性的东西是，他并不认为他有义务向我说明他同金克尔及其党羽一起公开活动、在奥格斯堡《总汇报》发表声明、向《海尔曼》献媚以及当他已经知道布林德这个无赖的"誓言"是怎么回事的时候还同布林德交往等等行为。他只是念念不忘，有人竟敢说他的诗（附上）"在中等水平以上"，而不赞美它是一切美好和崇高的东西的化身。

最后，我表示希望了解一下《凉亭》第四十三期的内容。于是发现，弗莱里格拉特先生同贝塔先生交往甚密，他在自己的家中殷勤款待贝塔，并"容忍"贝塔写他的传记对他本人大肆吹捧以及对他的家庭大加颂扬。他感到十分恼火的只是，贝塔在结尾的地方（当然是受了金克尔的怂恿）说，弗莱里格拉特的诗和他的性格——由于我——同时被毁灭了。在独创方面从来不是很有成就的弗莱里格拉特先生，许多年来放弃了诗的创作而从事于银行业务，我对此是有过失的。弗莱里格拉特先生堕落到同路易·德鲁克尔的《您好!》的前副编辑无赖贝塔为伍，在我面前竟不以为耻。他也不以这个下流家伙的卑鄙的献媚为耻。他感到恼火的只是，他在公众看来是一个"受我影响"的人。他甚至想过是否应当对此发表声明。只是因为害怕我的反声明，他才没有走这一着。只要他放个屁，别人就高呼万岁；他一方面是贪鬼，另一方面又是"诗神的祭司"；他的实际上的意志薄弱在理论上被吹捧为"政治上的美德"——这个家伙认为，这一切都是"理所当然的"。这个人非常敏感，受不得一点点刺激。他把他同哥特弗利德在幕后进行的一次喜剧般的小口角看作是重要的阴谋。另一方面，他却认为下述情况是合乎常情的，即我的家庭对于我的经过深思熟虑的著作（如关于货币的分册）不仅得不到承认，甚至不被人注意的状况应当采取忍受的态度，我的家庭由于我在政治上的毫不妥协不得不忍受种种不幸，并在实际上过着郁郁寡欢的生活。这个人认为，我的妻子应当满怀感激地领受别人当众对我采取的卑鄙行径，要意识到弗莱里格拉特夫人是享有盛名的和受人称赞的，甚至他的小凯蒂这个一句德国话不懂的傻瓜也被介绍给德国庸人。这个人没有一点朋友的情谊。否则，他会看到我的妻子是怎样受苦，而他和他的妻子又给她增添了多少痛苦。无论从党和私人观点来说，这个人的行为是多么虚伪和暧昧。

但是我不能，也不应当同这个家伙公开决裂。他办理《论坛报》的期票，我应当始终把这事看作是帮我的忙（虽然他是为了自己，不是为了我而因此从比朔夫斯海姆处得到一笔贷款）。不然，我又要象以前一样为如何从《论坛报》拿到钱而伤脑筋。另一方面，金克尔及其同伙——整个庸俗民主派（也包括弗莱里格拉特夫人）——所最希望的，莫过于发生这种争吵。仅仅因为这一点，这事在目前还不应当发生。固然，默默地忍受这一切卑鄙行为对我来说将是困难的。

评论：马克思提到寄给恩格斯的各种有趣的东西，其中1859年《凉亭》画报第43期发表了贝特齐希的短文《斐迪南·弗莱里格拉特》，无中生有地硬说诗人的诗作不成功是由于受了马克思的影响，而《人民报》剪报是1859年11月7日刊载的一篇关于福格特对奥格斯堡《总汇报》的诉讼的报道，对马克思进行了恶毒的攻击。马克思希望恩格斯购买一份1859年11月19日《海尔曼》周报第46号，该报发表了一篇没有署名的短评《我们的席勒纪念活动纪事》。接着，马克思谈到科苏特与波拿巴主义事件的关系，并详细叙述了弗莱里格拉特与布林德之间的卑鄙交往。由于福格特对《总汇报》提出诉讼，弗莱里格拉特对马克思采取了不光彩的立场，拒绝帮助马克思迫使布林德承认他是传单《警告》的作者，这不利于揭露波拿巴的代理人福格特诽谤马克思和以他为首的无产阶级革命家的言行。此外，马克思还提到《凉亭》第 43 期的内容揭露了弗莱里格拉特同贝塔之间的交往关系，并抨击了弗莱里格拉特的卑鄙、虚伪和暧昧。但碍于各种原因，马克思告诉恩格斯还不能同弗莱里格拉特决裂。信末，马克思提到 1859 年 11 月 19 日《海尔曼》周报第 46 号发表的短评《意大利战争开始前不久写的对战争的可能进程的预测》，这篇短评说布林德曾经在他的一篇文章中正确地预言了战争的进程和结局。

11 月 22 日　致信斐迪南·拉萨尔，指出：（1）谢谢你上上次的来信。但是，很可能我能够在伦敦这里以我自己的名义开期票，用高利息借到一笔钱。

（2）在《改革报》已经刊载了我的声明之后，你驳斥福格特的声明最好不要发表。对我特别重要的是迫使福格特先生在伦敦继续这个案件。

（3）我已告诉弗莱里格拉特，你称赞他的关于席勒的诗，你对他对待你的态度感到不满。现在他会给你写信。请看一看第四十三期《凉亭》，金克尔的奴仆贝塔先生（以前是路易·德鲁克尔在这里出版的《您好！》的编辑，而现在是《海尔曼》的主要头目，而这个杂志的编辑完全是从文化流氓无产阶级中搜罗的）在那里造出一个发现，说弗莱里格拉特自从"感到我的呼吸"之后就"很少歌唱"。最近几年，弗莱里格拉特过分地巴结有权势的人物，因为他渴望成名。在这方面，他的妻子对他的影响似乎不是很好的。我不想多谈这个问题，只是指出，我们党内某些很有才能的人正确地感到，我对待我个人的和党内的老朋友过于宽容了。

（4）关于波拿巴。据我看，意大利战争曾一度巩固了波拿巴在法国的地位；它把意大利革命交到皮蒙特空谈家及其同谋者的手中；它使普鲁士因其豪格维茨式的政策而在自由派平民眼中得到特别的声望；它加强了俄国在德国的影响；最后，它助长了前所未闻的道德败坏，即波拿巴主义与民族空谈的最可耻的结合。我简直不能理解，我们党里的人怎样能够辩证地支持自由派市侩们的这种令人恶心的反革命幻想。从迪斯累里公开承认波拿巴和俄国之间存在同盟时起，尤其是从俄国向德意志各邦宫廷发出无耻的周知照会时起，在我看来，就应当对俄法同盟宣战。所有一切在表面上看来与反对法国有关的反自由主义的东西，由于同俄国的对抗而立刻被消除了。

我仔细研究过施莱尼茨的紧急指示，这些紧急指示以及这里的大臣一部分是直接在议会发表的，一部分是在报刊发表的声明，向我表明，普鲁士在德国边境受到侵犯以前并不曾打算进行干涉。波拿巴受俄英两国的保护，当时得到许可进行"局部"战争以巩固他在法国的地位。普鲁士连指头也不敢动一下，如果它动了，就会爆发德国和俄国之间的战争——这是一切事件中最理想的。但是实际上问题并不在这里，因为普鲁士永远不会有采取这种步骤的勇气。相反地，问题在于，一方面，要使普鲁士政府的全部可怜弱点暴露出来，另一方面，——这是首要的——要揭穿波拿巴的骗局。这场戏并不难演，因为革命派的全部代表——从马志尼到路易·勃朗、赖德律-洛兰，甚至蒲鲁东——都可能参加。这样一来，揭露波拿巴骗局的论战就不会带有敌对意大利或法国的性质。

我在这里自然没有透彻地分析这个问题，而只是指出几点。但是请允许我提出一点意见。形势可能不久又要临近危机。在这种情况下，我们党内应当在两者之中择其一：要么任何人不同别人商量，均不得代表党讲话；要么每个人都有权发表自己的意见，而不管其他人。然而，最好是不采取后一种方法，因为在人数这样少的党内进行公开辩论（而应当希望党通过它的努力来弥补其数量上的不足）在任何情况下都是不利的。我只能说，在我到英格兰和苏格兰旅行（夏天）期间，——我们的党内的老朋友都在这里，——我没有碰到一个人不希望你在许多问题上修改自己的小册子。我认为，这完全是因为在英国和在大陆对国外政策的看法完全不同的缘故。

评论：马克思在信中谈到开期票、关于福格特的声明、关于弗莱里格拉特以及关于波拿巴的看法。他告诉拉萨尔，他已经把拉萨尔对弗莱里格拉特的赞美诗《为席勒纪念活动而作》的称赞，和对弗莱里格拉特收到剧本《弗兰茨·冯·济金根》却不作任何回答的抱怨告诉弗莱里格拉特，并谈到弗莱里格拉特对权贵的过分巴结。马克思批评了波拿巴主义，认为应当对俄法同盟宣战，并揭穿波拿巴的骗局。最后，马克思提醒拉萨尔不要以党的名义发表观点。

11 月 23 日 致信斐迪南·弗莱里格拉特，指出：第一，我没有同意过任何东西。同意（concedere）必须先有争论，在争论中放弃自己原来的见解并接受对方的看法。我们之间没有发生过任何类似的情况。我是主动方面。我对你说明过，但根本没有同意过什么。事情的经过是这样的：

我提醒说，你自己问过布林德先生，他是不是匿名小册子的作者，因为他口头讲的在语气和内容上与传单完全吻合。我强调说，在 5 月 9 日乌尔卡尔特组织的群众大会上见到布林德先生之前，我一点也不知道福格特在意大利纠纷方面的活动，除了他给你的信之外，完全一无所知。我提醒说，在你给我看这封信的那天晚上，我根本没有想到根据这封信做出福格特进行收买的结论等等。我在他的信中看到的只是我早已熟悉的浅薄的自由主义的政治空谈。我强调这一切是为了——有功者就应该受奖——丝毫不贬低布林德先生在揭发福格特"背叛祖国"方面的功绩。

第二，我连想都没有想到要说，"福格特的信没有一个字可以作为控告福格特的根据"。我只是说过，我在读完信后没有想到做这样的结论。但是，这封信最初给我的主观印象同关于信的内容，尤其是关于根据它可能提出的设想的客观论断是完全不同的。我既没有理由，也没有机会为做出这种客观论断，对这封信进行必要的批判性分析。例如，布林德先生对福格特给你的信，给他的信等等作了完全不同的理解，这一点你现在知道，而且早先也是知道的。在他在《自由新闻》（5 月 27 日）上发表的一篇文章中，这些信就被明确地提出来作为物证，虽然没有指明任何人的名字。他在奥格斯堡《总汇报》上发表的声明也是如此。

现在从福格特先生转过来谈贝塔先生，他的第四十三期我在收到你的信后买到了。读了这个作品，我决定采取十年来一直采取的办法，即不理睬这种胡说。但是，今天我的两位挚友（他们不住在伦敦）坚决地要求我为了党的利益发表一项声明。我首先要花两昼夜的工夫仔细考虑一下利弊。如果我考虑成熟后决定发表声明，那末这个声明的基本内容如下：

（1）如果有人打算无中生有地硬说我对你有某些影响，这除非是在《新莱茵报》那个短暂的时期内，当时你写得很漂亮的、无疑是你的最受欢迎的诗。

（2）交代几句贝特齐希先生，别名汉斯·贝塔的简历，从他在柏林出版骗钱的戏剧小报开始，到出版小酒店主和小丑路易·德鲁克尔的《您好！》（还要提一提我曾拜访过《您好！》的巢穴）为止，然后谈谈他后来在莱比锡的所作所为，他在《凉亭》上诽谤我，重复《您好！》上的无耻谰言，同时把我的揭露帕麦斯顿的小册子据为己有，直谈到现在他成为哥特弗利德·金克尔的帮手为止。让德国读者看看现在在德国报刊的臭泥塘里叫得最响亮的这一群流氓无产阶级恶棍是些什么货色，也许会有好处。

（3）海涅给我写的两封信。读者根据它们可以在海涅的权威和贝塔的权威之间作出选择。

（4）最后，在《新莱茵报》时期约翰·金克尔和约翰娜·金克尔给我的几封信。借助这几封信，我可以把这个善于做戏的牧师从高头大马上摔下来。这位布赖牧师（用你所采用的歌德的读法）骑着高头大马在对他最合适不过的《凉亭》角斗场上奔跑，向我进行冲击。

评论：马克思在信中抗议弗莱里格拉特在福格特案件中的立场，他声明自己没有同意过任何东西，表达了对读过福格特信件后的态度。由于 1859 年《凉亭》画报第 43 期发表了贝特齐希的短文《斐迪南·弗莱里格拉特》，短文无中生有地硬说诗人的诗作不成功是由于受到马克思的影响，马克思本不打算回应，但鉴于两位挚友坚决要求马克思为了党的利益发表声明，马克思决定认真考虑是否发表声明，并在这封信中列出声明的主要内容。最后，马克思提到李卜克内西被科尔布当成了替罪羊。奥格斯堡《总汇报》总编辑科尔布为该报 1859 年 11 月 15 日刊载的弗莱里格拉特的声明加了编者按语，断言李卜克内西在给该报的信中把弗莱里格拉特列为可能告发福格特的人之一。其实，李卜克内西只是指出，弗莱里格拉特能够同马克思一起证实，布林德是传单《警告》的出版者。

11 月 26 日　致信恩格斯，指出：星期一寄给你一封关于这里的纠纷的长信。

星期二寄给你《凉亭》和贝塔的文章。现在我天天盼望你的来信，因为在这种事情上只有你的信才能使我的妻子的沮丧情绪振作起来。如果在其他方面过得去的话，所有这些肮脏东西简直令人好笑。但是就我目前的处境来说，这一切象沉重的包袱压着我的家庭。

今天会收到：

（1）拉萨尔给我的信。我寄给《人民报》的声明，与奥格斯堡《总汇报》第三二五号发表的是同一个东西。（另一篇，有两栏篇幅，谈我对庸俗民主派的态度等等，载于汉堡《改革报》第一三九号。我利用这个机会提到你是《波河与莱茵河》的作者，这是这些庸俗民主派坚决保持沉默的。）你从拉萨尔的信中可以看到，他实际上是同福格特一个鼻孔出气，无论如何不想让柏林公众知道我反对福格特和他的宣传。

你从这封信中还可以看出，他终于决定写他的《国民经济学》，但是他很聪明，要再等三个月，直到把我的第二分册等到手。现在非常清楚，这个"友好的"方面千方百计使沉默的阴谋不被打破，是出于什么考虑。

我利用这个机会向拉萨尔简要地谈了我对意大利事件的看法，同时指出：今后在这样危急的关头谁要想代表党讲话，只能在下面两者中择其一：要么他事先同别人商量，要么别人（一种婉转的说法，指你和我）就有权撇开他而公开发表自己的意见。

（2）李卜克内西给弗莱里格拉特的信。你想必已经从奥格斯堡《总汇报》看到，第一，弗莱里格拉特声称，他"违反自己的意愿并且事先自己都不知道"，就被当成了告发福格特的人；第二，"他从来没有在《人民报》上写过一行东西"（他根本就不写）。科尔布先生错误地解释了李卜克内西给他的私人信并在弗莱里格拉特的这个声明之后受到科塔的非难，自然要把李卜克内西当作替罪羊。而愤慨的弗莱里格拉特（法济的下属）给李卜克内西写了一封很不礼貌的信。附上的是李卜克内西对他的复信。

虽然一方面我非常需要弗莱里格拉特给我开纽约的期票，另一方面我出于政治上的考虑不想同他决裂，最后，尽管他有种种缺点，从个人来说，我还喜欢他，但是我还是没有别的办法，只有就这几行字向他提出正式的抗议——这是绝对必要的。因为谁能向我担保他不会给福格特写同样的话，而福格特不会发表它呢？

评论：马克思谈到拉萨尔寄给他的信和李卜克内西给弗莱里格拉特的信。拉萨尔在一封回信中，竭力劝阻马克思不要在《人民报》上发表反对福格特和布林德的声明，这显示出拉萨尔不想让柏林公众知道马克思反对福格特和拉萨尔。马克思指出，拉萨尔决定在拿到马克思的《政治经济学批判》第二分册之后，着手写他的政治经济学著作，这表明他处心积虑妨碍马克思《政治经济学批判》第一分册出版的阴谋和目的。马克思准备借此机会向拉萨尔表明，要以党的名义讲话应当获得同意。

同时，马克思还提到李卜克内西和弗莱里格拉特之间关于告发福格特一事的通信，并向恩格斯复述了一遍事情的经过，但也指出，碍于自身的需要和政治的考量，他还不想同弗莱里格拉特决裂，只是向他提出正式的抗议。信末，马克思希望恩格斯为《纽约每日论坛报》写关于志愿兵猎兵运动的文章，恩格斯写了文章，但《纽约每日论坛报》未发表，后来，恩格斯为在曼彻斯特出版的周刊《郎卡郡和柴郡志愿兵杂志》写了一系列有关这个运动的文章。

12 月 13 日　　致信恩格斯，指出：在俄国，运动发展得比欧洲其余各地都快。一方面是贵族反对沙皇的立宪运动，［另一方面］是农民反对贵族的运动。亚历山大终于也发现，波兰人连听都不愿意听到他们将被斯拉夫－俄罗斯民族所灭绝的事，于是他大发雷霆。可见，十五年来，特别是 1849 年以来，俄国外交的不寻常的成就是得不偿失的。下一次革命，俄国将会欣然参加。

波拿巴在给地方行政长官的一个惶恐不安的文件中要求把所有稍微知名的奥尔良分子、正统主义者、共和派分子、社会主义者，特别是"可靠的"波拿巴主义者，给他开出一张准确的名单。这个文件想必你已经看到了？

你从附上的便条中可以看到，《海尔曼》的所有者，可恶的尤赫由于施梯伯事件现在可能向我求援。这些可恶的狗在《海尔曼》上把艾希霍夫揭露施梯伯的文章中一切有关我们的诉讼案的地方都删掉了，只是顺便提到"无足轻重的小党"。我要好好教训一下这个无赖，但是我自然要尽我一切的力量打击施梯伯这条狗。不过，在所有这些揭露施梯伯的活动中，艾希霍夫只不过是个工具。事情是出自前柏林警察敦克尔。这个人在 1848 年主要是被施梯伯用他在民主主义兵营里的狂吠赶下了台。从那时起，敦克尔就通过自己的私人警探步步监视施梯伯，直到他最后确定伸腿绊倒施梯伯的适当时机已来到为止。艾希霍夫这头驴也够蠢的了，他在《海尔曼》上发表的最后一篇柏林通讯中没有能把驴耳朵藏起来，而用——你想用什么？——要求让善良的警务顾问敦克尔完全复职来结束了他对施梯伯的揭露。

评论：马克思感谢恩格斯及时的经济援助。他谈到俄国的运动发展比欧洲其他各地快，在这场运动中既有贵族反对沙皇的立宪运动，也有农民反对贵族的运动；波拿巴下发的一个文件要求统计所有可靠的波拿巴主义者；施梯伯事件中艾希霍夫只是被前柏林警察敦克尔利用的工具。伦敦书商阿尔伯特·佩奇在 1859 年 12 月 11 日给马克思的信中，传达了《海尔曼》的所有者尤赫对马克思的请求，请马克思约定会面的地点和时间，而尤赫提出这个请求是由于他希望从马克思那里了解科伦共产党人案件的情况，因为在这个案件中起主要作用的普鲁士政治警察局长施梯伯，向柏林法院控告了发表揭露他的文章的《海尔曼》周报柏林通讯员艾希霍夫。1860 年 5 月，艾希霍夫被柏林法院判处十四个月徒刑。

12 月 20 日　　致信恩格斯，指出：看来，你没有看到弗莱里格拉特和布林德在奥格斯堡《总汇报》上（大概是 12 月 8、9、10 或 11 日的附刊）发表的声明。因此，即使金克尔不参与，"弗莱里格拉特同马克思决裂了"的谣言也会传播开来。

我为了柏林的施梯伯案件曾同尤赫见过一面。（对艾希霍夫的控告只涉及他关于共产党人案件的言论，所以这整个案件将第二次在柏林公开审理（22 日开庭）。我把我的小册子寄给了艾希霍夫。如果施奈德尔、毕尔格尔斯等人不是懦夫的话，他们现在可以进行一次绝好的报复。）尤赫也向我问到这个布林德—弗莱里格拉特同盟，而我当时还毫无所闻。可惜我暂时还不得不（由于物质上的，"也许"是政治上的原因）尊重这个家伙。

大学生布林德在最近一号《海尔曼》上通过波克罕宣布，他（布林德）是南德意志的金克尔。

评论：马克思提到弗莱里格拉特和布林德载于 1859 年 12 月 11 日《总汇报》第 345 号附刊的声明，他们两人在声明中都证明自己与福格特事件毫不相干，而这一声明将使弗莱里格拉特与马克思决裂的谣言传播开来。马克思还谈到因为施梯伯案件同尤赫的见面，告诉恩格斯对艾希霍夫的控告内容和审理时间。最后，马克思提及 1859 年 12 月 17 日《海尔曼》周报第 50 号发表的致《海尔曼》编辑部的信，这封信竭力吹捧布林德。

1860 年

1 月 11 日左右　致信恩格斯，指出：这个"赖夫"我从来没有在家中接待过，因为根据他在共产党人案件中的行为，我觉得这个家伙可疑，甚至非常可疑。可是，"肥胖的蹩脚诗人"却把他置于自己的保护之下，并且硬把他塞给李卜克内西。从此这家伙就靠李卜克内西、拉普人、列斯纳、施勒德尔和其他穷光蛋过活，甚至迫使别人在工人协会中为他募捐。

弗莱里格拉特上面的那封信，是大撤退以来我从这个条顿人那里所收到的全部东西。同时这封信是多么可笑。那背后隐藏着的那种尨犬的坏心肠的高雅是何等怪诞。弗莱里格拉特以为，惊叹号能够加强散文的力量。"党"应当采取"立场"。对什么呢？对威廉·约瑟夫·赖夫的"放荡"，或者象贝塔的朋友所说的，对"这种脏东西"。多么厚颜无耻呵！还有，顺便提一下：有个叫秦恩的可疑的排字工人创立的"德国好男儿联合会"，已经选举阿尔伯特亲王、哥特弗利德·金克尔、卡·布林德和斐·弗莱里格拉特做它的"名誉会员"。不用说，凯鲁斯奇人已经接受这个证书了。

达姆斯塔德《军事报》上的那篇评论好极了。新出版的小册子使你在德国确立了军事评论家的地位。下一次有机会出版东西时你要署上你的名字，并在下面写上：《波河与莱茵河》的作者。我们的卑鄙的敌人慢慢就会看到，用不着去求公众以及公众中的贝塔之类的人物的认可，我们就会使公众敬服。

据我看来，现在世界上所发生的最大的事件，一方面是由于布朗的死而展开的美国的奴隶运动，另一方面是俄国的奴隶运动。你当然已经看到，俄国的贵族已经直接投入了立宪的宣传，在最显贵的家族中已经有两三个人被流放到西伯利亚。同时，亚历山大在最近的诏书中直截了当地宣布"村社的原则"应当同解放一起终止，从而破坏了他和农民的关系。西方和东方的"社会"运动就这样开始了。这和中欧即将发生的崩溃加在一起，将是非常壮观的。

我刚刚从《论坛报》上看到，在密苏里又发生了一次奴隶起义，自然已经被镇压下去。但是，信号是发出来了。如果情况不久变得严重起来，曼彻斯特又会发生什么事情呢？

莱昂纳德·霍纳已经辞职。在他最后的简短报告中充满了辛辣的讽刺。你能不能打听一下，曼彻斯特的厂主们是否在辞职这件事上插了一手？

从工厂视察员的几份报告（从"1855年"到"1859年上半年"）中可以看出，英国的工业自1850年以来已经有了巨大的发展。自从你的《工人阶级状况》（我在这里的博物馆里又读了一遍）出版以来，工人（成年人）的健康状况有了改善，而儿童的健康状况（死亡率）却恶化了。

评论：马克思转发了弗莱里格拉特给自己的信，信中谈到了被通缉的威廉·约瑟夫·赖夫的情况。马克思赞同弗莱里格拉特对此人的评价，认为根据赖夫在共产党人案件中的行为，他非常可疑。同时，马克思在信中也表达了对弗莱里格拉特的批评。1859年秋，弗莱里格拉特的行为客观上阻碍了对诽谤马克思的波拿巴的代理人福格特的揭露。

信中，马克思认为，达姆斯塔德《军事报》上对恩格斯匿名出版的小册子《波河与莱茵河》的评论非常好。评论对恩格斯在小册子中阐述的一个观点，即认为关于德国必须统治北意大利才能维护自己安全的理论是站不住脚的，表示特别赞同。马克思认为《波河与莱茵河》一文的发表使自己和恩格斯在德国确立了军事评论家的地位，受到了公众的敬服。

信中还谈到了美国和俄国的奴隶运动，认为这些运动将在西方和东方产生重要影响。这是指1859年10月16日，美国争取黑人解放的战士约翰·布朗试图在各蓄奴州掀起奴隶起义。信中，马克思还告知恩格斯从《纽约每日论坛报》上看到的1859年12月密苏里州玻利瓦尔城的黑人居民试图举行起义一事，认为这是一个积极的信号。

信中还谈到，从伦敦出版的《工厂视察员向女王陛下内务大臣所作的报告》中，可以看到自恩格斯的《英国工人阶级状况》出版以来，英国的工业已经有了巨大的发展，工人的健康状况有了改善，但儿童的死亡率却恶化了。信中还询问恩格斯是否知道担任工厂视察员职务的莱昂纳德·霍纳辞职的事情与曼彻斯特的厂主们是否有关。霍纳于 1859 年 11 月辞职。马克思还谈到，由于经济困难的困扰，难以专心从事《政治经济学批判》第二分册的准备工作。

1 月 25 日 致信恩格斯，指出：你是否已经听说福格特出版了一本小册子对我进行最无耻的攻击？这本小册子受到德国资产者狂热的欢迎。第一版已经售完。昨天《国民报》在社论中刊载了它的又臭又长的摘录。（你能设法弄到这一号《国民报》吗？我自己在这里无法弄到。）我该怎么办？看来，我最近的那封信冒犯了拉萨尔先生，他再也不会来信了。

评论：马克思表示为了正在形成中的无产阶级政党的利益，决定在刊物上答复福格特，对《国民报》以诽谤罪向法院提出控告。福格特把马克思及其同志说成是一群同警察当局秘密勾结的阴谋家。福格特的小册子于 1859 年 12 月出版，而在 1860 年初，柏林资产阶级报纸《国民报》转述了福格特小册子的诽谤性内容。从 1860 年 1 月底起，马克思开始收集材料，准备写书反驳福格特和对《国民报》起诉。马克思在准备和寄发诉讼材料的同时还写作一本驳斥福格特的书，书名是《福格特先生》，于 1860 年 11 月写成。

信中马克思还告知恩格斯，在 1859 年 11 月 22 日他给拉萨尔写的信中批评了拉萨尔在小册子《意大利战争和普鲁士的任务》中叙述的在德国和意大利的统一问题上的策略，这冒犯了拉萨尔。

1 月 28 日 致信恩格斯，指出：我订购了福格特的小册子，也准备寄一本给你。这是他在奥格斯堡的诉讼的再版（或者是第一个完全的版本），并带有序言。序言是专门反对我的，就象是弥勒－捷列林格的翻版和修正版。这东西一寄到，我们就该决定怎么办。孚赫兴致勃勃地告诉我，福格特用一种非常轻蔑的态度对待我。这个坏蛋企图使德国庸人相信，我在这里象库尔曼博士那样靠工人过活，等等（我自然对我的妻子完全隐瞒这件卑劣的事）。

在柏林开始出版一种新的军事周刊。我想，你应该以询问这家杂志的情况为借口，立即写信给拉萨尔。现在我们一定要同柏林保持联系。拉萨尔的回信会向你表明，是否还能和他一起走。如果不能——这会令人很不愉快——我只好利用费舍博士（普鲁士的陪审官），关于这个人我下面再谈。你在给拉萨尔的信中可以直截了当地告诉他，我把他阻挠我，或者至少是劝阻我在《人民报》上发表我关于福格特的声明（就是奥格斯堡《总汇报》上刊登的那篇声明）这件事看作是他和敦克尔同福格特合搞的一个密谋。然后你当然可以透露几句，说我由于党内某些老朋友模棱两可的行为（顺便对弗莱里格拉特旁敲侧击几句），由于我的困难处境和必须同一些卑鄙行为进行斗争，我的情绪有时很不好，还可以说我曾经告诉你，我给拉萨尔写过一封信，这封信大概激怒了他。当然，从你这方面，你应当提一下，他拉萨尔是非常了解我的，不会介意表达方式上一时的粗鲁，等等。无论如何，那时他不能不明确表示态度。我认为现在要一点外交手腕是绝对必要的，这至少可以弄清楚我们可以指靠谁。同其他人相比，拉萨尔总还是一匹马力。

　　问题的实质在于，帝国流氓匪帮，其次是一个叫作德国民族联盟的匪帮，最后是自由派匪帮，都在使出全部力量要在德国庸人面前从道义上毁灭我们。几乎用不着怀疑，尽管有关于和平的种种叫嚷，可能在今年之内，也很可能在夏季开始以前就爆发新的战争。不管怎样，国际关系十分复杂，因此，对庸俗民主派和自由派来说，捂住德国庸人们（即公众）的耳朵，使他们听不到我们的声音，并截断我们同他们接近的通路，就特别重要。置之不理，也就是说漠不关心，这在个人的和党的事业中只有在一定限度内才是许可的。这回跟福格特的事，决不能象对什么捷列林格、海因岑之流那样对待。这个能操腹语的人在德国被当作科学巨子，他曾是帝国摄政，现在受到波拿巴的支持。你还可以顺便问问高贵的拉萨尔，他认为对福格特的事需要采取什么措施。拉萨尔在给我的信件中已走得太远，不可能一下子完全退回来。无论如何，必须设法迫使他采取较明确的立场：非此即彼。

　　费舍是普鲁士的乌尔卡尔特分子。在他出版的柏林《公文集》中，他提到我的几篇抨击帕姆的文章，并刊登了这些文章的摘录（按照乌尔卡尔特的直接指示）。乌尔卡尔特派把他叫到英国来。在这里，他作为目击者向外交事务委员会证明大陆上（对乌尔卡尔特）充满胜利的"信心"。我在这里遇到过他。他表示，如果我在北德意志刊物上有需要他帮忙的地方，他愿意效劳。

　　附带说一下，"为了表彰我在发展共产主义原理方面的功绩"，这里的工人教育协会邀请我在2月6日参加它的成立纪念会。（这些家伙还自认是磨坊街的旧协会的继承者。）沙佩尔、普芬德和埃卡留斯也收到了这样的邀请，但邀请的理由不同。在目前情况下，我当然要接受邀请，这样就可消除同这群工人旧日争论的最后痕迹。斐·弗莱里格拉特先生没有被邀请。现在我的确应当避免和这个大腹便便的人见面。因为我为福格特的这些肮脏东西而感到非常恼怒，而斐·弗莱里格拉特在这方面起了不小的作用，所以会很容易发生不愉快的争吵。

　　评论：马克思在寄这封信的时候手中还没有福格特的小册子。可以看到，马克思对于福格特的小册子的结构的了解并不准确。拉萨尔对马克思反对福格特的斗争采取了不体面的立场。在福格特的小册子《我对〈总汇报〉的诉讼》出版之前，拉萨尔就拒绝帮助马克思揭露福格特的波拿巴主义阴谋。拉萨尔在1860年2月初给马克思的信中企图以各种毫无根据的借口劝阻马克思对转载福格特的诽谤的《国民报》的起诉。在这封信中，马克思告诉恩格斯关于福格特诽谤性的小册子的消息，并询问如何采取措施。马克思对于如何争取拉萨尔和费舍共同反击福格特与恩格斯进行商讨。信中还建议恩格斯写作萨瓦和尼斯对于法国的军事意义。

　　1月30日　致信斐迪南·拉萨尔，指出：我只有几分钟的闲时间，因为今天必须为《纽约论坛报》写一篇社论。因此信将写得很简短。

　　1. 关于"共产党人案件"的小册子，我立即给你寄去。我记得，你早先已从我这里得到过一本。

2. 福格特竭力不让他那本捷列林格式的拙劣作品——它的第一版——运到这里来。不论弗莱里格拉特（我方才去过他那里）、金克尔、《海尔曼》，还是此地的任何一个书商都没有得到。帝国流氓自然是想赢得时间。

我所知道的一切都是从《国民报》上看到的。这完全是施梯伯式的谎言。为了以诽谤罪对《国民报》起诉，我已经写信给柏林我认识的一个法学家。你对这种诉讼程序有什么看法？请立即来信谈谈。

从你的信中可以看出，福格特自己承认他间接地被波拿巴收买过，因为你的匈牙利革命者们的狡猾手段我是知道的。我曾在伦敦一家英文报纸上揭露过他们，并给科苏特先生寄去过五份报纸。他保持沉默。纽约等地的匈牙利流亡者通过了反对他的决议。

你关于福格特问题的论证我不明白。我一得到他那本拙劣作品，就要写一本小册子，但是同时我要在前言中声明，我毫不在乎你的德国公众的意见。

李卜克内西是一个值得尊敬的人。依我看来，奥格斯堡《总汇报》一点也不比《国民报》和《人民报》差。

从我在《国民报》上看到的那些摘录中可以得出结论，福格特同谢务或者德拉奥德是一路货。

3. 我的政治经济学著作，到第二分册出版时，仅仅完成第一册的第一篇，而全部著作共有六册。因此你不能等全部著作完成。然而等到包含有全部精髓的下一分册出版，则对你自己有好处。至于这个分册在柏林还没有出，那要怪环境太坏。

评论：信中谈到几件事情，表明了马克思对福格特的态度。马克思已经知道福格特对自己的诽谤，计划以诽谤罪对《国民报》起诉，并表示要针对福格特的小册子作出批判。信中质问拉萨尔的态度，拉萨尔在1860年1月底给马克思的信中百般为福格特辩白，并且对于福格特曾为波拿巴政府收买这一事实表示怀疑。马克思信中所说的一家英文报纸，是指《自由新闻》报，该报1859年9月28日发表了马克思的短文《科苏特和路易－拿破仑之间的交易的详情》。信中马克思认为李卜克内西是一个值得尊敬的人。拉萨尔却因李卜克内西是奥格斯堡《总汇报》的通讯员而攻击李卜克内西。

信中还谈到马克思自己的经济学著作的最初计划，计划预定写六册：资本；地产；雇佣劳动；国家；对外贸易；世界市场。1859年出版的《政治经济学批判》第一分册包括《资本一般》这一篇的两个绪论性章节（一章关于商品，一章关于货币），而马克思打算整个第二分册是写资本一般。后来，最初的写作计划出现了变动。当时拉萨尔计划写一本政治经济学著作，该书于1864年在柏林出版，书名是《巴师夏－舒尔采—德里奇先生，经济的尤利安，或者：资本和劳动》。

1月31日 致信恩格斯，指出：你的文章收到了，非常好。

　　附上昨天收到的拉萨尔的来信，我当即写了简短的回信。我们必须合写一本抨击性小册子，不这样，我们就不能摆脱这件事。同时我也写了一封信给柏林的费舍，问他能不能以诽谤罪对《国民报》起诉。福格特的小册子（不论哪个伦敦书商都没有这本小册子；他既没有寄给弗莱里格拉特和金克尔，也没有寄给他在这里的其他任何熟人；很明显，他想以此赢得时间；所以我只好订购），就它涉及我们的那部分来说，显然是根据德拉奥德—谢努的精神搞出来的蹩脚东西。我读过《国民报》上的第二篇文章，可以看出，福格特还附带提到了鲁普斯（称他为被囚的狼、议会的狼），说他在 1850 年曾给汉诺威反动报纸寄去一份通告。他重新抛出了 1850—1852 年流亡者的一切卑劣谎言。资产阶级报刊自然无限欢欣鼓舞，而给公众的印象，从拉萨尔信中的口气不难看出来，费神把这封信给鲁普斯看看，然后保存起来。

　　昨天我同弗莱里格拉特会见了一会儿。我对他非常严肃（他如果还有一点儿羞耻心，就应当发表反对福格特的声明），我们的全部谈话如下：“我：我是来请你把那本控诉奥格斯堡《总汇报》的小册子借给我，我已经找遍了所有的书店，可是都没有，你的朋友福格特一定寄给了你。弗莱里格拉特（极其装模作样地）：福格特不是我的朋友。我：拉萨尔给我来信，要我立即答复。那末说，你没有那本小册子？弗莱里格拉特：没有。我：晚安。”（他向我伸出诚实的手，接着就是威斯特伐里亚式的握手。）这就是全部经过。

　　尤赫（《海尔曼》报的所有者和现任编辑，我是由于施梯伯事件引起的柏林艾希霍夫诉讼案而和他认识的）向我保证说，金克尔直到现在也没有收到福格特的那本小册子。而尤赫却收到了福格特写的许多反对我们的东西，这些东西他没有发表。我必须暂时同这个家伙和睦相处，这个人本人还是十分正直的。因为现在只有《海尔曼》在伦敦出版，要是在我们所在的这块地方没有武器来对付福格特匪帮，那会是很伤脑筋的。

　　附带提一下，由于我同尤赫的第一次会面，艾希霍夫已根据我的建议，要求因伪造罪而在汉堡坐牢的友人希尔施来做被告证人。因此，1 月 26 日开庭的这件诉讼案（我在《政论家》上看到这件事），在一场激烈的辩论后又延期了。希尔施一来，施梯伯就要完蛋了。

　　评论：信中向恩格斯介绍了解到的有关福格特的小册子的情况。谈到了福格特攻击沃尔弗一事。信中还谈到会见了《海尔曼》报的所有者和现任编辑尤赫。1859 年年底德国社会党人艾希霍夫，由于在《海尔曼》周报刊登了反对普鲁士警察制度的文章，被普鲁士当局交法庭审讯。这些文章揭露了普鲁士政治警察局局长施梯伯在普鲁士政府于 1852 年策划反对共产主义者同盟盟员的科伦案当中所起的作用。1859 年 12 月马克思会见了尤赫，因为他为了替艾希霍夫辩护需要了解科伦共产党人案件的情况，希望马克思协助。

1月31日　致信贝尔塔兰·瑟美列，指出：您的沉默使我断定，您因为我的上一封信而见怪了，然而我敢说，这没有充分的根据。您想必不会否认，是您自己的上上一封信使我不再受我对您的诺言的约束。另一方面，您随时都可以写信到柏林去，让出版商敦克尔先生证实，他曾要求我把他所期待的手稿寄去，不要再推迟。最后，我推荐卡范讷先生的目的自然是为您效劳，而不是为我，而且我是因为没有更好的办法才推荐的。

同时我曾设法通过我的一个朋友在《威塞尔报》上登了一则关于您的小册子的广告（或者确切些说，是关于它即将出版的预告）。只要我一拿到您的小册子，就乐于马上给《纽约论坛报》写一篇评论它的长文。科苏特曾企图通过给格拉斯哥的麦克亚当再次写信来引起英国公众的注意。这次他的企图彻底失败了。

有一件事，我需要从您那里了解一些情况，而且我认为我有权向您提出这一请求。

福格特教授（日内瓦的詹姆斯·法济手中的工具，而法济也象福格特一样，同克拉普卡和科苏特交往密切）发表了一本关于他对奥格斯堡《总汇报》的诉讼的小册子。这本小册子对我捏造了最荒谬的谣言，因此我不能不回击这种无耻的诽谤，尽管我也觉得被迫在如此讨厌的问题上耗费时间是可惜的。好啦。现在他肯定说，他的宣传费是从匈牙利革命者那里得到的，并且隐约地暗示，这笔钱直接来自匈牙利。这是不足信的，因为科苏特自己都未能从这个来源得到任何东西。您能否较确切地把意大利战争爆发前克拉普卡的经济状况告诉我？因为我不得不在我打算写的这本抨击性著作里较详细地谈谈科苏特及其一伙，如果您把您所知道的关于他最近的金钱交易的新材料告诉我，我将非常感激。他有没有从三百万中拿出一部分钱来作为一个匈牙利军团的军饷或装备费呢？（我是说，分给军官和文官的那些钱除外。）

非常关键的时刻就要到来，我希望任何误会都不至于妨碍我们的共同行动。

评论：信中沟通了一些事情。瑟美列在1860年1月15日给马克思的信中说，如果马克思很忙，他可以不用马克思帮助，自己找一个译者翻译他的《一八四八年至一八六○年的匈牙利问题》。对此，马克思表示这使自己不再受到诺言的约束。同时，马克思表示将帮助瑟美列刊载广告及写书评，以扩大影响。信中询问福格特的《我对〈总汇报〉的诉讼》的情况，认为这本小册子对自己进行了无耻的诽谤。

2月3日　致信恩格斯，指出：不过，目前无论出版小册子或在报上发表声明，都不会有什么用处。小册子将被那些正在极力吹嘘福格特如何伟大的报刊所扼杀。福格特对我的攻击——显然他力图把我描绘成卑贱的下流货和骗子（这是从我至今所听到的一切言论中得出的看法）——应该说是资产阶级庸俗民主派以及俄国—波拿巴主义恶棍对全党的坚决打击。因此也应该给以坚决的回击。其次，防御对于我们是不合适的。我要对《国民报》起诉。我已经决定这样做。暂时这不需要很多钱——我指的是事先向法院交纳的费用。律师很容易找到，因为这毕竟是一个会轰动全德国的案件。我一收到费舍的信（我想，信明天就会寄到），就立刻在各种德文报纸上发表一个简短的声明，说我正在柏林对《国民报》的诽谤提出控告。我已经在我现有的该报的第二篇文章中找出起诉的各点，这几点将使它在法律上遭到致命打击。这个案件将使我们能在法庭上对一切民法性质的指控给予反击。以后我们就能够着手来对付猪猡福格特了。

如果你考虑到，几个星期之后，由于施梯伯事件，整个科伦共产党人案件将会重新出现，那末你就会同意，若能巧妙地加以利用，这群狗东西的攻击对我们是有益无害的，这样立刻就能重新向工人群众表明我们的坚决态度。

从另一方面说，福格特或《国民报》能提出什么样的证据来反对我们呢？从福格特在俾尔《商业信使报》上发表的一篇文章中就可以看出，除了泰霍夫的谎言，也许还有（这是最坏不过的）吕宁的一些不十分令人愉快的意见之外，福格特对于这里的情况一无所知，并且有最荒唐的错误。

真是岂有此理，现在，当危机正在逼近，普鲁士国王不久就要死去等等的时候，我们竟会让一个什么帝国的福格特及其一伙用这样的办法来消灭我们，甚至——按拉萨尔的倡议——自己切断自己的咽喉。

你从附上的简讯中可以看出，现在福格特先生在干什么，以及你如何能够在自己的小册子中，哪怕是在一个注释中，给这位先生轻蔑的一脚。

评论：马克思介绍了对布林德行动的情况，并分析了形势，表示准备对《国民报》的诽谤提出控告。信中谈到马克思致《自由新闻》编辑的声明，马克思在这个声明中揭露小资产阶级民主主义者布林德是波拿巴的代理人福格特的共谋者。

信中还谈到1860年2月3日《泰晤士报》上的一篇简讯，简讯报道了福格特对法国准备吞并萨瓦和尼斯的亲波拿巴言论。福格特在谈话中把拿破仑第三的真正意图隐瞒起来，说法国政府似乎准备使佛西尼、沙布累和热涅瓦等萨瓦的中立地区归属瑞士，以换取对辛普朗的自由使用。恩格斯在自己的小册子《萨瓦、尼斯与莱茵》中揭穿了这种言论，马克思在抨击性著作《福格特先生》中也作了揭露。

马克思力图迫使小资产阶级民主主义者布林德承认，他是那个揭露福格特是被收买的波拿巴的代理人的匿名传单《警告》的作者。马克思这样做很重要，因为福格特在《我对〈总汇报〉的诉讼》中宣称传单的作者是马克思，并诽谤马克思把布林德当作自己的党的替罪羊。在布林德和排印传单《警告》的印刷厂主霍林格尔的压力下，该印刷所的排字工人维耶于1859年11月写了个声明，说布林德不是传单的作者。《总汇报》拒绝刊登这项声明，它发表在福格特的《我对〈总汇报〉的诉讼》一书中。但是，1860年2月8日维耶向治安法庭作了供词，证明布林德是作者。

2月3日 致信约阿希姆·列列韦尔，指出：有个福格特，是日内瓦的教授，发表了一本小册子，其中充满对我和我的政治活动的最惊人的诽谤。他一方面把我描绘成渺小的人，另一方面把最卑鄙的动机强加在我身上。他歪曲我的整个过去。因为当我住在布鲁塞尔时有幸同您保持亲密的关系，——我永远不会忘记您在1848年2月22日波兰革命纪念会上当众与我拥抱所给我的荣誉，——所以请您给我写封私人信，证实您对我的友谊，同时也证明我在布鲁塞尔同波兰流亡者保持过友好关系。

评论：信中询问福格特的毁谤自己的小册子的情况。信中谈到约阿希姆·列列韦尔对自己的肯定。1848年2月22日民主协会为纪念1846年克拉科夫起义两周年在布鲁塞尔举行纪念会。在这次纪念会上马克思和恩格斯发表了演说。后来，马克思把列列韦尔的回信发表在自己的抨击性著作《福格特先生》的附录中。

2月4日 致信恩格斯，指出：至于从《国民报》上为鲁普斯摘录的东西，第一次我是根据记忆写的，在公开的声明里不能用。第二次我是照抄的，为了避免弄错，现在重抄一遍。我不能把这份报寄来，因为弄不到另外一份。

1月25日《国民报》第41号的摘录（这是社论的最后一段）。

"只是还有一点值得指出：致民族联盟的公开信马上就落入汉诺威的反动派手中，并且被它公布出来；1850年曾从伦敦发出另一个告德国'无产者'的'通告'（福格特认为，它是议会的狼，或者说被囚的狼起草的），该通告同时被背地塞给了汉诺威警察当局。"

我把所有旧日的书信和报纸翻阅了一遍，把"案件进程"中可能用得着的抽出来放在一边。请你尽可能使我能够在你曼彻斯特的家中一下子找到那"一大堆"（书信、报纸等等），并且能够挑选出所需要的东西。卑鄙的民主派现在当然充满幸灾乐祸的心情，绝对不能让这些人把他们的革命的旅行计划、革命的纸币、革命的胡言乱语等等推在我们身上。必须使德国也认清这个民主派的真面目，他们的首脑是福格特在这里的秘密通讯员哥特弗利德·金克尔。

评论：马克思摘录了《国民报》转载的福格特的诽谤性内容中涉及鲁普斯的部分寄给恩格斯。马克思还请恩格斯帮忙在书信和报纸中搜集与诉讼案件进程相关的材料。

2月7日 致信恩格斯，指出：在星期一出版的那一号《每日电讯》第五版上刊登了一篇卑鄙的文章（上面注明：美因河畔法兰克福；而事实上是从柏林寄出的），它是根据《国民报》上的两篇文章编写的。我立即威吓这些狗东西要以诽谤罪控告他们，他们将不得不发表声明并表示道歉。

还有一件事！维耶现在要向法官声明，他由于布林德和霍林格尔的坚决要求，曾经在一篇假声明上签了名。

昨天已把声明寄给《国民报》、《科伦日报》、《人民报》、《政论家》（柏林）、

《改革报》、奥格斯堡《总汇报》、《法兰克福报》。声明很短。第一，我正采取步骤，准备对《国民报》起诉；第二，援引随信附上的那份用英文写的对布林德的"控诉书"。

评论：信中告诉恩格斯，《每日电讯》发表了根据《国民报》上发表的两篇文章编写的文章，转载了福格特的诽谤性捏造。马克思威吓他们要以诽谤罪控告他们，因此，《每日电讯》将不得不道歉。

2月9日　致信恩格斯，指出：我整整一星期依然未能给《论坛报》写信。我不得不给各方面至少寄出五十封信——到科勒特那里去奔走以及天晓得还到谁那里，都没有计算在内。加之还有和卑鄙的《电讯》通信，和《星报》通信，我把和《电讯》的全部通信都寄给了《星报》。附上《星报》的一封信，请保存起来。我也给雷诺写过信。看看他能做些什么。此外，由于维耶，甚至到警察局奔走。结果下面再讲。我寄到大陆的信（寄给各报的除外），至今只收到两封回信。一封是席利的。非常宝贵。信中谈到"硫磺帮"和"制刷匠帮"的全部历史。另一封是瑟美列的。很有价值，因为它透露了匈牙利革命者"自己的"（波拿巴的除外）基金情况，福格特似乎从这里领取过自己的钱。伊曼特的信并不那么坏。至少有一两点是可取的。我还盼望的首先是纽沙特尔的莱纳赫先生的回信，据说他是帝国的福格特的丑史的流动传播者。（附带说一下，密探海弗纳尔在奥格斯堡《总汇报》上写的是什么地址？我需要从他那里弄清楚一个问题。）我也给波克罕写了信（从来没有亲自见过他）。他是日内瓦硫磺帮的头目，这帮人曾经在"王冠"咖啡馆消遣时光，席利来信说，你在旅行中有时也同他们喝过酒。

星期一举行了工人的宴会。有八十人出席。全体一致通过了一项表示"无产者"愤怒谴责福格特的决议。卑鄙的《海尔曼》向我要关于宴会的报道。我拒绝了，但建议他去请李卜克内西老爷子写一篇简短的通讯。

不过，还是让我们来谈谈 à nos moutons，也就是来谈谈拉萨尔吧。因为，在收到他的第一封信以后，我不知道你是否已经按照我们最初的约定（当时情况还不是这样）写信给他，所以我只写了两行告诉他，说我曾经猜想，他数月以来都不写信是由于我上次那封有些粗暴的（事实上是很粗暴的）信激怒了他。说我很高兴，事情不是这样。还说我对这一点的疑虑早些时候已写信告诉了你。好啦！可是这个畜生竟因此而大肆喧嚷！他竟炫耀自己的道德比李卜克内西高尚！正是这个家伙为了哈茨费尔特伯爵夫人而采取了最无耻的手段，并且和最无耻的人勾结在一起！难道这个畜生已经忘记了，当我想接受他加入同盟的时候，科伦中央委员会鉴于他名声不好而一致决议不许他加入？的确，我觉得我出于礼貌向他隐瞒了这一切，同时也隐瞒了工人代表团到这里来的事，这个代表团是几年前从杜塞尔多夫派到我这里来的，代表团对他提出了使他极其丢脸的，而且在某种程度上是无可辩驳的指责！现在来看一看这只妄自尊大的猴子吧！只要他透过波拿巴主义的有色眼镜，觉得发现了我们的弱点，马上就摆起架子，拿腔作势，丑态百出。另一方面，由于害怕我不会这么轻易地为了我的温柔的朋友拉萨尔的利益而让福格特损害我的名誉，他的全部法律本能就一下子消失了！他是多么自相矛盾！多么卑鄙！他认为这件事最好不要再去"翻腾"了。"人们"对此不会"很好地理解"。好个不会很好地理解！好个人们？为了讨好他的那些一边喝啤酒一边高谈阔论的庸人们，我应当让教书匠斯库伊尔斯，或者说让察贝尔在我头顶上跳舞！现在对拉萨尔先生我是已经看透了。

我马上给布林德写了信，确切些说，就是把一份与他有密切关系的通告信塞在信封里寄去了。他自然默不作声。可是这个畜生却满城乱跑，企图靠谣言来解脱自己（请往下看，这对他会有什么帮助）。这家伙在最近几星期内展开了狂热的活动，小册子一个接一个地出版，在《海尔曼》上拼命吹嘘自己，竭力向在席勒委员会内认识的几个资产者谄媚，挤入新筹建的席勒协会去当秘书，时而诽谤他的"祖国之友"，时而在他们面前装腔作势，以大政治家的姿态透露一言半语，等等。现在你很快就会看到，所有这一切不过是溺者抓住一根稻草而已。

评论：信中告知准备以诽谤罪控告《每日电讯》；对《国民报》的诉讼材料已经写好；已经收集了更多的关于福格特的材料；伦敦德意志工人教育协会全体通过了谴责福格特的决议；已经给布林德写了一封通告信。信中谈到，维耶已经向法官证实他给布林德作伪证的事情，并随信附上了维耶的证词。但是排字工人费格勒尚没有来作证，怀疑是布林德用钱进行了收买。信中还表示希望恩格斯尽快出版《萨瓦、尼斯与莱茵》，还表达了对拉萨尔和弗莱里格拉特的不合作的不满。

2月13日 致信恩格斯，指出：今天收到了那本书。彻头彻尾的臭玩意儿。真是变戏法。幸好可敬的《国民报》在它的两篇社论（第37号和第41号）中恰巧把法律上可以抓住把柄的和集中表现其卑鄙无耻的一切地方都转载了。

今天（收到费舍的第二封信以后），我立刻给法律顾问维贝尔（柏林最著名的律师）寄去诉讼材料和十五塔勒预付款（两英镑十先令）。如果我不是以诽谤罪提起私人诉讼，而是诉诸普鲁士王国检察机关，我也可以不花钱，但是，正如我给费舍的信中所说的，我不能期待普鲁士王国检察机关"以特别的热情来维护我的声誉"。此外，全部诉讼手续上的花费是很便宜的。

明天还有一笔开支，我不知道怎样来抵补。我必须到讨厌的家伙戚美尔曼（从施潘道来的，是个福格特分子，同时也是奥地利大使馆的律师）那里去一趟，要他给我写一个委托书的格式，我应当立刻把委托书寄给维贝尔。不能耽搁时间，因为在普鲁士，这种诉讼的"时效"是非常短的。

除《人民报》以外，柏林的《政论家》也刊登了我的声明，它还摘要刊登了反对布林德的英文通告信。今天我已经把通告信连同维耶和费格勒的affidavits一起寄给了路易·勃朗和费里克斯·皮阿。

《科伦日报》和《国民报》没有刊登我的声明。

弗莱里格拉特先生——我要好好地揭穿他（维持表面上的友好）——甚至不通知我他已收到了我寄去的东西。

评论：信中告知在准备关于诉讼的一系列事情，马克思请柏林最著名的律师维贝尔作他的律师，已经给维贝尔寄出了诉讼材料和预付款。还告知《人民报》《政论家》已经刊登了自己的《致德国报纸编辑部的声明》，以及一些关于开支的情况和困难。

2月13日　致信法律顾问维贝尔，指出：我在这封信中提到的《国民报》的文章刊登在该报第 37 号（1860 年 1 月 22 日，星期日）和第 41 号（1860 年 1 月 25 日，星期三）。这两篇文章都是社论。我在以后的通信中还有机会向您阐述这两篇文章中贯穿的精神。至于我在下面明确提出的几点，是我要提起诽谤诉讼的依据，而且我认为从法律上看这是最重要的几点，即：

（1）在第 41 号（文章的标题是《怎样伪造激进传单》）第 3 栏末尾写道：

"布林德在《总汇报》上两次断然声明，他不是〈传单《警告》的〉作者，而且他这样说不是为福格特辩解，他并不同意福格特，而是反对马克思—李卜克内西—比斯康普……他〈布林德〉显然不是亲马克思派的成员。我们觉得，使他变成替罪羊，对于该派来说并不十分困难，而为了对福格特提出的控告有分量，这种控告就必须由某一个能对此承担责任的相当的人来进行。马克思派之所以能够轻而易举地把传单说成是布林德写的，正是由于后者事先在同马克思谈话中和在《自由新闻》上的一篇文章里，表示过类似的看法；利用布林德的这些意见和说法，就可以把传单伪造成象是他的〈布林德的〉作品一样。"

可见，他们在这里直接指控我以别人的名义"伪造"传单。其次：由于《国民报》在这同一篇文章（见同一栏，往上一些）中自己向自己的读者叙述，我给奥格斯堡《总汇报》寄去"排字工人费格勒的证词"，费格勒在证词中说，"他根据以前的手稿认得布林德的笔迹，他在霍林格尔印刷所亲自排了传单的第一部分，霍林格尔本人排了第二部分"，所以《国民报》在上面援引的那段话中不仅荒谬地指控我伪造传单，为了欺骗而使传单具有布林德"作品"的形式，而且还干脆武断地说，我有意给奥格斯堡《总汇报》寄去一份伪造的文件。

按照一切法律惯例，《国民报》有责任提供证据，证明它所提出的侮辱我的指控是真实的。但是我将寄给您法律上的证据，证明它的指控是虚假的。您会看到，根据英国的法律，只要我愿意，我甚至能够现在就以"秘密勾结"反对我的罪名把布林德先生送去服苦役。

（2）在《国民报》第 37 号标题为《卡尔·福格特和〈总汇报〉》的社论第二栏里，一字不差有这样一段话：

"福格特在第 136 页及以下各页上说：在 1849 年的流亡者中间，有一群人以硫磺帮或者也以制刷匠帮知名；这些人起初散居在瑞士、法国和英国，后来逐渐聚集在伦敦，并在那里把马克思先生推崇为他们的著名首领。"

我将给您寄去证据，证明在这里把两个根本不同的日内瓦团体混为一谈，这两个团体从来没有同我有过任何联系，也没有建立过这样的联系。但是我认为这不重要。最重要的是后面的一段话，我要用这段话来作为诽谤诉讼的第二点依据，现将这段话照抄如下：

"硫磺帮〈据称它在我的领导之下〉的主要职业之一是败坏住在祖国的人的名誉，使他们拿出钱来，以便这个帮保密，不败坏他们的名誉。向德国寄去了不是一封信，而是几百封信，威胁说，要把他们参与革命的各种行动揭露出来，如果不把规定的款额限期交到指定地点的话。"

让《国民报》对它指控我的这种极端卑鄙行为提出证据，不要它向法院交出几百封信，甚至不要交出一封信，而只要它交出能证明这种卑鄙敲诈行为的哪怕仅有的一行字——关于这仅有的一行字，如果不能证明是出自我本人之手，至少也要证明是出自曾经同我有过某种联系的某人之手。

《国民报》当然不难在被塞满了的"反动报刊的各栏"中指出哪怕仅有的一行字是我或者我的朋友写的，并且包含着对任何一个"民主主义者"的"告密"。

完全正确，——而且这是唯一的事实，——斐迪南·弗莱里格拉特写过一首讽刺诗反对金克尔先生的革命公债和他在合众国的革命旅行；起初他把这首诗刊登在我的朋友魏德迈在纽约出版的杂志上，后来刊登在《晨报》上。这当然不是"告密"。其实是所谓民主主义流亡者（德国的）用关于我的最愚蠢的谣言塞满了德国报刊。在我认为需要予以答复的唯一的一次，我给一家报纸寄去一篇反驳文章，它却不予刊登。

（3）在上面援引的《国民报》第41号上《怎样伪造激进传单》一文中，它指控"无产者的党"——称我是这个党的领袖，因而也就是指控我——于1852年在瑞士搞过"大量制造假钞票的极端可耻的密谋，等等"，并且指控它于1859年也玩弄过类似的"伎俩"，因此德意志各邦"在缔结维拉弗兰卡和约以后"似乎不得不向瑞士"联邦委员会"提出质问。

以后我将较详细地来谈这样一个问题：我同这一切根本没有任何关系，从1850年9月起我完全停止任何宣传鼓动，并且早在科伦共产党人案件时期（1851—1852年）我就解散了我所在的共产主义团体，从那时起我没有加入任何秘密的或者公开的团体。《国民报》在这一点上也是蓄意诽谤，这从下述情况可以看出：它从科伦共产党人案件的材料中一定已经知道，我本人通过科伦律师揭露了那个似乎于1852年在瑞士作为警探活动过的家伙，施梯伯本人也不能不承认，这个家伙从1850年起就同我处于敌对的关系。必要时我将提出证据，证明这个家伙（舍尔瓦尔，他的真名是克列美尔）从来没有，甚至在1850年以前也没有同我有过联系。

（4）提起诽谤诉讼的最后一点，应该根据第41号《怎样伪造激进传单》一文第二栏中的这样一句话：

"天知道，从哪里为这家慷慨分发的报纸〈即在伦敦出版的《人民报》〉弄到钱；人们知道，马克思和比斯康普都没有多余的钱。"

如果把这句话同两篇社论的总的精神联系起来看，——这两篇社论把我描绘成是与秘密警察、反动分子以及以揭发革命活动来威胁和敲诈勒索的硫磺帮同流合污的人，——那就是暗指我用卑鄙无耻的手段为《人民报》弄钱。让《国民报》为这种诽谤提出证据。我将把我为《人民报》弄钱的事实告诉您，如有必要，也把察贝尔先生所怀疑的我的经济情况整个告诉您；这些事实可以证明，《国民报》上的卑鄙的诽谤是完全与事实相反的。

评论：马克思把费格勒的证词同《给〈总汇报〉编辑的信》一起寄给了奥格斯堡《总汇报》编辑部，以帮助该报对付福格特对它进行的控诉。信中提供了一系列材料，包括马克思和恩格斯于 1851 年 1 月 27 日签发给《威塞尔报》的一篇对卢格的诽谤性文章的答复，卢格的文章是对《新莱茵报》的攻击，特别是对马克思和恩格斯的攻击。

2 月 14 日　致信恩格斯，指出：附上费格勒的证词的抄件，我原来以为星期六已经把它寄给你了。

波克罕已经以手稿的形式给我提供了硫磺帮的"兴起、发展和衰亡"史。我大概已经告诉过你，他是马克街一家商行的头号店员；每年有六七百英镑的收入。

如果有钱，我也许明天就动身。但不能确切地说，因为各种偶然事件可能使我拖一天。只是请你尽力把一切书信和文件都收集到"一堆"。

卑鄙的《海尔曼》没有刊登（看来不是没有金克尔的干预，他打算娶一个每年收入二三千英镑的英国女人）工人协会的决议。但是这些先生们还会为此后悔的。

评论：随信寄去了费格勒于 1860 年 2 月 11 日提供的一份证词的抄件，这个证词证实布林德是传单《警告》的作者。并告知为反击福格特收集的材料以及一些相关情况。信中告知波克罕提供了"硫磺帮"兴起、发展和衰亡的历史。马克思和他的同志们同这个小集团毫无关系；这个小集团没有政治性。

2 月 15 日　致信恩格斯，指出：你从附上的沙伊伯勒的声明（这是从《每日电讯》上剪下来的）可以看出，我采用的手段已经见效。现在反对日内瓦帝国律师的事实将开始暴露出来。

我马上给沙伊伯勒写了个简短的便条，内容如下：

他的声明对于反对福格特是重要的，因而对于最主要的事情是重要的。但是它丝毫改变不了布林德在奥格斯堡《总汇报》上发表的那个"分明是虚构的"、但决不是"错误的"声明，更改变不了布林德的秘密勾结，他根据附上的维耶的 affidavit 的抄件可以确信这一点。维耶的这个 affidavit 还将在社会上起作用。

你将看到，为了把布林德从最坏的处境中拯救出来，这些家伙将援引真的事实来反对福格特，而且还会匍匐在我们面前。

评论：信中告知恩格斯关于布林德事件的新情况。在 1860 年 2 月 15 日《每日电讯》上登载了布林德的朋友沙伊伯勒医生的声明，沙伊伯勒在声明中断言，传单《警告》的作者是他本人。马克思的《福格特先生》一文中证明，传单的真正作者是布林德，而沙伊伯勒是个冒名顶替者。布林德在 1859 年 11 月 3 日的声明中否认自己是传单《警告》的作者。

2 月 21 日　致信法律顾问维贝尔，指出：由于没有收到信，另一方面，您的电报没有拒绝我提出的当我的律师的请求，因此我认为您已经接受了我的委托，为了不致再耽误时间，现在用这封挂号信给您寄去：

（1）委托书。

（2）七个附件，其中原件用英文写的都附有译文。

这七个附件是：

（1）奥·费格勒的 affidavit。

（2）约·弗·维耶的 affidavit。

（3）我的反对布林德的英文通告信。

（4）和（5）奥格斯堡《总汇报》就这一事件给我的两封信。

（6）1860 年 2 月 15 日伦敦报纸《每日电讯》第五版第五栏中的一段：沙伊伯勒医生的声明，标题是《反对福格特的传单》。

（7）1859 年 9 月 8 日卡·布林德给李卜克内西的信。

明天也许您的信已经寄到我这里，那时我就可以给您寄去对这些文件的说明。您一眼就可以看出，《国民报》第 41 号上对我进行的无耻指控（把我描绘成是那些以别人的名义发表文件的匿名作者），可以在法庭上无可辩驳地揭穿是卑鄙的诽谤。

关于几份 *affidavits*（向法官作的声明，用以代替宣过誓的证词）我只提出下面一点：

您从作为附件二的 affidavit 中可以看到，《*upon oath*》（宣过誓的）这几个字被法官勾掉了。法官向我们解释说，在他们面前作的声明可以被认为是宣过誓的声明，他还说，作假声明等于犯刑事罪，要受流放的惩处，但是根据英国的法律，只有被告在场时宣誓才算是真正的誓词。

评论：信中与维贝尔沟通委托和诉讼等事情，并随信寄去一些材料。包括告知《总汇报》编辑奥尔格斯在 1859 年 10 月 16 日致马克思的信中，请求马克思把排字工人费格勒揭发福格特的证词寄给他。布林德在 1859 年 9 月 8 日给李卜克内西的信中力图证明他同传单《警告》的写作无关。

2 月 23 日　致信斐迪南·弗莱里格拉特，指出：我写这封信给你，是因为你作为一个诗人，而且还是个大忙人，看来对于我在伦敦和柏林提起的诉讼的意义理解错了。这些诉讼对于党在历史上的声誉和它在德国的未来地位具有决定性意义。柏林诉讼的意义之所以更加重大，还由于将同时审理以科伦共产党人案件为注意中心的艾希霍夫—施梯伯案件。

看来，你对我有下述不满的地方：

（1）我滥用了你的名字（象你对孚赫所说的那样）。

（2）我在你的营业所好象跟你"闹了一场"。

关于第一点。我除了在奥格斯堡《总汇报》上声明过布林德对我讲的话大体上也告诉过你以外，我本人从来没有提到过你的名字。这是事实。我从一开始就意识到，指出传单的真正来源是何等重要，而且我也有权利引证听到过布林德的话的证人。

至于李卜克内西写给奥格斯堡《总汇报》编辑部的那封提到你和我的名字的信（关于布林德），那末，他在必要时会宣誓证明，我事先并不知道他这样做；我在曼彻斯特逗留期间也同样事先并不知道他把传单《警告》寄给奥格斯堡《总汇报》。当奥格斯堡《总汇报》由于福格特向它追究责任而找到李卜克内西的时候，他还怀疑我是否会利用机会表示不同意他的做法，而当我立即向他声明我将尽全力帮助他的时候，他甚至感到惊奇。

在寄给你的信中，我为他进行了辩护，我反对你给他的信，只是因为：从你这位享有声誉和社会地位的人物来说，对一个居住阁楼的不知名的党员过去那样亲密无间，现在却这样尖刻地攻击，我认为这样做是不够宽宏大量的。

至于我的信语调气愤，那是由各种各样原因引起的。

首先，使我深受刺激的是，看来你相信布林德甚于相信我。

其次，你给我的有关《晨报》（关于席勒纪念活动的文章）的信，是用极其气愤的口吻写的，从这封信看来，你认为我竟能干出这样卑鄙的事情：我不仅把侮辱你的地方偷偷地塞进布林德的文章里，甚至过后又当你的面把这种做法说成是布林德玩的鬼蜮伎俩。我真不知道，为什么我应遭到这种对我说来是那样可耻的怀疑。

再其次，你把我给你的私人信件给布林德看了。

最后，我有权期待，尤其是在《凉亭》上的文章发表以后，你会给你在奥格斯堡《总汇报》上发表的声明加上哪怕一点说明，以消除这样的印象，即这一声明意味着同我个人决裂，意味着公开脱离党。你的第二篇声明同布林德的声明一起发表，你的名字充当了他的谎言和歪曲的护身符，这种情况也不能使我感到高兴。无论如何，我可以向你保证：李卜克内西在奥格斯堡《总汇报》上发表的一切声明，在报纸上出现以前，我是完全不知道的。

关于第二点。正好在我到你的营业所去的那一天，从柏林寄到我家里两号《国民报》（在第一号上载有后来在《电讯》上发表的卑鄙的摘录和评述）。当时我们全家人都非常激动，我的可怜的妻子的情况实在可怕。同时，我收到了一封德国的来信，信中告诉我，除了你在奥格斯堡《总汇报》上发表的声明以外，在福格特的卑劣的书中还有你的一封信。据说从这封信中可以看出你同福格特的亲密关系，而且可以看清楚，你的名字是福格特借以捞取政治资本，并使他的卑劣行为受到公众重视的唯一起作用的名字。你不妨设身处地替我想一想，并反躬自问一下，你在这种时刻能够不失掉自制力吗？

我再说一遍：这封信所谈的并不是私人利益。在伦敦诉讼中，我能够不经你的允许而使你被传到法庭做证人。对于柏林诉讼来说，我手头有你的信件，必要时我可以用上它们。况且，在这一案件中我决不是孤立的。福格特的无耻攻击，给我在一切国家——比利时、瑞士、法国和英国——提供了意外的同盟者，甚至包括完全是其他派别的人在内。

但是，为了我们双方，为了案件本身，当然采取一致行动是比较好的。

另一方面，我坦白地承认，我不能由于一些小的误会而失掉我所爱的少数真正朋友当中的一位。

如果我有哪一点对不起你，那我随时准备承认自己的错误。"人所具有的我都具有。"

如果我们两个人都认识到，我们都按各自的方式抛开一切个人利益，并且从最纯正的动机出发，在许多年中间打起"最勤劳和最不幸的阶级"的旗帜，把它举到庸夫俗子所不可企及的高度，那末我认为，我们若是由于归根到底不过是出于误会的小事情而分手，就是对历史犯下了不应犯的罪过。

评论：信中向弗莱里格拉特澄清和沟通诉讼涉及的一些人和事情。马克思对柏林报纸《国民报》和伦敦报纸《每日电讯》发起诉讼，因为这两家报纸转载了福格特对马克思及其战友的诽谤性的捏造。1859 年 11 月 11 日的《晨报》上刊登了布林德的匿名文章，文章报道了在伦敦的席勒纪念活动，其中谈到弗莱里格拉特的颂诗，说这首诗"在中等水平以上"。弗莱里格拉特在给马克思的信中暗示，布林德文章中的这段话似乎是受马克思的怂恿加进去的。在信中，马克思表示看重和弗莱里格拉特的友谊，希望他能采取一致行动。

2 月 23 日 致信斐迪南·拉萨尔，指出：现在我必须进行两起诉讼，一起在柏林，一起在伦敦，另一方面，我还得纯粹为谋生而工作，所以我只能给你写几行。

唯一不是完全臆造的事实是泰霍夫的信。但是这封信，或者确切些说，这封信的内容，我早在七年以前就在纽约出版的一本题名为《高尚意识的骑士》的抨击性小册子中作了相当彻底的驳斥，以致使得所有爱叫嚷的人——那时他们还纠合在一起——都张口结舌，不敢提出一个字来反驳。

我希望从你那里知道的，而且对我来说是极其重要的，那就是查明谁是《每日电讯》报驻柏林的通讯员，以及这个畜生住在柏林什么地方（街名和门牌号）。看来，这是一个姓迈耶尔的犹太人。凭你在柏林的地位，要打听出这一点，对你来说当然是没有什么困难的。请尽快把打听到的告诉我。附上关于共产党人案件的小册子。

又及。至于说我的不信任（你迫使我用大政治家布林德的语言说话——见奥格斯堡《总汇报》），那你无论如何不能这样抱怨。例如，我随这封信寄给你一封来自巴尔的摩（美国）的便函。这封便函是我通过私人关系得到的。在同盟的文件中有对你的正式指控（其中有杜塞尔多夫一个工人代表团的证词），这些文件不由我掌握，我不能支配。

评论：信中告知拉萨尔要进行两起诉讼。信中询问到底谁是《每日电讯》报驻柏林的通讯员，并询问此人的住址。随信附上了马克思自己的《揭露科伦共产党人案件》，还有在美国的德国流亡者维斯的便函，这封便函是写给克路斯的，其中特别对拉萨尔作了评论，说他是一个对于任何党派都危险的和贪图名利的人，为了达到自己的目的他是不择手段的，甚至能出卖自己的朋友。

2月24日 致信法律顾问维贝尔，指出：为了让您弄明白以诽谤罪对《国民报》提出控诉对我有什么意义，我还要简短地谈一下《国民报》的社论在伦敦所引起的那些后果。

在1860年2月6日的《每日电讯》（伦敦的一家日报）上用两栏半篇幅登载了一篇标题为《奥地利的报界帮凶》的文章。

这篇注明写于美因河畔法兰克福，而实际上是在柏林写的文章，经过最粗率的对照就可以看出，它的一部分是《国民报》第37号和第41号的社论的简单重述，一部分是这两篇社论的逐字逐句的译文，我认为《国民报》的这两篇社论是有罪的。与此有关的那一号《每日电讯》，我将于日内寄给您。在《电讯》的这篇文章中，正如在《国民报》上一样，第一，把我和我的朋友说成是"秘密警察的同盟者"。第二，逐字逐句地翻译我在第Ⅳ部分引用的《国民报》关于硫磺帮、进行敲诈的恐吓信的那段话，还有关于我同舍尔瓦尔在瑞士伪造假钞票的关系等等的话。

这篇文章刚一发表，我立刻就写信给《每日电讯》的编辑，威吓要对他提起诽谤诉讼（*action for libel*），要求他向我公开道歉。他回答说，已把我的信寄给他的德国通讯员了，将等待后者的答复。

顺便要指出《每日电讯》报的柏林通讯员（好象是一个叫迈耶尔的犹太人）竭力用来掩饰他抄袭《国民报》的行为的那种夸张说法。最初他说成百个德国编辑，后来说数千个（也就是，德国有多少知名的城市，也就有多少编辑），而最后说，我至少应当对五十个编辑起诉。他所说的可尊敬的来源也就是他的唯一来源——柏林的《国民报》。

还要顺便提一下，在2月6日我给《每日电讯》编辑的信中，也就是在他亲自写信告诉我他已转寄给他的德国通讯员的那封信中，我曾通知《电讯》的编辑，并且通过他也就转告他的通讯员，说我即将以诽谤罪对柏林《国民报》起诉。

依我看来，这里唯一具有决定作用的情况是，《每日电讯》以它的通讯员为掩护，在我对德国报纸中的一家起诉之前，它将拒绝向我作任何道歉。该报提到《国民报》的"可尊敬的"威望，因为唯独《国民报》刊登了《每日电讯》上发表的这方面的论述。

评论：这是一封长信。信中马克思对计划对柏林《国民报》提起诉讼时必须特别注意的一些事情作了更进一步的详细的说明，随信附上一系列与此事相关的重要文件。马克思表示，以诽谤罪对《国民报》提出诉讼具有重要意义。

2 月 27 日　致信卡尔·沙佩尔，指出：我给李卜克内西写了信，请他向你介绍一下福格特的书，以便你本人能够确信，在柏林对《国民报》的诉讼（对《电讯》的诉讼是次要的），对于我们党在历史上的声誉以及它在德国的未来地位，是多么重要。我昨天收到了我的柏林律师的信，从信中可以看出，《国民报》的察贝尔先生势必要为他对福格特的热心而去尝尝铁窗的风味。我的律师认为重要的是，你尽快地向伦敦的法官（弯街的这个法官是个合适的人，他已经认识李卜克内西，而李卜克内西可以陪你去一趟）提出如下的 affidavit，或者与此类似的 affidavit：

"兹声明，在某年……舍尔瓦尔（别名克列美尔……）经我本人介绍参加一个叫作《Der Bund》（同盟）的德国互助团体（顺便说一下，这个团体早已不存在了）的伦敦支部；这个舍尔瓦尔于 1848 年某月某日路过科伦时同我进行过简短的谈话，关于这次谈话，我甚至没有向卡尔·马克思博士提过。他当时根本不认识舍尔瓦尔这个人；1851—1852 年，舍尔瓦尔住在巴黎时，属于一个叫作'同盟'的德国互助团体的巴黎支部，并和它通过信，当时领导'同盟'的是我和现在住在合众国的辛辛那提的维利希先生。1852 年秋，舍尔瓦尔从巴黎回到伦敦以后，参加了一个叫作'工人教育协会'的公开的德国工人团体，他早先曾是这个团体的成员，那时领导这个团体的是我和上面所说的维利希先生。由于在科伦审问贝克尔博士和其他人时公开揭露了舍尔瓦尔，以及由于从其他方面得到的材料，这个舍尔瓦尔被公开开除出所说的德国工人俱乐部，此后不久他就从伦敦溜走了。"

评论：马克思在信中表示，在柏林对《国民报》的诉讼，对于党在历史上的声誉以及它在德国的未来地位十分重要。信中请沙佩尔尽快向伦敦的法官作出声明。从马克思的抨击性著作《福格特先生》中可以看出，卡尔·沙佩尔 1860 年 3 月 1 日在伦敦弯街治安法庭上提出了这个 affidavit。

2 月 29 日　致信斐迪南·弗莱里格拉特，指出：你的来信使我感到很高兴，因为我只和很少数的人交朋友，然而我却很珍视友谊。1844 年成为我的朋友的人直到现在仍然是我的朋友。至于你信中正式谈到的事情本身，那是出于严重的误会。因此我要作如下的说明：

1. 艾希霍夫—施梯伯案件。

我给了尤赫一本《揭露科伦共产党人案件》，请注意，这是我先在瑞士，后来又在波士顿出版的著作，并且被福格特当作众所周知的书籍引用过，所以绝对不是"秘密材料"。

我向尤赫说，我所知道的一切都包括在这本书里了。

最后，我向他指出，列伐尔特（艾希霍夫的辩护人）应当要求被拘禁在汉堡的希尔施出庭作证。这一点做到了。希尔施现在已经宣誓供认，"记录本"是普鲁士伪造的，其他一切从法律上看都是违法的。

这样，在这一案件中根据我的"材料"所要作的"揭露"，会给过去的"同盟"盟员连犯罪的迹象都洗刷掉，并且还会"揭露"普鲁士的警察制度，这种制度由于"科伦案件"和科伦陪审员的可耻怯懦而确立下来之后，现在在普鲁士已经发展成为连资产者本身和奥尔斯瓦特内阁都终于感到难以忍受的一种统治力量了。事情就是这样。

2. 我对《国民报》的诉讼。

我首先要指出，在"同盟"根据我的提议于1852年11月解散以后，我就从来没有再加入任何秘密的或公开的团体；因而这个寿命短促的党对我来说，不存在已经有八年了。在我的著作出版以后（从1859年秋天起）我曾向某些先进工人，其中也包括以前的同盟盟员，讲授政治经济学，但这种讲演与不公开的团体毫无共同之处，它与这种团体的关系，比方说，甚至比格尔斯滕堡先生在席勒委员会所作的报告还要更少。

3. 福格特—布林德的特殊事件。

我就这一事件去找过厄内斯特·琼斯，由于他对布莱特、吉耳平等人的愚蠢态度，我已有两年没有同他见面了，现在他已公开放弃这种态度。我去找他，首先是因为他象其他许多人（其中有我完全不认识的人）一样，2月6日的《电讯》一出版，就主动地向我表示他对福格特的卑劣行径感到极大的愤慨，因为福格特竟无耻地断言，共产主义者同盟创立的目的（并且在1849—1852年在这方面进行了活动）是以告密相威胁，向住在德国的被败坏了名誉的人勒索金钱；福格特还根据我和冯·威斯特华伦的"姻亲关系"得出了我同《新普鲁士报》有"联系"的结论，等等（由于我的妻子的缘故，我对琼斯的这种表示感到很高兴，因为不能要求夫人们对政治上不愉快的事情无动于衷，同时也因为她们通常正是根据患难来衡量友谊的真假程度的）；其次是因为我不愿意为了在法律上对布林德极不愉快的事件去找真正的英国律师——不是为布林德本人，而是为他的妻子和孩子着想。出于同样的考虑，我没有把英文通告信寄给《晨报》，而且除了《电讯》以外，也没有寄给任何一家英国报纸。

现在情况是这样：对《每日电讯》已经提起诉讼，但是我的律师将把它拖到对《国民报》的诉讼结束以后。如果沙伊伯勒把他所知道的关于福格特的一切坦率地告诉我（沙伊伯勒当然是布林德手中的驯服工具），那末在2月15日的《电讯》上发表他的声明以后，我就根本用不着把这些 affidavits 转交给伦敦法院了。而在柏林，这对布林德不可能有任何司法上的后果，要避免这样做自然是不可能的。沙伊伯勒是不是"传单"的真正的（文字上的）作者，这并不能改变根据 affidavits 所确定的下列事实：布林德在奥格斯堡《总汇报》上所提出的证词是假的，它们是通过秘密勾结弄到的，传单是在霍林格尔印刷所里印的，是布林德亲笔写的，并且是他交给霍林格尔印刷的。

所有这些事情当然都使人厌恶，但是并不比 1851 年以来欧洲的全部历史，包括它在外交、军事、文学和信贷方面的全部发展在内，更使人厌恶。

"不管这一切"，对我们来说，"受庸人攻击"这一口号始终要比"让庸人踩在脚下"这一口号更好一些。

我已公开向你陈述了自己的观点，希望你基本上同意这个观点。此外，我还曾尽力消除这样一种误会，以为我所说的"党"就是指八年前便已解散的"同盟"，或是十二年前便已不复存在的报纸编辑部。我所理解的党，是指按伟大历史意义上来讲的党。

评论：信中针对弗莱里格拉特在一些事情上的严重误会逐一作出说明。包括艾希霍夫—施梯伯案件、对《国民报》的诉讼、福格特—布林德的特殊事件。信中涉及一系列事件。信中谈到，莱茵省的德国社会主义者、后来的全德工人联合会的积极活动者古斯达夫·勒维于 1853 年 12 月下半月第一次来伦敦。勒维是受杜塞尔多夫工人的委托来见马克思的。勒维在拜访马克思时，曾试图说服马克思，要他相信在德国必须举行起义，并且莱茵省的工厂工人对此已有准备。但是马克思向勒维证明，起义以及勒维所建议的恢复共产主义者同盟在德国的活动都还不是时候。信中谈到马克思以科伦共产党人被判罪者救济委员会的名义写的致在美国的德国工人关于救济科伦被判罪者的呼吁书。马克思把呼吁书寄给克路斯，让他在美国的德文报纸上发表。

3 月 3 日 致信斐迪南·拉萨尔，指出：我立即给你回信，不过写得很简短（但我希望能写清楚），因为两起诉讼的准备工作使我忙得不可开交。

1. 关于我对《国民报》的诉讼。

你对诉讼的结局是无法判断的，因为第一，你不知道我手头有些什么样的文件，其次，你也不知道福格特的谰言是纯粹的捏造。但是，你应当一开始就赞成进攻。第二起诉讼是我对伦敦报纸《每日电讯》提起的，因为它曾转载和传播《国民报》的文章。《电讯》是伦敦一家最卑鄙的日报（而这一点很重要），但它决不是一家小报。在伦敦的所有日报中间，它的发行量最大。它专门受到帕麦斯顿的津贴，这就是为什么它如此乐意登载这类攻击我的肮脏东西的缘故。

2. "庄严的姿态"只存在于你的想象中。你给我的两封信，我已给恩格斯、沃尔弗和我妻子看了，而按照他们一致的看法，信中可以感觉到由于福格特的卑劣小册子而产生的某种惶惑不安——既然三人成会，看来这一点是无疑的。

福格特控告我犯了应受刑事处分的罪行。在你的几封来信中我看不出你对这个庸人感到丝毫的气忿，按照你的意见，我甚至应当向他公开道歉。如果福格特知道你同我的关系，而且手头有维斯的便函，那末，他就会把它当作"硫磺帮"历史上的真实文件发表出来。你推测我已在某处公开提到（除了给你的一封信以外）布林德掌握的反对福格特的证据，这种推测是欠考虑的。福格特是波拿巴的代理人，这一点我已从他的书中看得非常清楚。当维利希（泰霍夫只写了维利希在1850年私下对他说的话）于1853年在合众国对我进行类似的诬蔑的时候，魏德迈、雅科比医生和克路斯在我获悉这件事以前，就已出来公开宣布所有这一切都是无耻的诽谤。在德国，我当地的朋友没有一个人对这种闻所未闻的攻击表示过任何抗议，反而给我写来了家长式的训诫信。

至于说编造记过簿，那是谈不上的。我在寄给那个收到维斯便函的人的私人信中，说你是我们党最能干的人物之一，也是我和恩格斯的亲密朋友。看来，那个收信人——由于事先没有征求他的意见，我不能说出他的姓名——曾把我的这封信拿给维斯看了，或者至少把这封信的内容转告过他。这就是维斯这件事的缘由。我现在没有而且从来没有跟维斯发生任何联系。过去他曾表示愿意为《新莱茵报》效劳，还寄来过一篇通讯，我把它扔进了字纸篓，没有给他任何答复。他在纽约（在魏特林的报纸《工人共和国报》上）发表了半打反对我的愚蠢文章。

我不能不守信用说出杜塞尔多夫的那些人是谁。但我只要指出一点就够了，那就是我没有同他们发生过任何联系。至于说工人忘恩负义，那与我亲身经受的来比，这种对你的忘恩负义只是一种儿戏。无论如何，勒维不是这种人，也不是这种人里面的一个。贝克尔、贝尔姆巴赫、埃尔哈特、乌伦多夫（后者的名字我不知道）从来没有给我写过一行反对你的话或有关你的事。

我没有同贝克尔"发生过联系"。同盟中央委员会被迁往科伦。最后的决定是在那里通过的。（这个同盟正象所有同它有关的事情一样早已成为往事，同盟的文件除两三份外都在美国。）贝克尔是在科伦被吸收入同盟的。这样他就同我有了联系。

如果现在你把所提到的事实与你对它们的解释对照一下，那你就会明白你具有"不信任"的特殊才能。

评论：这封信是马克思回答拉萨尔1860年2月底给自己和恩格斯的信。拉萨尔在信中指责马克思和恩格斯专门搜集他的材料，说维斯的便函是由于他们探询情况才写的。拉萨尔在致马克思的附言里问马克思，1856年杜塞尔多夫的工人是不是通过勒维把对他拉萨尔的指责转告马克思的，贝尔姆巴赫、埃尔哈特和乌伦多夫等人是不是与提出这种指责有关系。在这封回复信中，马克思围绕一些事情作出了解释。

3 月 3 日　致信法律顾问维贝尔，指出：从 1845 年初到 1848 年 3 月初，我住在布鲁塞尔，此后我又被驱逐，于是我遵照弗洛孔的信回到了法国。在布鲁塞尔我除了为各家激进的巴黎报纸和布鲁塞尔报纸不取稿酬写稿以外，还同恩格斯合写了《对批判的批判所做的批判》（哲学著作，1845 年在美因河畔法兰克福的吕滕出版社出版）、《哲学的贫困》（经济著作，1847 年由福格勒在布鲁塞尔出版，并由弗兰克在巴黎出版）、《关于自由贸易的演说》（1848 年在布鲁塞尔出版）、两卷关于现代德国哲学和社会主义的著作（没有出版，见我的《政治经济学批判》一书的序言，1859 年由弗·敦克尔在柏林出版）以及许多传单。在我留居布鲁塞尔的整个时期内，我在布鲁塞尔德意志工人教育协会义务地作关于政治经济学的讲演。我把这些讲演汇集成一本小册子，由于二月革命而未能刊印。我在布鲁塞尔的激进派（各种不同色彩的）中间所处的地位，从我作为德国人的代表当选为公开的国际协会的委员会委员这件事可以看出。列列韦尔（现在是八十岁的老人，1830—1831 年波兰革命的老战士和博学的历史学家）作为波兰人的代表当选，安贝尔（后来任巴黎土伊勒里宫的警卫队长）作为法国人的代表当选，布鲁塞尔的律师，前制宪议会议员和比利时激进派的领袖若特兰，作为比利时人的代表当选，他同时又当选为主席。您从若特兰（他现在已经是老人了）给我的两封信（附件 k，1 和 k，2）和列列韦尔的一封信（附件 i）中可以看出，在我留居布鲁塞尔期间我同这些人是什么关系。若特兰的一封信（附件 k，2）是在 1848 年 2 月 22 日的一次公开会议上我同他发生分歧之后写的，在这以后，我送交给他一份关于我退出国际协会的声明。他给我的第二封信，是当我在科伦创办《新莱茵报》的时候写的。

1848 年 3 月到 5 月底，我第二次住在巴黎。（秘密：弗洛孔曾表示愿意提供我和恩格斯一笔钱作创办《新莱茵报》之用。我们谢绝了他的建议，因为我们作为德国人不愿意从即使是友好的法国政府那里领取津贴。）

1848 年 5 月到 1849 年 5 月底，我在科伦出版了《新莱茵报》。

您从附件 l 可以看出，我曾当选为莱茵－威斯特伐里亚民主主义者的三个领导人之一。（秘密：当我到达科伦的时候，康普豪森的一个朋友曾建议我到柏林他那里去。我没有理睬这种暗中的拉拢。）

1849 年 6 月到 1849 年 8 月，我在巴黎。在波拿巴当总统的时候，我被驱逐。

从 1849 年底直到今年 1860 年，我住在伦敦。在这段时间里，我出版了：《新莱茵报评论》，1850 年在汉堡出版，《路易·波拿巴的雾月十八日》（1852 年纽约出版），《十八世纪外交史内幕》（1856 年伦敦出版），《政治经济学批判。第一分册》1859 年柏林敦克尔出版社出版，等等。我从 1851 年起直到现在是《纽约论坛报》的撰稿人。当我是德意志工人协会的成员时（从 1849 年底到 1850 年 9 月），我作过不取报酬的讲演。

您从附件 o（它带有机密性）中可以看出，我是怎样同戴维·乌尔卡尔特发生联系的。从那时候起我就为他的《自由新闻》撰稿，一直到现在。我同他意见一致的是在对外政策的问题上（反对俄国和波拿巴主义），而不是在对内政策上，在对内政策方面我同（与他敌对的）宪章派的意见是一致的。我有六年的时间为宪章派的报刊（特别是为《人民报》）写稿而不取稿酬（见附件 m）。

1853 年我在《纽约论坛报》上发表的那篇反对帕麦斯顿的文章，曾不止一次地在英格兰和苏格兰以小册子的形式再版，印数一万五千到二万册。

附件 n 是只研究外交问题的一个乌尔卡尔特俱乐部的秘书的信，它是 1856 年按照设菲尔德俱乐部的委托寄给我的，您从这里可以看出，我同乌尔卡尔特派是什么关系，尽管我们在对内政策问题上观点有分歧。

附件 m 中的信是伦敦的律师（barrister at law）厄内斯特·琼斯写的，他是宪章派的公认的首领，也是公认的诗人。

附件 o、n、m 的译文在附件 p 中。

至于某些德国人士在伦敦散布的关于我的流言蜚语，那末在附件 g《高尚意识的骑士》第 14 页所援引的我的朋友施特芬（前普鲁士中尉和师团学校的教官，现住在波士顿）的一封信很能说明问题。

尽管十年来不断受到攻击，关于我的经历，我从来没有用任何一句话来烦扰德国读者。但是对我的律师，在象现在这样的情况下，我认为有必要这样做。

评论：信中与维贝尔沟通提起诉讼的一些材料。信中提到的许多文件发表在马克思的抨击性著作《福格特先生》中；弗洛孔给马克思的信；列列韦尔给马克思的信；若特兰 1848 年 5 月 19 日给马克思的信；琼斯给马克思的信；设菲尔德外交事务委员会的信。信中详细介绍了马克思自己的经历，以备诉讼需要。

3 月 13 日　致信律西安·若特兰，指出：由于您属于共和主义者的美国学派（我只在某些政治问题上同意这派的观点），也许您会对这一情况感到兴趣，即我将近九年来一直是最有影响的美国英文报纸《纽约论坛报》的主要通讯员之一。我曾利用这种关系在斯皮特霍恩先生路过伦敦时给了他几封去合众国的介绍信。如果您什么时候想在《论坛报》上发表有关贵国问题的东西，那您可以指望我为您效劳。

不久前对我的无耻攻击（对此我提出两起关于诽谤的诉讼，一起在柏林，一起在伦敦），都来自波拿巴的营垒。路易·波拿巴先生通过他的私人秘书莫卡尔先生，曾公开对《纽约时报》表示感谢，因为它为了抵销我从 1852 年起在《纽约论坛报》上对小帝国的批判，做了它力所能及的一切（它的这个"一切"是具有十分卑劣的性质的）。

评论：信中与若特兰交流一些情况，谈论了自己提出的两起关于诽谤的诉讼，也表达了自己和若特兰的一些不同之处，表示只在某些政治问题上同意若特兰所属的共和主义者的美国学派。

4 月 9 日　致信恩格斯，指出：济贝耳很好地完成了他的使命，非常机警。钥匙今天还没有找到。不过"上面的"钥匙也能开下面的锁。它能锁两层。

只收到李卜克内西一封信，是龚佩尔特转寄来的，写着你的名字，然而是给我的，他在信中说，奥格斯堡《总汇报》辞退了他。

我将在星期四从这里寄出你的小册子。波克罕在《海尔曼》报（最近一号）上介绍了它，我也在《论坛报》上报道了它；而现在（星期三）李卜克内西要把关于它的报道寄给新奥尔良的报纸。

美国各报（《纽约州报》等等）上充满福格特的拙劣作品。他们在那里比我们在伦敦先得到了书。

评论：信中继续谈论有关福格特的情况，说美国的《纽约州报》等报纸上充满了福格特的拙劣的作品，并告知材料收集的情况，还讲到弗莱里格拉特的友好的来信，以及费舍、维贝尔的杳无音讯。信中还告知恩格斯，1860 年春，济贝耳到巴黎和日内瓦，马克思请他在那里通过贝克尔和洛美尔的帮助弄到了自己写作反对福格特的书所需要的材料和消息。还谈到李卜克内西 1860 年 3 月 28 日给马克思的信，他在信中告诉马克思说，奥格斯堡《总汇报》编辑部不让他做该报的通讯员，他请马克思介绍他担任任何一家美国报纸的通讯员。

4 月 9 日　致信斐迪南·拉萨尔，指出：自收到你最后的一封信以来发生了许多事情。恩格斯的父亲去世了，恩格斯经普鲁士政府许可，在普鲁士逗留了两个星期。而我忙得不可开交，现在也只能很简短地给你写一点。

1. 我的柏林律师要我一定不说出他的名字。但是尽管我给他寄过许多材料并且一再提醒他，他已经有六个星期毫无音信，如果他再这样沉默下去，那就要你去向他施加压力了，因为到 4 月 22 日就满时效期。

2. 福格特到过巴黎普隆 – 普隆那里。我的一些熟人看到过他，还同他谈了话。尽管如此，他却厚颜无耻地在德国报纸上声明（自己或通过别人），说他没有到过巴黎。

3. 洪堡的书我没有收到。

4. 《高尚意识的骑士》今天寄给你。

5. 根据已把自己的中心从纽约迁到芝加哥（伊利诺斯州）的美国工人同盟（合法团体，合众国各地都有它的分会）的建议，我的老朋友约·魏德迈辞去了他在威斯康星州的总土地丈量师助手的职位。魏德迈将在芝加哥一家用工人股金创办的日报担任编辑。芝加哥越来越变成美国整个西北部的中心，那里德国人的影响占优势。魏德迈请求我为该报征求一些通讯员，我无论在这里还是在巴黎以及在瑞士都征求过了。我建议你担负德国的通讯工作（尽可能每周两次）。报酬是谈不上的；这是党的工作，但是很重要。魏德迈是我们的优秀分子之一。如果你象我所希望的那样表示同意的话，那就马上干起来，稿子寄到：合众国芝加哥（伊利诺斯州）1345 号邮政信箱芝加哥工人协会约·魏德迈。

6. 翻阅《新莱茵报》（为了福格特的事需要翻阅一下），发现我们曾在一篇简短的社论中支持柳德米拉·阿辛格夫人，反对《福斯报》，这使我很高兴。

7. 你能否寄给我一篇关于《国民报》的崇高的察贝尔反动时期以来的活动情况的简要介绍？这篇介绍可能作为由你签名的信件发表在我的小册子里。这样，你就会同那些在这本小册子中介绍别人情况的十分受人尊敬的流亡者并列在一起。他们当中有些人匿名，另一些人用自己的名字。其中有许多人不属于我们的党派。

评论：信中告知一系列情况，包括恩格斯的父亲去世等。柏林的法律顾问维贝尔六个星期毫无音信，福格特曾到过巴黎普隆－普隆，但却在德国报纸上声明说没有到过巴黎。信中提到，没有收到洪堡的书，是指《1827—1858 年亚历山大·洪堡致万哈根·冯·恩赛的书信集》。拉萨尔在 1860 年 3 月 11 日给马克思的信中说，马上就把这本书寄给他。

信中告知魏德迈的情况。魏德迈在 1860 年 3 月 17 日给马克思的信中请求他为芝加哥工人协会创办的报纸《人民呼声》物色在欧洲的通讯员，该报的编辑工作由魏德迈担任。魏德迈是美国工人同盟中央组织委员会的成员。美国工人同盟是美国工人的群众性的政治组织，1853 年 3 月 21 日于纽约创立。

4 月 9 日　致信约翰·菲力浦·贝克尔，指出：首先请允许我对您的信、对您向济贝耳口头说的情况以及对转寄信件，表示衷心的谢意。福格特先生的攻击，撇开其他一切不谈，单凭它使我同我们革命和流亡中的老将接近这一点来说，就应当看成是一件值得我庆幸的事。不过我不象庸人那样对您一生所表现的坚毅精神表示惊讶。我至今始终确信，凡是真正坚强的人——举例来说罢，如老勒瓦瑟尔、科贝特、罗伯特·欧文、列列韦尔、梅利奈将军——一经踏上革命的道路，即使遇到失败，也总是能从中汲取新的力量，而且在历史的洪流中漂游得愈久，就变得愈坚决。

我写这封信的最直接的原因——除了想亲自向您表示感谢以外——是我的老朋友约·魏德迈委托我在欧洲为《人民呼声》物色通讯员。这是美国工人同盟目前在芝加哥创办的报纸；同盟的中心已从纽约迁到芝加哥。这是一家日报，它将具有日益重大的意义，因为芝加哥越来越变成西北部的一个大都会。现给您寄上计划的引言部分。

条件是这样的：您每周要写一次通讯——每次稿酬两美元。这样一季度约为五英镑或一百二十五法郎。稿酬很少，但是工人报纸不能不是这样。不过我的朋友魏德迈的人格可以担保按时付酬，这是美国其他德文报刊通常做不到的。如果您接受这个建议，就请从下星期开始，但是请预先告诉我一下。

装有非常重要的信件的那个邮包，在济贝耳到达伦敦的前一天我收到了。我将把信件编好，随时准备供您使用。其中有一份文件是一个起来反叛维利希的纵队写的，它是对这个唐·吉诃德的绝妙的描绘。

您非常了解法济，如果您能寄给我一篇关于他自政变以来所作所为的简短介绍，并对这个人的品性刻画一下，那就太好了——这对我的小册子十分重要。我认为福格特不过是法济的仆从，我只在巴黎见过法济一次（1843 年），但一下子就看出了他是《国民报》的前撰稿人（那里连最好的撰稿人也是坏的）。

洛美尔的那篇玩意儿很有趣，其中有关于 1847—1848 年的一些有益的揭露。不过，他在谈到革命年代事变的起因时把一切都归结为琐碎小事的做法，我不能同意。但是也许正是他的见解狭隘，才使得他能够生动而又真实地描绘他个人所接触过的领域。

评论：信中马克思对福格特事件使自己能与革命和流亡者接近表示由衷的欣慰。马克思高度赞扬这些革命和流亡者的坚毅精神，并表达了受魏德迈的委托邀请贝克尔为《人民呼声》撰写通讯。信中还请贝克尔提供一篇关于法济的简短介绍。

4 月 12 日 致信恩格斯，指出：你大概已经看到，也许还没有看到，《科伦日报》（伦敦的施累津格尔）竟有脸谈论硫磺帮和它的俄罗斯气味。好！我靠我的破了产的朋友施佩克帮忙，现在真的突然发现了整个伦敦硫磺帮的踪迹。

首先你大概从报上看到，帕麦斯顿玩了个把戏：把路透先生（的里雅斯特电报业的犹太人）介绍给女王。这个文理不通的犹太人路透的得力助手是济格蒙德·恩格兰德尔，此人曾经被驱逐出巴黎，因为他既是领津贴（每月六百法郎）的法国密探，同时又是"秘密的"俄国间谍。路透、恩格兰德尔、赫尔弗和施累津格尔曾在巴黎共同办了个波拿巴主义的石印通报（一个全城闻名的姓埃斯特哈济的人，即奥地利公使埃斯特哈济的堂兄弟，是他们的名誉成员），后来他们闹翻了，等等。柏林《国民报》的主要所有者和柏林电讯社的主人伯恩哈特·沃尔弗先生，同目前正以路透的名义编写欧洲世界历史的济·恩格兰德尔是一条心，一个钱袋（一伙）。注意。俄国现在加入了德奥电讯同盟，并且"为鼓起他人的勇气起见"，迫使帕姆把自己的路透介绍给女王。我将获得施累津格尔和路透的详细履历。

评论：信中马克思对英国的施累津格尔在《科伦日报》上谈论硫磺帮表示了愤慨，揭露了帕麦斯顿把的里雅斯特电报业的犹太人路透介绍给维多利亚女王。马克思揭露了路透、路透的得力助手济格蒙德·恩格兰德尔、赫尔弗、施累津格尔之间的利益关系及闹翻的情况，以及柏林《国民报》的主要所有者和柏林电讯社的主人伯恩哈特·沃尔弗同恩格兰德尔之间的利益关系。

4 月 16 日 致信恩格斯，指出：今天收到洛美尔寄来的一份很有价值的材料。然而今天我又写信给他，按照他自己向我提出的建议，进一步向他反复询问。这也是十分必要的。我在劝说他的那封信中也谈到，要他把他的著作《在幕后》寄三百册给这里的佩奇（书商），销售的事（在工人协会里等等）由我来管。但是他要求预付一百五十法郎。我看，你们应该在曼彻斯特相互之间直接筹集几英镑，余数由我在这里筹集。这个人对于我们是很宝贵的。关于这件事他也给济贝耳写过信。今天我也要就这件事写几行给济贝耳。济贝耳不先同我商量就不应该采取任何行动。

　　又收到拉萨尔一封冗长的高谈阔论的信，连同一篇排印出来的文章（关于费希特的政治遗嘱），这篇文章是为瓦勒斯罗德的尚未出版的政治文集而写的。从拉萨尔的信中看出他读过你的小册子，可见小册子已在柏林出版。出版商也许现在才会登出关于它的广告，把它当做复活节的鸡蛋。拉萨尔的信愚蠢透顶。他又病了。又在写一部"巨著"，除了这部巨著，他头脑中还清楚地刻划出其他三大部作品的轮廓，其中一部是"政治经济学"，此外，他抱着"创作的意图"研究六七种科学；究竟是些什么科学，也不知道。他信中说，伯爵夫人遭到巨大的金钱损失，因此他必须到科伦去。也许是在铁路等方面的投机遭到了失败。

　　顺便说一下。请问问鲁普斯：

　　1. 我在他从苏黎世寄来的一封信中发现他认识布拉斯。他知道他的什么情况吗？

　　2. 斯图加特的"残阙"议会有没有通过一项决议，授权前帝国摄政在必要时重新召集德国议会？

　　关于1849年当时的普法尔茨临时政府曾向法国国民议会递交一份要求合并的请愿书，你或鲁普斯知道点什么情况吗？

　　评论：信中告诉恩格斯，收到了洛美尔寄来的一份很有价值的材料。当时，小资产阶级民主主义者洛美尔侨居日内瓦，他应马克思的请求，从日内瓦给马克思寄去一些新的材料，这些材料揭露了福格特对无产阶级革命者的诽谤。信中还对拉萨尔的《费希特的政治遗嘱和现时代》一文进行了评论，认为拉萨尔愚蠢透顶，他在构思三大部作品。信中还谈到，由于伯爵夫人索菲娅·哈茨费尔特可能是在铁路等方面的投机遭到了失败，遭到巨大的金钱损失，拉萨尔必须到科伦去。信中还请恩格斯询问鲁普斯关于布拉斯的情况，以及斯图加特的法兰克福"残阙"国民议会有没有通过一项决议，授权前帝国摄政在必要时重新召集德国议会，以及恩格斯和鲁普斯是否知道1849年当时的普法尔茨临时政府曾向法国国民议会递交一份要求合并的请愿书的情况。

　　4月16日　致信摩里茨·佩尔采尔，指出：我要出版一本论述波拿巴派活动的著作，因此不揣冒昧向您，最杰出的欧洲自由的前卫战士之一写这封信。您在上次意大利战争期间曾发表一项声明，指出您已识破骗局，因此已及时退出舞台——这是您比科苏特这个丑角及其谄媚者高明的重要证明。可惜我把这篇声明丢失了。我为此请巴黎的瑟美列帮忙。他要我给您写信。如果您能费神把这篇声明的副本连同对意大利的匈牙利人所受欺诈的说明寄给我，您就为这件好事出了力。

　　我1859年夏天在《纽约论坛报》和伦敦《自由新闻》发表的文章中，曾把您称为在匈牙利流亡军人中唯一不受法俄外交的收买和欺骗，也不为科苏特的魔术所迷惑的人，我也会很乐意在我准备出版的新书中给您以应有的荣誉。

　　我不揣冒昧提起您注意，我早在1848—1849年任《新莱茵报》主编的时候，就是德国支持革命匈牙利的最坚决战士。我现在也完全和那时一样，把匈牙利的独立和自主看成德国摆脱被奴役地位的必要条件。但是我同样坚决地拒绝那些要把一些民族贬为掩盖俄国佬和十二月帮阴谋活动的外衣的努力。

评论：信中表示为完成《福格特先生》一书，请佩尔采尔提供在意大利战争期间发表的声明的副本以及对意大利的匈牙利人所受的欺诈的说明。信中，马克思表达了自己早在担任《新莱茵报》主编的时候，就是德国支持革命的匈牙利的最坚决战士。

4 月 16 日 致信摩里茨·佩尔采尔，指出：我准备就波拿巴分子的阴谋发表一本著作，为此，冒昧地麻烦您，因为您是欧洲自由的最忠诚的捍卫者之一。在最近的意大利战争期间，您发表了一项声明，指出您看穿了骗局并因此及时退出舞台。这有力地证明您高于小丑科苏特及其造谣中伤者。可惜，我把这个声明丢失了。为此，我已向巴黎瑟美列打听过。他写信要我请您帮忙。不知您是否能把这个声明寄一份给我并谈一谈匈牙利人在意大利是怎样受骗的；您这样做也就是帮助了正义的事业。

早在 1859 年夏天，我就在《纽约论坛报》和伦敦《自由新闻》上发表的文章中称您是匈牙利流亡军人中唯一没有被法俄外交收买和欺骗，没有上科苏特的胡说八道的当的人，而且我在我已酝酿的新作中很想给予您以应有的光荣地位。

我冒昧地提醒您，我早在 1848—1849 年就以《新莱茵报》主编身分在德国最坚决地支持革命的匈牙利。我现在仍然象那时一样认为匈牙利的独立自主是德国摆脱奴役的必要条件。但是，我同样断然反对某些人力图把民族的概念庸俗化，以掩盖他们的俄国佬－波拿巴主义阴谋。

评论：信中谈论自己计划写作《福格特先生》，请佩尔采尔帮助提供声明。马克思表达了自己在匈牙利问题上支持革命的匈牙利的立场，认为匈牙利的独立自主是德国摆脱奴役的必要条件，同时表示自己反对某些人力图把民族的概念庸俗化。

4 月 17 日 致信恩格斯，指出：希望你的病不严重，不过要多加小心，别过于劳累。

我今天寄给洛美尔一百五十法郎（你们在曼彻斯特筹不足的数目，我们在这里筹集）。理由如下：

1. 他必须付出五十法郎，从装订者那里把书赎回来。余下一百法郎。为此讨价还价将是极不策略的，而且不会使我们党由此而博得尊敬。

2. 主要的是很快而且毫无条件地把所谓的预付款寄给这个人。这样我们就可以把他牵制住。另外一半可以逐渐给他，这样他就会继续同我们联结在一起。

3. 他想在拿到这笔钱后到萨瓦去，从那里写信来。

4. 你从附上的佩奇（我把济贝耳带来的那本书给了他）的便条中可以看出，他指望出售这种一般饶有兴趣的小册子来多赚些钱。

5. 洛美尔是个正派人。否则现在就叛卖了。我从贝克尔转给我的信中看到，洛美尔是老共和派的主要头目。同海因岑有友好关系。后者一定会叫嚷说他背叛！

济贝耳为斯特拉斯堡的报纸撰稿，我看是不合适的。

评论：信中关心恩格斯的病情，请他多加小心，别过于劳累。信中还围绕寄给洛美尔一百五十法郎解释了详细理由。还表示，济贝耳为《斯特拉斯堡记者》报撰稿不适宜。

4月24日　致信恩格斯，指出：附上维贝尔的信。看了他的信我才知道（这头蠢驴是完全可以早些把情况告诉我的了），他最初对察贝尔不是以侮辱罪提起民事诉讼，而是提起刑事诉讼，在这种情况下，根据普鲁士的法律，要起诉需经王国检察机关批准。在第一审级他被驳回了；他已提起上诉。但是普鲁士政府的"公众利益"自然要求尽可能地诽谤我们。

你是否要把这件事告诉黑克舍尔医生，并且就这事为汉堡的《改革报》写一篇简讯（几行）给他？他曾再三向我表示愿在这方面效劳，而且也应当让公众知道这件事（至少是为了迫使普鲁士政府谨慎一些）。关于这一点我也要写信给济贝耳。公众也不应当认为事情已经平息了。

洛美尔的材料（我从他那里还得到六、七种文件）包含有非常确凿的证据，证明福格特已被收买。在日内瓦福格特已经感到自己不十分安全，因此正在设法弄到施维茨的公民权。希望你终于能来信详细地谈谈你自己的事情。你对我采取拘谨态度，这就见外了，对于别人采取这种态度可能是恰当的。

正当文坛上的朱阿夫兵在德国西部斯特拉斯堡报耀武扬威的时候，文坛上的哥萨克兵也在德文杂志《波罗的海月刊》（里加）向我们进攻，因此我们"真正的德国人"正在两面受敌。

评论：信中附上法律顾问维贝尔的回信，告诉恩格斯诉讼的进展情况。信中询问是否把这件事的进展告诉黑克舍尔医生，并请恩格斯为黑克舍尔医生提供一点材料，从而能够为汉堡的《改革报》写一篇简讯，以便让公众了解这件事情，也能迫使普鲁士政府谨慎些。马克思还告诉恩格斯，洛美尔的材料已经提供了确凿的证据，证明福格特已经被收买。福格特自己也感到了岌岌可危。

4月24日　致信斐迪南·拉萨尔，指出：十分感谢你寄来洪堡的书和费希特的著作。后者我还没有读过，而你却很机智地把它用上了。收到你的来信后，我请恩格斯把你的信和法律顾问维贝尔发自柏林的信寄给了我。读了后面这封信，我看出那里只是说，我在报上公开报道时不要提他的名字。因此在这方面是我误会了。

今天我接到维贝尔的信。从他的信中可以看出以下情况。起初他选择了刑事追究的途径。本月18日，他收到了如下的答复：

"原件由法律顾问维贝尔先生退回卡尔·马克思博士先生，并通知：此案不具备使我有理由进行干涉的公众利益（1851 年 4 月 14 日刑法典施行法规第十六条）。4 月 18 日于柏林……利佩"

对这个决定维贝尔向检察长提起控诉。与此同时，为了使时效期延长并使自己留有采取别的途径的可能，他以侮辱的罪名向民事法官提起控诉。

附带说一下。我的一个熟人（柏林人）断定说，《每日电讯》的通讯员是一个叫迈尔或迈耶尔的人，他与阿伯拉罕公司（或"阿伯拉罕父子公司"）有关系，住在柏林维多利亚街。你能否叫你的女士们打听一下这件事？

评论：信中告知了律师维贝尔的来信情况、诉讼案的进展，以及得到关于《每日电讯》的通讯员的消息。通讯员是阿贝尔，他在 1860 年 2 月 6 日的《每日电讯》上发表了福格特的诽谤性小册子的摘录。信中还谈论了费希特的著作。信中谈到的是，拉萨尔在 1860 年 4 月 16 日的信中告诉马克思，说他把还没有发表的文章《费希特的政治遗嘱和现时代》的清样寄给了马克思。拉萨尔这篇文章是专论费希特的著作《一八〇七年和一八一三年的政治片断》。马克思所说的没有读过的著作，是指费希特的这些片断。

5 月 7 日 致信恩格斯，指出：附上：

（1）费舍的信。龚佩尔特硬说他把一封从柏林寄给你的信转寄到这里来了——他是弄错了。在他转寄到这里的那封给你的信里放的是李卜克内西给我的信。

（2）瑟美列的信。我已经很久没有写信给他，因为我非常讨厌他在他的小册子中对巴登格和帕姆谄媚。但是现在我想同他开诚布公地谈一谈。

（3）埃梅尔曼给席利的信和博伊斯特给席利的信。你对这些庸人有什么看法？对佩剑的博伊斯特你觉得怎样？他想压服我，因为他泻了肚子并且逃离了科伦！这些信不用退还给我，但是你要保存好。

关于费舍的建议，我必须先较详细地了解一下，筹办的是怎样一种报纸，它的倾向如何，等等。

评论：信中附上了费舍 1860 年 5 月 2 日给马克思的信，信中建议马克思为新筹办的报纸撰稿。马克思表示，他必须先仔细地了解下，筹办的是怎样一种报纸，它的倾向如何。信中谈到瑟美列 1860 年 5 月 5 日给马克思的信，信中他向马克思谈到报刊对他的小册子的评论，小册子就是 1860 年巴黎出版的《一八四八年至一八六〇年的匈牙利问题》，马克思表示了对这本书中对拿破仑第三和帕麦斯顿的谄媚的不满。马克思对埃梅尔曼 1860 年 4 月 29 日给席利的信和博伊斯特 1860 年 5 月 1 日给席利的信非常不满。他们在信中对马克思进行了诽谤性的攻击。特别是在博伊斯特的信中，竟说马克思及其拥护者善于"压服"人。信中还表达了对弗莱里格拉特在批判福格特这一事件上的态度不鲜明的不满。

5 月 8 日 致信恩格斯，指出：这个赖夫是个无赖。谁也没有派他到曼彻斯特去。他被揭露以后，就从这里消失了。早在 1850 年他就被逐出了同盟。在侦讯科伦案件时，他就作了直接背叛的供词。我正好找出了贝尔姆巴赫那封说明这种情况的信。让他见鬼去吧。

关于你的小册子，你可以从费舍的信中看出一些东西。我要是处在你的地位，我现在就会马上利用朋友济贝耳在著作界的那一点点联系（只要他又积极起来）来对抗沉默的阴谋。如果你在小册子上直接标出自己的名字，那末公众光是出于好奇心也不会把它放过。此外，贝伦兹似乎比敦克尔还坏。

据说，在维也纳看起来一切都很革命。

英国人现在自然要拿布鲁克来麻烦人。前天又有一个家伙用一个问题来纠缠我："您对布鲁克的自杀有什么看法？""先生，我告诉您：在奥地利，骗子割自己的咽喉，而在英国，骗子割人民的钱袋。"

评论：信中揭露了赖夫的背叛，他早在1850年就被逐出了共产主义者同盟。信中提出，为打破对恩格斯的小册子《萨瓦、尼斯与莱茵》的沉默，提出可以利用济贝耳在著作界中的联系来对抗沉默的阴谋。信中询问恩格斯对西西里事件的看法。1860年4月西西里爆发了人民起义，起义被残酷镇压。大部分起义者很快就加入了1860年5月在西西里登陆的加里波第的志愿兵。马克思写作了关于西西里事件的文章《西西里新闻。——加里波第和拉法里纳之争。——加里波第的信》。信中还谈到波克罕要去看恩格斯等事情。

5月8日　致信爱德华·费舍，指出：至于筹办的报纸，我不反对参加。不过事先我需要比较详细地了解一下这个企业，了解一下报纸的倾向等等。在对外政策问题上（而这大概一定是英国通讯的主题），我认为我们的看法基本上是一致的。但是在对内政策方面可能存在很大的分歧。当然，最主要的是了解该报在普鲁士将采取什么立场。如果它不是持极端片面的党派立场，那末在德国正处于危急关头的现在，我以为持不同观点的各派人士是能够在彼此不作任何让步的情况下共同反对外部敌人的。

评论：信中回复了费舍的邀请。1860年5月初，政论家费舍建议马克思为《德意志报》撰稿，这家报纸将有费舍参加，预定在柏林出版。马克思在信中询问了关于报纸的倾向等问题。

5月15日　致信卡尔·济贝耳，指出：如果你要给《中莱茵报》寄一篇标明发自"柏林"的短文，来谈我的诉讼过程，那也许可以利用这个机会也捎带谈一下5月11日柏林第一审级对艾希霍夫—施梯伯案件的最后审讯。事情是这样的：艾希霍夫以"诽谤"施梯伯的罪名被判处了一年半徒刑。这一诽谤的要点是揭露（在伦敦报纸《海尔曼》上）施梯伯在科伦共产党人案件（1852年）中发假誓、盗窃等等。以下几点足以说明普鲁士法院的行径：

1. 艾希霍夫的揭露是以（如果不算我的抨击性著作，它自然不应该被提到）科伦审讯期间刊载在《科伦日报》上的报道为根据的，而且无论施梯伯还是别的什么人都从来没有对这些报道的真实性表示过异议。法院却宣布这些报道不能作为证据。每当情况有利于施梯伯的时候，法院就宣布刊载在《福斯报》上的报道（可能是施梯伯本人写的）是真实的，而这只是因为施梯伯先生认为它们是真实的。然而每当情况不利于施梯伯的告密人的时候，这同一个法院则宣布当时法院秘书在记录中所作的可怜摘要是唯一真实的根据。

2. 施梯伯在策划 1852 年共产党人案件中的主要同谋者和助手警务顾问戈德海姆和警监格莱夫，每次都被免除了反讯问，因为法院不愿使这些先生处于这样的抉择（法庭庭长公开谈过此事）："要么发假誓，要么证明自己有罪"。另一方面，他们的供词则被用来作为说明施梯伯无罪的证据。

3. 施梯伯和格莱夫在 1851 年迫使普鲁士警探罗伊特钻进奥斯渥特屋里偷去了文件，施梯伯在科伦案件中曾利用这些文件作为证据（虽然它们实际上同案件毫无关系）。这次盗窃就是艾希霍夫揭露施梯伯的几件事情之一。但是现在请注意！王室国家检察官德朗克曼提出了以下新得出奇的盗窃理论，他声称：

"这些文件是否盗窃来的，这个问题可以暂且撇开不谈；从对被告判罪的观点来看，这没有意义。即使文件确实是偷来的，那末对于用这种办法弄到文件的警务官员，从法律观点来说也不能指控为偷窃，至多只能说行为不道德。法律上的盗窃，需具备恶意欺骗性质，但这不适用于被迫让人去进行这种偷窃的警务官员，因为他们不是为了个人的好处，而是为了国家利益。"

因此，一个警务官员若是在伦敦闯进一所房子进行"偷窃"，那从法律观点来说丝毫没有犯罪，"至多"是行为不道德。这看来象是普鲁士国家对英国人的一种恩赐：习惯法暂停生效。

4. 被监禁在汉堡监狱的希尔施提供了宣誓证词，说记录本是他和弗略里在格莱夫监视下伪造的。为什么没有把希尔施弄到柏林去，为什么在审讯期间没有把他作为证人进行讯问？

评论：马克思在信中告知自己的起诉遭到普鲁士各级法院无理拒绝。《福格特先生》一书还没有同书商谈妥。告知 5 月下旬，恩格斯在去巴门探望重病的母亲之后返回曼彻斯特的途中，在伦敦自己这里作了短暂的停留。信中告知 5 月 11 日柏林第一审级对艾希霍夫—施梯伯案件的最后审讯情况，并揭露了普鲁士法院的恶劣行径。普鲁士警察局密探伪造了所谓"真正的记录本"，该记录本作为控告共产主义者同盟的主要材料被提交到 1852 年审判共产党人的科伦法庭。

5 月 28 日　致信恩格斯，指出：附上拉萨尔的信。关于费舍，你认为应当怎样写信给他，请立即来信。

我将不同意他关于柏林的建议。

评论：信中附上拉萨尔 1860 年 5 月 24 日给马克思的信。在这封信中，拉萨尔对费舍作了完全否定的评价，并问马克思他是否真的同费舍保持关系。此外，拉萨尔建议马克思到柏林去，以便在对艾希霍夫的诉讼案的第二审级审讯中充当证人去揭露施梯伯。信中，马克思还询问恩格斯如何回信，并表示不同意拉萨尔提出的对于自己去柏林的建议。

6月1日　致信爱德华·费舍，指出：三个星期来肝病折磨着我；这整个期间我完全不能写东西和工作，到现在也还没有完全复元。结果我这里积压了很多工作，最近几个星期我的全部精力要用在这上边，因此在任何情况下都不能立即开始为新报纸写稿。您能不能给我寄一两号报纸看看？并给我介绍一下这个新企业的主要领导人？黑、红、黄——这是现在可以向国外颇有成效地使用的颜色。

我大概告诉过您，检察长已经批准检察官的决定，拒绝我的关于诽谤的控诉，说这个案件不代表"公众利益"。现在就要提起民事诉讼。

想必您已经从报纸上看到，伦敦电讯社的所有者、犹太骗子路透已被介绍给女王。原因很简单：路透（他自己写东西几乎是文理不通的）的得力助手就是维也纳的流亡者济格蒙德·恩格兰德尔。这个恩格兰德尔以前在巴黎是受当时的警务大臣庇护的石印通报的撰稿人；同时他又是法国的间谍。东方战争爆发时，恩格兰德尔被驱逐出巴黎，因为发现他是俄国特务。于是他来到了伦敦，最后到了早先就与之有联系的路透那里任职。既然路透通过他的电讯社控制着全部欧洲报刊，而俄国大使馆又通过恩格兰德尔控制着电讯社，所以您就会明白为什么帕姆把路透介绍给了女王。据我所知，同这件事有联系的是俄国加入奥普电讯同盟。我已把这些事实告诉了科勒特。也许您从您那方面也能加以利用。

评论：信中告知受到肝病的折磨，导致不能写东西和工作。感谢费舍告知消息，他在1860年5月30日给马克思的信中说，《每日电讯》驻柏林通讯员是阿贝尔，并询问关于阿贝尔的详细情况。信中告知关于路透和他的助手维也纳流亡者恩格兰德尔的真面目。

6月2日　致信恩格斯，指出：我给伊戚希写了将近十页，其中八页关于科伦案件，两页关于费舍。这不是容易的，因为我还没有完全复元，一直在服药。

很糟糕的是，洛美尔几天前就已通知我包裹由铁路寄来。它早就该寄到了。

你能不能在星期三以前替我给《论坛报》写一篇关于加里波第的军事行动的短文？如果不能，星期五以前怎样？

顺便说一下。从席利的信中可以看出，莫泽斯同时是《希望报》（他的波拿巴主义色彩很浓厚，以致有一个法国人同他断绝了友谊）和奥格斯堡《总汇报》的记者。

评论：信中马克思讲述了收集到的与柏林诉讼有关的材料以及与恩格斯的《萨瓦、尼斯与莱茵》的有关情况。洛美尔1860年5月28日给马克思的信中说已把包裹寄给马克思，这包裹中有揭露福格特的材料。谈到自己带病给拉萨尔写了一些关于科伦案件以及费舍的材料。信中还告知莫泽斯·赫斯同时是《希望报》和奥格斯堡《总汇报》的记者，指出赫斯的波拿巴主义色彩很浓厚。

6月2日左右 致信斐迪南·拉萨尔，指出：从 1853 年，即从我的第一本反对帕麦斯顿的抨击性小册子问世时起，我就同戴维·乌尔卡尔特和他的拥护者（我不说他的党，因为在他的专门领域即对外政策方面，除了认为他在所有问题上都是先知者的那一派以外，所有英国党派——从托利党到宪章派——都有他的拥护者）建立了某种契约关系。从那时起，我就不断地有时从他们那里得到消息，有时不取报酬地为他们的《自由新闻》提供文章（例如，我的《十八世纪外交史内幕》以及论文《俄国在中亚细亚的进展》等），并把我个人掌握的关于俄国密探如班迪亚等人的材料交给他们使用。费舍可说是乌尔卡尔特派在柏林的公认的正式代理人，但是关于他在那里的活动，我只是凭传闻知道他出版《公文集》而已。这就是我怎样同费舍发生关系的情况（我只是偶然在伦敦一家报馆的办事处里碰见过他，并利用这个机会要他向你转达了问候）。他在柏林为我和恩格斯代办过各种事情。在对内政策问题上，我们从来没有同他交换过一句话，无论是在口头上还是在书面上；我同乌尔卡尔特自从下面这件事以后也从来没有这样做过：我有一次斩钉截铁地对他说，我是一个革命者，而他也是如此坦率地对我说，他认为，所有的革命者要么是彼得堡内阁的密探，要么是受彼得堡内阁愚弄的人。

在我们和费舍来往的信件中，他总是十分审慎，只限于谈论我们同乌尔卡尔特分子观点一致的对外政策方面的问题。

你大概读过乌尔卡尔特的著作，因此在这里来分析这个十分复杂的人物是多余的（即便不谈这点，这封长信在我目前的健康状况下就已经使我非常疲劳了）。他在主观上无疑是一个反动分子（浪漫主义者）（当然不是从任何一个真正反动的党派都是反动的这个意义上来说，而是从所谓形而上学的意义上来说），但是这丝毫不妨碍他所领导的在对外政策方面的运动成为客观上革命的运动。

他的德国拥护者，如布赫尔、费舍等人（后者的小册子《俄国佬》我不知道，但是我不读也知道它那里面写的是什么），甚至学去了他那种具有独特的混乱批判性的"盎格鲁撒克逊"怪癖，这我根本不在乎；正如，比方说在同俄国打仗的时候，你不会在乎你的邻人向俄国人开枪是出于黑、红、黄的动机还是出于革命的动机一样。乌尔卡尔特是俄国所害怕的一种力量。他是在英国唯一有勇气和良心反对舆论的官方人物。他是他们当中唯一不能收买的人（不论是用金钱还是用名誉地位）。最后，迄今为止在他的拥护者中间，例外地，我遇到的都是诚实的人，因此在没有证明情况相反以前，也应当认为费舍是这样的人。

评论：信中谈到一系列事情。信中回答了拉萨尔要他去柏林为审讯艾希霍夫时作证人的建议，表示他不适宜作这一案件的证人，他认为施奈德尔、希尔施、舍尔瓦尔以及一些还在美国的人更适合作证人。在信中谈到 1853 年 4 月，戈德海姆和施梯伯来到伦敦的目的是炮制科苏特火药密谋和柏林密谋之间的联系。英国当局为了制造借口镇压侨居英国的政治流亡者，于 1853 年 4 月控告伦敦罗瑟海特的火箭工厂厂主同科苏特有密谋联系。

马克思在这封信中告诉了拉萨尔关于警察局在科伦共产党人案件期间施展阴谋的材料，信中谈到同尤赫的会见，谈到了同费舍的交流，表示费舍在信件中总是十分谨慎。

6 月 16 日　致信恩格斯，指出：下面是洛美尔最近一封信中的一段话：

"你当然已经看过 6 月 8 日的奥格斯堡《总汇报》。在那里刊登了一篇伯尔尼通讯，其作者可能是《联邦报》的编辑之一查尔纳，从这篇通讯的字里行间可以看出，福格特分子向他们巴黎的主子和上司告密，而且间接向伯尔尼联邦当局和德意志各邦宫廷告密。这是关于阴谋，关于德国蛊惑家的反复讲过的老故事，说是他们正在力图唆使法国和德国相互对立，以便实现中央集权共和国。在联邦范围内以及在日内瓦，福格特的阴谋诡计起不了作用，但是看来它对德意志各邦君主的有限理智不无影响。甚至听说，这个由巴登格操纵的阴谋的怪影迫使这些吓破胆的人在巴登－巴登给巴登格安排了他所热烈渴望的会晤。《总汇报》把我从萨瓦和都灵寄给它的一些最辛辣的短评悄悄地搁置一边已有两星期了，十天前回到这里的福格特对一个工人说，那些给德国报纸寄乌七八糟作品的家伙们很快就会老实起来，而且在不久的将来还会发生许多意外的事情。"

巴黎现在出版了阿布的小册子《拿破仑第三和普鲁士》。首先是对德国说些好听的谄媚话。它的所有伟大人物的名字，如"歌德、席勒、洪堡、福格特、贝多芬、海涅、李比希等"在法国都成了常用词。法国虽然不断受到挑拨，但是它是毫无私心的。其次是必须依靠法国才能达到德国统一的无稽之谈。然后是对普鲁士现状的非常肤浅的批评。（涅果累夫斯基所说的事也详细地提到了！）唯一的出路是赞同法国的"民主原则"和反对奥地利的封建主义。这种民主原则就是在"普选权"的基础上建立君主独裁。够了！

但是非常好的情况是，普鲁士王国宫廷民主派现在处于极恶劣的境地；但愿那个摄政王也很快使自己声誉扫地。

评论：信中表达了对阿布的《拿破仑第三和普鲁士》一书的看法，马克思对这本书的观点强烈不满，认为这本书中对德国说了些好听的谄媚话，认为书中说的必须依靠法国才能达到德国统一是无稽之谈，对普鲁士现状的批评非常肤浅。书中还谈到 1860 年 5 月 12 日在普鲁士众议院会议上，波兹南的议员涅果累夫斯基揭露了普鲁士当局驻波兹南代表的挑衅性活动这一事件。

6 月 23 日　致信约翰·菲力浦·贝克尔，指出：您能否费神把附上的这封信转寄给洛美尔？我通过您寄信，是因为在日内瓦我只知道洛美尔本人的地址，而这个地址看来是靠不住的。洛美尔至少在他最近的几封信中没有提到我寄给他的一些信，我问他，他通知我已寄出的那个邮包怎么还没有寄到我这里（已经好几个星期了），他也没有回答。

7 月初将在柏林出版的《德意志报》的出版人，通过第三者向我建议为他们撰稿。我还没有作最后答复。我想先比较确切地了解一下这个新机构的成员和它的倾向。但是，从目前报上发表的广告来看，我以为它将持"民族联盟"的立场，据柏林的一位朋友来信说，最好是从外部对它的倾向给予有力的影响。请来信告诉我，如果您直接从柏林或通过伦敦接到相应的建议，您是否会同席利一起为这家报纸——看来它是有经费的——写通讯？请您立即答复我，因为我当然只有先保证在巴黎得到同意，才能在柏林提出这个问题。

阿布的抨击性小册子有这样一个功绩，就是哥达派的用语在这里正式被承认完全是属于波拿巴的。

评论：信中请贝克尔转寄给洛美尔一封信，因为马克思怀疑以前给洛美尔的信并没有收到。信中询问《德意志报》的立场，表示想先比较确切地了解一下这个报纸的成员和倾向再答复。信中肯定了阿布的小册子《一八六〇年的普鲁士》对哥达派的揭露。

6 月 25 日 致信恩格斯，指出：虽然我停止服药已将近一星期，但是正如红色沃尔弗所说的，我还是"很痛苦"。遵照艾伦的规定，我每天进行"强制性散步"，希望在这星期内终将完全复元。

如果你能在星期五或星期六以前为《论坛报》写一篇关于英国国防、关于加里波第或关于印度贸易的文章，我将很高兴。自从威尔逊当上了印度财务大臣以来，可怜的《经济学家》几乎没有刊登任何关于印度的东西。也不要忘记（虽然这个星期还不需要）就波希米亚对德国或者确切些说对俄国（福格特想把波希米亚让给俄国）的军事意义的问题给我写四分之一印张左右的材料。

顺便说一下。刚才收到 1860 年汉诺威出版的雅科布·费奈迭的《为了保卫自己和祖国反对卡尔·福格特》（40 页）。从这个家伙的观点来看并不十分坏。有一些说明福格特怯懦的事实。

评论：马克思讲述自己经历的生病及恢复的痛苦，并表示希望身体很快能完全复原。信中提出需要恩格斯提供一些有关波希米亚对俄国的军事意义的材料，福格特想把波希米亚让给俄国。马克思需要用这个材料来写他的反击福格特的抨击性著作，特别是要用它来揭露福格特的亲波拿巴的观点，福格特曾在 1859 年日内瓦和伯尔尼出版的小册子《欧洲现状研究》中鼓吹过这种观点。信中还谈到 1860 年汉诺威出版的雅科布·费奈迭的《为了保卫自己和祖国反对卡尔·福格特》一书，马克思看到这本书中有一些说明福格特怯懦的事实。

6 月 26 日 致信恩格斯，指出：从附上的维贝尔的信中，你可以看到那些普鲁士狗东西的卑鄙。当然，对于上诉法院也是没有什么可以期望的。

多么美妙的法学呵！起初是禁止我提出"对于诽谤的控诉"，因为这对普鲁士政府不利，后来又不准公开审理"对于侮辱的控诉"，理由是缺乏"犯罪构成"。这实际上是在替《国民报》"辩护"。

你瞧，巴伐利亚对待福格特又是多么宽容。这就是"普鲁士的进步"。

让黑克舍尔再就这件事寄一篇短讯给《改革报》吧。至少要公开揭露这种普鲁士的手法。

这群狗东西从我寄给维贝尔并被维贝尔附在他的控诉书内的文件中看出，如果案件准予"审理"，《国民报》将被判罪。由此就产生了这一切诡计。

评论：信中附上了法律顾问维贝尔1860年6月22日给马克思的信，维贝尔在信中通知说，1860年6月8日王国柏林市法院不受理马克思对《国民报》的诉讼。马克思认为普鲁士及其法律都很卑鄙并讽刺和揭露了他们，因为福格特控告《总汇报》的诉讼案在巴伐利亚的城市奥格斯堡进行了审理。他们要诡计，是怕《国民报》将被判罪，信中还希望黑克舍尔再就这件事寄一篇短讯给《改革报》，公开揭露这种普鲁士的手法。

6月28日 致信恩格斯，指出：拉萨尔的东西昨天我已经知道，因为《国民报》刊载了一篇非常赞扬卓越的《研究》的社论。

你对普鲁士政府的卑鄙行为怎么看？

评论：信中谈到要与迈斯纳联系。马克思最初打算把自己的反对福格特的著作交给汉堡的出版商迈斯纳出版。信中还询问恩格斯对普鲁士政府的卑鄙行为的看法，就是法律顾问维贝尔1860年6月22日给马克思的信，他在信中通知说，1860年6月8日王国柏林市法院不受理马克思对《国民报》的诉讼。马克思还表示，恩格斯匿名出版《萨瓦、尼斯与莱茵》造成了不利局面。

7月9日 致信恩格斯，指出：希望你三言两语分析一下福格特这个福斯泰夫以下这些说法在军事上的荒唐：

1. 这个深入地研究了"力和物质"关系的人断言，联合起来的多瑙河各公国，在其目前的幅员内，能够作为一个独立的王国筑起一道对俄国的"堤防"，并且能够与俄国人、奥地利人和土耳其人相对抗。

2. 他提出下面这一点作为巴登格毫无私心和实行非掠夺政策的主要证据，即在"光荣的"克里木进军之后，这个人既没有侵占"俄国的"领土，也没有侵占"土耳其的"领土。

评论：信中马克思告知自己的身体还没有完全复元。信中表达了对迈斯纳的怀疑，因为他同福格特一伙有联系，表示会很谨慎地决定是否把《福格特先生》的手稿给迈斯纳。信中请恩格斯分析福格特的说法在军事上的荒唐。马克思对福格特在其亲波拿巴的小册子《欧洲现状研究》中的论点进行了批评。信中马克思所说的"力和物质"，是讽刺地暗指1855年出版的德国生理学家毕希纳的一本书《力和物质》。毕希纳和福格特都是庸俗唯物主义的代表人物。

7 月 17 日 致信恩格斯，指出：几天以前我接到埃卡留斯的来信，说他已经同裁缝业务分手了，也就是说他的身体不允许他再干这个了。医生对他说，没有什么办法。需要换一换空气，等等。因此我在离我家不远的地方由我出钱给他租了一个住所（当然同他的家眷分离，家眷仍留在原来住处）；他还在我们家用膳，而他所能做的事情只是在荒阜上游荡和每星期给魏德迈寄一篇文章，魏德迈给他每篇文章四美元的稿酬。希望他能恢复健康。此外，我给他买了波尔图酒。但是长此下去我做不到，因为在我们的钱袋十分空虚的情况下单是目前由于他来而花的额外费用就已经很难负担了。

你能否很快写出点关于加里波第，或者关于普鲁士政府背着议院实行军队改革，或者诸如此类的东西？

加里波第已经把法里纳赶走了，这很好。

评论：信中告知恩格斯，德国工人运动活动家埃卡留斯即将抵达伦敦，他因为身体不好，只能停止裁缝业务，并需要休养。还谈到加里波第把法里纳赶走了。谈论加里波第 1860 年夏写给马克思的一个熟人、英国人格林的信。信中谈到加里波第力图使意大利人民争取国家的民族统一和国家从外国统治下解放出来的斗争能够不依赖于拿破仑第三的政策而独立地进行。

7 月 21 日 致信恩格斯，指出：帕麦斯顿将于星期一晚上提出关于英国防御工事的提案；这是一个大骗局。如果你能在星期三以前（因为我要在星期三把这篇东西从这里寄出）就这件事给我为《论坛报》写一篇短文，那就太好了。

评论：马克思认为，帕麦斯顿将于星期一晚上提出关于英国防御工事的提案，是一个大骗局。他希望恩格斯能写一篇关于这件事的文章给《纽约每日论坛报》。这篇文章就是恩格斯后来写作的《不列颠的国防》。

7 月 25 日 致信恩格斯，指出：关于防御工事的《报告》我将寄给你。乌尔卡尔特在 7 月 4 日最近的一号《自由新闻》上关于这件事的叫嚷，你读到没有？如果你想用英文写这件事（这会是非常及时的），那你必须把它写成文章寄来。那时我会在出版商那里想想办法，而在最坏的情况下也会把它登在某家杂志或周报上。

金累克的说法是正确的，这可以从《通报》转载他的演说所采用的那种荒谬的形式看出来。

评论：马克思寄给恩格斯 1860 年 7 月提交给英国议会审查的《调查联合王国防御工事的特派员的报告；附证词记录和附录》。信中谈论了英国的国防问题。马克思建议恩格斯围绕英国的国防问题写文章并设法发表在杂志或周报上。马克思还评论了金累克的演说。马克思肯定了金累克对波拿巴政府的揭露。英国议会议员自由党人金累克 1860 年 7 月 12 日在下院发表演说，他在演说中列举了许多事实揭露法国波拿巴政府的政策的真实意图，这个政府把自己说成是意大利的保卫者。

7 月 29 日 致信恩格斯，指出：你将随信收到上诉法院不受理的决定。再向最高法院上诉恐怕也没有用。白白地多花钱而已。现在必须立即给维贝尔寄去他的三十二塔勒三银格罗申六分尼，以便他马上把文件（包括他所写的控诉书）寄给我。我写小册子需要它们。八九天后小册子就可脱稿交我妻子誊清（她抄写是很快的）。

这样的诉讼程序（例如，你注意一下上诉法院的决定所用的那种放肆的报上论战的腔调）我还从来没有看到过。普鲁士的狗东西们应该挨棍子。不过，他们给我提供了"材料"，这倒不错。

上诉法院中的怯懦的流氓们毕竟认为有必要拒绝受理福格特提出的关于"勒索"等等的控诉。

评论：信中告知上诉法院不受理的决定。马克思的律师法律顾问维贝尔在王国柏林市法院 1860 年 6 月 8 日不受理对《国民报》的控诉后，对这个法院的决定向上诉法院提出了控诉，1860 年 7 月 11 日接到了驳回的决定。马克思批评了普鲁士政府的诉讼程序。

8 月 4 日 致信恩格斯，指出：我正在设法尽快地把那本抨击性著作写出来，但是有些时候我的健康状况特别"讨厌"，我完全不能写作，这就造成了一些障碍。

不过，我还是决定向最高法院上诉。现在正值假期。在最高法院开庭以前，那本抨击性著作会出版（其中有我对至今施行的普鲁士诉讼程序的批判）。这些先生们不大丢其丑是无法摆脱出来的。

关于加里波第，星期三以前写给我。

评论：信中讲述了由于健康状况耽搁了抨击福格特的著作的写作，还讲到准备向最高法院提起上诉，并告知自己的著作会在最高法院开庭以前出版，其中还有对当时施行的普鲁士诉讼程序的批判。

8 月 21 日 致信贝尔塔兰·瑟美列，指出：我自己没有写信是不难说明的。自接到您的最后一封信后，我长时期患严重的、折磨人的肝病，这病几乎使我无法握笔。后来有一个熟人告诉我您在伦敦，因而我就不能肯定寄往巴黎的信您是否能收到。

正如您正确地指出的，重大的事件将要发生。但是据我看来，在欧洲可能发生的一切事件中，最大的危险是盘踞在华沙的合法反革命与盘踞在土伊勒里宫的非法反革命之间的战争。可是我们必须如实地看待形势，并且尽可能更好地利用它。即使加里波第（他的真实意图我从寄给我的私人信件中得知）不得不暂时收起自己的旗帜，我也仍然希望来年春天有机会使各民族的事业同法国反革命勾当永远一刀两断。

我有一件事向您请求。最近科苏特竭力想挽回他在美国失去的影响。我打算揭破他的伎俩，因此您如能将这个假英雄的最近的行径尽快地并尽量详尽地告诉我，我将非常感激。他曾经在（或者现在还在）巴黎；他在那里做了些什么？他到过都灵；为了什么事？也许您还可以补充一些 1859 年战争时期他在意大利第一次出现时的滑稽可笑的趣闻。

鉴于即将来临的事件，最重要的是，一方面要确立德国自由派和匈牙利人之间的友善关系而排除任何怀疑——我不久将有机会向德国说明自己的意见（不是口头，而是在报刊上）；另一方面则要使双方都不承认科苏特这个所谓匈牙利民族的代表。

评论：信中告知自己由于患肝病而没有及时回信。马克思谈论了欧洲的局势，加里波第的态度，表达了自己希望各民族的事业同法国反革命永远一刀两断。信中请求瑟美列提供一些科苏特的情况，以便揭破他的伎俩。

8 月 27 日　致信恩格斯，指出：我好久没有写信，是由于讨厌的肝病老是缠住我，使我不得不把任何一点点空闲时间都用来工作。

关于出版者问题，我大约在十天以前已写信给济贝耳，现在正等待回信。时间拖得很长，一则是因为我不能全力从事工作，一则是因为我不久以前才得到全部必要的材料。不过，我认为今年除了意大利的事件以外（奥地利进行干涉的意图原来是波拿巴主义者的虚构），不会再发生什么事情（请写点关于加里波第的东西。对班迪亚的朋友图尔，你有什么看法？），将出现一个沉寂时期，那时这样的小册子还是可以读的。

大约两星期以前我用书面形式向戚美尔曼博士（普鲁士前市法院院长）提出了一些有关诉讼的问题（手续问题）。可是，他认为必须询问一下柏林同行的意见。大约在本星期内可以收到他的书面意见。普鲁士人休想这样便宜地从这件事中摆脱出来。

我现在经济非常困难。

魏德迈先生的报纸又奄奄一息了，也就是说他退出了编辑部，准备到纽约去当土地丈量师。而他的同事将把这家报纸卖给某个政党，从而使它成为一家赢利的报纸。魏德迈终于明白，对于美国的新闻事业来说，他是太正直了。

评论：马克思在信中告知自己备受肝病的困扰。询问恩格斯对加里波第、图尔的看法。加里波第1860年夏天在南意大利进行军事行动。马克思在自己的文章《普鲁士现状。——普鲁士、法国和意大利》中谈到图尔，还谈到法国人企图通过图尔影响加里波第。信中还告知魏德迈在美国的报纸《人民呼声》遇到了困难，魏德迈退出了编辑部。马克思还询问曼彻斯特、印度和德国国内市场的状况。

8 月 29 日　致信恩格斯，指出：埃卡留斯还能在曼彻斯特的裁缝那里找到工作吗？如果能，他就应当离开这里，因为他又能够工作了（他还是住在我们附近），而伦敦的情况不好，他在这里不走，那就得重新回到发臭的贫民窟去。

他的搬家费用，我们在这里筹措。

谈到他，我必须提醒你：我认为他得的是一种脊髓病。他的妻子是个讨厌的人：侈求体面（教会执事的女儿）和爱尔兰作风在她身上奇特地混合在一起。她管理家务很马虎。他本人没有一点精力，没有一点积极性，特别是从他的病加重以来。因此，必须使他不要一到曼彻斯特就受到纵容。他需要外界的强制，这特别是为了使她不致产生任何幻想。

我必须在最近几天得到一点关于加里波第的东西。这是美国佬唯一感兴趣的事情。

今天我收到我的柏林律师的一封信，他在信中把他向最高法院提出的上诉书的全文告诉了我。不久你将收到它。关于传单和布林德那一点，他自己没有正确理解，其余的都写得非常好。

评论：信中介绍了埃卡留斯的健康和家庭情况，他面临很多困难，并询问能否在曼彻斯特的裁缝那里找到工作。谈到美国人关注加里波第的情况，希望得到一些讯息。还谈到法律顾问维贝尔的来信，讲到了上诉书的内容，并表示对上诉书中对布林德的理解不满意。

9月1日　致信恩格斯，指出：附上魏德迈的信。

其次是我的律师的信。后者你要寄还给我。这个人显然没有弄懂关于传单的事，如果最高法院决定重新把案件发回市法院从实质上进行审理（这很少可能），那我必须就此对他再作解释。这种普鲁士的法学真是妙极了。我为了得到从实质上进行诉讼的"官僚的许可"，现在已经通过了五级的预先审理。这类事情只有在普鲁士这个"文明国家"里才会发生。

现在是三点钟，所以我认为你关于加里波第的文章今天不会寄到了。我本来不想拿这篇东西来烦扰你，但是我知道美国佬在竞选期间除了意大利的戏剧性事件以外，在国外政治方面是什么也不看的。此外至多还有关于收成和贸易的文章。但是，为了体面，这些东西自然也只能一个星期写上一次。

评论：信中表达了对普鲁士政府对诉讼的诸多限制的不满。还谈到了对美国人对国外政治问题的关注的看法，认为他们只关注加里波第，意大利竞选期间的事态，以及收成和贸易。8月底至9月初，马克思给《纽约每日论坛报》写了两篇文章，阐述了对于收成和贸易的看法。

9月7日　致信斐迪南·拉萨尔，指出：我的反对福格特的著作之所以延迟出版，除了因为我必须做些更急迫的工作以外，是由于以下两个主要原因。

1. 我本来想等到对《国民报》的诉讼结束以后，但现在我放弃了这个打算。

诉讼经历了以下几个阶段：检察官，接着是检察长都驳回了控告，理由是案件不代表足以引起官方干涉的"公众利益"。于是就提起了民事诉讼。市法院作出了驳回控诉的"决定"，因为侮辱性的几段话只是"引证"的（注意，这是不真实的）。上诉法院宣布市法院的理由是不正确的，但是得出了同样的结论，理由是污蔑性的几段话没有牵涉到而且不可能牵涉到我（法院通过"不正确的引证"来证明这一点），《国民报》没有侮辱我的意图等等。"决定"的笔调清楚不过地证明这些家伙的惊惶失措。现在案件已转到最高法院。这样，我对普鲁士司法的认识就更丰富了；现在我知道，私人一般能否使案件得到公开审理，要取决于法官的决定。要知道所有这些决定无非是些企图阻止我在法庭上当众控诉《国民报》的"预防措施"。看来，法律顾问维贝尔丝毫不了解我同普鲁士政府的友好关系，因此他在他的信中对这些"无法解释的"决定表示惊讶。

你知道，我对《国民报》提起诉讼是在收到福格特的书以前。结果我是做对了，因为《国民报》以值得称许的机警收集了福格特书中一切，确实是一切要受到刑事追究的诽谤指控（我这里所说的是符合刑法典规定的那种诽谤，对这些先生们的一般谩骂我不愿意按法律手续去追究），而有的地方甚至比书里说的更尖刻。但是对每一点我都能够不是要求对手来证明他的指控的真实性，而是自己证明这种指控的虚假性。唯一例外的一点是关于往德国寄了几百封恐吓信去进行敲诈。在这种情况下，《国民报》当然必须从它的朋友福格特那里弄到一封这样的恐吓信。因此，各级法院都明白，如果弄到公开审理的地步，那末《国民报》就要被判罪，而这——尤其是我在法庭上的胜利——就会"与公众利益相矛盾"。"最高法院"一定会想出一种新的花招。无论如何，普鲁士人给我提供了这样一种材料，他们很快就会在伦敦报刊上看到它的令人愉快的后果。

2. 出版人——这是目前阻碍全部事情的一个困难。小册子在普鲁士显然无法出版，因为其中一些涉及施梯伯等人的地方会使出版人遭到控诉。我同汉堡等地进行的交涉至今毫无结果。这些先生不是干脆拒绝，就是对小册子的笔调和内容提出条件，当然那是我所不能接受的。要是奥·迈斯纳不是在这以前出版了除你和格律恩以外也有福格特及其一大帮人——班贝尔格尔、西蒙等等参加的《民主研究》，那他是会承担这件事的。

我的妻子向你衷心问好。我已经有几个月避免同弗莱里格拉特见面了，因为我不愿意同他发生不愉快的冲突；另一方面，在这种关键时刻胆小怕事（由于怕损害同他的老板詹姆斯·法济在业务上的关系）使我很反感。（我认为特别不合适的是，我已用司法文件向他证明，布林德不怕罪过加重，从排字工人维耶那里骗取了关于传单《警告》的假证词来放在《总汇报》上发表，在这以后，他仍继续同布林德保持密切来往。）虽然表面上我们同过去一样是"朋友"，但是我们家庭之间的来往已经完全中断了。你是知道的，我妻子是个性很强的人。

评论：信中告知自己由于肝病妨碍了脑力劳动。告知《福格特先生》延迟出版的原因主要是本计划等到对《国民报》的诉讼结束以后再出版，以及找不到出版人。信中还讲到与弗莱里格拉特的关系。

9 月 15 日 致信恩格斯，指出：寄上艾希霍夫的书，这本书你最多过两三天就得寄还给我，丝毫不要损坏。这不是我的。这本拙劣的东西刚一出版，就在柏林被没收了。这是伦敦仅有的一本。第二编关于帕茨克等人，不管他写得怎样不好，也还是使人笑得要死。此外，你可以看出柏林的糟糕的法庭是怎么回事。柏林的下流报刊把自由派的全部非凡勇气都倾注在炮弹国王身上，因而对它们的帕茨克、法庭和可鄙的摄政王连一点余勇也没有了。

加里波第是真正的救星。否则俄国—普鲁士—奥地利的神圣同盟又会提高波拿巴的声誉和巩固他的地位。

我们温顺的亨利希·毕尔格尔斯——你可以从附上的拉萨尔的信（也请寄还）中看出——投奔摄政王了。先是拉萨尔从亚琛给我来信，他在那里用浴疗医治痛风病。信中附带告诉我，在科伦和杜塞尔多夫，工人协会在我们不认识的两个年青律师领导下进行了改组，那里热切地盼望着我的反对福格特的著作。波克罕从瑞士也带来同样的消息。我曾给催逼我的拉萨尔写信说，除了在伦敦印以外，没有其他可能（根据济贝耳的信看来确实是这样），佩奇从伦敦经过通常的途径（莱比锡）在德国推销，而在国外则直接推销。但这需要钱。他这封信就是给我的答复。但他要想这样脱身是不行的。我今天要再写信给他。他必须不惜任何代价至少弄到三十英镑。波克罕提供十二英镑。这样就可以抵补大部分开支。附上希尔什菲尔德的清样。一印张要花费四个半英镑，不过字数多，相当于平常的两印张。请读一读拉萨尔那封没完没了的长信的末尾几页，他在那里竭力称颂我的那本政治经济学。但是看来，他对政治经济学中的许多东西并不理解，从他的话中我清楚地看出这一点。

评论：信中对艾希霍夫的《柏林警察剪影》作出了批评。对俄国、奥地利、普鲁士之间的关系态势进行了分析。1860 年 9 月在报刊上出现了关于俄国皇帝、奥地利皇帝与普鲁士摄政王即将会见的报道。奥地利、普鲁士和俄国由于要阻挠意大利的统一以及对抗为撒丁国王维克多－艾曼努尔二世撑腰的拿破仑第三的对外政策，企图互相拉拢。马克思在《俄国利用奥地利。——华沙会议》一文中进行了评论。信中讲到各方对自己写作的反对福格特的著作的关注。马克思还谈到拉萨尔对政治经济学的一知半解。

9 月 15 日　致信斐迪南·拉萨尔，指出：1. 我已写信给弗莱里格拉特（前天），请他答复你的问题。没有得到回答。当然罗！答复这样的问题是会违背他的职责的。

2. 关于福格特的书。经过种种尝试，我深信只有一种可能性，即在伦敦付印。不过，书是有意写得不可能被没收的，因此即使它不能在柏林付印，也还是能够象其他任何书籍一样，通过莱比锡在德国推销。可以把书直接从这里转寄到瑞士、比利时、美国去。一部分钱由恩格斯付，一部分钱由我付。但这事花费很大，因为一印张在这里要花四英镑半。如果可能的话，你必须去筹一部分钱。我指望能成功，已经让人在下星期就开印。如果钱筹不到，那我们只不过损失到那时为止所印成的那几印张的费用。

3. 加里波第以前完全象马志尼一样同意我对波拿巴的使命的看法。我有过加里波第关于这个问题的信件。但是，过去的事现在没有意义了。加里波第一旦使意大利人的斗争不依赖于波拿巴（而这也正是他的目标，他在给我的一个英国熟人（格林）的信中就十分明确地这样说），革命政党内部所有的争论问题就会消除。但是现在，重要的是我们要在纲领问题上取得一致的意见。如果你拟好一个草稿，那恩格斯、沃尔弗和我会同你就可能进行的修改取得一致的意见。我们的"小的"、但在某种意义上是"强大的党"（因为其他政党不知道自己要干的事，或者不愿干自己所知道的事），已经临近应当制定自己战斗计划的时刻了。正是由我们（在英国这里）从民族立场出发采取行动，这在我看来——姑且不说这种政策的内在合理性——即使在策略上也是正确的。

4. 至于我们对俄国的态度，我以为你是弄错了。我和恩格斯所持的观点，是完全独立形成的，可以说是费了不少力气，对俄国外交作了多年研究之后才得出的。诚然，在德国，人们仇视俄国，而我们早在《新莱茵报》创刊号上就已宣布对俄国人的战争是德国的革命使命。但是仇视和理解完全是两回事。

5. 你对我的书的称赞使我很高兴，因为这是出自权威的评论者之口。希望在复活节以前能出版第二部分。形式将稍有不同，将稍微通俗一些。这决不是出于我内心的要求，而是因为第二部分有直接的革命任务，而且，我在那里所叙述的关系也比较具体。

我的书在俄国引起了轰动，有一位教授在莫斯科就这本书作了讲演。我还从俄国人和懂德语的法国人那里收到许多封关于这本书的友好信件。

6. 关于亨·毕尔格尔斯。这很象温柔的亨利希。诚然，他名义上担任过《新莱茵报》的编辑，但是他除了一篇文章以外，从来没有在该报写过什么东西，而这篇文章还被我删掉了一半，改写了另一半。毕尔格尔斯气得要死（这是在该报初创的时候），要求普遍表决。我例外地同意了，但同时声明，在报纸编辑部里应当实行专制，而不是普选权。普遍表决的结果表明大家都反对他。从此他就不再写东西。此外，监狱似乎使他变得很温和了。在这方面被囚的狼值得称赞。他是与毕尔格尔斯完全相反的人。

但是比毕尔格尔斯更使我恼怒的是，我们党的一个很有才能而又精力充沛的成员哥丁根的律师米凯尔归附了卞尼格先。

7. 在柏林出版了艾希霍夫博士的《警察剪影》。写得不好，但有些重要的事实。使人对柏林的自由主义的"警察局"和"法院"看得一清二楚。书立即被没收。有一本顺利地寄到了这里。

8. 至于说到普鲁士的诉讼程序，我应当承认我是完全无知的。我从来没有设想能得到实际的满足，但是我以为诉讼程序至少应当让我能达到公开审理。这就是我所曾希望的一切。

难道按照（旧的）莱茵省的诉讼程序，私人控告侮辱或诽谤也要得到司法当局即政府的事先批准吗？

评论：信中回复了拉萨尔一些事情。拉萨尔在 1860 年 9 月 11 日的信中请求马克思在弗莱里格拉特那里打听关于瑞士银行总行的情况，弗莱里格拉特是该行伦敦分行的职员。告知《福格特先生》经过种种尝试，可能只能在伦敦付印，在寄送和费用等方面都有新的情况。信中讲到与加里波第的分歧、对俄国的态度等，还评论了毕尔格尔斯。

9 月 25 日　致信恩格斯，指出：对附上的德纳的信，说明如下：自你来伦敦这里逗留以后，我曾写信给德纳，希望他向《百科全书》的另一个撰稿人预约《海军》这个条目。从那以后我没有接到他的任何回信，满以为事情已经了结，突然昨天寄来了附上的这封信。如果你有一点可能写出这篇东西——即使简略而肤浅，都无关紧要，——对我在目前恰好是极为重要的，因为，为了得到一点喘息时间，我不得不在 9 月 14 日预先开了一张德纳名下的为期两个月的期票（在这个日期以后两个月应该付款）。我给他写信谈这件事，是提起了跟他的老交情，因为这是违背《论坛报》的规定的。我的信同他的信错过了。因此，正好现在需要使他保持良好的情绪，更不用说要使他对我们什么都能做这点保持信念了。所以，只要有一点可能的话，你就把这篇东西写出来，这对我是一个莫大的帮助。德纳规定这篇东西最多写十页。但是如果不行的话，五页也可以了。问题是要拿出一点东西。

关于拉摩里西尔怎样了？

关于加里波第的情况，你有什么看法？

科苏特由于马志尼的干预，被赶走了；他是由波拿巴暗中派遣的。他说加里波第应当把罗马抛在一边，直接向威尼斯推进。

现在谈谈福格特。

书将在这里印。

1. 资金。我总共只要付二十五英镑。波克罕出十二英镑，拉萨尔答应给我八英镑。还差五英镑。其他印刷费和寄送费由出版商佩奇负担。在利润方面，除扣除和支付生产费用外，由我们平分。我现在已向佩奇提出这一点作为我同意在伦敦出版这本书的必需条件。

2. 这本书没有被没收的危险。是拉萨尔误解了。相反，我曾写信给他说，这本书没有被没收的危险，但是在柏林它不可能出版，因为由于共产党人案件，那里没有一个出版商会承印它。

3. 我们已经不是生活在 1850—1858 年那个时代了。佩奇在莱比锡、柏林和汉堡都有代售人。因此这本书可以通过通常的图书发售途径在德国推销。佩奇将直接通过他在比利时、瑞士和美国的代售人把它推销到那些地方去，这样就可节省许多时间。至于在报上登广告、通知书商等事，将在我参与下从这里办理。我们将寄给济贝耳五十本供分发给各报社用。我认为没收是不可能的。福格特不是摄政王，而施梯伯已在官场失宠。在政治问题上我是有意持克制态度的。

4. 我们节省时间，因为如果在德国，可能还要奔走几个月；然后还要花时间去校对等等。这是佩奇第一次出版东西（同时还有波克罕那本反对阿布的抨击性小册子），因而就是为了他自己的利益，他也会尽一切力量去干的。

5. 假如这本书畅销，——我有一切理由相信这一点，——那末佩奇就会用德文或英文出版你的或我的小册子，这样德国出版商就窒息不了我们了（已经印好两印张）。

所以，我认为这一次的困难是件好事。你以为怎样？我相信，如果《波河与莱茵河》和《萨瓦》等等在伦敦这里出版的话，那声势一定会大得多。

附带说一下。你说得对，《前帝国的福格特》这个书名不合适。我觉得《卡尔·福格特》不相宜，因为我不愿意把"卡尔·马克思"放在《卡尔·福格特》的下面。所以我打算用《达－达－福格特》这个书名。正如我在批判福格特的《研究》这一章中所说的，达－达是一个阿拉伯作家，波拿巴在阿尔及利亚利用他就象在日内瓦利用福格特一样。达－达会引起庸人的好奇心并且有滑稽感。

评论：信中请恩格斯帮助写作为《美国新百科全书》提供的条目《海军》。信中还询问恩格斯对加里波第的看法。谈到了反对福格特的著作的出版计划和所需资金等情况，这本书在当时的普鲁士反动条件下，在柏林不可能有出版商愿意出版。马克思认为可以向佩奇提出在伦敦出版，并利用佩奇的图书发售途径扩大范围，这样才能快速冲破德国出版商的限制，扩大这本书的影响。信中马克思还围绕书的名称表达了自己的看法。

10 月 2 日　致信恩格斯，指出：对济贝耳的信，我的印象正和你相反，就是他没有办法。迈斯纳由于《民主研究》而直接站到敌人营垒里去了。此外，从他同济贝耳的私人谈话中可以看出，他期待的是"有价值的"讨论，并认为福格特是一个大人物。奥·维干德是我的私敌，几年前他对我让他出版《雾月十八日》的建议（甚至不取稿酬）作了粗暴的答复。波恩的厄耳伯曼则纯粹是一个幻想。波恩的情况我是了解的。总之，根据在反动的十年所形成的风气来看，小册子未必能在德国出版（特别是由于济贝耳同莱比锡的出版商没有联系）。要是手稿从一家转到另一家，内容都泄露出去，出版商可能还是找不到或者经过长久辗转才找到，那会是什么结果！当然，我与其要佩奇先生，不如要科塔、布罗克豪斯或者甚至康培，但是在目前情况下我认为有佩奇就已经是一种幸运。波克罕是一个很能干的人，他对佩奇非常信任。最后，我们在德国的最近几次经历也并不是很令人鼓舞的。

书名我还要考虑一下。"达－达"会引起庸人的好奇心这种情况很合我的心意，而且我觉得这正适合于轻蔑嘲笑的做法。但是关于这一点，我还要跟我的批判的良心仔细地商量一下（书名到最后才印）。内容如下：一、硫磺帮。二、制刷匠帮。三、警察作风：1、自供。2、穆尔顿革命代表大会。3、舍尔瓦尔。4、科伦共产党人案件。5、工人协会洛桑中央节。6、其他。四、泰霍夫的信。五、帝国摄政和普法尔茨伯爵。六、福格特和《新莱茵报》。七、奥格斯堡战役。八、福格特的《研究》。九、代理机构。十、庇护人和同谋者。十一、对《国民报》的诉讼案。十二、附录。

《泰晤士报》真是无耻到了极点，竟断言（昨天）加里波第之所以能够这样久地得到"信任"，是因为"他被认为是拿破仑第三的秘密意图的表达者"。小丑爱得文·詹姆斯被吓坏了，溜到了伦敦，他是前天到达的。科苏特在普隆－普隆的《民论报》上发表了一封按照波拿巴分子的精神和受他们委托写给加里波第的信。

所有伦敦的报刊都特别注意你的那篇关于猎兵的文章；内阁的《观察家报》也议论了它。轰动一时。

评论：信中谈到对济贝尔、迈斯纳的看法，谈到了对莱比锡出版商维干德的不满。维干德在1852年3月20日给马克思的信中，表示拒绝出版马克思的著作《路易·波拿巴的雾月十八日》，说"因为有遭到国家迫害的危险"。信中谈到福格特一书的出版计划的种种考虑，表示在德国的反动条件下，难以在德国出版，认为在当时的条件下，伦敦的佩奇是一个比较能够信任的出版商。信中介绍了这一著作的主要内容。信中还谈到1860年10月1日《泰晤士报》第23739号上关于意大利事件的一篇社论以及科苏特给加里波第的信。信中还高度肯定了恩格斯的《英国志愿兵猎兵的检阅》一文，文章在伦敦受到了极大的关注。

10月2日　致信斐迪南·拉萨尔，指出：恩格斯在达姆斯塔德的《军事总汇报》上写了一篇关于英国猎兵的文章，后来又被译载在曼彻斯特的《志愿兵杂志》上。全部伦敦报刊都在转载和讨论这篇文章。

就我直接从加里波第的营垒中收到的信件来看，情况令人忧虑。卡富尔完全是波拿巴的工具，并且他掌握着维克多－艾曼努尔。加里波第将很难抵抗住波拿巴和皮蒙特军队，况且意大利的整个资产阶级和贵族匪帮都是同卡富尔站在一起。加里波第自己的军队素质变坏了一些，因为他不得不把自己的精锐部队分散到那不勒斯的败类和皮蒙特的士兵当中去。

这一次我没有回你的信，只写了这么几行，请你原谅。除了看校样的（令人愉快的）工作和日常的事务以外，我还受到一种犒赏——整个左边头部讨厌的神经痛。

评论：信中告知恩格斯的《英国志愿兵猎兵的检阅》一文受到广泛的关注。谈论加里波第，马克思认为加里波第很难抵抗住波拿巴和皮蒙特军队。

10月11日　致信恩格斯，指出：布拉斯的小册子中有一些好东西。

如有可能，你就加里波第的光辉战役写些指导性的意见给我（星期六以前）。

评论：信中提到布拉斯的《我们需要什么》有一些有价值的信息。还请恩格斯能够对加里波第的光辉战役写指导性的意见。1860 年 10 月 1 日加里波第的军队在沃耳土诺击败那不勒斯国王弗兰契斯科二世的军队。南意大利的解放基本上由于这次胜利而完成。

10 月 25 日 致信恩格斯，指出：附上维贝尔的信；看来我必须寄给他六塔勒左右，以此结束同普鲁士法院的事。你可以把这件事告诉济贝耳。

我以后要在伦敦这里出版一印张左右的小册子——《论普鲁士司法》，但这要在书顺利地运入德国以后。

希尔什菲尔德那里的工作头一个月进行得很慢；首先是因为排字工人秦恩溜走了，于是希尔什菲尔德的工作就非常多，此外，我的每一印张比通常的两印张还要多。但是上星期我还是同他订了一个书面合同，规定 11 月 15 日以前全部结束。

科拉切克在《时代呼声》最近一期上的一篇文章《欢呼者》中又把这事重新提了出来；顺便说一句，朋友拉萨尔在那里也挨了一顿。

《海军》的事怎样了？

你看今年秋天会不会爆发战争？看校样和为私事奔走，使我忙得不可开交，暂时很少有工夫写信给你。

评论：马克思告知恩格斯，1860 年 10 月 5 日，柏林最高法院驳回了自己的法律顾问维贝尔对王国上诉法院关于控诉《国民报》的诽谤案的决定的上诉书。信中谈到了反对福格特的著作的印制进展情况。还询问了《海军》的写作进展，以及询问秋天会不会爆发战争。

11 月 5 日 致信恩格斯，指出：我事情很多；一部分是私事，另一部分是校对（总要校两遍）；上星期，由于最高法院的决定，我不得不把关于诉讼案的那一章完全改写；最后是《论坛报》。

你看，要是我信赖济贝耳，那会得到什么结果。早在两个多星期以前，我就向他询问，他是否同意负责把书运到（分发到）德国的各报刊（以及分发给哪些报刊？）。当然没有得到回信。

评论：信中告知自己正在忙于校对《福格特先生》，不得不按照最高法院的规定，改写了关于诉讼案那一章。信中还表达了对济贝耳对往德国的各报刊运送和分发这本书的询问不予回复的不满。

11 月 13 日 致信恩格斯，指出：书（十二印张，即通常的二十四印张）在下星期就印好了。鉴于最高法院的决定，我把原来占几页的关于诉讼案的那一章全部改写了。现在它大约占一印张。最后的一印张全部用小号铅字排印（附录）。我之所以没有把单个的印张寄给你，是因为这会破坏对这部著作的完整印象，就象对其他任何著作一样。我将寄给你六本：分别给你、鲁普斯、龚佩尔特、博尔夏特、黑克舍尔和查理。

关于洛美尔的小册子（你再没有听到它的下文，"而且又花了钱"），你提的问题好象是对我的责备。首先，即使一文钱也捞不回来，可是若没有洛美尔的帮助，我就写不了揭露福格特个人的最重要的那一章——《代理机构》。这个人为我的各方面的详细讯问而不得不至少写了四十封信。而且他还把他原来准备寄给《总汇报》的那篇反对福格特的声明寄给了我。我认为，一个和我们党毫不相干的人没有理由必须替我们无偿地工作。此外，佩奇昨天告诉我，他已经卖得两三英镑，而其余的（他在德国刚刚登了关于小册子的新广告）要是卖不掉，无论如何他会到合众国和澳大利亚去推销。

你读了我的作品以后，就一定会放弃你的看法，即认为那位只有美文学方面联系的济贝耳能够在德国安排出版我的著作（恐怕要到1880年）。济贝耳已有信给我。

在书名问题上我向你让了步，（昨天）已经把《福格特先生》排上去了。我的妻子坚决反对这个书名，而坚持要用《达－达－福格特》，并且旁征博引地指出，甚至在希腊悲剧中，剧名和内容乍一看来也往往是没有任何联系的。

不知道你有没有看过科拉切克的《时代呼声》。《欢呼者》这篇文章（在那里我们的朋友拉萨尔很不好受）由于所报道的一个事实，实际上提供了了解福格特卖身投靠波拿巴的动机的钥匙（虽然蠢驴科拉切克忘记指出这一点）。1858年初，在日内瓦建立了一家"水泥"股份公司，它象是一个通常的挥霍账户存款的信用银行。除经理（没有指出他的名字）以外，副经理是福格特。到1858年底，经理先生们把全部资本都挥霍光，破了产。总经理被逮捕。就要受到刑事追究了。福格特从伯尔尼的国民院跑到日内瓦。法济把案件暗中了结了。股东们一文钱也没有得到。

从同一篇文章《欢呼者》［《Juchheisten》］中（科拉切克——顺便说说，他已卖身投靠奥地利，——为什么不称他们为《Juchheiten》呢?），我看出，《去意大利，好啊!》（我不能强迫自己读完由波克罕提供给我用的福格特集团的《民主研究》本身），也就是巴黎的银行家"路·班贝尔格尔"，1848年《美因兹日报》的编辑，一只讨厌的螂，竟敢于谈论"领半薪的共产主义者"。因此，我把这个讨厌家伙补充到福格特的同谋者行列中，简略地把他描绘了一下，同时对其他的"欢呼者"——路·西蒙、哈特曼（他在瑞士对波克罕说过，福格特已把我置于死地）和亨·伯·奥本海姆——也增添了几句一般的俏皮话。

评论：信中谈到了《福格特先生》一书将于下星期印好，并将寄给恩格斯等人。还谈到洛美尔对于揭露福格特的重要帮助，并告知书出版后，销售还比较好的开头。洛美尔提供了他在1860年4月5日反对福格特的声明；声明特别揭露了福格特亲波拿巴的活动。马克思在信中还介绍了科拉切克的《欢呼者》一文对福格特的揭露对自己的重要帮助。

11月22日 致信贝尔塔兰·瑟美列，指出：非常感谢您寄来的友好的信和科苏特—科布顿的备忘录，这在我的上一封信中忘记提到了。

我妻子的病情还没有好转。恩格斯，您应当把他看作是我的第二个"我"，是我过去给您的那本小册子《波河与莱茵河》的作者，现住在：曼彻斯特牛津路特隆克利夫小林坊 6 号。

《星期日邮报》我有时从一个巴黎朋友那里得到。这个加内斯科是不是瓦拉几亚人？无论如何，从他的名字看，他原籍不是法国。

评论：信中感谢瑟美列寄来的材料。马克思把瑟美列寄给他的英国议会议员桑福德和科苏特在 1854 年 5 月 30 日谈话的纪要称作科苏特—科布顿备忘录。关于这次谈话的内容，瑟美列是从他收到的英国自由贸易派首领科布顿的信中知道的。马克思在信中表示，可以将恩格斯看作自己的第二个"我"。

11 月 23 日　致信恩格斯，指出：十分感谢你寄来十英镑和《海军》（这个条目写得很精彩）。

至于我妻子的病，一方面有好转，而另一方面比我想的更坏。问题是在没有弄清病的性质以前，艾伦向我隐瞒了病的真相。昨天再也瞒不住了。我妻子患的是天花，而且非常厉害，虽然她曾种过两次牛痘（除了鲁普斯，不要把这事告诉任何人）。因此艾伦就马上把孩子们从家里弄走。这是一种可怕的病。琳蘅要是传染上，我立刻就把她送进医院。直到现在，我自己担负看护的任务（主要任务）。但是这使我非常疲劳，所以今天我一收到十英镑，就马上雇了一个女看护。许多星期以来，我妻子非常焦躁，因为我们遇到了许多麻烦事，这样一来她对传染病的抵抗力就减弱了，可能在公共马车、店铺或这一类地方受到了感染。

写文章现在对我来说几乎是不可能了。我能用来使心灵保持必要平静的唯一的事情，就是数学。最近几星期以来，我给《论坛报》写了各式各样的东西，主要是关于华沙会议、波兰现状、意大利、法国以及金融市场。关于中国还什么也没有写。

评论：信中称赞了恩格斯的《海军》条目写得很精彩。还谈到自己妻子的病情，患的是天花。在困难的情况下，马克思写作了《金融市场的紧张状况》《俄国利用奥地利。——华沙会议》《普鲁士现状。——普鲁士、法国和意大利》等文章。

11 月 26 日　致信恩格斯，指出：请把附去的东西立即通过黑克舍尔寄给《改革报》。

前天佩奇已在《海尔曼》和《雅典神殿》上登出广告，说《福格特先生》将在本星期出版。

你从日期上可以看出，给《改革报》的这篇东西我还是在星期六写的。我本来打算再写封信同它一起寄给你，但是我突然感到很不舒服，什么也不能写了。艾伦给我吃了药，今天我又好了。

致《改革报》编辑部

声明

1860 年 2 月初，承蒙《改革报》编辑部发表了我的声明。这个声明开头几句话如下：

"兹声明：我已采取步骤，准备对柏林《国民报》起诉，因该报第 37 号和第 41 号社论就福格特的小册子《我对〈总汇报〉的诉讼》对我进行诽谤。对于福格特，我准备以后用文字予以回答。"

1860 年 2 月，我在柏林对《国民报》的主编弗·察贝尔的诽谤行为起诉。我的律师、法律顾问维贝尔先生，最初选择了刑事追究的途径。检察官在 1860 年 4 月 18 日作出决定拒绝"干预"弗·察贝尔，因为据说缺乏公众利益，所以没有理由这样做。1860 年 4 月 26 日，他的拒绝为检察长所批准。

于是我的律师提出民事诉讼。王国市法院在 1860 年 6 月 8 日决定不受理我的起诉，因为弗·察贝尔的确实有侮辱名誉的"言论和论断"，似乎是"由简单地引证别人的词句构成的"；并且其中并没有"侮辱的意图"。王国上诉法院 1860 年 7 月 11 日的决定又宣布：引证的形式丝毫不能改变文章的应受惩罚与否的问题，但是文章中有侮辱名誉的地方同我"个人"没有关系。此外，"本案中""不能认为"有侮辱的意图。王国上诉法院这样就承认了市法院不承认我有起诉权的决定。今年 10 月 23 日我收到王国最高法院 1860 年 10 月 5 日的决定。最高法院认为，"本案中"没有"发现"王国上诉法院有任何"法律的错误"。因此，不受理对弗·察贝尔起诉的决定仍然有效，案情也就没有得到公开审理。

我对福格特的答复将在近日问世。

评论：信中告知燕妮的病情已经有了好转，认为是由于神经过分紧张导致了被传染。马克思随信寄去了《致〈总汇报〉和其他德国报纸编辑部的声明》，这篇声明马克思还寄给了《人民报》和《总汇报》，并刊登在 1860 年 12 月 1 日《总汇报》第 336 号附刊上。信中还告知，《福格特先生》将在本星期出版，以及由于身体不舒服难以再写信寄给恩格斯了。

12 月 5 日　致信恩格斯，指出：难道关于中国战争或者关于波拿巴军队的装备等等没有什么可说的吗？

此刻我根本没有什么"思想"，而只有"讨厌的"头痛。

弗莱里格拉特一知道我妻子害了病（自然不知道生的是什么病），自然就马上给我写了一封"令人感动的"信。但是我给他寄去了《福格特先生》，——自然（在这三行里一连用了三个"自然"，你看我的思想多丰富啊）还写了一句表示友谊的题词，——而他却写信给我尽谈别的事情，对这本书连一句话也没有提到，哪怕对书已收到也没有说一声。他为了掩饰这一点，还在信的末尾加上"匆匆"二字。我看书的某些部分一定使他恼怒到了极点。首先是由于他对福格特的"不慎重"，但主要是由于法济。他打算春季迁往日内瓦。问题是，揭露法济的脏东西，会不会阻挡他的去路呢？

布林德在星期四就向佩奇订购了一本，而他昨天才收到。书之所以没有在伦敦先出售，是怕普鲁士大使馆的阿尔伯茨先生在我的书运到柏林以前就向那里发出警告。在伦敦，关于我的"不足取的"攻击方式，自然会有许多议论。特吕布纳这个讨厌家伙昨天订了十二本。

评论：信中请恩格斯对柏林的《国民报》诉讼案写一篇通讯。还请恩格斯对中国战争或者关于波拿巴军队的装备情况发表见解。信中还谈到了《福格特先生》一书的情况。马克思给弗莱里格拉特写信寄去了《福格特先生》一书，而弗莱里格拉特的回信中却避而不谈此书。还告知布林德、特吕布纳都订购了此书。

12 月 6 日 致信恩格斯，指出：你说缺少小结是完全正确的。最初是有的，但是当我看到这东西不知不觉扩大起来的时候，我就都删掉了。这东西若象通常那样排印，会弄成很厚的一本。不过你会看到，在第十一章《一件诉讼案》中，全部涉及个人的问题是那样有力地灌输给庸人，肯定他一生都忘不掉。

至于爱德华·西蒙先生，这条狗在他的一篇肮脏文章中（恶意地翻译泰霍夫的"间谍"一词）把你叫做"忙个不停的间谍"。于是我决定把这个坏蛋教训一顿，因为对你进行侮辱比侮辱我还要使我生气。

此外，顺便说说，如果鲁普斯一啃完这本书就亲自写几行给我，我将很高兴。我妻子最大的快乐就是看这方面的信。总的说来，她的健康状况在好转，但是很慢。

庸人弗莱里格拉特先生，这个长着一副"冷酷的威斯特伐里亚人嘴脸"的家伙，昨天写了一封信给我，其中有下面一段话：

"你的书（决不是小册子）佩奇已寄给我了。非常感谢！就我已经读过的来看，正象我预料的那样，它充满了机智和嘲笑。细节太多，几乎妨碍了总的印象。想我不能接触问题的实质。我对这整个争论至今仍感到遗憾，不论过去和现在，我都是置身事外的。"

你对这最后两句话会怎么说呢？这个恶棍其实早就知道福格特的撒谎和布林德的无耻了，现在看到白纸黑字写出来了，竟不愿意（注意，我决没有请求他）"接触问题的实质"。而且他"不论过去和现在""都是置身事外的"。我看他还没把全书读完，否则他就会发现他置身在什么地方了。我现在才知道他和布林德亲近的秘密（把他和福格特—法济联结在一起的自然是生意经）。这就是：在席勒纪念活动期间，弗莱里格拉特把自己的诗印了两万本，花去四十至六十英镑。他本来打算在这上面做一笔生意。但是卖出去的不到四十本。既然这笔投机买卖这样失败了，现在就只好把这笔费用"塞给"——象佩奇正确指出的——席勒委员会。而布林德在这件事上是最驯服的工具。由此就产生了这个冷酷的威斯特伐里亚人嘴脸的"报德"。

评论：信中谈论《福格特先生》一书，并特别指出第十一章《一件诉讼案》是对福格特的有力批判。信中告知恩格斯，西蒙侮辱恩格斯是"忙个不停的间谍"，令他非常气愤，马克思要教训一下他。信中还谈到弗莱里格拉特的来信，表达了自己置身事外的态度，但是马克思认为，他出于利益的考虑更多。

　　12月12日　致信恩格斯，指出：《新普鲁士报》上的那则简讯（除了它自己的按语以外）不过是《伦敦石印通讯》（施累津格尔）上的一段话；所有德国报纸，除了少数例外，都登了这则简讯，大都登在"伦敦"通讯栏内。

　　简短的广告只登载在英国出版的报纸上。而在德国报纸上则还附有目录。

　　附上佩奇自己写的登在《书报业行市报》上的广告。他在广告末尾提到的著名的"政治家"，就是曾以这种身分向波克罕发表过意见的伟大的洛·布赫尔。

　　德国报纸上的广告，大概只是在这个星期才登出的。比书本身到达的时间稍晚一点，是为了不致引起普鲁士人的注意（由于《一件诉讼案》的缘故）。

　　寄书去的有科塔、《改革报》、敦克尔，给了济贝耳六本；寄给英国几家报刊编辑部（《星期六评论》、《雅典神殿》、《批评》、《新闻画报》）；还寄给洛美尔、布拉斯、费舍。一共寄赠了五十多本，其中只有少数几本是给报社的。

　　"福格特先生"在几家不出名的美国的德文小报上由自己署名发表通讯，他骂《波拿巴》。声称我的书永远也出版不了。

　　评论：信中介绍了《福格特先生》的广告及书的销售情况。广告寄往许多报刊。告知恩格斯，福格特在美国的几家不出名的德文小报上发表通讯，咒骂马克思的《路易·波拿巴的雾月十八日》，并宣称马克思的书永远出版不了。信中还谈到已经收到藏书。马克思在1849年离开科伦时把他收集的藏书留在那里。马克思走后，藏书暂时留在丹尼尔斯那里。1851年丹尼尔斯被捕后，藏书曾遭到抢劫。1860年年底保存下来的那一部分藏书靠济贝耳的帮助转寄到伦敦马克思处。

　　12月18日　致信恩格斯，指出：我卧床服药已有两天了，但艾伦说不要紧，过三四天就会复元。这是紧张等等的后果。

　　至于你对瑟美列的看法，我完全秘密地告诉你，我全都同意。最可笑的是，我曾讽刺地向他建议：他们可以替自己保留哈布斯堡王朝，把佩斯当作他们最后的避难所。

　　评论：信中介绍了马克思自己及家人的近况，妻子已经逐渐恢复健康，自己可能是由于紧张等原因，卧床服药两天了；告知自己又开始给《纽约每日论坛报》写通讯了；表示完全赞同恩格斯对瑟美列的看法。

　　12月19日　致信恩格斯，指出：由于这星期我病得太厉害了，不能外出，所以我不知道书在伦敦的出售情况。但李卜克内西告诉我说，伦敦工人协会在这星期为自己的图书馆买了六本。

　　施潘道的戚美尔曼（现在是伦敦的律师），前议会议员，福格特的知己朋友，以前是《人民报》和我个人的大诽谤者，上星期请客，赫希斯特律师（在爱北斐特很有名，现在是巴黎很忙的律师）出席，我们的朋友莱茵兰德尔也在座。戚美尔曼声称：布林德已经完全声誉扫地。至于福格特，他过去不愿意相信他已被收买，虽然这位先生的轻浮和爱虚荣他是知道的。而现在我的书已使他信服，福格特是一个最平常的"间谍",与一般的间谍不同之处只是津贴多些罢了,等等。他(戚美尔曼)也写信给在瑞士的熟人,以便使福格特先生不怀疑他对他的看法。

布赫尔写信给波克罕说,反对福格特的证据是完全可靠的。此外,我的书把"他关于马克思的鼓动活动的偏见"全都摧毁了。他在坎柏威尔商人中间就这两点发表了意见(他给他们讲德国法学史),并且还写了信给"德国有影响的人物"。

由于这里的庸人的缘故,戚美尔曼和布赫尔的意见是重要的。

在我经受折磨的时期——最近一个月——我读了各种各样的书。其中有达尔文的《自然选择》一书。虽然这本书用英文写得很粗略,但是它为我们的观点提供了自然史的基础。相反,阿·巴斯提安的《人在历史中》(三厚册,作者是不来梅的一个年青医生,作过一次多年的环球旅行)试图对心理学作"自然科学的"说明并对历史作心理学上的说明,写得拙劣、紊乱而又模糊不清。唯一可取的是有的地方叙述了民族志学上的一些奇闻。此外显得很自负,文笔也很糟。

评论:信中讲到自己由于病得厉害不能外出。谈到福格特的朋友,前议会议员戚美尔曼请客的情况,有一些著名人物出席,可以看到,戚美尔曼和布赫尔都赞同《福格特先生》中的观点,知道了福格特的真面目。信中谈到达尔文的《根据自然选择的物种起源》一书,为自己和恩格斯的观点提供了自然史的基础。不来梅的一个年青医生阿·巴斯提安的《人在历史中》则写得拙劣、紊乱而又模糊不清。信中还谈到拉萨尔病得很厉害,但是依然在忙于自己的"大部头的重要著作",相信《福格特先生》一书会让拉萨尔更不舒服。

12 月 26 日 致信恩格斯,指出:附上的《日内瓦国境通报》关于《福格特先生》的广告的剪页,单凭那特大号的字体就可以使人看出,布拉斯对福格特是多么爱戴。此外,在《国境通报》最近五号上有很好的文章。

昨天佩奇告诉我,伦敦到目前为止已卖出八十本。可是他抱怨说,在曼彻斯特"简直一本也卖不出"。

据我所知,除去《改革报》发表了一系列短评(赞许的)并说将于下星期登一篇长文以外,德国报纸上至今没有发表什么东西。奥格斯堡《总汇报》很奇怪。它已收到两篇详细的批评文章:一篇是讨厌家伙比斯康普写的,另一篇是洛·布赫尔先生给附刊写的。然而至今没有登出一个字。但以后瞧吧。

1. 路·西蒙。书差不多已经完全弄好了,有一天晚上很晚的时候,我为校对的事到希尔什菲尔德那里去,顺便先跑到西蒂区朋友莱茵兰德尔的营业所去坐了一会儿。他非常愉快地告诉我,小赫希斯特(律师的儿子)已从巴黎来到伦敦,在这里的一个企业就业。莱茵兰德尔从巴黎那时起就十分了解赫希斯特父子。后来有一次我在莱茵兰德尔那里见过这个小赫希斯特,他是个不会得罪人的小伙子,不仅没有任何政治观点,甚至没有任何政治概念。他曾经在一个大概姓克尼格斯韦特的银行家(这个著名的波拿巴主义者的姓我现在记不十分确切了)那里当过职员,而路德维希·西蒙曾经在那里当过营业所主任。莱茵兰德尔向赫希斯特详细打听过这位温存的库尼贡达。他说：啊，我们营业所的人不喜欢他。虽然他是营业所主任，但是他胆小得每个行动都要问老板，业务也很不熟悉，容易激动，此外，他大部分时间都去搞政治了。著名的艾·阿布几乎每晚都在他那里，同他一起工作；我亲自看见过他们校对他们的共同著作之一。经过莱茵兰德尔反复询问才弄清楚，这部共同著作就是《一八六〇年的普鲁士》。路德维希·西蒙在波拿巴主义者克尼格斯韦特的营业所里似乎吹嘘过他和艾·阿布的关系，于是在政治上象一个新生婴儿似的、对谁也不怀疑的小赫希斯特，以为他告诉莱茵兰德尔的是对路·西蒙非常荣誉的事情。最可笑的是，后来在戚美尔曼那里的一次午宴上（小赫希斯特没有被邀请），莱茵兰德尔非常天真地问老赫希斯特，关于我对路·西蒙的揭露他有什么看法？老赫希斯特声称，他已经多年根本不再从事政治了，政治已经两次毁灭了他，可是在他看来我的揭露是不可信的。但是莱茵兰德尔坚持说我是有很"可靠的"材料的。

2. 布林德极疯狂地进行报复。他宣布中止了同佩奇公司的业务往来。这是"盲人的报复"。老瑞日卡！

3. 关于弗莱里格拉特——因你给他的冷酷的嘴脸上贴了膏药，他今天将感到很舒畅——以及关于他和布林德亲近的物质基础，如果我没有弄错的话，我早些时候就写信告诉过你了。确切的情况是这样的。

在席勒纪念活动期间（1859 年），这位高贵的诗人通过他的代理人布林德起初把你所知道的那篇赞美诗提供给水晶宫的经理处。经理处如要获许出版这篇著名的赞美诗并且在席勒纪念活动的那天在水晶宫出售，必须付给他四十英镑现款。这位重商主义的诗人自己还要保留以后销售的权利。经理处很客气地感谢了这种善意，建议弗莱里格拉特先生自己经营出售他的赞美诗。

于是这位高贵的人物看来是自己掏腰包在希尔什菲尔德那里把这篇肮脏东西印了两万本。生产费是四十英镑。按照这位高贵的诗人的计划，收入的一半献给席勒协会，而另一半归自己养家，这样，扣去花费（每本的价格是六便士），诗人就能为自己获得纯利二百一十英镑，除此之外还可以在全德国吹嘘一通自己的慷慨。

但是这个算盘打错了。在整个英国也许（总共）卖出了几百本，而且这还是在对许多人施加极大压力的情况下卖出的。

因此事情就非常糟糕了。就在这个时候布林德开始从早到晚、从晚到早地活动，迫使伦敦席勒委员会支付印刷费，经过激烈的争吵以后，他终于达到了目的。原来这就是痛哭流涕的原因。

评论：信中谈到一些事情。介绍了《福格特先生》一书的广告和销售情况。布拉斯主编的《日内瓦国境通报》1860 年 12 月 22 日第 12 号上刊登了刚刚出版的马克思的抨击性著作《福格特先生》的广告，并列出各章的标题。伦敦销售情况较好，但是在曼彻斯特销售情况不好，德国的报纸只有《改革报》发表了一系列短评，《改革报》1860 年 12 月 10 日第 148 号和 12 月 19 日第 152 号，刊登了两篇关于马克思的抨击性著作《福格特先生》的短评。1860 年 12 月 15 日第 150 号附刊和 12 月 19 日第 152 号刊登了广告，说《福格特先生》一书刚刚在伦敦出版，并列出各章的标题。奥格斯堡《总汇报》没有刊发任何评论。信中告知了识破小资产阶级民主主义者路德维希·西蒙和波拿巴主义者艾德门·阿布之间关系的经过；信中讲述了弗莱里格拉特通过布林德印制自己的诗歌《为席勒纪念活动而作。1859 年 11 月 10 日。旅居伦敦的德国人的颂歌》2 万本，他本计划以此牟利，但是，诗歌销售并不好；因此，布林德迫使伦敦席勒委员会支付印刷费。信中揭露弗莱里格拉特视商业利益高于一切，布林德刊印关于席勒和勃鲁姆的东西售卖牟利的滑头行为。

1861 年

1 月 3 日　致信恩格斯，指出：我把今天早晨收到的你那封信不知塞到哪里去了，因此记不起给佩奇寄《揭露》的费用应该是多少。在我这里保存的一部分书，上星期就寄给他了。

济贝耳有信来。他刚从巴黎结婚旅行回到爱北斐特。他分发出去六本，又订六本。你最好指点他一下如何登广告。

托比在《自由射手》上发表了长篇的绝望的号叫。

《福格特先生》中的最令人遗憾的刊误（没有被发现），是有三四处把"联邦院"误为"国民院"。我已通过佩奇坚决要求在《日内瓦国境通报》上声明更正。

评论：信中告知通过佩奇的出版社在伦敦销售 1853 年波士顿出版的自己的抨击性小册子《揭露科伦共产党人案件》尚未售出的那部分书。同时有若干本 1852 年在纽约出版的《路易·波拿巴的雾月十八日》也转寄给佩奇去销售。还谈到爱德华·梅因的诽谤性文章《卡·马克思对卡尔·福格特的新揭露》，梅因在这篇文章中试图否定马克思关于福格特是波拿巴的代理人的论断。对此，马克思很气愤。

1 月 8 日　致信恩格斯，指出：关于《揭露》，佩奇已经在《书报业行市报》登了广告。由于考虑到沙佩尔，我不让他在其他任何刊物上登广告。

至于书商关于《福格特先生》的广告，我至今只在《改革报》、《政论家》、《自由射手》和《国境通报》上看到。不过佩奇曾当着我的面不得不给所有有关的人写了信，这个谜在最近几天内就会解开的。他认为，问题不在于报社，而在于书商，他们把广告推迟到圣诞节和新年去了。而在报上登广告，总是要通过在当地推销书刊的书商之手。但是我们等着瞧罢！

你看我多么倒霉。从上星期三（正好一星期以前）起，我就伤风、咳嗽，同时肝部感到刺痛，因此不仅在咳嗽时，而且每一转身都感到肉体上的痛苦。这象是炎症。我感到这样的疼痛还是第一次，虽然艾伦曾不止一次非常热心地来探问病情。这一次我自己治疗，因为我本来就有一笔惊人的医生账，另外还有一堆其他的账。我的疗法很简单：不抽烟，服蓖麻油，只饮柠檬水，少吃东西，什么酒也不喝，什么事也不干，坐在家里（因为冷空气马上会使我咳嗽）。我还没有完全复元，相当虚弱。不管怎样，还是请你问一下龚佩尔特，再这样急性发作时，应当怎么办。只要我又能外出，而且感到身体完全正常了，我就去问艾伦。

评论：信中介绍了《揭露科伦共产党人案件》《福格特先生》的广告情况，马克思认为，之所以只在少数几个刊物上看到了广告，是因为佩奇等书商把广告推迟到圣诞节和新年去了。信中还告知自己的身体情况，生病很虚弱。

1 月 11 日 致信恩格斯，指出：昨天收到了随信附上的这个通知单，这样，我必须为这批书立即付给代理人两英镑五先令。此外，运到家里也还要花十先令左右。税是免了。自然，如果不是绝对必需，我是不会为着这点小事写信给你的——现在我一文钱也没有。

下面抄的是亨·贝塔受哥特弗利德·金克尔的委托所写的关于《福格特先生》的拙劣不堪的东西。

这就是哥特弗利德的贝塔（贝特齐希），他当过德鲁克尔出版的《您好!》的编辑，是《凉亭》等报的哥特弗利德的好斗的走狗。坏透了的恶棍! 这是什么样的文笔! 又是什么样的胡言乱语!

评论：信中请恩格斯寄些钱来，因为一批书要付代理费和运费，自己身无分文。信的下面是马克思手抄的关于《福格特先生》一书的短评。短评的作者是贝塔（贝特齐希），它对马克思进行了一系列诽谤性的攻击。

1 月 18 日 致信恩格斯，指出：希望你用英文给我写一篇——艾伦嘱咐我至少还得一星期不能从事任何写作，——就是说用英文为《泰晤士报》写一篇批判普鲁士大赦的短文。并且要强调下列要点：

（1）这种大赦是 1849 年以来任何一个国家（奥地利也不例外）颁布的大赦令中最可鄙的（微不足道的，真正普鲁士式的）；

（2）"自由主义的"普鲁士报刊的状况，可以根据它们如何吹捧这种脏东西来判断；

（3）对于某些小的违法行为——违抗宪兵，冒犯官长等等——的大赦令，在普鲁士每次新王即位时总是颁布的，而当前这次大赦实际上无非就是这一种大赦；

（4）一切流亡者——也就是 1848—1849 年革命的所有参加者——实际上被排除在大赦之外。对那些"可能要被我们的民事法庭判罪"和"被准许自由返回"（似乎不是任何人都有"合法"权利在任何时候返回）的流亡者，答应由司法部"按规定"为之提出"赦免申请"。事实上这种诺言得不到任何保障。选择这种无聊的形式，似乎是因为普鲁士是一个"法治国家"，国王按照宪法不能中止任何审讯。对一个正如《普鲁士司法报》（柏林）所承认的那样已经有十年不存在任何法律的国家来说，这是极愚蠢的滑稽剧。此外，要知道缺席判决是可以立即被撤销和废除的。当施梯伯、格莱夫、戈德海姆跟西蒙斯、曼托伊费尔等人一样仍然逍遥法外的时候，这种卖弄"法律"的做法，是特别值得注意的。

（5）但是最卑鄙的是大赦令的第四条，按照这一条规定，凡"以后可能被军事法庭判罪"的人，必须先向威廉"请求恩赦"，然后由他"根据我们的军法部门提出的报告作出相应的决定"。

这里必须考虑到，按照普鲁士后备军条例，很少有哪一个普鲁士流亡者会不受"军事法庭"的管辖；"请求恩赦"是无条件规定的，而对这种屈辱却没有许诺任何肯定的补偿；最后，威廉比起任何一个流亡者来更需要"大赦"，因为从严格的法制观点看来，他根本不该钻到巴登等地去的。

评论：1861 年 1 月 12 日，普鲁士威廉一世即位，颁布了对政治流亡者的大赦。马克思建议恩格斯用英文为《泰晤士报》写一篇批判这个大赦的真面目的文章。在信中，马克思对这一事件表达了自己的看法，建议恩格斯在写作时重点关注。马克思揭露了威廉一世在还是普鲁士亲王的时候，曾参加镇压 1849 年在德国爆发的巴登—普法尔茨起义等事件。信中还谈到自己依然备受疾病困扰。

1 月 22 日 致信恩格斯，指出：至于我的状况，艾伦的意见和龚佩尔特的一样。但不管怎样，这种极讨厌的状况使人不能工作。同时我还感到身上疼痛，不过今天好多了。我还在治疗，艾伦每隔三天来看望我一次。今天他又来过。他劝我骑马逛逛，换一下环境等等。自然我不能对他说我的难处在哪里。我曾一再考虑，由于生病花了钱，又没有《论坛报》的稿酬等等，我的状况已弄得很糟糕，能否通过波克罕与某个贷款社做笔交易来稍微改善一下。但一当我要完全下决心这样做时，却又不寒而栗，因为波克罕是个爱说大话的人（虽说他品质很好），每天，也就是说每次见面时，他都对我叙说他把多少钱给了流亡者。

如果你有时间，也想写文章，给我随信寄一篇来，我将感到很高兴。我还是不能工作。特别希望你在星期六以前写一篇关于法国的军备或法国其他方面的文章。

我以为在俄国为一方同普鲁士和奥地利为另一方之间不存在任何联盟。俄国总是力求从各方面来保障自己的安全，它只不过是同那两个强国在华沙签订了某种协定（关于波兰和多瑙河各公国），但是完全可以肯定，它为了防范任何其他的"可能性"，也同波拿巴签订了新的条约。

附带说一下。如果你写有关什列斯维希—霍尔施坦的东西，也许更好些。问题的实质是：柏林的报刊很卑鄙，它总是责怪奥地利，硬说它"阻碍"普鲁士去反对丹麦。而现在，当奥地利允许这样做的时候，这些报刊却叫喊什么"陷阱"，警告要保持和平等等。请看《人民报》、《科伦日报》等报纸。要把柏林的报刊狠狠地训一顿。我以前在《论坛报》是常常这样做的。但这必须经常重复。

评论：信中谈到自己的疾病以及经济困境，马克思考虑是否可以通过波克罕与某个贷款社做笔贷款来改善下经济状况，但也表达了对波克罕爱说大话的顾虑；信中请恩格斯写一篇关于法国的军备或法国其他方面的文章，比如有关什列斯维希—霍尔施坦事件。

1 月 28 日　致信斐迪南·拉萨尔，指出：首先感谢你寄来的东西。其中一份我已转寄给弗莱里格拉特，第二份将寄给恩格斯，第三份留在我这里。这是一份很能说明当代历史特点的出色文件。

请费神把附上的便函立即送给艾希霍夫先生。

评论：信中对拉萨尔寄来的材料表示感谢。随信马克思寄给艾希霍夫一份便函，便函中大概是说他有意把 1860 年出版的艾希霍夫的抨击性小册子《柏林警察剪影》译成英文，并全文或摘要在《泰晤士报》上发表，同时可能加上他对该小册子的评论。艾希霍夫在 1861 年 2 月 16 日的信中同意小册子在《泰晤士报》上发表，但是马克思的这个打算没能实现。

1 月 29 日　致信恩格斯，指出：人要一倒霉，不幸的事就接踵而来。你看了附上的德纳的信就会相信这点。我 12 月 10 日开出的一张为期两个月的三十英镑的期票竟被拒付，另外在六个星期内不接受我的任何通讯。昨天我自然立即跑到弗莱里格拉特那里去了。为了使他自己不受损失，没有别的办法，只有让他设法在某处贴现我在自己名下开出的一张为期三个月的期票。我今后怎么才能对付过去，连自己也不知道，因为赋税、学校、住房、食品商、肉商以至上帝和魔鬼都不允许我有丝毫的迟延了。

德纳是多么卑鄙，同我算账时竟回溯到 1858—1859 年危机时期，那时只是作为例外把通讯稿的数量缩减到每周一篇；其实这个协议早已被实践甚至被明确的信件所废除了。另外他把我的在去年没有登出的所有文章全都扣除。另一方面，即使从他的错误设想出发，把 1858—1859 年的协议看作仍然有效的话，他也无权剥夺我一个半月的工作。然而我对他们毫无办法，因为我完全依赖他们。我确实不知道该怎么办，尽管我早就看出危机要来了。

同时附上拉萨尔的信。他在这封信中甚至记不起福格特的脏东西当时给他的印象。不过晚明白总比始终不明白好。至于他打算重新出版《新莱茵报》一事，——哈茨费尔特拥有三十万塔勒的财产，关于她我将寄给你一份备忘录，——那末在目前条件下我会抓住这根稻草。但是德国的浪潮还不够高，还冲不动我们的船。一开始就会流产。

托比又写信给波克罕，问他是否真的一点也没有听说我们的流亡者的九十英镑的事。他说德国瞧不起我，因此普遍沉默。又说伟大的路·瓦勒斯罗德自己声称，对这种卑劣行为任何人都不用答复，云云。顺便提一下，你如对波克罕的信给予答复，那就帮了我的忙——因为他为《福格特先生》的出版付过十二英镑。他在这一点上是很敏感的。

评论：信中谈到了一系列事情。随信附上德纳的信，告知自己被《泰晤士报》《旗帜报》拒稿，并且在六个星期内不接受自己的任何通讯，马克思只好通过弗莱里格拉特开出期票应对眼前的困难。信中还谈到对德纳对于通讯稿及稿费方面的处理的不满，谈到 1857 年的一个事件。1857 年 10 月，马克思同《纽约每日论坛报》签订了一个合同，当时该报编辑部由于经济危机辞退了除马克思和泰勒以外的所有欧洲通讯员，但是马克思的通讯的数量被缩减到每周一篇。马克思由于自己家庭的物质状况极端困难，而不得不同意了这些条件。

信中还谈到拉萨尔寄给他的那份备忘录，是拉萨尔为在 1856 年结束的哈茨费尔特伯爵夫人的离婚诉讼案而写的，并于 1861 年年初以《哈茨费尔特伯爵夫人对非法侵占财产的控诉书》为题呈交普鲁士众议院。控诉书还附有一件致内阁的便函，尖锐地批评了当时普鲁士的反动制度。信中还谈到拉萨尔的信，拉萨尔打算重新出版《新莱茵报》，对此，马克思认为虽然德国的革命浪潮还不够高，但拉萨尔这个打算也是可以抓住的。

2 月 14 日　致信恩格斯，指出：我有过，而且现在也还有许多麻烦事。问题是我打算到荷兰去，以便把我这里的事情整顿一下，不然它们会把我压得透不过气来的。为此我需要两样东西：护照和钱。两者我都必须在这里设法弄到手。（也许我不得不去亚琛一趟。）

我还没有写信给拉萨尔。出版周报可能是最好的事，但是另一方面，我们却要冒很大的风险，因为我们这位朋友是轻率的，他一坐在那里当主编，就随时能够给我们大家招来麻烦！他自然会马上使报纸具有党的机关报的性质，而我们将不得不为他的一切蠢事承担责任，并且使我们在德国的地位在还来不及重新争得以前又遭到破坏！对此应当十分认真地予以考虑。

德国报界的沉默的阴谋严重地妨害《福格特先生》的销售。开头的顺利局面就这样被破坏了。看来《总汇报》几乎决定连布赫尔的评论也不予刊登。无论如何这在最近几天内会见分晓，因为一般说来如准备刊登的话，就不能再拖延下去了。对科拉切克是可以指望的。

福格特永远不会饶恕芬克，因为芬克大大超过了他。不过，普鲁士猪猡们在许多方面都出了丑。起先这些无赖请求波拿巴继续干涉加埃塔；现在他们又同波拿巴和俄国一起赞成法国继续干涉叙利亚。奥地利和帕麦斯顿——后者当然是装样子——表示反对。而在国内的一切胡作非为又算得了什么！这一群匪徒应该消灭。

评论：信中谈到要去荷兰，需要护照和钱，还讲到德国报界的阴谋严重地影响了《福格特先生》一书的销售，还批评了福格特等人对波拿巴第三的一系列行动的态度。由于 1860 年在意大利南部展开了推翻那不勒斯王国波旁王朝的统治和统一国家的斗争，拿破仑第三的政府采取了一系列外交和军事行动反对意大利的民族解放运动。

2月27日　致信恩格斯，指出：我明天动身，但是发给的去荷兰的护照不是用我的名字，而是用毕林的名字。这费了很大周折，同时单是为了弄到能够上路所需的钱也费了不少劲。对纠缠最厉害的债主不得不偿还一点；对其他债主（例如食品商），则借口美国危机才使他们答应延期还债，不过有一个条件，就是在我不在时妻子要每周付款。此外，她下星期必须交纳两英镑十八先令的税款。

布林德这个猪猡在最近一号《海尔曼》报上发表了马志尼给他的信。这个死不要脸的畜生显然已使马志尼相信他是德国流亡者的代表。他使那同一号《海尔曼》充满了关于什列斯维希—霍尔施坦的胡言乱语（爱国主义性质的）；把同样内容的信签上自己的名字寄给《地球报》等报纸。他靠布朗纳的帮助——他同这个人和沙伊伯勒一起成立了"自由统一协会"——从布莱得弗德的一个商人那里榨取了不少钱，竟能够在汉堡创办一张坏透了的小报——《北极星》，以便把自己装扮成北方的重要人物。同时在南方，他让人——在沙伊伯勒的协助下——在斯图加特的《观察家报》（象南德意志《人民报》一类的报纸）上把自己吹嘘成"铁打的布林德"。这个微不足道的人物开展这一切活动，一方面是为了掩盖《福格特先生》带给他的耻辱，另一方面是为了使自己成为黑克尔第二。这个可怜虫。

科伦人把我的藏书处理得很妙。傅立叶以及歌德、海德、伏尔泰的著作全部被偷走，而对我来说最糟的是，《十八世纪的经济学家》（最新版本，我大约花了五百法郎）、希腊古典作家的许多卷书和其他文集的许多单卷都被偷走了。如果我有机会去科伦的话，我就要同民族联盟的毕尔格尔斯就这个问题好好谈一谈。黑格尔的《现象学》和《逻辑学》也被偷走了。

由于最近两星期令人讨厌的奔走，——要不使我的全家彻底垮台，真是需要很大的本事，——我根本没有看报，甚至连《论坛报》关于美国危机的报道也没有过目。但是，晚上为了休息，我读了阿庇安关于罗马内战的希腊文原本。一部很有价值的书。作者祖籍是埃及。施洛塞尔说他"没有灵魂"，大概是因为他极力要穷根究底地探索这些内战的物质基础。他笔下的斯巴达克是整个古代史中最辉煌的人物。一位伟大的统帅（不象加里波第），高尚的品格，古代无产阶级的真正代表。而庞培是十足的废物；他之所以享有非份的荣誉，只是因为他最初窃据了鲁库鲁斯的战功（反对密斯腊达特），后来窃据了赛尔托里乌斯的战功（在西班牙）等等，最后又充作苏拉的"年青亲信"等等。作为统帅，他是罗马的奥迪隆·巴罗。他刚要在对凯撒的斗争中显示自己的本领，便马上暴露出他是一个一文不值的家伙。凯撒为了迷惑这个与他对抗的庸人，犯了一些极大的军事错误，并且故意使这些错误显得很离奇。任何一个平凡的罗马统帅，比如说，革拉苏，也能在伊皮罗斯战争中把凯撒打败六次。但是对庞培，那就不论怎样打都行。莎士比亚在写喜剧《爱的徒劳》

时，看来对庞培的真正面目已经有一些概念了。

评论：信中告知去荷兰的一些准备情况，费劲了周折，去荷兰的护照不是自己的名字，还面临被催债的困境，到处奔走解决。信中表达了马克思一家对恩格斯寄来酒的感谢。还揭露了布林德自称为德国流亡者的代表，欺骗马志尼。信中讲到1851 年丹尼尔斯被捕后，自己在科伦的藏书遭到抢劫的情况，很多书被偷走。还谈到自己读阿庇安关于罗马内战的希腊文原本，并讲述了体会。

3 月 7 日　致信斐迪南·拉萨尔，指出：我早先已经写信跟你说过，我打算从这里到柏林去，以便亲自同你谈谈我们在写作和政治方面可以共同进行的事情，尤其是想同你见见面。

但是你必须告诉我关于下面这个问题的非常确切的情况。我除了在 1849 年被驱逐出境时发给我的那个法国旧护照以外，没有别的护照。我很讨厌去找普鲁士驻伦敦大使馆。也不愿意改入英国籍（象弗莱里格拉特、布赫尔、戚美尔曼等人所做的那样），拿着英国护照旅行。现在有这样一个问题：1845 年，普鲁士政府在比利时迫害我的时候，我通过我的姐夫从普鲁士领到了侨居证书。1849 年，大家都知道，我被普鲁士政府驱逐出境，借口是我不再是普鲁士臣民。但是根据法律，凡侨居国外十年的才不再是普鲁士"臣民"。我从未加入过外国籍。其次，根据 1848 年预备议会的决议，即德国各邦政府在选举法兰克福议会时所遵循的决议，一切侨民，甚至象福格特等已经入了外国籍的人，都能要求恢复德国公民权，并能在各地当选议员。我根据这一点在 1848 年曾要求恢复我的普鲁士公民权。当时的普鲁士内阁拒绝了我这个要求，但是他们也只是在革命失败以后才敢把我当作外国人来对待。

实际上这个问题目前之所以有意义，只是在于我能不能顺利到达柏林。只要能越过国界，在柏林我就没有什么可以害怕的了；但是在外省风险就大些。

你知道，我想在这里依靠表舅（他管理我母亲的财产，过去他经常从我该继承的遗产份额中支给我大笔的钱）把我的混乱的财务整顿一下。这个人很吝啬，但是他对我的创作活动很引以为荣。因此，你在给我的信里请提一下我最近那本驳斥福格特的著作的成就（lucus a non lucendo），以及共同出版报纸的计划等，总之，你要把信写得我能够"可以信赖地"拿给表舅看。同时不要忘了告诉我某些政治方面的情况。就这样说定了，好吗?！

所有的德国报刊正象对我以前的一些著作那样，也以沉默的阴谋来对付我最近的这部著作，这实际上是对我的过誉，虽然它很影响书的销路。希望你的健康已见好转。

评论：信中询问如何从荷兰到柏林去，马克思只有法国旧护照，没有别的护照。1845 年 2 月 3 日马克思被基佐政府驱逐出法国以后迁往布鲁塞尔。但是普鲁士政府于 1845 年 12 月要求比利时政府把马克思作为普鲁士臣民从比利时驱逐出境。马克思不得不申请退出普鲁士国籍。1849 年 7 月 19 日法国当局通知马克思，要把他从巴黎驱逐到摩尔比安——布列塔尼的一个有害健康的沼泽地。因此，马克思决定侨居英国，去往伦敦。1849 年 8 月 24 日马克思离开了巴黎。在信中，马克思表示不愿意去找普鲁士驻伦敦大使馆，也不愿意改入英国籍。信中讲到了和舅舅的周旋，并寻求拉萨尔的配合。还讲到德国的报刊依然在以沉默对付《福格特先生》的出版。

3 月 28 日　致信卡尔·济贝耳，指出：由于美国的危机，我参加撰稿的《美国百科全书》完全停止出版了。我给《论坛报》撰稿（我的主要收入来源）要停止到 4 月底，而在 4 月以后的一个时期，撰稿数量要减少一半（《论坛报》暂时辞退了所有的驻欧洲通讯员，只有我作为例外）。此外，还添上两件倒霉的事：《福格特先生》加上诉讼以及其他费用花了我几乎一百英镑，再就是我妻子非常不幸，得了天花（尽管种过两次牛痘）；在她持续两个月的患病期间，由于孩子们不能住在家里，我必须维持两个家的开销。

因此，必须另找收入来源。党内的同志们还在这以前就向我建议，从秋天起在这里办一家报纸。这就是我留在这里的原因。详情下次写信再谈。

然而我在柏林（我不准备在此久留）陷入了很困难的境地。如果你能借给我一百到一百五十塔勒，那就太感谢了。

在我去英国之前，无论如何想同你见见面，顺便谈谈报纸的计划（为此已经筹到两万塔勒）。因此，在任何情况下，都要给我来信，告诉我最好在爱北斐特哪一家旅馆住一昼夜。

评论：信中告知由于美国的危机，自己参加撰稿的《美国新百科全书》的出版停止了，这导致主要收入来源停止。同时还有诉讼的费用以及妻子生病等问题，经济十分困难，并且在柏林陷入了困难的境地。马克思表示开始考虑办一家报纸，并希望和济贝耳见面，谈谈出版报纸的计划。

4 月 2 日　致信卡尔·济贝耳，指出：今天收到一封阿姆斯特丹的来信，带来了令人高兴的消息，我的主要经济困难（关系到好几百英镑）将得到解决。我的表舅（他管理我母亲的财产）基本上已经同意。这样我就消除了主要的忧虑。至于我写信给你说的次要的一点，那就要靠你了。

我在这里无聊得象条哈巴狗。人家象对待沙龙里的狮子那样对待我，我不得不同许多专事卖弄"聪明"的男男女女见面。这是很可怕的。我之所以在这里耽搁（希望不超过一个星期），还有一个原因是我不愿在我迫使普鲁士政府承认恢复我的国籍以前就离开。（乍看起来，政府没有对我进行任何阻挠，但是却竭力把问题无限期地拖延下去。）

评论：马克思告知自己的舅舅管理他母亲的遗产，他基本同意给马克思一些钱，可以大大缓解经济困难。马克思告知想在德国巴门停留的另一个原因是，他不愿意在迫使普鲁士政府承认恢复自己的国籍以前就离开。

5 月 6 日 致信莱昂·菲力浦斯，指出：亲爱的表舅，你记得吗，我经常和你开玩笑说，在我们这个时代，人的培育大大落后于畜牧业。现在我看到了你的全家，因此应当宣布你是培育人的能手。我一生还从来没有看到过更好的家庭。你所有的孩子都有独特的性格，彼此各不相同，每一个都有特别的才智，而且个个都同样受到广泛的教育。

在伦敦这里，对美国的事变进程表现出极大的惊慌。不仅分离州，而且某些中部州或边界州都采取了暴力行动（人们还担心，所有八个边界州，即弗吉尼亚、肯塔基、密苏里、北卡罗莱纳、田纳西、阿肯色、马里兰和德拉韦，都会投向脱离派方面），这些暴力行动使任何妥协都不可能了。毫无疑问，在斗争初期，南部会占优势，那里无产的白人冒险分子阶级成为作战的民军取之不尽的源泉。最后当然将由北部获胜，因为它在需要的时候可以打出最后一张牌——奴隶革命。对北部来说，很大的困难是如何把军队调到南部去的问题。在现在这个季节，即使毫无阻碍，每天行军十五英里都是很困难的事情；但是应当攻击的最近地点查理斯顿距华盛顿 544 英里，距费拉得尔菲亚 681 英里，距纽约 771 英里，距波士顿 994 英里，而后三个城市是对付南部的主要作战基地。蒙哥马利（脱离派国会的开会地点）距离这些地方相应地为 910 英里、1050 英里、1130 英里和 1350 英里。因此，我觉得陆上进军是完全不可能的。（如果北军进攻的部队利用铁路，那就只会使铁路遭到破坏。）这样，就只有走海路和进行海战了，但是这很容易引起同外国列强的纠纷。今晚英国政府将在下院发表声明，在这样的形势下它打算采取什么立场。

美国的事件自然使我个人遭到很大损失，因为大西洋彼岸的报纸读者现在除了他们本国的事情以外，对什么都不闻不问。不过我收到了维也纳《新闻报》提出的很有利的建议，一等某些还可疑的地方向我解释清楚，我就要接受。我得从伦敦给它写稿。我妻子特别反对迁居柏林，还因为她不愿意把我们的几个女儿弄到哈茨费尔特的圈子里去，但是另一方面又很难使她们完全不同这个圈子接触。拉萨尔今天寄来一封非常友好的信。他还没有收到警察总监冯·策德利茨关于我的恢复国籍问题的任何新的通知。据拉萨尔给我的信说，警察局和公众之间的冲突当前在柏林进入了一个新的阶段。

评论：信中对舅舅的亲切感情和对自己的殷勤招待表示感谢，赞美了舅舅的阅历以及保持的青年人的热情和火气，也夸赞了舅舅对家人的良好建设、对孩子的成功培育和教育。信中对美国的事变进程进行了评论。也告知美国事态的发展影响了自己的撰稿，使自己遭受很大损失。好的事情是收到了维也纳《新闻报》的撰稿邀请。

5 月 7 日 致信恩格斯，指出：我在柏林开辟了一条途径，以便在迫不得已时同维也纳《新闻报》进行联系——在当前美国这种情况下，看来是非这样做不可的。最后，我通过拉萨尔谈妥了把我的政治经济学的第二部分交给布罗克豪斯去出版，而不交给敦克尔。关于敦克尔，卡米拉·埃西格（即柳德米拉·阿辛格）说得对，她说，如果想把书保密，那就交给敦克尔去出版。不过，我的名字还是在劳－劳这个德国的萨伊的近著中被提到了。

柏林当然没有什么"高级政治"。一切都围绕着同警方的斗争转圈子（并不是因为警方在目前有什么放肆行为；它倒是温和与容忍的模范），而且要求把策德利茨、帕茨克等人撤职查办。其次是军人和文官之间的敌对。就是这些问题（在资产阶级人士中，特别还有军事法案和免除大地主的征税问题），必将引起麻烦。（炮兵军官塔韦尔尼埃伯爵对我说，他们最乐意向禁卫军开火。）到处笼罩着瓦解的气氛，各界人士都认为灾难不可避免。看来，首都比外省走得更远。不管这是多么奇怪，军界人士普遍确信，在和癞蛤蟆的第一次交锋中，普鲁士人就免不了要挨揍。柏林盛行一种傲慢无礼而轻浮的风气。议院受到蔑视。我在剧院里亲自听到讽刺芬克的歌曲博得热烈掌声。大部分公众很不满意现在的报刊。在即将来临的第二议院改选时（秋季），那些当过普鲁士国民议会议员的大部分人肯定会当选。这事之所以重要，不是由于他们本身，而是因为"美男子威廉"把他们看成是红色共和派。总之"美男子威廉"自当上国王以来，就受赤色幽灵的折磨。他把他的"自由主义者"的名声看作是变革党为他设下的陷阱。

在这种情况下，如果我们能从明年起在柏林（虽然我个人很厌恶这个地方）出版一份报纸，那确实是很合时宜的。如果和拉萨尔等人合作，有可能筹集两三万塔勒。但是这里有问题。拉萨尔直截了当地向我提出了这个建议。而且他信任地说，应当同我一起担任总编辑。我问他，恩格斯呢？"行啊，三个人如果不算多，恩格斯也可以担任总编辑。不过你们两个人的表决权不能比我一个人的大，否则我每次都将是少数。"他认为必须同我们共同领导，其理由如下：（1）他在一般人看来比较接近资产阶级政党，因此可以比较容易地弄到钱，（2）他势必要牺牲自己的"理论研究"和从事这种研究所必需的安静，为此需要有某种补偿等等。他补充说："不过，如果你们不同意，那我今后还是象现在一样，仍然准备在钱和写作方面帮助这个报纸；这对我甚至更有利，因为我可以从报纸那里得到一切好处，而不用为它承担任何责任……"所有这些话当然都是带着感情说出来的。拉萨尔在一些学者当中由于他那本关于赫拉克利特的书而受到尊重，在一些寄生虫当中则由于他的佳肴美酒而受到赞许，于是就被这些蒙住了眼睛，自然不知道他在广大公众中的名声是多么不令人羡慕。此外，还有他那一贯自以为是的脾气；他在"思辩概念"的世界中的留连（这家伙甚至梦想创造一种双料的新黑格尔哲学，并准备把它写成书）；法国的旧自由主义对他的感染；他那夸夸其谈的习气，以及纠缠不清和不知分寸，等等。

评论：1861年2月底，马克思去了荷兰、柏林、爱北斐特、科伦、特利尔、亚琛、博默耳、鹿特丹和阿姆斯特丹等地，在柏林的大部分时间住在拉萨尔家里。信中讲述了这一系列行程、一些事情以及一些政治情况。马克思讲到自己与维也纳的《新闻报》进行了联系。这是奥地利资产阶级自由派报纸，《新闻报》的编辑部一再想让马克思为该报撰稿，但是马克思一直到 1861 年 10 月才同意撰稿。该报发表了共 52 篇文章，主题包括英国、法国和美国的对内对外政策，以及这些国家工人阶级的状况和民主运动。但有很多文章和通讯未刊出。这是马克思在 1862 年年底停止为该报撰稿的主要原因。信中还谈到关于在柏林出版一份报纸的计划，拉萨尔提出并支持这一计划，马克思与恩格斯交流了对拉萨尔的一些顾虑。信中表示他们一家欢迎恩格斯来伦敦。

5 月 8 日 致信斐迪南·拉萨尔，指出：前天我写信给恩格斯谈了办报的计划，大概过几天就会收到他的回信。由于美国的事件，很可能，即使办报的事毫无结果，我还是要迁居柏林半年，或更久一些。当然，这只有在我争取到恢复国籍时才行。我不能否认，伦敦对我来说具有特殊的吸引力，虽然我在这个大巢穴里几乎过着隐士一样的生活。

顺便说说。布朗基还被关在马扎斯监狱（巴黎），在那里根据侦查员的指令，他在肉体上遭到宪兵等的残酷折磨。他是利用大赦的机会，以一个商人代办的身分从这里去巴黎的，毫无阴谋计划可言。无论是英国还是欧洲其他地方的下流报刊都企图封锁这整个案件。我已同深知案件始末的西蒙·贝尔纳约定在本星期六会晤，详细讨论这个问题。我们打算，可能同厄内斯特·琼斯一起，举行公众集会，抗议这种骇人听闻的罪行。我同贝尔纳交换意见并弄清案件的详细情况之后，将立即通知伯爵夫人。但是我请求你不论通过什么途径立即在布勒斯劳的报纸上刊登一则关于这个阴谋的简讯。你知道，德国报纸是互相转载材料的。

现在从悲剧转到悲喜剧：你有没有在报上看到日内瓦工人在大白天打了法济的耳光？

科苏特在诉讼期间在这里表现得极可鄙。起初，他在他的 affidavits 等中大话连篇，但是在审理过程中却变得低声下气和卑躬屈节，怯懦和畏缩到无以复加的地步，否定了自己的想法和动机的任何革命性，这样一来，他就由于自己的愚蠢行为而使原先对这种传奇剧演员抱有好感的公众不再对他表示同情。

我不知道，你有没有注意议会就麦克唐纳案件进行的辩论？帕麦斯顿针对普鲁士的挑衅性演说，实质上只是为了消除（施莱尼茨提出的）英普同盟的主张。这里追求的是什么目的，甚至向你暗示都是多余的，因为你知道这事的经过。

托比·梅因在汉堡《自由射手》上一篇发自柏林的通讯中写了关于我在柏林逗留的非常奇怪的消息。首先，说什么哈茨费尔特伯爵夫人向我提供了两万塔勒用来创办一家报纸。其次，似乎我曾妄想利用《福格特先生》取得资产阶级的支持，然而大失所望。最后，说我在绝望中把这件事情放弃了，"因为无论哪一个著作家"

都不愿"同我打交道"。干得多巧妙，托比！

关于洛贝尔图斯的著作，它的倾向是完全值得赞扬的。至于其他方面，则好的地方不新，新的地方不好。然而罗雪尔是教授式学识渊博的真正代表。如傅立叶所说的是假科学。

而现在，亲爱的，我应当在最后向你表示感谢，感谢你那么亲切友好地接待我和留我住宿，并且忍受了我的礼貌欠周的行为。你是知道的，我满脑袋是操心事，此外我又有肝病。但最重要的是我们在一起总是谈笑风生。猴子是不笑的，因此，我们就显得是至善至美的佛陀了。

评论：信中告知在荷兰忙于同表舅办理事情，与表妹周旋等事情耽搁了给拉萨尔写信，回复了偿还钱的安排，并感谢拉萨尔的招待。信中谈到在和恩格斯商量办报的计划，并表示愿意在伦敦继续生活。信中谈论了布朗基、日内瓦工人事件、科苏特在诉讼期间的表现等。谈到梅因登在《自由射手》上的标题为《柏林来信》的一些文章，其中有一篇文章歪曲了马克思在柏林逗留的情况。

5 月 10 日　致信恩格斯，指出：你关于筹办柏林报纸的意见同我完全一致，主要的几点，经过适当的改动，我已经向拉撒路谈了。但是，既然我在柏林已经向他说过，不征得你和鲁普斯的同意，我不会在这方面采取任何措施，那末我就肯定应该向你们两人"认真而客观地"说明事情的实质，从而拯救自己的灵魂。

顺便谈谈拉萨尔－拉撒路。累普济乌斯在他论埃及的巨著中证明，犹太人出埃及，不外是曼涅托所说的由一个叫作摩西的埃及祭司所领导的"害麻疯病的人"被赶出埃及的历史。因此，害麻疯病的拉撒路是犹太人和拉撒路－拉萨尔的原型。只是我们的拉撒路是脑子患了麻疯病。他的病原先是治疗不善的二期梅毒。结果他的一条腿发展成为骨疽，而且直到现在还有这个病的残余；据他的医生弗雷里克斯（我不知道这个著名的教授的名字怎么拼写）说，这是腿神经痛或是某种类似的病。但是我们的拉撒路现在和他的对立面财主一样，过着奢侈的生活，从而损害了自己的健康，我认为这正是他在治疗上的主要障碍。总之他太妄自尊大了，例如他会认为去啤酒店就是罪恶。可笑的是，他至少向我问过四次，问我在《福格特先生》中所说的雅科布·维森里斯勒是影射谁。但是，在他那种已成为真正"客观"的虚荣心的情况下，这只不过是一种正常现象而已。他会把他那部新的奠基性的法律创作（达尔马）寄给我们大家的。

在柏林还访问了弗里德里希·科本。发现他丝毫没有改变。只是发胖了，而且有点"难看"了。我跟他单独在一起喝了两次酒，对我说来真是一大乐事。他赠送给我两卷他所著的《佛陀》——一部很重要的著作。我从他那里还了解到，察贝尔这个无赖及其一伙是怎样霸占《国民报》的。

原先这家报纸是在 1848 年通过发行一次全部付清的股票的办法创办的（但是没有订正式合同，只是口头商定）。缪格、科本等人为此出了不少力。鲁滕堡是作为总编辑加入的，跟他一起并受他领导的有察贝尔，最后是担任总务主任的犹太人沃尔弗。该报由于采取庸俗的温和态度和百般讨好议会左翼，不久就得到很大的发展。鲁滕堡被他的伙伴们用不知是真实的还是虚构的理由排挤了出去，他们说他使报纸采取了过于保守的方针，并且接受汉泽曼的"赏钱"。察贝尔把一个同伙引进编辑部来代他写东西，而他本人则到各种不同的啤酒店去同市侩们交谈，为报纸日益增长的声望操心。政变（曼托伊费尔的）和以极粗暴方式一直持续到 1850 年底的对报刊的各种强制措施，为不召开任何股东会议提供了求之不得的借口。

在这期间，这家只是由于革命报刊遭到彻底镇压和确立了辛凯尔迪—施梯伯制度才得到适当生存条件的报纸，在市侩心目中提高了声望。它变得赢利了，因此在 1852 年前后有一部分股东坚决要求提出报告和召开全体大会等等。这时，犹太人沃尔弗和候补神学家察贝尔把其中最固执的拉到一旁，秘密地告诉他们说，为了不使报纸遭到毁灭，对它的财务状况无论如何要保持完全沉默，因为它已濒于破产。（其实，最初牌价是二十五塔勒的报纸股票，到这时已经是一百塔勒了。）因此希望他们不要迫使报纸以任何方式暴露自己的财务状况。但是出于对他们（即最固执的股东）的特别尊敬，作为例外，将退给他们股金，以收回股票。这样就使最危险的股东心满意足了。这种滑稽剧重演了好几次。但是，这些被收买了信任的人中大多数只得到——看他们消极抵抗的程度而定——他们原来投资的百分之四十至百分之五。相当大一部分昏庸老朽的自由派至今分文未得，而且也未能争取到提出报告。他们由于害怕《十字报》而默不作声。犹太人沃尔弗和候补神学家察贝尔通过这种骗术，成了拥有"余钱"的庸俗自由派的显贵。可惜我过去对这些事情全不知道。

鲁滕堡作为必要的摆设被曼托伊费尔转让给施韦林。他现在正在用剪刀制作已经没有任何人看的《国家报》。一家类似《伦敦官报》的报纸。听说布鲁诺的情况很不妙，他徒劳无益地向现内阁自荐，要为半官方的《普鲁士报》继续撰稿。他现在是由《十字报》瓦盖纳出版的《国家词典》的主要撰稿人，此外他还是里克斯多夫（或者叫什么鬼地名）某个地方的农场主。

评论：信中谈到自己的旅途见闻，包括参加下院开会，在爱北斐特看望了济贝耳，在科伦看望了施奈德尔第二和克莱因博士等。马克思随信寄上一份《自由新闻》，上面刊登了议会关于阿富汗问题的辩论。谈到 1861 年 3 月由于邓洛普的建议而引起的议会辩论一事，邓洛普建议对帕麦斯顿领导的英国外交部 1839 年伪造外交文件问题成立调查委员会。

信中谈到拉萨尔，马克思讽刺地称呼拉萨尔的《既得权利体系》一书为达尔马。信中还谈到，在柏林访问了弗里德里希·科本，谈到《国民报》的立场，谈到 1848 年 11 月至 12 月初普鲁士的反革命政变。这次政变是由勃兰登堡—曼托伊费尔的反动内阁策划的，此后普鲁士国民议会被解散，建立起极端反动的制度；信中谈论了这之后的一系列事情，讽刺和批评了鲁滕堡和《国家报》。

5月16日　致信恩格斯，指出：至于你个人同普鲁士的关系问题，首先我想把一些我在柏林交谈过的最有名的法学家的意见告诉你。一切取决于你是不是应征服过兵役。如果不是的话，那你的问题就作为后备军人的案件将由普通民事法庭来审理。但是看来普鲁士当局只注意到你的爱北斐特问题，而没有注意巴登的问题。

不知道你是否看了今年4月19日的奥格斯堡《总汇报》。该报的一篇巴黎通讯，一字不差地以下述的话结尾：

"警告书商，卡尔·马克思的《福格特先生》一书已被列入禁书，因此正在印刷的该书的法文删节本不能出版。"

今天本来想继续报告这次旅行的情况，但是刚才毕林先生来找我，因此只得寄出这几行。

评论：信中询问恩格斯何时到伦敦。后来，恩格斯于1861年5月20日前后到伦敦，在马克思那里住到5月23日。还谈到恩格斯要被普鲁士当局判罪的事情，马克思就此事询问了柏林的最著名的法学家，并提出了建议，认为应该作为后备军人的案件由普通民事法庭来审理。普鲁士政府说恩格斯是"后备军的逃兵"。1849年5月，恩格斯参加了爱北斐特的起义，因此普鲁士政府对他下了逮捕令。后来，恩格斯又在巴登——普法尔茨革命军中参加战斗。信中还告知自己的抨击性著作《福格特先生》的法文删节版被列入禁书。

5月29日　致信斐迪南·拉萨尔，指出：我已给在德国的一个朋友写了信，希望他最迟过一个星期就把下欠的十英镑（六十七塔勒）寄给你。这件事我觉得非常不愉快，但问题是，我的表舅，正象这种老头常有的那样，虽然一般是实践自己的诺言的，但总还是给我制造一些麻烦。

我给美国写的通讯，由于那里的情况暂时完全停止刊登了，一直要停到欧洲问题在大洋彼岸重新引起兴趣时为止。

在巴黎，由于美国的危机，工人生活极端贫困。在里昂也一样。

所有的英国官方报刊自然都支持奴隶主。正是这些先生们，曾以他们反对奴隶贸易的慈善言论使全世界都听得发腻。但是棉花啊，棉花！

恩格斯来这里作客三天。他目前还不准备迁居。如果他那么做，他就必须放弃职位，违反合同，损失一大笔钱。他说只有到决定性时刻才会那么做，不然，也许过三个月以后会落入普鲁士司法机关之手，对谁都没有好处。他认为，办报还不是时候。他非常感谢你的军事地图集。

在你转寄给伯爵夫人的那封信里，我已把波拿巴如何无耻地对待布朗基的情况以及这整个案件的情况比较详细、比较确切地告诉了她。她大概告诉你了。请代我向她衷心问好。希望她恢复健康。

评论：信中告知恩格斯办报还不是时候。信中提到的马克思给哈茨费尔特的信没有找到。只能从哈茨费尔特1861年6月14日的回信中进行判断，马克思曾请她协助在德国报刊上发表关于布朗基在监禁中情况的消息。布朗基在监禁中条件艰苦。马克思还曾设想再组织一批关于布朗基案件的文章。

6 月 10 日　致信恩格斯，指出：今天收到了维也纳来的信。弗里德兰德要求我先写两篇文章：一篇关于美国的事件（我必须把全部乱七八糟的东西写成一两篇政治和军事性的社论），另一篇关于英国的状况。以后（即收到这些文章以后）他准备给我提出比较详细的稿约；指的是我每篇文章可得一英镑，每篇普通的通讯可得十先令。按照德国的标准，这算是优厚的稿酬，我只得同意，因为必须生活下去。我很想在这星期就把这两篇试验性的文章寄出去，因此你得给我准备好关于美国的军事部分。我再从政治上把它加一下工。

一星期以来，我在认真写我的著作。再也没有得到拉萨尔的音信，但是他的表兄弟弗里德兰德从柏林给我来信（拉萨尔一点不知道，而且也不该知道同《新闻报》的交易），内容如下：

"斐·拉萨尔从布勒斯劳回来之后，一部分时间忙于解决您的国籍问题，据我看来，他的过分热心和过于偏重论证的呈文，倒妨害这一问题的圆满解决；一部分时间忙于翻阅和给别人朗读各种教授和枢密官们对他那本如此出色、如此有趣、如此机智等等的著作而写的许多封感谢信。这些信使他得到方便的机会去谈论他的'卓越的'著作，并从而证明，他对这种小小的恭维毫不在意，他最没有虚荣心。可怜的伯爵夫人患流行性感冒很厉害，她愈来愈难以完成她作为反对者的正式使命了，而我对在这种情况下当监场人也开始感到厌倦。"

加里波第这头蠢驴由于给北方佬写信谈同心一致而声名扫地了。

评论：信中告知收到弗里德兰德的两篇报酬颇高的约稿，表示这可以缓解自己的经济困难，并请恩格斯帮助准备关于美国的军事部分材料。谈到在认真进行经济学的研究和写作。1860 年他忙于写反福格特的抨击性著作，不得不中断经济学研究，直到 1861 年夏季才回到这项工作上来。

信中还谈到加里波第对美国内战的错误态度。1861 年 5 月，由于美国内战爆发，联邦政府曾向加里波第建议，要他担任北军的指挥职务。加里波第拒绝了要他担任的职务，他认为美国的战争没有涉及黑人奴隶制度问题，而是一般的内乱。他声称，一旦战争具有反奴隶制度的解放斗争的性质，他就准备站在北军方面进行战斗。信中还转告了从拉萨尔的表兄弟弗里德兰德的来信中得知的关于拉萨尔的情况，讽刺了拉萨尔忙于对自己的《既得权利体系》的欣赏。

6 月 19 日　致信恩格斯，指出：我拖了这么久没有写信，是因为维贝尔（普法尔茨的钟表匠）答应给我寄一篇关于伦敦民族联盟会议的报告，在这次会议上金克尔经受了那么奇怪的事情，而维贝尔以"旁听者"的身分参加了这次会议。到今天我才从他那里收到随信附上的这份报告。你从最近一号的《海尔曼》上会知道是怎么回事。闭幕会定于下星期六即一星期之后举行。在这期间，尤赫将用西蒂区的一个德国商人为此目的提供的钱，前往科堡，促使那里的民族联盟中央委员会把泽尔菲（因此也包括金克尔）开除出去。真是妙极了，哥特弗利德由于对英国人卑躬屈节，而激起了西蒂区整个自由主义市民阶级的强烈愤怒。

从波恩也来了几封信，威胁说，哥特弗利德回去时，要给他"吃一顿棍子"。泽尔菲（无疑是受命行事的）和哥特弗利德之所以为麦克唐纳辩护，其秘密在于：哥特弗利德在肯辛顿博物馆当讲演员，为英国服务，而好样的泽尔菲则在艾释黎（舍夫茨别利）的一个机构中任职。哥特弗利德仅有的一些同盟者都是"不问政治"的歌咏团体以及其他吃吃喝喝的下流社团的一些庸人。上星期哥特弗利德为民族联盟收买了很多这种人（大概是用英国钱）。（因为只要缴纳三先令最低的会费，在特吕布纳那里购得一张证明，就可以成为这个猪猡联盟的成员。）哥特弗利德还和他的追随者私自开了会，并派了代表团去海茵茨曼那里，建议他自动辞去主席的职务（因为侮辱了哥特弗利德的尊严），否则将正式提出这种建议。此外，我不应当忘记告诉你，正当吵得最厉害的时候，我的朋友莱茵兰德尔来到了会场（和我商定的），并且带来了伊斯林顿一个歌咏团体的五十来名会员（大部分是店员）。正是他们对哥特弗利德闹得最凶。

莱茵兰德尔告诉我说，西蒂区的德国商界还从来没有这样狂热地参加过政治活动。如果哥特弗利德由于对一个外国政府卑躬屈节而被迫退出民族联盟，这将有无可估量的意义！这会破坏他在德国资产阶级败类中的地位，他如果失去这个地位，他还算得了什么？哥特弗利德感到，对他来说这是生死存亡的问题，因此他就拼命活动。特别使他恼火的是，现在到处都在谈论："本来《人民报》和马克思对他的评论就是正确的"。他对印刷厂主希尔什菲尔德的一个熟人说："硫磺帮是隐藏在整个这件事后面的不露面的领导者"。我们连手指头也没有动一下，而我们的敌人却说我们有这种神秘的"力量"，这不是很妙吗？

寄给你的第二个文件（必须寄还，因为我必须答复）是哈茨费尔特的信。一定要使她成为我在柏林的私人通讯员，因为她的政治见解（更不必说她的出色的社交联系）远远胜过"每一步本身都包含有自己走路的常规"（拉萨尔，第2卷第545页）。（附带说一下！你和鲁普斯不是已经收到拉萨尔的这部巨著了吗？）为了你能够弄清她信里的两个地方，我告诉你以下的情况。关于布朗基事件，我转交给她一封从布鲁塞尔寄来的信（德农维耳写的）。首先说的是出版德农维耳那本关于可耻的布朗基案件的抨击性小册子（法庭上的发言等等，以及对此案的反应）的费用问题。布朗基本人通过德农维耳，非常热情地感谢我和德国无产阶级党（在国外的）对他的同情。我们同法国最极端的党重新建立了直接的联系，我认为这非常好。

第二点。我在给拉萨尔的信中说，最近期间关于报纸一事不会有什么头绪，我还写道——这是为了把药丸裹上糖衣，——今冬我可能到柏林去一趟。

哈茨费尔特对柏林官方民主派的评价，我认为是完全正确的。当然，她没有接触真正的人民，自然也就不了解啤酒店里的论调，那里的论调还是要更好一些。

非常感谢你关于美国的信。只要发生什么重要的事件（从军事观点来看），你当然会告诉我你对这事件的看法的。我根据墨西哥战争（见里普利的著作）对司各脱将军（他现在已经七十六岁）得出的看法是，这头老蠢驴如果没有别人的监督，可以干出最愚蠢的事来。首先是行动迟缓，优柔寡断。然而我从《论坛报》所报道的事实中看到，北部已经在公开谈论对奴隶主的战争和消灭奴隶制。

由于什列斯维希—霍尔施坦事件，蒙台居勋爵正象他早已声称的那样，昨天在下院提出了关于帕麦斯顿的 1850 年伦敦议定书（关于丹麦的王位继承）的问题等等。老头子采取了他惯用的手段。蒙台居刚一开始演说，会上就有人早有准备地借口不足法定人数要求停止辩论，把他的嘴堵住了。

评论：信中谈到了一系列事情。讲述了民族联盟会议上的冲突。民族联盟是德国自由资产阶级的政党，主张把德国统一成为以君主制普鲁士为首的中央集权国家（奥地利除外）。信中还肯定了哈茨费尔特的政治见解，认为应当使她成为自己在柏林的私人通讯员。告知已经同法国最极端的党重新建立了直接的联系。1859 年大赦后回到法国的布朗基，于 1861 年 3 月在巴黎再次被捕。尽管没有罪证，布朗基于 1861 年夏天被判四年徒刑。1864 年布朗基患病，转到奈克尔医院。1865 年他逃跑到布鲁塞尔。一直到 1869 年大赦以后，布朗基才回到法国。信里谈到，瓦托（德农维耳）准备为布朗基案件出版小册子。该小册子载有揭露波拿巴的警察和司法机关的材料。信中对墨西哥战争中的司各脱将军进行了批评。马克思表示，从《论坛报》报道可以看到，美国北部已经取得了对奴隶主的战争的胜利。信中还谈到了 1850 年关于丹麦王位继承的议定书。这个议定书规定了包括什列斯维希和霍尔施坦两公国在内的丹麦王国领地不可分割的原则，成了 1852 年 5 月 8 日关于保证丹麦君主国领土完整的伦敦议定书的基础。

7 月 1 日 致信恩格斯，指出：在这里看到鲁普斯，我和我的家里人都很高兴。老头子虽然患痛风病，却显得很年轻。他把你的信和两英镑交给了我，这两英镑立刻就落到了税务官手里。今天早晨我指望从德国能寄来一点钱，但什么也没有来。因为我仍然没有任何收入，而"消费不断地继续着"（某些经济学家企图以此来解释"利润"，认为利润不取决于生产费用，而取决于消费费用），所以曼彻斯特只要来钱，就是值得高兴的。

请立即来信告诉我，你对在弗吉尼亚的行动（军事的）有何看法？民军军官们（皮尔斯准将，按其才能不过是马萨诸塞州的一个"小裁缝"）令人遗憾的错误，当然双方都会常常重犯的。华盛顿还受到威胁吗？你是否认为南军在马纳萨斯那里是处于攻势地位？这些家伙是否不如说是在打算退却？南军在密苏里看来是遭到了决定性的失败，同时可怕的"伯恩施太因上校"也在那里突然出现了。根据一封寄给维贝尔的私人信件，"维利希上校"指挥着一支辛辛那提的队伍。他大概还没有参加战斗。

在比较仔细地研究了美国的事件之后，我得出的结论是：南部和北部之间的冲突，在北部五十年来一再屈辱地退让之后，终于（撇开"骑士等级"的新的无耻的要求不谈）由于西北部各州的非凡发展对事件进程产生影响而爆发了。这些州的居民，由于掺进了相当大量的德国人和英国人的新鲜成分，而且又大部分是耕种自己土地的自耕农，当然就不象华尔街的绅士们和波士顿的战栗教徒们那样容易被吓住。根据最近的人口普查（1860 年），那里的人口在 1850 年至 1860 年期间增加了 67%，在 1860 年达 7870869 人，而根据同一次人口普查的资料，分离出去的蓄奴州的全部自由人总共约五百万。所以西北部各州不仅提供了拥护执政党的基本群众，而且提供了 1860 年的总统。也正是北部的这一部分，一开始就坚决反对任何对南部同盟的独立的承认。不言而喻，他们不能把密西西比河下游和三角洲让给异己的各州。同样，正是西北部各州的居民，在堪萨斯事件（当前的战争实际上是由此开始的）中起来同边境的暴徒进行搏斗。

对脱离运动的历史作进一步研究，就可以看出，脱离运动、宪法（在蒙哥马利通过的）、国会（同上）等等，所有这一切都是篡夺。他们无论在什么地方都没有举行过全民投票。关于这种"篡夺"，——这不仅仅是脱离北部，而且是巩固和加强南部三十万奴隶主对五百万白人实行寡头统治的问题，——当时在南部的报纸上出现过一些很能说明问题的文章。

现在来谈谈"高级政治"，即金克尔和伦敦的民族联盟。你还记得，海茵茨曼在上上星期六把会议延期了（在《海尔曼》上对此有通知），因为尤赫被派到科堡去，争取在那里得到上级的命令。同时伟大的海茵茨曼指定于星期二召开非常会议，纪念滑铁卢战役等等。

但是狡猾的哥特弗利德伙同泽尔菲给他们自己的人分发了秘密通知（见最近一号的《海尔曼》），邀请他们于星期六参加会议。哥特弗利德及其追随者这样就取得了行动自由，实际上是背着别人举行了自己的会议。哥特弗利德（作为民族联盟副主席之一）主持了这次会议，而泽尔菲（作为这个民族联盟的委员会委员）则担任秘书。当然，在这次会议上就麦克唐纳事件等问题通过了符合哥特弗利德和泽尔菲心意的决议。下一个星期二，海茵茨曼建议宣读他主持的上次会议的记录，装作好象不知道在这期间哥特弗利德及其一伙举行过会议。参加这个会议的哥特弗利德和泽尔菲也没有提议宣读有关的记录，而且只字未提他们自己所召开的会议。但是哥特弗利德在第二天写信给尤赫，请他把随信附去的哥特弗利德的会议记录在《海尔曼》上发表。他甚至还以威胁口吻提到他和尤赫在转让《海尔曼》时签订的协定。但是尤赫坚决地回答说："不行"（见最近一号的《海尔曼》）。

前天一定讨论了在赛德的旅馆召开的民族联盟会议上所发生的争吵。但是我还没有得到关于这方面的任何消息。

这样，你就有了"崇高的哥特弗利德的马基雅弗利主义"的某种样品。从最近一号的《海尔曼》上关于民族联盟会议的报道中，你还可以看到，布林德——他的卑鄙阴谋多得象狗身上的跳蚤——暗中唆使"德腊勒"建议向作为什列斯维希—霍尔施坦救星的布林德表示感谢。但是这被海茵茨曼拒绝了，他甚至不让德腊勒的建议进行表决。就是这个至高无上的布林德，还通过居间人向维贝尔等人提出问题，说他布林德是不是应当在德国共产主义者协会和各法国人协会联合筹备的纪念六月起义的群众大会上"以演讲人的身分出面讲话"。回答是：如果他希望挨打的话，就让他试一下。

评论：信中谈到美国的内战，询问恩格斯对弗吉尼亚军事行动的看法，是指那场北部的民军在皮尔斯将军指挥下于1861年6月10日企图占领门罗要塞附近的南军筑垒阵地，但没有成功。马克思还谈到对1854—1856年在堪萨斯进行的武装斗争的看法，该州大多数居民要求把堪萨斯作为自由州纳入联邦。堪萨斯的斗争实际上是美国内战的开始。

马克思还谈到对脱离运动的看法。脱离运动是指六个分离出去的蓄奴州于1861年2月至3月在蒙哥马利举行的国会。国会宣布成立奴隶制国家即美利坚同盟，并通过临时宪法。马克思认为这些事件是篡夺，是脱离北部，巩固和加强南部三十万奴隶主对五百万白人实行寡头统治的问题。信中还介绍了民族联盟内部的矛盾的新情况，批评了布林德在纪念六月起义的群众大会上的讲话。

7月5日 致信恩格斯，指出：鲁普斯在阿尔伯茨那里遇到了最大的困难。（顺便说一下，后者是伯恩施托尔夫的主要助手。此外，他又是头号警探和向高贵的普鲁士旅客介绍娼妓的主要拉纤人。）但是由于鲁普斯固有的倔强，他最终还是使阿尔伯茨在他的瑞士护照上加了一个长长的批语，说鲁普斯曾被驱逐出境，而现在希望利用大赦等等，为了什么什么目的去维斯巴登等等。阿尔伯茨最初对他说，由于他在国外呆了十年，他丧失了普鲁士的公民权（可见，这句口令现在见人就用了）；所以他应当入英国籍，用英国护照旅行。

顺便谈谈，策德利茨在离职前不久对拉萨尔说，我具有共和主义思想，或者至少具有反保皇主义思想，而他们的原则是决不让这种人恢复国籍的。他们不愿在我的事情上为别人开任何先例。策德利茨的继任者文特尔向拉萨尔宣称，他不能撤销前任的决定。最后，施韦林也同样受到拉萨尔的纠缠，他只是为了摆脱拉萨尔，才对他说，他一定把这事转交给柏林市政府——但他是不会这么办的。当议院在讨论流亡者问题的时候，芬克之流对施韦林的声明热烈鼓掌，施韦林的声明说，政府对个别情况有自己酌情处理的权力。

至于脱离问题，英国各报的报道完全不真实。除了南卡罗来纳以外，到处都有过对脱离的极其强烈的反抗。

评论：信中告知自己患了眼疾，不能写作和阅读。谈到普鲁士政府决不让自己恢复国籍。马克思1861年春在柏林时，想根据王室大赦令恢复他的普鲁士国籍。柏林警察总局拒绝了马克思要求给他以普鲁士公民权的申请，而建议按通常手续申请入普鲁士国籍。但是马克思关于入籍的申请被拒绝。信中表示，英国各报对美国南部各州脱离联盟的问题的报道完全不真实，马克思详细介绍了除了南卡罗来纳以外，对脱离的强烈反抗活动。

7月12日 致信恩格斯，指出：哥特弗利德·金克尔的伟大的悲喜剧得到了应有的结局，可怜的哥特弗利德被彻底粉碎了。

简单说来，这个重大事件的经过大致是这样的。6月15日，哥特弗利德及其一伙，正象我已经向你报道过的那样自己负责召开了特别会议，在会上他们通过了符合他们自己心意的决议，6月18日，在海茵茨曼的主持下举行了非常会议，由于当时还在等待科堡的回信，会上没有把那个重大的争论问题提出来讨论。

最后，在7月6日，由于当时科堡圣哲的回信已经来到，召开了有决定意义的会议。两派的战斗力全都出了场，其中包括哥特弗利德用现款收买的"德国好男儿联合会"的三十五名会员。但是还在这次会议召开之前就已进行了大量的鼓动工作。例如，"德国好男儿联合会"就受到了海茵茨曼及其一伙的宣传鼓动，他们把哥特弗利德搞阴谋活动的情况通知了该会的会员。这个联合会的主席，一个名叫施米特的船舶公司代理人（汉诺威人），自然是追随"爱国者"方面的。

顺便说一下，海茵茨曼追求的当然是双重目的：第一，博得普鲁士政府的赏识，第二，尽可能通过这种途径从这个政府那里获得即将举行的工业博览会的某种要职。听说，这个家伙在执行他的主席职务时，以爱北斐特的粗暴的真正普鲁士王国检察官的方式行事。诚然，以这种方式对待象在演戏的哥特弗利德是正确的。

总之，会议开幕（7月6日）以后，海茵茨曼叫人宣读了6月8日和18日两次会议的记录。无论是金克尔还是泽尔菲，连提议宣读他们6月15日会议的记录都不敢。这样一来，他们就承认了自己秘密召开的会议是非法的。随后海茵茨曼宣读了科堡的来信。那里的圣哲写道：开除出联盟，的确只有科堡的参议院才能作决定，但是开除出委员会（这是就泽尔菲而说的）是地方组织的事，因此，由伦敦酌情决定。

但是，正巧在7月8日要重新选举伦敦民族联盟的负责人。因此通过了施米特提出的关于转入下一项议程和关于由选举本身来解决这个问题的建议。

哥特弗利德发表了冗长的演说，心情非常激动，表情极不自然。他脑袋上仅有的那几根头发不断竖起。他的声调一会儿痛苦，一会儿又转为威胁，有时甚至进入他完全不擅长的讽刺领域。在他演说的时候，会场上非常嘈杂，时有嘘声。也常常可以听到高声喊叫"哥特弗利德"的声音，而他对此一向是非常忌讳的。看来最可笑的是，在随后的辩论进程中，哥特弗利德已再没有发言权，然而却不断地跳起来打断发言人的话，而海茵茨曼则威胁地举起手来——只简单地做一下手势——迫使他坐回到自己的座位上去。

哥特弗利德及其整个一帮在选举中遭到了彻底失败。在选主席时，海茵茨曼得一百三十三票，哥特弗利德得五票。由此可见，甚至被他收买的那些家伙大部分也是投票反对他的。在宣布选举结果的时候，据说，哥特弗利德以"最威严的姿态"宣布自己是"垂死的角斗士"和"被钉十字架的耶稣"的综合体。难道这是哥特弗利德为"他的亲爱的德意志"所做的一切应得的报偿吗？

然而，矮子布林德——他作为"共和主义者"自然不会是民族联盟的成员——用卑躬屈节、阿谀奉承和一切阴谋手段，争取到在民族联盟6月15日和7月8日的两次会议上，把他当作为什列斯维希—霍尔施坦事业奋斗的英勇爱国的战士向他欢呼"万岁"。

关于这场老鼠与青蛙之战，我所能告诉你的就是这些。你一定已经看到，甚至在《喧声》杂志上也登载了几则嘲笑高贵诗人的笑话。

评论：信中详细叙述了金克尔在伦敦民族联盟会议上遭到的选举失败的过程，尽管金克尔用现款收买了"德国好男儿联合会"的35名会员。这一联合会是1848—1849年德国革命失败后在伦敦建立的德国流亡者联合会之一。

7月20日 致信恩格斯，指出：我认为，你不把一份严重败坏自己名声的文件交到普鲁士驻伦敦大使馆手中，就不能向这些家伙申请到"品行证书"。

无论从普鲁士的法律还是从国际法来看，普鲁士大使馆不是应该签发品行证书（不管是对外国人还是对普鲁士人）的监督机关。大使馆只是由于要签发护照，才有责任查明，某某人是否是被法庭判决或受舆论谴责的罪犯。除此以外，它不应该知道私人的事情。它所知道的一切，是由于它滥用职权充当间谍机构的结果。所以大使馆的品行证书，无非就是受大使馆录事阿尔伯茨领导的非法的（因此正式是不存在的）秘密政治警察签发的证书。但是你不能承认这种行政机关，你要是请求巴门警察厅长给你指出普鲁士驻伦敦大使馆拥有这种职权所依据的普鲁士法典的条款，他就会狼狈不堪。

至于普鲁士驻曼彻斯特领事，则是另一回事。领事是本国的商务代表，而不是政治代表。因此他们应当知道自己所在城市的商界情况，特别是属于他们本国的商人情况。所以他们能发给证明书，证明某某人十年来在曼彻斯特居住，是人所共知的可尊敬的商人。普鲁士政府绝对无权要求别的证明书，而且它也很注意不正式提出这样的要求。但是对你它可以要求这种证明书，因为你申请恢复国籍而使自己处于与外国人一样的地位，而在外国人入普鲁士国籍时，是可以向他们要求这类证明书的，等等。

关于你的政治品行的任何证明书，普鲁士政府都无权要求，正如它不能要求你本人阐述政治上的信念一样。

我再也没有收到维也纳的信，德纳也没有来信，虽然他每星期给我寄《论坛报》。

布罗克豪斯要在手稿寄给他以后，才作出明确的决定。这个条件决不是令人愉快的，因为他会把手稿交给他的文学顾问蠢驴们去征求意见。不过，由于有许多家务缠扰，我的工作也没有象我希望的那样迅速进展。

评论：信中就恩格斯申请恢复普鲁士国籍阐述了自己的看法。还谈到德纳毫无消息，《政治经济学批判》的写作进展缓慢，询问恩格斯对拉萨尔的《既得权利体系》的看法等事情。

7月22日　致信斐迪南·拉萨尔，指出：你的著作的第二卷我已读完（当我要开始读第一卷的时候，眼病妨碍了我），从中得到了很大的享受。我是从第二卷读起的，因为我对这一主题比较熟悉，但这并不妨碍我以后通览全书。

对我上次信中匆匆所作的评论，你有些误解，这显然要怪我表达得不好。首先，我理解的"遗嘱自由"不是立遗嘱本身的自由，而是立遗嘱时对家属丝毫不加考虑的自由。这样的遗嘱在英国从很古的时候就有了，而且毫无疑问，这是盎格鲁撒克逊人从罗马法学中借用来的。英国人在很久以前就不是把根据血统关系的继承当作准则，而是把根据遗嘱的继承当作准则，这可以从下面这种情况看出来，即早在中世纪初期，如果家长去世时没有留下遗嘱，那末他的妻子和孩子只能得到法律所规定的那份遗产，而根据情况把三分之一或二分之一交与教会。教士们把事情描绘成这样，即要是他立遗嘱，那末他为了拯救自己的灵魂，会把一定数量的遗产留给教会。总之，就这方面来说，在中世纪遗嘱无疑具有宗教的意义，立遗嘱不是为了还活着的人，而是为了死人。但是我要提请注意这样一种情况，即在1688年革命以后曾取消了在那以前在家属继承权（这里，我当然不是说封建所有制）方面法律加在遗嘱人身上的限制。毫无疑义，这是适合于自由竞争及在此基础上建立的社会的本质的；同样毫无疑义，多少经过修改的罗马法为当代社会所接受，是因为建立在自由竞争基础上的社会里的人关于自己的法的观念是同罗马法中的人的观念相一致的（这里，我完全不涉及极其重要的一点，即虽然一定所有制关系所特有的法的观念是从这种关系中产生出来的，但另一方面同这种关系又不完全符合，而且也不可能完全符合）。

你证明罗马遗嘱的袭用最初是（至于照法学家的科学理解，那末现在也还是）建立在曲解上的。但是决不能由此得出结论说，现代形式的遗嘱——不管现代法学家据以构想遗嘱的罗马法被曲解成什么样子——是被曲解了的罗马遗嘱。否则，就可以说，每个前一时期的任何成就，被后一时期所接受，都是被曲解了的旧东西。例如，毫无疑问，路易十四时期的法国剧作家从理论上构想的那种三一律，是建立在对希腊戏剧（及其解释者亚里士多德）的曲解上的。但是，另一方面，同样毫无疑问，他们正是依照他们自己艺术的需要来理解希腊人的，因而在达西埃和其他人向他们正确解释了亚里士多德以后，他们还是长时期地坚持这种所谓的"古典"戏剧。大家也知道，所有现代的宪法在很大程度上都是建立在被曲解了的英国宪法上的，而且当作本质的东西接受过来的，恰恰是那些表明英国宪法在衰落、只是现在在形式上勉强还在英国存在着的东西，例如所谓的责任内阁。被曲解了的形式正好是普遍的形式，并且在社会的一定发展阶段上是适于普遍应用的形式。

这样的问题，譬如说，英国人在没有罗马的情况下会不会有他们的遗嘱（即使它是直接起源于罗马的遗嘱和适应于罗马的形式，但终究不是罗马遗嘱），在我看来是没有任何意义的问题。要是我以另一种方式提出问题又会怎样呢？譬如说：遗赠（而现代所谓的遗嘱无非是使主要的继承人实质上成为全面的遗赠受领人）在资产阶级社会里就不能自动产生出来，而同罗马无关吗？或者说，不是产生出遗赠，而是产生出一种仅仅由死者对财产作出的书面的处置就不可能吗？

说希腊的遗嘱是从罗马输入的，我看这点还没有得到证实，虽然十之八九是这样。

你大概知道，对布朗基的判决（这是所有判决中最可耻的判决之一）在第二审级批准了。我正焦急地等待他的布鲁塞尔朋友给我来信。

评论：信中解释很久未写信的原因，一是财务问题没有解决好；二是患了严重的眼病。感谢拉萨尔为自己恢复国籍而奔忙。讲述了自己在看拉萨尔的《既得权利体系》一书的第二卷，并表示从中得到了很大享受。信中围绕"遗嘱自由"、罗马遗嘱等问题表达了自己的见解。信中表示很关注布朗基的判决。

8月3日　致信恩格斯，指出：昨天给我寄来一份叫作《图斯涅尔达》的很糟糕的小报——它是由金克尔和泽尔菲发行，反对海茵茨曼及其一伙的。这种孩子般的胡闹，我很少见过。

我寄给你的《图斯涅尔达》小报，请保存起来。

又附上关于议院在讨论丹麦问题时因不足法定人数停止辩论的材料。

评论：信中认为，金克尔、泽尔菲发行的《图斯涅尔达》报纸，是反对民族联盟的海因茨曼等人的，但非常糟糕。随信寄出了一份小报，以及关于议院在讨论丹麦问题时因不足法定人数停止辩论的材料。

9月24日　致信南尼达·菲力浦斯，指出：你应当原谅我今天只给你写这几行。因为我要为自己保留几天以后给你写封"真正的信"的乐趣。现在我只是想通过你的盛情协助了解一下，奥古斯特是否终于收到了拉萨尔的著作。拉萨尔为这事又写信来烦扰我——要知道，他自然把"他的著作"看成是什么了不起的东西。他要求我立即复信，所以我不得不又来找你。如果你尽快地把真实情况告诉我，我将非常感激。

顺便提一下。书应当是从曼彻斯特，而不是从伦敦寄给奥古斯特的，不过我得到保证，它已经从曼彻斯特寄往阿姆斯特丹了。当然，如果书"遗失"了，我丝毫也不会介意，因为奥古斯特自然不会因为没有"这部著作"而受到什么损失。但是出于礼貌我应当进行这个调查。

评论：信中帮助拉萨尔询问，奥古斯特·菲力浦斯是否收到了《既得权利体系》，请南尼达帮助了解真实情况。

9月28日 致信恩格斯，指出：这个星期和上星期都给《论坛报》寄去一篇文章。过两个来星期就会清楚，能否这样继续下去（暂时还是每周寄一篇文章）。

从昨天的《泰晤士报》通讯中可以看出，维也纳《新闻报》终于转过来反对施梅林了。因此现在也许可以同该报建立联系了。

这个星期初，这里来了一个名叫恩·奥斯渥特的青年军官，他身穿加里波第的军官服，带了席利的介绍信。他以前是普鲁士的尉官，后来在加里波第那里当志愿兵；梅迪契把他提升为尉官。在加里波第的军队解散以后，他到了巴黎，为了勉强糊口，进工厂当了工人。他现在来这里，是为了要去美国参加那里的战斗。问题是缺少路费。这里每个星期有一艘帆船开往纽约。路费只要六英镑。波克罕愿意以他自己和几个熟人的名义拿出五英镑。因此，还要在曼彻斯特通过几个自由主义的庸人（博尔夏特等人）的帮助，募集一小笔钱，其中一部分用来凑足路费。但是伙食费不包括在这六英镑内。波克罕起初向金克尔要求从革命基金中拨给奥斯渥特路费。但是哥特弗利德回答说：不成。（波克罕在苏黎世的时候就是通过这种途径为安内克弄到去美国的路费的。）美国使馆也分文不给。奥斯渥特给我的印象是一个优秀青年，而且很谦虚。他如果到纽约，我给德纳的介绍信会对他很有用处。但是应当促使他赶快离开这里，因为他留在伦敦只是白费钱。

奥斯渥特说，图尔在军事方面也分文不值。他是个地地道道的阴谋家。加里波第使用他，只是因为他是由加里波第的朋友（图尔过去认识的一个意大利人）介绍来的，但主要是由于他作为"匈牙利代表"的身分。每次加里波第试着让他独立进行某种军事行动，他都不能使加里波第满意。据奥斯渥特说，吕斯托夫的作用也同样微不足道，甚至毫无意义。他的正式职务是战争的"历史编纂学家"。关于加里波第，奥斯渥特说，他实际上是个游击队领袖，要他率领一支较大的部队在较大的地区内作战，他就应付不了。他的战略方面的顾问是科散兹和梅迪契。

评论：信中告知自己的孩子爱琳娜得了黄疸病。告知给《纽约每日论坛报》寄出了《美国问题在英国》《不列颠的棉花交易》这两篇文章。告知由于维也纳《新闻报》开始反对施梅林了，可以同该报建立联系了。

信中谈到一名叫奥斯渥特的加里波第的前志愿兵军官想前往美国参加战斗，但是面临经济困难，在筹集路费，波克罕曾提议通过金克尔从革命基金中拨给奥斯渥特路费。这名军官告知了一些关于加里波第的情况。信中还询问了恩格斯什么时候去德国。恩格斯计划去巴门的亲戚那里度假，他于10月3日前后去了德国，在那里逗留到月底。

10月30日 致信恩格斯，指出：我的境况终于有所好转，我至少又重新感到自己脚踏实地，而不再是悬在空中了。你知道，我从曼彻斯特回来以后不久，一发觉时机合适，就又开始给《论坛报》每周撰写一篇文章。算到上星期为止，我已经给他们寄去了六篇文章。我刚从最末一次邮班收到已经刊登出来的我的头两篇文章。其中第一篇（三大栏，关于英国对美国的评论）登在显著地位，而且在该报头版特别作了介绍。因此，这事已无问题，一星期两英镑已有保证。

其次。也是你知道的，我还在曼彻斯特时就给维也纳《新闻报》去过信探询"情况"。大约在三个星期以前收到回信，在政治方面令我完全满意。（该报在这期间改变了对施梅林的立场。）同时，弗里德兰德（为他的出版者赞格）要我先写两篇文章试试。我给他寄去了，昨天早晨收到回信，内容如下：（1）文章和有关的广告已在该报头版登出；（2）从 11 月起，我被聘为固定撰稿人，稿费是，论文每篇一英镑，通讯每篇十先令。

至于《论坛报》，我必须找到一条兑付期票的门路才行，因为今后通过弗莱里格拉特未必行得通了。

为这两处写稿，总算使我有希望结束我的家庭在这一年来所过的那种受折磨的生活，而且也有希望把书完成。虽然由于你的帮助，我能够在 9 月初给最惹人厌烦的无赖们满足了要求，但是压力仍象过去一样相当难于忍受，而在 10 月份又有增加。我在写这封信的同时，还给我的老太婆写信，看看能否从她那里弄到点什么。此外，我想试试，能否从一个贷款社里弄到些钱。在纽约和维也纳没有足够的钱可以提取以前，现在对我最重要的当然是整顿一下财务，因为为了能在这间隙期间进行工作，我首先需要安静。在这期间，我们把家里所有能够拿出去的东西都典当了，最糟糕的是，我的妻子病得很厉害。她勇敢地经受了各种暂时的困难，但是完全没有出路的前景使她懊丧。不过从维也纳和纽约来的好消息已经引起了良好的反应。

至于科拉切克的《时代呼声》，不管这是多么奇怪，波克罕既骗了自己也骗了我。在第 39 期上，的确有一篇题为《卡尔·福格特和卡尔·马克思》的长达一印张的论文，但它是由"卑鄙中的最卑鄙的"、一提到日内瓦就令人想起的那个大学生阿布特写的。他在头两页同意了我书中的基本内容，可是在其余的十四页中，他就"制刷匠帮"的问题对我，特别是对席利和伊曼特进行了最猛烈和最卑鄙的攻击。最后他宣称，如果我不收回自己的话，他就要抓住"他所知道的我的唯一致命弱点"来败坏我的名声，"使我后悔"。当然，我根本不把这个恶棍放在眼里。但是，科拉切克先生看来由于自己的什么事情，已完全听任他摆布了，因为据阿布特说，他早在 1 月份就已收到阿布特那篇乌七八糟的东西，一直到 9 月份还在拒绝把它发表。

评论：马克思告知自己的《美国问题在英国》《不列颠的棉花贸易》《伦敦〈泰晤士报〉和帕麦斯顿勋爵》和《伦敦〈泰晤士报〉评奥尔良亲王赴美》等六篇文章已经寄给《纽约每日论坛报》，但只有这四篇发表了。马克思在信中询问《新闻报》编辑部对 1861 年秋天奥地利政府危机所采取的政治立场。信中还讲述了自己面临的经济困难，在多方想办法筹措钱。还介绍了大学生阿布特发表在《时代呼声》上的《卡尔·福格特和卡尔·马克思》一文，文章对马克思、席利和伊曼特进行了卑鄙的攻击。文章表达了对马克思的抨击性著作《福格特先生》中的《制刷匠帮》一章的强烈不满和攻击。

11月6日　致信恩格斯，指出：《论坛报》又在头版介绍我的一篇文章，说是"十分有趣"。这些美国佬的做法真怪，竟把证明书发给自己的撰稿人。

昨天我收到老太婆的回信。只有"温情"的字句，但没有一个钱。此外，她告诉我（虽然这些我早就知道），她七十五岁了，患有许多老年的病。

我想在这里借债，直到现在还没成功。我所能够提出的保人，也正如我预感到的那样，被认为不够体面。有些家伙在这方面比较走运。例如贝塔这个坏蛋由埃德加尔·鲍威尔先生作保，从一个贷款社弄到了五十英镑。

俄国人在波兰经管得不坏。美男子威廉的事业和功绩也不逊色。

你从德国报纸以及某些英国报纸上也许已经看到，公民和政治活动家布林德是怎样始终死皮赖脸地要使自己成为德国的马志尼。

你能不能什么时候抽空为《新闻报》写一篇关于围绕阿姆斯特朗的发明进行争论情况的报道？

评论：信中感谢恩格斯寄来的钱和葡萄酒，并告知筹措资金一无所获，自己的母亲也没有任何资助。信中讽刺了威廉一世，讥讽了俄国人对波兰的统治。华沙居民在1861年10月间举行了大规模游行示威，波兰王国总督兰伯特伯爵在10月14日颁布了戒严令，禁止集会和唱爱国歌曲等。10月15日，在华沙的三个主要的天主教堂里，大批群众演唱了爱国主义的颂歌。夜间政府进行了大逮捕，发生了冲突，华沙的所有教堂被关闭。

11月18日　致信恩格斯，指出：11月9日，我在《论坛报》的名下为寄去的八篇文章，提取了十六英镑。我用这十六英镑，偿付肉商、面包商、茶叶商、油商、牛奶商和蔬菜商的欠款，每人三英镑。用十先令买了煤，煤明天就要用完了。你的五英镑，大部分用来偿还零星的现金借款。这样，我又一文不名了，可是还要付房东、学校和鞋匠的钱，还要给家里人添置一些过冬的必需用品。我几乎每天都在给《新闻报》写东西。本来，把《论坛报》和《新闻报》的收入加在一起，我是能够勉强维持生活的。但由于亏空不断增加（虽然还没有达到十亿）和整整一年没有收入，这点就办不到了。

而目前又增添了一件很倒霉的事。

你知道，我为了印《福格特先生》，曾给佩奇公司垫了二十五英镑，当时约定他们用售书所得的收入先把这笔钱还给我，然后再支付其他一切费用。此外，为《在幕后》、《共产党人案件》、《雾月十八日》等著作，他们还欠我若干英镑。

另一方面，我拿了他们十英镑九先令的各种书报，至少是为了手头有点保证。

可是现在科勒尔（公司的股东之一）同佩奇发生争执。后者目前不管事。他们之间因为公司停办的问题打起官司来。

坏蛋科勒尔对我要求他还钱的事不予理会，反而向郡法院为那十英镑九先令对我起诉。我去找过威美尔曼。他认为，如果我向最高法院起诉，要花三十至六十英镑，对我来说，最好就在科勒尔起诉的同一个郡法院以反诉的形式提出要求。但是他本人不在郡法院执行职务。因此，我必须在这个星期（而且要尽快）去找个英国律师，而这没有钱是不行的。

如果我能摆脱所有这些无谓的争端，能看到我的家庭不受悲惨的贫困的压迫，那末我对十二月帮财政制度的崩溃该会多么高兴，它的不可避免的垮台是我在《论坛报》上早就一再预言过的！

漂亮的威廉，或美男子威廉，对西里西亚人直率地说："如果你们选举民主派，你们就会被摧毁。""只有士兵有助于反对民主派。"

评论：信中告知《纽约每日论坛报》的稿费在一定程度上缓解了经济窘境，但依然是勉强维持生活。还告知面临其他出版费用等纠纷。信中还讥讽了威廉一世1861 年 11 月在普鲁士议会选举前夕在布勒斯劳（弗罗茨拉夫）发表的演说。

12 月 9 日 致信恩格斯，指出：你可以从我许久没有写信这一点看出，给你写信，我的心情是多么沉重。你为我尽了这么大的力量，甚至超出了你的能力所许可的限度，可是我还经常用阴郁的信来折磨你，我自然感到很难过。

到月底，我的收入至多三十英镑，因为《新闻报》的无赖们没有刊登我的一部分文章。我当然必须习惯于只是在"德国理智的限度内"进行活动。（然而他们在报刊上对我的文章却大肆渲染。）

对美国的战争，正如我最初几天就在《新闻报》上断定的那样，是不会爆发的，我遗憾的只是，我当时没有钱去利用受路透和《泰晤士报》左右的交易所在这疯狂时期的愚蠢行为。

同意你对伊戚希的批评（他从佛罗伦萨写信给我说，同加里波第进行了"非常有趣的会晤"等等）。第二卷至少由于拉丁引文而更有趣一些。空想主义贯穿了全卷，而辩证方法则用得不对。黑格尔从来没有把归纳大量"事例"为一个普遍原则的做法称为辩证法。

我的著作有进展，但很慢。在当前情况下，要迅速完成这种理论性的东西实际上是不可能的。不过这东西正在变得通俗多了，而方法则不象在第一部分里那样明显。

评论：信中告知自己的高额负债，而自己却没有任何收入来还清债务，谈到收入少了不少，是因为受到限制，一部分文章无法在《新闻报》上刊登。此时，燕妮的身体也很不好。马克思还谈到，他认为美国战争不会爆发。信中还批判了拉萨尔的《既得权利体系》，而自己的著作《政治经济学批判》，由于理论性强，很难迅速写作完成，并且表示正在以尽量通俗的方式写作。

12 月 19 日　致信恩格斯，指出：我在给你写这封信的同时，还通知德朗克，说我同他达成的协定是出于误会，因此请他把它看作无效。同时我还告诉他，如果他能够不要别人介入而贴现以我的名义开的期票，我会感到很高兴。我不得不给他这样写，因为我看不到任何别的出路，并且的确面临着很大的危险。他的地址如下：利物浦奥尔德霍尔街 49 号；信封上应注明"亲启"。据德朗克自己表示（但我认为他还在新堡，根本不在利物浦），他想只通过自己的银行家办理此事。

遗憾的是，我没有办法不让我妻子知道你的信的内容，因为它涉及了期票贴现的事。而这样的消息总要引起她的某种发作。

至于对美国的战争，也许帕姆能使之实现，但这是不容易的。他必须有借口，而我不认为林肯会提供这种借口。部分阁员——米尔纳·基卜生、格莱斯顿、在某种程度上还有路易斯——不可能象约翰·罗素那样受愚弄。

从事情本身来说，美国人根据他们那里通用的英国海上法，无论在实质上还是在形式上，都没有任何违法。至于实质性的法律问题，英国皇家法官自己也是这样断定的。但是因为帕姆需要借口，他们就求助于形式上的错误，即技术方面的问题，在法律上吹毛求疵。但是这也是不对的。根据英国海上法，必须区别两种情况：中立国船只是载运着交战国的物资和人员，还是载运着战时禁运品（不管是物资还是人员）。在后一种情况下，应当把船只连同物资和人员一起扣留，并带到港口审处。在前一种情况下，如果对物资还不曾转为中立国的财产（至于人员本身，那是不可能的）没有任何疑问，那末交战国的物资或人员可在公海上予以没收，而船只等则应放走。英国在实践中是一直遵循这些法律准则的，不管当局如何，我在《科贝特氏纪事》上查看了从 1793 年以来同中立国的全部争论以后，对此深信不疑。

另一方面，既然英国皇家法官只限于指出有形式上的错误，也就是承认北方佬有权没收载运交战一方人员的任何英国船只并带到港口进行审处，那末北方佬就不难宣布（我看他们会这样做）他们对这个让步感到满意，今后将遵守在没收等方面的一切手续，并同意这次交出梅森和斯莱德耳。

当然，如果帕姆无论如何非要战争不可，他是能做到的。不过我觉得，他的目的并非如此。如果美国人象我设想的那样行事，那末帕姆就给愚蠢的约翰牛提供了证明他是"真正英国大臣"的新证据。那时他就能为所欲为。他会利用这个机会，以达到以下的目的：

（1）迫使北方佬承认关于中立国权利等的巴黎宣言；

（2）试图在这个借口下去做他在此以前不敢做的事情，即向议会提议并迫使它批准废弃旧有的英国海上法，而废弃这个海上法是由克拉伦登受他（帕姆）委托、背着国王而且事先未让议会知道而采取的行动。帕姆老了，而俄国人自从叶卡特林娜二世以来就竭力要使巴黎宣言得到承认。他们还有两件事没有办好：英国议会的批准和美国的加入。这两者都要趁这个时机实现。所有这些战争剧，在我看来无非只是追求一种戏剧效果，它的用处是向迟钝的约翰牛表明：为了俄国而彻底废弃他自己的海上法，乃是靠"真正英国大臣"的英勇而取得的对北方佬的胜利。

发出这种战争喧嚷的其次一个原因是：转移对波兰的注意（因为甚至象布莱顿的肯宁格姆这样的家伙，都在公众大会上要求停止继续偿付荷兰—俄国的借款），以及转移对丹麦的注意，俄国目前在那里正致力于把它自己提出的王位追求者格吕克斯堡排除掉。

当然，可能北方佬不让步，那末帕姆由于自己以前所做的准备和所吹嘘的大话，将不得不进行战争。但是我还是愿意以一百对一来打赌，这不会发生。

评论：信中介绍了自己和佩奇公司的经济纠纷，以及自己的经济困难。谈到对美国战争的看法，对北美军舰截获英国邮轮"特伦特号"事件表达了自己的看法，关于皇家法官对"特伦特号"事件的决定，马克思在《英美的冲突》《"特伦特号"事件的消息和伦敦的反应》《关于"特伦特号"事件的争论》等文章中进行了阐述，信中经过较为详细的分析，认为英美不会开战。

1862 年

1 月 15 日 致信约瑟夫·瓦伦亭·维贝尔，指出：我刚收到乌尔卡尔特邀请参加下星期一举行的群众大会的入场券。

附上的三张入场券中，一张是指定给你的。你也可以凭券带你的朋友去。余下的两张请转交工人协会（凭券入场可以不拘人数）。

同时，——因为我手头没有协会的地址，——如果你通知那里一声，我由于要参加群众大会不能在星期一去讲演，那你就帮了我的大忙。

评论：信中告知收到了入场券，乌尔卡尔特派于 1862 年 1 月 27 日在伦敦组织群众大会，讨论英法可能对美国进行武装干涉。后来，马克思没有出席大会。信中请维贝尔转告无法在星期一去演讲了。维贝尔在 1861 年 12 月 10 日给马克思的信中，请马克思写文章分析德国庸俗经济学家维尔特的观点和他出版的鼓吹劳资利害一致的《雇主报》的立场。

2 月 25 日 致信恩格斯，指出：维也纳《新闻报》并没有成为原来所指望的奶牛，从德国当前的恶劣情况来看，这是应该预料得到的。说来每篇文章我得一英镑。但是这些家伙每四篇文章只登一篇，往往连一篇也不登，结果我得的就少得可怜，此外，由于写东西要碰运气，不知道仁慈的编辑部是否会恩准发表某一篇文章，白费时间和令人生气的事就不用说了。

对科勒尔的诉讼我只得让步，主要因为案件转到最高法院，就要预付律师三十英镑，而我当然是弄不到这笔钱的。只好付给律师和他请的法律顾问五英镑。同科勒尔达成了协议，我必须付给他十八英镑，每月付两英镑；第一个两英镑已经在1月份的最后一天付给他，下一个两英镑应该在2月底付出，但是我还不知道到哪里去弄钱。

总而言之，这样穷困的生活实在不值得过下去。

至于乌尔卡尔特的报纸，我到现在怎么也收罗不到。请写信告诉我，从哪一号开始，科勒特会做到需要做的一切。附上这个家伙对巴枯宁的诬告，我没有见到巴枯宁。他住在赫尔岑那里。

你打听到了没有，拉萨尔的著作是否确实给奥古斯特·菲力浦斯寄去了？

评论：信中讲述了自己的种种经济困难，讲到了因经济困难而不得不对科勒尔的诉讼作出让步。讲到了因《新闻报》很少刊登写作的文章，稿费收入也是寥寥无几，生活的困苦给他们一家巨大的压力。信中，马克思希望找到登载科勒特的文章《巴枯宁》的那份报纸。

2月26日　致信约翰·菲力浦·贝克尔，指出：我很久没有给你写信，唯一原因是我无力帮助您。由于美国内战，我有整整一年失去了主要收入来源。后来（几个月以前）这个"企业"又开张了，但是规模已经"缩小"很多。至于熟人，他们当中哪怕稍微有点钱的人也不多。例如，关于您的情况，我早已写信给济贝耳，但是我从波克罕那里听说，他根本不和人通信。在曼彻斯特，所有能动用的钱不幸都已经被几个"到合众国去为正义事业奋斗的革命冒险家"花光了。

关于推销您的著作一事，我将尽最大的努力，但是成功的希望很少。那些参加各种协会（根本没有基金的工人教育协会除外）的无耻之徒，全都是立宪派，甚至倾向于普鲁士民族联盟。这些家伙宁肯拿出钱来阻止出版您那样的著作。您当然知道，这些德国人，不论是年青的还是年老的，都是绝顶聪明的、稳重的和讲究实际的人，象我和您这样的人，在他们看来都是至今还没有治好革命幻想病的幼稚的傻瓜。

国内的无耻之徒同国外这里的一样坏。我在柏林等地的时候就确信，要想通过文字来影响这群无赖是完全徒劳的。这些家伙把他们的可怜的报刊当作一种长生不老的妙药，他们那副扬扬自得的蠢相实在令人不可思议。此外，还有那种精神上的委靡不振。大捧是唤醒德国米歇尔的唯一手段，他们自从丧失了自己的哲学幻想并致力于赚钱和建立"小德意志"及"实际的立宪主义"以来，现在简直成了庸俗无能的小丑。德国实在只不过是……收容未老先衰的孩子的幼儿园。

《海尔曼》是普鲁士王国前检察官海茵茨曼的财产，它宣扬"上帝保佑国王和祖国"、"小德意志"的某些东西和有节制的自由。那位和您同姓的在该报写文章的莱比锡人贝克尔是个很好的人，但是并不很有影响，譬如说即使要他帮助我们推销书，也还没有能力。恩格斯好几个月不在家了，前几天才回到曼彻斯特。他和沃尔弗（布勒斯劳人）一定会尽最大的努力。而在曼彻斯特的德国侨民，人虽很多，但除了上面所说的人和另外三四个人外，也是象其他地方那样的庸人。

至于《福格特》，您想怎么办就怎么办。在德国，各种报刊对这本抨击性著作几乎完全保持沉默，但如果它即使在瑞士能发生一点影响，那我当然只会感到高兴。法文译本——事先我不知道——在巴黎已经译出，并开始印刷，但是由于皇帝的敕令，自然也就消失了。因此，实际上并没有法文版。

请您相信，亲爱的朋友，当我意识到自己在斗争中对您这样的人无能为力、爱莫能助时，没有比这更使我感到痛苦的了。您的坚忍不拔的精神、您的旺盛的精力和您的活动使我惊叹不已。古人——好象是埃斯基涅斯——说过：要帮助贫寒的朋友，必须谋取人间的财富！这句话闪烁着多么深刻的人类智慧啊！

评论：信中谈到，在中断了六个月以后，于1861年9月短时期又恢复给《纽约每日论坛报》撰稿，但收入不多，无法帮助贝克尔。当时，贝克尔正在写一本关于德国统一问题的书。该书题为《怎样与何时？关于当代的问题和任务的严肃见解》，于1862年出版。但是，这本著作的销售受到立宪派的抵制和阻止。鉴于《福格特先生》受到各种报刊的沉默抵制，马克思对于销售已经不抱希望。

3月3日 致信恩格斯，指出：如果你能在这个星期（星期五早晨以前）寄给我一篇用英文写的关于美国战争的文章，那就太好了。你可以完全无所顾忌地写。《论坛报》会把它当作外国军官来信登出来。注意：《论坛报》是痛恨麦克累伦的，因为他同民主党串通一气，又因为当他任全军总司令时，他进行直接干预来阻碍任何军事行动，不仅在波托马克河是这样（在那里这种干预也许有些道理），而且在各个战场，特别在西部也是这样。（他也是那个极其卑鄙的反弗里芒特阴谋的灵魂。）此外，这个麦克出于派系习气和对文职人员的憎恨，庇护军队中所有的叛徒，例如梅纳德上校和斯通将军。后者在麦克累伦被解除全军总司令职务以后一两天就被逮捕了。《纽约先驱报》驻华盛顿的无耻"代表"作为间谍也被捕了，这是违背麦克累伦的意志的，何况他在被捕的前一天还在家里举行香槟酒会宴请麦克累伦参谋部全体人员。

你可能还记得，我一开始就告诉过你，从对华贸易中指望不到什么结果。贸易部最近的报告证实了这一点。

输出总额是减少了。直接的输出额增加了，经过香港的输出额减少了。在这时期，俄国人又占领了朝鲜沿岸附近的一个很好的岛屿。此外他们又在爪哇实行新的"占领"，由此你可看出，这就保证了他们在太平洋北部的霸权。英国所有报刊对俄国在这个地区的推进默不作声，以及对波兰的消极态度，都可以证明，它们在帕姆的影响下俄罗斯化到了什么程度。

评论：信中请恩格斯用英文写一篇关于美国战争的文章。马克思分析了英国的对华贸易、俄国在太平洋的推进及在太平洋北部霸权的保证，英国所有报刊对俄国在太平洋地区的推进默不作声，以及对波兰的消极态度，马克思批判了帕麦斯顿对这些事件的影响。

3月6日　致信恩格斯，指出：在给你的信里，把日本写成了爪哇。这些事实我是从登载俄国官方报告和美国领事报告的几号《论坛报》上引来的，而英国报刊关于这方面的情况只字不提。这几号报纸我已经寄给乌尔卡尔特，还没有收回。我最初用它们给《新闻报》写了一篇关于俄国在亚洲推进的文章。但是这些蠢驴没有发表它。我对名称的记忆很差，这你是知道的。所以我现在不能给你举出地名。第一个岛屿恰好在日本西南端和朝鲜半岛之间。它有巨大的港湾，据美国的报告说，它能成为第二个塞瓦斯托波尔。至于其他一些直接隶属于日本的岛屿，如果我没有弄错的话，其中有虾夷岛。但是我要设法把这些材料弄回来。

对华贸易和1852年以前的情形相比，当然是增长了，但是远不如发现加利福尼亚和澳大利亚以来同其他市场的贸易。此外，在过去的报告里，把香港当作英国的领地，同中国分开计算，所以"中国"项下的输出额一直（从四十年代起）少于整个输出额。最后，从1859年以后的增长，到1861年又降到过去的水平。

贸易部1861年的报告表明，由于美国的危机，各个市场在英国出口中所占的地位起了很大变化。印度占首位，达17923767英镑（包括锡兰和新加坡；单是印度就占16412090英镑）。

第二个市场是德国，它平常占第四位。1860年为13489513英镑，1861年为12937273英镑（通过荷兰以及在较少程度上通过比利时的商品不计在内）。考虑到德国对英国的这种经济意义，要是在别的情况下，我们能有什么外交来对付笨拙的约翰牛呢！

法国今年占第五位。1860年为5249980英镑；1861年为8896282英镑，但是这里包括瑞士在内。而英国现在却是法国的第一个市场。

在125115133英镑的输出总额（1861年）中，英国的"领地"和"殖民地"占42260970英镑。如果再加上英国对亚洲、非洲和美洲的输出，那末最多还剩下23％到24％是对欧洲各国的输出。如果俄国今后在亚洲仍象最近十年那样迅猛推进，直到把自己的全部力量集中于印度，那末约翰牛的世界市场就将完蛋；而美国的保护关税政策还将使这个结局加快到来，美国现在即使仅仅为了对约翰牛进行报复，也一定不会很快放弃这个政策。此外，约翰牛将会惊惶地发觉，它在多大程度上成为自由贸易论者，它在北美和澳洲的主要殖民地也就在多大程度上成为保护关税派。约翰牛赞扬帕姆在亚洲和美洲的"勇敢政策"时那种扬扬自得的十足的愚蠢，将使他付出极高的代价。

南部人将于1862年7月1日以前媾和这一点，我看不大可能。如果北方佬（1）

保住各边界州，——而从战争一开始实际上问题就在这些州，（2）占领直至新奥尔良的密西西比和得克萨斯，那就开始战争的第二时期，那时北方佬不要作很大的军事努力，而只要进行封锁，最终就可以迫使墨西哥湾各州自愿地重新回到联邦。

约翰牛在这次战争中的行为，大概是空前的最无耻的行为了。

附言：（1）《gigs》这个词德文怎么翻译？

（2）feeders on circular frames 是什么？

（3）你能不能把例如你们工厂里工人的各个工种（货栈中的工人除外）写给我，并指出他们之间的数量比例？我的书需要一个这样的例子来说明，在机械工场里不存在象亚·斯密所描写的那种作为手工工场基础的分工。尤尔已经提出了这个原理。随便举个例子就行。

我要写信告诉《新闻报》的这些家伙，必须重新订立合同。他们不登载最好的文章（尽管我一直在设法写得使他们能够登载），我倒不在乎。但是他们在四五篇文章中只登载一篇，而且只给一篇的稿酬，从财政方面来说是不行的。这使我甚至连文丐也不如。

评论：信中讲述了由于美国危机引起的英国对外贸易的变化和现状，各个市场在英国的出口中所占位置的变化中，印度占了首位，第二个市场是德国。马克思还对美国内战的前景作了一些预测。

信中谈到，从1861年12月开始的英国、法国和西班牙武装干涉墨西哥这一事件。信中摘录了魏克致墨西哥前外交部长、前新闻工作者萨马科纳的照会，揭露了英国政府的优越感和粗暴无耻。墨西哥议会于1861年7月17日公布了关于两年内暂停支付外债的决定，这一决定成了英国、法国和西班牙干涉墨西哥的借口。墨西哥人民坚决反对殖民者。1867年3月法军被迫撤离墨西哥。拿破仑第三侵略墨西哥在法国极不得人心。

3月15日 致信恩格斯，指出：由于你的文章没有寄来，今天我不能给纽约写东西。现在我同《论坛报》关系和以前不同了，那时我不给续篇（它如果登载文章的话），而寄其他文章，它也会发表出来。我更相信，它又打算把我和欧洲其他所有通讯员一起推出去。它的版面缩小了。三篇文章也许只登一篇，甚至连一篇都不登。这是要采取此类措施的通常标志。

因此在星期二以前要把续篇寄来，把结尾部分寄来就更好了，因为对它说来最感兴趣的是包含展望将来的那部分。

我的书进展不很快，由于家务琐事，工作经常整个星期难于进行，也就是说被打断。小燕妮还远没有痊愈。

评论：马克思谈到同《纽约每日论坛报》的关系变化，认为该报又打算与自己和欧洲其他所有通讯员中断合作。版面缩小了，文章的刊登数量少了，这些都是要中断合作的前兆。信中还告知，《政治经济学批判》的写作因为家务琐事总是被打断，进展缓慢。

4月28日 致信恩格斯，指出：我妻子出于慎重，没有给德纳写信。这些家伙连《论坛报》都不再给我寄了，他们的真正意图究竟是什么，从这一点现在就可以清楚地看出来。

附上星期六收到的弗里德兰德的来信。这些德国人真是想入非非！要我给他寄篇关于博览会开幕的文章，办这件事除了买季票以外，还必须买套衣服，再加上其他一些额外支出，至少要花我十基尼；换得的是发表四篇到六篇文章的希望，共可得八英镑（总计），至多十二英镑。由于对这些家伙向来不能抱多大的希望，因此结果就一定是除了写四篇文章以外，我还得贴钱！我写信给他说，我不能上街，因此不能在星期四供给他们所盼望的关于开幕的报道；但是如有可能我会在其他文章中间插进几篇关于博览会的文章。所谓"其他"文章，实际就是指每周的一篇文章（每篇一英镑），就连这也很成问题。这我当然不得不接受，而且已经接受了，因为聊胜于无。他们现在对美国特别感兴趣，你最好在这星期寄给我一篇关于战争进程的文章（我指的是科林斯会战），而且每当战事起变化的时候，最好都能给我写文章寄来。即使为了通过报刊在德国传播对这一重大事件的正确观点，也需要这样做。（你以前的一些文章我加工后给他们寄去，已经刊登出来了。）

维科在自己的《新科学》中说，德国是欧洲唯一的还在用"英雄语言"的国家。如果这个老那不勒斯人有幸领略维也纳《新闻报》或柏林《国民报》的语言，那他是会抛弃这种成见的。

除了英国军队的预算草案以外，你还需要什么？只要我能重新获得"活动能力"，就设法把它弄到。

评论：1862年3月30日至4月25日马克思曾在曼彻斯特恩格斯那里逗留。这封信中谈到回到伦敦后面临的各种房租、生活必需品欠账等催债。还谈到与《纽约每日论坛报》合作的不畅快，并期望恩格斯能够写一篇关于科林斯会战的文章。信中马克思还讥讽了贝塔（贝特齐希）称颂金克尔的文章，该文以《一个未被赦免者》为题载于1862年《凉亭》第2期和第3期。该文有传记资料。

4月28日 致信斐迪南·拉萨尔，指出：你上次来信中所说的关于约·菲·贝克尔的情况，是完全不真实的。换句话说，你对这个人的了解只是靠道听途说。他从1830年起就是德国最高尚的革命家之一，除了说他有一股不顾客观情况的热情以外，对他是无可指摘的。至于他和意大利人的关系，我这里保存着奥尔西尼的挚友的文件，不管意大利人甚至加里波第本人怎么说，在这方面是完全不容置疑的。至于他同图尔的关系——对于这个人，我早在1859年以前就在这里《自由新闻》上揭露过，——情况如下：在巴登战役期间，贝克尔提升图尔为中尉，因此他们就有了一种同志的关系。假如贝克尔愿意利用这种关系，并且接受图尔在巴黎当着我此地一个朋友的面向他提出的建议，那末，他就不至于在六十岁时还过着他现在实际上所过的痛苦生活。贝克尔得到的极其少量的资助，其来源我是完全确切知道的。

帮助他的人都是我们最亲近的人。他同一部分意大利人确实已经断绝往来，因为他的强烈的条顿人的感情使他不同意某些对他优待的计划。对贝克尔这样的人如此卑鄙地进行诽谤，真是令人愤慨。

至于我的书，没有两个月是完不成的。为了不致饿死，最近一年来我不得不从事最乏味的机械呆板的工作，而且往往整月整月不能为我的这部著作写一行字。此外，我还有这样一个特点：要是隔一个月重看自己所写的一些东西，就会感到不满意，于是又得全部改写。无论如何，著作不会因此而受到什么损失，而且德国读者当前正做着远为重要的事情。

英国资产阶级（和贵族）的行径，没有比它在这次大西洋彼岸发生的伟大斗争中的行径更可耻的了。相反的，最受内战之苦的英国工人阶级却从来没有表现得这样英勇和高尚过。人们要是象我那样知道在这里和曼彻斯特用来煽动工人去示威的种种手段，那就会对此更加感到惊讶。他们还掌握着的唯一的大型机关报——卖身投靠的坏蛋雷诺的《新闻报》——被南方佬收买了，他们当中最有威信的指导人也同样被收买了。但是这一切都是枉然！

万哈根的著作我很感兴趣，而且我懂得，它的出版是多么及时。关于此事，我恳请你向柳德米拉转致我的祝贺。但是尽管如此，我还是不能给万哈根较高的评价。我认为他是个平凡、无聊、浅薄的人。他对大使馆参赞克勒的憎恶，是因为他看到了与他类似的人而惊恐。

谋杀国王的西蒙·贝尔纳的来信附上，阅后请退还给我。你看干这种事有用吗？我看没有用。

评论：信中告知从《纽约每日论坛报》获得的收入少了三分之二。马克思表达了自己对于贝克尔的认识和评价，认为拉萨尔所说的情况完全不真实。还讲到《政治经济学批判》的写作还需要至少两个月才能完成。马克思揭露和批判了英国资产阶级和贵族的可耻行径。英国统治阶级试图挑起有工人阶级参加的群众性运动，以便制造舆论，支持英国站在南部蓄奴州方面对美国进行干涉。

5 月 6 日　致信恩格斯，指出：附上一封虽然支离破碎但极其有趣的信，这封信以巴黎的匈牙利青年的名义发表在《世纪报》、《时报》和《里昂进步报》上，是席利寄给我的，你给鲁普斯看了以后，就退还给我。这些"青年"现在准备出版一本抨击性小册子，对巴黎三执政科苏特—克拉普卡—图尔进行罕有的揭发。

席利来信说，不久以前在伯尔尼的《联邦报》（你能不能在俱乐部里查阅一下？）上登载了一个匈牙利流亡者的声明，他在声明中把福格特叫作"罗亚尔宫豢养的肥猪"，而把法济、科苏特、克拉普卡和图尔说成是"骗子和赌棍"。

我从坏蛋科勒尔那里收回了三百三十册《福格特》。我要是有机会就好了！现在可能是百分之百挽回损失的最有利时刻。即在日内瓦和伯尔尼出售。现在这正是时候。

我还要再给德纳写信。《论坛报》停寄，使我很不舒畅。这是格里利和麦克耳腊思的卑劣行径。从3月份《论坛报》的最后几号上，我知道了两件事情。第一、麦克累伦确实知道同盟军的撤退是在此以前一个星期；第二、《泰晤士报》的罗素在"特伦特号"事件期间，利用他在华盛顿探听到的情况在纽约交易所里进行投机活动。

普鲁士虽然还不会发生剧变，但是终会发生政变。

波拿巴在墨西哥当前的行动（这事是帕姆开的头），是由于胡阿雷斯只承认对法国的官方债务为四万六千英镑。但是米腊蒙和他的一帮人通过瑞士银行家热克尔及其同伙发行了国家债券五千二百万美元（其中付了约四百万美元）。这些国家债券（热克尔及其同伙仅仅出面而已）毫无代价地落入莫尔尼及其同伙手里。他们要求胡阿雷斯承认这些债务。原来这就是痛哭流涕的原因。

叔尔茨是弗里芒特那里的准将！！！

评论：信中谈到就匈牙利流亡者领导中的意见分歧问题所登载的声明。附上了由席利附在1862年4月15日的信中从巴黎寄给自己的材料。1862年4月，许多法国报纸登载了以匈牙利革命流亡者名义发表的关于流亡者领导之间分歧的声明。席利将这些材料从巴黎寄给马克思。信中谈到从科勒尔那里收回一些《福格特先生》，期待能在日内瓦和伯尔尼销售。马克思在信中表达了对《纽约每日论坛报》停寄的不满，表示要给德纳写信，告知是格里利和麦克耳腊思造成的。

信中谈到波拿巴在墨西哥的行动。由于干涉国之间的矛盾，英国和西班牙相继从墨西哥撤军。法国统帅部拒绝同墨西哥政府进行谈判，于4月19日在墨西哥开始军事行动。1862年下半年从法国派遣了后备的军队去墨西哥。

5月27日　致信恩格斯，指出："梅里马克号"的炸毁，我认为是同盟派无赖们的一种明显的怯懦行为。这些狗东西还会铤而走险的。《泰晤士报》（它狂热地支持针对爱尔兰的一切高压法案）哀叹说，如果北部对南部专横跋扈，"自由"必定沦亡，这真是妙不可言。《经济学家》也很出色。它在最近一期上宣称，北方佬在财政上很顺利——纸币不贬值，——它觉得是不可思议的（虽然这件事非常简单）。它原来总是一期接一期地用这种贬值的说法来安慰它的读者。现在它虽然承认对自己干的这一行什么也不懂，并且把读者引入了迷途，但是却用关于"军事行动"的阴暗想法来安慰他们，而自己对此是根本一窍不通。

北方佬在纸币问题上之所以非常容易对付（且不说主要的因素——对自己事业的信心和对自己政府的信任），无疑是因为这样一种情况：由于脱离运动，西部几乎完全失去了纸币，即一般的流通手段。凡是以各蓄奴州的抵押券为其主要保证金的所有银行，都破了产。此外，以南部各州的直接银行券的形式在西部周转的几百万纸币都从流通中消失了。其次，在这整个时期，一部分因为实行了摩里耳税则，一部分因为战争本身在很大程度上使奢侈品的进口停止，北方佬取得了同欧洲的贸易顺差，因而也取得了有利的汇率。不利的汇率则会严重地影响市民对纸币的爱国主义信心。

但是约翰牛对山姆大叔应当支付的国债利息如此担心，真是可笑已极！好象这同约翰牛自己的国债比较起来并不是区区小数似的，至于今天美国比1815年负债十亿的约翰牛肯定要富裕，那就更不用提了。

评论：信中评论了美国"梅里马克号"被炸毁事件，认为是同盟派所为。"梅里马克号"是叛乱分子的第一艘装甲舰。这艘装甲舰于1862年5月11日由南军自己炸毁。马克思还分析了美国北部没有发生通货膨胀的原因。其中，摩里耳税则大大增加了美国关税。

信中讽刺1862年5月27日《泰晤士报》发表的《美国内战》一文，该报支持针对爱尔兰的一切高压法案，"高压法案"是1833年和1847年英国议会通过的几项特别法律，为了镇压爱尔兰革命运动。根据这些法律在爱尔兰范围内实行了戒严，并且授予英格兰当局以各种特别全权。马克思讽刺了《经济学家》的立场，发表了《联邦派胜利的性质和原因》一文。

6月16日 致信斐迪南·拉萨尔，指出：为了尤利安——不是格拉博夫分子尤利安，而是背教者尤利安——不久以前我同恩格斯发生了争吵，争论刚一开始我就看出就实质来说恩格斯是对的。但是我对基督教怀有十分特殊的厌恶心情，所以我有点偏袒背教者，并且不愿把他同弗里德里希－威廉四世或其他什么浪漫主义的反动分子等量齐观，甚至不愿意作相应的修正。不知你是否也有诸如此类的感受？

你就洛贝尔图斯和罗雪尔提出的警告，使我想起还应该从他们的著作中作些摘录，并对摘录下来的东西加点评语。关于洛贝尔图斯，我在给你的第一封信中对他所作的评价并不完全公正。他的书中确实有很多好东西。只是他想创立一种新的租的理论的企图，可以说是近乎幼稚的，可笑的。在洛贝尔图斯看来，在农业中是并不计算原料的，因为洛贝尔图斯断言，德国农民自己并不把种子、饲料等等列入开支，并不计算这些生产费用，也就是说计算得不正确。按照这种理论，在农场主已经正确计算了一百五十多年的英国，就根本不应该有地租存在。由此应该得出的并不是洛贝尔图斯所得出的那种结论——租佃者所以缴租是因为他们的利润率高于工业中的利润率，——而是应该得出这样的结论：他缴租是由于计算得不对而使他满足于较低的利润率。不过单是这个例子就使我意识到，不太发达的德国经济关系必然要在头脑里产生混乱。李嘉图的地租理论，就其目前的表述方式来说，是绝对不正确的，但是对它提出的一切异议，要么由于不理解，要么充其量不过是表明，特定的现象乍看起来是同李嘉图的理论不相符的。但是后一种情况决不能推翻这种或那种理论。为反对李嘉图而提出的正面理论却更要错误一千倍。虽然洛贝尔图斯先生正面去解决也是那样幼稚，但是其中包含有正确的倾向，不过要评述这种倾向，这封信就太冗长了。

至于罗雪尔，我要过几个星期才能研究这本书，并对它简单地作些评语。我只得把这个好汉保留在附注里。这样的学究是不配放在正文里的。罗雪尔无疑掌握有大量的——往往是完全无用的——文献知识，虽然就在这一方面我也一下子就看出来，他是哥丁根的门徒，对文献宝藏并不了如指掌，而只知道所谓"正式"文献，是个可敬的人物……但是姑且撇开这一点不谈，一个博览数学群书但对数学一窍不通的人对我有什么用处呢？这是一个多么扬扬自得、妄自尊大、老奸巨猾的折衷主义骗子。这类按本性来说从来越不出教和学的老框框而自己也从来学不会什么东西的学究，这类瓦格纳，如果能有一丝天良和羞耻心的话，那末他对自己的学生还是有益的。但愿他不要使用任何虚伪的狡猾手段，而是率直地说：这里有矛盾；一些人是这样说的，另一些人是那样说的，而我对问题的实质没有任何看法；现在看看诸位自己能不能弄清楚！要是采取这种态度，学生们一方面就会得到一些资料，另一方面也会推动他们独立进行研究。当然，我在这里提出的要求是同这个学究的本性相矛盾的。他的根本性的特点是他对问题本身并不理解，所以他的折衷主义实质上只不过是从各处搬用现成的答案，但是在这方面他也是不正派的，他总是重视对他有好处的那些人的成见和利益！跟这样的精灵鬼比较，甚至最坏的流氓也是可敬的人。

再说一说托比。如果你认为可以利用一下托比·梅因，那就利用一下。只是不要忘记，和蠢货搞在一起，如果不采取许多预防措施，那会大大损害自己的声誉。

评论：信中马克思就施米特的书博得德国自由资产阶级的代表，特别是博得普鲁士众议院议长格拉博夫的信徒"格拉博夫分子"尤利安的好评一事，对他进行讽刺。马克思对洛贝尔图斯的《给冯·基尔希曼的社会问题书简。第三封信》进行了评论，认为书中有一些有价值的内容，但是，他想创立一种新地租理论的企图是幼稚的、可笑的。

6 月 18 日　致信恩格斯，指出：我现在正在加紧工作，奇怪的是，在种种困苦的包围之下，我的脑袋倒比前几年更好用了。我正在把这一卷大加扩充，因为德国的狗东西是按篇幅来估量一本书的价值的。现在我终于顺便把地租这个烂摊子（但是在这一部分我一点也不打算涉及它）清理出来了。很久以来，我就怀疑李嘉图的学说是否完全正确，现在我终于揭穿了骗局。在我们没有见面的这一期间，我又发现了一些有意思的极其新鲜的东西，准备加到这一卷里去。

我重新阅读了达尔文的著作，使我感到好笑的是，达尔文说他把"马尔萨斯的"理论也应用于植物和动物，其实在马尔萨斯先生那里，全部奥妙恰好在于这种理论不是应用于植物和动物，而是只应用于人类，说它是按几何级数增加，而跟植物和动物对立起来。值得注意的是，达尔文在动植物界中重新认识了他自己的英国社会及其分工、竞争、开辟新市场、"发明"以及马尔萨斯的"生存斗争"。这是霍布斯的一切人反对一切人的战争，这使人想起黑格尔的《现象学》，那里面把市民社会描写为"精神动物的世界"，而达尔文则把动物世界描写为市民社会。

评论：信中告知家中的困难景象，面临各种生活债务。在种种困苦的包围之下，马克思依然在加紧扩充自己的经济学著作。信中表达了对李嘉图学说的怀疑。信中还讲到自己重新阅读达尔文的《根据自然选择的物种起源》的一些看法。请恩格斯帮助找到一个复式簿记的样本（附有解说），想在阐明魁奈的《经济表》时使用。

7 月 5 日 致信恩格斯，指出：所附拉萨尔的信是奥地利"退职上尉"施韦格尔特——一个善良而愚蠢的家伙——带来的。妙就妙在：吕斯托夫——还有吕斯托夫的两个弟弟支持——曾经想或者说现在还在想利用民族联盟、体操联合会等等，至少在德意志的一些小邦中拥有一支由吕斯托夫先生统率的在紧要关头能够与军队对抗的市民自卫军。这个计划真是蠢透了。而且为此还得从伦敦搞钱！我不认为拉萨尔也有这一类空想。他只不过是要在施韦格尔特等人面前摆出一副了不起的样子罢了。

评论：信中寄给恩格斯一号《自由新闻》和拉萨尔的两次演说，即 1862 年 4 月 16 日在柏林的区公民协会所作的报告《论宪法的实质》和 1862 年 5 月 19 日在费希特诞辰一百周年纪念会上所作的演说《费希特的哲学和德国人民精神的意义》。还询问了不列颠科学促进协会的近况。协会每年年会的资料都以年度报告形式发表。1861 年 9 月 4—11 日在曼彻斯特举行了协会的第三十一次年会例会。马克思在逗留曼彻斯特期间，出席了经济学和统计学小组的会议。

7 月 30 日 致信恩格斯，指出：犹太黑人拉萨尔，幸好在本星期末要离去，他在一次靠不住的投机买卖中又很走运地丢掉了五千塔勒。这个家伙宁愿把钱扔在污泥里，也不愿借给"朋友"——甚至保证还本付息也不行。同时，他总认为，他生活排场应该象个犹太男爵或者得到男爵封号（也许是通过伯爵夫人）的犹太人。你想想，这个家伙，他知道美国事件等等，因而知道我所处的危机，竟厚颜无耻地问我是否愿意把我的一个女儿给哈茨费尔特伯爵夫人当"女伴"，甚至是否拜托他请求格尔斯滕堡对我庇护照拂（！）。这个家伙费了我不少时间。这个混蛋以为，既然我现在"无事可做"，只不过搞些"理论工作"，那末我就可以象他那样欣然地同他消磨时间！而我的妻子为了在这个家伙面前保持一点体面，不得不把所有东西一丝不留地送进当铺！

要不是我处于这种绝境，要不是痛恨这个暴发户炫示他的钱包，他倒会使我非常开心的。一年不见，他完全发疯了。在苏黎世住了一阵（和吕斯托夫、海尔维格等等一起），然后到意大利旅行，再加上他的《尤利安·施米特》等等，完全冲昏了他的头脑。他现在深信他不仅是最伟大的学者，最深刻的思想家，最有天才的研究家等等，而且是唐璜和革命的红衣主教黎塞留。同时，用假装激动的声音不断地唠唠叨叨，装腔作势地做出各种动作来引人注意，讲起话来带着教训人的腔调！

他当作天大的秘密一样告诉我们夫妇说，他曾经劝加里波第不要进攻罗马，而向那不勒斯进发，在那里宣布自己是独裁者（不侵犯维克多－艾曼努尔）并号召人民军队向奥地利进军。拉萨尔认为他就会有一支从地下冒出来的三十万人的军队，而皮蒙特军队自然也会加入。然后，——按照据他说是吕斯托夫同意的计划，——应有一支特别的部队到达，或者正确些说，渡海到达亚得利亚海沿岸（达尔马戚亚）并发动匈牙利暴动，而加里波第率领的主力不顾四边形要塞区从帕多瓦向维也纳推进，那里的居民就马上起义。一切在六个星期内就能办到。行动的杠杆就是拉萨尔在柏林的政治影响或者他的笔杆子。而吕斯托夫则率领德意志游击部队加入加里波第方面。波拿巴则会因拉萨尔这种英勇的行动而完全瘫痪。

他也到马志尼那里去过，而"这一位也"赞成这个计划并且对此"惊叹不止"。

他是以"德国革命工人阶级代表"的身分同这些人谈话的，并且想象（一字不差!）他们知道，是他（伊戚希）用自己的"论意大利战争的小册子防止了普鲁士的干涉"，并在实际上指引了"最近三年来的历史"。当我和妻子取笑拉萨尔的计划，嘲弄他是"开明的波拿巴主义者"等等的时候，他可发火了。他大嚷大叫、暴跳如雷，最后则确信，我太"抽象"，不懂政治。

至于美国，他认为，那是完全没有趣味的。北方佬没有任何"理想"。"个人自由"只是"消极的理想"等等，而且这一切都不过是旧的早已腐朽了的思辨垃圾。

评论：马克思依然面临着各个方面的催债。信中讲到拉萨尔在伦敦，并来到自己家里，讲到一些拉萨尔的荒谬的言论和事情，讲到自己与拉萨尔的很多根本分歧。

8月2日　致信恩格斯，指出：你为了我在钱的问题上作难，使我非常不安，但是有什么办法呢？谁能够抵抗得了象美国这样的危机？况且，我又特别倒霉，同维也纳《新闻报》这类卑鄙的报纸有了联系。否则，对我来说它至少可以在某种程度上代替《论坛报》。你是否认为，现在已经到了同比如《晚邮报》（纽约一家主张废除奴隶制的报纸）接洽通讯工作的时候了？

我还能这样推进我的理论工作，简直是奇迹。我还是打算把地租理论放在这一卷作为增补，即作为对前面提出的原理的"说明"。我想把这个详细叙述起来非常浩繁的问题用几句话告诉你，希望你能把你的意见告诉我。

李嘉图把价值同费用价格混为一谈。所以他认为，如果存在绝对地租（即与各类土地的肥沃程度无关的地租），那末农产品等等的出售价格就会由于高于费用价格（预付资本＋平均利润）而经常高于价值。这就会推翻基本规律。所以，他否认绝对地租，只承认级差地租。

但是，他把商品的价值和商品的费用价格等同起来是根本错误的；这是同亚·斯密一脉相承的。

实际情况是这样：

假定一切非农业资本的平均构成是 c80，v20，那末，产品（在剩余价值率为50%的情况下）＝110，而利润率＝10%。

再假定农业资本的平均构成 = c60，v40（从统计材料看来，这个数字在英国是相当接近实际情况的；畜牧地租等等在考察这个问题上并没有意义，因为它不是由本身决定，而是由谷物地租决定的）。于是，在对劳动的剥削程度和上面相同的情况下，产品 = 120，而利润率 = 20%。因此，如果租地农场主按农产品的价值出售农产品，那末他就将按 120，而不是按它的费用价格 110 出售。但是土地私有制阻碍租地农场主象他们的资本家兄弟那样使产品的价值和费用价格相等。资本的竞争不能做到这一点。土地所有者出来干预，并攫取了价值和费用价格之间的差额。不变资本同可变资本相比超过不多，总是表明该生产领域的劳动生产力的发展水平低（或者是相对地低）。因此，如果农业资本的平均构成等于c60，v40，而非农业资本的构成等于c80，v20，那就证明农业还没有达到和工业相同的发展阶段。（这是很易理解的，因为撇开其他各方面不谈，工业的前提是比较老的科学——力学，而农业的前提是崭新的科学——化学、地质学、生理学。）如果农业中的比例等于 c80，v20（在上述前提下），那末绝对地租就会消失。剩下的只有级差地租，而我对级差地租理论的发挥，使李嘉图关于农业不断退化的假设显得极其可笑和武断了。

关于和价值不同的费用价格的上述规定，还应当指出，除了从资本的直接生产过程产生的不变资本和可变资本的区别，还有从资本的流通过程产生的固定资本和流动资本的区别。但是如果再把这一点考虑进去，这个公式就太复杂了。

这里你可以看到对李嘉图的理论的批判（粗略的，因为这个问题相当复杂）。无论如何你会承认，由于考虑到了资本的有机构成，许多一向似乎存在的矛盾和问题都消失了。

顺便附一笔。为了某种目的（我在下一封信中告诉你），非常希望你能为我详细地从军事上（政治方面由我来做）批判拉萨尔—吕斯托夫关于解放的谬论。

你看到，按照我对"绝对地租"的见解，土地私有制的确（在某种历史情况下）提高了原料的价格。从共产主义的观点来看这是很可以利用的。

如果上述观点是正确的，那末，根本不必在一切情况下或者对任何一种土地都支付绝对地租（即使农业资本的构成象上面所假定的那样）。凡是土地私有制（事实上或法律上）不存在的地方，就不支付绝对地租。在这种情况下，在农业中使用资本就不会遇到特殊的阻碍。资本在这个领域中就会象在其他一切领域中一样毫无拘束地运动。于是农产品就象许多工业品常常有的那样按照低于自己价值的费用价格出售。在资本家和土地所有者是同一个人的场合，土地私有制实际上也会失去意义，等等。

但是这里没有必要研究这些细节。

单纯的级差地租——它的产生不是由于资本仅仅投入土地而不投入其他任何部门——在理论上没有什么困难。这种地租不过是任何工业生产领域中经营条件优于平均水平的资本所具有的超额利润而已。不过它在农业中是固定的，因为它建立在不同种类的土地具有不同程度的自然肥力这样一个坚实而（相对地）牢固的基础上。

评论：信中详细讲述了自己的《资本论》第一卷最初的写作方案并向恩格斯询问意见。阐述了自己对剩余价值和地租理论的认识，后来，马克思放弃了这个意图，在《资本论》第三卷第二部分中阐述了地租理论。

8月7日　致信恩格斯，指出：可以肯定地对你说，要是不会给家庭造成困难，我宁愿搬到模范公寓去，免得经常榨取你的钱包。

伊戚希还告诉我，他9月回去的时候，也许会办一种报纸。我回答说，如果报酬优厚，我愿意担任英国通讯员，不承担任何责任，也不同他搞政治合作，因为我们在政治上，除了某些非常遥远的终极目的以外，没有任何共同之处。

你对美国内战的看法，我不完全同意。我并不认为一切都完了。北部人从战争一开始就受各边界蓄奴州的代表的支配，布雷金里季的老党羽麦克累伦也被他们捧为军队首领。相反地，南部从一开始就行动一致。北部自己使奴隶制变成南部的军事力量，而没有使它转过来反对南部。南部把全部生产劳动放到奴隶肩上，因而有可能顺利地把它的全部作战力量投入战场。南部有统一的军事指挥，而北部却没有。从肯塔基军团在占领田纳西以后的各次军事行动中已经可以清楚看到，北军没有任何战略计划。据我看，这一切很快就会转变。北部终究会认真作战，采取革命的手段，并摆脱各边界蓄奴州的政客们的支配。只要有一个由黑人组成的团就会使南部大伤脑筋。

要获得三十万人，其困难我看纯粹在政治方面。西北部和新英格兰想要迫使、也一定将迫使政府放弃它一直采用的外交式的作战方法，而且它们现在正在创造能提供这三十万人的条件。如果林肯不让步（但他是会让步的），那就会发生革命。

至于说到缺乏军事人材，那末一直采用的纯粹依靠外交的或党派的阴谋来挑选将领的办法，未必能把军事人材选拔出来。但是波普将军在我看来毕竟是一个有毅力的人。

至于财政措施，那是不高明的，在一个至今实际上（就全国而言）不存在任何赋税的国家中，这种情况是意料之中的，但是还远不象皮特之流所实行的措施那样毫无意义。目前货币贬值，我看不是出于经济上的原因，而纯粹是政治上的原因，即出于不信任。所以，这种情况将随着另一种政策而改变。

简单说来，我认为，这种战争必须按革命的方式进行，而北方佬至今却一直试图按照宪法进行。

评论：信中交流了对美国内战的看法，认为废奴运动的中心新英格兰，即美国东北部工业高度发达的六个州，包括缅因、马萨诸塞、康涅狄格、罗得岛、佛蒙特、新罕普什尔，将会成功迫使政府放弃它一直采用的外交式的作战方法，如果林肯不让步，会导致革命，但马克思认为林肯会让步。马克思认为美国的政治和经济情况决定了战争将按照革命的方式进行。

8月9日 致信恩格斯，指出：至于地租理论，我自然首先应当等待你的来信。但是，为了使"辩论"（亨利希·毕尔格尔斯会这样说）简单些，说明以下几点：

一、我必须从理论上证明的唯一的一点，是绝对地租在不违反价值规律的情况下的可能性。这是从重农学派起直到现在的理论论战的中心点。李嘉图否认这种可能性；我断定有这种可能性。同时我还断定，他否认这种可能性，是基于一种理论上错误的、从亚·斯密那里继承下来的教条，即假设商品的费用价格和价值是同一的。此外，我还断定，当李嘉图举例说明这个问题时，他总是以或者不存在资本主义生产，或者（事实上或法律上）不存在土地私有制为前提。而问题正是要在这些东西存在的条件下来研究这个规律。

二、至于绝对地租存在的问题，那末这是每个国家都应当从统计上来解决的问题。但是纯粹从理论上来解决问题的重要性，是由下列情况产生的：三十五年来统计学家和实践家全都坚持说有绝对地租存在，而（李嘉图派的）理论家则企图通过非常粗暴的和理论上软弱的抽象来否认绝对地租的存在。直到现在，我始终确信，在所有这一类争论中，理论家总是不对的。

三、我证明，即使假定绝对地租存在，也决不能由此得出结论说，在任何情况下最坏的耕地或最坏的矿山也都是支付地租的；相反地，很可能它们不得不把自己的产品按市场价值、但低于其个别价值出售。李嘉图为了证明相反的主张，总是假定（这在理论上是错误的），不管市场条件怎样，在最不利的条件下生产出来的商品始终决定市场价值。你早在《德法年鉴》中就已经正确地对这一点反驳过。

以上是对地租问题的补充。

至于布罗克豪斯，拉萨尔答应尽力而为，这我是相信的，因为他郑重地宣称，只有在我的著作出版以后，他才发表或从事他的政治经济学巨著，——发表或从事对他说来是一回事。

评论：信中补充了对地租问题的看法。分析了李嘉图对地租、绝对地租的错误认识，并指出恩格斯早在《德法年鉴》的《政治经济学批判大纲》中就已经反驳过李嘉图。

8月19日 致信世界工业博览会理事威廉·什瓦尔茨，指出：本人是维也纳《新闻报》驻伦敦通讯员，特请惠寄一张采访证，以便参观博览会。

一个月以前，《新闻报》编辑部已约请我撰写几篇关于博览会的一般报道，但因其他事务缠身，只有现在才能着手做这件事。

评论：信中请世界工业博览会理事会提供一张采访证，以便参加博览会。伦敦世界工业博览会理事会答复了这封信，于1862年8月27日给了马克思一张长期出入证，使他可以以《新闻报》通讯员身份自由采访博览会。

　　8月20日　致信恩格斯，指出：亲爱的朋友！你爱怎么说就怎么说吧，不过事实上，我的不幸给你带来无穷的麻烦，简直使我无法忍受！但愿我终能找到一个什么事情做做！我的朋友，任何理论都是灰色的，唯有事业才常青。可惜，我信服这一点为时太晚了。

　　你能不能来这里逗留几天？我在我的批判中要推翻许多旧东西，因此我想有几点要预先同你商量一下。这一切靠通信，你我都会觉得乏味的。

　　你是实践家，有一点必定知道得很清楚，这就是：假定某一个企业在开业时，它的机器价值等于一万二千英镑，这些机器平均使用十二年。如果每年投到商品上一千英镑，那末机器的价格在十二年内就得到补偿。亚·斯密以及他的追随者都这样说。但是事实上这只是一个平均数，能使用十二年的机器，和有十年生命或有十年役力的一匹马相似。虽然这匹马在十年以后要用新马来替换，但是如果说这匹马每年要死去 $\frac{1}{10}$，这在事实上毕竟是不对的。相反地，奈斯密斯先生在他给工厂视察员的一封信中指出，机器（至少是某些机器）在第二年比第一年运转得更好。无论如何，在这十二年中总不是每年都要以实物形式替换机器的 $\frac{1}{12}$ 的吧？预定每年用来补偿机器 $\frac{1}{12}$ 的基金将怎样办呢？这笔基金实际上不就是用于扩大再生产的，同收入转化为资本的一切情况无关的积累基金吗？这种基金的存在，不是部分地说明资本主义生产发达的国家，即固定资本多的国家，同还没有达到这种发展水平的国家，两者的资本积累率是大不相同吗？

　　评论：信中讲述了他与拉萨尔、波克罕之间关于期票的纠葛，请恩格斯帮助写一份保证书。还询问恩格斯对于固定资本折旧问题的看法。

　　9月10日　致信恩格斯，指出：谈到北方佬，我仍旧确信，北部终将取得胜利；当然，内战可能还要经过各种周折，也可能会休战，并且可能拖得很久。南部只有在得到各边界蓄奴州的条件下才会媾和或者才能媾和。在这种情况下，加利福尼亚也就会落入南部之手，而西北部也将步其后尘，于是整个联邦，也许只有新英格兰各州除外，将重新组成一个国家，不过这一回是在公认的奴隶主的统治之下组成的。这就是说要在南部力求达到的基础上重建合众国。然而这是不可能的，也是不会发生的。

　　就北部来说，只有同盟被限制在原来的各蓄奴州的范围内，即闭锁在密西西比河和大西洋之间，它才会媾和。但在这种情况下，同盟很快就会完蛋。在维持现状的基础上实现休战等等，充其量只能算是战争进行中的暂时间歇。

　　北部进行战争的方法，正是一个长期以来欺骗成风的资产阶级共和国所能采取的方法。南部是一种寡头统治，更适应于进行战争，特别是因为它的寡头统治是一种生产劳动全部由黑人担负，而四百万"白种废物"专以打劫为业的寡头统治。尽管如此，我还是愿意用脑袋打赌，不管他们拥有怎样的"石壁将军杰克逊"，他们还是会很快被打败的。诚然，情况的发展很可能首先就在北部爆发一种革命。

我觉得，你有些过分看重事情的军事方面了。

至于我的经济学著作，我不愿在你旅途中给你添"麻烦"。

评论：信中告知恩格斯兑现拉萨尔名下的期票和筹集钱款等事情。马克思为筹措钱款的事于 1862 年 8 月 28 日至 9 月 7 日前往扎耳特博默耳和特利尔，但一无所获。马克思认为美国北部终将获得胜利，并作出了自己的分析。还告知，第二年年初，可能会到英国一个铁路营业所工作，并询问关于加里波第的消息。

10 月 4 日 致信威廉·沃尔弗，指出：你大概已经收到《巴门日报》及其全部刊误。这里附上的《爱北斐特日报》的摘录，是济贝耳刚刚给我寄来的，并且还提到：《巴门日报》刊载的文章的确已在《下莱茵人民报》及《马尔克区人民报》（该报在哈根出版）上转载。

评论：马克思询问是否收到了《巴门日报》及其全部刊误。事情是布勒斯劳行政当局于 1862 年 9 月在德国报刊上公布了对沃尔弗申请恢复他的普鲁士公民权所给予的答复，这个申请，是沃尔弗根据 1861 年 1 月 12 日的大赦令提出的。布勒斯劳当局在给沃尔弗的答复中通知说，1861 年的大赦并不免除 1845 年控告他违反出版法和 1848 年控告他"图谋危害普鲁士国家安全"所应受的审讯。为了揭露普鲁士大赦的蛊惑性，马克思把这些材料寄给了济贝耳，在济贝耳的帮助下，《巴门日报》及其他德国报纸发表了这些材料。

10 月 29 日 致信恩格斯，指出：拉萨尔对我很生气，他对我说，因为他没有自己的银行家，支付期票的钱必须寄给他本人，即寄往他在柏林的住址：贝尔维街13 号。他因一次著名的演讲这个月要打一场官司。

席利在这里住了一个星期，显得十分憔悴，满面病容。但是他的朋友伊曼特却胖得吓人，他在我动身去荷兰和特利尔之前也来过这里，他背上的肉好象比原来长得厚出一倍。

谈到美国，我认为马里兰战役具有决定性的意义，因为它表明，甚至在最同情南部的那些边界州，支持同盟派的也很少。而整个斗争又是以各边界州为转移的。谁掌握这些州，谁就能统治联邦。正当同盟军攻入肯塔基的时候，林肯发布了即将实行的解放法案，这同时也表明对各边界州那些效忠的奴隶主不再顾及了。奴隶主带着他们所有的"黑色牛马"从密苏里、肯塔基和田纳西向南迁移，现在已经具有很大的规模，如果战争再拖长一些时日（这是毫无疑问的），南部就会失去那里的一切支柱。南部为了领地而发动战争。但战争本身却成了摧毁它在各边界州的势力的手段；而各边界州同南部的联系本来就一天天在削弱，因为不能再为"繁殖"奴隶和内部买卖奴隶找到市场。因此，据我看，南部现在只能进行防御。然而它只有进攻才有取胜的可能。据说，胡克担任波托马克河军团的实际指挥，麦克累伦被"黜退"为"理论上"的总司令，而哈勒克则担任西线最高指挥，如果这些消息属实，这就意味着在弗吉尼亚的战事也会更加激烈。此外，对于同盟军说来，最有利的季节已经过去了。

毫无疑问，马里兰进军的失败在精神上的意义是非常大的。

至于财政状况，合众国从独立战争时期起就知道，而我们从奥地利的经验中也知道，纸币贬值能够达到什么程度。事实是，北方佬向英国输出谷物从来没有象今年这样多，今年的收成又远远超过常年产量，而他们的贸易顺差从来没有象最近两年这样大。新税制（诚然是毫不新奇的、而且纯粹是皮特式的）一旦实行，则至今只是一直在发行的纸币也终将开始回流。按目前规模继续发行纸币，也就因此变成多余，于是纸币的进一步贬值将被制止。即使到目前为止的贬值，同在类似情况下在法国以至英国的贬值相比，其危险性也要小，因为北方佬从来不限制两种价格——用黄金表示的价格和用纸币表示的价格。这一切所造成的实际灾害就是国债——从来没有换取过应有的等价物——和对证券交易及投机活动的奖励。

英国人吹牛说，他们的货币贬值从来没有超过11.5%（根据别的资料，这种贬值有时超过此数一倍以上），但他们忘记了，当时他们不仅继续交纳旧税，而且每年要增交新税，所以一开始就保证了银行券的回流，北方佬最近一年半以来实际上是在没有任何税收（除了大为降低的进口税）的条件下对付过去的，而且完全依靠一再发行纸币来保证战争的进行。从这样一个过程（它现在已到了转捩点）来看，贬值在实际上还是比较小的。

南部人对于林肯法案的狂怒证明了这些法案的重要性。所有这些法案，象是一个律师向对方律师提出的经过慎重考虑并附有但书的条件。但这并不降低这些法案的历史意义，而且当我把它们同法国人用来蒙盖最无关重要的东西的帷幔比较时，确实使我觉得有趣。

自然，我和大家一样，也看到了北方佬在运动形式上的一切可厌的方面，但是，我认为对"资产阶级的"民主的本性说来，这是很自然的。然而那里发生的事件毕竟具有世界意义，而在整个事件中再没有比英国人对它的态度更可恶了。

评论：信中告知一些家人、朋友的消息。讲述拉萨尔因一场演讲而遭遇了官司。拉萨尔的《论当前历史时期与工人等级思想的特殊联系》一书出版。拉萨尔于1862年4月12日在柏林近郊奥兰尼印堡手工业工人协会的大会上用这个题目作了报告。拉萨尔因发表这一报告受到法院审讯。

信中谈到美国的局势，马克思谈论了马里兰战役，1862年9月4日南军在马里兰州发动进攻，这次进攻以他们9月17日在安提塔姆河的失败而告终。关于马里兰战役，马克思在《北美事件》和《北美形势》两篇文章中进行了分析。

马克思认为，从"奥地利的经验"可以知道由于战争，纸币将贬值。1848 年在奥地利发生了持续性的财政危机。在危机中国债大量增加、通货贬值以及大量发行纸币。

信中讲到南部人对林肯的解放法案的激烈反应，并进行了评论。解放法案是林肯于 1862 年 9 月 22 日颁布的初步的解放宣言。宣言宣布属于南部参加叛乱的种植场主的黑奴从 1863 年 1 月 1 日起为自由人。林肯政府从 1862 年年中开始实行的一系列具有革命民主主义性质的措施，马克思称为林肯法案。这一法案的措施保证了北部在内战中的胜利。

11 月 17 日 致信恩格斯，指出：我觉得你考察美国纷争时，太偏重于一个方面。我在"美国咖啡馆"里浏览过一批南部报纸，确信同盟正处于非常困难的境地。英国报纸对"科林斯"会战一声不吭。南部报纸则把这次会战描述成自战争爆发以来它们所碰到的最倒霉的事情。乔治亚州已经宣布，同盟所通过的"征兵法"是无效的和没有任何法律效力的。弗吉尼亚通过窃贼弗洛伊德对"杰弗逊·戴维斯的亲信们"（原文如此！）再在该州征兵的权利提出异议。里士满国会的得克萨斯的代表奥尔丹抗议把西南地区的"精锐部队"派到东部即弗吉尼亚去。从所有这些争执中可以得出两个不容争辩的结论：

同盟政府为了补充部队而采取的强制措施，走得太远了；

各州援用"州权"来反对宗得崩德，正如后者利用州权作为借口来反对联邦一样。

我认为民主党人在北部的胜利是一种反动，联邦政府作战拙劣和财政上失策，使得保守分子和背叛分子的这种反动易于得逞。不过，这是一种在每次革命运动中常有的反动，例如在国民公会时期，这种反动十分强大，以致要求把处死国王的问题提付全民投票表决被认为是反革命的，而在督政府时期，这种反动也是十分强大，以致波拿巴第一先生必须炮轰巴黎。

另一方面，1863 年 12 月 4 日以前的选举，不会对国会的组成产生任何影响，最多只能刺激一下有剑悬在头上的共和党政府。而且无论如何，共和党的众议院会更好地利用它的余下的时间，哪怕只是出于对反对党的憎恨。

至于麦克累伦，在他自己的军队里就有胡克和其他共和党人，他们随时都会按照政府的命令逮捕他。

此外，还有法国干涉的企图，它将引起反动来对抗反动。

因此，我并不把这些事情看得那么阴暗。更使我不安的，倒是郎卡郡工人的绵羊般的驯顺。这是人世间从来没有过的事情。尤其是，这帮工厂主甚至根本不想假装"作出牺牲"的样子，而是让英国的其余部分得到为他们供养他们军队的光荣；这就是说，让英国的其余部分去承担维持这帮家伙的可变资本的费用。

英国在这个时期比任何其他国家都更丢脸：工人由于自己的基督教的奴性而丢

脸，资产者和贵族由于疯狂地维护最露骨的奴隶制度而丢脸。而这两种现象是互相补充的。

至于谈到我们的"美男子威廉"，这个家伙实在令人开心。不过，俾斯麦内阁无非是拥护小德意志的进步党人的善良愿望的实现而已。他们赞扬路易·波拿巴，说他是一个"进步人士"。现在他们看到，普鲁士的"波拿巴主义的"内阁是什么含义。要知道，俾斯麦是由波拿巴（和俄国）以某种方式任命的。

评论：信中评论了美国各州的选举，认为民主党人在北部的胜利不足以影响到下届国会的组成。信中所谈的情况，马克思在1862年11月14日《新闻报》上发表的《南部同盟势穷力竭的迹象》一文中详细地进行了阐述。还评论了法国和普鲁士的局势，揭露了俾斯麦内阁。信中谈到法国干涉的企图。法国政府于1862年10月31日向英国和俄国的外交代表提议由三国共同采取措施暂时停止军事行动、撤销封锁和使美国的南部港口为欧洲贸易而开放。拿破仑第三关于干涉美国内政的提议，于1862年11月8日被俄国拒绝，后来又被英国政府拒绝。

12月15日　致信斐迪南·弗莱里格拉特，指出：我在棉花贵族统治和亲奴隶制狂暴行为的中心利物浦和曼彻斯特逗留了几天。在这些城市的广大的资产阶级和贵族圈子里，可以看到现代史上前所未有的人类理性的最大错乱。

《一个信徒的话》，我最近就答复。

评论：马克思大概是从1862年12月5日至13日在曼彻斯特恩格斯家里作客。马克思在曼彻斯特逗留期间，还去利物浦看望艾希霍夫。马克思认为在这些地方的广大资产阶级和贵族圈子中可以看到现代史上前所未有的人类理性的最大错乱。信中表示很快答复《一个信徒的话》，这指的是库格曼1862年11月21日给弗莱里格拉特的信，信中要求把马克思写作经济学著作的进展情况告诉他。弗莱里格拉特于12月3日在把这封信转寄给马克思时称之为《一个信徒的话》。

12月28日　致信路德维希·库格曼，指出：我很高兴地从您的信中得知，您和您的朋友对于我的政治经济学批判都抱有十分强烈的兴趣。第二部分终于已经脱稿，只剩下誊清和付排前的最后润色了。这部分大约有三十印张。它是第一册的续篇，将以《资本论》为标题单独出版，而《政治经济学批判》这个名称只作为副标题。其实，它只包括本来应构成第一篇第三章的内容，即《资本一般》。这样，这里没有包括资本的竞争和信用。这一卷的内容就是英国人称为"政治经济学原理"的东西。这是精髓（同第一部分合起来），至于余下的问题（除了国家的各种不同形式对社会的各种不同的经济结构的关系以外），别人就容易在已经打好的基础上去探讨了。

拖延很久是由于以下的原因。第一，1860年福格特的丑事占去了我很多时间，因为我必须对那些本身毫无价值的琐事进行大量调查，打官司等等。1861年由于美国内战，我失去了我的主要收入来源——《纽约论坛报》。我给这家报纸撰稿，直到现在还没有恢复。因此，为了不致使全家真的流落街头，我过去和现在都不得不从事大量的零星工作。我甚至下决心做一个"务实的人"，并打算明年年初到一个铁路营业所去做事。但是由于我的字写得不好，没有谋得这个差事，我不知道这该说是幸运还是不幸。总之，您可以看到，我时间很少而且也不大能安静下来从事理论工作。很可能就是由于同样这些原因，我的著作付排前的最后准备工作，将拖延得比我预期的还要久。

至于说到出版，我无论如何不把第二卷交给敦克尔先生了。第一分册手稿，他是 1858 年 12 月收到的，可是到 1859 年 7 月或 8 月才出版。我倒是希望布罗克豪斯能印这本书，但这个希望并不太大。整个这伙德国文化流氓赏赐给我的沉默的阴谋——因为他们自己也明白，光靠谩骂是得不到什么结果的——对于我的书的销路将产生不利的影响，更不用提我的著作的思想的传播了。等手稿修饰好并誊清后（1863 年 1 月就着手），我马上就亲自把它带到德国去，因为当面和出版者交涉，事情好办一些。

我完全有根据希望，等我的著作的德文版一问世，法文版也会在巴黎准备好。我自己是绝对没有工夫去搞法译本的，况且我打算或者用德文写续篇，即结束资本、竞争和信用的阐述，或者为英国读者把头两本著作压缩成一本书。我认为，这本书在国外获得承认以前，不能指望它在德国产生什么影响。第一分册的阐述方法当然很不通俗。部分原因在于对象的抽象性质，给我规定的有限的篇幅，以及著作的目的本身。第二部分就比较容易懂了，因为这一部分论述的是比较具体的关系。使一门科学革命化的科学尝试，从来就不可能真正通俗易懂。可是只要科学的基础一奠定，通俗化也就容易了。要是风暴更甚的时期一旦到来，就可以再找到相应的色彩和笔墨来通俗地阐述这些题目。然而，我无论如何曾经期待德国的专家学者们即使纯粹出于礼貌，也不会完全一致地无视我这本书。此外，我是有极不愉快的体验的：德国党内的朋友虽然长期研究这门科学，在私人通信中又过甚其词地赞扬我的第一分册，但就是不愿意稍微费点力气在他们可以利用的杂志上发表一篇书评，或者哪怕是内容简介。如果这就是党的策略，那末坦白地说，这个秘密我是理解不透的。

您若有便写信告诉我一些祖国的现状，那我一定很高兴。看来，我们正迎向一次革命，我从 1850 年起对此从来没有怀疑过。第一幕将是绝对不令人愉快地重演 1847—1849 年间的那些蠢事。但是世界历史的进程就是这样，它是怎么样，就得怎么样。

评论：马克思同 1848—1849 年革命的参加者、德国医生路德维希·库格曼之间的经常通信开始于这封信。马克思同库格曼之间的通信一直继续到 1874 年。马克思给库格曼的信，谈到了国际工人运动和马克思主义理论方面一些极为重要的问题。这些书信考茨基于 1902 年第一次发表在《新时代》杂志上。

信中讲述了自己的政治经济学批判的写作进展情况。马克思指的是 1861—1863

年的经济学手稿第一部分，这部分是分析资本主义生产过程的。后来恩格斯把这部分手稿称作《资本论》第一卷第一稿。解释了书稿拖延的原因，并谈到关于出版的一些想法。信中马克思认为，德国正在出现革命的征兆。

1863 年

1月2日　致信恩格斯，指出：我妻子在巴黎通过阿巴伯内尔认识了一个叫勒克律的人，此人在经济学著作方面有一定的地位，而且懂德语。这个勒克律想同不懂德语的马索耳（这项交易的中间人）和其他若干人着手对我的书进行加工。在布鲁塞尔有个书商受他们支配。在巴黎，在社会党内，党性和团结精神仍然占着统治地位。甚至象卡诺和古德肖这样的人，都声称在最近的运动中必须推崇布朗基。

看来伯恩赛德在弗雷德里克斯伯格会战期间有许多战术上的失策。他显然不敢大胆地指挥这么庞大的部队。至于主要的蠢事，（1）等待了二十六天——那末华盛顿军事部门的直接背叛行为无疑在这里起了作用。甚至《泰晤士报》驻纽约的记者也确认，答应立即调给伯恩赛德的增援物资，只是在几星期以后才收到；（2）虽然如此，他所采取的攻势仍然证明此人精神上的弱点。威武的《论坛报》开始对他怀疑，并以撤职相威胁。这家报纸的激情和无知，酿成了大害。

民主党人和麦克累伦分子，自然同声叫喊来夸大这桩倒霉事情。"传说"麦克累伦，这个泰晤士报的"蒙克"，已被召回华盛顿，这个谣言的出笼应归功于路透先生。

在"政治方面"这次失败是有益的。这些好汉在1863年1月1日以前本来不应当走运。任何这一类事情都会使"宣言"化为一纸空文。

《泰晤士报》及其一伙对于在曼彻斯特、设菲尔德和伦敦举行的工人群众大会恨得要死。用这种办法使北方佬明了真相，这很好。不过，奥普戴克（纽约市长和政治经济学家）已在纽约一次群众集会上说过："我们知道，英国的工人阶级是赞成我们的，而英国的统治阶级是反对我们的"。

我觉得十分遗憾的是，德国没有举行这类示威。这并不费事，但从"国际"意义上来说却贡献很多。德国更有权利这样做，因为它在这场战争中为北方佬出的力，比法国在十八世纪出的力更多。在世界舞台上不出头露面，也不强调实际所干的事——这就是德国老一套的愚蠢做法。

收到了伊戚希的信以及小册子。信的内容是：我应当把罗雪尔的书还给他。小册子的内容是：关于普鲁士宪法的报告的续篇。本质是：拉萨尔是一切时代、特别是当代的最伟大政治家。无疑正是他拉萨尔发现了（而且是根据纯粹无条件的和无条件纯粹的理论发现的），一个国家的真正宪法是不成文宪法，而真正的宪法取决于现实的"力量对比",等等。甚至《新普鲁士报》、俾斯麦以及罗昂,都象他用引文来证明的那样,是"他的"理论的信徒。因此,他的听众都可以放心——既然他发现了正确的理论,他对"当前"也就有正确的解决办法。这种解决办法如下:

"由于政府不顾议院的决议等等而继续支出军事费用,等等,并由于立宪政府因此而形同虚设,等等,所以议院停止开会,直到政府宣布它不再支出这种费用为止。"

这就是"事实说话"的力量。

为了使议院节省点气力,他立即制订了一个它应通过的法令。

老海伊曼顺利地回到亚伯拉罕的怀抱中去了。

评论:信中告知巴黎社会党内的情况,认为党性和团结精神占主导,他们推崇布朗基。信中分析了伯恩赛德在弗雷德里克斯伯格会战期间在战术上的失策及影响。讲到以《泰晤士报》为代表的一些势力敌视工人群众大会。这指的是 1862 年 12 月底,在伦敦、曼彻斯特和设菲尔德举行的英国工人和各界民主人士的群众大会,声援北美各州反对黑人奴隶制度的斗争。

1 月 8 日 致信恩格斯,指出:关于玛丽的噩耗使我感到极为意外,也极为震惊。她非常善良、机智,而且又是那样眷恋你。

现在,在我们的圈子里,除了不幸,没有别的,天晓得怎么回事。我也完全弄得头昏脑胀。我打算在法国和德国设法弄一点钱没有成功,而且很明显,靠这十五英镑我只能阻止雪崩几个星期。更不用说,除了肉商和面包商,任何人都不再赊账给我,而且到这星期末连他们也要停止赊欠了——为了学费、为了房租和为了世上的一切,我被逼得喘不过气来。那些得到了几英镑债款的债主,狡猾地把这些钱塞进口袋里,又更使劲地向我逼债。加上孩子们上街没有鞋穿,没有衣服穿。一句话,魔鬼找上门了,这种情况,当我去曼彻斯特,并作为一种最后绝望的挣扎派妻子到巴黎去的时候,就已经预见到了。如果我通过贷款社或人寿保险(这我看不出有什么希望;我曾经试图同贷款社商谈,但毫无结果;它要求保人,并且必须先给它看交清房租和捐税的收据,这我办不到)弄不到比较大的一笔钱,那末全部家业就连两个星期也维持不了。

在这样的时刻向你谈这些可恶的事情,我真是太自私了。不过这是顺势疗法的一张药方。一种灾祸消散另一种灾祸所引起的悲伤。归根到底,我该怎么办呢?在整个伦敦我就没有一个人可以倾诉衷肠,而在我自己的家里,我又得扮演一个沉默的斯多葛派的角色,以便同另一方面来的猛烈爆发保持均衡。但是在这种情况下,工作是完全不可能了。我的母亲一身是病,现在反正过得很痛苦,并且也算长寿了……难道她不能代替玛丽吗?你看,"文明人"在某种情况压迫下竟会产生多么奇怪的想法。

你现在打算怎样安排你的生活?这对你是一个特别沉重的打击,因为你在玛丽那里有个家，在那里你感到很自在，而且在那里只要你愿意，总是可以避开人世间的一切肮脏事。

评论：马克思对恩格斯的夫人玛丽去世的噩耗表示很震惊。信中也讲到自己面临着各种债务，各方逼债压力巨大，这些经济困境压垮了他。信中询问，恩格斯在夫人去世后如何安排自己的生活。

1 月 24 日　致信恩格斯，指出：在给你回信以前，我想还是稍微等一等为好。一方面是你的情况，另一方面是我的情况，都妨碍我们"冷静地"考虑问题。

从我这方面来说，给你写那封信是个大错，信一发出我就后悔了。然而这决不是出于冷酷无情。我的妻子和孩子们都可以作证：我收到你的那封信（清晨寄到的）时极其震惊，就象我最亲近的一个人去世一样。而到晚上给你写信的时候，则是处于完全绝望的状态之中。在我家里呆着房东打发来的评价员，收到了肉商的拒付期票，家里没有煤和食品，小燕妮卧病在床。在这样的情况下，我通常只有靠犬儒主义来解救。还特别把我气得要死的是，我妻子还以为我没有完全如实地把真情告诉你。

最后，还有一件与上面没有关系的事。我在动手写我的书关于机器的一节时，遇到一个很大的困难。我始终不明白，走锭精纺机怎样改变了纺纱过程，或者确切些说，既然从前已经采用了蒸汽力，那末现在除了蒸汽力以外，纺纱工人的动力职能表现在哪里？

如果你能给我说明这一点，我就十分高兴。

评论：信中解释了对玛丽去世所表现出来的态度的缘由。马克思表示，并不是冷酷无情，但是他自身所处的经济绝境所造成的完全绝望的状态影响了自己在信中的表达。信中讲述了自己如何应对这些极端的经济压力，以及试图解决的各种办法。在面临种种现实生活的巨大压力下，在信中，马克思依然探讨了自己在著作撰写过程中关注的问题，他在 1861—1863 年经济学手稿第 I 本中关于机器的论述这一问题上遇到了困难，马克思在这个手稿中写下了关于机器的补充材料。这些论述成了《资本论》第一卷第十三章。

1 月 28 日　致信恩格斯，指出：在上一封信中，我曾向你问过走锭精纺机的事。问题是这样：在这种机器发明以前，所谓的纺纱工人是用什么方法进行工作的？走锭精纺机我明白，但是它以前的情况我就不清楚了。

我正在对机器这一节作些补充。在这一节里有些很有趣的问题，我在第一次整理时忽略了。为了把这一切弄清楚，我把我关于工艺学的笔记（摘录）全部重读了一遍，并且去听韦利斯教授为工人开设的实习（纯粹是实验）课（在杰明街地质学院里，赫胥黎在那里也讲过课）。我在力学方面的情况同在语言方面的情况一样。我懂得数学定理，但是属于直观的最简单的实际技术问题，我理解起来却十分困难。

你知道，或许还不知道——因为事情本身无关紧要——在机器和工具有什么区别这个问题上有很大的争论。英国的力学家（数学家），以他们那种粗率的方式称工具为简单的机器，而称机器为复杂的工具。但是英国的工艺学家比较注意问题的经济方面（英国经济学家中有许多人，甚至是大多数人都跟着他们走），他们认为二者的区别在于：一个的动力是人，而另一个的动力是自然力。德国的蠢驴们在这类小事情上是够伟大的，他们由此得出结论说，例如犁是机器，而极其复杂的"珍妮机"等等，既然是用手转动的，那就不是机器。但是，如果我们研究一下机器的基本形式，那就毫无疑问，工业革命并不开始于动力，而是开始于英国人称为 *working machine* 的那部分机器，就是说，并不是开始于譬如说转动纺车的脚被水或蒸汽所代替，而是开始于直接的纺纱过程本身的改变和人的一部分劳动的被排除，而人的这部分劳动不是单纯的力的使用（譬如踩轮子的踏板），而是同加工、同对所加工的材料的直接作用有关的。另一方面，同样没有疑问的是，一当问题不再涉及到机器的历史发展，而是涉及到在当前生产方式基础上的机器，工作机（例如在缝纫机上）就是唯一有决定意义的，因为一旦这一过程实现了机械化，现在谁都知道，可以根据机械的大小，用手、水或蒸汽来使机械转动。

对纯粹的数学家来说，这些问题是无关紧要的，但是，在问题涉及到要证明人们的社会关系和这些物质生产方式的发展之间的联系时，它们却是非常重要的。

重读了我的关于工艺史的摘录之后，我产生了这样一种看法：撇开火药、指南针和印刷术的发明不谈——这些都是资产阶级发展的必要前提，——从十六世纪到十八世纪中叶这段时间，即从手工业发展起来的工场手工业一直到真正的大工业这一时期，在工场手工业内部为机器工业做好准备的有两种物质基础，即钟表和磨（最初是磨谷物的磨，即水磨），二者都是从古代继承下来的。（水磨是在尤利乌斯·凯撒时代从小亚细亚传入罗马的。）钟表是第一个应用于实际目的的自动机；匀速运动生产的全部理论就是在它的基础上发展起来的。按其性质来说，它本身是以半艺术性的手工业和直接的理论的结合为基础的。例如，卡尔达诺曾写过关于钟表构造的书（并且提出了实际的制法）。十六世纪的德国著作家把钟表制造业叫作"有学问的（非行会的）手工业"；从钟表的发展可以证明，在手工业基础上的学识和实践之间的关系，同譬如大工业中的这二者之间的关系，是多么地不同。同样也毫无疑问的是，在十八世纪把自动机器（特别是发条发动的）应用到生产上去的第一个想法，是由钟表引起的。从历史上可以证明，沃康松在这方面的尝试对英国发明家的想象力有极大的影响。

另一方面，磨从一开始，从水磨发明的时候起，就具有机器结构的重要特征。机械动力；由这种动力发动的最初的发动机；传动机构；最后是处理材料的工作机；这一切都彼此独立地存在着。在磨的基础上建立了关于摩擦的理论，并从而进行了关于轮盘联动装置、齿轮等等的算式的研究；测量动力强度的理论和最好地使用动力的理论等等，最初也是从这里建立起来的。从十七世纪中叶以来，几乎所有的大数学家，只要他们研究应用力学，并把它从理论上加以阐明，就都是从磨谷物的简单的水磨着手的。因此，在工场手工业时期出现的 *Mühle* 和 *mill* 这一名称，实际上也应用于为了实际目的而使用的一切机械发动机上。

磨的情况和压力机、机锤、犁等等的情况完全一样，即使动力是人力或畜力，但是打、压、磨、粉碎等等实际工作，从一开始就不需要人的劳动。所以，这类机械至少从它的起源来看是很古老的，它最早使用了真正的机械动力。因此，它也几乎是工场手工业时期存在的唯一的机械。一旦机械应用于自古以来都必须通过人的劳动才能取得最后成果的地方，就是说，不是应用于如上述工具那样从一开始就根本不需要人的手对原料加工的地方，而是应用于按事物的性质来说，人不是从一开始就只作为简单的力起作用的地方，工业革命就开始了。如果人们愿意和德国的蠢驴一样，把使用畜力（也就是完全和人的运动一样的随意运动）叫作使用机器，那末，使用这种发动机无论如何要比使用最简单的手工业工具古老得多。

伊戚希把他在法庭上的辩护词（他被判处四个月徒刑）寄给了我——这是不可避免的。"小伙子，你的英勇应受赞美！"首先，这个吹牛家把关于"工人等级"的演说词在瑞士又印成小册子（你有这本东西），用了一个响亮的标题：《工人纲领》。

你知道，这东西无非是把《宣言》和其他我们时常宣传的、在某种程度上已成为口头禅的东西，卑劣地加以庸俗化而已。（例如这个家伙把工人阶级叫作"等级"。）

评论：信中表达了马克思对恩格斯的无限感激，帮助自己一家一次一次渡过难关。他们一家长期处于穷困潦倒的困境，也给恩格斯造成了巨大的负担。信中，马克思围绕在写作中遇到的困难问题请教恩格斯。告知自己作了关于工艺学的笔记（摘录），这个笔记是许多作者的著作的详细摘要。谈到了重读关于工艺史的摘录之后的一些想法。

信中还批评了拉萨尔。拉萨尔1863年1月16日在柏林刑事法庭上作了辩护词，这个辩护词后来印成了小册子《科学和工人。在柏林刑事法庭上的辩护词》。拉萨尔又将这个演说词在瑞士印成小册子，标题是《工人纲领。论当前历史时期与工人等级思想的特殊联系》。

2月13日　　致信恩格斯，指出：附上乌尔卡尔特派的各种著作。近来这些好汉们愚蠢到了家。例如，他们关于美国运动的"哲学"就是这样。

我本来会早点写信给你的，可是大约已经有十二天，严禁我阅读、书写任何东西和吸烟。我得了一种类似眼炎的病，加之还有头部神经极其令人讨厌的疼痛。现在我已经好多了，眼下又敢试着写东西了。在害病期间，我完全陷入了各种各样的心理幻想，就象快变成瞎子或疯子的人可能常有的那样。

你对波兰事件有什么看法？有一点很明显，在欧洲又广泛地揭开了革命的纪元。总的情况是好的。但是那些天真的幻想和我们在1848年2月前不久欢迎革命纪元的那种近乎幼稚的热忱，都已经一去不复返了。象维尔特等等这样的老同志去世了，有些人离开了或者消沉了，而新生的力量还一直看不见。此外，我们现在已经懂得，愚蠢在革命中起着什么样的作用，坏蛋又是如何善于利用这种愚蠢。不过，对"意大利"和"匈牙利"崇拜的"普鲁士的"民族狂热者已经处于困境。"普鲁士人"不会放弃"亲俄"。但愿这一次熔岩从东方流向西方，而不是相反，这样我们就可以摆脱法国首倡作用的"光荣"。墨西哥的冒险是没落帝国滑稽剧的十足典型的收场。

"赫尔岑的"士兵们看来是照常规行动着。但是由此还不能就俄国的群众甚至就俄国军队中的主要群众作出任何结论。我们知道，法国人的"有思想的军队"干了些什么，以及甚至我们自己的莱茵流浪汉于1848年在柏林干了些什么。但是现在你必须密切注意《钟声》，因为赫尔岑一伙现在有机会来证明他们的革命诚意了——至少是在同斯拉夫偏好相容的限度内。

乌尔卡尔特派大概会认定，波兰起义是彼得堡内阁挑起的，是为对付乌尔卡尔特所谋划的入侵高加索而进行的一种"伴动"。

在美国，事情进展慢得出奇。我希望约·胡克能设法挣脱出来。

先来封信谈谈，你现在在曼彻斯特干些什么。大概你感到在那里非常孤单吧。我有体会，当我偶然路过索荷广场一带时，我至今还是心有余悸。

评论：随信附上乌尔卡尔特派的著作，是《美国叛乱的起因和目的》这篇匿名文章的第一部分。告知恩格斯自己因眼睛疾病、头部神经的疼痛，有十几天不能阅读、书写任何东西，甚至还陷入了各种各样的心理幻想。信中询问恩格斯对波兰事件的看法，波兰事件是指1863年1月波兰的民族解放起义。领导起义的是中央民族委员会，这个委员会由小资产阶级和小贵族分子组成。中央民族委员会提出了争取波兰民族独立的斗争纲领以及一系列具有民主性质的土地要求。但是由于中央民族委员会不彻底和不坚决、农民群众基本没有参加起义，沙皇政府最终成功镇压了起义。马克思认为这一事件在欧洲广泛地揭开了革命的纪元。

信中谈到赫尔岑希望俄国军队跟起义的波兰人一起进行反对沙皇制度的革命活动。1863—1864年的波兰起义具有巨大的国际意义，得到了欧洲各国最进步的力量的支援。国际无产阶级的支持和抗议行动推动了国际工人协会的建立。

信中还询问恩格斯在曼彻斯特做什么，并表达了路过索荷广场时难过的心情。1855年4月6日，马克思八岁的儿子埃德加尔死于索荷广场的住所里。

2月17日 致信恩格斯，指出：波兰事件和普鲁士的干涉，这的确是一种使我们非说话不可的形势。不过不要个人出面，一则是为了不让别人把我们看成大学生布林德的竞争者，再则是为了不堵塞自己去德国的道路。这里的工人协会做这件事合适。必须——而且立即——以它的名义发表一个宣言。你应当写军事部分，即论德国对复兴波兰在军事和政治上的利害关系。我写外交部分。

　　评论：信中谈论波兰事件和普鲁士的干涉，认为面对这样的情况必须表达他们的看法。信中建议以伦敦德意志工人教育协会的名义发表一个宣言，马克思写外交部分，恩格斯写军事部分。信中的波兰事件是指，在1863—1864年波兰民族解放起义时期，普鲁士政府为了自己的利益，为了防止起义扩及普鲁士所侵占的波兰土地，还希望在普鲁士领导下统一德国问题上预先获得俄国的支持，表示愿意给予沙皇政府军事援助以镇压起义。

　　2月20日　致信恩格斯，指出：我想，关于波兰的事情，最好照下面那样来办：

　　给庸人，就是说用协会的名义写的宣言，至多占一印张，军事部分和政治部分都算在内。因此，你先写。我就照你的样写。由协会去印。

　　但是同时，要是我们能在小册子里面把这个问题阐述得详细些，那就更好，如果这样，你就要自己根据材料确定印张的多少。外交部分，我随时准备写好，它将只是作为一点补充。至于出版者，你一告诉我多少印张，我就立即写信去汉诺威。

　　评论：信中和恩格斯商量以伦敦德意志工人教育协会的名义写宣言一事，马克思表达了自己的考虑。马克思于1863年10月底受该协会委托，写了《支援波兰的呼吁书》。

　　2月21日　致信恩格斯，指出：当我的危机达到顶点的时候，我曾给德朗克写过一封信。大约一个月之后他回了信，说他出门了一次。昨天他突然来到我这里，今天又见了一面，现在他已经走了。

　　他说（他主动地），他愿意帮我弄一笔巨款，以便我能够安静地工作一年。后来谈到了你。我对他说（但我认为没有必要把详细情节告诉他），你帮了很多忙，而且在今后几个月你早就被榨干了。他还是重复说：讲的不是几个月，而是一两年。他要亲自和你联系。

　　这在多大程度上真实可信或者只是吹牛，你自己最能判断。

　　顺便谈谈。我的"肝脏"肿得厉害，并且在咳嗽时有些刺痛；在压它的时候也不太舒服。请问一下龚佩尔特有什么家用药品。如果我到艾伦那里去看，那他就会给我治一个疗程，而我现在根本没有时间这样治疗，更不用说其他原因了。

　　在这次波兰事件中，我最担心的是波拿巴这只猪猡会找一个借口向莱茵推进，以此来摆脱他的非常难堪的处境。

　　关于1813年拿破仑在俄国垮台以后，弗里德里希－威廉公正大王的行径，请寄给我（因为你手边有这方面较多的材料）一些摘录（确切的）。这我要用来进攻腐朽的霍亨索伦王室。

　　刚才我从《泰晤士报》增刊上看到，普鲁士众议院终于做了一点好事。我们很快就会有革命了。

评论：信中告知德朗克曾来过，并主动愿意在经济上帮助马克思。马克思又患病了，肝脏肿大，在咳嗽时伴有刺痛。信中继续表达对波兰事件的看法，并请恩格斯提供一些关于弗里德里希－威廉的确切的材料。信中告知在《泰晤士报》上看到，在 1863 年 2 月 18 日普鲁士众议院的会议上，讨论了关于普、俄之间签订的反对波兰起义者的协定的问题。众议院的自由派多数对协定进行了批判，通过了谴责普鲁士政府干涉波兰事务的决议，马克思认为普鲁士政府的所作所为将促发革命。

3 月 24 日　致信恩格斯，指出：梁格维奇的事令人厌恶。我仍然希望事情还没有结束，哪怕只是暂时的。关于波兰的著作，我稍微放慢了点，为的是看一看事态怎样发展下去。

我得出的政治结论如下：芬克和俾斯麦在实质上正确地代表普鲁士的国家原则。普鲁士"国家"（一种与德国极不相同的创造物），没有现今的俄国而同独立的波兰在一起是不能生存的。普鲁士的全部历史，归结为这个老早就被所有霍亨索伦君主（包括弗里德里希二世在内）所理解的结论。国君的这种意识远远地高出于"臣民的有限理智"，即普鲁士自由派的理智。既然波兰的存在对德国来说是必要的，而同普鲁士国家并存又是不可思议的，那就应该除掉普鲁士这个国家。要么波兰问题只是作为一个新的理由，来证明在霍亨索伦世袭领地存在的时候，要捍卫德国的利益是不可能的。"打倒俄国对德国的霸权！"这个口号，跟"消灭老兽奸者暴徒！"这个口号意义完全相同。

在美国人最近的事情中，我认为非常重要的一件是，他们又打算颁发私掠特许证。这将使整个事情——对英国来说——具有完全不同的色彩，并且在适当的条件下会导致对英国作战，这样，自满的牛就会看到，不仅棉花，而且谷物也将从它眼皮底下漂走。在内战开始时，西华德曾经冒着风险斗胆声明，1856 年巴黎会议的决议，对美国来说也暂时被认为是有效的。（这是在关于特伦特号事件的紧急报告发表时看到的。）对于在利物浦等地给南部海盗供应军事装备感到愤怒的华盛顿国会和林肯，现在已使这种事情绝迹了。这引起此地交易所的极大恐慌，但唯命是听的报刊的忠实走狗，在报纸上只字不提这件事。

你大概已经愉快地发现，老狗帕姆丝毫不差地又在重施他 1830—1831 年时期的故技（我把演说词作了对照），并且迫使《泰晤士报》这样做。在这件事情上，这一次好的方面是：路易·波拿巴必定会卷进去（1831 年在倒霉的路易－菲力浦时期，这对整个欧洲是有害的），必定会落到要对他自己的军队作出十分讨厌的抉择的境地。墨西哥和在《通报》上对沙皇的奉承（帕姆怂恿布斯特拉巴干的）都会使他遭到毁灭。于是，他吓得胆战心惊，下令把紧急报告刊印出来，借以证明他的一片好心只是由于帕姆的抵抗才破灭了。（倒霉的路易－菲力浦——虽然事情完全一样——还曾经允许厚颜无耻的帕姆在议会里吹嘘说："倘若不是法国人背信弃义和普鲁士干涉，那波兰到今天还依然存在。"）他想以此来影响英国舆论，好象帕姆关于波拿巴属意于莱茵这种保证还不足以安抚英国舆论似的！好象这种舆论的四分之三不是帕姆本人制造的似的！可怜的普隆－普隆没有勇气说，帕姆是替俄国服务的，因而他说，"凶恶的俄国"想在法国和英国之间煽起仇恨！我们这个没落帝国的活动家，在这里又显出自己是可鄙的胆小鬼，他只有得到欧洲至高无上者的允许，才敢举行疆界以外的政变。假如这个不幸的人有勇气去揭穿帕姆（或者哪怕是以此相威胁），那他就能够安然去莱茵散步了。但是现在，他捆住了自己的手脚，把自己整个地交给了帕姆，和已故的路易－菲力浦完全一样。好，那就听便吧！

斯泰里布雷芝和埃士顿的事件非常令人快慰。无产阶级终于失去了脑满肠肥和大腹便便的人的"尊重"。艾德蒙·波特尔今天在《泰晤士报》上大丢其脸，该报由于近来声名越来越臭，所以向这头蠢驴进攻，以便多少挽回一点声誉。

评论：信中对波兰事件、普鲁士和英国在波兰起义事件中的立场和态度分别作出了分析。信中表达了对梁格维奇的厌恶和批评。在波兰起义初期，梁格维奇在波兰南部率领起义者的最大的部队，与沙皇军队多次成功地作战。但是，梁格维奇在地主集团以及保守的地主资产阶级"白党"的领导上层的发起和支持下，宣布自己为独裁者。他同由小贵族小资产阶级构成的"红党"的中央民族委员会相对抗。但是，梁格维奇的部队很快就在沙皇的进攻下瓦解了。马克思还讽刺和揭露了帕麦斯顿政府的叛卖政策。英国政府一方面表示同情波兰人民，另一方面却声明不给波兰起义以任何援助。

信中还对美国形势发表评论。评论了西华德呈交华盛顿国会的外交公文。关于这件事，马克思在《华盛顿政府与西方列强》一文中进行了分析。信中肯定了1863年3月底郎卡郡工业城市埃士顿和斯泰里布雷芝失业纺织工人因饥饿而发生的暴动事件。马克思认为这件事情显示了无产阶级的力量。

4月9日　致信恩格斯，指出：多年以前，我从约·菲·贝克尔和席利那里就知道梅洛斯拉夫斯基的普隆－普隆主义的详情细节。而在更早的时候我就从他在上次俄土战争期间出版的书中看出了这一点。这位高尚的人物在书中提出把德国分成两部分。至于说到科斯策尔斯基，那对我来说还是新闻。关于梅洛斯拉夫斯基的可笑的虚荣和难以形容的轻信（当他的虚荣被触犯时），贝克尔曾在1860年从意大利给我写来了一份关于这方面的非常有趣的报告。

伊戚希又发表了两本关于他的诉讼的小册子；幸而他没有寄给我。相反地，他前天却给我寄来了给筹备莱比锡工人（应读作手工业者）代表大会的中央委员会的"公开答复"。他摆出一副了不起的神气，大谈其从我们这里剽窃去的词句，俨然就是一个未来的工人独裁者。他"象玩游戏一样轻而易举地"（这是原话）解决工资和资本之间的问题。就是说，工人必须进行争取普选权的运动，然后把象他那样"带着科学这种闪闪发光的武器"的人送到议会中去。然后他们就创办由国家预付资本的工人工厂，而且这样的设施会逐渐遍布全国。这无论如何是令人吃惊的新鲜事！

我出席了工联召开的一次群众大会，大会由布莱特主持。他看起来完全象一个独立派，每当他说："在美国没有国王，也没有主教"，总是响起热烈的掌声。工人们自己讲得很精彩，完全没有资产阶级那套空洞词句，丝毫也不掩饰他们同资本家的对立（不过，布莱特老头也攻击了资本家）。

英国工人能够多快地摆脱资产阶级对他们的明显的腐蚀，我们还要等着瞧。此外，你的书中的主要论点，连细节都已经被 1844 年以后的发展所证实了。我恰好又把这本书和我关于后来这段时期的笔记对照了一下。只有那些用尺子和每次的"报纸趣闻"来衡量世界历史的德国小市民才能想象：在这种伟大的发展中，二十年比一天长，虽然以后可能又会有一天等于二十年的时期。

重读了你的这一著作，我惋惜地感到，我们渐渐老了。这本书写得多么清新、热情和富于大胆的预料，丝毫没有学术上和科学上的疑虑！连认为明天或后天就会亲眼看到历史结果的那种幻想，也给了整个作品以热情和乐观的色彩，与此相比，后来的"灰色而又灰色"就显得令人极不愉快。

评论：信中首先评论了 1856 年巴黎出版的路·梅洛斯拉夫斯基的《欧洲均势中的波兰民族》。信中谈论了拉萨尔的几本小册子：《拉萨尔的刑事诉讼》《法院对我的判决和我为上诉而提出的批判性意见》《给筹备莱比锡全德工人代表大会的中央委员会的公开答复》。在 1863 年 2 月 10 日，筹备全德工人代表大会的莱比锡中央委员会建议拉萨尔就工人运动的问题阐述自己的观点。拉萨尔把《公开答复》转寄给莱比锡中央委员会，提议把它作为"运动的正式宣言"。

马克思告知恩格斯，他出席了工联召开的一次群众大会。这是指 1863 年 3 月 26 日，在圣詹姆斯大厅举行的由工联伦敦理事会组织的工人群众大会，大会表示英国工人阶级在北美各州反对奴隶制度的斗争中同他们团结一致。大会反对英国站在南部各州一边对美国内战进行武装干涉。信中还谈到恩格斯的《英国工人阶级状况》依然具有现实意义，并高度肯定这部著作充满了革命的激情。

4 月 18 日　致信恩格斯，指出：附上一张小报（这是爱·梅因的报纸），有些地方用红铅笔划了线，这是拉萨尔一星期前寄给我的。报纸是在我寄给你那封信的第二天收到的，那封信中概述了伊戚希最近的小册子。他显然希望我出来为他说话。怎么办？

评论：随信寄去了拉萨尔寄来的《柏林改革报》，1863 年 4 月 10 日在该报上刊登的一则消息，歪曲地介绍了马克思 1861 年春在柏林期间同拉萨尔进行的关于合办报纸的谈判。马克思询问恩格斯如何回复拉萨尔。后来马克思写了辟谣启事发表在《柏林改革报》上。

4 月 22 日　致信约瑟夫·瓦伦亭·维贝尔，指出：你能不能向贷款社做我的保人（为十五到三十英镑作保）？我本来不想以此来麻烦你，但是因为：

（1）这件事纯粹是办一个手续，你不必冒任何风险，因为在 7 月初我就可以从亲戚那里收到二百英镑；

（2）平常做我第二个保人的普芬德突然必须到曼彻斯特去几个星期。

除了我家里的病人以外，我自己也有好几个星期受周期性肝病之苦，弄得简直不能握笔。因而为协会写东西的事也耽误了，这自然使我比协会本身更加烦恼。

评论：信中询问维贝尔是否能够向贷款社做自己的担保人。马克思饱受肝病之苦，甚至不能握笔写作，也耽搁了写《支援波兰的呼吁书》，这个呼吁书准备以伦敦德意志工人教育协会的名义发表。

5月29日 致信恩格斯，指出：我的肝肿了，随之带来种种"附属品"，你只要想到这些，就会马上明白，我为什么很久没有写信。最近三个月来，我因为这个该死的东西，吃的苦头比以前任何时候都厉害。说来你不会相信，这对一个人的精神状态有多么大的影响；它使人感到头脑迟钝，四肢麻痹。尤其什么事都不能做，甚至信也不能写。最近两星期，日子又好过一些了。这件事弄得我简直不能写作，尽管一再努力，还是未能完成关于波兰的那篇东西；不过现在我对这样的结果只是感到高兴，因为不然的话，我不但得不到什么直接的好处，反而会失掉到普鲁士去的可能性。

当然，在这期间我绝对不是无所事事，不过是不能工作罢了。我所做的是：努力填补自己在俄国—波兰—普鲁士事件方面的缺陷（外交的和历史的），此外，阅读与我所加工的那部分政治经济学有关的文献，并且作了摘要。这一切都是在英国博物馆进行的。而现在当我的工作能力有所恢复的时候，我想最后卸下这个包袱，把政治经济学誊清付印（并作最后润色）。如果现在我能一人独处的话，事情进展就会很快。无论如何我要亲自把手稿带到德国去。

小燕妮还没有完全复元。讨厌的咳嗽缠上她已经两个星期了。

至于伊戚希，弗莱里格拉特暗中告诉我（并给我看了伊戚希的信），他要求弗莱里格拉特为"新的"运动写首诗，换言之，就是歌颂伊戚希。但是弗莱里格拉特不干。伊戚希在信中写道："几百家报纸每天把我的名字传到德国的穷乡僻壤"。"我的无产者！"云云。既然弗莱里格拉特不歌颂他，他就找了另一位诗人。

小伙子，你的英勇应受赞美！既然这件东西臭虫都嫌臭！

评论：马克思又生病了，肝脏肿大并引起一系列疾病，这极大地影响了马克思的精神状态与工作状态。在工作能力有所恢复的时候，马克思在英国博物馆阅读文献。马克思在开始写信中提到的政治经济学历史部分的摘要之前，已经写完了1861—1863年的经济学手稿的大部分。信中评论了拉萨尔让弗莱里格拉特吹捧他遭到了拒绝，又找了一位诗人吹捧他，对此，马克思表示厌恶。

6月12日 致信恩格斯，指出：伊戚希把他关于间接税的辩护词寄给了我（大概也寄给你了）。个别的地方不错，但整个来说，首先是写得太罗唆，言过其实，使人受不了，而且最可笑地摆出一副博学和了不起的架势。此外，这实质上是"小学生"的拙劣作品,他迫不及待地竭力把自己宣扬为一个"造诣很深的"人和独立研究家。因此,他的作品里有很多历史和理论方面的错误。只要举一个例子就够了(以便你自己没有看这个东西也可以体会):他想博得法庭和公众的敬佩,打算写一种追溯过去驳斥间接税的历史概述,因此在回顾过去时,从布阿吉尔贝尔和沃邦到博丹等等,胡乱引证。于是显出是个不折不扣的小学生。他撇开重农学派不谈,显然,他不知道,在这个问题上亚·斯密等所说的一切都是从重农学派那里抄来的,而且一般地说他们在这个"问题"上是先驱。他把"间接税"看作是"资产阶级的税",也同样完全是小学生气的;间接税"在中世纪"是这样的,但现在不是这样(至少不是在资产阶级已经发展的地方)。这方面比较详细的资料他可以从利物浦的罗·格莱斯顿先生一伙人那里得到。看来这头蠢驴不知道,反对"间接"税的争论是"舒尔采—德里奇"之流的英国、美国朋友的口号,所以无论如何不能作为反对他们,即反对自由贸易论者的口号。把李嘉图的一个原理运用于普鲁士的土地税,也完全是小学生气的(就是说根本是错误的)。令人感动的地方是,他向法庭奉献出"他的"经过多少"不眠之夜"的苦心钻研,从最深的"科学和真理宝藏"中发掘出的下述发现,即:

在中世纪,占统治地位的是"地产",

在近代是"资本",而现在则是

"工人等级的原则","劳动"或者"劳动的道德原则"。在他向迟钝的手工业者报告自己的发现的同一天,政府高等顾问恩格尔(他完全不知道拉萨尔的事情)在音乐学院向更文雅的公众作了同样内容的报告。拉萨尔和恩格尔互相"书面"祝贺各自"同时的"科学发现。

"工人等级"和"道德原则"确实是伊戚希和政府高等顾问的成就。

从今年年初以来我无论如何也不能下定决心给这家伙写信。

批判他的东西,是浪费时间,况且他还会把每个字都攫为己有,并冒充为自己的"发现"。要戳穿他的剽窃也未免可笑,因为我决不想从他那里夺回我们那些在形式上已被他糟蹋了的东西。但是容忍他大吹大擂和不知分寸的做法也不行。这家伙会马上利用的。

因此,毫无办法,只好等待他什么时候怒气爆发。如果发生这种情况,那我就有了最好的借口,就是他(同政府高等顾问恩格尔一样)经常声明,这不是"共产主义"。那时我将回答他说,这样一再声明——如果我必须同他周旋——使我不得不:

(1)向公众指出,他怎样抄袭我们的东西,抄袭的是些什么;

(2)我们的观点同他的货色如何不同,不同在哪里。

因此,为了不损害"共产主义"也不触犯他,我认为最好是对他完全置之不理。

此外,这家伙之所以这样叫嚷,完全是出于一种虚荣。1859 年这一年他完全属于普鲁士自由资产阶级政党。现在他显然认为在政府的庇护下抨击"资产者"比抨击"俄罗斯人"对自己更为合适。斥骂奥地利人和赞美意大利，正象对俄罗斯人保持沉默一样，向来是柏林人的特点，也就是这个勇敢的好汉所做的。

评论：信中评论了拉萨尔寄来的作品《间接税和劳动阶级的状况》，马克思批评这一作品的拙劣，批评拉萨尔的自我宣扬。信中详细分析了拉萨尔关于"间接税"的错误认识，阐述了间接税在中世纪和近代的不同。马克思在《关于柯克伦在下院的演说的声明》一文中对资产阶级慈善家罗伯特·格莱斯顿的观点进行批判时，继续阐发了对这一问题的认识。信中还告知，拉萨尔于 1862 年 4 月 12 日作的报告《论当前历史时期与工人等级思想的特殊联系》，与政府的高等顾问恩格尔于 1862 年 2 月 15 日在柏林音乐学院作的报告《人口调查及其在科学中的地位和历史中的作用》，内容相同。

6 月 22 日　致信恩格斯，指出："矮子"今天从利物浦写信给我说，钱的事情必须立即最后办妥，也就是说必须作个了结，因为他说不定哪一天会出门去办事，而这件事又必须由他亲自办理。说真的，你不得不为我对矮子承担某些责任，使我感到很不愉快。但又有什么办法呢？

我所有时间都花在英国博物馆里，而且直到月底都会是这样，因为单单为了我的"肝脏"，我也必须尽可能避免听到家里人由于外部的压力而必然发出的怨言。只要能有一个安静的环境，我就一定着手誊清我那可咒的书，我想把它亲自带到德国去，并在那里出版。做完这件事以后，才能有时间同巴黎和伦敦联系关于法文翻译或英文修订的问题。单是伊戚希就迫使我们不能再让我们的巨著搁置起来了。

评论：信中请恩格斯帮助处理德朗克提供的钱的事情，同时对于麻烦恩格斯表示了歉意。马克思告知这段时间一直在英国博物馆继续写作《政治经济学批判》，这部著作能够批驳拉萨尔的错误观点。

7 月 6 日　致信恩格斯，指出：首先非常感谢你的二百五十英镑。德朗克大约四个月以前寄来过五十英镑，今天寄来了二百英镑。

小燕妮可惜一直没有复元。咳嗽还没有好，她太"虚弱"了。

帕麦斯顿在波兰事件上玩弄他的老手法。交给俄国人的照会，其原件是从彼得堡送到伦敦的。帕麦斯顿收买了乌尔卡尔特那里的亨尼西，给这个爱尔兰流氓在法国的一条英法合资经营的铁路上找了一个肥缺（一个高薪的闲职）。此地政客们卖身投靠的行径，远非大陆上所能比拟。不论我们或法国人，都想象不到会有这样恬不知耻的情况。关于"扎莫伊斯基伯爵"，我已经向乌尔卡尔特分子再三谈过，说这个家伙在 1830 年至 1831 年间出卖了波兰人，他派一个满员的军，不是去对付俄国，而是越过了奥地利的边境。由于他老是私人同帕姆搞阴谋诡计，现在这些人终于对他产生了怀疑。

南军对北军的征讨，我看是里士满的报纸及其追随者掀起的叫嚣迫使李进行的。

我认为这是一种绝望的举动。不过，这场战争会拖下去，而且从欧洲的利益来看是很合心意的。

伊戚希给我寄来了一本他新出的小册子——他在美因河畔法兰克福的演说。我现在每天必须花十个小时去搞政治经济学，所以不能要求我把自己余下的时间消磨在阅读他的小学生练习上。因此，暂时只能放在一边。有空时我研究微积分。顺便说说，我有许多关于这方面的书籍，如果你愿意研究，我准备寄给你一本。我认为这对你的军事研究几乎是必不可缺的。况且，这个数学部门（仅就技术方面而言），例如同高等代数比起来，要容易得多。除了普通代数和三角以外，并不需要先具备什么知识，但是必须对圆锥曲线有一个一般的了解。

附上一份"经济表"，这是我用来代替魁奈的表的，天气很热，但是你如果有可能，就仔细看一看，如有意见就告诉我。这个表包括全部再生产过程。

你知道，亚当·斯密认为，"自然价格"或"必要价格"由工资、利润（利息）和地租构成，也就是全部分解为收入。李嘉图也承袭了这种谬论，不过他把地租当作只是偶然的现象排除出去了。几乎所有的经济学家都接受了斯密的这种见解，而那些持不同见解的人，又陷入了另一种荒唐见解之中。

斯密自己也感到，把社会总产品分解为单纯的收入（可能每年都被消费掉）是荒谬的，而他在每一个单个的生产部门中，把价格分解为资本（原料、机器等等）和收入（工资、利润、地租）。果真是这样，社会就必须每年都在没有资本的情况下从头开始。

至于讲到我的表（这表将作为概括插在我著作最后某一章当中），要了解它，必须注意以下几点：

1. 数字一律以百万为单位。

2. 生活资料在这里是指每年列入消费基金的一切东西（或指可以列入消费基金而不积累起来的东西，积累不包括在这表里）。

在第 I 部类（生活资料）里，全部产品（700）都是由生活资料组成，按其性质来说不属于不变资本（原料和机器、建筑物等等）。同样，在第 II 部类里，全部产品都是由构成不变资本的商品组成，就是说，由作为原料和机器重新进入再生产过程的商品组成。

3. 上升的线用虚线表示，下降的线用实线表示。

4. 不变资本是由原料和机器组成的那一部分资本。可变资本是换取劳动的那一部分资本。

5. 例如在农业等等中，同一种产品中的一部分（例如小麦）构成生活资料，而另一部分（还是以小麦为例）又以它的自然形式（例如作为种子）作为原料进入再生产。但是，这丝毫没有改变事情的本身，因为这样的生产部门，按一种性质来说，属于第 II 部类，而按另一种性质来说，则属于第 I 部类。

　　评论：信中表达了对小燕妮虚弱的身体的担忧。谈论了帕麦斯顿在波兰事件中的所作所为，认为人们将识破他的真面目。谈论了美国的内战，南军于1863年夏季再次进攻北军，却遭到了失败。马克思认为美国战争拖延下去，符合欧洲的利益。

　　对于拉萨尔寄来的小册子《工人读本。1863年5月17日和19日拉萨尔在美因河畔法兰克福所作的演说（根据速记记录)》，马克思认为这是一个"小学生练习"。

　　信中告知自己正在专心研读政治经济学，并随信寄去自己引用的《经济表》，这个表与马克思的1861—1863年经济学手稿第VVF本第1394页的《全部再生产过程经济表》一致。马克思在《剩余价值理论》中以及恩格斯的《反杜林论》中自己写的第二编第十章中，对魁奈的《经济表》作了详细的分析。魁奈的表是魁奈的《经济表的分析》一书中的社会资本的再生产和周转的图解。

　　8月15日　致信恩格斯，指出：我的工作（整理手稿，准备付印），一方面进行得很好。我觉得这些东西在最后审订中，除了一些不可避免的G—W和W—G以外，已经变得相当通俗了。另一方面，虽然我整天整天地写，但是进展得并不象我久经磨炼的耐心所希望的那样快。无论如何，这比起第一部来要容易懂百分之百。总之，现在我看着这整个庞然大物，而且回想起我曾不得不把一切统统推翻，而历史部分甚至要根据一部分以前根本不知道的材料去加工时，就感到伊戚希的确可笑，"他的"政治经济学居然已经完成了。可是，从他迄今所写的一切东西看来，他只是个大言不惭地、喋喋不休地把一些原理当作最新发现奉献给世人的中学预科学生，这些原理我们早在二十年前就已经交给我们的拥护者象辅币一样流通，并且成效比这要大上十倍。就是这位伊戚希把我们党二十年之久的排泄物收集在他的肥料厂，准备给世界历史施肥。例如，他在《北极星》刊登了"海尔维格"（他对"劳动原则"确实保持着柏拉图式的爱）的贺信。这家《北极星》的主编是那个败完了钱财的布龙，他是拉萨尔从布林德那里收买来的。又例如，伊戚希任命"莫泽斯·赫斯"为他的"莱茵省总督"等等。他一直念念不忘要弗莱里格拉特歌颂他，而后者丝毫不想这样做。他又通过他莱比锡的"总督"恳请弗莱里格拉特这样做，并向他指出格·海尔维格的好榜样。但愿他知道，弗莱里格拉特和我对这次新的谋害是怎样嘲笑的啊！

　　这里的庸人们对《泰晤士报》十分恼火，因为这家报纸在同盟派公债问题上骗得他们昏头转向。现在这些俗物该明白了，正如科贝特早已揭露的，《泰晤士报》不过是一家"商业企业"，只要决算对它有利，它对决算是怎样作出的毫不介意。《泰晤士报》的这些家伙，例如，詹·斯宾斯（据《里士满消息报》说，"这个人已经得了硬币"）所得的公债券，一部分没有花钱，一部分是按照票面价格打了对折。他们靠广告把行情抬高到一百零五，做了一笔很不坏的买卖。

　　我认为美国首先努力占领余下的港口，如查理斯顿、谋比耳等，是非常重要的，因为美国每天都可能同布斯特拉巴发生冲突。这个当上了皇帝的托尔梅斯河的拉萨里耳奥现在不仅是在讽刺他的伯父，而且也在讽刺他自己。因为墨西哥的"全民投票"不仅对那次使他本人成为法国人的全民投票是极好的讽刺，而且对那次使尼斯和萨瓦归属法国的全民投票也是极好的讽刺。我认为，他无疑会因墨西哥的问题招致毁灭，如果他在此以前不被绞死的话。

波兰事件就是被这个布斯特拉巴和他的阴谋对查尔托雷斯基派造成的影响完全搞坏了。拉品斯基上校同巴枯宁一起漂流，在瑞典海岸被帕麦斯顿很妙地阻拦住以后，几天以前回来了，他对华沙、伦敦、巴黎各委员会完全处于波拿巴—查尔托雷斯基的影响下，牢骚满腹。

顺便告诉你，自从你论英国的著作出版以来，到现在才终于出现了"童工调查委员会"第二号报告。从报告中看出，通过工厂法从某些工业部门排除的一切残暴行为都更加穷凶极恶地扑向自由领域。全部报告都出来以后，就可以给你的著作作一个极好的补充。

评论：信中介绍了经济学手稿的写作进展，表示并不是很快。1861—1863 年马克思写完了经济学手稿以后，就直接着手准备写《资本论》各卷。1863—1867 年他重写了《资本论》第一卷。同时，确定了比较完整的《资本论》第二、三卷的正文。由于种种原因，马克思后来未能完成这些工作。马克思去世后，《资本论》第二、三卷由恩格斯做了大量工作，得以发表、出版。

信中批判了拉萨尔，谈论了美国形势以及波兰事件，并告知，人们已经认清了《泰晤士报》，是由于科贝特的《波旁王朝的战争和伦敦的报纸》一文。科贝特在这篇文章里揭露《泰晤士报》是做生意的康采恩；是为了赚钱的康采恩。

信中谈论了法国占领墨西哥城。法国干涉者于 1863 年占领了墨西哥城以后，召开了由三十五人组成的最高政府洪达。洪达成员都属保守党。洪达也召开了由二百一十五个保守党人组成的名流大会，对宣布墨西哥是以拿破仑第三的傀儡——奥地利大公马克西米利安为首的"帝国"一事进行表决。马克思讥讽地称这次决议为"全民投票"。

信中还谈到了拉品斯基率领的二百名左右的波兰人、法国人和意大利人所组成的队伍的远征。马克思说拉品斯基满腹牢骚。远征参加者的轮船于 4 月到达马尔摩港口后，被瑞典当局扣留。6 月 18 日远征又继续进行，但遭到船只遇险以及队伍部分人员死亡，拉品斯基随后同远征队回到伦敦。在瑞典赫尔辛堡港口参加远征队的巴枯宁试图同瑞典和芬兰的革命者建立联系。

信中还介绍了《童工调查委员会（1862 年）。委员会委员的第一号报告书》于 1863 年在伦敦出版以后，终于出版了第二号报告。马克思在信中认为这些报告是恩格斯在他的《英国工人阶级状况》一书中所利用的一系列报告的发展。

9 月 12 日 致信恩格斯，指出：我的全家人回来已经有十天左右了。小燕妮身体恢复得很好，也不咳嗽了。她现在在家里洗海水浴，即用掺海盐的水洗浴。我每天早晨也在家洗浴，大约已有两个月了。从头到脚用冷水淋洗，从那时候起，我觉得身体好些。

我在这里结识了一个最有趣的人物拉品斯基上校。无疑，他是我至今所结识的人中最机智的波兰人，而且是个实干家。虽然从举止和语言说他是法国人，但是他完全同情德国人。他只承认有种族斗争而不承认有民族斗争。他仇视所有的东方人，并且不偏不倚地把俄罗斯人、土耳其人、希腊人、阿尔明尼亚人等等统统列为东方人。有一段时期他在这里同乌尔卡尔特交往，而现在不仅称他为"骗子"，而且甚至完全不公道地怀疑他是否正直。

乌尔卡尔特和拉品斯基在英国所炫示的那两个"切尔克西亚"公爵，都是奴才。拉品斯基断言乌尔卡尔特受扎莫伊斯基的愚弄，而这个人自己又是帕麦斯顿的工具，因而间接地是俄国大使馆的工具。他说他虽然生来是个天主教徒，但是他（拉品斯基）非常怀疑乌尔卡尔特和英国天主教主教们之间的关系。当需要"行动"的时候，——例如，装备波兰军团以侵入切尔克西亚的领土（拉品斯基也认为这是最好的牵制行动）——乌尔卡尔特在扎莫伊斯基的影响下对此拒绝协助。总之，他只能"空谈"。他是个"撒谎大家"，而这位（拉品斯基）特别不能饶恕他的是：他不事先征询他（拉品斯基）的意见，就使他成为他的撒谎的同伙人。据说，在切尔克西亚没有一个人知道乌尔卡尔特，他不懂那里的话，在那里只逗留过二十四小时。拉品斯基为了说明乌尔卡尔特的幻想，举出一件事实作为例子：乌尔卡尔特向他吹嘘过，说是他（乌尔卡尔特）击溃了英国的宪章运动！

在华沙又对国民政府进行了清洗。由于波拿巴—帕麦斯顿的阴谋，查尔托雷斯基派偷偷钻进这个政府。其中三个人现在被刺杀，其余的人暂时也被吓住了。（查尔托雷斯基派中为首的是梅林斯基）。从康斯坦丁大公本人接受国民政府出国护照的情况可以看出，国民政府有多大的力量。据拉品斯基说，赫尔岑和巴枯宁完全泄了气，因为俄罗斯人只要擦伤一点皮，就仍然变成了鞑靼人。

拉品斯基说，对波兰农民这个"自古以来的反动暴徒"在最初时期只好不去触动。但是，现在他们已经成熟，人人一定会响应政府号召举行起义。

照他的话说，要是没有奥地利，运动早就毁灭了，而且如果奥地利认真封锁边界，起义在三星期内就会完蛋。但是奥地利在对波兰人干某种卑鄙勾当。弗兰茨·约瑟夫仅仅因为绝望才去法兰克福，他知道俄国、塞尔维亚、罗马尼亚、意大利、法国、匈牙利和普鲁士的炸弹在威胁着他，而且据说也是由于这个原因，教皇公布了他的最近关于保护波兰的信件。

拉品斯基告诉我，丝毫也用不着怀疑，不仅是班迪亚，而且还有施泰因、图尔、克拉普卡和科苏特都同俄国有协议。

他目前在伦敦的目的，是要建立一个哪怕只有二百人的德国军团，这个军团将打着黑、红、黄三色旗去反对波兰的俄国人，一方面是为了"激怒"法国人，另一方面是为了看看，是否有什么办法可以使在德国的德国人觉醒过来。

所缺的是钱。因此他们在这里试图利用德国的一些协会等团体。你比别人更知道在曼彻斯特这方面是否能有所作为。事情本身是极好的。

评论：信中告知恩格斯小燕妮在海水浴疗养后身体恢复得很好。向恩格斯介绍了来自波兰的拉品斯基上校，向他介绍了一些关于乌尔卡尔特的情况，俄国革命者赫尔岑、巴枯宁的情况。马克思认为拉品斯基上校在伦敦的目的是以德国民族统一运动去反对波兰的俄国人。

信中还谈论了奥地利和波兰的纠葛。1863 年 8 月，由奥地利创议，在美因河畔法兰克福召开了德意志各邦君主会议，讨论德意志联邦改革草案。由于威廉一世拒绝参加会议，会议毫无结果。奥地利在同普鲁士争夺德意志霸权的斗争中越来越处于不利局面。罗马教庭指责波兰解放起义为"反宗教暴乱"，为了自己的私利试图把这次起义说成为争夺天主教会权利的斗争。信中谈到的教皇公布的关于保护波兰的信件是指罗马副红衣主教颁布的关于 9 月初为保卫波兰而举行游行示威和祷告的敕令。

12 月 2 日 致信恩格斯，指出：两小时前接到我母亲去世的电报。命运向我们家要一个人。我自己已经一只脚踏进坟墓了。在现在情况下，我无论如何暂时比老人更有用点。

为了处理遗产问题，我必须去特利尔。我原来很怀疑，艾伦是否允许我去，因为我在三天前才开始每天散步半小时以恢复健康。

可是，艾伦给我两大瓶药，认为我这次出门甚至是有益的。伤口还在化脓，不过在整个旅途中帮我换药的好心人有的是。

评论：信中告知接到母亲去世的电报，马克思在自己的身体刚刚恢复健康的情况下为了处理遗产问题需要去特利尔。

12 月 4 日 致信恩格斯，指出：非常感谢你寄来的十英镑，还有后来寄到的波尔图酒。它对我产生了奇效。除葡萄酒以外，我每天（到今天为止）要灌一夸脱半的最烈性的伦敦黑啤酒。我看，写起小说来倒是不坏的题材。

关于"海水环绕的"地方，我完全同意你的意见。显然，整个继承权问题只有外交上的意义。至于丹麦，我认为，既然俄国军舰在丹麦国会表决时对它进行威胁，那丹麦对伦敦条约就不承担义务。附上乌尔卡尔特派的谬论，即鲁·施拉姆的谬论，以及丹麦的抨击性小册子，这本书起码有两点是很有趣的：（1）关于作为什列斯维希—霍尔施坦运动发难者的好汉们；（2）关于霍尔施坦农民的状况。

在今天的《泰晤士报》上，在"什列斯维希—霍尔施坦"这一栏，你会看到图迪希乌姆博士的一篇东西，是胡诌德国历史的典型。

我一定能够在德国给你找到出版商，你马上就着手写吧！

评论：信中对恩格斯的经济资助和波尔图酒表示感谢，并告知身体还很虚弱。

信中探讨了什列斯维希—霍尔施坦问题，认为丹麦不必对伦敦条约承担义务。伦敦条约是指关于丹麦君主国领土完整问题的伦敦议定书，在议定书中，俄国的皇帝被提到是丹麦王位的合法追求者之一，他们为了被宣布为丹麦国王弗雷德里克七世的继承人克里斯提安·格吕克斯堡公爵（后来的国王克里斯提安九世）而放弃了自己的权利。这就造成了以后在格吕克斯堡王朝终结时俄国沙皇要求丹麦王位的先例。信中建议恩格斯着手写作这一问题，信中还告知自己因遗产问题要去荷兰见表舅。

12月22日　致信恩格斯，指出：你从地址可以看出我又到了荷兰，我是昨天安抵这里的。在特利尔，我母亲遗下的票据和什物都加封了，现在还不能启封，因为荷兰委托书仍然没有到达，还要经过极繁琐的公文手续。我给特利尔法院留下了给我妹夫康拉第的委托书，就到这里的"总司令部"来了，因为，第一，绝大部分财产在我表舅手中，第二，他是遗嘱执行人。但是我要得到我的那份钱，至少还要五六个星期。而1864年1月10日我妻子要付给肉商一笔十英镑的账（是期票），如果你能照顾一下，我将很高兴。

我的痛已经完全好了，但是背上因为生了疖子还得受很多苦，譬如昨天我就整夜没有合眼，而我从美因河畔法兰克福来到这里，由于旅途劳累，本来应该美美地睡一觉的。我的表妹夫是这里唯一的医生和市医官，所以我不会缺医少药。

如果你现在在写你的小册子，最好补充一些事件，也别忘了写上普鲁士政府、进步党人和1815年以来真正怙恶不悛的什列斯维希—霍尔施坦骗子们的一连串丑事。

评论：1863年12月7日马克思因母亲去世前往特利尔，然后到美因河畔法兰克福探望亲戚，接着因遗产问题前往荷兰去母亲的遗嘱执行人、舅舅莱昂·菲力浦斯处。在这期间，马克思在扎耳特博默耳患疖病而休养，直到1864年2月19日才返回伦敦。信中介绍了在荷兰见到表舅的情况以及身上患疖子的苦痛。还介绍了旅途情况，并告知没有见到一个书商。信中还对恩格斯撰写什列斯维希—霍尔施坦问题提出一些具体建议。

12月27日　致信恩格斯，指出：上星期三我写信给你，谈到我又生了疖子和那"痛苦"度过的一夜。第二天，范·安罗伊医生发现，在疖子旁边又长了一个可恶的痛，恰好长在原先那一个的下面。从那时起——姑且不谈这次发现使我在精神上留下的不愉快印象——我一直经受着剧烈的疼痛，特别是在夜里。我表舅，这个非常出色的老头，亲自给我贴膏药和上泥罨剂，而我的那位长着一对厉害的黑眼睛的、可爱而伶俐的表妹，无微不至地关怀我和照顾我。然而，在这种情况下我很想回家，不过由于我的身体状况，这一点暂且连想都不用想。医生向我展示了愉快的前景：由于这种讨厌的病是慢性的，所以我将带痛消磨掉1月份的大部分时间。什么时候我的健康状况允许我去伦敦，这由他决定。我背上的第二个坏东西，目前远没有象在伦敦生的第一个那样厉害。我还能写信，你就可以看出来了。

同时，一出大戏将要演出，它一开场就将是维护"合法"公爵的运动，大吵大嚷地要求得到第三十六个国君，这对德国来说未免可笑。

那群在美因河畔法兰克福聚会、着了议会迷的狗东西们，不加讨论就否决了波兹南的一个德国人提出的决议案，在这个决议案中对德俄关系问题的实质作了很明智的论述。

评论：信中讲述自己患疖子的痛苦，这使马克思必须在扎耳特博默耳治愈后才能回伦敦。信中马克思对出现一个新的德意志"国君"一事进行了讽刺。1863 年11 月16 日弗雷德里克·奥古斯滕堡亲王宣布自己为什列斯维希—霍尔施坦公爵，号称弗里德里希八世。马克思讽刺地称他为第三十六个国君，实际上德意志联邦包括三十五个君主国和四个自由市。信中谈论了 1863 年 12 月底，为解决什列斯维希和霍尔施坦问题而在美因河畔法兰克福召开联邦议会的会议，普、奥代表受命不参加波兰问题的讨论。马克思认为这个决议案对德俄关系问题的实质作了很明智的论述。

1864 年

1 月 20 日　致信恩格斯，指出：谈到拉撒路，不禁使我想起勒南的《耶稣传》。在某些方面，这简直是一部充满了泛神论的神秘主义幻想的长篇小说。这本书与它的德国前辈相比，还是具有某些长处，而且书并不太厚，所以你应该读一读。这自然是德国人研究的结果。非常值得注意。在荷兰这里，德国的神学批判的思潮非常流行，以致牧师在传教台上公开宣扬这种思潮。

我希望什列斯维希—霍尔施坦的事在德国内部引起冲突。俄国非常了解自己的走卒奥地利人和普鲁士人，这可以从《彼得堡报》敢于在这个时刻发表华沙议定书这种厚颜无耻的态度中看出来。

德意志各小邦君主十分认真地对待虚张声势的什列斯维希—霍尔施坦运动。他们确实认为，德国有了他们还不够，所以德国渴望再立第三十五个王位。

评论：信中讲到旧伤治好后，又长出新的大疖子，这使马克思十分不方便和痛苦。信中评论了勒南的《耶稣传》，认为这是一部充满了泛神论的神秘主义幻想的长篇小说。信中告知，德国的神学批判思潮在荷兰非常流行。还谈论了什列斯维希—霍尔施坦问题在德国内部引起的冲突。在这个时候，俄国的《圣彼得堡报》竟然发表了华沙议定书。这个议定书确定了丹麦王位的领地（包括什列斯维希和霍尔施坦两公国在内）不可分割的原则。马克思认为俄国沙皇厚颜无耻。

3 月 29 日　致信莱昂·菲力浦斯，指出：普鲁士政策之所以难以理解，纯粹是由于一些人的偏见，他们硬给这种政策加上重要而远大的目标和计划。同样地，例如，摩门教徒的圣经也很难理解，这正是因为它一点意义也没有。首先，普鲁士人曾打算使军队变得深得人心，早在1848年的什列斯维希—霍尔施坦战役就是为了这个目的。其次，这使德国人志愿队、民主派和各小邦失去立足点。最后，普鲁士和奥地利必定会给同它们一鼻孔出气的丹麦国王提供机会，使他能够借用外来压力迫使丹麦人在内政和外交上作出某些让步。奥地利自然不会答应普鲁士扮演主要角色，并且它已趁机同它结成更紧密的同盟以防其他意外事件。

4月12日将在伦敦召开会议。在万不得已时会议将通过关于什列斯维希和霍尔施坦同丹麦合并为君合国的决议，也许这种合并的规模还更小些，而决不是更大些。尽管硝烟弥漫，铅弹呼啸，鲜血流淌，但整个事情之卑劣，单从这么一点就可看出来，即直到现在普奥既没有向丹麦宣战，丹麦也没有向普奥宣战。要混淆视听，自然再没有比出兵征讨，让战马咆哮、大炮轰鸣更好的手段了。

然而，严重的冲突也许为期不远了。由于不仅在巴黎存在着强烈的不满情绪，而且在选举中也特别尖锐地表现出这种情绪，波拿巴现在感到几乎不得不又要强使自己的士兵向外贩卖"自由"了。而且这次普鲁士已经为他开辟了道路。

加里波第的英国之行，以及这里各方面对他发出的响亮的欢呼声，只不过是，或者至少应该是新的反奥起义的序曲。奥地利在什列斯维希—霍尔施坦问题上是普鲁士的盟国，通过在加里西亚实行戒严而成为俄国人的盟国，自然使自己的对手很容易玩弄把戏。在波兰、匈牙利和意大利当前的形势下，在德国人民现时的情绪下，以及在英国采取完全不同的立场的情况下，新的神圣同盟甚至会允许小拿破仑扮演大拿破仑的角色。现时最好是保持和平，因为任何战争都会推迟法国的革命。

真见鬼！还有什么能比这种政治棋局更愚蠢的呢！

评论：信中和舅舅谈论了一系列话题。谈论了普鲁士的政策。1848年春在什列斯维希和霍尔施坦发生了反对丹麦统治、主张与德意志合并的民族解放运动。普鲁士干涉丹麦，但是实际上普鲁士政府并不想捍卫什列斯维希和霍尔施坦民族解放运动的利益。1848年8月26日签订的停战协定，实际上仍保存了丹麦的统治。1849年3月底重新开始的普鲁士和丹麦战争依然是丹麦胜利。什列斯维希和霍尔施坦仍归属丹麦王国。奥地利是普鲁士的盟国。奥地利在加里西亚实行戒严，使波兰起义者得不到任何援助。信中，马克思认为在1863年5月31日至6月1日法国立法团的选举中，已经尖锐地表现出不满的情绪，冲突已经为期不远了。

4月19日　致信恩格斯，指出：4月1日愚人节的特权，这一次至少在伦敦展延到整个4月份。加里波第和帕麦斯顿在伦敦的墙上永远（!）不朽了。加里波第会见帕姆，会见克兰里卡德，并且在英国的警察的赞扬声中在水晶宫露面！在英国没有密探！邦迪埃拉兄弟可以在这方面谈些情况。加里波第和"卡尔·布林德"！后面这个患脑水肿的虱子，发挥出多么高超的妄自尊大的天才！据《雅典神殿》报道，"卡尔·布林德先生参加了莎士比亚委员会"！可是这个家伙对莎士比亚一窍不通。我不得不竭力反对，而且看来我完全失去了维贝尔的尊敬。因为工人协会（在维贝尔的怂恿下）想要我写一篇致加里波第的欢迎词，然后同代表团一起去见他。我断然拒绝了。

会议明天开幕，条顿人会醒悟过来的。科勒特请我在星期四接待他，同时给我寄来了一大批关于什列斯维希—霍尔施坦—劳恩堡的臭事的德文著作。因此，明天我必须认真地研究这些讨厌的材料，以便准备同这个能背诵全部系谱等等的家伙谈话。你大概已经注意到，可怜的迪斯累里竭力想使帕麦斯顿不必花力气在即将到来的会议上去答复奥斯本和金累克关于什列斯维希—霍尔施坦问题的质问。昨天迪斯累里宣称，他将提出先决问题。两三年来，他总是在一切严重的事件（例如，阿富汗事件）中帮老帕麦斯顿摆脱困境。

加里波第可怜（也就是说愚蠢）到什么程度，——其实他几乎被约翰牛拥抱死了，——你可以从下面的事实中看出来，自然这件事大家还不太知道。

在布鲁塞尔革命者的秘密会议（1863 年 9 月）上——加里波第是名义上的领袖——曾经议决，加里波第应去伦敦，但要化名，以便使这个城市措手不及。然后，他应该最坚决地出来捍卫波兰。可是他没有这样做，却同帕姆亲密无间！莎士比亚在《特洛埃勒斯和克蕾雪达》中说："我宁愿做一只羊身上的虱子，也不愿做这么一个没有头脑的勇士"。

评论：信中认为英国政府对加里波第的欢迎是虚伪的，马克思拒绝了伦敦德意志工人教育协会请他写一篇致加里波第的欢迎词，然后同代表团一起去见他的邀请。马克思认为，加里波第不明真相。信中谈到了被杀害的邦迪埃拉兄弟。1844 年詹姆斯·格莱安当大不列颠内务大臣时，下令英国邮政管理局容许警察暗中检查意大利流亡革命家的信件，他们从居住在伦敦的马志尼的信件中，发现了邦迪埃拉兄弟给马志尼的信，他们在信中说明了他们计划远征卡拉布里亚，计划起义。邦迪埃拉兄弟在进行远征时被捕并被枪杀。

信中告知，在 1864 年 4 月 9 日《雅典神殿》第 1902 期上，看到布林德参加了莎士比亚委员会的报道。

马克思告知，一再拖延的列强会议第二天开幕。1864 年 2 月底，普鲁士军队侵入日德兰以后，英国政府担心战场扩大，就提议在伦敦召开会议。会议的任务是调解丹麦、普鲁士、奥地利的冲突和解决什列斯维希和霍尔施坦两个公国的命运问题。会议刚一闭幕，普奥两国就在丹麦领土上立即恢复了军事行动。

信中告知，小燕妮虽然依然在生病，但对于乔迁新居非常兴奋。马克思家在他母亲去世后得了一笔不大的遗产，于 1864 年 3 月间迁往伦敦西北的新居。

5 月 26 日 致信恩格斯，指出：使我感到十分惊"喜"的是，今晨发现在我胸部又有两个"可敬的"疖子（昨夜我就不能入睡了）。请问一下龚佩尔特，我该怎么办。我现在不愿服铁剂，因为我本来血就往头部涌。我也不想去找艾伦，因为我最怕又开始一次正规的治疗，这在目前会妨碍我的工作，而我却必须最终结束这个工作。别人从外表看总说我健康，相反，我一直感到有点不舒服，而且我在分析比较困难的问题时总要费很大的劲，看来也是由于这种非合适感觉。请原谅我用斯宾诺莎的这个术语。我们的可怜的鲁普斯的书籍寄到伦敦来了吗？书没有寄到使我感到不安，因为——如果我理解得正确的话——你的货栈管理员本应在星期四（上星期四）就把书寄出了。

格兰特的军事行动你怎么看？《泰晤士报》自然只赞扬李在退却后面隐藏的战略。杜西今天早上说：“我说，它准认为这是够精的。”我最希望的是巴特勒成功。如果他先攻入里士满，那就有无可估量的意义。如果格兰特不得不退却，那就糟了，但是我认为，他知道自己所干的事情。无论如何，向肯塔基州、维克斯堡的第一次进军以及布莱格在田纳西州所受到的打击，都应该归功于他。

附上琼斯的便条，你可以为此改天邀请他。

评论：信中讲述自己患疖子的痛苦，以及担心治疗会耽搁工作。信中询问沃尔弗的藏书是否寄到伦敦。在他死后，按照遗嘱，这些书赠送给马克思。信中询问美国战争中格兰特的军事行动。1864 年 5 月初，在弗吉尼亚的格兰特的军队向南部同盟的首都和主要据点里士满发动新的进攻。信中马克思说的《泰晤士报》对这次战役的评论，是指 1864 年 5 月 25 日和 26 日的社论，社论赞扬了在格兰特的军队进攻弗吉尼亚期间指挥南军的李将军所采取的战略。信中附上了厄内斯特·琼斯的便条。琼斯在 1864 年 5 月 23 日给马克思的便条中，表示因他外出未能与马克思和恩格斯会面而深感遗憾。那时马克思因沃尔弗生病和逝世曾在曼彻斯特逗留。

6 月 3 日　致信恩格斯，指出：现附上：

（1）拙劣文稿一篇，这是凯特贝尼这头蠢驴今天从布鲁塞尔按印刷品寄给我的；

（2）《莱茵报》的剪报，上有埃尔斯纳写的一篇哀悼鲁普斯的文章，埃尔斯纳现在是《布勒斯劳报》的编辑之一，《莱茵报》是从该报转载这篇文章的。

（3）《莱茵报》的另一页剪报，请你注意《封建社会主义》这篇文章。

（4）一个姓克林格斯的人从佐林根寄给一个姓莫尔的一封信。为了使你看懂这封信，告诉你以下的情况：莫尔（另外还有他的一个同伴）是佐林根的一个工人，他（同刚才提到的那个同伴一起）逃避了四个月的监禁（去年拉萨尔的演说造成的后果）。克林格斯也是工人，是伊戚希男爵在佐林根的全权代表。

这两个逃出来的佐林根人来看过我，向我叙述了他们对伊戚希的热情，并且讲到伊戚希上次在佐林根的时候，工人是怎样被套上他的马车的。他们自然认为，我们俩与伊戚希是完全一致的（他上次在爱北斐特逗留的时候作了关于鲁普斯的演说）。他们告诉我，克林格斯是同盟盟员，而且莱茵省伊戚希运动的所有工人领袖也都是同盟盟员；他们一如既往都是我们的坚决拥护者。莫尔还把克林格斯的信给我看，我问他是否同意把这封信留在我这里，以便转寄给你。他作了肯定的回答。所以不用把信退还了。自然，我没有详细向这些人说明我们和伊戚希的关系，或者确切些说，我们同他并没有关系，而只是向他们作了一点很隐约的暗示。

当我看伊戚希的《雇佣劳动和资本》时，我不止一次地问自己："这是怎么回事"。问题是这部著作的基本原理，在我看来每一个字都很熟悉（虽然作了伊戚希式的乔装打扮），而又不是直接从《宣言》等里面抄袭来的。正好，几天前我偶尔翻阅了我在《新莱茵报》（1849 年）上发表的关于雇佣劳动和资本的一组文章，这些文章实际上是单纯地重印了我 1847 年在布鲁塞尔工人协会上所作的几次演讲。正是在这里，我发现了我的伊戚希的灵感的直接来源。出于我对他的特别的友谊，我将把《新莱茵报》上的所有这些东西作为注解印在我的那本书的附录里，自然要想出一个借口，丝毫不暗示伊戚希。他对此未必会感到高兴。

顺便谈谈。朋友弗莱里格拉特自然是哪里能得到荣誉就往哪里跑。请看一看埃尔斯纳的哀悼文章。请回忆一下哈尼在施拉姆墓前的演说。现在在纽约可以看到一本定价很贵的《革命编年史》，是由纽约的一个社团出版的，书中反映了自目前内战爆发以来的所有事件和文件等。好！这部编年史免费分送给大约二三十个人（包括欧洲各个图书馆），其中有：英国女王、约·斯·穆勒、科布顿、布莱特以及弗莱里格拉特。弗莱里格拉特将这件事告诉了我，并说，美国佬"使他非常高兴，并且向他表示敬意"，他把随书寄来的信和附于信中的印就的受赠人名单给我看。我很想知道，这个好汉给美国佬做了些什么，或者他可能做什么和想做什么。但是一般的规则是：弗莱里格拉特应该代德意志民族受到尊敬，因为这位高尚的公民是如此高尚地保持中立；不过，他的确"什么也没有学会"。

评论：随信附了一些材料。包括凯特贝尼打算作为对科苏特的答复而发表的那封《公开信》；凯特贝尼请马克思协助把《公开信》发表在德国和英国报纸上。告知埃尔斯纳写的一篇哀悼鲁普斯的文章《囚室中的沃尔弗》刊载于《布勒斯劳报》，并转载在《莱茵报》上。刊载一位不知名的作者写的《封建社会主义》一文的《莱茵报》；文章报道了普鲁士反动派向工人运动谄媚的丑行。马克思请恩格斯注意《封建社会主义》这篇文章。

信中介绍了克林格斯的一些相关情况，马克思认为，他和自己与恩格斯不同。克林格斯在 1864 年 5 月 27 日写给工人弗·莫尔和尤·梅耳希奥尔的信中，讲述了在德国庆祝全德工人联合会成立一周年和在提到马克思和恩格斯名字时工人们非常热情。信中还讽刺了参加 1848—1849 年革命的弗莱里格拉特于 1859 年年底脱离无产阶级及其战友这件事。

6 月 7 日 致信恩格斯，指出：昨天收到李卜克内西的信，现附上，它在某些方面会使你感到兴趣。你应当按我寄给你的同类信件那样，把它归入档案。我立即给李卜克内西写了复信，整个说来称赞了他的做法，只是责备他在谈到打算筹办的拉萨尔的报纸时所提出的荒谬条件，即要我们参加进去；幸而现在他们已经放弃了这种打算。我向他解释说，尽管我们从策略上考虑暂时不干涉拉萨尔的行动，但是我们无论如何不能把自己同他混在一起……这星期内，我将给他（李卜克内西）寄点钱去。这个可怜人的境况看来非常糟。他是好样的，他长期留在柏林对我们来说十分重要。

波克罕给我看了现在住在维也纳的伟大的奥尔格斯的信。奥尔格斯宣称，奥格斯堡《总汇报》的"脑软化""获得了胜利"，"分立主义"取代"日耳曼主义"在该报占了统治地位，奥格斯堡《总汇报》的四个所有人之一对他（"伟大的奥尔格斯"）"几乎"进行了"人身侮辱"，长期以来他受到束缚，但是现在他终于出来说话了，云云。奥尔格斯真是罪有应得。这个家伙在福格特事件中对我们的所作所为是十分卑鄙的。

至于丹麦事件，俄国人的处境十分困难。俄国人以最诱人的诺言把普鲁士引入了战争，答应只要在波兰事件中能够得到普鲁士继续不断的援助，它就可以换得占领什列斯维希—霍尔施坦的美好前景。现在，美男子威廉扮演着征服者威廉的角色，要对付他，当然不能象对付他天才的前辈那样容易。从帕麦斯顿方面来说，他的手脚由于女王而受到束缚。俄国人和他们的帕姆想推动波拿巴去充当反对德国人的替罪羊，波拿巴自然有他装聋作哑的理由。不过，即使俄国人同普鲁士可能订有秘密条约，俄国人现在首先必须取得"德国的同情"。所以，在这种情况下，他们完全有可能"牺牲"什列斯维希—霍尔施坦，正象叶卡特林娜二世那样，在第三次瓜分波兰时，她把目前的波兰王国让给普鲁士，宣称这是她那方面的巨大牺牲——自然，附有保留条件，即在适当时候可以收回这一"牺牲"。俄国人现在在高加索采取非常步骤，欧洲以白痴般的冷漠态度加以观望，这一步骤几乎迫使俄国人闭眼不看另一方面在干什么，而且也使他们容易产生这种情况。镇压波兰起义和占领高加索这两件事，我认为是1815年以来最严重的欧洲事件。帕姆和波拿巴现在可以说，他们并没有白白地进行统治，如果说什列斯维希—霍尔施坦战争只是为了转移德国和法国对这些重大事件的注意，那末不管伦敦会议的结局如何，这个战争对俄国人来说已经完全完成了它的任务。从李卜克内西的信中你可以看出，普鲁士自由派的报纸太怯懦了，甚至连普鲁士不断引渡波兰逃亡者这样的事实都不敢确认。俾斯麦用什列斯维希—霍尔施坦事件把他们的嘴完全堵住了。

美国的消息我觉得非常好；特别使我开心的是《泰晤士报》今天的社论，它要证明，格兰特总是挨打，而且由于他的失败，他可能会受到夺得里士满的"惩罚"。

评论：信中告知收到李卜克内西的信并已经复信，他告诫李卜克内西不能和拉萨尔合流，并肯定了李卜克内西留在柏林的重要性。通过波克罕告知的关于开凿苏伊士运河的详细情况，马克思表示想给《自由新闻》写一篇关于1859年开始的开凿苏伊士运河的简讯，后来这个计划没能实现。

信中谈论了丹麦事件、波兰事件、俄国人占领高加索的行动、美国内战等。1864 年 5 月，俄国军队在高加索占领了克巴德地区（现在称作红波利亚纳），那里是穆里德派的最后根据地。高加索山民反抗俄国的战斗胜利了，结束了 18 世纪末由沙皇政府发动的高加索战争。马克思认为这一事件是最严重的欧洲事件。

6 月 16 日 致信恩格斯，指出：我收到了附上的李卜克内西的来信和从《国外消息》中弄下来的关于鲁普斯的材料。李卜克内西现在将收到我的表示"真正的关怀"（象帕特库尔先生在他的秘密报告中所说的）的第二封信。

来顿的一位荷兰东方学家多济教授，出版了一本书，其中证明"亚伯拉罕、以撒和雅各"都是幻想的形象；以色列人是偶像崇拜者；他们在"约柜"里带的是一块"石头"；西缅的宗族（在扫罗统治期间被赶走）迁徙到麦加，在那里造起了供奉偶像的庙宇，向石头顶礼膜拜；以斯拉从巴比伦囚禁中出来以后，编造了从创世起直到约书亚的全部传说，后来为准备改革又写了教规和教条，还论述了一神教等等。

有人从荷兰就这样写信告诉我，而且还说这本书在当地神学家中所以引起很大的轰动，特别是因为多济是荷兰最有学问的东方学家，而且又是来顿的教授！无论如何，在德国境外（勒南、克伦佐、多济等人）正发生着值得注意的反宗教运动。

评论：信中询问恩格斯，在一个比利时词源学家那里发现的一些词的对照有没有价值，包括梵文、歌特文、拉丁文等。告知收到了李卜克内西的来信和匿名文章《回忆共产主义者沃尔弗》。还谈到荷兰东方学家多济教授出版的书《麦加城的以色列人》，这本书在当地神学家中引起了很大的轰动，马克思认为，这显示出德国境外正发生着值得注意的反宗教运动。

8 月 31 日 致信恩格斯，指出：我这里有几封李卜克内西的来信，但是我没有寄出，因为你是否在曼彻斯特，我不能肯定。附上科勒特的拙劣东西，让你开开心，如果你不在，那也没有什么关系。科勒特天真极了；我为他（用奥地利的说法）制造了一篇关于俄国的奢望的长篇论文，他没有刊登，却认为我应对他那篇愚蠢透顶的鬼东西发生兴趣。

关于什列斯维希—霍尔施坦事件，我还没有完全明白，要弄清楚，需要新的事实。神圣同盟的复活，你是正确地预见到了。看来，波拿巴有当"同盟中的第四个人"的巨大"意向"。从波兰起义爆发直到现在，这个人的卑鄙龌龊暴露得最彻底最真切。

我偶然翻阅了格罗夫的《物理力的相互关系》一书。他在英国（而且也在德国！）自然科学家中无疑是最有哲学思想的。我们的朋友施莱登虽然由于某种误会而发现了细胞，但是他却具有追求庸俗口味的天赋秉性。皮佩尔的订婚通知误落在李卜克内西手里，他转寄给了我，现附上。

评论：信中谈到科勒特的文章《俄国对霍尔施坦—哥托尔普的任何要求都是无根据的》，马克思认为这篇文章愚蠢透顶。谈到 1864 年 6 月底至 7 月初，马克思为《自由新闻》报撰文论述俄国由于 1864 年的丹麦战争而采取的立场。信中告知恩格斯，自己已经开始恢复健康，重新工作，并邀请恩格斯来做客，孩子们很期待。

9 月 2 日 致信恩格斯，指出：昨天下午收到弗莱里格拉特的一封信，照抄在下面；从信中你可以看出，拉萨尔在日内瓦决斗中受了伤，生命垂危。就在当天晚上，我去弗莱里格拉特那里。但他没有接到任何新的电报。他顺便告诉我——不要对别人说——，他的银行处在危机中，原因是日内瓦的事情和法济在这件事中搞的鬼。

评论：信中照抄了弗莱里格拉特的信，告知拉萨尔在日内瓦与情敌决斗时受伤了，生命垂危。信中还谈到弗莱里格拉特的银行处在危机中，这是由于日内瓦的事情和法济捣鬼。法济在担任瑞士银行总行行长职务时玩弄财政诡计，在诡计被揭露以后，在选举中遭到惨败。在瑞士政府军队开到日内瓦后，法济逃往法国。弗莱里格拉特是瑞士银行总行伦敦分行的理事。

9 月 7 日 致信恩格斯，指出：拉萨尔的不幸遭遇使我在这些日子里一直感到痛苦。他毕竟还是老一辈近卫军中的一个，并且是我们敌人的敌人。而且事情来得太突然，使人难以相信，这样一个爱吵爱闹、非常好动、不愿安宁的人现在却永远无声无息，不再言语了。至于造成他死亡的原因，你说得完全对。这是他一生中许多次轻率行为中的一次。无论如何，使我感到痛心的是，近几年来我们的关系变暗淡了——当然，这是他的过错。另一方面，使我感到很欣慰的是，我没有受来自各个方面的挑拨的影响，在他的"得意年代"一次也没有反对过他。

真见鬼，我们这一伙人，变得越来越少了，又没有新人增加进来。不过，我确信，如果拉萨尔在瑞士不同那些军事冒险家和戴黄色羔羊皮手套的革命者周旋，就决不会发生这种惨剧。但是非常不幸的是，他总是想要到这个欧洲革命的科布伦茨去。

"巴伐利亚公使的女儿"不是别人，就是柏林窦尼盖斯的女儿，窦尼盖斯是鲁滕堡一伙周围的那些大学蛊惑者当中的一个，他原先属于青年绅士之列，或者确切些说——因为他们不是真正的绅士——属于在微不足道的小人物兰克周围的年青人之列，兰克曾让他们出版旧德意志皇帝的丑恶的编年史。手舞足蹈的矮子兰克认为收集趣闻轶事和把一切重大事件归为琐碎小事是属于"精神"的事情，是严禁这些乡村年青人去做的。他们必须守住"客观事物"，而把"精神"领域让给他们的导师。我们的朋友窦尼盖斯在某种程度上被公认为叛逆者，因为他至少在实际上跟兰克争夺在"精神"领域的垄断权，并且以各种方法用实例证明，他同兰克一样是天生的"历史的宫廷侍从"。

现在有趣的是看看拉萨尔所拼凑的组织会发生怎样的变化。海尔维格，这个

"劳动"的虚幻的朋友和"缪斯"的实际的朋友，并不是那种有用的人。所有在拉萨尔那里当副手的一般都是无用的废物。李卜克内西来信告诉我说，舒尔采—德里奇的柏林联合会总共只有四十名会员。从我们的威廉·李卜克内西是联合会的重要政治人物这一点就可以明显地看出那里的一般情况是怎样了。如果拉萨尔的死使得象舒尔采这样的家伙有了无耻反对死者的借口，那末唯愿拉萨尔的正式信徒会在必要时出来为他辩护。我现在必须查询一下，谁继承了他的书信，并将立即提出禁令，使你我的东西一行字也不被刊印出来。问题在于热衷于写回忆录的柳德米拉等败类贪婪地汇集在这些遗物的周围。在普鲁士，必要时可以通过法律手续取得这些东西。

关于美国，坦率地说，我认为目前是十分危急的。要是格兰特遭受严重失败或者薛尔曼取得重大胜利，那倒还好。恰恰是在目前，在选举时期，接连遭到一系列的小挫折则是危险的。我完全同意你的意见，目前林肯再度当选是十拿九稳的，仍然是一百对一。但是在这个民主诈骗成风的典型国家里，竞选时期总是充满偶然事件，这就可能完全出其不意地使"事变的理性"（伟大的乌尔卡尔特认为这种说法象"火车头的正义"一样荒谬）颠倒过来。南部似乎非常需要休战，以便避免兵力消耗完。南部不仅在它掌握的北部报纸上而且也直接在里士满的机关报刊上首先谈起了这一点，虽然现在当纽约对此也有反响的时候，《里士满观察家报》却把这点轻蔑地归之于北方佬。十分值得注意的是，戴维斯先生决定把黑人士兵当作"战俘"看待——他的陆军部长最近的正式命令就是这样说的。

林肯拥有大量竞选手段。（他这一方提出的和平建议当然只是一种策略而已。）反对党的候选人当选可能导致一场真正的革命。但是尽管如此，决不能忽视在最近八周内（问题首先将在这期间解决）很多事情将取决于战争的变化。毫无疑问，这是战争爆发以来最危急的时刻。如果这个时刻顺利地度过，林肯老头就可以随心所欲地继续干蠢事。不过，这个老头根本不善于"造就"将军。而对部长他却已经能够较好地选择。同盟的报纸抨击他们的部长们，也正象北方佬抨击华盛顿的部长们一样猛烈。如果林肯这次也能闯过去——这是非常可能的——，那只能是在远为激进的纲领的基础上和在完全改变了的形势下。所以，那时老头将运用他那律师的手腕，认为更激进的手段并不违背他的良心。

评论：信中表达了对拉萨尔不幸去世的悲痛心情。马克思缅怀拉萨尔，介绍了拉萨尔的情人、巴伐利亚公使的女儿，海伦娜·窦尼盖斯，以及公使本人。马克思对拉萨尔组织的全德工人联合会的发展趋向表示担忧。信中还谈到了美国的局势，并谈到将要举行的选举，虽然竞选时期民主诈骗成风，但马克思和恩格斯的意见一致，林肯会再度当选。

9 月 12 日 致信索菲娅·哈茨费尔特，指出：您知道，关于拉萨尔去世的完全出乎意外的消息，使我多么惊讶和震动。他是我所十分器重的人之一。尤其使我感

到难过的是，近来我们彼此没有保持联系。原因不仅仅是他没有写信，——因为终
止通信的是他，而不是我——也不仅仅是我生了病，我的病拖了一年多，几天以前
才摆脱。这里还有其他原因，这些原因我将来可以口头告诉您，信里就不讲了。请
您相信，拉萨尔离开我们，没有一个人不为此感到格外深切的悲痛。而且我最为您
悲痛。我知道死者生前对您来说是多么重要，他的死对您又是什么含义。只是有一
点您是大可欣慰的，就是他在年轻得意时死去，象阿基里斯那样。

评论：信中对拉萨尔的去世表示震惊和深切的悲痛，希望伯爵夫人能够经受住
命运的打击。

10 月 4 日　致信卡尔·克林格斯，指出：从您 9 月 28 日的信中再次得到莱茵
工人的消息，我感到很高兴。

伯·贝克尔还是莫·赫斯？这两个人我都认识；两人参加运动都很早。两个都
是好人。两人中没有一个能够领导规模稍为大一点的运动。贝克尔实质上是个软弱
无力的人，而赫斯则头脑不清。因此要在他们之间进行选择是困难的。而且我认为，
从这两人中，你选谁都是一样，因为到了决定性时刻，也必定会找到所需要的人材。

有人——例如从柏林——向我提出一个问题，问我是否同意担任主席职务。我
回答说，这是不可能的，因为直到现在，我还被剥夺在普鲁士居住的权利。

但是如果工人代表大会选举我，那就会是一次反对普鲁士政府和反对资产阶级
的很好的党的示威，而我也就可以在公开的答复中说明，为什么我不能接受这一选
举。采取这样的步骤尤其重要是由于以下原因：9 月 28 日，在伦敦这里举行了一次
规模巨大的公开的工人大会，参加大会的有英国、德国、法国和意大利的工人。此
外，巴黎工人还派来了自己的代表团，率领代表团的是托伦——一个工人，他在最
近一次立法团选举中被巴黎工人阶级提名为候选人。

为了代表工人利益，在这次大会上选出了一个委员会——国际委员会，它直接
同巴黎工人发生联系，并且有伦敦工人的领导人参加。我作为德国工人的代表当选
（同我一起当选的还有我的老朋友裁缝埃卡留斯）。因此，如果德国的代表大会选举
我，那末，即使我在目前不得不谢绝这一选举，它仍然会被委员会、从而会被伦敦
和巴黎的工人看做是德国工人的一种示威。

委员会将于明年在布鲁塞尔召开国际工人代表大会。可惜我不能亲自参加这次
大会，因为直到现在我还是被禁止进入比利时这个模范国家，就象不能进入法国和
德国一样。

整个这一年我都在闹病（受到痈和疖子的折磨）。要不是这样，我的政治经济
学著作《资本论》就已经出版了。现在我希望再过几个月就完成它，最后在理论方
面给资产阶级一个使它永远翻不了身的打击。

评论：这是一封草稿。信中评价了贝克尔和赫斯，认为两个人都是好人，但没
有能够领导规模稍微大一点的运动的能力。他们都不适合担任全德工人联合会主席。

马克思在信中表示不能参加第二年在布鲁塞尔召开的国际工人代表大会。因为被禁止进入比利时。还表达了对尽快写完《资本论》的期待，希望这部著作能够在理论方面给资产阶级一个永远翻不了身的打击。

10 月 16 日 致信索菲娅·哈茨费尔特，指出：请您相信，我对拉萨尔的死这个既成事实直到现在还不能信以为真！我眼前的这样一个充满活力和智力，有毅力、有志气和十分年轻的人，现在突然默默地停止了呼吸——我无法想象这种转变，所发生的事情就象一场恶梦那样使我感到沉重。

您认为，没有人比我更能看清拉萨尔身上的长处和优点了，这是完全正确的。他本人非常清楚这一点，这从他给我的信中可以得到证明。在我们通信尚未中断以前，我一方面经常告诉他，我非常热情地赞扬他的优点，另一方面，对于所有我认为是缺点的东西，我也总是坦率地向他提出自己的批评性意见。

他在最后给我的一封来信中曾经以他固有的热情表示，他对这种做法是满意的。但是不管他的创作才能怎样，我个人对他是经常想念的。最糟糕的是，我们彼此都一直隐瞒着这一点，就好象大家都指望能永远活下去似的……

评论：这是一封草稿。马克思在信中对拉萨尔的死表示慰问和惋惜，并坦率地说出对他的评价。马克思认为拉萨尔既有优点，也有很大的缺点。

11 月 4 日 致信恩格斯，指出：在我未能出席的两次会议上——小委员会和接着召开的委员会全会上——发生了以下的事情：

沃尔弗少校提议把意大利工人团体（它们有中央组织，但是如后来所表明的，它所联合的基本上都是一些互助会）的规章（章程）当做新的协会的章程。我后来才看到这个东西。这显然是马志尼的粗劣作品，因而你可以预先猜到，真正的问题，即工人的问题是以什么样的精神和措辞来阐述的。同样，也可以预先猜到民族问题是怎样被放到里面去的。

此外，老欧文主义者韦斯顿——他本人现在是厂主，是一个和气有礼的人——起草了一个内容极其混乱、文字异常冗长的纲领。

接着召开的委员会全会授权小委员会修订韦斯顿的纲领和沃尔弗的章程。沃尔弗本人已离开伦敦，去参加在那不勒斯举行的意大利工人团体代表大会，并劝告它们参加伦敦的中央协会。

小委员会的第二次会议我又没有参加，因为我接到开会的通知太迟了。在这次会议上勒·吕贝提出了"原则宣言"和由他修订过的沃尔弗的章程，小委员会把二者都接受下来提交委员会全会讨论。委员会全会于 10 月 18 日开会。因为埃卡留斯来信告诉我，拖延就有危险，我就出席了会议，当我听到好心的勒·吕贝宣读妄想当做原则宣言的一个空话连篇、写得很坏而且极不成熟的引言时，我的确吃了一惊，引言到处都带有马志尼的色彩，而且披着法国社会主义的轮廓不清的破烂外衣。此外，意大利的章程大体上被采用了，这个章程追求一个事实上完全不可能达到的目的，即成立欧洲工人阶级的某种中央政府（当然是由马志尼在背后主持），至于其他错误就更不用说了。我温和地加以反对，经过长时间的反复讨论后埃卡留斯提议由小委员会重新"修订"这些文件。而勒·吕贝的宣言中所包含的"意见"却被采纳了。

我看到，想根据这种东西弄出点什么名堂来是不可能的。我要使用一种极其特殊的方法来整理这些已经"被采纳的意见"，为了要证明这种方法正确，我起草了《告工人阶级书》（这不在原来的计划之内，这是对 1845 年以来工人阶级的命运的一种回顾）。以这一《告工人阶级书》已经包括了一切实际材料和我们不应当再三重复同样的东西为借口，我修改了全部引言，删掉了"原则宣言"，最后以十条章程代替了原来的四十条章程。当《告工人阶级书》中说到国际的政策时，我讲的是国家而不是民族，我所揭露的是俄国而不是比较次要的国家。我的建议完全被小委员会接受了。不过我必须在《章程》引言中采纳"义务"和"权利"这两个词，以及"真理、道德和正义"等词，但是，这些字眼已经妥为安排，使它们不可能为害。

总委员会会议以很大的热情（一致地）通过了我的《告工人阶级书》，等等。关于付印方法等问题将在下星期二讨论。勒·吕贝拿了《告工人阶级书》的一个副本去译成法文，方塔纳拿了一个副本去译成意大利文。（首先将刊登在叫做《蜂房》的周报上，这是一种通报，由工联主义者波特尔编辑。）我自己准备把这个文件译成德文。

要把我们的观点用目前水平的工人运动所能接受的形式表达出来，那是很困难的事情。几星期以后，这些人将会同布莱特和科布顿一起举行争取选举权的群众大会。重新觉醒的运动要做到使人们能象过去那样勇敢地讲话，还需要一段时间。这就必须实质上坚决，形式上温和。

评论：马克思在信中谈论了拉萨尔和哈茨费尔特伯爵夫人、国际工人协会等。拉萨尔同罗马尼亚贵族腊科维茨决斗受伤后于 1864 年 8 月 31 日死去。信中对伯爵夫人的埋怨，马克思进行了辩解，表达了自己和拉萨尔的分歧。马克思反对拉萨尔在遗嘱中将贝克尔任命为继承人，担任全德工人联合会主席。信中附上一封佐林根工人克林格斯的信，请恩格斯保存至文献内。克林格斯在 1864 年 9 月 28 日写信给马克思，在信中表示打算选举莫泽斯·赫斯为全德工人联合会的主席，并询问马克思的意见。

信中谈论了国际工人协会成立以及其他一些事情。伦敦工人于 1863 年 11 月起草了《英国工人致法国工人》，请求巴黎工人在波兰问题上采取共同行动。马克思参加了在圣马丁堂召开的群众大会，在这次大会上成立了国际工人协会。马克思作为德国通讯书记参加了常务委员会，实际上起了领导的作用。

信中还详细介绍了恩格斯未能出席的两次会议上发生的事情。沃尔弗少校在 1864 年 10 月 8 日小委员会会议上提出的章程是《意大利工人团体联合条例》的英译本，马克思认为这个章程是从资产阶级民主派立场写的。马志尼及其拥护者向国际工人协会提出这个章程，是打算把国际工人运动的领导权抓到自己手里。面对组织内的不成熟和分歧，马克思起草了《国际工人协会成立宣言》，并获得一致通过。马克思还介绍了同巴枯宁的见面，巴枯宁表示将只参加社会主义运动。马克思还同巴枯宁谈论了对乌尔卡尔特的揭发。马克思在揭发性文章中利用了保守派政论家、前外交家乌尔卡尔特发表的文件。同时，马克思尖锐地批评乌尔卡尔特的反民主观点，指出自己的无产阶级革命家的立场同乌尔卡尔特分子的反动立场根本不同。

11 月 14 日 致信恩格斯，因此指出：我极简单地写几句：

（1）附上的信件（施韦泽的和李卜克内西的）请立即寄还并给我答复，因为我们必须尽快地答复他们。

我的意见是：我们可以答应偶而写一写稿。对我们来说，重要的是在柏林有一个机关报，特别是为了我在伦敦参与建立的那个协会，同时也为了我想出版的那部书。还有，重要的是，我们要共同来做我们在做的事。

（2）过几天你就可以收到《宣言》和《临时章程》。事情并不象你所想象的那样困难，因为毕竟是在和"工人"打交道。协会中唯一的文人是英国人彼得·福克斯，他是一个同时属于《国民改革者》派（无神论，但反对侯里欧克）的新闻记者兼鼓动家。他为《宣言》的事给我一封十分友好的信，现在给你寄去。马志尼对他的人也在《宣言》上签名有点感到不满意，可是不得不逆来顺受。

（3）你寄来的《卫报》上的材料对我很重要。我已经搜集了一些有关这种卑鄙行径的材料，不过费了很大力气，是从工厂报告的零碎材料中搜集到的。

评论：信中附上了施韦泽和李卜克内西的信件，表达了自己的意见并请恩格斯答复。1864 年 11 月 11 日施韦泽和李卜克内西写信给马克思，请他为正在筹办的拉萨尔派全德工人联合会机关报《社会民主党人报》撰稿。马克思和恩格斯起初同意撰稿；李卜克内西是该报的非正式编辑。该报发表过马克思的《国际工人协会成立宣言》和《论蒲鲁东》以及恩格斯翻译的古代丹麦民歌《提德曼老爷》。后来，马克思和恩格斯批评报纸的路线。马克思和恩格斯于 1865 年 2 月 23 日声明同该报断绝关系。紧接着，李卜克内西也拒绝为这个机关报撰稿。信中告知恩格斯将收到《国际工人协会成立宣言》和《协会临时章程》，并简要介绍了协会中的人员情况。信中还请恩格斯帮助处理沃尔弗的遗产一事。威廉·沃尔弗（绰号鲁普斯）于 1864 年 5 月 9 日逝世，他在遗嘱中指定马克思及其家属为他的财产的主要继承人。马克思为完成领取遗产的法律手续到处奔波。

11 月 18 日 致信恩格斯，指出：关于施韦泽。

他是一个法学博士，从前住在美因河畔法兰克福。1859 年发表过一本反对福格特的杂乱无章的抨击性小册子。后来写过一部社会小说，这部小说我不太清楚。他曾宣布自己是拉萨尔的热烈拥护者。后来，当拉萨尔还在世的时候，他在柏林李卜克内西处看到我们的各种著作，当时他就通过李卜克内西告诉我，说他感到很吃惊，因为他所喜欢的拉萨尔的作品原来都是抄袭品。

我和你一样，也写了信要他们说一说撰稿人的名单。我同时还把国际委员会宣言的德译文寄给了李卜克内西，以便在报纸上刊登。（它将在今天或明天发表，发表后就给你寄去。）

至于崇拜拉萨尔，那仍然是蠢驴布龙（他同时又在刊登海因岑呕尽心血写出的那些东西）编辑的汉堡《北极星》专门干的事，《社会民主党人报》在这方面未必能同他竞争。

评论：信中告知了一系列事情。讲述了施韦泽看到马克思和恩格斯的著作后，感到很吃惊，发现拉萨尔的作品都是抄袭品。信中告知把《国际工人协会成立宣言》寄给了李卜克内西，《社会民主党人报》发表了这个宣言的德译文。信中附上了一份小报，上面登载了布林德的通讯，极其夸大地描述了布林德在美国政治生活中的作用，同时企图推翻马克思在其《福格特先生》一书中，对布林德在波拿巴的密探福格特诽谤无产阶级革命家的问题上表现的胆怯态度所作的揭露。马克思后来写信给《观察家报》编辑，揭穿了布林德的这种攻击。

马克思还应哈茨费尔特的请求，在信中反击了布林德对拉萨尔的攻击。还介绍了 1864 年 10 月 23—24 日在莱比锡举行的德国教育工会第二次代表大会的一些情况。在这次大会上，在舒尔采—德里奇的拥护者和拉萨尔派之间展开了激烈的斗争，由于拉萨尔派当时在教育工会中的影响，教育工会逐渐归附了全德工人联合会。在信中，马克思请恩格斯帮助提供一些曼彻斯特棉荒的资料。这次棉荒是 1861—1865 年美国内战期间北军舰队封锁南部各个蓄奴州所造成的来自美洲的棉花供应中断而引起的棉业危机。马克思认识到，英国的棉荒同生产过剩危机交织在一起。

11 月 24 日 致信恩格斯，指出：莫泽斯和海尔维格（在写作方面他们比伯恩哈特和菲力浦·贝克尔有名些）在德国人眼里并不象在我们眼里那样下贱。无论如何，我们不能公开地象说格律恩一类人那样说他们是下流东西。

刚才我本来要给老太婆写一封长信，为的是想办法从硬加在我身上的布林德事件中摆脱出来。当然，为了自我吹嘘，大学生布林德并没有放过机会以共和派的名义发表《抗议》，并且从拉萨尔的演说中抽出几段确实具有十分令人讨厌的保皇主义色彩的话。此外，我还要劝她不要刊载她的仇敌的照片。

评论：随信寄去《国际工人协会成立宣言》，并询问为什么不能使用布赫尔和洛贝尔图斯。李卜克内西在复信中告诉马克思，布赫尔和洛贝尔图斯已转到普鲁士政府方面。信中告知哈茨费尔特的一些情况。布林德在同拉萨尔拥护者的论战中，发表了《共和派的抗议》一文，他在文章中引用了拉萨尔于 1864 年 3 月间在柏林的审讯中发表的辩护词。信中说的"不要刊载她的仇敌的照片"，是指哈茨费尔特向马克思征求意见，是否可以把在拉萨尔死亡事件中起不良作用的海·窦尼盖斯和在决斗时打死拉萨尔的腊科维茨的照片收入李卜克内西编的关于拉萨尔的小册子中去。

11 月 25 日 致信恩格斯，指出：现在的情况是：

（1）布林德——在我写信给你之后才偶然知道——通过布朗纳医生给士瓦本《观察家报》送去了一封复信（当然是匿名的，但可看出是寄自布莱得弗德；不用说，这封信是布林德自己写的），他在信中首先证明，由于他对"七"百万德国人的影响，因而实际上左右着美国的政策；其次他无耻地断言，福格特案件由于进行了"全面的解释"而结束了。这样一来，我就有理由进行答复并且援引《affidavits》，要是再从魏德迈的信中摘录一段，那就可以一举两得：第一，揭穿关于布林德在美国的影响的神话，第二，使老伯爵夫人在拉萨尔的事情上得到某种满足。

（2）布林德在同一天寄到圣路易斯、美因河畔法兰克福和伦敦《海尔曼》去的《共和派的抗议》只不过是一种在总的倾向上内容完全相同的东西。这个巴登的小饭店老板在《海尔曼》和《法兰克福报》（这些报纸我设法在今天给你寄去）发表的拙劣作品中只是收集了一些连我们自己也感到十分讨厌的段落，而他在大洋彼岸就更是厚颜无耻地、肆无忌惮地直接撒谎了。

但是他炮制传单的方法所固有的"主要特点"是：他在欧洲版中说，这个抗议来自美国和欧洲的共和派，在美国版中他又呼吁美国政府提出抗议。在这里我们可以当场捉住这只狗。

（3）因为拉萨尔已经死了，他本人不可能再有危害，所以必须——当然是在可能的范围内，即以不损害自己的声誉为限——为他辩护以反对这些小资产阶级无赖。

因此我的计划是：在士瓦本《观察家报》上进行答复（简要地）：（1）说明福格特案件中的"全面的解释"；（2）摘录魏德迈信中关于布林德在美国的影响的一段话；（3）通过对他的《共和派的抗议》的欧洲版和美国版的比较来进一步揭露这个家伙；以及，（4）最后说明，不值得花费力气为拉萨尔辩护以反对这样的丑角。

评论：随信附上魏德迈的信，并询问恩格斯对于布林德的意见。魏德迈在 1864 年 10 月给恩格斯的信中揭露了布林德在美国的自我吹嘘和诽谤拉萨尔的言论。马克思在他《致斯图加特〈观察家报〉编辑》的声明中摘引了这封信。信中，马克思表示要根据现有的掌握的材料，揭穿布林德在美国有影响的神话。《人民报》排字工人维耶和费格勒所作的《affidavits》，是向法庭作的声明，证明布林德是 1859 年 6 月《人民报》所转载的传单《警告》的作者。布林德胆怯地否认自己曾参与草拟这份揭露福格特是波拿巴的密探的传单，这样就使马克思反对福格特的诽谤的斗争复杂化起来，给进一步揭露福格特造成了很大的困难。马克思多次揭露了布林德的胆怯行为。信中还提出了一系列计划，以答复哈茨费尔特。

11 月 28 日 致信索菲娅·哈茨费尔特，指出：从附件中您可以看到，由于多么偶然的机会，我又得以恢复我同前大学生布林德的争论，并且以拉萨尔的名义顺便给他一击。

您应当促使您所掌握的报纸刊登它，但是不要早于接信后的两天，以便不给士瓦本的迈尔，也就是斯图加特《观察家报》编辑以任何借口来拒绝刊登这篇短文。

评论：信中沟通如何回击布林德，马克思应哈茨费尔特的请求，反击了布林德对拉萨尔的攻击。

11 月 29 日　致信约瑟夫·魏德迈，指出：与此信同时，我给你寄去四份印好了的《宣言》，那是我起草的。不久前成立的国际工人委员会（这个《宣言》就是以它的名义发表的）不是没有意义的。它的英国委员大部分是本地工联的领导人，也就是伦敦真正的工人国王；正是这些人组织了对加里波第的盛大欢迎，并且通过在圣詹姆斯大厅举行的规模巨大的群众集会（由布莱特主持）阻挠了帕麦斯顿发动他已经准备进行的反对美国的战争。委员会中的法国委员是一些影响不大的人，但是他们直接代表着巴黎的处于领导地位的"工人"。同不久前在那不勒斯举行过代表大会的意大利团体也有联系。虽然多年来我一直避免参加各种各样的"组织"等等，但是这一次我接受了建议，因为这是一桩可以取得显著成效的事业。

我们失去了我们的鲁普斯，这件事情恩格斯大概已经写信告诉你了。

非常凑巧，我在上星期五收到哈茨费尔特老太婆从柏林寄来的一封信，她在信中要求我维护拉萨尔，反击布林德在其《共和派的抗议》中对他进行的攻击，而在第二天，就收到你给恩格斯的信，信中引证了大大修改过的这篇胡说八道的东西的美国版。与此同时，由于第三个偶然机会，我收到了两份至今从未见到过的士瓦本《观察家报》（在斯图加特出版）。在第一份报纸中，编辑嘲笑了布林德先生给美国国民的一封信，这封信是由"布林德先生"从英文翻译过来并由布林德寄给该编辑和其他南德意志的编辑们的；布林德在这封信中根据"几乎是正式的要求"（如他所说的）表示极其赞同林肯当选等等。编辑在这一份报纸中说，从我写的反对福格特的书中可以看出，虚荣心把布林德引到了何等地步等等。对于这一点，布林德通过他的傀儡、布莱得弗德的布朗纳医生送来了现在附上的这份答复，他在答复中（1）叙述了他在美国所起的巨大影响，（2）无耻地断言福格特事件已经"结束"。

评论：马克思在信中介绍了加里波第的英国之行。1864 年 4 月初，加里波第到英国作宣传旅行，想募集经费组织向意大利的新的远征。加里波第还指望得到英国统治集团的某些帮助。英国政府考虑到人民群众的情绪，起初给加里波第以正式的礼遇。但是加里波第为波兰起义者辩护的言论使英国资产阶级警惕，他们开始反对。加里波第不得不马上离开英国。信中告知沃尔弗去世的消息；受哈茨费尔特的委托要求维护拉萨尔，反击布林德。还谈论了与布林德有关的一些事情，表示同意哈茨费尔特的要求。

11 月 29 日　致信路德维希·库格曼，指出：今天您将从邮局收到六份我起草的《国际工人协会成立宣言》。请费心转送一份给马克海姆夫人（富耳达的），并代我向她衷心问好。同时也请转送一份给米凯尔先生。

协会——或者确切些说它的委员会——具有重大的意义，因为加入协会的有伦敦工联的领导人，正是这些人筹备了对加里波第的盛大接待，并且通过在圣詹姆斯大厅举行的规模巨大的群众集会挫败了帕麦斯顿同美国作战的计划。巴黎工人的领导人也同委员会有联系。

我想，我的关于资本的著作（六十个印张）终将于明年整理好付印。

我在拉萨尔活着的时候没有同他的运动发生过关系，其原因您当然是了解的，用不着我来详细说明。不过这丝毫不妨碍我——尤其是当他的亲近的人要求我这样做时——在他死后为他辩护，来反驳象饶舌家卡·布林德这样的坏蛋。

我担心明年夏初或春季中期就会爆发意奥法战争。这对法国和英国国内正在显著高涨的运动将产生十分有害的影响。

评论：马克思在信中请库格曼转交《国际工人协会成立宣言》给马克海姆夫人和米凯尔，并谈到国际工人协会特别是它的委员会发挥的重要作用。马克思表达了虽然与拉萨尔有分歧，但是这不妨碍为他辩护，反驳布林德，还预料第二年会爆发意奥法战争。

11 月 29 日　致信莱昂·菲力浦斯，指出：商业危机——在它爆发以前我早就告诉你它行将来临——，在这里早已失去了它的尖锐性，虽然在工业地区它的影响仍然很大。可是，据我看来，明年春天或夏初，将要发生一场政治危机。波拿巴又弄到了非靠打仗获得贷款不可的地步。威尼斯问题已准备好（我认识那里的几个代表）在需要时作为起点。也许，波拿巴会再找到一条出路，那时和平就能保住（因为他不是真正的拿破仑），不过这种可能性不很大。

附上的一份印好的《宣言》是我写的。事情的经过是这样：9 月间，由于举行维护波兰的示威，巴黎工人派遣了一个代表团到伦敦工人这里来。趁此机会建立了国际工人委员会。这件事情决不是不重要的，因为（1）在伦敦，为首的是这样一些人，正是他们组织了对加里波第的盛大接待，并且通过在圣詹姆斯大厅举行的规模巨大的群众集会（有布莱特参加）防止了同美国的战争。一句话，这些都是伦敦真正的工人领导人，除了一两个人以外，本人全都是工人。（2）巴黎人方面为首的是托伦先生（他本人也是工人）等人，也就是这样一些人，他们只是由于加尔涅－帕热斯和卡诺等人的阴谋，才未能在巴黎最近的选举中作为巴黎工人代表而参加立法团，（3）意大利人方面，参加的有四十至五十个意大利工人团体的代表；几个星期以前，他们在那不勒斯举行了自己的全体代表大会，这次大会甚至连《泰晤士报》也认为相当重要，以致用了一二十行的篇幅来报道它。

亲爱的表舅，三年半以前，即林肯当选时，问题只是在于不对奴隶主作出任何新的让步，然而现在，废除奴隶制已是大家公认的、并且一部分是已经实现了的目的，如果注意到这一点，那末就应当承认，象这样迅速地完成这样的大转变还从未有过。它将会对全世界发生极其良好的影响。

评论：马克思在信中告知舅舅自己的健康状况不佳，并谈论了一些时事，认为经济危机必然来临，并认为将可能发生一场政治危机。信中附上《国际工人协会成立宣言》，并详细讲述了国际工人委员会建立等事情的经过。马克思认为废除奴隶制已是公认和必然的趋势，将会对全世界产生极其良好的影响。

12月2日　致信恩格斯，指出：没有一种机关报，要在这里搞运动自然是不可能的。因此《蜂房》（周报，工联的机关报）就被宣布为协会的机关报。正如工人常常碰到坏运气一样，真倒霉，把持这家报纸的是一个坏蛋乔治·波特尔（他在《泰晤士报》上以参加罢工的建筑工人的代言人身分出现，虽然文章不是他写的，而是别人写的）和一个股东集团——他是干事——，这伙人暂时还是多数。这就是为什么委员会——其大部分英国委员都是《蜂房》股东（每份股金只有五先令，任何人即使拥有五千股，也不能享有多于五票的权利；这样，每股一票，但是最多只能有五票）——决定在这里建立股份基金的原因，这种基金使我们有可能造成一批新的股东，把旧的多数排挤出去。

这里除《海尔曼》外，还有另一家小报——可敬的犹太书商本德尔的《伦敦通讯》。这家小报想成为同《海尔曼》竞争的机关报，因为担任编辑的是一个自己简称为路·奥托的新闻记者路·奥托·冯·布赖特施韦特。我大概不会直接参与此事，因为对我来说，《人民报》已经够了，不过，象反对布林德这样的声明在德国报纸发表后要是能够在伦敦转载，倒也不坏。

这个奥托先认识了埃卡留斯，经埃卡留斯提议他当了国际委员会的德国委员。他的头脑里还有许多士瓦本的卑贱东西和德意志的愚蠢东西。虽然如此，他还是有很好的禀赋和才能。但是我认为，对于新闻工作，他是兴趣多于志向，他是一个枯燥无味的空论家。作为同南德意志、特别是同士瓦本进行联系的中间人，他是很合适的。有时他也给《奥格斯堡报》写文章，不过自然是用福格特的观点写的。

评论：信中谈到要起草给林肯的公开信。由马克思起草的祝贺林肯再度当选美国总统的《致美国总统阿伯拉罕·林肯》的公开信在1864年11月29日经总委员会一致批准，并通过美国驻伦敦公使亚当斯转交林肯总统。信中谈论了建立机关报对于工人运动发展的重要性。马克思介绍了对于《蜂房》《海尔曼》《人民报》的看法。并告知写信给克林格斯，认为赫斯、伯恩哈特都是诚实的人，但也都是没有才干的人，谁当全德工人联合会的主席都一样。

12月8日　致信恩格斯，指出：我已经争取到后者至少再以讽刺的语调来对待布林德，而它由于收到通过布朗纳寄去的信，曾经被布林德的吹嘘（我已经把这种胡言乱语的东西转寄给魏德迈）所吓倒，以致完全把自己的敌意隐藏起来并开始满口恭维起这个"卓越的人物"。此外，编辑——原来这就是痛哭流涕的原因——是我在《福格特先生》中提到的"饶舌的士瓦本人、'残阙'议会议员卡尔·迈尔"，他也就是海涅不断嘲笑过的士瓦本人迈尔的儿子。

评论：信中谈到对待布林德的一些相关事情，请恩格斯将贝克尔的信还给自己。贝克尔信中告诉马克思说《莱茵报》编辑部拒绝发表他反对布林德的声明。编辑部拒绝的理由，是不愿意替布林德这样的"小人物"进行宣传。信中还和恩格斯商量给面临经济困难的李卜克内西以资助的事情。

12 月 10 日 致信恩格斯，指出：福克斯和他的朋友比斯利（伦敦大学的政治经济学教授；主持过圣马丁堂的成立大会）以及其他的"民主主义者"——他们反对他们不无根据地称为英国的贵族传统的东西，并作为他们称为 1791 年到 1792 年英国的民主传统的继续——对法国具有狂热的"爱"，在涉及对外政策时，他们不仅把这种"爱"扩大到拿破仑第一，甚至扩大到布斯特拉巴。看！福克斯先生在自己的公开信中（不过这不是整个协会的公开信，而只是协会的英国部分在整个委员会的赞同下就波兰问题发出的公开信）并不满足于告诉波兰人，在对待波兰人的态度上，法国人民的传统比英国人的好些这一实际情况；他在公开信结尾部分还说在英国工人阶级中间产生了对法国民主主义者的热烈友情，并想主要用这一点来安慰波兰人。我反对这一点，并把法国人不断背弃波兰人的历史上无可争辩的情景，从路易十五起直到第二个波拿巴止，作了详尽的描绘。同时我也要他们注意那种完全不能容许的情况，即提出英法联盟（不过是以民主版的形式罢了）作为国际协会的"核心"。最后，小委员会通过了福克斯的公开信，但以结尾部分按照我的建议进行修改为条件。瑞士书记（来自瑞士法语区）荣克宣布，他作为少数派的代表，建议在总委员会上把这封公开信作为一般"资产阶级的"东西加以拒绝。

评论：信中询问恩格斯是否有威·提·薛尔曼远征的消息。薛尔曼将军于 1864 年 5 月 7 日开始通过乔治亚"向海洋进军"，这次进军不断取得胜利。马克思询问恩格斯对济资所发布的一个关于棉荒时期的文件的看法，这个文件提出根据棉纺织业工人的健康状况有了改善，建议把救济降到最低限度。信中，马克思认为第二年春天会有一个在普鲁士、俄国和法国之间对奥地利作战的秘密协定。信中谈论了 1864 年 12 月 6 日在小委员会中对福克斯起草的给波兰人民的公开信进行的初步讨论外，在总委员会里又围绕这个文件展开了多次争论。马克思在总委员会会议上发言指出，福克斯美化了法国统治阶级对波兰的传统的对外政策，并揭示了俄国、普鲁士和奥地利等国政府在波兰问题上所采取的政策的反动实质。马克思认为在国际中提出波兰独立问题将使每一个国家的工人有可能揭露本国政府的对外政策。同时，马克思认为，波兰民族解放运动是一种能够摧毁俄国沙皇政府的实力，是使俄国境内革命民主运动加速发展的力量。信中告知，国际工人协会拒绝了路易·勃朗想成为名誉会员的企图。

12 月 22 日 致信索菲娅·哈茨费尔特，指出：几天前一位汉堡朋友给我寄来了一份登载有我的——有印错而歪曲原意的地方——反对布林德的声明的《北极星》。

我按您的意愿作了这个声明，而且是费了很大劲才把它最后定下来，因为我并不同意拉萨尔的政治策略。但是布林德在圣路易斯出版的《西邮报》上对死者的无耻攻击扫除了我的一切踌躇。您把我的声明送到哪几家报馆去——这我根本不知道。我最没有想到的是《北极星》。可是布龙先生抓住了这一点，做出"不体面的姿态"来反对我，并且在对声明的评论中向公众暗示，我是从后门寻找通往他的报馆的途径的，而且只是由于第三方面的特别庇护，我才得到了他的仁慈。我不怀疑，他在美国的同谋者会利用这一点。布龙先生是否想强迫我公开揭露他这个高傲的小人物呢？

如果布龙、伯恩哈特·贝克尔以及诸如此类的人想要用某种我认为是对工人运动本身有害的方式来反对我和我的意图，那末在这些先生们的头顶上将会刮起他们所意想不到的风暴。在对待拉萨尔的关系上束缚我手脚的旧的私人友情和党的利益方面的考虑，在这些 dii minorum gentium 身上是根本用不上的。

我要求无论在任何情况下都不要再刊印《雾月十八日》了，如果在这方面已经采取了什么步骤，那末应当停止下来。

评论：这是一封草稿。马克思表示自己通过一些事情坚定了为拉萨尔发表声明的决心。布林德在同拉萨尔拥护者的论战中，发表了《共和派的抗议》一文，他在文章中引用了拉萨尔于 1864 年 3 月间在柏林的审讯中发表的辩护词。信中表示不同意哈茨费尔特再版《路易·波拿巴的雾月十八日》的打算。后来，哈茨费尔特的打算没有实现；1869 年李卜克内西出版了这一著作的新版本。

12 月 22 日　致信卡尔·济贝耳，指出：你大概已经看到，恩格斯和我答应给柏林《社会民主党人报》撰稿。我们之间可以这样说：要么报纸放弃对拉萨尔的崇拜，要么我们放弃这个报纸。不过可怜的小人物们是有困难的。

你大概已经收到给你寄去的几份《宣言》，并且能猜到这是我写的。为了这里的运动的利益，我们认为重要的是从德国工人团体那里获得关于它们加入这里的中央委员会的消息（从意大利和法国已经得到不少这样的消息）。同时，李卜克内西写信告诉我，柏林印刷工人联合会将会加入，不过，由于伯恩哈特·贝克尔先生的阴谋，全德工人联合会的加入是十分成问题的。这位伯恩哈特·贝克尔先生的作用是拉萨尔"发现"的（我们私下说说，这也许是拉萨尔的唯一发现）。

你知道，要全德工人联合会加入，只是适应开始时的需要，即为了反对我们这里的敌人。这个联合会的整个组织是建立在错误的基础上的，以后应当予以摧毁。

评论：信中表达了对《社会民主党人报》的立场的态度，报纸的立场决定了他和恩格斯是否会给报纸撰稿。信中交流德国工人团体加入中央委员会的问题，马克思建议济贝耳做些工作让全德工人联合会加入国际工人协会。后来，在杜塞尔多夫举行的全德工人联合会代表大会没有通过关于加入国际工人协会的决议。

1865 年

1 月 8 日左右 致信海尔曼·荣克，指出：这个星期的《蜂房》和《矿工报》上说，在我们委员会的上次会议上"一致通过了邀请比斯利、格罗斯密斯、比耳斯和哈里逊几位先生参加 1 月 16 日晚会的决议"，我看了有点诧异。

因为我在下周末以前不能回伦敦，所以如果您能在下星期二的会议上提出以下的质问，我将非常感激，

《蜂房》和《矿工报》的报道的作者是谁？

谁委托这位作者把我们的委员会变成吹捧格罗斯密斯先生的"不知不觉的"工具？

当然，您一下子就会明白，根除一切想把我们委员会变成满足渺小的虚荣心的工具或者各种阴谋诡计的工具的企图有多么重要。

评论：信中要求澄清一件事情。1864 年 12 月 29 日总委员会通过决议，邀请资产阶级激进分子比斯利、比耳斯和哈里逊参加 1865 年 1 月 16 日庆祝协会成立的晚会，当时把决议载入了会议记录；关于这次会议的报道没有发表，而克里默在给报纸送去 1865 年 1 月 3 日会议的报道时，却把这个决议包括了进去，并且还再一次地把它写到会议记录本里。不仅如此，他还擅自在决议中添加上了格罗斯密斯的名字，格罗斯密斯是总委员会委员，按情况不需要专门邀请。后来，克里默承认自己粗心大意，因而从 1 月 3 日的会议记录中删去了格罗斯密斯的名字。

1 月 11 日 致信燕妮·马克思（女儿），指出：《美因兹日报》转载了《告工人阶级书》的德译文，《柏林改革报》和伦敦《海尔曼》转载了《给林肯的公开信》。自然，我们得到这种荣誉应当归功于尤赫先生的担心，他深恐他的竞争者本德尔将要独占"我们的青睐"。

附带说一下。近来在弗莱里格拉特的一伙人中"丑闻"层出不穷，因为这伙人和瑞士银行总行有关系。日内瓦出现了抨击文章，揭露了弗莱里格拉特的"天然首长"法济的可耻的财务问题。法济被迫辞去该行总经理的职务，而"为了挽救还能挽救的一切"（一字不差地这样说），委任了犹太人莱纳赫担任他的职务，另外还派了一个法国人以及卡尔·福格特做他的助手。福格特用最卑鄙的手法背叛和攻击法济，公开指责自己以前崇拜的对象，而福格特实际上是这个人的"亲信"。

您或许已经知道，《社会民主党人报》的第一个"预订号"已经被柏林警察当局没收了。从实质上说，这是一件大好事。这些家伙很需要这种小小的政治"折磨"。

评论：信中和女儿谈论了一些事情，需要在曼彻斯特停留几天，等待与琼斯见

面；告知一些报刊转载了《国际工人协会成立宣言》《给林肯的公开信》；谈论了1864 年 11 月至 12 月发表在《新苏黎世报》的一组文章，标题是《詹姆斯·法济及其生平事迹》。告知《社会民主党人报》第一个"预定号"被柏林警察当局没收了。由于报纸被没收，马克思向施韦泽祝贺，强调必须公开和俾斯麦内阁决战。马克思还满怀温情地谈论了梦中的情景。

  1 月 25 日 致信恩格斯，指出：《社会民主党人报》刊载了蠢驴莫泽斯·赫斯的一篇通讯，说我们请求《联合》杂志（巴黎各联合会的刊物）刊登我们的《宣言》的译文（恰恰相反，是马索耳向席利建议这样做的）并且加入我们的协会；但是这事遭到它们的拒绝，因为我们最初向托伦等普隆－普隆分子提出过请求。托伦本人似乎也承认这点云云。

  我从曼彻斯特回来的第二天看到了这篇脏东西。我给巴黎和柏林都写去了很严厉的信。从席利和施韦泽的来信清楚地看出，这些都是由于赫斯的愚蠢（也许夹杂有某种恶意）和李卜克内西的绝顶的愚蠢造成的。

  昨天由于这件事在这里的委员会里大闹了一场。完全站在托伦一边的勒·吕贝说这些都是诽谤，因为象霍恩（艾因霍恩，拉比）和吹牛家茹尔·西蒙（《自由》杂志的）这样的家伙都盘踞在《联合》杂志的委员会里。最后还是根据我的提议作出决定：如果席利不从巴黎发来进一步的报告，五百张会员证就不给巴黎寄去。

  协会的工作在这里搞得很出色。它所举办的晚会——我没有参加——出席者将近一千二百人（如果大厅能够容纳，出席者还会增加两倍）；这给我们已经非常枯竭的金库带来了大约十五英镑的进款。

  从日内瓦和英国各地都来信表示要加入。

  在 2 月间要为维护波兰人召集一个群众大会（主要是为新的流亡者筹款，因此选举了唐森勋爵为主席）；这次大会将由（英国的）波兰独立同盟、地方的波兰组织和我们的协会筹备。

  由于施韦泽的坚决请求（同时也是作为一种补偿，因为我为《社会民主党人报》的错误责备了他，而没有责备李卜克内西），我昨天给他寄去了一篇论蒲鲁东的文章。在那里你会看到，某些十分无情的打击看来是为蒲鲁东预备的，实际上都击中我们的"阿基里斯"，并且是存心这样做的。

  评论：随信附上了魏德迈、席利、李卜克内西、施韦泽的来信以及关于福格特的一些东西。信中谈论了一些事情。《社会民主党人报》刊载了赫斯的一篇通讯，马克思很气愤。围绕赫斯这篇通讯讲到的内容，总委员会在 1865 年 1 月 24 日会议上讨论了国际巴黎支部中的冲突一事。信中，马克思很高兴地告诉恩格斯，1865 年 1 月 16 日在剑桥大厅举办的庆祝国际工人协会成立的晚会举办得很出色。日内瓦和英国各地都有组织要加入。国际的瑞士各支部也开始建立。以装订工人杜普累为首的一批日内瓦工人在日内瓦组织了临时委员会，以便同其他国家的工人建立联系。

瑞士的通讯书记荣克给杜普累寄去了国际工人协会章程；他代表总委员会建议瑞士工人建立全瑞士的中央委员会并且同伦敦的总委员会建立经常的联系。信中还谈论了其他事情，包括将给恩格斯邮寄国际工人协会会员证，李卜克内西及编辑部邀请恩格斯撰写关于美国战争、普鲁士军队改革的文章。

1 月 30 日   致信恩格斯，指出：我完全同意。由于考虑到会没收，你应该以第一篇论文的序言的形式非常简短地指出，你准备：第一，从军事观点阐明这个问题，第二，批评资产者，第三，批评反动派等和说明工人政党在这个问题上的立场等等，这样只要寥寥几笔就已经能把倾向暗示或预示出来。这样做一开始就使政府难于没收。如果它还是要没收，那就会把《社会民主党人报》推到一个新的阶段（因为这些先生们如果没收就不可能不在以后收回成命或向法庭控告）；同时你应该留一份第三篇文章的抄稿。那时要把它刊登在这里的两家德文报中的一家上，然后给汉堡等地寄去几份，就最容易不过了，那里肯定会有资产阶级报纸愿意转载。

我认为席利上了莫·赫斯的当。这从莫泽斯给《社会民主党人报》的所有书信中已经明显地看出来了。（例如刚到的《社会民主党人报》第十五号就是这样，报上到处充满了令人极端厌恶的"拉萨尔主义"。伊塞隆的先生们谈起"拉萨尔—林肯"来了。）莫泽斯是反对我们的，他无论在"被逐出布鲁塞尔"，还是在"被赶出科伦"的问题上都没有忘记我们，并且总是称赞拉萨尔，认为他具有一个"人民领袖"十分需要的"气度"，即赏识莫·赫斯。

另外，由于《社会民主党人报》是"全德工人联合会的机关报"，所以它很难摆脱这种偶像崇拜的气氛。

既然我们现在知道，伊戚希（采取这种形式出现我们是绝对不知道的）存心要把工人政党出卖给俾斯麦，以便获得"无产阶级的黎塞留"的美名，那末我现在要毫不犹豫地在我那本书的序言中十分明确地指出，他不过是抄袭者和剽窃者。

《我们愿做拉萨尔主义者》这首"诗"以及工人们直接寄给《社会民主党人报》的其他的愚蠢的东西，是不是直接或间接出自老太婆？不管怎样，我已经几次书面向编辑部声明，必须立即停止刊载这种无聊的东西。

进步党人是些什么家伙，他们在联合问题上的行为又一次作出了证明。（附带说一下，普鲁士的反联合法和大陆上的所有这类法律一样，都是起源于 1791 年 6 月 14 日的制宪议会的法令，在这里法国资产者非常严厉地惩罚——例如剥夺公民权一年——所有这类组织，即各种各样工人联合会，借口是：这是恢复行会，而且同宪法规定的自由和"人权"相抵触。在以 1789 年的议会精神而言是"符合宪法"的一切东西都被看做应当送上断头台的罪行的时候，这个议会的一切反对工人的法律却依然有效，这是很能说明罗伯斯庇尔的特点的。）

布莱特先生由于在演说中反对在北明翰的工业里实行十小时工作日法案，又在伦敦这里的工人当中把自己的一切毁掉了。这种资产者到底是本性难移。这家伙竟在正想靠工人打垮寡头的时候做出这种事！

附带说一下。既然我已经两次向《社会民主党人报》编辑部声明，他们应该尽量认真、尽量迅速地清除自己报纸上幼稚的"偶像崇拜"，那你在寄文章去的时候，向编辑部提出类似的意见，是绝对没有害处的。我们既然列上了名，那也就可以要求他们，在现在已经了解了拉萨尔策划的背叛的时候，不要利用我们的名字去蒙蔽工人，或者使自己成为任何愚蠢言行的工具。

评论：信中肯定了恩格斯的军事文章将有助于《社会民主党人报》。马克思揭露了赫斯称赞拉萨尔，反对自己和恩格斯的立场，揭露了拉萨尔存心要把工人政党出卖给俾斯麦。信中对《社会民主党人报》刊载哈茨费尔特的歌颂拉萨尔的东西表示不满。马克思向《社会民主党人报》提出清除"偶像崇拜"，特别是对于拉萨尔的崇拜。信中揭露了进步党人在联合问题上再一次显露出真面目。资产阶级议员利用工人运动的高涨，力求首先废除条例中束缚资本家的那些条目。普鲁士议会并没有答应工人关于联合自由的要求。

2 月 1 日　致信恩格斯，指出：各种工联送来了入会的声明，布鲁塞尔的一个组织也送来了，它答应在比利时全国各地成立支部。

我们的名誉总书记克里默收到了某个临时委员会给"总委员会"的书面邀请（此外还对他进行过私人访问），该委员会准备在下星期一在伦敦酒馆举行私人会议。目的是筹备保卫男子普选权大会。主席是理查·科布顿！

奥妙在于：象厄·琼斯告诉我们的那样，这些家伙在曼彻斯特彻底失败了；因此他们通过了一个更广泛的纲领，不过在这里面不提男子普选权，而提"济贫税纳税人"的登记。在给我们的铅印的通告里就是这样说的。但是因为根据种种迹象他们终于开始明白，除了男子普选权外，没有任何东西可以吸引工人阶级来进行任何合作，所以他们声称准备采纳这一要求。外地人"从四面八方"写信来说，伦敦举行大示威就会使外地举行类似的示威，这些人"早已"得出结论，认为他们无力推动事情前进。

会议根据我的提议作出了如下决议：（1）派遣一个代表团作为普通的"观察员"（在我的建议中我不要外国人做代表团的成员，而埃卡留斯和吕贝也是作为"英国人"和不讲话的证人当选的）；（2）关于群众大会，如果第一，在他们的纲领中直接地、正式地提出男子普选权，第二，我们选派的代表加入常务委员会，从而可以监督这些家伙，在他们企图发动新的叛变（我已经向大家说明，他们肯定在进行这种策划）时揭发他们，那末我们就和他们一起行动。我今天就把这件事写信告诉厄·琼斯。

评论：1865 年 1 月 30 日威·施特龙写信给马克思，说他会晤了出版商迈斯纳，迈斯纳同意按入股的原则出版《资本论》，并且要求把稿子送去看一下。另外，施特龙还告诉他济博耳德的情况，告诉他迈斯纳打算出版卢格和布林德的报纸以及弗莱里格拉特答应为布林德的报纸撰稿。信中询问恩格斯对此事的意见。马克思认为济博耳德并不可靠。信中告知收到了林肯的回信，马克思认为林肯的回信超过了客套话。

信中告诉恩格斯一些工联送来了加入国际的声明。信中还谈到总委员会收到的一个会议邀请，在这个问题上存在分歧，委员会决定派遣一个代表团作为普通的"观察员"参加。

2月3日 致信恩格斯，指出："还是"在《社会民主党人报》第十六号（上面刊登了我关于蒲鲁东的信，有不少印刷上的错误）上，莫泽斯·赫斯"已经"第二次对"国际协会"进行告密。关于这件事，昨天我给李卜克内西写了一封很严厉的信，告诉他：他现在接到的是最后的警告；实际上是替恶意效劳的"善意"我认为是一文不值的；我不能使国际委员会在这里的委员们相信，这种事情不是出于恶意，而纯粹是由愚蠢引起的；他们的卑鄙的报纸仍然不断地颂扬拉萨尔（虽然他们现在知道拉萨尔策划了什么样的背叛），并且怯懦地向俾斯麦谄媚，而同时还无耻地通过普隆－普隆分子赫斯，把普隆－普隆主义的罪名加到我们身上，如此等等。

现在我的意见是这样：利用莫泽斯的告密或怀疑，首先用几句话向波拿巴·普隆－普隆宣战，也要顺手打莫泽斯的朋友艾因霍恩这个拉比几下子。然后，利用这种机会来同时反对俾斯麦，以及那些梦想或胡说什么为工人阶级而同俾斯麦建立联盟的无赖或蠢材们。最后，当然要告诉这些下流的进步党人，他们一方面由于自己在政治上的怯懦和无能妨碍了事情的进展，另一方面，如果他们要求同工人阶级结成反政府的联盟——这在目前确实是唯一正确的——那末，他们必须向工人至少作一些同他们自己的"自由贸易"和"民主主义"的原则相适应的让步，即废除一切反对工人的非常法，属于这种法律的，除了联合法，还有现行的完全是普鲁士特有的出版法。他们还必须至少大体上表示愿意重新恢复由于普鲁士政变而被取消的普选权。这是对他们的最低的要求。或许还应当加上一些关于军事问题的东西。无论如何，事情必须赶快做。你一定要把你对整个声明的"想法"写出来。然后我把我的想法补充进去，加以综合，再把全文寄给你，如此等等。我觉得，时机对这种"政变"是有利的。我们不能为了顾及李卜克内西或其他任何人而放弃我们"恢复一切"的这种时机。

评论：信中谈论了几件事情。收到济贝耳的信，马克思希望全德工人联合会解散。信中批评贝克尔是在向进步党人乞怜。马克思和恩格斯的立场和拉萨尔分子的立场是截然相反的，马克思和恩格斯始终和民主派站在一起反对现存政府，而拉萨尔分子则和政府站在一起反对民主派。马克思揭露了赫斯对国际的污蔑，并向李卜克内西表达了不满。对于赫斯的告密或怀疑，马克思请恩格斯尽快写个声明，阐明立场和要求，清洗拉萨尔的恶劣影响。

2月6日 致信恩格斯，指出：今天收到一份《社会民主党人报》，在我谴责任何的即使是"表面的妥协"的文章后边，在小品文栏内幸运地发表了你关于对贵族进行致命打击的号召。

因此我认为，暂时不寄我以前计划的声明，而把下面的几句话寄去，比较适宜。这几句话无疑能给进一步的声明提供理由。经过再三考虑，我的"审美"能力使我觉得现在把后者拿出来还不合适，因为它的出现会同贝克尔的呼吁书时间离得太近。相反，这短短的几句话肯定会使施韦泽和红色贝克尔等发生内讧，我们就可以插手其间，简短、明确地宣布我们的政策，丝毫不玩捉迷藏的把戏。

刚收到席利的信（过几天我才能寄给你），从信中可以得出以下结论：

（1）莫泽斯的诽谤纯属捕风捉影，（2）我们的计划在巴黎肯定会"非常"受欢迎，那里的工人根本不重视那家爱·霍恩、勒布·宗内曼以及其他党羽在其中自封为要人的《联合》杂志。

评论：信中探讨对待《社会民主党人报》的策略。马克思把《致〈社会民主党人报〉编辑部。声明》的草稿附在1865年2月6日的信中。由于该报暂时改变了论调，并且刊登了一篇赫斯的短文，他在短文中放弃了自己对国际法国会员的诽谤性说法，马克思和恩格斯当时没有再坚持发表这篇声明，但他们决定暂时不再给该报投稿。后来，在1865年2月18日马克思写的新的声明中，马克思和恩格斯宣布同《社会民主党人报》彻底决裂。

2月10日 致信恩格斯，指出：因此我建议：

柏林现在正吹着一股可恶的和解风，这次是从俄国吹来的，并且由于同奥地利关系恶化而得到加强。《彼得堡报》建议在确定预算和两年服役期这两个问题上应该无条件地对议院让步。

国际工人协会在巴黎工人中取得很大的成功，使得莫泽斯大伤脑筋。由于莫泽斯的愚蠢，托伦提出了辞职（我们没有正式接受他的辞职）。昂·勒弗尔（《未来报》等的编辑）也参加了《联合》杂志编辑委员会，他自愿担任我们在巴黎的协会的报刊辩护人（首席律师）。协会已经受到了霍恩的攻击（章程的一条）。这个犹太人霍恩很快就会感到，除莫泽斯·赫斯外还存在一些另外的德国人。弗里布尔已经为我们设立了一个问事处；前天已把会员证给他寄去了。

附带说一下，林肯给我们的回信这样客气，而给"资产阶级的反奴隶制协会"的信却这样粗暴而且纯粹是官样文章，这就触怒了《每日新闻》，它因此没有转载给我们的回信。但是它看到《泰晤士报》这样做了，弄得很伤脑筋，只好把它补登在《快报》上。勒维也只得吞下这个苦药丸。林肯给我们的回信和给资产者的回信不同，在这里产生了这样大的效果，以致在西头各"俱乐部"里都为此摇头。你知道，我们对这件事多么高兴。

评论：信中商讨如何发表和出版恩格斯的《普鲁士军事问题和德国工人政党》，

马克思认为这篇文章既从纯粹军事方面进行了探讨，还通过探讨军事问题说明了他们对反动派、进步党人和拉萨尔派的态度。当时的柏林正在鼓吹和解。信中告知恩格斯，国际工人协会在巴黎工人中取得了很大的成功，但受到了霍恩的攻击。这是缘于在1864年年底把《临时章程》翻译成法文时，巴黎支部的蒲鲁东主义领导作了许多歪曲，信中提到的章程第一条就是被歪曲了。"因而工人阶级的经济解放是一切政治运动都应该服从于它的伟大目标"。而这一条的原文是："因而工人阶级的经济解放是一切政治运动都应该作为手段服从于它的伟大目标"。信中还分享了喜悦，认为林肯给协会的回信与给资产者的回信不同，林肯的答复刊登在1865年2月6日《快报》上，标题是《林肯总统和国际工人协会》，这对工人运动及国际工人协会是鼓舞。

2月11日 致信恩格斯，指出：今天是星期六，所以我想你今天还没有把你的手稿寄出去，还来得及提出下列"补充的"修改建议：

（1）在你提出工人的愿望是什么这个问题的地方，我不会象你那样回答说，德国、法国和英国的工人要求什么什么。这种回答会显得好象是我们接受了伊戚希的口号（至少会被解释成这样）。我会用另外一种方式说：

"看来，目前德国最先进的工人所提出的要求可以归纳如下，等等"。这样你就根本不会把自己牵连进去；这也比较好，因为后面你自己就在批判那种不具备适当条件的普选权。（"直接"这个词，例如在英国等地并没有别的意思，只不过是和普鲁士人创造的"间接"选举权相对照罢了。）对德国庸人设想的那种拉萨尔式的国家干涉的形式，必须加以防范，以便根本避免同"这种形式"混淆起来。如果你抓住庸人们讲的话，并且让他们自己说他们希望什么，那就好得多（而且保险得多）。（我称他们为庸人，因为他们的确是爱发议论的、拉萨尔化了的一部分人。）

（2）我不会说，1848—1849年的运动遭到失败，是由于资产者反对直接的普选权。相反地，这种普选权曾经被法兰克福人宣布为真正德国人的权利，并且由帝国执政者按照正式手续公布出来。（我也有这样一个看法：在德国，一旦对这件事情进行认真的讨论，这种选举权就必须认为是法律上已经存在的。）由于那里没有篇幅作太详细的说明，所以我会用这样一句话带过去，即资产者宁愿要用奴役换取的平静，而不愿看到哪怕只是争取自由的斗争的前景，或者诸如此类的东西。

总的说来，这篇东西写得很好，特别使我满意的一点是，阐明了现在的庸人运动实际上只是靠警察的恩惠才存在的。

评论：信中肯定了恩格斯的《普鲁士军事问题和德国工人政党》，并提出了一些建设性补充建议。恩格斯考虑了马克思的意见，在援引全德工人联合会的要求时，阐述清楚不同意拉萨尔派的口号。他还接受了马克思提出的建议，改变了对德国资产阶级在1848—1849年革命时的立场的说明。马克思认为，这次革命失败，不是由于资产者反对直接的普选权。

2 月 13 日　致信恩格斯，指出：这一次我认为李卜克内西是对的：冯·施韦泽先生假装他从我们的声明中看到的只是对莫泽斯的一种私愤；对波拿巴主义的打击等等他"视而不见"，——可能他清楚地了解到这是什么样的事情。假如公开决裂（谁知道他搞没搞过必然会很快造成这种决裂的事情）是由于这一次莫泽斯事件，而不是因为俾斯麦，对施韦泽来说，也许是十分方便的。因此我给他写了一封信（保存了副本），信中首先总结了一下到目前为止我们同他的关系，并问他，我们在什么地方超出了"尺度"。同时再一次分析了莫泽斯事件。然后我指出，由于莫泽斯的最近的拙劣通讯，我们的声明在某种程度上是过时了，因此，这件事可以放一放。至于声明中的另一点——对工人的示意，我们将在其他地方详细说明工人对普鲁士政府应当采取的态度。同时我利用这个机会——结合《泰晤士报》今天刊载的关于普鲁士大臣声明的电讯——再一次向冯·施韦泽先生坦率地说明我们对俾斯麦和拉萨尔的意见。

（一部分进步党人现在被迫要求在一定范围内废除联合法，如果俾斯麦在这个范围内断然拒绝废除，我确实丝毫不会感到奇怪。联合权和一切与之有关的东西同警察的无上权力、奴仆规约、乡村贵族的暴行和整个的官僚监督是完全背道而驰的。因此，只要资产者（或者他们的一部分）装出一副认真对待这一切的样子，政府马上就会把这些变成戏言，就会向后转。普鲁士国家不可能允许联合和工会存在。这是不用怀疑的。反过来说，政府支持某些微不足道的合作团体，恰恰适合于它的整个恶劣的制度。增加官吏干涉的机会，对"新的"款项进行监督，收买工人中最轻信的人，阉割整个运动！然而，目前在普鲁士政府非常需要钱的情况下，对这个计划无需象对从前的天鹅骑士团那样担心！

注意：拉萨尔曾经反对争取联合权的运动。李卜克内西不顾拉萨尔的意愿在柏林印刷工人中间掀起了这个运动。由此发生了现在被小丑贝克尔所窃夺的整个这件事。）

评论：马克思把 1865 年 2 月 11 日施韦泽寄给他的信转寄给恩格斯。施韦泽就莫泽斯诽谤国际的法国活动家的通讯以及针对马克思和恩格斯对这一事件的声明作了解释。马克思详细讲述了与施韦泽的交流，对他坦率说明了对俾斯麦和拉萨尔的意见。信中还揭露了普鲁士政府不允许联合和工会存在等立场，认为只要拉萨尔主义在德国占上风，国际工人协会就没有地位。信中还请恩格斯注意琼斯，并提出了与琼斯打交道的策略。在信中，马克思还谈到普鲁士政府不可能允许联合和工会存在的真正立场。

2 月 13 日　致信约翰·巴普提斯特·施韦泽，指出：社团以及由社团成长起来的工会，不仅作为组织工人阶级对资产阶级进行斗争的手段，是极其重要的——这种重要性，例如，表现在下面这件事实上：甚至有选举权和共和国的美国工人也还是少不了工会——，而且在普鲁士和整个德国，联合权除此而外还是警察统治和官僚制度的一个缺口，它可以摧毁奴仆规约和贵族对农村的控制；总之，这是使"臣民"变为享有充分权利的公民的一种手段，这种手段，进步党，也就是说普鲁士的任何资产阶级反对党，只要没有发疯，都会比普鲁士政府，尤其是比俾斯麦政府快一百倍地表示同意！与此相反，普鲁士王国政府对合作社的帮助——凡是了解普鲁士情况的人，都预料得到，帮助的规模必然是很小的——作为经济措施，完全等于零，同时这种帮助将会扩大监护制，收买工人阶级中的一部分人，并使运动受到阉割。普鲁士的资产阶级政党由于深信随着"新纪元"的到来政权会因摄政王的恩典而落在自己手里，才使自己出了丑并且落到了目前这步田地，同样，工人政党如果幻想在俾斯麦时代或任何其他普鲁士时代金苹果会因国王的恩典而落到自己嘴里，那就要出更大的丑。毫无疑问，拉萨尔关于普鲁士政府会实行"社会主义"干涉的不幸幻想将使人大失所望。事物的逻辑必然如此。但是，工人政党的荣誉要求它自己甚至在幻想被经验驳倒以前，就抛弃这种空中楼阁。工人阶级要不是革命的，就什么也不是。

评论：信中阐述了对普鲁士政府应当采取的态度的意见，表达了对李卜克内西对政府的态度的看法和指导；马克思认为社团以及由社团成长起来的工会，作为组织工人阶级对资产阶级进行斗争的手段是极其重要的。

2 月 15 日　致信维克多·勒·吕贝，指出：我们协会的成就本身就要求我们慎重。我认为让比耳斯先生加入我们的委员会将使整个事业遭到破坏。我认为他是一个正派和忠实的人。然而他也只是一个资产阶级政治家，不可能是别的。他意志薄弱，庸碌无能并且爱慕虚荣。他在当前的议会选举中想列名为梅里勒榜的候选人。仅仅因为这个事实就应当取消他加入我们委员会的资格。我们不能做实现卑鄙的议会野心的台阶。

比耳斯的加入在公众的心目中会认为我们协会有了完全不同的性质：我们会变成他允许保护的许多团体中的一个。他挤进哪里，出身于他那个阶级的其他人也会跟着到那里，我们为使英国工人运动摆脱资产阶级和贵族的一切监护而作的有效的努力就会前功尽弃。

我早已知道，如果让比耳斯进来，那末将来提出的一系列问题，主要是社会性质的问题，会迫使他辞职。我们不能不对土地问题等发表宣言，而他不可能在上面签字。现在不接受他不是比让他以后和我们脱离关系更好吗？

评论：信中马克思表示不赞同比耳斯加入委员会，会影响委员会的氛围，影响国际协会在公众中的形象。

2 月 16 日　致信恩格斯，指出：我再提醒你一下，依我看，佩茨累尔在这件事情上很有用处。许多年来，他（作为歌咏教师和社会主义者）同曼彻斯特工人保持有私人关系。

今天我在《泰晤士报》上看到普鲁士议院通过反对联合法的提案，感到很高兴。政府现在要在贵族院里否决它。红色贝克尔——也许受了你的小品文的影响——提出了关于农村居民的修正意见。

评论：马克思把全德工人联合会的成员、科伦工人马策腊特 1865 年 1 月 8 日给列斯纳的信转寄给恩格斯，信中谈的是联合会中贝克尔和克林格斯之间的分歧。马策腊特代表联合会的一批成员请求马克思发表意见并帮助分析这个问题。信中告知，普鲁士众议院讨论联合权问题时，多特蒙特的代表贝克尔提出关于限制雇农权利的法律的提案。马克思认为这是贝克尔受到恩格斯的《提德曼老爷。古代丹麦民歌》的影响。马克思对此感到很高兴。

2 月 18 日　致信恩格斯，指出：既然李卜克内西已经声明退出，就必须把这件事做个了结。本来，他如果拖延下去，那我们也是可以拖延一下的，因为你的小册子当时还在写着。

妙极了！他在 15 日写信回答了我 13 日写的这封信，他在信中要求我在一切"实际"问题上都服从他的策略，他以《俾斯麦（三）》作为这种策略的新样本做了回答!! 现在我确实觉得，他由于我们的反对赫斯的声明而提出辞职问题时所采取的那种无礼态度，其原因并不在于他对莫泽斯的温情，而在于他已经下定决心，在任何情况下都不让我们在《社会民主党人报》上向德国工人示意。

既然总得和这个家伙决裂，那不如现在马上就决裂。至于德国的庸人们，他们愿意怎么叫嚷就让他们怎么叫嚷吧。其中有用的那一部分人迟早总会跑到我们这边来的。如果你同意下面的声明，请把它抄下来，签好名寄给我。这是仓卒写成的，所以，把你认为不合适的地方都修改一下，或者就按你自己的意思重新写过。

评论：信中告知李卜克内西退出《社会民主党人报》编辑部一事。马克思认为施韦泽可能和俾斯麦取得了秘密的协议。根据是施韦泽的一组文章《俾斯麦内阁》中的第三篇，这篇文章是在马克思坚决要求他不要再向俾斯麦谄媚以后发表的。在这些文章中，施韦泽公开支持俾斯麦用"铁和血"统一德国的政策。马克思主张与施韦泽彻底决裂。马克思还询问恩格斯对"弗莱里格拉特—布林德"创办的德国小资产阶级民主派的杂志《德意志联邦》的看法。

2 月 23 日　致信路德维希·库格曼，指出：首先我想对您简略地说明一下我对拉萨尔的态度。在他从事鼓动的时期，我们的关系已经断绝了，这是：（1）由于他大肆自我吹嘘，甚至还把从我和其他人的著作里无耻地剽窃去的东西也拿来吹嘘；（2）因为我谴责了他的政治策略；（3）因为早在他开始进行鼓动以前，我在伦敦这里就向他详细解释和"证明"过：认为"普鲁士国家"会实行直接的社会主义干涉，那是荒谬的。他在给我的信（从 1848 年到 1863 年）中象同我会面时一样，老说他是拥护我所代表的党的。但是，一当他在伦敦（1862 年底）确信他对我不能施展他的伎俩，他就立即决定以"工人独裁者"的身分来反对我和旧的党。尽管如此，我还是承认他进行鼓动的功绩，虽然在他的短短的一生即将结束的时候，甚至这种鼓动也使我感到愈来愈暧昧不明了。他的突然死亡、旧日的友情、哈茨费尔特伯爵夫人的诉苦信、资产阶级报纸对一个生前曾经使他们胆战心惊的人采取的那种怯懦无耻的态度所引起的令人厌恶的感觉，所有这一切都促使我发表一个简短声明来反对卑鄙的布林德（哈茨费尔特把这个声明送交《北极星》发表了）。但是这个声明没有涉及拉萨尔活动的内容。由于同样的原因，并由于希望能够消除那些在我看来是危险的因素，我答应同恩格斯一起给《社会民主党人报》撰稿（该报刊登了《成立宣言》的译文，而且我还按照该报的愿望，就蒲鲁东之死写了一篇关于他的文章），而在施韦泽寄给我们一份令人满意的编辑计划之后，我就同意把我们列名为撰稿人。威·李卜克内西担任编辑部的非正式编委，这对我们又是一层保证。但是不久就表明——这方面的证据已经落到我们手中——拉萨尔事实上背叛了党。他同俾斯麦订立了一个正式的契约（他自然并没有因此得到任何保证）。1864 年 9 月底，他本来要到汉堡去，在那里（同疯狂的施拉姆和普鲁士警探马尔一起）"迫使"俾斯麦兼并什列斯维希—霍尔施坦，也就是以"工人"的名义来宣布兼并，等等，而俾斯麦为此则答应给予普选权和实行某些冒牌的社会主义措施。可惜拉萨尔没有能演出这幕喜剧！否则这出戏一定会使他显得极其愚蠢可笑！而所有这一类企图也一定会以此永远结束！

同时，您由此可以了解，为什么目前我在普鲁士任何事情也不能做。那里的政府直截了当地拒绝恢复我的普鲁士国籍。我如果要在那里进行宣传活动，那就只有采取冯·俾斯麦先生所希望的形式才会被允许。

我倒万分愿意通过"国际协会"在这里进行我的宣传活动。这对英国无产阶级的影响是直接的和极为重要的。现在我们正在这里搞普选权问题，这个问题在这里同在普鲁士，当然是有完全不同的意义的。

评论：信中答复了库格曼来信中的一些问题，表达了对拉萨尔的态度，表示在拉萨尔从事鼓动的时期，就已经和他断绝关系了。信中还揭露了米凯尔，马克思认为资产阶级到处都和封建主义妥协，而工人阶级按本性来说应当是真正"革命的"。信中还谈到哈茨费尔特利用《社会民主党人报》的企图；贝克尔反对国际工人协会的阴谋；施韦泽的立场等。马克思很满意国际协会在比利时、瑞士和意大利的发展状况，指出只有德国受到了拉萨尔的信徒的反对。

2 月 25 日　致信恩格斯，指出：比耳斯先生（密多塞克斯的公证人，现在是伦敦最孚众望的人物之一，波兰独立全国同盟主席，新的改革同盟的奠基人之一，实际上是工人和资产阶级之间的中间人，此外还是一个正直的和有善意的人）已经被提名为我们委员会的候选人。这是因为我们曾经同他一起作为筹备委员会准备下星期三举行的波兰大会（由唐森侯爵主持）。这使我感到很不愉快。我当然可以用强力阻止这件事，因为所有的大陆代表都会跟我一起投票。但是我不想求助于这种表决。因此我通过给主要的英国委员写私人信的办法，使得提名比耳斯的人不再坚持自己的提议。"正式的"理由是：（1）在下届议会选举时比耳斯将是梅里勒榜区的候选人，我们协会应当尽力避免给人一种印象，似乎它为某种议会野心的利益服务；（2）比耳斯和我们可以在不同的船上更好地协调一致地工作。这样，危险就暂时解除了。此外，其他一些议员，象泰勒等（一些同马志尼有关系的家伙）竟敢向我们宣称，现在召开波兰大会不适宜。我通过我们的委员会回答说，工人阶级有它自己的对外政策，而这个对外政策决不以资产阶级认为适宜为依据。资产阶级总认为，适宜的是，在新的起义开始时怂恿波兰人，在起义过程中通过外交手段出卖他们，并在俄国迫害他们之后将他们投入灾难之中。实际上，大会的目的首先是在金钱上予以支持。因为英国资产阶级恰恰现在认为哪怕提到波兰这个名称本身都是不适宜的，难道这些不幸的流亡者（这一次多数是工人和农民，所以不会得到扎莫伊斯基亲王之流的任何支持）就应当饿死吗？

评论：随信附上库格曼的信。是前共产主义者同盟成员米凯尔给库格曼的信。米凯尔认为马克思的《政治经济学批判》一书中"真正新鲜的东西不多"，它的结论对德国的社会政治条件不适用。同时米凯尔竭力为他自己转到现存制度维护者的立场辩解。信中马克思指出了埃卡留斯犯的错误，并给李卜克内西寄去声明。1865年2月初，马克思在伦敦德意志工人共产主义教育协会成立二十五周年庆祝会上发表演说，批评了拉萨尔分子的观点，特别是他们关于资产阶级国家帮助工人生产合作社的说教。但是，在埃卡留斯写的关于这次庆祝会的报道中，歪曲了马克思的演说的内容。埃卡留斯说，马克思说工人和资产阶级反对专制制度不可能采取共同行动。信中，马克思讲述了自己的一系列澄清这一事情的措施。信中还讲述了国际工人协会的发展与成绩，也谈到分歧。蒲鲁东分子所特有的那种认为工人组织中的负责人员只能是工人的错误观点，在1866年国际的日内瓦代表大会上遭到彻底的批驳。

3月4日　致信恩格斯，指出："波兰大会"（星期三）开得很好，虽然宣布它"不适宜"的资产者百般阻挠，但是到会的人还是很多。

法国的问题很复杂。有关这方面的报道和席利的报告（我今天还必须从中译出摘要并向小委员会作相应的报告），你将会在下封信中得到。目前我只能告诉你，我们原来的工人代表和从事政治社会活动的先生们（包括使莫泽斯欣喜若狂的《联合》杂志的首领们）之间现在在谁应当同我们保持联系的问题上展开了斗争。[法国的]，首先是巴黎的工人（虽然我们在二十五个其他法国城市已经有了联系）把伦敦委员会完全看成是"对外的"工人政府。

评论：信中告知《社会民主党人报》刊载了马克思、恩格斯的《致〈社会民主党人报〉编辑部的声明》后，施韦泽也发表了文章。文章说，站在全德工人联合会队伍之外的德国社会民主党人不属于社会民主党。纪念1863—1864年波兰起义一周年的大会是1865年3月1日在伦敦圣马丁堂举行的。组织这次大会的发起人是英国波兰独立全国同盟。在准备和举行这次大会方面，国际总委员会起了很大的作用。但是，英国资产阶级报刊，其中包括伦敦的自由派日报《每日新闻》，只叙述了比耳斯、利弗尔逊等资产阶级激进派在会上的发言，对以国际的名义提出的决议案和总委员会委员福克斯和埃卡留斯的发言却只字不提。后来，马克思利用 1865 年 3 月 4 日《蜂房》刊登的关于大会的完整报道，写了一篇以《更正》为标题的短文，介绍了事实。这篇短文是写给转载过英国报纸的歪曲报道的苏黎世报纸《白鹰报》的。

3 月 7 日 致信恩格斯，指出：关于布龙。一个巴黎工人收到一个汉堡工人的信，说布龙对我们极尽诽谤之能事。第一，说我欠他六十塔勒还没有偿还。第二，说什么我和你把一份关于流亡者的稿子出卖给普鲁士政府，即"警务顾问施梯伯"。这个巴黎工人把这封信转寄给列斯纳，列斯纳又转寄给我。我立即答复列斯纳，要他转告那个巴黎工人：我从来没有（我当时这样认为）同布龙发生过任何金钱关系，我认为布龙曾经有过六十塔勒的说法完全是闵豪森故事。接着解释了班迪亚同手稿的事情，并援引了《纽约刑法报》发表的 1853 年 4 月我们的声明和《福格特先生》中的有关的几页。好极啦！在这之后布龙来了一封信。我苦思冥想，模模糊糊记起这么一回事：1849 年春天我到汉堡去给《新莱茵报》筹款。我口袋里的钱仅够去汉堡的路费。而我在那里住了十四天上等旅馆。我对表示愿意以后寄款捐助我们的弗里施男爵说，我需要钱付旅馆费和作回去的路费。同时我记起，似乎由于我不愿意作为"礼物"接受他的这些钱，而他那方面又不愿意收回这笔钱，所以我们当时商定由布龙——他当时是无赖，现在仍然是无赖——接受这笔钱。我完全忘记了这件小事，所以我现在写信对布龙说，我记得同他没有任何金钱上的纠葛。因为我从汉堡回到科伦时《新莱茵报》已被封闭，而我被逐出普鲁士，所以在当时各种事件的漩涡中我可能把这一切忘掉了。奇怪的只是，他从 1849 年一直等到 1865 年才来提醒我这件事。其实，事情很简单。让他写信来告诉我他认为应当给他多少，并让他寄来格吕贝耳的住址。我要亲自写信给格吕贝耳。如果后者证实他的说法，那末他的要求将得到满足。这样做是绝对必要的，因为我到目前为止不能完全肯定这一切是真实的，而类似的要求以真正闻所未闻的方式把我刮得一干二净。

评论：信中谈到了布龙的诽谤，事实是 1852 年 6 月底，马克思和恩格斯的著作《流亡中的大人物》小册子的稿子委托给表示愿意帮忙的匈牙利流亡者班迪亚在德国付印。后来查明，班迪亚是个警探，他把小册子出卖给了普鲁士警察局。马克思不久在《希尔施的自供》一文中公开揭露了班迪亚的行为。信中附上席利的信，告知巴黎发生的纠纷，已经派人去调解了。

3 月 10 日 致信恩格斯，指出：海尔维格和吕斯托夫的声明很好。施韦泽先生的厚颜无耻简直难以想象，其实他也知道，我只要把他本人的信件公布出来就够他受了。看这只落水狗还能耍出什么花招来！

他从《新法兰克福报》上引证的那篇东西，你也许已经猜到，是大学生"布林德"写的。我把被推翻的民主派君王的和霍洛威式的"自我吹嘘者"、"自我宣传者"的"仆从"的第一期寄给你。关于这个家伙，你应当给济贝耳提供一些趣闻，让他传播到各家报纸上去。

此外，你的小册子要是能再版，可以写一篇短序，用几句话正式说明我们对拉萨尔的脏东西和《社会民主党人报》的态度。当然，同这种流氓在一些小报上直接周旋，是有损我们尊严的。

评论：信中谈到《社会民主党人报》发表的海尔维格和吕斯托夫不给该报撰稿的声明。施韦泽在声明的后记中歪曲马克思和恩格斯对拉萨尔的态度和他们不再给该报撰稿的原因，信中肯定了海尔维格和吕斯托夫的声明很好。

3月13日　致信恩格斯，指出：施韦泽根据《新法兰克福报》转载了他明知为谎言的谎言。（该报的那篇文章是不是作为编辑部文章发表的？）这就是说，（1）寄给我们的而且"作为手稿印行的纲领"，上面既没有拉萨尔的名字，也没有一个字提到拉萨尔。（李卜克内西曾加以阻止。）（2）由于施韦泽不知羞耻地摘引了私人吊唁信中的一些话来引申出他对拉萨尔的颂词，他在12月30日的便函中极谦恭地请求我原谅。（3）我要简短地摘录施韦泽从1864年12月30日到1865年2月15日（他的最后一封信）的来信，指出从试办的第一号报纸起一直到我们的退出声明，关于"策略"的冲突是经常不断的，而决不是象批准布林德谎言的可敬的施韦泽所说的那样是无缘无故突然产生的。同时，由施韦泽来信的简短摘录构成的这幅镶嵌画将会表明，这个畜牲对我们多么巴结，而在挨了揍以后又突然变得那样无耻。这篇东西让资产者和工人（还让吕斯托夫）读一读是有好处的。这毕竟是同"拉萨尔主义"决裂的良好序曲，这种决裂总是不可避免的。（当然，至于大学生布林德，如果这个坏蛋再一次出场，我将始终把拉萨尔说成是一只死狮，而他不过是一匹活驴子。把一个"如此不学无术的"巴登的小饭店老板同一个研究过赫拉克利特和罗马继承法的人相提并论，是很不象话的。）

评论：信中揭露了施韦泽的厚颜无耻并提出了计划。在施韦泽从布林德文章中摘来的引文中，歌颂拉萨尔。马克思向施韦泽提出了坚决的抗议，反对这种随意滥用。信中还介绍了2、3月发生的一些会议和往来等事情。马克思认为与拉萨尔主义的决裂是不可避免的。

3月13日　致信海尔曼·荣克，指出：克里默先生完全不了解我（我马上就写信同他谈谈这个问题）。我根本就没有打算在星期二晚上对那些旧的决议提出新的修正案，今天收到您的来信之前，我还在给席利的信中寄去了这些决议。我要他在本星期四以前不要外传，以便让勒·吕贝先生有时间来履行自己的职责，即让他自己散发决议。对克里默以及福克斯，我只是说，要不是勒·吕贝和沃尔弗先生以愚蠢的行为惹得大家生气，浪费了时间，那末决议本来一定能写得更委婉一些，同时也能更有逻辑一些，例如第二项决议（关于委派勒弗尔为法国报刊辩护人），只要增加一小句，就会变成另一个样子，而第四项决议也对勒弗尔做了过大的让步，等等。这些本来都是可以纠正的，我虽向克里默先生表示遗憾，因为在决议的内容表决以后，没有把它们交给小委员会去使它们具有应有的修辞形式。

可是我认为，把已经在某一次解决了的而且——就决议的实质说来——解决得完全正确的问题再提出来，是极其荒唐的。尤其是我认为，既然勒·吕贝和沃尔弗采取了这样的态度，那末哪怕是删改一个字，对于中央委员会说来也是不体面的。何况我给席利的信已经根本排除了这种可能。

评论：信中谈论了总委员会于 1865 年 3 月 7 日通过的关于巴黎支部中的冲突的各项决议。信中表示要了解荣克那篇关于事件经过的评论。总委员会委托荣克就巴黎支部中的冲突的经过起草一篇简短的述评，用以通报法国的国际会员。马克思在信中谈论了自己对这件事的安排建议。马克思与荣克见面时，把他对这份文件的书面意见交给了荣克。

3 月 18 日　致信恩格斯，指出：我为本德尔写了一篇简短的、完全是提纲式的小文章，有点象内容介绍，我觉得这篇东西对他的报纸说来是合适的；而给尤赫却只寄去了你的小册子，并请他按照他的方式和他的观点对此加以评论。我从尤赫那里收到了附上的这张便条（请保存好！）。要写书评时间已经不够了。所以我就把原来为本德尔写的那篇东西寄给了尤赫（今天已经登在《海尔曼》上）。（给本德尔只寄去了附上的几句话。）同时我又写信给尤赫——外交手腕越来越需要了——说我因为要动身，不能满足他的要求，希望他在最近一期上能登载小册子的长篇摘要。等我回到伦敦以后，我要同他谈谈他的撰稿人不足的问题。（我想让埃卡留斯为他撰稿而不要再为《社会民主党人报》撰稿。）我也把我反对施韦泽的声明的副本寄给他一份（同时也寄给了《柏林改革报》和《杜塞尔多夫日报》），但是要到下星期六才能发表在《海尔曼》上。给《海尔曼》的那一份没有什么更动，只是在头上加了几句对布林德的讽刺。

附上《北极星》。这份材料你必须保存好。你看，这些先生们现在想把事情弄成似乎倒霉的施韦泽完全歪曲了拉萨尔。因此我那篇反对施韦泽的声明，虽然只是非常间接地否定了拉萨尔本人的观点，但是现在发表出来也正是时候。事情会逐渐明朗化的。

评论：信中交代了与本德尔、迈斯纳、尤赫、埃卡留斯等人相关联的书评等事情。随信寄去一份李卜克内西寄来的《莱茵报》，这份报纸上发表了关于马克思和恩格斯同《社会民主党人报》决裂的长篇报告的摘要，报告是李卜克内西 1865 年 2 月 28 日在宣布加入国际的柏林印刷工人联合会上作的。随信还寄去了《北极星》，上面发表了海尔维格、吕斯托夫和弗·罗伊舍的抗议，抗议 1865 年 2 月 26 日《社会民主党人报》上登的通讯说拉萨尔向普鲁士专制制度谄媚。

4 月 10 日　致信索菲娅·哈茨费尔特，指出：我坚决请求您把那本我在边上作了许多修改和订正的《雾月十八日》交给威廉·李卜克内西先生。

我非常愤怒地读完了贝克尔对您的攻击文章。根据各方面的人给我的信来看，这个骗子所损害的并不是您，而只是他自己。我完全同意吕斯托夫先生的看法，即德国工人联合会的任何一个分会听到这些诽谤会漠然置之，是不可思议的。只要是有普通的礼貌，也就不容许干出这种卑鄙的事。

评论：马克思对贝克尔在1865年3月22日的演说中激烈地攻击了哈茨费尔特表示谴责。海尔维格和吕斯托夫在他们发表在《北极星》上的《注意》和《声明》中也表达了反对意见。

4月11日 致信恩格斯，指出：今天晚上将是我三个星期以来第一次出席国际的会议。在这段时期发生了革命。勒·吕贝和德努阿尔退出了，杜邦被任命为法国通讯书记。由于勒·吕贝的阴谋，特别是马志尼手中的工具沃尔弗少校的阴谋，意大利的代表拉马和方塔纳也退出了。借口是：勒弗尔（当时他在《联合》杂志上宣布了他的退出）应当保留他的巴黎报刊的总辩护人的位置。意大利的工人俱乐部没有退出协会，但是在总委员会中已经不再有代表了。我正设法通过巴枯宁在佛罗伦萨安置一个对付马志尼先生的对抗水雷。拥有五千人的英国鞋匠工会在我离开的时候加入了协会。

关于棉花危机有什么消息？我很需要知道这方面的情况。

评论：信中谈到贝克尔的诽谤。1865年3月22日在全德工人联合会汉堡分会会议上，联合会的主席贝克尔发言诽谤国际工人协会，还诽谤马克思、恩格斯和李卜克内西。马克思在《"人类的主席"》一文中驳斥了贝克尔，在此以前，李卜克内西也揭露了贝克尔。马克思告知国际发生的变故，吕贝、德努阿尔退出了，意大利的代表拉马和方塔纳也退出了。马克思讲到在通过巴枯宁做些安排对付马志尼。信中，马克思询问是否有棉花危机的消息。

4月15日 致信莱昂·封丹，指出：在中央委员会最近一次会议上（见附件），我被任命为比利时临时书记，以代替公民勒·吕贝，他辞去总委员会委员职务一事已被一致通过。由公民杜邦接替他担任法国书记。

如果您愿意，我以后可以简单地跟您谈谈中央委员会里存在的一些不愉快的事件。我认为，一切事情的真正的罪魁就是同我们总委员会作梗的那个自命为意大利爱国者的、但是又同无产阶级利益顽固敌对的人，而如果不保卫无产阶级的利益，共和主义就只不过是资产阶级专制主义的新形式。据他的最盲目的工具之一供认，难道他不是竟然要求从我们的《宣言》的意大利译文中删去所有敌视资产阶级的句子吗？

尽管有这些痛心的事件，尽管有些人多少是自愿地辞了职，我们的协会仍然在胜利地前进。它存在才几个月，仅仅在英国就已经有将近一万二千名会员。

评论：这是一封草稿。保存在马克思1865年的笔记本中。信中附有总委员会1865年4月11日会议记录的摘录。信中简要谈论了中央委员会里存在的一些不愉快的事件。马克思认为马志尼是罪魁祸首。同时，马克思肯定了国际协会在胜利地发展。

4 月 25 日 致信海尔曼·荣克，指出：我刚才给克里默写了信，要他立刻起草一份给比·万萨德的委托书。应该让杜邦很快设法把它交给万萨德。如果杜邦能够把这份文件直接送给万萨德，而不经过弗里布尔，那就再好不过了。

万萨德已经写信告诉吕贝，说他如果不是直接从伦敦收到委托书，他就不予接受。吕贝在给弗里布尔的信中答应把这件事告诉中央委员会，但是他并没有这样做。我有根据猜想，后来弗里布尔"遗忘"这件事并不是无意的。

关于巴黎以后发生的事情（大体说来会有好的结果），我将口头告诉您，而现在请您给杜邦以指示。

评论：信中讲述了邀请万萨德的事情。总委员会计划吸收 1848 年革命的老战士、工人政论家万萨德参加巴黎支部理事会。马克思指望万萨德参加巴黎支部的领导工作，将会促使法国的国际会员接受 19 世纪 40 年代法国工人运动的革命传统和社会主义传统。但是，万萨德借口生病和工作繁忙，没有接受这一委任。

5 月 1 日 致信恩格斯，指出：国际协会的伟大成就是：

改革同盟是我们一手建立的，在由十二个人（六个资产者，六个工人）组成的小小的委员会里，工人都是我们总委员会的委员（其中有埃卡留斯）。我们已经打破了资产者想把工人阶级引入歧途的一切折衷的企图。各省的运动这一次完全以伦敦的运动为转移。例如，厄内斯特·琼斯在我们把事情推向前进以前是灰心失望的。如果英国工人阶级的政治运动能够用这种方式重新活跃起来，那末协会可以不声不响地为欧洲工人阶级做出来的事情，就会比用其他任何方式做出来的要多。而且有取得成功的一切希望。

你我的声明，出乎意料之外，的确收到了很大的效果。我们不仅把全德工人联合会这个普鲁士政府的工具炸毁了，而且也用几句话驱散了德国工人的忠君迷梦。目前进步党内的分歧也是我们的行动的直接结果。

南部各州的骑士精神已庄严结束。在这种情况下刺杀林肯是他们所能做的最大的蠢事。约翰逊是严厉的、倔强的，是要报仇的，他原来是一个白种贫民，特别仇恨寡头政治。他对那些家伙是不会客气的，由于这一阴险行为，他会发现北部的情绪合乎他的意图。

评论：信中谈到国际协会取得的一些成绩。马克思认为，如果英国工人阶级的政治运动能够用这种方式重新活跃起来，那么协会可以不声不响地为欧洲工人阶级做出来的事情，就会比用其他任何方式做出来的要多，而且有取得成功的一切希望。信中讲到维贝尔被赶出工人协会。根据列斯纳的提议，伦敦德意志工人共产主义教育协会断绝了同拉萨尔派的关系。1865 年 4 月 5 日，在协会同它的分会"条顿尼亚"和"和谐"共同讨论全德工人联合会主席贝克尔的行为和《社会民主党人报》编辑部的行为的大会上，维贝尔企图通过一项决议，说个别党派代表的政治态度是个人的事，不应当由协会的会员来讨论。这种错误的立场遭到了会议的否决。信中提到的"条顿尼亚"是居住在伦敦南部的德国工人的教育团体。它加入了伦敦德意志工人共产主义教育协会作为一个分支机构。在 1865 年 1 月，它与该协会一同并入国际工人协会。"条顿尼亚"的领导人是克林凯尔和克林凯。信中谈到林肯被刺杀。马克思认为这是南部干的一件蠢事。

　　5 月 9 日　致信恩格斯，指出：厄·琼斯来过这里；用交际场上的话来说，他是和蔼可亲的。不过，我们私下说说，他竭力利用我们的协会只是为了进行选举改革运动的鼓动。我寄给他十二张会员证，他带回来十一张，连一张的钱也没有付，而贫穷的席利自己就付出了二十四张的钱。我告诉琼斯，要他把这些会员证再带回去，我以后来处理，目前我不能在英国工人面前透露这样的消息。他逐渐会相信，即使出于投机，也不应当对事情采取这样轻率的、甚至是轻蔑的态度。我将写信给他，要他把几份《宣言》交给你。你可以把它们分发给一些人。这些《宣言》放在他那里就象死东西一样。此外，他来这里是要用阴谋手段从乔·格雷爵士那里获得市首席法官的职位，这也使我不满意。

　　今天我要提出《致约翰逊总统的公开信》。勒·吕贝先生想以德特弗德的代表资格回到委员会来；这家伙曾以法国代表的资格退出委员会；但是他要进来（代表必须经过我们批准）并不象他所想象的那么容易。我希望你能在曼彻斯特组织一个分部（哪怕只有六个成员）并且当选为它同伦敦联系的通讯员。其实通讯员当然也就是中央委员会的委员，如果在伦敦，就有权出席和表决。

　　在里昂、讷夏托（佛日省）和圣丹尼都组织了新的分部。法国的分部（巴黎分部除外），由于那里现行的法律，不同巴黎联系，而直接同伦敦联系。

　　评论：信中告诉恩格斯，《北极星》上可以看到全德工人联合会内部反对派的发展，反对派从佐林根开始在莱茵地区建立了分会。马克思提到的 1865 年 5 月 6 日的《北极星》报道说，很多会员离开了贝克尔举行集会，在留下的二十四人当中只有十五人投票赞成贝克尔。信中谈到总委员会希望购买《蜂房》的大部分股份的实施计划。但是由于没有钱，以及委员会的力量转移到英国的选举法改革斗争上面，而遭到了失败。

　　信中告知恩格斯，要提出《致约翰逊总统的公开信》。总委员会的会议通过一个决定给美国人民写一封公开信，写给林肯的继任者约翰逊总统。马克思在 5 月 9 日的总委员会会议上宣读了他写的《国际工人协会致约翰逊总统的公开信》，这封信通过美国公使亚当斯转交给总统。

　　5 月 13 日　致信恩格斯，指出：至于厄·琼斯，暂时还必须和他一道前进。他，以及他的人，将同我们的代表（奥哲尔和克里默代表国际协会）一起出席即将在曼彻斯特召开的代表会议（下星期二），豪威耳（泥水匠，我们委员会的一个委员）以改革同盟书记的资格出席，比耳斯和梅桑·琼斯以该同盟的资产阶级代表的资格出席。

如果没有我们,这个改革同盟要么永远不会产生,要么掌握在资产阶级手中。培恩斯的提案——它本来受到政府的支持,因为政府需要这样一种小的措施来应付选举运动——在下院的彻底失败(它会引起内阁更换和托利党执政),就是在最近工人阶级(也就是我们的人)提出的"放肆的"要求的直接影响下造成的。

评论:信中谈到参加曼彻斯特选举法改革拥护者全国代表会议的人员安排。国际工人协会总委员会收到代表会议的邀请后,就确定了自己的代表团,要代表团坚持关于给予一切成年男子以选举权的要求。

马克思谈到改革同盟的成绩。1865 年 5 月初,下院否决了爱·培恩斯的温和的自由主义的提案,提案中规定把城市中的选举资格从十英镑降低到六英镑。提案被否决反映了工人阶级争取普选权运动的力量。信中告知,在国际的巴黎支部内发生冲突时,吕贝以法国通讯书记的资格同协会驻讷夏托的通讯员艾·勒菲布尔通信,企图唆使勒菲布尔反对总委员会和巴黎理事会的领导。信中揭露了赫斯。在马克思、恩格斯、李卜克内西、海尔维格、吕斯托夫和贝克尔拒绝为《社会民主党人报》撰稿之后,赫斯仍为该报撰稿,而当《莱茵报》上出现了他拒绝撰稿的消息时,赫斯驳斥了这条消息。

5 月 20 日 致信恩格斯,指出:今天晚上将举行国际的紧急会议。一个好老头子,老欧文主义者韦斯顿(木匠)曾提出两个论点,他经常在《蜂房》上为这些论点进行辩护:

(1)工资率的普遍提高对工人不会有任何好处;

(2)由于这一点以及其他原因,工联所起的作用是有害的。

这两个论点——在我们的协会中只有他相信——如果被接受,那末,我们就将在这里的工联和现在大陆上流行的罢工疫面前闹大笑话。

由于这次会议将允许非委员参加,所以他会受到一个土生土长的英国人的支持,这个人曾经以同样的精神写过一本小册子。人们自然希望我加以反驳。我本来应当为今天晚上的会议准备我的反驳意见,但是我认为更重要的是继续写我的书,所以我就只好临时去讲一通了。

我当然事先知道,两个主要论点是:

(1)工资决定商品的价值。

(2)如果资本家今天付出的是五先令而不是四先令,那末明天他们就将以五先令而不是以四先令出卖自己的商品(他们能这样做,是由于需要的增长)。

评论:随信附上了《国际工人协会致约翰逊总统的公开信》。围绕国际工人协会中对于工资、工联等问题的认识,马克思计划参加国际召开的紧急会议,并作报告。马克思在 1865 年 6 月 20 日和 27 日的委员会会议上作了报告,就是著名的《工资、价格和利润》。

6 月 24 日 致信恩格斯,指出:我在中央委员会上宣读了一个报告(大约有两个印张），报告是针对韦斯顿先生所提出的问题：工资的普遍提高会产生什么作用，等等。第一部分是答复韦斯顿的胡说；第二部分是在适合这种场合的限度内所作的理论的论断。

现在人们想把这份报告印出来。从一方面看，这也许对我有好处，因为这些人同约·斯·穆勒、比斯利教授、哈里逊等有联系，从另一方面看，我有点犹豫：

（1）因为"韦斯顿先生"成为我的反对者并不是一件太值得高兴的事；

（2）这个报告的第二部分用非常紧凑但又相当通俗的形式叙述了预先从我的书中取出的许多新东西，同时对于许多问题我又不得不只是顺便粗略地提一下。问题是，用这样的方式预先从我的书中拿出东西是否适宜？我想，关于这一点你能比我作出更好的判断，因为你是从安静的远方来看问题的。

我也花了很大力气来抵抗席利、约·菲·贝克尔和巴黎理事会中一部分人的进逼，以便推迟预定在今年召开的代表大会。我毕竟顺利地说服了——这件事有决定性意义——这里的委员会，使它从选举法改革运动等等着想，同意今年仅仅在伦敦召开预备性的（不公开的）代表会议，外国的中央委员会可各派一个代表参加（不是由加入协会的团体派，而是由它们的领导委员会派）。我相信，布鲁塞尔代表大会会成为泡影。事情还没有成熟到这种地步。

我不喜欢约翰逊的政策。他对单个的人采取的那种矫揉造作的严厉态度令人发笑；但是直到现在他实际上还是极其动摇和软弱。反动已经在美国开始了，而且如果不立即结束这种一向存在的松弛现象，这种反动很快就会大大加强。

关于普鲁士议院的辩论，你的意见如何？不管怎样，接二连三地揭露法律手续等等，是很好的。同样好的是，对民族联盟的大普鲁士主义的公开打击，这特别表现在波兰问题的辩论中。

评论：马克思告诉恩格斯一些与国际工人协会有关的事情。1865年6月24日《北极星》上发表了全德工人联合会的一些分会的声明，声明反对贝克尔，认为谁要反对拉萨尔，谁就是"叛徒"。信中询问恩格斯对于一些问题的意见。询问报告《工资、价格和利润》是否适合发表。信中还谈到自己在国际工人协会中的一些辛苦努力，比如推迟预定在1865年召开的代表大会。告知埃卡留斯成了伦敦一个主要的选举法改革鼓动家；信中还谈论了约翰逊的政策，并询问恩格斯对普鲁士议院辩论的意见。谈论了自己读了关于波兰问题的书籍——埃利阿斯·雷尼奥的《欧洲问题，被错误地称为波兰问题》的感受。

7月25日　致信莱昂·封丹，指出：勒·吕贝先生已经以英国一个支部代表的资格回到中央委员会，而伦敦的意大利团体又让沃尔弗先生来当他们在委员会的代表了。

由于《工人论坛》被查封，我们的一位巴黎通讯员沙尔·利穆津先生在巴黎找不到承印人，于是就到了布鲁塞尔，想在那里出版报纸。他在布鲁塞尔听到了我们的事业的情况。有人告诉他，在您提议的关于同我们协会合并的决议一致通过以后，联邦团体拒绝执行这个决议：

首先是因为该团体坚持自己选举自己的通讯员的权利，不要中央委员会委派的通讯员。

其次是因为该团体拒绝缴纳会员证的费用，同时也拒绝象过去那样继续提交一法郎五十生丁的捐款。

至于谈到通讯员的选举，中央委员会认为加入协会的团体才有权自己选举自己的代表。中央委员会自己只保留了批准权。在布鲁塞尔情况就不同了，因为在那里还没有正式形成的团体。能不能达成这样一个协议：那些团体承认您是通讯员，而他们那方面也象巴黎和日内瓦那样再选出一个领导委员会？

至于谈到会费，那些团体本身也明白，如果所有加入协会的团体认为可以不缴纳会费，那末中央委员会就根本不能实行任何一般性的措施。看来，只是要求缴纳双重会费才会引起反对意见。这个问题能不能和和气气地加以解决？中央委员会准备采取各种同它所担负的义务不相抵触的让步。

评论：这是一封草稿。马克思在从国际法国会员沙·利穆津写给总委员会法国通讯书记杜邦的信中了解到布鲁塞尔的情况后，给封丹写了这封信。信中，马克思询问和沟通了一些情况。马克思针对通讯员的选举、会费缴纳等提出安排建议，表达了希望和气解决问题的立场。

7 月 31 日　致信恩格斯，指出：至于说到我的工作，我愿意把全部真情告诉你。再写三章就可以结束理论部分（前三册）。然后还得写第四册，即历史文献部分；对我来说这是最容易的一部分，因为所有的问题都在前三册中解决了，最后这一册大半是以历史的形式重述一遍。但是我不能下决心在一个完整的的东西还没有摆在我面前时，就送出任何一部分。不论我的著作有什么缺点，它们却有一个长处，即它们是一个艺术的整体；但是要达到这一点，只有用我的方法，在它们没有完整地摆在我面前时，不拿去付印。用雅科布·格林的方法不可能达到这一点，他的方法一般地比较适用于那些不是辩证地分解了的整体的著作。

根据我们的章程，今年应当在布鲁塞尔召开公开的代表大会。巴黎人、瑞士人和这里的一部分人，为了达到这个目的而不惜采用一切手段。我认为，在目前情况下——特别是在我没有时间为中央委员会写必要的文件的时候——这只能败坏我们的声誉。尽管对方竭力反抗，我还是做到了使布鲁塞尔的公开会议不召开，而改为在伦敦召开一个不公开的预备性的代表会议（9 月 25 日），只有各领导委员会的代表参加这个会议，会上将为以后的代表大会做准备。延期召开代表大会的正式理由是：

（1）各执行委员会之间有必要预先进行协商。

（2）由于法国的罢工，由于英国的议会选举、选举改革运动和工人展览会，协会的宣传工作受到了阻碍。

（3）最近在比利时延长了外侨法的有效期，这就使布鲁塞尔不可能再作为召开国际工人代表大会的地点。

评论：信中讲到自己困难的经济状况、难过的心情，并表示："半辈子依靠别人，一想起这一点，简直使人感到绝望。这时唯一能使我挺起身来的，就是我意识到我们两人从事着一个合伙的事业，而我则把自己的时间用于这个事业的理论方面和党的方面。"信中告知了关于《资本论》的写作进展。马克思在完成1861—1863年经济学手稿的整理工作以后，就着手准备《资本论》第一册的出版工作。1863年8月他开始誊写和从词句上对这份手稿的一部分进行加工，后来恩格斯把这部分称为是这一册的现有文稿中最早的文稿。在这封信中马克思告诉恩格斯，他打算对这部分手稿在准备出版时重新进行加工。

信中还谈到国际协会的一些情况。主要讲述了自己关于延期召开代表大会的想法。经过努力，马克思说服了总委员会委员们认识到有必要召开预备性代表会议。

8月5日　致信恩格斯，指出：虽然我赞成你的意见，即认为柏林发出的最初的号召不是没有内阁的推动，可是《社会民主党人报》企图倒向资产阶级方面，则是彻底失败的征兆。此外，另一个拉萨尔主义的小宗派，在我们的声明的影响下转而反对《社会民主党人报》，这也是一伙微不足道的败类。这些家伙不仅同伯·贝克尔及其一伙争论谁真正信仰拉萨尔，而且他们的一些分会还把哈茨费尔特老太婆授意的、直接反对我们的一些话刊印出来，这些话宣称，任何人企图推翻或者修改拉萨尔所阐述的真理中的哪怕一个字，他就是"人民"的叛徒。

我已经很久没有给李卜克内西回信了，虽然他曾经寄给我各种便条；可是现在我想这样做。他现在暂时住在汉诺威，而他的妻子还在柏林。我不写信一方面是因为我很忙，此外，我个人的苦恼已经够麻烦我的了。另一方面，我确实对他很气愤，因为他在柏林拉萨尔派联合会上说了些关于我的无稽之谈，这可以在老淫妇用某个席林（法寻这个名字对于他会更恰当些）的名义出版的关于伯·贝克尔被开除出该联合会的拙劣的小册子上读到。这家伙用他所固有的由于懒惰而忽视事实的天才，关于落到班迪亚手中的手稿，关于我为了贝克尔而对维也纳《信使报》所作的调停等等，胡扯了一些最无聊的话。除此以外，他还以我的"保护人"的姿态出现，并且替我向柏林的无知之徒"道歉"，说他们不了解我的工作，他这一套做法是要给人一种印象，似乎我在一生中至今还没有做出任何事情来表明自己。因此我把回信推迟了一些时候，以免对他说些不客气的话，同时也让自己想想，李卜克内西不可能不象李卜克内西那样行动，而他的愿望是"善良的"，这样就会使自己平静下来。柏林的老帮工联合会的三万会员，以及那里的印刷工人协会，在他被驱逐时向他表示了一种热烈的欢呼。小威廉以他素常的乐观主义认为"柏林无产阶级就在我的（即他的）和我们的（你和我的）脚边"。可是他却不能在德国为国际协会建立一个哪怕只有六个人的分部，虽然这个乐天派应当懂得，我是不能把他的幻想当做事实拿给英国人。他也经常写信谈到我的"书"。但是，每当我为了满足他的乐观主义要求把"书"（最初是全部多余下来的《福格特》，后来是全部多余下来的《共产党人案件》）寄给他时，他却在接到这些书之后关于这一点一个字也不再提了。

评论：信中表达了《资本论》的写作进展及自己的计划，马克思想把整个著作完成再出版。信中交流了《社会民主党人报》企图转向资产阶级方面的一些情况。马克思表达了对李卜克内西的强烈不满，认为李卜克内西对自己的做法并不正确和公正。

8月9日 致信恩格斯，指出：附上济博耳德先生的信。你不用把它寄还给我。其次，寄给你哈茨费尔特那篇肮脏东西，也不用寄还，不过要保存起来。也不要给任何人看。幸而这篇肮脏东西在德国报刊上没有引起多大注意。在报纸上出现的唯一与此有关的东西，是梅茨内尔（前柏林分会的全权代表）和福格特（仍然是他们的出纳员）的声明，上面还有威·李卜克内西的副署。声明宣称：

（1）席林窜改了报告，有些决议被隐瞒起来了，另外一些被改成完全相反的东西；

（2）既然联合会禁止老太婆哈茨费尔特进行任何干预，那末她本当不再妄加评论。

这一声明登在《改革报》和《人民报》上。

评论：信中谈论了关于家庭和朋友的一些琐事，并介绍了一个声明。卡·席林在哈茨费尔特授意下写的小册子《伯恩哈特·贝克尔主席被全德工人联合会开除和〈社会民主党人报〉》中有关于1865年3月27日和30日该联合会的柏林分会会议的报道。在这次会议上李卜克内西反驳贝克尔对马克思的诽谤。但是，在席林的报道中有许多歪曲事实的地方，李卜克内西和马克思的其他拥护者在1865年6月22日发表在《人民报》上的声明中驳斥了这些不实内容。

8月19日 致信恩格斯，指出：老黑格尔关于当一种力量"超过"另一种力量的瞬间向心力"突然转变"为离心力的现象说了几点非常机智的意见；例如，在太阳附近向心力最大；因此，黑格尔说，离心力也最大，因为它正在超过向心力的这一最大限度，——反过来说也是如此。还有，这两种力在近日点和远日点之间的平均距离上是处于平衡状态的。因此，它们再也不能摆脱这种平衡状态等等。此外，整个说来，黑格尔的论辩可以归结如下：牛顿的"证明"对刻卜勒的运动"概念"并没有补充什么新的东西，这一点，现在差不多已经是公认的了。

几周前比斯利教授在《双周评论》上发表了一篇关于卡提利纳的文章，在这篇文章里，后者被描绘成一个革命者。文中有许多不加批判的东西（这出自一个英国人之手是意料中的事，例如对凯撒当时的地位就作了错误的描述），但是对寡头政治和"尊贵人物"表现出强烈憎恨这一点是很好的，还有对英国那些职业的"无聊文人"的打击。在同一期《评论》上还发表了哈里逊先生的一篇文章，文中论证道，《政治经济学》提不出"什么东西"来反对共产主义。我觉得，英国人的头脑现在比德国人的头脑有更多的活动。后者正在为庆祝克拉森－卡佩耳曼而忙得不亦乐乎。

1857 年和 1858 年国会关于银行事务等等的报告，不久以前我不得不再翻一翻，这些报告荒谬的程度，你真是一点也想象不到。如在货币制度中，资本＝黄金。有时又是对亚当·斯密的羞答答的回忆以及把关于金融市场的胡说八道和他的"开明"观念调和起来的骇人听闻的企图。最突出的是现在终于走完了人生的道路的麦克库洛赫。这家伙显然从奥维尔斯顿勋爵那里领到了一笔可观的小费；因此他不得不宣布后者是"金融界的巨子"，并千方百计地替他辩解。对所有这些宝贝东西我只能在以后的一部著作中来进行批判。

评论：信中谈到了自己和家人正在遭受的经济困难和疾病痛苦。讲述了自己关于天文学的一些体会，谈论了黑格尔的自然哲学讲演录。信中谈论了瑞士银行行长卡尔·福格特的无能无为，还谈论了爱·比斯利的文章《党的首领卡提利纳》和弗·哈里逊的文章《政治经济学的界限》，这两篇文章都发表于《双周评论》第 1 卷。马克思信中所说的 1857 年和 1858 年国会关于银行事务的报告非常荒谬，指的是《特别委员会关于银行法的报告；委员会议事录，证词记录，附录和索引。根据 1857 年 7 月 30 日下院的指令刊印》和《特别委员会关于银行法的报告；委员会议事录，证词记录，附录和索引。根据 1858 年 7 月 1 日下院的指令刊印》。

8 月 22 日　致信恩格斯，指出：至于柯克伍德的规律，毫无疑问，这个规律说明了自转次数（例如木星和金星等等的自转次数）的差异，而这在过去看来完全是偶然的。但是，他是怎样发现和证明这条规律的，我却不知道，不过下次去英国博物馆的时候，我将尽力找到原著，并将详细情形告诉你。在我看来，这件事情上的唯一"任务"是用数学方法来确定每颗行星的引力范围。属于假说性的东西大概只是以拉普拉斯的学说作为出发点。

评论：信中表示要进一步了解柯克伍德关于天体自转次数的差异的规律。马克思受到经济债务和流行性感冒的折磨，非常痛苦。信中还告知，收到国际协会的参会邀请。还谈论了埃格利的《新商业地理》一书，认为这位瑞士人描绘的"生活图景"十分天真。

9 月 20 日　致信威廉·李卜克内西，指出：哈茨费尔特老太婆现在住在巴黎。这个老妖婆在那里同那个"戴绿帽子的""社会主义"之父、她的最忠顺的奴仆莫泽斯一起搞阴谋。正是由于她的怂恿，他才敢在《北极星》上登载他的《警告》，在《社会民主党人报》上发表他的无耻诽谤。她现在正同他一起对她的过了时的"奥狄浦斯"大事"吹捧"。《社会民主党人报》伦敦通讯员大概是傻头傻脑的维贝尔。所有这些消息都是从巴黎传到我这里来的。至于谈到我本人，我是存心不去注意这个运动在柏林和汉堡的"机关报"在搞什么。这个所谓的运动是那样令人讨厌，你越少听到它越好。

评论：信中批评《北极星》报登载的文章对国际工人协会的诽谤，认为是哈茨费尔特和赫斯一起在搞阴谋。这是指《北极星》在 1865 年 8 月 19 日以《警告》为标题发表了赫斯的一篇文章，警告说贝克尔要对全德工人联合会实行改组。在 1865 年 8 月 30 日的《社会民主党人报》上发表了由赫斯写的《"国际工人协会"代表大会改期举行》的巴黎通讯，对国际工人协会的领导加以诽谤。信中，马克思还邀请李卜克内西为《工人辩护士报》撰稿。

11 月 20 日　致信恩格斯，指出：柏林的信是真实的。在接到那封信几天以后，我就接到了李卜克内西有关此事的信，他和这些柏林人一直保持着联系。从李卜克内西的信里也可以看出，《社会民主党人报》的下流货非常愿意重新和我们建立联系。

《工人辩护士报》仍然是那样软弱无力。但是看来还销得出去，因为上星期它以扩大号出版了。详细情况我不了解，因为明天我将第一次重新出席协会的会议。巴黎人发表了关于代表会议的报告，同时还刊登了我们为即将举行的代表大会拟定的纲领。这些都登在巴黎所有的自由主义的、号称自由主义的和共和主义的报纸上。在下面这个我从《工人辩护士报》上剪给你的福克斯关于我们委员会上次会议的报道中，你可以看出，人们对这件事是多么欢迎。我们的巴黎人感到有点惊讶，他们不想要的关于俄国和波兰的章节，恰恰引起了最大的震动。我希望你有空还是时常随便给《辩护士报》写点东西。

牙买加事件突出地暴露了"真正英国人"的卑鄙无耻。这些家伙一点也不比俄国人逊色。但是，善良的《泰晤士报》说：这些该诅咒的黑人享有"盎格鲁撒克逊宪法的一切自由"。这就是说，他们除其他自由以外，还享有被课重税的自由，以便为殖民者提供输入苦力的资金，从而把他们在劳动市场上的支出降到最低限度。这些神经过敏的英国狗大叫"野兽巴特勒"，是因为他下令绞死一个人（！）并且不准戴金刚钻的黄色的前女殖民者们去侮辱联邦士兵！在美国战争以后，最充分地暴露英国人的伪善的，要算是爱尔兰事件和牙买加的屠杀了！

评论：信中感谢恩格斯的经济资助，并期待《资本论》的出版能够缓解自己的经济困难，否则将考虑迁移到生活费用比较低的瑞士等地方去生活。信中告知柏林的来信是真实的。柏林工人泰·梅茨内尔、齐·迈耶尔、奥·福格特于 1865 年 11 月 13 日写信给马克思，讲述了德国的工人运动以及全德工人联合会的分裂，并邀请马克思到柏林去领导联合会。信中，马克思批评了李卜克内西对自己能够去柏林指导的期待。虽然，普鲁士的威廉一世在即位后宣布大赦，宣称准许政治流亡者"不受阻碍地返回普鲁士领土"，但是，依然不给马克思恢复普鲁士国籍。马克思批评了《工人辩护士报》的软弱无力，并邀请恩格斯撰稿。

信中揭露了牙买加事件以及《泰晤士报》的无耻面目。1865 年 10 月，在英国西印度殖民地牙买加岛上爆发的黑人起义，被牙买加岛总督埃尔极端残酷地镇压了。在舆论的压力下，英国政府被迫撤销埃尔的总督职务。信中，马克思还请恩格斯帮助从诺耳斯那里弄到《资本论》写作所必要的关于工厂生产方面的资料。

11 月 21 日　致信威廉·李卜克内西，指出：代表会议决定 5 月底在日内瓦举行公开的代表大会。也批准了届时要讨论的问题大纲。但是，只有属于同我们有联系的团体并由它们派出的代表，才能出席大会。我现在十分郑重地建议你（在美因兹我要通过施土姆普弗来建议，而且还要把这点写信告诉柏林人）带几个人参加协会，人数多少无所谓。我会把会员证寄给你，钱由我来付，这样你就可以把它们分发出去。但是现在就要行动起来！任何团体（不管它有多少人），只要付五先令就可以集体加入协会。可是那些每张收一先令的会员证就使你有权取得个人会员资格，这对于所有到外国去的工人是很重要的。但是你不要把这个金钱问题看得太重。主要的是在德国招募会员，既要个人会员，也要团体。在代表会议上，佐林根是唯一派了代表的地方（他们已经把代表权力赋予我们的老朋友贝克尔，如果你认为此人是哈茨费尔特这个泼妇的工具，那你就大错特错了）。大纲（代表大会上要讨论的问题）我在下一封信里寄给你。在巴黎，所有的自由派报纸和共和派报纸都对我们的协会大事渲染。著名的历史学家昂利·马丁在《世纪报》上发表一篇关于协会的热情洋溢的社论。

有一件事也许会使你感到奇怪：在收到柏林工人的信以前不久，我也从那个城市——当然也就是从"启蒙运动的中心和基地"——收到了洛塔尔·布赫尔的一封信，邀请我担任《普鲁士国家通报》的金融问题的伦敦通讯员，他向我示意，凡是一生中还想对德国有影响的人，就应当"投靠政府"。我已经给他写了几行回信，他大概是不会发表的。你当然也不必在报纸上公布这件事，但是你可以私下告诉你的朋友们。

评论：信中告知自己不能去柏林的原因是既没有时间，也没有钱，此外，普鲁士当局不可能允许他回去。信中还告知收到洛塔尔·布赫尔的一封信，邀请他担任《普鲁士国家通报》的金融问题的伦敦通讯员，示意马克思"投靠政府"，马克思予以拒绝。

12 月 26 日　致信恩格斯，指出：国际协会以及和它有关的一切事情，因而也就好象梦魇一样压在我的身上，要是能够把它摆脱掉就好了。但恰好现在没有这种可能。一方面，以国会议员休斯先生为首的各式各样的资产者想把《工人辩护士报》变成一种正规的有保障的报纸，而我作为理事之一，应该监督谈判的进行，以便不致受到欺骗。另一方面，我们创立的改革同盟已在圣马丁堂举行了非常成功的群众大会，这是我寄居伦敦以来举行过的所有群众大会中规模最大和工人最多的一次。居于领导地位的是我们委员会的人，他们按照我们的精神发表了演说。我要是明天躲开了，那些对于我们（外国异教徒们）的幕后影响心怀不满的资产阶级分子就会占据优势。在德国工人运动遭到彻底失败的情况下，瑞士的工人分子就更加靠拢当地的国际协会的支部。本月中，在日内瓦出版了第一期《国际工人协会报瑞士罗曼语区支部》，不久还要在那里出版一种由贝克尔主编的德文机关报，由于《北极星》的死亡和《社会民主党人报》的威信扫地，这个报纸有很大希望。（老贝克尔催着要文章，并且委托我也赶紧就这件事写信给你，因为他目前还没有撰稿人。）最后，在法国，在没有任何其他的运动中心的情况下，协会取得了很大的成功。所以，我如果在这种情况下躲开，就会给事业带来很大的损害；从另一方面说，在目前时间不足的条件下，下面这种情况也真不是闹着玩的：我每星期要到伦敦西头区或西蒂区参加三次群众大会，接着又要出席国际的委员会的会议，随后又是常务委员会的会议，还有《工人辩护士报》的理事会或股东会！此外还有各种各样的东西要写。

在我看来，波拿巴的地位比以前更加不稳。大学生风潮是军队本身的矛盾冲突的可怕征兆，但是最重要的是墨西哥事件和作为没落帝国的世袭罪恶的债务！过去这一年里，这个家伙没有能够完成任何一种变革。事实上，他已经落到了这种地步：俾斯麦已经作为他的劲敌出现在他面前了！

帕麦斯顿的死在这里显然起了作用。要是他还活着的话，总督埃尔就会因为有功劳而获得勋章！

评论：信中表达了生活的压力以及国际协会的事情的困扰，也表达了自己对于国际协会工作的重要作用。马克思对改革同盟在圣马丁堂举行的群众大会的成功十分欣喜。1865 年 12 月 12 日，改革同盟在伦敦圣马丁堂举行群众大会。总委员会的委员奥哲尔等人加入了大会的筹备委员会。参加大会的人大多数是工人、工联的成员。信中期待新的机关报能够发挥作用并邀请恩格斯撰稿。新的机关报为《先驱》月刊，从 1866 年 1 月起由贝克尔主编，在日内瓦用德文出版。该杂志执行马克思和总委员会的路线，发表国际的文件，报道协会各国支部的活动情况。

1866 年

1 月 5 日　致信恩格斯，指出：现在已经有人在搞反对国际协会的阴谋，在这方面我需要你的协助。以后再详细说吧。现在只来谈谈下面一件事：勒·吕贝先生和韦济尼埃先生（韦济尼埃知道正在调查他过去的历史；他又在布鲁塞尔）在这里建立了一个法国人支部（事实上是反对派的支部），《左岸》的编辑龙格也在里面，而在布鲁塞尔的整个一伙蒲鲁东主义者也和这个支部有联系。最初，韦济尼埃在《佛尔维耶回声报》上刊登又臭又长的文章来反对我们，——当然是匿名发表的。

后来，在散布对我们协会的诽谤的这同一家报纸上（其中还把托伦和弗里布尔称做波拿巴主义者），伦敦的支部发表了一个纲领和未来的章程草案，他们这些真正的人是想要把它们提到代表大会上去。

争论的真正中心是波兰问题。这些家伙们全都被蒲鲁东—赫尔岑的俄国佬精神束缚住了。因此，我要把这些先知们以前在《人民论坛报》上发表的反对波兰的文章寄给你，你务必写一篇反驳的文章，寄给我们的日内瓦各机关报（如"德文的"），或者寄给《工人辩护士报》。俄国的先生们在"青年法兰西"的蒲鲁东主义化了的部分中找到了最新的同盟者。

评论：信中告知有人在搞反对国际协会的阴谋，并详细讲述了一件事情。1865年秋天，在伦敦成立了法国人支部，实际上这是一个反对派的支部。参加者有杜邦、荣克、拉法格等无产阶级分子，还有吕贝、皮阿等小资产阶级的流亡者。1868年7月7日，根据马克思的建议，总委员会通过了决议，谴责皮阿的挑拨性的演说，此后，支部中发生了分裂，无产阶级的代表离开该支部，该支部实际上就与国际失去了联系。

信中，马克思提到的由吕贝起草的新的章程草案实际上反映的是伦敦法国人支部成员、某些小资产阶级民主主义分子的联邦主义观点。马克思认为这是使总委员会变成只具有通报和统计职能的代表机关。马克思指出争论的重心是波兰问题。对于蒲鲁东主义者艾·德尼在比利时的《人民论坛报》上连续刊载的一组标题为《波兰问题和民主》的文章，马克思邀请恩格斯撰写一篇反驳文章。恩格斯应马克思的请求写作了《工人阶级同波兰有什么关系？》）。

1月13日左右　致信约翰·菲力浦·贝克尔，指出：我们决定不发表关于代表会议的任何正式报告，这不仅是由于经费不足，也不仅是由于根据章程我们有责任向代表大会作全面的总结报告，从而想避免重复，主要是因为，公开宣扬代表会议本身的情况，特别是它的十分"不完整的"性质，对我们来说是弊多利少的，而且会给我们的敌人提供他们所希望的武器。我们知道，中央委员会的两个委员——勒·吕贝和韦济尼埃正等待着利用这个机会。事件证实了这一点。起初是韦济尼埃在《佛尔维耶回声报》上攻击中央委员会和代表会议。紧接着在同一家报纸上出现了勒·吕贝所制定的原则宣言和章程草案，他想以他所创立的那个同我们相对立的在伦敦的法国人支部的名义，强使协会接受这个草案。然而这个阴谋没有得逞。支部抛开了它的创始人。它的两个优秀的成员龙格（《左岸》的编辑）和克雷斯佩耳加入了中央委员会。中央委员会决定，韦济尼埃必须证明他的诽谤性断言，否则将被开除。

这里的运动，从一方面说，开展得很顺利，而从另一方面说，并不如此。我们建立的改革同盟举行了要求普选权的群众大会；这是我在伦敦见到过的最大的一次群众大会。在会上讲话的都是工人。甚至《泰晤士报》都非常惊慌，就这一"讨厌的”怪事发表了两篇社论。另一方面，这个运动耗费了我们优秀工人的力量。

我收到一封从柏林寄来的由福格特、梅茨内尔和其他工人签名的信，信中深思熟虑地和批判地分析德国工人运动的现状。不加批判的只是他们的一个要求：要我到柏林去把事情掌管起来。难道他们不知道，普鲁士政府“禁止”我在普鲁士居住。

各德国人支部最好暂时都加入日内瓦的组织，同你保持经常的联系。一有这类情况，请马上通知我，以便我终于能够在这里报道一点德国的成就。

我看，帝国在动摇。起初是同墨西哥和美国的事件。接着是法国的三个团的暴动。后来是大学生的风潮。波拿巴在修改《罪犯引渡条约》问题上同英国相骂时和在查封奴性的《比利时独立报》时表现出的张皇失措。最后是由于从英国和整个欧洲向美国过多的输入而大大加速到来的工商业危机。

评论：信中告知自己寄给贝克尔的纸包被法国警察没收了。讲述了中央委员会委员吕贝、韦济尼埃歪曲总委员会的活动和伦敦代表会议的工作。信中建议各德国人支部最好暂时都加入日内瓦的组织。这是指贝克尔领导的在瑞士的各德国人支部中央委员会成为许多德国人支部的组织中心，贝克尔进行的活动，特别是他所办的《先驱》月刊，促进了国际的思想在德国工人中间的传播。

1 月 15 日　致信恩格斯，指出：我们已经把韦济尼埃在比利时和勒·吕贝在伦敦搞的可耻的阴谋彻底打垮了。《左岸》的编辑和罗雅尔的朋友龙格以及克雷斯佩耳先生，这两个人是勒·吕贝所建立的支部里面最有文化修养的会员，他们成了我们中央委员会的委员。他的支部已经宣布反对他而拥护我们。中央委员会要求韦济尼埃“论证他所提出的非难，如果他论证不了，就把他开除”。

你对于自作聪明的德尼对蒲鲁东的最终祈祷准会感兴趣的。这个“耸人听闻的作者”，以他的一知半解，以他拉萨尔式地卖弄博学（其实他根本不懂什么叫博学），以他所谓的高于社会主义宗派主义者的批判能力，带来了很大的危害。

勒·吕贝等于零。福克斯称他为“有孩子气的爸爸”是正确的，但是韦济尼埃这家伙是完全拥护俄国人的。作为作家，他没有多大价值，正如他的《新凯撒传》以及他的反对波拿巴的其他小册子所表明的那样。但是他有才能，修辞能力很强，精力充沛，最突出的是十分放肆。

评论：信中告知已经把韦济尼埃在比利时和吕贝在伦敦搞的可耻的阴谋彻底打垮了。法国小资产阶级共和派韦济尼埃的诽谤性的文章歪曲了总委员会的活动和伦敦代表会议的工作。马克思出席了总委员会讨论这篇文章的会议，马克思主张把韦济尼埃开除出国际。总委员会通过了这一决定。信中还评价了德尼、吕贝、韦济尼埃。马克思认为，德尼自作聪明，吕贝幼稚，韦济尼埃有才能，但是立场是拥护俄国人。

1 月 15 日　致信路德维希·库格曼，指出：我们的协会有了很大的进展。它已经有三个正式的机关报，一个是伦敦的《工人辩护士报》，一个是布鲁塞尔的《人民论坛报》，一个是在瑞士的法国人支部的《国际工人协会报。瑞士罗曼语区支部》（日内瓦）；瑞士德国人支部的一个刊物《先驱》过几天就要出版，由约·菲·贝克尔主编。（通讯处：日内瓦摩尔街6号约·菲·贝克尔收，如果您什么时候有政治性或社会性的通讯要寄给他，可以用这个通讯处。）

我们终于把一个唯一真正庞大的工人组织，即过去仅仅关心工资问题的英国工联吸引到运动中来了。几星期以前，我们建立的争取普选权的英国协会（这个协会的中央委员会中有半数是我们的中央委员会的委员——工人）在工联帮助下举行了一次群众大会，在会上讲话的都是工人。《泰晤士报》接连两号都在社论中论述这次大会，由此您可以看出它所产生的影响了。

评论：信中讲述了国际协会的发展情况，英国工联这个庞大的工人组织也开始被吸引到运动中来了。信中还谈论了毕尔格尔斯，讲述了自己同他的分歧。

1月15日 致信威廉·李卜克内西，指出：协会有了很大的进展。它已经有一家英文的正式报纸《工人辩护士报》，一家布鲁塞尔的《人民论坛报》，一家日内瓦的法文报纸《国际工人协会报。瑞士罗曼语区支部》，还有日内瓦的一家德文刊物《先驱》过几天就要出版。通讯处：日内瓦摩尔街6号约·菲·贝克尔收，如果你什么时候想为老头子写点东西（这也是我所希望的），可以用这个通讯处。

我还认为，你应当很快让我能够在这里宣布莱比锡支部的组织，并以它的名义发表一篇英文通讯。（到那时候这篇通讯对于《工人辩护士报》也是有用的。）虽说人愈多愈好，但是重要的不在于人数多少。

评论：信中告知自己的健康不好，遭遇不愉快的事情，为国际协会奔忙，又忙于誊清《资本论》手稿等事情。信中邮寄了几张会员证，并告知加入协会的一些规定和条件。马克思告知国际协会有了很大发展，并希望李卜克内西能够组织成立莱比锡支部的组织。

2月10日 致信恩格斯，指出：因此我对《工作日》一节作了历史的扩展，这超出了我原来的计划。我现在"加进去的"是对你的书到1865年止的（简略的）补充（我在注释中指出了这一点），同时也充分说明了你对将来的估计和实际情况之间存在的差异。因此，我的书一经出版，你的书就必须出第二版，而且也是容易做到的。理论上必要的东西由我提供。至于谈到你要以你的书的附录形式作进一步的历史补充，那末，除《工厂视察员的报告书》、《童工调查委员会的报告书》和《卫生部门的报告书》外，所有材料都是纯粹的废物，不能应用到科学上来。以你的没有被痛损害的劳动力，可以很容易地在三个月之内完成对这种材料的处理。

关于俄国，我没有任何材料。一当我的情况许可，我就为此去博物馆，并到波兰人那里去找一找。《工人辩护士报》遇到巨大危机，明天将作为《共和国》出版，这种转变是由资产阶级分子造成的，并且是因为我没有出席委员会的缘故。然而我在病榻上以书信相威胁，也还粉碎了一个阴谋，结果当编辑的是埃卡留斯，而不是《非国教徒》中的某个先生，并且任命了一个编辑监察委员会，每周开会一次。委员会由我、福克斯、豪威耳、韦斯顿和迈奥尔（《非国教徒》的出版者兼编辑，现在是我们的出版者）组成，四个无神论者对一个"新教徒"。你的文章现在是可怜的埃卡留斯迫切需要的（因为阴谋很多，而我又不能支持他；我的写作时间完全属于我的书）。

对于威廉的软弱，我将写一封有份量的信给他。我们所期望的正是《社会民主党人报》和整个拉萨尔派垃圾的毁灭。

评论：马克思讲述了由于长期过度夜间工作造成的严重疾病痛苦，导致理论工作难以推进。马克思讲述了《资本论》的《工作日》一节，这一节在《资本论》第一卷第一版中是第三章的组成部分。信中讲述了《工人辩护士报》的变故，该报改名为《共和国》周报。起初是国际工人协会的正式机关报，发表了关于总委员会会议的报道和国际的其他文件。后来在工联的机会主义领导人的领导下，成为改革同盟的机关报，处于激进派资产阶级的影响之下。信中，马克思请恩格斯帮助向作者要一本书，即约·瓦茨的小册子《工会和罢工。机器。合作社》。马克思在《资本论》第一卷中给了这本书以致命的批评。信中批评了李卜克内西的软弱。李卜克内西在给马克思的信中说，《社会民主党人报》的一位编辑霍夫施泰滕再次企图让马克思、恩格斯和李卜克内西参加该报的工作，并建议利用这一点来宣传国际的思想。马克思断然拒绝了拉萨尔派想利用他们的名字来挽救该报的绝望状况的企图，并且指责了李卜克内西的调和主义情绪。

2 月 13 日　致信恩格斯，指出：关于这本"可诅咒的"书，它的情况是：12月底已经完成。单是讨论地租的倒数第二章，按现在的结构看，就几乎构成一本书。我白天去博物馆，夜间写作。德国的新农业化学，特别是李比希和申拜因，对这件事情比所有经济学家加起来还更重要；另一方面，自我上次对这点进行研究以后，法国人已提供了大量的材料，——这一切都必须下功夫仔细研究。两年以前，我结束了对地租所作的理论探讨。正好在这一期间，许多新东西出现了，并且完全证实了我的理论。关于日本的新资料（如果不是职业上的需要，通常我是绝不看游记的）在这里也是重要的。因此，就象 1848—1850 年英国狗厂主把"换班制度"用在同一些工人身上一样，我也把这个制度用在自己的身上。

手稿虽已完成，但它现在的篇幅十分庞大，除我以外，任何人甚至连你在内都不能编纂出版。

你能否在"柏林"这一栏很快写一篇论述普鲁士的文章寄给《共和国》？你想一想，在伦敦站稳脚跟对我们是多么重要。关于波兰的论文还有时间来写。而你用你所掌握的那些德国报纸，可以毫不费力地写出这篇论述普鲁士的文章。我在这里的影响部分地取决于：人们终于看到我并不是完全孤单的。

　　政治事态不象经济状况那样使我（不是作为个人，而是因为书的缘故）不安，经济状况的威胁越来越大，大有成为危机之势。

　　评论：信中表达了为了《资本论》的完成所遭受的巨大经济和疾病的困扰，谈到了写作的进展和状况等。信中还告知对爱尔兰发表的呼吁书和文章等。福克斯发表的几篇关于爱尔兰问题的文章有《不列颠在爱尔兰实行的变革》《爱尔兰的民族感情对大不列颠和合众国之间的关系的影响》和《爱尔兰的困难继续存在》。

　　2月14日　致信恩格斯，指出：至于谈到那个"维也纳人"，我早已写信告诉他，叫他写信给你。我表示非常愿意为他帮忙，只是不知道在目前情况下我是否能为第一期提供稿件。

　　普鲁士的情况非常混乱。不过我们的朋友倒是表现了极大的耐心。如果俾斯麦把他们送回家去，那末，这时一切都将以宴会和克拉森－卡佩耳曼而告终。反之，议会开得太久，就可能产生不好的后果。

　　评论：1866年1月2日，阿尔诺德·希耳堡写信邀请马克思为正在筹办的杂志《国际评论》撰稿。虽然马克思同意为该杂志撰稿。但是由于国际的事务十分繁忙，而且又要写作《资本论》，马克思无法写稿，他让希耳堡联系恩格斯。信中介绍了普鲁士的混乱情况，并预言了结局。1866年1—2月在普鲁士议会举行例会期间，众议院中的进步党多数在所有问题上对俾斯麦政府的政策都持反对态度。普鲁士政府下令议会常会提前于1866年2月23日闭会，1866年5月9日下令解散议会。

　　2月20日　致信恩格斯，指出：我亲爱的，你明白，在象我这样的著作中细节上的缺点是难免的。但是结构、整个的内部联系是德国科学的辉煌成就，这是单个的德国人完全可以承认的，因为这决不是他的功绩，而是全民族的功绩。这特别令人高兴，因为在其余方面，这个民族是天下最愚蠢的民族。

　　由李比希"发现"并推动申拜因进行他的研究的事实是：土壤上层所含的氨总是比下层的多，虽然，由于植物吸收，土壤上层所含的氨似乎应当少些。这个事实是所有的化学家所公认的。只是原因不详。

　　到目前为止，腐烂被认为是氨的唯一来源。所有的化学家都否认（李比希也同样）大气氮可以成为植物的营养物质。

　　申拜因（通过实验）证明，大气中任何燃烧着的火焰都把一定数量的大气氮变成硝酸氨，任何腐烂的过程也都是硝酸和氨的来源，水的简单蒸发是形成植物的这两种营养元素的手段。

　　最后，李比希对这一发现发出了"欢呼"声。

　　我以德国人而自豪。我们的职责就是解放这个"能深刻思索的"民族。

　　评论：马克思感谢恩格斯寄来的钱解救了他面临的被查封财产的危险。马克思饱受痛的痛苦，并自己进行了手术。面临种种困难，马克思衷心感谢恩格斯的友谊，并表达了要解放德国这个"能深刻思索的"民族的追求。信中还谈论了李比希和申拜因在化学中的新发现。

3 月 10 日 致信恩格斯,指出:国际总委员会和报纸的理事会里一片混乱,并且出现一种反抗缺席的"暴君"、同时使整个小店铺垮台的强烈愿望。我的伤口(最后一个痈的)算是好了(到目前为止没有长新的),所以我在下星期一、二可以出去走动走动了;但是另一方面,参加在弗利特街上的一个角落里举行的夜间会议,我未必吃得消。更坏的是,我很容易激动,所以我未必能把这一切风暴控制在"纯理性的范围"内;相反地,我可能大发雷霆,而这是不合适的。

评论:信中告知身体恢复了,但是若参加国际工人协会总委员会的会议还是存在困难。信中说的一个角落,是指弗利特街包佛里街 18 号,从 1865 年 12 月到 1867年 6 月 25 日止,是国际工人协会总委员会开会的地方。而且,马克思认为他可能会在会议上控制不住情绪,大发雷霆。

3 月 18 日 致信南尼达·菲力浦斯,指出:我在离开伦敦的前几天认识了奥尔西尼先生,他是个很可爱的青年人,是那个因为想把波拿巴送到意大利去而被杀害的奥尔西尼的兄弟。现在他由于商业上的事务从英国到美国去,在我们相识的短短几天中,他给了我很大的帮助。虽然他是马志尼的亲密朋友,但是他并不赞成他的陈腐的反社会主义和神权的观点。情况是这样,当我迫不得已而长时间没有出席国际协会中央委员会的时候,马志尼费了很大的劲掀起一种暴乱来反对我的领导。"领导"从来就不是令人愉快的事,所以我绝对不去追求它。我一直记着你的父亲关于托尔贝克说的一句话:"赶驴子的人总是被驴子憎恨的。"但是,一旦认真地做我认为是重要的事,我这个"不安分的"人当然不愿意让步。马志尼这个自由思想和社会主义的死敌,非常嫉妒地注视着我们协会的成就。我粉碎了他想把协会变成他的工具并把他自己制定的纲领和原则宣言强加给协会的第一次尝试。他在这以前在伦敦工人阶级当中的很强烈的影响,已经化为乌有。看到我们成立了英国的改革同盟并创办了《共和国》周报——为该报撰稿的是伦敦最先进的人,我回到伦敦以后将寄一份周报给你——他简直气得发疯。当《左岸》(青年法兰西的报纸,受《拉宾的演说》的作者罗雅尔领导)的编辑龙格和其他人参加到我们这边的时候,当他知道我们的协会在大陆上扩展的时候,他的怒气就更大了。他利用我缺席的机会,在几个英国工人中进行阴谋活动,挑起他们对"德国人的"影响的嫉妒心,甚至把他的一个叫沃尔弗少校的骗子(祖上是德国人)派来参加中央委员会的会议,以便在那里发泄他的不满,并且或多或少地直接指责我。他想要人们承认他是"大陆上民主运动"的"领袖"(显然,要靠上帝保佑)。他在这方面做得十分起劲,因为他非常讨厌我的原则,在他看来,这些原则体现着最可怕的"唯物主义"。整个这一场戏是在他们确信疾病使我无法出席以后背着我演出的。英国人动摇了,而我,尽管身体还很虚弱,还是在奥尔西尼先生的陪同下赶去参加了下一次会议。奥尔西尼根据我提的问题向他们宣称,马志尼甚至失去了他在意大利的影响,而且就他的过去和他的成见来说根本无法理解新的运动。我们所有的各国通讯书记都支持我，如果你，我们的荷兰书记出席的话，我相信你也一定会投票赞成你的忠实的仆人和尊敬者。不管怎样，我已经彻底战胜了这个厉害的敌人。我想，马志尼现在被我处罚得够了，而他虽然吃了亏，但还装作满不在乎。

评论：信中讲述了在海边疗养的感受，自然环境令人神爽，但是邻近的农业区可以看到英国寡头对劳动人民疾苦的漠不关心。信中讲述受到切扎雷·奥尔西尼的帮助，批评和揭露了马志尼。奥尔西尼在 1866 年 3 月 13 日的总委员会会议上驳斥了一位叫沃尔弗少校的人，沃尔弗认为意大利没有法国意义上的社会主义和社会主义者，奥尔西尼还指出了马志尼对社会主义的敌视态度和他对科学的反动观点。

3 月 24 日　　致信恩格斯，指出：中央委员会里的阴谋同在报纸方面的争夺和互相嫉妒（豪威耳先生想当主编，而克里默先生也想当）有密切联系。勒·吕贝先生利用这一点来破坏"德国人的影响"，在 3 月 6 日的会议上曾出现暗中精心策划的场面。这就是：沃尔弗少校突然出现并以他自己、马志尼和意大利团体的名义发表了一篇冠冕堂皇的演说，反对荣克以中央委员会的名义寄给《佛尔维耶回声报》的对韦济尼埃的攻击的答复。他十分猛烈地攻击荣克和（影射）我。奥哲尔、豪威耳和克里默等人的旧马志尼主义得到了发泄。勒·吕贝煽风助火，结果通过了一项在某种程度上向马志尼和沃尔弗等人道歉的决议。可见，事态是严重的。（"外国人"只有几个出席，而且没有一个人投票。）从马志尼方面来说，这可能是不坏的一着——让我为协会取得那么多的成就，然后把协会据为己有。他要求英国人承认他是大陆民主派的首领，好象英国先生们有权为我们任命首领似的！

星期六（3 月 10 日），协会的各国书记在我家里召开作战会议（杜邦、荣克、龙格、拉法格、博勃钦斯基）。决定我必须出席星期二（13 日）的委员会会议并代表所有的各国书记抗议这种行为。这种行为是非法的，因为沃尔弗不再是委员会委员，当他在场时不应通过与他个人有关的问题的决议。其次，我必须说明马志尼对我们的协会和大陆的工人政党的态度等等。最后，法国人必须带上切扎雷·奥尔西尼（附带说一句，他是马志尼的私人朋友），他能提供关于马志尼、沃尔弗和"社会主义"在意大利的状况的材料。

评论：信中告知自己由于健康问题不得不休养。信中谈到国际协会中央委员会内的一些分歧，谈到马志尼的企图。马克思告知国际顺利打退了小资产阶级分子对国际的领导地位的新的斗争。在 1866 年 3 月 6 日的总委员会会议上，马克思和他的许多拥护者缺席，受英国工联分子奥哲尔、豪威耳、克里默等人支持的吕贝和沃尔弗少校利用这个机会，通过了关于总委员会对《佛尔维耶回声报》发表的韦济尼埃的诽谤性文章的答复的决议。决议说，否认对韦济尼埃的胡说。马克思及其拥护者在 1866 年 3 月 13 日的会议上取消了这个决议。

4 月 2 日　　致信恩格斯，指出：当我不在时，《共和国》更换了布景，或者更正确地说，更换了理事会；这将在下星期生效。奥哲尔任编辑；福克斯任副编辑；
"劳动之子"应邀每周供给一篇稿子，稿酬十先令；克里默被排除了，他还辞去了
国际协会总书记的职务。总的说来，我丝毫不反对这次更换。埃卡留斯未必能够
（或者，他至少不应当）设想，当报纸赢得地位时，人们还会给他保留名义上的领
导权。我警告过他，但是没有效果。从我这方面来说，向他的坚决要求让步，并在
一封信中提议他担任他现在辞去的职务，是一个"政策上的"错误。要不是我有
病，他不可能从我这里达到这一点。我早已知道，事情将落到我的肩上。当然，对
我们来说，避免个人意图的一切表露或滥用个人影响以达到秘密的目的以及同英国
人取得很好的谅解，要比满足埃卡留斯多少合法的野心更为重要。

象埃卡留斯这样枯燥的人也具有某种枯燥的利己主义，而这种利己主义很容易
把他们引上歧途。当改革同盟决定在圣马丁堂举行大会时，同盟理事会委派他为演
讲人之一。波特尔集团中的人反对他，说他是外国人。我直截了当地警告过他，劝
他不要接受"委派"。但是他相信能克服一切障碍，以在首都运动中扮演重要的角
色而沾沾自喜。结果完全失败了。这个可怜的人自然渡过了一段充满失望的生活，
而英国人主动提出让他担任象"国际"副主席之类的荣誉职位，又使他头脑昏昏然
了，以至于相信现在一下子就可以把他过去的一切都捞回来。如果他听我的话，慢
点行动，谨慎从事，一切都会很顺利。如果说我不顾他的无纪律和任性行为，甚至
为了他而自己卷入这一龌龊的事情中，那正是出于这样的考虑：他始终同我们一起
工作而从来没有得到果实。但是谁被这种考虑束缚住，谁就总要犯错误。

一切英国运动的可诅咒的传统性又在选举改革运动中表现出来了。几星期前人
民党以极大的愤怒加以否决的——他们甚至否决了布莱特关于赋予房客以选举权的
极端要求——那个"局部让步"，现在被看成是体面的斗争成果。为什么？因为托
利党人正在喊救命。这些家伙缺乏老宪章派的热情。

评论：信中告知《共和国》更换了理事会，马克思支持这次更换。马克思询问
恩格斯对普奥纠纷的看法。1866 年春天普鲁士和奥地利之间的冲突由于普鲁士有破
坏关于共管什列斯维希和霍尔施坦两公国的协定的危险而尖锐化。

4 月 6 日 致信恩格斯，指出：我应当坦率地对你说，国际的情况很糟，尤其
是由于法国人没有耐性，代表大会确定在 5 月底举行。

问题在于，伦敦的英国首领们在我们给他们建立了地位之后对我们的比较狭隘
的运动很冷淡（加上每个英国人没有同时做两件事的能力）。我将近三个月不在，
造成的损失很大。怎么办？在法国、比利时、瑞士（以及在德国的某些地方，甚至
偶而在美国），协会取得了巨大的和巩固的成就。而在英国，我们发动的改革运动
却几乎断送了我们。如果日内瓦代表大会不确定在 5 月底举行，如果巴黎人——这
个运动对他们来说是唯一可能的——不以自己的出版物《代表大会》使代表大会的
延期几乎不可能，这本来并不那么重要。英国人经过一个短时期就会亲眼看到目前

形式的改革运动的微不足道的性质。在我回去以后，向波特尔集团献媚的威胁等等很快又会把一切引上正轨。但是现在没有时间了。对英国人来说，代表大会的失败甚至是无所谓的。而对我们来说呢？这是欧洲的耻辱！！真的，我几乎看不到任何出路。英国人放过了使代表大会具有某种适当形式的一切机会。怎么办！你是否认为我应当到巴黎去，以便在那里向人们说明现在召开代表大会是不可能的？请立即回答。我看只有同巴黎人取得协议才是可能的出路。另一方面，我知道，如果代表大会不开，他们的地位本身就会遭到危险。怎么办！韦济尼埃先生向我们的巴黎人要求决斗。他要求他们到比利时同他决斗。糊涂虫！关于奥尔西尼，我知道你做不了什么事情。但是我不能拒绝把他介绍给你。

评论：信中告知国际的情况很糟。马克思介绍，在法国、比利时、瑞士以及在德国的某些地方，"甚至偶而在美国"，协会取得了巨大的和巩固的成就。而在英国，协会发动的改革运动却几乎断送了协会。马克思希望代表大会延期召开，并询问恩格斯的看法。

4月6日　致信路德维希·库格曼，指出：从德国来的消息很少有令人快慰的。普鲁士正被俄国（和波拿巴）推向战争，奥地利则被波拿巴推向战争（它只是出于自卫才不自愿地这样做）。我们的庸人终究会了解到，如果没有一次推翻哈布斯堡和霍亨索伦王朝（更不用说那些小粪甲虫）的革命，结果又会引起一场三十年战争和对德国的重新瓜分！

意大利方面的运动也许会帮助普鲁士。但是，如果拿奥地利和普鲁士本身来说，那末后者想必会处于不利地位，尽管普鲁士人关于杜佩尔说了种种大话。无论如何，贝奈德克比起弗里德里希－卡尔亲王来，是一个更好的将领。奥地利也许能用自身的力量迫使普鲁士媾和，但是普鲁士不能迫使奥地利媾和。普鲁士的每一次胜利都可能鼓励波拿巴进行干涉。

很可能在我给您写这封信的时候，俾斯麦又象蜗牛那样藏起了自己的触角。但是这只能使冲突延迟一些时候。我想这样的延迟是有可能的。

德国的这种混乱对波拿巴非常有利。他的地位摇摇欲坠。可是战争又能使他苟延残喘。

评论：信中谈到长期的工作和各种家务和公事的烦扰，以及不注意按时进餐和运动等，极大地危害了自己的健康。马克思谈论了欧洲的局势，普鲁士正在被俄国和法国推向战争，奥地利被法国推向战争。

4月23日　致信恩格斯，指出：国际的情况如下：自从我回来以后，纪律完全恢复了。此外，国际对缝纫工人的罢工进行的成功的干预（通过法国、比利时等书记的信件）在这里的工联当中引起了强烈的反应。关于日内瓦代表大会，我决定尽力在这里促使它成功，但是我不能亲自去那里。我要以此摆脱领导它的一切个人责任。

看来，在我们的祖国事情毕竟暂时还没有到非打不可的地步。普鲁士吹牛家什么时候还有胆量拔出剑来！无论如何，我们满意地看到，普鲁士不论在国内和国外都丢了脸。虽然如此，事情是否有朝一日会达到战争的地步，这似乎还是个疑问。俄国人希望战争（虽然他们实际上仅仅从德国的冲突和战争威胁中就已经捞到和正在捞到许多东西），而对波拿巴来说战争是上帝的赐予。无论如何，俾斯麦先生在德国又掀起了"运动"。

在国内战争时期之后，美国只是现在才进入革命时期，那些相信约翰逊先生万能的欧洲明哲之士不久将会失望。

在英国，托利党人和帕麦斯顿的辉格党人真正值得感谢，因为他们使罗素的温和的调解化为乌有。在最近的一次会议上，格莱斯顿先生本人"忧郁地"确信，现在与他的乐观的期望完全相反，正面临着"一系列的战斗"。

评论：马克思的处境是旧病才去又添新病，这使他失去了很多工作的时间。信中主要谈论国际的情况。1866 年 3 月 27 日，所有的伦敦缝纫工人开始罢工。1866 年 3 月 12—17 日在曼彻斯特举行的全英缝纫工人代表会议上成立的保卫缝纫工人协会的执行委员会，呼吁英国所有的缝纫工人支持这一罢工。1866 年 3 月 27 日的总委员会会议上通过了由大陆各国通讯书记号召缝纫工人拒绝到英国去的决议。总委员会对罢工的支持对 1866 年 4 月伦敦缝纫工人的胜利起了决定性的作用，并且使国际工人协会在英国工人阶级中间的名声和威望提高了。4 月 17 日，保卫缝纫工人协会参加了国际。信中还谈论了普鲁士和俄国的关系，预测了美国约翰逊总统面临的危机，以及英国国内政党的分歧和斗争。

5 月 4 日 致信威廉·李卜克内西，指出：今天我将把最近一号的《共和国》寄给你。这家报纸的财政状况是：它一星期一星期地苟延残喘，对国外通讯连一个法寻也付不出来。它的发行量虽在增长，但是你是知道的，一种便宜报纸至少需要有两万订户，而且只有刊登大量广告才能收支相抵。而《共和国》创办不久，还没有这些必要的条件。

日内瓦代表大会延期到今年 9 月 3 日举行。协会发展得很快，特别是在法国。最近意大利的一些团体也加入了。伦敦的宣传获得了新的推动力，主要是因为伦敦的缝纫工人和制筛工人的罢工，在我们干预下，即由于我们阻止老板们企图从法国、瑞士、比利时召募工人而取得了胜利。这样一证明协会能带来直接的实际好处，就在讲求实际的英国人的头脑中留下了印象。

评论：随信寄去最近一号《共和国》报，并谈到这家报纸困难的财政状况；告知国际协会的快速发展状况；还提出了《警告》一文的发表建议，请李卜克内西登载在德国的报纸上。信中谈到对罢工的支持，是指 1866 年 5 月 1 日，在总委员会会议上讨论了如何抵制把德国和丹麦的缝纫工人当作罢工破坏者运入苏格兰去破坏从 1866 年 3 月 26 日开始的爱丁堡缝纫工人的罢工的问题。伦敦的德国裁缝成立了以列斯纳和豪费为首的委员会，同总委员会联合行动，以粉碎企业主及其在德国的代理人的计划。5月4日，马克思以总委员会的名义写了一篇短评《警告》并把它寄给李卜克内西。这篇短评发表在许多德国报纸上。

5月10日 致信恩格斯，指出：由于1859年的痛心的经验，奥地利人处于该死的状况，以致坐失良机，而即使情况迫使他们采取主动，他们也做不到，或者至少拖着。当然，欧洲"舆论"没有给他们带来一点好处并且从他们那里要求不合理的东西。同是这些自由派蠢驴，现在承认奥地利受人挑拨，承认存在着一个反对它的有计划的阴谋，而明天，如果奥地利首先出击，而不静待它的敌人发信号，他们（包括英国的爵士们）就会大喊大叫。

尽管我十分讨厌波拿巴，但是他在奥塞尔的勇敢行动使我非常高兴。老蠢驴梯也尔和为他喝采的立法团的受过训练的狗们自以为可以不受惩罚地玩弄路易－菲力浦主义！蠢才！

俄国人扮演他们的角色象往常一样巧妙。在把勇敢的普鲁士人挑动起来以后，他们以欧洲的和事佬和仲裁人出现，而同时别有用心地告诉波拿巴先生说，在将来召开的大会上自然不可能谈到波兰，——一句话，俄国可以干涉欧洲事务，但是欧洲不应当干涉俄国事务。

鉴于德国和丹麦的裁缝被输入爱丁堡，我们，第一，派了一个德国人和一个丹麦人（两人都是裁缝）去爱丁堡，他们已经破坏了输入者和被输入者之间的合同；第二，我以国际协会的名义在德国发表了对德国裁缝们的警告。这件事在伦敦给我们带来了极大的好处。

评论：马克思依然备受风湿病和牙痛的折磨，家中也面临经济困难。信中谈论欧洲一些国家之间的关系和局势，揭露俄国的态度是：俄国可以干涉欧洲事务，但是欧洲不应当干涉俄国事务。信中告知国际在德国的活动。在伦敦发出了列斯纳和豪费写的传单，阐明伦敦德国裁缝委员会的宗旨和任务，并向伦敦的德国工人发出捐款的号召；另外，总委员会派豪费和汉森到爱丁堡去破坏老板们的计划。1866年7月，委员会发出了给在德国的缝纫工人的第二批传单。总委员会的行动促成了罢工的胜利，同时扩大了国际在英国的影响。

5月17日 致信恩格斯，指出：关于波兰的文章怎样了？不论报纸是否还出版，你应当尽可能地供给稿件。这里的波兰人等待着续篇，他们不断询问，使我感到厌烦。一般说来，这些文章是引人注意的。小福克斯早些时候赞扬过这些文章，前天却在中央委员会上对于你把波兰被瓜分归咎于波兰贵族的腐败那一节进行了攻击。同时，他特别攻击了那些借助于萨克森王朝等等而去破坏波兰的德国人。我简短地答复了他。

当然，爱说大话的普鲁士人想改变主意，而俾斯麦还遇到那个粗鲁家伙的强烈抵抗。但是在意大利几乎不可能撤退，而这又会对普鲁士有影响。伊戚希的死，对他自己来说是何等的损失！否则俾斯麦现在也许会让他扮演一个角色。俾斯麦一定会咒骂我们（并且把我们当做奥地利的代理人），说我们对于他轻易玩弄工人的做法起了破坏作用。

马志尼先生直到组成一个同我们对立的国际共和主义者委员会才安静下来。加入委员会的有蠢驴霍尔托普、梁格维奇、赖德律、金克尔、布林德，好象还有博勒特！我们的协会一天天在扩大。只是在德国，由于蠢驴李卜克内西（虽然他是个好人！），什么成就也没有。

目前的危机，我觉得只是过早的特殊的财政危机。只有美国的情况恶化，这种危机才具有重大的意义，但是现在恐怕还不是达到这一点的时候。

评论：信中询问恩格斯关于波兰的文章的进展，认为这些文章受到关注。彼·福克斯对文章中把波兰被瓜分归咎于波兰贵族的腐败那一节进行了攻击。他在1866年5月8日的总委员会会议上声称，他准备在委员会的下一次会议上发言反对恩格斯的《工人阶级同波兰有什么关系？》一组文章中《民族理论之运用于波兰》一文的一个地方。对此马克思进行了答复。信中告知马志尼组成了一个同国际协会对立的国际共和主义者委员会。马克思谈到了当时的危机，并询问恩格斯是否受到影响。

6月7日 致信恩格斯，指出：如果不出现奇迹，战争终究是要爆发的。普鲁士人将自食其说大话的恶果，而且无论如何，德国的田园生活是一去不复返了。巴黎大学生中的蒲鲁东派（《法兰西信使报》）鼓吹和平，宣布战争是过时的东西，民族特性是无稽之谈，并且攻击俾斯麦和加里波第等人。把这一策略当做同沙文主义论战的手段来用是有益的，也是可以理解的。可是信仰蒲鲁东的人（我这里的好友拉法格和龙格也在内）竟认为整个欧洲都可以而且应当安静地坐在那里等待法国老爷们来消灭"贫穷和愚昧"，而他们自己愈是厉害地叫喊"社会科学"，就愈加陷入贫穷和愚昧的统治之下，他们简直太可笑了。在他们关于法国当前农业危机的论文中，他们的"学问"非常令人惊讶。

俄国人经常玩他们的老把戏，唆使欧洲蠢驴们互相反对，一会儿做甲的伙伴，一会儿做乙的伙伴；近来无疑在教唆奥地利人，第一，因为普鲁士人在奥登堡问题上还没有作出足够的让步，第二，为了在加里西亚捆住奥地利人的手，以及第三，也确实是因为亚历山大二世先生和亚历山大一世（在他的晚年）一样，在遇刺后产生一种保守的忧郁情绪，而他的外交官先生们至少也应当使用"保守的"诡计，同奥地利的联盟就具有保守的性质。一遇到适当的时机，他们就会暴露出相反的一面。

普鲁士这个"血和铁"的国家的官方腔调表现了严重的胆怯心理。他们现在甚至竭力恭维1789年的法国革命！他们抱怨奥地利易于激动！

评论：马克思依然受到经济困难和肝病的折磨。他在信中询问恩格斯是否由于联合银行而受到损失。1866年5月20日《法兰西信使报》刊登了一篇针对普奥之间的战争威胁而写的呼吁书：《巴黎大学生致德意志和意大利大学生》。可以看到呼吁书受到蒲鲁东思想的强烈影响。马克思并不满意这个呼吁书。马克思在 1866 年 6 月 19 日总委员会会议上的辩论中，对民族问题上的蒲鲁东主义立场作了全面的批判。信中揭露了俄国唆使欧洲互相反对的一贯立场，揭露了普鲁士的胆怯心理。

6 月 9 日 致信恩格斯，指出：今天晚上我不得不出席《共和国》报的"理事和朋友"的会议。事情已到了非常危险的地步。除了极端严重的财政困难外，还有内部的政治上的困难。因为布莱得弗德的工厂主当中的那头蠢驴凯耳先生（他给过五十英镑，他的兄弟也给了这么多，而且他们答应还更多给一些）完全使迈奥尔听命于他，所以布里奇斯博士、比斯利教授、哈里逊（都是孔德主义者）不仅以自己退出相威胁，而且以公开声明他们退出相威胁。

这件事使我感到厌烦，今天晚上我将向这些先生建议，把他们的破了产的企业卖给凯耳及其一伙，从而结束由一个布莱得弗德工厂主领导伦敦的"工人机关报"这样一种可笑的局面。不管怎样，如果他们不同意，我就辞职。这家报纸依靠自己的资金维持不了多久了；因此，它会依赖资产阶级的贷款，从而失去自己的性质。我在这件事上表现了很大的耐心，因为我总是希望工人自己作出足够的努力，使这家报纸独立地办下去；另一方面，因为我不愿使人扫兴。

评论：信中告知《共和国》报面临的财政危机和内部政治困难，马克思认为虽然他很希望这家报纸能独立办下去，但是，面临的种种困难显示出这家报纸依靠自己的资金维持不下去了；它将会依赖资产阶级的贷款，从而失去自己的性质。信中还告知，有一些新的德国工人加入了国际协会。

6 月 20 日 致信恩格斯，指出：昨天国际总委员会讨论了目前的战争问题。这是事先通知了的，我们的房间里挤满了人。意大利的先生们也派来了代表。果然不出所料，讨论归结到了"民族特性"问题和我们对该问题的态度。这个题目将在下星期二继续讨论。

法国人出席会议的人数很多，他们毫不掩饰自己对意大利人的从心底感到的厌恶。

此外，"青年法兰西"的代表（不是工人）提出了一种观点，说一切民族特性和民族本身都是"陈腐的偏见"。这是蒲鲁东派的施蒂纳思想。一切都应当分解成小"团体"或"公社"，然后它们又组成"联合会"，但并不是国家。在人类的这种"个体化"以及相应的"相互性"向前发展的同时，其他一切国家的历史都应当停顿下来，全世界都应当等候法国人成熟起来实行社会革命。那时他们将要在我们的眼前做这种试验，而世界其余的部分将会被他们的榜样的力量所征服，也去做同样的事情。这一切正是傅立叶期待于他的模范的法伦斯泰尔的。此外，所有用旧世界的"迷信思想"来使"社会"问题复杂化的人都是"反动"的。

此外，现在处境是困难的，因为一方面必须反对愚蠢的英国的意大利主义，另一方面也同样必须反对法国对它进行的错误论战，特别是必须防止可能把我们的协会引到片面性的道路上去的任何表现。

评论：信中告知自己由于健康原因和国际协会所处的极端困难的环境，不可能去曼彻斯特。马克思谈到国际总委员会讨论战争问题的情况。马克思发言批评了会议上提出的决议案，他认为这些决议案没有表达无产阶级对战争的态度。马克思认为处境困难，要防止把协会引导到错误的方向。

7 月 7 日　致信恩格斯，指出：伦敦工人的游行示威，和我们 1849 年以来在英国看到的比起来，规模非常巨大，这完全是由国际一手组织的。譬如特拉法加广场上的主要人物鲁克拉夫特先生就是我们委员会的委员。这里可以看出两种不同的做法，一种是默默无闻地工作，而不在公开的场合出头露面，另一种是民主党人的做法，他们在公开场合大出风头，可是什么事情也不做。

除了普鲁士人的大失败——这也许（正是柏林人！）会导致革命——以外，没有比他们的巨大胜利更好的了。梯也尔如此成功地揭露了波拿巴帮助普鲁士"干"的政策（因为除了英国人以外，法国人真正憎恨的只是普鲁士人），以致布斯特拉巴不得不修改钦赐给法国人的宪法，并且下令（命令刊登在《通报》上）"停止"关于请愿书的辩论。（附上茹·法夫尔关于墨西哥的发言和格累－比祖安的拙劣的诙谐话，让你看看，在战争爆发之前布斯特拉巴的处境是怎样的。）波拿巴先生估计，在普鲁士人和奥地利人的斗争中，双方一定是互有胜负，这样，最后他就能在疲惫不堪的人当中以丘必特—斯嘉本的姿态出现。如果他不能操纵媾和的条件，普鲁士人的胜利就会使他在法国的政体遭到真正致命的危险（这是美国内战以来他的第二次大失算）。另一方面，这样的胜利（现在我们已经不是在 1815 年）使得普鲁士王朝除了奥地利必定要拒绝的条件外，不可能或者几乎不可能接受任何其他条件，更不用说要美男子威廉，或者叫做亚历山大大帝，把德国土地割让给法国了。普鲁士人取决于在彼得堡的"外甥"。后者将怎样做，是无法断定的，因为那要掌握俄国内阁办公厅的材料。但是对我来说，我怎么也不能理解，俄国人既然还由于奥地利拒绝他们的帮助而受到侮辱，怎么能让奥地利再得到喘息的机会，而放过这个对自己的多瑙河—土耳其演习有利的时机。维克多－艾曼努尔先生也处于困境。威尼斯现在属于波拿巴。如果他从波拿巴那里把它作为礼物接受过来，他的王朝就会灭亡。但是另一方面，他能用什么去对抗法国，他现在能从什么地方去进攻奥地利呢？

评论：马克思告知在健康状况稍微好一点的情况下，又开始全力撰写《资本论》。马克思告诉恩格斯，国际协会一手组织了伦敦工人的游行示威。由于自由派政府辞职，并且为了向保守派政府表示抗议，1866 年 6 月 27 日和 7 月 2 日在伦敦的特拉法加广场上自发地举行了公开的群众大会，这两次群众大会的实际组织者是国际的总委员会。这些斗争展现了英国选举改革斗争的新成绩。信中还谈论了普奥战争的情况，谈论了孔德。

7 月 21 日　致信恩格斯，指出：在收到停战或维也纳决战的消息之前，必须放弃对目前局势作任何判断。不管怎样，事件的进程表明奥地利制度是极端腐败的。

目前我们的英国人象往常一样颂扬胜利者。伟大的阿尔诺德·卢格也在两星期前完成了他拥护普鲁士的宣言，而伟大的金克尔做得还更早。如果普鲁士人一直胜利到底，会有怎样一个猎取职位和拯救祖国的人群涌向法兰克福啊！

几天以前在这里出版了第五号《童工调查委员会的报告书》。这份报告书包含了最后一部分调查材料，不过还要补充出版一份关于有时在农业中采用的妇女和儿童的"有组织的组合"的报告。1850 年以来，资产阶级的乐观主义没有受到过比这五本蓝皮书更沉重的打击。此外，几天以前出版了第八号《卫生部门的报告书》，其中有关于无产阶级居住条件的非常详细的调查材料。

评论：信中询问恩格斯打算为《曼彻斯特卫报》写作普奥战争的文章的情况。讽刺卢格、金克尔对于战争的立场。信中肯定了《童工调查委员会（1862 年）》的五个报告书和《枢密院卫生视察员第八号报告书》，后一报告书附有医生汉特关于工人居住条件的报告，马克思在《资本论》中广泛地利用了汉特的报告。

7 月 27 日　致信恩格斯，指出：使资产阶级集中起来的一切，对工人来说当然都是有利的。但是即使明天就缔结和约，它无论如何也要比维拉弗兰卡和约和苏黎世和约更带有临时性。一旦敌对双方实行了"武器改良"，就会象沙佩尔所说的那样再"厮杀起来"。无论如何波拿巴也遭到了失败，虽然从左右两方面建立军事王国是符合普隆－普隆的"普遍民主"的计划的。

在此间，政府差一点引起了一场暴动。英国人当然首先需要革命教育，但要是理查·梅恩爵士可以独断独行地发号施令的话，只要两个星期的时间就能做到这一点。的确事情大有一触即发之势。假如拿栅栏上的木板条来向警察进攻和自卫——眼看就这样做了——并把他们打死二十来个，那末，军队就一定要"干涉"，而不光是摆摆阵势了。到那时可就有意思了。毫无疑问，这些固执的、脑袋几乎是专门为警棍而长的约翰牛，要是不和统治者发生一场真正的流血冲突，是什么也得不到的。

评论：马克思表达了对施土姆普弗的态度。住在美因兹城的施土姆普弗在 1866 年 6 月 30 日和 7 月 10 日给马克思的信和 1866 年 7 月 16 日给恩格斯的信中，请求就 1866 年普奥战争事件对于美因兹的国际会员的"行动方针"给予指示。信中谈论了普奥战争时期的一些情况。1866 年 7 月 16 日，普军占领了美因河畔法兰克福并要它承担六百万古尔登的赔款，市参议会被解散，守备部队和军事机构被解除武装。7 月 19 日，普鲁士人把赔款提高到二千五百万古尔登，并要求市长费耳纳尔开一张最有声望和最有钱的市民名单，标明他们的财产，作为该城赔款的抵押。为了表示抗议，费耳纳尔于 7 月 23 日夜上吊自尽。马克思认为资产阶级面临的危机，对工人来说是有利的。

8 月 7 日　致信恩格斯，指出：有一本很好的书，一旦我做好必要的摘记就寄给你（但是以寄还我作为条件，因为这本书不是我自己的），这就是 1865 年巴黎出版的比·特雷莫的著作《人类和其他生物的起源和变异》。尽管我发现了一些缺点，但这本书比起达尔文来还是一个非常重大的进步。它的两个基本论点是：异种交配并不象人们通常所说的产生差别，而是产生种的典型的统一。反之，地质的构成（不光是它本身，而是作为主要的基础）造成差别。在达尔文那里，进步是纯粹偶然的，而在这里却是必然的，是以地球发展的各个时期为基础的。达尔文不能解释的退化，在这里解释得很简单；同样，纯过渡类型迅速消失而种的发展缓慢的问题，也解释得很简单，因此，那些对达尔文有妨碍的古生物学上的空白，在这里是必然的。同样，一经形成的种的稳定性（且不说个体偏离和其他的偏离）是必然的规律。使达尔文感到很困难的杂交，在这里反而是分类的依据，因为它证明，实际上只有在异种交配停止产生后代，或者异种交配成为不可能等等之后，种才会确定下来。

在运用到历史和政治方面，比达尔文更有意义和更有内容。对于某些问题，例如民族特性等等，在这里第一次提供了自然的基础。例如他纠正波兰人杜欣斯基，大体上证实杜欣斯基关于俄罗斯和西斯拉夫土地在地质上的差异的学说，同时指出他关于俄罗斯人不是斯拉夫人而很可能是鞑靼人等等的意见是错误的；认为由于在俄罗斯占优势的土壤类型，斯拉夫人在这里鞑靼化和蒙古化了；他证明（他在非洲住了很久），一般的黑人典型只不过是一种更高的典型的退化的结果。

评论：马克思讲述了女儿劳拉和拉法格订婚的情况，谈论了自己对拉法格的一些看法。马克思推荐比·特雷莫的著作《人类和其他生物的起源和变异》，认为这本书虽然有一些缺点，但比起达尔文是一个非常重大的进步。

8 月 13 日 致信恩格斯，指出：即使我今天根本不写信给你，你也应当原谅。我有些最紧急的麻烦事堆在身上。今天我用法文写了一封长信给拉法格，告诉他，在把这件事继续下去并得到彻底解决之前，我必须得到他的家庭关于他的物质状况的明确报告。昨天他把一个著名的巴黎医生的信交给了我，这封信是替他说话的。

书的名称是：比·特雷莫《人类和其他生物的起源和变异》1865 年巴黎（阿舍特出版社）版第一册。第二册还没有出版。书中没有任何插图。地质图在该作者的其他著作中。

评论：信中告知为劳拉和拉法格的婚事，用法文写了一封长信给拉法格，了解拉法格家庭关于他的物质状况的明确报告。信中，马克思把 1866 年 8 月 10 日李卜克内西寄给他的信和几份《中德意志人民报》转寄给恩格斯。这家报纸是自由派于 1862 年创办的，但是 1866 年失去了大多数订户，它的业主就把它卖给了李卜克内西。李卜克内西想把《中德意志人民报》变为民主派机关报的尝试没有成功。

8 月 13 日 致信保尔·拉法格，指出：在最后肯定您同劳拉的关系以前，我必须完全弄清楚您的经济状况。我的女儿以为我了解您的情况。她错了。我所以没有提这个问题，是因为我认为在这方面应该由您采取主动。您知道，我已经把我的全部财产献给了革命斗争。我对此一点不感到懊悔。相反地，要是我重新开始生命的历程，我仍然会这样做，只是我不再结婚了。既然我力所能及，我就要保护我的女儿不触上毁灭她母亲一生的暗礁。要不是我直接干预（这是我的弱点!），要不是我对您的友谊影响了我女儿的行动，事情绝不会发展到现在这种地步，所以我个人就负有全部的责任。至于谈到您目前的状况，我偶然听到的、但也是不愿意听到的那些消息，是很难令人放心的。但我们暂且把这一点放下不谈。关于您的总的情况，我知道：您还是一个大学生；您在法国的前程由于列日事件而断送了一半；您要适应英国的环境暂时还没有必要的条件——语言知识；您的成功的希望至少也是很靠不住的。我的观察使我相信，按本性说您不是一个勤劳的人，尽管您也有一时的狂热的积极性和有善良的愿望。在这些条件下，您为了同我女儿开始生活就需要从旁得到帮助。至于您的家庭，我一点也不了解。即使它有一定的财产，这还不能证明它准备给您一些资助。我甚至还不知道它对您所筹划的婚姻有什么看法。再说一遍，我很需要听到对这几点的明确的说明。此外，您这个坚定的现实主义者，不能期望我象唯心主义者那样对待我女儿的未来。您作为一个如此讲求实际以致主张取消诗的人，一定不愿意沉湎于诗中来损害我的女儿。

评论：信中对拉法格对女儿劳拉的爱情提出了建议，请拉法格考量。马克思认为在肯定拉法格和女儿的关系以前，要弄清楚拉法格的经济状况。马克思表明了自己的态度："为了防止对这封信的任何曲解，我向您声明：您要是想今天就结婚，这是办不到的。我的女儿会拒绝您的。我个人也会反对。您应该在考虑结婚以前成为一个成熟的人，而且无论对您或对她来说都需要长期考验。"

8 月 23 日 致信路德维希·库格曼，指出：我还没有同美国恢复我从前那种能带来收入的联系。那里人们正忙于自己的运动，对欧洲通讯的任何支出，都被当做无益的开支。如果我本人能迁移到那里去，也许对事情会有些帮助。但是我认为，我的职责是留在欧洲并完成我已经从事多年的著作。

我虽然花很多时间筹备日内瓦代表大会，但是我不能到那里去，而且也不想去，因为绝不能长期中断我的写作。我认为，对于工人阶级说来，这部著作所能提供的东西比他个人参加任何代表大会所能做的工作都更重要。

我认为欧洲的国际局势完全是暂时的。至于专门谈到德国，那我们必须从实际情况出发，也就是说，必须通过一种符合于改变了的环境的办法来利用革命热情。至于普鲁士，现在最重要的就是注视并揭露它同俄国的关系。

评论：信中讲述自己由于长期患病和经济状况达到危机，债务像噩梦般压迫着，导致无法给库格曼写信。信中告知还没有同《纽约每日论坛报》恢复定期撰稿。马克思表示尽管困难重重，他的首要职责是完成从事多年的《资本论》。他认为，对于工人阶级说来，这部著作所能提供的东西比他个人参加任何代表大会所能做的工作都更重要。

8 月 31 日 致信约翰·菲力浦·贝克尔，指出：荣克当代表大会的主席是非常必要的：

（1）因为他能说三种语言——英语、法语和德语。

（2）荣克是中央委员会的正式代表，而奥哲尔（而且他只懂本国语言）不是中央委员会选出来的。我们选出了以荣克为首的四名代表；奥哲尔只有自己弄到钱（当然要由我们作担保）才能走。他没有为协会做过什么事。

（3）克里默和奥哲尔策划了极其卑鄙的阴谋，企图在最后时刻阻止荣克和埃卡留斯动身。

（4）奥哲尔希望当选为代表大会主席，以便得到这些英国人的景仰，并且违反中央委员会的绝大多数的意愿，设法在明年当选为中央委员会主席。

（5）不论克里默或是奥哲尔，他们两人都在改革同盟中出卖了我们，他们在那里违背我们的意志走上了同资产阶级妥协的道路。

（6）克里默先生在道德上完全堕落了。他所追求的只是得到一个"有报酬的"职务，而且不做工作。所以在任何情况下都不应当在代表大会上选他当总书记（这是唯一有报酬的职务）。应当在总书记必须掌握一种以上的语言这个托词下——其实是完全合理的——选举福克斯。

（7）中央委员会主席不应当由代表大会选举，而应当在这里，即在伦敦选举，因为这个人物只具有地方性意义。

（8）在选举代表大会主席时你应当当场声明，只有会说几种语言的人才能在国际代表大会上担任主席，这至少是为了节省时间，等等。

（9）请把这件事通知杜普累。

（10）如果你能在代表大会开会以前请埃卡留斯把我以中央委员会的名义为伦敦代表们写的《指示》译成德文，那就很好。

评论：信中对于国际协会的一些事情提出了安排建议。马克思赞同荣克担任代表大会主席，并阐述了自己的理由和考虑。马克思批评克里默、奥哲尔走上了同资产阶级妥协的道路。改革同盟理事会在资产阶级激进派和主张妥协的工联领袖的影响下，在1866年3月16日和20日的理事会会议上正式支持格莱斯顿的极端温和的法案。

9 月 26 日 致信恩格斯，指出：法国先生们打算把除了"体力劳动者"以外的一切人排除出去，首先从国际协会会员当中排除出去，其次，至少是从有权当选代表大会代表的人当中排除出去。作为向法国先生们的示威，昨天英国人提议我为中央委员会主席。我声明，无论在什么情况下，我都不能接受这个建议，我自己则提出奥哲尔，于是他就再度当选，虽然有些人不顾我的声明仍然投了我的票。此外，杜邦使我识破了托伦和弗里布尔的行为。他们从只有工人能够代表工人这一"原则"出发，企图在 1869 年当立法团的工人候选人。因此，由代表大会来宣布这个原则，对这些先生来说是极其重要的。

在昨天的中央委员会会议上，出现过各种各样的戏剧性场面。例如，当福克斯而不是克里默被任命为总书记时，克里默先生大吃一惊。他费了好大劲才抑制住自己的怒火。另一个场面是：向勒·吕贝先生正式宣布，根据代表大会的决议，他被开除出中央委员会。他在长时间的演说中公开说出了自己烦恼的心情，对巴黎人大发雷霆，把自己说得十分可敬，并且胡说一些关于阴谋的话，说什么同他友好的民族（比利时人和意大利人）由于这些阴谋而未能参加代表大会。最后，他要求中央委员会的信任投票——这件事将在下星期二讨论。

评论：信中告知国际协会的一些情况。总委员会早在 1865 年 3 月关于巴黎支部中的冲突的决议中就反对只有工人才能成为工人组织中的负责人员这种错误的蒲鲁东主义观点。在日内瓦代表大会上讨论共同章程和条例时，法国代表托伦对第十一条"国际工人协会的每个会员都有选举权和被选举权"提出了修改意见，声称代表大会的代表必须是直接从事体力劳动的人。托伦的声明受到其他代表的坚决反击。

信中还谈论吕贝被开除出中央委员会后的反应。日内瓦代表大会根据法国代表托伦和弗里布尔的提议，把进行阴谋和诽谤活动的吕贝开除出总委员会。在 1866 年 10 月 16 日总委员会会议上，根据吕贝的要求，把关于代表大会开除他的问题转交常务委员会审查，常务委员会确认这一决定正确。

10 月 3 日　致信恩格斯，指出：关于特雷莫。你的评语是："光是下面这一点就说明他这一套学说是空洞的：他不懂地质学，也不会作最起码的历史文献批判"，你的这种评语，在居维叶的反对物种变异说的《论地球表面的灾变》一书中可以几乎一字不差地找到。他在那里就嘲笑德国的科学幻想家，说这些人把达尔文的基本思想表述得十分清楚，不过不能证明它。但是这并不妨碍居维叶是错误的，而正确的是表述新思想的人，尽管居维叶是大地质学家，自然科学家中少有的历史文献批评家。在我看来，特雷莫关于土壤影响的基本思想（自然他没有考虑到这种影响的历史性变化，而我认为由于耕作等所引起的土壤表层的化学变化，以及象煤层等这些东西在不同生产方式下所起的不同影响，也都属于这种历史性变化），就是这种只需要表述出来以便在科学中永远获得公认的思想，而这完全不依赖于特雷莫叙述得如何。

评论：信中谈论自己的经济窘迫状况，谈论对特雷莫的《人类和其他生物的起源和变异》一书的评价，马克思对他的评价与恩格斯不完全一致。

10 月 9 日　致信路德维希·库格曼，指出：我曾经很为第一次日内瓦代表大会担心。可是从整个情况看，结果比我预期的来得好。在法国、英国和美国的影响是出乎意料的。我不能够，也不愿意到那里去，但是给伦敦代表拟定了一个纲领。我故意把纲领局限于这样几点，这几点使工人能够直接达成协议和采取共同行动，而对阶级斗争和把工人组织成为阶级的需要则给以直接的滋养和推动。巴黎的先生们满脑袋都是蒲鲁东的空洞词句。他们高谈科学，但什么也不懂。他们轻视一切革命的、即产生于阶级斗争本身的行动，轻视一切集中的、社会的、因而也是可以通过政治手段（例如，从法律上缩短工作日）来实现的运动；在自由和反政府主义或反权威的个人主义的幌子下，这些先生们——他们十六年来一直泰然自若地忍受并且现在还忍受着最可耻的专制制度！——实际上在宣扬庸俗的资产阶级的生意经，只不过按蒲鲁东的精神把它理想化了！蒲鲁东造成了很大的祸害。受到他对空想主义者的假批判和假对立的迷惑和毒害的（他自己只是一个小资产阶级空想主义者，而在傅立叶、欧文等人的乌托邦里却有对新世界的预测和幻想的描述），首先是"优秀的青年"、大学生，其次是工人，尤其是从事奢侈品生产的巴黎工人，他们不自觉地强烈地倾向于这堆陈腐的垃圾。愚昧、虚荣、傲慢、饶舌、唱高调，他们几乎把一切都败坏了，因为他们出席大会的人数同他们的会员人数是根本不相称的。在报告中我将要不指名地谴责他们几句。

　　同时在巴尔的摩召开的美国工人代表大会使我感到很高兴。那里的口号是组织起来对资本作斗争，而且令人惊讶的是，在那里，我为日内瓦提出的大部分要求由于工人的正确本能也同样被提出来了。

　　由我们中央委员会在这里掀起（此事我有大功）的改革运动，目前已经有了巨大的规模，并且已经发展到不可抗拒的地步。我一直没有出头露面，而且既然事情在顺利进行，我也就不再为它操心了。

　　评论：信中讲述自己的经济困境，表示如果愿意找一个有收入的职业，而不为事业工作的话，就能结束这种状况，但是，马克思认为完成《资本论》是最重要的。信中讲到不去日内瓦参会，但给伦敦代表拟定了提纲《临时中央委员会就若干问题给代表的指示》，并批评了蒲鲁东主义对工人的影响。马克思很欣喜地得知美国工人代表大会召开。美国工人代表大会于 1866 年 8 月在巴尔的摩举行。

　　10 月 13 日　致信路德维希·库格曼，指出：全部著作分为以下几部分：

第一册　资本的生产过程。

第二册　资本的流通过程。

第三册　总过程的各种形式。

第四册　理论史。

第一卷包括头两册。

我想把第三册编作第二卷，第四册编作第三卷。

我认为在第一册中必须从头开始，也就是必须把我在敦克尔那里出版的书加以概括而编成专论商品和货币的一章。我所以认为需要这样做，不仅是为了叙述的完整，而且是因为即使很有头脑的人对这个题目也了解得不完全正确。显然，最早的叙述，特别是关于商品的分析，是不够清楚的。例如，拉萨尔在他的《资本和劳动》中自以为表达了我的论述的"精神实质"，其实犯了许多重大错误，而这种情况常常发生在他肆无忌惮地剽窃我的著作的时候。可笑的是他甚至重复我在历史文献方面的"错误"，因为我有时引证光凭记忆，没有核对原著。我还没有最后决定，我是否应该在序言中对拉萨尔的剽窃行为讲几句。他那班盲从的信徒无耻地跑出来反对我，就证明这样考虑无论如何是正确的。

　　英国工联伦敦理事会（他的书记就是我们的主席奥哲尔）现在正在讨论是否宣布自己为国际协会英国支部的问题。如果它这样做，那末这里的工人阶级的领导权从某种意义上说就会转移给我们，而我们就能够把运动大大地"向前推进"。

　　评论：信中对自己给库格曼的信被德国政府截取表示了不满。马克思询问是否能帮助借到贷款渡过难关，自己面临着彻底破产的危险。马克思还告知了《资本论》的写作计划以及自己的考虑，并在思考如何表达拉萨尔的《巴师夏－舒尔采—德里奇先生，经济的尤利安，或者：资本和劳动》一书的错误。

　　10 月 25 日　致信路德维希·库格曼，指出：我马上写这几行：

　　（1）谢谢您为我费心；

　　（2）告诉您这封信以及前几封信都收到了；

　　（3）您完全误解了我和恩格斯的关系。他是我最亲近的朋友。我和他之间没有什么秘密。要不是他，我早已被迫去干某种"有收入的工作"。因此我决不需要任何第三者为我去向他提出请求。当然他所能做的只限于一定的范围。

　　（4）工人们曾写信告诉我，雅科比医生已经成了十分体面的资产者，因此决不应该用我的私事去打搅他。

　　评论：马克思的这封信是对库格曼 1866 年 12 月 23 日来信的答复；库格曼在信中曾向马克思建议找恩格斯和住在纽约的名医、过去的共产主义者同盟的积极活动家之一阿·雅科比帮忙借钱。

　　11 月 12 日　致信弗朗斯瓦·拉法格，指出：不能否认，英国的政治运动就曾由于和法国签订了商约和输入法国葡萄酒而加速发展了。这是路易·波拿巴所能做的好事之一，而倒霉的路易－菲力浦被北方的工厂主所吓坏，就不敢和英国签订商约。遗憾的只是，象拿破仑政体这样的建筑在社会上两个敌对阶级的精疲力竭上的政体，以普遍的腐化堕落为代价换取某种物质上的进步。幸好工人群众是不可能被腐蚀的。体力劳动是防止一切社会病毒的伟大的消毒剂。

　　您也许和我一样为约翰逊总统在最近这次选举中的失败而高兴。北部的工人终于清楚地理解到：在黑人的劳动被打上屈辱的烙印的地方，白人的劳动也永远不能解放。

评论：信中对自己没有及时回信作出了解释：一方面，疾病数次复发，不得安宁；另一方面，正在写作《资本论》，花掉了许多时间和精力。信中谈论了 1860 年 1 月 23 日签订的英法商约。商约签订后，英国货大量流入法国，国内市场上的竞争大大加剧，引起了法国工业家的不满。信中谈论了民主党在 1866 年 11—12 月的国会选举中的失败，美国总统约翰逊执行和南部各州种植场主妥协的政策，反对给予黑人选举权。选举的结果是共和党人在国会中获得了三分之二的选票，赢得了胜利。信中还建议拉法格暂时不要在巴黎进行宣传，以等待时机。

12 月 8 日 致信恩格斯，指出：迈斯纳还没有动手排印，因为他想先把别的东西弄完。希望他下星期一有信来。总的说来，推迟一点并没有使我感到不快，因为我摆脱痛这个讨厌的东西才不过几天，而且债主先生们又对我采取了咄咄逼人的态度。我只是苦于私人不能象商人那样名正言顺地向破产法庭提出破产声明。

不久前，《喧声》杂志上一篇诽谤柯林斯的《白衣女》的拙劣作品中出现了用黑体字刊印的对"硫磺帮"的攻击。这篇肮脏东西的作者是可怜的贝特齐希，如果证明这是奉金克尔或哈茨费尔特的命令干的，那我是不会奇怪的。我也不怀疑李卜克内西的被捕是这个猪猡一手造成的。

这些普鲁士猪猡们的做法正象我们应当希望的那样。现在事情到了非杀头不可的地步了。

评论：信中谈到《喧声》杂志的一篇作品，是德国小资产阶级民主主义者亨·贝特齐希用贝塔的笔名发表的一篇诽谤性作品，标题是：《白衣女。五幕话剧，根据威尔基·柯林斯的原著改编》。文章攻击马克思和他的战友。信中谈到李卜克内西在柏林印刷工人协会发表反政府演说之后被捕，并被判处三个月徒刑。马克思怀疑李卜克内西被捕是贝特齐希造成的。

12 月 17 日 致信恩格斯，指出：《两大陆评论》和《现代评论》刊登了两篇关于国际的详细文章，它们都认为国际和它的代表大会是本世纪最重大的事件之一。接着《双周评论》也发表了类似的言论。可是实际上我们由于缺乏资金甚至缺乏人手而无法行动，因为所有的英国人全去搞改革运动了。法国政府（很幸运）开始对我们采取敌视态度。首脑斯提芬斯的加入（在纽约）是我们的成问题的收获之一。

教皇对法国军官发表的演说难道不妙吗？只有意大利的教士，才能用祝福的形式在全欧洲面前给波拿巴这样几拳。

波拿巴和征服者威廉两人的头脑都不十分正常，这是局势的极大特点。威廉相信上帝赋与他的特殊使命，波拿巴则被墨西哥和俾斯麦简直弄得不知所措，以致有时他真的发疯了。

你是不是也认为和平至少还会维持一年（如发生偶然事件，象波拿巴死掉等等，当然不算）？要知道所有这些家伙都需要时间来进行改组和生产武器。

评论：信中谈论了资产阶级政论家的几篇关于国际协会的文章，肯定了国际的影响。信中指出了法国政府对国际协会的敌视。法国当局扣留国际会员的书信，没收协会章程和日内瓦代表大会的其他材料，以及波拿巴集团向英国政府施加压力，企图阻止《国际信使》报刊登日内瓦代表大会的材料。信中，马克思请恩格斯帮助找罗杰斯的一本书，马克思在《资本论》第一卷第二十三章和二十四章中利用了罗杰斯的《英国的农业史和价格史》一书。

12 月 31 日　致信恩格斯，指出：附带说一下。法国政府没收了给我们的文件和手稿，并把它们送进了警察的档案库里，这些文件和手稿是由法国代表在日内瓦代表大会后带过国境的。我们通过外交大臣斯坦利勋爵声明这些东西是"英国的财产"，要求发还。可怜的波拿巴也就真的只好通过外交部把这些东西发还我们。这不坏吧？他丢了脸，甚至自己还不知道是怎样丢脸的。

评论：信中告知恩格斯，由英国公民、国际委员茹尔·哥特罗带给总委员会的信和印刷品在从日内瓦到伦敦途中的法国边境上被没收了。总委员会要求法国外交大臣发还这些文件，但是没有得到他的答复，于是就请求英国外交大臣斯坦利勋爵协助。斯坦利通过英国驻巴黎大使考莱设法把文件还给了总委员会。总委员会在1867 年 1 月 1 日的会议上通过了对斯坦利勋爵的协助表示感谢的决议。信中，马克思对自己表舅的去世表示了悲痛。

1867 年

1 月 19 日　致信恩格斯，指出：迈斯纳在很久不来信——据他说是由于事情太忙——之后，写信给我说，我的计划"不合他的意"。

（1）他想一下子就拿到两卷现成的书；

（2）不是一点一点印，他想每天交出一个印张，只让我作最后一次校订。

我回答他说，我对于第二点无所谓，因为在短期内他就可以收到第一卷的全部手稿。如果他迟一点付印，但印得快一点，事情还是一样。但是他应当好好考虑一下，一本有大量的各种外文注释的书，采用他所希望的那种校对方法，能不能避免因印刷错误而受到严重歪曲。至于第一点，如果不把整个事情大大推迟，是办不到的；况且在我们的合同中也根本没有作出规定。我向他提出了种种理由，但是还没有回音。

罗杰斯的著作收到了，谢谢。书中有很多材料。关于曼彻斯特的罢工问题，或者至少是同纺织工人的冲突问题，希望你把事态的发展精确地告诉我，因为我还可以在书中采用它。

政治上的冰冻，就连俄国熊也感到太冷了。普鲁士人打起他们的黑白红三色旗真妙极了！

评论：信中告知与迈斯纳沟通的情况。根据马克思和汉堡出版商迈斯纳预先商定的条件，整个《资本论》应当分两卷一次出齐，总的页数不超过六十个印张。后来迈斯纳同意修改这些条件。信中还讲到自己濒临经济破产的艰难处境以及饱受失眠症的困扰，面临各种生活用品欠款，还有房子的租约即将到期等。

2 月 18 日 致信路德维希·库格曼，指出：日内我将把关于日内瓦代表大会的正式报道寄给您，这些材料现在就要在此地的一家用英文和法文出版的报纸上连续登载。《共和国》报已完全被选举改革运动所吞没。它的编辑部掌握在很糟糕的人手里。目前，由于某些原因，我们暂且听其自然，虽然我们可以以股东的身分进行干预。

评论：信中谈到《共和国》报处境不好，以及国际协会同波拿巴发生了种种冲突。马克思表达了对于这些事情的处理的态度。

4 月 2 日 致信恩格斯，指出：我们的国际获得了一次巨大胜利。我们为巴黎罢工的铜器工人争取到了伦敦工联的金钱援助。老板们一知道这个消息马上就让步。这件事情在法国报纸上引起了一片喧嚷，现在我们在法国已经是一支实实在在的力量了。

关于卢森堡事件，我觉得在俾斯麦和波拿巴之间有勾结。可能，但说不定，俾斯麦不能或者不愿实践自己的诺言。俄国对德国事务的干涉已经很明显，因为：

（1）维尔腾堡和普鲁士的条约已经在 8 月 13 日先于其他一切条约签订了；

（2）俾斯麦关于波兰的言论。

俄国人活动得比以往任何时候都更积极。他们在法国和德国之间播弄是非。奥地利本身是很衰弱的。而英国先生们在美国正被人捉弄。

评论：马克思要亲自带手稿到汉堡去见迈斯纳，商定《资本论》的出版事宜。信中告知国际协会在法国取得的一次巨大胜利，是 1867 年 2 月巴黎巴尔伯吉安厂的铜器工人的罢工，根据总委员会委员荣克、杜邦等人的倡议，开始募捐支持巴黎工人。总委员会组织的声援激励了罢工工人，动摇了企业主。个别企业里企业主和工人开始进行谈判，3 月 24 日企业主联合会代表同意个别工种实行固定计件工资。信中还谈到卢森堡事件，马克思认为俾斯麦和波拿巴之间有勾结。

4 月 13 日 致信恩格斯，指出：我们到达以后，我立刻就到迈斯纳那里去了。他的一个手下人告诉我，三点钟（下午）以前他不会回来。我留了一张名片，并邀请迈斯纳先生到我那儿吃饭。他来了，但还带着一个人，他要我到他家里去，因为妻子在等他。我谢绝了，但约好他晚上七点钟来找我。他顺便告诉我，施特龙非常可能还在汉堡。因此，我便到施特龙的兄弟那里去。但是我们的朋友刚好在这天早上到巴黎去了。晚上迈斯纳来了。他是一个亲切可爱的人，虽然稍微有点萨克森人的气质，他的名字就表明了这一点。经过简短的磋商后，一切都安排停当。手稿便立即送往他的出版社，锁在保险柜里。几天之内就要开印并且会印得很快。随后我们一起喝酒，他声称，能够有幸和我认识，感到非常"兴奋"。他现在想把书分成三卷出版。尤其是，他反对照我原来打算的那样缩减最后一本书（历史文献部分）的篇幅。他说，考虑到书的销路问题和"普通的"读者大众，他的最大希望正是寄托在这一部分上。我告诉他，在这方面听凭他决定。

评论：信中讲述了到汉堡去见迈斯纳的旅途见闻，见到迈斯纳后，他们对于《资本论》出版的相关事宜沟通很顺利，马克思很满意。

4月17日 致信约翰·菲力浦·贝克尔，指出：为了把第一卷的稿子交给迈斯纳先生，我上星期三乘船离开伦敦，经历了一路的风暴，好不容易在星期五下午到达汉堡。第一卷在本周初即已付印，因此五月底就可问世。全书将分三卷出版。书名是：《资本论。政治经济学批判》。

第一卷包括第一册：《资本的生产过程》。这无疑是向资产者（包括土地所有者在内）脑袋发射的最厉害的炮弹。现在，重要的是，你们要在报刊上，即在你们有门路的报纸上，引起公众对该书即将出版一事的注意。

评论：马克思在信中告知经历辛苦后到达汉堡将《资本论》书稿交给迈斯纳出版，马克思认为这本书是向资产者（包括土地所有者在内）脑袋发射的最厉害的炮弹，并希望贝克尔在报纸上引起公众对该书即将出版的关注。

4月24日 致信恩格斯，指出：库格曼是我们的学说和我们两人的狂热的（在我看来是过于威斯特伐里亚人式的热情洋溢的）崇拜者。有一次他的热忱使我感到厌烦，这种热情是同他当医生的冷静性格相矛盾的。但是他能体贴人，极其正派，不怕吃亏，肯作自我牺牲，而最重要的是，有信念。他有一个可爱的身材不高的妻子和一个逗人喜欢的八岁的女儿。他所收集的我们的著作，比我们两人的加在一起还要完备得多。在这里我又看到了《神圣家族》，他送了我一本，还将寄给你一本。我愉快而惊异地发现，对于这本书我们是问心无愧的，虽然对费尔巴哈的迷信现在给人造成一种非常滑稽的印象。人民群众，而在首府汉诺威甚至资产阶级，都有极端仇视普鲁士人的情绪（在库尔黑森也是如此），一有机会，就表现出他们的想法。他们公开表示自己的愿望——跟法国人走。当人们向他们指出，这是不爱国的行为，他们就说："普鲁士人所干的也是一样，他们经过这里的时候，军官们带头吹嘘法国的援助——如果必要的话。"韦纳的父亲在这里很受尊敬，也被认为是韦耳夫派。昨天俾斯麦派了他的一名爪牙瓦尔内博耳德律师到我这儿来（不要告诉别人）。他希望"利用我和我的大才为德国人民谋福利"。冯·卞尼格先明天也要来访问我。

我们两个人在德国，尤其是在"有教养的"官场中的地位，跟我们所想象的完全不同。例如，本市统计局局长梅尔克耳访问我，说他研究货币流通问题多年，但徒劳无功，而我却一下子就把问题彻底搞清楚了。他对我说："不久以前，我在柏林的同事恩格尔当着王室的面对你的德奥古利——恩格斯——作了应有的赞扬。"

这些都是琐事，但是对于我们却是重要的。我们对于这些官员的影响比对庸人的影响要大些。

我被邀请加入"欧洲人"协会。在这里，人们这样称呼那些仇视普鲁士的北德意志民族联盟盟员。蠢驴！

评论：信中讲述迈斯纳印刷出版《资本论》的情况，以及迈斯纳邀请恩格斯写一篇关于俄国的文章，而且，恩格斯可以"完全自由自在地写"。信中谈到去库格曼那里的考虑，并讲述了对库格曼的评价等事情，库格曼是马克思、恩格斯的崇拜者。信中还讲到自己和恩格斯在德国官场中的影响比较大，一些官方人物赞扬了他们的研究，马克思还收到一些官员的做客邀请。信中，马克思讽刺弗莱里格拉特在德国公开行乞。这是指弗莱里格拉特的崇拜者于 1867 年春天在德国居民中为这位因瑞士银行破产而破产的诗人筹募"人民补助金"的事情。

4 月 30 日　致信齐格弗里特·迈耶尔，指出：这一著作的第一卷在几个星期内就会由汉堡的奥托·迈斯纳出版社出版。著作的名称是：《资本论。政治经济学批判》。我是为了送稿子才到德国来的，而在回伦敦的途中在汉诺威的一个朋友家里住一些日子。

第一卷包括《资本的生产过程》。除了一般理论上的阐述，我还根据从来没有被利用过的材料非常详尽地叙述了英国农业和工业无产阶级最近二十年的状况，以及爱尔兰的状况。您从一开始就会了解，我只不过是把所有这一切当做令人信服的证据。

我希望全部著作能够在明年这个时候出版。第二卷是理论部分的续篇和结尾，第三卷是十七世纪中叶以来的政治经济学理论史。

至于国际工人协会，它在英国、法国、瑞士、比利时都已成为一种力量。请您在美国尽可能多成立一些分部。会费是每个会员每年一便士（约合一个银格罗申）。但是每个支部可以尽自己的力量交纳。今年的代表大会将于 9 月 3 日在洛桑召开。每个支部可派一个代表参加。

评论：马克思在信中感谢迈耶尔最真挚的友谊和支持，并回复了没有回信的原因。因为自己一直在坟墓的边缘徘徊，而且利用一切可能工作的时间完成《资本论》。为了它，已经牺牲了健康、幸福和家庭。信中介绍了《资本论》的三卷本的主要内容和完成计划。马克思认为国际工人协会在英国、法国、瑞士、比利时已经有很大的发展和影响，也期望迈耶尔在美国尽可能多成立一些分部。

5 月 1 日　致信路德维希·毕希纳，指出：我亲自写信给您的原因如下：我想等书在德国出版后，再用法文在巴黎出版。我不能亲自前往巴黎——至少这是不安全的——因为我曾经两次被驱逐出法国：最初是在路易－菲力浦时代，后来是在路易·波拿巴（当时他是总统）时代；此外，我流亡伦敦后，经常攻击路易先生。因此，我不能亲自去物色译者。我知道，您的著作《力和物质》已用法文出版，因此，我想您能够——直接地或通过其他人——使我和适当的人接洽。由于我必须在夏季准备第二卷的付印工作，在冬季准备第三卷即最后一卷的付印工作，因此我没有时间亲自为书的法文版进行修改。

我认为，使法国人摆脱蒲鲁东用对小资产阶级的理想化把他们引入的谬误观点，是非常重要的。不久前在日内瓦召开的代表大会上，以及在我作为国际工人协会总委员会委员同巴黎支部的联系中，经常遇到蒲鲁东主义的最恶劣的后果。

评论：信中希望毕希纳能够帮助物色《资本论》的法文译者，并讲述了自己不能亲自前往巴黎的原因，自己曾经两次被驱逐出巴黎。信中，马克思认为应该努力使法国人摆脱蒲鲁东主义的恶劣影响。

5月5日　致信燕妮·马克思（女儿），指出：今天，正逢我生日的时候，拿到了第一印张来校阅。我担心，书印出来也许会太厚。因为复活节周的关系，4月29日以前没有开始排印，迈斯纳对这种延误气得要命。但是，这段时间并没有白过。几乎所有德国报纸都刊登了出书的广告。库格曼的联系很广，所有的关系都利用起来了。

除一部分资产阶级、律师等等以外，在汉诺威这里笼罩着仇视普鲁士人的强烈气氛，这使我很开心。

战争的推迟只能归功于得比内阁。只要他还在当英国政府的首脑，俄国就不会发出战争的信号，——顺便说一下，这句话是真正科勒特的口吻。

评论：信中和女儿谈起友好的亲属和朋友，以及一些事情。告知自己在校阅《资本论》，德国报纸也刊出了书的广告。马克思温馨地谈起燕妮生日收到的一个戴在脖子上的十字章，这是类似波兰人民民族解放斗争的参加者们所戴的那一种十字章。燕妮佩戴在脖子上，以表示对1867年11月被杀害的芬尼亚社社员的哀悼。

5月7日　致信恩格斯，指出：你觉得奇怪，既然这里人们非常仇恨普鲁士人，民族自由党人（或者，如库格曼所说的欧洲人）在选举中怎么会取得这样大的成就。其实非常简单。他们在一切比较大的城市中都失败了，而在小地方，由于他们从哥达党时代起就已经存在的组织，他们获得了胜利。总之，这些家伙表明，党的组织是多么重要。上面所说的是汉诺威方面的情况。在库尔黑森，普鲁士的恫吓，受到民族联盟成员的叫嚣的支持，产生了无限的影响。同时普鲁士人在这里完全象波斯人那样作威作福。他们固然不能把居民迁移到他们的东部各省去，但是，他们确实把官员以至铁路管理员以及军官都迁走了。就连穷苦的邮差也不得不迁到波美拉尼亚去。同时，你每天都可以看到载着到美国去侨居的黑森人、汉诺威人等等的列车源源开往不来梅。从善良的德国存在的时候起，还从来没有这样多的人从它的各个角落涌向大西洋彼岸去。他们有些人是为了逃避赋税，有些人是为了逃避兵役，还有一些人是为了逃避政治环境。而所有的人都是为了逃避军刀的统治和日益逼近的战争风暴。

这里的资产者（都是亲普鲁士的）使我感到很好玩。他们要战争，但是，希望立刻就爆发。他们说，各种行业再也忍受不了这种动荡不定的局势了，生意长此萧条下去，鬼知道拿什么去缴捐税？此外，你很难想象得出，上次战争和捐税对普鲁士农村居民的压力有多大。在这里，例如在和普鲁士—威斯特伐里亚毗邻的地方，占主要地位的还是爱尔兰生活方式。

谈到战争，我完全同意你的意见。目前它只能是有害的。推迟战争，即使是推迟一年，对我们说来也很宝贵。一方面，波拿巴和征服者威廉必然会出丑。普鲁士的反对派将会重新活跃起来（它现在的唯一的一家机关报是雅科比创办的柏林的《未来报》），而在法国则可能发生事变。工商业的萧条愈来愈严重，无论是条顿人的或者高卢人的大话都不能掩盖大陆上的匮乏。

在我看来，战争的推迟完全要归功于得比内阁。这个内阁是反俄的，而俄国在对英国放心之前，不敢发出信号。格莱斯顿这个贩卖空话的商人（他完全处在帕麦斯顿夫人、舍夫茨别利、库伯勋爵等人的影响下）和布莱特，不要忘记还有罗素，会向俄国保证英国将有合适的气氛。1859 年得比也曾下野，以便能演出意大利的那场戏。在北德意志联邦国会上，俾斯麦被迫用最粗暴的方式向波兰人挑战，从而把灵魂和肉体都出卖给了沙皇。

评论：信中讲述经历了一点曲折后《资本论》终于开始印刷了，并开始在许多德国报纸上刊登预告。马克思期待这部作品能够根本改善自己的经济状况，也衷心感谢恩格斯的帮助。同时，马克思也开始忧愁回到伦敦后的境况，忧愁伦敦欠下的债务等事情。信中谈到许多见闻，包括亲普鲁士的资产者期待战争来摆脱动荡不定的局势；参观了本地一个合股经营的铸造厂；迈耶尔摔死；米凯尔在北德意志联邦国会上的发言引起了人们对他的强烈憎恨等事情。1867 年 3 月 9 日米凯尔在北德意志联邦国会上发言；米凯尔在发言中要求把北德意志联邦建成一个以普鲁士为领导的、统一的、中央集权的国家，号召其余的德意志邦为了一致和通过"铁血"政策完成德国的统一事业而牺牲自己的自由。

6 月 3 日 致信恩格斯，指出：你看了随信附上的维干德的便条就会知道，我为什么没有把第十个和第十一个印张寄给你，而且以后的校样也不再寄给你。不过，你将收到已送给我的最早的五个印张的清样。你可以留八至十天，但是，在这以后，你一定要把你的意见详细告诉我：关于价值形态的阐述，有哪几点在附录中应当特别通俗化而使庸人们能看懂。

我读了《泰晤士报》的巴黎通讯，得知巴黎人发出了反对亚历山大而拥护波兰的呼声等等，这真使我感到满意。蒲鲁东先生和他那个学理主义的小集团不是法国人民。

评论：信中询问恩格斯关于《资本论》第一卷中价值形态的阐述的意见，并询问在附录中，哪些内容应当特别通俗化而使人们能看懂。信中讽刺弗莱里格拉特募捐。信中还讲述看到《泰晤士报》的一则巴黎通讯。通讯说，当俄皇亚历山大二世到巴黎进行访问的时候，人群中发出了"波兰万岁！"的呼喊声讽刺俄国沙皇制度对波兰的压迫。

6月10日　致信路德维希·库格曼，指出：顺便告诉您。迈斯纳同意出版您打算写的医学小册子。您只需把稿子送给他，并提到我就行了。至于详细条件，您随后可亲自和他商谈。

今天我送走了第十四印张的校样，这些校样大部分是我在恩格斯那里时收到的；他对它们非常满意，他认为除第二和第三印张以外，其余的都写得非常通俗易懂。他的评价使我安心，因为我的东西印出来后总是很不合我的意，尤其是第一眼看到它们的时候。

评论：信中解释了回信延迟的原因，以及对库格曼夫妇的怀念，谈到了一些在汉堡以及从汉堡返回伦敦的经历和见闻。并告知迈斯纳同意出版库格曼计划撰写的医学小册子。信中还告知，恩格斯对《资本论》非常满意，并认为很多部分写得非常通俗易懂。

6月22日　致信恩格斯，指出：你知道，童工调查委员会已经工作五年了。在委员会的第一个报告于1863年出现以后，那些被揭露的部门立刻受到了"惩戒"。这次议会会议一开始，托利党内阁就通过沃尔波尔这株垂柳提出了一个法案，根据这个法案，委员会的全部建议虽然大大打了折扣，但都被通过了。受到惩戒的那些家伙，其中有规模庞大的金属加工厂的厂主，以及"家庭手工业"的吸血鬼，当时弄得很难堪，不敢说话。现在他们却向议会呈递请愿书，要求重新调查！说过去的调查是不公正的！他们指望改革法案吸引住公众的全部注意力，让这件事趁刮起反对工联的狂风的时候悄悄地私下了结。《报告书》中最丑恶的东西是这些家伙的自供。他们知道，重新调查的意思只能是"我们资产者所希望"的——剥削期限再延长五年！幸而我在国际中的地位使我能粉碎这些畜生的如意算盘。这是一件非常重要的事情。这是一个解除一百五十万人（成年男工还不计算在内）的痛苦的问题！

至于说到价值形式的阐述，那末我是既接受了你的建议，又没有接受你的建议，因为我想在这方面也采取辩证的态度。这就是说：第一，我写了一篇附录，把这个问题尽可能简单地和尽可能教科书式地加以叙述，第二，根据你的建议，把每一个阐述上的段落都变成章节等等，加上特有的小标题。我要在序言中告诉那些"不懂辩证法的"读者，要他们跳过 x - y 页而去读附录。这里指的不仅是庸人，而且也是有求知欲的青年人等等。此外，这部分对全书来说是太有决定意义了。经济学家先生们一向都忽视了这样一件极其简单的事实：20码麻布=1件上衣这一形式，只是20码麻布=2英镑这一形式的未经发展的基础，所以，最简单的商品形式——在这种形式中，商品的价值还没有表现为对其他一切商品的关系，而只是表现为和它自己的天然形式不相同的东西——就包含着货币形式的全部秘密，因此也就包含着萌芽状态中的劳动产品的一切资产阶级形式的全部秘密。在第一次的论述（由敦克尔出版的）中，只是当价值表现已经以发展的形式即作为货币表现出现时，我才对价值表现作应有的分析，从而避免了阐述中的困难。

你对霍夫曼的看法是完全正确的。此外，你从我描述手工业师傅变成——由于单纯的量变——资本家的第三章结尾部分可以看出，我在那里，在正文中引证了黑格尔所发现的单纯量变转为质变的规律，并把它看做在历史上和自然科学上都是同样有效的规律。在正文的一条注释中（当时我正好听过霍夫曼的演讲）我提到了分子理论，但是没有提到霍夫曼，因为他在这方面并没有什么发现，只是给它上了一点光泽，而提到罗朗、热拉尔和维尔茨，后者是这一理论的真正创始人。你的来信使我模模糊糊地想起了这回事，因此我重阅了我的手稿。

评论：信中对《资本论》第一卷的出版满怀期待，认为这使资产阶级的卑鄙有了新的证据。马克思还表示非常看重恩格斯的评价。信中揭露了受到惩戒的资产阶级要求重新进行童工调查。1867 年 2 月任命了一个皇家委员会来调查英国工联的活动。调查是由于工联日益活跃而引起的，它旨在宣布工联为非法，或者至少限制它们的活动。工联在全国举行了许多群众大会和会议，最终皇家委员会没有能够对工联提起控诉。马克思很欣喜国际协会发挥的作用。信中还围绕价值形式这一问题阐述了自己的看法。马克思表示他在这方面采取了辩证的态度。

6 月 27 日　致信恩格斯，指出：你今天会收到邮寄的《芬尼亚社社员》。

关于你所提到的庸人和庸俗经济学家的不可避免的怀疑（他们自然忘记了，如果他们把有酬劳动算做工资，那他们就把无酬劳动算做利润等等），要是科学地把它表达出来，就可归结为下面的问题：

商品的价值怎样转化为它的生产价格，在生产价格中

（1）全部劳动似乎是以工资的形式得到报酬；

（2）但是剩余劳动或剩余价值在利息、利润等等名称下，采取了成本价格（＝资本的不变部分的价格＋工资）的增加部分的形式。

回答这个问题的前提是：

一、阐明例如劳动力的日价值转化为工资或日劳动的价格。这在本卷第五章中已经谈到。

二、阐明剩余价值转化为利润，利润转化为平均利润，如此等等，要阐明这个问题首先必须阐明资本的流通过程，因为资本周转等等在这方面是起作用的。因此，这个问题只能在第三册里加以叙述（第二卷包括第二册和第三册）。在这里将指出庸人和庸俗经济学家的这种看问题的方法是怎样产生的：由于反映在他们头脑里的始终只是各种关系的直接的表现形式，而不是它们的内在联系。情况如果真象后面说的这样，那末还要科学做什么呢？

如果我想把所有这一类怀疑都预先打消，那我就会损害整个辩证的阐述方法。相反地，这种方法有一种好处，它可以到处给那些家伙设下陷阱，迫使他们过早地

暴露出他们的愚蠢。

此外，紧接你手中的最后的第三节《剩余价值率》后面一节是《工作日》（为劳动时间的长短而进行斗争），对这个问题的讨论将清楚地表明，资产者先生们实际上对他们利润的来源和实质了解得多么透彻。这也表现在西尼耳身上，他的例子说明了资产者确信他们的全部利润和利息是从最后的无酬劳动小时中得来的。

评论：信中回答了资产阶级庸俗经济学家质疑的问题：商品的价值怎样转化为它的生产价格。马克思指出《工作日》一节将会对这个问题进行阐述，马克思揭露出实际上资产者对他们的利润来源和实质的了解很透彻。

6 月 27 日　致信恩格斯，指出：如果我还能及时收到第十三和第十四印张的清样，那你星期日会收到它们。我希望你在旅行以前还能看到我对西尼耳的训斥和关于工作日部分的引论。而关于《工作日》的一节占了五个印张，其中自然是以实际材料为主的。为了使你看到，我在附录中是怎样准确地遵照你的建议做的，我这里把这一附录的结构——章节和标题等等——抄给你。

俾斯麦的"北德意志的"先知对斯坦利和得比关于卢森堡条约的声明所怀的愤怒，把我的胃病治好了。蠢驴布拉斯竟说这是标新立异！帕麦斯顿曾经一劳永逸地定下了一条原则：一般性条约只赋予每个国家以干预的权利，而绝没有让它承担干预的义务。那末，英国为了波兰的利益在维也纳会议上对普鲁士和俄国所承担的义务又算什么呢？同样地，法国所承担的义务又算什么呢？

评论：信中表达了期待收到《资本论》校样，并告知在书中接受了恩格斯的建议作了些修改。还谈论关于《资本论》第一卷英文翻译的考虑，表达了对根据议会命令刊印的治安法官诺克斯和军医波洛克关于英国监狱中对政治犯，其中包括爱尔兰芬尼亚社社员的待遇的报告《英国监狱的国事犯待遇调查委员会委员报告》的厌恶，批判了英国当局虚伪的真面目。信中还谈论了《北德总汇报》在卢森堡中立条约上的不满意的立场。根据伦敦协定，卢森堡被宣布为永久中立国，由缔约各国保证它的中立。

7 月 13 日　致信路德维希·库格曼，指出：恩格斯现在在丹麦，本月内他将抽出一天工夫去拜访您。关于恩格斯：您记得，您曾经告诉我，门克（记不清你们汉诺威统计局对这个人是怎么叫的了）十分称赞我那本由敦克尔出版的著作。我要了一个花招，对恩格斯说，门克对我说过，他十分称赞他的《英国工人阶级状况》。这种虔诚的欺骗的目的（而我为了同一目的的曾耍过各种花招），是要促使恩格斯写好和出版第二卷：包括从 1845 年到现在这一时期。我终于从他那里得到了答应动笔写的诺言。因此，如果你们偶尔谈到了这位统计学家，千万不要露了马脚。

我的书总共约有五十个印张。您看，对于它的篇幅我是如何估计错了。两天前我已把附录寄到莱比锡去了，标题是：《价值形式，第一章附录一》。这个计划的倡导者您是知道的；趁此机会，我为他的这个主意向他表示感谢。

评论：感谢库格曼寄来一张他女儿弗兰契斯卡的照片，以及一张黑格尔的照片。马克思表达了希望恩格斯写好和出版《英国工人阶级状况》第二卷的愿望。马克思还告知库格曼他于 1867 年 4—5 月在库格曼家里作客时，库格曼说服了他写一篇关于价值形式的附录，马克思感谢库格曼的支持和督促。

8 月 16 日 致信恩格斯，指出：这本书的最后一个印张（第四十九印张）刚刚校完。用小号字排印的关于价值形式的附录占了 $1\frac{1}{4}$ 个印张。

序言也已校完并于昨日寄回。这样，这一卷就完成了。其所以能够如此，我只有感谢你！没有你为我作的牺牲，我是决不可能完成这三卷书的巨大工作的。我满怀感激的心情拥抱你！

评论：信中告知《资本论》第一卷最后一个印张刚刚校完，终于完成了第一卷的校对，马克思怀着欣喜和感激的心情，感谢恩格斯作出的牺牲和帮助。

8 月 24 日 致信恩格斯，指出：我的书最好的地方是：（1）在第一章就着重指出了按不同情况表现为使用价值或交换价值的劳动的二重性（这是对事实的全部理解的基础）；（2）研究剩余价值时，撇开了它的特殊形态——利润、利息、地租等等。这一点将特别在第二卷中表现出来。古典经济学总是把特殊形态和一般形态混淆起来，所以在这种经济学中对特殊形态的研究是乱七八糟的。

我现在正在写第二册（流通过程），在这一册的结尾部分，和许多年前一样，有一点我必须再向你请教一下！

固定资本譬如说要在十年以后才能以实物的形式得到补偿。在这一期间，随着用它生产出来的商品的出售，它的价值一部分一部分地和逐渐地流了回来。只有固定资本作为实物（例如机器）已经报废的时候，才需要把这种逐渐增长的流回用来补偿固定资本（修理这类事情除外）。但是，在这期间，资本家掌握了这些相继流回的东西。

我在好几年前曾写信告诉你，积累基金就是这样形成的，因为资本家在用流回的货币补偿固定资本以前，在这一期间已经使用了这种流回的货币。你曾经在一封信中有些粗略地表示反对这种看法。后来我发现，麦克库洛赫把这种折旧基金说成是积累基金。我确信麦克库洛赫决不会想出什么正确的东西来，所以就把这件事丢开了。他在这方面进行辩护的意图已经被马尔萨斯主义者驳倒了，但是他们也承认事实。

你作为一个厂主一定会知道，在必须以实物的形式去补偿固定资本以前，你们是怎样处理那些为补偿固定资本而流回的货币的。你一定要回答我这个问题（不谈理论，纯粹谈实际）。

评论：信中谈到关于《资本论》第一卷出版后的一些安排。马克思的《资本论》第一卷序言的一部分不久就刊登在一系列德国报刊上，包括 1867 年 9 月 4 日《未来报》，1867 年 9 月 7 日《观察家报》，以及 1867 年《先驱》杂志第 9—11 期；该部分序言由埃卡留斯译成英文，发表在《蜂房》上；由拉法格和马克思女儿劳拉译成法文，刊登在 1867 年 10 月 1 日《法兰西信使报》和 1867 年 10 月 13 日比利时《自由报》上。信中阐述了自己研究的有价值的思想，对固定资本、积累基金的认识以及未来的写作计划，还十分感慨写作过程中的艰辛付出。

8 月 27 日　致信奥古斯特·韦莫雷耳，指出：我对贵报的方针、勇气、善意和才能感到钦佩，但有两件事情使我不解：

（1）您把贵报变成了俄国人（以及希腊人，因为他们是俄国人手中的玩物）制造的关于所谓克里特岛的革命的谣言的回声。我荣幸地把一段从英国报刊摘录下来的关于克里特岛的真实情况的报道寄给您。

（2）您重复了（由俄国编造的）所谓北美将倡议同土耳其人展开斗争的谎言。您应当知道，美国总统无权宣战。这项权利只属于参议院。如果说约翰逊总统——他是前奴隶主们手中的肮脏工具（尽管您非常天真地把他变成了第二个华盛顿）——搅乱外交事务，在国外吹牛夸口，力图以此博得某种声誉，那末要知道，美国佬不是孩子也不是法国人。单凭所有这些试探的倡议出自约翰逊这一点，就足以说明这些试探没有任何重大意义。

还使我感到奇怪的是，您竟欢迎和平同盟。要知道，这（我指的是和平大会）是一种活动着的怯懦精神。让他们在柏林和巴黎进行抗议吧，如果他们由于胆小而不敢这样做，那他们就不要用暧昧不明的、徒劳无益的、虚张声势的示威举动来欺骗公众。

评论：信中肯定了《法兰西信使报》。马克思表达了几个疑惑，包括报纸对俄国人制造的所谓克里特岛的革命的谣言的立场和态度；该报重复了由俄国编造的所谓北美将倡议同土耳其人展开斗争的谎言。马克思还询问和质疑韦莫雷耳对和平同盟的态度。

8 月 27 日　致信齐格弗里特·迈耶尔，指出：附上我的著作第一卷序言的摘要，该书将在下星期出版。请您尽量设法把这个摘要刊登在美国的德文报纸上，如有可能，也请在美国的英文报纸上登载。凡是登载了这篇摘要的报纸都请您寄一份给我，因为这对我的出版商说来很重要。

关于维贝尔。他的父亲是一个傻瓜，巴登侨民，钟表匠。小维贝尔——您在美国正享受同他交往的乐趣——是个无赖。哈茨费尔特选中他来刺杀打死拉萨尔的人。他拿到了钱，并跟在预定要成为他的牺牲品的人后面，一直追踪到奥格斯堡（要不就是该地附近）。后来他吓得要死，便拿着哈茨费尔特的钱（他企图用威胁手段再从老太婆那里敲诈一些）从德国逃到美国去了。

他的住在这里的可敬的父亲和兄弟，向此地的共产主义协会（德意志的）声明说，我向德国警察局密告了这个勇敢的年轻人。他们用这个说法来解释他的退缩和他对哈茨费尔特伯爵夫人的欺骗。我到协会去了一趟，揭露了这些无赖，因此，小维贝尔的兄弟被可耻地从那里撵走了。

评论：马克思请迈耶尔想办法将《资本论》第一卷序言的摘要刊登在美国的德

文报纸和英文报纸上。信中还告知维贝尔及其家人的恶劣行径，他的父亲和兄弟还向德意志工人共产主义教育协会污蔑马克思。

8 月 31 日 致信恩格斯，指出：这里去参加（国际）洛桑代表大会的是埃卡留斯、列斯纳、杜邦。此外，还有考文垂的织带工人协会主席和阿·华尔顿先生（威尔士的）。埃卡留斯在询问《泰晤士报》之后，已接到该报关于代表大会通讯的稿约。

根据巴黎各方面的消息看来，波拿巴的地位在那里很不巩固。

评论：信中告知参加国际洛桑代表大会的名单。国际的洛桑代表大会在 1867 年 9 月 2—8 日举行。马克思因忙于校阅《资本论》第一卷的清样，没有出席代表大会。代表大会听取了总委员会的报告，以及各个地方的报告，这些报告证明国际的组织在一些国家中已经巩固起来。蒲鲁东主义者在会上通过了几项自己的决议案。然而他们未能夺取国际的领导权。代表大会重新选出原先的委员组成总委员会，并决定总委员会的驻地仍设在伦敦。

9 月 4 日 致信恩格斯，指出：为了向你解释《法兰西信使报》（阅后务请寄还）上的文章《和平的条件》，我向你谈谈如下的情况：

你知道，我在总委员会里发言反对与和平空谈家为伍。我的发言历时约半小时。担任书记兼记录员的埃卡留斯给《蜂房》写了一篇报道，它只刊登了我的发言中的几句话。《信使报》转载时又把关于军队面向俄国的必要性和关于这些家伙的怯懦性的话删去了。但是这件事毕竟引起了纷纷议论。和平代表大会组织者当中的蠢驴们（他们在伦敦的代表是科勒维尔先生）完全改变了自己原来的纲领，并在新的、民主得多的纲领中甚至添上了"经济利益和自由相结合"的话，这句含糊不清的话也可以表示一般的贸易自由。他们给我寄来了一封封的信，甚至厚颜无耻地给我寄来现在附上的载有新纲领的废纸。无耻之处在于，他们在提到我时称我为"日内瓦……代表大会的参加者"。正如你就会看到的，他们在巴黎的最积极的拥护者《信使报》在脱离他们。由于我在大约两个星期前给韦莫雷耳（我不认识他）写了一封私人信，这家《信使报》就改变了对俄国的政策。

主要的是，组织和平代表大会的大人先生们——维克多·雨果、加里波第、路易·勃朗等等过去非常藐视我们的国际协会。现在我已经迫使他们承认我们是一种力量。

在柏林，无论政府和民族自由党都没有使一个候选人当选。而现在代表极左翼的这些进步党人愚蠢到了何等程度，这仅仅从他们的"最激进的"机关报《未来报》上摘录的下面一段话就可以证明：

"一种'主张一切均等的势利小人气'浸透了整个英国民族，这种风气使一切个人活动都不方便。而这种势利小人气继续主张缩短工作时间，并由于工联的缘故而禁止加班工作！"

能够想象出任何类似的东西吗？的确，同德国报刊相比，巴黎报刊甚至现在就是一个巨人！

评论：信中谈论了马克思在 1867 年 8 月 13 日总委员会会议上关于国际工人协会如何对待和平和自由同盟代表大会问题的发言和他就这个问题提出的决议草案。马克思的发言引起了一些议论，马克思批评和平代表大会组织者改变了原来的纲领。信中还谈到 1867 年 8 月 24 日意大利民主派报纸《自由和正义》第 2 号刊载的一篇题为《罗马问题》的文章。文章中批判了马志尼主义。马克思认为巴枯宁与这件事情有关。

9 月 11 日　致信恩格斯，指出：在这期间我们的协会有了很大的成就。本来想完全不理睬我们的那个卑鄙的《星报》，昨天在社论中说我们比和平代表大会更重要。舒尔采—德里奇阻止不住他在柏林的工人联合会加入我们的组织。英国工联主义者中曾经认为我们走得太"远"的那些猪猡，现在也向我们跑来了。除了《法兰西信使报》，还有日拉丹办的《自由》，以及《世纪报》、《时尚报》、《法兰西报》等，都报道了我们大会的情况。事情在向前发展着。在下一次革命到来时——它也许会比表面看起来到来得更快些——我们（也就是你和我）就将把这个强大的机器掌握在我们手里。请把这一点同马志尼等人三十年来的活动的结果比较一下吧！而且我们没有经费！此外，在巴黎有蒲鲁东主义者的阴谋，在意大利有马志尼的阴谋，在伦敦有怀着嫉妒心的奥哲尔、克里默和波特尔的阴谋，在德国有舒尔采—德里奇和拉萨尔分子！我们可以十分满意了！

评论：信中告知，在国际工人协会洛桑代表大会上自己和原总委员会的多数委员被选入新的总委员会。蒲鲁东主义者在洛桑代表大会上使代表大会接受了他们的一部分决议案，9 月，布鲁塞尔代表大会以关于土地集体所有制的决定打击了蒲鲁东主义者在国际工人协会中的影响。信中谈到国际协会取得的新成绩。尽管受到阻挠，还是有越来越多的力量支持和加入国际协会。柏林的工人联合会加入了国际协会。柏林工人联合会是 1863 年 1 月在舒尔采—德里奇的积极参加下成立的，宣传工联主义思想和资产阶级合作主义。国际工人协会成立后，联合会的最先进分子开始倾向于协会。联合会强调自己的无产阶级性质。

9 月 12 日　致信恩格斯，指出：你从资产阶级观点对书进行抨击的计划是最好的作战方法。但是我认为，书一出版之后，这件事通过济贝耳或里特尔斯豪兹而不通过迈斯纳来做比较合适。甚至最好的出版商也不应该让他们太多地知悉内情。另一方面，你应该给库格曼写信（他已经回来了），对于他应该强调的肯定方面给他一些指点。否则他会做出蠢事来，因为在这里单凭热情是不够的。我本人在这种情况下自然不能象你一样不受拘束地活动。

卑鄙的瑞士法语区人有很多代表，他们给巴黎的法国空谈家提供了自由活动的机会。老贝克尔做的蠢事最多。首先他推翻了我们的纲领规定的议事日程，突然提出了自己关于自由的建议。因此巴黎人有机会肆无忌惮地进行活动。

但是这一切都无关紧要。重要的是召开了代表大会，而不是会上发生了什么事情。在我们的总报告中，巴黎的聪明人将受到足够的嘲笑。他们十分伤心的是，通过了这样的决议：谁不交费（巴黎人没有交过分文），将来就不能派代表。应该努力做到，下次有二十个英国人和三十个德国人到布鲁塞尔去。至于比利时人自己，他们每五百人只能派一个代表，所以人数不会太多。此外，他们宁可说是反对巴黎人的。

注意：最糟糕的是，我们在巴黎没有人能够同敌视蒲鲁东派的工人支部（他们构成多数！）建立联系。如果杜邦能在巴黎呆几个星期，那就一切都会很顺利，但是警察对他进行严密的监视。

我将逐渐写些私信把韦莫雷耳关于德国政治的愚蠢想法从他的头脑中清除出去。但是需要逐渐地做，因此我故意从美国、俄国和土耳其谈起，因为这是德国人和法国人之间的"中立"地区。

评论：马克思谈到关于《资本论》第一卷的出版及宣传的一些想法，肯定了恩格斯从资产阶级观点对书进行抨击的计划。为了粉碎资产阶级官方和学术界对马克思《资本论》第一卷保持沉默的阴谋，恩格斯给资产阶级报纸写了一系列似乎是从资产阶级观点来批评《资本论》的评论文章。这些评论文章登在《莱茵报》《爱北斐特日报》《杜塞尔多夫日报》《维尔腾堡邦报》和其他报纸上。信中还谈到如何更有效地使国际协会开展工作的一些事情。

9 月 12 日　致信恩格斯，指出：寄上这个第二封信，因为刚刚收到埃卡留斯的信。

附带说一下。埃卡留斯没有得知下面的情况：路易·勃朗躲开了日内瓦代表大会，是因为他怕"我的"人会在那里开玩笑；茹尔·法夫尔是因为《法兰西信使报》仿效伦敦的榜样接受了"阶级问题"（他在六月事件中曾是卡芬雅克的战友，他的良心自然是有愧的）。

评论：信中补充了一些其他情况。埃卡留斯在 1867 年 9 月 9 日给马克思的信中说，和平和自由同盟的西蒙、费奈迭等人反对国际工人协会洛桑代表大会致和平同盟日内瓦代表大会的书中肯定现代社会的阶级性的地方。

10 月 4 日　致信恩格斯，指出：关于福格特。你在附上的库格曼的信中会发现有关福格特的某些事情。在库格曼离开而那一伙党徒以为他们也摆脱了波克罕以后，举行了最后一次的德国人会议，波克罕在会上突然出现并且目睹了下面这件事。戈克先生递给副主席毕希纳一张条子，其中宣布关于福格特的波拿巴主义等等的传说是虚构的，并且对这个据说他已经认识二十年的人作道德证明。他要求毕希纳在这张纸上签字，就是说，证明纸条的内容已经告诉了他。毕希纳自然照办了。这时，小博伊斯特便跳出来，递上一项书面声明说，戈克说的只是他个人的意见，而在瑞士没有一个人赞成他的这个意见等等；他也要求毕希纳签字证明他的抗议，后者也照办了。福格特的花招就这样破产了。这个家伙堕落到了怎样的地步！

关于施土姆普弗。很可能，施土姆普弗了解我，但是我不了解施土姆普弗。也许你比较走运，能够给他"标出""贫困化的科学等级"，而且还能够根据他藏在衣袋里、对谁也不告诉的"证据"作出"正确的结论"。附上他的信。

关于德朗克。波克罕在巴黎同一个人谈过话，这个人很了解德朗克的情况，把他叫做"小偷"。铜矿公司一年前已经通知德朗克，说他已被解雇。这个公司和格拉斯哥的一家商行合并，所以不再需要英国的代理商了。据说，德朗克在最近一年内犯了大"盗窃"案，受到"刑事"追究。我希望这事情将能私下了结。

关于国际协会。在有人提出要连选奥哲尔之后，根据我的提议，废除了主席一职。——福克斯在埃卡留斯回来以后，抓住一切机会，表现对他的极大憎恨，他扬言，在下次会议（星期二）上他打算把埃卡留斯在《泰晤士报》上的文章提出来讨论，让总委员会给予评价。使福克斯大吃一惊的是，我针对这一点也宣布，打算在最近的星期二就福克斯的一封"密信"向他提出质问，这封信是他写给贝克尔的，他要求贝克尔"尽他的一切力量把中央委员会迁出伦敦"。正是这个非常荒诞古怪的福克斯，自以为他必须在总委员会中形成一个"反对派"，来反对象他所说的"德国的独裁"。他会对他在这方面取得的成就感到惊奇的！

关于波克罕。先讲讲下面的事实。波克罕讲了（或者更正确地说，宣读讲稿）二十多分钟，其实程序规定只有十分钟。自然，他以为，既然允许加里波第和埃德加尔·基奈那样做，他也可以那样做。第二，他上了讲台，非常激动，正如埃卡留斯所说的，"竟说不出话来"。没有人听得懂他的话。人们只听清有关舒尔采—德里奇的几句话——福格特一听就跳起来，攥紧两个拳头——以及有关哥萨克的几句话。这是一种真正的幸运。他的演说被认为是有份量的，因为听不懂。所以，他在《泰晤士报》和法国报刊上扮演了某种角色。但是这却带来了麻烦。这个蠢货打算用德文、英文、俄文和法文原文刊载他的演说。我现在手头有法文本。他寄给我这个文本，是为了让拉法格看一遍。除了我向他提示的几个论点之外，这不仅是无味的胡说八道，而且简直是一堆废话。

评论：从 1867 年 9 月 13 日起，马克思和拉法格一起到曼彻斯特恩格斯处作客数日。这封信写于返回后。信中告知《资本论》第一卷的一些勘误。信中肯定李卜克内西在联邦国会的讲话。李卜克内西被选入北德意志联邦国会之后，在同年 9 月 30 日辩论护照法时发言。李卜克内西在其对法案的一项补充建议中要求，警察对于各种国籍的人都不得随意驱逐和限制其居住期限。李卜克内西的建议被否决。马克思随信附上了库格曼的信，告知福格特的情况。信中还告知关于施土姆普弗、德朗克、科勒特、波克罕以及国际协会的一些情况。从信中可以看到，马克思及其拥护者为孤立和削弱工联机会主义首领在国际领导中的地位在进行斗争。

10 月 10 日　致信恩格斯，指出：你从附上的库格曼的信中可以看到，现在是行动的时候了。你能够比我自己更好地向他谈论我的书。只是让他不要作任何详细论述，并且不要把文章寄给我们校对，等文章发表后再寄来。你要向他说明，整个事情就在于"制造轰动"；这比文章怎样写或写得如何有内容更重要。

附上的迈斯纳的字条，没有什么新东西。在他自己的售书广告登出之前，他怎么能够期望书评呢？

评论：信中赞同开始行动，扩大《资本论》的影响。库格曼在 1867 年 10 月 8 日给马克思的信中建议发表一些关于《资本论》第一卷的短评，说瓦尔内博耳德表示愿意帮助把它们发表在一些资产阶级报纸上，并且请求指示如何写这种短评。

10 月 11 日　致信路德维希·库格曼，指出：波克罕是一个能干的甚至机智的人。但是，当他拿起笔来的时候，唉，他就不知轻重，言语乏味。而且，他又没有进行过必要的学习。他象野人一样，以为用种种惹人注目的色彩把自己的脸刺上花纹就美化了自己的脸。在他的话中，庸俗平淡和滑稽可笑的词句，比比皆是。他本能地给他的几乎每一句话都戴上了小丑尖帽。如果不是他的无限的虚荣心的话，我本来可以不让这本小册子出版，并且对他说明：他幸运的是，在日内瓦，除了他演说中某些恰当的俏皮话以外，他的话没有人听得懂。另一方面，我很感谢他在福格特问题上的表现，所以他是我的私交。他在他的演说等中，有某些话用滑稽的形式说出了我的观点。现在，对我的敌人（福格特在《新苏黎世报》上已经暗示过，我是这一演说的隐名的作者）来说，不批评我的书，而要我对波克罕先生负责，对他的愚蠢和个人的狂妄行为负责，将是非常有利的。一旦发生任何类似的情况，您必须通过瓦尔内博耳德等人在您能找到门路的报纸上发表短小的文章来揭穿这种策略，并且在毫不伤害波克罕的情况下直截了当地指出，只有别有用心或采取极端非批判的态度，才会把截然不同的事情等同起来。我们的观点在波克罕的头脑中以离奇而混乱的形式反映出来（他不是说出来，而是写出来），这种形式当然给一伙卑鄙的下流文人提供了极合心意的攻击借口，甚至可能成为他们间接损害我的书的手段。

我认为您在日内瓦为反对福格特而使用的策略非常成功。

我的第二卷的完成主要取决于第一卷的成功。我必须有这一成功，才能在英国找到出版商；如果我找不到出版商，我的经济状况就仍将十分困难和令人忧虑，以致既没有时间也不能安心来迅速完成著作。当然，这种事情我是不愿让迈斯纳先生知道的。总之，第二卷要经过多久才能出版，现在取决于我的德国党内朋友的才干和积极活动。不论来自敌人或来自朋友方面的认真的批评，都不会很快出现，因为这样一部篇幅巨大而且某些章节十分难懂的著作是需要时间才能读完和领会的。但是，决定最近的成功的，不是认真的批评，而是——用粗话来说——吵吵嚷嚷，吹吹打打，来迫使敌人也发表意见。首先最重要的，不是人们说了什么，而是人们说话了。最主要的就是不要错过时机！

评论：信中回答了库格曼提出的关于琼斯的讲话、抵债劳动的问题。谈论波克罕的写作计划，马克思发表了评论表达了自己的担心。感谢波克罕在福格特问题上的表现。1860 年 2 月，马克思着手写他的抨击性著作《福格特先生》，他写信给当时还不相识的波克罕，请求他提供关于 1849—1850 年存在于日内瓦的所谓"硫磺帮"的全部情况。马克思在《福格特先生》中引用这些材料来揭露福格特对马克思及其拥护者的诬蔑。此后，波克罕成了马克思和恩格斯的朋友。马克思感谢库格曼为反对福格特，在参加和平同盟代表大会预备会议时使用的策略。

10 月 14 日　致信恩格斯，指出：你从附上的尤赫的第二号信可以看出，阿基里斯虽然死了，贝塔仍然活着。尤赫所以要写这封信，也许是因为贝塔颂扬了金克尔，而没有颂扬弗莱里格拉特，而且贝塔的文章中也有一些对尤赫的攻击。当弗莱里格拉特同尤赫联合起来的时候，他们是连普通的俏皮话都编不出来的。于是就需要来挑唆我，因为在贝塔的那篇臭文章《伦敦的德国人》中——文章以诺曼人的征服开始，以吹捧卑鄙的犹太人本德尔为英国唯一的杰出人物结束——我被称为"最恶毒的东西"。

尤赫先生把他那乏味的报纸版面奉献给我以供"自我吹嘘"，大概是第六次了，这是他对布林德、金克尔、弗莱里格拉特、海茵茨曼使用的惯技，对于他们，他自然是用得成功的。我只给他写了几行字，而且是弗莱里格拉特先生所不乐意的。我私下向他叙述了我在齐根海纳、弗莱里格拉特和我们的威·沃尔弗陪同下，到贝塔的刊物《您好!》编辑部时发生的情形。为了用一句普通的俏皮话来酬谢他的辛劳，我对他说，我对金克尔并不抱过多的希望，他无非是这个贝塔的 α 和 ω。

评论：信中询问恩格斯的意见。侨居美国的德国人纳美尔在 1867 年 9 月 20 日给马克思的信中提出他愿意把马克思的《资本论》第一卷译成英文。马克思曾向几个朋友打听过纳美尔，但是谁也不知道这个人。后来，马克思决定不请纳美尔翻译。信中告知已经给李卜克内西回信。李卜克内西在 1867 年 10 月 8 日的信中告诉马克思，他想和另一个国会议员赖因克一同提出成立普鲁士工人状况调查委员会的建议。他想了解英国类似的委员会的职权。因此请马克思把有关这种委员会的英国法律给他寄去，马克思帮助提供了材料。

10 月 15 日　致信路德维希·库格曼，指出：您不要写信给波克罕。而且这也没有用，因为关于他的著作的广告已经在《书报业行市报》上刊登出来，而著作本身已经由沙贝利茨出版。此外，波克罕本人现在在波尔多。您如果写那样一封信，除了会使波克罕和我发生争吵以外，不可能有别的结果。

事情既然做了也就算了。不要紧! 起初我由于夜间工作，身体很疲劳，所以夸大了这件事的害处。事实上 *Je suis puni par ou j'ai pé ché*! 〔我已经受到了我的罪过的惩罚!〕起初一想到我们的这位朋友将使日内瓦那班可敬的庸人暴跳，我曾觉得很可笑。我只是没有预见到公布演说的后果。此外，我本来应当想到，波克罕在制定自己的计划的时候自然不肯受我在自己的信中向他指出的那些适当的界限的限制。现在唯一明智的政策是：只要我们的敌人不讲话就保持沉默；而只要他们一讲话并想把责任推到我身上，那就用几句普通的俏皮话来应付，如说他们为了逃避对我的书的回答，不得不把波克罕的越轨行为的责任推到我身上。此外，在这样做的时候对波克罕应当抱着善意，因为，归根到底，除了他在著作上的虚荣心以外，他总算是一个能干和好心的人，同时是一个好的实干家，只要他没有被当作家的邪念迷住心窍。

所谓"书的成功"，我的意思不是别的，是说它由于在英国产生了影响，销售得快。

评论：信中告知波克罕的著作广告已经刊登，多说无益，并阐明了对波克罕的态度及应对事态的措施。信中谈到李卜克内西的小册子《我在柏林"国会"中讲了些什么》。在小册子的附录中摘引了他1867年10月在柏林工人联合会上的演说，马克思和恩格斯严厉批评了他的演说中关于暂时中止社会鼓动的主张。

10 月 19 日　致信恩格斯，指出：顺便说一说，波克罕获得了很大的满足。沙贝利茨在《书报业行市报》上刊登了一篇颂扬波克罕的《明珠》的短评，在这篇短评中波克罕被比做对俄国来说的隐士彼得。真妙！《莫斯科报》把它（译文）作为奇闻加以转载，于是波克罕便满意地看到自己以及自己的名字用俄文也刊印出来了！他给我看这份报纸，并且把有关的地方译给我听。

海·迈耶尔前天来到这里，要由此前往美国。也许他还能见到你。

把你准备投给德国报纸的方案寄来。我找人誊写，并设法妥善安排。至少有一部分甚至可以利用两次，因为迈耶尔在那边也需要这种东西，他将会找到采用它们的地方。这件事在德国一旦办妥——这是最重要的，因为这里的事情大部分取决于那里的局势——你还应当再为《双周评论》写一篇书评。比斯利会安置它。这是在伦敦找到出版商的必要的先决条件。这份杂志是隐蔽的（隐蔽到没有一个人察觉出来）孔德派的杂志，但是它愿意让一切观点都能发表。如果路易斯先生（歌德的崇拜者，可惜也是一个半孔德主义者）由于书评而对书发生兴趣（他也是《双周评论》的秘密的共有者），那末寻找出版商就容易了。无论如何，即使没有这种情况，要找一个出版商也会比较容易一些。在最近一期上登载了桑顿的一篇毫无价值的文章，它以极其庸俗陈旧的形式重复了马尔萨斯主义（杂志的老板们并不相信它）。

我们党所缺乏的就是钱，附上的埃卡留斯和贝克尔的来信又使人痛切地感到这一点。要是没有这个缺陷，那我们今天，不管遭到多大的无可补偿的损失，也会象1848 年一样是最强大的。

评论：信中谈到波克罕的事情已经完成。请恩格斯再为《双周评论》写一篇书评。马克思信中的一些内容被恩格斯采纳到他的书评中。信中谈到党面临的经济困难。贝克尔和埃卡留斯写信告诉马克思他们的经济状况很困难，在寻找生活门路，这已经影响了他们的日常党的工作。贝克尔为了谋生，只能离开在日内瓦的德国人支部中央委员会主席的岗位，退出《先驱》杂志的编辑部。埃卡留斯为了寻找工作一度离开了伦敦。

11 月 2 日 致信恩格斯，指出：对我的书的沉默，很使我不安。我没有得到任何消息。德国人是非常奇怪的家伙。他们作为英国人、法国人甚至意大利人在这方面的奴仆所做出的功绩，的确使他们有权对我的书置之不理。我们的人在那里又不善于宣传。那就只好象俄国人那样——等待。忍耐是俄国外交和成功的基础。但是咱们大伙都只有一条命，等到头来会等死的。

我不晓得你是否知道意大利事件的经过；关于这些事件的零碎的偶然的消息是以摘自俄国报纸和其他报纸的新闻的形式出现在英国和德国的报刊上的。这条线索往往很容易被忽视。

在发生卢森堡事件的时候，波拿巴先生同维克多－艾曼努尔签订了一项协定（非正式的），根据这项协定，后者有权兼并除罗马以外的其他教皇领地，条件是在战争发生时结成反对普鲁士的进攻同盟。现在当普鲁士的肮脏勾当获得圆满解决的时候，波拿巴先生对所做的诺言觉得很惋惜，他以他惯用的狡猾手段企图出卖艾曼努尔，并企图同奥地利接近。正如大家知道的，在萨尔茨堡也没有搞出什么结果，因而欧洲的魔女之锅似乎一时还没有煮开。同时，那些照例弄到了协定副本的俄国先生们，认为把它向俾斯麦先生报告的时机已到，俾斯麦则通过普鲁士大使把它献给了教皇。于是根据教皇的指示，出现了奥尔良主教杜邦鲁的小册子。另一方面，艾曼努尔起用了加里波第。不久以后，腊特塔齐作为普鲁士的敌人和波拿巴主义者而被免职。目前混乱的局势就是这样。现在波拿巴这条臭狗的处境非常困难。或者是战争——不仅同意大利，而且要同普鲁士和俄国作战，而且还是为了一个在法国会引起巴黎等地的疯狂的愤恨、在英国会引起憎恶等等的问题，——或者是再一次退却！这个家伙想挽救自己，他向欧洲呼吁，请求召开欧洲会议。但是普鲁士和英国已经对他作了答复，要他自己去收拾局面。这个家伙选错了时机。他已经不再是俄国在欧洲的秘密将军了。

如果他退却，那末在法国保持目前的粮价、工商业危机和不满的情况下，有朝一日就会爆发革命。

我们这位俾斯麦虽然是俄国阴谋的主要工具，但他把法国推向危机，总算做了一件好事。至于说到我们德国的庸人，他们的全部过去已经证明，他们只有靠上帝和刺刀的保佑才能得到统一。

在曼彻斯特对芬尼亚社社员的审判不出人们所料。你也许已经知道，在改革同盟中的"我们的人"做出了怎样的丑事。我已竭力设法激起英国工人举行示威来援助芬尼亚运动。

过去我认为爱尔兰从英国分离出去是不可能的。现在我认为这是不可避免的，即使分离以后还会成立联邦。几天以前出版的今年的《农业统计》以及逐出土地的方式，都说明了英国人的凶残。爱尔兰总督阿比康（大概是这样叫法）勋爵最近几个星期用强迫迁出的手段在他的领地上"清扫"了好几千人。其中也有一些富裕的佃户，他们改良土壤的费用以及其他的投资就这样被没收了！任何其他欧洲国家的异族统治，都没有对当地居民采取这种直接的剥夺形式。俄国人只是出于政治上的考虑才实行没收；普鲁士人在西普鲁士则实行赎买。

评论：信中对资产阶级对《资本论》第一卷的沉默感到很不安。1867 年 10 月，一群自由思想者不愿意再受布莱德洛以及与他接近的资产阶级激进派政客的影响，决定建立自由思想者中央联合会来进行纯粹的无神论的宣传。他们成立了一个筹备委员会，有人提议马克思参加，马克思在信中告知恩格斯他拒绝了这个计划。

信中谈论了意大利事件、法国和俄国的关系等欧洲的形势，马克思认为，法国面临爆发革命的形势。信中告知改革同盟理事会上，奥哲尔和鲁克拉夫特因受到资产阶级激进派的压力，放弃了过去的立场的事情。这是指奥哲尔和鲁克拉夫特因受到资产阶级激进派的压力，放弃了同情爱尔兰解放运动的立场，宣布他们曾被误解。

信中谈到英国当局对芬尼亚社社员的审判。在审讯芬尼亚社社员和对他们进行判决时，国际总委员会根据马克思的倡议组织了支援爱尔兰民族解放运动的大规模运动。信中还根据新出版的《农业统计》，认为爱尔兰从英国分离出去是不可避免的。

11 月 7 日　致信恩格斯，指出：至于谈到迈斯纳，我觉得让他过多地看到我们的底牌，是缺乏外交手腕的。他自己能做到的，他自己本来就会做。给奥地利的《国际评论》（阿尔诺德·希耳堡出版，维也纳科洛夫拉特路 4 号）寄去一篇较详细的报道（也许可以分作几篇），倒是很重要的，目前甚至比给英国写文章更重要。既然阿尔诺德·希耳堡把你和我算做他的撰稿人（并且曾经通过我邀请我们两人撰稿），那就不会有什么障碍。这实际上是对我们开放的唯一的德文"评论"。

在伦敦这里，在某种程度上采取不偏不倚的态度，对德国人的事情，如对德国语言学、自然科学、黑格尔等等颇为关心的唯一的一家周刊，是天主教的周刊《纪事》。他们有一种明显的倾向，这就是要表明他们比信奉新教的对手更有学识。上周末我给他们送去了一本书和一封短信，内容是说我的书所维护的观点不同于他们的观点，但是他们周刊的"科学的"性质可以使人设想，"他们对于把辩证方法应用于政治经济学的第一次尝试，不会不予以注意"。我们瞧吧！现在在比较文雅的人士中（当然我说的是它的知识分子），对于学习辩证方法有很大的需要。可能这是吸引英国人的一条捷径。

对于目前正在欧洲上演的外交滑稽剧来说，最有代表性的事件是：正当波拿巴干涉意大利的时候，法国、意大利和普鲁士却遵照俄国的旨意，共同向土耳其政府提出了一份威胁性的照会。

评论：信中谈论恩格斯为《双周评论》写书评的事情，总结与迈斯纳打交道的经验，并和恩格斯分享了对天主教的周刊《纪事》的看法，附上《外交评论》上关于普罗克希的《一八二一年希腊人脱离土耳其帝国成立希腊王国的经过》一书的摘要等。

11 月 14 日　致信恩格斯，指出：库格曼给我寄来一份《德意志人民报》（汉诺威），上面载有他写的一篇关于我的书的短评。在这篇短评中，他模仿你的一篇文章，而且极不成功。这是一家民主派的报纸，他本来可以更详细地谈一谈书的内容的。此外，他把这样一个的确"很令人惊异的结论"硬加在我的身上："全部资本是由无偿的劳动力产生的"。在他想听取其"意见"的"德国的政治经济学大师"中，"孚赫"先生（幸而印成了"陶赫"）排在第一位，罗雪尔排在最后。

你对弗莱里格拉特的"揭露"，在我家里引起了很大的轰动。

为了摆脱困境，波拿巴现在需要一场暴动或者巴黎的秘密团体。目前他把和平同盟看做是这种团体。皮阿这头蠢驴恰好现在从这里替他准备着必要的物证。

评论：信中说的俄国人是德国自学成才的哲学家约瑟夫·狄慈根，他在 1867 年 10 月 24 日从彼得堡寄信给马克思。狄慈根这时是彼得堡的弗拉基米尔制革厂的技工，他在信中对马克思"对于科学以及对于工人阶级"的贡献表示感激。他谈到他读过马克思的许多著作，特别是《政治经济学批判》。狄慈根在信中叙述了他的唯物主义世界观的基础。狄慈根给马克思的这封信开始建立起他与马克思的伟大友谊。

佐林根的信是 1867 年 11 月 8 日卡·威·克莱因从佐林根写给马克思的，告诉他关于 1867 年春由国际工人协会会员建立的佐林根钢铁业协作社的情况。信中指出，协作社是把全德工人联合会的成员吸引到国际工人协会佐林根支部的"最好的杠杆"。信中，马克思还表达了对库格曼发表的关于《资本论》第一卷的书评的不满意。

11 月 27 日　致信恩格斯，指出：至于谈到迈斯纳，我想，他的广告他爱怎么写就怎么写，因为任何别的做法又会拖延时日。提姆对波克罕说，迈斯纳要求所有书商把至今尚未卖出的书都退还给他（或他在莱比锡的代理人）。我从工人协会的书商约克那里也知道，目前要从迈斯纳手中得到此书是很困难的。这只是证明：（1）迈斯纳手中存书很少；（2）他想知道不在他手中的存书实际上卖出了多少；（3）他想迫使他的同行"朋友们"自负盈亏尽量多留些书。我将写信告诉迈斯纳，如果他需要一些评论或书评登在某几家报纸或杂志上（但是他应该给我指明是哪几家），他可以从我的朋友例如你以及其他人那里得到。让他给我写信来好了。

李卜克内西把他在柏林工人联合会中关于推迟解决"社会问题"的发言摘要以附录形式刊印出来，这个发言摘要无疑是引起库格曼责难的原因。既然李卜克内西邀请你和其他一些人为他的那份即将出版的小报撰稿，那末你可以私下给他出一些主意，帮助他把政治上的反对派立场同社会鼓动结合起来。

评论：信中讲到迈斯纳销售《资本论》第一卷的一些情况。李卜克内西寄来 50 本他的《我在柏林"国会"中讲了些什么》，请帮助销售。还讲到李卜克内西即将出版的由自己主编的小报《民主周报》。后来该报成为倍倍尔领导的德国工人协会联合会的机关报。最初该报受到人民党的小资产阶级思想的一定的影响，但是在马克思和恩格斯的指导下，该报开始与拉萨尔主义进行斗争，宣传国际的思想，刊登国际的重要文件，为德国社会民主工党的创建发挥了重要作用。1869 年在爱森纳赫代表大会上，该报被宣布为社会民主工党的中央机关报，并改名为《人民国家报》。马克思提议支持，并指出可以帮助李卜克内西把政治上的反对派立场同社会鼓动结合起来。

11 月 28 日　致信恩格斯，指出：我注意到了，我没有将波克罕的两封信附寄给你。但这也没有必要。昨天我和他进行了他所要求的"谈判"。他又回到（两个月以前我曾建议他这样做）向"阿特拉斯"人寿保险公司借债这个方案上来了，该公司的秘书是他的朋友。我昨天在他那里填写了借据。你在借据上只充当保荐人。数目是一百五十英镑（波克罕将要从中取出四十五英镑），偿还期是 9 月 1 日。

附上席利的重要信件。你必须马上寄还；同时陈述你的意见。无论如何，我不允许莫泽斯从我的著作中捞到"油水"，除非同时对我也有些好处。

对于芬尼亚运动我应该讲点外交。我不能完全保持沉默，但是也决不能让这些家伙从我的书的批判中归纳出我是一个煽动家。

评论：信中附上席利的重要信件，是 1867 年 11 月 27 日席利写给马克思的一封信。席利在信中告诉马克思，赫斯对《资本论》的评价很好，他打算给《法兰西信使报》写一篇文章来介绍这部著作。同时席利还告诉马克思，赫斯建议同埃·勒克律一起把《资本论》第一卷译成法文并予以出版。马克思对出版《资本论》法文译本非常重视。他希望能够"使法国人摆脱蒲鲁东把他们引入的谬误观点"。后来发现勒克律是巴枯宁的社会主义民主同盟的领导成员之一。《资本论》的法文本由约·卢阿翻译，并由马克思亲自校对。信中还表示要对芬尼亚运动给予支持。

11 月 29 日　致信恩格斯，指出：库格曼的信退还给你。要注意，他在满腔热情中不要干出蠢事来。譬如对米凯尔的事。

关于《欧洲联邦》这个报纸以及有人从日内瓦约我为它写稿的事，纯粹是无稽之谈。卡·格律恩先生可能是编辑。这事本身就注定要失败。

评论：信中提醒注意库格曼的处理方式。库格曼在寻找发表马克思《资本论》第一卷书评的机会时，曾经要求瓦尔内博耳德和民族自由党人米凯尔予以协助，他们实际上都敌视马克思。马克思和恩格斯批评库格曼缺乏政治嗅觉。马克思还表示《欧洲联邦》约稿的事情是无稽之谈，格律恩可能是报纸的编辑。

11 月 30 日　致信恩格斯，指出：如果你已经看过报纸，那你大概已经知道：1. 国际总委员会为了芬尼亚社社员的事已向哈第送去了意见书，2. 关于芬尼亚运动的辩论（上星期二）是公开进行的，而且《泰晤士报》也报道了这方面的消息。都柏林的报纸《爱尔兰人报》和《民族报》也都有记者在场。我到得很晚（大约两星期以来，我一直发烧，最近两天才退烧），而且实际上我也没有打算发言，这首先是由于我的身体不好，其次是由于情况复杂。但是，主席韦斯顿想硬要我发言，因此我建议延期，从而我被责成在本星期二发言。实际上我没有为本星期二的发言准备发言稿，而只准备了一个发言提纲。但是爱尔兰的记者没有到，我们一直等到九点钟，而我们开会的地方只能用到十点半。福克斯经我动员（由于委员会中的争执，他已经有两个星期不露面了；此外，他还送来一份表示不愿继续担任委员会委员并粗暴地攻击荣克的辞职书）准备了一篇很长的发言稿。因此，会议开始后，我宣布，因为时间晚了，我把发言权让给福克斯。实际上，由于同时发生了曼彻斯特的处决，我们的题目——"芬尼亚运动"和当前的激昂和愤怒情绪连到了一起，这就会迫使我（而不是讲话空洞的福克斯）不按原计划对事态和运动作客观的分析，而必须爆发一阵革命怒吼。所以，爱尔兰记者的迟到和因此造成的推迟开会帮了我很大的忙。我不愿意同罗伯茨、斯提芬斯等这样的人物混在一起。

福克斯的发言是好的，因为，第一，这是一个英国人讲的，其次，所涉及的仅仅是问题的政治和国际方面。但是正因为这样，它是很表面的。他提出的议案是荒谬的和没有内容的。我反对这个议案，把它交给了常务委员会。

试问，我们应当对英国工人提什么样的建议呢？我以为他们应当在自己的纲领中写上取消合并这一条（简单地说，就是1783年的要求，不过要使这一要求民主化，使它适合于目前的条件）。这是能被英国党采纳到纲领中去的爱尔兰获得解放的唯一合法的，因而也是唯一可能的形式。以后的经验一定会表明：两个国家之间的单纯的君合制是否能继续存在。即使这种情况会及时发生，我也不太相信。

爱尔兰人需要的是：

1. 自治和脱离英国而独立。

2. 土地革命。英国人即使有最良好的愿望，也不能替爱尔兰人实行这种革命，但是能够给他们合法的手段，让他们自己去实行。

3. 实行保护关税制度以抵制英国。从1783年到1801年，爱尔兰的一切工业部门都繁荣起来了。这种合并废除了爱尔兰议会已经建立起来的保护关税制度，摧毁了爱尔兰的全部工业生命。这无论如何也不是一点麻纺织业所能补偿的。1801年的合并对爱尔兰工业的影响同英国议会在女王安、乔治二世等人统治时期对爱尔兰毛纺织业所采取的压制措施的影响是完全一样的。爱尔兰人一旦获得独立，需要就会使他们变成保护关税派，就象在加拿大和澳大利亚等国所发生的情况一样。

评论：信中告知几件事情。由马克思起草并经总委员会1867年11月20日非常会议批准的《在曼彻斯特被囚禁的芬尼亚社社员和国际工人协会》意见书已经送交英国内务大臣格桑－哈第，这个意见书的直接目的是防止正在策划的对曼彻斯特案件中被控的芬尼亚社社员的审讯迫害。马克思告知福克斯送来一份表示不愿继续担任委员会委员并粗暴地攻击荣克的辞职书。福克斯要去担任《蜂房》的有报酬的工作。信中批评福克斯的议案是荒谬的和没有内容的。马克思围绕英国和爱尔兰问题提出了自己的看法。

11 月 30 日　致信维克多·席利，指出：首先应该尽快地在《法兰西信使报》发表这部书的一些片断。我不明白，为什么赫斯要找一个第三者来做这件事。最好由他自己来做。我也认为，他拟定的题目——英国的工厂立法——最适于作导言。但是，在这里也必须把价值理论先谈上几句，因为在这个问题上蒲鲁东把人们的头脑搞得十分混乱。他们认为，如果商品按照它本身的成本，即生产该商品所消耗的生产资料的价格加工资（即加在生产资料上的劳动的价格）出售，那就是按它的价值出售。他们不了解，商品中包含的无酬劳动也是一个同有酬劳动一样重要的价值要素，现在这个价值要素采取了利润等等的形式。他们根本不知道工资是什么东西。不了解价值的性质，而去阐述工作日等等——总而言之，阐述工厂立法——是没有基础的。因此，关于这一点必须先谈几句。

附上李卜克内西写的一本小册子。从封皮上的声明中，你可以知道，在最近几星期内，他将开始发行他的周报。我受托聘请你在巴黎为该报撰稿（他的通讯处：酿造街 11 号密勒先生）。我痛斥了他关于"社会问题"（载于附录）的说法，并且还提醒他注意，在反对俾斯麦的论战中，他必须避免南德意志的非批判态度。雅科布·费奈迭成为他的崇拜者一事，应当会使他自己感到难堪。

尽管如此，李卜克内西在国会的大胆发言带来了很大的好处。

评论：信中谈论要扩大《资本论》第一卷的影响，以及应当采取的措施等。马克思表示可以请勒克律翻译，认为他是完全合适的法文译者。希望尽快在《法兰西信使报》发表《资本论》第一卷的评论，在评论中要阐述价值理论，以帮助人们克服蒲鲁东造成的混乱。迈斯纳对《资本论》第一卷的销售感到满意，通过努力，终于打破了自由主义者和庸俗经济学家沉默的阴谋。信中附上李卜克内西的小册子《我在柏林"国会"中讲了些什么》，并阐述了自己对于这个小册子的看法。

11 月 30 日　致信路德维希·库格曼，指出：首先，非常感谢您的帮忙。恩格斯已经（或者将要）写信给李卜克内西。此外，李卜克内西（和圭茨等人一起）打算在国会里要求调查工人的状况。他写信给我谈到了这点，按照他的要求，我把一些有关这个问题的英国议会法令寄给了他。这个计划落了空，因为按照既定的议事日程，没有时间这样做。有一件事情，由您写信给李卜克内西，比由恩格斯或我写更为合适。这就是：他的直接责任是在工人的集会上引起人们对我的书的注意。这件事，如果他不去做，拉萨尔派就会把它抓在手里，就会歪曲一切。

孔岑（莱比锡的讲师，罗雪尔的学生和追随者）通过李卜克内西要一本我的书，为此他答应用他的观点详细地评论这部书。迈斯纳已把书寄给他了。这可能是一个良好的开端。

在法国（巴黎）很有希望出现对我的书的详细评论（在《法兰西信使报》上，

可惜是在蒲鲁东主义的机关报上！），甚至会翻译我的书。

评论：信中告知回信耽搁的原因是身体生病。马克思请库格曼写信给李卜克内西，请他在工人的集会上宣传《资本论》第一卷，以防备拉萨尔派的歪曲。信中对库格曼夫人阅读《资本论》第一卷的顺序提出建议。

12 月 7 日　致信恩格斯，指出：杜塞尔多夫的工人们完全有理由提醒这头蠢驴曾经在拉萨尔在世时声明，（1）"他要从实际情况出发"；（2）"他丢掉了阶级斗争的幻想"；（3）在舒尔采—德里奇那里他找到了解开所有过去和未来的社会问题之谜的办法。

关于士瓦本小报，欺骗一下福格特的朋友、士瓦本的迈尔，倒是件有趣的事。这做起来很简单。一开始这样写：对本书的倾向无论抱什么态度，这本书还是使"德国精神"获得荣誉，正因为如此，一个普鲁士人在流亡中而不是在普鲁士把它写成了。普鲁士早已不再是使任何一种科学首倡成为可能或者成为现实的国土，特别是在政治、历史或社会领域中。普鲁士现在代表的是俄国精神，而不是德国精神。至于这本书本身，那末应该区别其中的两个部分：作者所做的正面的叙述（另一个形容词是"切实的"）和他所做的倾向性的结论。前者直接丰富了科学，因为实际的经济关系是以一种完全新的方式，即用唯物主义（"迈尔"由于福格特的缘故喜欢用这个流行的字眼）方法进行考察的。例如：（1）货币的发展；（2）协作、分工、机器制度以及和它相适应的社会联系和社会关系是怎样"自然而然地"发展起来的。

至于作者的倾向，也同样需要加以区别。当他证明现代社会，从经济上来考察孕育着一个新的更高的形态时，他只是在社会关系方面揭示出达尔文在自然史方面所确立的同一个逐渐变革的过程。自由主义的关于"进步"的学说（这是迈尔的本来面目）是包括了这一点的，而作者的功绩是：他指出，甚至在现代经济关系伴随着直接的恐怖的后果的地方，也存在着潜在的进步。由于他的这种批评的观点，作者同时也就——也许是违反着自己的意志——消灭了所有专门家的社会主义，也就是所有乌托邦主义。

与此相反，作者主观的倾向——他也许由于自己所处的党的地位和自己过去的历史而不得不如此——也就是说，他自己怎样设想或怎样向别人表述现代运动、现代社会发展过程的最后结果，是同他对实际的发展的叙述没有共同之处的。如果篇幅许可比较详细论述这个问题，那也许可以指出，他的"客观的"叙述把他自己的"主观的"奇怪想法驳斥掉了。

拉萨尔先生辱骂资本家，并且向普鲁士土容克献媚，与此相反，马克思先生则指出资本主义生产方式的历史"必然性"，并且痛击了专事消费的贵族容克地主。马克思是多么不赞成他的不忠实的学生拉萨尔关于俾斯麦能承担实现经济上的千年王国的任务的看法，这一点他不仅在他以前反对"普鲁士王国的社会主义"的抗议中已经表明，而且又在第 762 和 763 页公开宣布出来，他说，现在在法国和普鲁士占统治地位的制度，如果不及时制止的话，结果必然导致俄国的鞭子对欧洲大陆的统治。

按照我的意见，这就是欺骗士瓦本的迈尔（他总算发表了我的序言）的方法，而他那个讨厌的小报虽小，却是法国所有联邦主义者的最孚众望的预言家，并且在国外也有读者。

讲到李卜克内西，他对于他所掌握的许多地方小报连一些简短的小文章都没有主动送去，这的确是一种耻辱，而这并不需要进行违反他的本性的研究工作。施韦泽先生及其同伙在这方面却表现得本领更大一些。这你可以从附上的《社会民主党人报》上看出来。（这是库格曼给我寄来的。）我昨天已经给《未来报》的格维多·魏斯送去一份对比性的材料（这只是我们私下谈谈）：一边是冯·霍夫施泰滕的歪曲了原意的剽窃，另一边是我书中原文的段落。我同时写信告诉他，这不应该用我的名义，而应该用《未来报》编辑部的名义发表（如果这办不到，或者就用《未来报》一个柏林读者的名义）。魏斯如果接受这一点（我相信他会这样做），那不仅柏林的工人们由于引证他们直接感兴趣的段落而会对此书加以注意，并且也将展开一场极有益的争论，使施韦泽冷淡此书、而又盗用它的内容的计划遭到破产。这些家伙实在可笑，他们竟然相信可以按照拉萨尔的办法继续干下去。霍夫施泰滕和公民盖布在全德工人联合会的大会上共同糟蹋我的关于《工作日》的段落，还有比这种做法更幼稚可笑的吗？

评论：马克思在这封信中阐述了为《观察家报》写书评的大纲，恩格斯完全接受了马克思的建议，他在写书评时还利用了马克思这封信中的原话。书评经库格曼的介绍发表在《观察家报》上。

12 月 7 日　致信路德维希·库格曼，指出：如果在德国有六个象您这样的人，那就能够克服庸人群众的抵抗，专家和报界的贱骨头的沉默的阴谋，至少能开展一场严肃的辩论。但是必须等待。这句话包含了俄国政策的全部秘密。

附上一个在俄国的德国工人（制革工人）的信。看后请把信还给我。恩格斯说得对：从这个制革工人来看，自修哲学——工人自己研究哲学——比鞋匠雅科布·伯麦时代大大前进了一步；另外除了"德国的"工人，其他任何工人都没有能力从事这样的脑力生产。

评论：信中谈论了几件事情。肯定了库格曼的能力和贡献，希望德国有更多的像库格曼那样的人出现。介绍和夸赞了狄慈根。马克思表达了自己坚决反对普鲁士国家的立场。库格曼在 1867 年 12 月 1 日给马克思的信中提出一项建议：利用俾斯麦的拥护者、民族自由党人布赫尔，在俾斯麦政府的半官方刊物《北德总汇报》上发表恩格斯关于《资本论》第一卷的书评。这个建议被马克思和恩格斯拒绝了。布赫尔曾建议马克思担任《普鲁士王国国家报》的经济问题的通讯员，但被马克思拒绝了。

12 月 14 日　致信恩格斯，指出：在克勒肯威尔发生的最近一次芬尼亚社社员的英雄行动，是一件大蠢事。曾对爱尔兰表示非常同情的伦敦群众，会因此被激怒，而投身到政府党的怀抱中去。人们不能期望，伦敦的无产者为了赞扬芬尼亚社社员的使者而让自己毁灭。一般说来，这种秘密的、戏剧性的阴谋手段总是会带来不幸。

关于《未来报》，还没有什么消息。最糟糕的是这类报纸篇幅小，特别是当各栏都充满了议会的政治闲谈的时候。

我们的朋友施土姆普弗的头脑显然十分混乱。

济贝耳的信退还给你。在对待朗格的问题上是他错了。这个人应该"购买"此书，而且一定早已买了。和亨利希之间发生的"误会"的确很有趣。

评论：马克思认为伦敦克勒肯威尔监狱的爆炸事件并不明智。这次爆炸事件是一群芬尼亚社社员为了营救被囚禁的芬尼亚社社员而在 1867 年 12 月 13 日制造的。这次爆炸事件被资产阶级报刊利用，他们诽谤爱尔兰民族解放运动，在英格兰居民中煽起反爱尔兰的沙文主义情绪。信中还请恩格斯帮助询问琼斯关于结婚手续的问题，劳拉即将结婚。

12 月 17 日　致信恩格斯，指出：威廉的信退还给你。你在回信时要谨慎一些。处境很困难。要完全正确地行动，就需要比我们的威廉具备多得多的批判能力和辩证法的灵活性。我们只能防止他犯重大的错误。另外，对普鲁士的仇视是一种激情，他的劲头和明确的目的性正是由于这种激情。他已经正确地看出，真正的资产阶级构成了"民族自由党人"的核心，这就使他有可能给他政治上的憎恶找到更高的经济上的灵感。愤怒出诗人，也使我们的小威廉在某种程度上变得机智起来了。

《未来报》在刊误方面很有天才，由于格维多·魏斯博士手中有原稿，所以就更加令人吃惊了。

昨天，我在我们的德意志工人协会（但是还有其他三个德国工人团体的代表参加，共约一百人），就爱尔兰问题做了一个半钟头的报告，因为现在对我说来"站着"是最轻松的姿势。

评论：信中谈到对李卜克内西的态度和策略。告知在 1867 年 12 月 16 日伦敦德意志工人共产主义教育协会会议上就爱尔兰问题作了报告；出席这次会议的还有伦敦许多别的工人团体的代表以及国际总委员会的一些成员。

1868 年

1 月 3 日　致信恩格斯，指出：我想向肖莱马打听一下，最近出版的有关农业化学的书籍（德文的）哪一本最新最好？此外，矿肥派和氮肥派之争现在进行得怎样了？（从我最近一次研究这个问题以来，德国出版了许多新东西。）他对近来反对李比希的土壤贫瘠论的那些德国作者的情况了解点什么吗？他知道慕尼黑农学家弗腊斯（慕尼黑大学教授）的冲积土论吗？为了写地租这一章，我至少要对这个问题的最新资料有所熟悉。肖莱马既是这方面的专家，他也许可以提供一些情况。

评论：马克思 1867 年 12 月一整个月都在生病。信中附上了一份《观察家报》，上面发表了恩格斯对马克思《资本论》第一卷的书评。马克思建议将刊登在一些德国报纸上的恩格斯对马克思《资本论》第一卷的书评寄给迈斯纳，打算让他起草并刊登一个关于《资本论》第一卷出版的广告。信中请迈斯纳注意《未来报》上最近发表的内容，应当是指马克思未署名发表的《剽窃者》一文。该文是针对拉萨尔分子霍夫施泰滕在 1867 年 11 月 24 日全德工人联合会大会上的发言写的。霍夫施泰滕在发言中引用马克思《资本论》中的一些段落，并歪曲本意，没有注明书名，也没有说明作者的名字。信中表示为了写《资本论》需要向肖莱马询问有关资料。

1 月 8 日　致信恩格斯，指出：这些天我还有点打不起精神，动不了笔，等我完全好了，我要把小威廉收拾一顿，他把我的观点和独特的小威廉见解混为一谈了。

杜林（他是柏林大学讲师）的文章颇为大方，尽管我那样猛烈地抨击了他的老师凯里。有些东西杜林显然不懂。最可笑的是，他把我跟施泰因相提并论，因为我是搞辩证法的，而施泰因则是通过以某些黑格尔范畴为外壳的死板的三分法，把各色各样的渣滓毫无意义地堆积起来。

评论：信中谈到恩格斯为奥地利报刊写的几篇马克思《资本论》第一卷的书评取得了良好的影响。信中批评了杜林的《马克思〈资本论。政治经济学批判〉》，马克思在《资本论》第一卷中对杜林的老师凯里的学说进行了批判。

1 月 8 日　致信恩格斯，指出：关于杜林。他几乎完全接受了《原始积累》这一章，这对他来说已经很不容易了。他还年轻。作为凯里的信徒，他是直接反对自由贸易派的。此外，他还是讲师，所以妨碍他们这些人的前程的罗雪尔教授挨了脚踢，他并不伤心。他的评论中有一点特别引起我的注意。这就是：当劳动时间决定价值这一点象在李嘉图本人那里一样还"不明确"的时候，它并没有引起这些人不安。但是，一旦把它同劳动日和劳动日的变化正确地联系起来时，他们就感觉到这种说明是新的和非常令人不愉快的了。我相信，杜林是由于恼恨罗雪尔才来评论这部书的。他害怕自己也陷入罗雪尔的处境的那种心情的确是十分明显的。奇怪的是，这个家伙并没有觉察到这部书中的三个崭新的因素：

（1）过去的一切经济学一开始就把表现为地租、利润、利息等固定形式的剩余价值特殊部分当作已知的东西来加以研究，与此相反，我首先研究剩余价值的一般形式，在这种形式中所有这一切都还没有区分开来，可以说还处于融合状态中。

（2）经济学家们毫无例外地都忽略了这样一个简单的事实：既然商品有二重

性——使用价值和交换价值，那末，体现在商品中的劳动也必然具有二重性，而象斯密、李嘉图等人那样只是单纯地分析劳动，就必然处处都碰到不能解释的现象。实际上，这就是批判地理解问题的全部秘密。

（3）工资第一次被描写为隐藏在它后面的一种关系的不合理的表现形式，这一点通过工资的两种形式即计时工资和计件工资得到了确切的说明。（在高等数学中常常可以找到这样的公式，这对我很有帮助。）

至于说到杜林先生对价值规定所提出的温和的反对意见，那末，他在第二卷中将会惊奇地看到："直接的"价值规定在资产阶级社会中的作用是多么小。实际上，没有一种社会形态能够阻止社会所支配的劳动时间以这种或那种方式调整生产。但是，只要这种调整不是通过社会对自己的劳动时间所进行的直接的自觉的控制——这只有在公有制之下才有可能——来实现，而是通过商品价格的变动来实现，那末事情就始终象你在《德法年鉴》中已经十分正确地说过的那样。

我觉得，小威廉并不完全是诚心诚意的。他（在他身上我不得不花那么多时间来纠正他在奥格斯堡《总汇报》和其他地方干下的蠢事）至今还不找时间公开提一提哪怕是我那本书的书名或我的名字！他对《未来报》事件不闻不问，就是为了不致陷入有损他个人威信的窘境。他连在他朋友倍倍尔直接控制下出版的工人报纸（《德意志工人俱乐部》，曼海姆出版）上哪怕是说一句临终之言的工夫也没有！简单地说，如果我的书不是完全被置之不理，那末，这肯定不怪小威廉。首先他没有读过这本书（虽然他在给小燕妮的信中嘲笑主张要介绍一本书，必须读懂这本书的李希特尔），其次，在他读过或者只是佯言读过之后，他没有时间。但是，我从波克罕那里为他弄到一笔津贴以后，他却有时间给波克罕一星期写两次信；我把经我介绍从施特龙那里弄到的一笔钱转寄给了他，他却不把这笔钱的股票寄给施特龙，而要施特龙的地址，以便能够直接和他联系，背着我去行诈，并象对待波克罕一样，向施特龙抛出一封又一封信件！简单地说，小威廉是想故作姿态，而最主要的是想让公众不要把注意力从他小威廉身上转移。要做到恰到好处，只当没有这回事，但对他仍须当心。至于他应约赴奥，在成行之前，不要相信。其次，他真要去，我们也不劝阻，如有必要，就只向他提一下在他搬到布拉斯《北德报》时我说过的话，就是：如果他再损害自己的声誉，必要时就公开宣布不同意他的言行。这一点在他动身去柏林时我向他说过，有人为证。

评论：信中评论了杜林，阐述了《资本论》中三个崭新的因素，回答了杜林对价值规定提出的反对意见。马克思还谈论了一系列事情：《资本论》第一卷在奥地利的销售问题；评论了李卜克内西的一些所作所为；谈论了《国际评论》、费·皮阿等。1867 年年底，国际巴黎支部理事会理事们遭到搜查，在法国警察搜查时所没收的信件当中，有一封信是法国通讯书记杜邦 1867 年 11 月 23 日写给理事会理事安·缪拉的，信中告知协会的法国会员营救被囚禁的芬尼亚社社员的运动的情况。法国当局企图利用这封信给国际安上组织芬尼亚社社员进行密谋的罪名。1868 年 3 月在审讯巴黎理事会理事时，他们被指控为不经当局许可擅自结社。法庭宣判解散国际巴黎支部，并对理事会理事处以罚金。

1 月 11 日 致信恩格斯，指出：“花花公子”在伦敦这儿转了好久。他也去找过波克罕，跟他谈的完全和跟你谈的一个样，不过成效较大，因为他善于迎合我们这位波克罕的虚荣心。然而，在他从波克罕身上榨取到十股股金的钱，并把他的各种酒喝个够之后，就不再上他那儿去了。

为了了解他今后在伦敦的活动，我现在告诉你以下的情况：如你所知，克里默早被解除了国际委员会书记的职务，他在一气之下也早就不干委员会委员了。在最近的代表大会上他也没有被选进委员会。奥哲尔先生又当选了。但是，根据我的建议，取消了（年度）主席的职务，而代之以每次会议选出的执行主席。奥哲尔对此很生气，同我们在原则上疏远了。好极了！“花花公子”先生通过勒·吕贝哄骗了奥哲尔（奥哲尔把他推荐给工联伦敦理事会）和克里默。他们成立了伦敦委员会，比耳斯当主席，等等。一句话，图谋反对国际工人协会。（“花花公子”还带着高尚的布林德参加了成立大会。）这些家伙竟恬不知耻地邀请我参加他们上星期举行的第二次大会。埃卡留斯（在上星期六《蜂房》上发表的一篇写得很糟的文章中）揭露了戈克之流。

在博物馆里，我只翻了翻目录，就这样我也发现杜林是个伟大的哲学家。譬如，他写了一本《自然辩证法》来反对黑格尔的“非自然”辩证法。“原来这就是痛哭流涕的原因”。德国的先生们（反动的神学家们除外）认为，黑格尔的辩证法是条“死狗”。就这方面说，费尔巴哈是颇为问心有愧的。

法国政府指控国际工人协会巴黎委员会（为非法社团）。我很高兴，因为这样一来就使这些蠢驴们不能继续讨论他们已经为 1868 年代表大会准备好的议程了。杜邦确实在给他的驻巴黎通讯员的信中漫不经心地写了一些有关芬尼亚社社员的情况，而现在正在奴颜婢膝地巴结英国政府的波拿巴，却把此信转给了唐宁街。

值得注意的是，在奥地利政府直接间接协助之下，普罗克希－奥斯顿、根茨和明斯特伯爵的揭发性文章一篇接一篇发表出来。乌尔卡尔特只知道前者，他的无知现在已成习惯了。他不知道毛奇关于 1828 年土耳其战争一书，等等（他本可以从那里找到非常好的材料），是他“博学多能”的突出表现。其实，当我还在柏林（在拉萨尔那儿）的时候，毛奇就被认为是俄国人的头号敌人，这当然是普鲁士王国范围以内的看法。

如果你写信给波克罕，就请他把我曾向你谈过的两本俄国小册子送给你看看。我尤其希望你翻翻那本关于农奴解放的小册子，并将要点告诉我。

从附上的《法兰西信使报》上你可以看到，法国政府跟克吕泽烈将军直接交锋了。

英国政府对《爱尔兰人报》起诉，我很高兴。问题在于，实际上 36 这家报纸根本不是芬尼亚运动的，它只要求取消合并。这些约翰牛真笨！

评论：信中谈论一些事情：阿曼特·戈克在伦敦转了好久；以比耳斯为主席成立的伦敦委员会图谋反对国际工人协会；埃卡留斯发表在 1868 年 1 月 4 日《蜂房》上的关于和平和自由同盟日内瓦代表大会的文章揭露了戈克等。马克思很高兴国际工人协会巴黎委员会被指控为非法。总委员会本来负责筹备每年的代表大会，巴黎理事会为了抢在总委员会的前面，早在 1867 年 12 月 11 日就在《法兰西信使报》上发表了为国际布鲁塞尔代表大会草拟的代表大会议程。这个议程具有鲜明的蒲鲁东主义性质，让代表大会不去讨论工人阶级组织的迫切问题。

1 月 25 日　致信恩格斯，指出：至于李卜克内西，不要再跟他纠缠了。这个年青人——正如他当时在伦敦所表现的那样——非常喜欢扮演"保护人"的角色。这一点在他最近给你的信里也表现出来了。他很自以为了不起，必要时我们将撇开他，不顾他悄悄地干自己的事。他转载的是几个月前几乎所有报纸都登过的序言，多慷慨呀！而且我还按照他的提议把我的书给孔岑和《人民报》编辑各寄了一份！最好让他受点冷遇。其实，我相信我的书他还没有看过十五页。当时《福格特先生》出书后甚至过了一年，他都没有读过，尽管这本书读起来不那么费劲。他的格言是：教而不学。

至于"拉萨尔派"，我只是在第二卷才谈到工会、合作社等等。因此我想，现在要谈"拉萨尔"问题，除非有直接的理由。

关于用什么方法开导维也纳人，等我脑子恢复正常了下次写信告诉你。

波兰人卡尔德从日内瓦来信，自告奋勇充当法文译者，看来，他在日内瓦有出版者。我请我的妻子将此信寄给席利，好让他们利用此信在巴黎推动工作。卡尔德是绝对不合适的，除非是为了吓唬吓唬莫泽斯。

评论：信中批评李卜克内西是"教而不学"。马克思认为《资本论》法译本的出版具有重大意义。他认为这对法国人摆脱"蒲鲁东把他们引入的谬误观点"是重要的。信中谈论了寻找法文译者的一些情况。

1 月 30 日　致信路德维希·库格曼，指出：凯特贝尼是一个匈牙利的德国人，他的真名叫邦凯特，这不要对别人讲。匈牙利的德国人喜欢把自己的名字马扎尔化。我不认识他本人。由于他在 1860 年左右和福格特发生了争论，我向他要过材料，但是没有得到任何有用的东西。（我手头的匈牙利的材料，有的是我从瑟美列那里得到的，有的是我自己在伦敦的实际活动中积累起来的。）后来，他因和科苏特发生冲突找过我。据我了解到的情况，还说不出他在政治上有什么可疑的地方。他给人的印象是一个从事大量写作的忙忙碌碌的人。他写的关于波拿巴的无稽之谈，在许多一般说来正直的东方野蛮人中间是常见的。不管怎样，还得仔细观察他。我还认为，较为策略的做法是不对他表现出不信任（所以附上他向我要的自传材料，请交给他）。但"与此同时"一俟写字的姿势不再使我为难时，我就去"查询"关于他的其他材料。

关于《剽窃者》，您猜中了。我故意写得粗糙，甚至有点粗鲁，好让霍夫施泰滕去怀疑李卜克内西，而猜不着来源。这只限我们之间说说。

您当然知道，恩格斯和济贝耳也在《巴门日报》、《爱北斐特日报》、《法兰克福行市报》以及《杜塞尔多夫日报》（这使亨利希·毕尔格尔斯很不痛快）上发表了评论我的书的文章。济贝耳就是我想介绍您认识的那个巴门人。但是，他目前正在马德拉岛休养。

评论：马克思询问治疗脓肿的方案，是否可以使用砒剂治疗。信中谈到凯特贝尼，认为可以继续了解。信中又谈到《剽窃者》。马克思在 1868 年 1 月 3 日给恩格斯的信中谈到这件事情。马克思随此信附上的自传材料，是按照库格曼的抄件发表的。

2 月 4 日　致信恩格斯，指出：我完全同意你的意见，一开头不必详细论述货币理论，而只要指出这个问题是按新方式阐述的，就够了。

附上福克斯从维也纳寄来的东西（阅后请寄还）。你看一看你发表在《行市报》上的文章起了什么作用。或许，最好是让维也纳自己去干。我的书在那里已引起注意，这就够了。全部活动是极其幼稚的。如果注意到整个奥地利帝国还是农业占优势，那末观看这种戏法简直是可笑的。在维也纳占统治地位的是金融而不是大工业。不过，这场戏作个酵母倒也无妨。

库格曼给我寄来了杜林的《贬低凯里的功绩的人》一书。我说对了：他之所以注意我仅仅是为了气别人。特别显眼的是这个柏林狂人对穆勒、罗雪尔等人采用庸俗粗暴的口吻，而他对我还是小心翼翼的！按照他的见解，除了凯里，十九世纪最伟大的天才是李斯特。今天我在博物馆看到了他的另一本小册子《资本与劳动》，他在里面"大骂"拉萨尔。过两天我把他的大作寄给你看看。

归根结底，今年还不会爆发战争。国内的局势使所有这些家伙惶恐不安。然而，俄国人是会找到挑唆之词的。如果他们挑动不起来德法之间的厮打，他们也就完了。

评论：信中沟通为《双周评论》杂志写马克思《资本论》第一卷的书评的问题。书评写于 1868 年 5—6 月，但被编辑部拒绝发表。马克思的书在维也纳引起了注意，在维也纳占统治地位的是金融而不是大工业。信中谈到库格曼寄来了杜林的《贬低凯里的功绩的人》一书，他告知在英国博物馆的图书馆看到了李斯特的《资本与劳动》，并要将其寄给恩格斯。

2 月 20 日　致信恩格斯，指出：同时寄上通过福克斯弄到的《维也纳报》的有趣的剪报。

波克罕把李卜克内西给他的信给了我，但我得很快把这封信寄还给他。所以从这封信中摘抄一段如下：

"转告马克思，孔岑博士正在写大块评论，并在一次报告中以极其赞扬的口吻从纯科学的观点评论了他的著作。再告诉马克思，要他劝恩格斯给我们的报纸写篇关于《资本论》的文章，现在我们的报纸在全德国销售一千三百份。我自己现在没有时间做这个工作。"

如果你认为值得给该报寄点东西，那你这次最好写一篇长一点的文章（带引文），甚至让它分期连载。如果你没有该报，波克罕或许能把他在该报连载过的关于《俄国流亡者》一文的单印本寄给你。

顺便提一下，孔岑博士本人在罗雪尔的庇护下正出版（或已出版）一种经济学杂志。

评论：信中谈到写作《资本论》的书评的计划。恩格斯为了实现马克思的愿望，于1868年3月初为《民主周报》写了《资本论》第一卷的书评，它分成两篇文章，无作者署名。

3月6日　致信恩格斯，指出：迈斯纳答应寄来的几号《社会民主党人报》没有收到。可见他一点也不认真。例如，指定给巴黎的那些份，也没有寄去。尊敬的莫泽斯在那里拖了好久，以致现在《法兰西信使报》终于声明，由于不断罚款等等，它很快就要完全退出舞台。

我没有看到艾希霍夫的大作，我老早就根本看不到《未来报》了。因为艾希霍夫的兄弟是个书商，他专门跟政治经济学书籍打交道（他是杜林博士某些著作的出版者），这就使艾希霍夫有充分的理由就这个题目作讲演。

我昨天又给荷兰写信了，因为情况紧急。老拉法格已经在波尔多办妥一切必要的手续如结婚启事等等，并将一切必要的证件寄来了。现在他期望，婚礼下月初在伦敦举行，年青的一对再到巴黎去，他稍后也去。不过我们这里还未敢在启事方面采取必要的步骤，因为我妻子目前连最必要的东西也没有能给劳拉准备好。尊敬的弗莱里格拉特倒是很容易就弄到了这一切，不过他也正是在这方面是"高尚的"。

至于"评论文章"，我认为，你供完李卜克内西之后，就别给德国报刊写文章了，只给英国写点。第一，英国的评论文章对德国的反作用较之后者对前者的反作用要大得多；第二，英国毕竟是个可以靠这种东西挣钱的唯一国家。

麦克劳德先生居然能把他那本又庸俗又迂腐烦琐的关于银行的书拿去出第二版。他是一个目中无人的蠢驴，他把每一个陈腐的同义反复一是套上代数式，二是用几何图形画出来。我在由敦克尔出版的那个分册中已经狠踢了他一脚。他的"伟大"发现：信贷即资本。

评论：信中告知赫斯早在1867年11月就开始准备关于《资本论》第一卷的文章，计划供法国报刊发表。马克思建议他在这篇文章里扼要地就《资本论》阐述一下价值理论。1868年，赫斯曾花了几个月的时间力图将该文发表在各种报纸上。信中还提到拉法格一家在做婚礼的准备工作；批评了麦克劳德的《银行业的理论与实践》。

3 月 6 日　致信路德维希·库格曼，指出：杜能是有一些动人的东西的。梅克伦堡的这个容克（不过他有德国人的思维方式），把他的特洛夫庄园看作农村，把梅克伦堡的施韦林看作城市，并从这些前提出发，借助于观察、微分学、实用会计学等等独自构想出李嘉图的地租论。这是可敬的，同时也是可笑的。

我现在能够理解杜林先生的评论中的那种异常困窘的语调了。一般说来，这是一个极为傲慢无礼的家伙，他俨然以政治经济学中的革命者自居。他做了一件具有两重性的事情。首先，他出版过一本（以凯里的观点为出发点）《国民经济学说批判基础》（约五百页），和一本新《自然辩证法》（反对黑格尔辩证法的）。我的书在这两方面都把他埋葬了。他是由于憎恨罗雪尔等等才来评论我的书的。此外，他在进行欺骗，这一半是出自本意，一半是由于无知。

他十分清楚地知道，我的阐述方法和黑格尔的不同，因为我是唯物主义者，黑格尔是唯心主义者。黑格尔的辩证法是一切辩证法的基本形式，但是，只有在剥去它的神秘的形式之后才是这样，而这恰好就是我的方法的特点。至于说到李嘉图，那末使杜林先生感到伤心的，正是在我的论述中没有凯里以及他以前的成百人曾用来反对李嘉图的那些弱点。因此，他恶意地企图把李嘉图的局限性强加到我身上。但是，我们不在乎这些。我应当感谢这个人，因为他毕竟是谈论我的书的第一个专家。

在第二卷（如果我的健康状况不好转，它可能永远也出不来了）里面，土地所有权也是所要分析的问题之一，而竞争则只有在论述其他题目需要时才会讲到。

在我生病期间（现在但愿病很快会痊愈），我是无法写作的，但是，我吞下了大批统计学方面和其他方面的"材料"，对于那些肠胃不习惯于这类食物并且不能把它们迅速消化的人来说，这些材料本身就足以致病。

评论：马克思评论了杜能的书《孤立国家的农业和国民经济》。谈论了杜林与自己的不同，指出自己的阐述方法和黑格尔不同，自己是唯物主义者。信中还谈到了自己的困难处境，不能做一些可以补助收入的工作，马克思试想迁往日内瓦，以减轻经济压力。

3 月 14 日　致信恩格斯，指出：毛勒（前巴伐利亚国家枢密官，当时曾以希腊摄政王之一的身分出现，他是远在乌尔卡尔特之前最早揭露俄国的人之一）关于德国的马尔克、乡村等等制度的近著。他详尽地论证了土地私有制只是后来才产生的，等等。威斯特伐里亚的容克们（麦捷尔等人）认为，德意志人都是各自单独定居的，只是后来才形成了乡村、区等等，这种愚蠢见解完全被驳倒了。现在有意思的恰好是，俄国人在一定时期内（在德国起初是每年）重分土地的习惯，在德国有些地方一直保留到十八世纪，甚至十九世纪。我提出的欧洲各地的亚细亚的或印度的所有制形式都是原始形式，这个观点在这里（虽然毛勒对此毫无所知）再次得到了证实。这样，俄国人甚至在这方面要标榜其独创性的权利也彻底丧失了。他们所保留的，即使在今天也只不过是老早就被他们的邻居抛弃了的形式。老毛勒的这些书（1854—1856 年的，等等），具有真正德意志的博学，但同时也具有亲切而易读的文风，这是南德意志人有别于北德意志人之处（毛勒是海得尔堡人，但这在更大程度上还可算作巴伐利亚人和提罗耳人，例如，法耳梅赖耶尔、弗腊斯等人就是这样）。书中有的地方还猛烈地抨击了老格林（《古代法》），就是说，从实质上，而不是从形式上进行抨击。此外，我还看了看弗腊斯等人关于农业的一些东西。

顺便提一下，你应该把杜林的书，还有我的书的校样寄还给我。从杜林的书中你可看到，凯里的伟大发现恰恰就在于，在农业中人类是从较坏的土地转向较好的土地。这部分是因为作物是从无水的丘陵等处向下移到潮湿的谷地。而特别是因为凯里先生认为，最肥沃的土壤，正是那些应该变成适于耕种的土壤的沼泽等等。最后是因为在美洲英国移民是从满目疮痍的新英格兰开始的，也就是从凯里视为典型的马萨诸塞州开始的。

从毛勒的著作中我看到，关于"日耳曼"所有制等的历史和发展的观点的转变，是由丹麦人而来的，看来，他们已经着手全面研究考古学了。但是，虽然他们这样促进，他们的事情在这儿那儿总不那么顺当。因为他们缺乏正确的批判本能，尤其是缺乏尺度。使我最为惊异的是，毛勒经常引用非洲、墨西哥等作为例子，但对克尔特人却一无所知，因而硬把法兰西的公社所有制的发展完全归于日耳曼人的征服。"好象"，布鲁诺先生会说，"好象"我们还没有一部十一世纪完全共产主义的克尔特人（威尔士）法令汇编，"好象"法国人恰恰在最近几年没有在某些地方发掘出克尔特形式的原始公社遗迹！"好象"！但是道理很简单。老毛勒除了德国和古罗马的关系之外，只研究过东方（希腊—土耳其）的关系。

评论：马克思在信中谈论了在英国博物馆的图书馆阅读的著作，阐述了自己的认识。评论了凯里的观点。信中告知收到了撰稿邀请。安格尔施坦建议恩格斯为新的工人报纸撰稿；马克思也收到了同样的建议。马克思询问恩格斯是否知道，杜林在他的《我致普鲁士内阁的社会条陈的命运》一书中揭露了瓦盖纳的剽窃行为。

3 月 16 日　　致信恩格斯，指出：附上从库格曼那里收到的一个年青的比雷菲尔德工厂主的信。特别使我发笑的是，他以为我本人过去是个经营缝纫机的工厂主。这些人可知道，我对这一切东西懂得多么少啊！

还有一个不可避免的问题：怎么办？所有这些家伙都要求特效药方，可是没有看到，火疗和铁疗已经有相当显著的疗效。

奇怪的是，多耳富斯（亚尔萨斯）竟会赢得虚假的声誉！这个骗子，比布里格斯等这样一些英国人低级得多，竟跟工人们签订了这样的合同（这样的合同只有一个完全堕落的无赖才能同意），使工人们实际上当了他的奴隶式移民；他也确实好好地把他们"当作奴隶对待",而且对他们的剥削并不亚于任何人。正因为如此,这个畜生不久前把关于"私生活应予严加保护"的一项下流的出版法条文提交给立法团。问题在于,有的地方已把他所玩的慈善事业的把戏戳穿了。

评论:马克思批评了资产者的无耻。批评 1868 年 2 月 11 日,一部分代表,包括多耳富斯,提交立法团的出版法第十一条条文草案,该草案于 1868 年 3 月 6 日通过时订正如下:"凡期刊发表有关私生活事宜,均为违法行为并罚款五百法郎。"信中批评了英国对待政治犯的无耻。《爱尔兰人报》的出版者理·皮哥特和《每周新闻》报的所有者爱·沙利文,于 1867 年和 1868 年因发表声援芬尼亚社社员的文章被判处不同期限的徒刑。

3 月 17 日 致信路德维希·库格曼,指出:不用说,关于从伦敦迁居日内瓦的问题,我不仅自己反复考虑并和全家一起研究过,而且不止一次地和恩格斯商量过。在这里,我每年要花费四百至五百英镑,在日内瓦,我有二百英镑就够生活了。但是,考虑到各种情况,这暂时还办不到。我只有在伦敦才能完成自己的著作。也只有在这里,我才能指望最终从这本书获得相应的或者至少是很不错的现金报酬。而为了这个我就得暂时留在这里。此外,如果我在这个紧急时刻离开这里,那末,我在暗中影响的整个工人运动就会落到很不可靠的人手里而走入歧途。

我和恩格斯在此以前都没有给李卜克内西的报纸写过什么(恩格斯最近给他寄去两篇评论我的书的文章)。伦敦通常的通讯员是埃卡留斯。波克罕写了一篇反对赫尔岑之流的文章。

迈耶尔的信使我很高兴。不过,他部分地误解了我的阐述。否则他就会看出,我不仅把大工业看作是对抗的根源,而且也看作是解决这些对抗所必需的物质条件和精神条件的创造者,当然,这种解决不可能走平静舒坦的道路。

至于谈到工厂法——工人阶级得到的有发展和活动余地的最初条件,——我要求国家把它作为强制性的法律,这不仅是要约束工厂主,而且也是要约束工人自身(在第 542 页注 52 中,我指出了女工对缩短开工时间的抗拒)。其实,如果迈耶尔先生能付出欧文那样的精力,他一定可以打破这种抗拒。个别工厂主(且不谈他企图影响立法这一点)在这方面能做的事不多,关于这点,我在第 243 页上也谈到:"总的说来,这也并不取决于个别资本家的善意或恶意"等等,还有同一页上的注。尽管这样,个别工厂主也能做一些事情,象菲尔登、欧文等这样一些工厂主就充分证实了这一点。当然,他们的主要活动应当具有公开的性质。至于说到亚尔萨斯的多耳富斯家族,那完全是一伙骗子,他们通过订立合同条款使工人同他们建立一种舒适的而又对雇主极其有利的奴隶关系。他们在巴黎的各报上已受到应有的揭发,也正因为如此,不久以前,多耳富斯家族中的一个成员在立法团提出并硬要通过一项最下流的出版法条文,即"私生活应予严加保护"。

评论:马克思感谢库格曼寄来十五英镑,大大改善了自己十分困难的处境。马克思讲述了不能从伦敦迁居日内瓦的原因，他表示，如果自己在这个紧急时刻离开这里，自己在暗中影响的整个工人运动就会落到很不可靠的人手里而走入歧途。马克思认为工厂法是使工人阶级得到发展和活动余地的最初条件，国家应该把它作为强制性的法律。

　　3 月 23 日　致信恩格斯，指出：同时寄上施韦泽的信，用后请退还。迈斯纳写了几行字给我，谈了他所干的蠢事，他曾告诉施韦泽说，在我表态以前，要他暂停发表他搞的摘录。多蠢呀！我立刻想办法纠正了。不管施韦泽有什么旁的用心（例如，气一气哈茨费尔特老太婆，等等），——在这一方面应当对他作应有的评价；虽然他有时候犯错误，但他研究过此书，并且知道重心在哪里。这种"不良意识"毕竟比海因岑其人的"正直意识"或者小威廉其人的"高尚意识"要有益得多！

　　黑格尔忘了指出懒惰是"高尚意识"的重要因素。

　　评论：信中告知收到四十磅，并讲到自己的身体正在康复。随信寄上施韦泽的信，认为迈斯纳的处理方式不妥当。

　　3 月 25 日　致信恩格斯，指出：关于毛勒：他的书是非常有意义的。不仅是原始时代，就是后来的帝国自由市、享有特权的地主、国家权力以及自由农民和农奴之间的斗争的全部发展，都获得了崭新的说明。

　　在人类历史上存在着和古生物学中一样的情形。由于某种判断的盲目，甚至最杰出的人物也会根本看不到眼前的事物。后来，到了一定的时候，人们就惊奇地发现，从前没有看到的东西现在到处都露出自己的痕迹。法国革命以及与之相联系的启蒙运动的第一个反作用，自然是把一切都看作中世纪的、浪漫主义的，甚至象格林这样的人也不能摆脱这种看法。第二个反作用是越过中世纪去看每个民族的原始时代，而这种反作用是和社会主义趋向相适应的，虽然那些学者并没有想到他们和这种趋向有什么联系。于是他们在最旧的东西中惊奇地发现了最新的东西，甚至发现了连蒲鲁东看到都会害怕的平等派。

　　我们大家被这种判断的盲目束缚得多么厉害啊：恰好在我的故乡，即在洪斯吕克，古代德意志的制度一直保存到最近几年。我现在还记得，我的当律师的父亲还和我谈到过这件事哩！

　　弗腊斯的《各个时代的气候和植物界，二者的历史》（1847 年）一书是十分有趣的，这本书证明，气候和植物在有史时代是有变化的。他是达尔文以前的达尔文主义者，他认为物种甚至是产生在有史时代。但是他同时是农学家。他断定，农民非常喜欢的"湿度"随着耕作的发展（并且是和耕作的发展程度相适应地）逐渐消失（因此，植物也从南方移到北方），最后形成了草原。耕作的最初影响是有益的，但是，由于砍伐树木等等，最后会使土地荒芜。这个人既是化学家、农学家等等，又是知识渊博的语言学家（他用希腊文著书）。结论是：耕作如果自发地进行，而不是有意识地加以控制（他作为资产者当然想不到这一点），接踵而来的就是土地荒芜，象波斯、美索不达米亚等地以及希腊那样。可见，他也具有不自觉的社会主义倾向！

这位弗腊斯还具有德国人的那种奇特有趣的特点。他最初是医学博士，后来是视察员，化学和工艺学教师，现在是巴伐利亚兽医管理局局长，大学教授，全国农艺实验所所长，等等。他在担任最后这几项工作时年事已高，但仍然象个精神饱满的小伙子。他曾游历过希腊、小亚细亚和埃及的许多地方！他的《农业史》也很有意义。他称傅立叶是一位"虔诚的和幽默的社会主义者"。关于阿尔巴尼亚人等等是这样写的："各种缺德的通奸和强奸"。

必须认真研究全部近代和现代农业文献。物理学派是同化学派对立的。

评论：信中讲到自己身体很不舒服，应当把一切工作和思考都丢开一些时候，但是办不到。信中谈论了毛勒的书、弗腊斯的《各个时代的气候和植物界，二者的历史》。

4月6日 致信路德维希·库格曼，指出：现在，这里众所注目的问题是爱尔兰问题。当然，格莱斯顿及其同伙利用这个问题，只不过是为了重新取得政权，而首先是为了在实行户主选举权的下一届选举中有一个竞选口号（electoralcry）。由于事情的这种转变而受害的首先是工人政党。工人中想参加下届议会的阴谋家，如奥哲尔、波特尔之流，现在有了投靠资产阶级自由派的新借口了。

然而，这只是英国——因而也是英国工人阶级——由于数百年来对爱尔兰犯下的滔天大罪而得到的惩罚。但是它终究又会有利于英国工人阶级本身。就是说，在爱尔兰的英国国教教会——或者如这里的人们通常所说的，爱尔兰教会——是英国大地主所有制在爱尔兰的宗教堡垒，同时又是英国本土的国教教会的前沿堡垒（在这里我是把国教教会当作土地所有者来谈的）。随着国教教会在爱尔兰的垮台，在英国它也会衰败下去，而紧跟在这二者之后（没落）的将首先是爱尔兰的大地主所有制，然后是英国的大地主所有制。我早就确信，社会革命必须认真地从基础开始，就是说，从土地所有制开始。

此外，事态将会产生极其有利的结果：爱尔兰教会一旦垮台，奥尔斯脱省信仰新教的爱尔兰佃农便会向爱尔兰其他三省信仰天主教的佃农靠拢，并参加他们的运动，而到目前为止，大地主所有制还是能够利用这种宗教矛盾的。

前天，我接到弗莱里格拉特（婚礼请帖当然寄给了他）的来信。信中有这样一句奇怪的话。不过，如果我把原信寄给您，也许您会更高兴，那我就这样做吧。只是您必须把它寄还给我。为了使您完全看懂这封信，我补充说明如下：我的书出版前不久，在柏林出版了古·司徒卢威和古斯达夫·腊施合著的《十二个革命斗士》。在这本下流的小册子中，弗莱里格拉特被誉为十二个使徒中的"一个"，同时特别详细地证明他从来不是一个共产主义者，说实际上只是因为过于宽宏大量才和马克思、恩格斯、沃尔弗等等这样一些怪物发生了联系。由于沃尔弗在这里也受到攻击，我就写信给弗莱里格拉特要求解释，尤其是因为我知道，古·腊施（一个坏蛋）是为弗莱里格拉特乞求施舍的柏林委员会的头子。他很冷淡地用市侩的狡猾遁辞来回答我。后来我把我的书寄给他，但没有象以前我们之间通常做的那样签上自己的名字。看来他已经懂得这个暗示了。

顺便说一下，过几天波克罕要去拜访您。不要忘了，尽管我和他的关系十分友好，但我始终对他保持一定的审慎！

李卜克内西的报纸"南德意志人的"局限性太大了。（李卜克内西没有充分掌握辩证法，因而不能同时向两个方面出击。）

评论：马克思告知劳拉已经举行了非宗教的婚礼，并且已经去法国度蜜月。信中谈到爱尔兰问题，批评了格莱斯顿，谈到在 1868 年 11 月举行的以 1867 年选举改革法案为基础的英国议会选举。根据改革法案，凡是交纳一定税额的房主和房客，都有选举权。选民的人数几乎增加了一倍。但是，全部成年男子中大约三分之二的人（交纳年租金少于十英镑者或没有自己的房屋）没有选举权。妇女也得不到选举权。这一法案还把苏格兰和爱尔兰排除在外。格莱斯顿在选举期间为了竞选作了解决爱尔兰问题的诺言，由于爱尔兰革命运动的新的高涨，这个问题在当时特别尖锐。奥哲尔、克里默等受资产阶级思想影响的英国工人领袖在选举期间拥护自由派在爱尔兰问题上的纲领，损害了英国工人运动。信中还谈到弗莱里格拉特，认为他从来不是一个共产主义者。谈到李卜克内西没有充分掌握辩证法，他的《民主周报》局限性太大。

4 月 11 日　致信恩格斯，指出：《动产信用公司史》我读过了。至于问题的实质，那末，说真的，我多年前业已在《论坛报》上对此做了更好的阐述。这位作者熟悉业务。他本人是巴黎的银行家。但实际上，除了"信用公司"本身在其报告中引用的以及交易所牌价载明的官方材料外，他没有什么别的材料。秘密材料只有通过法院途径才能弄到。但最使我吃惊的是：真正的骗局竟全部转化为交易所的证券投机了，而在这方面，尽管不断乔装打扮，但实质上从罗时期以来就没有什么新东西了。无论是拉芒什海峡的此岸或彼岸都一样。在这些事情上有意义的是实践，而不是理论。

从今天《泰晤士报》（电讯栏）上你会看到，我们在日内瓦已经取得了完全的胜利：劳动时间从十二小时缩短为十一小时，工资增加了百分之十。事情的经过就是这样。你刚走，一位从日内瓦来的代表就到这里来了。工人派使节到伦敦，到这个可怕的秘密法庭，这件事具有决定性意义，就象以前巴黎铜器工人罢工时的情况一样。厂主们信服伦敦的威力和战斗基金会了。这将向英国和大陆的工人表明，如果他们真正提供足够的经费等等供我们使用，他们以我们组织为代表会拥有何等的力量。

评论：信中谈论姆·埃卡尔的《动产信用公司史。1852—1867 年》，认为作者作为巴黎的银行家熟悉业务，但除了官方材料之外，没有别的材料。马克思认为自己在 1856—1857 在《纽约每日论坛报》上发表的专门论述法国股份银行"动产信用公司"的几篇论文中对这一问题已经作了很好的阐述。信中谈论了日内瓦工人罢工。1868 年 3—4 月，日内瓦三千名建筑工人举行罢工。工人们要求把劳动日缩短为十小时，提高工资，用计时工资代替计日工资；在国际日内瓦各支部中央委员会的倡议下，其他各工业部门的工人也纷纷支援罢工工人。由于总委员会在英国、法国和德国工人中间组织募捐予以支持，日内瓦工人取得了罢工的胜利。马克思很欣喜地认为这展现了工人组织的力量。

4 月 11 日　致信劳拉·拉法格和保尔·拉法格，指出：从你和你丈夫（原谅我用这样的"措辞"，因为波克罕的"作品"还不时地在我耳边嗡嗡作响）的来信，我高兴地知道，你们的蜜月旅行过得幸福愉快，一切外界条件——春色、阳光、空气和巴黎的娱乐——都有利于你们。至于上述这位丈夫，他在这种关键时刻给我寄来了书籍，这比任何语言都雄辩地证明，这个"年青人"生性善良。这个简单的事实已经证明，他属于一个比欧洲人种更好的人种。顺便提一下，既然我们已经谈到了书籍问题，你就到吉洛曼公司（黎塞留街 14 号）去一趟，买一些该公司出版的 1866—1868 年图书通报（经济方面的）。你还可以去一下"国际书店"（蒙马特尔林荫路号），向他们要一些目录（1865—1868 年）。当然，如果你搞到了这些东西，可不必寄来，等你返回这个无聊的地方时随身带来就行了。

我等候迈斯纳把我的书寄三本来。我收到后，将寄给塞扎尔·德·巴普两本，其中一本给他本人，另一本给阿耳特迈耶。此外，如果你有时间跟席利见面（就是说，你给他去信，地址是圣昆廷路 4 号，让他来见你），你就向他了解一下，我给雅克拉尔、泰恩和勒克律寄去的那三本书怎样了。如果找不到雅克拉尔，可以把他的那一本交给阿耳特迈耶，因为迈斯纳寄这些书太慢。但在这种情况下，应该告诉我一下。我亲爱的孩子，你也许会认为，我太喜欢书了，以致在这样不适当的时刻为了书的事还来打扰你。但是你大错特错了。我只不过是一架机器，注定要吞食这些书籍，然后以改变了的形式把它们抛进历史的垃圾箱。这也是一种相当枯燥的工作，但毕竟比格莱斯顿好些，他不得不日日夜夜去苦心体会一种叫作"严肃性"的"心情"。

评论：马克思很高兴，劳拉夫妇蜜月旅行很愉快。请他们夫妇到巴黎的一家出版经济学书籍的图书出版公司吉洛曼公司，去买一些书。信中讲述了家中由于亲人朋友的先后离开而冷清。马克思还给拉法格用德文写了一小段文字，叮嘱他要陪伴好他的父亲弗朗斯瓦·拉法格。

4 月 21 日　致信恩格斯，指出：威廉现在也把他的小报寄给我啦。此人是多么忠实，他说我的《福格特先生》是本"有价值的书"，而不说它里面有许多不好听的挖苦话。其次：普鲁士人正在迫害"忠于自己国王"的汉诺威人！再其次：针对埃德加尔·鲍威尔关于收买南德意志报刊一事指出，如果这样走下去，那末，"一切"可敬的人们（土容克、神父、民主派、黑森选帝侯，等等）就会联合起来对付普鲁士人。可怜的威廉！

布林德又耍了一个花招。他写了一封摇尾乞怜的信，得到了胡阿雷斯的答复，答复就登在今天的《法兰西信使报》上。现在是给这个小丑的丑行当头一棒的时候了。

评论：信中谈论了自己的健康状况。马克思谈论了李卜克内西寄来的 1868 年 4 月 11 日和 18 日《民主周报》第 15 号和第 16 号上的"政治评论"的文章，认为李卜克内西对自己的《福格特先生》一书的认识不够深刻。

4 月 22 日 致信恩格斯，指出：现在我想简要地跟你谈谈在通读我的论利润率手稿时我想起的一个"细节"。这就轻而易举地解决了一个最困难的问题。这就是：当货币或黄金的价值下降时，利润率就上升，而当货币的价值上升时，它就下降，为什么会这样？

我们假设，货币价值下降 $\frac{1}{10}$。这时，商品价格在其他条件相同的情况下就会提高 $\frac{1}{10}$。

反过来说，如果货币价值提高 $\frac{1}{10}$，则商品价格在其他条件相同的情况下会降低 $\frac{1}{10}$。

在货币价值下降时，如果劳动价格不按同一比例提高，那末，劳动价格就会下降，剩余价值率就会提高，所以，在其他条件相同的情况下，利润率就上升。当货币价值继续下降时，利润率上升仅仅是由于工资下降造成的；而工资下降则是由于工资的变化只能缓慢地与货币价值的变化相适应这种情况造成的。（十六世纪末和十七世纪的情况就是如此。）相反地，如果随着货币价值上升的同时，工资不按同一比例下降，那末，剩余价值率就下降，所以，在其他条件相同的情况下，利润率也下降。

利润率在货币价值下降时上升和在它上升时下降，这两种运动是在上述条件下仅仅由于劳动价格还没有和货币的新价值一致所产生的。只要劳动价格和货币价值一致，这些现象（关于它们的解释早为人所共知）就会终止。

这里产生了一个困难。一些所谓的理论家说：只要劳动价格和货币的新价值一致，例如，它在货币价值下降时提高，利润和工资两者就表现为相应增长的货币数额。所以，两者的比例仍然不变。因而利润率不可能发生任何变化。研究价格史的专家们列举事实反驳这种论点。而他们的解释纯粹是空话。

全部困难在于把剩余价值率同利润率搞混了。我们假设剩余价值率不变，例如

100%；在这种情况下，当货币价值下降$\frac{1}{10}$的时候，工资从 100 英镑（比方说是 100 人的工资）增加到 110 英镑，剩余价值也增加到 110 英镑。同一劳动量总和起初为 200 英镑，现在为 220 英镑。这样一来，如果劳动价格与货币价值一致，那末，不论货币价值发生什么变化，剩余价值率既不会上升，也不会下降。但是假定：不变资本部分的各种要素或某些要素的价值由于劳动（这些要素都是劳动的产品）生产率的增长而下降了。如果这些要素的价值下降大于货币价值的下降，那末，尽管货币价值下降，它们的价格也会下跌。如果它们的价值下降只是与货币价值的下降一致，那末，它们的价格仍然不变。我们就来看看这后一种情况吧。

例如，假设某个特殊工业部门的资本为 500，其构成为 400c + 100v（我打算在第二卷中用 400c 等等写法代替$\frac{c}{400}$等等写法，因为这样写更方便。你对此有何意见？）。在这种情况下，当剩余价值率为 100%，我们就得出利润率为 400c + 100v ‖ + 100m = $\frac{100}{500}$ = 20%。

如果货币价值下降，工资因此提高到 110，那末，剩余价值也相应提高。如果这时不变资本的货币价格不变，因为它的组成部分的价值由于劳动生产率的增长而下降$\frac{1}{10}$，那末，现在就是：400c + 110v ‖ + 110m，或利润率为$\frac{110}{500}$ = $21\frac{29}{50}$%；这样，利润率大约提高 $1\frac{1}{2}$%，而剩余价值率是$\frac{110m}{110y}$，仍为 100%。

如果不变资本的价值比货币的价值下降得快些，利润率的上升就大些；如果慢些，就小些。但是，只要不变资本的价值在下降，因而原来值 400 英镑的同一数量的生产资料并不是值 440 英镑，利润率就会继续上升。

但是，货币价值的下降，货币价格的单纯上涨和对增加货币量的普遍的国际性的追求，刺激着劳动生产率的增长，特别是工业本身的劳动生产率的增长。这个历史事实，从 1850 年到 1860 年这一时期的例子中，特别可以得到证明。

相反的情况也应用类似的方法加以说明。

一方面利润率在货币价值下降时上升，另一方面利润率在货币价值上升时下降，这对于一般利润率影响到什么程度，部分取决于发生这种变化的那些生产部门的相对规模，部分取决于这种变化的持续时间，因为一些工业部门的利润率的上升和下降对另一些部门产生影响，需要一定的时间。如果这种波动历时较短，那它就仍是局部的。

评论：信中马克思谈论了自己在 1864—1865 年所写的《资本论》第三册初稿的第一部分。恩格斯后来在《资本论》第三卷德文第一版序言中曾对这部分手稿作了说明。信中详细解释了当货币或黄金的价值下降时，利润率就上升，而当货币的价值上升时，它就下降的原因。

4 月 30 日　　致信恩格斯，指出：现在应当让你知道利润率的阐述方法了。所以我把这个过程非常概括地告诉你。如你所知，在第二册中，资本的流通过程将根据第一册中所阐述的前提来论述。因此就有了从流通过程中产生的新的形式规定，如固定资本、流动资本、资本的周转等等。最后，在第一册中我们满足于这样一个假设：如果在价值增殖的过程中 100 英镑变成了 110 英镑，那末，后者就会在市场上发现它自己重新转化成的那些要素。但是，现在我们就来研究一下这种发现的条件，即各个资本、资本的各个组成部分和收入（＝m）互相之间的社会交错现象。

在第三册中，我们将要说到剩余价值转化为它的各种不同的形式和彼此分离的组成部分。

我们谈到庸俗经济学家当作出发点的那些表现形式：地租来自土地，利润（利息）来自资本，工资来自劳动。但是，现在从我们的观点来看，事情完全不是这样。这种表面上的运动是一目了然的。其次，作为以往一切经济学的支柱的亚·斯密的谬论：商品的价格由上述三种收入，即仅仅由可变资本（工资）和剩余价值（地租、利润（利息））构成的说法已经被驳倒。整个运动就是通过这种表现形式进行的。最后，既然这三种形式（工资、地租、利润（利息））是土地所有者、资本家和雇佣工人这三个阶级的收入来源，结论就是阶级斗争，在这一斗争中，这种运动和全部脏东西的分解会获得解决。

附上库格曼的来信等等。我已把席利要的东西寄给了他，但不是照他所要求的那种幼稚方式寄去的。再过几天我就满五十岁了。如果一个普鲁士尉官对你说："服役二十年了，可还是一个尉官"，那末，我可以说：苦干半个世纪了，可还是一个穷叫化子！我的母亲说得对极了："小卡尔要是积攒一笔资本，而不是……该多好啊！"

评论：信中告知恩格斯利润率的阐述方法，概括性地讲述了这个过程，还谈论了《资本论》的写作计划。根据马克思《资本论》第一卷德文第一版序言，整个《资本论》的出版计划还要出版两卷。第二卷应包括两册，以分析资本的流通过程（第二册）和阐述资本主义总过程的各种形式（第三册），而最后一卷即第三卷（第四册），马克思打算用来探讨经济理论史。信中告知已经寄给席利材料，从席利1868 年 4 月 26 日给马克思的信中可以看出，这里指勒克律为写关于马克思的文章而要的传记材料。信中还感慨了自己的贫困状态。

5 月 4 日　　致信恩格斯，指出：今天早晨我从施韦泽那里收到附上的这封信和剪报。既然他是作为工业最发达地区之一的工人代表向我提出要求，我自然应当回答。

我的看法是：德国人对于降低生铁的保护关税是能够经受得住的，而对于其他商品，工厂主们就要大喊大叫了。这种看法是根据英国和德国向中立市场的出口对比得出的。

但与此同时，我认为现在应当从党的利益来利用这个问题，同时不给英国人以任何新的可乘之机。

因此，我建议如下：

（1）在国会没有调查德国的采矿、制铁和工业生产情况以前，决不降低关税。但是，这种调查不能象资本家先生们所希望的那样，仅限于问问商会和"内行人"，而是同时要扩大了解上述部门工人的劳动条件，当工厂主先生们"要求"保护关税仅仅是"为了保护"工人，并且还发现"铁的价值"仅仅是"由工资和运费"所构成的时候，就更需要这样做。

（2）在没有调查铁路怎样滥用垄断权以前，在没有法定调整铁路货运（和客运）运价以前，决不降低关税。

很想尽快知道你的看法，附上的东西也请尽快退回。

真妙，你老家的商会正在哀叹国际工人协会越来越大的力量和危险性。

评论：信中回答了施韦泽的询问，马克思认为，根据英国和德国向中立市场的出口对比，德国人能够经受住降低生铁的保护关税，但工厂主们对于其他商品会表示不满。马克思从德国社会民主党的利益出发，提出了几点建议。

5月7日　致信恩格斯，指出：非常感谢你的意见。这些意见凡是必要的，我都写在我给施韦泽的信中了。我的信写得很冷淡，他无法拿它去"炫耀"。

我想请你给我再找点资料。但是，如果这会打断你为《双周》写文章，则可以缓一缓，因为写文章是急事。

这就是说，我希望能把第二卷引用的例子同第一卷的例子衔接起来。第186页引用的你们工厂的资料，用来说明剩余价值率是足够了，但要用来说明利润率，则还需要下列资料：

（1）关于厂房预付资本的资料，以及折旧基金提成率的资料。还有关于货栈的同样的资料。如果支付租金的话，则要指明这两者的租金。还有货栈的办公费用和人员费用。

关于蒸汽机的资料，没有说明它每周损耗提成率，因此，看不出蒸汽机预付资本的数额。

（2）现在的基本问题。流动资本部分（即原料、辅助材料、工资）的周转，你们是怎样计算的？预付的流动资本又有多大呢？对于这个问题，我希望得到详细的答复，并希望举例说明预付的流动资本的周转是怎样计算的。

评论：马克思请恩格斯提供一些他的工厂的材料用来说明利润率，包括厂房预付资本的资料，以及折旧基金提成率的资料，还有关于货栈的同样的资料、关于蒸汽机的资料等，还有流动资本部分，包括原料、辅助材料、工资的周转等。在信中，马克思告知对施韦泽态度冷淡的原因。

5月16日　致信恩格斯，指出：至于《双周评论》，我早就考虑过这个问题，并且早就同拉法格商量过（他的确也同比斯利谈判过），你可以随便用一个笔名发表文章，但你必须把你的笔名告诉我们。比斯利不会知道真正的作者是谁，而且这对他来说是完全无所谓的。如果文章用你的名字发表，别的不说，它在德国的影响会大为减弱。

你在最近的一封信中有一点弄错了。第186页上所使用的记录，是你自己在一个夜晚写在我的笔记本上的，这个笔记本现在还保存着。而俄国人欧门的记录，主要是有关技术方面的。

不过，对我最重要的，当然是弄清楚在原料等等以及在工资方面预付的流动资本有多大，以别于正在周转的流动资本。我手头已有足够的资料，其中一部分是工厂主本人提供的，一部分是议会委员会委员或个别经济学家提供的；但所有这些资料都仅仅是一个年度的。而糟糕的是，政治经济学中实践上有意义的东西和理论上必要的东西，彼此相距很远，以致在这里和其他科学不一样，找不到需要的材料。

我收到了艾希霍夫寄来的柏林报纸的剪报，我也把这里的报纸剪报寄给他作为交换。我们还通过两次信。从附件可以看出，正象波克罕最近柏林之行已经部分地探听到的，艾希霍夫对施梯伯作了某些让步，也许这纯粹是由于愚蠢；正因为如此，艾希霍夫才着手搞政治经济学，把这看作中立地带。总之，看来他很不痛快，他对波克罕说，他深入钻研经济学以后，大约过六个月他要从柏林转移到维也纳去。

《埃森日报》登了一篇夸大其词地指控国际工人协会的文章。

法伊在夏龙接受任命时发表的好战演说，你读到了吗？我又认真研究了帝国的财政。我觉得只有一点是很明显的，即巴登格必定要发动战争。

评论：信中讲述自己遭受的疾病痛苦，对经济困难的忧虑以及关于政治经济学的研究中难以找到所需材料的困扰。马克思建议恩格斯用笔名在《双周评论》上发表《资本论》的书评，否则会大大减弱文章在德国的影响。信中谈论了艾希霍夫的立场，以及认为拿破仑三世会发动战争。

5月23日 致信恩格斯，指出：在我看来，你怕把 G—W—G 等这类简单的公式介绍给杂志读者英国庸人，这就不对了。相反，如果你象我一样不得不读一读莱勒、赫伯特·斯宾塞、麦克劳德等等先生们在《韦斯明斯特评论》等等上发表的经济论文，那末你会看到，所有这些论文通篇都是经济学上的老生常谈；而且他们也知道，这些东西已经使读者十分腻味，因而竭力用假哲学或假科学的行话来点缀自己的胡诌。这种假科学性决不会使内容（它本身等于零）更为明白易懂。正好相反。它妙就妙在使读者莫测高深，使读者绞尽脑汁，最后才得出一个使人放心的结论：这些吓人的话所包藏的不过是一些口头禅而已。而且，《双周》的读者和《韦斯明斯特评论》的读者一样，还自负地认为自己是英国（更不用说其他地方了）最有头脑的人。可是，假如你看到，詹姆斯·哈钦森·斯特林先生敢于不仅在书本上，而且在杂志上是把什么东西作为"黑格尔的秘密"——黑格尔本人也不会懂——奉送给公众的，那末你就会相信（虽然詹姆斯·哈钦森·斯特林先生被认为是大思想家），你实在太拘泥了。人们要求新东西——形式和内容都新。

我认为，你既然想从第二章开始（但别忘了，在某个地方要顺便提醒读者注意，在第一章中可以找到关于价值和货币问题的新阐述），你就应当利用下述材料作为引言，自然要采用你认为适合的形式。

托·图克在研究货币流通时强调指出，货币作为资本执行职能时要流回它的起点，而只作为流通手段执行职能时，就不流回。除其他外，这种区别早在图克之前就由詹姆斯·斯图亚特爵士肯定了，它只是被图克用来反驳通货原理的拥护者关于信用货币（银行券等）发行额影响商品价格的论断。我们的作者反而把作为资本执行职能（"执行资本职能"，亚·斯密）的货币的这种特殊流通形式当作研究资本本身的性质，首先是当作回答下述问题的出发点：货币，价值的这种独立形式，怎样转化为资本？（"转化为资本"是正式术语。）

杜尔哥说，各种实业家"有一个共同点，这就是他们都是为卖而买，……他们的购买是一种预付，这种预付以后又回到他们手中"。为卖而买，实际上是这样一种交易，其中货币作为资本执行职能，并且以货币流回它的起点为条件，为买而卖则不同，在这里，货币只需要作为流通手段执行职能。卖和买的行为的不同序列，赋予货币两种不同的流通运动。这里包含着的，是货币形式中所表现出来的价值本身的不同状况。为了明白起见，作者对两种不同的流通运动提出了下列公式等等。

我认为，如果你对这些公式加以利用，无论对你自己或对读者说来，都会使事情简便起来。

上星期三我向大约一百名德国工人优秀代表作了关于工资（专门讲它的形态）的演讲（约一小时零一刻钟）。这一天我很不舒服，大家劝我拍电报说我不能去了。但是这样做不行，因为有些人是从离伦敦很远的地区来的。所以我到那里去了。一切都很好，而我在演讲以后反而感到比演讲以前更好一些。

评论：信中表示恩格斯应该把自己的简单的公式介绍给读者，谈论了托·图克的货币流通理论，货币怎样转化为资本，以及杜尔哥的《关于财富的形成和分配的考察》，建议恩格斯利用这些公式。马克思告诉恩格斯自己带病去参加了 1868 年 5 月 20 日召开的伦敦德意志工人共产主义教育协会的会议，并作了关于工资问题的演讲，表示演讲后自己身体反而感觉很好。信中还告知爱琳娜非常期待去曼彻斯特旅行。

6 月 20 日　致信恩格斯，指出：本星期二国际举行了会议。当时我已得到一些文件，说明撤销关于代表大会的决议势在必行。第一，司法大臣巴拉宣布，代表大会不得在布鲁塞尔举行。第二，布鲁塞尔委员会和佛尔维耶委员会发表宣言向司法大臣进行挑战。第三，德·巴普和万丹胡亭来信说，如果改变代表大会的开会地点，我们就会毁掉比利时的组织。这将被认为是对政府的让步等等。

　　至于目前在这里的韦济尼埃和皮阿等人的卑鄙阴谋，我就不用说了。他们当然散布了谣言，说我们似乎是在按波拿巴的指令行事。

　　他们以为最近这次会议会大吵大闹，因而给我们派来了旁听者。当我宣读了文件等等，并根据这些文件撤回了我的决议时，他们大失所望。我是这样把事情扭转过来的：外侨法并不是直接针对国际的。它具有普遍的性质。因此，如果国际在这样的立法下选择布鲁塞尔作为自己的会议地点，就是对比利时政府让步。现在情况相反。现在是比利时政府直接威胁我们并向我们挑衅，如果这时我们把代表大会从布鲁塞尔迁走等等，我们就是对它让步。同时，我对那些攻击我的决议的人（奥哲尔等）在他们不了解情况变化时所使用的英雄腔，讲了几句很轻蔑的玩笑话。我们可能遇到的唯一危险，就是廉价殉道和成为笑柄。在我发言的时候，罗夫人几次叫嚷"听呀，听呀！"并敲桌子表示赞成。无论如何我做到了使奥哲尔等成为受人嘲笑的对象，使撤销决议不能被说成是他们的胜利。

　　评论：马克思同女儿爱琳娜从 1868 年 5 月 29 日到 6 月 15 日前后在曼彻斯特恩格斯家里作客。信中谈到他们回到伦敦后面临很多催债信件要应付，并面临被掐断煤气的危险。信中告知自己对于召开国际代表大会的地点等情况的考虑。在国际 1867 年洛桑代表大会上曾确定 1868 年度全协会代表大会的地点为布鲁塞尔。但是，鉴于比利时下院将 1835 年规定任何一个外国人都可能因政治嫌疑罪而被驱逐出境的外侨法的有效期延长，马克思在 1868 年 5 月 25 日的总委员会会议上提出不在布鲁塞尔召开代表大会的问题。但之后，马克思在 1868 年 6 月 16 日总委员会会议上提出代表大会的召开地点应仍在布鲁塞尔。对此，信中谈到三个方面的原因：比利时司法大臣茹尔·巴拉 1868 年 5 月 16 日在下院要求议员不许在布鲁塞尔召开代表大会，国际布鲁塞尔支部提出抗议，以及支部领导人德·巴普和万丹胡亭的信。

　　6 月 23 日　致信恩格斯，指出：韦济尼埃在这里的法国人支部中搞阴谋，反对杜邦和荣克，诬蔑他们两人是"波拿巴主义者"。在我缺席时他出席了总委员会的会议（他是无权参加的），并且给《蟋蟀报》（一家布鲁塞尔报纸）写了一篇无中生有的报道。那次会正好是讨论选择代表大会地点的问题。

　　拉法格无论如何不能在文章上署名，因为他是法国人，而且又是我的女婿。就署上阿·威廉斯或诸如此类的名字吧。如果署名赛姆·穆尔那就再好不过了。

　　我昨天偶然发现亚·斯密的一段精彩的话。他说明了劳动是原始费用等等，并表述了一些近乎正确的见解，虽然这些见解经常是矛盾的，之后他还宣称：

　　"也许有人认为，资本的利润不过是一种特殊劳动即监督和管理的劳动的工资的别名。实际上它完全是另外一种东西，它是受完全不同的原则所支配的，而且同这种假设的监督和管理的劳动的数量、繁重性或复杂性完全不成比例。"

　　在这以后，他突然来一个急转弯，并且力图说明工资、利润、地租是"自然价格的组成部分"（他所说的自然价格＝价值）。

这种把利润列入原始费用（因为它已被预先吃掉了）的第二种方式，真是妙极了。

评论：信中告知家中小孩都生病了。告知国际支部发生的事情。在 1868 年 6 月 21 日布鲁塞尔报纸《蟋蟀报》第 25 号上曾刊载了韦济尼埃发自伦敦的通讯，在这篇通讯中歪曲地描述了 6 月 9 日总委员会会议上关于改变代表大会召开地点问题的讨论，并对委员会委员杜邦和荣克进行了诽谤性攻击。因此，布鲁塞尔中央支部 6 月 22 日一致通过决议，对韦济尼埃的文章不负任何责任，并对在报刊上泄露国际内部事务的做法表示抗议。信中还谈论了斯密的《国民财富的性质和原因的研究》，肯定了斯密说明劳动是原始费用等正确见解，批评了他把利润列入原始费用的错误认识。

7 月 4 日　致信齐格弗里特·迈耶尔，指出：《共和国》早就停刊了。总委员会每周会议报道刊登在《蜂房》上。不过，这家报纸是一个狭隘的工联主义机关报，它远远不能代表我们的观点。

到目前为止，在德国发表关于我的书的评论（大部分是很友好的）的有下列报纸：《未来报》、斯图加特的《观察家报》、维尔腾堡的《邦报》、法兰克福的《行市报》以及《汉堡行市报》、汉堡的《指南》等等，还有汉诺威的各种报纸，莱茵省和威斯特伐里亚的一些报纸。施韦泽的《社会民主党人报》（柏林）和《爱北斐特日报》以长篇连载的形式刊登了特别详细的评论。这两家报纸（虽然后者是自由资产阶级报纸）直接站在我这方面。

几家大的资产阶级反动报纸，例如《科伦》、《奥格斯堡人》、《新普鲁士》、《福斯》等等，顽固地保持沉默。

在官方政治经济学阵营内，迄今只出现了杜林博士（柏林大学讲师，凯里的信徒）的一篇评论，刊登在今年年初的《希尔德堡豪森补充材料》上（这篇评论语调拘谨，但总的说来是持赞赏态度）。在孚赫和米哈埃利斯出版的经济杂志六月号上，也刊登了一篇文章。当然，孚赫所提出的见解，无非是德国巴师夏派的丑角和雇佣小丑的见解。

我非常希望您能经常给我寄些报纸来。如果您能搜集到某些有关土地所有权以及美国土地关系的反资产阶级的材料，那对我是特别有价值的。由于我在第二卷里要研究地租，所以我非常欢迎专门批判凯里先生的《谐和》的材料。

评论：信中谈到《共和国》停刊了，总委员会每周会议报道刊登在《蜂房》上。马克思认为这家报纸是一个狭隘的工联主义机关报，远远不能代表国际的观点。信中介绍了发表《资本论》第一卷评论的报纸。

7 月 7 日　致信恩格斯，指出：你会记得，将近十八年来，这里的德意志工人教育协会每年都纪念六月起义。只是最近几年，法国人（他们在这里的团体，现在是作为国际的法国人支部而存在的）才开始参加这个活动。而那些老的首领们——我指的是那些渺小的大人物——对此总是袖手旁观。

可是今年皮阿先生却出席了公众集会，并宣读了一篇所谓巴黎公社（这是用来代替皮阿本人的一种婉转说法，皮阿在这方面丝毫不亚于布林德）的致词，他在致词中鼓吹刺杀波拿巴，就象他在给大学生的信中早就鼓吹过的那样。法国人支部在其他空谈家的支持下对此鼓掌欢迎。韦济尼埃把它刊登在比利时的《蟋蟀报》和《淘气》报上，并把皮阿说成是"国际"的领导人。

在此以后我们收到布鲁塞尔委员会的来信，布鲁塞尔委员会正是在目前这种特别困难的情况下（沙勒罗瓦事件）开展大规模宣传的。这封信的内容是：这次示威有使大陆上的整个协会遭到毁灭的危险。难道法国人支部永远摆脱不了陈腐的蛊惑人心的空话等等吗？试想，这个时候我们的人正在巴黎坐牢哩。我们昨天发表了声明（将在布鲁塞尔刊印），宣布可敬的皮阿与国际没有任何关系。

事实上，我认为这整个做法（它自然是以法国人支部所干的大量蠢事为依据的）是旧党派即1848年的共和派蠢驴们以及主要是在伦敦代表他们的那些渺小的大人物的阴谋。我们的协会是他们的眼中钉。在他们企图反对协会而未能得逞以后，现在自然退而求其次，竭力诋毁它。皮阿正好是一个比其他人更适合干这种事的家伙。因此比较聪明的人把他推到了前面。

这个斜眼的闹剧作家和1848年以前的《喧声报》撰稿者，这个1848年的宴会演说家，现在扮演布鲁土斯了，自然是在安全距离以内，有什么比他更加可笑呢！

如果这里的法国人支部不停止它的愚蠢行为，就必须把它赶出国际。正当国际协会由于大陆上的种种事件，已开始成为重大力量的时刻，不能容许五十个蠢才（各国的空谈家在这种公开场合都聚集在他们的周围）危害国际的存在。

评论：马克思告知孩子们逐渐恢复了健康。伦敦德意志工人共产主义教育协会同伦敦的其他一些组织一起每年举行纪念1848年巴黎无产阶级六月起义周年日的庆祝晚会；国际总委员会的委员们也参加了这些晚会。信中谈到皮阿，他在6月29日在伦敦群众大会上作了声明，鼓吹刺杀波拿巴。总委员会在1868年7月7日的会议上根据马克思的建议作出了不承认皮阿的演说的决定，并公布了《总委员会就费·皮阿的演说所作的决议》。决议在报刊上出现之后，法国人支部发生了分裂。皮阿的一小伙人继续以国际的名义进行活动，并一再支持总委员会里反对马克思的路线的反无产阶级的小集团。1870年5月10日，总委员会正式与这一伙人划清了界限。在信中，马克思揭露和批评了皮阿，要求法国人支部停止危害国际的行为。

7月11日 致信恩格斯，指出：附上：

（1）库格曼的信：我已立即给他回信，要他千万打消给撒尿的男孩孚赫写信的念头。

（2）可敬的孚赫的书评，《中央文学报》上发表的另一篇书评。两篇书评都请寄还给我。

（3）狄慈根的信，他也寄给我一篇关于我的书的评论。

撒尿的男孩孚赫把我变成巴师夏的信徒，这种把戏，你未必能看得出其中妙处。

德国的巴师夏分子不了解，这种认为商品的价值不是决定于它所耗费的劳动量，而是决定于它为购买者节省的劳动量的胡言乱语（关于交换和分工的联系的牙牙儿语），也同只有酒厂推销员才有的任何一类东西一样，并不是巴师夏的发明。

老施马尔茨是重农学派追随者。他谈这一点，是反驳亚·斯密关于"生产劳动和非生产劳动"的原理，他依据的是重农学派关于只有农业才生产真正的价值这个基本论点的。这是他从加尔涅那里找到的。另一方面，我们从重商主义追随者加尼耳那里也能看到某种类似的东西。这些东西同样是反驳亚·斯密的这种区分。因此，巴师夏的理论就是从这两种观点的追随者的论战中抄袭来的，而这两种观点丝毫没有一点关于价值的概念！这就是德国的最新发现！可惜没有一家报刊可以用来揭穿巴师夏的这种剽窃行为。

评论：信中谈到狄慈根寄来了文章《卡尔·马克思〈资本论。政治经济学批判〉。1867 年汉堡版》，由马克思寄给李卜克内西，并发表于《民主周报》。马克思揭露了巴师夏对于商品价值等的错误认识，马克思在《我对弗·巴师夏的剽窃》一文中揭露了巴师夏的剽窃行为。

7 月 11 日 致信路德维希·库格曼，指出：您寄来的东西收到了，非常感谢。不要给孚赫写信。这个撒尿的男孩太自命不凡了。他所得到的全部东西是，在出第二版的时候，我将在论述价值量的适当地方给巴师夏一些必要的回击。过去我没有这样做，是因为第三卷将有专门一章来详细评述"庸俗经济学"的先生们。此外，您自然会看到，孚赫及其同伙在他们自己的拙劣文章中，不是从耗费的劳动力的量中而是从没有这种耗费即从"节省的劳动"中得出"交换价值"。而就连这个备受那些先生们欢迎的"发现"也不是可敬的巴师夏自己做出的，他只是按照自己的惯例从先前的许多作者那里"抄袭"来的。其来源孚赫及其同伙自然是不知道的。

至于说到《中央报》，那末，那个人已经做了尽可能大的让步，因为他承认，如果设想价值这个概念一般说来还有点什么意义，就一定要同意我的结论。这个不幸的人看不到，即使我的书中根本没有论"价值"的一章，我对现实关系所作的分析仍然会包含有对实在的价值关系的论证和说明。胡扯什么价值概念必须加以证明，只不过是由于既对所谈的东西一无所知，又对科学方法一窍不通。任何一个民族，如果停止劳动，不用说一年，就是几个星期，也要灭亡，这是每一个小孩都知道的。人人都同样知道，要想得到和各种不同的需要量相适应的产品量，就要付出各种不同的和一定数量的社会总劳动量。这种按一定比例分配社会劳动的必要性，决不可能被社会生产的一定形式所取消，而可能改变的只是它的表现形式，这是不言而喻的。自然规律是根本不能取消的。在不同的历史条件下能够发生变化的，只是这些规律借以实现的形式。而在社会劳动的联系体现为个人劳动产品的私人交换的社会制度下，这种劳动按比例分配所借以实现的形式，正是这些产品的交换价值。

　　科学的任务正是在于阐明价值规律是如何实现的。所以，如果想一开头就"说明"一切表面上和规律矛盾的现象，那就必须在科学之前把科学提供出来。李嘉图的错误恰好是，他在论价值的第一章里就把尚待阐明的所有一切范畴都预定为已知的，以便证明它们和价值规律的一致性。

　　另一方面，如您所正确地指出的，理论的历史确实证明，对价值关系的理解始终是一样的，只是有的比较清楚，有的比较模糊，有的掺杂着较多的错觉，有的包含着较多的科学的明确性。因为思维过程本身是在一定的条件中生长起来的，它本身是一个自然过程，所以真正能理解的思维只能是一样的，而且只是随着发展的成熟程度（其中也包括思维器官发展的成熟程度）逐渐地表现出区别。其余的一切都是废话。

　　庸俗经济学家根本想不到，实际的日常的交换关系和价值量是不能直接等同的。资产阶级社会的症结正是在于，对生产自始就不存在有意识的社会调节。合理的东西和自然必需的东西都只是作为盲目起作用的平均数而实现。当庸俗经济学家不去揭示事物的内部联系却傲慢地断言事物从现象上看不是这样的时候，他们自以为这是做出了伟大的发现。实际上，他们夸耀的是他们紧紧抓住了现象，并且把它当作最终的东西。这样，科学究竟有什么用处呢？

　　但是，在这里事情还有另外的背景。内部联系一旦被了解，相信现存制度的永恒必要性的一切理论信仰，还在现存制度实际崩溃以前就会破灭。因此，在这里统治阶级的绝对利益就是把这种缺乏思想的混乱永远保持下去。那些造谣中伤的空谈家不凭这一点，又凭什么取得报酬呢？他们除了根本不允许人们在政治经济学中进行思考以外，就拿不出任何其他科学的王牌了。

　　但是，够了，非常够了。这无论如何表明，这些资产阶级的传教士们已经堕落到什么地步，工人，甚至工厂主和商人都懂得我的书，并且了解得很清楚，而这些"博学的作家"（！）却抱怨我对他们的理解力要求过高。

　　评论：信中批评了孚赫，认为他太自命不凡了，并没有提出什么新的有价值的内容。批评了一些庸俗的经济学家，阐述了对于价值、交换价值、劳动、自然规律等的认识，揭露了资产阶级社会的症结，揭露了统治阶级维护现存制度的基本立场。

　　7月23日　致信恩格斯，指出：你大概已经看到，我的书成了全德工人联合会议程中的一个讨论项目。

　　我已把杜林写的玩意儿寄给你。尽管天气热，你还是把它读一遍吧，并把你对它的印象告诉我，因为读这样的东西，肯定不用花什么力气。不过它确实是相当枯燥的。

　　我上星期在拉法格那里见到比斯利教授。你的文章寄到时，比斯利不在这里。他回来后马上把你的文章拿去寄给了苏格兰的约翰·摩里（《双周评论》主编），我们一时还没有得到那里的任何消息。

评论：信中告知自己的《资本论》在全德工人联合会受到认可。1868 年，全德工人联合会中的先进分子开始抛弃拉萨尔主义。马克思在给恩格斯的信中谈到自己的回答时写道：他祝贺拉萨尔派，因为"他们放弃了拉萨尔纲领"。1868 年 8 月在汉堡举行的大会通过了下列重要决议：原则上同意罢工运动，一致承认"马克思的著作《资本论》对工人阶级作了不可估量的贡献"，指出了各国工人共同行动的必要性。但实际上拉萨尔派的领导人继续阻挠联合会加入国际，仍然保持原来的立场。

7 月 29 日　　致信恩格斯，指出：这里发生了涉及皮阿、法国人支部以及总委员会的各种各样的争吵。这一点明天再谈。现在只谈下面的事情。施韦泽在他为全德工人联合会汉堡代表大会提出的第二份议程中加进了一条关于国际工人协会的，另一条关于我的书的。议程也在《未来报》上发表了。另一方面，奥·倍倍尔作为即将在纽伦堡召开代表大会的工人联合会的主席给总委员会寄来了邀请书。要求我们派代表参加（埃卡留斯将前往）。他们已经保证加入国际工人协会并接受我们的纲领。最后我们收到了来自维也纳的邀请书，那里也将在 9 月初举行奥国工人的团结庆祝会。我们已给在维也纳的福克斯寄去了全权代表证书。

关于小威廉和施韦泽之间的私人谈判，除前者信中所写的外我别无所知。不过我从另外的来源得知，随着小威廉同南德意志分立主义者结成过分亲密的联盟而在工人中丧失威信，施韦泽这只狡猾的狗的影响增长了。因此威廉可能也认为有必要同目前正在坐牢、并且曾经十分巧妙地迫使普鲁士法庭以"亵渎圣上罪"取消了他的贵族称号的施韦泽签订某种协定。至于我——我是指我作为总委员会的委员，那末我必须在各个有组织的工人团体之间保持中立。谁当他们的领袖，是他们的事，不是我的事。作为德国书记，我必须回答所有以工人团体的主席等等正式身分同我联系的人。本着这种精神，我也给施韦泽写了信（始终考虑到有可能发表全部通信）。不过，面对 1848 年老民主派在这里耍的阴谋，如果能在德国显示一下对德国工人的影响，那正是恰当其时。

我只有以下意见：

第 2 页，我在这里做了一个记号 IX。事实是这样：政府从柏林给我们派了一个特殊人物（冯·圣保罗先生等等）来代替市检查官。当这样做也无济于事的时候，就在他的检查之后又加了一道科伦行政区长官的复查。最后，柏林内阁大发雷霆，发布了一份反对我们的宣言之类的东西，向全世界昭示我们的一切罪行，并在结尾宣布将在季度末封我们的门。我退出了编辑部，因为股东们还试图同普鲁士政府谈判，后来表明这是徒劳的。

第 3 页（2x）。也许对于庸人来说应在这里加上：临时政府曾书面邀请我回法国。

还是第 3 页（3x）。对于民主派庸人来说，最好加上：普鲁士人通过司法途径的尝试失败后，按陛下命令将我驱逐出境。

最后，标题不用《一个德国经济学家》，而用《一个德国社会主义者》不是更好吗？二者都"令人讨厌"，不过前者毕竟更糟。

评论：信中只是提到涉及皮阿、法国人支部以及总委员会的争吵。信中告知国际总委员会收到了倍倍尔的邀请书。纽伦堡代表大会于 1868 年 9 月 5 日至 7 日举行。总委员会派埃卡留斯为正式代表，除他之外，还有国际的几个代表出席了这次代表大会。马克思还收到了奥匈各族工人团结友爱代表大会的邀请书，大会计划于1868 年 9 月在维也纳举行，但遭到奥匈政府禁止。信中还告知李卜克内西在工人中的影响力变小，施韦泽的影响力变大了。

8 月 4 日　致信恩格斯，指出：艾希霍夫的小册子你想必收到了。《未来报》刊登了《经济学书信》，其中赞扬了我的书。实际上这些书信的内容大部分是从我的书里抄来的。在《社会民主党人报》上，"主席团"建议全德工人联合会理事会发给我参加 8 月底汉堡代表大会的荣誉邀请书。

下流的法国人支部跟我们大闹了一场。皮阿的拥护者在《蟋蟀报》上发表了对总委员会的谴责书。他们的大炮是臭名远扬的韦济尼埃。我们没有理睬这个不信任票而干脆转入议事日程。

随后法国人支部开了会，在会上打起来了。杜邦、荣克、拉法格、若昂纳尔、拉萨西以及另一些人退出了这个流氓集团。这一伙现在大概总共不过十五人，尽管他们对我们来说是代表"人民主权"的。我们是"骗子"，"野心家"等等。这些空谈家除了在比利时的无名小报上吵吵嚷嚷了几声外，当然是无从表现自己的。这帮恶棍想把自己装扮成雅各宾俱乐部，再也没有比这更加滑稽可笑的了。

顺便说一下，莫泽斯的文章总算出来了，在马索耳那里发表，在他的《独立道德》改成政治性杂志以后，他很快就要刊登。勒克律也将在自己的《合作报》上发表文章，也是在该报变为政治性报纸以后。

现在，德国人将大批加入国际工人协会，因而该组织一时至少会遍及该国的主要地区——虽然各处都还薄弱，我的计划是，明年把总委员会迁到日内瓦，我们在这里只作为英国委员会进行工作。我认为由我们提出这个建议是明智的。这也可以向巴黎的蠢驴等表明，我们决不是舍不得这种令人喜欢的独裁。你对此有什么想法？

评论：信中询问恩格斯的眼睛疾病是否恢复。告知《未来报》赞扬了《资本论》第一卷；告知法国人支部和国际总委员会的分歧以及法国人支部内部的分裂。信中还谈论了关于国际总委员会的计划。马克思计划于 1869 年把总委员会迁往日内瓦。

8 月 10 日　致信恩格斯，指出：附上《双周》主编约·摩里的信。比斯利这方面已尽了最大努力，但是摩里先生认为这篇东西不合口味。这没有什么！

关于中央委员会迁往日内瓦的问题，你说得很对。但是可能在布鲁塞尔有人会不顾我们的意见和反对我们的意见而提议迁移，以便为他们反对"权威原则"的英雄反抗行为提供凭证。在这种情况下，我们的代表至少应当投票赞成日内瓦，因为这样害处较小。

评论：恩格斯赞成国际中央总委员会迁往日内瓦的建议，面对对这一计划的不同意见，马克思提出在布鲁塞尔的代表应当投票赞成日内瓦。

8 月 10 日　致信路德维希·库格曼，指出：接到您的信后，我到处奔走了一下，但没有结果。现在要从这里的工联弄到钱来支持外国的罢工是不可能的。在最近这次寄给我的汉诺威报纸上，关于林登工厂的一些材料引起我很大的兴趣。

我"非常"希望，我的工作情况能许可我在明年 9 月底永远离开伦敦，迁居大陆。一旦我没有这里的博物馆也能对付过去，我就离开这里。这里昂贵的生活费用越来越成为一种严重负担。当然，大陆上小城市的生活条件是不太中意的。但是，"安静是公民的首要职责"，而这也是得到安静的唯一方法。同这里国际工人协会的所谓法国人支部发生的种种争吵以及其内部的种种丑事，等我下封信再谈。

评论：从库格曼 1868 年 8 月 2 日给马克思的信中可以看出，信中谈的是对林登罢工的汉诺威纺织工人进行物质援助一事。库格曼告诉马克思罢工的情况，并请马克思和国际给予支持。1868 年 8 月 4 日国际总委员会会议讨论了这封信。信中还讲述了自己面临的私人经济困难，昂贵的生活费用成为严重的负担。

8 月 26 日　致信恩格斯，指出：请把贝克尔的破书带来或寄还给我。他在理论上、政治上和经济上对拉萨尔的反驳是从你关于军事问题的小册子里抄来的。

这个贝克尔以他的载勒尔式的作品给我们帮了大忙。他做拉萨尔"遗嘱继承人"完全够格。

我接到出席全德工人联合会代表大会（8 月 22—25 日在汉堡举行）的邀请书，它是由作为主席的施韦泽和德国各个地区的二十多个工人（理事会理事）签名的。我在答复的时候不得不考虑到后面这些人。我说明，我不能出席大会是由于国际工人协会中央委员会的工作繁忙，并且表示我感到高兴的是，他们的代表大会的议程中提出了那些成为任何"严肃的"工人运动的出发点的问题：展开争取完全的政治自由的鼓动，规定标准工作日和工人阶级进行国际合作。换句话说，我祝贺他们放弃了拉萨尔纲领。他们是否懂得其中的奥妙，还要等着瞧。施韦泽这个整个拉萨尔集团中唯一有头脑的人，肯定是会感觉到的。但是，他是认为有必要指出这一点还是要装傻，我们以后会看到的。

评论：信中告知面临经济窘迫却毫无办法的艰难。告知收到了要求马克思以贵宾身份出席全德工人联合会汉堡代表大会的邀请，会议的正式邀请书是 1868 年 8 月 13 日以联合会主席和理事会的名义发出的。马克思已经看出施韦泽持拉萨尔立场，他表示由于国际工人协会中央委员会的工作繁忙，不能出席大会。同时肯定了全德工人联合会代表议程中坚持了工人运动的出发点。

8 月 29 日　致信恩格斯，指出：杜邦接到从那不勒斯寄来的当地支部的委托书。正如我们从意大利的报告中看到的，自门塔纳会战以后，那里国内出现了全面的反动，特别是工人的集会结社权几乎被取消了。

在巴黎，好在我们的一些老人正在坐牢。那里的委员会将派一名代表去布鲁塞尔，而各个工会团体派八九名代表。

我们的人从监狱里给我们来信说，必须使这些工会团体的代表"在政治上名誉扫地"，好切断他们的一切退路。巴黎的警察局采取什么手段，可看下述事实：一位先生冒充从伦敦来的"欧仁·杜邦"，跑到一些狱中人的妻子那里去探听情况。他原来是个警探，不过他的这场滑稽剧到处碰壁。

埃卡留斯作为我们的代表今天已前往纽伦堡。他从那里去布鲁塞尔。他在这两个地方都将给《泰晤士报》写通讯。

皮阿先生和韦济尼埃先生领导下的所谓法国人支部派一个代表去布鲁塞尔，为的是——说来可怕——控告我们！

评论：信中告知那不勒斯国际支部的进展等国际工人运动的情况。1868 年，那不勒斯的国际会员通过总委员会委员杜邦同国际工人协会保持了联系。他们派杜邦作为代表出席国际工人协会布鲁塞尔代表大会。国际那不勒斯支部终于在 1869 年建立起来。这是国际工人协会在意大利的第一个人数相当多的支部，成员中有许多工人。但是这个支部受巴枯宁主义者的影响很深，1871 年年初就瓦解了。后来这个支部得到恩格斯的指导，在卡菲埃罗的帮助下进行了改组，并同总委员会建立了经常的联系。卡菲埃罗经常向支部成员介绍恩格斯的通讯和国际的文件。支部很快就起了意大利中央支部的作用，但在 1871 年 8 月受到警察破坏。马克思告知，由于国际支部巴黎理事会的理事被捕，派代表参加布鲁塞尔代表大会的主要是加入国际工人协会的法国各工会团体。马克思告知将参加布鲁塞尔代表大会前的国际总委员会最后一次会议。这次会议于 1868 年 9 月 1 日举行。在这次会议上除了讨论其他问题以外，还听取并一致批准了马克思起草的总委员会向布鲁塞尔代表大会的报告。

9 月 9 日　致信恩格斯，指出：随信寄去载有论述国际工人代表大会文章的《泰晤士报》和两号《每日新闻》。两号《每日新闻》你要尽快寄回。

你从《泰晤士报》的第一篇社论中可以看出，我们只把我们的 149 报告连同简短的附信寄给该报的做法是何等正确。

评论：随信寄给恩格斯的报纸上，刊载了国际工人协会布鲁塞尔代表大会的情况。会议于 1868 年 9 月 6—13 日举行。马克思直接参加了布鲁塞尔代表大会的准备工作，但没有亲自出席这次大会。大会宣读了马克思起草的总委员会的年度报告。通过了马克思提出的关于八小时工作日、关于机器的使用、关于如何对待资产阶级和平主义的和平和自由同盟代表大会等问题的决议，同时还通过了列斯纳以德国代表团名义提出的关于建议各国工人学习马克思的《资本论》并协助把这部著作从德文译成其他各国文字的决议。

9 月 10 日　致信格奥尔格·埃卡留斯和弗里德里希·列斯纳，指出：如果比利时人和法国人又要把一大堆新问题列入议事日程，那末你们就该使他们明白，这样做是不行的，因为：

（1）德国代表的人数很少，因为他们的代表大会差不多同时在德国举行；

（2）英国由于正在进行争取选举权的运动，几乎根本没有代表出席；

（3）瑞士德语区人还根本没有代表出席，他们刚刚参加进来，而早已存在的支部在日内瓦罢工时期已经把自己的资金用光了；

（4）现在只用法语进行讨论是片面的；

（5）因此，应当避免在一般理论问题上作出决议，因为这只能引起非比利时人和非法国人在以后提出抗议。

当然，公众最关心的是战争问题。长篇的演说和华丽的辞藻在这里不会有什么害处。在这个问题上作出的决议应当直截了当地说明：工人阶级还没有充分地组织起来，还不能对事变进程起某种决定性作用，但是，代表大会以工人阶级的名义宣布反对战争，并揭发战争的罪魁祸首；法国和德国之间的战争是一场内战，它对这两个国家来说是毁灭性的，对整个欧洲来说也是毁灭性的。认为战争只会对俄国政府有利，这种看法未必会被法国和比利时的先生们所接受。

评论：马克思谈到了应该及时召开代表大会，以防发生意外的情况。马克思认为对于战争问题，应当在决议中作出明确的说明。同时，马克思提醒会议将面临一些分歧和抗议。

9 月 12 日　致信恩格斯，指出：代表大会好在今天要闭幕了，据我们得到的消息，在星期四以前它还没有怎么败坏自己的名誉。但仍然要时刻担心发生丢脸的事，因为比利时人占绝大多数。托伦先生和其他巴黎人想把总委员会迁往布鲁塞尔。他们对伦敦十分忌妒。在日内瓦（1866 年）和洛桑（1867 年）发表过教条式演说反对工联等的蒲鲁东派的"勇敢的比利时人"和法国人，现在是它们最狂热的拥护者，这是一大进步。"勇敢的比利时人"尽管爱说大话，但对什么也不关心。例如，《每日新闻》通讯员在偶然碰上荣克和斯特普尼之前，就白费了三天工夫去找我们的临时会议大厅。事实上，会议厅事先并没有租下来，而"勇敢的比利时人"却要伦敦总委员会负担费用（包括他们的二百五十个与会者的费用），但他们和法国人尚欠伦敦总委员会约三千法郎。现在这笔费用将靠代表们的私人捐款来抵补。

评论：信中告知布鲁塞尔代表大会基本成功召开。同时也讲到了国际内部的一些分歧。托伦等人想把总委员会迁往布鲁塞尔等。此时，马克思的经济状况十分窘迫。

9 月 14 日　致信齐格弗里特·迈耶尔，指出：寄上一号《泰晤士报》，其中有总委员会第四年度报告（我写的）和《泰晤士报》关于这一文件的极为有趣的社论。《泰晤士报》丢掉对工人阶级的嘲笑腔调而"十分"认真地对待他们，这是破天荒第一次。请您把这件事传播出去。把它告诉杰塞普。寄上两号《泰晤士报》，一份给您，一份给杰塞普。

我应当回答您的两封来信，第一封是寄给我的，第二封是寄给埃卡留斯的，由于他不在（他还没有从布鲁塞尔回来），就交给我了。

关于第一封信，左尔格（我根本不认识他）得到了全权委托书，那要怪您。既然您只想给他一封用于一定目的的介绍信，那您应当把这一点写清楚。您的信的措辞使我以为左尔格是您和奥·福格特的人。因此以后要慎重一些！其次，您的第二个错误是，您没有预先写信把这一误会告诉我就把证书交给了左尔格！

事已如此，但毕竟还可以补救。

布鲁塞尔代表大会又一次把总委员会留在伦敦。但是现在应当把它看成新的委员会，它要重新审查以前发出的全部证书。因此请您写信告诉我，您和奥·福格特是否希望得到全权委托书。还请您写信告诉我，应当用什么方式从左尔格那里收回全权委托书，也就是说，怎样通知他新的总委员会已经委任了新的全权代表。

我的书还没有译成英文。埃卡留斯一般说来是个很能干的人，但又是个十分贪图功名的人，他在《共和国》上和其他场合，有意地不提我的书。他喜欢把我的论点据为己有。列斯纳在布鲁塞尔代表大会上关于机器的发言中谈到了我的书。《每日新闻》的通讯员报道了这一点。而埃卡留斯给《泰晤士报》写的关于代表大会各次会议的报道，却对这一事实避而不谈。他不仅从我这里获得了知识，而且由于我他才当了总委员会的总书记，因此他这样做就更加愚蠢了。只有我一个人支持他（也在《共和国》上）反对来自英国人和法国人的攻击。但是他根据自己的经验知道，我只关心事业，而对于个人的愚蠢行为是不介意的！他就是指望这一点。

请接受我作为总委员会德国书记的委托写信给兰德耳。

评论：随信寄去《泰晤士报》，谈到国际的一些变更的情况及安排，请迈耶尔注意德鲁里的表现。马克思评价了埃卡留斯，认为他是个很能干的人，又是个十分贪图功名的人。信中谈到《资本论》第一卷还没有译成英文。

9月14日　致信海尔曼·荣克，指出：《泰晤士报》今天刊登了埃卡留斯9日和10日的报道。

埃卡留斯在报道关于机器问题的讨论时，歪曲了列斯纳的发言，《每日新闻》的转述要正确得多。您从《每日新闻》上已看到列斯纳引用了我的书。埃卡留斯把引文删去了。

还有更妙的地方。《每日新闻》指出关于机器等等的决议是总委员会提出的。埃卡留斯先生在《泰晤士报》上却把它变成了他个人的提议。您应当就这件事好好地教训他一顿。应当打击一下他的利己主义，让他老实点。

评论：信中揭露了埃卡留斯的报道，指出报道中存在的一些歪曲，在报道关于机器问题的讨论时，歪曲了列斯纳的发言。马克思认为应当教训他一顿，打击他的利己主义。

9 月 16 日 致信恩格斯，指出：把报告只寄给《泰晤士报》的策略证明是正确的。除了大为不满的勒维外，已迫使伦敦的所有报纸说了话。埃卡留斯从纽伦堡寄来的通讯，《泰晤士报》没有采用。一收到我的报告它就接受了。昨天的《晨报》刊登了一篇拥护国际、反对《泰晤士报》的社论（这使布林德很伤心）。《星报》宣称代表大会获得"成功"。起初攻击过我们的《旗帜报》也在昨天的社论中向工人阶级匍匐献媚了。它踢了资本家几脚，现在甚至还会在土地问题上装腔作势一番。《辩论日报》感到遗憾的是，英国人、德国人和比利时人，正如他们关于土地所有制的决议所表明的，是属于"共产主义派"的，而另一方面，法国人却总是重复"蒲鲁东的可笑的演说词"。

大家对埃卡留斯很不满，下星期二将爆发一场对他有益的风暴。对他的谴责有以下几点：

他几乎根本没有参加代表大会，而后来在《泰晤士报》上却把自己描绘成代表大会的领导者。

在这些通讯中，他把总委员会的建议当作私有财产而攫为己有，把这些建议所赢得的掌声也记在自己名下。他千方百计避而不谈别人的演说，而且为了讨好《泰晤士报》编辑部，竟歪曲了杜邦的闭幕词。此外，列斯纳抱怨说，他（列斯纳）引用了我的书，埃卡留斯在《泰晤士报》上对这一点却只字未提，关于该书的决议，也只是在强大的压力下才写进了他的通讯，最后他还歪曲了德国人关于战争的决议。他说欧洲战争将是一场内战，而不按德国人的决议说"法国和德国之间的战争将是一场有利于俄国的内战"。他把有利于俄国这一点完全删去了；然而他却把比利时人用罢工反对战争的荒谬主张强加于德国人和英国人。

另一方面，写通讯又是他的功劳。总而言之，将向他宣布，他今后只担任记者，总委员会给他路费，《泰晤士报》给他稿费。但是他再也不会被委派为代表了。这样一来，各种职务之间的矛盾也就消除了。

列斯纳说，虽然出席代表大会的几乎全是比利时人（加上法国人），我们的代表很少，但是却取得了这么多的成就，原因是比利时工人不顾他们布鲁塞尔的首领们的反对，在一切决定性问题上都支持了伦敦。据说，莫泽斯发表了一篇最精彩的反蒲鲁东主义者的演说。托伦非常气愤，所以没有出席宴会。不但决定中央委员会仍旧留在这里，而且批准了经过我们清洗的中央委员会委员的名单。韦济尼埃被责令在一个月内向布鲁塞尔委员会提出他怀疑托伦的证据。代表大会已经决定，如果他的证据站不住脚（这些证据是站不住脚的），就要把他作为诽谤者开除出组织。法国人支部的一个代表提出了一份对总委员会的控诉书，其中还包含一个小小的要求：总委员会的法国委员由这个支部指派。为此，大会决定转入讨论原定议程上的问题（和我们在总委员会中处理这些家伙的控诉的做法完全一样）。

李卜克内西在纽伦堡干了一桩非常荒唐的（甚至是违反章程的）蠢事，他把贝克尔的胡言乱语作为国际工人协会的纲领强加于人。宗内曼公正地指出，这是张冠李戴。然而，威廉先生倒是曾经希望把民主谰言奉献给人民党的！

迈斯纳几星期前写来一封短信。他要再过几个星期才能支付稿费。他认为，到目前为止还没有任何利润。《泰晤士报》、李卜克内西的报纸和《未来报》今天我给他寄去了。广告该由你写。我不能给自己的书写广告。如果你自己能写一本介绍该书的通俗小册子，那也很好。但愿这本书现在能够畅销。

评论：信中肯定了《泰晤士报》刊载自己的报告《国际工人协会总委员会第四年度报告》对宣传国际布鲁塞尔大会发挥了良好的影响。信中谈到国际中埃卡留斯、列斯纳、莫泽斯等人的情况。国际工人协会布鲁塞尔代表大会选举了一个专门委员会来调查韦济尼埃对国际的一些委员提出的指责。委员会委员同意代表大会关于把韦济尼埃作为诽谤者开除出国际的决议。信中还谈到了贝克尔的事情，马克思认为李卜克内西干了一桩非常荒唐的蠢事。贝克尔发表在 1866 年《先驱》杂志上的文章《我们所要求的和应当做的》，被作为国际的纲领刊载在联合会的机关报《德意志工人俱乐部》上。文章混乱地阐述了国际工人运动特别是德国和瑞士工人运动的目的和任务。幸好这个错误被及时纠正了。

9 月 19 日　致信恩格斯，指出：附上施韦泽的信以及一封寄自埃森的信和六号《社会民主党人报》。所有这些东西我必须在星期二以前收回。我该怎么答复狡猾的施韦泽呢？从全德工人联合会代表大会的辩论（见《社会民主党人报》）中你可以看出，"真正的"拉萨尔分子已觉察到，在筹划召开旨在建立工会和制定罢工规则的代表大会时，他们的主席先生离开了拉萨尔的轨道。只是在他以辞职相威胁以后，才获准从事这种不受德国工人联合会约束的鼓动。他的目的当然是为了抢在李卜克内西等人的前面。此外，他懂得，随着在工会基础上建立起来的真正工人组织在德国的发展，他那个人为的宗派联合会马上就会垮台。现在他在一篇社论（第 104 号）中作为拉萨尔全部发明的要点表达出来的东西——"用国家贷款来建立生产合作社"——，是从路易－菲力浦时代毕舍在《工场》上所倡导的法国天主教社会主义纲领中逐字逐句抄来的。我得用外交方式答复他，我很想知道你的意见。

下星期二总委员会第一次会议上，将有一场风暴。杜邦也对埃卡留斯的行为极为愤慨，因为他几乎根本没有参加代表大会。

我将尽力保护埃卡留斯，以避免对他采取"断然"措施，不过这次保护他已不能象去年反对福克斯、卡特等人时那样坚决了。

评论：信中询问如何答复施韦泽。施韦泽和弗里茨舍得到在汉堡召开的拉萨尔派的联合会大会的同意，以国会议员身份于 1868 年 9 月 26 日出席在柏林召开的全德工人代表大会。这次代表大会拒绝加入倍倍尔和李卜克内西领导的纽伦堡组织的各个工人协会派遣代表参加。柏林代表大会召开以后，成立了一些按拉萨尔派的宗派主义组织的式样建立起来的工会，并且联合成为一个以施韦泽为首的总的联合会。马克思对施韦泽作了尖锐的批评，因为组织这样的代表大会导致了德国的工人工会的分裂，而且它的章程根本违反工会运动的目的和性质。信中还谈论了要尽力保护埃卡留斯。埃卡留斯在《泰晤士报》上发表的关于洛桑代表大会的报道被责备有歪曲事实的地方。但由于埃卡留斯的变化，对他的保护已经不会像以前那样坚决了。

9 月 23 日　致信恩格斯，指出：从附信中你可以看出，李卜克内西想通过我除掉施韦泽，正象施韦泽想通过我除掉李卜克内西一样。我回答威廉说：不要着急嘛！如果他做得机智，施韦泽就会自己把自己约束在比较有节制的"范围"之内或者自取灭亡。随着全德工人联合会的解散，拉萨尔主义本身的可怕的末日到了，虽然这个宗派还可以再苟延残喘于一时。

我完全同意你的意见，西班牙革命（它和 1848 年的那不勒斯革命具有同样的意义）会使欧洲的事变发生新的转折，特别是象一个 deusexmachina，斩断可恶的普法战争的难解之结。

评论：信中谈论了解决施韦泽的策略，马克思认为随着全德工人联合会的解散，西班牙革命会使欧洲的事变发生新的转折。马克思认为拉萨尔主义只是在苟延残喘，末日即将来到。

9 月 25 日　致信恩格斯，指出：无论如何你要尽快地给李卜克内西写东西。否则这家伙会自己动手去搞，而且你可以相信，他会搞糟的。我觉得，你要是同时指出伯恩哈特·贝克尔（当他还是"人类的主席"的时候，那样卑鄙地骂过我们）的下流小册子从你的小册子里盗窃了什么和有了痛苦经验之后他应该承认什么，那就好了。施特龙把这本小册子带到布莱得弗德去了，你如果现在写信给施特龙，马上就可以拿到它。

向这个"拉萨尔主义""开始"进攻的时刻来到了，因此，绝不应该对伯·贝克尔这本下流的小册子保持沉默。

我们的火性子小威廉所说的"呼吁"是这么回事：自从德国工人同我们的关系由于他们代表大会的各种决议而有了变化以来，我（就是说以国际协会的名义，作为它的德国书记）自然应该向他们发出几条一般性指示。但这根本用不着太性急。所有这类事应该遵守"着急反倒误事"的格言，而大家知道，我们的小威廉这六七年来对这种事是从不"着急"的。

评论：马克思请恩格斯写信指导李卜克内西，揭露贝克尔的剽窃行为。贝克尔 1865 年 3 月 22 日在联合会的汉堡分会会议上的讲话中诽谤国际工人协会，诽谤马克思、恩格斯和李卜克内西。马克思在《人类的主席》一文中揭露了贝克尔的诽谤。

9 月 26 日　致信恩格斯，指出：在此以前一直存在于工联当权者之间的、事实上使他们的活动瘫痪多年的争吵，终于和解了。工联伦敦理事会（奥哲尔之流）、伦敦工人协会（波特尔之流）和联合工联（它们的中央现在好象是在设菲尔德，但它的驻在地年年变换）终于达成了共同行动的协议。这是资产阶级对工联进攻的结果。

现将施韦泽的最近几号报纸寄还给你，因为你给威廉的报纸写文章时也许用得上。就把它们保存在曼彻斯特吧，但在需要时要能找得着。我不相信施韦泽已经预感到了将要面临着的打击。如果是这样，他大概不会对"严密的组织"如此大吹大擂了。我认为，促使普鲁士政府采取这一坚决步骤的是国际工人协会。至于施韦泽给我的那些"热情的、兄弟般的"来信，那只是说明他担心现在有了纽伦堡决议我会公开出面支持威廉而反对他。汉堡事件后进行这样的论战毕竟是不适当的（这个庸人竟写信给我，问我是否愿意亲自到汉堡"去接受应得的桂冠"！）。

对于德国工人阶级来说，最需要的是停止搞官方恩准的鼓动。这种用官僚主义方式严格训练出来的民族，需要读完"自助"的全部课程。另一方面，他们无疑具有这样的优越性，即同英国人相比，他们是在发展程度更高得多的时代开始搞运动的，而且作为德国人，他们有善于总结的头脑。埃卡留斯对笼罩着纽伦堡代表大会的一片议会式的客套和礼节（特别是同布鲁塞尔的法国人相比）极为赞赏。

西班牙的情况还成问题，但我总觉得，运动即使可能遭到镇压，也只是暂时的。然而有一点我不明白：为什么那些领导人没有等到"无辜的女人"离开西班牙去拜访波拿巴的时候。波拿巴本人真的没有插手整个这一事件吗？

施韦泽最可笑的一个行动——他的队伍的偏见和他作为全德工人联合会主席的职务非使他这样做不可——就是他不断地用师长的语言发誓，并且每当向真正工人运动的要求作新的让步时总是诚惶诚恐地辩解说，这种让步并不违背唯一拯救众生的拉萨尔信条的教义。汉堡代表大会完全正确地、本能地感觉到，真正的工人运动（工会等等）对全德工人联合会这个拉萨尔宗派的特殊组织是个威胁，而且一正式参加这个运动，它就会失去那些使它自豪和有存在意义的特点。

评论：信中告知英国各工联在1868年第一次全国代表大会上达成了协议。这次代表大会是为了进行争取工联完全合法化的斗争而召开的。此后，代表大会定期召开，并建立了代表大会的执行机构议会委员会。信中谈论了施韦泽的虚伪，马克思很清楚他的拉萨尔主义立场。马克思还对德国工人运动提出了建议，认为真正的工人运动对拉萨尔宗派是个威胁。

9月29日　致信恩格斯，指出：寄上艾希霍夫的信，连同两号《社会民主党人报》及《公民报》。

你从中可以看出，"酒鬼"舒尔采—德里奇把施韦泽的舞台魔术描绘得似乎施韦泽的整个代表大会只是由拉萨尔派组成的（十二人除外），施韦泽指望用这种简单的方法把他对全德工人联合会的独裁换成对德国工人阶级的独裁。这是十分天真的。

对我们来说实际上只有一个问题：我要不要现在就发出呼吁？总委员会就其地位来讲，应该采取中立态度。因此，是否再等一下更好？即等到：第一，施韦泽的表演毫无成果暴露得更明显的时候；第二，李卜克内西等人能够真正有所组织的时候。

我觉得，总委员会的威力在很大程度上将取决于它能否在没有成功把握时不过早地束缚自己的手脚，以及在自己的行动中宁可仿效俄国外交的榜样。

如果你也是这个意见（而你必须在两三天内作出表示），那我就可以简单地写信告诉威廉和艾希霍夫说，总委员会的大多数表示，在加入国际工人协会的成员没有建立自己的组织作为协会的支柱以前，他们反对发出任何公开的呼吁。

这些时候本来就处于瓦解过程的拉萨尔主义还会暗中受到更加严重的破坏，例如你的论文就会起这个作用。

评论：马克思认为施韦泽妄图影响国际的企图不可能实现，询问恩格斯应该怎样与李卜克内西和艾希霍夫沟通施韦泽的事情。马克思认为拉萨尔主义已经处于瓦解过程。

10 月 4 日 致信恩格斯，指出：在你同时收到的那包东西里有：

（1）艾希霍夫的两封信：一封是上次忘记的，一封是今天收到的；

（2）李卜克内西的信；

（3）波克罕的信；

（4）约·狄慈根的手稿和信；

（5）俄国人丹尼尔逊从彼得堡的来信；

（6）列斯纳的信。

这些信（除手稿外，你要全部寄还）大部分是刚刚收到的，所以匆忙地通知你以下几点：

对（5）。知道我的书将在彼得堡出俄译本的消息，我当然非常高兴。等你把信寄回，我就（尽我所能）把他们要的东西寄去。

对（4）。请读一遍手稿。我的意见是：约·狄慈根如能用两印张阐明他的全部思想，亲自署名刊出，强调他是制革工人，那最好不过了。如按他自己所设想的篇幅发表，就会因缺少辩证发挥和重复过多而损害自己的声誉。读后请告知你的意见。

对（3）。为了使你了解戈迪萨尔的来信，现简略说明如下：他想写点关于泛斯拉夫主义民主运动的文章，为此我把你发表在《新莱茵报》上关于巴枯宁的文章给了他。他的计划简直不可思议——要和你同时出现在读者面前；但是不必着急，因为他的二十五印张还远远没有炮制出来。

第二，他不顾我的警告，和屎博士，也就是埃拉尔特·比斯康普保持了某种书信联系。现在，当比斯康普在《威塞尔报》和《奥格斯堡女人》上对我和国际进行直接攻击以后，正如你看到的，他又想在李卜克内西的刊物上把他和比斯康普最近的通信发表出来。好样的戈迪萨尔！在这些信里他扮演我的保护者的角色，而自己却领受比斯康普的恭维。我当即写信告诉他，我坚决抗议这类做法。为了更稳妥起见，我同时给李卜克内西写了信，要他无论如何不要刊登波克罕和比斯康普的通信。

对（1）和（2）。我给李卜克内西的政治评论栏寄去了一篇关于麦·希尔施的短评（关于国际的），捎带对《威塞尔报》和《奥格斯堡女人》的通讯员比斯康普抨击了几下。

评论：随信寄去一些信件，马克思表达了自己对狄慈根的文章的意见，如按他自己所设想的篇幅发表，就会因缺少辩证发挥和重复过多而损害自己的声誉，并询问恩格斯的意见。

10 月 7 日　致信尼古拉·弗兰策维奇·丹尼尔逊，指出：对于您的盛情来信答复如下：

（1）您不必等待第二卷，因为它可能还要推迟六个月才出版。只要去年和 1866 年法国、美国和英国所进行的某些官方调查还没有结束，或者这些调查的资料还没有公布，我对它的最后加工就不可能完成。何况第一卷已经是一个完整的部分。

（2）随信附上我的相片。

（3）美国没有社会主义的书刊。那里只有工人报纸。

（4）关于我用各种文字写作并在各个地方出版的著作，我自己也没有收集全。大部分已售缺了。

因此，在这个问题上我不能满足您的愿望——"最美丽的法国女郎也只能拿出她拥有的东西"，我只能向您提供一个有关我的写作活动和政治活动的简况，您在为您的译本写序时也许可以利用一下。

评论：马克思在信中答复了丹尼尔逊。信中提到的盛情来信是指丹尼尔逊 1868 年 9 月 18 日以彼得堡一个出版商尼·彼·波利亚科夫的名义给马克思写的信；波利亚科夫承应出版《资本论》第一卷俄文版。马克思寄给丹尼尔逊的关于他的写作活动和政治活动的资料在出版序言中被采用。

10 月 10 日　致信恩格斯，指出：寄上施韦泽的信和他随信寄给我的一号《社会民主党人报》。请务必在星期二以前把信退回，并附上你的意见。不能再拖下去了。为了使你准确地了解情况，现通知如下：

我暂且写信告诉李卜克内西说，我不能采取任何行动；施韦泽在此以前没有给人以采取行动的任何正式借口；我的干预只会加强拉萨尔派等等。

至于施韦泽，他的上一封信我还没有答复，现在他可能正在为寄出那封信而咒骂自己。由于他的工会代表大会即将召开，我过去认为最好是等等"事态的发展"和看看他的行动。现在我当然得打破沉默了。

说到施韦泽的信，很明显，他觉得不很自在。他以"宣战"相威胁是很愚蠢的，尽管话表面上只是针对李卜克内西等人。他断言是别人首先发难，这根本不符合事实。他所谓的和国际工人协会一致，同纽伦堡事件后他在《社会民主党人报》上暗示他的联合会"不"加入国际工人协会，是有些矛盾的。但最主要的是，从他的整封信中可以看出，施韦泽还不能放弃要有"他自己的工人运动"的固执想法。另一方面，在德国现有的一切工人领袖当中，他无疑是最有知识和最有活动能力的人，而李卜克内西实际上只是在施韦泽的逼迫下才想到，还存在着一个独立于小资产阶级民主主义运动之外的工人运动。

我的计划是不采取任何外交手段，而开诚布公地向施韦泽说出我对他的活动的看法，并向他说明，他必须在"宗派"和"阶级"之间作出选择。如果他想同"纽伦堡多数派"达成合理的协议，那我愿意以"德国书记"的身分，按照我认为合理的条件，给予协助。如果他不愿意这样做，那我只能答应对他的鼓动保持必要的客观中立。但我不能答应在我认为必要时不以我个人的名义对拉萨尔派的偏见进行公开的抨击。

施韦泽的"两个组织只能有害"这个纯粹拉萨尔派的观念真是妙极了。因为他比别人先走了一步，所以别人就应该即使不是在法律上也似乎要在道义上为他所"溶化"。

正象你所知道的，奥哲尔先生提名自己为切尔西的候选人，我认为没有成功的希望。自从根据我的提议取消了国际工人协会主席的称号从而也永远取消了奥哲尔的"主席"称号以来，去年整整一年他对我们非常冷淡。现在他因为自己在布鲁塞尔代表大会上重新当选而表示感谢，并请求给他的选举委员会写封信支持他为候选人。我们同意他的要求，只是因为这样做对国际有利，并能引起伦敦工人对国际的注意。

你上次在这里逗留的时候，曾经看到 1844—1845 年的爱尔兰土地关系的蓝皮书。我在一家小旧书店里偶然发现了关于 1867 年爱尔兰租佃权的报告和记述（上院）。这是一个真正的发现。当经济学家先生们对地租是因土地的自然差别而作的支出还是仅仅是对土地所投资本的利息这个问题进行着纯教条式的争论的时候，我们这里在农场主和大地主之间却进行着一场实际的生死斗争，这就是除因土地的差别而作的支出以外，地租还应当包括多少不是由大地主而是由租佃者把资本投入土地而得的利息。只有抛开互相矛盾的教条，而去观察构成这些教条的隐蔽背景的各种互相矛盾的事实和实际的对抗，才能把政治经济学变成一种实证科学。

评论：随信寄去 1868 年 9 月 25 日《社会民主党人报》第 112 号附刊上发表的全德工人代表大会于 1868 年在柏林通过的拉萨尔派的工会章程草案。谈论了如何对待施韦泽的策略，马克思计划开诚布公地向施韦泽表明自己的态度。谈论了自己看到的关于 1867 年爱尔兰租佃权的报告和记述（上院），引起了自己对现实的思考和分析。

10 月 12 日　致信路德维希·库格曼，指出：您的顽强的沉默简直使我无法理解。难道是我最近的信偶然引起的吗？但愿不是。无论如何，不是故意的。我不需要向您解释和证明这一点，您也知道，您是我在德国最亲近的朋友，而我不明白，朋友之间怎么会由于区区小事而互相挑剔。您尤其没有理由对我这样，因为您知道我多么受惠于您。撇开您对我个人的帮助不算，您为我的书所做的事比整个德国加在一起都要多。

也许您之所以这样顽强地沉默，是为了向我证明：您不属于那一类所谓的朋友之列，他们在事情不顺利时没话说，在事情顺利时就有话说。不过对您来说是不需要这种表示的。

我说"事情顺利"是指：第一，由于我的书而展开的宣传以及从您上次给我写信以来它在德国工人中间获得的好评；第二，国际工人协会所取得的惊人成就，特别是在英国。

几天以前，彼得堡的一位书籍出版商告诉我一个令人吃惊的消息：《资本论》的俄文译本现在正在付印。他要求我把我的相片寄给他，好把它印在扉页上，而这件小事我是不能拒绝"我的亲爱的朋友们"即俄国人的。这是命运的提弄：二十五年以来我不仅用德语而且用法语和英语不断地同俄国人进行斗争，他们却始终是我的"恩人"。1843—1844 年在巴黎时，那里的俄国贵族给我捧场。我的反对蒲鲁东的著作（1847），以及由敦克尔出版的著作（1859），在任何地方都不如在俄国销售得多。第一个翻译《资本论》的外国又是俄国。但是对这一切都不应当估计过高。俄国贵族在青年时代在德国的大学受教育，也在巴黎受教育。他们总是追求西方提供的最极端的事物。这是不折不扣的美食癖，和十八世纪一部分法国贵族的爱好一样。"这不是为裁缝和鞋匠写的"——那时伏尔泰谈到自己的启蒙思想时这样说。这并不妨碍这些俄国人一旦做官就成为混蛋。

您从附上的信可以看到，由于领袖们之间的争吵，我目前在德国有许多"麻烦"，请您把这些信退还给我。一方是施韦泽，他立我为异教国家中的教皇，为的是要我封他为德国的工人皇帝。另一方是李卜克内西，他忘记了，实际上正是施韦泽迫使他想到世界上存在着和小资产阶级民主运动不同的无产阶级运动。

我希望您和您的一家健康。希望不致失去您的亲爱的夫人的好感。顺便说一下，国际妇女协会——它的领袖是戈克（应读作：格克）夫人——给布鲁塞尔代表大会寄来一封信，询问妇女能否加入我们的协会？当然已经客气地向他们表示了同意。因此如果您还沉默下去，我就要给您的夫人寄去总委员会通讯员的全权委托书了。

评论：信中询问库格曼为什么没有音讯。告知他《资本论》第一卷在德国工人中间获得了好评；国际工人协会取得了惊人成就。还告知《资本论》的俄译本正在付印，表示妇女能加入国际。

10 月 13 日　致信约翰·巴普提斯特·施韦泽，指出：您没有接到我对您 9 月 15 日来信的复信，是由于我误解了您的意思。我把来信理解为您想把您的"草案"寄给我看看。因此我就等着您寄来。后来你们的代表大会召开了，那时我认为（由于工作过多）已经没有必要忙着回信。在接到您10月8日的来信以前，我就以国际的德国书记的身分一再地号召和平。别人回答我说（为此寄来了摘自《社会民主党人报》上的话为证）：是您自己挑起了这场战争。我声明说，在这场决斗中，我应起的作用，仅仅是充当"公断人"。

我想，我对您在信中向我表示的极大信任的最好的报答，就是坦率地、不用任何外交辞令地向您说出我对目前事态的看法。在这里我认为，对您来说也和对我来说一样，重要的只是事业的利益。

我无保留地承认您在从事工人运动中所表现的智慧和能力，而且从来没有向我的任何一个朋友隐瞒过这一点。在我必须公开发表意见的一切场合——国际工人协会总委员会和这里的德国共产主义协会——我总是把您作为我们党的人来谈论，从来只字未提我们的分歧。

然而这种分歧是存在的。

首先，关于拉萨尔的联合会，它是在一个反动时期成立的。在德国工人运动沉寂了十五年之后，拉萨尔又唤醒了这个运动，这是他的不朽的功绩。但是，他犯了很大的错误。他受直接的时代条件的影响太深了。他把一个小小的出发点——他同舒尔采—德里奇这样一个无足轻重的人的对立——当作自己的鼓动的中心点：以国家帮助反对自助。这样，他不过是重新提出了法国天主教社会主义的首领毕舍为反对法国的真正的工人运动而于1843年和以后几年提出的口号。拉萨尔也不会糊涂到认为这个口号不是一时的权宜之计，他只能以这个口号（似乎！）可以直接实现为理由来替这个口号辩护。为了这个目的，他不得不断言这个口号在最近的将来就会实现。因此，这种"国家"就变成了普鲁士国家。这样一来，他就不得不向普鲁士君主制、向普鲁士反动派（封建党派）、甚至向教权派让步。他把宪章派的普选权口号同毕舍的国家对协作社的帮助结合起来。他忽略了德国和英国的条件是不同的。他忽略了没落帝国在法国普选权问题上的教训。其次，就象每一个说自己的口袋里装有能为群众医治百病的万应灵丹的人一样，他一开始就使自己的鼓动带有宗教的、宗派的性质。实际上，任何宗派都有宗教的性质。再次，正因为他是一个宗派的创始人，所以他否认同德国和外国以前的工人运动有任何天然的联系。他陷入了蒲鲁东的错误之中，他不是从阶级运动的实际因素中去寻找自己的鼓动的现实基础，而是想根据某种教条式的处方来规定这一运动的进程。

在我现在的追述中，大部分都是当拉萨尔在1862年来到伦敦要求我同他一起领导新的运动的时候，我早就对他讲过的。

您根据切身的体验，知道宗派运动和阶级运动是对立的。宗派认为，它存在的权利和它的名誉不在于它自己和阶级运动有共同之处，而在于把它和阶级运动区别开来的特殊的护符。因此，当您在汉堡建议召开工会成立大会的时候，您只有以拒绝担任主席相威胁，才粉碎了宗派的反抗。此外，您曾经不得不把自己变成双重人物，宣布您在一种情况下作为宗派首脑进行活动，在另一种情况下作为阶级运动的代表进行活动。

全德工人联合会的解散曾使您有机会向前迈进一大步，并有机会声明，如果需要的话，还可以证明，现在一个新的发展阶段已经到来，把宗派运动溶合于阶级运动和消除一切宗派主义的时机已经成熟。至于说到宗派的合理成分，那末象过去的一切工人宗派一样，宗派会把它当作丰富运动的因素带到总的运动中去。但是您并没有这样做，您实际上是要求阶级运动服从特殊的宗派运动。和您为敌的人就由此得出结论，说您千方百计地想保持您"自己的工人运动"。

至于说到柏林代表大会，那末首先是不应匆忙召开，因为联合法还没有通过。因此，您本应同拉萨尔集团之外的领袖们商量，和他们共同制定计划并召开代表大会。但是您并没有这样做，您只是让他们二者择一：公开地附和您或者反对您。这次代表大会本身不过是汉堡代表大会的增订版。

至于章程草案，我认为它在原则上是错误的，我相信我在工会方面的经验并不比任何同时代人少。在这里，我不想再作详细的说明，只想指出，集中制的组织对秘密团体和宗派运动是极其有用的，但是同工会的本质相矛盾。即使这种组织是可能存在的——我说它根本不可能存在——，那它也是不适宜的，至少在德国是这样。这里的工人从小就受官僚主义的训戒，相信权威，相信上级机关，所以在这里首先应当培养他们的独立自主精神。

但是，不管组织犯了什么样的错误，这些错误大概都可能被合理的实践或多或少地克服掉。作为国际的书记，我准备充当您和直接参加了国际的纽伦堡多数派之间的调解人，——当然是在合理的基础上进行调解。我已经把同样的意思写信告诉莱比锡。我不会忽视您的困难处境，并且永远不会忘记，我们每一个人都是更多地受环境的支配，而不是受自己的意志的支配。

我向您担保，在任何情况下我都将是公正的，这是我的责任。但是，另一方面，我不能向您担保，我不会在某一天——在我认为是工人运动的利益所绝对需要的时候——以个人名义公开批判拉萨尔派的偏见，就象当时我对待蒲鲁东派的偏见那样。

评论：信中谈到国际中的分歧，马克思希望以事业的利益为重。马克思肯定了施韦泽在工人运动中表现出来的智慧和能力，但分歧始终存在。马克思详细地阐述了国际中的分歧，讲述了对拉萨尔派的评价，马克思试图担任调解人，解决分歧。

10 月 15 日 致信恩格斯，指出：我已写信给巴黎的阿·弗兰克公司。因为我知道，最近几个星期他还出售了我的反蒲鲁东一书，我在信中要求报告全部事务情况，并提醒弗兰克先生，他和福格勒只是我的代售人，全部印刷费是我支付的。几天前我收到了对这封信的如下答复：

"阁下，我荣幸地通知您，我于 1865 年 10 月 21 日购买了弗兰克公司，没有资产和负债。当时您的小册子《哲学的贫困》库存九十二册，现交给您处理。至于应付给您的款项，您须同福格勒先生，或者同巴黎崩迪街 58 号我的前任者的遗产管理人巴索先生接洽。

阿·弗兰克公司现在的占有人弗·菲韦希"

我将委托拉法格取回这九十二册，让他在他的朋友中出售。至于其余的（一千五百册），我委托席利去办理。不知福格勒现在哪里，但他过去的合伙人施在布鲁塞尔有一个书店，那里有一批属于我们协会的青年律师可为我效劳。如果我能再弄到几个钱，倒也不坏。

附上一包《社会民主党人报》；请写几行字告诉我你对它们（关于工会事件）的意见，因为我没有时间读完这些东西。给施韦泽的信已发出。另附上最近一号《灯笼》和关于普隆－普隆的小册子，这本小册子大概是沙尔腊斯写的。

顺便说一下，我见到了比斯利。摩里（科学栏编辑）的这位代理人声称，叙述是无可责难的，但对杂志来说，文章太"枯燥"了。比斯利建议我把这篇东西通俗化，但又不失其科学性。这相当困难。不过我可以试一下。首先他要求有一个比较详细的引言，把我的履历和对该书在德国的影响的评价都写进去。这当然应该由你来做。但可以等到我把文章大部分寄给你以后。整个东西以后应该登在《韦斯明斯特评论》上。

评论：信中马克思引用了菲韦希 1868 年 10 月 12 日的来信。告知《哲学的贫困。答蒲鲁东先生的〈贫困的哲学〉》一书的销售问题。该书于 1847 年在布鲁塞尔写成，同时由两个出版商出版——在布鲁塞尔由共产主义者同盟盟员福格勒出版，在巴黎由弗兰克出版。弗兰克于 1865 年把自己的企业卖给了出版商菲韦希。到 1868 年，由于国际内部对蒲鲁东分子的斗争加剧，对这本书的需要量急剧增加，而存书已成珍本。因此马克思于 1868 年 10 月写信给巴黎的出版商，但该出版商已完全停售《哲学的贫困》。信中告知比斯利建议将恩格斯的《卡·马克思〈资本论〉第一卷书评——为〈双周评论〉作》一文通俗化。

10 月 19 日　致信海尔曼·荣克，指出：只要不干丢脸的事而有损于国际就行。如果您实在忍耐不住，您就骂吧，但不要动手。

对于这些家伙（贝森和勒·吕贝）在信中进行的诽谤，我们最好是装出要起诉的样子。关于这一着也许可以同梅里曼商量一下。您会看到这些懦夫将怎样俯首屈膝，因为他们面临着他们这一群卑鄙家伙在法庭上公开受审的危险。

评论：马克思谈论了与贝森和吕贝作斗争的策略。信中谈论的是在伦敦的法国人支部即将举行的会议，荣克准备在会上揭露这个支部成员吕贝和贝森对国际的诽谤。贝森和吕贝在 1868 年 10 月给莱克的信中还对总委员会委员荣克和杜邦进行了攻击。

10 月 24 日　致信恩格斯，指出：附上：一、库格曼的信。其中有些有趣的东西。无论如何我要写信给他，禁止他今后再使用他那一切过甚其词的推崇话。

二、李卜克内西的信。这头蠢驴似乎完全发疯了。几星期以前他就写信给我，说有几本《福格特》交我处理。和往常一样，这在李卜克内西就意味着，事情算完了。从此再也只字不提。然而却提出一大堆愚蠢的建议。说什么我应该对孚赫作出强硬的答复，因为李卜克内西不能答复他，而孚赫在莱比锡的某些啤酒店里有敬慕者。他打算"暂时"勉强地放弃对施韦泽的攻击。好象反而不是他请求我给予他帮助和为了他的更大荣誉"暂时"去攻击施韦泽。我应该把米凯尔同我的私人通信"选编"交给他处理，因为他觉得米凯尔是"危险的"。我应该把弗莱里格拉特反金克尔的诗寄给他，好让他通过反对金克尔来颂扬弗莱里格拉特。最后，我应该劝说布莱得弗德的某个施特罗迈耶尔（他指的是施特龙）担任克里米乔的恩斯特·施特费斯特公司（纺织公司）的代理人。还有什么？幸而这一次他没有再让我荣幸地给莱比锡的一个所谓消费合作社在这里即西蒂订购英国芥末样品并与公司取得"联系"。整个事情的结果是，作为芥末和商情的奖赏，我得到了李卜克内西的如下评语：芥末好极了！！这实际上是英国经济学家们所说的主要是"消费的需要"。

波克罕的反俄情绪（我曾把这种情绪作为最无害的抗毒素灌输给他，好让他那多余的精力有处使）达到了危险的程度，他现在和老菲力浦·贝克尔发生了争执，因为后者同巴枯宁关系很好，曾写信给波克罕，让他不要在自己的信中攻击巴枯宁。波克罕从这里看出了俄国人的危险阴谋。他认为他在威廉《周报》上的"巧妙的猛攻"使拜占庭，从而也使巴枯宁吓得发抖了。他在给贝克尔的一封严厉的信中，以他特有的委婉语调说，他将继续同他保持友好，今后仍然在金钱方面支持他（不过这种支持是微乎其微的），但今后他们的通信绝不谈政治！

所谓法国人支部的十二名无赖本星期二在皮阿主持下又在伦敦举行了公开的大会，会上听了皮阿的做戏一般的革命演说。为此曾专门张贴了一张大海报：

法兰西共和国。

国际协会法国人支部等等，等等。接着是费里克斯·皮阿几个大字。在各项议事日程中还有用法文写的一项：（3）表决赞同宣言（宣言应由皮阿宣读，这是他自己以月球上的巴黎公社名义炮制出来的）并抗议布鲁塞尔国际协会最近一次代表大会表现出来的对政治问题的冷漠态度。

在这下面用英文印着（还以传单形式散发过）：一切民族的民主主义者均在应邀之列等等，"旨在解决国际工人协会是否应成为一个政治组织的问题"。

我在本星期二被授予全权：如果伦敦各报把这一切当作我们的公告加以讨论或提及，当即公开宣布不同意这些家伙的言行。幸而没有人注意他们。

评论：随信附上库格曼的信。库格曼在 1868 年 10 月 15 日给马克思的信中谈到了柏林政治经济学教授格·汉森对《资本论》的评语。汉森认为，《资本论》的出现是"本世纪最重大的事件"。同时汉森还想知道，马克思是否同意担任政治经济学教授的职务。随信还附上了李卜克内西的信，马克思表达了对他的不满。信中还谈到波克罕的反俄情绪危险以及法国人支部充满错误言论的海报，所幸没有人注意到这份海报的错误。

10 月 26 日 致信路德维希·库格曼，指出：现在请允许我说几句话。由于您和恩格斯都认为有好处，我让步了，曾同意在《凉亭》上刊登这一广告。就我的本意来说是坚决反对的。现在我恳切地请求您彻底放弃开这种玩笑！这只会使凯尔之流的先生和《家园》的各种人物认为我是属于需要或希望得到他们的庇护的那种文学界或其他方面的"伟人"一伙的。

我认为这种事弊多利少，并且有损于科学家的品德。例如，迈耶尔百科词典的出版者早就写信来要我的传记。我不仅没有给，而且连信都没有回。人各有所好。

至于凯特贝尼，他是一个妄自尊大、头脑不清、令人讨厌的文学界浪人，和他打交道越少越好。

评论：马克思不同意在《凉亭》上刊登自己的传记，认为弊多利少，并且有损于科学家的品德。信中谈论到凯特贝尼，马克思认为他令人讨厌，要少与他打交道。库格曼 1868 年 7 月 26 日给恩格斯的信中谈到，据凯特贝尼说，莱比锡的凯尔同意在《凉亭》杂志上发表马克思的传记。

10 月 28 日 致信齐格弗里特·迈耶尔和奥古斯特·福格特，指出：你们从附上的给迈耶尔的全权委托书（我也附上了给您的全权委托书）可以看到，你们的愿望在 10 月 13 日就已经实现了。10 月 3 日的《蜂房》刊登了对迈耶尔的任命。总委员会决定，德国人通讯员和我通信，佩勒蒂埃（代表法国人）和杜邦通信，杰塞普和埃卡留斯通信。这种方式是我自己建议的，因为我没有时间进行更广泛的通信。附上的这封信您可以转交给杰塞普，同时可以把您的全权委托书给他看看。

至于埃卡留斯，这是发生了某些误会。我从来没有和他争吵过，恰恰相反，直到今天我一直在保护他而反对英国人及其他人对他的攻击。但是，由于他的过分的并且往往是狭隘的利己主义——这也许可以用他的生活条件来解释——，他时常干出令人不愉快的蠢事来。一般说来我对这些是不注意的，但在个别场合也忍耐不住。那时我把他训斥一顿，而到发生新的事故之前一切正常。这个可怜鬼现在病得很厉害，而他总是利用这样的时刻说他的"父亲，我犯了罪"。福格特的信中说的李卜克内西所暗示的事情，我完全不知道。不管怎么说，如果不算我给迈耶尔的信，我从来没有对任何人写信说过一句反对埃卡留斯的话。在写那封信时，我正因为收到我们参加布鲁塞尔代表大会的其他代表告发埃卡留斯的信而有些激动。很可能是，埃卡留斯背着我给李卜克内西写了一封那样意思的信，从而促使李卜克内西给福格特写了相应的信。不过这是很奇怪的，因为正是在那个时候我为了埃卡留斯同英国人激烈争吵过，并且出来为他辩护过。

会员证已全部发完，应当印新的了。李卜克内西对南德意志爱国主义过分热心了。此外，他不应当刊登有关《国家和社会》的蠢话，这是和我们的观点完全相反的。

评论：信中告知国际工人协会对迈耶尔的任命，解释了与埃卡留斯的关系，表示并没有和他争吵，同时马克思也指出了埃卡留斯过分的并且往往是狭隘的利己主义。马克思还批评李卜克内西，认为他对南德意志爱国主义过分热心，不应该刊登有关《国家和社会问题》的蠢话。马克思还询问是否认识狄慈根。

11 月 4 日　致信恩格斯，指出：俄国人的手稿怎么样了？请看一下，并把你的意见写给我。这个可怜的小伙子一定急着等我的答复。

我们的皮阿终于走运了。他找到了自己的德国人——从普法尔茨来的维贝尔先生。

附上艾希霍夫的信。他以为施韦泽在这里密告了他。完全不是这么回事。密告人是（这一点他不应该知道）波克罕。为了在这个问题上摆脱开他，同时消除艾希霍夫对俾斯麦的暗示（在他那篇登在威廉《周报》上的演说中）确实可能引起的怀疑，我写信给艾希霍夫说，在这里的总委员会中有人告发了他，让他把他的申辩寄给我。

评论：询问恩格斯对狄慈根的《人脑活动的实质》手稿的意见。狄慈根于 1863 年至 1869 年住在彼得堡。信中谈论了艾希霍夫认为施韦泽告密一事。艾希霍夫在 10 月 31 日和 11 月 1 日给马克思的信中，对指责他同普鲁士警察有联系一事作了解释。产生这种怀疑的原因是，有人对艾希霍夫 1868 年 10 月 15 日在柏林民主工人联合会第一次会议上的演说作了不确切的叙述，并随信给恩格斯附上艾希霍夫的信。对此，马克思对艾希霍夫进行了解释。

11 月 7 日　致信恩格斯，指出：既然和该死的波克罕（我今天将见到他）打交道，就不可能阻止他转载你的两篇文章（即关于巴枯宁对斯拉夫人的宣言的）。我只是要对他说，你是巴枯宁的老朋友，因此你的文章无论如何不应该被用来侮辱后者。波克罕太自命不凡了，他以为他真的要完成一项政治使命。他正在替我翻译一本论述以前的农业关系解体的俄文著作的主要章节，并且还给了我一本俄国人谢铎－费罗提论述这一问题的法文著作。后者——一般说来是个非常肤浅的家伙——犯了一个大错误，他竟说，俄国公社的产生只是由于禁止农民离开土地。这种公社里的一切，直到最细微之处，都同古日耳曼公社完全一样。此外，在俄国人的公社里还可以看到（在一部分印度公社里也可以看到，不是旁遮普的，而是南部的）：第一，公社的管理机构的性质不是民主制的，而是家长制的；第二，向国家交税采用连环保的办法等等。从第二点可以看出，俄国的农民愈勤劳，国家对他们的剥削就愈重，他们不仅要交纳捐税，而且还要在军队经常调动时供给膳食、马匹等，并充当国家的驿卒等等。所有这些肮脏的东西正在走向崩溃。

狄慈根的论述，除去费尔巴哈等人的东西，一句话，除去他的那些来源之外，我认为完全是他的独立劳动。此外，我完全同意你所说的。关于重复的问题，我将向他提一下。他恰恰没有研究过黑格尔，这是他的不幸。

伟大的维贝尔以"德意志鼓动、革命等等联合会"的名义，同皮阿领导下的法国的迈尔之流及其他无赖一起开了大会。在一份专门的呼吁书中，他们教训美国人，要他们出面支持西班牙共和国。

评论：信中批评了波克军对待巴枯宁的激进态度。批评了德·克·谢铎－费罗提的《关于俄国前途的论文。第十篇论文：人民的世袭财产》，马克思阐述了对俄国农村公社的态度。信中认为狄慈根的著作是他的独立劳动，但是他不懂辩证法。

11 月 14 日　致信恩格斯，指出：另附上一份有趣的《费加罗报》剪报，是关于拉比爱·艾因霍恩（通常用伊·爱·霍恩这个姓氏）主持召开的经济问题人民会议的。这个笨蛋（不过搞投机倒把倒是个能手）不久以前出版了一本论述银行的书，甚至连《经济学家》也评论说（虽然《泰晤士报》认真地讨论过它），这本书显然只是为儿童写的。

顺便谈一下《经济学家》杂志，你听了也许会吃惊，《经济学家》仿效桑顿在《双周评论》上做出的榜样，一字不差地宣布：

"不存在任何供求规律，无论迄今赋予这些字眼以何种含义。无论就实际或就趋向来讲，市场价格都不受一般认为支配它的那个规律所制约。"

伟大的毕希纳已将他的《关于达尔文的理论的六次演讲》一书寄给我。我在库格曼那里的时候，这本书还没有出版。但现在他（毕希纳）寄给我的已是第二版！这种书的写作方法很妙。例如，毕希纳说（凡读过朗格的胡言乱语的人不用他说也会知道），他关于唯物主义哲学的一章，大部分都是抄自朗格的著作。但正是这个毕希纳，却抱着怜悯态度蔑视亚里士多德，而他对亚里士多德的了解显然只是来自道听途说！但特别使我发笑的是评论卡巴尼斯著作（1798）时说的下面一段话：

"人们读到（卡巴尼斯的）'大脑管思维，正如胃管消化，或肝脏分离血液中的胆汁'这类名言时，几乎以为是在听卡尔·福格特说话"，等等。

显然，毕希纳认为卡巴尼斯抄袭了卡尔·福格特。可敬的毕希纳缺乏反过来设想一下的批判能力。看来，他对卡巴尼斯本身的了解仅仅是从朗格的书中得到的！多么严肃的学者！

巴黎很不平静。博丹案件同路易－菲力浦时代的宴会运动确实很相象。只不过现在没有国民自卫军，毕若（倘若使用赤裸裸的暴力的话）从被召来的第一天起就作好了准备，在 2 月他是在已经没有任何内阁，因而在当时情况下也就没有任何政府的最后时刻被召来的。此外，构筑街垒不会起任何作用。尽管维贝尔—皮阿发出了关于革出教门的种种训令，但是我看不出巴黎的革命怎么能取得胜利，除非军队发生哗变，站到起义者方面来，或者是军队发生分裂。

上星期日科勒特邀请我全家到他那里去，我已有几年没有见到他。我借此机会给乌尔卡尔特派出了一个新课题，我对他们说，皮尔的 1844 年银行法令使俄国政府有可能利用货币市场的某种行情迫使英格兰银行破产。现在科勒特和乌尔卡尔特正在认真讨论这个课题。尽管我对科勒特以礼相待，但我对他关于爱尔兰的胡说八道不能泰然处之，我很坚决地向他表明了自己对这个问题的观点。

评论：随信寄去《费加罗报》剪报，报上介绍了 1868 年 10 月 10 日由许多法国经济学家和新闻记者在巴黎召开的讨论"从劳动的观点看资本与利息"问题的会议。马克思批评了霍恩，奚落了毕希纳的《关于达尔文的物种变异理论的六次演讲》一书。信中还谈论了巴黎的局势，认为局势还不明朗；还谈到了与科勒特在爱尔兰问题上的分歧。

11 月 14 日　致信恩格斯，指出：实践胜于一切理论，因此，请你把你们同银行家等等进行业务联系的办法完全准确地（举例）告诉我。

如：（1）购买（棉花等等）时的方法，只注意它的货币方面；期票；期票发出日期，等等。

（2）出售时的方法。同你们的买主和你们的伦敦代理人的期票结算。

（3）与你们的曼彻斯特银行家的结账情况和业务活动（往来账目等等）。

由于第二卷的大部分理论性太强，因此，我要用论信贷的一章去揭露现代的投机活动和商业道德。

评论：马克思请恩格斯告知同银行家进行业务联系的办法，包括购买、出售、结账情况和业务活动等。信中讲到的第二卷，是指马克思于 1864—1865 年所写的《资本论》第三册手稿中的一章：《利润分为利息和企业主收入。生息资本》。在恩格斯出版的《资本论》第三卷中，相当于这一章的是整个第五篇。

11 月 14 日　致信海尔曼·荣克，指出：在您去布鲁塞尔之前我交给了您一份（斯特普尼的那一份）《欧洲联邦》的秘密通告，其中谈到必须和国际工人协会采取共同行动。古斯达夫·福格特，换句话说也就是他的报纸，目前正神气十足地反对我们，因此请您把这份文件还给我，我要利用它在李卜克内西的报纸上反驳古·福格特。

为什么最近两号《蜂房》对日内瓦代表大会和布鲁塞尔代表大会的决议只字未提？

评论：信中询问和平和自由同盟常设中央委员会执行局 1868 年 9 月 22 日的机密呼吁书的下落，马克思要用这份文件反驳古·福格特。呼吁书是由执行局主席和同盟的机关报《欧洲联邦》编辑福格特签署并以传单形式发表的。呼吁书号召同盟"成为伟大的经济利益和社会利益以及目前为欧美伟大的国际工人协会所如此成功地发展和传播着的那些原则的纯粹政治体现者"。

11 月 18 日　致信恩格斯，指出：昨晚在中央委员会里英国人过于迟缓地但是一致地承认，我曾经一字不差地向他们预言过这个使我最为开心的选举结果，并且严厉批评过改革同盟的错误政策。自从帕姆执政时期实行选举以来，这是最坏的一届议院。大富翁从未拥有过这样的绝对优势。厄内斯特·琼斯遭到失败完全是理所当然的。至于布莱德洛，他太喜欢搞拉萨尔式的吹嘘了。他的协会在上星期日开会时在克利夫兰大厅悬挂了下列标语："反对旧风习的伟大战士、人民的救星万岁！圣斯蒂凡的无畏勇士布莱德洛先生万岁！"

从拉法格最近几次来信中也可以看出，法国的形势非常严重。政府想迫使人们走上街头，好让针发枪和线膛炮"创造奇迹"。你认为巷战会有什么成功的希望吗？我觉得，如果军队事先未遭到过失败，倒戈的可能性是很小的。

毕希纳的劣作所以使我感到兴趣，是因为里面引用了德国人研究达尔文主义方面的大部分著作——有耶格尔教授（维也纳）和海克尔教授的著作。这些著作否定细胞是原生形态的观点，而承认起始点是一种无定形而能收缩的蛋白质团。这个假设后来由加拿大（稍后又由巴伐利亚和其他某些地方）的发现证实了。当然，必须对原生形态进行彻底研究，直到使它能通过化学方法再现出来。看来，这条道路已经摸索到了。

毕希纳竟把欧文也算作达尔文的拥护者，由此可以看出，他研究英国文献时怎样认真。

你寄给我的那封波克罕写给你的信，我有幸又听他本人亲自朗读了一遍。这个机灵鬼现在竟抱怨艾希霍夫是一个"闲不住的人"（！）和"热衷于写长信的人"。多么惊人的自知之明！

关于爱尔兰的选举：当加尔文是唯一有趣的地方，在那里，巴里是在叛徒奥顿诺凡的庇护之下（也在神父的庇护之下）出头露面的。这个坏蛋在爱尔兰民族主义者中间引起了公愤，因为他作为政府检察官在都柏林首次庭审芬尼亚社社员时给被告人加上了诬蔑性的罪名（象《立宪主义者报》对六月起义者那样），甚至伦敦报纸都对他进行了谴责。

评论：信中讲到被房东催交房租，并讲到房东受到奥维伦德事件的影响，仅靠房租为生了。1866 年英国大银行之一奥维伦德—葛尼公司破产。这次破产使很多储户破产，在全国引起了愤懑。这一事件成了法院审理的对象，1869 年 12 月结案时，公司经理均被宣判无罪。信中谈论了英国议会的选举验证了马克思的预言；法国的形势严峻，但军队倒戈的可能性很小；马克思再次批评毕希纳的《关于达尔文的物种变异理论的六次演讲》一书。

11 月 23 日　致信恩格斯，指出：附上两封信：一封是科勒特的，一封是琼斯的。

谈到科勒特，这些该死的乌尔卡尔特派使我倒霉了。你知道（我记得，我至少写信和你谈过这事），我曾使他们对皮尔的 1844 年法令及其有利于俄国的后果产生新的疑虑，这纯粹是为了戏弄他们（不过，在某种程度上这是正确的）。现在乌尔卡尔特要把其中的一封信由我署名刊登在下期《外交评论》上。我如果拒绝"署名"，就会引起他们的不信任。这就使我陷入了困境。令人宽慰的是，谁也不会去看《外交评论》（除了为数很少的人）。但是，乌尔卡尔特派也要倒霉的。他们显然是想利用我这个《资本论》的作者来提高他们的事业的声誉。如果他们了解了这本书，那他们就会把它看作眼中钉。

至于厄内斯特·琼斯，我认为他太厚颜无耻了。竟要我充当他的（格林威治的）竞选代理人！我回答他说，我看不出他有丝毫成功的希望。

（1）当地候选人是巴克斯特·兰利，不论是穆勒或是比耳斯，没有征得他的同意，都不能做候选人。

（2）国际总委员会不参与竞选。无论在任何情况下，我们都不能反对巴·兰利，因为——这是实际情况——巴·兰利和他的星期日同盟从布鲁塞尔代表大会以来同我们订立了友好协议。（我们实际上是在借用他们的地方开会。）

（3）他（琼斯）现在在伦敦不受欢迎（这是事实）。《雷诺》上刊登的《阵营中的叛徒》等文章，败坏了他的名誉。

我刚刚收到本地工人教育协会书记的一封信，现在附上。从信中可以看出，从巴黎和德国进口的拉萨尔分子——他们同施韦泽有秘密的来往——利用列斯纳由于妻子生病而未能出席的机会，强使这里对施韦泽投信任票而反对纽伦堡派。自然，他们想让我对此承担责任，因为我是这个协会的知名会员。我认为这就是全部阴谋的目的。因此，我要立即写信给施佩耶尔，说明在这种情况下我必须宣布退出协会的理由。

评论：信中谈到了科勒特造成的烦恼。1868 年 11 月 9 日马克思给研究对外政策问题的《外交评论》杂志的出版者查·多·科勒特的信，曾用文章形式发表，题为《1866 年格莱斯顿先生给英格兰银行的信怎样使俄国得到了六百万英镑的公债》。《外交评论》编者在发表马克思这篇文章的时候在前面加了一个简短说明，介绍马克思是《资本论》和许多论述对外政策的文章的作者。马克思对于这个事情如何表态很为难。马克思还指出乌尔卡尔特派并不了解《资本论》一书的内容。

信中，马克思认为琼斯建议自己作为格林威治的竞选代理人是厚颜无耻，也认为琼斯没有丝毫成功的希望。马克思表达了对巴·兰利的友好态度，表示国际总委员会不参与竞选。信中还谈到收到施佩耶尔的信，告知了拉萨尔分子还在活动。马克思识破了施韦泽的阴谋，表明了自己的立场和决定采取的方式，表达了要宣布退出协会的理由。马克思于 1868 年 11 月 23 日给伦敦德意志工人共产主义教育协会的声明是针对协会对 1868 年的拉萨尔派柏林代表大会以及对倍倍尔和李卜克内西在纽伦堡代表大会上建立的工人组织所持的立场而写的。

12 月 5 日　致信恩格斯，指出：随信附上：

（1）施韦泽的信；

（2）鲁高矿工的信；

（3）俄国人谢尔诺－索洛维也维奇——反对戈克的小册子的作者的信。

由此可见，施韦泽决心要做德国的裁缝王。祝他成功！他有一点说得对——就是威廉无能！而他要求纽伦堡派服从他的领导，否则就要给他们加上谋叛的罪名，确实是厚颜无耻。

威廉越变越愚蠢。多么糟糕的报纸啊！鲁高来信证明，他至今没有为国际做任何工作。同时，他竟然还愚弄我们。他以他固有的"宽厚"态度声称，国际工人协会不需要任何开支；因此，任何人不必交纳会费就可以加入。贝克尔从瑞士来信对这种荒唐行为表示不满。

评论：随信附上了几封信。马克思很气愤地谈论了施韦泽和李卜克内西。施韦泽在给马克思的回信中，对受到马克思严厉批评的拉萨尔派的工会章程草案和他所领导的全德工人联合会的政治路线进行辩护。施韦泽同时声称，他比李卜克内西更有理由领导德国工人运动，德国工人斗争的全部领导权必须集中在他手中。

马克思从鲁高的来信判断李卜克内西没有为国际做任何工作。鲁高、下维尔施尼茨和埃耳斯尼茨等地的萨克森矿工1868年11月15日给马克思写过一封信。他们一致决定参加国际，并且委托巴赫曼和荣格尼克耳向国际工人协会提出这个问题。马克思在国际总委员会会议上宣读过这封信。马克思在信中对李卜克内西很不满。1868年11月29日贝克尔在致总委员会的信中说，德国工人协会联合会主席倍倍尔在通告信（他在信中宣传了纽伦堡代表大会关于参加国际的决议）中同意李卜克内西宣称加入国际不必交纳会费。这个问题曾在总委员会会议上讨论过，马克思在会上说，他已要求李卜克内西取消这项声明。

12 月 5 日 致信路德维希·库格曼，指出：您有狄慈根的地址吗？很久以前，他寄给我一部分关于《思维能力》的手稿，这一部分手稿中虽然有些混乱的概念和过多的重复，但包含着许多卓越的思想，而且作为一个工人的独立思考的产物来说，甚至是令人惊叹的思想。我阅后没有立刻回答他，因为也想听听恩格斯的反应。所以我把手稿寄给他。

毕希纳关于达尔文主义的讲稿我收到了。他的确是一个"著述家"，很可能是因此才姓"毕希纳"的。他关于唯物主义历史的肤浅的废话显然是从朗格那里抄来的。这样的侏儒处理象亚里士多德这个和毕希纳不属于同一类型的自然科学家的方式，实在令人惊奇。他对卡巴尼斯的评论也是很幼稚的，他说："几乎以为是在听卡尔·福格特说话"。似乎卡巴尼斯抄袭了福格特！

我早就答应写信告诉您关于法国人支部的一些情况。这个流氓支部的一半或三分之二是由受倒贴的姘夫和类似的恶棍组成的；他们——在我们的人退出这个支部以后——是一伙要刺杀（当然是从"安全的远方"）皇帝和国王特别是路易－拿破仑的玩弄革命辞藻的骑士。在他们眼里，我们自然是反动分子，他们起草了一份完全够格的起诉书控告我们，并且实际上已把它提交布鲁塞尔代表大会的秘密会议审查。由于费里克斯·皮阿在操纵他们，这伙骗子就变得更加凶狠了。皮阿这个倒了霉的第四流法国闹剧作家，只是作为"祝酒人"（英国人这样称呼受雇在正式宴会上举杯致词或照管祝酒顺序的人）而参加了 1848 年革命。他有着真正的"悄声呐喊"和扮演危险的阴谋家的偏执狂。皮阿打算通过这帮人把国际工人协会变成自己的尾巴。对他来说，最重要的是败坏我们的名誉。在一次公开的群众集会（法国人支部在海报上宣布这次集会是国际工人协会的集会并大吹大擂作了宣传）上，路易 – 拿破仑即巴登格被正式判处死刑，不用说，判决是委托巴黎无人知道的布鲁土斯们去执行。由于英国报刊没有理睬这出闹剧，我们本来也可以默不作声，不去管它。但是，这帮人中间有一个叫作韦济尼埃的善于敲诈的作家，在比利时的《蟋蟀报》上原原本本不厌其详地宣扬了这件丑事。这家报纸冒充国际的机关报，它类似一种"滑稽"报纸，这样的报纸欧洲未必有第二家。说实在的，这个报纸除了它的严肃性以外没有任何滑稽的东西。这件事从《蟋蟀报》传到了《国家报，帝国报》。不用说，它是保尔·德·卡桑尼亚克的一笔意外之财。这时我们，也就是总委员会，在《蟋蟀报》上刊登了六行字的正式声明，宣布费·皮阿和国际没有任何关系，他甚至不是国际的会员。"原来这就是发火的原因。"这场老鼠与青蛙之战的结局是，法国人支部一怒之下离开了我们，现在在皮阿的庇护下独立活动。他们在伦敦这里创立了所谓的德意志鼓动联合会作为分支机构，有一打半会员，为首的是一个老年的普法尔茨流亡者，半疯狂的钟表匠维贝尔。好了，现在您了解到了关于这一隆重、伟大而重要的事件所能告知的一切。还有一点。我们感到愉快的是，布朗基通过自己的一个朋友也在《蟋蟀报》上把皮阿狠狠地讥笑了一番，并且使他处于二者择一的境地：皮阿要么是偏执狂症者，要么是警探。

　　昨天晚上我收到施韦泽的信，从这封信可以看出，他又进了监牢，而且一场内战——他和威·李卜克内西之间的战争——的爆发已不可避免。我必须说，施韦泽有一点说得对，就是说李卜克内西无能。他的报纸实际上是可怜的。这个我亲口教育了十五年之久的人（他一向太懒得读书了）怎么会刊登象《社会和国家》这类的东西。在这篇东西里"社会性的东西"（这也是一个好范畴！）被解释成第二位的东西，而"政治性的东西"被解释成基本的东西。如果李卜克内西不是南德意志人，如果看起来他不是从来就把我同他的老上司"高尚的"古斯达夫·司徒卢威混为一谈，这件事就会不可理解。

　　评论：马克思谈论狄慈根的手稿，认为其中包含着许多卓越的思想。信中批评了毕希纳的《关于达尔文的物种变异理论的六次演讲》，认为他关于唯物主义历史的认识肤浅，并且是从弗·朗格的《唯物主义史及现代对唯物主义意义的批判》那里抄来的。信中谈到法国人支部的情况。皮阿打算把国际变成自己的，并败坏国际的名誉。信中还谈到了施韦泽以及他与李卜克内西之间的分歧和斗争。马克思还批评李卜克内西刊登了《国家和社会问题》这类文章。

12月9日 致信恩格斯，指出：拉法格离开前不久，波克罕请我和我全家吃晚饭（劳拉没有去）。在"先生们"走进波克罕的工作室以后（先生们就是拉法格、波克罕和我），他就谈起某人讲的或报刊上登的关于我的各种流言蜚语。我安静地听了一会，而拉法格已气得坐不住了。最后我打断了他，并对他说：人们有时散布的流言蜚语往往是十分离奇的；恩格斯和我最有资格谈论这种事，因为我们有一份真正的流亡者档案。例如，当他（波克罕）从瑞士来到英国的时候，我们就得到了情报，说他是普鲁士伯爵海（我现在想不起他的名字）的代理人，这位伯爵本身是普鲁士的间谍，而波克罕则是这位伯爵派到瑞士去的，如此等等。

波克罕好象被螫了一下似地跳了起来。"他从来没有想到，在伦敦会有人知道这件事的某些情况，等等。"接着，他就不厌其详地讲述全部过程，由于情绪激动，喝了许多开水，白兰地喝得更多。

顺便说一下，我有一个问题长期没有得到解决：在三年棉荒时期，甚至在缩小生产规模时也是必需的全部棉花，英国人是从哪里得到的？根据官方统计材料不可能弄清楚这个问题。尽管有从印度等国的进口，但如果注意到向大陆（有时甚至向新英格兰）的出口，那还欠缺很多，这就没有或者几乎没有棉花供国内消费了。这个问题的解答很简单。现在证实（这件事你可能已经知道，但对我却是新闻），英国人在美国内战初期已经拥有约三年的储备（自然是就缩小了的生产规模来说）。如果不爆发美国内战，这会引起一场多么出色的混乱啊！

1862、1863 和 1864 年的棉纱和棉布的出口总额为 1208920000 磅（折合成棉纱），而国内消费（进口，折合成棉纱的相应重量）为 1187369000 磅。前一个数字也许没有扣除棉布里所含滑石浆的重量。尽管如此，结果大致是这样，全部国内消费是用现有储备来满足的。

评论：马克思告知波克罕已经回到伦敦，谈论了他的可笑的事情。信中谈论了一个长期没有得到解决的问题，马克思认为，在三年棉荒时期，棉花成为英国人的必需品是由于在美国内战初期已经拥有了大约三年的储备。对于 1861—1865 年美国内战期间北军舰队封锁南部各个蓄奴州所造成的来自美洲的棉花供应中断而引起的棉业危机，马克思认为，英国的棉荒发生在生产过剩危机的前夜，并同它交织在一起。

12月12日 致信恩格斯，指出：你大概已注意到，关于棉花的资料是根据 1862 年、1863 年、1864 年的出口和进口的对比编成的。因此，关于 1862 年 1 月 1 日联合王国的子棉加上棉织品（我在给你的信中，好象忘了提棉织品）的现有储备的结论，完全取决于前提是否正确。这份资料是根据埃利森—海伍德公司的报告编成的。

赫胥黎最近在爱丁堡所作的演讲，再次表现出比近几年更具有唯物主义的精神，但他又给自己留了一条新的后路。当我们真正观察和思考的时候，我们永远也不能脱离唯物主义。但这一切只有运用在因果关系上才是正确的，而"你们的伟大的同乡休谟"也已经证明，这些范畴与自在之物没有任何关系。因此，你们愿意相信什么就可以相信什么。这正是需要证明的。

评论：信中介绍了根据报告编制的关于棉花的资料。告诉恩格斯自己服用砒剂的疗效极好。谈到赫胥黎于 1868 年 11 月 8 日在爱丁堡所作的演讲《论生命的物质基础》。这篇讲演发表在《双周评论》上。马克思肯定赫胥黎更具有唯物主义精神了。

12 月 12 日　致信路德维希·库格曼，指出：弗罗恩德的信（现奉还，谢谢）使我很感兴趣。德国早就应该出现和现在的科学"体现者"不同的人了。

狄慈根的相片也一并奉还。他的传记不完全象我所想象的那样。但我总是听到一些风言风语，说他"和埃卡留斯那样的工人不一样"。的确，他为自己制定那样的哲学观点需要一定的宁静和空闲时间，而这不是一个每天做工的工人所能具有的。我在纽约有两个很好的工人：鞋匠奥·福格特和采矿工程师齐格弗里特·迈耶尔；他们两人从前都住在柏林。第三个工人是罗赫纳，他能够讲授我的书。他是细木工（普通工人），在伦敦这里住了大约十五年。

请转告您亲爱的夫人，我从来没有"猜疑"她听命于白痴将军夫人。我提的问题只是开开玩笑。何况妇女对于国际是无可抱怨的，因为它选了一位妇女罗夫人担任总委员会委员。说正经的吧。美国"劳工同盟"最近一次代表大会有很大进步，别的不说，这也表现在它对待女工完全平等，而英国人在这一方面还受某种狭隘观点的束缚，多情的法国人更是如此。每个了解一点历史的人也都知道，没有妇女的酵素就不可能有伟大的社会变革。社会的进步可以用女性（丑的也包括在内）的社会地位来精确地衡量。

评论：信中谈论了狄慈根，指出了他的缺点，认为他需要继续学习和深化。信中答复了库格曼夫人，肯定了妇女的贡献和地位。妇女在推动社会变革，女性的社会地位可以显示出社会的进步。

12 月 14 日　致信恩格斯，指出：在泰诺的《巴黎》（《外省》尚未读过）一书中，除了某些细节以外，我发现新东西很少。这本书在巴黎和整个法国所引起的强烈反应，说明一个很值得注意的事实，即在巴登格时期成长起来的一代，对他们生活在其中的制度的历史毫无所知。他们现在如梦初醒，就仿佛是从天上掉下来的一样。但是，如果可以以小比大的话，我们不是也同他们有点类似吗？德国现在流传着一个特别新闻，说拉萨尔只是我们的彗星之一，"阶级斗争"不是他发现的。

在当代的法国狮子甘必大的演说中，我没有发现什么特殊东西。我觉得他的手法同布尔日的米歇尔非常相象。这个米歇尔也是因为政治诉讼案而出名的。他在二月革命前几个月声明放弃对"民主"的信仰，因为民主常常变成"蛊惑"。自然，这并不妨碍他在 2 月以后作为"革命前的共和主义者"而显赫一时，并且有意无意地给波拿巴帮了大忙，特别是在议会总务官问题上。他同共和主义者"普隆－普隆"也多少有点联系。

但我重读"温和的共和主义者"即立法议会成员在第十区区政府举行会议的详细记述时，的确感到愉快。我相信在整个世界历史上找不到这样的悲喜剧，至少是找不到表演得这么好的。法兰克福或斯图加特的议会根本不能与之相比。只有法国人才善于把一切——不论是国民公会，或是由一群地道的坏蛋组成的残阙议会——都搬上舞台。

至于棉花，我现在使用的是商业部报告中关于 1861 年的进出口资料。唯一使我感兴趣的是这一闻所未闻的事实，即三年期间没有为国内消费生产任何东西（我是指用这三年内新进口的原料或只用新补充的储备）。

评论：信中谈到泰诺的书，虽然没有什么新东西，但是在巴黎和整个法国引起了强烈反应，这说明年轻一代对生活其中的制度的历史所知甚少。信中讥讽了法国立法议会。1851 年 12 月 2 日在巴黎第十区区政府召开了法国立法议会"秩序党"的议员会。在这次会上通过了罢免路易－拿破仑的总统职务和把全部权力移交给立法议会的决议。但议员们拒绝向工人争取支持。这次合法抵制的政变尝试立即被警察和军队扑灭，与会者均被逮捕。泰诺的著作《一八五一年十二月的巴黎。政变的历史研究》对这次会议作了详细的记录。该书引起了强烈关注。信中还谈论了甘必大的演说，认为其没有有价值的内容。

12 月 15 日　致信恩格斯，指出：附上的文件不管怎样荒谬，也要请你认真研究一下，用法文把你的意见写给我，并把文件最迟在本星期六退给我。

巴枯宁先生（他在这个事件中躲在幕后活动）如此谦虚，竟然同意把工人运动置于俄国人的领导之下。

这个丑恶的文件已经存在两个月了。但老贝克尔今天晚上才书面通知总委员会。这一次机灵鬼是正确的。老贝克尔写道，这个团体应当补足我们协会所缺少的"理想主义"。俄国的理想主义！

今天晚上在我们总委员会中，特别是在法国人当中，对这个文件表示了极大的愤怒。我早就知道这个丑恶文件了。我认为它是一个死胎，为了老贝克尔，我曾想让它无声无息地死去。

但事情变得比我想的更为严重。诸如要尊重老贝克尔这样的想法，再也不能允许了。总委员会今晚决定在巴黎、纽约、德国和瑞士公开宣布拒绝承认这个混进来的团体。已委托我（在下星期二以前）草拟拒绝承认这个团体的决定。由于老贝克尔，我对这一切感到遗憾。但我们的协会不能为了老贝克尔而自杀。

评论：随信附上文件，询问恩格斯对国际社会主义民主同盟的纲领和章程的意见。1868 年 11 月 29 日贝克尔将两个文件寄给国际的总委员会。总委员会表示反对接纳同盟加入协会，12 月 22 日马克思同恩格斯交换意见之后写成的通告信《国际工人协会和社会主义民主同盟》稍加修改后被一致通过。通告信揭露了同盟的分裂主义策略。

12 月 19 日 致信恩格斯，指出：谢谢你的意见！那天晚上我给你写信的时候，心情是很激动的。但是第二天早晨就恢复平静了，我决定以外交方式来处理这件事，这和你的建议的精神完全符合。

泰诺的《外省》一书非常好。对我们来说，其中有很多新的详细情节。如果巴黎人能再坚持一两天，帝国也就完蛋了。农民当中的（共和）运动的规模，比我们所知道的要大得多。

附上赖德律 – 洛兰的机关报《觉醒报》。德勒克吕兹是个恶魔、老式的共和主义者、蠢驴。他担任临时政府的委员时，曾诱使比利时人在里斯康土村附近陷入埋伏。

由此可见，他不是一个叛徒，就是一匹头号蠢驴，大概是后者。

工人打算为雷·约翰逊举行宴会的蠢举由于我们的劝阻而未实现。提出这个倡议的康宁斯比是一个流氓。这个家伙曾到美国作过一次愉快的旅行，他在那里被西华德所收买，答应在伦敦给雷·约翰逊以这样的接待。他就是几年前给《泰晤士报》写信的那个工人，他在信中说工人在政治上是满意的，不需要选举权。

评论：马克思认为泰诺的《外省》一书非常好。告知英国工人的一个宴会计划没有实现。这个宴会计划是指 1868 年 11 月，英国工联运动的改良主义首领阿普耳加思等人参与成立了一个委员会，计划用工人名义组织一次欢迎美国驻伦敦大使约翰逊的宴会。建议总委员会派代表参加。马克思反对总委员会和工人参加组织这类宴会，他在发言中强调指出，约翰逊不是美国工人阶级的代表，工人不应当听命于贵族和资产阶级。总委员会决定派肖和荣克到委员会的组织会议上进行解释工作，反对这种做法。由于总委员会的代表在委员会中进行了工作，以工人名义欢迎约翰逊的企图未能得逞。

12 月 28 日 致信海尔曼·荣克，指出：您刚走我就收到巴枯宁的一封信，他在信里向我保证他对我的特殊友谊。

我从他的信里看出，他又给德·巴普写了一封详细的信去引诱他参加国际同盟。因此，为了避免以后可能发生纠纷或者因未及时通报情况而产生怨言，您必须尽快地把我们关于同盟的决议的副本寄给德·巴普。当然，您也要告诉他，考虑到瑞士的目前状况和为了避免造成任何分裂的借口，我们不打算公布这个决议，只限于把它的内容秘密地通知各国的中央委员会。

评论：信中讲到巴枯宁的虚伪，他引诱德·巴普参加国际同盟，马克思认为必须把关于国际同盟的决议的副本寄给巴普，同时也要考虑不要成为造成任何分裂的借口。马克思还请荣克邀请阿普耳加思参加国际总委员会会议，是指 1869 年 1 月 5 日召开的国际总委员会会议，在这次会议上讨论了卢昂棉纺织工业工厂主所宣布的同盟歇业和巴塞尔的同盟歇业问题。

1869 年

1月1日 致信恩格斯，指出：你从附上的巴黎出版的《钟声》和《喧声》这两份刊物上可以看出，那里充满着多么大胆的语调。普鲁士反对派的语言怎能与它相比！这种小刊物——甚至罗什弗尔本身也是它的代表——曾是波拿巴制度特有的产物。现在它却是反对波拿巴制度的最利害的武器。

附上的两期《先驱》可供你了解巴塞尔的风潮。这些可恶的家伙——我是指我们在那里的地方代表——具有一种使国际工人协会对业主和工人之间的任何地方纠纷承担责任的特殊才能。此外，他们不采取应付战争的任何措施，如成立工会，而是愈来愈高声地喊叫。州政府正出面干预。这样一来，最微小的事件也会变成重大事件。于是开始向整个国际工人协会，特别是向伦敦总委员会呼吁，要求立即支付瑞士的战斗经费。随后贝克尔"老头"来信说，我们不应当再象在日内瓦事件中那样，使自己"信誉扫地"，如此等等。关于此事和关于俄国—国际的插曲，还是下次再谈吧。

评论：马克思把1868年《先驱》11月号和12月号寄给恩格斯，上面载有关于1868年11月9日开始的巴塞尔织带业工人罢工情况的描述。马克思在《总委员会向国际工人协会第四次年度代表大会的报告》中曾对巴塞尔工人的这次经济斗争作了详细评述。

1月13日 致信恩格斯，指出：现在简单报道一下"国际的事态"：

（a）"国际社会主义民主同盟"：总委员会在1868年12月22日一致决定："（1）国际社会主义民主同盟章程中规定它同国际工人协会关系的所有条文一律宣布废除和无效；（2）不接纳国际社会主义民主同盟作为一个分部加入国际工人协会"。用严密法律形式所表达的这项（由我校订的）决议的引言指出，筹建中的同盟的章程和我们的章程等是相抵触的。决议的引言部分的最后部分宣布，布鲁塞尔代表大会在反对和平和自由同盟时就预先解决了这个问题。老贝克尔应当意识到这是暗指他的愚蠢行为的。代表大会曾就同盟要求国际协会承认它一事声明：既然同盟断言它的原则和宗旨与国际协会相同，那末它就"没有任何理由"存在。引言结尾还说："日内瓦发起小组的某些成员"自己曾在布鲁塞尔投票赞成这项决议。

在此期间，我们收到了布鲁塞尔、卢昂、里昂等地的来信，他们都表示无条件拥护总委员会的决议，没有一个人支持日内瓦发起小组。这个小组的活动不够正派，这从以下事实就可以清楚地看出，它起先曾力图把布鲁塞尔人等等拉到自己方面去，在这之后才把它的成立和活动通知我们。我认为问题已经解决了，虽然我们还没有收到日内瓦对我们的"判决"的答复。无论如何，他们的企图没有得逞。

（b）关于巴枯宁。

为了更好地了解此信所附他的来信的内容，你应当知道下述情况：首先，他的信和我们关于"同盟"的"通告信"错开了。因此，巴枯宁还陶醉于愉快的幻想中，以为我们将放心地让他自由行动。其次：俄国人谢尔诺在他过去与波克罕的通信中曾经坚决反对巴枯宁。我在给谢尔诺的复信中曾想利用这个青年了解巴枯宁的情况。但是，由于我对任何一个俄国人都信不过，我便采用了如下的方式："我的老朋友（不知道他是否仍然是我的朋友）巴枯宁目前在干什么，如此等等"。俄国人谢尔诺立即把这封信的内容告诉了巴枯宁，于是后者便借这封信制造了一个温情的序幕！

（c）关于老贝克尔。

他已完全陷入迷误。他起初给我们寄来一封长达四页的信，上面注明：12月21日于日内瓦，信里谈的是巴塞尔事件，但没有一件确凿的事实。然而，却要我们立即行动。同时，他写信对列斯纳说，我们（总委员会）在日内瓦事件中已经使自己"信誉扫地"，不应当重蹈覆辙。或者象他（在给列斯纳的信中）一字不差地说的：

"难道总委员会象上帝一样，只存在于愚人的宗教观念之中？"在日内瓦，人们谈到我们时，只是耸耸肩膀而已，如此等等。

荣克为此对贝克尔作了回答，荣克对他说，他的长达四页的来信毫无内容。他如何能相信凭这种空谈就可以在伦敦弄到钱呢？

贝克尔在12月21日的信中答应随后寄来一个详细报告。我们收到的却不是这个，而是《先驱》。你自己也看到了，《先驱》里实际上只有关于织带业主的"已经结束的"同盟歇业的报道，而根本没有说明以后的冲突是怎样发展的。总之，到现在为止，除了《先驱》上刊登的材料外，我们什么也不知道。根据这种材料，不但不能向工联请求帮助，而且甚至不能用总委员会的名义就这件事发表任何东西。我们总不能让巴塞尔的高利贷者回击我们时，说我们根本不了解情况就大喊大叫吧？

一星期以前，总委员会终于决定谴责贝克尔和培列（日内瓦法语通讯员），因为他们到现在为止没有向我们提供关于巴塞尔事件的必要材料。事情到此暂告结束。我为老贝克尔惋惜。不过他总应当察觉到，虽然我们尽量避免进行任何直接干预，但领导权是掌握在我们手中的。

（d）卢昂、维恩等地的罢工（纺织业）。

罢工大约是在六至七个星期之前爆发的。在这个事件中值得注意的是，不久以前，纺织工厂主们（还有纺织工人）曾在亚眠举行大会，由亚眠市长主持。大会根据一个久居英国的名叫维达尔的商人的建议，决定在英国同英国人展开竞争，等等。就是说，在英国为法国棉纱等等建造仓库，既在英国本国出售，又向直接与英国做生意的外国商人出售。要做到这一点，就必须进一步降低工资，因为大家知道，只有低工资（与英国相比较）才能在法国本国（在现存的关税制度下）对抗英国的竞争。在这次亚眠大会以后，卢昂、维恩等地果然开始降低工资。因此发生了罢工。当然，我们已通过杜邦将这里营业不好的情况（特别是纺织业）和目前由此产生的筹款困难告诉了这些人。同时，你从附上的信件（维恩来的）中可以看出，维恩的罢工已经结束。鉴于卢昂的冲突仍在继续，我们暂且给卢昂工人寄去了一张二十英镑的票据，让他们到巴黎铜器工人那里去取钱，这笔钱是巴黎铜器工人早在同盟歇业期间欠我们的。一般来说，这些巴黎工人的行动比瑞士工人要理智得多，同时他们的要求也低得多。

评论：信中介绍了很多国际的最新动态，包括国际社会主义民主同盟、巴枯宁、贝克尔的情况以及卢昂、维恩等地的纺织业的罢工。1868 年 12 月，法国各地区因降低工资，在棉纺织工业中爆发了多次罢工，其中最大的一次是索特维耳－勒－卢昂的罢工。罢工工人在国际卢昂支部的协助下，获得了卢昂和巴黎其他行业工人的支持。卢昂支部曾向总委员会请求援助。总委员会会议讨论了卢昂和维恩两地的罢工问题，通过了一项抗议法国企业主的专横行为的决议。总委员会号召英国工人支援受到同盟歇业迫害的卢昂工人，并且采取其他措施对罢工工人进行物质支援。马克思在他起草的《总委员会向国际工人协会第四次年度代表大会的报告》中详细论述了卢昂罢工。

1 月 28 日 致信恩格斯，指出：李卜克内西给我来信说，在瑞士和德国即将发生反对贝克尔（我们的老头）的叛乱，只有在贝克尔同巴枯宁决裂，抛掉自己的专横作风的情况下，才能避免公开争吵。人们对他的财务管理和财务报告极为不满。李卜克内西希望我以私人名义写信给贝克尔，因为他很固执。但这是一件很棘手的事。威廉将在 5 月份去维也纳。最后五十本《福格特先生》已按照我的指示交给库格曼保存。

葛尼案件使我感到非常好笑。我研究了这一卑鄙事件的全部细节，在市长官邸的辩论记录中，除了伟大的爱德华兹的发言以外，我没有发现任何新东西。

评论：马克思对琼斯因患肺炎逝世感到震惊和伤心。信中告知李卜克内西的来信，请马克思调停贝克尔和巴枯宁之间的关系。马克思觉得贝克尔很固执，这是一件很棘手的事情。信中谈及的葛尼案件，是指 1866 年英国大银行之一奥维伦德—葛尼公司的破产。

1 月 29 日 致信恩格斯，指出：艾希霍夫的兄弟愿意再版我的《雾月十八日》（并为它付款）。

我当时认为需要就这件事写信给迈斯纳，以便多少征得他对再版的同意（他不喜欢出小册子）。他来信说，除他以外，其他任何人都不应该出版这一著作，因为他是我的正式的出版者，并且希望仍旧是这样。因此，这一著作在略加修改以后，应当直接寄给他。

问题：你能否给我找到一本《路易·波拿巴》？是否能从鲁普斯的遗物中找到一本？

评论：信中告知恩格斯，艾希霍夫的兄弟愿意再版《路易·波拿巴的雾月十八日》，但是该书的正式出版者迈斯纳不同意，要求自己始终保有出版权。

2月11日 致信路德维希·库格曼，指出：附上的阿·卢格的信，是我在布莱得弗德的朋友施特龙从他的一个做生意的朋友那儿得到的。卢格显然已不能反对"否定的否定"了。这封信您必须立刻退还给我，因为施特龙还得把它交还收信人。

我们的总委员会在此地的财务委员考威尔·斯特普尼——一个很有钱有名的人，但完全献身于工人的事业，虽然其表现有些反常，——向他在波恩的一个朋友打听有关工人问题和社会主义的（德文）书刊。这个朋友给他寄来一份波恩的政治经济学教授黑耳德博士编写的（书面）简评作为答复。他的评论证明这些学术官僚目光非常短浅。关于我和恩格斯他（黑耳德）这样写道：

"恩格斯《英国工人阶级状况》——德国社会主义共产主义书刊中最好的作品。""卡尔·马克思和恩格斯关系密切。他是社会主义领域所能提供的最科学、最博学的著作即《资本论》的作者"等等，"虽然这本书不久前才出版，但它毕竟是1848年前运动的回声〈！〉因此我在这里把它和恩格斯的书并提。这一著作对当前也是〈！〉很有趣的，因为〈！！〉可以根据它来研究拉萨尔的基本思想是从哪里吸取来的。"

一个德国大学的政治经济学讲师写信给我说，我的书完全使他信服，但是……但是他的地位要求他"也和其他同事一样"不说出自己的信服。

一方面是学术官僚们的胆怯，另一方面是资产阶级报刊和反动报刊的沉默阴谋，给我造成很大的损失。迈斯纳来信说，这本书在秋季集市上销售情况不好。还差二百多塔勒才够补偿全部开支。他还表示，如果能在几个大城市如柏林等地，哪怕只做到象库格曼在汉诺威所做到的一半，我们早就出第二版了。

评论：信中告知由于雾天的影响和自己患了特别严重的流行性感冒，以及底片洗印的缓慢导致了回信的拖延。马克思认为考威尔·斯特普尼的评论证明这些学术官僚目光非常短浅。信中还告知《资本论》第一卷在秋季集市上销售情况并不好。

2月13日 致信恩格斯，指出：附上鲁高来信和他们的章程等。因为目前我要写自己的书，十分忙，并且在伤风和热病使工作中断数周以后，我又真正重新开始工作了，所以，如果你能有空给我起草一个关于所附文件的简短报告（尽可能用英文写，供向总委员会报告用），那就太好了。这些英勇的鲁高矿工是德国第一批同我们发生直接联系的工人；我们应当公开声援他们。

评论：信中请恩格斯帮助起草一个报告，是恩格斯后来写成的《关于萨克森煤矿工人行业协会的报告》，这是恩格斯根据鲁高、下维尔施尼茨和埃耳斯尼茨等地的萨克森矿工寄来的材料写成的。萨克森矿工向总委员会和马克思本人声明他们愿意加入国际。当时英国的《泰晤士报》《每日新闻》和《晨报》都拒绝刊登这一文件。1869 年 3 月初，马克思亲自将恩格斯这篇手稿译成德文，在《社会民主党人报》《民主周报》《未来报》上发表。

2 月 15 日　致信保尔·拉法格和劳拉·拉法格，指出：《人民报》最使我开心的情况是，这些博学的蒲鲁东主义者被迫以文人的面目出现，就是说扮演他们所非常鄙视的、但又是他们所能扮演的唯一的和真正的角色，而扮演这种角色是唯一适合他们做的事情。这是历史的讽刺的一个绝妙的例证！

保尔对他同鲁瓦埃小姐的那段奇遇的生动叙述，恩格斯和鄙人我都感到开心。他的失败我毫不感到惊奇。他大概记得，我在读了她为达尔文的书写的序言以后，就立刻对他说过，她是资产阶级的代表。英国社会的生存斗争——普遍的竞争，一切人反对一切人的战争——使达尔文发现残酷的生存斗争是"动物"界和植物界的基本规律。但是达尔文主义与此相反，却认为这是证明人类社会永远不能摆脱自己的兽性的决定性论据。

关于《哲学的贫困》，我确实不知道我在这一方面还能做些什么。事情从一开始就搞坏了。本来应当立刻把书接收下来并表示感谢，但现在要挽回局面已经太迟了。我写信给迈斯纳，要他注意福格勒，但是我们揭穿这个流氓也未必能有什么收获。最糟的是，菲韦希不仅把书积压在他那儿，而且使它停止了流通。如果他重新登出广告，该书每册按二法郎出售，那是有可能把书卖掉的。拉法格应当本着这个精神和他商量。

恐怕我不能为正在筹办的新报纸做很多事。无论如何我要尽力而为。考威尔·斯特普尼永远不会提供一万二千英镑贷款。这个好心肠的傻瓜把自己的资金非常荒谬地零零碎碎地浪费掉了。《社会经济学家》就是靠斯特普尼出钱维持的。这是那个自以为是克伦威尔的老侯里欧克的出版物中最无聊的东西。没有一项可疑的慈善事业是斯特普尼不去插手，或者更确切些说，不去投资的。因此，尽管你们希望他在更大的规模上开展自己的活动，但是他对此既没有愿望，也没有能力了。

我们的国际在德国取得了巨大的成就。我提出的我们的新方案，即只允许个人入会，会员证收费一便士，在会员证的背面用德文、法文和英文印上我们的原则，证明是正确的。荣克一天天变得越来越象个小业主了。他象个先知一样郑重预言或者编造无尽无休的胡说，在这方面他所表现的那种油腔滑调、装模作样和自满自负，简直变得令人不能容忍了。杜邦对他讲了这一点，并且补充说，他（荣克）还有一个习惯，即在谈话的时候双手插在兜里，把钱币弄得铮铮作响。不过实际上他并不怎么坏。

我的老相识——俄国人巴枯宁——策划了一个不大的反对国际的狡猾阴谋。他在和平和自由同盟的最近这次伯尔尼代表大会上同它闹翻并退出这个组织以后，加入了我们协会的日内瓦罗曼语区支部。他很快就把我们好样的老贝克尔缠住了。贝克尔时刻渴望采取坚决行动，但他非常缺乏批判能力。他容易受诱惑，是个象加里波第那样的热心人。于是，巴枯宁秘密地准备组织"国际社会主义民主同盟"，它将同时既是我们的国际的一个分部，又是一个新的独立的国际性组织，宣布自己的"特殊使命是研究"无产阶级运动的"最高哲学等等的原则"；实际上这个计划如果再加上狡猾的手腕就会把我们的协会置于俄国人巴枯宁的领导和最高控制之下。他进行活动的方法是非常独特的。他背着我们把他的新纲领（由老贝克尔带头署名）寄往巴黎、布鲁塞尔等地；他还向那些地方派遣了自己的特使。前不久他们才把这些文件寄给伦敦的总委员会。我们用一项正式的决议击退了这个乳臭未干的俄国人的进攻。我们所有的分部一致赞成这个决议。当然，老贝克尔现在对我是心怀不满的，席利根据他的消息也会对我不满，但是，尽管我个人同贝克尔是友好的，我不能允许这一瓦解我们协会的最初尝试得到成功。

杜邦是否告诉过你们，英勇的韦济尼埃已被当作卑鄙下流的造谣者赶出了著名的法国人支部？在这以后他成了《蟋蟀报》公认的英雄，这家报纸公开反对"伦敦总委员会"及其在布鲁塞尔的助手"多疑"。

评论：马克思很担心劳拉的健康，想去伦敦探望。马克思赞同韦莫雷耳的《1848年的人物》一书中的一些认识，也指出了其中的不足。马克思表达了不奇怪拉法格与法国女作家鲁瓦埃谈不成《资本论》第一卷译成法文一事。鲁瓦埃的资产阶级观点，使马克思不得不拒绝她的帮助，马克思还谈到国际在德国取得了巨大的成就，也谈论了巴枯宁的一些破坏阴谋。

2月24日　致信恩格斯，指出：报告收到了，非常感谢。写得十分清楚。我没有作任何修改，只删去了结尾的一句话（或者更确切些说，只删去了其中几个字）。昨天我在总委员会上宣读，已被通过。准备先把它送给《泰晤士报》（或者更确切些说，由埃卡留斯送去）。如该报不登，就送给《每日新闻》。然后把英国报纸的剪报寄给《未来报》、《社会民主党人报》和威廉。鲁高的可怜的人们看到英国报纸上刊登他们的事情，一定会非常满意。

附上决议，共六份。这些决议的情况是这样的。根据（布鲁塞尔）代表大会的决定，责成我们出版布鲁塞尔的决议。我们以日内瓦的决定是纲领的一部分为理由，同时出版了伦敦中央委员会提交日内瓦代表大会并为这次代表大会通过的一部分决议；而把法国人提出的并在日内瓦也被通过的修正案等无聊的废话删掉了。因此那一部分决议是由我写的。1868年的决议的起草工作我根本没有参加。其中只有我的一句话，就是"关于使用机器的后果"的决议的第一段。

巴枯宁对库尔兰和里夫兰的"斯拉夫"兄弟抱有野心，这太过分了。他对西里西亚的野心也不小。

评论：信中称赞《关于萨克森煤矿工人行业协会的报告》写得非常好，将会帮助鲁高的工人。随信寄去《国际工人协会。1866 年日内瓦代表大会决议和 1868 年布鲁塞尔代表大会决议》，并说明了这些决议的情况。

3 月 1 日　致信恩格斯，指出：福斯特的书也在星期六晚上收到了。这本书在当时无疑具有重要的意义。第一，因为它对李嘉图的理论作了完备的阐述，而且关于货币、汇率等等比李嘉图论述得还好。第二，因为从这里可以看出，英格兰银行、调查委员会和理论家这些蠢驴是怎样努力解决英格兰对爱尔兰负债这个课题的。尽管如此，汇率总是不利于爱尔兰，而且金钱从爱尔兰流入了英格兰。福斯特给他们解开了这个谜：全部问题在于爱尔兰纸币的贬值。其实，布莱克比他早两年（1802）就充分阐明了名义汇率和实际汇率之间的这种区别。此外，配第对此也作过一切必要的阐述，只是人们后来又把这一点给忘了。

爱尔兰大赦是所有这类事件中最卑鄙的事件。第一，大多数被赦免的人已经快要服满刑期，而刑满以后，全部苦役犯都会获得假释。第二，大多数主犯坐牢是"因为"起源于"美国"因而特别有罪的芬尼亚运动。正因为如此，释放的就是象科斯特洛这样的美国的爱尔兰人，而英国的爱尔兰人则仍关在狱中。

关于我那本反对蒲鲁东的书，拉法格写道：

"布朗基有一本，他把它借给自己所有的朋友阅读。特里东也读过这本书，他对摩尔收拾蒲鲁东很高兴。布朗基对你们极为敬重……他给蒲鲁东想出了一个我所知道的最妙的绰号，把他叫作湿度计。"

在约翰牛因亚拉巴马号条约中的让步而使自己大大丢脸以后，山姆大叔竟然又向他屁股上踢了一脚。我自己根据美国报纸断定，这完全是居住在美国的爱尔兰人干的事情。比斯利教授也许现在会相信，爱尔兰人在美国的作用并不等于零。

评论：马克思认为福斯特的书《商业汇兑原则概论》具有重要意义，并作出具体评论。马克思批判了爱尔兰大赦，认为这是所有这类事件中最卑鄙的事件。信中谈到了拉法格的出版计划，他计划出版法国政治周报《文艺复兴》。拉法格积极参加了该报的筹备工作，他写过两篇文章：一篇是批判蒲鲁东主义的文章；另一篇是扼要阐述《共产党宣言》基本原理的文章。拉法格曾打算请马克思为该报撰稿。但出版计划未能实现。

3 月 3 日　致信恩格斯，指出：我们可尊敬的威廉有他独特的手法。

起初，他转载埃卡留斯发表在《新莱茵报评论》上的《伦敦的缝纫业》一文，既不征求埃卡留斯的意见，也不注明原载《评论》。然后，他写信给埃卡留斯，说他想把这篇文章作为小册子出版。埃卡留斯答复他说，在这种情况下，就需要写第二章，因为近十九年来形势已经完全改变了，而威廉在热衷于抄袭时没有注意到这一点。

威廉的另一种做法是：

他写信给埃卡留斯，要他将刊登你的著作《德国农民战争》的那期《评论》寄给他。

这就是说，威廉想不经你同意，并且仍然不说明转载自《评论》，就转载你的著作。

幸亏昨晚埃卡留斯在中央委员会对我谈了这件事。我对他说，我要写信把这个情况告诉你，并且要埃卡留斯暂时别寄任何东西给他。

至于说事情本身，我这里还有多余的一本，可以寄给威廉。我同时也考虑到，即使我们以后要共同再版我们的各种著作，现在让威廉的小报转载，对我们也没有害处；而转载文章会收到很好的直接效果。

但无论如何不能允许威廉发表文章时把它说成是专门为他写的，而不是转载自《评论》的。

请赶快把你的决定告诉我。

还有一件有趣的事。可能你在奥格斯堡的《总汇报》上已经看到，我们两人成了奥伯温德要在维也纳出版的工人报纸的撰稿人。

情况是这样：大约在新年前的一个月，奥伯温德请威廉写信给我，说他想出版一种文选，为此想要我的传记。要我把一切必需的材料寄给奥伯温德。我只给他寄去了事实材料和一些文件（《科伦案件》等等）。后来我就没有听到关于这件事的任何消息了。

现在，几个星期以前，奥伯温德给我来信说，文选出不成了。但他将把这篇东西刊登在他打算出版的报纸上。好象已有六七千订户。他请我撰稿。我忘了答复他，今天我就写回信。

一般说来，我认为，我们如能在维也纳有个关系，那是很好的。

评论：信中对李卜克内西不经允许转载文章表达了不满。还告知恩格斯，奥伯温德想出版一种文选，为此想要马克思的传记，后来文选没有出成，他请马克思为自己计划在维也纳出版的工人报纸《人民呼声报》撰稿。

3月3日 致信路德维希·库格曼，指出：凯特勒现在太老了，不能再由他作任何试验了。他过去有很大的功绩。他指出，即使是社会生活的表面上的偶然性，由于它们周期性的反复和周期性的平均数，仍旧具有内在的必然性。但是他从来没有能对这一必然性作出解释。他也没有取得任何进展，仅仅扩展了他观察和计算的材料。就是现在他也没有超过 1830 年以前的成就。

入夏以前我大概不会完成第二卷。那时我将带着手稿同我女儿一起到德国去看您，或者更确切些说，拜访您。

在法国，一个非常有趣的运动正在进行着。

巴黎人为了准备去从事即将到来的新的革命斗争，又在细心研究他们不久前的革命历史经验了。首先是帝国的起源，其次是十二月政变。这次政变已被完全遗忘了，就象德国的反动派也曾成功地把对 1848—1849 年的回忆全部抹掉一样。

正因为这样，泰诺关于政变的书才在巴黎和外省引起了极大的注意，以致在短期内就出了十版。接着还成打成打地出版了其他许多论述同一个时期的书。这是一种热潮，因而很快就成为出版商的一项投机买卖了。

这些书都出自反对派的手笔，例如，泰诺就是《世纪报》（我指的是自由资产阶级的报纸，而不是我们的世纪）的人。所有属于官方反对派的自由派流氓和非自由派流氓都拥护这个运动。共和民主派也是这样，例如德勒克吕兹这样的人，以前是赖德律-洛兰的副官，现在则以共和派家长的身分在巴黎编辑《觉醒报》。

到现在为止，所有的人，只要不是波拿巴主义者，全都陶醉于这种事后的揭露之中，或者宁可说，陶醉于回忆之中。

可是，接着就出现了事情的另一面。

首先，法国政府通过叛徒伊波利特·卡斯蒂发表了《1848 年的六月屠杀》。这是对梯也尔、法卢、马利、茹尔·法夫尔、茹尔·西蒙和佩尔坦等人的当头一棒，一句话，是对法国的所谓"自由联盟"的头子们的当头一棒，这些人竟想骗取下次选举的胜利呢，无耻的老狗！

接着社会主义政党出场了，它"揭露"了反对派和旧式的共和民主派。

这些人当中，如韦莫雷耳就写过《1848 年的人物》和《反对派》。

韦莫雷耳是蒲鲁东主义者。

最后，布朗基主义者也发表意见了，如古·特里东就写了《吉伦特和吉伦特派》。

这样一来，整个历史的魔女之锅就沸腾起来了。

什么时候我们那里也会这样呢！

评论：信中抱怨摄影师还没有把加洗的照片送来。还想把一些《福格特先生》的书存放在库格曼那里。信中谈论了阿·凯特勒及他的书《论人和人的能力之发展，或试论社会物理学》。还谈到法国正酝酿着新的革命，以及法国思想领域和政治领域的分歧和斗争。马克思提到社会主义政党登上历史舞台，批判、揭露资产阶级。

3 月 3 日 致信亨利希·奥伯温德，指出：您 2 月 14 日的来信我答复晚了，请原谅，因为我身体欠佳。

我无需向您保证您也知道，我对维也纳的工人运动是很感兴趣的。因此，如果我能自由地支配自己的时间和自己的力量，我就会立刻遵命为您的报纸撰稿。但是疾病常常使我无法工作。除了完成我的著作《资本论》第二卷以外，剩下的不多的空闲时间又完全忙于国际工人协会的事务。

因此我不能向您承诺在最近的将来为贵报撰稿。

评论：这是一封草稿。信中表示对维也纳的工人运动很感兴趣，但是由于疾病和需要完成著作，以及忙于国际工人协会的事务等原因，难以保证能及时为《人民呼声报》撰稿。

3月5日　致信恩格斯，指出：附上的文件是昨天收到的（虽然日期写的是2月27日）。阅后请立即退回，因为下星期二我要把它提交给委员会。"同盟"的先生们为了搞出这部作品可没少花时间。

事实上，我们倒乐意他们能在法国、西班牙和意大利为自己保住"无数的军团"。

巴枯宁以为：如果我们赞同他的"激进纲领"，他就可以把这件事公开宣扬出去，从而在某种程度上败坏我们的名誉。如果我们表示反对，人们就会骂我们是反革命分子。此外，如果我们允许他们参加，他就会设法在巴塞尔代表大会上争取一些败类支持他。

我认为应当答复如下：

根据章程第一条，接受"追求共同目标即追求工人阶级的保护、发展和彻底解放"的一切工人团体。

因为同一个国家的工人的各种队伍和不同国家的工人阶级的发展水平必然是极不相同的，所以，实际运动也必然以十分不同的理论形式反映出来。

国际工人协会所确定的行动一致，通过各国支部的各种机关报刊所进行的思想交流，以及在全协会代表大会上所进行的直接讨论，也将逐步为整个工人运动创造出共同的理论纲领。

研究这个纲领是不是如实地、科学地反映了工人运动，并不是我们的任务。它只需要弄清楚，纲领的总的方向同国际工人协会的总的方向——工人阶级的彻底解放有没有相抵触的地方！

纲领中只有一句话是可以受到这种指责的，即第二条："同盟首先力求实现各阶级在政治、经济和社会方面的平等"。"各阶级的平等"，如果照字面上理解，不过是资产阶级社会主义者所宣扬的"资本和劳动的协调"的另一种说法而已。不是"各阶级的平等"——这在逻辑上是不可能的，——相反地是历史地必然出现的"消灭阶级"，才是国际工人协会力求达到的最终目标。但是，从纲领中这句话的上下文可以看出，这纯粹是一个笔误。因此，总委员会完全相信，这句可能引起危险误解的话将会从纲领中删掉。

在此条件下，根据国际工人协会的原则，允许每个支部自己对自己的纲领负责。因此，没有任何障碍会阻挡同盟各支部变成国际工人协会的支部。

如果将这样做的话，那末，根据条例，就必须立即把注明新加入的支部的国名、所在地和成员人数的登记表寄给总委员会。

最后这一点——清点他们的军团——会使这些先生们特别不痛快。你觉得这个复信草稿应该作哪些修改，请在退回原信时告诉我。

至于李卜克内西，我把问题又考虑了一下。在他那糟糕的小报上发表文章是不合适的。靠威廉帮助出版小册子是一种幻想。我想写信给艾希霍夫，问问他的兄弟是否同意廉价出版这篇东西，你看如何？这样，你就可以把稿酬捐给很需要钱的总委员会了！我这里（除我那套已经装订好的全份的《评论》以外）还有一本载有《农民战争》的第六册。我可以把它寄到柏林去。请立即就此事来信。

此外，威廉应当转载军事问题小册子的最后一章。同迈斯纳不可能谈妥（因为威廉必须付现金！况且迈斯纳对这类问题是非常计较的）。

评论：随信附上1869年2月27日社会主义民主同盟中央局写给总委员会的一封信。信中声明说，如果总委员会赞同它的纲领并接受同盟的各个支部加入国际，它准备解散国际同盟。马克思请恩格斯阅后返还，并提出了自己的答复意见。马克思根据章程、纲领对社会主义民主同盟提出要求。马克思在本信中叙述的《国际工人协会总委员会致社会主义民主同盟中央局》这一复信草稿后来为总委员会会议通过。信中揭露了巴枯宁的企图。

3月14日 致信恩格斯，指出：从附上的迈斯纳的信中你可以看出《路易·波拿巴》一书的情况如何。由于迈斯纳直接（口头）对我说过，他只是偶尔出于人情才出版小册子，对这话你不用理睬，因此，我倒乐意你亲自直接写信同他谈谈《农民战争》的事。如果毫无结果，我将写信给艾希霍夫，我同他保持着国际的事务上的联系。

李卜克内西具有搜罗德国蠢人的才能，《民主任务和德国工人》一文的作者就是一个例子。对这篇乌七八糟的东西，人们甚至只能用南德意志方言默读。这个混蛋要求工人推翻俾斯麦，那时他才答应给工人充分的迁徙自由，并满足其他的社会主义要求！真是骇人听闻！

《未来报》上的文章的作者狡猾得多，而且更熟悉北德意志的情况。但他也得出结论说，工人应当殷勤地为民主派先生们火中取栗，而暂时不要去做组织工联这类的小事情。如果这些先生是直接革命行动的如此热烈的拥护者，那末他们为什么不在这方面以身作则，却反而在《未来报》上写些小心谨慎、四平八稳的文章呢？竟想用这种乌七八糟的东西激发革命热情！这种东西是无济于事的！

给日内瓦人的复信已经寄出。我在这封用法文写的信里采用了更为尖锐的和相当讽刺的语调。幸好，英国人没有察觉这一点，当然，他们知道的仅仅是我的英译文。

除了已经告诉过你的那封正式信以外，这些先生们还给埃卡留斯写了一封长达四页的私人信，信中说只是由于贝克尔、巴枯宁和写这封信的培列的努力，才避免了公开的决裂。他们的"革命"纲领在意大利，西班牙等国几个星期所产生的影响，要比国际工人协会的纲领几年的影响更为强烈。如果拒绝他们的"革命纲领"，我们就将在"革命的"工人运动的国家（按他们的清单，计有：他们设有整整两个通讯员的法国，瑞士（！），除我们所拥有的工人外其余工人都跟马志尼跑的意大利，以及神父多于工人的西班牙）和工人阶级发展缓慢的国家（指英国、德国、美国和比利时）之间引起分裂。也就是说，将在火山式的、火成的工人运动同水成的工人运动之间出现分裂。

至于说瑞士人是革命型的代表，这实在可笑。

老贝克尔多么愚蠢，竟真的相信巴枯宁制订了"纲领"！

评论：信中批评李卜克内西的《民主周报》上刊登的东西乌七八糟。告知社会主义民主同盟给埃卡留斯写了一封长信，马克思认为工人运动在各国的发展水平不同，将使工人运动之间出现分裂。

3 月 20 日　致信恩格斯，指出：我打算加入英国国籍，为的是能够安全地去巴黎。如果不去一趟，我的书的法文版永远也出不成。我到那里去是完全必要的。按照帕麦斯顿的法律，如果愿意的话，在六个月以内还可以退出英国国籍。如果入籍者入籍前在原出生国犯有违法行为，一俟其返回该国，法律即一概不予保护。但除此之外，入籍者在对外国政府的关系方面享有与英国人同等的权利。如果我采用这种办法，我确实看不出，为什么不经波拿巴先生许可我就不能去巴黎。

关于《路易·波拿巴》一书，我不同意在正文前面刊印《评论》上那几篇只谈到 1850 年为止的文章。一方面，我不愿意给迈斯纳提供拖延的新借口；另一方面，对这一部分进行加工，补充一些后来人所共知的事实，那是很容易的，但是这事还可以等一等。德·巴普在布鲁塞尔为《路易·波拿巴》寻找法国出版人，结果白费力气。这些先生们要求作者出钱来办这件事。

布朗基现在正在巴黎，他在拉法格家里把穆瓦兰货真价实的江湖医生的万应灵药非常巧妙地挖苦了一番。他说，法兰西对自己的伟大人物从来不知感恩。例如，这位穆瓦兰用前所未闻的简便方法解开了百年之谜，但是巴黎却和从前一样，照旧干着自己的事情，就象什么事也没有发生似的。

卡斯蒂是一个六月起义者，曾因此被流放到凯恩，是在普遍大赦后回来的。他的这本书的第一版是真心诚意地写出来的。从那以后，政府收买了他，怂恿他出这个第二版来对抗泰诺的著作。书中改动的地方有：第一，调子一般说来更为资产阶级化了，有时卖弄聪明和教训人；第二，删去了反对十二月的英雄们的地方；第三，加进了少许为波拿巴轻微辩护的论述。尽管如此，主要内容没有改动，正如你所说的，这本书仍不失为一部很有用的著作。如果波拿巴先生也鼓励人们编纂 12 月 2 日以前的历史，那就很好了。各党派之间展开斗争，它们相互指责说：布鲁土斯，你也在内！这将有助于阻止 1848 年和更早时期的老畜生玩弄"革命伎俩"。

我把那本也寄给你（同卡斯蒂的著作一起）阅读过的韦莫雷耳的小册子在页边加了一些批注，通过市邮局寄给了比斯利。他寄还小册子给我的时候，一道寄来了现在附上的这封短信。这封信写得非常愚蠢，摆出一副学者架子。在我看来，实证哲学就意味着对一切实证的东西的无知。随信附上的第二封便函是我从波克罕那里收到的，是他给我的"荷兰亲戚"写的。

昨天，我在上星期三的《社会民主党人报》上看到了全文刊载的关于矿工行业协会的报告。《未来报》是否发表了它，我不知道。也许，这个报告没有达到唯一能适合社会政治的那种高度和明智程度。我这个星期还没有收到威廉的报纸。

顺便说一下，这里最近将举行纪念厄内斯特·琼斯的游行。这是由前改革同盟的克勒肯威尔支部发起的。它的领导人韦斯顿、鲁克拉夫特等都是我们总委员会的委员。组织委员会建议我担任特拉法加广场的五个主席之一，并在那里向群众发表演说。我已婉言谢绝。但我不能不替我自己和我的朋友们答应捐献一点钱作为游行经费。钱要在下星期二交付。因此，如果你和穆尔愿意参加捐献，请务必在此以前交钱。

评论：信中告知自己将把三篇文章编在一起出版，这三篇文章是《1848 年的六月失败》《1849 年 6 月 13 日》和《1849 年六月十三日事件的后果》，分别发表在1850 年的《新莱茵报。政治经济评论》杂志第 1、2、3 期上。这些文章后来成为马克思的著作《1848 年至 1850 年的法兰西阶级斗争》的主要组成部分。

3 月 29 日 致信恩格斯，指出：关于这次争执，我（今天）收到了现在附上的这封倍倍尔的来信。我提到六十本书的那封信刚寄去没多久，威廉本人不敢给我写信。

真是些奇怪的人！他们起先故意把自己置于必然挨打的地位。然后要求我作为deus ex machina 来进行干预，如果施韦泽的大会通过他所提出的关于接受国际纲领的决议，我就该傲慢地加以拒绝！而且在此以前，威廉一伙从纽伦堡代表大会以来，没有做一点有益于国际的事，他们简直什么也没有做，以致使得可怜的鲁高人认为必须直接向伦敦呼吁。我认为倍倍尔是一个有用的干练人材，但他把威廉先生看作自己的"理论家"，这是他的独特的不幸。

这些家伙自由散漫和玩忽职守的作风还表现在下面这件事情上：他们迄今没有向我报告过任何一件事实，以证实他们对施韦泽的叛变等等的控告。多么能干的人！

《劳埃德氏周刊》在上上星期天的一期中，极力颂扬我们的各项决议和整个国际协会。

我收到济克堡的一个真正制革工人狄慈根的来信。等我答复以后，就把它寄给你。狄慈根的论文在迈斯纳处出版，他保证付给迈斯纳印刷费，标题是：《人脑活动。一个手艺人的描述》。

评论：马克思批评李卜克内西在《福格特先生》一书的数量一事上的遁词。信中还附上倍倍尔的来信。马克思认为李卜克内西从纽伦堡代表大会以后没做过有利于国际的事情。倍倍尔和李卜克内西于 1869 年 3 月 28—31 日在巴门—爱北斐特召开的全德工人联合会大会上同施韦泽进行辩论。在他们的努力下，在拉萨尔派联合会中形成了一个反对施韦泽的政治策略的反对派。信中，马克思认为倍倍尔是一个有用的人材；还告知收到狄慈根的来信等事情。

4 月 5 日　致信恩格斯，指出：威廉—倍倍尔—施韦泽的舌战结局并不算坏。在一万一千张选票中，有四千五百张选票在表决施韦泽时弃权，这不能说是这位先生的胜利。

至于谈到《公民》，在它的撰稿人中还有柏林的恩格尔博士和布伦坦诺博士，看来，它是一个死产儿，或者象老威纳尔说的，是一具"僵尸"。劳埃德·琼斯按职业来说是个老裁缝，早在 1824 年的一次罢工中他已出头露面。很久以来他就在鼓吹合作社，而且保养得又肥又胖。奥哲尔和阿普耳加思这两个人都热衷于调解和讲究体面。我们在总委员会里把阿普耳加思先生狠狠地训斥了一顿。特别是关于奥哲尔的撰稿，这事从来没有超出广告的范围，这里的人对他开出的这种支票只是一笑置之。

波拿巴主义的（布斯特拉巴直接参加编辑的）《人民报》在两号报纸上就不久前日内瓦发生的恐怖行动（在印刷工人罢工时）指控我们国际，同时又嘲笑我们软弱无力。如果有办法使火山爆发限制在一个既显著而又狭小的活动范围内，那自然很好。但是人们经常象贝克尔一伙人所做的那样，不作准备，不考虑战斗基金，不注意欧洲景气还是不景气，就使国际直接卷入，这毕竟有损声誉。有关的几号《人民报》在我明天拿给总委员会看过以后就寄给你。

请给我寄几号《未来报》来，以便看看有关国会的消息。如果可能，再寄一些正在讨论棉花价格的曼彻斯特报纸来。据说，有一个曼彻斯特自由派的议员先生亲自在斯托克波尔特等地鼓动，或者要别人在工人中进行鼓动，让工人们直接要求政府在印度发展棉花生产，也就是说，实行另一种形式的保护关税政策。

评论：马克思认为李卜克内西、倍倍尔和施韦泽于 1869 年 3 月 28—31 日在巴门—爱北斐特全德工人联合会大会上所进行的辩论结局不算坏。倍倍尔和李卜克内西在大会上发言，谴责施韦泽同俾斯麦政府的关系，以及他阻挠在德国建立统一的工人政党的企图。大会表明，施韦泽的威信大为动摇，三分之一以上的代表拒绝支持施韦泽。会上提出了召开德国社会民主党代表大会的建议，试图建立统一组织。根据施韦泽的建议，大会通过了关于在德国法律许可范围内与国际建立更加紧密联系的决定。但事实上，施韦泽却继续执行宗派主义政策，并阻挠联合会加入国际。信中谈到《人民报》指控国际的同时嘲笑国际软弱无力。资产阶级报刊曾对罢工工人和国际掀起一场诽谤运动。马克思还请恩格斯寄来几号《未来报》以便了解有关国会的消息。

4 月 8 日　致信恩格斯，指出：今天我按照你的意见立刻给小威廉写了信。我补充说，如把价格定得哪怕稍高于成本，能利用盈余支付个人会员证的费用（每张证一便士），那就好了。根据洛桑和布鲁塞尔的决定，如果代表的选举人没有交纳"帝国税"，则代表不得参加代表大会。

《未来报》上我最喜欢的是高级法庭关于普鲁士臣民集会自由的决定。它远远超过法国的法院。基尔希曼这个讨厌家伙和他那位讨厌的评论家真是无与伦比。就是这个基尔希曼几年以前曾证实灵魂不朽。但是，他的创作却无论如何不是不朽的。

附上的信描述了莱茵省工人对巴门—爱北斐特代表大会的情绪。施韦泽忘记了，罗伯斯比尔只是在他对自己的事业满怀信心或能够用断头台作出答复的时候，才对指责不予理睬。但是，受贿的人根本不该把廉洁的人当作自己的榜样。

评论：随信附上莫尔受国际佐林根支部的委托于 1869 年 4 月 6 日写给马克思的信。从中可以看到莱茵省工人已经认清施韦泽的真实面目，倍倍尔和李卜克内西在发言中坚决维护国际的原则；莫尔认为佐林根支部正在巩固起来。信中告知已经给李卜克内西写信，告诉他如果代表的选举人没有交纳相关费用，则不得参加代表大会。

4 月 10 日　致信约翰·拉德劳，指出：我是知道您对工人阶级的功绩的，如果我知道您能阅读德文，那我早就愉快地把我的近著《资本论》（第二卷和第三卷还没有出版）寄给您了。

您在《双周》上的关于拉萨尔的论文中起初说，拉萨尔在德国宣传了我的原则，然后又说，我在英国宣传"拉萨尔的原则"。这倒的确是法国人所说的"互相效劳"。

在我寄给您的第一卷序言第Ⅷ页注 1 里，您可以找到对事实的明确叙述，那里说："拉萨尔的所有一般的理论原理几乎是逐字地从我的作品中抄去的"，但是我"同它们的实际上的应用毫无关系"。他的处方是国家帮助合作社——我仅仅出于礼貌才说是他的处方。实际上这是毕舍先生的，他在路易-菲力浦时代狂热地宣扬过这个处方。毕舍先生过去是圣西门主义者，《法国革命议会史》的作者，他颂扬罗伯斯比尔和神圣的宗教裁判所，例如，他在《工场》杂志上就宣传过自己的观点，拿它们来同当时的法国共产主义的激进思想相对抗。

您既然引用了我对蒲鲁东的回答——《哲学的贫困》，那末您从这个著作的最后一章里一定会知道，1847 年，当所有的政治经济学家和所有的社会主义者在唯一的一点即谴责工联这一点上意见一致的时候，我却证明了工联的历史必然性。

评论：马克思澄清了自己的思想与拉萨尔的思想的关系。马克思认为拉萨尔的所有一般的理论原理几乎都抄自自己的作品，但是实际上与自己根本不同，拉萨尔主张国家帮助合作社。马克思揭露拉萨尔的处方实际上是毕舍的；而毕舍是圣西门主义者，他与当时法国的共产主义思想相对立、对抗。

4 月 15 日　致信恩格斯，指出：附上威廉的便函。你首先会看到他给我的答复，我曾就他所指责的施韦泽的"卑鄙行为"向他提出询问。只有附上的谈到选举运动的那两个东西可算作这件事的"政治方面"。你务必把它们退还给我，因为威廉要求还给他，看来，这就是他的全部的政治"起诉材料"。

拉法格给我寄来了他用法文翻译的《共产党宣言》，我们应当看一下。我今天就把译稿邮寄给你。这件事目前不必着急。我决不愿让拉法格在这件事情上遭受不必要的失败。如果这部著作迟早要在法国出版，那末其中某些部分，如关于德国社会主义或者"真正的"社会主义部分，则需要压缩成几行，因为这些东西在那里引不起任何兴趣。

现在再回过头来谈谈威廉。我写信告诉他，你在什么条件下同意把《农民战争》交给他。他来信对你说，埃卡留斯（他根本不了解这件事）告诉他，你打算把这部著作寄给他，并说，他不能履行你所提出的条件。他接着对我说，他欠埃卡留斯三十塔勒已有半年，恳求我借给他这笔钱，他"发誓"保证过些时候——不一定什么时候——还给我。我绝不愿意干这种事了，因为我已把比这稍多的一笔钱借给我的朋友杜邦了。

拉德劳是一位律师，《旁观者》主要撰稿人之一，合作社派，笃信宗教，孔德主义者的死敌。由于比斯利、哈里逊等人参加撰写文章，他示威性地退出了我们的《共和国》报。很久以前他曾寄给我两本他写的小册子；他是琼斯·劳埃德或劳埃德·琼斯（那里这样称呼这个裁缝）的朋友。几天前我看了有关的那一期《双周》，我给他寄去了我手头的最后一本《资本论》。（附上收条，№1.）当然，我知道他懂德文。同时我寄给他一封信，对他的文章开了个小小的玩笑，说他在文章里先让拉萨尔在德国宣传我的原则，然后让我在英国宣传拉萨尔的原则。（复信，№2.）我希望通过他的媒介在英国报纸上终于能出现对我那本书的评论。拉德劳也很崇拜李嘉图，在穆勒把一切都弄得污秽不堪的今天，这已经是一种独特的现象了。

比黑格尔的评述更有趣的是茹尔·让南先生的评述，他的评述的摘录你可以在这本小书的附录中看到。这位"海上红衣主教"对狄德罗的《拉摩》里缺少道德的结论感到不满，因此他就按照自己的发现来修改这本著作，他发现拉摩的一切颠倒都是他因自己不是"世袭贵族"而产生的苦恼引起的。他在这种基础上堆砌起来的科采布式的劣作，现在正在象上演传奇剧似地出现于伦敦。从狄德罗到茹尔·让南的道路正是生理学者称作退化的变态的道路。这就是法兰西革命前和路易－菲力浦统治时期的法兰西精神！

桑顿先生发表了一部巨著《资本和劳动》。我还没有看到这本书，但是根据《每日新闻》发表的摘录来看，他预言，资本作为一种与劳动分离的力量，只有到极其遥远的将来才会消失。

评论：信中谈了对拉法格用法文翻译《共产党宣言》的一些看法，提出可以把关于德国社会主义或者"真正的"社会主义的部分压缩，因为无人关注。谈到了同李卜克内西的书信往来，谈到英国基督教社会主义创建人之一约翰·马·拉德劳，及他的文章《德国社会民主党人斐迪南·拉萨尔》，马克思给他寄去了一本《资本论》，希望他能帮助在英国报纸上开展对《资本论》的评论。信中还谈到德·狄德罗的《拉摩的侄子》，认为将给恩格斯以新的享受。

4 月 16 日 致信恩格斯，指出：我已给威廉写信，让他不要再在谈话中和信里面攻击艾希霍夫，因为波克罕自己现在承认了错误。威廉当然不知道，我从库格曼和老贝克尔那里也了解到他本人对艾希霍夫的怀疑。

顺便说一下，《海尔曼》现在是施梯伯的正式机关报。尤赫在许多债权人的逼迫下不得已把它卖掉了。在今天的报纸上，施梯伯已经开始在第一版刊登逮捕令，譬如刊登了逮捕一个名叫耶格尔的妇女的命令，罪名是非法堕胎。在这里代表施梯伯的当然是一个民族自由党的"施梯伯的应声虫"。我要打听清楚这个精心"保密的"姓名。

评论：信中谈及写信劝告李卜克内西不要再攻击艾希霍夫了。马克思询问是否收到了拉法格的译稿；并告知《海尔曼》已经被卖给施梯伯。马克思还告诉恩格斯可以用浓度适当的酒精洗洗眼睛，进行治疗。

4 月 24 日 致信恩格斯，指出：博尔夏特要了解的事，我只有过几天才能向杜邦打听。那一号《未来报》我找不到了。

顺便说一下，现在编《海尔曼》的那个新的"施梯伯的应声虫"，被人称为或者自称为海奈曼"博士"；他硬说他是从曼彻斯特来的。你了解他的一些情况吗？爱北斐特那位可敬的希耳曼给我来了一封信。我星期一把它寄给你。他指责李卜克内西再度同施韦泽停战而丧失了胜利果实。这位可尊敬的希耳曼在 1867 年曾经作为候选人同工人候选人施韦泽对抗过。原来这就是痛哭流涕的原因。

评论：信中告知自己备受肝脏病痛之苦。马克思向恩格斯询问是否了解一些海奈曼的情况，并告知希耳曼来信指责李卜克内西再度同施韦泽停战而丧失了胜利果实。信中提到希耳曼在 1867 年曾经作为候选人同工人候选人施韦泽对抗过，是指1867 年 2 月 12 日在巴门—爱北斐特举行北德意志联邦国会选举时，哈茨费尔特伯爵夫人领导从全德工人联合会分裂出来的一些拉萨尔分子，组织了一次反施韦泽的运动。希耳曼被提为候选人来同施韦泽对抗，但他没有得到工人的支持。

5 月 1 日 致信恩格斯，指出：这里附上给我们比利时书记的一封信，你看了随信附上的法国人支部的机关报《蟋蟀报》，就会看懂这封信；布鲁塞尔按照法国人支部的榜样成立了一个支部，日内瓦也成立了一个（未来委员会），总共有几十个人在皮阿的领导之下。

评论：信中告知，燕妮虽然依然病重，但是她仍然计划去巴黎。还告知布鲁塞尔和日内瓦成立了新的支部。日内瓦的未来委员会由皮阿领导。

5 月 8 日 致信恩格斯，指出：发生了比利时的屠杀。在各地纷纷发出呼吁之后，——这你从附上的报纸上会看到——中央委员会对这个非常重大的事件，终于应该讲话了。已委托我起草一份呼吁书。如果我拒绝，这事就要落到埃卡留斯身上，而他写这种抗议性文件是不能胜任的。因此我同意了这个建议。不过以我现时肝病的状况，用英文写已很困难——因为写这类文件必须用某种雄辩有力的文体——，接着还要用法文写，这更是一种不堪忍受的痛苦。但情急不顾禁令，于是我就用法文写了。我起初本想把这篇东西的英文原稿寄给比利时人，但我们的比利时书记贝尔纳（原系法国人）在与会的元老们面前说过（在本星期二），如果让半懂英文和完全不懂法文的比利时人去翻译，不如干脆丢在一边。因此我只好同意。你将能用两种文字来欣赏这篇东西。我认为德文翻译不重要，我把它交给埃卡留斯去做了，他从金钱方面考虑也愿意干这件事。

要是把象今天寄给你的《外交评论》上乌尔卡尔特先生那样的法文献给公众，那无论有无肝病，用法文写作的确是件极容易的事。他那莫名其妙的东西，甚至伟大的、大名鼎鼎的戈迪萨尔的珍奇杰作也无法与之媲美！

关于那个法国人——博尔夏特通过自己的小女儿向我打听此人——，我花了很多时间现在才了解到，这是一个无赖，他的确曾在一家很次要的下流报纸《萤火虫》占有一个很次要的位置。请你把这事告诉那位医生兼教士或者教士兼医生。

请别忘了告诉我关于曼彻斯特那位海奈曼博士——《海尔曼》的施梯伯的应声虫的情况。

关于威廉：艾希霍夫已给埃卡留斯带来"我的穆勒"的稿酬十英镑（我看，是艾希霍夫自己掏腰包付的），并以信任的口吻对我说，"我的穆勒"已经付印，但现在被压在莱比锡一个出版商手里，他要求付给的印刷费比威廉先生确定的正好多一倍。可见你似乎有先见之明，采取了正确措施。迈斯纳两个多星期以前就写信告诉我即将付印，可是他什么也没有干出来。这未免有点过分了。

据艾希霍夫说，德国现在信贷投机和金融狂盛极一时，所有的人都醉心于此道，这里是指上层各阶级。至于柏林工人，他认为他们是整个德国最悲惨的人。而新到那里去的人，在城市气氛和"廉价的"小型娱乐的影响之下，很快就完全堕落下去。俾斯麦、敦克尔、舒尔采—德里奇以及麦克斯·希尔施博士，正在这方面争夺冠军。

老哈茨费尔特的那位坏透了的门德，从前是到处流浪的即兴诗人和朗诵演员，他完全是一个流氓无产阶级的畜生。

哈森克莱维尔让施韦泽给欺骗了。艾希霍夫十分赞赏倍倍尔。

波士顿的哈尼——现任马萨诸塞州（他们还是正式称为"州"，而不称"共和国"）内政部的助理秘书或者类似职务——给国际委员会寄来一英镑会费，还有一封信，他在信中非常热情地问候你。他还要我寄给他一本《资本论》。他希望在纽约找到译者和出版者。

一个曾经翻译过几部黑格尔和康德著作的法国人，写信给拉法格，说他愿意把我的书译成法文，但是竟异想天开地要六十英镑作稿酬，另外，为此他还负责物色一个书商。

这里的波拿巴主义者的机关报《国际报》厚颜无耻地写道，国际总委员会已经不在伦敦开会；领导权现在转到巴黎"一个地位颇高的人物"手中。

假如你们也能从曼彻斯特给我们寄一点东西来捐给比利时人，而且尽快地寄来，那是非常好的。

顺便说一下，在关于农业使用童工情况的报告（只出了两卷，报告Ⅰ和目击者的证词）中，委员会委员们在载于报告前面的概要里，引用了有关剥夺工人的公有地的各种资料，这正是我所需要的。

评论：信中解释由于自己的肝病和妻子身体状况不好，以及艾希霍夫等三人的到来耽搁了回信。信中谈到1869年4月比利时当局对塞兰的考克利尔铁工厂和弗腊默里的矿场罢工工人进行的血腥镇压。马克思受委托代表总委员会起草抗议比利时屠杀的文告。马克思当时备受肝病折磨，但是，他认为如果他不能写呼吁书，由埃卡留斯写，就难以实现抗议性的效果。马克思忍受肝病，以法文写作了呼吁书。信中还谈论了迈斯纳迟迟没有出版《路易·波拿巴的雾月十八日》第二版等事情。信中还希望了解海奈曼的情况；转告了艾希霍夫介绍的德国的情况，上层各阶级醉心于信贷投机和金融投机，柏林工人处境悲惨。

5月11日　致信路德维希·库格曼，指出：抨击帕麦斯顿文集（我写的），尽管我怀着最好的意愿，还是没有给您找到。乌尔卡尔特反对俄国和帕麦斯顿的出版物中虽然也有许多正确的东西，但是整个事情被伟大的"大卫"的奇想搞糟了。

您的论文我寄给了恩格斯。在我们同可敬的报界完全隔绝的情况下，我们很难在这一方面帮助您，但是我们要试一试。

大约在8月底，我打算和我女儿一同去看您，并且和您一起在德国您愿意去的地方呆到9月底，虽然这会打断我完成我的手稿的工作。当然，我逗留的时间不能比这更长。

我看了您给波克罕的信。您完全正确地指出，在比利时的屠杀问题上，关于巴托罗缪之夜的废话是无济于事的。但是您却对这一事件的重要性和特殊意义估计不足。您一定知道，比利时是年年按时用马刀和火枪对每次罢工作结论的唯一的国家。在我用法文和英文写的这里的总委员会的呼吁书里已经把这个问题说得很清楚了。我想这个呼吁书（英文本）明天会出版。我到时立刻寄给您。

我刚刚为这里的国际工人协会总委员会也用英文写了一封关于对英战争致合众国全国劳工同盟的公开信，目前大洋彼岸的资产阶级共和派正打算发动这一战争。

迈斯纳先生在1月底就收到了《雾月十八日》的底稿（排印并校对过的），但到目前为止仍然迟迟不去付印。干的什么好事啊！他根据愚蠢的出版商的业务考虑等待着，但就在等待的时候放过了出书效果好的时刻。

评论：马克思因肝病发作导致无法给库格曼写信。信中谈及英国政治活动家和政论家乌尔卡尔特，马克思一方面同意乌尔卡尔特对帕麦斯顿对外政策的批评中的一些看法，同时又尖锐批评了乌尔卡尔特的反民主观点，并指出自己的无产阶级革命者的立场同乌尔卡尔特分子的反动立场有根本区别。马克思认为库格曼对比利时的屠杀这一事件的重要性和特殊意义估计不足。信中还表达了对迈斯纳迟迟不去付印《路易·波拿巴的雾月十八日》的不满。信中还告知计划在 8 月底和女儿一同去看望库格曼。

　　5 月 14 日　致信恩格斯，指出：艾希霍夫昨天走了。关于《农民战争》一书，他建议由他兄弟来印刷这篇东西，在下届书籍博览会时，他兄弟在扣除自己的佣金和各项开支后，将把余款交给国际。他说，既然所涉及的是他的兄弟，你可以认为这项建议已最后确定。

　　关于《福格特先生》：李卜克内西在柏林被捕时丢下的东西都是乱七八糟的，直至他被驱逐之前也丝毫没有整理。他现在已"记不得"《福格特》是怎样处置的了。最后艾希霍夫发现，有个旧书商两年前就把这本书列入他所出售的图书的目录了。他去找过这位叫康普夫麦尔的先生。但后者已经把书卖光了，他"也记不得"书是怎样到他手中的。由此可见，李卜克内西对我们说的那一切，客气一点说，完全是虚构！

　　这里的报界多么卑鄙！它们不仅象商量好了的一样，全都对我们正式发表的比利时的呼吁书只字不提（相反，在此以前，他们在上星期故意全文转载了几篇大约是布鲁塞尔特别委员会的"警探"按照舍尔瓦尔的旨意写的愚蠢文章），而且同样也象串通好了似的，对我们致美国劳工同盟的公开信也是一声不吭（这封信是我起草的，于本星期二通过），尽管这封信反对美英之间的战争。不过那里面有这批流氓不喜欢的东西。

　　评论：信中告知一系列事情，艾希霍夫建议由他兄弟来印刷《农民战争》；批评李卜克内西对于《福格特先生》一书的胡乱处理和虚构情况。信中还告知，由于 1869 年春天英美之间有发生战争的危险，马克思写了总委员会致全国劳工同盟的公开信《比利时的屠杀》，而报界对此一声不吭，马克思对其进行了谴责。

　　6 月 2 日　致信保尔·拉法格，指出：您当然可以酌情使用我的名字。不过有几点不同意见。首先，我目前不可能做您希望我做的工作，而恩格斯的眼睛还在发炎，在短期内肯定也不能写作。当然，如果发生非常迫切的问题，我们自己会来找《文艺复兴》的。但是，即使在编辑名单中没有我的名字，这一点也是可以做到的。纯粹名义上的共同编辑并无实际用处。不过这完全是我个人的最诚挚的不同意见，至于问题的处理，由您酌定。筹划中的报纸可能会使您和您的朋友们同政府发生司法冲突。要是您的父亲早晚知道这个报纸的编辑成员中有我，那他可能会认为是我促使您过早地从事政治活动，从而妨碍了您采取必要措施（其实我一直不断地在催促您采取这种措施）去通过医学考试和掌握您的专业。他将把这种假想的我对您的影响直接看作是完全违反我们双方的专门协议。

　　小矮个的担心毫无根据。普鲁士为入侵法国而需要的准备时间，在最有利的情况下，至少也要一个月而不是一个星期。可是目前的情况对普鲁士来说却远不是有利的。德国的统一实际上不存在。只有通过德国革命消灭掉过去、现在和将来都始终是俄国人的仆从的普鲁士王朝，才能实现德国的统一。只有推翻"普鲁士"，才能使德国真正集中起来。

普鲁士没有溶化在德国之中。相反，它征服了德国的一部分。它对待这一部分（既包括被直接吞并的地区，又包括被强行列入北德意志联邦的地区）象对待被征服的国家一样。因此，在它的这些新占领区怨声载道。在对法国采取进攻战（不是防御战）的情况下，普鲁士不得不用自己的大部分军队来管制这些对它说来是最危险的地区。因为把它同法国联系起来的一切交通线——铁路、电报等等，都是经过这个地区的。它从莱茵撤退的道路也经过这里。至于从汉诺威、什列斯维希—霍尔施坦、萨克森、库尔黑森、拿骚等地招募的士兵，那是靠不住的。他们与其说是力量的源泉，不如说是软弱的根源。

除这些地区（或者是被直接吞并的，或者是被强行列入北德意志联邦的）外，还有拥有九百万人口的南德意志（巴登、维尔腾堡、巴伐利亚、黑森—达姆斯塔德）。这里的人民群众完全是反普鲁士的。如果对法国作战，普鲁士就必须把它的另一部分军队派到这里来，以保证南德意志这部分地区的安全，因为南德意志有很长一段同法国接壤。

最后，普鲁士将不得不集中一支强大的军队来监视奥地利。不应忘记，哈布斯堡王朝对于普鲁士这个暴发户不久前使它遭受的屈辱和损失犹有切肤之痛。认为哈布斯堡王朝会不念旧恶，这完全是一种荒唐的假设。就算这种假设能够成立，反正她也无力援助普鲁士。奥地利皇帝对于国际事务再也不能施加任何影响了。

匈牙利议会目前正在考虑作决定，而它的决定肯定是支持法国而反对普鲁士的。维也纳的帝国议会也会作出同样的决定。因此，不管维也纳内阁表面上作出怎样友好的姿态，普鲁士都不能够也不应该去依靠奥地利，它将不得不经常派遣一支强大的军队去监视无疑将在波希米亚集结的奥地利军队。

因此，您一眼就可以看出来，貌似强大的普鲁士军队将不能集中兵力来主要对付法国，相反地，它必须向各个方向分散兵力。

普鲁士除了俄国再没有别的盟友。但是，在突如其来的紧急时刻俄国是派不出自己的军队的。等它把兵征好并派到普鲁士，胜负早见分晓了。

认为普鲁士在这种情况下会敢于单独——而且只能这样行动——进攻法国，包括进攻革命的法国，这种看法本身就是不正确的。

到目前为止，我只是纯粹从军事方面和外交方面来分析这个问题。但是毫无疑问，如果法国发生革命，普鲁士就会立刻象 1848 年那样行动。它将不是把自己的兵力派往国外，而是不得不集中自己的兵力在国内进行讨伐。

今天，普鲁士和德国其它地区人民群众的觉悟大大提高了，同时普鲁士政府和德国其它各邦政府都在停止实行君主专制制度而在虚伪的宪制的罗网中日益削弱，要是 1848 年的德国运动使普鲁士政府陷于瘫痪的话，今天会是一种什么样的局面呢？

至于说到德国工人阶级，那末在我看来它要比法国工人阶级组织得好些。它的世界观中的国际主义比任何别的国家都要多些，它的无神论比任何别的国家要鲜明些。它普遍同情法国。

如果法国发生革命，普鲁士将束手无策。（不久前，一个工人代表在北德意志联邦国会中用法国革命即将来临威胁它。）只有在皇帝入侵"祖国"的情况下，普鲁士才会成为法国的危险敌人。

评论：信中谈及对拉法格筹备报纸《文艺复兴》的一些看法，认为他的父亲会不满意。马克思还表达了对德国统一，普鲁士和德国统一的关系，以及普鲁士与其他国家之间关系的认识。马克思对德国工人阶级抱有极大希望。他认为如果法国发生革命，普鲁士会像 1848 年那样行动。同时，马克思认为普鲁士和德国其他地区的人民群众的觉悟大大提高了；德国工人阶级的组织性、世界观中的国际主义也有了很好的发展。

6 月 2 日　致信燕妮·马克思（女儿），指出：但愿列斯纳的巴西之行还没有最后决定。很遗憾，我不能为他做点什么。由于你素有的善良，你显然作了自我牺牲，在没有终了的促膝谈心中度过了一个星期日。关于为拉法格写文章的事，我感到很为难。一方面，我想答应布朗基的请求；另一方面，我的其他工作又不允许我为他们做许多事。但我最担心的是，老拉法格可能怀疑我促使他的儿子过早地从事政治活动，促使他忽视自己的专业。不管怎样，他同马克思一家结亲可没有多少理由可以感到高兴。

评论：信中谈到自己遭受脓肿的痛苦，所幸已经逐渐开始恢复了。马克思表达了为拉法格写文章一事的为难情况。此外，马克思最担心老拉法格怀疑是自己促使拉法格过早地从事政治活动。

6 月 10 日　致信燕妮·马克思（女儿），指出：在我们到戴文希尔－阿姆斯去的三天旅行中，在波尔顿修道院附近，我认识了一个非常古怪的小伙子达金斯先生，他是个地质学家，为了绘制这个地方的地质概览图，暂住在约克郡的这个地区。你大概已经知道了，根据政府的决定，在拉姆齐教授的指导下，准备从杰明街开始测绘全英国的地质地图。穆尔本人是个地质学家。恩格斯和肖莱马通过他认识了达金斯。达金斯现在住在约克郡一个偏僻的农场主住宅里。这个农场主住宅过去是个修道院，它的下面一层现在仍然是个小礼拜堂。为了看望达金斯我们来到了这一带地方。达金斯很象个德国农民——小矮个，总是笑容满面；他的头型有点象猴子；除了上牙向前突出（这使我想起了已故的载勒尔夫人）外，他一点也不象英国人。他的衣着就象不整洁的、"衣衫褴褛的"雇农一样，马虎到了极点。领带以及诸如此类的文明用品，对他说来也是陌生的。

他每星期都要邀请一些工厂的小伙子，请他们喝啤酒，抽烟丝，并同他们谈论社会问题。他是个"天生的"共产主义者。当然，我不免要同他开点玩笑，警告他别让埃利奥特夫人遇见，因为她会立刻抓住他，把他写进她的文学作品。他已经写信给穆尔要加入国际。所以我把会员证给他带去了，他交了十先令入会费，这个数目对他来说相当可观了。这些人从事那样繁重的脑力和体力劳动，每年才得一百五十英镑。如果这纯粹是一种竞争的事情，政府用这样的薪水是雇不到这些人的，但是他们中间大多数人充满了研究"地质学的"热情，利用给他们提供的条件来进行自己的探讨。他们持有责成每一个地主、农场主及其他人不得阻碍他们进入自己领地和农场研究土壤结构的证件。达金斯非常滑稽和幽默。他常到一个农场主的庄园里拿出工具来就开始工作，这时农场主来了，怒声呵叱这个没有礼貌的外来人，命令他滚开，否则就要叫他领教一下猎犬的牙齿或者尝尝链枷的滋味。达金斯装作若无其事，继续干自己的工作，并用一些开玩笑的话去刺激这个粗暴的家伙。等这场滑稽剧达到一定的高潮，他便掏出自己的证件，于是那条恶狗便软下来了。当我们在他那儿闲坐时，他顺便让我看了一下最近一期《双周评论》上赫胥黎的文章，在这篇文章中赫胥黎把老康格里弗挖苦痛骂了一顿。达金斯也是孔德主义者或实证主义者的死敌。他同意我的看法，他们除了自高自大以外没有任何实证的东西。我的朋友比斯利则被他列入那些错误地把自己的奇谈怪论当作科学的"学理主义者"之中。在同一期《双周》上还载有穆勒评论桑顿的《资本和劳动》的第二篇文章。他的评论使我相信，他们两个都是微不足道的人。达金斯是我们的邻居，因为他（在伦敦时）同他的法学家父亲住在基尔本。

评论：马克思感谢恩格斯由于自己身体虚弱，而挽留自己继续在曼彻斯特停留。信中谈论了新结识的地质学家达金斯先生，认为他是个"天生的"共产主义者，是孔德主义者或实证主义者的死敌。马克思和达金斯谈论了《双周评论》发表的托·赫胥黎的文章《实证主义的科学观点》和约·斯·穆勒的文章《桑顿论劳工及其要求》。信中还讽刺了龚佩尔夫人的势利。

6 月 16 日　致信恩格斯，指出：昨天晚上我到国际去了。巴黎来了一封信。我们有三个或四个人（缪拉、托伦等）被捕。他们告诉我们，各种捣乱行为，抢劫售货亭等等，都是警探干的，他们都是放心大胆地干这些事的，为的是以后把罪名加在无辜的公众身上。这是蓄意要挑起"流血冲突"。

评论：信中告知已经返回伦敦，告知从国际得知的消息，在巴黎有几个人被捕，实际上，各种捣乱行为，抢劫售货亭，等等，都是警探干的，他们蓄意把罪名嫁祸于无辜的公众，是蓄意挑起冲突。

6 月 26 日　致信恩格斯，指出：很遗憾，从附上的艾希霍夫的信中可以看出，他的兄弟胆怯了。请来信告诉我，现在该怎么办。

　　最后一批校样终于收到，并且已经退回，序言也寄去了。现在弄清楚了，拖延是由于两个原因：（1）印刷者是莱比锡的维干德先生；（2）迈斯纳先生没有监督他。原来他以为我在几个星期以前已直接从莱比锡收到了最后一批校样。德国人就是这样马虎！高尚的威廉保持高度的缄默。

　　本星期三我在埃克塞特会堂参加了工联的群众集会。比斯利作了一次真正出色的发言，这是一次很大胆的发言，他回忆了六月的日子（那是 6 月 24 日）等等。各报自然是"枪毙了"他的发言，就是说不予发表。此外，他还犯了一条罪，因为他以十分轻蔑的态度评论了英国新闻记者。

　　评论：信中告知艾希霍夫等人又害怕出版《德国农民战争》了。告知收到了《路易·波拿巴的雾月十八日》第二版的校样，以及拖延的原因。还告知收到了艺术和手工业协会的请帖。这是在伦敦成立的资产阶级教育性质和慈善性质的团体。该协会企图充当工人和企业主之间的调停人。马克思把它称为"艺术和骗术协会"。还谈论了 1869 年 6 月 23 日参加在伦敦埃克塞特会堂举行的工联群众集会的见闻。这次集会是为支持扩大工联权利的法案而组织的。在会上比斯利作了一次出色的、大胆的发言。

　　7 月 3 日　致信恩格斯，指出：附上威廉的内容丰富的信。你将从信中看到，他突然自封为我的监护人，并给我规定了各式各样"必须"做到的事情。

　　我必须出席他们的八月代表大会；我必须在德国工人中露面；必须立即把国际的会员证寄去（在这之前曾就此事问过他们两次，而他们整整三个月都没有答复）；必须改写《共产党宣言》；必须去莱比锡。

　　我们的威廉是个多血质者和说谎者。所以在描述对施韦泽的胜利时他又言过其实了。不过这里总还有些东西是符合实际的。如果施韦泽在自己的联合会中的地位没有动摇，他是不会回到哈茨费尔特派教会去的。另一方面，他荒唐地发动了最近的政变，从而加速了整个分裂。但愿德国工人运动通过这一事件将最后脱离拉萨尔的幼稚病阶段，这种幼稚病的残余则将由于宗派主义者完全遭到孤立而被铲除。

　　至于威廉的那些"绝对命令"，我对他回答如下：

　　我根本没有感到有必要在德国工人面前露面，我也不去出席他们的代表大会。只有在他们真正加入国际并且为自己建立起象样的党组织之后，——纽伦堡代表大会表明，单纯的诺言、倾向等等是很难令人相信的——经过一段时间才会有这样做的理由。此外，必须清楚地了解，对我们来说，新的组织不大可能是人民党，正象不大可能是拉萨尔派教会一样。如果我们现在去了，我们就不得不发言反对人民党，这当然是李卜克内西和倍倍尔所不喜欢的！如果他们居然同意——这才是怪事——这样做，那我们就必须运用我们的全部影响来直接反对施韦泽及其一伙，而不是通过工人本身的自由发动来实现这种变革。

至于改写《宣言》，只要一收到他们的代表大会的决议等，我们就对此加以考虑。

对于高尚的格莱斯顿和清教徒布莱特对待奥维伦德—葛尼公司案件的态度，你有什么看法？

普鲁斯对于谋耳德开枪事件的解释也很妙，这一行动并不象曼彻斯特各报所描绘的那样是无罪的。照他说来，骚扰取缔令可以不必宣读。只要不领国家薪俸的民事法官中的一个猎狐爱好者凑到一个军官耳边悄悄说一声开枪，就行了。甚至连这样做也不必要。士兵们可以开枪自卫（自卫的必要性由士兵自行决定）。不过，那就连武器法也该取消，每个人在遭到士兵袭击时都可以用自己的武器自卫。

葛尼案件，内阁对这个案件以及对谋耳德事件采取的行动，还有大臣们伙同拉穆达和其他畜生反对工联法案的行为，这一切大大损害了格莱斯顿—布莱特在伦敦工人中的声誉。

评论：信中谈论了一系列事情。附上李卜克内西的信，表达了对他的种种不满，并作出答复。马克思在信中抨击英国当局。英国矿工在登比郡的谋耳德附近同军警发生了冲突，工人们抗议降低工资和矿井主管人对他们的侮辱。1869 年 5 月 28 日，一群工人试图搭救被逮捕的同志，结果遭到枪击。法庭袒护了这次开枪事件。内务大臣普鲁斯在下院宣称，士兵有权首先向人群开枪自卫。对此，马克思十分愤慨，奋力揭露和谴责英国当局。马克思认为英国内阁在葛尼案件、谋耳德事件中的表现，以及反对工联法案的行为，极大地损害了自己的声誉。

7 月 14 日 致信恩格斯，指出：使民主主义反对派（也包括不妥协派）大为懊恼的是，拉斯拜尔的简短发言给人留下最深的印象，他要求释放他的选举委员会。他谈到了司法的不公正。谈到这里他的话被打断了。他后来接着说："你们会否认复辟、可笑的路易－菲力浦对我的不公正吗？"等等。他否定一切刑罚，要烧毁民法典和刑法典；而当前则应当用罚款（即扣薪）来代替对官吏的惩罚，并且应当从警察局长先生开始，这是为了惩戒"残暴的打手逞凶"。这个老头子的语言同那些假青年的夸夸其谈，形成了最鲜明的对照。第二天政府就释放了他的委员会。

立法团的会议，相对地说，开得很激烈。因此波拿巴中断了会议。

评论：1869 年 7 月 6—12 日，马克思化名威廉斯住在巴黎劳拉和拉法格家。信中，马克思告诉恩格斯他已经安全离开了。信中谈论了在巴黎的见闻。马克思还谈及拉斯拜尔的发言使民主主义的反对派也包括不妥协派大为懊恼。议员拉斯拜尔发言揭露了波拿巴当局粗暴破坏选举自由的事实。

7 月 15 日 致信路德维希·库格曼，指出：关于《雾月十八日》，迈斯纳的保证纯粹是瞎扯。稿子从 1 月底就在他那儿。序言他当然没有收到，因为他没有把最后两印张校样寄来。我在 6 月 23 日才终于收到它们，当天就校好和序言一并寄回去了。这样，又过了三个多星期，弄得我们非碰上书业淡季不可！

关于恩格斯写的传记，请您把它寄还给我。他要改写，因为现在是给另一类读者看。

评论：马克思认为曼彻斯特的工人运动发展是非常引人注目的。马克思对迈斯纳非常不满意，他迟迟不出版《路易·波拿巴的雾月十八日》，马克思认为拖延会导致图书销售困难。

7月17日　致信恩格斯，指出：附上一批从艾希霍夫、威廉和弗里茨舍那里收到的各种材料。可尊敬的威廉，总是爱管闲事，自然又是他建议弗里茨舍要求我向此地的工联借三百英镑！他呢，保证还债！这就使我毫无必要地陷入不得不拒绝弗里茨舍的窘境！

此外，看来，他甚至不好好地阅读别人给他的信。我给他寄去九百张会员证，告诉他每张会员证的全年会费为一便士。这九百张会员证中有五百张不收费，交给他掌握，好让这些人有权派代表出席代表大会。可是现在他竟问我，到底要不要每年交纳固定的会费？

施韦泽不得不允许门德在《社会民主党人报》上挑起同国际的争吵，这种情况最令人信服地表明，他是在何等苛刻的条件下回到哈茨费尔特的怀抱的。因为他最清楚地知道，这样干对他是多么危险。

不过，老蠢驴贝克尔不但没有保持应有的审慎，反而毫无必要地使国际正式介入拉萨尔派教会的这一解体过程。这个老畜生由于办事不沉着带来许多危害。

评论：信中批评李卜克内西办的一些糊涂事，批评贝克尔使国际正式介入拉萨尔派教会的解体过程。门德在《社会民主党人报》上发表了一篇题为《招摇撞骗》的文章，揭露了施韦泽，批评了建立全德工人联合会的反民主的原则和施韦泽的专断独裁。马克思认为门德的文章会挑起施韦泽等人与国际的争吵。

7月22日　致信恩格斯，指出：威廉竟然用国际总委员会的名义下达革出教门令，真是无耻到了极点。我早就写信对他说过，我个人不介入这场争吵（老娼妇哈茨费尔特最希望把我牵扯进去），何况我无论对人民党还是对拉萨尔集团都是坚决反对的。我附带说过，威廉可以指出（这是针对施韦泽的），在巴塞尔只有真正的会员的代表才准出席（根据布鲁塞尔代表大会的决议）。他在上一号的一篇短评中把这话也给端了出来。

他在竭力怂恿我正式出面反对施韦泽没有成功之后，便无耻地要使我卷入这场争吵。我接到最近一号《周报》后，立即给他写了一封极端粗暴的信，提醒他注意，他是怎样经常地败坏我的名誉，并直截了当地声明，他要再这样厚颜无耻（况且这种厚颜无耻是建立在谎言之上的，因为总委员会从来没有讨论过施韦泽等的问题，所以也就更没有在这方面通过任何决议），我就公开宣布不同意他的言行。

他那么粗暴地挑动施韦泽，现在全看施韦泽如何行动了。

如果威廉再次使我卷入什么乌七八糟的事情，我就要"甩掉"他了。这个家伙甚至不能为自己辩解说，他始终是同我们走在一起的。他自己干蠢事时自行其是，在他认为必要时就出卖我们，在他无法摆脱困境时又把我们同他混为一谈。

施韦泽先生发现日内瓦委员会主要是由工人组成的，真是好极了！巴枯宁和施韦泽都是枢密顾问！

波拿巴的动摇会很快在他的将军中间引起叛变。

看来，普鲁士和俄国之间存在着一场尚未充分"表演"的争吵。

星期一我用相当粗鲁的语调给迈斯纳写了一封信。

评论：信中对李卜克内西的一系列行为表达了不满，马克思提醒李卜克内西不要再败坏他的名誉，否则他将公开宣布不同意他的言行。信中还谈及波拿巴的动摇将有可能使他的将军们引起叛乱。

7 月 24 日 致信恩格斯，指出：今天早晨我收到了李卜克内西的拙劣作品，现附上。我不知道其中什么最令人惊奇，是愚蠢的无耻，还是无耻的愚蠢？可见，这个老实人认为，象关于那些并不存在的总委员会的决议之类的公开谎言从他嘴里说出来自然是可以允许的，而从施韦泽嘴里说出来则是最不能允许的。那他为什么在洛桑同恶魔施韦泽和解呢？他的行动的理论是什么呢！那就是，当威廉先生认为需要的时候，他有权"随意"使用我的名义和总委员会的名义。再加上老实人的勇气！他一心想当拉萨尔的敌人，于是就站到"真正的"拉萨尔派一边反对"非真正的"拉萨尔派！他的白拉克就在责备施韦泽，说他把拉萨尔的国家贷款的理论宣布为单纯的鼓动手段，而自己并不相信这副万应灵药。他说，他使我卷入了"斗争"！而我在写信中对他说的是卷入了"争吵"。

我感到遗憾，在我的第一卷出版以前我不知道 1858 年出版的古斯达夫·克列姆博士的《工具和武器的起源和发展》这本书。我在《劳动过程》和后面的《分工》两节中所指出的东西，在这里得到了丰富材料的证实。

评论：信中批评李卜克内西是狡辩；马克思认为，1858 年出版的古斯达夫·克列姆博士的《工具和武器的起源和发展》这本书中以丰富的材料证实了他在《资本论》第一卷德文第一版《劳动过程和价值增殖过程》和《分工和工场手工业》两节中的思想。

7 月 27 日 致信恩格斯，指出：你会看到，老贝克尔不会停止妄自尊大。他推翻了我们的整个章程，用他的语言集团体系来歪曲章程的精神，把我们的自然形成的体系变为按语言任意联合的人为的混合体，以代替按国家和按民族的真正的联合。这是只有泛斯拉夫主义者才干得出的极端反动的诡计！造成整个这种情况的原因是，在国际在德国巩固之前，我们暂时容许他保留了他以前那些通讯员的中心。

他曾企图在爱森纳赫代表大会上作为德国的中心出现，我当即奋力挫败了他的企图。

倍倍尔代表他的德意志工人教育协会寄来二十五塔勒给比利时人。今天我写信告诉他钱已收到，并顺便把贝克尔的幻想计划告诉了他。

我让他注意章程的第六条，这一条只承认同总委员会有直接联系的各个全国性的中央委员会，而在警察不允许这样做的地方，则责成每个国家的地方性团体直接同总委员会通信。我向他说明了贝克尔的主张的荒谬性，并在最后说，如果爱森纳赫代表大会——关于国际——通过贝克尔的建议，我们将认为他的建议违反章程，立即公开宣布无效。

贝克尔本人并不危险。但是，据我们从瑞士得知，他的秘书雷米是巴枯宁先生硬塞给他的，这个人是巴枯宁的工具。这个俄国人显然想当欧洲工人运动的独裁者。让他留神点。否则他将被正式"革出教门"。

评论：信中批评了贝克尔在国际中的一些表现。贝克尔在 1869 年 7 月《先驱》杂志中阐述了建党计划。贝克尔的计划遭到马克思、恩格斯和倍倍尔的尖锐批评。马克思他们认为贝克尔推翻了自己的章程，用他的荒谬主张歪曲了章程的精神。马克思表示，如果爱森纳赫代表大会通过了贝克尔的建议，他们将立即公开宣布贝克尔的建议违反章程，宣布其无效。

7 月 29 日　致信恩格斯，指出：《蜂房》现在受赛米尔·摩里的控制，从他控制以来，在关于我们会议情况的报道中凡是过分反对资产阶级的东西都被删掉了。我在总委员会最近一次会议上报道中对凡是过分反对资产阶级的内容都被删掉了。

我在巴黎的时候，人们干了一件蠢事，即把布朗特尔·奥勃莱恩的团体中的五个人接受为会员，这些家伙既愚蠢无知，又爱闹纠纷，还以他们那种宗派秘密活动伎俩而自命不凡。

评论：马克思指出《蜂房》现在受赛米尔·摩里的控制。在 1869 年 7 月 20 日的总委员会会议上，马克思就废除继承权问题发言。1869 年 7 月 24 日的《蜂房》对总委员会的这次会议作了歪曲的报道。

马克思认为总委员会接纳全国改革同盟中的五个人是一件错事。他批评布朗特尔·奥勃莱恩和雷诺等人越来越走向宗派秘密活动。全国改革同盟是宪章运动的领导人布朗特尔·奥勃莱恩和雷诺等人于 1849 年在伦敦建立的。同盟的目的是争取普选权和实行社会改革。后来，这一组织加入国际，支持国际工作。

8 月 4 日　致信恩格斯，指出：昨天总委员会开了一次令人哭笑不得的会议。尽是些要求付钱的信，什么印制会员证的钱、房租钱、欠书记的薪水钱，等等。总之，国际将要破产，所以还丝毫看不出我们怎么能够派去一个代表。另一方面，法语区支部从日内瓦来了一封信，客气地恳求总委员会用三种文字发出通告信，呼吁全体会员（而且是立即）为在日内瓦购买一幢房子（召开会议用）捐款，这幢房子的房价共五千英镑，而且将是国际的财产。这些家伙连自己的每人一便士都还没有交纳，就提出这样的奢求，难道不嫌太低吗？

这种情况说明，各地方委员会（也包括各中央委员会）花的钱太多，他们为了全国性和地方性的开支而向会员收的钱也太多，因此什么也没有给总委员会剩下。然而为了印刷荒谬的致西班牙人的信等等以及干类似的蠢事，倒总是有钱。

我们将不得不用书面方式或者口头方式向即将召开的代表大会声明，我们无法再这样把总委员会维持下去；但是在为我们指定继任人之前，要麻烦他们付清我们的债务，如果我们的大多数书记不是个人出钱支付通信费用，这笔债务还要大得多。

如果我知道哪个地方的人能使我们不担心他们会拖着我们去干蠢事，我将极其高兴地赞成把中央委员会从这里迁走。这种情况真是令人厌烦。

评论：信中谈论了国际总委员会面临的财政困难。马克思为国际和中央委员会、地方委员会纠缠在这些问题上而感到困扰。马克思认为难以将总委员会在经济状况非常困难的情况下维持下去，马克思期待摆脱这些令人厌烦的事情。

8 月 10 日 致信恩格斯，指出：法国的警察报纸《国际报》刊载了一篇题为《全球专政》的反对国际工人协会的文章，这篇文章是由于法国接二连三爆发了许多次罢工而引起的。

登在附刊上的威廉的这部分演讲（在柏林作的）虽然内容是愚蠢的，但仍表明他善于用不可否认的巧妙手法把事情说得娓娓动听。而这是很妙的！由于只能把国会当作鼓动工具，所以决不能在那里为某种合理的东西和直接涉及工人利益的东西进行鼓动！勇敢的威廉的幻想实在令人神往：因为俾斯麦"喜欢"使用和工人友好的词句，所以他就不会反对真正符合工人利益的措施！"好象"——如布鲁诺·鲍威尔所说的——瓦盖纳先生没有在国会中宣布他在理论上赞成工厂法，而在实际上反对工厂法，"因为这种法律在普鲁士的情况下是没有益处的"！"好象"俾斯麦先生如果真正愿意并且能够替工人做点什么的话，那他就不会在普鲁士本国强迫实行现存的法律！仅仅因为在普鲁士会这样做，所以自由主义的"萨克森"等地区就不得不跟着学。威廉并不了解，现在的各国政府尽管向工人谄媚，但是它们清楚地知道，它们唯一的支柱是资产阶级，因此它们可以利用和工人友好的言词去恐吓资产阶级，但是决不可能真正反对它。

这个畜生相信未来的"民主国家"！而且所想到的时而是立宪制的英国，时而是资产阶级的美国，时而又是可怜的瑞士。"它"丝毫没有革命政策的概念。他——跟在士瓦本的迈尔的后面——拿来作为民主制的活动能力的证明的是：通往加利福尼亚的铁路建成了。但是这条铁路之所以能建成，是由于资产者通过国会赠送给自己大量"民地"，也就是说从工人那里剥夺了这些土地，是由于资产者输入了中国苦力来压低工资，最后是由于资产者建立了一个新的支系——"金融贵族"。

其次，我认为威廉真是厚颜无耻，竟把你的名字和我的名字同布拉斯的事扯在一起。我曾经公开反对过他同布拉斯来往，同时十分明确地警告过他：如果引起争吵，我们要公开宣布不同意他的言行。

评论：信中评论李卜克内西在柏林演讲中，对俾斯麦政府、所谓民主国家等的错误认识。马克思对李卜克内西在 1869 年 5 月 31 日柏林民主工人联合会会议上的演说中将自己和恩格斯的名字同布拉斯扯在一起非常不满。李卜克内西在演说中说，《北德总汇报》编辑布拉斯似乎曾让自己、马克思和恩格斯利用这一报纸宣传社会主义和共产主义思想，但是自己拒绝了这一建议。

8 月 13 日　致信海尔曼·荣克，指出：您一定要去。阿普耳加思被他自己的联合会选派出来一事，将向大陆上的国际会员表明，英国工人根本不象一些造谣中伤者所说的那样不关心国际。只可惜阿普耳加思根本没有参加我们目前的讨论，所以不能代表我们的观点。

如果我们不留意，丹麦街的蠢驴们就会闯出乱子来。也要给我们的波兰人写封信。我没有他的地址。

评论：马克思坚持推荐总委员会委员荣克出席木工和细木工统一工联会议，这次会议将要讨论出席巴塞尔代表大会的代表候选人。1869 年 8 月 17 日荣克向总委员会报告说，这个工联将派代表参加代表大会。代表木工工联出席巴塞尔代表大会的是它的总书记、总委员会委员阿普耳加思。马克思认为荣克去才合适，阿普耳加思没有参加国际的讨论，他去不适合。

8 月 18 日　致信恩格斯，指出：昨天杜邦通知说，法国的（即巴黎的）工会（铜器工人）寄还了四十五英镑，即寄给他用来还债。这笔钱是很久以前经我们介绍，由这里的工会半借半送给它们的。（早已有二十英镑按照我们的指示从巴黎寄往卢昂。）我已设法让他们派代表到这里的工会来，以便利用付款一事打动它们。总的说来，巴黎工会表现得很有礼貌。昨天还收到路德维希·诺马耶从爱森纳赫寄来的一封信，内容如下：

"爱森纳赫代表大会决定号召德国工人以直接从中央取得会员证的方式加入国际工人协会。由于我已被日内瓦的约翰·菲·贝克尔任命为维也纳新城和附近地区的国际工人协会德语支部的代表，因此，我请求给予明确的指示，告诉我现在应当怎么办。致社会共和主义的兄弟敬礼，等等。通讯处：奥地利，维也纳新城《维也纳新城周报》编辑路德维希·诺马耶。"

这对老贝克尔，特别是对"语言集团的金库"是一个打击。但决不能由于私人友谊而损害事业本身。

据扎比茨基报告，在波兹南，波兰工人（木工等）因为有了他们柏林同志的帮助，已经胜利地结束了罢工。这种反对"资本老爷"的斗争——即使是采取最低级的形式，即罢工的形式——将会铲除民族偏见，它与资产者老爷的和平高调是完全不同的。

正好在美国劳工同盟代表大会召开之前，劳工同盟主席西耳维斯（四十一岁）突然逝世，令人十分悲痛。他为准备这次代表大会，几乎在整整一年中跑遍美国，到处进行宣传鼓动。他的一部分工作因此也就白费了。

评论：信中告知，杜邦于 1869 年 8 月 17 日在总委员会会议上通知收到巴黎铜器工人寄还的所欠伦敦工联的债款。信中马克思引用了诺马耶于 1869 年 8 月 14 日致总委员会的信。爱森纳赫代表大会决定号召德国工人以直接从中央取得会员证的方式加入国际工人协会。马克思认为这对贝克尔是个打击。还告知意大利的里雅斯特的一个小组、巴塞罗纳的一个小组加入国际的消息。还告知在波兹南，波兰工人胜利地结束了罢工。马克思赞扬了罢工运动。信中还对美国劳工同盟主席西耳维斯的突然逝世感到十分悲痛。他为准备美国劳工同盟代表大会付出了很多努力和辛苦。

9 月 25 日　致信恩格斯，指出：在这次旅行路过比利时期间，通过在亚琛的逗留和溯莱茵河而上的游览，我深信必须同神父进行坚决的斗争，特别是在天主教地区。我将通过国际进行这方面的工作。这群狗东西（如美因兹的主教凯特勒、杜塞尔多夫代表大会上的神父等等）在他们觉得适宜的地方，就在工人问题上献殷勤。我们在 1848 年实际上是为他们做了工作，只有他们在反动时期享受了革命果实。

凡是我到过的地方，人们都根本不知道我的《路易·波拿巴》。我就这件事给迈斯纳写了一封很不客气的便函。他至今没有答复。

李卜克内西又来信同我谈你的《农民战争》，要把它印成宣传小册子。由于这篇东西这一次是在爱森纳赫中央委员会的支持下出版，所以我劝你作一些必要的修改，并且立刻把这篇东西寄出去。两三天以后我可能同威廉会面，请将你的意图立即写信告诉我。

关于我的书，费尔巴哈给纽约的卡普写信谈了与卢格相似的看法（有所不同），卡普又把他的看法告诉了我们在圣路易斯的迈耶尔。

评论：信中告知拉法格的孩子生病，劳拉又怀孕了。谈论了旅行见闻和社交情况。谈到这次旅行使小燕妮非常高兴，容光焕发。马克思谈论了旅行经过比利时的见闻，提出必须同神父进行坚决的斗争，特别是在天主教地区。马克思认为他们在有利可图的时候就向工人献殷勤，1848 年革命实际上是为他们做了工作，只有他们在反动时期享受了革命果实。马克思发现所到之处并没有人知道《路易·波拿巴的雾月十八日》一书。而迈斯纳在 1869 年 9 月 28 日答复马克思的便函时说，他那里只剩下二十五本，其余已全部售完。为此，马克思写信给迈斯纳责问他。李卜克内西要把恩格斯的《德国农民战争》印成宣传小册子。马克思询问恩格斯的意图。

9 月 25 日　致信劳拉·拉法格，指出：我很高兴，巴塞尔代表大会闭幕了，而且会开得还比较好。每当党带着"自己的全部溃疡"出现在公众面前的时候，我总是感到不安。在登场人物当中谁也没有站在原则高度上，但同上等阶级的愚昧无知比较，工人阶级的过失是微不足道的。在我们沿途经过的德国城镇中，没有一个城镇的地方报纸不对"这个可怕的代表大会"的活动充满了恐惧。

评论：信中马克思表示很遗憾不能在家里为劳拉庆贺生日。1869 年 9 月 26 日，马克思的二女儿劳拉·拉法格满 24 岁了。"白鹦鹉"是一本旧小说中时装裁缝的名字，"白鹦鹉"和"小鸟眼睛"是劳拉在家里的谑称。马克思很欣慰劳拉的健康在好转。信中肯定了巴塞尔代表大会的成绩，肯定了工人阶级的成长。信中讲的保尔的详细来信，是指拉法格在这封信中叙述了巴塞尔代表大会后国际工人协会总委员会于 1869 年 9 月 14 日举行的第一次会议的过程。

9 月 30 日　致信恩格斯，指出：我刚才同一个由四名拉萨尔主义者组成的代表团整整谈了一个钟头，它是由全德工人联合会本地分会派来见我的。自然，我采取了十分审慎的和外交式的态度，不过我还是私下对这几个人说了一些必须说的话。我们象好朋友似地分手了。至于他们代表联合会邀请我去他们那里作报告，我当然是谢绝了。

星期天将有另一个代表团从不伦瑞克来这里：白拉克、邦霍尔斯特和施皮尔。这对我是不那么愉快的。

评论：马克思在信中告知同全德五金工人工会委员会的四名拉萨尔主义成员交谈了一个钟头。他们利用马克思在汉诺威逗留的机会向他请教。马克思在同他们的谈话中，谈到了工会等问题。但是，后来这个代表团的成员哈曼在五金工人工会委员会的一份通报中，用拉萨尔派的观点歪曲地报道了同马克思的谈话。信中谈到未能见到李卜克内西。李卜克内西"由于政治理由"被柏林警察局驱逐出普鲁士国境；马克思最初设想与李卜克内西在不伦瑞克，后来又想在汉诺威会面。但是，马克思与李卜克内西的会面未能实现。

10 月 18 日　致信保尔·拉法格和劳拉·拉法格，指出：关于《Verwertung》〔"价值增殖"〕一词，请注意我在他的译稿第 12 页上所提的意见。他应当就这个词给法国读者加个注释。

我怀疑，经常把词的字母稀疏排开对法国排字工人是否方便。

在德语中，我们使用《Prozeβ》（procès）〔"过程"〕一词是针对经济发展而言，就象你们说"化学过程"一样，如果我没有弄错的话。他把这个词译成《phenomena》〔"现象"〕，就没有意义了。如果他找不到另外的词，就让他统统译成《mouvement》〔"运动"〕或别的什么同义词。

我收到了一封圣彼得堡的来信。一个俄国人给我寄来了他写的一本关于这个黑暗不堪的国家的农民和整个劳动阶级状况的著作（用俄文写的）。

评论：随信寄去译者凯累尔于 1869 年 10 月 16 日寄给马克思审阅的《资本论》第一卷第二章的法文译稿。马克思对他的译文感到比较满意，同时也指出文字不漂亮，翻译太马虎等问题。

10 月 23 日　致信恩格斯，指出：阿·杨格的书我已订购；至于威克菲尔德的书，我准备还是给同一个人（亚当斯）写信。

从拉法格的信中可以看出，巴黎群情激昂。

从彼得堡给我寄来了一本弗列罗夫斯基的著作，厚达五百页，写的是俄国农民和工人的状况。可惜是俄文的。这个人写这本书用了十五年的时间。

伟大的巴枯宁打算以代表的资格到那不勒斯去参加为反对世界大会而上演的无神论者代表大会。

评论：马克思告诉恩格斯，从拉法格的信中可以看出巴黎群情激昂。丹尼尔逊寄来一本弗列罗夫斯基的《俄国工人阶级的状况》，希望该书能为马克思的经典著作《资本论》的后面几部分提供必要的资料。这一著作促使马克思认真学习俄语。信中谈到巴枯宁计划以代表的资格去那不勒斯参加无神论者（反宗教的）代表大会，它是由接近和平和自由同盟的小资产阶级民主派的代表为了对抗世界大会在那不勒斯召开的。但是，无神论者代表大会被那不勒斯当局驱散。

10 月 30 日 致信恩格斯，指出：谢尔诺自杀，是很自然的。但是直到最后和他关系很坏的巴枯宁马上把他的文字材料据为己有，这却是使人想不通的。顺便说一下，我们的法语区日内瓦委员会的书记对巴枯宁厌烦到了极点，并且诉苦说，由于他推行自己的"暴政"，把一切都搅乱了。巴枯宁先生在《平等报》上暗示，德国和英国的工人不要求保持个性，因此接受了我们的"权威主义的共产主义"。与此相反，巴枯宁是"无政府主义的集体主义"的代表。确实，他的头脑里是一片无政府状态，那里只容得下一个明确的思想，即巴枯宁应该当第一提琴手。

要想完全了解戈克和邦霍尔斯特的信，你就必须知道，瑞士、奥地利和德国的一些地方的庸人（或更正确些说，是他们的代表），由于巴塞尔代表大会关于土地所有制的决议而在大喊大叫。

威廉一伙人在回答士瓦本的迈尔及其在人民党中的其他不怀好意的拥护者的叫嚣时所表现出来的愚蠢和软弱（已被较为聪明的施韦泽所利用）真是令人毛骨悚然。直到现在，这些蠢驴中还没有一个想到要去问问那些自由派的叫嚣者：难道在德国除了小农所有制以外就不存在构成过时的封建经济的基础的大土地所有制吗？哪怕只是为了消灭当前的国家经济，难道不应当在革命中摧毁这种大土地所有制吗？难道能够用 1789 年的过时的方式来实现这一点吗？不能！这些蠢驴相信士瓦本的迈尔，认为土地问题只是对英国才有直接的实际的利害关系！

应当把土地和劳动同盟的成立看作是巴塞尔代表大会的结果之一（同时，这也是直接由总委员会建立的），这将使工人政党完全脱离资产阶级，而出发点是土地国有化。埃卡留斯被任命为执行书记（在布恩被任命为名誉书记的同时），并将因此拿到钱。

总委员会委托我起草一份简短的告英国工人阶级书，谈谈上星期日为被囚禁的爱尔兰人举行的示威游行。由于目前很忙，我根本没有兴致写，但这是一定要写的。伦敦各家报纸对这次示威游行作了完全歪曲的描写。这次游行是非常好的。

评论：随信附上邦霍尔斯特的信和戈克的文章。从信中可以看到，马克思曾认为土地和劳动同盟能够在英国工人阶级的革命化中起作用，把它看作在英国成立独立的无产阶级政党的途径之一。但是，随着资产阶级分子的影响，同盟逐渐地同国际失去了联系。

马克思肯定了伦敦举行的声援芬尼亚社社员的大规模的示威游行。在许多次群众大会上提出了要求英国政府释放爱尔兰革命者的请愿书。格莱斯顿拒绝了这些要求。1869 年 10 月 24 日，伦敦举行了声援芬尼亚社社员的大规模的示威游行，马克思虽然很忙，但是对游行示威十分支持，为了反驳伦敦各家报纸对这次示威游行的歪曲的描写，马克思受总委员会的委托草拟了《总委员会关于不列颠政府对被囚禁的爱尔兰人的政策的决议草案》。信中还批评了巴枯宁是"无政府主义的集体主义"的代表。

11 月 6 日 致信恩格斯，指出：你从《先驱者》可以看出，海因岑认为，我写《资本论》，只不过是为了使他看不懂。

施韦泽利用李卜克内西对待他的民主派朋友的谨慎态度，做出一副姿态，似乎反对土地私有制的论战在拉萨尔的信条中占有首要地位！多么无耻！不过邦霍尔斯特在一号《人民国家报》（这号报纸我未能找到）上已就这一点对他予以痛斥。我不知道你是否能收到《人民国家报》。

再也没有比今天女王隆重出行时贵人们的惊慌更为可笑的了。象在法国一样，警察到处乱钻。整个惊慌完全是由恶作剧引起的：某些鼓动家为了开心，几个星期以来都在散发传单，号召东头饥饿的工人全都出来迎接女王，不让她通过。

这几天我要寄给你一卷书，这是我偶然找到的，其中收集了各种关于爱尔兰的论文。恩索尔的文章（我在《资本论》里引用过）里有许多引人入胜的东西。恩索尔是政治经济学家，他原系英格兰人（恩索尔出生时，他的父亲还住在英格兰），是新教徒，而且是 1830 年以前的最坚决的合并取消派之一。由于他本人对宗教问题抱着无所谓的态度，因此他能够十分机智地捍卫天主教，反对新教徒。这卷书里的第一篇论文是阿瑟·奥康瑙尔写的。我对这篇文章的期望本来还要大一些，因为这个奥康瑙尔在 1798 年曾经起过重要的作用，我在科贝特的《政治纪事报》上见到过他那些不坏的论述卡斯尔里的专横统治的文章！杜西在某个时候也要看看，科贝特关于爱尔兰的文章是什么样的。

评论：随信附上报纸。马克思告诉恩格斯 1869 年 10 月 13 日《先驱者》上刊登的文章《我们的编辑》，攻击《资本论》。马克思告知，施韦泽利用了李卜克内西对巴塞尔代表大会决议的宣传所采取的不一贯的立场，在《社会民主党人报》上谴责爱森纳赫派欺骗工人阶级，拒绝社会主义纲领和听命于人民党。邦霍尔斯特以《从巴塞尔决议看著名的独裁者和不伦瑞克的"傀儡"之一》一文回答了施韦泽的谴责，指出，民主派报刊对巴塞尔代表大会决议的攻击只不过表明，社会民主党和它在人民党内的同路人之间的分界线在什么地方。马克思询问恩格斯是否能收到载有邦霍尔斯特的文章的《人民国家报》。1869 年 11 月 6 日伦敦隆重举行了庆祝泰晤士河新桥（黑袍僧桥）和霍耳博恩高架桥落成典礼，维多利亚女王曾前往出席。但女王的隆重出行受到了冷遇，虽然鼓动家们到处散发传单，呼吁人民出来迎接女王。但遭到饥饿工人的抵制。马克思还计划将恩索尔的《各国人口的研究，驳马尔萨斯先生的〈人口论〉》一书寄给恩格斯。

11 月 12 日 致信恩格斯，指出：你对法国人的大胆感到惊奇并且有点轻蔑地谈到我们英勇的德国人。你从附上的古怪东西中可以看出，我们在冒什么样的风险。

弗莱里格拉特又象往常一样在斯图加特印了几打相片，好让自己以塑像等等的形式永垂不朽。这个克拉森－卡佩耳曼式英雄的最成功的圣像，就是——千真万确——弗莱里格拉特以骑在骆驼背上的狮子的形象出现的那幅画。这也许是为了教训海涅笔下的战胜了狮子的骆驼。

我为法国人担忧，他们的头脑混乱得要命。赖德律的信是一封不折不扣的僭越者的信。看来他的确把海因岑要他承担对法国的独裁的话信以为真了。另一方面，《未来报》慷慨地把临时政府中的一个职位分配给在巴黎无人知道的阿科拉先生，这仅仅是因为他号召法国人接受约·雅科比博士先生的纲领，以代替已经过时的1793 年的人权和公民权。他们是在互相利用。但是，我发现老雅科比也不能胜任他给自己指定的角色。他不是应当利用汉诺威事件建议普鲁士军曹政府——普鲁士现在也无疑是一个"军事国家"——抛弃议院、民事法庭之类无用而又昂贵的装饰品吗？仅仅默不作声地沉浸于自己的义愤之中，那是无济于事的。

俄国老爷们前些时候——这是波克罕在莫斯科的一家报纸上看到的——为了消遣曾向朝鲜沿海的一个岛屿进行射击。英国报纸对此只字不提。如果事情这样继续发展下去，这些老爷们很快会占领日本。

爱尔兰最近的集会开得很不错，牧师们被揪住衣领拉下讲坛。我没有起草关于爱尔兰问题的声明，因为没有适当的理由，而是把下面两点（供通过决议用）列入了下星期二的会议的议程：

（1）不列颠政府在爱尔兰大赦问题上的行为。

（2）英国工人阶级对爱尔兰问题的态度。

评论：马克思讽刺地把弗莱里格拉特比作1865 年搞得声名狼藉的科伦市参议员、工厂主克拉森－卡佩耳曼。马克思揭露和奚落赖德律。信中马克思说的赖德律的信，是1848—1849 年革命的参加者、1870 年年初以前一直侨居伦敦的赖德律－洛兰给法国选民的呼吁书。信中马克思提到波克罕告知的消息，俄国在向朝鲜射击，而英国报纸对此只字不提。马克思还告知将两个问题列入下周的总委员会会议的议程。

11 月 18 日 致信恩格斯，指出：《蜂房》借口收到的时间太晚而根本没有刊载最近一次会议的报道（埃卡留斯写的）。真正的原因是，该报

（1）不愿意宣布总委员会的下一次会议将讨论爱尔兰问题；

（2）报道中有些谈到土地和劳动同盟的地方使该报（也就是使波特尔先生）感到不快。因为波特尔先生想当该同盟委员会委员的企图彻底失败了。

在本星期二，我宣布开始讨论第一个问题：不列颠政府对爱尔兰人大赦问题的态度。在与会者一片热烈的赞同声中我讲了约一小时零一刻钟的话，然后就这个问题提出了如下的决议案：

决定：

格莱斯顿先生在答复爱尔兰人要求释放被囚禁的爱尔兰爱国分子时（这一答复见格莱斯顿先生给奥谢先生等的信），有意地侮辱了爱尔兰民族；

他提出的实行政治大赦的条件，无论对于坏政府手下的牺牲者或对于这些牺牲者所代表的人民，都同样是一种侮辱；

格莱斯顿身为政府官吏，曾经公开而郑重地表示欢迎美国奴隶主的暴动，而现在却向爱尔兰人民宣传消极服从的学说；

格莱斯顿先生对爱尔兰人大赦问题的全部政策，十足地、彻底地表现了他先前曾慷慨激昂地加以揭露因而推翻了他的政敌托利党的内阁的那种"征服政策"；

国际工人协会总委员会对爱尔兰人民勇敢坚决而高尚地要求大赦的运动表示敬佩；

本决议应通知欧美各国的国际工人协会的所有支部以及所有同它有联系的工人组织。

哈里斯（奥勃莱恩的追随者）声明支持决议。但是，会议主席（鲁克拉夫特）指出时间到了（我们的会议只能开到十一点）；因此会议移到下星期二再开。不过鲁克拉夫特、韦斯顿、黑尔斯等人，实际上是整个委员会，已非正式地事先声明赞成决议。

奥勃莱恩的另一个追随者米尔纳说，决议的语言过于软弱（即调子不够高）；此外，他要求把我在论证时所说的都写入决议。（真妙！）

总之，星期二将继续讨论，你还来得及告诉我，确切些说是写信告诉我，你想对决议提出什么修改或补充。如果有所补充，比如说，如果你想对全欧洲的，例如意大利的大赦问题增加一段，那就直接把它写成决议的形式。

在委员会的最近一次会议上发生了一个意外事件。侯里欧克先生——"每个人都自以为是克伦威尔"——来了，他通过韦斯顿在他走后提他为候选人。当时首先就说明，他应当先得到国际工人协会的会员证，不然他甚至连被提为候选人的资格都没有。他无非是想摆一摆架子，并能够以代表的身分出席下一届代表大会！关于是否接受他入会的讨论将是很激烈的，因为他在我们中间有许多朋友，而且如果得罪了这个阴谋家，他就会经常同我们捣乱。你认为应当采取什么策略？

附上李卜克内西的废纸，他在给波克罕的信中也发出伤心的怨言，说我们不论在精神上还是在物质上都不支持他。请把附上的第二封信即威廉给波克罕的信退回来。

评论：马克思分析了《蜂房》没有刊载最近一次总委员会会议的报道的真正原因。谈到自己关于不列颠政府对被囚禁的爱尔兰人的政策的发言受到热烈赞同。谈到总委员会关于不列颠政府对爱尔兰人大赦问题的决议案。国际工人协会总委员会对爱尔兰人民勇敢坚决而高尚地要求大赦的运动表示敬佩。马克思询问恩格斯对决议案是否有修改或补充。询问如何对待和处理侯里欧克，马克思认为不能得罪他。信中还附上李卜克内西的信，李卜克内西抱怨自己得不到支持。

11 月 26 日 致信恩格斯，指出：在我还完全接受李嘉图的地租论时所写的反对蒲鲁东的著作中，我就已经分析了其中即使从他的（李嘉图的）观点看来也是错误的东西。

"尽管李嘉图已经假定资产阶级的生产是地租存在的必要条件，但是他仍然把他的地租概念用于一切时代和一切国家的土地所有权。这就是把资产阶级的生产关系当作永恒范畴的一切经济学家的通病。"

最妙的是，凯里的两大结论（关于美国的）是和他的信条直接矛盾的。第一，因为这些人是受了英国的恶魔般的影响，他们不在新英格兰优良的模范的土地上去从事社会性的耕作，却分散到西部较坏的（！）土地上去。这样就出现了从较好的土地向较坏的土地的转移（此外，附带说一句，凯里的与协作相对立的分散完全是从威克菲尔德那里抄袭来的）。第二，在美国南部，不幸的是，奴隶主（凯里先生是个谐和论者，在他过去的一切著作中总是替他们辩护的）过早地把较好的土地拿去耕种，而把较坏的土地抛开不管。就是说，不应该从较好的土地开始！既然凯里根据这个例子自己确信，真正的耕种者（在这里是奴隶）的活动既不是通过经济理由也不是通过他们本身的其他理由，而是通过外界的强制来决定的，那末，他不费吹灰之力就能证明，这种情况在其他国家中也存在着。

根据他的理论，欧洲的耕作应该从挪威的山地开始，从那里再扩展到地中海各国，而不是从相反的方向进行。

存在着一种使人不愉快的经济状况，这就是：和其他一切经过改良的机器相反，在他看来，不断改良的土地机器没有使自己的产品——至少在某个一定时期——降低价格，反而使价格提高了（这是左右了李嘉图的一种状况；他所看到的也不过是大约从 1780 年到 1815 年的英国谷物价格史），这种经济状况是凯里企图用一种极端荒谬的和幻想的货币论来加以驱除的。

作为谐和论者，他首先证明，在资本家和雇佣工人之间没有什么对抗。第二步是证明土地所有者和资本家之间的谐和，而这种情况也的确是出现过的，因为土地所有权在它还没有发展起来的地方是被看作正常的现象的。在殖民地和古老的文明国家之间的巨大的、有决定意义的区别就是，文明国家的人民群众因为土地私有制而被排除在土地之外，不论这种土地是否肥沃，是否耕种过，而殖民地的土地，相对说来还能为耕种者自己所有——这种情况凯里却不敢提及。在殖民地的迅速发展中，它绝对不会起任何作用。这种令人不愉快的"所有权问题"（而且它还具有最令人不愉快的形式）会破坏谐和。

另一方面，在生产发展的国家中，土地的自然肥力对于剩余价值的生产是一个重要的情况（或者象李嘉图所说的，影响利润率），凯里却由此反过来得出结论说，在天然最肥沃的地带，也必定有最丰富的和最发展的生产，例如墨西哥的生产一定高于新英格兰，关于这种有意的歪曲，我已经在《资本论》第502页及以下各页中作了答复。

凯里的唯一功绩是，他同样片面地主张从较坏的土地向较好的土地转移，李嘉图则与此相反，而实际上肥沃程度不同的各种土地是同时被耕种的，因此，在日耳曼人、斯拉夫人、克尔特人当中，各种小块土地都很细心地分配给公社成员，这种分配给后来公有地的划分带来了许多困难。至于说到耕作在历史进程中的发展，有时——根据各种不同情况——是同时沿着两个方向发展，有时是一个时期这个方向占优势，一个时期那个方向占优势。

投入土地的资本的利息之所以成为级差地租的组成部分，正是由于土地所有者得到了不是由他，而是由租佃者投到土地上去的资本的利息。这种整个欧洲都知道的事实，凯里竟想把它说成在经济学上是不存在的，因为在美国租佃制度还没有发展起来。可是，这种事情也已经在那里在另外一种形式中发生了。不是租佃者，而是土地投机者最后在土地价格中取得租佃者消耗掉的资本。美国的开拓者和土地投机者的历史的确常常使人想起那些例如在爱尔兰发生过的最丑恶的事情。

本星期二的会议开得非常热烈、紧张而又激昂。那位马德尔赫德先生，或者鬼知道这个家伙叫什么名字——宪章派，哈尼的老朋友——事先有准备地带来了奥哲尔和阿普耳加思。另一方面，韦斯顿和鲁克拉夫特却没有出席，因为他们当时正参加爱尔兰人的一个舞会。《雷诺》报在它的星期六号上刊登了我的决议案，同时并摘要刊登了我的演说词（埃卡留斯作记录是尽了他最大的力量的，但他不是速记员），而且《雷诺》报把它们登在第一版上，紧接在社论后面。这似乎使那些向格莱斯顿献媚的人吃了一惊。因此，奥哲尔出现了，受过米尔纳（他本人是个爱尔兰人）迎头痛击的马德尔斯赫德发表了冗长的漫无边际的演说。阿普耳加思坐在我旁边，因而不敢说反对的话，而宁可说是说了赞成的话，赞成这个决议案。但是，稍加修改，使意见一致总是要好一些，如此等等。为了回答这一点（因为我正想迫使他陷入困境），就建议让他提出他的修改意见交下一次会议讨论！在上次会议上，虽然我们的许多最可靠的会员没有出席，但是我们是可以在只有一票反对的情况下通过这个决议的。星期二我们的人将会全体出席。

评论：信中谈论了李嘉图及凯里关于地租产生的理论，详细阐述了对地租的认识，并表示这些认识已经反映在《资本论》第一卷中，特别是批评和揭露了他们的错误观点。马克思还告知总委员会 1869 年 11 月 23 日会议的情况，在这次会议上继续讨论不列颠政府对被囚禁的爱尔兰政治犯的政策。会议进行得非常热烈。

11 月 29 日   致信路德维希·库格曼，指出：对我长期的而且在某种程度上是有罪的沉默你应当这样来解释：我要补做一大堆工作，不仅有我个人科学研究方面的，而且还有国际方面的工作；此外，由于彼得堡给我寄来了一本关于俄国工人阶级（当然也包括农民在内）状况的书，我已开始学俄文；最后，我的健康状况远远不能令人满意。

也许你在《人民国家报》上已经看到我提出的在爱尔兰大赦问题上反对格莱斯顿的决议案。我现在攻击格莱斯顿——这件事在这里已经引起轰动——和以前攻击帕麦斯顿完全一样。在这里进行煽动的流亡者喜欢从安全的远方攻击大陆上的专制君主。对我来说，这类事只有当着暴君的面做才觉得有意思。

但是，我的关于爱尔兰大赦问题的发言以及紧接着我在总委员会里提出的讨论英国工人阶级对爱尔兰的态度并作出有关的决议的建议，除了要大声疾呼地坚决支持被压迫的爱尔兰人反对他们的压迫者以外，当然还有其他目的。

我愈来愈相信——问题只在于要使这种信念在英国工人阶级中扎根——，在英国工人阶级对爱尔兰的政策还没有和统治阶级的政策一刀两断以前，在它还没有做到不仅和爱尔兰人一致行动，而且还倡议取消 1801 年所实行的合并，以自由联盟的关系去代替这种合并以前，它在英国本土永远不会做出任何有决定意义的事情。这是必须做到的，这并不是出于对爱尔兰人的同情，而是基于英国无产阶级利益的要求。如果不这样做，英国人民就还得受统治阶级支配，因为他们必然要和统治阶级结成反对爱尔兰的统一战线。在英国本土的任何人民运动都会因为和爱尔兰人（他们占英国本土工人阶级的相当大的一部分）的不和而陷入瘫痪状态。英国无产阶级解放的第一个条件——推翻英国的土地寡头——也就不能实现，因为当英国的土地寡头在爱尔兰还保持着自己的非常巩固的前哨时，它在英国本土的阵地就不可能摧毁。但是，在那里，只要事情掌握在爱尔兰人民自己的手中，只要他们自己成为国家的立法者和执政者，只要他们获得了自治权，那末消灭土地贵族（其中大部分也就是英国的地主）要比在这里容易得多，因为这在爱尔兰不仅是一个单纯的经济问题，同时还是一个民族问题，因为那里的地主不象在英国这样是世袭的显贵和代表人物，而是令人深恶痛绝的民族的压迫者。英国和爱尔兰目前的关系不仅阻碍了英国内部的社会发展，而且也妨害了它的对外政策，特别是对俄国和美国的政策。

但是，因为英国工人阶级一般在社会解放的天平上毫无疑问是举足轻重的，所以杠杆必需安放在这里。实际上，克伦威尔时代的英吉利共和国就是由于爱尔兰而覆灭的。不要重蹈覆辙！爱尔兰人和英国政府开了个大玩笑，他们把"重罪犯"奥顿诺凡 - 罗萨选为议员。政府报纸正以重新废除"人身保护法"、重新恢复恐怖制度来进行威胁！实际上，只要现在的关系继续保持下去，英国除了依靠最残酷的恐怖政策和最卑鄙的收买手段以外，是从来不会，而且也决不可能依靠别的手段来统治爱尔兰的。

在法国，事情进行得还好。一方面，各种流派的过时的蛊惑家和民主空谈家都在丢丑，另一方面，波拿巴被迫走上让步的道路，在这条路上他必然要招致灭亡。

针对欧伦堡在普鲁士议院中的丑事，昨天的《观察家报》（这家周报属于内阁）写道："拿破仑说过：'搔一搔俄国人，您就会找到鞑靼人'"。可是用不着去搔普鲁士人，就可以找到俄国人的。

评论：信中告知发现自己的信被拆开过。信中解释由于一大堆工作，开始学习俄文以及健康问题导致无法及时回信。马克思告知自己在爱尔兰大赦问题上反对格莱斯顿的决议案一事已经引起了轰动。马克思还进一步阐述了对爱尔兰问题的看法。马克思在信中回复了库格曼关于告知赖希的地址的请求，库格曼打算给赖希寄去马克思的《资本论》第一卷。1869 年 9—10 月马克思在德国的时候，库格曼把赖希的著作《论人类的退化，退化的原因和防治办法》赠给了马克思。

12 月 4 日 致信恩格斯，指出：尽管奥哲尔不断地提出文字上的修改，决议还是一致通过了。我只在一处对他做了让步，同意把第一段的"侮辱"一词之前的"有意地"一词删去。我这样做的口实是：首相的任何公开讲话本身无疑地被看作是有意的。真正的原因在于，我知道只要第一段事实上通过了，以后的任何抵制都是徒劳的。给你寄去两期《国民改革者》，其中有前两次会议的报道，但最近一次的还没有。这个报道也是很糟糕的，很多地方简直是错误的（出于误解），但毕竟比埃卡留斯在《雷诺》上的报道要好些。这些报道是哈里斯写的，你还能在最近一期《国民改革者》上找到他的通货万应灵丹。

除了俨如约翰牛的莫特斯赫德和照常装出一副外交家模样的奥哲尔外，英国代表们的表现是很不错的。星期二开始进行关于英国工人阶级对爱尔兰问题的态度的一般辩论。

在这里不仅要和偏见作斗争，而且还得跟都柏林的爱尔兰领导者的愚蠢和卑鄙作斗争。关于辩论情况和决议，这家《爱尔兰人报》（皮哥特）不只是从它收到并经常引用的《雷诺》中知道的。早在 11 月 17 日就有一个爱尔兰人把它（决议）直接寄给该报了。直到今天却故意一字不提。在我们为三个曼彻斯特人进行辩论和呼吁时，这头蠢驴也是持这种态度。"爱尔兰"问题应该看成是一种与其余世界不同的特殊事件，对英国工人同情爱尔兰人这一点特别要保持沉默！多么愚蠢的畜生呀！这就是对待在全欧洲和合众国都有机关报的国际的态度！这个星期，它正式收到了各国通讯书记签署的决议。决议也寄给了《人民报》。我们且拭目以待！莫特斯赫德收到《爱尔兰人报》时一定会利用这个机会嘲笑爱尔兰人的"宽宏大量"的。

不过我要跟皮哥特开个玩笑。我今天写信给埃卡留斯，要他给爱尔兰工人协会主席伊萨克·巴特寄去一份签署的决议。巴特不是皮哥特。

为了向你说清楚附上的阿普耳加思的信，我再作补充如下：

在上次会议（他在会上表现很好）结束以后，他把我拉到一边，告诉我说：下院的一位著名议员写信给他说，上院的一位著名议员（利奇菲耳德勋爵！）委托他向阿普耳加思打听一下，他在巴塞尔是不是投票赞成完全废除私有制？他的回答对于阿普耳加思的议会保护者同他的关系来说，将是决定性的。他（阿普耳加思）想给这些人以果断的回答，而我必须给他简略地写出"理由"，而且第二天要写好。当时我很忙，腋下还在疼，加上星期二晚上开完会以后，浓雾弥漫，伤风更厉害了。因此星期三我写信告诉阿普耳加思，我搞不出来了，但是我准备在他收到回复时帮助他。他有着英国人的执拗脾气，不同意这样，便写来了附上的信。这样一来，不管愿意不愿意，我不得不在昨天给他写了密密麻麻的八张纸，谈了土地所有制及其废除的必要性，他得花点时间咀嚼玩味一番。这个人很重要，因为他是议会两院正式承认的英国工联的代表。

附上的还有白拉克的信。我丝毫不反对邦霍尔斯特，而只是对库格曼说过，我认为他在某种程度上是一个政治冒险家。库格曼以他惯有的机智夸张地向白拉克转告了这一点。

评论：马克思谈论国际关于爱尔兰问题的讨论情况，以及各报刊对这件事情以及对国际的沉默态度。1867 年爱尔兰的起义失败后，许多芬尼亚社社员被捕并被审讯。1867 年 9 月 18 日，一些人在曼彻斯特组织活动，试图营救两名被捕的芬尼亚社领导人凯利和迪集。一些营救者被捕并被判处死刑，引起了广泛的抗议浪潮。总委员会委员也参加了这一运动。马克思推动在总委员会中就爱尔兰问题进行公开辩论，辩论时邀请爱尔兰和英国报界的代表出席。在总委员会的非常会议上通过了马克思起草的意见书《在曼彻斯特被囚禁的芬尼亚社社员和国际工人协会》，马克思在给恩格斯的信中也提到这个文件。

12 月 10 日　致信恩格斯，指出：首先，关于佐林根的事（这里是否需要两镑？我看一镑就够了）。这些人一再提出请求，我、中央委员会、巴塞尔代表大会等都听烦了。他们自己承认，他们的生产合作社只代表地方性利益。罢工等等的国际支出要作出的牺牲他们是了解的，数以百计的法国和英国生产合作社的贫困状况他们是了解的，他们怎么能要求国外分给他们哪怕是一法寻呢？他们看到了贝克尔的热烈呼吁给他们带来多么大的好处。

另一方面，这些佐林根人是你和我在莱茵省的支柱。他们（领导人）加入过同盟。在拉萨尔称霸时期，就是这位卡尔·克莱因，在伊戚希侯爵呆在科伦时曾举杯为我们这些《新莱茵报》的编者祝酒，伊戚希也只好强作欢颜地喝了下去。此外，他们的合作社曾巩固并维持了好几年。由于普鲁士立法的荒谬，他们不得不固定自己的资本，并因此减少自己的流动资本。随后恼怒的莱茵资产者决定部分用出售他们的债券、部分用拒绝任何商业信用（非债券方式）的办法来使他们破产。

可见，问题仍然具有普遍的意义，而对我们具有个人的意义。

我建议如下：

你寄给这些家伙五十塔勒作为债券，同时对他们说，在曼彻斯特的英国资产者中间，你为他们干不了什么事，这一点他们自己应该懂得。同时你在信里还要告诉他们，我在伦敦想尽了一切办法帮助他们，但毫无结果，——这也是事实。最后，你对他们说，我打算——我真的马上去干——从德国资产者那里为他们弄些钱。为此，我将毫不迟延地写信给汉堡的门克，当然，这点你不要告诉他们。也许门克（他是个百万富翁，对《资本论》从头至尾密密麻麻地作了"修改"，这些修改他亲自指给我看过）会有所作为。两千塔勒对于这些人来说不算什么。当然，首先他们会派人到佐林根去仔细看看情况。如果事业没有生命力，那就不需要它，也用不着加以支持。否则，我倒相信，这些人（门克之流）是会出钱的。

关于爱尔兰问题。本星期二我没有去中央委员会。虽然我承担了开始辩论的任务，但是，我的"家庭"鉴于我目前的健康状况，不准许我在这种大雾天出门。

至于《国民改革者》上的报道，那末那里不仅把一些无聊的东西强加在我身上，而且报道得对的东西实际上也是错的。但是我不愿意要求更正。首先，我会因此得罪报道者（哈里斯）。其次，只要我不加干预，所有这些报道就决不会具有正式的性质。如果我更正了什么地方，那就等于我承认其余的地方是正确的。而该报所刊载的一切都是不正确的。此外，我有理由不使这些报道变成反对我的法律证据，而如果我去更正细节，这一情况立刻就会发生。

下星期二我将把这个问题用下列形式提出来：英国工人阶级的直接的绝对的利益，是要它断绝现在同爱尔兰的关系，完全不顾所谓替爱尔兰主持公道的各种"国际主义的"和"人道主义的"词句，因为替爱尔兰主持公道这一点在国际委员会里是不言而喻的。这是我的极深刻的信念，而这种信念所根据的理由有一部分我是不能向英国工人说明的。我长期以来就认为可能借英国工人阶级运动的高涨来推翻统治爱尔兰的制度；我在《纽约论坛报》上总是维护这种观点。但是我更深入地研究了这个问题以后，现在又得出了相反的信念。只要英国工人阶级没有摆脱爱尔兰，那就毫无办法。杠杆一定要安放在爱尔兰。因此，爱尔兰问题才对整个社会运动有这样重大的意义。

谈到当前的爱尔兰运动，有三个重要的因素：（1）反对律师、职业政客和花言巧语；（2）反对教士横行霸道，他们（这些高贵的先生们）无论在奥康奈尔时代或者在1798—1800年，都是叛徒；（3）在最近的几次大会上农业工人阶级起来反对农场主阶级（1795—1800年类似现象就发生过）。

《爱尔兰人报》是因为芬尼亚社社员的报纸被查封才出现的。它长时期对芬尼亚主义持反对态度。《爱尔兰人民》等等的卢比等人是有教养的人，他们把宗教看作微不足道的东西。政府把他们关进监狱,于是皮哥特这一伙人就走上了舞台。《爱尔兰人报》只是在那些人出狱以前才起点作用。这一点皮哥特是知道的,虽然他现在正从为"重罪犯"辩护的演说中捞取政治资本。

评论:马克思阐述了自己关于英国工人阶级对待爱尔兰的立场的观点。马克思建议恩格斯在他的爱尔兰史一书中把这个时期作为单独的一章。马克思曾编写了1776 年至 1801 年的爱尔兰史的专门摘录;他在这封信中所谈的想法就利用了这些摘录。

12 月 17 日 致信恩格斯,指出:我们的爱尔兰决议已分送所有与我们联系的工联。只有一个工联——一个不大的制革工人分会——表示异议,认为这是一项政治决议,不属于委员会的活动范围。为了进行解释,我们向他们那里派了一个代表团。奥哲尔先生现在明白了,尽管他要尽外交手腕进行反对,他还是投票赞同决议,这对他多么有利。果然,在南威克,有三四千爱尔兰选民答应投他的票。

从附上的《平等报》(这张报纸我要收回)你可以看到,巴枯宁先生是多么厚颜无耻。这位好汉现在把持着国际的四种机关报(《平等报》、洛克尔的《进步报》、巴塞罗纳的《联盟》和那不勒斯的《平等》)。他企图通过和施韦泽结成联盟在德国站稳脚跟,通过对《劳动报》的吹捧在巴黎站稳脚跟。他认为同我们公开论战的时机已经到来。他把自己装扮成真正无产阶级精神的保护者。但是,等待他的是失望。下星期(幸好中央委员会的会议在新年后的星期二以前停会,这样,我们在小委员会就能脱离英国人善意的干预而自由行动)我们将给日内瓦罗曼语区联合会委员会发出一封威胁信,既然这些先生们(不过,其中相当一部分,可能还是大部分都反对巴枯宁)知道,必要时我们可以根据最近这次代表大会的决议罢免他们,那末,他们对这件事就不得不再三加以考虑。

我们这封信的要害是:瑞士罗曼语区各支部的唯一代表,对我们来说,是那里的联合会委员会。它应该通过自己的书记培列秘密向我们提出要求和指责。联合会委员会绝对没有任何权利放弃自己的职责,而把它转让给《平等报》(这家报纸对我们来说是不存在的),也没有任何权利要求中央委员会同这样的代理人进行公开解释和辩论。总委员会的回答是否应该在国际各支部的机关报上公开发表,完全取决于只直接对代表大会负责的总委员会。这是和某些阴谋家算账的大好时机,他们正在篡夺不属于他们的权力,并企图使国际服从他们个人的领导。

至于哥萨克人就通报问题煽起的号叫,情况是这样的:

布鲁塞尔代表大会曾作出决定,责成我们"在它〈总委员会〉经费许可的情况下尽量经常地""用几种文字"出版关于罢工等问题的通报。但有一个条件,即我们方面至少每三个月要从各个联合会委员会收到一次报告和文件等等。可是,我们既没有收到这些报告,又缺乏印刷通报的经费,这项决定自然就成了一纸空文。事实上,由于国际创办了很多报纸,彼此经常交换情报(《蜂房》负责记录英国罢工等情况），这个决定也就成为多余的了。

在巴塞尔代表大会上，这个问题又被提出。代表大会认为，布鲁塞尔关于通报的决定不存在了。否则，代表大会就会干脆委托中央委员会执行这一决定（这样又会因缺乏经费而使决定成为一纸空文）。还谈到过另外一种通报（不是过去设想的那种关于罢工等问题的简介，而是关于运动一般问题的阐述）。不过在代表大会上这个问题没有付诸表决。所以，现在没有任何关于这个问题的决定。但是，通过发表对《平等报》的公开回答告知公众：以前布鲁塞尔的决定之所以未执行，（1）是因为会员们没有交纳会费，（2）是因为各联合会委员会没有履行自己的职责，这会是一个妙策！

至于施韦泽，懂得德文的巴枯宁先生知道，施韦泽及其一伙不属于国际。他知道，施韦泽公开拒绝过李卜克内西让总委员会做仲裁人的建议。巴枯宁的朋友菲·贝克尔是德语集团的主席，主持日内瓦联合会委员会的工作，他可以给他们提供那里需要的消息，因此巴枯宁的质问就尤其显得卑鄙了。巴枯宁的目的仅仅是要预先得到施韦泽的支持。他将来再看吧！

评论：马克思在寻找约·普兰德加斯特的《克伦威尔在爱尔兰的殖民》一书，以便让恩格斯阅读了解。随信附上的《平等报》，揭露了巴枯宁的无耻面目。在巴塞尔代表大会上巴枯宁没有掌握国际的领导权，他开始通过《平等报》《进步报》等公开攻击总委员会。巴枯宁指责总委员会违反了关于出版各国工人状况的通报的条例的第二、第三条；建议在英国成立一个专门的联合会委员会，使总委员会易于完成在领导国际共同事务方面的职能；鼓吹放弃政治，攻击总委员会在爱尔兰问题上的立场。总委员会会议首次讨论了《平等报》和《进步报》的问题。

1870 年

1 月 22 日 致信恩格斯，指出：在这段时间，国际发生了各种各样的事件，特别是与巴枯宁阴谋有关的事件。不过现在要写就太花时间了。

巴黎的事态很有趣。奥利维耶既然还是一个自由贸易论者，这个人物自然就正合英国市侩们的心意，而这些市侩总是忘了他们所喜欢的一切立刻会引起真正法国人的反感。

《未来报》正在耍花招，企图借此摆脱纯政治阵营，这你能说什么呢！

顺便说一下，我这里还有李卜克内西给你的一封短信，是在你离开英国的时候收到的。但是，我一时在纸堆里找不着。下次寄给你吧。

评论：马克思身体出现腺体炎症引起的脓肿，所幸治疗效果良好。信中谈到赫尔岑去世了。马克思信中提到的《监狱》，说的是赫尔岑的《监狱与流放》一书，该书后来被收入《往事与回忆》中；恩格斯在他的这本书的页边加了注，注明俄文词的德文意思。马克思在学习俄语时利用了这本书。信中提到国际又发生了各种各样的事件。

　　1 月 24 日　致信塞扎尔·德·巴普，指出：写这封信的目的首先是请您帮帮忙。您大概知道，一部分英国资产阶级组织了一个土地同盟之类的组织来同工人的土地和劳动同盟相对抗。这些资产者的表面目的，是要把英国的土地所有制变成小块土地所有制，并且为了人民的更大幸福而制造农民。他们的真正目的是向土地贵族进攻。他们想把土地投到自由流通中去，从而使土地从大地主手里转到资本家手里。为此目的，他们发表了题为《科布顿评论》的一批通俗论文，用最美妙的色彩来描绘小所有制。他们津津乐道的是比利时（特别是佛来米人）。好象这个国家的农民生活在天堂里。他们同拉弗勒先生建立了联系，拉弗勒为他们的高谈阔论提供事实。因此，既然我在《资本论》第二卷中研究土地所有权问题，我认为在这一卷中比较详细地论述一下比利时土地所有权的结构和比利时的农业是有益的。可否劳驾您把我应当熟悉的有关这个问题的基本著作书目告诉我。

　　在布鲁塞尔，人们大概首先认为，日内瓦的灾变、《平等报》编辑部成员的更换，是由总委员会的决定引起的。这是误会。荣克只顾忙于自己的钟表匠工作，没有抽时间抄写委员会的决定，并在 1 月 16 日以前把它寄往日内瓦。在这段期间他收到了罗曼语区委员会书记昂·培列的两封信。1 月 4 日的第一封信带有正式性质。这是罗曼语区委员会给总委员会的通知，其中谈到：《平等报》的一些编辑商量好要掀起一个公开的运动来反对总委员会和同他们有意见分歧的那些瑞士委员会，但是他们的行为是违反罗曼语区委员会意愿的。

　　日期较迟、但也是在荣克寄出总委员会决定之前收到的第二封信，是培列给荣克的个人信件。我从这封信逐字摘录几段给您看，好让您了解情况。因为这是私人信件，所以无需我提醒您也知道，不要把摘录的东西通知比利时委员会，对作者的名字要保密。

　　如果安斯先生还没有把我的信（和总委员会的决定）转交给比利时委员会，最好把涉及巴枯宁的那一段完全删去。我这里没有留下任何副本，但是我知道，我是在肉体疼痛引起的激动状态中写成的。所以我相信，安斯先生指责这一段的叙述方式是有道理的。至于它的内容、事实，那既不取决于我的糟糕的表达方式，也不取决于安斯先生对巴枯宁的好感。事实是：巴枯宁所创立的同盟，只是名义上解散了，它对国际协会是一种危险，是一种瓦解组织的因素。

　　有人转告我，在涉及巴枯宁的那一段中安斯先生还指责了"头脑简单的里沙尔"这样的词句。这是笔误，我对此表示遗憾，尤其是，里沙尔是协会的最积极的成员之一。我使用这种词句仅仅是想说明，里沙尔在所引证的那篇通讯中，对于他还没有弄清实质的那些观点过分轻率地信以为真。不过，在我写这封信的时候，里沙尔又在为这种轻率提供新的证据。他给委员会寄来一封信，其中附有一个已经写好的决定，这个决定把里昂一个所谓变节支部的一些成员斥责为卑鄙家伙、叛徒和被协会开除的人。信中建议我们把这个决定重抄一遍，盖上我们的印，签上我们的名并通过邮局寄还给他。而这既没有证据，又没有文件，也没有给予对谴责申辩的权利。

此外，有人转告我，安斯先生还谴责英文的《关于巴塞尔代表大会的报道》，说什么在这个报道中取消了涉及继承权问题的一切内容。这是明显的误会。在第26—29页上，既有总委员会的报告，又有在巴塞尔选出的委员会的报告，还有这个问题讨论情况的简述。不过，关于代表大会情况的英文报道是埃卡留斯写的。总委员会曾任命了一个审查这个报道的委员会。虽然我也被任命为这个委员会的成员，但是我拒绝参加它的工作，因为我没有出席代表大会，因而没有资格判断报道是否准确。我所做的一切仅限于纯粹文字上的修改。

最后，如果说总委员会通过的决定未能荣幸地使安斯先生满意，那末它们大概会使罗曼语区委员会满意的，因为罗曼语区委员会在收到这些决定的两个星期以前就已决定摆脱同盟的独裁。

评论：马克思依然饱受腺体脓肿的疼痛。信中谈到1869年7月在约·斯·穆勒的庇护下成立的土地改革协会。这个组织是试图用租给失业者小块荒地的办法来复活小农阶级。马克思很关注这一问题，请德·巴普提供一些书目。巴普把关于比利时土地所有权问题的书目告诉了马克思。信中谈到布鲁塞尔的一系列事情与总委员会的决定无关。马克思还澄清了一些情况，建议把自己对巴枯宁的激烈言辞删掉，但马克思依然认为巴枯宁创立的同盟只是名义上解散了，它对国际协会是一种危险，是一种瓦解组织的因素。

1月27日　致信恩格斯，指出：附上原先提到的威廉的短信。你给他回信的时候，顺便告诉他（关于我现在附上的他给我的来信中提到的事），第一，既然所有的报纸都象他的报纸一样，绝口不提《雾月十八日》，那末，谁都不知道这本书就不奇怪了；第二，既然在莱比锡弄不到这本书（我认为这是胡说），那就应该直接写信给迈斯纳，而不是写信给我。

附上约·雅科比博士给库格曼的信和库格曼的短信。事情的经过是这样的：库格曼在《未来报》第18号附刊（1月22日）上看到了雅科比的演说，雅科比在这个演说中声称自己信仰社会主义，而该报在这一号正刊上报道了这次大会的情况；在大会上，施韦泽在他的一帮打手的帮助下攫取了主席的位置，并且在雅科比发表演说后指责他，如说他的见解是从我这里剽窃去的。此后，库格曼立刻以他素有的热心写信祝贺雅科比，同时责备他，说他引用了各种人的话，但恰恰不提我，而他的演说的主要内容都是从我这里抄去的。雅科比的答复就是由此而来。

有一点很有趣：雅科比在这个大会上回答施韦泽时说，我本人"在自己的著作中无数次地利用过自己前辈的劳动"。如此说来，既然我认真地引用每一个对运动的发展哪怕是只有点滴贡献的人的材料，那末，雅科比也可以从我这里剽窃他的新信仰的精髓而不提到我。再说，我也不是七十年代的雅科比的"前辈"。一个普通的通俗化者和庸俗化者是没有"前辈"的。但是，雅科比象阿尔诺德·卢格一样，也转向共产主义，总还是很好的。现在光靠"自由"，就前进不了！

评论：随信附上几封信，并讲述了来龙去脉。1870 年 1 月 20 日，资产阶级民主主义者、普鲁士邦议会议员雅科比在柏林举行的选民大会上，发表了关于工人运动目的的演说，雅科比声称自己信仰社会主义。1 月 23 日，库格曼得到关于大会的报道以后，写信问雅科比，为什么不提学者卡尔·马克思的名字，雅科比答复库格曼，他承认马克思的无可争辩的功绩，又为自己辩解，说用通俗的形式阐述马克思的学说时作"资料索引"是不适当的。库格曼和雅科比的这些信，马克思也转寄给了恩格斯。

2 月 10 日　致信恩格斯，指出：弗列罗夫斯基的书我看过开头的一百五十页（这些篇幅是论述西伯利亚、俄罗斯北部和阿斯特拉罕的）。这是第一部说出俄国经济状况真相的著作。这个人是他所谓的"俄罗斯乐观主义"的死敌。对于这种共产主义的黄金国，我从来不抱乐观的看法，但是弗列罗夫斯基的书的确完全出乎意料。这样的东西能在彼得堡出版，实在令人惊奇，无论如何是一种转变的标志。

"我国的无产者并不多，但是我们的工人阶级群众是由命运比任何无产者还要坏的劳动者组成的。"

这种阐述方法完全是独具一格的，其中有些地方最能使人想起蒙泰。可以看出，这个人曾亲自到各地作过旅行和观察。对地主、资本家和官吏有烈火般的仇恨。没有社会主义学说，没有土地神秘主义（尽管赞成公共所有制形式），没有虚无主义极端。有时也有些善意的空谈，但这是适合于读这一著作的那些人的发展水平的。无论如何，这是继你的《工人阶级状况》这一著作问世以后的最重要的一本书。对俄国农民的家庭生活，如骇人听闻地把老婆往死里打，酗酒，蓄妾，也有出色的描写。如果你把公民赫尔岑虚构的谎言寄给我，现在正是时候。

你记得，《平等报》在巴枯宁的唆使下，攻击总委员会，公开提出种种质问，并以进一步采取行动相威胁。为了对此作出回答向日内瓦的罗曼语区委员会以及其他所有与我们有通信联系的法语区委员会分别散发了——由我起草的——通告信。结果，整个巴枯宁一伙退出了《平等报》。巴枯宁本人则选定德森作为自己的驻地，将继续在瑞士、西班牙、意大利和法国搞他的阴谋活动。这样，我们之间的休战现在结束了，因为他知道，我就最近日内瓦的种种事件尖锐地抨击了他，并揭露了他的阴谋。这个畜生的确认为我们"太资产阶级化了"，因此不能理解和评价他的"继承权"、"平等"和以"国际"取代现存国家体系的崇高思想。他的社会主义民主同盟口头上解散了，而实际上还继续存在。你可以从附上的罗曼语区委员会书记昂·培列给荣克的信的抄件（你要把它寄还我）看出，在日内瓦收到我们的通告信以前，灾难就在那里爆发了。但是，通告信稳定了新的局势。比利时委员会（布鲁塞尔）正式表示完全赞成我们出面反对《平等报》，但比利时委员会书记安斯（德·巴普的内兄，不过同他吵嘴了）给斯特普尼写了一封信，表示站在巴枯宁一边，指责我支持日内瓦工人中的反动派别等等，等等。

你是否注意到给你寄去的一号《马赛曲报》上卡·布林德先生把卡·布林德先生吹捧了一番，说什么这位布林德曾作为"使节"和叔尔茨（许茨——念起来不够好听）将军一起被派往巴黎，后被波拿巴逐出巴黎，还在继续被逐中，而且他还是一个前德国国民议会议员哩！

评论：信中谈到一系列事情。地质学家小达金斯曾来过；很难弄到旧版《爱尔兰法律》；劳拉来信告知巴黎的激昂情绪不断增长。马克思评论了弗列罗夫斯基的《俄国工人阶级的状况》一书，认为这本书的阐述方法完全是独具一格的，是继恩格斯的《英国工人阶级状况》这一著作问世以后的最重要的一本书。马克思还告知巴枯宁一伙人对国际的反击，一系列事情的发生预示着与巴枯宁分子之间的休战结束了。

2 月 12 日　致信恩格斯，指出：你的序言很好。我没有什么可修改或补充的。你对 1866 年的论述我完全同意。进行双重打击，既打中威廉和他的人民党，又打中施韦泽和他那一伙坏蛋，太好啦！

说到威廉的辩解，永远也弄不清他是有意撒谎，还是一切都象磨房的水车轮子在他发昏的头脑里打转转。情况是这样的：我在汉诺威曾给迈斯纳去过信，要他寄几本给威廉、《未来报》和施韦泽，而施韦泽立刻登了一个详细的广告。其次，威廉的朋友邦霍尔斯特和白拉克在汉诺威看我时，看到了新版，并且对我说，关于出更便宜一点的大众版，已与迈斯纳谈妥了。迈斯纳给我的信谈到这一点。我同意这一版印两千本，其中一千本要按成本价格让与邦霍尔斯特等人。他们承担了推销这一千本的任务。从那时起，这件事就没有下文了。我们来考验一下威廉吧。请写信告诉他，就说他应该写信问问迈斯纳，关于《雾月十八日》，他为什么既不在《人民国家报》，也不在《未来报》登广告，还有，虽然我在汉诺威已写信委托过迈斯纳，为什么迈斯纳既不给他，也不给《未来报》的魏斯寄一份去？等迈斯纳回了信，我要抓住这个机会和他好好谈谈他的马虎作风。

你对法国激进报刊的评论，我完全同意。蒲鲁东没有白当一个帝国时代的社会主义者。我坚信，虽然第一次冲击将出自法国，但德国对于社会运动更成熟得多，并将远远超过法国人。如果法国人仍然认为自己是"上帝的选民"，那就大错特错了，那就是自我欺骗。

恩·弗列罗夫斯基的书的名称是：

《俄国工人阶级的状况》。1869 年圣彼得堡尼·彼·波利亚科夫出版社版。

弗列罗夫斯基的书使我非常开心的一点，就是他针对农民直接税的论战。这完全是沃邦元帅和布阿吉尔贝尔的再现。他也感到，农民的状况和过去法国帝制时代

（从路易十四时期以来）相似。象蒙泰一样，他很了解每个民族的性格特点——"卡尔梅克人爽直"，"莫尔多瓦人尽管很脏，然而富有诗意"（他拿他们和爱尔兰人相比），"鞑靼人机灵，活泼，崇尚享乐"，"小俄罗斯人富有才华"，等等。他作为一个善良的大俄罗斯人，教训自己的同胞怎样才能把所有这些民族对他们的仇恨转变过来。同时，他还引用一个真正俄罗斯的移民区从波兰迁移到西伯利亚的事件作为仇恨的例子。这些人只懂俄语，不会说一句波兰语，然而都认为自己是波兰人，并对俄罗斯人怀着波兰人的仇恨，等等。

从他的书中可以得出无可争辩的结论：俄国的现状再不能维持下去了，解放农奴自然只是加速了瓦解的进程，可怕的社会革命迫在眉睫。从这里也可以看到现在俄国大学生等等中间风行一时的学校青年虚无主义的现实基础。顺便提一下，在日内瓦成立了一个新的俄国大学生流亡者的侨民团体，他们在自己的纲领中宣布要同泛斯拉夫主义进行斗争，并代之以"国际"。

弗列罗夫斯基在专门的一章中指出，异民族"俄罗斯化"纯属乐观的幻想，甚至在东方也是如此。

利林塔尔的书可以不寄给我。戈迪萨尔有这本书的俄文本和德文本。前天他通知我他要回来。而他的妻子早些时候给我的妻子来信说，他找到了新的工作。但我感到奇怪的是，为什么他在最近这封信中没有提到这一点。

附上安斯给斯特普尼的信的抄件，要寄还。我在回信中把这个家伙痛斥了一顿。从下面这几点也可以看出他的消息的准确性如何。他说，好象我们在《关于巴塞尔代表大会的报道》中没有提关于继承权的辩论。这大概是巴枯宁对他说的，而他相信了，虽然他手头有我们的报道，并且照他的英语程度，完全可以读懂！安斯说到"我"给日内瓦的信，而我没有给那里写过一行字！我是在给布鲁塞尔的信里揭露巴枯宁的活动的。除了总委员会给日内瓦的通告信以外，我还向布鲁塞尔写过一般的报道，并通知任命了一个新的比利时书记（赛拉叶，马赛工人，职业是皮鞋匠）。安斯抱怨我们在日内瓦引起了危机，但正如从《平等报》上看到的，这一危机早在我们的通告信等文件寄到以前一个星期多就已经结束了。比利时总委员会置安斯于不顾，宣布完全同意我们的意见。

评论：信中称赞恩格斯的《〈德国农民战争〉第二版序言》很好。同意恩格斯对法国激进报刊的评论。信中评论了弗列罗夫斯基的《俄国工人阶级的状况》，从他的书中可以得出无可争辩的结论：俄国的现状再也不能维持下去了，解放农奴自然只是加速了瓦解的进程，可怕的社会革命迫在眉睫。马克思还谈到日内瓦成立了一个新的俄国大学生流亡者的侨民团体。这是指一批俄国政治流亡者，这些人是具有民主主义思想的青年，是革命民主主义者车尔尼雪夫斯基和杜勃罗留波夫的追随者。1870 年春季，他们在日内瓦成立了国际俄国支部。俄国支部在反对巴枯宁分子的斗争中支持马克思和恩格斯。

信中批评了贝克尔的糊涂。在未接到《总委员会致瑞士罗曼语区联合会委员会》通告信以前，罗曼语区联合会委员会已经顺利完成了《平等报》编辑部人事的变动，巴枯宁分子退出编辑部以后，报纸开始支持总委员会的路线。

2月17日　致信路德维希·库格曼，指出：先谈事务性问题：请你直接给柏林菩提树街11号阿舍尔公司寄一本《福格特》。望寄书时向邮局要一张收据并把它转寄给我。其次，如果你能替我查明，卡·希尔施大约是在什么时候给你写信谈到《福格特》的，那我将非常感谢你。

你寄给我的小册子是德国人居住的俄罗斯波罗的海沿海各省的特权阶层目前用来呼吁德国人给予同情的一种辩护词。这帮流氓一向都以他们热心为俄国的外交、军队和警察效劳而出名，自从这些省区从波兰划归俄国以后，他们便心甘情愿地出卖自己的民族来换取剥削农民的合法权利，现在却看到自己的特权地位受到威胁而喊叫起来。旧的等级制度、正统的路德教以及对农民的榨取，这就是他们所谓的德国文化，为了保卫这种文化，欧洲目前应当行动起来。因此，这本小册子里的最后一句话也是，地产是文明的基础，而据这个可怜的小册子的作者自己供认，这种地产大半全是领主的地产或交纳赋税的小农地产。

在他的那些引证——有关俄国公社所有制方面的——中，这个家伙既表现了自己的无知，也露出了自己的马脚。谢铎－费罗提就是这类人中的一个，他们宣称（当然是为了地主的利益）公社所有制是造成俄国农民悲惨境况的原因，这同以前有人把西欧农奴制度的废除——而不是把农奴丧失自己的土地——说成产生赤贫现象的原因是一模一样的。俄文的《土地和自由》一书也是这类货色。它的作者是波罗的海的土容克冯·利林费尔德。造成俄国农民贫困的原因也就是在路易十四等人统治下造成法国农民贫困的原因，即国税和交给大地主的代役税。公社所有制并没有造成贫困，恰恰相反，只有它才减轻了贫困。

其次，公社所有制起源于蒙古的说法是一种历史的谎言。正象我在我的著作中多次指出的那样，它起源于印度，因而在欧洲各文明国家发展的初期都可以看到。俄国公社所有制的特殊斯拉夫的（不是蒙古的）形态（它也可以在非俄罗斯的南方斯拉夫人中看到）甚至最象经过相应的改变的、印度公社所有制的古代德意志的变种。

波兰人杜欣斯基在巴黎宣称大俄罗斯部落不是斯拉夫族，而是蒙古族，并且旁征博引企图证明这一点，这从一个波兰人的立场来说是理所当然的。但是这种见解是错误的。不是在俄国农民中，而只是在俄国贵族中才混杂着大量的蒙古－鞑靼族成分。法国人昂利·马丁的理论是从杜欣斯基那里搬来的，而"有灵感的哥特弗利德·金克尔"翻译了马丁的书并成为波兰的热心拥护者，目的是让民主党忘记他在俾斯麦面前的卑躬屈节行为。

至于说俄国政府的政策同欧洲和美洲相比是蒙古精神的代表，这当然是一个现在已经成了老生常谈的真理，甚至连哥特弗利德和波罗的海的土容克、小市民、牧师和教授这样的人都可以理解了。因此，居住在波罗的海沿岸的德国人所发出的叫嚣无论如何是应当加以利用的，因为它可以使德意志大国普鲁士处于一种"尴尬的"地位。从我们方面看来会引起对那种"德意志文化代表"的反感的一切东西，在普鲁士的心目中却相反，恰好成了值得捍卫的东西！

还有一个例子说明这个小册子作者多么愚昧无知！在他的心目中，出让俄属北美洲不过是俄国政府的一个外交诡计，并且顺便提到这个政府非常缺乏现款。但是主要之点在于：美国国会最近公布了有关这一交易的文件。其中包括美国代办的报告，他直截了当地给华盛顿写道：从经济方面说来，这一收获眼下一文不值，但是——但是美国佬借此可以从一边把英国的海路切断，从而加速整个英属北美对美国的归属。原来问题的关键在这里！

你和雅科比的通信我基本上同意，但过分赞扬我的活动是十分令人厌恶的。一切总归有个限度。如果你一定要赞扬，那末雅科比老人自己完全值得赞扬。欧洲还有哪一个老激进派具有这样的公正和勇气，能够直接拥护无产阶级运动呢？他提出的一些过渡措施和具体建议没有多大价值，但这完全是次要的事情。只限我们之间说说，归根到底，我在社会运动方面对德国的期望比对法国多！

我和阴谋家巴枯宁发生过一场大冲突。不过这件事下封信再谈。

评论：马克思通过批判库格曼寄来的小册子，阐述了对俄国公社所有制的一些认识。马克思表示十分厌恶对自己的活动的过分赞扬，还表示他认为德国的社会运动会比法国发展得更快。

2 月 19 日　致信恩格斯，指出：遇到这样的天气，晚上出门对我还是很不合适的，但昨晚我仍然到戈迪萨尔那里去了。他来信说，要告诉我一件很重要的事，但不能把文件带到我这里来。什么东西呢？一封关于俄国情况的长信，一种翻来复去、无法形容的大杂烩，他曾把这玩意儿赏给《未来报》，但该报不登，甚至对他多次要求对此作出"解释"的威胁信也不予答复。再有就是一封这里的《海尔曼》编辑的信，信中约波克罕为他的报纸写反俄文章。据此，俾斯麦好象对卡特柯夫的攻击还是很生气的。

最后是卡特柯夫的报上的文章。在这篇文章中，第一，他怀疑巴枯宁在钱的问题上耍花招；第二，说他是该报的西伯利亚通讯员；第三，谴责他从西伯利亚或在流放到那里去之前不久（我记不清了）向尼古拉皇帝上书极力表示效忠。戈迪萨尔将把这篇文章的抄件给我，那时我再寄给你。

虽然昨天出去对我不利，今天晚上我还得再进一趟城。我被叫去出席小委员会的会议。而事情也实在重要，因为里昂人把里沙尔开除出协会了，而总委员会必须作出最后决定。里沙尔在此以前一直是里昂的领导人，一个很年青的人，非常积极。他除了屈从于巴枯宁和因此而卖弄聪明外，我不知道他有什么可以责难的。看来，我们最近的通告信引起了强烈的反应，瑞士和法国都在驱逐巴枯宁分子。但一切总归有个限度，对此我将予以注意，以免发生不当。

在格莱斯顿的演说中，长篇开场白最妙。他说：甚至英国人的"善意的"法律，在实践中也总是产生反作用。这个家伙还想要怎样更有力的证据来证明英国不配当爱尔兰的立法者和统治者啊！

他的措施纯粹是修修补补。主要是以诉讼的前景为诱饵来笼络律师，以"国家补助"的前景为诱饵来笼络大地主。

奥哲尔的选举丑闻有双重好处：这些辉格党蠢猪们第一次看到，他们必需让工人进入议会，否则，托利党人就会进入议会；其次，这件事对奥哲尔先生和他的伙伴是一个教训。尽管有沃特洛，如果不是一部分爱尔兰工人因奥哲尔在总委员会的辩论中态度暧昧（工人们是从《雷诺》上获悉的）而在投票时弃权，他本来是会当选的。

爱尔兰法案下星期你会收到。

评论：信中谈到见到波克罕，认为波克罕关于俄国情况的长信是翻来覆去、无法形容的大杂烩。这是指波克罕在《未来报》上发表的一组题为《俄国来信》的文章中的《俄国的廉价文人》那封信。马克思把1870年1月6日《莫斯科新闻》第4号上发表的文章中的材料告诉了恩格斯。这份材料是关于巴枯宁的，是1851年巴枯宁被关在彼得—保罗要塞期间给尼古拉一世写的《自白》。巴枯宁在《自白》中向沙皇忏悔自己误入歧途，并承认自己的革命活动是"政治疯狂"。马克思信中告知国际总委员会召开的会议情况。1870年3月8日，总委员会调解里昂支部委员和巴枯宁分子里沙尔派之间的冲突。总委员会认为，控告站不住脚，并任命里沙尔担任国际工人协会的通讯书记。马克思认为，这说明通告信引起了强烈反应，瑞士和法国都在驱逐巴枯宁分子。同时，马克思也强调要注意限度，以免引起不当。马克思还批评格莱斯顿的演说，认为他的措施都是修修补补，并且主要是以利益笼络律师和大地主。

2月19日　致信查理·多布森·科勒特，指出：俄国铁路公债的最低数字估计有一亿英镑。这笔钱主要是在荷兰、美因河畔法兰克福、伦敦、柏林和巴黎募集的。

据莫斯科非官方报刊透露，俄国政府打算在最近两年中，如果可能的话，至少还要募集五千万英镑。

至于最近一次为数一千二百万英镑的铁路公债，其来由如下。

您大概知道，俄国政府总想弄到钱，起初向汤普逊和博纳讨钱，后来又向贝林讨钱，但都徒劳无益。因为它急需钱用，最后终于通过它在柏林的代理人布莱希勒德向路特希尔德讨到了近二百万英镑的公债。

为了得到偿还这笔公债的补充保证，路特希尔德建议发行最近这次铁路公债。

他提出以下条件：

（1）给他本人付百分之四的代售佣金，就是说一千二百万英镑就要付出为数达四十八万英镑的一笔相当大的款子；

（2）为了报答他对支付息票的关注，在八十年内每年还要付给五千英镑的附加费。

路特希尔德的行动非常慎重。他把公债的英国份额限制为总共四百万英镑，其中一部分记在自己账上，而其余部分则只在和他协同行动的西蒂的证券投机商和朋友中间加以分摊。这样一来，公债券一开始自由出售，在很短时间内其价格就如同儿戏一样比票面抬高了百分之四。

但是，公债的成功完全出乎路特希尔德的意料。申请书使他应接不暇，以致他后悔没有一下子发行二千万英镑的公债。

俄国政府目前财政上的绝望状态可以从以下事实看出。

大约一年以前，俄国政府发行了一"套"经过一定年限后应当回笼的为数一千五百万卢布的纸币。发行新纸币的官方说明是：通过这次发行，一千五百万卢布的旧纸币应当从货币市场上回笼，并代之以较有信用的货币。但是当这一"套"纸币刚刚作为国家支付手段投入流通，彼得堡的官方报纸就在一篇枯燥的短评中宣布：目前任何纸币都不回笼。

最近几个月以来，俄国政府至少又发行了十二"套"这样的新纸币，总数达三千六百万卢布。

俄国货币目前在伦敦的牌价是：二十八至二十九便士合一卢布，而正常的牌价是：四十便士合一卢布。

俄国报刊自己也公开承认：造成这种状况的原因之一是东北各省连年歉收，而更多的是由于美国恢复竞争，俄国的粮食出口减少了三分之一。

评论：这封信是对科勒特 1870 年 1 月 26 日的来信的答复，科勒特在信中请求马克思把俄国铁路公债的详细情况告诉他。马克思告知，一千二百万英镑俄国铁路公债券，是路特希尔德于 1870 年 1 月 27 日在巴黎开始出售的。

2 月 23 日　致信彼得·伊曼特，指出：据我所知，在苏格兰是不能追究某人在国外所欠的债务的。我想，你在当地随便碰到哪一个律师，他都会向你证实这一点。

民法典关于时效问题规定：第二二六二条——一切诉讼的时效为三十年；第二二六五条——凡善意占有不动产者，诉讼时效分别为十年或二十年；第二二七一条——科学和艺术的老师和教员对其每月的授课提出诉讼，时效为六个月。

普鲁士人的一切令人讨厌的行为就是明目张胆地、毫不掩饰地企图吓唬人，因此你索性对这些坏蛋嗤之以鼻。令人难堪的情况也许只是：债务是以誓言作保证的。在法律上这不会改变什么，但会是一件败坏名誉的事。不过也许情况不是这样？

你大概知道，德朗克彻底破产了，躲起来了；一些人说，他又在利物浦捣鬼，另一些人说，他在巴黎或西班牙游荡。不管怎样，你通过席利可以得到关于他的最准确和最可靠的情况。

恶棍比斯康普在继续开导奥格斯堡的《总汇报》和《威塞尔报》以及从新年起由尤赫在这里出版的《邮报》。（《海尔曼》落入俾斯麦手中。）我根本不读所有这些东西，更少和什么个人有来往。

评论：这是封不完整的信，是对前共产主义者同盟盟员彼得·伊曼特1870年2月18日来信的复信；伊曼特当时流亡在苏格兰和丹第。当时普鲁士政府通过北德意志联邦的领事，要求伊曼特偿付他于1844—1845年在波恩大学听神学课程的听课费，伊曼特就此事向马克思请教。马克思在回复伊曼特以前，曾就这个问题征求过恩格斯的意见。马克思表示，据他所知，按照法律在苏格兰不能追究某人在国外所欠的债务。信中还谈到德朗克破产了躲起来了等事情。

3月5日　致信恩格斯，指出：芬尼亚事件在此期间发生了许多事情。我给布鲁塞尔《国际报》寄去了一封信，也抨击了法国共和派的狭隘民族主义倾向，这封信已经登出来了，而且编辑部宣称本星期内将发表自己的评论。你应该知道，在中央委员会给日内瓦人的通告信中（通告信也通知了布鲁塞尔人和国际在法国的各主要中心），我详细地分析了爱尔兰问题对整个工人阶级运动的意义（通过它对英国的影响）。

此后不久，小燕妮被格莱斯顿内阁的半官方机关报《每日新闻》的一篇下流文章惹火了。这家卑鄙的报纸在这篇文章中向法国的"自由派"弟兄们呼吁，并告诫他们不要把罗什弗尔事件同奥顿诺凡－罗萨事件等同起来。《马赛曲报》实际上也陷入了圈套，相信了《每日新闻》，此外还刊登了饶舌者塔朗迪埃的一篇糟糕的文章，在文章中，这个共和国的前检察官，现在的伍尔维奇的军事学校法语教师（也是赫尔岑过去的家庭教师，曾为赫尔岑写过一篇热情洋溢的悼词），攻击爱尔兰人信奉天主教，并指责他们，说奥哲尔的失败——因为他参加了加里波第委员会——是他们一手造成的。此外，他又补充说，尽管米契尔为奴隶主辩护，他们还是支持他，正如尽管格莱斯顿更加煞有介事地为奴隶主辩护，而奥哲尔似乎并不支持他一样。

小燕妮——愤怒出诗人——为此除写了一封私人信外，还给《马赛曲报》写了一篇文章，已经发表了。此外，她收到了编辑部编者的信，该信抄件现附上。她针对格莱斯顿就有关囚犯的待遇的质问所做的答复（本星期），今天又给《马赛曲报》写了一封信，摘引了奥顿诺凡－罗萨一封信（见1870年2月5日《爱尔兰人报》）中的话。她不仅在这里通过罗萨的信向法国人描绘出格莱斯顿是一个魔鬼（其实，即使是在托利党执政时期，格莱斯顿也要对囚犯的全部待遇负责），而且指出格莱斯顿是《祷告》、《福音的传播》、《俗人在教会中的职责》和《看这个人》的作者，是一个可笑的伪善者。

通过这两家报纸——《国际报》和《马赛曲报》，我们现在已在大陆面前撕下了英国人的假面具。不论哪一天，你只要碰到什么适合这两家报纸任何一家的材料，一定要参加我们这件好事情。

照我看来，对美国众议院关于被囚禁的芬尼亚社社员问题的讨论，英国报刊是小心翼翼地压下不登的。

威·李卜克内西先生这次表现得十分出色。起初他急着要你的《农民战争》。现在却拖下来，不登这篇文章而在《人民国家报》第 17 号上登了一篇标有汉堡字样的出自海因岑宣传集团的反对"阶级"区别论的文章。

至于迈斯纳和《雾月十八日》，他保持了耐人寻味的沉默。

评论：马克思告知，拉法格夫妇 1870 年 1 月 1 日所生的女孩在 2 月底死去。告知《国际报》刊登了自己的信。信中抨击了法国共和派的狭隘民族主义倾向。告知女儿燕妮·马克思写作了关于爱尔兰问题的文章，燕妮用燕·威廉斯的笔名发表在 1870 年 3 月 1 日至 4 月 24 日的《马赛曲报》上。其中一篇是燕妮和马克思合写的。马克思还谈到，1870 年 2 月 15 日美国国会众议院通过决议，要求总统提供关于因被控告属于芬尼亚社社员而被囚禁在英国监狱里的美国公民的情况。对于这一事件，英国报刊小心翼翼地不予刊登。

3 月 5 日　致信劳拉·拉法格和保尔·拉法格，指出：我亲爱的前任秘书的最近一封来信使我非常高兴，保尔关于在穆瓦兰家里开会情况的描述也使人非常开心。

这个"未经公认的大人物"看来终究找到了"沽名钓誉"的诀窍。以往每当他快要捞到名誉的时候，名誉就狡猾地从他的手中滑掉了。他发现，为了征服世界，只要用自己的四堵墙把这个世界围起来就行了，在这个围墙内他可以自封为总统，可以拥有一批用师长的语言发誓的听众。

这里家中情况你们非常清楚，芬尼亚社社员占绝对统治地位。杜西是他们的"首脑"之一。燕妮代表他们用燕·威廉斯的笔名给《马赛曲报》写文章。我不仅就这个题目在布鲁塞尔《国际报》上发表了文章，而且在总委员会内争取到通过了一项反对他们的狱吏的决议。在总委员会给我们在各个国家的委员会的通告信中，我阐述了爱尔兰问题的意义。

你们当然了解，我不仅仅是从人道出发的。除此以外还有其他一些原因。为了加速欧洲的社会发展，必须加速官方英国的崩溃。为此就必须在爱尔兰对它进行打击。这是它的最薄弱的环节。爱尔兰丧失了，不列颠"帝国"也就完蛋了，这样至今一直处于昏睡缓滞状态中的英国阶级斗争，将会激烈起来。要知道，英国是全世界大地主所有制和资本主义的大本营。

弗列罗夫斯基的书《俄国工人阶级的状况》是一部卓越的著作。我很高兴，现在能够查着字典相当快地阅读它。这本书里第一次充分地描述了俄国的经济状况。这是一部非常认真的著作。作者在十五年中周游全国，从西部边境到西伯利亚东部，从白海到里海，唯一目的是研究事实，揭露传统的谎言。当然，他对俄罗斯民族的"无限完善的能力"和俄国形式的公社所有制的天意性质还抱有一些幻想。但这不是主要的。在研究了他的著作之后可以深信，波澜壮阔的社会革命在俄国是不可避免的，并在日益临近，自然是具有同俄国当前发展水平相应的初级形式。这是好消息。俄国和英国是现代欧洲体系的两大支柱。其余一切国家，甚至包括美丽的法国和有教养的德国在内，都只具有次要意义。

恩格斯打算离开曼彻斯特，于今年 8 月初定居伦敦。这对我将是很大的幸福。

评论：马克思解释自己因为生病和需要用加倍的工作来补偿失去的时间，才长期不写信。信中对孩子的去世表达了深深的同情。马克思很高兴看到拉法格对在法国小资产阶级社会主义者穆瓦兰家里开的一次会的介绍。这次会上讨论了社会改革的计划。信中称赞了燕妮发表在《马赛曲报》上的文章。马克思还阐述了爱尔兰问题的意义。马克思称赞弗列罗夫斯基的《俄国工人阶级的状况》是一部卓越的著作。信中还很高兴地告知恩格斯打算离开曼彻斯特，于 8 月初定居伦敦。

3 月 9 日　致信恩格斯，指出：你读过赫胥黎论述盎格鲁撒克逊人（一般指英国人）和克尔特人之间没有区别的那篇胡说八道的文章吗？他将于下星期日第二次作关于这个问题的讲演。小达金斯已经给我们送来了入场券。

自接死讯以来，巴黎人的沉默使我们这里非常不安，但愿没有发生什么新的不幸。

评论：马克思告知，在自己的文章中利用了 1870 年 2 月 19 日《爱尔兰人报》第 34 号上的一些材料。马克思认为赫胥黎论述盎格鲁撒克逊人（一般指英国人）和克尔特人之间没有区别的文章是胡说八道。赫胥黎于 1870 年 1 月 9 日在曼彻斯特第一次作了题为《英国民族的祖先和先驱者》的公开讲演。

3 月 10 日　致信恩格斯，指出：因为我知道这件事会使你感兴趣，所以匆忙简述如下（邮局马上就要关门了）：小燕妮把发表在 2 月 5 日（记得是这一天）《爱尔兰人报》上的奥顿诺凡－罗萨的一封旧信的摘录，连同作为该信引言的对格莱斯顿最近在下院作的关于囚犯的声明的简短评语寄给了《马赛曲报》。《马赛曲报》（编辑部纯粹按法国人方式注明这封信来自"新门监狱"）把它发表在星期二晚上的"政治犯"文章号外上，每份售价五十生丁。《回声报》等报纸接着于今晚加以转载（又译成英文）。勒维的《电讯》在其巴黎通讯中也提到了这件事。让《爱尔兰人报》去抱怨引用了它的材料而又不标明出处吧。但是，小燕妮将抓住这件事来揭露英国报刊怎样故意隐瞒爱尔兰各报所载的事实，而只是在以特约通讯的方式从巴黎报道这些事实的时候，英国报刊才予以公布。英国报刊很快会觉察到，它那一贯撒谎、隐瞒事实而又太平无事的日子是一去不复返了。

评论：马克思告知小燕妮将相关材料寄给了《马赛曲报》并刊发。1870 年 3 月 9 日《马赛曲报》号外发表了当时被拘留或仍被监禁的法国、西班牙及其他国家的共和主义和民族解放运动活动家的书信，其中有罗什弗尔、拉乌尔·里果、奥顿诺凡－罗萨的信和维克多·努瓦尔的遗书。小燕妮还计划抓住这件事来揭露英国报刊怎样故意隐瞒爱尔兰各报所载的事实。马克思认为这将使英国报刊一贯撒谎、隐瞒事实而又太平无事的日子不再。

3 月 19 日 致信恩格斯，指出：你关于普鲁斯的谎言的意见，燕妮已写在昨天寄给《马赛曲报》的信里了。我们手头有诺克斯和波洛克的报告（还没有看），以及"一些一般不大知道的材料"。你若能立刻寄来：一、拉萨尔反驳舒尔采—德里奇的著作；二、发疯的弗里斯兰人克雷门特的书，我将不胜感激。

燕妮的第二封信（附有奥顿诺凡－罗萨信件的节译）在巴黎和伦敦引起的轰动，使那位心怀叵测和厚颜无耻的（但口齿和笔头十分流利的）塔朗迪埃坐卧不宁。他曾经在《马赛曲报》上大骂爱尔兰人是天主教白痴。如今他却针对《泰晤士报》、《每日电讯》和《每日新闻》上发表的关于奥顿诺凡－罗萨信件的文章写了一篇评论，同样大喊大叫地站在爱尔兰人一边说话了。由于小燕妮的第二封信没有署名（偶然地），他就寄希望于别人会把他当成这封信的秘密投稿者。燕妮的第三封信使他的这种幻想破灭了。这个家伙还是桑赫斯特的军事学校的法语教员。

星期二我又开始出席了总委员会会议。恶棍费里克斯·霍尔特和我在一块。他很开心，因为的确偶然发生了点有趣的事。众所周知，巴黎的"实证主义无产者"早就派过一个代表参加巴塞尔大会。当时就是否接纳他的问题进行过争论，因为他代表的是一个哲学团体，而根本不是工人组织（虽然他和他的伙伴们"本人"都属于工人阶级）。他最后被作为国际个人会员的代表接纳了。这些青年目前在巴黎组成了国际的支部。伦敦和巴黎的孔德主义者们便借这件事大肆喧嚣。他们认为是打进了一个楔子。总委员会在答复"实证主义无产者"的入会申请书时，很有礼貌地提醒他们，总委员会只有了解了他们的纲领之后才能吸收他们。于是，他们送来了一份纲领——真正孔德主义正统派的纲领。星期二讨论了这个纲领。会议主席是马德尔斯赫德。他是个很有见识的（虽然敌视爱尔兰人）老宪章主义者，孔德主义的私敌和行家。经过长时间的讨论后决定：由于他们是工人，可以接纳为一个一般的支部，但不能是"实证主义者的支部"，因为孔德主义的原则是同我们的章程直接抵触的。至于他们怎样使他们独有的哲学观点和我们章程的原则一致起来，那是他们的事情。

评论：信中讲述了小燕妮在《马赛曲报》上发表的关于英国监狱中的爱尔兰政治犯的待遇的三篇文章在巴黎和伦敦引起了轰动。在疾病康复后，马克思参加了1870 年 3 月 15 日的总委员会会议。会议针对实证主义者要求加入国际的问题表达了立场：总委员会只有了解了他们的纲领之后才能吸收他们。

3 月 24 日 致信恩格斯，指出：附上日内瓦的俄国侨民团体的信。我们已经接受它为国际的支部。我同意担任他们驻总委员会的代表，同时给他们作了简短答复

（正式的，同时附有一封私人信），并允许他们在自己的报纸上发表。做一个青年俄国的代表，这种地位对我来说可真滑稽！根本不知道会把你引向何处去，会使你掉进一群什么样的怪人的圈子里。在正式答复中我赞扬了弗列罗夫斯基，并强调指出，俄国支部的主要任务就是为波兰工作（就是说，把欧洲从它自己的邻邦解放出来）。我认为，不管是在公开信里还是在机密信里，都只字不提巴枯宁是较妥当的。但是，这些家伙把我当成"高龄老人"，这一点我永远不能原谅他们。显然，他们以为我的年龄好象在八十到一百之间。

《人民》的出版者的信——这里一并附上——是寄给我的，信封上没有写详细的地址，只写着："伦敦，国际工人协会荷兰总通讯员卡尔·马克思先生"。我从来不知道有"荷兰总通讯员"这个职务。但是，在和"菲力浦·冯·勒兹根·冯·弗洛斯先生"发生任何交往之前，我觉得最好是先给我们在安特卫普的佛来米支部写封信，了解一下这位长姓名者的情况。

顺便提一下，老贝克尔总算给荣克写了封信（也给我写了几行，我明天答复他）。他把他干的蠢事都说成是高度自觉的马基雅弗利主义。好一个老实人！此外，还有一件有趣的事：象贝克尔说的那样，巴枯宁直到最近还在到处拼命说赫尔岑的坏话，可是赫尔岑一死，他马上就唱起赞歌来了。他用这种手法达到了他的目的，即富翁赫尔岑每年从俄国（他那里的党）得到的近二万五千法郎的宣传费，现在转给巴枯宁了。尽管巴枯宁对继承权深恶痛绝，看来，这种"遗产"他是很喜欢的。

既然拿破仑家族不顾一切地竭力证明它挨了耳光，可见它确实是彻底衰落了。

评论：马克思提到私信被拆，需要注意。英国内务大臣格莱安为了讨好奥地利政府，于1844年命令邮政管理局允许警察局秘密检查意大利流亡革命家的信件。信中告知国际已经同意接受日内瓦的俄国侨民团体为国际支部。马克思对俄国支部委员作了正式答复，即《国际工人协会总委员会致日内瓦的俄国支部委员会委员》。信中，马克思谈到贝克尔的两封信：一封是3月12日给荣克的信，其中贝克尔证明自己在总委员会同《平等报》的冲突中的态度是对的；另一封是1870年3月13日给马克思的信。

马克思揭露了在赫尔岑去世后，巴枯宁转变了态度，因为赫尔岑每年从俄国得到的近二万五千法郎的宣传费，现在转给巴枯宁了。

3月24日　致信威廉·白拉克，指出：我昨天按邦霍尔斯特的地址给您寄去了三千张会员证。

我应当把关于国际内部事件的消息告诉给您，这些消息不是无意义的。这将通过第三者来转达。根据章程，所有同总委员会联系的各国委员会，每三个月都必须向它寄送关于运动情况的报告。我提醒您这件事，同时请您在起草这个报告时注意：这不是为发表用的，因此叙述事实要原原本本，不加粉饰。

从波克罕那里以及从邦霍尔斯特的最近一封信中我了解到，"爱森纳赫派"的经济情况不好。作为慰藉，我可以告诉您，总委员会的财政状况已经坏到不能再坏了，赤字不断地增长。

评论：信中谈论关于国际的消息和工作要求。告知已经给白拉克寄去三千张会员证。告知根据章程，所有同委员会联系的各国委员会，每三个月必须向它寄送关于运动情况的报告。告知从邦霍尔斯特那里得知爱森纳赫派经济情况不好。马克思表示，总委员会的财政状况也非常糟糕。

3 月 26 日 致信恩格斯，指出：寄还"弄错了"的莫尔的信。我还没有听到关于门克的任何消息。你要是给这些小伙子写信，一定要告诉他们：（1）列斯纳一再写信对他们说过，中央委员会在这件事情上无能为力；（2）他们自己很容易了解，英国人对他们的合作社根本不感兴趣；（3）欧洲各个角落纷纷向中央委员会要钱，而它没有从大陆的任何一个地方收到过会费。

我记得把载有克兰里卡德传的那号《女王信使报》丢在曼彻斯特了。这个畜生在讨论爱尔兰高压法时气焰嚣张，燕·威廉斯现在给法国人提供一个和比埃尔·波拿巴维妙维肖的人物正是时候。

评论：马克思请恩格斯在给门克写信的时候告诉他们国际总委员会对佐林根工人三件事情的态度。马克思批评了克兰里卡德。信中提到的高压法，规定在爱尔兰停止实施宪法保障，在爱尔兰实行特别戒严并授予英国当局特别全权以镇压爱尔兰的民族解放运动。马克思对克兰里卡德在上院讨论法案时的发言非常不满，说他气焰嚣张。在发言时，克兰里卡德指责格莱斯顿政府对待爱尔兰的政策过于软弱，要求实行严厉的政策，以恢复爱尔兰的"社会秩序"。

4 月 9 日 致信齐格弗里特·迈耶尔和奥古斯特·福格特，指出：英国所有的工商业中心的工人阶级现在都分裂为英国无产者和爱尔兰无产者这样两个敌对阵营。普通的英国工人憎恨爱尔兰工人，把他们看作会使自己的生活水平降低的竞争者。英国工人觉得自己对爱尔兰工人来说是统治民族的一分子，正因为如此，他们就变成了本民族的贵族和资本家用来反对爱尔兰的工具，从而巩固了贵族和资本家对他们自己的统治。他们对爱尔兰工人怀着宗教、社会和民族的偏见。他们对待爱尔兰工人的态度大致象以前美国各蓄奴州的白种贫民对待黑人的态度。而爱尔兰人则以同样的态度加倍地报复英国工人。同时他们把英国工人看作英国对爱尔兰的统治的同谋者和盲目的工具。

报刊、教堂讲坛、滑稽书刊，总之，统治阶级所掌握的一切工具则人为地保持和加深这种对立。这种对立就是英国工人阶级虽有自己的组织但没有力量的秘密所在。这就是资本家阶级能够保存它的势力的秘密所在。这一点资本家阶级自己是非常清楚的。

祸害还不止于此。它还越过了大洋。英国人和爱尔兰人之间的对立是美国和英国之间的冲突的隐蔽的基础。它使两国工人阶级之间不可能有任何认真的和诚意的合作。它使两国政府能在它们认为合适的时候，用互相恐吓的手段，在必要时用两国之间的战争去缓和社会冲突。

英国作为资本的大本营，作为至今统治着世界市场的强国，在目前对工人革命来说是最重要的国家，同时它还是这种革命所需要的物质条件在某种程度上业已成熟的唯一国家。因此，加速英国的社会革命就是国际工人协会的最重要的目标。而加速这一革命的唯一办法就是使爱尔兰独立。因此，国际的任务就是到处把英国和爱尔兰的冲突提到首要地位，到处都公开站在爱尔兰方面。伦敦中央委员会的特殊任务就是唤醒英国工人阶级，使他们意识到：爱尔兰的民族解放对他们来说并不是一个抽象的正义或博爱的问题，而是他们自己的社会解放的首要条件。

这个通告的几个要点大致就是这样，同时通告还说明了中央委员会作出关于爱尔兰大赦的决议的理由。此后不久，我寄给《国际报》（在布鲁塞尔的我们的比利时中央委员会的机关报）一篇论述英国人对芬尼亚社社员及其他人的待遇并反对格莱斯顿等人的激烈的匿名文章。我在这篇文章中还同时指责了法国的共和主义者们（《马赛曲报》登载了可怜的塔朗迪埃在这里所写的论述爱尔兰的一篇愚蠢的东西），说他们由于民族的自私心，而把自己全部的愤怒都贮藏起来准备对付法兰西帝国。

这篇文章发生了作用。我的女儿燕妮用"燕·威廉斯"的笔名（她在给编辑部的私人信中自称燕妮·威廉斯）给《马赛曲报》写了一系列文章，并且还公布了奥顿诺凡－罗萨的一封信。因此引起了很大的轰动。格莱斯顿多年来一直无耻地拒绝议会调查被囚禁的芬尼亚社社员的待遇问题，最后他也因此不得不同意进行调查了。燕妮现在已经是《马赛曲报》在爱尔兰问题方面的正式通讯员了。（这一点当然不要对外人说。）英国政府和英国报刊感到非常恼火的是，爱尔兰问题目前在法国成了注意的中心，而且整个大陆上的人们正在通过巴黎来监视和揭露这些坏蛋。

还有一个附带的收获：我们已经迫使在都柏林的爱尔兰领袖和新闻工作者等等同我们建立了联系，而这一点是总委员会至今没有做到的！

在美国，现在你们有广阔的天地，来按同样的精神进行工作。使德国工人同爱尔兰工人（当然，也同那些愿意联合的英国工人和美国工人）联合起来，这就是你们现在能够进行的最重要的工作。这必须以国际的名义去做。必须把爱尔兰问题的社会意义解释清楚。

评论：马克思信中讲到总委员会曾就他的健康状况通过了一封慰问信。1869—1870 年冬天，马克思因患重病仅仅出席了总委员会的三次会议。总委员会通过了"对马克思长期患病表示慰问"的决定。信中谈论了左尔格的事，批评了埃卡留斯热衷于把自己的总书记职位看作搞钱的手段，这使德国人很丢脸。还讲到国际的一些事情和变化。信末，马克思以要点的方式转达了国际总委员会关于爱尔兰的民族斗争和工人阶级解放的关系的阐述，表达了国际工人协会对爱尔兰问题应该采取的态度。信中还告知女儿燕妮在《马赛曲报》上发表的文章和公布的一封信，引起了很大轰动。格莱斯顿不得不同意议会调查被囚禁的芬尼亚社社员的待遇问题。在信中，马克思还鼓励迈耶尔和福格特在美国促进工人运动的发展和联合，并把爱尔兰问题的社会意义解释清楚。

4 月 14 日　致信恩格斯，指出：《未来报》的确给普鲁士自由派的现状画了一幅美妙的图景！不过"未来"本身也正在变为"现在"。这家报纸作为"未来"确实垮台了。它在法兰克福的宗内曼控制下（象以前一样，总编辑是魏斯），将以新的形式出现。单从政治上来看，它应当在柏林代表人民党。多愚蠢！这家报纸一不拿"社会问题"调情，就会把它在工人中间的一点点影响和一批读者丧失干净，而南德意志色彩的增强，无疑争取不了普鲁士"市民"，特别是柏林"市民"。

《人民意志报》上刊登的小犹太人列奥·弗兰克尔（施韦泽的巴黎通讯员，我不知道他现在还是不是？）根据我对价值组成部分的阐述而建筑起来的"大厦"，了不起啊。例如：（劳动力 + 雇佣劳动 - 工资 = 独立工人）。

从《平等报》上你可以看出，在拉绍德封召开的瑞士罗曼语区代表大会上，竟发展到吉约姆（这个畜生自称教授，是洛克尔的巴枯宁御用报纸《进步报》的编辑）指挥下的巴枯宁分子同罗曼语区委员会（日内瓦）之间的公开斗争。叙述十分混乱。星期二晚上，荣克传达了日内瓦委员会的正式报告，这份报告是担任这次罗曼语区代表大会秘书的俄国人吴亭起草的。代表二千人的反巴枯宁派成了少数，从而被迫走上了分裂，因为巴枯宁分子虽只代表六百人，但采用了各种各样的手段，包括伪造代表资格证在内，保证了代表名额多数。结果对巴枯宁的阴谋进行了强烈的声讨，吴亭等人也揭发了他。罗曼语区委员会根据上届（巴塞尔）代表大会的决议，现在要求中央委员会作出决定。我们已经答复：全部事实材料连同会议记录必须一并送来。同时我们委托荣克写信给吉约姆，让他也提出他的辩护材料。

前不久，我们就里昂的争议也作出了决定。终于，在巴塞尔，一派（以检察官布律安为首）向我们控告了另一派（更无产阶级一些）。此事纯属地方事件，我们已派约·菲·贝克尔充当仲裁人前往解决。

拉法格在巴黎结识了一位很有学识的俄国女人（是他的朋友、一位优秀的年青人雅克拉尔的女朋友）。她告诉拉法格：弗列罗夫斯基的书，虽然在自由主义盛行的时候过了检查关，但他恰恰由于这本书被流放到西伯利亚去了。我的书的译本还在它问世以前就被没收和查禁。

《济贫法视察员报告》很有意思。这些报告象你手头已有的这些视察员的《农业工人工资的报告》一样，也证明从饥荒以来，就开始了以农业工人为一方同以农场主和租佃者为另一方之间的冲突。至于《工资》报告（如果现在的工资材料可信的话，而根据其他来源判断，这是可能的），要么是过去的工资率偏低，要么是较早期的议会报告关于工资率的材料偏高，我将从我收集的议会材料里把这些材料找出来给你。但是，总的说来，证实了我在论爱尔兰的一节里所说的，工资的增加远远赶不上生活资料价格的上涨，秋收季节等等除外，尽管移民国外，但农业工人的相对过剩是确确实实存在的。《大地主和租佃者的权利报告》指出的下述事实也是重要的，即机器的进步，把大批手工织工变成了贫民。

如果你十分简要地给我讲讲爱尔兰的 bogs 和 peats 等等，我要谢谢你。在我读过的全部蓝皮书里，bog 时而在山上，确切些说，在山坡上，时而在平原。情况到底怎样？爱尔兰人所说的 town-lands 是什么意思？

从济贫法委员的两份报告中可以看出：

（1）从饥荒以来，在这里，象在英格兰一样，开始了把农业工人赶出住宅的清扫领地（不同于 1829 年后对四十先令的自由农的取缔）。

（2）积债地产诉讼，使大批小高利贷者取代了破产的大地主。（根据这两份报告，大地主的数目减少了六分之一）。

你和穆尔如能寄给我几英镑补贴杜邦，我就太高兴了。他的妻子患肺结核，住在医院里。他本人被原单位撵走了。借口是他的政治观点，真正的原因是，他的全部发明已被他的厂主据为己有。对于厂主（他认为已把杜邦的一切都榨干了）来讲，杜邦早就是不受欢迎的人了。然而，厂主老爷却一直忍耐到杜邦搞出一项崭新的发明来解决钢琴生产方面早已产生的问题。我已经给了杜邦几英镑，因为几个星期来，他和他的三个小女儿不得不只啃点干面包。在他找到新的工作以前，只需要帮他几个星期。谁能写出这样一部工人史——工人由于自己的发明创造而被一脚踢开！

此外，这个不幸的人还受到巴黎人的忌妒和"法国人支部"的诽谤的折磨，不言而喻，这个支部一下子就把弗路朗斯控制住了。

顺便说一下，斯特林（爱丁堡）——黑格尔《逻辑学》的译者，英国黑格尔纪念碑征集捐款主持人——写了一本反对赫胥黎和他的原生质的小册子。这个家伙作为苏格兰人，自然采纳了黑格尔的错误的宗教上和思想上的神秘主义（正是这一点也促使卡莱尔公开宣布他转向黑格尔学说）。但是，斯特林对黑格尔辩证法的知识，使他能够揭示赫胥黎开始研究哲学时的那些弱点。他在这本小册子里反对达尔文的论据，归结起来就是柏林人（旧派黑格尔主义者）纨袴子舒尔采几年前在汉诺威自然科学家代表大会上说过的那些东西。

评论：马克思近期身体又很不好，肝病的疼痛等折磨着他。信中表达了对李卜克内西的不满。讲述了巴枯宁分子同日内瓦的罗曼语区委员会之间的公开斗争。在《平等报》编辑部改组后，巴枯宁分子力图夺回失去的阵地，在 1870 年 4 月 4—6 日于拉绍德封举行的罗曼语区联合会应届代表大会上展开了激烈的斗争。日内瓦俄国支部的领导人之一吴亭发言揭露巴枯宁的分裂活动。

马克思还分析了《爱尔兰大地主和租佃者的权利。济贫法视察员报告。1870年》中反映出来的问题等。马克思认为报告证明从饥荒以来就开始了农业工人与农商主和租佃者之间的冲突。《工资》报告证实了马克思之前的判断：工资的增加远远赶不上生活资料价格的上涨，秋收季节等除外。马克思还阐发了对济贫法委员会的两份报告的分析，等等。马克思还评论了斯特林写的反对赫胥黎的书，揭示了赫胥黎的弱点。

4 月 18 日 致信保尔·拉法格，指出：寄上给昂·韦累先生的全权委托书。让他不要给正在筹建的新支部起任何宗派主义的"名称"，不管是"共产主义的"还是任何别的名称。在国际协会中必须避免宗派主义的"标签"。工人阶级的共同愿望和意向是从它所处的现实条件中产生的。正因为如此，这种愿望和意向为整个阶级所共有，尽管在工人的意识中运动以极其多样的形式反映出来，有的幻想性较多，有的幻想性较少，有的较多符合于这些现实条件，有的较少符合于这些现实条件。因此，只有最能理解我们眼前进行的阶级斗争的内在含义的人即共产党人，才会最少犯赞同或鼓励宗派主义的错误。

有一件事需要尽快完成，而且保尔－罗朗能够完成，这就是，在《自由思想》上发表国际章程的正确的和准确的译文。现在的法译本是我们的第一个巴黎委员会及托伦之流出版的，里面充满故意歪曲的错误。他们删去了所有他们不喜欢地方。如果有了正确的译文，最好在发表之前把它寄给我。

韦累对毕希纳的高度评价在德国会引起很大的惊讶。在我国，人们只把他看作一个庸俗化者，这是完全公正的。

我现在确信保尔已经放弃了完成或继续自己的医学学业的一切打算。我在巴黎给他父亲的信中写的恰恰是相反的意见，而且这是根据保尔本人的诺言写的。这就使我在老拉法格先生面前感到非常尴尬。我不能陷入这样使人容易误解的境地。除了写信告诉老拉法格说，我也和他一样对他的爱子的影响很小，我没有别的办法摆脱这种窘境。如果你们有什么别的解救我的办法，别的什么和缓气氛的途径，请你们告诉我。

按我个人的意见——但是，这个意见我既不强求采纳，也不指望照办——保尔－罗朗应当带着儿子到波尔多去拜望自己的双亲，并利用会面时所能采取的一切方法尽力说服他们。

评论：随信寄去昂·韦累担任协会法国通讯员的全权委托书。马克思对韦累提出了一些建议、要求和安排。信中谈到要在《自由思想》上发表《国际工人协会临时章程》，章程的法文第一版是由支持蒲鲁东主义的工人托伦、弗里布尔等于1864 年在巴黎建立的国际法国支部出版的。其中有许多不确切和歪曲的地方。1866 年 11 月，日内瓦代表大会以后，马克思和拉法格出版了新翻译的国际工人协会章程，但是这个版本几乎全被法国警察没收了，在法国没有得到广泛的传播。信中还谈到拉法格的父亲的来信，马克思表示还没有回信，因为不知道该说什么，马克思询问该如何回复。

4月19日　致信保尔·拉法格，指出：下星期二我将请杜邦提出您为候选人。

同时请您注意巴枯宁的走狗罗班参加了你们的委员会。罗班在日内瓦曾竭力破坏总委员会的威信（他曾在《平等报》上公开攻击总委员会）并为巴枯宁在国际协会中实行独裁统治准备条件。他是专门派往巴黎进行同样性质的活动的。因此，必须密切注视这个家伙，但是不要让他对此产生怀疑。

为了使您了解情况，应当扼要地谈一谈巴枯宁的阴谋。

巴枯宁加入国际总共只有一年半左右的时间。他是一个新会员。在和平和自由同盟伯尔尼代表大会（1868年9月）上（他是这个为同无产阶级国际相对抗而创立的国际资产阶级组织的执行委员会委员之一），巴枯宁扮演了一个他最喜爱的江湖骗子的角色；他提出了一系列的决议案，这些决议案本身是荒谬的，其目的是以夸张的激进主义激起资产阶级蠢货们的恐惧。由于这个缘故，当他遭到大多数人的否决时，他吵吵嚷嚷地退出了同盟，并煞有介事地在欧洲报刊上宣布了这一巨大事件。他几乎同维克多·雨果一样是一个吹牛专家，用海涅的话来说，雨果不仅仅是利己主义者，而且是雨果主义者。

于是巴枯宁加入了我们的协会，加入了协会的日内瓦罗曼语区分部。他的第一个步骤就是策划阴谋。他建立了社会主义民主同盟。这个团体的纲领无非是巴枯宁向和平同盟伯尔尼代表大会提出的那些决议案。这个团体是作为一个宗派创立起来的，其主要中心在日内瓦，它是一个有自己的代表大会的国际组织，它既作为一个独立的国际联合组织而存在，同时又是我们的国际的一个不可分割的部分。总之，我们的协会由于这个钻进来的秘密团体而势必会逐渐变成俄国人巴枯宁的工具。建立这个新团体的借口是为了达到一个所谓的专门目的——"进行理论宣传"。如果考虑到巴枯宁及其信徒在理论上的极端无知，会觉得这是非常可笑的。但是巴枯宁的纲领就是"理论"。它实际上包含三点：

（1）社会革命的第一个要求——废除继承权，这是圣西门派的旧废物，骗子手和无知之徒巴枯宁充当了这种废物的责任出版者。十分明显，如果有可能通过全民投票在一天之内完成社会革命，那末地产和资本马上会被废除，因而也就根本没有必要研究继承权。另一方面，如果没有这种可能性（当然，设想有这种可能性是荒谬的），那末宣布废除继承权就不是一个严肃的举动，而是一种愚蠢的威胁，这种威胁会使全体农民和整个小资产阶级团结在反动派周围。请设想一下，比如美国佬未能用武力废除奴隶制。那末，宣布废除奴隶继承权是多么愚蠢的行为！这种理论完全是以陈旧的唯心主义观点为依据的，这种观点认为现在的法学是我们经济制度的基础，而不是把我们的经济制度看作我们法学的基础和根源！至于巴枯宁，他只是想炮制他自己的纲领。如此而已。这是一个极罕见的纲领。

（2）"各阶级的平等"。一方面要保留现存的阶级，另一方面又要使这些阶级的成员平等——这种不可容忍的荒谬见解一下子就表明这个家伙的可耻的无知和浅薄，而他却认为自己的"特殊使命"是在"理论"上开导我们。

（3）工人阶级不应当从事政治。它的任务只是在工联中组织起来。而工联借助于国际总有一天会取代所有现存国家的地位。你看，他把我的学说变成了什么样的讽刺画！既然把现存的国家改造成协作社是我们的最终目的，那末我们就应当允许政府，即统治阶级的这些庞大的工联做它们认为应当做的一切事情，因为如果我们同它们打交道，那就是说我们承认它们。原来如此！旧学派的社会主义者也正是这样说的：你们不应当研究工资问题，因为你们想消灭雇佣劳动，而为着提高工资水平去同资本家作斗争就意味着承认雇佣劳动制度！这头蠢驴甚至不了解，一切阶级运动本身必然是而且从来就是政治运动。

先知巴枯宁，这个没有可兰经的先知的全部理论知识就是这样。

他秘密地继续进行他的阴谋活动。他在西班牙和意大利有一些拥护者，在巴黎和日内瓦也有一些头脑简单的人。老贝克尔愚蠢到如此程度，竟听任巴枯宁把他在一定程度上推到前台。他现在对自己的错误感到懊悔。

只是在巴枯宁认为自己的计划已经是既成事实之后，才把情况告诉总委员会，并要求它批准同盟的章程。然而他错了。总委员会在经过仔细研究的文件中宣布同盟是用来瓦解组织的工具，并拒绝同它发生任何联系。（我将把这个文件寄给你。）

几个月之后，同盟的领导委员会寄给总委员会一封信，内容如下：大人物同意解散自己的组织并使它同国际合并，但是，另一方面，我们必须以"是"或"否"来明确回答我们是否承认他们的原则的问题。如果不承认，那末他们那一方面就要实行公开的分裂，而我们却要对局势恶化负全部责任！

我们回答说，总委员会不是罗马教皇，我们容许每个支部对实际运动抱有自己的理论观点，但是有一个前提，即不得提出任何与我们的章程直接抵触的论点。我们委婉地暗示，他们的"理论"是一种伪造。我们坚持用"消灭阶级"来代替"阶级平等"，这一点他们做到了。我们要求他们提供关于同盟成员数量的材料，他们没有这样做。（你也将收到这第二个文件。）

这样，同盟名义上是解散了。实际上它继续作为国中之国而存在。它的支部同总委员会没有任何关系，而只是进行反对总委员会的阴谋活动。同盟服从巴枯宁的专横命令，而巴枯宁做好了一切准备，企图在巴塞尔代表大会上进行决定性的袭击。一方面他唆使日内瓦委员会提出继承权问题。我们接受了挑战。另一方面，他到处搞阴谋，破坏我们的威信并力图使总委员会从伦敦迁往日内瓦。在代表大会上这个骗子手作为"那不勒斯和里昂的代表"出现（在里昂这个城市中追随他的是阿尔伯·里沙尔，这是一个具有极善良的意愿并在其他方面非常积极的年青人）。这个家伙从什么地方弄到钱来实现他的全部阴谋诡计、开支旅费、派出代理人等等，这暂时还是一个谜。他穷得象教堂里的老鼠，一生中从来没有以自己的劳动挣过一文钱。

在代表大会上巴枯宁的全部打算都落空了。代表大会以后，他在自己的通报——《进步报》（勒－洛克尔）和《平等报》（日内瓦）上公开攻击我们，《进步报》是由他的一名喽罗，瑞士的一名教师詹姆斯·吉约姆出版的。在某一时期我们听任事态发展，后来我们向日内瓦联合会委员会发出了一封通告信。（这个文件的副本在瓦尔兰那里。）但是对巴枯宁和同盟从来没有好感的日内瓦联合会委员会，早在收到我们的通告信以前就同他断绝了关系。罗班及其同伙被逐出了《平等报》编辑部。瑞士罗曼语区联合会委员会举行了反对同盟及其俄国佬独裁者的阴谋的政变。

这时巴枯宁从日内瓦迁居德森。他的经济状况发生了变化。赫尔岑突然逝世。不久前还猛烈攻击赫尔岑（大概是因为赫尔岑的钱袋没有向他开放）的巴枯宁，忽然在法国的和所有其他的报刊上成了他的热烈保卫者。为什么？因为赫尔岑（尽管他本人是百万富翁）每年为自己的《钟声》和"俄国宣传"从俄国的"民主主义者－泛斯拉夫主义者"那里得到一笔相当可观的钱。巴枯宁虽然极端仇视"继承制度"，但还是想继承赫尔岑的地位和他的钱。他对死者的颂扬使他达到了目的。他把《钟声》、资金等等都转归自己所有了。

另一方面，在日内瓦形成了俄国流亡者的侨民团体。这些流亡者都是巴枯宁的反对者，因为他们知道这个极平庸的人（虽然是一个十足的阴谋家）贪求权势的野心，因为他们熟悉巴枯宁在他的"俄国的"作品中所鼓吹的直接违反国际的原则的教条。

巴枯宁及其一群盲从者不久前利用在拉绍德封举行的瑞士罗曼语区代表大会（今年4月5日）来制造公开分裂。结果代表大会分裂成两个：一个是宣布放弃一切政治的巴枯宁分子的代表大会，代表着大约六百人；一个是日内瓦联合会委员会的代表大会，代表着两千人。吴亭（一个年青的俄国人）公开揭露了巴枯宁的阴谋。他（巴枯宁）的拥护者宣称自己是瑞士罗曼语区的"联合会中央委员会"，并创办了自己的机关报《团结报》（由巴枯宁的喽罗詹姆斯·吉约姆出版）。这家报纸的"原则"就是"巴枯宁"。双方都向总委员会提出了申诉。

这样，这个可恶的俄国佬就在我们的队伍中挑起一场公开的大争吵，他把自己的名字当作一面旗帜，用宗派主义的毒药毒害我们的工人协会，并以密谋来遏制我们的行动。

他期望在我们的下一次代表大会上取得强有力的地位。为了在巴黎引起注意，他同《马赛曲报》通信。但是我们已同弗路朗斯谈过，弗路朗斯将加以制止。

现在您所了解的情况已足够在我们的巴黎支部中制止巴枯宁的阴谋。

评论：马克思回复拉法格的来信。劳拉和拉法格在1870年4月18日和19日给马克思的信中说，在巴黎成立了国际工人协会联合会委员会。拉法格认为，他自己不作为新成立的委员会成员而作为伦敦总委员会驻巴黎联合会的代表较为适宜。他请求马克思在下一次会议上提出授予他代表权的问题。1870 年 5 月 17 日总委员会授予拉法格代表权。马克思请拉法格注意巴枯宁分子罗班参加了巴黎联合会委员会，要密切注视他的行动。劳拉在给马克思的回信中说，马克思关于罗班的分裂活动的警告已转给弗兰克尔。接下来，马克思较为详细地介绍了巴枯宁的阴谋。马克思揭穿了巴枯宁的纲领，指出他的理论的三个方面的内容，包括废除继承权、各阶级平等、工人阶级不应当从事政治。

4 月 28 日 致信恩格斯，指出：弗路朗斯来我家好几次了。他是个很可爱的小伙子。他身上的主要特点是大无畏精神。但他的自然科学造诣也很深。他在巴黎大学讲过一年人种学课程，游历过南欧、土耳其、小亚细亚等地。充满幻想和对革命的焦躁情绪，但仍不失为一个很有生气的青年，绝非"一本正经"的学究之辈。他被推荐为我们委员会委员的候选人，曾以客人身分两次出席委员会的会议。如果他在这儿多呆一阵，那就太好了。值得做做他的工作。但是，如果波拿巴在全民投票之后宣布大赦，他就要回巴黎去。昨天晚上，共济会法国分会、"法国人支部"等等宴请他和提巴尔迪。路·勃朗、塔朗迪埃等人也想参加宴会。此地所有法国革命的败类都向他献殷勤，但是他对这帮先生们的底细是相当了解的。

非常感谢你对爱尔兰 bog 的解释。我为了消遣，弄到了 1869 年违反狩猎法的判决材料（英格兰和威尔士）。判决书共一万零三百四十五件。这可是英格兰人和威尔士人特殊的农业上的罪行。格莱斯顿先生为什么不把英格兰宪法也废除呢？

你准确地从皮哥特的信里预感到了危险。从附上的一号《爱尔兰旗帜报》（上面有《爱尔兰人报》巴黎通讯员的信）可以看出这帮家伙居心不良。皮哥特知道我们这里有《爱尔兰人报》，所以他就把那臭玩意儿登在《旗帜报》上了。

连同《旗帜报》还寄上国际西班牙机关报共五号，其中《联盟》两号，《工人报》一号和《团结报》一号。

《马赛曲报》我要到星期六才能寄给你。我还要用来替中央委员会起草关于克列索事件等等的一些短评。

星期二，中央委员会一致通过了我的建议（得到马德尔斯赫德的支持）：断绝我们和《蜂房》的关系并公布这项决议。当我申述提出这一建议的理由时，阿普耳加思先生垂头丧气地坐在我对面。他和奥哲尔都是《蜂房》编委会的。我证实了这家报纸卖身投靠资产阶级（赛·摩里等人），我还特别提到它对待我们关于爱尔兰问题的决议和讨论的态度等等。根据委员会的决定，我要在下星期二提出拟好的决议。

评论：马克思去探望生病的沙佩尔和波克罕，他们的状况都很不好，并请恩格斯写信劝说波克罕不要让过度的工作毁掉自己，波克罕听恩格斯的话。波克罕还对李卜克内西生气，李卜克内西在《人民国家报》上发表了巴枯宁的文章《关于俄国革命运动的书信。第一封信》。马克思还谈到要起草关于一些事件的短评。信中提到的克列索事件，是指1870年4月12日，总委员会委托马克思和杜邦以国际工人协会的名义起草一份呼吁书，抗议对1870年克列索的施奈德冶金工厂三月罢工参加者实行重判。但是，在法国从4月底就开始了对国际会员大规模的警察迫害，总委员会不得不改变自己的计划，散发马克思草拟的传单《关于对法国各支部的成员的迫害》来代替该呼吁书。信中还谈到中央委员会通过了马克思的建议，断绝与《蜂房》的关系。马克思证实了《蜂房》卖身投靠资产阶级。

4月29日　致信恩格斯，指出：可怜的沙佩尔昨天早晨九点钟去世了。

附上三号载有燕·威廉斯的文章的《马赛曲报》。这三号报纸我要收回（连同瑞士出版的《平等报》和《团结报》），以便为总委员会写些短评，但直到今天我还抽不出时间去写（西班牙的报纸不用寄回）；另附上最近一期《先驱》。你从这上面会看到，贝克尔与巴枯宁公开决裂了（不用寄回）。

最后，给你寄去一本我们的《共产党宣言》的俄译本。我在《工人报》和其他报上看到，由巴枯宁继承的《钟声》出版社还有这个译本；因此我向日内瓦函购了六本。这对我们总是有意义的。

评论：马克思难过地告诉恩格斯，沙佩尔去世了。随信附上了一些材料，包括马克思和恩格斯的著作《共产党宣言》的第一个俄文版本。这个译本是巴枯宁译的，1869年在日内瓦出版。该书由《钟声》印刷所刊印。但是巴枯宁这个译本歪曲了《共产党宣言》的内容，后来，普列汉诺夫的译本消除了这些问题。

5月7日　致信恩格斯，指出：这个星期这里发生了各种有趣的事情。但是英国的邮局现在过分好奇，而我根本不愿为它间接提供消息。因此，这些事以后面谈吧。

《马赛曲报》今天没有收到，可能被没收了。我们星期三打电报通知该报，它将在星期四收到总委员会声明的法文文本，无需从英文转译。这个电报巴黎警察局自然马上就知道了，看来，比埃特里不愿让我们的揭露在全民投票前夕公布。

路透—哈瓦斯社的无聊电报终于给我们提供了一个期待已久的机会在巴黎的报纸上公开声明：所谓在伦敦的法国人支部不属于国际。

《旗帜报》昨天和前天刊登了两篇反对国际的卑鄙文章，这些文章就象伦敦的法文小报《国际报》上的文章一样，是在法国大使馆的直接指使下炮制的。

伦敦各报都接到普鲁斯的指示（自然，它们象天生的走狗一样听从这个指示），关于英国警察当局一周来对弗路朗斯和国际总委员会（把两者搞混了）偷偷采取的措施，报纸各栏不得透露一个字。

上面提到的《旗帜报》，送往法国一万份。这也是一种酬谢的方法，或许十二月十日会突然学会了英语？

星期二伦敦谣传我们在开会的地方被捕了。因此一反常规，在我们这里出现了一些猎奇的报馆记者。

在英国，这些家伙在张惶失措的时候立刻就忘记自己固有的规矩，而让部分无知、部分有意说谎的报刊牵着鼻子走。

看在警察局的份上，我们假定格朗佩雷、路透和《公报》所报道的一切都是神圣的真理。即使如此，英国政府除了把自己放在最可笑的地位以外，仍然是束手无策。

大家知道，取缔阴谋活动法案破产了，帕麦斯顿勋爵本人也随着这个法案很快下了台。

因此，英国和法国的报刊掀起的一切喧嚷纯粹是胡说八道。在最坏的情况下，弗路朗斯可能因轻罪被追究，以便最后让法院根据乔治四世九年颁布的法律第七节做出最终判决，这样必然落空而不得不提出取缔阴谋活动法案。莫非格莱斯顿要做帕麦斯顿都做不到的事情！

刺杀巴登格的阴谋，如果不光是警察局的捏造，那无论如何也是挖空心思搞出来的最大蠢事。幸好帝国已不再因自己敌人的愚蠢而得救了。

巴枯宁的走狗罗班目前正在巴黎，而且成为巴黎联合会（国际）的成员，他立即向联合会建议承认新的罗曼语区委员会为真正的委员会，并在《马赛曲报》上公开宣布，只有这个委员会的拥护者才是国际的真正会员。不过我们已经事先和我们在巴黎的人打过招呼。因此罗班的建议彻底破产了。会议决定：巴黎联合会根本无权过问，这件事应由伦敦总委员会处理。这个事实表明了巴枯宁先生采用的手段的特点。

巴黎的阴谋使得在巴黎举行代表大会和乘机将总委员会迁到那里的完全成熟了的计划受到沉重打击。

我收到了巴枯宁寄来的最初五号《钟声》和法文的附刊。俄国纲领本身是很有特色的。这个杂志决不是"某个独特政党的喉舌"，而是一切渴望"解放俄国"和"不满现状的"正直的人们的喉舌。绝不追求原则，实践先于一切！可是，我们，西欧和美国，倒应当仅仅限于宣传巴枯宁先生的理论（即没有任何理论），也就是说要按照一切民族似乎已被消灭这样的精神宣传。因此，对内政策也好，对外政策也好，他也不许我们进行任何干预。多么狡猾的家伙！

评论：信中表示由于英国邮局会私拆信件，有些事情只能以后面谈。信中表示路透—哈瓦斯社的电报提供了一个机会在巴黎的报纸上公开声明：所谓在伦敦的法国人支部不属于国际。马克思认为这正好可以公开告知，吕贝早在1866年因进行诽谤而被开除出国际。随后，国际公开声明同法国人支部的挑衅活动毫无关系。

信中还谈论了当时的形势和一些事件。由于法国准备举行全民投票，从1870年4月底起开始逮捕社会主义者，罪名是他们参加国际工人协会。

马克思简要评论了《钟声》杂志，认为《钟声》新编辑部的纲领性文章《编辑部致俄国公众》很有特色，并不是"某个独特政党的喉舌"。信中还告知波克罕的健康在缓慢地恢复，并表示要写一篇悼念沙佩尔的文章。

5月10日　　致信恩格斯，指出：昨天收到威廉的纸条，现附上。一个不可救药的南德意志无知之徒。

首先你从这里面可以看出，这个畜生从来没有给迈斯纳写信，他就是这样完成我的一切委托的。正因为这样，我现在应当"定期"给他写信，而你应当去"斯图加特"，就象他打算提你当北德意志国会议员那样。

我已写信告诉他，关于黑格尔，如果他只能重弹罗泰克—韦尔凯尔的愚蠢的陈词滥调，那就最好住嘴。他把这称作"用不大客气的方式草草了事地摆脱黑格尔云云"。而且，如果说他在给恩格斯文章加的注释里写了些荒唐话，那末，"恩格斯就能够〈!〉说得更透彻些〈!!〉"。这个人实在太蠢了。

通过如此"浪漫的"途径到他手中的通告信指出，总委员会保留一旦认为需要就"公开"针对施韦泽等等说话的权利。威廉把这说成我们"打算公开表态"——支持威廉！

倍倍尔建议应届代表大会在美因兹或曼海姆召开，你以为如何？宁可在美因兹。好处在于，在德国巴枯宁先生及其同伙将是完全无能为力的。

无耻的威廉曾认为我的《波拿巴》在他的报纸上几乎值不得登一篇评论，现在竟要求我允许他转载我关于法国革命的文章！

你从星期日的《马赛曲报》可以看出，普隆－普隆的报纸《国民舆论报》竟发现由我执笔的我们的声明的法文原稿无疑是在巴黎写成的！不过，我高兴的是，这家报纸终于放弃了它迄今为止赐给我们的极其讨厌的庇护。

古代爱尔兰的婚姻史比起威尔士的克尔特人在这方面所取得的成果来，还是微不足道的。这是（直至十一世纪和十二世纪）把傅立叶的幻想完全付诸实践了。

评论：信中批评李卜克内西在一系列事情上的表现。谈到倍倍尔和李卜克内西关于在德国美因兹或曼海姆召开1870年国际工人协会应届代表大会的建议。马克思认为应当在美因兹，认为那样可以避开巴枯宁及其同伙的影响并询问恩格斯的意见。信中还告知收到了库格曼寄来的莱布尼茨工作室的两条壁毯，他很高兴，马克思很佩服莱布尼茨。

5月11日　　致信恩格斯，指出：今天从你的信中才看出，我忘了把威廉的信放在里面。现附上，同时附上白拉克的信等等，不过所有的信要在星期二以前寄还，我估计那时病又好了。美因兹、达姆斯塔德、曼海姆？是不是最好在曼海姆？美因兹是普鲁士的要塞。

我在自己的笔记本中还找到了一些关于爱尔兰的著作的摘录，不过这些著作你大概已经看过了，或者由于有更好的史料，这些已是多余的了。有一本书的书名我不能很好地辨认：《Cgygia》还是《Ogygia》，罗·奥弗拉赫蒂著，1685年伦敦版。

查理·奥康瑙尔博士的《爱尔兰古代编年史家》白金汉版（1814—1826 年，四卷集）。

詹·韦尔的《爱尔兰的古代和历史》1705 年伦敦版；韦尔的《两本关于爱尔兰作家的书》1704 年都柏林版。

同巴枯宁的事要么没有成，要么为了保持面子偷偷搞了。更仔细地观察一下，我发现编辑是奥格辽夫。巴枯宁在最初几号中只发表了一封信，在这封信中他装成局外人，指责编辑部缺乏原则等等，吹嘘自己是社会主义者和国际主义者等等。虽然如此，他写的东西无非是在理论上应谴责一切联合，而在实践上奥格辽夫是正确的。现在首先要推翻沙皇政权，为此就必须联合一切仇视沙皇的政党等等，等等。然后这些政党可以相互厮打等等。可见，社会主义者在俄国可行的"政策"，在西欧却断然不行！

评论：信中询问在哪个地方召开 1870 年国际工人协会应届代表大会适合。信中提供了一些摘录，包括关于威尔士人、克尔特人的一些材料。还有一些关于爱尔兰的著作的摘录。信中还揭露了巴枯宁吹嘘自己是社会主义者和国际主义者等；谈论了奥格辽夫，认为奥格辽夫在实践上是正确的。首先要推翻沙皇政权，为此就必须联合一切仇视沙皇的政党等。

5 月 16 日　致信恩格斯，指出：附上威廉的一张很有礼貌的纸条！

这个傻瓜变得真可怕。我上次给他写信时说过：波克罕病很重，医生要他在病愈以后较长时间内也别搞什么写作，因此应该停止刊登本来就不该采用的巴枯宁的臭文章，等等。

这个畜生干了什么呢？在今天收到的一号《人民国家报》上，他把坏蛋涅恰也夫对波克罕进行人身攻击的信登出来了！我真担心，波克罕会因此受刺激而危害自己的健康。波克罕前天写信给我，说他想看看我。由于讨厌的伤风咳嗽，我未能应邀。但我的妻子昨天去了。他还很弱，医生认为应该严禁一切激动！今天的《人民国家报》一到，准引起一场好戏！

我立即给威廉这位老实的笨蛋写了信，痛骂了他一顿。同时指出，他对你的意见"太幼稚了"，不值得答复。不过他可以相信一点：他（威廉）"关于黑格尔或其他任何问题的个人意见"，对你来说，完全无足轻重，还有他（威廉）"有点轻视""某种"和"多种科学研究"的情况也是如此。这个家伙说，他"二十二年来过着没有一点闲工夫的不安静的生活"，真了不起。我们知道，在这二十二年里，大约有十五年他是无所事事的。

寄上《回声报》，你必需把它保存起来，因为它同《马赛曲报》、《国际报》（布鲁塞尔的）以及我们的其他机关报一样，发表了拒绝承认"法国人支部"的声明。形势终于变得如此有利，我们能够正式回击这帮坏蛋了。

白拉克把你写给他私人的信的片断发表在《人民国家报》上，这有点不谦虚。

不过他的意图是好的，我甚至认为，这种做法在政治上是正确的。他们显然是想借此打击施韦泽。

关于可恶的爱尔兰法律出版委员会，《爱尔兰人报》上已有种种报道。我将设法打听有关的必要情况。

评论：信中再次批评李卜克内西。马克思把李卜克内西1870年5月11日的信转寄给恩格斯。李卜克内西在信中就有关黑格尔的注释和《人民国家报》在刊登恩格斯的著作《德国农民战争》时所犯的其他错误作了说明。李卜克内西答应以后声明注释不是恩格斯加的，而是编辑部加的。他认为不必发表恩格斯的专门声明了。

5月18日　致信恩格斯，指出：从附上的海因岑的臭文章（关于我和拉萨尔的关系的虚构神话）可以清楚地看出，谁是这位力大无穷的仆人海涅卡的提词人。这就是老哈茨费尔特，她可能是通过目前在纽约的小维贝尔进行活动的。不过，海涅卡要是以为我会赏给他哪怕一个字的反驳，那他就错了。这是他多年来力求达到的事，但是枉费心机！

我们的法国委员们向法国政府清楚地证明政治性的秘密团体和真正的工人联合会之间的差别。法国政府还没有来得及拘禁巴黎、里昂、卢昂和马赛等处的委员会的全体委员（他们有一部分人逃到瑞士和比利时去了），就有多一倍的委员会在报刊上发表勇敢而坚决的声明，宣布自己是它们的继承者（而且还有先见之明地附上了自己的私人地址）。法国政府终于做了我们希望已久的事情——把是帝国还是共和国这样一个政治问题变成工人阶级的生死存亡问题！

总之，全民投票给了帝国以最后的打击！因为有这么多的人表示赞成这个用立宪的词句装饰起来的帝国，所以布斯特拉巴认为现在能够毫无顾忌地恢复不用词句装饰的帝国——即十二月政体。根据一切非官方的消息判断，在巴黎，十二月十日会已完全恢复，并且在积极地行动。

大会会址迁往美因兹，昨天一致通过，这会使巴枯宁跳起来。

评论：马克思把1870年4月27日美国《先驱者》报上的一篇匿名文章《德国共产主义者的行径》寄给了恩格斯。《先驱者》是在纽约出版的德国小资产阶级民主派流亡者的报纸，海因岑是报纸的主编。文章作者攻击马克思、恩格斯、李卜克内西和埃卡留斯，挑起"德国革命民主派"与共产党人的对立。马克思在这封信中讥讽地称海因岑为海涅卡，并且把海因岑的政论比作粗俗文学的典型。

5月31日　致信燕妮·马克思（女儿），指出：这里的情况基本上还是老样子。弗雷德自从摆脱了"该死的商业"以来非常高兴。他关于爱尔兰的著作将是很有意义的。不过，这部著作占去他的时间比他开始设想的要多一些。著名的"达不留"对爱尔兰现代史如此精通，在爱尔兰史上起着如此卓越的作用，她将会在这部著作中为自己找到现成的编年史资料。

朗格的著作和"爱尔兰焖肉"不同的地方在于：它全是调料汁而没有肉。这个硬充内行的蠢汉，显然想用他的"糖浆"来换取我的一些称赞，但是他大错而特错了。他对《资本论》究竟读懂了多少，从他的下述发现中便可以明显地看出来：他认为我的"价值"理论同我的关于"劳动日"的论述毫无关系等等。我们的朋友龚佩尔特越来越堕落了，变成了自由主义的吹牛家、街头谣言的传播者、鄙俗的人。从他自己所建立的和他"继承"下来的家庭来看，这也不足为奇。这类好事实在是太多了。

杜西英姿焕发，非常快活。她高兴地发现摩宁顿宫的动物界又增加了一窝新生的小猫等等。当然，她向弗雷德反复盘问过关于"威胁信"的事情；他认为邮寄的信件中涉及这种事是危险的，因为这种信件会偶然引起某个施梯伯的注意。据我所知，真正的施梯伯正在巴黎精心炮制一件新的密谋案，在这个密谋案中国际工人协会应扮演主要角色，我自然也应以施梯伯很久以前的被保护者和"真正最高秘密领袖"的身分出现。

评论：信中告知，恩格斯摆脱商业工作以后非常高兴，认为他关于爱尔兰的著作将很有意义。马克思认为朗格的《工人问题》一书显示他并没有读懂《资本论》。信中还讲述了爱琳娜与恩格斯相处融洽，恩格斯在马克思写信的时候朗诵挪威史诗捣乱等趣事。告知达金斯来访，肖莱马和穆尔也一起散步，大家对达金斯印象强烈。

6 月 27 日 致信路德维希·库格曼，指出：去年我曾经估计，在复活节集市后，我的书将会再版，因而将会拿到第一版的稿酬。但是，你从信内附上的今天收到的迈斯纳的来信中可以看出，这一切都还是遥遥无期的。（请把信寄还给我。）

德国的教授先生们最近迫不得已在好些地方都提到我，虽然他们采用的方式是十分愚蠢的，例如，阿·瓦格纳的一本论土地所有制的小册子，黑耳德（波恩）的一本论莱茵省农业信贷制度的小册子就是这样。

朗格先生（在《论工人问题……》这一著作的第二版中）对我大加赞扬，但目的只是为了抬高他自己。事情是这样的，朗格先生有一个伟大的发现：全部历史可以纳入一个唯一的伟大的自然规律。

这个自然规律就是《struggle for life》，即"生存斗争"这一句话（达尔文的说法这样应用就变成了一句空话），而这句话的内容就是马尔萨斯的人口律，或者更确切些说，人口过剩律。这样一来，就可以不去分析"生存斗争"如何在各种不同的社会形态中历史地表现出来，而只要把每一个具体的斗争都变成"生存斗争"这句话，并且把这句话变成马尔萨斯关于"人口的狂想"就行了。必须承认，这对于那些华而不实、假冒科学、高傲无知和思想懒惰的人说来倒是一种很有说服力的方法。

同一个朗格在谈到黑格尔的方法和我对这种方法的应用时所说的话实在是幼稚。第一，他完全不懂黑格尔的方法；因而，第二，也就更加不懂我应用这个方法时所采取的批判方式。在某一方面他使我想起了莫泽斯·门德尔森。这个不学无术的典型人物曾经写信问莱辛：他怎么想到要严肃地对待"死狗斯宾诺莎"呢？朗格先生同样感到很惊奇，在毕希纳、朗格、杜林博士、费希纳等人早就一致认为，他们早已把可怜虫黑格尔埋葬了以后，恩格斯和我以及其他一些人竟还严肃地对待死狗黑格尔。朗格极其天真地说，我在经验的材料中"以罕见的自由运动着"。他根本没有想到，这种"材料中的自由运动"只不过是对一种处理材料的方法——即辩证方法——的描述而已。

至于迈斯纳催着要第二卷的问题，这项工作整整中断了一个冬天，这不仅仅是因为我生病。我发现有必要认真学习一下俄文，因为在探讨土地问题时，就不可避免地要从原文材料中去研究俄国的土地所有制关系。加之，由于爱尔兰的土地问题，英国政府出版了一套关于各国土地关系的蓝皮书（很快就出齐）。最后——请勿外传——我希望先出第一卷第二版。如果这一工作和第二卷最后的结尾工作搅在一起，那只会造成不方便。

评论：信中谈论了自己著作的影响。书的销售不好，难以拿到稿酬。马克思批评了朗格及其著作，指出朗格完全不懂黑格尔的辩证法，也不懂自己是以批判的方式运用黑格尔的辩证法。信中解释了难以尽快完成《资本论》第二卷，一是由于生病，二是在认真学习俄文，需要研究俄国的土地所有制关系。此外，马克思还表示想先出第一卷第二版。

7月5日　致信恩格斯，指出：从附上的迈斯纳的信中，你可以看出那里的情况如何。库格曼将于8月12日去卡尔斯巴德，他等着我通知他为我租赁住房，我用迈斯纳的信回答了他的催问信。我提醒他，迈斯纳曾当着他的面明确答应我要出第二版并到复活节集市时付稿酬，我还补充说，在目前情况下我无法告诉他，我什么时候去，或究竟去不去卡尔斯巴德。因此，他又来了附上的一信。我还没有答复，因为我们还在等待都柏林关于奥顿诺凡－罗萨照片的回答。

拉法格通知我，将有一位年青的俄国人洛帕廷带着他的介绍信来访。洛帕廷已于星期六来看了我，我邀请他星期日再来（他在我家从十点呆到晚上十二点）。他星期一已返回布莱顿，他住在那里。

他告诉我，涅恰也夫的全部历史（二十三年）都是无耻的伪造。涅恰也夫从来没有蹲过一个俄国监狱，俄国政府从来没有打算杀害他等等。

事情的真相是这样的。涅恰也夫（巴枯宁在俄国的少数代理人之一）属于一个秘密团体。另一个青年人X.，他很有钱，也很热情，曾通过涅恰也夫资助这个团体。一天，X.向涅恰也夫声明，他今后一个戈比也不出了，因为他不知道这些钱都拿去干什么了。涅恰也夫先生为此（也许是因为报不出账来）向他的秘密团体的同党提议暗杀X.，因为他有朝一日会改变信仰而成为叛徒。他果真杀害了这个青年。可见政府完全是把涅恰也夫当作普通杀人犯予以追究的。

洛帕廷在日内瓦首先要求涅恰也夫亲自（对他的谎言）加以说明。后者辩解说，这类轰动一时的事件可以给所谓的事业带来政治上的好处。于是洛帕廷把事情经过告诉巴枯宁，巴枯宁对洛帕廷说，他这个"好老头"完全相信他的话。接着巴枯宁要求洛帕廷当着涅恰也夫的面把这一切重复一遍。洛帕廷便立刻和巴枯宁一同去涅恰也夫那里，在那里把这幕戏重演了一遍。涅恰也夫默不作声。当洛帕廷在日内瓦的时候，涅恰也夫表现得非常安分守己，一言不发。但是，洛帕廷一去巴黎，他马上又开始装腔作势了。之后不久，洛帕廷收到巴枯宁的一封关于这件事的辱骂信。他用更厉害的辱骂回敬了他。结果，巴枯宁写了一封信——"父亲，我犯了罪"，（在这儿洛帕廷手里），不过，他把自己描绘成一个"轻信的好老头"。（顺便说一下，洛帕廷说，波克罕的话整句整句地一点看不懂，并且从俄文上来看也完全是莫名其妙的，不仅语法不对，而且"什么"也说明不了！可是，在我会见洛帕廷之前，傻瓜波克罕还告诉我，他通过朋友艾希霍夫把他的劣作交给了柏林一个为柏林警察局当俄文翻译的当地德国人，让这个人弄一张证明他能用俄文写作的官方证书。我们的戈迪萨尔在无意之中演喜剧的才能是无与伦比的！）

我从洛帕廷那里了解到，车尔尼雪夫斯基1864年被判处在西伯利亚矿井服苦役八年，因此还有两年才满期。初级法院曾相当公正地宣布，根本没有任何不利于他的东西，所谓图谋不轨的秘密信件显系伪造（事实就是如此）。但是，参政院遵照谕旨，利用自己的最高权力撤销了法院的宣判，并把这个狡猾人物放逐西伯利亚，如判决书所云，此人"如此狡诈"，他能"使自己的著作保持一种法律上无懈可击的形式同时又公然在其中喷射毒液"。这就是俄国的司法！

弗列罗夫斯基的情况好一些。他只是通过行政方式流放在莫斯科和彼得堡之间的一个小村落里！

你猜得很准，弗列罗夫斯基是化名。不过据洛帕廷说，这个姓虽然就其来源说不是俄文的，但在俄国神父中间却经常碰到（尤其是在修士中间，他们认为这个姓是 Fleury〔开花〕一词的俄译，他们象德国的犹太人一样，酷爱好听的名字）。洛帕廷本来是一个自然科学家。他研究过自然科学。但也搞过商业活动，要是在这方面能替他找到点什么事，那就很幸运了。我将同波克罕和保尔谈谈这件事。关于巴黎和其他情况，下次再谈。

评论：马克思讲述了杜邦的生活困苦状况，询问恩格斯，莉希是否能帮助照料孩子和家务。信中介绍了与俄国青年洛帕廷的见面情况，以及洛帕廷和其他俄国革命者的情况。

7 月 8 日　致信恩格斯，指出：明天我把登有审判案报道的法国报纸寄给你。你应尽快地寄还我。小犹太人弗兰克尔为自己争得了桂冠。不论在被告那里，还是在报纸上等等，你都会看到有一种把国际的建立归功于自己（巴黎）的倾向。

关于伦敦目录的事，我明天想到比斯利那儿去一趟。

评论：马克思计划将一份法国报纸寄给恩格斯。报纸上报道了对法国警察局在全民投票前夕逮捕的国际巴黎联合会成员的第三次审判。审判从 1870 年 6 月 22 日进行到 7 月 5 日。最终控告遭到了失败，被告受审是因为他们加入了国际。信中还告知杜邦到达的时间以及到来后的一些安排。

7 月 14 日　致信海尔曼·荣克，指出：附上议程一份。问题按那样顺序排列，可以减轻即将召开的代表大会的工作。您了解我的用意。

1. 关于取消国债的必要性问题。讨论赔偿权问题。

2. 工人阶级的政治活动和社会运动之间的相互关系。

3. 关于把土地所有制变为公有制的实际措施（见注）。

4. 关于把发行银行变为国家银行的问题。

5. 在全国范围内进行合作生产的条件。

6. 关于工人阶级必须按照 1866 年日内瓦代表大会的决议进行全面的劳动统计的问题。

7. 由代表大会再次讨论关于消除战争的手段问题。

第 3 项注：比利时总委员会提出如下问题：

"采取实际措施在国际内部成立农业支部以及在农业无产者和其他工业部门的无产者之间建立团结一致的关系。"

国际协会总委员会认为，这个问题可以包括在第 3 项内。

给各支部的机密通知

（1）总委员会要求各支部就 1870—1871 年改变总委员会驻在地是否适宜的问题给本支部代表发出正式指示。

（2）如果问题得到肯定的解决，总委员会则建议布鲁塞尔作为上述年度总委员会的驻在地。

评论：马克思这封信中附上了关于改变 1870—1871 年度总委员会驻地的《给各支部的机密通知》和在美因兹召开的国际代表大会的议程。

7 月 20 日　致信恩格斯，指出：附上希尔德布兰德的经济和统计杂志对我的书的批判。我的身体状况很少使我感到愉快，但是这篇作品却使我笑出了眼泪，真是笑出了眼泪。随着德国反动势力的猖獗和哲学的英雄时代的结束，具有德国市民天性的"小资产者"又重新抬头——在哲学上是一片不亚于莫泽斯·门德尔森的空谈，是一片自作聪明、抑郁不满和自命不凡的抱怨之声。而现在，连政治经济学也蜕化为关于法权概念的无稽之谈！这甚至比"刺激对数"还要高明。正如这方面的权威裁判席勒早就指出的，小市民在解决一切问题时，总是把它归之于"良心方面"。

附带说一下，昨天我在中央委员会看到一份美国报纸，上面登了几篇关于资本等等的文章，其中也谈到我的书。文章说，我认为工人必须用一天中的一部分时间来为自身的需要工作，因此超过这部分时间的剩余，即我称为剩余劳动的部分，构成为剩余价值，从而也是利润等等的来源。文章作者接着说，这里也许有点意义，但这与实际情况不符。例如，一个工厂主制造的商品，在未出卖以前，对他来说等于零。现在假定，衣服等的实际价值（他指的是生产费用）等于 a。然后，工厂主在将它出卖给商人时附加 b，而经手这一商品的各种商人又附加。

由此可见，价值＝a。附加部分＝b＋c。因此，使用价值＝a＋b＋c。这样，剩余价值＝使用价值（！）超过价值的剩余。这甚至比弗兰克尔在巴黎学来的"公式"还要高明！

培列昨天从日内瓦来信说，我们那个承认日内瓦罗曼语区联合会委员会而反对巴枯宁所组织的反委员会的决议，在那些家伙中间的反应，如同爆炸了一颗炸弹。他们立即给巴枯宁拍了电报，还准备在下届代表大会上以此为罪名将总委员会置于被告席。目前，非常必要的是，让杜邦将我们关于同盟的决议的副本一定给我寄来。请以我的名义就此事立即认真地同他谈一谈。

评论：随信寄出了一些信件和材料给恩格斯，附上库格曼 1870 年 7 月 18 日给马克思的信。此时处于法国对普鲁士宣战前夕，库格曼分析了 1866 年以来的法普关系，认为进一步的紧张无疑将导致法国和普鲁士之间的战争。

马克思还谈论了一些对自己的著作《资本论》第一卷的认识和评价。马克思批评了小资产阶级的政治经济学，嘲讽了海·律斯勒对《资本论》第一卷的评论，该评论载于希尔德布兰德的《国民经济和统计年鉴》上。马克思认为德国的小资产者又重新抬头了。信中还谈到一份美国报纸上登载的几篇关于资本等的文章，马克思揭露了他们的错误认识。

马克思询问恩格斯是否愿意给《派尔－麦尔新闻》写军事题材的文章，还告知国际总委员会委托自己起草《国际工人协会总委员会关于普法战争战争的第一篇宣言》，还提到李卜克内西发表在最近一号《人民国家报》上的文章非常愚蠢。

7 月 26 日　致信欧根·奥斯渥特，指出：无论如何，我不能参与发表公开的宣言，因为国际工人协会总委员会（我是该委员会的成员）已经委托我写一篇类似的宣言。宣言已经写好，已提付讨论，并于上星期二一致通过。宣言本应于今天登在《泰晤士报》上，不过，由于有一段抨击了俄国，大概被压下来了。但毕竟有希望登在《派尔－麦尔》上。巴黎现在正处于戒严状态。在西欧其他各国以及合众国，我们都有自己的机关报。

如果宣言在这里发表，那您会发现，尽管我们的社会见解多么不同，宣言所阐述的政治观点（这是首先要涉及到的）是同您的观点一致的。无论如何，我坚信，只有工人阶级才是能够对抗民族纠纷的复活和现今整个外交的真正力量。

评论：马克思表示不能参与发表公开的宣言。德国侨民奥斯渥特在 1870 年 7 月 18 日的信中，建议马克思在由德国和法国一些民主主义者侨民起草的反对普法战争的宣言上签名。在这封信中，马克思告知不能参与发表公开的宣言的原因是国际工人协会总委员会已经委托自己写了一篇类似的宣言。同时，马克思表示他与奥斯渥特的政治观点一致。

7月28日　致信恩格斯，指出：《泰晤士报》曾通过埃卡留斯竭力向我们保证，要刊载我们（国际）的宣言。结果没有这样做，想必是因为其中有一段抨击了俄国。根据同他们的军事记者（梯布林，他现在在卢森堡）的商定，就军事文章问题写信给该报编辑，请他给予答复。现在没有回信。宣言也没有刊载。因此，今天我在寄送你的文章的同时附带写了一封短信给《派尔－麦尔》编辑，信中只谈到军事通讯问题；也就是说干脆问他一声：到底登不登？

本星期二，总委员会决定印一千份宣言。预期今天能看到校样。

俾斯麦在公布有关条约（关于比利时）的史实时，也做得太过分。甚至伦敦的有威望的人士也不敢再说普鲁士正大光明了。真是马凯尔之流！不过，我记得1866年前不久，我在可敬的布拉斯的报纸上和《十字报》上看到过一些文章，责骂比利时是"雅各宾党人的巢穴"（！）并建议法国将它兼并。另外，约翰牛所表示的道义上的愤慨也同样是可笑的。什么根据条约规定的权利！真见鬼！在此以前，帕麦斯顿早就在英国实行了这样一条原则，即签订条约完全不等于必须恪守条约，英国自1830年以来正是按这条原则办事的！现在到处都是战争和无耻行径。

《十字报》真妙，要求英国不供给法国人煤，即破坏英法商约，换句话说就是向法国宣战。煤可以被看作是一种军用物资，英国反对派曾经激昂地提出过这条理由来反对帕姆。他却用廉价的俏皮话加以搪塞。可见，在签订条约时绝没有忽视这一点。在谈判期间，乌尔卡尔特曾对此进行无情的揭露。因此，如果英国一开始不宣战，那末它应当将煤供给法国人。至于说到宣战，这会在当权者和伦敦的无产阶级之间引起一场十分激烈的冲突。工人是坚决反对这种"大型戏剧"的。

日内瓦的俄国人终于来信了。现附上。请立即寄回，就定在下星期一吧，因为我还要写回信。

你从附上的欧·奥斯渥特（他是乌尔卡尔特派，但是比较大陆化）的信中可以看出，他们也想搞点民主的东西。我已回信告诉他，我已经在国际的宣言上签了名，就这个宣言的纯粹政治内容来说，它所阐述的主要也就是那些观点。

评论：信中谈到对恩格斯的文章《战争短评（一）》的发表的安排。马克思批评了俾斯麦。德国报纸上刊登了法国和普鲁士于1866年拟定的秘密条约草案。条约草案中规定法国兼并比利时和卢森堡，作为交换条件，法国应在1866年普鲁士反对奥地利的战争中恪守中立。俾斯麦企图通过这一草案的公布激起英国和比利时的舆论来反对法国，并指望或者是拉拢英、比两国站在普鲁士一方参战，或者是至少使这两个国家保持善意的中立。随信附上 1870 年 7 月 24 日国际俄国支部委员会委员的信，信中谈到该支部同巴枯宁进行斗争以及巴枯宁攻击俄国支部成员和罗曼语区联合会的情况。信中还谈到俄国支部打算出版反击巴枯宁的小册子。

7 月 28 日 致信保尔·拉法格和劳拉·拉法格，指出：你们很想听到一些有关战争的情况。毫无疑问，路·波拿巴已经错过了他初期的良好机会。你们明白，他原先的计划是出其不意地袭击普鲁士人，并靠这种突然性来保证对普鲁士人的优势。的确，法军进入战斗准备状态要比普军容易得多，因为法军目前全部是由基干兵组成的，而在普军中，后备军里的非军事人员占着相当的分量。所以，假如波拿巴象他起初打算的那样，用即使是半集中起来的兵力迅速出击，那末他也可能出其不意地占领美因兹要塞，同时向维尔茨堡方向推进，从而切断北德意志和南德意志的联系，使敌人营垒惊慌失措。然而，他错过了这一机会。他看到了德国这场战争的明显的民族特征，并对南德意志一致地、迅速地、毫不迟疑地归附普鲁士感到震惊。他的一贯的犹豫不决占了上风，这是很符合于他这个策划政变和全民投票的阴谋家的老行业的。但是这种方法用在战场上是不行的，战争要求迅速而果断地作出决定。他放弃了他原先的计划，决定集中自己的全部武装力量。这样一来，他就丧失了他所拥有的主动性即突然性这一优势，而普鲁士人则赢得了动员自己的部队所需要的时间。因此，可以说，波拿巴一开始作战就已打了败仗。

但是，目前不管起初的事态怎样，战争将是非常激烈的。即使法国初获大胜，也解决不了什么问题，因为法军在自己的途程上很快就会遇到三个准备长期防守的大要塞——美因兹、科布伦茨和科伦。归根到底，普鲁士比波拿巴拥有更强大的军事力量。甚至可能出现这种情况，普鲁士在这个或那个地方越过法国边境，使"祖国的神圣领土"——立法团的沙文主义者认为，这种"神圣领土"就在莱茵河的法国一岸——成为作战区！

两个民族使我想起有关两个俄国贵族的笑话，这两个贵族由他们的两个农奴犹太人跟随着。贵族甲打了贵族乙的犹太人，贵族乙回答说："既然你打了我的犹太人，我就要打你的犹太人。"看来，两个民族都顺从它们自己的专制君主，容许本民族去攻打另一个民族的专制君主。

在德国，战争被视为民族战争，因为这是防御性的战争。资产阶级（更不用说土容克地主）在表示自己的忠顺方面大显身手。可以认为，我们已经回到了1812年和这以后的年代了，喊着那些年代的口号："为上帝、国王和祖国而战"，念着老驴阿伦特的诗句："德国人的祖国，它意味着什么！"

然而，令人宽慰的是，无论是在德国还是在法国，工人们都在进行抗议。的确，两国国内的阶级战争非常发展，以致任何国与国之间的战争都不能长期地使历史的车轮倒退。相反，我认为，现时的战争将会产生双方的"官方人士"完全意料不到的结局。

　　我个人则希望双方，即普鲁士人和法国人去厮打，同时也希望——依我的看法，会出现这种情况——最后德国人占上风。我之所以希望这样，是因为波拿巴的最终失败，或许会引起法国革命，而德国人的最终失败则只能使现状再持续二十年。

　　英国的上层阶级现在对波拿巴充满着道义上的愤慨，而十八年来他们一直对波拿巴卑躬屈膝。当时他们需要他作为他们的特权、地租和利润的救星。而同时，他们也知道，这个人是坐在火山上的，而这种令人不快的地位迫使他周期性地破坏和平，并使他——加之他还是一个钻营之徒——成为令人厌恶的伙伴。现在，他们则希望庄严的、新教的、俄国所支持的普鲁士来充当扼杀欧洲革命的刽子手的角色。普鲁士对他们来说是更可靠和更威风的宪兵。

　　至于英国的工人，他们憎恨波拿巴要比憎恨俾斯麦更甚，主要是因为波拿巴是一个侵略者。同时，他们也说："你们这两家倒霉的人家！"如果英国的寡头们要参加反法战争（看来他们颇有这种倾向），那末，在伦敦有人会敲起警钟的。我本人正在做一切力所能及的事情，以便通过国际来支持这种"中立"精神，并打乱英国工人阶级的"被收买的"（被"有威望的人士"所收买的）首领们的计划，因为这些首领们正竭力把英国工人阶级引入歧途。

　　评论：马克思谈论了普法战争的进展情况，以及他对战争的判断。马克思很欣慰地看到，在德国、法国工人们都在进行抗议，认为战争将引起革命的结局。马克思还给拉法格和劳拉寄去1870年7月23日《人民国家报》第59号的剪报，上面登有来自柏林的消息，其中引用了倍倍尔和李卜克内西在国会的演说摘录，以及"政治评论"栏中阐明德国工人阶级在普法战争中的立场的一段文字。

　　7月29日　致信恩格斯，指出：你从附件中可以看到，跟《派尔－麦尔》的交涉都办妥了，今晚你的第一篇文章就见报。令人不快的只是，格林伍德先生（附带说一句，我至今没有将你的姓名告诉他）对条件未置一词，虽然我在给他的第一封信里已经明确问过这一点。不过，梯布林（即塔朗）在去大陆前向我辞行时告诉我，稿酬自不用说，每月月底支付。

　　无论如何，我以为最好再给他们寄去几篇文章，以便在发出关于这个问题的正式照会以前，掌握主动。

　　评论：信中告知积极促成恩格斯的《战争短评（一）》见报，并计划继续发表观点。还告知关于恩格斯在伦敦租房一事的进展。恩格斯由于退出商行，打算在1870年9月从曼彻斯特迁往伦敦长住。燕妮·马克思曾积极为恩格斯寻找合适的房子。

　　7月29日　致信威廉·李卜克内西，指出：给你寄去载有总委员会宣言的7月28日的《派尔－麦尔新闻》剪报一份。

　　请在《人民国家报》上刊载的译文中注明，你收到的是宣言的英文本。这样我们的其他通讯员就会明白，我们没有时间给他们寄译文了。

星期二，我把你和倍倍尔在国会的抗议书译成英文给了总委员会。抗议书在总委员会里大受赞扬。

评论：马克思随信寄去一些材料，告知抗议书受到赞扬。1870 年 7 月 21 日在北德意志联邦国会对军事拨款进行表决时，倍倍尔和李卜克内西弃权，并发表声明说，投票赞成拨款意味着对进行王朝战争的普鲁士政府表示信任，而投票反对拨款又可能被认为是赞同波拿巴的罪恶政策。马克思在国际总委员会里宣读了这个声明，总委员会完全同意倍倍尔和李卜克内西采取的立场。声明由马克思翻译成英文，并发表在《蜂房》上的总委员会会议报道内。信中，马克思还批评了布林德的一系列言论，揭露了他的真面目。

8 月 1 日　致信恩格斯，指出：你最近的两篇文章好极了。我立即乘马车赶到《派尔－麦尔》。但是，由于格林伍德不在那里，未能作出任何决定。不过他在十二点以前会回来的。

这里的寡头们想使英国站在普鲁士一方作战。十八年来，他们一直对波拿巴卑躬屈膝，并理所当然地利用他来作为地租和利润的救星，现在则指望找到庄严虔诚的君主制的普鲁士这样一个更威风、更可靠的大陆宪兵。然而，这些家伙应当多加小心。现在民间到处都在传说："我们这个万恶的德意志王朝为了本家族的利益竟要把我们拖入大陆战争！"

评论：信中称赞恩格斯关于战争的文章，谈论了英国、普鲁士以及一些报刊对普法战争的不同态度和立场等。信中还表示不便在奥斯渥特提议的普法战争的呼吁书上签名。

8 月 2 日　致信约翰·菲力浦·贝克尔，指出：关于代表大会，在目前情况下，显然不可能在美因兹举行。比利时人建议在阿姆斯特丹。我们确信，在情况尚未好转之前，代表大会应当延期召开。

第一，在阿姆斯特丹，我们的基础很薄弱，而重要的是代表大会应当在国际已经深深扎根的国家里召开。

第二，在现时战争造成的经费缺乏的情况下，德国人不可能派人，在最好的情况下也只能派出一人。法国人没有护照，即未经当局许可，不能离开本国。我们的法国支部遭到破坏，一些久经考验的人不是逃亡，就是被关入监狱。在这种情况下，很容易会重演在瑞士演出过的滑稽剧。某些阴谋家在阿姆斯特丹可能拼凑虚假的多数。为了玩弄这些诡计，他们总是能找到必要的资金。从哪儿来？这是他们的秘密。

另一方面，根据章程第三条规定，总委员会不能延期召开代表大会。然而在目前的非常情况下，如果总委员会在这个问题上得到各支部的必要支持，它是能够对此承担责任的。因此我们希望，无论是瑞士德语区小组，还是日内瓦罗曼语区小组，都能在这方面正式提出附有理由的建议。

如你所知，巴枯宁在比利时总委员会中有其驯服的工具——空谈家安斯。我以

自己的名义——因为当时比利时书记的职位空缺——把对巴枯宁的揭露和评论附在
1月初总委员会关于《平等报》等等所发出的通告信里。安斯对此给总委员会写了
一封针对我本人的极其粗暴的信（他谈到了我"攻击巴枯宁的不正当的手段"），对
此我也给予了相应的回答。昨天，比利时总委员会给我们写来一封充满指责的正式
信件，看来，这也是受了他的影响，例如，信里写道：比利时总委员会决定委托代
表们在即将召开的代表大会上，追究我们对我们关于罗曼语区联合会委员会的决议
的责任。按照他们的说法，我们根本没有任何权利去干预这种瑞士的地方事务！说
来也奇怪，这和巴黎"联合会"一样，是布鲁塞尔人自己直接要求我们干预的！真
是健忘！

　　如果他们能写一本关于巴枯宁的小册子，那实在是再好不过的了，但是必须在
最近就写好。如果这样，他们就用不着给我寄有关巴枯宁的阴谋活动的新材料了。

　　他们问我，巴枯宁在1848年干了些什么？他在1843—1848年住在巴黎期间，
把自己装扮成一个坚定的社会主义者。革命一开始，他就到布勒斯劳去了，在那里
同资产阶级民主派取得了联系，并在他们当中替当时已经成了社会主义者和共产主
义者的死敌的阿尔诺德·卢格竞选（选入法兰克福议会）。后来——1848年——他
在布拉格组织了泛斯拉夫主义者代表大会。这些泛斯拉夫主义者曾指责他，说他在
那里耍两面派。但是，我不相信这是真的。如果他在那里（从他的泛斯拉夫主义的
朋友们的观点来看）犯了什么错误的话，在我看来，那也是"无意的"。1849年初，
巴枯宁发表了一篇宣言（小册子）——温情脉脉的泛斯拉夫主义！从他在革命期间
的活动中可以举出的唯一值得称道的事，是他参加了1849年5月的德勒斯顿起义。

　　他刚从西伯利亚回来以后的言论对判断他的为人是十分重要的。关于这一点，
在《钟声》上和登在《未来报》上的波克罕的《俄国来信》中都有充分的材料，
这些东西你大概都有。请告诉俄国朋友们，他们信中所揭发的人并没有在这里露面，
他们委托的有关波克罕的事我已经办了，要是他们当中有谁能到这里来，我将非常
高兴。最后，如果他们能寄一本刚刚出版的车尔尼雪夫斯基全集第四卷给我，我将
非常感激。

　　评论：信中提到荣克在翻译议程中出现的错误。马克思谈论了对于代表大会召
开的一些想法。总委员会鉴于普法战争业已爆发，决定延期召开例行代表大会，并
函请国际各支部批准这一决定。马克思以总委员会德国通讯书记的资格写信给德国
社会民主工党委员会。社会民主工党委员会、国际瑞士德国人支部、比利时联合会
和罗曼语区联合会都完全赞同总委员会的建议。信中，马克思批评了巴枯宁，并告
知1869年6—11月刊载于《未来报》上的文章《俄国来信。八—十、米哈伊尔·
巴枯宁。十一、俄国的廉价文人》，是波克罕匿名刊登的。在这些文章里，波克罕
利用巴枯宁用俄文发表的文章，主要批判了巴枯宁的泛斯拉夫主义思想和巴枯宁对
俄国公社的美化。

信中谈到的俄国朋友们委托的有关波克罕的事，是指俄国支部委员会在 1870 年 7 月 24 日致马克思的信中，就波克罕在《人民国家报》上反对涅恰也夫一事请求转达对他的谢意，并声称准备在必要时在论战中给予支持。论战是由波克罕在 1870 年 3 月 16 日《人民国家报》上发表的短评《涅恰也夫的信》引起的，在短评中波克罕欢迎俄国革命运动的发展，同时反对涅恰也夫散布的有关他本人的各种谎言。

8 月 3 日　致信恩格斯，指出：同布林德一起来的那个家伙，是戈德施提克尔教授，是个老牌的民族自由主义者。当时场面很紧张。大学生布林德甚至撒谎说，雅科比博士站在他一边（这是为了做给在场的法国人看的）。这些家伙在离开时，曾向人示意，奥斯渥特已经被波拿巴"收买"了，这不是直截了当说的，而是暗示的。

这使可怜的奥斯渥特惊恐万状。因此，他就来找我。要我签名支持他。否则他在伦敦的地位将大受威胁。他随身带来印好的宣言（只是校样）。首先，我把以前说过的话又向他重复了一遍，然后我看了看那作品——软弱无力，高谈阔论，甚至没有暗示这次战争从德国人方面（我不是说从普鲁士方面）来说是防御性的，尽管这是出于对正在同他洽谈的法国人的礼貌。

我愿意参加（同路易·勃朗一样，不是简单地签名而已），但有下列两个条件：

（1）在我的名下刊印一个注释：

"我只在下述限度内同意以上发表的宣言，即该宣言的精神总的来说符合国际工人协会总委员会的宣言"；

（2）补充一句话，即指出（哪怕是用最温和、最委婉的词句）这次战争从德国人方面来说是防御性的。

他接受了这些条件。明天五点钟在他那里再开一次会，我将去参加。

后来他问我，恩格斯是否也和我一样以同样的保留条件签名？

我说，这是伦敦宣言。我在一定的条件下签名，只是出于对他的礼貌，但完全是违背我的批判意识的。由于奥斯渥特错把前大学生布林德拉到这件事情中来，我现在看不出有任何理由，为什么除我之外你也要去损害自己的声誉。事情到此就结束了。

此外，过了星期日，我以书面方式提请奥斯渥特注意另一种布林德式的手法。这就是：我在《号召报》上看到一篇法兰克福通讯（是唯一的一篇不坏的通讯），作者表现了对于一个法国人来说是非常反沙文主义的精神。但他毕竟作了如下的评论来反对德国人：

《法兰克福报》刊登了一篇伦敦通讯，据该通讯称："旅居伦敦的法国共和主义者邀请所有著名的德国共和主义者对这场拿破仑式的战争表示共同的抗议。德国共和主义者拒绝了，理由是这次战争从普鲁士方面来说是防御性的。"

这是前大学生的拙劣作品，他总是写些关于卡·布林德、对于卡·布林德、为了卡·布林德、有关卡·布林德及其英雄业绩的东西。

附带说一下，迪斯累里在大谈普鲁士由于维也纳条约而得到普鲁士的萨克森的可笑保证，并以此论证英俄同盟的必然性（他正好忘记了波兰的独立是英国方面这一保证的条件）。这只是企图试探一下。不过英俄同盟确实也是格莱斯顿当前的计划。国际的英国会员应当积极干预这件事。关于这一点我将在下星期二以前写信给总委员会。

比利时人建议于9月5日在阿姆斯特丹召开代表大会。这是巴枯宁先生的计划。代表大会主要将由他的走卒们参加。与此相反，我建议：问一下各支部，在目前法国和德国的代表不可能出席代表大会的情况下，它们是否认为，应当授予总委员会下列权力：

（1）推迟召开代表大会；

（2）授权总委员会在它认为适当的时候召开代表大会。建议被通过了。

正如我们从最近一号《团结报》对我们的公开攻击（由于我们关于瑞士事件的决议）中看到的，巴枯宁已经为召开阿姆斯特丹代表大会做好了预防措施，因此这一点尤其重要。要是没有瑞士的德国人，他在上次巴塞尔代表大会上就会把我们击败的。

评论：马克思较为详细地讲述了对奥斯渥特让他在宣言上签名一事的一些认识。马克思称赞了恩格斯写的关于战争的评论，认为如果战争再延续一些时候，恩格斯很快会被公认为是伦敦的头号军事权威。信中还谈论了《派尔－麦尔新闻》的优点。信中评论了1870年8月1日迪斯累里在下院发表的演说，他在演说中发挥了英俄互相接近的思想，借口只有英俄两国忠于使普鲁士拥有萨克森省的保证而产生的各项义务，马克思认为他这是在进行试探。马克思还针对巴枯宁计划在9月5日在阿姆斯特丹召开代表大会一事提出建议。马克思认为洛帕廷是比较可靠的俄国人。

8月6日　致信海尔曼·荣克，指出：附上总委员会关于国际社会主义民主同盟的两项决议的"十分清晰"的副本。

请写信给培列，让他把这两项决议刊登出来。这是回答《团结报》的最好的办法。

他们不必说这是根据总委员会的指示发表的；他们有权这样做，因为在总委员会决议的初稿里明确规定这些决议是要公布的。

评论：马克思随信附上《国际工人协会和社会主义民主同盟》《国际工人协会总委员会致社会主义民主同盟中央局》两项决议的副本，请荣克写信给培列，把这两项决议刊登出来，认为这是回答《团结报》的最好的办法。1870年7月23日的《团结报》刊登了由总委员会的瑞士通讯书记荣克签署的总委员会关于瑞士罗曼语区联合会委员会的决议。《团结报》编辑部对决议加了按语，否认总委员会有权作出这方面的决议。

8月8日 致信恩格斯，指出：帝国建立起来了，这就是德意志帝国。看来，第二帝国建立以来的所有这些骗局，归根到底，既不按原来的步骤，也不按预计的方式，这样或那样地实现了1848年的"民族"目的——匈牙利、意大利、德意志！我认为，象这样的运动只有弄到普鲁士和俄国之间打起来才会结束。这绝不是不可能的。旧俄派的报纸（我在波克罕那里看到了该报的一些东西）那样激烈地攻击俄国政府对普鲁士采取友好立场，就象法国梯也尔派报纸于1866年攻击布斯特拉巴同普鲁士眉来眼去一样。只有皇帝、德俄派和官方报纸《圣彼得堡报》一起反对法国。但是就连他们也绝没有料到普鲁士德国会取得如此决定性的成就。他们和1866年的波拿巴一样，以为交战国双方在长期的搏斗中彼此都会弄得精疲力竭，而神圣的罗斯那时就可以作为至高无上的仲裁人出现。

但是现在呢！如果亚历山大不愿被毒死，那就必须做出点什么来安抚本国的党派。显然，俄罗斯的威望遭到德意志普鲁士帝国的"破坏"将比"第二帝国"的威望遭到北德意志联邦的破坏更加厉害。

因此，俄国将会象波拿巴在1866—1870年那样去同普鲁士作交易，以便取得土耳其问题上的让步，而尽管霍亨索伦王朝信奉俄国教，整个这宗交易将以交易双方之间的战争而告终。不管德国米歇尔总是多么愚蠢，但他的重新抬头的民族感情（正是现在这个时候，已经不能使他相信，为了首先实现德国的统一必须忍受一切）未必能用来为俄国服务，因为没有任何理由，也没有丝毫借口。等着瞧吧。如果我们漂亮的威廉还能活些时候，那末我们还能亲眼看到他会对波兰人发出召唤的。正如老卡莱尔说的，上帝要创造某种伟大的业绩，他总是挑选最愚蠢的人去干。

当前使我不安的是法国本身的事态。下一次大战役除法国人失败外，未必会有别的结局。而那时候将怎样呢？如果被击溃的军队在布斯特拉巴率领下涌入巴黎，那就会导致对法国来说最屈辱的媾和，还可能带来奥尔良王朝的复辟。如果巴黎爆发革命，那末要问，这个革命是否拥有对普鲁士人进行认真抵抗的手段和领袖呢？不能否认，二十年来波拿巴主义的丑剧已使人心极为涣散。未必能够指望产生革命的英雄主义。这一点你以为怎样？

我对军事一窍不通，但我总觉得，很少有比巴登格进行的战役更无意义、更无计划和更平庸的了，加之那冠冕堂皇的开场戏，完全是没落帝国时代圣马丁门剧场上演的轻歌剧的风格——父亲和儿子站在炮口旁边；伴随着这种"壮丽"场面的是卑鄙的行为——炮击萨尔布吕肯！坏蛋，真是坏透了。

在麦茨召开的首次军事会议上，麦克马洪主张迅速出击，但勒伯夫持相反意见。

在这次战争中（在军需和外交方面）充分表现出没落帝国的精神，其行动准则就是：互相盗窃和尔虞我诈。因此，在法国，当隆隆炮声把事情的真相揭示出来时，从大臣到公务员，从元帅到列兵，从皇帝到他的擦鞋工，所有的人都陷于一片惊慌之中。

评论：信中谈论德意志帝国的建立、俄国报纸的不同立场和反映，以及俄国同德国的一些外交变化等。马克思尤其对法国的事态变化表示担心，谴责了波拿巴政府的无能。信中还告知自己撰写的《国际工人协会总委员会关于普法战争的第一篇宣言》受到约翰·斯图亚特·穆勒的赞赏，穆勒同意总委员会关于普法战争的第一篇宣言。和平协会也愿意散发宣言。信的末尾还告知《双周评论》上发表的弗·奥·马克西的《我们未开垦的土地》一文中的一段话供恩格斯参考。1869 年的最后几个月和 1870 年上半年，恩格斯曾写作《爱尔兰史》一书，想从历史上论证国际在爱尔兰问题上的立场。马克思认为恩格斯的这项工作意义重大，并想各种办法来帮助他。

8 月 15 日　　致信恩格斯，指出：只在我们之间说说：如果普鲁士人自己不要求法国的一寸土地，而要求把萨瓦和尼斯归还意大利，把 1815 年条约所规定的中立地带归还瑞士，那他们就会在外交上造成重大的影响。谁也不会反对这一点。但是我们不宜建议作这样的土地交换。

评论：信中批评布林德，和恩格斯商量要写文章公开揭露陷入民族自由主义立场并在普法战争期间在英国和德国的报刊上宣传民族主义、泛日耳曼主义思想的小资产阶级庸俗民主主义者布林德。马克思还谈论了自己对解决普法战争争端的看法。

8 月 17 日　　致信恩格斯，指出：我衷心地感谢你（马克思夫人也感谢你给她的来信）在这样困难的情况下所付出的劳动。你的来信和我已考虑好的答复方案是完全一致的。但是，在这样重要的事情上，没有事先和你商量，我是不愿采取行动的，因为它不是关系到威廉，而是关系到对德国工人行动的指导。

威廉得出他的观点同我的观点一致的结论：

（1）是根据国际的宣言，当然，他事先就已经把它译成威廉的语言了；

（2）是根据我赞成他和倍倍尔在国会中所发表的声明。这是死守原则成了勇敢行为的"时机"，但是决不能由此得出结论说，这个时机继续存在，更不能得出结论说，德国无产阶级在这场已经变成民族战争的战争中的态度，集中表现在威廉对普鲁士人的仇视上。这种情况正好象我们既然在适当的时机反对过意大利的"波拿巴式"的解放，就要反对意大利在这次战争中获得的相对独立一样。

对亚尔萨斯和洛林的贪欲看来在两种人中占优势，一种是普鲁士的宫廷奸党，一种是南德意志的啤酒店中的爱国主义者。这将会是欧洲，尤其是德国所能遭遇到的最大的不幸。你大概已经看到，多数俄国报纸已经在谈论：为了保持欧洲的均势，欧洲的外交干涉是必要的。

库格曼把防御性的战争和防御性的军事行动混为一谈。这就是说，如果有一个家伙在街上打我，我只能挡开他的拳头，而不能把他打倒，因为我如果这样做，就会变成一个进攻者！从所有这些人的每一句话中都可以看出他们是缺少辩证法的。

第二帝国的丧钟敲响了，它的结局，也会象它的开端一样，不过是一场可怜的模仿剧，这一点我在论述波拿巴的文章中说对了！人们还能够想象出对 1814 年拿破仑进军的更为漂亮的模仿吗？我相信，只有我们两个人从一开始就看透了那个布斯特拉巴的全部平庸性，把他看作地地道道的江湖骗子，从来不为他的一时的成功所迷惑。

附带说一句，资产阶级的和平协会给国际总委员会寄来了二十英镑，供印刷法文版和德文版的宣言之用。

评论：信中询问恩格斯的意见。社会民主工党不伦瑞克委员会的委员们请求对战争性质和党应采取的立场发表看法，马克思和恩格斯于 1870 年 8 月 22 日和 28 日之间在曼彻斯特见面时，共同拟定了复信；此信由马克思签署寄往德国。

8 月 22 日　致信恩格斯，指出：在巴黎，看来只忙于一件事，这就是在采取必要措施将临时权力交给奥尔良王朝的代表之前，制止居民采取行动。

你看到路易·勃朗的那封令人作呕的信了吗？最高的爱国主义就是采取消极态度，并把全部责任推到波拿巴主义者身上。

苏格兰的蠢驴埃耳科显然自命为不列颠的毛奇。

弗莱里格拉特：《乌拉！日耳曼尼亚！》。在这首费了很大力气才逼出来的诗中也少不了"上帝"和"高卢人"。

评论：马克思由于风湿病急剧恶化，来到伦敦找麦迪逊医生医治。马克思在信中批评了路易·勃朗，以及 1870 年 8 月 22 日的《泰晤士报》上刊载的议员埃耳科的信，他在信中发表了对德国、法国、英国武装力量组织的看法。

9 月 1 日　致信弗里德里希·阿道夫·左尔格，指出：首先十分感谢您寄来的东西，特别是那份对我来说非常珍贵的劳动问题统计资料。

现在简短地答复一下您几次来信提出的问题。

休谟曾受委托在美国人中间进行宣传，但是他超越了自己的权限。下星期二我将把这件事报告总委员会，把他的那些"会员卡"也拿出来展示。

至于美国的"书记职务"问题，事情是这样的：我是那里的德国人支部的书记，杜邦是法国人支部的书记，埃卡留斯是美国人的和讲英语那部分人的支部的书记。因此，在我们的正式文件中，埃卡留斯被列为"美国书记"。否则我们就得采取不必要的烦琐办法，例如，我还要作为日内瓦的"俄国人支部的书记"签署，等等。不过，埃卡留斯本人就克吕泽烈的事在纽约的一家报纸上已经把情况完全说清楚了。

巴黎在战争时期的行为是可悲的，它在多次惨败之后仍然忍受着路易·波拿巴和西班牙冒险家欧仁妮的马木留克兵的统治，这说明法国人多么需要有一次悲痛的教训，才能重新激起他们的勇敢精神。

普鲁士蠢驴们不会了解，目前的战争必然会导致德国与俄国之间的战争，正象 1866 年的战争曾导致普鲁士与法国之间的战争一样。这是我所期待的德国从战争中得到的最好结局。除了同俄国结成同盟并屈从于俄国之外，没有也不可能有什么独特的"普鲁士主义"。此外，第二次这样的战争将是俄国的不可避免的社会革命的助产婆。

很遗憾，一个我所不能理解的误会使我的朋友福格特对席利产生了错误的看法。席利不仅是我的一个最老的、最亲密的私人朋友，他还是一个极能干、极勇敢和极可靠的党员。

我很高兴，迈耶尔作为代表到辛辛那提去。

我很想看看凯洛格写的关于货币的那部荒谬作品的原文（这同英国的布雷、（这同英国的布雷、格雷、布朗特尔·奥勃莱恩等人和法国的蒲鲁东的著作简直是一路货色）。这里找不到这本东西。

评论：马克思的这封信是对左尔格于1870年5月4日至8月4日写给他的几封信的答复。他们之间从此开始保持长期通信，建立了友好关系。马克思感谢左尔格寄来的资料《劳动统计局报告，包括该局1869年8月2日至1870年3月1日的活动和调查报告》。信中告知了罗·威·休谟的情况。左尔格在给马克思的信中报告了总委员会在美国的通讯书记休谟利用职权标榜自己。休谟在未经总委员会同意而散发的国际"会员卡"上歪曲地提出了国际工人协会的宗旨和任务。后来，总委员会的美国书记埃卡留斯受委托要求休谟严格按照国际工人协会章程进行活动。

信中谈到了克吕泽烈的事情，他于1870年年初受总委员会的委托同在美国的法国人支部建立了联系。但是，他冒充国际的组织者之一，无视在美国现有的支部，并超越了这些权限。克吕泽烈的行动引起了许多支部的抗议，特别是纽约德国人第一支部，他们向总委员会、贝克尔和欧·瓦尔兰提出关于克吕泽烈所受权限性质的询问。马克思在1870年4月9日给迈耶尔和奥·福格特的信中对此作了答复。信中提到的使福格特对席利产生了错误的看法的误会，是指德国第一支部委员福格特毫无根据地硬说席利是间谍。

9月2日 致信恩格斯，指出：在你的第一篇关于麦克马洪的文章得到如此光辉的证实之后，着手写下一篇文章并概述一下你自己的《战争短评》，现在已是时候了。你知道，必须指点英国人注意"实质"，并且对厚颜无耻的约翰牛表示过分的谦虚是不合适的。我家的女眷发现所有伦敦报纸都在剽窃你的文章，但从来不注明出处，她们对此都极为愤慨。

据我看来，巴黎的全部防务只是警察的滑稽戏，其目的是在普鲁士人到达大门口并拯救秩序即拯救王朝及其马木留克兵之前，使巴黎人保持安静。

目前，即在整个战争期间，巴黎的可悲情景表明，为了拯救法国需要有一个悲痛的教训。

不穿军服的人无权捍卫自己的"祖国"！这是真正普鲁士式的论调。

普鲁士人应当从他们本身的历史中懂得，用肢解之类的办法是不能从被打败的敌人那里取得"永恒的"安全保障的。法国就是在失去洛林和亚尔萨斯以后，也远不会象普鲁士服了拿破仑奉送的过量的提尔西特药丸后那么衰弱。而拿破仑第一从这里又得到了什么好处呢？这使普鲁士恢复了元气。

我不认为俄国已经积极干预这场战争了，也不认为它已经做好准备。但是，它现在宣布自己是法国的救星，这真是巧妙的外交手腕。

评论：信中称赞恩格斯对普法战争的评论，并表达了自己对战争的一些认识。询问恩格斯对弗莱里格拉特一首诗的看法。这首诗是指弗莱里格拉特于 1870 年 8 月 12 日写的献给他儿子的《致战场上的沃尔弗干格》，他把自己的儿子作为志愿兵送往前线。信中讽刺德国哲学家施特劳斯的公开信，呼吁法国学者厄·勒南承认德国在战争中所捍卫的那些权利的正义性，并赞赏它在军事上取得的成就。

9 月 2 日 致信齐格弗里特·迈耶尔，指出：不过，不管怎样我都要写信给左尔格的，因为他给我寄来了报纸和劳动问题统计资料（马萨诸塞州）以及对总委员会有用的关于休谟的消息和休谟制作的两张"国际会员卡"的样品，等等。最后，不管情况怎样我都不能不去纠正我的朋友福格特对我的一个最老的和最亲密的朋友席利的错误印象。

我非常高兴，从左尔格最近的来信中得知您将作为代表去辛辛那提。

如果德国工人联合会任命了另外一个通讯员，那就需要把这件事正式通知我，以便向总委员会报告。

评论：马克思对迈耶尔作出了解释。迈耶尔在 1870 年 7 月 26 日给马克思的信中表达了自己的意见，认为左尔格同他所担任的在美国的德国工人联合会通讯书记的职位不相称。信中马克思祝贺迈耶尔将作为代表去辛辛那提。全国劳工同盟于 1870 年 8 月在辛辛那提召开第五次代表大会，迈耶尔被选为德国工人联合会出席代表大会的代表，该联合会从 1869 年 12 月起成为国际的支部（第一支部）。后来，迈耶尔没有能够出席代表大会，而是由左尔格代表德国工人联合会出席的。

9 月 4 日 致信欧根·奥斯渥特，指出：我于星期六才回到伦敦，因为太忙，不能接受您友好的邀请。

在您准备第四版的时候，请用在法国通用的正式名称："国际工人协会"，而不要用"国际劳动者协会"。

评论：德国侨民奥斯渥特在 1870 年 7 月 18 日的信中，建议马克思在由德国和法国一些民主主义者侨民起草的反对普法战争的宣言上签名。在这封信里，马克思提出了一点建议。这个宣言书已经发表了几版，马克思建议在第四版上采用"国际工人协会"的通用的正式名称。

9 月 6 日 致信恩格斯，指出：我刚"坐下"准备给你写信，赛拉叶来了并告诉我，他明天离开伦敦去巴黎，但只呆几天。主要目的是安排一下那里国际（巴黎联合会委员会）的事务。今天整个法国人支部都启程到巴黎去，要在那里用国际的名义干蠢事，所以这更有必要。"他们"想推翻临时政府，在巴黎建立公社，任命皮阿为法国驻伦敦公使，等等。

今天我接到巴黎联合会委员会给德国人民的呼吁书（我明天把它寄给你），它坚决要求总委员会专门对德国人发表一篇新的宣言。这件事我打算今晚就提出来。劳驾，请尽快把有关亚尔萨斯和洛林问题的必要的英文军事述评寄来，也许宣言中能用得上。

我今天已经详细地答复了联合会委员会，并干了一件不受欢迎的事，这就是提醒他们注意事态的真实状况。

顺便说一下，龙格于星期日打电报告诉我共和国已宣告成立。我是在凌晨四点钟收到电报的。

茹尔·法夫尔虽然是个有名的无赖和六月大屠杀的参与者，但目前作为外交部长还不错。他一向反对梯也尔的旧政策，主张统一的意大利和统一的德意志。

我只是为罗什弗尔惋惜，他竟是这个政府的成员，而无耻的加尔涅－帕热斯也在其中。不过他作为保卫委员会成员不便于拒绝工作。

评论：信中告知塞拉叶要去巴黎安排巴黎联合会委员会的事务，马克思支持这一安排。马克思告知收到巴黎联合会委员会寄的一份给德国人民的呼吁书；它是以一些法国团体和国际工人协会法国支部的名义写的。马克思还谈论了龙格电报告知的法国共和国的成立，评论了茹尔·法夫尔等几个政府成员。马克思认为法夫尔反对梯也尔的旧政策，主张统一的意大利和统一的德意志。

9 月 10 日 致信恩格斯，指出：你知道，我给不伦瑞克写过指示信。当时设想（但这是枉然），打交道的不是没有受过教育的黄口小儿，而是一些有教养的成人，他们应当知道，信中尖锐的语句不是"供出版"用的，此外在指示信中需要给予秘密指示，而这是不能公开大声宣布的。好了！这些蠢驴不仅把我信中的话"一字不差地"刊印出来，而且简直是用大叉子挑明我是写信的人。他们还刊印了这样一些话，如关于"大陆的工人运动的重心从法国移到德国"等等，这本来是对他们的鼓励，但目前无论如何不应公布。或许我还得感谢他们，因为他们至少没有把我对法国工人的批评刊印出来。这些家伙还把他们的有损声誉的拙劣作品火速寄往巴黎！（更不用说布鲁塞尔和日内瓦了。）

我要斥责他们，但是蠢事已经干下了！而另一方面，在巴黎居然也有这种蠢货！他们把自己的令人发笑的沙文主义宣言成包成包地寄给我，这个宣言在这里引起英国工人的嘲笑和愤慨，我费了很大力气才使他们没有公开表示出来。他们要我把这个东西大量寄往德国，或许是为了向德国人指出，在他们回老家去以前，首先必须"撤回到莱茵河那边"！其次，这些家伙不是给我写一封合乎情理的复信，竟给我发来了电报指示（前大学生龙格的指示！），告诉我应当怎样在德国进行宣传！多么可悲！

　　我把这里的一切都开动起来了，以便工人（星期一将召开一系列群众大会）迫使其政府承认法兰西共和国。格莱斯顿起初是乐于这样做的。然而有听命于普鲁士的女王以及内阁中的寡头啊！

　　可惜，《马赛曲报》的格鲁赛，一个十分干练、坚强而勇敢的人，竟被卑鄙的、纠缠不休的、爱好虚荣和沽名钓誉的饶舌者克吕泽烈缠住了。

　　新的宣言（谢谢你对它所作的贡献）将在星期二以前印好。很长，但也没有别的法子。

　　你的关于巴黎筑垒工事和炮击斯特拉斯堡的文章写得很出色。

　　评论：信中对不伦瑞克的德国社会民主工党委员会于1870年9月5日发表的宣言《社会民主工党委员会宣言。告全体德国工人！》中引用了自己的不宜公开发表的内容表示了不满。宣言建议德国工人举行群众大会和抗议集会，反对普鲁士政府的兼并计划。宣言引用了马克思和恩格斯给社会民主工党委员会的信的部分内容。但是，马克思认为其中的一些言语是不应该公布的。马克思批评他们是将沙文主义硬塞给自己。马克思还告知他和国际总委员会积极参与组织英国工人运动争取英国政府承认1870年9月4日成立的法兰西共和国。然而英国当局担心会加剧法国的革命危机，采取了拖延的手法。信中，马克思还称赞恩格斯的《战争短评（十六）》《战争短评（十七）》写得很出色。

　　9月12日　致信爱德华·斯宾塞·比斯利，指出：国际工人协会总委员会委员奥·赛拉叶已作为总委员会的全权代表于上星期三前往巴黎。他认为他留在那里的职责不仅是参加防御工作，而且是影响我们的巴黎联合会委员会；此人确实是个才智出众的人物。他的妻子今天得知他的决定。不幸，她带着一个婴儿，不仅一文不名，而且赛拉叶的债主还要她偿还十二英镑左右的债款，威胁要拍卖她的家具，把她赶到街上去。在这种情况下，我和我的朋友们决定帮助她，并为此冒昧地在这封信中也向您和您的朋友们求助。

　　我认为巴黎将不得不投降，从我接到的来自巴黎的一些私人信件中可以看出，临时政府中某些有影响的成员已对这种事变作好准备。

　　赛拉叶今天来信说，唯一能阻止新的六月起义的是普鲁士人急速进军巴黎！只要外省履行自己的义务，就是巴黎陷落，法国也决不会灭亡。

　　巴黎联合会委员会给我拍来大量电报，谈的都是关于英国承认法兰西共和国的问题。的确，对法国说来，这是现在最重要的事情。这是目前能为法国所做的唯一的事情。普鲁士国王象接待法国执政的君主一样正式接待波拿巴。他想恢复波拿巴的王位。在取得不列颠政府的承认之前，法兰西共和国是不能正式存在的。但是不能浪费时间。难道你们能容许你们的女王和你们的寡头们按照俾斯麦的指示来滥用英国的巨大影响吗？

　　顺便说一下，当前，英国报纸上出现了许多关于"我国防卫"的无稽之谈。一旦同普鲁士或大陆其他军事强国交战，你们唯一的可靠的进攻手段，就是截断他们的海上贸易。但是只有在恢复了你们的"海上权利"（这是由于内阁玩弄阴谋，未经国会批准，根据 1856 年巴黎和约而让给俄国的权利）之后，你们才能做到这一点。俄国认为这一条款具有决定性的意义，所以在这次战争一开始就迫使普鲁士承认"巴黎协定"中这些条款的极端重要性。普鲁士自然是非常乐意这样做的。第一、它没有海军。第二、从大陆各军事强国的共同利益来说，自然要迫使英国这个欧洲唯一的海上强国从人道出发放弃海战的最主要手段。非人道的行动方式的特权（而哪一种战争能用"人道"方式进行！）保留在大陆强国的手里。此外，这种外交上的"慈悲"是以所有权（自然是海上的，而不是陆上的）比人的生命更神圣为前提的。这就是陷入糊涂境地的英国工厂主和商人被有关海战的巴黎条款所愚弄的原因所在，这些条款对他们是无益的，因为美国没有接受。只有在同美国交战时，这种条件才会对英国的金融寡头具有某种意义。目前，普鲁士和俄国（它正悄悄地向印度推进）对英国所以采取鄙视态度，就是因为它们认为英国在陆地的进攻战中不会得手，而在它能左右一切的海战方面却解除了武装，或者更确切些说，由于克拉伦登按照帕麦斯顿的密令采取的专横行为而被解除了武装。如果明天你们宣布，巴黎和约的这些条件（即使不是用条约条款的形式表述出来）是一纸空文，我敢向您担保，大陆上的挑衅者的调子立即就会改变。

评论：信中谈到塞拉叶及其家人的悲惨境地，马克思帮助他向朋友们寻求帮助。马克思认为自己的《国际工人协会总委员会关于普法战争的第二篇宣言》与比斯利的《为法国申辩。告伦敦工人书》在很多方面是一致的。马克思预测巴黎会投降；还谈论了英国的舆论、立场以及应对措施。

9 月 14 日　致信恩格斯，指出：昨天晚上，我们从李卜克内西那里接到了关于不伦瑞克事件的报道，但是象往常一样，由于威廉式的含糊不清，不能使用。今天，我把关于此事的短评寄给了《派尔－麦尔》、《回声报》以及其他报纸。

事实本身很好。这一次，对蛊惑者的迫害，开始于战争结束之前，并且是针对工人，而不象很早以前那样是针对轻率的大学生。这很好，普鲁士人正在暴露他们的本性，并在缔结和约之前就把工人阶级的任何幻想都毁灭了。的确，也只有国家的直接迫害，才能激起工人阶级的怒火。

"共和国"——即使仅仅是这么一个词——就使事情发生了完全不同的变化。例如，乔治·波特尔先生，这位《蜂房》的工人英雄，公开宣称自己是共和主义者。这使你看到了伦敦的情绪。但愿宫廷的亲普鲁士政策会促使这里采取行动。乔治三世的孙女和弗里茨的岳母的违宪干涉，这是多么美妙的推动力！

昨天，在林肯法学协会广场的一个地方召开了工人大会。象往常一样，我们星期二开了会。求救的电报来了。和平协会那帮"收买了"许多工人的好汉（例如克里默），取得了微弱的多数。我们的突然出现扭转了局势。讨论的是对法兰西共和国有利的各项决议，据和平协会看来，这些决议似乎会引起同普鲁士的战争。今天我向比利时和瑞士以及合众国发出了详尽的指示。

评论：随信寄去十二份《国际工人协会总委员会关于普法战争的第二篇宣言》，并附上塞拉叶的信。信中讲到李卜克内西关于不伦瑞克事件的报道含糊不清，不能使用。这个事件是指德国社会民主工党委员会委员白拉克、邦霍尔斯特、施皮尔、屈恩、格腊勒以及印刷厂主西韦尔斯因为发表关于战争的宣言在德国被捕。被警察以捏造的破坏社会秩序的罪名提交法庭审判。马克思撰写了短评《关于社会民主工党委员会委员的被捕》寄给了一些报纸。

马克思还谈论了工人代表同盟和工联领袖们于 1870 年 9 月 13 日为庆祝法兰西共和国而举行的大会。乔·豪威耳在会上提出的决议案，仅限于对法国人民表示同情和祝贺"共和国的和平建立"；建议请求英国政府正式承认法兰西共和国，并友好地说服德国和法国停止战争行动。而总委员会委员阿普耳加思提出提案要求英国政府利用自己的一切影响使法国和德国的战争停止，并抗议肢解法国的任何做法，以免使欧洲的政局复杂化。提案还要求在保证欧洲持久和平的条件下草拟和约。经过讨论，通过了阿普耳加思的提案。信中还讲述了英国对法兰西共和国成立的一些反应。一些人开始宣称自己是共和主义者；工人召开大会，总委员会召开会议。

9 月 14 日　致信塞扎尔·德·巴普，指出：我们设在不伦瑞克的中央委员会于 9 月 5 日发表了《告德国工人》的宣言，反对兼并法国领土，主张同共和国签订和约。根据福格尔·冯·法尔肯施坦将军（一个卑鄙的普鲁士人，1866 年在法兰克福因野蛮行为而臭名远扬）的命令，不仅没收了这篇宣言，而且逮捕了中央委员会的全体委员，甚至逮捕了印刷宣言的不幸的印刷厂主人，并且象对待刑事罪犯那样，给他们戴上镣铐，解往东普鲁士的一个城市勒特岑。您知道，在法国人可能登陆的借口下，德国北部沿岸一带都宣布了戒严，因此这些军人老爷可以随心所欲地进行逮捕、审讯和枪决。而在德国其他未宣布戒严的地方，普鲁士人也同样实行了为中产阶级所支持的压制各种独立见解的恐怖制度。德国工人却不顾这种恐怖和资产阶级的爱国主义号叫，表现得非常出色。

可惜，对于我们的法国同志我不能这样说。他们的宣言是荒谬的。"撤回到莱茵河那边！"他们忘记了，德国人要是回老家的话，也用不着撤回到莱茵河那边，只要撤退到普法尔茨和莱茵省（普鲁士的省）就够了。您可以想象，俾斯麦的官方报纸会如何利用这种沙文主义的空话！这个宣言的整个调子是荒谬的，同国际的精神完全不符。

我相信，在巴黎即将投降而且必然投降的时候，这一切都将消失。回忆昔日的伟大是法国人的不幸，甚至是工人的不幸！必须让事变把这种对过去的反动迷信一劳永逸地粉碎！

评论：马克思告知设在不伦瑞克的中央委员会发表的《告德国工人》宣言被没

收，还逮捕了中央委员会的全体委员，甚至逮捕了印刷宣言的工人；随信附有呼吁书《告德国人民，告德国社会民主派》，它是以一些法国团体和国际工人协会法国支部的名义写的。马克思还谈论了对局势的看法，以及在德国进行宣传的办法。马克思批评了沙文主义的空话；批评法国支部的宣言是荒谬的，同国际的精神完全不符，会被俾斯麦的官方报纸利用。

9 月 14 日　致信欧根·奥斯渥特，指出：附上我们的新宣言五十份。其中有些误刊，但不是意思上的错误。准备在再版时订正。

我们德国的中央委员会（设在不伦瑞克）于 9 月 5 日向德国工人发表了一篇宣言，反对兼并洛林和亚尔萨斯，承认法兰西共和国等等。根据福格尔·冯·法尔肯施坦的命令，不仅没收了这篇宣言，而且逮捕了中央委员会全体委员（连同印刷这一宣言的不幸的印刷厂主人）并给他们戴上镣铐，解往东普鲁士的勒特岑。我立即将关于此事的报道寄给了伦敦各报，看他们是否刊登这些东西。

在昨天的大会上，击败那些被和平协会收买或者理论上十分幼稚的人们，完全是偶然的。星期二，正当我们在召开国际总委员会的通常的例行会议时，我们的朋友们从滨河路打电报来，要我们去搭救他们，因为否则他们在投票时会遭到失败。于是就发生了这一切。

评论：在这封信中，同马克思写给巴普的信一样，马克思告知设在不伦瑞克的中央委员会发表的《告德国工人》宣言被没收，中央委员会的全体委员被逮捕，甚至逮捕了印刷宣言的工人。马克思立即将关于此事的报道寄给了伦敦各报，看它们是否能刊登。信中还告知了一些关于国际的情况。

9 月 16 日　致信恩格斯，指出：请以总委员会的名义告诉杜邦，让他答复马赛人（寄上马赛人的宣言和信）并斥责他们；同时把我们的宣言寄给他们。如果他需要这篇宣言，我可以从这里再寄去若干份。

评论：这封信是在伦敦的马克思和在曼彻斯特的恩格斯之间长期经常性通信中的最后一封。恩格斯结束商行的工作之后，于 1870 年 9 月 20 日从曼彻斯特迁居伦敦，住在离马克思家不远的地方。信中，马克思严厉批评了国际工人协会马赛支部的宣言《告德国劳动者》，对宣言中的沙文主义倾向给予了严厉的批评。

9 月 16 日　致信爱德华·斯宾塞·比斯利，指出：国际总委员会两篇宣言所作的最坏的预测已经应验了。

普鲁士曾声明，它是同路易·波拿巴作战，而不是同法国人民作战，但是现在它正同法国人民作战，而同波拿巴媾和。它泄露了机密。它声称要使路易·波拿巴或他的家族重新在土伊勒里宫复位。无耻的《泰晤士报》今天装模作样，认为这不过是谣言。它知道或者应该知道，这是在柏林《国家通报》（普鲁士的《通报》）上刊载的。我从《科伦日报》这类半官方的普鲁士报纸上看到，忠于霍亨索伦王朝传统的威廉皇帝这头老驴已经跪倒在沙皇脚下，乞求沙皇大开宏恩，收用他这个奴才去反对土耳其人！近来，反动势力在德国开始嚣张。我已写信告诉您，这是从我们不伦瑞克的同志们身上下手的，把他们当作一般刑事罪犯，戴上镣铐，解往东部边境。但这只是成百上千件事实中的一件。

在德国反对拿破仑第一的第一次独立战争以后，政府对所谓蛊惑者的野蛮残暴的迫害（die demagogischen Untersuchungen）持续了整整二十年之久！但那时，迫害只是在战争结束以后才开始的。现在则在签订和约以前就开始了。

当时，迫害的是出身于资产阶级、官僚和贵族的崇尚空谈的理想家和轻举妄动的年青人（大学学生）。现在迫害的则是工人阶级。

至于说到我，那末我对普鲁士政府的所有这些罪行都感到高兴。这些罪行将使德国激愤起来。依我看来，您现在应当做以下的事情：总委员会关于战争的第一篇宣言虽然只在《派尔－麦尔》上全文刊载，但在其他许多报纸上刊载了宣言的摘要，甚至关于宣言的社论。这一次，虽然宣言已经送给伦敦的各家报纸，但是，除《派尔－麦尔》发表了极为简短的摘要外，竟没有一家报纸对它稍加注意。

在大陆上，公众已经习惯于认真地对待国际的宣言，时而这家报纸，时而那家报纸——甚至在莫斯科和圣彼得堡，甚至在波拿巴统治下的法国报纸，甚至现在在柏林——都加以全文转载，因此人们曾不止一次地责备我们，说我们不重视利用"自由的"伦敦报刊的可能性。自然，他们没有想到这个卑鄙的行业已经完全卖身投靠，也未必会相信这一点；而威廉·科贝特早就把它斥为"叛卖的、无耻的和无知的"了。

我想，假如您在《双周评论》上发表一篇关于国际、关于总委员会有关战争的宣言和关于这些典型的"自由的"英国报纸如何对待我们的文章，——而我将设法使您的文章也在西班牙、意大利、瑞士、比利时、荷兰、丹麦、匈牙利、德国、法国和美国的我们的报纸上转载，——那末您将对国际作出可能作出的最大帮助！这些英国报纸实际上比柏林的报纸更效忠于普鲁士警察机关。

评论：马克思谴责普鲁士政府对工人阶级的迫害，揭露了伦敦报纸的卑鄙。在英国，国际的讯息很难刊载出来，对此，公众并不了解真相。信中谈到1870年9月15日《派尔－麦尔新闻》上刊载的一篇文章，文章作者以不怀好意的语调评述比斯利的《为法国申辩》。马克思批评伦敦报刊已经完全卖身投靠政府当局。马克思请比斯利写一篇文章，后来，比斯利利用马克思寄给他的材料，写了《国际工人协会》一文。

9 月 23 日 致信欧根·奥斯渥特，指出：我完全反对您的中立化计划，并且已经按照这个意思对它（我从别人那里也已听说这个计划）发表了详尽的意见。

如果问题真是关系到德国军事安全的话，那末，拆除麦茨和斯特拉斯堡周围的工事也就足够了。

俾斯麦是知道这一点的。他也知道，在这个地区建立中立地带不会得到更多的东西，而今后又势必要同法国媾和，这样得到的将更少，实际上，什么也得不到。这是一种成事不足、败事有余的措施。

其次，请您认真考虑一下，德国的所有反对派之所以成为一股相当大的力量并由于政府的迫害而日益壮大，仅仅是因为而且恰恰是由于它严格地按原则行事。

不仅工人们感觉到这一点，而且象雅科比、特利尔的路德维希·西蒙，以至雅科布·费奈迭这样的人也都感觉到这一点。一旦这些带有各种色彩的反对派搞起外交来，那就一切都完了。他们通过外交是根本得不到什么的，只会由于自己的行为而丧失［……］权利声明：如果你们愿意的话，请兼并吧；我们则宣布这种兼并无效！

不过，现在的主要角色不是梯也尔，而是茹尔·法夫尔。拆除要塞的建议最初是在官方的《圣彼得堡报》上提出来的，并立即为法国临时政府所接受。如果有什么东西能够消除战争恶棍对漂亮的威廉的影响，那末这就是彼得堡的眼色。

评论：奥斯渥特在1870年9月23日给马克思的信里附去了他给梯也尔的信的副本，他在信中建议在法国和德国之间建立"中立地带"；奥斯渥特请马克思对此发表意见。在这封信中，马克思表示完全反对中立化计划，并阐述了他的看法。

10月19日　致信爱德华·斯宾塞·比斯利，指出：至于里昂，我已收到了几封不宜发表的信。最初，一切都顺利。在国际支部的压力下，里昂在巴黎之先宣告了共和国的成立。立即建立了革命政府——公社，它的成员一部分是参加国际的工人，一部分是激进的资产阶级共和派。日用品入市税被立即废除了，而这是完全正确的。波拿巴派和教权派阴谋家们都被吓倒了。已采取了武装全民的坚决措施。资产阶级即使不是真正同情新秩序，至少已经开始默默地服从这种新秩序了。里昂的行动立刻得到马赛和土鲁斯的响应，在这些地方国际支部是很强的。

但是，蠢驴巴枯宁和克吕泽烈跑到了里昂，把一切都弄糟了。他们两人都是国际的成员，所以，不幸得很，他们有足够的影响把我们的朋友们引入歧途。市政厅被占领了一个短时间——颁布了愚蠢透顶的关于废除国家的法令以及诸如此类的胡说八道。您知道，一个俄国人（资产阶级报纸说他是俾斯麦的代理人）想冒充拯救法兰西委员会的首领，这一事实本身就完全足以使舆论发生变化。至于克吕泽烈，那末，他的行为既象傻瓜又象胆小鬼。这两个人在遭到了失败以后都离开了里昂。

在卢昂，象在法国的其他大多数工业城市一样，国际的各个支部都效法里昂，坚持让工人正式参加"保卫委员会"。

但是，我必须告诉您，根据我从法国得到的种种消息来看，整个资产阶级都宁愿让普鲁士占领，而不愿让带有社会主义倾向的共和国取得胜利。

评论：马克思讲述了与里昂起义有关的一些情况，成立了革命政府，实行了一些措施。在色当战败的消息传来后爆发了里昂起义。巴枯宁来到里昂，企图把运动的领导权抓到自己手里，并实现他的无政府主义纲领。9月28日无政府主义者企图实行政变。这一企图遭到了破产。在信中，马克思揭穿了法国资产阶级，他们宁愿让普鲁士占领，也不愿意看到带有社会主义倾向的共和国取得胜利。

12 月 13 日 致信路德维希·库格曼，指出：你必须这样来理解我很久不给你写信的原因：在这场战争中，总委员会的绝大部分管外国通信的人都被吸引到法国去了，我不得不处理几乎所有的国际通信，这不是一件小事情。此外，目前在德国，特别是在北德意志联邦，尤其"特别"是在汉诺威，在"通信自由"占统治地位这样一种情况下，如果我把我对战争的看法写信告诉我的德国通信者，这对我来说倒没有什么，但是对他们来说是很危险的，而在目前，除此以外还能写些什么呢？

看来，不但波拿巴、他的将军们和他的军队已经成了德国的俘虏，而且千疮百孔的整个帝国制度也同他们一起适应于橡树和菩提树之国的气候了。

至于德国的资产者，他们那种征服者的醉态一点也不使我感到惊奇。首先，掠夺是一切资产阶级的生存原则，夺取外国领土始终是"夺取"。此外，德国的资产者长期以来驯服地承受着他们的国君们、特别是霍亨索伦王朝的脚踢，如果变换一下位子，把这种脚踢加之于外国人，那末，德国的资产者是必然会感到心满意足的。

无论如何，这场战争已经使我们摆脱了"资产阶级共和派"。战争已经给这帮人带来了可怕的结局。而这是一个重大的结果。战争也给了我们的教授们一个最好的机会，使他们在全世界面前暴露出自己原来是一伙卑躬屈节的学究。战争所引起的种种情况将给我们的原则提供最好的宣传材料。

在英国这里，战争爆发时，舆论是非常同情普鲁士的，现在却完全相反。例如，在咖啡馆里，唱《守卫在莱茵河上》的德国歌手都要被嘘下台来，而唱《马赛曲》的法国歌手却博得别人齐声伴唱。除了人民群众对共和国的坚决同情、上流社会对明如白昼的俄普同盟的恼怒，以及普鲁士外交在军事上获得胜利以来所发出的无耻腔调以外，进行战争的方式——征集制度、焚毁村庄、枪杀自由射手、扣留人质，以及令人想起三十年战争的种种暴行，在这里已经激起了公愤。当然，英国人在印度、牙买加等地也这样干过，可是法国人既不是印度人，也不是中国人，更不是黑人，而普鲁士人也不是"天生的"英国人！一个国家的人民，如果他们的常备军一旦被彻底消灭，而他们还要继续保卫自己的话，那简直就是犯罪，这是一种真正的霍亨索伦的观念。事实上，反对拿破仑第一的普鲁士人民战争，在堂堂的弗里德里希－威廉三世看来，简直是一个真正的眼中钉，这一点，可以从彼尔茨教授写的关于格奈泽瑙的历史著作中清楚地看出来，格奈泽瑙在他的《民军条例》中把自由射手战争变成了一种有系统的东西。人民按照自己的意图而不按照圣谕作战，使弗里德里希－威廉三世感到很伤脑筋。

但是，且看将来如何。法国的战争还可能有极其"不愉快的"转变。卢瓦尔军团的抵抗还在计算之"外"，而德国的军事力量目前向左右分散，仅仅是为了进行恐吓，可是，实际上，除了在各地激起防御力量，并且削弱进攻力量，不会有别的结果。炮轰巴黎的威胁也不过是一种阴谋诡计。根据概率论的一切规则，炮轰是根本不可能对巴黎这个城市本身发生严重影响的。即使毁坏了几处外围防御工事，打开了一个缺口，可是在被围的人数超过了包围的人数的情况下，那又有什么用呢？而如果被围的人进行特别出色的出击，迫使敌人躲在工事后面保卫自己，那末，在扮演的角色调换了位置的时候，又会产生什么样的结果呢？

使巴黎挨饿倒是唯一的真正的办法。但是，如果这一期限拖得很长，从而使外省有时间组织军队和开展人民战争，那末，除了转移重心之外，也将一无所得。此外，即使在巴黎投降以后，少数人也不可能把它占领并把它控制住，而将要使大部分入侵者无法行动。

可是，不管战争怎样结束，它已经教会法国无产阶级掌握武器，而这就是未来的最好的保证。

俄国和普鲁士对英国所使用的无耻腔调，可能会给它们带来完全出乎意外的不愉快的结果。简单说来，事情是这样的：依照1856年的巴黎和约，英国自己解除了武装。英国是一个海上强国，它只能用海战的手段来同大陆的军事强国相抗衡。在这里，可靠的手段就是暂时破坏或中断大陆国家的海外贸易。这主要靠运用这样一个原则：劫夺中立国船上的敌对国货物。英国人在作为巴黎和约附件的所谓宣言中已放弃了这个海上权利（以及其他类似的权利）。这是克拉伦登按照亲俄派帕麦斯顿的密令进行的。但是这个宣言并不是条约本身的有机部分，也从来没有经过英国正式批准。如果俄国先生们和普鲁士人异想天开，以为因家族利益而普鲁士化了的女王的影响和格莱斯顿之流的资产阶级的怯懦心理，将会在决定性的时刻阻止约翰牛抛弃这个由他自己制造的"神圣障碍物"，那他们就失算了。而到那时，约翰牛在几星期内就能扼杀俄德两个国家的海外贸易。到那时，我们就将有机会看到彼得堡和柏林的外交家们的拉长了的脸和"极端爱国者们"的拉得更长的脸了。等着瞧吧！

评论：马克思解释了很久不写信的原因，是忙于处理几乎所有的国际通信；谈论了普法战争的一些情况，英国舆论对普鲁士的态度发生了变化，出现了从同情到相反的变化。马克思认为，不管战争怎样结束，它已经教会法国无产阶级掌握武器，而这就是未来的最好的保证。在信中，马克思还分析了英国、俄国和普鲁士之间的关系，特别是贸易变化的影响，认为英国依然在海外贸易中掌握着优势手段。

1871 年

1 月 18 日　致信海尔曼·荣克，指出：我在昨天的总委员会会议上彻底揭露了茹尔·法夫尔的往事。现把有关他的反革命活动的一些最重要的材料寄给您。

总委员会昨天还通过一项决议，委托您给瑞士的德意志工人教育协会机关报《邮袋报》的编辑写一封信，内容大致如下：

（1）这些协会及其机关报《邮袋报》对国际工人协会持什么态度？

（2）到目前为止，它们还没有给总委员会寄过一次会费。

（3）它们的机关报《邮袋报》为德国兼并亚尔萨斯和洛林辩解，这是同总委员会的宣言根本抵触的，它们甚至连宣言的摘要也没有发表。

（4）如果它们坚持不履行自己的义务（见第2条），并坚持对符合国际章程的总委员会的政策持反对立场（见第3条），那末，总委员会就要行使巴塞尔代表大会赋予它的权力，将它们暂时开除出国际，听候下届代表大会裁决。

茹尔·法夫尔是1848年6月27日臭名昭著的法令的起草人，根据这个法令，六月起义时被俘的成千上万的巴黎工人未经任何审讯（即使是形式上的审讯也没有），就被流放到阿尔及尔等地去服苦役。以后，他始终拒不同意共和党有时向制宪议会提出的关于大赦的提案。

茹尔·法夫尔是卡芬雅克将军在六月起义以后对法国工人阶级实行恐怖统治的最为声名狼藉的工具之一。他支持当时所有旨在取消集会、结社和出版自由的权利的最卑鄙的法令。

1849年4月16日，茹尔·法夫尔作为议会委员会中的反革命多数派代表发言时，建议向路易·波拿巴提供他所要求的一百二十万法郎，作为讨伐罗马共和国之用。

评论：随信寄去一些关于法夫尔的反革命活动的重要材料。马克思在总委员会会议上发言，反对工联主义者奥哲尔在伦敦圣詹姆斯大厅的群众大会上对法夫尔的赞扬。马克思还转达了总委员会的一项决议，委托荣克给瑞士的德意志工人教育协会机关报《邮袋报》的编辑写一封信，信中将询问一些情况，并告知根据巴塞尔代表大会关于组织问题的第六项决议，即《关于将支部开除出协会的程序》，决议授权总委员会可以暂时开除国际的个别支部，听候下届代表大会裁决。

1月21日　致信齐格弗里特·迈耶尔，指出：在纽约建立所谓的中央委员会，我看很不好。我曾竭力阻止总委员会承认它，但是，舍尔尼埃先生的来信使我无法再说了，从他的信中得知，此事的发起人是我们的法国书记杜邦——他是一个非常出色、但过于热心的人，由于热情有余，往往干出一些轻率的事情。这已经没有什么办法了。他受到了总委员会的申斥，但事已如此。恩格斯（他现在住在这里）和我提醒您和福格特，按照我们的章程，只有在公然违背国际的章程和原则的情况下，总委员会才能行使否决权，而在一般情况下，我们始终不渝地遵循给各支部以行动自由和自治权的政策。只有处于帝国时期的特殊情况的法国曾经例外。因此，我们的朋友们也必须注意到这一点。我们在伦敦这里同英国人一起工作，其中有些人是我们极不喜欢的；我们清楚地知道，他们只是想把国际当作乳牛来达到自己渺小的个人虚荣的目的。但是，我们必须强作欢颜。如果我们由于这些人就愤怒地离开，那末这只会加强他们的影响，而现在正因为有我们才使这种影响受到遏制。所以你们也必须这样做。

我们在这里的工人阶级中间发起了一次反对格莱斯顿（支持法兰西共和国）的强大运动，这也许会使他垮台。普鲁士现在完全屈从于俄国内阁。如果它获得最终胜利，英勇的德国庸人就会得到他们应得的一切。不幸的是，目前的法国政府以为能够发动一次没有革命的革命战争。

我不知道是否已告诉过您，1870 年初我开始自学俄语，现在我可以相当自如地阅读了。这是在我接到从彼得堡寄来的弗列罗夫斯基的一部十分重要的著作《俄国工人阶级（特别是农民）的状况》以后才开始的，同时我也想读一读车尔尼雪夫斯基的（杰出的）经济学著作（七年前他因此被判处在西伯利亚服苦役）。成绩是要付出努力才取得的，象我这样年纪的人，为了学会一种与古典语、日耳曼语和罗曼语截然不同的语言，是要下一番功夫的。俄国目前发生的思想运动，证明底层深处正在发生动荡。有识之士往往通过无形的纽带同人民的机体联系在一起。

评论：马克思表示并不看好纽约建立的中央委员会。1870 年 12 月 1 日，几个支部的代表组成了北美各支部中央委员会，任期为一年。马克思认为最好是在支部代表大会上选举国际联合会的领导机构，以防止一些敌视工人运动的人作为支部的代表混进中央委员会。

信中谈论了一些事情。马克思将从洛帕廷那里得到的一个消息告诉迈耶尔。巴·伊·雅科比和瓦·亚·扎依采夫的文章《从公共卫生观点看西欧工人的状况》主要是根据马克思《资本论》第一卷的材料写成的。后来遭到书报检查机关的干涉，禁止发表这篇文章。马克思还谈到自己从 1870 年年初开始自学俄语，已经可以相当自如地阅读了。他认为俄国发生的思想运动证明底层深处正在发生动荡。

1 月 21 日　致信弗里德里希·阿道夫·左尔格，指出：在美国的德国人支部的所有报告都应寄给我。埃卡留斯只是美国人的通讯书记。他作为总委员会书记不管与外国的通讯联系。

关于成立中央联合会（为了避免误会，我们认为最好称它中央委员会）的事我已经写了信。

评论：信中谈到几件事情，告知埃卡留斯只是美国人的通讯书记；自己忘记了德国工人联合会寄给国际工人协会的入会费一事，1869 年 12 月该联合会改组为德国人第一支部；告知没有收到凯洛格的书；询问是否收到寄去的一大包总委员会在各个时期的文件。

2 月 4 日　致信路德维希·库格曼，指出：我对资产阶级英雄人物的看法你是知道的。但是，茹尔·法夫尔先生（从临时政府和卡芬雅克时代起就已经臭名昭著）之流超出了我的预料。首先，他们使这个"正统的骑士"、"军界的蠢人"（这是布朗基对特罗胥作的正确评述）实现了他的"计划"。这个计划无非是把巴黎的消极抵抗尽量拖延下去，直到发生饥饿为止，而使进攻仅限于虚张声势的演习和"佯攻"。我这里说的不是什么"推测"。我知道茹尔·法夫尔亲笔写给甘必大的一封信的内容，他在信中抱怨说，他和巴黎的其他一部分政府成员曾敦促特罗胥采取认真的攻势，但没有结果。特罗胥总是回答说：那样会使巴黎的蛊惑宣传占上风。甘必大回信说："您宣布了您自己的判决。"特罗胥认为，用他自己的布列塔尼别动队（它替他效劳如同科西嘉部队替路·波拿巴效劳一样）去征服巴黎的赤色分子，要比打击普鲁士人重要得多。这就是不仅在巴黎而且在法国各地遭受失败的真正秘密，法国各地的资产阶级串通多数地方当局正是按照这一原则行动的。

既然特罗胥的计划已经到了极点，已经到了使巴黎面临或者投降或者饿死的地步，茹尔·法夫尔之流就应干脆仿效土尔要塞司令的榜样。这位司令没有投降。他只是向普鲁士人宣布，由于缺少粮食，他不得不停止防御并且打开要塞大门。他们现在可以爱怎么干就怎么干了。

但是，茹尔·法夫尔并不满足于签署正式的投降书。他在宣布他本人、他的同僚和巴黎为普鲁士国王的战俘时，竟还厚颜无耻地代表整个法国。除巴黎之外，他知道法国的什么情况呢？除俾斯麦发慈悲告诉他的那一点以外，他是什么也不知道的。

不仅如此。这些普鲁士国王的俘虏先生们走得更远，他们竟宣布，留在波尔多的仍然自由的那一部分法国政府已丧失了它的权力，只有征得他们这些普鲁士国王的战俘的同意才能进行活动。但是，既然他们自己已成为战俘，只能按照他们的胜利者的命令行动，那末他们这样做也就宣布了普鲁士国王享有法国实际上的最高权力。

甚至路易·波拿巴在色当投降和被俘以后也没有这样无耻。他对俾斯麦的建议回答说：他不能进行谈判，因为他既然成了普鲁士的俘虏，在法国也就失去了任何权力。

茹·法夫尔至多只能有条件地，即有保留地接受对整个法国的停战，也就是说停战协定必须由波尔多政府来批准，而且只有这个政府才有权利和资格同普鲁士商谈停战协定的条款。波尔多政府无论如何不会允许普鲁士把东方战场排除在停战协定之外。它不会允许普鲁士人这样有利地向外扩展自己的占领线！

俾斯麦由于他的战俘公然篡权和继续行使法国政府的职权而变得越来越蛮横，竟肆无忌惮地干涉法国的内政。这位贵人对甘必大关于国民议会大选的命令提出抗议，据说是因为这个命令侵犯了选举自由！那好啊！甘必大也应对德国国内实行的特别戒严和其他制度毁灭了国会的选举自由提出抗议来作为回答。

但愿俾斯麦坚持他的媾和条件！四亿英镑的战争赔款相当于英国国债的一半！甚至法国的资产者也会明白这一点！他们也许最终会明白，即使在最坏的情况下，他们也只有继续作战，才会得到好处。

无论是知名的人士还是普通的人们，总是根据现象、根据外表、根据直接的结果来判断事情的。例如，二十年来人们一直把路·波拿巴奉若神明。而我甚至在他飞黄腾达的时候也总是把他作为一个平庸的流氓来加以揭露。我对容克俾斯麦的看法也是如此。但是，假如他的外交是出于自愿的，那我倒并不认为他是多么的愚蠢。此人现在已陷入俄国外交的罗网，只有狮子才能破网而出，但是他不是狮子。

评论：信中谈论普法战争，批评和揭露法夫尔，批评 1871 年 1 月 28 日俾斯麦和法夫尔签订的停战和巴黎投降协定，这是法国资产阶级为了镇压国内革命运动而出卖法国民族利益的文件。协定定于 1871 年 2 月 8 日举行国民议会选举，因为媾和问题应由国民议会决定。信中讲到留在波尔多的那一部分法国政府，被称为图尔代表团或波尔多代表团；从 1870 年 10 月 9 日起，由甘必大率领。特罗胥是留在巴黎的部分政府成员（巴黎代表团）和整个政府的首脑。在信中，马克思再次批判路易·拿破仑和俾斯麦，指出他们已经陷入困境。

2 月 4 日　致信保尔·拉法格，指出：你们知道，我对资产阶级英雄人物是并不赞许的。但是，茹尔·法夫尔之流超出了我的最坏的预料。当特罗胥实现了自己的秘密"计划"，换句话说，当这个"正统的骑士"、"军界的蠢人"把巴黎的消极抵抗弄到只能在或者饿死或者投降两者之间选择的地步，茹尔·法夫尔之流是可以仿效土尔要塞司令的榜样的。当这位司令完全丧失抵抗能力时，他并没有投降。他只是把真实情况告诉普鲁士人并声明，由于缺少粮食，他不能继续防御，他们可以爱怎么干就怎么干。他没有对他们作任何让步。他只不过承认既成事实。相反，法夫尔之流不但签署了正式的投降书，他们还厚颜无耻地代表整个法国，尽管他们完全不知道巴黎以外的法国情况，因为他们在这方面受到严格的限制，他们只知道俾斯麦发慈悲告诉他们的一点片面的情况。不仅如此，他们在投降并成为普鲁士国王的俘虏先生以后，走得更远，竟宣布说，波尔多代表团丧失了自己的权力，只有征得"普鲁士国王的俘虏先生们"的同意，才能进行活动。要知道，连路易·波拿巴在色当投降并被俘以后还曾向俾斯麦声明，他不能同俾斯麦谈判，因为他失去了行动的自由，因为他变成普鲁士俘虏这一事实本身，使他失去了主宰法国的任何权力！

可见，甚至路·波拿巴也没有象法夫尔之流那样厚颜无耻！

法夫尔至多只能有条件地，即有保留地接受停战，也就是说他的行动必须得到波尔多代表团的批准。他必须让那些没有成为普鲁士国王的俘虏的人来制订这一停战协定的条款。当然，他们绝不会允许普鲁士人把东方战场排除在停战协定之外，也不会让普鲁士人在停战的借口下，如此有利地扩展自己的军事占领线。

巴黎代表们在变成投降派先生和普鲁士国王的俘虏以后，还一心想行使法国政府的职权，这种怯懦的奴才相大大怂恿了俾斯麦，他竟认为自己享有法国实际上的最高权力，并且已经在以这样的身分行事了。他抗议甘必大关于大选的命令，似乎这个命令侵犯了选举"自由"。他提出国民议会选举所必须依据的条件。那好啊！甘必大也可以对正在举行的德国国会大选提出抗议来作为回答。他可以要求这次大选成为一次自由的选举；为此，首先要俾斯麦解除在普鲁士大部分地区实行的特别戒严，或者至少暂时停止这种行动。给你们举一个德国选举自由的例子。在法兰克福（美因河畔）提出一个工人候选人（不住在法兰克福），他开始在这个城市里进行竞选活动。普鲁士当局采取什么行动呢？它借警察的武力把这个候选人赶出了法兰克福！

但愿普鲁士人坚持让法国支付四亿英镑战争赔款的"微薄"要求！这可能甚至激怒法国的资产阶级，而正是他们的权术同地方当局（甘必大使大部分地方行政当局控制在波拿巴派和奥尔良派等手里）的阴谋勾结在一起造成了迄今军事失败的真正原因。甚至资产阶级最终也会明白，让步要比战斗损失更大！

同时，如果法国再坚持一些时候，国际形势将会对它有利得多。在英国，格莱斯顿内阁正处于十分危险的境地。它很快就会垮台。现在，这里的公众舆论又呈现出好战的气氛。这种变化是普鲁士提出的要求，特别是它觊觎庞迪契里和贪图二十艘法国头等军舰造成的结果。约翰牛认为这是对英国的威胁，是俄国搞的阴谋（圣彼得堡内阁确实向普鲁士暗示过这些要求）。

看来，俄国本身也面临着巨大的变化。在普鲁士国王接受皇帝称号以后，反德派，即以王位继承人为首的所谓旧俄派重新占了上风。事情很可能是这样：现在的皇帝或者将被迫接受它的要求并相应地改变自己的对外政策，或者同他的前辈的命运一样，以这样或那样的方式抛掉自己的"臭皮囊"。如果俄国发生这样的动荡，那末，普鲁士就将无法维持它在法国现有的力量，因为它同俄国和奥地利毗邻的边界会完全没有部队防护，会完全暴露而处于不设防状态。那时它就会马上降低调子，并变得好说话起来。

总之，如果法国能坚持住，如果它能利用停战机会重整自己的军事力量，如果它能最终认识到，要进行革命战争就要有革命措施和革命毅力，那末它就还有可能得救。俾斯麦清楚地意识到，他正处在困难的境地。他指望用"傲慢的腔调"来摆脱困境。他寄希望于同法国所有反动分子的合作。

评论：信中谈论普法战争，批评和揭露法夫尔以及普鲁士当局；还谈论了英国、俄国的情况。1871 年 1 月 31 日甘必大发布命令。该命令剥夺了帝国中的部长、参议员、国家顾问和省长以及在选举时作为官方政府候选人的被选举权。对此俾斯麦借口"选举自由"向甘必大提出抗议。在巴黎的那部分政府成员也颁布了关于选举程序的命令，取消了甘必大限制波拿巴帝国人士的权利的决定，此后，甘必大提出辞职。马克思认为，如果法国再坚持一些时候，国际形势将会对它有利得多。在俄国也面临着巨大的变化，反德派重新占了上风。

3 月 2 日　致信娜塔利亚·李卜克内西，指出：李卜克内西所说的在英国杂志上发表的关于德国工人运动的文章，大概是指附去的比斯利教授在《双周评论》11月号（1870 年）上发表的这篇关于国际的文章。施梯伯可能企图根据从第 531 页开始的几个地方（我已把这些地方的开头用线标出）来捏造罪证。第一、比斯利教授不属于国际，因此，他说的话不能被认为正式代表我们的观点。第二、他自己也已经驳斥了施梯伯的结论。

我给不伦瑞克人写的信，既不代表总委员会，也没有受它的委托。因此，信不是用总委员会的公用笺写的。我在信中始终说明只是以我个人的名义。这实际上是对那些来信要求我发表我个人意见的人的一封拖了很久的复信。他们是完全有权这样做的。至少我不知道刑法典的哪一条禁止这样做。"我的意见"没有在《普鲁士国家通报》上刊登，无论如何不是俾斯麦先生的过错。可敬的洛塔尔·布赫尔在萨多瓦纪念日以后，建议我为该报写一些有关金融问题的评论。想必是他没有把我给他的答复公之于众。

德意志帝国在继续法兰西帝国对国际的攻击。再没有比以国际会员用战争反对一场预谋的战争为借口，来对他们进行法律上的迫害更能说明法兰西帝国的末日了。在这方面，共和国发表的奥利维耶先生的秘密通信，是很说明问题的。

评论：马克思的这封信是对李卜克内西的夫人——娜塔利亚·李卜克内西 1871年 1 月 18 日、2 月 22 日和 27 日的信的答复。娜塔利亚·李卜克内西认为她不能为她收到的救济被捕的德国社会民主工党活动家家属的钱开收条，担心会成为指控李卜克内西和倍倍尔叛国的罪证。因为按照普鲁士的法律，禁止德国党派或团体参加任何国际组织。马克思在信中解释说不需要任何收据。信中马克思针对比斯利的《国际工人协会》一文中的几个地方作出了说明。马克思指出，比斯利不属于国际，因此，他说的话不能被认为是正式代表国际的观点。信中谈到，布赫尔于 1865 年10 月 8 日建议马克思担任《普鲁士王国国家通报》驻伦敦的金融问题通讯员，布赫尔在信中还建议马克思投靠俾斯麦政府。马克思愤怒驳斥了想收买他的这些企图。

3 月 23 日　致信保尔·拉法格，指出：附上赛拉叶就 1871 年 3 月 14 日《巴黎报》的无耻捏造在 3 月 18 日《欧洲信使报》（这家法国报纸在伦敦出版）上发表的声明，想必你已经知道这件事了。

1871 年 3 月 22 日的《泰晤士报》以《国际协会》为题，发表了如下声明：

"卡尔·马克思先生请求我们驳斥本报于 3 月 16 日发表的驻巴黎记者来信中所述的一个论点，即：

'卡尔·马克思……曾写信给他的一位在巴黎的主要信徒，说他不满意这个城市的协会会员所采取的立场，说他们玩弄政治手腕，因而破坏了协会的章程，说他们使工人涣散，而不是使工人组织起来'云云。

卡尔·马克思先生声明，这一报道看来是取自 3 月 14 日的《巴黎报》，该报在那篇报道中还答应全文发表这封硬说是他写的信。3 月 19 日的《巴黎报》果然刊载了一封信，信上注明：1871 年 2 月 28 日于伦敦，好象还有他的签名。马克思先生声明，这封信彻头彻尾是无耻的捏造。"

现在来谈谈这家卑鄙的、反动的巴黎报纸的第二个诡计。当我们听到国际的巴黎会员开除了国际的德国会员这一捏造后，我们就写信给巴黎的"兄弟和朋友"，他们回答说，整个这一事件无非是下流的巴黎报纸的捏造而已。此时，谣言就象森林的火灾一样遍及整个伦敦报界，各报都就这一非常可爱的事件发表长篇社论，并企图证明国际的分裂和巴黎工人无可挽救的堕落。

评论：信中揭露了法国、英国反动报纸的无耻。1871 年 3 月 14 日法国反动报纸《巴黎报》在《国际的最高首脑》一文中声称，它似乎掌握了一封马克思给赛拉叶的信，这封信证明国际的法国会员和德国会员之间存在矛盾；这种诬蔑性谣言也被伦敦报刊所采用。马克思、恩格斯对《巴黎报》的这种分裂的企图进行了揭露。此外，赛拉叶受马克思的委托，也写信揭露《巴黎报》的挑拨性谣言。在苏黎世发生的侮辱德国人的事件也显露了瑞士和普鲁士报纸的无耻。1871 年 3 月，住在苏黎世的德国有产者为德国在普法战争中获得胜利而召开庆祝大会，一群被拘留在瑞士的法国军官在会上和德国人发生了冲突。反动报刊为了破坏各国工人的国际联系掀起了挑衅运动，企图将此事归咎于国际的活动。国际瑞士支部为此发表声明，揭露了资产阶级报刊的诬蔑诽谤。该城的许多工人联合会也发表声明，证明国际会员与冲突事件完全无关。

4 月 6 日 致信威廉·李卜克内西，指出：得到你和倍倍尔以及不伦瑞克人获释的消息，在这里，在中央委员会里大家都感到万分高兴。

看来巴黎人是要失败的。这是他们的过错，但这种过错实际上是由于他们过分老实而造成的。中央委员会以及后来公社都给了梯也尔这个邪恶的侏儒以集中敌人兵力的时间：（1）因为它们愚蠢地不愿意开始内战，好象梯也尔力图用暴力解除巴黎武装并不是开始内战似的；好象只是为解决对普鲁士人的和战问题而召集起来的国民议会不曾立即对共和国宣战似的！（2）为了避免篡夺政权的嫌疑，它们失去了宝贵的时机（当反动派在巴黎——旺多姆广场——失败以后，本来是应该立刻向凡尔赛进军的），去进行公社的选举，而组织公社的选举等等又花费了许多时间。

你千万一个字也不要相信报纸上出现的关于巴黎内部事件的种种胡说八道。这一切都是谎言和欺骗。资产阶级报纸上那一套下流的胡言乱语还从来没有表现得这样出色。

最显著的特点是，德国的统一皇帝、统一帝国和柏林的统一议会，对外部世界来说，似乎是根本不存在的。巴黎的任何风吹草动都会引起更大的注意。

你们必须密切注视多瑙河各公国发生的事件。如果法国革命遭到暂时的失败（那里的运动只能被镇压一个很短的时期），那时，欧洲的一场新的战争将从东方开始，罗马尼亚在这方面将成为信奉正教的沙皇的第一个借口。这就是说，要注意这方面。

　　伦敦最滑稽的现象之一，无疑就是前大学生卡尔·布林德。这个自命不凡的大学生贪婪地抓住了最近这次战争，来鼓吹自己的泛日耳曼主义。他是掀起关于亚尔萨斯和洛林的叫嚣的第一个人。他甚至厚颜无耻地否定法国人民过去的伟大革命活动。这个无赖竟敢警告这里的工人，要他们别因为自己对法国的同情和与普鲁士人的对立，而使德国工人起来反对自己。这个骑士每星期把自己炮制的关于卡尔·布林德的活动的报道分送给所有的伦敦报纸，有两三家报纸竟愚蠢到刊登卡尔·布林德关于卡尔·布林德和为了卡尔·布林德而写的一些报道。如果这套东西一直继续下去，那末，最后他就能够把自己强加于公众。这个有影响的人物通过这样的方式已使这里的一部分公众相信，这个人物在德国所起的作用，如同马志尼当时在意大利所起的作用一样。他在自己的报道中叙述卡尔·布林德在维也纳《自由报》上讲的话，叙述全德国如何屏气凝神地倾听他的那些先知的预言，并且每星期如何诚惶诚恐地期待着卡尔·布林德的例行口号。的确，最好是你们在《人民国家报》上把这个家伙和他的卑鄙面目彻底揭露出来，因为这个人，这个吹牛的癞蛤蟆，使我们德国人在这里陷于可笑的境地。我们将把你们的文章转给《东邮报》（伦敦的工人报纸）。事情非常简单。卡尔·布林德对于德国工人阶级来说是不存在的，而德国的共和派资产阶级（他把自己吹捧为它的代言人）根本就不存在，因而对于卡尔·布林德来说也是不存在的。他是无所依归的。当然，对这样的人不必认真对待，但是另一方面，也不能让这样的人用伪装来愚弄公众。

　　评论：马克思和国际总委员会听闻倍倍尔等人获释的消息万分高兴。倍倍尔、李卜克内西和赫普纳被控犯叛国罪被捕，后来被释放。信中谈论了普法战争，认为法国要失败。马克思还请李卜克内西在《人民国家报》上彻底揭露布林德的卑鄙面目，认为不能让这样的人愚弄公众。信中讲到的关于施梯伯的一篇逗趣的短评是马克思的文章《质问德国警察局长施梯伯先生：他把御花园的住宅里的钟表、花瓶和雕像装在什么车内运往了普鲁士？》。

　　4月10日左右　　致信威廉·李卜克内西，指出：虽然在德国，俾斯麦政府把同我通信当作几乎是应受刑事惩罚的行为（见不伦瑞克案件，这和当年科伦共产党人案件完全一样），但在法国，它则竭力让人们怀疑我（从而怀疑在巴黎的国际——这套手法的目的就在于此）是俾斯麦先生的密探。这是借助于仍然同施梯伯警察机关保持密切国际联系——特别是在梯也尔执政的条件下——的旧的波拿巴警察机关干的。

　　因此，我不得不在《泰晤士报》上反驳《巴黎报》、《高卢人报》以及其他报纸上的各种谰言，因为这种荒谬言论已电告英国各报。最新的谰言是在前几天被公社查封的《夜晚报》（鼎鼎大名的普隆－普隆分子阿布的报纸）上出现的，又从

《夜晚报》传到法国外省的所有反动报纸上去了。例如，我今天从劳拉那里（顺便说一下，拉法格现在作为波尔多的代表住在巴黎）收到《外省人报》的如下一段剪报（昨天我收到比利时一家僧侣报纸上的同样内容的剪报）：

"巴黎 4 月 2 日讯。来自德国的揭发在这里引起了十分强烈的反应。现在可以完全有把握地确定，卡尔·马克思这个国际最有影响的领袖之一，1857 年曾是俾斯麦伯爵的私人秘书，而且从未同其过去的保护人断绝关系。"

评论：在法国，人们怀疑马克思，从而怀疑国际是俾斯麦的密探。马克思指出这是旧的波拿巴的警察机关干的。马克思请李卜克内西把消息刊登于《人民国家报》上，1871 年 4 月 15 日《人民国家报》第 31 号上的报道基本上复述了马克思的原信。1871 年 5 月 5 日，恩格斯把《再论〈福格特先生〉》一文寄给了《人民国家报》，文中彻底揭露了福格特是领取津贴的波拿巴暗探。马克思揭露了俾斯麦政府、法国当局的污蔑，表示自己不得不在《泰晤士报》上作出反驳。

4 月 12 日 致信路德维希·库格曼，指出：如果你读一下我的《雾月十八日》的最后一章，你就会看到，我认为法国革命的下一次尝试再不应该象以前那样把官僚军事机器从一些人的手里转到另一些人的手里，而应该把它打碎，这正是大陆上任何一次真正的人民革命的先决条件。我们英勇的巴黎同志们的尝试正是这样。这些巴黎人，具有何等的灵活性，何等的历史主动性，何等的自我牺牲精神！在忍受了六个月与其说是外部敌人不如说是内部叛变所造成的饥饿和破坏之后，他们在普军的刺刀下起义了，好象法国和德国之间不曾发生战争似的，好象敌人并没有站在巴黎的大门前似的！历史上还没有过这种英勇奋斗的范例！如果他们将来战败了，那只能归咎于他们的"仁慈"。当维努亚和随后巴黎国民自卫军中的反动部队逃出巴黎的时候，本来是应该立刻向凡尔赛进军的。由于讲良心而把时机放过了。他们不愿意开始内战，好象那邪恶的侏儒梯也尔在企图解除巴黎武装时还没有开始内战似的！第二个错误是中央委员会过早地放弃了自己的权力，而把它交给了公社。这又是出于过分"诚实的"考虑！不管怎样，即使巴黎的这次起义会被旧社会的豺狼、瘟猪和下贱的走狗们镇压下去，它还是我们党从巴黎六月起义以来最光荣的业绩。就让人们把这些冲天的巴黎人同带着兵营、教堂、愚昧容克制度、特别是市侩气味去举行陈腐化妆舞会的那些德意志普鲁士神圣罗马帝国的天国奴隶们比较一下吧。

评论：信中谈到普法战争，以及在《路易·波拿巴的雾月十八日》中阐述的一些思想，称赞了巴黎人的灵活性、历史主动性以及自我牺牲精神。信中还谈到官方公布的《皇家文件和通信》中有一个附注显示支付了福格特四万法郎。

4 月 13 日 致信威廉·李卜克内西，指出：重印《莱茵报评论》上的东西如果不加前言，不作增补等等，我认为没有好处，而要做到这一点，现在未必有时间。

恩格斯要我转告你，他在《德法年鉴》上的文章现在只具有历史价值，因而已经不适用于实际宣传。相反，你应从《资本论》中选登较长的片断，例如关于《原始积累》一章的片断等等。

《共产党宣言》如果不加新的序言，当然不能出版。我同恩格斯将竭力做些这方面的准备。

评论：随信寄去弗莱里格拉特的诗笺《致约瑟夫·魏德迈》，这首驳斥金克尔的讽刺诗是 1852 年 1 月 16 日给魏德迈在美国出版的《革命》杂志写的。由于这首诗在美国不能及时发表，弗莱里格拉特把它用德文发表在斯图加特和杜宾根出版的文学报《知识界晨报》上。

信中回复了李卜克内西在 1871 年 4 月 10 日前后写给马克思的信，李卜克内西问他是否同意重印《新莱茵报。政治经济评论》杂志上的文章，并请他寄来全套杂志。杂志曾发表了马克思和恩格斯的一系列评论，他们写的三篇国际述评，以及马克思的著作《1848 年至 1850 年的法兰西阶级斗争》和《路易－拿破仑和富尔德》，恩格斯的著作《德国维护帝国宪法的运动》《英国的十小时工作制法案》和《德国农民战争》。马克思认为，如果重印不加前言，不作增补就没有好处，但没有时间加上。马克思表示自己和恩格斯将为出新的德文版《共产党宣言》作些准备。李卜克内西请求马克思和恩格斯为该版写一篇新的序言。马克思和恩格斯于 1872 年 6 月底写完了这篇序言。

4 月 17 日　致信路德维希·库格曼，指出：你怎么能把 1849 年 6 月 13 日之类的小资产阶级的示威游行同目前的巴黎斗争相提并论，我简直莫名其妙。

如果斗争只是在有极顺利的成功机会的条件下才着手进行，那末创造世界历史未免就太容易了。另一方面，如果"偶然性"不起任何作用的话，那末世界历史就会带有非常神秘的性质。这些偶然性本身自然纳入总的发展过程中，并且为其他偶然性所补偿。但是，发展的加速和延缓在很大程度上是取决于这些"偶然性"的，其中也包括一开始就站在运动最前面的那些人物的性格这样一种"偶然情况"。

这一次，起决定作用的不利的"偶然情况"，决不应该到法国社会的一般条件中去寻找，而应该到普鲁士人盘踞法国并濒临巴黎城下这样一种情况中去寻找。这一点，巴黎人是知道得非常清楚的。但是，资产阶级的凡尔赛恶棍们也是懂得这一点的。正因为如此，这些恶棍才要巴黎人抉择：或是接受挑战，或是不战而降。工人阶级在后一场合下的消沉，是比无论多少"领导者"遭到牺牲更严重得多的不幸。工人阶级反对资本家阶级及其国家的斗争，由于巴黎人的斗争而进入了一个新阶段。不管这件事情的直接结果怎样，具有世界历史意义的新起点毕竟是已经取得了。

评论：马克思认为，库格曼将当时巴黎的斗争与 1849 年 6 月 13 日小资产阶级政党山岳党在巴黎组织的和平示威相提并论是错误的。当时，法国发生抗议示威活动，抗议派遣法国军队去镇压意大利的革命，破坏法兰西共和国的宪法，宪法禁止使用法国军队去反对别国人民的自由。但是，示威被军队驱散，这就证明了法国小资产阶级民主主义的破产。马克思阐明了世界历史发展是曲折的，历史发展是偶然性和必然性的统一，并且应到社会历史发展的一般条件中去寻找起决定作用的因素的思想。马克思还认为，由于巴黎人的斗争，工人阶级反对资本家阶级及其国家的斗争已经进入了一个新的阶段。

4 月 20 日左右 致信弗里德里希·阿道夫·左尔格，指出：凯洛格的著作这次已平安地寄到，十分感谢，也十分感谢您寄来的其他邮件。

今后，委员会会较快地得到答复，但是最近几个星期，欧洲大陆的事情和这里在英国人中间的宣传鼓动工作占去了相当多的时间，因为大多数非英国人的书记都在巴黎。

评论：马克思告知在忙于进行宣传鼓动工作。在马克思的领导下，总委员会在英国工人中间开展了巨大的工作，阐述法国革命的历史意义，指导公众。总委员会在伦敦、曼彻斯特以及其他城市组织了一系列群众大会，以声援巴黎公社。根据马克思的建议，总委员会通过决议，派出代表团参加工人集会，推动英国工人对巴黎无产阶级的声援。1871 年 3—5 月，许多工人大会通过了总委员会委员提出的声援公社社员的决议。

4 月 26 日 致信列奥·弗兰克尔，指出：我受总委员会的委托并以它的名义最坚决地驳斥公民费·皮阿对赛拉叶所散布的无耻诽谤。这个人产生怨恨的唯一原因，就是他仇视国际。有警察机关的密探、前帝国近卫军分子和经纪人钻入的所谓的伦敦法国人支部已被总委员会开除，皮阿企图通过它在全世界面前冒充为我们协会（他并不是会员）的秘密领袖，并让我们对他在伦敦的荒诞无稽的演说和他在巴黎的败坏名誉的胡说负责，对此公民特里东在布鲁塞尔逗留期间已给予他应有的回击。因此，总委员会不得不公开声明不承认这个卑鄙的阴谋家。他对杜邦和赛拉叶的愤恨便由此而来。当所谓的法国人支部中皮阿的可耻应声虫们散布皮阿现在在巴黎所散布的诽谤，而赛拉叶威胁要对他们诉诸英国法院时，法国人支部自己就声明不承认他们，并痛斥他们是造谣中伤者。

因为赛拉叶的政治生活没有可供诽谤的任何借口，他们便开始攻击他的私生活。假如皮阿的私生活象赛拉叶的私生活那样干净，他就不会在伦敦这里遭到那种只有用鲜血才能洗刷的凌辱……

总委员会在最近几天就要发表一篇关于公社的宣言。它所以把这个宣言一直拖到现在，是因为天天都在等候巴黎支部的确切消息。可是空等一场！毫无音信！总委员会不能再拖了，因为英国工人迫不及待地等着总委员会的说明。

不过，时间并没有白白浪费。各个书记在给大陆和北美各支部的信中，都向工人们说明了这个伟大的巴黎革命的真实性质。

我从一个公民那里收到了来信，他为递送您所知道的东西来过我这里。他们在巴黎犯了一个错误，没有把便于成交所必要的证券转让出去。现在您一定还持有自由流通和可按牌价出售的三厘证券。这个公民将向您作一切其他必要的说明。可以完全放心地把证券交给他。

评论：这是一封草稿。这个信稿是马克思被委托就皮阿和韦济尼埃对国际总委员会法国委员赛拉叶和杜邦被选入巴黎公社一事的诽谤进行答复而写的。皮阿破坏赛拉叶在公社中的影响，散布败坏赛拉叶政治声誉和道德声誉的谣言。劳动和交换委员会在了解了有关材料以后，彻底驳斥了这一诽谤。保存下来的马克思给弗兰克尔的这个信稿，以及马克思给弗兰克尔和瓦尔兰的另一信稿，说明马克思同巴黎公社活动家有直接的联系。

信中讲到的要发表一篇关于公社的宣言，是指《法兰西内战》，这是科学共产主义的最重要著作之一，它根据巴黎公社的经验，进一步发展了关于阶级斗争、国家、革命和无产阶级专政的学说的基本原理。马克思开始搜集和研究关于公社活动的消息，如法国、英国、德国的报纸材料，巴黎来信中提供的情况，等等。

5月4日　致信威廉·李卜克内西，指出：非常匆忙，只写如下几点：

公布《皇室文件和通信》的（顺便说一下，福格特在这里是作为皇室津贴领取者出现的）并不是公社——它没有时间搞这种无聊的事情，而是国防政府，即福格特在其给科尔布的信中大为赞赏的那些忠贞不渝的共和派茹尔·法夫尔之流。

几乎所有的巴黎报纸都摘要刊登了这些正式公布的材料（尤其是津贴领取者的姓名）。我附上的剪报取自《小报》（1871年5月3日那一号）——这家报纸至今还在巴黎进行反公社的论战，如同福格特先生在维也纳进行的一样。由于同福格特气味相投，该报竟在他的姓后面打了一个问号。

然而，福格特自己在结束他的臭文章时把他过去说的一切都推翻了。

他说："也可能甚至在1859年，人们滥用了我的姓，诚然，看来没有指出我的名字卡尔。"

可见，是路易·波拿巴在把"福格特"写进自己的账簿时，滥用了这个姓啊！在1859年8月接受路·波拿巴津贴的那个"福格特"，而且仅仅写个"福格特"，没有"名字"的福格特，没有任何别的字样的福格特，不用说，这只能是日内瓦那位"大名鼎鼎的"卡尔·福格特！福格特先生对这一点了解得非常清楚，以致他自己说："人们滥用了我的姓。"这位清白的男子感到自己被深深触痛，以致并不企图用一些轻而易举的手法来为自己开脱，如可以推诿说世上有许多"福格特"，正象有许多"卡尔"一样。如果某个没有名字的"福格特"在1859年8月从皇室中央金库领取了四万法郎，这同我有什么相干呢？不，他没有这样做，福格特说，我就是那个福格特，那个不用指出"名字"的福格特，不过"人们滥用了""我的姓"！

你应该根据这一切为你的报纸写一篇适当的短评。如果为了讨好魏斯先生和象他那样的人民党活动家而对此保持缄默，那将是十分荒唐的。

评论：马克思揭露福格特，在公布的《皇室文件和通信》中，福格特作为皇室津贴领取者出现。福格特在《给弗里德里希·科尔布的政治书信》中，掩饰他过去和波拿巴派的关系。李卜克内西在1871年5月3日给马克思的信中说，由于《人民国家报》发表了关于福格特从波拿巴皇室基金中领取津贴的简讯，人们已开始指责他，何必再来谈论福格特的事。而马克思认为李卜克内西不应该保持缄默。

5月13日 致信列奥·弗兰克尔和路易·欧仁·瓦尔兰，指出：有人从波尔多写信告诉我，在最近的市镇选举中，有四个国际会员当选。外省已经开始闹风潮。可惜那里的行动只是地方性的和"和平"的。

为了维护你们的事业，我已经写了几百封信，寄给世界各地凡有我们支部的地方。何况工人阶级从公社成立那天起就是拥护公社的。

甚至英国的资产阶级报纸也放弃了它们最初那种凶狠的态度。有时，我还能在这些报纸上发表一些对你们有利的文章。

我觉得，公社浪费在琐碎事务和私人争执上的时间太多了。大家知道，除了工人的影响之外，还有其他各种影响存在。如果你们来得及弥补已失去的时间，那末这一切就不会造成什么损害。

你们完全有必要在巴黎以外，在英国和其他地方赶快做你们认为需要做的一切事情。普鲁士人虽然不会把炮台交到凡尔赛分子手里，但是在和约最终缔结（5月26日）以后，他们是会允许政府用自己的宪兵去包围巴黎的。你们知道，因为梯也尔之流在由普野—克尔蒂约签订的合同中搞到了一大笔酒钱，所以他们拒绝接受俾斯麦所提出的德国银行家的援助。他们要是接受了这种援助，就会失掉这笔酒钱。因为实现他们的合同的先决条件是攻占巴黎，所以他们要求俾斯麦把第一次付款的期限延至占领巴黎之后。俾斯麦接受了这个条件。因为普鲁士本身非常迫切地需要这笔钱，所以，普鲁士就会尽可能地给予凡尔赛分子种种方便，以加速占领巴黎。因此，你们要当心呵！

评论：这是一封草稿。信中谈到了普法战争结束以后可能发生的情况，提醒革命者们小心。所说的"梯也尔之流在由普野—克尔蒂约签订的合同中搞到了一大笔酒钱"，是根据报纸上的报道说的，从梯也尔政府决定发行的内债中，梯也尔本人及其政府的其他成员，其中包括财政部长普野—克尔蒂约，应当得到三亿多法郎的"佣金"。梯也尔后来承认，和他商谈借债的金融界代表曾要求迅速扑灭巴黎的革命。在凡尔赛军队镇压了巴黎公社以后，通过了发行内债的法令。

6月12日 致信爱德华·斯宾塞·比斯利，指出：尽管我很钦佩您在《蜂房》上发表的文章，但是我几乎为在该报上看到您的大名而感到惋惜。——请允许我顺便指出，我作为一个有党派的人，是同孔德主义势不两立的，而作为一个学者，我对它的评价也很低。但是我认为您是英国和法国的唯一的一个不是作为宗派主义者、而是作为历史学家（从这个词的最好的意义上讲）来对待历史上的转折点（危机）的孔德主义者。《蜂房》冒充工人报纸，但是，实际上它是叛徒的机关报，它已经出卖给赛米尔·摩里之流了。在最近的普法战争期间，国际总委员会不得不同这家报纸断绝一切关系，并且公开声明：它是一家冒牌的工人报纸。但是，除了伦敦的地方报纸《东邮报》以外，伦敦的各家大报都拒绝刊登这项声明。在这种情况下，您在《蜂房》上撰稿又会给正义的事业造成损失。

使我感到欣慰的是，"小报"每天都在发表关于我的文章和我同公社之间的关系的无稽之谈，而且这类东西每天都从巴黎寄到我这里来。这证明凡尔赛的警察当局要弄到真正的文件是有很大困难的。我和公社的联系是通过一位德国商人保持的；这位商人一年到头都在巴黎和伦敦之间来回做买卖。一切都由口头转达，只有两次例外：

第一次是，我通过这位中间人送给公社委员们一封信，答复他们提出的如何在伦敦交易所拍卖一批有价证券的问题。

第二次是，5 月 11 日，即惨剧发生前十天，我用同一办法告诉他们有关俾斯麦和法夫尔在法兰克福达成秘密协议的详情细节。

这个消息来自俾斯麦的一位得力助手，这个人过去（从 1848 年到 1853 年）参加过我所领导的秘密团体。他知道我还保存着他从德国寄给我的有关德国情况的所有报告。他要依赖我保全他。因此，他老是想方设法向我证明他的善意。我对您说过，有一个人曾经警告我说，如果我今年还到汉诺威去访问库格曼医生，俾斯麦就决定逮捕我，那就是这个人。

如果公社听从我的警告，那该多好呵！我曾建议公社委员们加强蒙马特尔高地的北部，即对着普鲁士人的那一面，而当时他们是还有时间这样做的；我曾事先告诉他们，如果不这样做的话，他们就将陷入罗网；我向他们揭露了皮阿、格鲁赛和韦济尼埃；我曾要求他们立即把那些足以使国防政府成员声名狼藉的全部案卷寄到伦敦来，以便在一定程度上制止公社敌人的疯狂行为。——如果公社听从我的警告，那末凡尔赛分子的计划总会部分地遭到失败的。

要是凡尔赛分子已经找到了这些文件，他们就不会公布伪造的文件了。

国际的宣言不会在星期三以前发表。到时候，我将马上寄给您一份。四五个印张的材料，现在印成了两个印张。这就要校对、订正好几遍，并且难免发生一些印错的字句。因此，发表的日期也就延迟了。

评论：马克思表示钦佩比斯利专门论述巴黎公社的文章，这些文章载于 1871 年 3—6 月的《蜂房》上。马克思讲述自己与孔德主义或实证论势不两立。马克思在信中揭露《蜂房》冒充工人报纸。《蜂房》从 1864 年 11 月起是国际工人协会的正式机关报，但是，该报站在自由派工联主义的立场上。《蜂房》编辑部拖延国际的文件的发表并加以伪造，随意处置关于总委员会会议的报道。信中还告知请一位女友给匿居在巴黎的一些公社委员带去几张合法护照等事情。

6月13日 致信尼古拉·弗兰策维奇·丹尼尔逊，指出：我很乐于整理"第一章"，但是最早也要过两个星期才能着手做这件事。因为病了两个月，积下了许多工作，须先办理一下。以后，我还要把一些细小的修改开列一个单子寄给您。

说到续写我的著作，我们的朋友的消息是出于误会。我曾认为必须把稿子全部改写。而到目前为止，我还缺少一些必要的文献，不过这些文献最终会从合众国寄来的。

我们的朋友应该从他的商业旅行中返回伦敦了。他为之奔波的那家公司的代理人分别从瑞士和其他地方给我来信。如果他再不回来，这家公司就会垮台，他自己也就会永远失去继续为该公司服务的机会。公司的竞争者都在打听他，在到处寻找他，并且将用阴谋把他诱入陷阱。

多蒙您盛意给我寄来各种俄文书籍，对此我非常感谢。所有这些书籍都顺利地寄到了。

尽管我有病，我还是刚刚发表了一篇宣言，篇幅约两个印张。我怎样给您寄去呢？

评论：信中告知整理《资本论》第一卷德文第一版第一章的安排。丹尼尔逊听洛帕廷说马克思打算为俄文版重新校订这一章，因而请求马克思把新的校订本寄去。马克思当时很忙，无法专门为俄文第一版重新修订这一章。信中谈到的误会是关于马克思前几年写的《资本论》第二册和第三册的手稿。马克思本人没有来得及将《资本论》第二册和第三册手稿付印。信中谈到的"我们的朋友应该从他的商业旅行中返回伦敦"，指的是洛帕廷赴西伯利亚营救流放中的车尔尼雪夫斯基一事。后来，洛帕廷被捕入狱了。马克思显然还不知道洛帕廷被捕，不了解丹尼尔逊对此所作的暗示。当马克思得知洛帕廷会发生危险时，打算通过丹尼尔逊事先告诉他此事。马克思感谢丹尼尔逊和洛帕廷经常寄来俄文的主要是经济问题方面的学术著作和资料。马克思对车尔尼雪夫斯基的著作作了极高的评价。在丹尼尔逊1871年5月寄给马克思的书籍和文章当中，有车尔尼雪夫斯基1857年发表的著作《论土地私有制》。

6月13日 致信女儿燕妮、劳拉和爱琳娜，指出：我病了一个半月之后，健康又完全恢复到目前情况下所能恢复的程度。另外，在我们家里，真是一塌糊涂，粉刷、油饰、上色、裱糊，弄得乱七八糟。最近几天来，嘈杂声和经常的从一处往另一处搬动，完全毁坏了我的神经系统，因而我在将军家里住的时间，要比在自己家里住的时间还多。

我很想得到关于燕妮健康状况的更详细的消息。我担心——我从字里行间看出，——她还没有完全恢复健康。总的说来，现在在征询了著名医学专家的意见和获得全面的情况之后，我认为你们都应当离开法国的比利牛斯地区，搬到西班牙的比利牛斯地区。那里的气候要好得多，而你们在那里也会更加强烈地感觉到你们所需要的那种变迁。这对于图尔尤其如此，假如他今后还不接受那些精通医学、深知他的身体情况、并向他以前在波尔多等地的医生征询过的人们的忠告，那末他的健康状况将会恶化，甚至可能有很大的危险。因此，我希望你们不要怕小小的麻烦，搬到更有益于健康的地方，然后立即给我寄来你们的新地址，以便我能够给你们寄去我的新"地址"。

在伦敦这里，目前生活十分枯燥。成群的乡亲在街头闲逛。从他们张皇失措的表情，从他们看待一切事物的惊异神态，从他们在川流不息的马匹、单马车、公共马车、大人、小孩和狗面前所感到的惊慌恐惧的神色，立刻就可以认出他们来。

我听说，妈妈和洛尔米埃太太进行着有关政治的激烈斗争。我不知道，他们是否已经达到白刃战的地步，或者还只限于尖锐的言词，没有伤害肢体。

我从圣彼得堡收到了非常珍贵的书籍和非常友好的来信，信中向我提出了各种建议。

拉甫罗夫（不是阿诺罗夫）是个很好的青年，他不是没有才能，但是他白白浪费了时间并损坏了自己的脑子，因为他在最近二十年期间，主要是读了这个时期的德国书籍（哲学和其他方面的），这是全部现有书籍中最糟糕的。看来，他以为，既然这些书是德国的，那就必定是"科学的"。

评论：马克思关心燕妮的健康，建议她们搬到更有益于健康的地方去。信中告知收到了来自圣彼得堡的非常珍贵的资料。国际俄国支部的委员们通过贝克尔也寄给马克思一些书。马克思告知，丹尼尔逊在信中建议在俄国出版《资本论》第二册和第三册。信中肯定了拉甫罗夫，也批评他受到一些糟糕的德国书籍的影响。

6月18日　致信路德维希·库格曼，指出：你知道，在最近这次巴黎革命的整个期间，凡尔赛报纸（在施梯伯参与下）不断辱骂我，说我是"国际的最高首脑"，而这里的报纸也随声附和。

现在再谈谈宣言，这你大概已经收到了吧！它引起了一片疯狂的叫嚣，而我目前荣幸地成了伦敦受诽谤最多、受威胁最大的人。在度过二十年单调的沼泽地的田园生活之后，这的确是很不错的。政府的报纸《观察家报》以向法庭起诉来威胁我。看他们敢！对这帮恶棍我一点也不在乎！附上《东邮报》剪报一份，上面载有我们对茹尔·法夫尔的通告的答复。我们的答复最初发表在6月13日《泰晤士报》上。这家可敬的报纸由于这种轻率行为遭到了鲍勃·娄先生（财政大臣和《泰晤士报》监事会委员）的严厉斥责。

评论：信中告知自己受到法国报纸的辱骂，《法兰西内战》的发表受到围攻。随信附上一份剪报，告知对通告的答复。1871年6月6日，法夫尔向驻法国的外交代表发出通告，呼吁欧洲各国政府组织起来共同迫害国际。总委员会讨论了关于这个通告的问题，委员会批准了马克思和恩格斯共同起草的《总委员会关于茹尔·法夫尔的通告的声明》。声明发表于 1871 年 6 月 13 日《泰晤士报》。

7 月 11 日 致信莱昂·比果，指出：3 月 18 日革命之后过了几天，伦敦的报纸公布了一封电报，按照这封电报，这次革命似乎是由我和好象到伦敦来与我串通的布朗基和阿西先生阴谋发动的。我当时就在《泰晤士报》上发表声明说，所有这一切是法国警察机关炮制的荒谬谣言。

评论：这是马克思的复信。莱昂·比果在 1871 年 7 月 6 日曾给国际工人协会总委员会书记写过一封信。比果在巴黎军事法庭审讯一批公社社员时曾出庭作为被告国民自卫军中央委员会委员和巴黎公社委员阿西的辩护人。比果受阿西的委托，曾询问国际的领导人有关资产阶级报刊诬控马克思"散布"关于阿西的"谣言"这件事，对此，马克思揭穿这一切是法国警察机关炮制的荒谬谣言。

7 月 12 日 致信阿·奥·拉特森，指出：随信寄去国际总委员会的下列出版物：

（1）成立宣言和临时章程。
（2）1866 年日内瓦代表大会最后通过的国际工人协会章程。
（3）1866 年日内瓦代表大会决议和 1868 年布鲁塞尔代表大会决议。
（4）《泰晤士报》（1868 年 9 月 9 日）（总委员会向布鲁塞尔代表大会的报告）。
（5）比利时的屠杀。
（6）致合众国全国劳工同盟的公开信。
（7）向在巴塞尔召开的第四次年度代表大会的报告。
（8）关于爱尔兰大赦问题。
（9）日内瓦对建筑工人实行的同盟歇业。
（10）第五次年度代表大会的议程。注意：普法战争阻碍了代表大会的召开。
（11）关于普法战争的两篇宣言。
（12）《法兰西内战》宣言（第二版）。

这个单子虽然还不完全，但是包括了总委员会公布的最重要的文件。

宣言《美国大使华施贝恩先生》现在正在印刷，明天就寄给您。

又及：附上致阿伯拉罕·林肯的公开信的手抄副本和他的复信。

评论：这是一封草稿。这封信是对英国内务大臣普鲁斯的私人秘书阿·奥·拉特森的信的答复。拉特森请马克思寄给他国际工人协会总委员会的所有正式出版的文件。随信还附上了总委员会祝贺林肯再度当选总统的《致美国总统阿伯拉罕·林肯》的公开信。

7 月 22 日 致信尼古拉·弗兰策维奇·丹尼尔逊，指出：请原谅我这么久才回信。近来，我工作很忙，甚至连睡觉的时间都没有。

因此我也没有考虑对《资本论》做些什么。不过，下星期我一定开始工作并为您准备我已准备好寄往柏林的邮件，但是不幸，由于疏忽没有寄出，仍留在这里。所以请给我寄来柏林的新地址，我好立即把邮件寄去。

如果您能在柏林给我找到一个代理人，可以作为我与彼得堡进行某一部分商务活动的中间人，那是很有益的，对于某些商品来说，这条弯路可以比直路更短些。直线远不是在所有场合都象数学家所设想的那样是最短的。

评论：这是马克思以化名写的信。谈到一些事情。马克思表示工作非常忙碌；没有时间修改《资本论》。丹尼尔逊曾要求马克思将总委员会出版的国际工人协会文件转寄给他，为了保密起见，文件经柏林转递。

7 月 26 日　致信查理·卡隆，指出：信寄给新奥尔良的查理·卡隆（国际共和主义俱乐部的主席兼临时秘书）。接受为国际的支部。已给他们去信，让他们和纽约的中央委员会联系。给他们寄去一份《内战》（第二版），一份章程和一份《华施贝恩》。

评论：这封信的原件没有找到。信是以马克思在自己的摘记本上所写的书信内容记录的形式保存下来的。马克思的信是对卡隆 1871 年 7 月 15 日给荣克的信的答复，卡隆在信中谈到，新奥尔良国际共和主义俱乐部打算加入国际工人协会。后来，俱乐部曾作为第十五支部加入国际。

7 月 27 日　致信路德维希·库格曼，指出：国际的工作很多，加之伦敦挤满了流亡者，我们应当给以关怀。此外，各种各样的人，如新闻记者和其他人士都包围着我，要亲眼看看这个"怪物"。

直到现在人们都认为，罗马帝国时代之所以可能创造基督教神话，仅仅是由于还没有发明印刷术。恰恰相反。顷刻之间就可以把自己的发明传遍全世界的报刊和电讯，在一天当中所制造的神话（而资产阶级蠢驴还相信和传播它），比以前一个世纪之内所能制造的还要多。

又及：你也许会感到惊讶，我在给《派尔－麦尔》的信中暗示要决斗。原因很简单。如果我不这样使编辑有个借口说出一些廉价的俏皮话，他就会干脆拒绝刊载这一切。在这里他上了圈套，恰恰做了正是我所需要的事情：他逐字逐句地转载了宣言中对茹尔·法夫尔及其同伙的指责。

评论：信中请库格曼理解自己因忙碌而回信不及时，讲述自己与《派尔－麦尔新闻》报机智地打交道，还谈到受凡尔赛政府的迫害而流亡英国的公社社员抵达伦敦，国际总委员会及马克思积极进行募捐和给以物质救济，并为公社流亡者安排工作。

7 月 27 日　致信尼古拉·伊萨柯维奇·吴亭，指出：星期二总委员会决定，今年（鉴于特殊情况）将不召开代表大会，但是将象 1865 年那样在伦敦召开秘密代表会议。将建议各支部选派自己的代表。关于召开这次代表会议的事，不要在报纸上公布。会议将是秘密的。代表会议所要讨论的不是理论问题，而仅仅是组织问题。

会上还要研究某些国家各支部之间的分歧。代表会议将于 9 月 17 日（9 月的第三个星期日）在伦敦开幕。荣克将把这些决定通知贝克尔和培列。

在星期二的会议上，总委员会研究了吉约姆提出的两个问题。第一、他送来两封信的副本：一封是 1869 年 7 月 28 日埃卡留斯写的，信中同盟被承认为国际的支部；另一封是 1869 年 8 月 25 日荣克写的，这是同盟交纳会费（1868—1869 年期间）的收据。吉约姆现在问，这些信是不是真的？

我们回答说，对此不能有任何怀疑。

第二个问题："总委员会是否通过了把同盟开除出国际的决议？"我们按照实际情况回答说，没有通过任何这类决议。

到目前为止，必须确认的只是这些事实，但是罗班为了派遣他的那些人的利益试图把这些事实解释成要预先来解决瑞士的纠纷问题，对此，总委员会坚决进行了驳斥！

首先指出下述情况，即在埃卡留斯来信之前的一封信中，曾经明确规定接受同盟的条件，而这些条件已为同盟所接受，现在则要弄清同盟是否履行了这些条件，这是代表会议上应当审查的问题。

至于 1868—1869 年的会费，则指出，同盟为了买得参加 1869 年巴塞尔代表大会的权利，曾付过这些钱，此后，同盟就停止交纳会费了。

关于第二个问题，指出，即使总委员会没有通过开除同盟的决议，那也决不能证明，同盟没有以自己的行动开除了自己。

总之，总委员会决定，它只回答吉约姆所提问题的事实，而把实质问题提交代表会议来解决。

《平等报》经常不按时寄来。

又及：我没有以俄国书记的身分在总委员会宣言上签名，为的是不影响我们俄国朋友的声誉。

评论：这是一封草稿。马克思谈到关于国际代表大会的安排，由于形势所限，会议将是秘密的。马克思讲述了星期二会议的内容。巴枯宁主义者罗班在 1871 年 7 月 25 日总委员会会议上提出巴枯宁主义的同盟和国际的关系问题。同盟的日内瓦支部曾被接受加入国际。后来根据马克思和恩格斯的提议，总委员会决定，将在代表会议上审查同盟领导人是否履行在接受其支部加入国际时所提出的条件问题，破坏这些条件就使同盟的组织置身于国际工人协会的队伍之外。

8 月 10 日 致信泰奥多尔·科尔，指出：我从列斯纳那里收到给佩斯裁缝工人的四英镑一先令六便士以后，在德国报纸上看到，佩斯裁缝工人的罢工已告结束。

因此，我立即写信给雅科布·霍兰德尔（按霍兰德尔本人给工人协会提供的约翰·特拉夫尼克的地址）。我在信中告诉他，已经收到德意志工人协会要转寄给他的四英镑一先令六便士，但是在德国报纸上看到罢工结束的消息以后，我曾问他，如果这个消息属实，佩斯裁缝工人是否同意将这些钱转入法国流亡者基金？我请他立即回信。

因为回信没有来，我于6月27日（您从附上的收据可以知道）以工人协会的名义将钱转入了流亡者基金。

我这样做是基于下述条件：如果佩斯工人通过自己的通讯员霍兰德尔要求我以另外方式处理这些钱，那末，我以工人教育协会名义转入流亡者基金的四英镑一先令六便士应当看作是我个人交纳的，而该项款子我将如数寄给佩斯的工人协会。

收到您的信以后，我就写信给巴赫鲁赫（住在巴黎的匈牙利工人），请求通过可靠的途径征询佩斯的雅科布·霍兰德尔的意见，并要求他立即给我回信。

同时我请您通知协会，我从中退出。

评论：这是一封草稿。这封信是由于参加伦敦德意志工人共产主义教育协会的拉萨尔分子进行诽谤而写给该协会的财务委员泰奥多尔·科尔的。后来，拉萨尔分子被开除出协会。

8月10日 致信阿道夫·于贝尔，指出：凡尔赛的检察官拟定了一份荒诞的对国际的起诉书。为了有利于辩护，把下面的事实告诉比果先生，也许是有益的：

（1）附上总委员会关于普法战争的两篇宣言（编号一）。在1870年7月23日的第一篇宣言里，总委员会声明说，战争不是法国人民，而是帝国发动的，俾斯麦实质上是和波拿巴一样有罪的。同时总委员会号召德国工人不要让普鲁士政府把防御战争变为征服战争。

（2）1870年9月9日（共和国宣告成立后五天）的第二篇宣言是对普鲁士政府征服计划的极为有力的揭露。它号召德国和英国的工人站到法兰西共和国一边。

在德国，国际协会所属的工人确实激烈地反对了俾斯麦的政策，所以俾斯麦才按捏造的"阴谋"通敌的罪名下令把国际的德国主要代表非法逮捕并囚禁在普鲁士的要塞内。

在伦敦，英国工人响应总委员会的号召，举行了大规模的集会，以迫使本国政府承认法兰西共和国和全力反对肢解法国。

（3）现在，难道法国政府不知道战争期间国际给予法国的支持吗？恰好相反。茹尔·法夫尔先生驻维也纳的领事勒费夫尔先生甚至贸然公布了一封——以法国政府名义——致德意志国会中的两个国际代表李卜克内西先生和倍倍尔先生的感谢信。他在这封信中写道（我是按勒费夫尔那封信的德译文译回来的）：

"先生们，只有你们和你们的党〈即国际〉是维护德国古老传统即人道主义精神的"，如此等等。

瞧！这封信在叛国案的审讯中出现了，这是萨克森政府在俾斯麦的逼迫下对李卜克内西和倍倍尔进行的并且直到现在还在继续进行的审讯。这封信成了俾斯麦在德意志国会延期开会以后逮捕倍倍尔的借口。

正当无耻的报纸向梯也尔告密，说我是俾斯麦的奸细的时候，俾斯麦却以背叛德国的罪名把我的朋友监禁起来，并且下令，只要我一踏上德国的国土，就把我逮捕起来。

（4）在停战前不久，那位可敬的茹尔·法夫尔——正如总委员会在 6 月 12 日给《泰晤士报》的一封信里所宣布的（这封信的副本现在一并附上，编号二）——通过他的私人秘书雷特兰热尔博士请求我们在伦敦组织支持"国防政府"的群众性游行示威。正如总委员会在给《泰晤士报》的信里所说的，雷特兰热尔补充说，这样做的时候不要提"共和国"，而只提"法国"。总委员会拒绝协助这样一种游行示威。但是，这一切证明，法国政府自己认为"国际"是法兰西共和国反对普鲁士征服者的同盟者——而事实上，它确是法国政府在战争期间的唯一的同盟者。

评论：这是一封草稿。信中谈到一个误会，解释了计划出版审讯一批巴黎公社社员的第三军事法庭的记录一事。后来，由于经费困难，出版计划并没有实现。信中谈到的"凡尔赛的检察官拟定了一份荒诞的对国际的起诉书"，指对一批巴黎公社社员的起诉书，在起诉书中，3 月 18 日的革命和巴黎公社被描绘成国际和"革命党"反对法兰西共和国的"阴谋"。起诉书歪曲公社的革命行动，竭力把对公社社员的审讯变为"纵火""偷窃"和"凶杀"的普通刑事案件。马克思在信中为辩护提供了一些事实，以有利于辩护。

8 月 14 日　致信阿道夫·于贝尔，指出：从《人民国家报》第 63 号（1871 年 8 月 5 日，请注意我标出的地方）上，比果先生可以看到，对李卜克内西、倍倍尔等人正以阴谋叛国罪进行审讯，而勒费夫尔的信正是起诉文件之一。

附上一个英国人威·特雷特先生关于财政部火灾的声明，以便替茹尔德辩护。

评论：这是一封草稿。信中谴责对李卜克内西和倍倍尔的迫害。俾斯麦政府对社会民主工党领导人进行审判，指控他们"图谋叛国"。信中附上一份声明，以便替茹尔德辩护。警察机关伪造文件说茹尔德放火烧财政部大厦。

8 月 25 日　致信弗里德里希·波尔特，指出：下星期您将收到总委员会为公社流亡者求援的呼吁书。他们大部分都在伦敦（现有八十到九十人）。总委员会在此以前把他们从死亡线上救了出来，但是近两个星期来，我们的经费快用光了，同时新来的人逐日增多，所以他们的处境极为悲惨。我希望，纽约方面将尽力援助。在德国，党的全部经费都给那些受当地警察迫害的人使用；在奥地利以及在西班牙和意大利，情况也是这样。在瑞士，不仅要救济流亡者，虽然只是一小部分，而且由于圣加伦的同盟歇业，还要援助国际的会员。最后，在比利时也有流亡者，虽然为数不多，此外，比利时人还要帮助那些去伦敦的人。

由于这些情况，供给在伦敦的大批流亡者使用的全部经费，到现在为止，完全是在英国募集的。

现在参加总委员会的有下列公社委员：赛拉叶、瓦扬、泰斯、龙格、弗兰克尔，还有下列公社代表：德拉埃、罗沙、巴斯特利卡和沙兰。

我给《纽约先驱报》寄去一份声明，对于该报记者就我同他的谈话所写的荒唐的和完全歪曲事实的报道，我拒绝承担一切责任。我不知道该报是否刊登了这篇声明。

评论：信中谈到欧洲各国反动政府共同反对国际的行动，这种行动在巴黎公社失败以后特别加强了。在德国、奥地利和意大利，对流亡者进行逮捕。1871 年春天和夏天，西班牙政府对工人组织和国际支部采取了镇压措施；西班牙联合会委员会委员莫拉、莫拉哥和罗伦佐被迫流亡里斯本。马克思还谈到由于圣加伦的工人罢工，国际会员需要援助。罢工得到了国际瑞士组织的支持，在政府当局干预冲突之后，罢工以妥协告终。尽管工人们的要求没有全部得到满足，但是罢工巩固了圣加伦无产阶级的团结，国际组织开始壮大。

马克思还谈到对自己的歪曲报道。1871 年 8 月 3 日，《纽约先驱报》刊登了伦敦记者关于 1871 年 7 月 20 日同马克思谈话的报道；这篇报道捏造了谈话内容。《高卢人报》摘要转载了这篇报道，马克思把寄给《纽约先驱报》的声明的副本寄给了《高卢人报》编辑。马克思表示，对这个荒唐的、完全歪曲事实的报道拒绝承担一切责任。

8 月 19 日　致信恩格斯，指出：今天是这里的第一个好天。昨天和前天都下雨。遗憾的是，我没有把治肝疼的药带来，但是，空气对我来说异乎寻常的好。如果可能（并且如果孩子们到时候不回来），我乐于在这里呆到星期四；但我手头没有钱，而从你的来信看，你也一文不名。

至于涅恰也夫，此人用他特有的手法，亲自到处散布有关他自己的谎言，我回来以后，要以总委员会的名义，公开宣布对他不予承认。

评论：马克思因过度疲劳于 1871 年 8 月下半月在布莱顿治疗。信中谈到如何处理涅恰也夫。涅恰也夫鼓吹"彻底破坏"的无政府主义思想。对沙皇制度的尖锐批评以及对它进行坚决斗争的号召吸引了具有革命情绪的青年学生以及其他人。涅恰也夫利用巴枯宁给他的"欧洲革命联盟"的代表资格证，企图冒充国际的代表，根据 1871 年伦敦代表会议的决定，马克思写了国际工人协会与所谓的涅恰也夫密谋无关的声明。

8 月 24 日　致信恩格斯，指出：你从我今天寄给我妻子的信上可以看出，《舆论》多么低三下四地在道歉。

拉法格终于自由啦！

评论：信中谈到的《舆论》低三下四地道歉，是指 1871 年 8 月 19 日的《舆论》周报以《德国对国际的看法》为题，转述了 1871 年 7 月 30 日《国民报》第351 号上的社论《国际》这个事情。马克思在向周报编辑部提出抗议时，考虑了恩格斯的意见，在致编辑部的信中，不仅要求发表自己的声明，而且要求编辑部对诽谤进行驳斥。编辑部在 8 月 26 日刊登了马克思的抗议，与此同时还不得不满足马克思的要求，刊登了一条道歉声明。马克思还告知拉法格获得了自由。拉法格于 1871年 8 月初为躲避凡尔赛政府的迫害，准备去西班牙。但是，由于梯也尔政府的要求，于 8 月 11 日在韦斯卡被捕，十天后又被释放。

8 月 25 日 致信燕妮·马克思，指出：昨天我忘记告诉你一件有趣的事。我到这里后的第二天，在我们那条街的拐角处，又遇上了显然是在等人的那个家伙，我已告诉过你，这个人已经不止一次地跟踪恩格斯和我，恩格斯认为他是密探，对此我们有一次曾给了他"暗示"。你知道，一般说来，我对于密探缺乏嗅觉。可是这个家伙竟公然地处处在这里监视我。昨天，我对此厌烦了，我就停住脚步，转过身去，以轻蔑的目光透过长柄眼镜打量了一下这个家伙。他怎么样呢？他恭顺地脱下了帽子，而今天就不再照顾我了。

今天我给德纳写了一封很长的信，信中详细地叙述了在吕雄和西班牙的遭遇。他必定会在他的《太阳报》上刊登这封信。这类东西正好合美国人的口味。当然我在叙述这一切时，竭力（如果孩子们还要留在那里）使它不致带来危害。

谁不愿意听，谁就是最聋！老斯特普尼对于流亡者的态度就是如此。我和荣克坦率地向他说明了一切。黑尔斯给他寄去了捐款单。我告诉他达威多夫的信，最后还告诉他，为了得到救济，这里正在采取某些措施。而老蠢驴至今仍不肯掏腰包，看来也不打算这样做。昨天，他以阉人的声调告诉我，已把捐款单寄往波士顿，并且让我看了他就捐款问题写给这里一位女士的信。可是他自己呢？就是没有他！正象荣克说的，这家伙真是个"乖僻的人"。荣克上星期六来到这里，星期一又离开了。他带来自己的两个孩子，在离开之前告诉斯特普尼，他去找一个熟人，以便把孩子安置在那里。斯特普尼和他一起去了，而当荣克和女主人一切都已谈妥的时候，他则表示："我倒想照管孩子一个星期！"——于是一切又陷于紊乱。

这里的气候几乎一直是刮风下雨，因此我不断地感冒和咳嗽。但是，极好的空气和我每天进行的浴疗，对于我整个健康状况起了很好的作用。在整个这段时间里，任何事情都没有比你不在这里更使我感到遗憾。无论如何，不管发生什么情况，你今年不是在夏季就是在秋季一定要来一趟。

至于说到施韦泽派的傻瓜施奈德尔和齐赫林斯基（"裁缝"已经在德国获得很坏的名声），那末这些人很快就会感到，他们在这里并不是在德国。

我认为，在总委员会里蒲鲁东主义者太多了，我回去后将坚持把马丁和勒穆修留下来作为消毒剂。

《每日新闻》和《每日电讯》驻巴黎记者关于凡尔赛审判案的报道，真是廉价文人的极恶劣而又卑鄙的胡言乱语。

评论：马克思因过度疲劳于 1871 年 8 月下半月在布莱顿治疗。马克思告知燕妮，疗养地的空气和浴疗大大有助于自己恢复健康；讲述了自己和恩格斯被密探跟踪的事情，讲述了斯特普尼不肯为公社的流亡者捐款，国际总委员会中蒲鲁东主义者太多了，批评了《每日新闻》和《每日电讯》关于凡尔赛审判案的报道。

8月29日　致信蒙丘尔·丹尼尔·康韦，指出：我从布莱顿回来后，看到您8月24日的便函。总委员会最近一次会议将在今天召开，但是因为会上要继续讨论法国军事法庭的问题，根据上星期二通过的决议，任何外人不得入场。所以采取这个严格的措施，是因为法国警察机关的奸细曾钻进了会场。

荣幸地附上为法国流亡者募捐的捐款单。流亡者数目（目前约八、九十人）在逐日增加，而我们的基金却完全用光了。处境确实很惨。如果可能的话，最好成立一个专门委员会，负责给流亡者寻找工作，他们当中多数人是熟练工人和自由职业者。

评论：这是一封草稿。康韦是当时住在英国的美国激进派作家。康韦在信中问到，能否列席国际总委员会的最近几次会议。信中告知总委员会的会议，之所以采取任何外人不得入场的严格措施，是因为法国警察机关的奸细曾钻进了会场。信中还谈到公社流亡者的处境悲惨，流亡者的数目在增加，但是基金却用光了。马克思建议成立一个专门委员会负责给流亡者寻找工作。

9月6日　致信查理·多布森·科勒特，指出：从您的信中可以看出，您不仅表现"不安"，而且开始有些疑虑，因为您把您常用的《MydearSir》改成了《Dear-Sir》。

至于我本人，我认为"不安"的心情对于保持科学的和客观的见解，并不特别适宜。

可惜，我不能满足您的愿望。我遍访了大陆上的所有朋友，但是在任何人那里都没有找到哪怕一两篇用意大利文和法文发表的关于我那本书的为数众多的评论和摘录。普鲁士战争大大妨碍了该书法文本的出版。不论是英文的译本，还是英文的评论都没有见到过。两年以前，我的朋友弗·恩格斯寄给《双周评论》一篇对《资本论》的非常详细的分析，但是被退回了，退稿上注明："这对于《评论》的英国读者来说学术性太强了。"

我不知道，您说的是什么宣言。如果不算我曾奉寄的《法兰西内战》和《华施贝恩先生》两篇宣言的话，总委员会从1870年9月以来，除了我这次寄去的关于普法战争的宣言外，再没有发表任何宣言。除了法国和普鲁士警察机关以国际名义发表的、如我在《真理报》（巴黎）上指出纯系捏造的宣言以外，在最近期间，没有发表过任何文件。《泰晤士报》上刊载的所谓瑞士宣言，正如上星期六的那期《观察家》正确指出的，是"法文本的被歪曲了的译文，而法文本本身就很不准确……它不是来自国际工人协会，而是来自它的某些瑞士成员"。

评论：这是一封草稿。查理·科勒特是英国的激进主义者和伦敦《自由报》的编辑，曾在支援巴黎公社流亡者方面与总委员会合作。他在1871年8月30日的信中请求马克思寄给他《资本论》第一卷的摘录或关于该书的评论，以便与国际的宣言相比较。信中，马克思讲述了一些情况，表达了自己的态度。马克思表示，科勒特的"不安"甚至疑虑，对于保持科学认识和客观见解不利。信中提到的被退回的文章，是指恩格斯于 1868 年 5—6 月写的马克思《资本论》第一卷的书评，准备在《双周评论》杂志上发表，但是被编辑部拒绝。

9 月 12 日 致信弗里德里希·阿道夫·左尔格，指出：关于章程，我只指出，英文版是唯一标准的版本。代表会议将通过决定，发行英文、法文和德文的标准版本。所以需要采取这项措施，还因为与章程有关的历次代表大会的各项决议应当收入这个版本。

纽约中央委员会不应忘记：

（1）早在中央委员会成立以前，总委员会就同美国建立了联系；

（2）至于宣言，它已在伦敦发售，因此每人都有权自己花钱把它寄给在美国的朋友。第一批寄往纽约的宣言为数甚少，因为第一版在两天之内就销售一空，所以我没有得到应有的份数以便寄送。

（3）章程第六条明确规定："并不排斥每个独立的地方性团体同总委员会发生直接的联系"，而例如华盛顿支部声明，它不愿意同纽约建立联系。

评论：这封信是马克思对 1871 年 8 月 8 日左尔格的信的答复，左尔格在信中谈到，在北美各支部中央委员会和企图在国际组织中巩固自己地位的资产阶级改良派之间发生了日益扩大的冲突。马克思提醒左尔格注意中央委员会不要超越自己的权限。对于北美各支部中央委员会建议所有支部向中央委员会提供自己成员及其职业和地址的名单，马克思表示，早在中央委员会成立以前，总委员会就同美国建立了联系。而华盛顿第二十三支部在回答中声明，它打算不同中央委员会保持直接的关系，而同伦敦的国际总委员会保持直接的关系。

9 月 8 日 致信恩格斯，指出：奥耳索普的地址是：佩格韦尔湾。他没有告知门牌号码，不过，用不着写门牌。佩格韦尔湾的任何人都会告诉你，谁住在哪里。如果你能同他谈一谈，那很好，因为星期二他将带着钱到伦敦来，并邀请我去他那里。我给他详细地写了信，同时声明说，只有给我以支配捐款的充分自由，而不总是向我索取"贫困等级不同"的流亡者的名单，我才继续向他和他的朋友收集捐款。

对于可敬的法夫尔，你能说什么呢？可恶的伦敦报纸现在必须用电讯来通告自己的耻辱。

评论：信中谈到为公社流亡者收集捐款。一些巴黎公社社员受凡尔赛政府的迫害流亡英国伦敦，从 1871 年 6 月起，总委员会开展募捐给他们以物质救济，并为公社流亡者安排工作。7 月，总委员会成立了救济公社流亡者的专门委员会。

信中马克思告知与《旗帜晚报》打交道的策略。1871 年 9 月 2 日《旗帜晚报》

转载了一篇诬蔑马克思的文章，该文转自一家伦敦报纸《舆论》，而《舆论》又转自德国的《国民报》。为此，马克思给《旗帜晚报》编辑部寄去一封信，并附去给《舆论》的声明副本，要求发表声明。

9 月 23 日　致信燕妮·马克思，指出：今天代表会议终于结束了。这是一件繁重的工作。上午和下午都开会，间歇时专门委员会开会，听取目睹者的谈话，准备报告，等等。但是工作却比以往所有代表大会加在一起做得还要多，因为没有列席群众，没有必要发表装腔作势的演说。德国没有代表，代表瑞士出席的只有培列和吴亭。

上星期，罗马的革命党设宴欢迎里乔蒂·加里波第；我接到了罗马《首都报》所载有关此事的报道。一个发言人（卢恰尼先生）提议为工人阶级和"成为它的孜孜不倦的工具的卡尔·马克思"（《a Carlo Marx che（qui）se ne（en）è fatto（a fait）l'instancabile instrument（l'instrument infatigable）》）干杯，受到非常热烈的欢迎。这对马志尼来说是颇为苦恼的！

当关于我逝世的消息传到纽约的时候，"世界主义协会"召开了会议，会议的决议发表在《世界报》上，现在寄给你。

杜西也接到了表示焦急不安的彼得堡朋友们的来信。

评论：马克思告知代表会议的情况，会议很有成效。还告知了"世界主义协会"的一次会议并随信寄去了会议的决议，这是由于得到马克思逝世的谣传，"世界主义协会"召开了会议，并通过了一项决议。"世界主义协会"是 19 世纪 70 年代初产生于美国、由小资产阶级和工人组成的民主主义组织。信中谈到罗班的处境很不妙。吴亭、培列和赛拉叶在 1871 年伦敦代表会议上审查瑞士的冲突时对巴枯宁分子罗班和巴斯特利卡的分裂活动进行了揭发。

信中讲到的小燕妮的文章是指马克思的女儿燕妮写的关于 1871 年夏她们姐妹在法国遭受警察机关迫害的信，曾在《伍德赫尔和克拉夫林周刊》上发表。

9 月 29 日　致信古斯达夫·克瓦斯内夫斯基，指出：上星期在伦敦召开的国际工人协会代表会议决定，今后总委员会不再发会员卡。总委员会将发会费券（类似邮票）来代替它，每个协会会员都要把会费券贴在自己的那份章程上，或者贴在会员卡（即本国，比如说瑞士所发的会员卡）上。因此，会费券一旦印好，我就给您寄去。

至于章程，在这里（伦敦）准备出新版的英文本、法文本和德文本（后者要在德国出版）。根据代表会议的决议，每个会员均须持有一份章程。这就势必要根据 1866 年以来历次代表大会的各项决议对章程进行补充和修改。

在代表会议上，德国既没有选派代表，也没有提出报告，这种报告也象会费一样，从 1869 年 9 月起就没有收到过。德国工人党对国际迄今所保持的纯柏拉图式的关系，即一方指望另一方效劳，却不作任何交换，不能再继续下去了。这有损于德国工人阶级的声誉。因此我建议柏林支部和我建立直接通信联系；如果社会民主工党执行委员会在德国组织国际的工作方面依然无所作为的话，我也将向其他一切支部提出同样的要求。法律可能阻碍建立正规的组织，但是不能阻止社会民主工党的现有组织实际上进行在所有其他国家进行的同样工作，如吸收个别会员、交纳会费、寄送报告，等等。

您个人作为社会民主工党监察委员会委员，也许能够在这方面采取行动。

评论：信中告知了伦敦国际工人协会代表会议的一些决定，谈到德国工人党在交纳会费、寄送报告等方面的态度和做法有损德国工人阶级的声誉；马克思谈了自己的想法，并请古斯达夫·克瓦斯内夫斯基采取一些措施。

10 月 11 日 致信海尔曼·荣克，指出：从附上的培列的信中，您可以看到，他还没有收到关于同盟以及其他的决议。如果您还没有寄出，那就不要寄了，因为我将给您寄去经过校订的副本。

我已给罗兹瓦多夫斯基寄去一英镑。

请从流亡者基金中拨给杜律一些钱，使他能够离开现在住的、按他可怜的境遇来说是过分昂贵的住所。最好杜律能得到足够的钱，以赎回他在当铺典当的东西；但是，依我的意见，他不要把这些东西运回现在的住所，而应该寄存在您家里，不必付清所欠的房租就离开。他为这所破房付的钱，已经超过了应付的数目。

还请给您昨天所说的那位新来的人一英镑。

当总委员会讨论这些钱的处理时，我将坚持这些开支（从美国给我们寄来的钱一部分就是这样使用的）。

评论：培列在 1871 年 10 月 8 日给马克思的信中，请求急速寄去国际伦敦代表会议关于瑞士罗曼语区的分裂的决议。马克思告知荣克关于这一事情的安排，以及对于杜律的安排。信中谈到如何处理在美国的德国人第一支部为公社流亡者募集而寄给总委员会的四十二英镑。马克思认为，这些钱只能由总委员会在最需要救济的那些公社流亡者中间来进行分配。

10 月 19 日 致信海尔曼·荣克，指出：依我看，福雷斯蒂埃应当得到的不是三英镑，而是四英镑。既然一个人的名誉受到损害，那就应当采取措施使他在旅行期间不致由于一文不名而发生不愉快的事情。

评论：信中询问巴枯宁派打算在苏黎世的俄罗斯和斯拉夫大学生中建立同盟小组的企图。荣克 1871 年 10 月 28 日在回答马克思的询问时告知，巴枯宁派企图组织斯拉夫人支部，以对抗国际的俄国支部。

10 月 20 日 致信海尔曼·荣克，指出：我们可以付给他们两英镑，让他们去试印包括代表会议决议在内的通告。我将在星期一结束。您知道，应印英文本五百份，法文本五百份。至于章程等，还需要讨论。

评论：信中讲到的通告，是指将 1871 年伦敦代表会议的决议以总委员会致国际的各联合会和支部的通告信的形式发表。信中讲的试印包括代表大会决议在内的通告，是指为了救济贫困的公社流亡者，总委员会让这些流亡者中的排字工人印刷国际的许多文件，这封信中安排的是伦敦代表会议决议的英文本和法文本。

11月6日 致信弗里德里希·阿道夫·左尔格，指出：今天我们将把一百份代表会议的决议（五十份法文的和五十份英文的）寄往纽约。不应发表的决议将另行通知。

章程和条例的新的英文版修订本明天就出版，您将收到一千份，以便在美国推销（每份一便士）。用不着在纽约译成法文和德文，因为我们也要发行这两种文字的正式版本。请来信告诉我们，这两种文字的版本需要多少份。

我把同德国人支部和纽约委员会的通讯职务让给了埃卡留斯（根据我的建议，已任命他担任这个职务），因为我没有时间很好地履行这一职务。

第十二支部（纽约）建议总委员会承认它为美国的领导支部。埃卡留斯大概已经把反对这种要求、维持现在的委员会的决议寄给第十二支部了。

在对待华盛顿支部（它已把自己的会员名单寄给总委员会）的问题上，纽约委员会做得太过分了。除了会员人数和通讯书记姓名等等外，它没有权利要求得到其他的情况。

评论：信中告知关于《国际工人协会代表会议的决议》《国际工人协会的共同章程和组织条例》的一些安排。告知在1871年10月2日总委员会会议上埃卡留斯被任命为总委员会美国书记。北美各支部中央委员会建议所有支部向中央委员会提供自己成员及其职业和地址的名单。而华盛顿第二十三支部不接受中央委员会的安排，而同伦敦的国际总委员会保持直接的关系，对这一问题，马克思表达了自己的看法，认为纽约委员会做得太过分了。除了会员人数和通讯书记姓名等外，它没有权利要求得到其他的情况。

11月6日 致信斐迪南·约策维茨，指出：寄去代表会议的决议的法文本一份。决议的英文本也出版了，德译文将于明天寄给《人民国家报》。

国际章程和条例的英文版明天就出版。德文版可能在莱比锡出，法文版在日内瓦出。根据代表会议的最新决议，协会的每个会员均须持有一份章程。会费券一旦印好，马上就给您寄去。

至于柏林，依我看，在没有进行大规模的宣传工作之前，"一般"不要举行群众性的集会。然而，应当利用一些具有普遍意义的和大家都关心的事由来举行集会和公布文件。

最近比较合适的事由是对不伦瑞克社会民主党前委员会委员进行的无耻审讯；起诉的主要罪状是加入国际。但是，最好稍等一下，等到公开审讯，那时将把德国的注意力吸引到不伦瑞克问题上来。

政府打算向帝国国会提交一项关于国际的法案，这也会提供一个良好的机会。

应当相信，德国工人也会象当年的西班牙工人那样，坚决地起来反对政府的干涉。

我在最近的一封信里出了一个差错。1870 年正当我们决定在美因兹召开代表大会的时候（战争爆发前不久），倍倍尔给我寄来过一份详细的报告。

我将非常高兴——这不只是因为担负着德国通讯书记的职务——通过您和克瓦斯内夫斯基同柏林的其他朋友保持经常的通信联系。

评论：马克思告知了关于《国际工人协会代表会议的决议》《国际工人协会的共同章程和组织条例》等一系列安排。信中谈到了对不伦瑞克社会民主党前委员会委员进行的无耻审讯。根据法院的判决，白拉克和邦霍尔斯特被指控破坏"社会秩序"，被判处十六个月的监禁。但是由于根据不足，最后等于宣布被告无罪。信中马克思认为在柏林应该注重利用一些具有普遍意义和大家都关心的事由来举行集会和公布文件。

11 月 9 日　致信弗里德里希·阿道夫·左尔格，指出：前天我给您寄去一百份代表会议的决议（五十份英文的和五十份法文的）。

本星期内将寄给您一千份章程和条例的标准的英文版修订本，请尽力推销。

总委员会为了完成代表会议委托它的各项工作，必须负担大量的开支。

章程的修订本的标准法文版将在日内瓦印刷，标准德文版在莱比锡印刷。请来信告知，这两种文字的版本在美国大约需要多少份。

在这里的法国流亡者当中成立了一个国际的支部——"1871 年法国人支部"（约有二十四人），由于我们要求修改它的章程，它很快就同总委员会发生了争执，可能事情会闹到分裂的地步。这些人跟瑞士的一部分法国流亡者共同行动，而那些流亡者又同被我们解散的社会主义民主同盟（巴枯宁）派勾结在一起。他们攻击的对象，不是那些联合起来反对我们的欧洲各国政府和统治阶级，而是伦敦的总委员会，特别是鄙人。我花了将近五个月时间为流亡者奔波，并用关于内战的宣言挽救了他们的声誉，而他们对我的报答就是这样。

早在代表会议上，当西班牙、比利时、瑞士和荷兰的代表对总委员会可能因为掺杂太多的法国流亡者而失去国际性表示担心时，我还出来为他们辩护。但是，在这些"国际主义者"眼里，单是"德国"的影响在总委员会中占优势（因为科学是德国的）这一点就已经是一种罪过了。

现就纽约中央委员会的问题作如下通知：

（1）根据代表会议的决议（见第二项决议第一条），它今后必须改称为美国联合会或联合会委员会。

（2）一旦在各州建立较多的支部时，最切实可行的是按照比利时、瑞士和西班牙的办法，召开一次各支部的代表大会，以选出纽约的联合会或联合会委员会。

（3）一旦在各州建立相当数量的支部时，也可以相应地成立本州的联合会委员会，而纽约委员会将是它的中央机构。

（4）纽约联合会委员会和行将成立的各州委员会的地方性章程，其最后文本须在公布前报总委员会批准。

我们在意大利的工作进展很快，对马志尼派取得了巨大的胜利。在西班牙的进展也很显著。在哥本哈根成立了一个拥有一千五百名会员的新支部，并且出版了自己的报纸《社会主义者报》。

关于不伦瑞克法院对当地前委员会、白拉克和同志们的起诉书，有人已经告诉我了，这是一个无耻的文件。

您想退出委员会，我们都感到很遗憾。我还是希望，这不是您最后的决定。我自己常常也有类似的想法，因为国际的事务占去我的时间太多，影响我的理论工作。

评论：信中讲到1871年法国人支部的一些情况，这个支部里主要是一些法国流亡者。支部的领导同在瑞士的巴枯宁派勾结起来攻击国际的组织原则。1871年法国人支部章程发表在该支部的机关报《谁来了！》上，这一章程在1871年10月14日总委员会的非常会议上被提交给总委员会，并交由总委员会审查。专门委员会审查后认为，支部章程的某些条文与共同章程抵触，建议支部修改。支部在10月31日的信中声明不同意总委员会的决议，并对总委员会进行了攻击。法国通讯书记赛拉叶提出了马克思写的决议案，这个决议案得到总委员会的一致批准。以后支部便瓦解为几个小组。

马克思还谈到，一批参加公社的法国流亡者同瑞士的巴枯宁派勾结在一起，攻击自己。马克思还就纽约中央委员会的问题作出通知。针对左尔格想退出委员会，马克思表达了挽留和希望。

11月10日　致信卡尔·施佩耶尔，指出：列斯纳把您的信转给我了。由于工作繁忙，以后又得了病，使我不能早些给您回信。您的信中有一系列错误：

（1）根据章程，总委员会在美国首先应当注意的是美国人。

（2）至于和威斯特及其他人的私人通信，总委员会与此根本毫无关系。总委员会的某些英国委员，即乔·哈里斯和其他奥勃莱恩派的宗派主义者——货币流通方面的巫医——同威斯特之流保持着联系。他们给合众国写信，并不具有正式性质。如果您能提出一些证据来说明，哈里斯和其他人以总委员会的名义自行与美国通信，那末，这种岂有此理的事就会很快制止。

（3）至于总委员会委员的其他通信，我们不能加以禁止。

首先，关于埃卡留斯和杰塞普的通信，我不知道有什么可反对的。我完全不知道，我们最老的合众国通讯员之一杰塞普采取了反对纽约委员会的行动。

其次，我和齐格弗里特·迈耶尔的通信。迈耶尔和福格特是受总委员会委托的。我本人不了解他们两人，但是过去和现在一直认为迈耶尔和福格特是工人党的积极的老党员。我早就建议他们两人参加中央委员会在纽约建立的组织。

我已经好几年没有收到福格特的任何一封信了。如果他要阴谋，那自然不会得到我的支持。我只采取有利于你们运动的行动，而不采取有利于私人的行动。

至于左尔格，我对他本人也象对迈耶尔和福格特一样，不很了解。但是我深信，总委员会一定会对他的活动表示十分感谢，——我在总委员会不止一次地表示过这个意见。

（4）你们无论如何应当尽力争取工联。

评论：马克思答复和澄清了一些事情，指出总委员会没有同威斯特及其他人有私人通信。英国委员乔·哈里斯是布朗特尔·奥勃莱恩的社会改良主义观点的信徒，他们同威斯特保持着联系。马克思还谈到总委员会其他委员会的通信，表示不能加以禁止。马克思也介绍了自己和迈耶尔的通信，并表示好几年没有收到福格特的信了。信中，马克思还表示虽然不很了解迈耶尔，但是他认为总委员会一定会对他的活动表示十分感谢。

11 月 17 日 致信威廉·李卜克内西，指出：（1）关于出版章程等等，下一封信再谈。

（2）你对我的关于柏林的意见的评论，完全出于误解。我反对的只是那些没有事由的示威游行，相反，我指出了最近出现的一些"事由"，可以作为示威游行的根据并使之获得成功。

（3）首先你和倍倍尔没有出席代表会议，也没有设法让其他代表出席，然后，你就发表了波鲁特陶的通讯；他在那篇通讯中指责总委员会没有邀请德国代表，从而也许是无意识地充当了日内瓦反总委员会的阴谋分子的工具。这就被日内瓦的巴枯宁分子和同他们合谋的流亡者走卒解释为：马克思即使在德国也失去了自己的影响！

（4）你可以相信，我比你更了解国际内部的阴谋。因此，既然我写信告诉你，《人民国家报》不能刊登波鲁特陶的那些与国际多少有点关系的信件（包括这个波鲁特陶寄给你的已经登过预告的稿子），那你就应该干脆决定，你是打算反对我们还是同我们站在一起。如果是后一种情况，那你就应该坚决听从我根据确切了解的情况而提出的意见。

（5）因为我们这里对至今在你们那里开展国际事务的情况非常不满，所以我受总委员会的委托，负责同德国的主要地区建立直接联系，我已开始这样做了。

（6）我们这里的国际事务非常繁忙，以致恩格斯和我至今都找不出时间来写《共产党宣言》的序言。无论如何，我们不会为了在《人民国家报》上同波鲁特陶先生展开论战而去写它。

评论：马克思在信中回复和表达对一些事情的看法。马克思表示李卜克内西误解了自己关于柏林的意见，自己反对的只是没有事由的示威游行。马克思认为李卜克内西在通讯中指责总委员会没有邀请德国代表，无意识地充当了日内瓦反总委员会的阴谋分子的工具。马克思质问李卜克内西的立场，表达了对他开展国际事务的情况的不满。马克思表示自己将负责同德国的主要地区建立直接联系。

11 月 18 日 致信海尔曼·荣克，指出：经过一番考虑之后，我认为这样做更好：（1）您不妨用您的名义给迪耳克写一封信，不要提我。我不愿在这个问题上同他打交道，是有原因的。

评论：马克思请荣克以自己的名义写信给查·迪耳克，为公社流亡者募捐。当时，为了募捐，总委员会曾向英国的资产阶级激进派发出呼吁，其中包括议员迪耳克。信中提到弗·库尔奈，是指提名巴黎公社活动家库尔奈为总委员会委员的候选人。

11 月 22 日 致信阿道夫·于贝尔，指出：我的病一直把我困在家里，因此不能象我所想的那样尽一切努力来支持《谁来了!》的正直人士。不过，我同我的一些法国朋友们谈过，不知他们是否已经开始采取行动。

至于加入国际的条件，只要承认我们的原则就行。现寄给您三十份会员证，在您物色到新的对象时就可以使用。他们每年只须交纳一便士的会费，但是也可以根据自愿多交。您只要在会员证上填写一下新会员的名字就行了。

还寄给您三十份章程。每个协会会员均须持有一份，每份一便士。

根据最近这次代表会议通过的决议，现在正在印制可以粘贴的价值一便士的会费券，这种会费券应贴在国际会员均须持有的章程上。

凡是已经交过会员证费的人，就不必再交会费券费。

《法兰西内战》这本小册子在海—霍尔博恩街 256 号特鲁拉夫处销售。

评论：于贝尔在 1871 年 11 月 19 日的信中把《谁来了!》编辑部即将改组的消息告诉了马克思，并建议与马克思亲近的法国国际会员和公社流亡者参加该报编辑部。在这封信中，马克思告知了安排。自己因病困在家中，因此难以尽一切努力支持《谁来了!》编辑部。信中还就吸纳国际会员等事情作了交代，提出只要承认国际的原则就可以加入国际。

11 月 23 日 致信弗里德里希·波尔特，指出：昨天同时收到了您的来信和左尔格的报告。

（1）首先谈一谈总委员会对纽约联合会委员会的态度。我相信，我当时寄给左尔格的那些信（以及给施佩耶尔的信，此信我允许他私下给左尔格看），已经消除了您所代表的德国人支部的极端错误的意见。

在合众国，象在即将成立国际的其他任何国家一样，总委员会最初不得不授予个别人以全权，并委派他们担任国际的正式通讯员。然而，自从纽约委员会有所巩固以来，尽管还不能立即取消这些通讯员，但他们相继停止了自己的活动。

同以前委派的全权代表的正式通信，早就只限于在埃卡留斯和杰塞普之间进行了，而我从您本人的信中知道，您丝毫没有抱怨后者。

但是，除了埃卡留斯以外，就再没有人和合众国正式通信了，只有我和杜邦例外，杜邦当时是法国人支部的通讯员，就他进行的通信来说，也仅限于这些法国人支部。

除了您和左尔格以外，我根本没有和其他人进行过正式的通信。我和齐·迈耶尔的通信是私人通信；他从未公布过通信中的任何东西，这种通信按其内容说也决不可能妨碍或者损害纽约委员会。

另一方面，毫无疑问，乔·哈里斯，也许还有布恩——总委员会的两个英国委员——在同纽约等地的国际会员进行私人通信。他们两人属于已故的布朗特尔·奥勃莱恩派，满脑子是诸如货币流通的愚蠢思想和虚假的妇女解放之类的胡思乱想。因此，他们是纽约第十二支部以及一切与之气味相投的支部的天然同盟者。

总委员会无权禁止委员们进行私人通信。但是，如果我们得到证明，这种私人通信被冒充为正式的通信或者妨碍总委员会的活动——不管是拿去在报刊上发表，还是被利用来同纽约委员会争吵，——那末，就要采取必要措施来制止这种胡作非为。

这些奥勃莱恩派尽管很愚蠢，但是在总委员会中形成一种常常是十分必要的、与工联主义者相对抗的力量。他们比较革命，在土地问题上比较坚定，较少民族主义，不易为资产阶级用各种方式所收买。否则他们早就被驱逐出去了。

（2）当我知道德国人第一支部怀疑总委员会有些偏爱资产阶级博爱主义者和宗派主义者或浅薄之徒的团体以后，我感到异常惊讶。事情恰恰相反。

成立国际是为了用真正的工人阶级的战斗组织来代替那些社会主义的或半社会主义的宗派。只要看一下最初的章程和成立宣言就会发现这一点。另一方面，要不是历史的进程已经粉碎了宗派主义，国际就不可能巩固。社会主义的宗派主义的发展和真正工人运动的发展总是成反比。只要工人阶级还没有成熟到可以进行独立的历史运动，宗派是有其（历史的）理由的。一旦工人阶级成熟到这种程度，一切宗派实质上就都是反动的了。可是，在国际的历史上还是重复了历史上到处出现的东西。陈旧的东西总是力图在新生的形式中得到恢复和巩固。

国际的历史就是总委员会对那些力图在国际内部巩固起来以抗拒真正工人阶级运动的各个宗派和各种浅薄尝试所进行的不断的斗争。这种斗争不仅在历次代表大会上进行，而且更多的是在总委员会同个别支部的非正式的商谈中进行。

在巴黎，由于蒲鲁东主义者（互助主义派）是协会的创始人之一，在最初几年他们自然就掌握了巴黎的领导权。后来，在那里自然又成立了一些和他们相对立的集体主义派、实证论派等等的团体。

在德国有拉萨尔集团。我个人和声名狼藉的施韦泽通过两年信，并且无可争辩地向他证明了，拉萨尔的组织是一个纯粹的宗派组织，这种组织是和国际所追求的真正工人运动的组织相敌对的。他不理解这一点是有他自己的"理由"的。

1868 年底俄国人巴枯宁参加了国际，目的是要在国际内部建立一个以他为首领的叫做"社会主义民主同盟"的第二个国际。他这个没有任何理论知识的人妄图在这个特殊组织中代表国际进行科学的宣传，并把这种宣传变成国际内部的这个第二个国际的专职。

他的纲领是东一点西一点地草率拼凑起来的杂拌——阶级平等（！），以废除继承权作为社会运动的起点（圣西门主义者的胡说），以无神论作为会员必须遵守的信条，等等，而以放弃政治运动作为主要信条（蒲鲁东主义的）。

这种童话在工人运动的现实条件还不大发展的意大利和西班牙曾经受到欢迎（现在也还受到一定的支持），在瑞士罗曼语区和比利时的一些爱好虚荣的、沽名钓誉的空论家中间也受到欢迎。

对巴枯宁先生来说，学说（从蒲鲁东、圣西门等人那里乞取而拼凑成的废话）过去和现在都是次要的东西——仅仅是抬高他个人的手段。如果说他在理论上一窍不通，那末他在干阴谋勾当方面却是颇为能干的。

几年来总委员会都不得不对这种阴谋（它在一定程度上受到法国蒲鲁东主义者的支持，特别是在法国南部）进行斗争。最后，总委员会根据代表会议的决议（第一条、第二条、第三条和第九项、第十六项、第十七项）给予了早已准备好的打击。

不言而喻，总委员会不会在美国支持它在欧洲所反对的东西。决议的第一条、第二条、第三条和第九项现在给了纽约委员会一种合法的武器来消除一切宗派主义和浅薄之徒的团体，并且在必要的时候把它们清除出去。

（3）纽约委员会如果能在给总委员会的正式信件中表示完全同意代表会议的决议，那就好了。

巴枯宁（此外，第十四项决议——关于在《平等报》上发表涅恰也夫审判案——使他个人受到威胁，因为这会揭穿他在俄国的卑鄙行径）正在尽一切可能，利用他的残存党羽对代表会议提出抗议。

为此目的，他与日内瓦和伦敦的一部分堕落的法国流亡者（不过人数不多）建立了联系。他所提出的口号说，总委员会受着泛日耳曼主义（或俾斯麦主义）的统治。这是指下述不可饶恕的事实而言，即我是德国人，实际上在总委员会中具有决定性的精神影响。（请注意：在总委员会中，德国人在数量上比英国人和法国人都少三分之二。可见，罪孽在于英国人和法国人在理论方面受着德国人的统治（！），而他们把这种统治即德国的科学认为是十分有益的，甚至是必要的。）

在日内瓦，在一个资产阶级太太安得列·莱奥女士（她在洛桑代表大会上竟无耻到向凡尔赛刽子手告发费雷）的庇护下，他们出版了《社会革命报》，该报在同我们论战时几乎完全使用了《日内瓦报》这个欧洲最反动的报纸所使用的语言。

在伦敦，他们设法建立了法国人支部，这个支部的典型活动，您可以在我附上的《谁来了！》第42号上看到（同时参看载有我们法国书记赛拉叶的信件的那一号）。这个支部由二十人组成（其中许多人是密探），它没有得到总委员会的承认，而另外一个人数要多得多的支部得到了承认。

实际上，尽管这一帮坏蛋耍阴谋，但是我们在法国和俄国仍进行着广泛的宣传，在俄国，巴枯宁得到应有的评价，我的著作《资本论》恰好目前正在印成俄文本。

上述法国人支部（没有得到我们的承认，现在处于完全瓦解的状态）的书记，就是那个被我们作为密探开除出协会的杜朗。

主张放弃政治的巴枯宁的信徒，里昂的勃朗和阿尔伯·里沙尔，现在是领取报酬的波拿巴奸细，我们手中有这方面的证据。贝济埃（法国南部）的通讯员布斯凯（也是这个日内瓦集团的），据地方支部报告，是个警察！

（4）关于代表会议的决议，应当指出，所有的版本已在我手头，我首先把它们寄给了最远的据点纽约（左尔格）。

如果在报刊上过早地出现关于代表会议的报道（一半是假的），那末，这是一个会议代表的过错，总委员会已对这个人开始进行调查。

（5）至于华盛顿支部，它起初请求总委员会把它当作独立支部与它建立联系。如果这个问题现在已经解决，那末再谈这个问题就是多余的了。

至于支部，一般地需要指出如下几点：

（a）根据章程第七条，希望保持独立的支部可以直接向总委员会提出关于接受的问题。（"并不排斥独立的地方性团体同总委员会发生直接的联系"。）条例的第二节第四条和第五条是："每一个想加入国际的新支部或团体〈指"独立的地方性团体"〉，必须立即将其申请通知总委员会"（第二节第四条），"总委员会有权接受或不接受新的支部……"（第二节第五条）。

（b）但是，根据条例第五条，总委员会在关于接受的问题上应当先听取联合会或联合会委员会的意见，等等。

（c）根据代表会议的决议（见条例第五节第三条），采取宗派名称等等或者（第五节第二条）没有定名为国际工人协会支部的支部，将根本不予接受。

本信的内容请通知您所代表的德国人支部，并请遵照办理，但不要公布。

请注意：关于政治运动：

工人阶级的政治运动自然是以夺得政权作为最终目的，为此当然需要一个发展到一定程度的、在经济斗争中成长起来的工人阶级的预先的组织。

但是另一方面，任何运动，只要工人阶级在其中作为一个阶级与统治阶级相对抗，并试图从外部用压力对统治阶级实行强制，就都是政治运动。例如，在某个工厂中，甚至在某个行业中试图用罢工等等来迫使个别资本家限制工时，这是纯粹的经济运动；而强迫颁布八小时工作日等等法律的运动则是政治运动。这样，到处都从工人的零散的经济运动中产生出政治运动，即目的在于用一种普遍的形式，一种具有普遍的社会强制力量的形式来实现本阶级利益的阶级运动。如果说这种运动以某种预先的组织为前提，那末它们本身也同样是这种组织发展的手段。

在工人阶级在组织上还没有发展到足以对统治阶级的集体权力即政治权力进行决定性攻击的地方，工人阶级无论如何必须不断地进行反对统治阶级政策的鼓动（并对这种政策采取敌视态度），从而使自己在这方面受到训练。否则，工人阶级仍将是统治阶级手中的玩物，法国的九月革命已经证明了这一点，而格莱斯顿先生及其同伙在英国到现在还能够耍把戏也在某种程度上证明了这一点。

评论：信中告知收到了来信和北美各支部中央委员会关于 1871 年 10 月份的工作报告。信中谈论和澄清总委员会对纽约联合会委员会的态度以及总委员会与纽约等地的联系情况。信中谈到的德国人支部，是指纽约德国人第一支部，它是在美国的国际最老的支部，来源于德国革命流亡者 1857 年创立的共产主义者俱乐部；在这个俱乐部中起重大作用的是一批以前的共产主义者同盟盟员和马克思的战友。俱乐部的成员在宣传马克思主义的德国工人联合会中起了领导作用。1869 年 12 月，该联合会参加了国际，取名第一支部。第一支部与资产阶级改良主义者为自己的利益而利用在美国的国际组织的企图，进行了坚决的斗争，它坚定地支持总委员会反对巴枯宁派、拉萨尔派和工联派的斗争。马克思批评了纽约第十二支部（以及第九支部），这一支部是企图利用在美国的国际来实现其资产阶级改革纲领的资产阶级改良主义分子创立的。在总委员会拒绝承认它是美国的领导支部之后，第十二支部把一切小资产阶级分子联合在自己周围，掀起了反对总委员会的运动。这引起了美国的无产阶级支部和小资产阶级支部的分裂。总委员会于 1872 年 3 月把第十二支部开除出国际，此决定于 1872 年 9 月得到海牙代表大会的批准。马克思还讲述了国际成立的目的，以及国际不断与各种宗派力量斗争的历史，揭露和批评了拉萨尔集团、巴枯宁等。

信中告知《资本论》一些译本的情况。《资本论》第一卷俄文版于 1872 年 3 月底出版。印数共三千册，在当时来说是相当多的。《资本论》很快就销售一空，这出乎沙皇书报检查机关的意料之外，沙皇书报检查机关之所以允许发行这本书完全是基于下述原因，即认为《资本论》是"很少人能理解的著作"。《资本论》第一卷俄译本是由洛帕廷和丹尼尔逊翻译的，马克思给予了高度称赞。《资本论》第一卷法译本起初由国际巴黎支部成员沙·凯累尔翻译。凯累尔于 1869 年 10 月着手工作。他曾把译稿寄给马克思，马克思作了修改；到 1870 年 4 月大约已有四百页译稿。凯累尔参加了巴黎公社，公社失败后流亡瑞士，与巴枯宁派关系密切，因而马克思和他断绝了来往。《资本论》第一卷完整的法译本是由约·鲁瓦完成的。

11 月 24 日　致信塞扎尔·德·巴普，指出：如果我的时间属于我自己，我早就给您写信了。最近四个星期来，由于脓疮、手术等等，我完全循规蹈矩地没有出门。加之，一方面要处理国际的事，另一方面又要处理流亡者的事，我甚至不能为《资本论》俄译本改写第一章。由于彼得堡的朋友们催得越来越紧，我不得不让第一章仍保持原样，只作一些微小的修改。我在伦敦已经告诉过您，我常常问我自己：我退出总委员会的时候是否已经来到？协会发展得越快，我的时间就花得越多，可是最后，总还得把《资本论》写完。再说，我退出就会使国际得救，用鲁耳埃、马隆、巴枯宁、罗班一伙人的话来说，它就不会受到我的泛日耳曼主义的威胁了。

比利时联合会委员会对总委员会采取的行为使我感到怀疑。我们之间说说，安斯先生和他的老婆都是巴枯宁分子，而斯廷斯先生大概发现他的雄辩之才没有得到应有的重视。吴亭写信告诉我（当然，他自己也不相信），在日内瓦甚至有人说，您已经站到同盟分子方面去了，同安得列·莱奥、马隆、腊祖阿等人结成了联盟。

这件本身无足轻重的事情会引起很坏的后果。英国、合众国、德国、丹麦、荷兰、奥地利、大多数法国支部、意大利北部以及西西里和罗马的意大利人、绝大部分瑞士罗曼语区、整个瑞士德语区和俄国国内的俄国人（必须把他们同在国外和巴枯宁有联系的某些俄国人区别开来）都和总委员会站在一起。

另一方面，瑞士的汝拉联合会（即那些用这一名称作掩护的同盟分子）、那不勒斯、或者还有西班牙、比利时的一部分和一些法国流亡者团体（根据我们从法国收到的来信判断，这些法国流亡者团体在那里没有什么重大影响）组成了对立的阵营。这种分裂本身并不十分有害，但是正在我们必须团结一致对付共同敌人的时候发生这种事情，是极不适时的。我们的对手对自己的弱点是了解得非常清楚的，但是，他们指望通过联合比利时联合会委员会得到精神上的巨大支持。

这里，每天都有人向我要《反蒲鲁东》。如果我能得到您曾经盛情许诺我的若干本我的反蒲鲁东的作品，我就能够在法国流亡者的优秀代表中间进行一些宣传。

评论：马克思告知自己由于生病、处理国际的事情以及处理流亡者的事情，非常忙碌，无法及时回信。马克思也没有时间为《资本论》俄译本改写第一章。马克思萌生了退出总委员会的想法。在信中，马克思谈到了对比利时联合委员会对总委员会采取的行为的一些疑惑和分析。在信中，马克思表示，瑞士的汝拉联合会、那不勒斯或者还有西班牙、比利时的一部分和一些法国流亡者团体组成了对立的阵营，虽然这种分裂本身并不十分有害，但也影响了团结一致对付共同的敌人。

11 月 24 [—25] 日 致信保尔·拉法格和劳拉·拉法格，指出：不是国际的事务，就是公社社员来访，使我一直没有时间写信。你们可以根据一个事实来判断我的时间紧张到了什么程度。在彼得堡，正在把《资本论》译成俄文，但是根据我的要求，第一章的翻译暂时推迟了，因为我打算把它改写得更通俗一些。自从巴黎事件以来，我一直不能实现自己的诺言，而最后，我不得不只作极少的修改，以便不耽误全书的出版。

至于对图尔的诬蔑，那全是一派胡言，是法国人第二支部散布的谣言。法国通讯书记赛拉叶立即写信寄往波尔多。那里现有的六个支部的回答是对著名的图尔投绝对信任票。

关于在伦敦和日内瓦发生的那些丑剧，我必须从头说起。

在一些法国流亡者当中，我们把泰斯、沙兰和巴斯特利卡吸收进了总委员会。后者刚被接受，就建议要吸收阿夫里阿耳和卡梅利纳。但是，"凡事总有个限度"，我们认为，我们队伍中的蒲鲁东分子已经够多了。根据种种理由，把对这两个极受尊敬的人的选举，推迟到这次代表会议，而在代表会议以后，此事也就告吹了，因为代表会议通过了一项决议，建议我们不要吸收过多的流亡者担任我们的委员。因此，公民阿夫里阿耳和卡梅利纳大为恼火。

在这次代表会议上，《关于工人阶级的政治行动》这一决议，曾遭到巴枯宁分子——罗班、西班牙人罗伦佐和科西嘉人巴斯特利卡的激烈反对。

代表会议就"社会主义民主同盟"的问题和瑞士罗曼语区的分歧问题，成立了一个委员会（我也参加了），该委员会在我家里开了会。曾把吴亭作为一方的见证人，巴斯特利卡和罗班作为另一方的见证人请来参加会议。罗班表现得极不体面而且很怯懦。在会议开始时他发了言，但他说完以后就宣布要退席，并起身往外走。吴亭对他说，他应该留下，因为问题是严肃的，他不愿意在他缺席的情况下来谈论它。罗班用一连串出色的战术动作走近了门口。吴亭严厉地阻止他，并对他说，他正要谴责他是同盟阴谋的主谋者。

许多参加代表会议的人，例如德·巴普，都要求立即把此人开除出总委员会，但是根据我的建议决定让他收回自己的信件，如果他拒绝收回，就由总委员会来处理这个问题。由于罗班固执己见，拒不收回信件，他终于被开除出了总委员会。

代表会议以后，阿夫里阿耳和卡梅利纳着手组织法国人支部（"伦敦1871年法国人支部"）。泰斯、巴斯特利卡（他已决定返回瑞士，他在临走前想为巴枯宁在伦敦建立一个据点）和沙兰（不值一提的小丑）也参加了。他们在《谁来了!》（关于这家报纸我在下面还要谈到）上发表了自己独特的与共同章程相抵触的章程。顺便说一下，这些先生们（他们一共二十人，其中有些是警探；被总委员会公开痛斥为密探并被开除出国际的著名的杜朗就是他们的书记）攫取了指派持限权代表委托书的代表参加总委员会的权利，同时规定，支部的任何成员不应该接受担任总委员会委员的任何委任，除非是作为本支部的代表派去参加总委员会。

甚至在总委员会没有批准他们的章程以前，他们就厚颜无耻地派了肖塔尔（这个蠢货在公社期间成了巴黎的笑柄）和卡梅利纳作为自己的代表来参加总委员会。人们客气地请他们回去并等候总委员会批准章程。我受委托对该章程进行评论。总委员会给这个新支部的第一封信还是根据和解的精神写的。仅仅要求他们删去那些与共同章程和条例的文字和精神相抵触的条文。

他们勃然大怒。阿夫里阿耳（在泰斯和卡梅利纳的协助下）花了两个星期的时间草拟了一份答复，为这个答复做最后文字润色的是韦梅希（《度申老头》）。

这个家伙与他们混在一起是由于他们同一些印刷工人（流亡者）共同创办了一

家报纸《谁来了!》，它的临时编辑是勒·韦德（叔本华观点的哲学家）。韦梅希为了占据该报，就奉承他们，唆使他们反对总委员会。果然，他达到了目的。

他们派巴斯特利卡到瑞士，并从那里得到一项指示：总委员会受到泛日耳曼主义（这是指我!）、权威主义等等的压制。每个公民的首要义务就是行动起来推翻这个被篡夺了的总委员会等等。所有这一切都是来自巴枯宁（他通过日内瓦的同盟书记俄国人尼·茹柯夫斯基、吉约姆等人进行活动），他的集团（其实，在瑞士人数极少）同安得列·莱奥女士、马隆、腊祖阿以及其他一些不满于自己只起次要作用或者根本不起任何作用的法国流亡者的小团体结成了联盟。

总而言之，在伦敦，这些阴谋都破产了。法国人第二支部已处于彻底瓦解的状态（无疑，勒·吕贝、布莱德洛、贝森和其他人加速了这种瓦解）。另一个人数众多的、与总委员会一致行动的新的法国人支部已经成立。

我们已吸收了安·阿尔诺、弗·库尔奈和加·朗维耶来代替已退出的总委员会委员。

同盟和安得列·莱奥、马隆等人在日内瓦出版了一个小报《社会革命报》（编辑是一个名叫克拉里斯的人），他们在报上公开攻击总委员会和这次代表会议，说什么泛日耳曼主义（首领是德国人和俾斯麦主义者）、权威主义等等，等等。汝拉联合会（还是那个集团，不过换了名称）在桑维耳耶（伯尔尼汝拉山区）召开了一次范围极小的代表大会，决定呼吁所有国际支部支持汝拉联合会，以便立即召开一次非常代表大会，来审查总委员会的活动，并取消代表会议的那些违反自治原则的决议，据说这些决议"公开破坏"了自治原则。引起特别反对的是决议第二项的第2、3两条、第九项（关于工人阶级的政治行动）、第十六项和第十七项。他们不敢提到特别使巴枯宁感到不愉快的第十四项决议，因为这项决议向全欧洲揭发了他在俄国所干的卑鄙勾当。

马德里联合会委员会（受巴枯宁和巴斯特利卡操纵）的行为非常可疑。恩格斯从罗伦佐走后写过许多信，但从未收到回信。这些人信奉的是放弃政治的说教。恩格斯今天写信告诉他们，如果他们继续保持沉默，就要采取措施。图尔无论如何应该行动起来。我将把重新修改和增补的章程和条例的新的英文本和法文本寄给他。

我们的对手是注定要失败的。我已经说过，古·杜朗是伦敦的分裂派支部的第一书记，此人是凡尔赛的密探，已被我们揭露。巴枯宁分子勃朗和阿尔伯·里沙尔（里昂的）已经卖身投靠波拿巴。他们打着波拿巴比梯也尔好的旗帜到这里来搜罗盟员。

最后，敌视日内瓦的流亡者在贝济埃的通讯员——几乎是他们唯一的法国通讯员——被贝济埃支部揭发是一个警察局的密探（他是首席警官的秘书）。

评论：马克思谈到国际一些事情的真相，还谈到伦敦代表会议任命的由马克思、瓦扬、韦雷肯、麦克唐奈和埃卡留斯组成的关于瑞士冲突问题的委员会在马克思自己家里召开的一次会议。恩格斯也参加了该委员会的工作。信中谈到的这次会议是在 1871 年 9 月 18 日召开的。总委员会在一系列会议上研究了把罗班开除出总委员会的问题。信中还谈到这次代表会议以后国际的一系列事情。1871 年 11 月 12 日在巴枯宁派汝拉联合会的桑维耳耶代表大会上通过了《给国际工人协会所有联合会的通告》。通告包含了对总委员会的活动的诽谤性攻击。在通告中巴枯宁派建议所有联合会提出要求立即召开代表大会来重新审查国际的共同章程和谴责总委员会。通过回顾和分析一系列斗争，马克思指出，对手是注定要失败的。

11 月 29 日 致信弗里德里希·阿道夫·左尔格，指出：想必您在纽约已经收到我寄给您的代表会议的决议和各种信件。随信附上三份最近《东邮报》关于总委员会会议的报道。当然，这里只有供公开发表的东西。

关于财务问题，我必须说明如下：

（1）纽约委员会收到的《内战》小册子，每册只需付两便士。章程和条例根据销售情况，每份付一便士。但是您应该来信告诉我们，您需要多少份章程的法文本和德文本。除了您目前立即需要的数目以外，您最好还留一些作为储备。

（2）关于给我们寄来的救济流亡者的钱，总委员会需要一个明确的书面声明，说明由总委员会独自负责把钱分给法国流亡者，而所谓的"伦敦法国流亡者协会"没有监督总委员会的权利。

这样做之所以必要，是因为：虽然上述协会的会员多数都是诚实的人，但领导他们的委员会却是由一些恶棍组成，所以流亡者中的一部分人，而且是相当多的一部分人，就不愿意同这个"协会"有任何交往，而愿意直接得到总委员会的帮助。因此，我们每星期交一笔钱给协会去分配，另一部分则由我们自己直接分配。

正是以上提到的那些恶棍，对总委员会散布了极其恶毒的诬蔑，其实如果没有总委员会（它的许多成员不仅牺牲自己的时间，而且还自己掏腰包）的帮助，法国流亡者早就"饿死了"。

现在来谈谈麦克唐奈的问题。

在接受他之前，总委员会对他的品行作过仔细的调查，因为他和所有其他的爱尔兰政治家一样，也受到他本国同胞的不少攻击。

在得到关于他个人品行的确切材料之后，总委员会便选了他，因为住在英国的爱尔兰工人群众对他比对任何其他人都更信任。麦克唐奈没有宗教偏见，至于他的一般观点，要是说他有什么"资产阶级"倾向，那是荒谬的。从他的生活方式和观点来看，他是一个无产者。

如果人们对他有什么责难，那就让他们直截了当地说出来，不要转弯抹角地暗示。依我看来，那些长期被监禁而脱离运动的爱尔兰人并不是权威的裁判。最好的证明就是他们同《爱尔兰人报》的关系，该报的出版者皮哥特是个投机分子，而经理墨菲是个恶棍。这家报纸一直阴谋反对我们，尽管总委员会为爱尔兰的运动出了不少力。在这家报纸上，麦克唐奈经常遭到一个跟坎伯尔（伦敦警察机关的官员）有联系的爱尔兰人（奥当奈尔）的攻击；这是个酒鬼，只要警察给他一杯杜松子酒，他就会把他所知道的一切秘密都说出来的。

麦克唐奈被任命以后，墨菲就在《爱尔兰人报》上对国际（不仅是对麦克唐奈）进行攻击和诽谤，与此同时，私下却要求我们任命他为爱尔兰书记。

至于奥顿诺凡—罗萨，我很奇怪为什么在您写信把他的事情告诉我以后，您至今还把他当做权威。如果说有人从个人来说应当感激国际和法国的公社社员，那正是他，可是您看到，我们从他那里得到的是什么样的感激。

请纽约委员会的爱尔兰会员们不要忘记，为了对他们有好处，我们首先要对住在英国的爱尔兰人施加影响，为此目的，我们所能确定的人没有比麦克唐奈更好的了。

评论：这封信是用国际工人协会总委员会的公用笺写的。信中谈论了国际的财务问题的情况，询问左尔格需要多少份章程的法文本和德文本。肯定了麦克唐奈的工作和贡献。麦克唐奈被选为总委员会爱尔兰书记。在马克思、恩格斯的大力协助下，1871—1872 年在英国的许多城市里建立了国际爱尔兰支部。马克思认为麦克唐奈是一个无产者，住在英国的爱尔兰工人群众更信任他。

12 月 18 日　致信劳拉·拉法格，指出：首先，热情感谢图尔的建议。我接受这项建议，但有以下两个必要条件：

（1）如果事情失败，我应支付预付款及其通常利息；

（2）图尔的预付款不应超过两千法郎。出版商声称，这笔款子只是开始时需要，我以为这是不祥之兆。无论如何，图尔应当提出一项条件，即他所承担的义务只限于这个"开始"。

从各方面说，我认为价格便宜的普及版比较好。

由于各种情况的巧合，正是现在需要出德文第二版。我正全力以赴地忙于准备工作（因此只能简单地写几句），而法文版的译者自然应该根据校订过的德文版翻译（我将把经过修改的旧版本寄给他）。妈妈正在打听凯累尔的下落。为此，她已给他的姊姊写了信。如果不能（及时地）找到他，那我们要将此事委托给翻译费尔巴哈著作的译者。

俄文版（根据德文第一版译的）将于明年 1 月在圣彼得堡出版。

评论：信中回复了劳拉。劳拉在 1871 年 12 月 12 日给马克思的信中告知了与法国出版者莫·拉沙特尔关于出版《资本论》第一卷法文版初步谈判的结果。劳拉说：拉沙特尔赞同用法文出版《资本论》的主张，并询问出哪种版本比较好，是普及本（三个法郎）还是精装本（六个法郎），同时还说，开始大约需要四千法郎，作者应付半数。马克思在回复中表示，接受建议，并提出了两个必要条件。马克思认为，价格便宜的普及版比较好。信中还告知关于出版《资本论》德文第二版、法文版等的计划。

1872 年

1 月 7 日　致信马耳特曼·巴里，指出：很抱歉，您既没有在家里碰到我，也没有碰到恩格斯先生。显然，您的一些来信所持的出发点是，断定我们在总委员会里组织了一个特殊的派别。如果我们认为黑尔斯先生有错而反对他，那我们只是履行自己的职责；如果发生类似的情况，我们也会同样地对待其他任何一个总委员会委员的。然而，这同派别没有任何共同之处。我们不知道总委员会里有任何派别。在黑尔斯先生的朋友当中，有一些很可敬的人，他们长期以来为我们的事业进行了斗争。

如果莫特斯赫德先生"同意推举自己为书记候选人"，那末无论如何，我们并没有请求他这样做。由于他担任着有报酬的"工人代表同盟"的书记，这件事几乎是不可能的。在上星期二的会议之后，恩格斯先生已明确告诉您，他还没有决定应当投谁的票，并说目前我们对所提的候选人有不同意见。因此，我们决定让我们大陆上的朋友们自己酌情行事。

我们认为，最重要的是确定联合会委员会的地位和机构。至于书记的职务，这主要是个别人选的问题，这个问题看来不应当也不可能匆忙决定。不管怎样，这要看情况而定。

评论：这是一封草稿。马耳特曼·巴里在 1871 年 12 月和 1872 年 1 月初给马克思和恩格斯的信中，建议选举新的总委员会书记，因为黑尔斯还当选为不列颠联合会委员会的书记；同时，巴里指出黑尔斯可能会把不列颠委员会同总委员会对立起来。信中，马克思进行了一些解释，认为巴里的一些来信所持的出发点是，断定总委员会里组织了一个特殊的派别。马克思认为最重要的是确定联合会委员会的地位和机构。马克思表示，恩格斯已告知他还没有决定应当投谁的票，建议酌情行事。马克思认为关于书记的职务，不应当也不可能匆忙决定，要看情况而定。

2 月 1 日　致信斐迪南·约策维茨，指出：我给您的回信耽搁了，有三个原因：

第一、太忙，因为几个受政府代理人指使的徒骛虚名的庸碌之徒在国际内部挑起了一场纠纷，此外，我的时间都用于我的那本关于资本的书的德文第二版和我根据德文第二版准备的法文版以及我不得不作种种修改的俄文版。

第二、总委员会在本星期初才收到会费券。现附上五百张。章程和组织条例的德文本正在印刷，很快就可以在《人民国家报》发行部按一个银格罗申一份出售。

第三、我们正忙于起草一个内部通告，揭露巴枯宁及其拥护者等等的阴谋。通告一经拟好和印刷后，您就会收到一份。只能暂告下述情况：法国人中所有值得争取到我们这方面来的人都拥护我们。这里成立的那个小小的分立主义支部已经分裂成三个互相谩骂的支部。

评论：马克思解释了回信耽搁的三个原因，一是太忙，忙于处理国际内部的纠纷，以及撰写《资本论》德文第二版等相关事情；二是总委员会刚刚收到会费券，1871 年伦敦代表会议决定采用价值为一便士的会费券，会费券应贴在会员证或协会每个会员均须持有的章程的专页上，会员卡作废；三是与恩格斯正忙于起草内部通告《所谓国际内部的分裂》，揭露巴枯宁及其拥护者等的阴谋。

信中告知法国人支部已经分裂成三个互相谩骂的支部。马克思表示，只能暂告法国人中所有值得争取到国际这方面的人都拥护国际。

2 月 1 日　致信海尔曼·荣克，指出：为了起草通告，我们需要下列信件：

（1）在代表会议期间，您收到一个巴枯宁分子，可能是茹柯夫斯基的信，信中通知成立了一个新的宣传支部，并请总委员会批准。我听吴亭说，您已作了初步答复，并说这个新支部无非是社会主义民主同盟的再版。

这是我们需要的第一封信。

（2）马隆的信，他在信中请求总委员会承认在他领导下在日内瓦成立的"法国人支部"。

（3）代表会议后收到的由瑞士寄来的有关"纠纷"的信件；您曾对总委员会说过，这些信件将交给小委员会。

致兄弟般的敬礼。

评论：信中告知为起草《所谓国际内部的分裂》所需要的信件。荣克作为总委员会瑞士通讯书记收到了大量有关罗曼语区联合会同分裂主义的巴枯宁派支部进行斗争的信件；马克思在信中告知为了起草通告需要的信件。信中提到的新的宣传支部是宣传和革命社会主义行动支部，这一支部申请国际总委员会批准。马克思从吴亭那里得知，荣克已经作了初步答复说这个新支部是社会主义民主同盟的再版。

2 月 9 日　致信海尔曼·荣克，指出：请将附去的合同用印花纸印好一式两份，其中一份由莫里斯·拉沙特尔先生签署，然后两份一并给我寄来；另一份由我签署后再寄回。

我的译者 2 月 2 日来信说：

"从今天起我就开始工作，我的进度将取决于出版者给我规定的期限。总之，我将完全听从他们的安排。"

如果你们使我有可能把"期限"告诉鲁瓦先生，我将非常感谢。

评论：信中指的是马克思同法国进步记者和出版者莫·拉沙特尔签订《资本论》法文版出版合同一事。1871 年 12 月，在法国出版《资本论》的计划没有成功，拉法格帮助马克思同住在西班牙的公社流亡者拉沙特尔取得了联系。马克思同拉沙特尔签订的合同规定《资本论》将分册出版，于 1872—1875 年出齐，由约·鲁瓦进行翻译。

2月24日　致信斐迪南·约策维茨，指出：今天我只能对您作一个简短的答复。由于"国际警察"同国际内部的一些叛徒勾结起来搞阴谋，总委员会给我增添了很多工作，使我不得不把理论工作停下来。现在言归正题：

1. 由于印制会费券拖延了四个月（因为在伦敦出现了一些事前没有料到的障碍），总委员会决定把剩余会费券的退还日期由 3 月 1 日推迟到 7 月 1 日。（请将此事通知李卜克内西，因为我现在没有时间给他写信。）

2. 关于会费券的双份付款问题，您应在 7 月 1 日的报告里简单地说明：寄来的钱里有多少是属于这类情况。

3. 关于"通讯书记"，总委员会让柏林支部自行决定。

4. 柏林支部属于这样一些国家的范畴，那里由于"法律障碍"而不能建立经常性组织，因此，这些国家的支部有充分自由按适合于该国法律的形式来建立，而并不因此丧失其他支部所享有的任何权利。

5. 下届代表大会将于 1872 年 9 月召开。总委员会尚未决定开会的地点。社会民主党最好能立即把它召开代表大会的日期通知我们。

6. 总委员会的定期报告由《东邮报》发表每周报道来代替，这份报纸您将在今天第一次收到。

6. 《人民国家报》是属于您所询问的那一类"机关报"。

7. 总委员会对柏林支部已经任命统计委员会一事表示感谢。

8. 总委员会要我问一下汉堡人（即社会民主党委员会）对总委员会持什么态度？我们至今没有从那里收到过一封信。

9. 总委员会请柏林支部发表声明，表示它同意最近一次国际（伦敦）代表会议的各项决议。

评论：这封信是马克思对当时是国际柏林支部书记的约策维茨 1872 年 2 月 10 日的信的答复。马克思对约策维茨的询问表达了一些看法。马克思表示总委员会工作很忙，忙于处理很多工作。信中告知了关于国际会费券的印制和付款问题的安排；认为柏林支部因为国家法律的限制，不能建立经常性组织，因此有充分的自由按适合于该国法律的形式来建立。

2月26日　致信海尔曼·荣克，指出：您能否在星期四晚上到我这里来，同我和恩格斯一起给报纸写一篇关于总委员会用于流亡者的开支等等的报道？

请把你的收支簿带来，还有尽可能多的关于我们已经安排了工作的人员的材料。

我们和许多法国人明天晚上不去霍耳博恩了，因为街上很乱，会议无法举行。

哈里逊又在《泰晤士报》上发表了一篇文章，无耻地吹嘘他那一伙给予流亡者的莫大援助，似乎这种援助使所有真正应受援助的人摆脱了苦难。

评论：信中所说的会议无法举行，是总委员会应于 1872 年 2 月 27 日召开例行会议；由于这一天预定举行庆祝威尔士亲王恢复健康的公众游行，总委员会委员不能到会。马克思批评了 1872 年 2 月 26 日《泰晤士报》在"法国流亡者"栏内发表了弗·哈里逊致该报编辑部的一封长信，认为他无耻地吹嘘好似给了流亡者莫大援助。

2 月 28 日 致信劳拉·拉法格，指出：由于我不停地阅读和写作，几天前我的右眼开始发炎，现在看东西很费劲，所以这封信也只能写一些最要紧的事情。

首先，凯累尔不再翻译我的书了。在终于弄清他的地址后，我立即给他写了信。他回信告诉我，他只译了二百页左右，并且在 5 月以前不能继续进行这项工作，因为他签订了一项翻译医学著作的合同。这对我来说是不合适的。我已找了翻译费尔巴哈的鲁瓦，他倒完全符合我的要求。从 12 月底起，他已从我这里拿走德文第二版修改稿近二百八十页。今天我已写信给他，要他把已译好的那部分稿子立刻寄往巴黎。

至于传记，我还没有考虑好，为了这本书而发表一篇传记，一般说来是否合适。

关于写蒲鲁东的序言问题，我再考虑一下。

保尔要的出版物，明天就寄去。因为我担心《雾月十八日》里的某些统计资料不完全准确，总想找个时间核对一下，要不我早就寄了。

我会给李卜克内西写信的。

拉腊对于我党完全是个异己分子，用他的资金来出版我党的文件是绝对不行的。不过，你们不应同他的家属断绝联系。在某种情况下，这种联系可能是有用的。

我为你们给伍德赫尔之流写东西而感到遗憾。这是些败坏我们声誉的骗子。让保尔写封信给《太阳报》（纽约）的出版者查理·安·德纳，并向他推荐西班牙的通讯，同时问一下稿酬条件（同美国人打交道这种事情必须事先谈妥）。现附上几句话给德纳。如果他不同意，我会在纽约找到其他报纸（《先驱报》或另外的报纸）。

《新社会民主党人报》是施韦泽的报纸的继续，只不过换了编辑部。原来的报纸总还保持一点体面，而现在的则成了通常的警察报纸，成了拉萨尔派的俾斯麦报纸，就象俾斯麦的那些封建主义的、自由主义的和其他形形色色的报纸一样。

评论：马克思告知工作繁忙，右眼发炎等境况，告知凯累尔不再翻译《资本论》第一卷了。还告知关于传记的考虑，认为为了这本书而发表一篇传记，需要考虑是否合适。在出版《资本论》第一卷法文版时，出版者拉沙特尔计划在书前刊载一篇传记，介绍马克思的革命经历。马克思表示需要考虑是否写关于《哲学的贫困》西班牙文版的序言，就是信中所说的"关于写蒲鲁东的序言问题"。拉法格同梅萨商定把马克思的《哲学的贫困》译成西班牙文，信中还说，梅萨要求马克思为西班牙文版专门写一篇序言。

信中，马克思答复和安排了一些事情。拉法格在 1872 年 2 月 14 日前后写的信中请马克思寄给他《成立宣言》《共同章程》《路易·波拿巴的雾月十八日》《法兰西内战》以及狄慈根的著作。马克思告知即将寄出。拉法格请求马克思帮助他，使他出版的《解放报》同李卜克内西编辑的《人民国家报》建立经常的联系；拉法格还要求按期寄给他《人民国家报》。马克思表示会给李卜克内西写信。拉法格在1872 年 2 月给马克思的几封信中建议利用住在伦敦的西班牙企业家洛佩茨·德·拉腊的资助出版国际的正式文件。对此，马克思认为拉腊对于党完全是异己分子，因此，绝对不行。信中还批评了拉法格等人给《新社会民主党人报》写文章。

3 月 8 日　致信弗里德里希·阿道夫·左尔格，指出：今天刚从李卜克内西那里收到德文版的章程，星期一才能发出。你们那里显然以为总委员会只要一挥手就什么都有了，而实际上，如果没有委员和私人朋友的个人捐助，它肯定是什么事也干不成的。从您的来信、施佩耶尔和波尔特的来信中，我看到和其他国家的通信中同样的情况。在每个国家里，人们都认为，我们的全部时间只能用于他们那一个国家。如果我们对每一件小事都要抱怨的话，那末我们就可以抱怨说，例如你们的总结报告是在《人民国家报》上发表的同时送到我们这里的。

总委员会委托我全面报告美国发生分裂的情况（由于欧洲国际内部的复杂局面，我们不得不把这件事从一次会议推到另一次会议），所以我仔细地阅读了来自纽约的全部通讯和报纸上发表的全部材料，我发现我们远远没有及时地、准确地得到有关挑起分裂的那些因素的情报。我起草的决议一部分已被通过，另一部分将在下星期二进行审查，最后的决定将寄往纽约。

对专职的“法国”通讯书记一事的控诉完全是不公正的，因为德国人也有自己的专职通讯书记，而合众国书记埃卡留斯尽管会用德文、英文通信，但不会用法文通信。此外，这种控诉极不策略，因为它似乎证实了总委员会法国委员们的那些怀疑，即第一支部企图对其他支部实行独裁。你们的控诉是同另一个委员会的控诉同时到达的，那个委员会说，第一支部违反章程，在老委员会里的代表过多。

我们将在日内瓦出版一本篇幅同《内战》差不多的反对分裂主义者的小册子。在此期间，他们却竭力使尖锐的论战缓和下来，在他们最近发表的通告里已有所收敛。

评论：信中沟通国际的一些事情。信中说总委员会委托他全面报告美国发生分裂的情况，马克思表示通过仔细阅读来自纽约的全部通讯和报纸上发表的全部材料发现，他们远远没有及时地、准确地得到有关挑起分裂的因素的情报。在信中，北美支部临时联合会委员会抗议总委员会给美国的法国人支部任命专职书记。马克思认为这一控诉完全是不公平的。信中告知，汝拉联合会委员会于 1872 年 2 月 7 日决定放弃立即召开国际代表大会的要求而同意比利时联合会代表大会的决议，即国际工人协会章程的修改和其他争论问题，应由 1872 年 9 月召开的应届代表大会加以解决。

3 月 15 日　致信弗里德里希·阿道夫·左尔格，指出：随信附去总委员会的决议（英文本和法文本），另一个委员会将从勒穆修那里收到这些决议。

埃卡留斯在 3 月 12 日的会议结束时私下告诉我，他将不给纽约寄去决议，并将在下一次会议上提出不再担任合众国书记的职务。由于总委员会在下星期二以前不能决定这件事，所以我和勒穆修寄去的决议都没有书记签字，不过从决议的形式来看，并不一定要书记签字。决议将在下周的《东邮报》上发表。

在讨论时，埃卡留斯对你们的委员会采取了非常敌视的态度。他在发言和表决时，都反对决议第三项的第二条。此外，使他恼火的是，为了节省时间，我没有把决议草案提交给有他参加的小委员会，而直接提交给了总委员会。由于总委员会听取了我对这样做的原因的解释之后完全赞同这个做法，埃卡留斯才不得不压住自己的怒火。

告诉你们的委员会一个秘密消息，哈勒克夫妇（男的是个蠢货，女的是个"卑鄙的阴谋家"）在我们多数人缺席的情况下，曾一度钻进了总委员会，但这对可敬的夫妇由于同所谓法国人支部勾勾搭搭而很快被撵了出去。这个法国人支部是被国际开除的，在全民投票前夕，我们曾在《马赛曲报》和《觉醒报》上揭露它是"警察支部"。此外，这两人回到纽约后就成立了一个与国际敌对的协会，并同伦敦法国人支部的余孽保持经常的联系。勒穆修把这些事也通知了另一个委员会。

第十支部（法国人支部）就美国的分裂问题给总委员会写了一封很好的信。

评论：信中交流国际的一些事情。在总委员会讨论合众国联合会的分裂问题时，埃卡留斯在发言和表决时反对决议第三项第二条："总委员会建议今后仍不接受新的美国支部加入协会，除非它的会员至少有三分之二是雇佣工人。"马克思揭露了哈勒克夫妇。他们同1865年秋天建立的伦敦的法国人支部有勾连。信中提到的"一封很好的信"是指，纽约第十支部在1872年2月1日的信中通知总委员会，在总委员会解决分裂问题之前，它不向合众国中央委员会分裂之后成立的任何一个联合会委员会派出自己的代表。同时，该支部还谴责了资产阶级改良主义者妄想利用国际来达到自己的目的的企图。

3 月 18 日 致信莫里斯·拉沙特尔，指出：您想定期分册出版《资本论》的译本，我很赞同。这本书这样出版，更容易到达工人阶级的手里，在我看来，这种考虑是最为重要的。

这是您的想法好的一面，但也有坏的一面：我所使用的分析方法至今还没有人在经济问题上运用过，这就使前几章读起来相当困难。法国人总是急于追求结论，渴望知道一般原则同他们直接关心的问题的联系，因此我很担心，他们会因为一开始就不能继续读下去而气馁。

这是一种不利，对此我没有别的办法，只有事先向追求真理的读者指出这一点，并提醒他们。在科学上没有平坦的大道，只有不畏劳苦沿着陡峭山路攀登的人，才有希望达到光辉的顶点。

评论：马克思在信中表达了对拉沙特尔计划定期分册出版《资本论》译本的一些看法。马克思认为定期分册出版《资本论》的译本，更容易使工人阶级接受和使用。同时，马克思指出拉沙特尔想法中存在的问题，《资本论》使用的分析方法在此之前还没有人在经济问题上运用过，因此使前几章读起来相当困难。马克思提醒法国人应当克服急于追求结论的弱点。

3月21日　　致信保尔·拉法格，指出：随信寄去我们反对分裂主义者的通告中有关总委员会职能的摘录。

总委员会为了在每个具体情况下运用共同章程和历届代表大会的决议而所能做到的一切，就是作出决议这一最高的判决。但是，在每一个国家里，执行这些决议则完全取决于国际本身。因此，一旦总委员会停止行使作为维护国际共同利益的工具的职能，它就会完全无所作为和软弱无力。另一方面，总委员会本身是协会中为保持协会的统一和防止敌对分子篡夺所必要的有效力量之一。尽管现今的总委员会有种种缺点，但它面对共同的敌人而赢得了道义上的影响，这就触犯了一些人的自尊心，这些人一向把国际仅仅看成是满足个人虚荣心的工具。

首先，不应当忘记，我们的协会是无产阶级的战斗组织，而绝不是为推选一些清谈家而建立的团体。目前，毁坏我们的组织就等于放下武器。资产者和各国政府所盼望的莫过于此。请读一读"地主议会"议员萨卡兹关于杜弗尔法案的报告。协会最使他惊叹和害怕的是什么呢？这就是"它的组织"。

伦敦代表会议以来我们取得的成就是出色的。在丹麦、新西兰、葡萄牙都建立了新的联合会；在合众国、法国（马隆之流自己承认，他们在那里连一个支部也没有）、德国、匈牙利、英国（继不列颠联合会委员会建立之后）都有巨大的发展。不久以前又建立了一些爱尔兰支部。在意大利，仅有的两个真正的支部——米兰支部和都灵支部——都属于我们，在其余的支部里，为首的都是一些律师、新闻记者和其他资产阶级空谈家。（顺便说一下，巴枯宁对我个人不怀好感的原因之一，就是他在俄国丧失了任何影响，那里的革命青年是跟我走的。）

伦敦代表会议的决议已经在法国、美国、英国、爱尔兰、丹麦、荷兰、德国、奥地利、匈牙利、瑞士（除汝拉人外）得到承认，也已经为意大利的真正工人支部，以及俄国人和波兰人所承认。不承认伦敦代表会议决议的人们起不了什么作用，他们将不得不同国际的绝大多数人分裂。

我的工作很多，以致没有时间给我亲爱的白鹦鹉和亲爱的施纳普斯写信（我很想知道有关他的更多的消息）。说老实话，国际占去我太多的时间，要不是我坚信在这个斗争时期我仍然必须参加总委员会的话，我早就退出了。

英国政府阻挠我们纪念3月18日这个日子；现在给您寄去英国工人和法国流亡者的群众大会所通过的一些决议。拉沙特尔是个可恶的骗子。他使我把时间消耗在一些无谓的事情上（例如，他关于我手迹的回信；我只好建议他进行修改）。

鲁瓦（波尔多市孔狄亚克街6号）是一个出色的翻译。他已经把第一章的稿子寄来（我已把德文第二版的稿子给他寄到巴黎去了）。

评论：马克思指出和肯定了国际总委员会的作用，阐述了国际作为无产阶级的战斗组织的地位和作用，指出国际的组织性使反动阶级惊叹和害怕。信中提到的萨卡兹关于杜弗尔法案的报告，是指萨卡兹在 1872 年 2 月 5 日代表杜弗尔法案审查委员会所作的报告，按照这项法案，国际会员要受到监狱监禁的处罚。马克思揭露资产者和各国政府对国际工人协会的组织性的惊叹和害怕，指出，国际是无产阶级的战斗组织，而绝不是为推选一些清谈家而建立的团体。在信中，马克思介绍和肯定了伦敦代表会议以来国际取得的成就。马克思还给拉法格寄去内部通告《所谓国际内部的分裂》的摘录。

5月3日　致信格奥尔格·埃卡留斯，指出：如果你的记忆力还没有连同德语一起丧失的话（而在这种情况下，总委员会的记录会对你有所帮助），那末，你会记得，自国际成立时起至上届代表会议止，我和英国人之间发生的一切争论，无一不是由于我始终站在你一边而引起的，例如：第一、在《共和国》反对奥哲尔、克里默、豪威耳等人的问题上；第二、在反对福克斯（我曾同他很要好）以及在反对黑尔斯（当时你是总书记）的问题上。

因此，如果说后来发生了冲突，那就要弄清楚是谁挑起的。我只反对过你两次：

第一次是由于过早地公布了代表会议的决议，你自己知道，从你那方面来说，这是一种失职行为。

第二次是由于你最近在美国的问题上造成了很大的危害。（且不说你招惹卡尔·海因岑这种谩骂，如同对来自这方面的正式的或私下的赞扬一样，我都毫不在意。）

但是，看来你以为，当你犯了错误，别人就得对你说恭维话，而不是象对其他任何人一样向你指出真理。明天晚上我将把格雷哥里的信还给你。今天，我必须同时看法文和德文的校样，所以没有时间看美国的材料。

至于我的"起诉书"，我只简单地指出如下两点：（1）即使你的申诉是有根据的，但是你在如此关键的时刻，以你所采取的这种方式给纽约写信，那也是完全错误的；（2）你指责总委员会隐瞒文件，是毫无根据的。如此而已。

最后，我向你提出忠告。你不要以为，你私人的和党内的老朋友由于认为自己有责任反对你的任性，而在现在或将来对你的态度会因此而变坏。另一方面，你也不要以为，为了一定的目的而需要你的那一小撮英国人会是你的朋友。假如需要的话，我可以证明事实恰恰相反。

评论：这封信是对埃卡留斯的答复。埃卡留斯曾于 1872 年 5 月 2 日就总委员会审查他在解决合众国联合会的分裂问题上的做法，给马克思写过一封信。总委员会通过的马克思提出的关于合众国联合会的分裂的决议中支持了以临时联合会委员会为代表的北美联合会中的无产阶级派，此后，委员会书记黑尔斯和合众国通讯书记埃卡留斯采取了机会主义的立场，同小资产阶级改良主义分子取得协议。埃卡留斯的一些所作所为助长了改良主义分子的气焰，影响了一些支部的立场。马克思指出，自己和英国人之间发生的争论，都是由于站在埃卡留斯一边而引起的。在 1872 年 4 月 23 日总委员会会议上，马克思受委托起草关于埃卡留斯的立场的详细报告。1866 年 2 月初，根据马克思的坚决主张，不顾工联的机会主义首领们的反对，埃卡留斯被委任为国际工人协会的正式机关报《共和国》周报的主编。在编辑部内部的斗争中，马克思支持埃卡留斯，阻止把他开除出该报编辑部，使他留任编辑的职务。1867 年 9—10 月，总委员会讨论了福克斯和埃卡留斯之间的纠纷。福克斯指责埃卡留斯，说他写的关于洛桑代表大会的通讯（刊载在 9 月 6—11 日的《泰晤士报》上，其中对法国代表蒲鲁东主义者的夸夸其谈发表了讽刺性的评论）得罪了某些代表。马克思支持了埃卡留斯。马克思批评了埃卡留斯的失职行为并向他提出忠告。埃卡留斯在美国报纸《世界报》上发表有关伦敦代表会议的文章，其中包含了代表会议的一系列决议；根据代表会议的决定，没有总委员会的专门指示不得发表这些决议。

5 月 23 日　致信弗里德里希·阿道夫·左尔格，指出：除了处理到处告急的国际事务以外，我每天还要校对《资本论》第二版的德文校样（它将分册出版）和巴黎译的法文本校样，为了使法国人懂得实质，我往往必须把法译文重新改写；此外，我还要校对我们在布鲁塞尔用法文出版的关于内战的宣言的校样。德文本和法文本的分册出书后，我就给您寄去。

彼得堡出版的俄译本很好。俄国的社会主义报纸《DieNeue Zeit》（译成德文是这样，该报是用俄文出版的），不久前用五栏篇幅发表了一篇社论，对我的书大加赞扬；然而这篇文章只能作为其他一系列文章的引言。该报因此受到了警察局的警告——威胁要查封它。

今天我把对《协和》的蠢驴们的答复寄给李卜克内西。早些时候我没有来得及做这件事。不过，让那个下流的工厂主有点时间去享受一番虚幻的胜利的乐趣，也没有什么坏处。

至于海因岑，我认为这个"民主派蠢货"的德行是一文不值的。他是名副其实的"不学无术之徒"的真正代表。

不妨把《共产党宣言》的法译本给我寄来。

请勿外传：埃卡留斯早已蜕化变质，现在成了一个真正的坏蛋，甚至可以说是恶棍。

评论：马克思告知忙于处理紧急的国际事务，校对《资本论》第二版的德文校样等事情；肯定了《资本论》第一卷俄译本很好；谈到了德国资产阶级经济学家路·布伦坦诺写的诽谤性文章及自己的答复。1872 年 3 月 7 日出版的《协和》杂志第 10 期上登了一篇德国资产阶级经济学家路·布伦坦诺写的诽谤文章《卡尔·马克思是怎样引证的》，布伦坦诺指责马克思在科学上不诚实和伪造使用的材料。马克思写信给《人民国家报》并刊登，布伦坦诺又发表第二篇匿名文章，对此马克思再次作了回答，载于 1872 年 8 月 7 日《人民国家报》第 63 号。信中还批判了海因岑，并揭露埃卡留斯已经蜕化变质。

5 月 27 日 致信弗里德里希·阿道夫·左尔格，指出：我正埋头于校样——法文本的校样（由于译得过死，我不得不作大量的修改）和德文本的校样，这些校样都要送走。因此，我只能给您写几行字。

寄上总委员会关于"世界联邦主义委员会"的无耻把戏的声明（德文本和法文本）和我们关于汝拉人的内部通告各一份。（等我们收到更多的份数后，再寄去。）埃卡留斯在他的案件被审查之前已提出辞职。全美的书记（现在我们同南美也有联系）暂时由勒穆修担任。所有东西都可以寄给我，因为我每天都能见到勒穆修，不要寄给黑尔斯，这个人由于一味追求虚荣而经常做蠢事。他同埃卡留斯一样，也将在美国的问题上受到审查。

埃卡留斯既是个傻瓜，又是个无赖。这个星期，还要更详细地就这件事写信给您。

明天，我将在总委员会里坚持给您寄去一千份。

评论：马克思告知正在忙于《资本论》第一卷法文版和德文第二版校样。并随信寄去《总委员会关于世界联邦主义委员会的声明》和《所谓国际内部的分裂》各一份。马克思表示将更详细地将有关埃卡留斯的事情写信告知左尔格。

5 月 28 日 致信尼古拉·弗兰策维奇·丹尼尔逊，指出：我的回信耽搁得太久了，因为我总想在回信的同时，把《资本论》德文第二版和法译本（巴黎）的前几分册也寄给您。但是，德文本和法文本的出版者一直拖延，以致我的回信不能再推迟了。

首先，非常感谢，这本书装订得很美观。翻译得很出色。我还想要一本平装本，以便送给英国博物馆。

很遗憾，我实在（确实是这样）不能在 1871 年 12 月底以前着手准备第二版。这本来对俄文本是很有好处的。

虽然法文本（翻译费尔巴哈著作的鲁瓦先生的译本）是由精通两种语言的大行家翻译的，但是他往往译得过死。因此，我不得不对法译文整段整段地加以改写，以便使法国读者读懂。这样，今后再把它从法文译成英文和各种罗曼语，就更容易了。

住在瑞士的那个招摇撞骗的家伙米·巴枯宁正在搞一些名堂，所以，如能帮我弄到有关此人的各种确切消息，我将十分感谢。我想知道的是：（1）关于他在俄国的影响；（2）这个家伙在臭名远扬的案件中所扮演的角色。

评论：马克思感谢丹尼尔逊，《资本论》第一卷俄文版于 1872 年 3 月底出版。在信中，马克思告知由于《资本论》法文本的翻译过死，不得不对法译文大幅度地加以改写以便使法国读者都能看懂。马克思及其全家很高兴得到洛帕廷的消息。丹尼尔逊写信告诉马克思，洛帕廷经过十一个月的监禁后，获得释放，但不得离开伊尔库茨克。信中提到的给符·巴兰诺夫的信没有找到。

5月28日 致信塞扎尔·德·巴普，指出：附上总委员会反对韦济尼埃一伙的声明，供布鲁塞尔《国际报》刊载。这份声明也寄给了《自由报》：

（1）因为有必要公之于众；（2）因为斯廷斯先生对寄给他的总委员会给英国议院的答复保持缄默。

我读了《国际报》上关于比利时代表大会的报道。代表中怎么没有佛来米人呢？总的说来，根据这里法国人从他们的同胞那里得到的消息来看，自公社以来，国际在比利时似乎没有取得很大成就。

从我这方面说，我乐意接受安斯的计划（作一些细节上的修改），这倒不是因为我认为这个计划很好，而是因为相信经验总比用幻想来安慰自己好些。

这是同盟的策略非常突出的特点：在西班牙，虽然它不再得到西班牙联合会委员会的支持，但它在那里有一个强大的组织，因此，在巴塞罗纳联合会委员会的会议上，它对任何一个组织，不管是联合会委员会之类的组织，还是总委员会，都进行了攻击。而在比利时，由于考虑到"各种偏见"，则建议取消总委员会，将总委员会的职能（在巴塞罗纳是反对这种职能的）交给联合会委员会，甚至还要加以扩大。

我急切地期待着下一届代表大会。那将是我的奴隶地位的结束。此后我将重新成为一个自由的人：无论是在总委员会，还是在不列颠联合会委员会，我将不再担任组织职务了。

评论：信中附上了《总委员会关于世界联邦主义委员会的声明》，马克思认为这份声明有必要公之于众；也因为斯廷斯对寄给他的总委员会给英国议院的答复保持缄默。马克思批评了同盟的策略：在西班牙有强大的组织，但它攻击任何一个组织；在比利时则建议取消总委员会。马克思还表示，无论是在总委员会，还是在不列颠联合会委员会，他都将不再担任组织职务了。

5月29日 致信弗里德里希·阿道夫·左尔格，指出：在昨天几乎所有公社委员都出席的总委员会会议上，黑尔斯宣读了普雷钦的来信。

此后，我部分根据您的来信，部分根据您寄来的《世界报》，报告了另一个委员会的越轨行动，并强调指出，这些事实证明，根据我的建议通过的决议是必要的。埃卡留斯大为惊讶。

于是出现了有利的局面，我立即利用了这一局面。

埃卡留斯收到一封从圣路易斯寄来的信，那里成立的德国人支部在信中征求意见，它应该参加两个联合会委员会中的哪一个。我说，当然应该参加同我们站在一起的那个老委员会。黑尔斯和埃卡留斯（附带说一下，这是两个死敌）对此表示反对。我对他们进行了反驳，并在这次人数众多的会议上通过了一项决议，反对的只有三票（黑尔斯、埃卡留斯和那个为其他公社委员所看不起的德拉埃）。

明天，勒穆修将把这件事正式通知您，而您最好把这一情况予以公布（当然，是作为您自己的某种报道，而不是根据伦敦的委托），说明总委员会已就德国人支部的征询作出决定，认为你们的委员会是同总委员会保持经常联系因而为总委员会所承认的唯一的委员会。

评论：马克思告知总委员会会议的情况。在总委员会会议上，黑尔斯宣读了由北美支部临时联合会委员会书记普雷钦签署的该委员会 1872 年 4 月份的工作报告；报告中说，根据总委员会 1872 年 3 月 5 日和 12 日的决议同分立主义的委员会达成协议的尝试没有成功。在黑尔斯的反对下没有把决议的原文写入总委员会记录。马克思还谈到埃卡留斯和黑尔斯的立场问题，表示总委员会只承认左尔格的委员会。

6 月 21 日　致信弗里德里希·阿道夫·左尔格，指出：应届代表大会（有关此事的正式通知将在下星期发往纽约）将于 1872 年 9 月的第一个星期一在海牙（荷兰）召开。你们仅仅用一份书面报告来敷衍我们，这是绝不允许的。这次代表大会将关系到国际的存亡。您应该来，而且至少再来一人，甚至两人。至于那些不直接派代表的支部，它们可以把委托书（代表资格证）寄来。

自然，每个支部，如果它的成员不超过五百人，就只能派一名代表。

至于我的《资本论》，德文版第一分册将在下星期出版，法文版第一分册也将同时在巴黎出版。等出版后，我将给您寄去这两种译本若干册，给您本人以及您的一些朋友。法文本（扉页上印有全部经作者校订的字样，这绝不是毫无意义的空话，因为我确实付出了艰苦的劳动）印了一万册，其中八千册在第一分册出版前就预售出去了。

在俄国，已经完全印好的书籍在销售前要受检查，如果不准出售，就会引起一场诉讼。

关于我的这本书的俄译本（翻译得很好），俄国有人来信告诉我说：

"在书报检查机关，有两名检查官审查了该书，并把他们的审查结论呈报了检查委员会。审查前就原则上确定，不要仅仅由于作者的名字就禁止该书，而要仔细研究该书的内容是否与书名真正相符。下面是检查委员会一致作出的、并呈报管理总局的结论摘要：

'尽管作者就其观点来说是坚定的社会主义者，而且全书具有十分明显的社会主义性质，然而，鉴于该书的论述绝非所有人都能接受和理解，作者的论证方法又处处具有严谨的数学科学形式，委员会认为不能对该著作提出司法上的追究。'"

根据这一理由，该书准予出版。它印了三千册。3 月 27 日，在俄国开始发售，到 5 月 15 日，已售出一千册。

不成器的傻瓜和不学无术的蠢货海因岑，在报道我这本书出版的消息时，对扉页上"翻译权归出版者所有"这句话大加嘲弄。他说，谁会想到去翻译这种毫无意思的东西！本来这部书显然就是要写得让卡尔·海因岑不能理解它。

关于内战的宣言的法译本，我们是按两个半便士一册发行的。如果合众国还需要，请来信。

关于尼科尔森的事，在总委员会里最好暂时什么也不提。

评论：马克思收到的左尔格1872年6月7日的信里附有临时联合会委员会5月份的工作报告。马克思认为，应届代表大会将于1872年9月的第一个星期一在海牙召开，但左尔格只提供了一份书面报告，这是绝不允许的。信中谈到了关于即将召开的应届代表大会的安排，认为这次代表大会关系到国际的存亡。马克思批评了巴枯宁分子安斯试图取消总委员会。1872年6月2—3日在斐维举行的罗曼语区联合会代表大会通过的第四项决议《反对取消总委员会》，论证了总委员会存在和加强的必要性。代表大会号召所有的联合会抵制无政府主义者的破坏活动以挽救协会。

马克思还告知《资本论》德文版、法文版、俄文版的销售良好状况，并告知暂时不要在总委员会里提尼科尔森的事情。1872年6月7日左尔格写信告诉马克思，北美支部临时联合会委员会财务委员尼科尔森不再参加委员会的会议，这使该委员会处于极其困难的境地。

7月9日　致信路德维希·库格曼，指出：第一分册（德文本和法文本）一出版，你自然就会收到的。我对迈斯纳非常不满。他愚弄了我，起初迫不及待地赶着要出第二版（1871年11月底），逼我拼命工作，后来又耽误了好几个月，浪费了大好时光。他是一个懒惰的小市侩。

为了惩罚迈斯纳，最好你给他写封信，就说你想知道"第一"分册究竟什么时候出版。这样你可以借机顺便说，从我最近的几封信看来，我显然对迈斯纳很生气，并且非常不满；为什么这样呢？就说马克思平常不是这样的！此人"今日推明日"的作风实在使我生气。

评论：信中告知因十分疲劳，1872年7月9—15日，自己和恩格斯在兰兹格特休养。马克思表达了对迈斯纳出版《资本论》一事的前后不一致的态度的不满。马克思建议库格曼给迈斯纳写信询问，并告知自己的不满。

7月29日　致信路德维希·库格曼，指出：这次国际代表大会（9月2日在海牙开幕）将关系到国际的存亡，在我退出以前，我至少要使国际不被腐败分子所占据。因此，德国必须尽可能多派代表。既然你反正要来，那就请你写信给赫普纳，说我请他替你弄一张代表资格证。

评论：马克思强调了国际海牙代表大会的重要性。海牙代表大会在1872年9月2—7日召开。这次代表大会是在马克思主义者同无政府主义者进行激烈斗争的形势下筹备的。马克思和恩格斯为筹备海牙代表大会做了大量工作。在他们的积极参加下，海牙代表大会把实现无产阶级专政和建立群众性工人政党等极为重要的马克思主义原理列入共同章程，并就组织问题作出了决议等。巴枯宁和吉约姆被开除出国际。海牙代表大会的决议为建立各国独立的工人阶级政党奠定了基础。

8 月 15 日　致信尼古拉·弗兰策维奇·丹尼尔逊，指出：但愿您已经收到我前几天寄给您的德文第二版的第一部分。我还要寄给您不久即将出版的法文版的前六分册。两种版本必须加以对照，因为我在法文版中作了许多补充和修改。

今天我只就一件最紧急的特殊事情匆匆写几句。巴枯宁几年来一直在密谋搞垮国际，现在被我们逼得走投无路，不得不撕下假面具，同他手下的那伙蠢人一起公开分裂出去，而他也就是那个涅恰也夫案件的主要头目。正是这个巴枯宁，原来让他把我的书译成俄文，而且把翻译稿费预支给了他，可是他不但不拿出译文，反而自己或叫别人给受出版者委托同他交涉的一个叫柳巴文（大概叫这个名字）的人写了一封极其令人愤慨的和败坏别人声誉的信。如果立即把这封信寄给我，可能对我很有用。由于这纯粹是商业事务，并且在用这封信时可以不提及任何人的名字，所以我希望您能弄到它。但是丝毫不要耽误时间。如能寄给我，那就请马上寄来，因为本月月底我要离开伦敦去参加海牙代表大会。

评论：丹尼尔逊把车尔尼雪夫斯基 1862 年写的未发表的著作《没有收信人的信》寄给了马克思。因为沙皇政府的书报检查机关禁止该书出版，马克思想通过吴亭在日内瓦出版。马克思揭露了巴枯宁密谋搞垮国际，他是涅恰也夫涅案的主要头目。马克思在这封信中揭露的巴枯宁的事情是指，涅恰也夫受巴枯宁的委托以不存在的俄国革命组织的名义于 1870 年 2 月写给尼·尼·柳巴文一封信，当时柳巴文正准备在俄国出版《资本论》第一卷。在这封信中，他们威胁柳巴文说，如果柳巴文不免除巴枯宁所承担的把《资本论》第一卷译成俄文的责任，就要制裁他。根据柳巴文同出版者尼·彼·波利亚科夫签订的合同，巴枯宁翻译《资本论》应得一千二百卢布，1869 年 9 月 28 日柳巴文已把预支的三百卢布寄给了他。在信中，马克思请丹尼尔逊帮助把这封信寄来，表示可能很有用。涅恰也夫的信由柳巴文连同说明信一起转寄给了马克思，并成为马克思和恩格斯交给海牙代表大会秘密同盟活动调查委员会的文件之一。

8 月 15 日　致信《泰晤士报》编辑，指出：我在今天的贵报上读到一篇题为《国际》的短评，它从"巴黎几家报纸"上转述了该协会"最高委员会"的一份由我作为"总书记"签署的所谓通告。请允许我声明，这个文件是彻头彻尾伪造的。国际工人协会总委员会从来没有发表过这样的通告，我也不可能作为总书记签署任何这类通告，因为我从来没有担任过这个职务。

请您在最近一号报纸上公布这个答复。

评论：1872 年 8 月 15 日《泰晤士报》刊载了一篇题为《国际》的短评。马克思声明这个文件彻头彻尾是伪造的。国际工人协会从来没有发表过这样的通告；马克思表示自己也从来没有担任过所谓"总书记"这个职务。

10 月 12 日　致信某人，指出：我好久没有写信了，如果您考虑到我工作很忙，相信您会原谅我的。我终于摆脱了国际总委员会委员的组织工作。这项工作使我负担过重，在从事我的理论工作的同时，兼任这项工作，是越来越困难了。现在我还要完成海牙代表大会交给我的一些工作，以后我才能比较自由地支配自己的时间。

《资本论》第一辑总的来说是搞得好的，——我说的是由出版者负责的那些事。但是，有些错误使我感到不快，这些错误原来在我校改过的最后的校样上是没有的。我把第二分册第16页的一段话作为例子寄给您，这段话是："以后我们看到，在劳动表现为价值的时候，创造使用价值的劳动的一切特征都消失了。"

而在已出版的第二分册（第16页），这句话就变得没有任何意义了：

"以后我们看到，当生产劳动表现为价值的时候，它和使用价值不同的一切属性都消失了。"

类似的其他错误还有，我已列出单子寄给了韦努伊埃先生，并且告诉他，在我得到正在付印的全辑五分册以前，我再也不容许出版了。

承蒙韦努伊埃先生把莫里斯·布洛克先生的一本小册子（辑自《经济学家杂志》的单行本）寄给了我。这是什么样的行家，——连什么是"平均数"都不懂，还硬说自己毕生从事统计工作！我不否认，从他那方面来说，这是不怀好意的表现。但与其说这是恶意，还不如说这是愚蠢。

鲁瓦先生的译文必须加以修改，我花了很多时间，但是从第三辑开始，情况就好些了。

在俄国，我的这本书极受欢迎。只要我稍有空闲，我就将俄国评论界的一些反应寄给您。俄译本（一大卷）已于4月底（1872年）出版，我已从彼得堡得知，打算在1873年出第二版。

西班牙的政治局势如何？我认为，您和其他法国流亡者（或许名声受到最大损害的人除外）不久就能回国。

评论：这封信可能是马克思写给《资本论》第一卷法译本的出版者莫里斯·拉沙特尔的。拉沙特尔在巴黎公社失败后，住在离法国边境不远的西班牙圣塞瓦斯田，他在那里继续领导自己的出版社和《资本论》的出版工作。信中谈到在从事理论工作的同时，兼任国际的工作，不堪重负。谈到《资本论》的一些错误使自己感到不快，并指出了具体错误；告知《资本论》第一卷在俄国极受欢迎；表达了期待见到劳拉夫妇的关切心情，以及告知大女儿燕妮和龙格结婚一事。马克思还询问西班牙的政治局势，并表示巴黎公社的流亡者不久就能回国了。

11月25日 致信尼古拉·弗兰策维奇·丹尼尔逊，指出：涅恰也夫的引渡及其老师巴枯宁的阴谋活动使我很为您和其他一些朋友担心。这些人是什么卑鄙勾当都干得出来的。

您和其他俄国朋友对我的著作和我的工作如此关心，真使我无法充分表达我的谢意。

评论：信中揭露了涅恰也夫和巴枯宁的勾连。马克思表示涅恰也夫的引渡及其老师巴枯宁的阴谋活动让他为丹尼尔逊和其他一些朋友担心。因为涅恰也夫和巴枯宁很卑鄙。当时住在苏黎世的涅恰也夫于 1872 年 8 月 14 日被瑞士当局逮捕，同年秋天又被作为刑事犯引渡给俄国政府。马克思感谢丹尼尔逊等俄国朋友对《资本论》和自己的关注。

12 月 12 日 致信尼古拉·弗兰策维奇·丹尼尔逊，指出：从附上的文件中，您可以看到海牙代表大会的成果。在同盟活动调查委员会的会议上，我严格保密地宣读了给柳巴文的信，没有提收信人的名字。然而，秘密没有保住，第一、因为比利时律师斯普林加尔参加了该委员会，他实际上完全是同盟分子的代理人，第二、因为茹柯夫斯基、吉约姆之流采取了预防措施，他们事先就到处谈论整个这件事情，当然是按他们自己的调子进行辩解。结果，委员会在给代表大会的报告中，不得不宣布在给柳巴文的信中所包含的有关巴枯宁的种种事实（我自然没有提他的名字，但是巴枯宁的朋友们早在日内瓦时就知道了这件事）。现在请问一下：代表大会推选的记录出版委员会（我也参加该委员会）是否有权利用这封信，并将它公之于众？这取决于柳巴文。不过应当指出，自代表大会召开以来，未经我们任何促进，这些事实早就在欧洲的报刊上传开了。这件事情的流传使我极不愉快，因为我曾打算严守秘密并郑重地要求这样做。

由于巴枯宁和吉约姆被开除，控制着意大利和西班牙的协会支部的同盟到处掀起了反对我们的诽谤运动，而且和一切可疑分子勾结起来，企图把我们分裂为两个阵营。然而，它归根到底是注定要失败的，这只会帮助我们把某些地方钻进协会队伍的卑鄙分子和糊涂虫从协会中清洗出去。

巴枯宁的朋友们在苏黎世谋害不幸的吴亭，这是无可怀疑的事实，目前，他的健康状况还令人极为担忧。关于这一卑鄙行径，已在协会的一些报纸上作过报道（其中有马德里的《解放报》），在我们关于海牙代表大会的公开报道中也将详细加以叙述。这帮混蛋还对自己在西班牙的对手进行过两次类似的尝试。他们很快就会在全世界面前被钉在耻辱柱上。

我正焦急地等待着答应给我的评论（手稿）以及您那里有关这个问题的全部报刊材料。我的一位朋友正想写俄国对我这本书的反应。

由于一个令人懊恼的意外情况，法译本的印刷工作暂时中断了，不过，过两三天就会恢复。

意大利文译本也正在准备。

最后还有一个请求。我的女婿、医学博士拉法格（流亡者），如有可能，愿意为任何一家俄国杂志寄有关西班牙和葡萄牙（以及法国）自然科学或社会政治事件方面的报道。但是，他的经济状况不容许他无代价地这样做，此外，他寄去的文章也只能用法文写。

我很希望看到基辅教授季别尔评论李嘉图等人的价值和资本学说的著作，那里也谈到了我的书。

评论：信中告知了海牙国际代表大会的成果，表达了自己的态度和立场。告知同盟斯拉夫人支部的一些成员谋害吴亭以便阻止他完成为海牙代表大会准备的关于巴枯宁的破坏活动的报告一事，并表达了对吴亭的健康状况的担忧。还谈到对洛帕廷的担心和安排。此时，马克思在焦急地等待俄国资产阶级经济学家尤·茹柯夫斯基的文章《卡·马克思和他的〈资本论〉一书》，这篇文章后来刊载在 1877 年《欧洲通报》9 月号上。

信中提到的意大利文译本，指的是意大利社会主义者、巴黎公社参加者、国际会员拉·塞西利亚和《人民报》编辑比尼亚米打算把《资本论》译成意大利文出版。马克思还请丹尼尔逊帮助拉法格联系给俄国刊物撰稿。信中马克思还表示打算写有关车尔尼雪夫斯基的文章，马克思曾再三请求丹尼尔逊寄去必要的传记材料。

12 月 21 日　致信弗里德里希·阿道夫·左尔格，指出：不列颠联合会委员会中的所谓多数派同少数派分裂了（多数派大部分是由坏蛋黑尔斯为了能够派出代表而由一些虚设的支部组成，每个支部只有几个人，而少数派才代表伦敦以及曼彻斯特、柏肯海德等地的巨大的英国支部）。这些家伙私下炮制了致联合会的通告（本月 10 日就会寄给你们），建议各支部在伦敦召开代表大会，以便同汝拉人一致行动。黑尔斯从海牙代表大会以来就同汝拉人保持着经常的联系。

现在我们的拥护者组成了唯一合法的联合会委员会，并立即向各支部分发了印刷的明信片，建议它们在收到反通告以前不要作任何决定；他们昨天在我这里讨论了反通告（拟定了要点）。您很快就会收到。它将在下星期初印好。他们还要作出一项承认海牙代表大会和总委员会的正式决议。

同时，恩格斯应曼彻斯特一个支部的请求，对这些恶棍（其中也有徒骛虚名的傻瓜荣克，此人怎么也不同意总委员会迁离伦敦，他早已成了黑尔斯的工具）的通告起草了一个答复。这个支部在今天的会议上将收到这个答复，并立即把它付印。

依我看来，你们暂时应当尽可能持旁观态度，让当地的支部去进行斗争。当然，如能把象我在《解放报》上看到的写给西班牙的那样的通告随时寄来，那就很好。

顺便说一下，《国际先驱报》的所有者赖利（联合会委员会的成员）根据我的建议，已使该报成为独立的报纸。我们可能会就我们每周出版一期国际事务的专门附刊签订一个合同。今天寄给你一份，在这份报纸上，恩格斯和我同黑尔斯一伙展开了论战。

至于波兰，你们无法寄信到那里去。前总委员会能够打通同波兰的联系只是在这样的条件下（在该国目前形势下不能不如此），即总委员会只同符卢勃列夫斯基打交道，由他报道他认为需要或合适的东西。

在这种情况下，你们没有选择的余地。你们必须象我们那样，给予符卢勃列夫斯基以不受限制的全权，否则就放弃波兰。

由于我在法译本上要做的工作比没有译者由我自己来译还要多，所以我忙得不可开交，本来我早就打算给你写信，但一直拖到今天。

库诺答应告诉我们海牙调查委员会会议的详细情况。你告诉他，如果他不立即这样做，我们就不能再等了，而这件事关系到他个人的声誉。

评论：马克思告知一些情况。海牙代表大会以后，不列颠联合会委员会中的改良主义分子拒绝承认代表大会决议，并同巴枯宁分子一起大肆诽谤总委员会和马克思。不列颠联合会委员会中的革命派成立了不列颠联合会委员会，在马克思和恩格斯的帮助下改良主义者妄想左右不列颠联合会的企图以失败告终。

信中请左尔格帮助转达库诺，尽快告知海牙调查委员会会议的详细情况。信中还告知赖利已经使《国际先驱报》成为独立的报纸，马克思计划同报纸就每周出版一期国际事务的专门附刊签订一个合同。马克思表示，在波兰只能依靠符卢勃列夫斯基开展工作。马克思告知还在忙于《资本论》法译本的工作。

1873 年

1 月 18 日 致信尼古拉·弗兰策维奇·丹尼尔逊，指出：在收到您的来信的同时，还收到了季别尔、戈洛瓦乔夫的著作，以及五卷斯克列比茨基的著作。说实在的，我很过意不去，您为我花了这么多钱。衷心地向您致谢！

歌剧剧本也及时收到了，它使我的女儿非常高兴。但是，她原来以为这是一位相识的俄国女士寄给她的，她现在要我向她的不相识的寄赠者转致诚挚的谢意。

《知识》编辑部还在这以前就约我撰稿，然而，我没有时间来写这类文章。至于拉法格，他将通过您寄去一篇试稿。

关于车尔尼雪夫斯基，我是只谈他学术上的贡献，还是也可以涉及他其他方面的活动，这完全取决于您。在我的著作的第二卷中，自然他将只作为一个经济学家而被提到。他的很多著作我是知道的。

关于我们共同的朋友，您可以相信，如果我要采取某些措施——目前，我仍然在等君士坦丁堡有关这一问题的消息——那末，这种措施将既不会损害他的声誉，也不会损害任何一个人的声誉。

至于柳巴文，我宁愿从准备付印的调查材料中把整个那一部分取消，也不愿让他遭到丝毫危险。另一方面，勇敢也许是最好的政策。巴枯宁在瑞士不用他个人的名义而用他的一些斯拉夫朋友的名义发表了一篇东西，根据这篇东西来判断，一旦形势许可，他们就打算对这件事提出他们自己的解释。他们的同谋者在海牙的放肆行为是有意的，据我推测，这是一种恫吓。

另一方面，我无法断定，公布这些材料会引起什么样的后果，因此，希望我们的朋友对这一问题再次冷静地加以考虑，然后通过您把他的最后决定告诉我。

法译本第二分册要过几天才出版。推迟是由各种偶然因素造成的，在目前巴黎戒严的情况下，这会给任何事情带来困难。修改译文本身需要我进行非常艰巨的工作。如果我一开始就自己翻译，大概还会少花些力气。而且，这种用打补丁的方式作的修改，总是使一部著作显得很糟。

去年，巴黎《经济学家杂志》的最后几期上，发表了布洛克对我的书的一篇评论；这篇评论又一次证明资产阶级的理论家已经彻底退化。

评论：马克思感谢丹尼尔逊。早在 1871 年年初，丹尼尔逊根据洛帕廷的请求曾把格林卡的歌剧《为沙皇而死》的总谱寄给马克思的大女儿燕妮。邮包上没有写寄件人的名字，马克思全家是从丹尼尔逊 1872 年 12 月 27 日（俄历 15 日）的信上才知道是谁寄的。马克思告知女儿非常高兴。

马克思表达了保护柳巴文的立场。柳巴文在信中叙述了涅恰也夫对他的威胁，涅恰也夫要求解除巴枯宁翻译马克思《资本论》第一卷的义务；这封信是海牙代表大会上成立的同盟活动调查委员会的揭发文件之一。马克思不愿使柳巴文受到伤害，因此没有说出写信人的名字。丹尼尔逊在 1872 年 12 月 24 日（俄历 12 日）和 1873 年 1 月 28 日（俄历 16 日）的信中转告马克思说，柳巴文同意指名发表他的信件，因为他不愿当匿名的揭发者。在信中，马克思表示由于涉及柳巴文，他宁愿从准备付印的调查材料中把整个那一部分取消。在信中，马克思表示自己无法断定公布这些材料会引起什么样的后果，想听听朋友们的意见。信中还谈到《资本论》法译本第二分册即将出版，巴黎戒严的情况给出版带来了困难。而且修改译文是项艰巨的工作，比自己翻译还辛苦。此外，马克思谈到布洛克发表在巴黎《经济学家杂志》上的对《资本论》的评论，认为这又一次证明资产阶级的理论家已经彻底退化。

2 月 1 日　致信阿里斯提德·方通，指出：不久前我给您写过一封信，谈到我们的朋友杜邦的企业。从您离开以来，他工作得很认真、很努力。他找到了一位干练而且诚实的德国工人，他有价值约五百英镑的必要设备，因此杜邦同他一起开设了一个小作坊，在作坊里他们不仅制造杜邦发明的乐器，而且也生产经过改进的老式乐器。我认为，他们的企业十分兴旺。

不幸，他们的资金用完了。昨天我借给杜邦八英镑，但是不能更有效地帮助他了，因为帮助巴黎流亡者的经费开支（一百五十多英镑）已使我囊空如洗。目前他们的企业面临着危急关头。

希望您不要抛开我们的朋友。如果您能帮助他的话，我向您担保，由我负责完全按生产需要付给他钱，而生产将在我的监督下进行。

评论：马克思讲述朋友杜邦的企业面临资金困难，而自己由于帮助巴黎公社流亡者也是囊空如洗，希望得到阿里斯提德·方通的帮助。

2 月 11 日 致信约翰·菲力浦·贝克尔，指出：法译本第二分册刚刚出版。如果不丢失的话，你会在这封信到达以前就收到它。

寄给你的几册德文版，也象寄给其他人的一样，显然是丢失了。再过几周以后，第一卷将全部出齐，我将通过出版者把它寄给你，收到后请告知。

我决不能为科斯特茨基做什么事情。

（1）我自己处于极其拮据的境地，由于那些法国流亡者先生而债台高筑，正如早就预料到的那样，那些先生却因此而骂我。（2）科斯特茨基先生根本不是因为我而被驱逐的。相反，他不能再留在伦敦，他曾对我说，他要去加里西亚，并请求国际帮助；我告诉他，国际没有钱，但又说，如果他抵达日内瓦，也许可以为他做点什么。（3）所有这一切都是海牙代表大会以前很久的事。科斯特茨基向我告别了，但是在这以后很长时期内我还在伦敦的大街上碰见过他，后来，就再也没有听到他的消息了。从那以后，一切都变了。在此期间，有许多波兰人从这里迁居到加里西亚，现在我们同那里就象同波兰的其他地区一样，有密切的经常的联系。因此，不必派新的特使。加之，符卢勃列夫斯基对科斯特茨基持批判态度，而我们的波兰人也对他根本瞧不起。

评论：信中告知《资本论》第一卷德文第二版即将全部出齐。全书于 1872 年年底至 1873 年年初在汉堡分册出版。马克思解释了为什么不能为科斯特茨基做什么的原因，包括自己处于极其拮据的境地，自己为那些法国流亡者而债台高筑，却遭到辱骂；科斯特茨基不是因为自己而被驱逐的等。

2 月 12 日 致信弗里德里希·波尔特，指出：《资本论》德文版至今出了八个分册。因为过两三个星期就要出完，我打算把所有各册（从第五分册开始）一并寄给您和纽约的其他朋友。至于英文版，因为有了法文版，也就完全不成问题了。不过，我对它还有些担心。修改法译文需要我做的工作比我全部自己翻译还要多。因此，如果我找不到十分内行的英译者，那我就得自己担负这一工作，而法文版已经妨碍我完成第二卷的工作，而且还会妨碍下去，直到搞完为止。

只要时间允许，恩格斯和我都将为德文报纸以及联合会委员会的机关报撰稿。

英国的分裂主义者莫特斯赫德、休伯、罗奇、阿朗索、荣克、埃卡留斯等一伙，不久前在一次所谓的不列颠联合会代表大会上重演了伦敦世界联邦主义委员会的丑剧。这些先生完全是自行其是；其中的两人——荣克和佩普，已被自己的密德尔斯布罗支部和诺定昂支部取消了委托书，因此连名义上也不代表任何人了。由这些人炮制的虚假的支部，肯定总共不到五十人。除了埃卡留斯这个《泰晤士报》的走卒硬塞进该报的那篇短评外，这次代表大会开得无声无息，但是它会被大陆上的分裂主义者所利用。荣克在代表大会上的发言荒诞和下流到了极点。满篇都是谎言、歪曲和胡说，只有播弄是非的老太婆才说得出来。这个徒骛虚名的年青人显然是患了脑软化症。有什么办法呢，只好由他去；人们在运动中精疲力竭了，而他们一旦感到自己站在运动之外，他们就会堕落到卑鄙的地步，并且竭力使自己相信，似乎是别人的过错才使他们成为混蛋的。

我认为，纽约总委员会暂时开除汝拉联合会是一个大错误。当这些人宣布国际的代表大会和章程对他们来说根本不存在时，那他们就已经退出了国际；他们建立了策划反国际的阴谋中心；他们在圣伊米耶举行了代表大会以后，接着又举行了类似的哥多瓦代表大会、布鲁塞尔代表大会、伦敦代表大会，最后还准备举行意大利同盟分子的代表大会。

每一个人和每一个团体都有权退出国际，如果出现这种情形，总委员会就应正式确认这种退出，而绝对不要宣布暂时开除。暂时开除的规定是指这样的情况，即某些团体（支部或联合会）只是对总委员会的权力提出异议，或者只是违反章程或条例的某一条款。但是，在章程中没有一条谈到那些否认整个组织的团体，根据一个简单的理由，即从章程中自然而然得出的结论是：这样的团体不再属于国际。

这绝不是一个方式问题。

分裂主义者在自己的各种代表大会上已作出决定，要召开全体分裂主义者代表大会，以建立自己新的独立于国际的组织。这个代表大会要在春天或夏天召开。

然而，这些先生想在一旦失败时给自己留一个后路。从西班牙同盟分子的冗长的通告中可以看出这一点。如果他们的代表大会垮台，他们就保留参加日内瓦代表大会的权利，——意大利的同盟分子甘步齐在他逗留伦敦期间，就天真地把这个打算告诉了我。

如果纽约的总委员会不改变自己的行动，后果会怎样呢？

在它暂时开除汝拉联合会之后，接着又得暂时开除西班牙、意大利、比利时和英国的那些分裂主义联合会。结果就是：所有这些恶棍又出现于日内瓦，使那里的任何一项重大的工作陷于瘫痪，就象在海牙的情况一样，并又一次损害全协会代表大会的声誉而有利于资产阶级。海牙代表大会的重大成果就是：促使腐败分子自我开除，即退出。总委员会现在的行动有使这一成果化为乌有的危险。

这些人公开处于国际之外，没有什么危险，而只有好处，但是，如果作为敌对分子留在国际内部，他们就会在有了立足点的所有国家里破坏运动。

这些人及其特使会在欧洲给我们带来多少工作，在纽约是难以想象得到的。

为了加强国际在那些开展斗争的主要国家的力量，总委员会首先必须采取坚决的行动。

既然在对汝拉的问题上已经犯了错误，那末，也许最好是暂时完全不理睬其余的联合会（除非我们自己的联合会提出相反的要求），等到全体分裂主义者代表大会召开，然后向所有参与这个代表大会的组织宣布，它们已退出国际，自己将自己开除出国际，并且从此以后，应该把这些组织看作是同国际异己的、甚至是敌对的团体。埃卡留斯在伦敦非法代表大会上天真地宣称，应该同资产阶级一起搞政治。他在灵魂深处早就渴望卖身投靠了。

左尔格遭到巨大不幸的消息，使我们大家深感悲痛。向他致最衷心的问候。

评论：马克思的这封信是对波尔特 1873 年 1 月 22 日的信的答复，波尔特在信中对寄给他《资本论》第一卷德文第二版前四分册表示感谢，并询问出版《资本论》英文版的可能性。马克思从左尔格那里得知左尔格同总委员会委员们，尤其是同波尔特在对无政府主义者和英国改良主义者的分裂行动的态度上发生分歧的消息后，在这封信中论证了总委员会所应采取的立场。在马克思这封信的影响下，波尔特支持左尔格制定了 1873 年 5 月 30 日通过的关于把不承认海牙代表大会各项决议的一切组织和个人开除出国际的决议。马克思和恩格斯表示时间允许将为德文报纸以及联合会委员会的机关报撰稿。波尔特请马克思和恩格斯为在纽约创办的《工人报》和合众国联合会委员会的机关报撰稿，该机关报原来预定用英文出版，但没有实现。信中还谈论一些国际发生的事情。总委员会在 1873 年 1 月 5 日的决议中宣布：鉴于汝拉联合会拒绝海牙代表大会的各项决议，因此暂时把它开除出国际，直到应届代表大会召开为止。对此，马克思认为总委员会应该正式确认他们的退出，而不是宣布暂时开除。马克思还对左尔格女儿的去世表示了悲痛和问候。

3 月 22 日　致信尼古拉·弗兰策维奇·丹尼尔逊，指出：如果您能告诉我一些关于契切林对俄国公社土地占有制的历史发展的看法以及他在这个问题上和别利亚耶夫的论战的情况，我将非常感谢。关于这种占有制形式在俄国（历史地）形成的途径问题，当然是次要的，它和关于这个制度的意义问题不能相提并论。但是，象柏林教授阿·瓦格纳等等一类的德国反动分子，都在利用契切林提供给他们的这个武器。同时，历史上一切类似的现象都说明与契切林的看法相反。这个制度在所有其他国家是自然地产生的，是各个自由民族发展的必然阶段，而在俄国，这个制度怎么会是纯粹作为国家的措施而实行，并作为农奴制的伴随现象而发生的呢？

评论：马克思请丹尼尔逊提供一些关于波·尼·契切林和伊·德·别利亚耶夫之间关于俄国公社起源的论战的情况。论战是由于契切林在 1856 年《俄罗斯通报》第 1 期上发表了《俄国农村公社历史发展概述》的文章和别利亚耶夫在 1856 年《俄罗斯笔谈》第 1 期上发表了对该文的批评文章而引起的。论战持续了好几年。马克思说，德国讲坛社会主义者阿·瓦格纳为了反对 1869 年巴塞尔代表大会关于土地集体所有制的决议，而写了《土地私有制的废除》这一著作，为了论证自己的观点，除引用其他的材料外，还引用了契切林的一系列有关俄国公社土地占有制的著作。马克思表达了对俄国公社土地占有制度的认识上的疑惑。

4 月 7 日　致信约翰·菲力浦·贝克尔，指出：我不能详细地给你写信，这只能怪我工作太忙。只要法译本没有完成，它的最后一页没有印出来，我就不会有空。

前天我顺利地寄走了德文第二版的最后一批校样，并委托迈斯纳在大约一个星期后该书出版时赠寄给你一整卷。如果你收到后告诉我一声，我将非常感谢。

恩格斯请你尽快地把附去的信转交给戈克。信中谈的是一些有关同盟的情况（我们现在正忙于用文件来揍它）。我还请你在可能的情况下，把也有你名字的日内瓦公开同盟的第一个纲领寄给我。

我们这里以为日内瓦的《平等报》停刊了，因为从吴亭离开日内瓦时起，我们就再也没有见到这份报纸。根据吴亭的希望，我曾经说服我的几个法国朋友给《平等报》寄通讯稿，但是由于深信它已关闭，所以这件事没有进行。总之，如果培列想从这里得到通讯稿，他就应当让恩格斯（瑞琴特公园路 122 号）和我都能有一份报纸。如果需要，我们可以付钱。

总委员会大概将确定日内瓦为召开下一次代表大会的地点。你们现在就应当开始考虑派一个人数众多的代表团。由于同盟分子这帮坏蛋打算倾巢出动，这样做就更有必要了。当然，不能让他们得逞。与海牙代表大会相比，我们至少要取得这样一个成果，即把这帮家伙从我们当中清除出去。但是，要做到这一点，我们就需要你们有一个坚强的地方代表团。

评论：信中告知在忙于《资本论》第一卷法译本、德文第二版的工作；马克思以为日内瓦的《平等报》停刊了，并表示希望了解这个报纸。谈到关于参加国际下一次代表大会的一些安排，总委员会计划在日内瓦召开代表大会，请贝克尔早作准备。马克思表示要彻底清除同盟分子，就需要有一个坚强的地方代表团。

5 月 31 日　致信恩格斯，指出：我在这里向穆尔讲了一件我私下为之忙了好久的事。然而，他认为这个问题无法解决，或者由于涉及这一问题的因素很多，而大部分还有待于发现，所以问题至少暂时无法解决。事情是这样的：你知道那些统计表，在表上，价格、贴现率等等在一年内的变动是以上升和下降的曲线来表示的。为了分析危机，我不止一次地想计算出这些作为不规则曲线的升和降，并曾想用数学方式从中得出危机的主要规律（而且现在我还认为，如有足够的经过检验的材料，这是可能的）。如上所说，穆尔认为这个课题暂时不能解决，我也就决定暂且把它搁下。

法国的灾难使我高兴的是，它和梯也尔及其走狗们的出丑联在一起，而使我不高兴的是，如果结局相反，我可以预料，各种人物会很快离开伦敦；同时，我还认为，无论是从法国的利益出发，还是从我们的利益出发，目前任何暴力的灾难都是不合时宜的。

但是，我绝不相信，这一事件会导致复辟。无疑，"乡绅会议"曾指望在巴黎、里昂、马赛，尤其在巴黎发生某种暴动。在这种情况下，就会动武，就会逮捕一部分激进的左派，如此等等，简而言之，将造成一种以这种或那种方式迅速地导致复辟的局势。波拿巴本人在试图实现政变，也就是说最终完成政变时，由于巴黎人的纯粹消极的反抗，一开始就陷入了困境，而且深深意识到，如果这样持续六至八天，那末，政变就会遭受失败，并且无法挽回。因此，出现了在林荫道等地方进行无缘无故的凶杀，即恣意实行恐怖的信号。正是莫尔尼先生这个事实上的头目，后来无所顾忌地说出了由他本人制定的这项行动计划。

此外，"乡绅会议"缺乏果断的精神，而只有当他们面临的不是三个，而是一个僭位者的情况下，他们才会表现出这种精神。相反，这些家伙指望的是，让事变本身来帮助他们摆脱布利丹的驴子的处境。

但是现在，当他们处于议会的有限范围时，他们内部会立即开始内讧。每个人都指望从最接近的派别中，例如从中间派左翼中把必要的人吸引到自己方面来，以便把对手排挤出去。至于麦克马洪，在我看来，这个目光短浅的"正直人士"是绝不会独立自主地行事的。此外，还有一个必然加速这伙人分化的因素。唯一能使这些人形式上联合起来的就是上帝，即天主教。右派中较激进的和较"正直"的人无疑会要求内阁对教皇和西班牙采取明确的立场，而我觉得，完全撇开内部的阻力不说，他们也不会在这方面采取任何步骤，因为他们不得不对俾斯麦先生有所顾忌。然而，实际上至今指挥着"乡绅会议"的全部活动，并且也指挥着老妖婆即麦克马洪的妻子的是耶稣会神父们，他们是不会让人轻易地撇开的。在这种情况下，国民议会就能够象不久前那样极其容易地再度迅速变换场景。要知道，要摆脱"必不可少的人"，总共只要九票就足够了，顺便说一下，同黑格尔相反，这证明必要性并不包含着可能性。

评论：信中谈论了准备先搁置在研究中暂时难以解决的问题。信中谈到的"法国的灾难"是指，1873 年 5 月 24 日，法国国民议会的保皇党多数派迫使政府首脑梯也尔辞职。保皇党（正统派和奥尔良派）的傀儡麦克马洪元帅当选为共和国总统。按照反动集团的设想，麦克马洪执政应该是复辟君主制的一个步骤，因为梯也尔尽管是坚定的保皇党人，却认为必须暂时保存共和政体，以防止群众的革命发动。马克思很高兴看到事态这样的发展，但表示从现实考虑，任何暴力的灾难都是不合时宜的，他进一步阐述了对局势的认识。信中还讲到去探望德朗克，同穆尔去巴克斯顿见龚佩尔特等安排，马克思认为单纯的散步和无所事事对自己很有益处。

8 月 12 日 致信尼古拉·弗兰策维奇·丹尼尔逊，指出：近几个月来我病得很厉害，有一个时期由于疲劳过度甚至处于危险状态。我的头疼得如此厉害，以至有中风的危险，即使现在我每天工作也仍然不能超过几小时。正是这唯一的原因使我没有能尽早告诉您已经收到您盛情寄给我的珍贵书籍并为此向您表示感谢。

您一定已经收到了三份《资本论》的合订本——至少我是这样来理解您上次的来信的。今天给您寄去该书最近单独出版的一个分册。

目前我们正在印刷揭露同盟的文章（您知道，在英国，人们把这个宗派称为戒酒协会会员），我很想知道，给您大批地寄这些材料时，用什么方式花钱最少。与这伙伪君子的首领有关的信件，我们仍然留作后备。

评论：马克思感谢丹尼尔逊寄来的书，丹尼尔逊寄给马克思下列著作：别利亚耶夫《古代俄国确立农奴制度的法律和法令》1859 年圣彼得堡版；涅沃林《俄罗斯民法史》1851 年圣彼得堡版；哥尔查科夫《修道院的敕令》1868 年圣彼得堡版；契切林《俄国法律史论文集》1858 年莫斯科版和《俄国的州级机关》1856 年莫斯科版；谢尔盖也维奇《市民会议和公爵》1867 年莫斯科版；赫列勃尼科夫《蒙古入侵前俄国历史上的社会和国家》1872 年圣彼得堡版；等等。

马克思感谢丹尼尔逊寄来的长信。丹尼尔逊于 1873 年 5 月 22 日（俄历 10 日）给马克思的信中极为详细地阐述了别利亚耶夫和契切林之间的争论的实质，并介绍了马克思所关心的关于俄国公社土地占有制问题的俄国文献。

9 月 27 日　致信弗里德里希·阿道夫·左尔格，指出：日内瓦代表大会的惨败是不可避免的。从这里得知美国代表不准备参加大会时起，事情就已经不妙了。在欧洲，人们竭力把你们说成是受人操纵的角色。因此，如果你们不出席，而由我们出席的话，那就会使我们的敌人怯懦地散布的谣言得到证实。此外，人们会认为这证明你们美国的联合会不过是有名无实的。

再有：不列颠联合会竟没有给唯一的一名代表筹款；葡萄牙人、西班牙人和意大利人都通知我们，在目前情况下他们不能直接派出自己的代表；来自德国、奥地利和匈牙利的消息也不妙；至于法国人就根本谈不上参加了。

因此，毫无疑问，在这种情况下，参加代表大会的绝大多数人将是瑞士人，而且是当地的日内瓦人。从日内瓦我们没有得到任何消息；吴亭已不在那里，老贝克尔一直没有来信，而培列先生来过一两封信——为的是把我们引入迷宫。

最后，最近日内瓦罗曼语区委员会给不列颠联合会委员会寄来一封信，首先表示日内瓦人拒绝接受英国的委托书，这封信充满调和主义的精神，并且附来了一张公然反对海牙代表大会和前伦敦总委员会的传单（由培列、杜瓦尔等人署名）。就传单来看，这些家伙在某一方面甚至比汝拉人走得更远：例如，他们要求开除所谓脑力劳动者。（这里最妙的是，这个破烂不堪的货色是卑鄙的军事冒险主义者克吕泽烈写的——他在日内瓦自称是美国的"国际"创始人——这位先生想把总委员会迁到日内瓦，以便从那里实行暗中的独裁。）

这封信连同附件寄来得正是时候，这就可以阻止赛拉叶去日内瓦，并且（象不列颠联合会委员会所做的那样）对当地那些家伙的行为提出抗议，事先警告他们，他们的代表大会将被看作是日内瓦纯地方性的行动。谁也没有到那里去是一件很好的事情，如果有人去了，那代表大会也就不成其为地方性的了。

虽然日内瓦人未能占据总委员会，但是你也许已经知道，他们把第一次日内瓦代表大会以来所做的一切都化为乌有了，甚至还搞了许多同那次代表大会的决议背道而驰的名堂。

鉴于欧洲的形势,我认为,暂时让国际这一形式上的组织退到后台去,是绝对有利的,但是,如果可能的话,不要因此就放弃纽约的中心点而让培列之流的白痴或克吕泽烈之流的冒险家篡夺领导权并败坏整个事业。事变和不可避免的发展以及情况的错综复杂将会自然而然地促使国际在更完善的形式下复活起来。在目前,只要同各个国家中最能干的人物不完全失去联系就够了,而根本不要去考虑地方性的日内瓦决议,干脆不要去理会它。那里作出的唯一的好决议——推迟两年召开代表大会,对这种活动方式是有利的。此外,这也会使大陆各国政府利用国际的幽灵来进行反动的十字军讨伐的打算落空,因为资产者到处认为这个幽灵已经被顺利地埋葬了。

顺便说一下,务必把有关公社流亡者用款的收支账簿退还给我们。为了使我们能够驳斥诬蔑,它对我们是绝对必要的。这个账簿同总委员会的总的活动没有任何关系,而且在我看来,任何时候也不应该把这本账簿从我们的手中交出去。

但愿美国的恐慌不会具有过大的规模,也不会对英国从而对欧洲产生过分强烈的影响。这种局部性危机往往是周期性总危机的先兆。如果这种危机过于尖锐,那末只会削弱总危机并缓和它的尖锐性。

评论:信中围绕左尔格和美国代表是否能参加日内瓦代表大会表达了一些想法,也谈到不列颠联合会、葡萄牙、西班牙、意大利、德国、奥地利、匈牙利、法国等都不能派代表来参加代表大会,参会的应该主要是瑞士人,特别是日内瓦人。马克思批评和揭露了日内瓦罗马语区委员会的企图,充满调和主义,并在传单中公然反对海牙代表大会和前伦敦总委员会。鉴于欧洲的形势,马克思提出暂时停止国际这一组织形式,推迟两年召开代表大会,等待时机使国际在更完善的形式下复活起来。

8 月 29 日　致信恩格斯,指出:赛拉叶今天晚上曾来这里。他对于赴日内瓦一事颇为抱怨,也很犹豫。据他说,撇开个人原因不说,他原先之所以同意只是由于他以为我们也要去;加之,他现在才看到委托书,他说,本来是答应在代表大会前两星期寄给他的。他现在从委托书里发现有这样一些提法,例如加强联合会委员会的权力,而对这些提法,无论是他个人还是代表联合会委员会都不能为之辩护。

但这还不是主要的。联合会委员会收到了培列的一封信,信中提出:

(1) 罗曼语区联合会要求取消海牙代表大会赋予总委员会的权力;

(2) 日内瓦罗曼语区那帮人中,除杜瓦尔外,没有一个人愿意接受任何英国支部的委托书,而杜瓦尔也是要以承认第一项为先决条件;

(3) 正如培列所写的,那里没有一个家伙愿意为代表大会哪怕花费一星期的时间,而接受委托书则必须这样做。

在这种情况下,我坚决认为,赛拉叶以不去为好。在这种无法预测的情况下,如果他去那里,一定会使我们,而不是使他很难堪。我的意见是,他应该写一封信,附上美国方面的材料,然后声明,因健康状况不佳,他不能使用纽约、伦敦等地给予他的委托书；最后，说明从大陆主要国家寄到伦敦来的信件使他深信，在法国、德国、奥地利、丹麦、葡萄牙等国的目前情况下，召开名副其实的代表大会是不可能的。

如果你赞成，就马上来电报说"可"；如不同意则说"否"。在了解你的态度之前，我不打算发表任何明确的意见。

人们直到现在还竭力向我们隐瞒瑞士的情况，这样，我认为派赛拉叶去是十分荒唐的。我们完全缺席，可能会而且一定会给各国政府和资产阶级造成强烈的印象，——尽管报界一开头会作为丑事来大肆渲染；如果赛拉叶在这种情况下前去，那真是活见鬼。

左尔格来信还说（也许，你已经知道），荷兰人已通知他们，还要派自己的代表去参加汝拉的代表大会，左尔格要求赛拉叶作为他们的代表，坚决不让荷兰人参加我们的（！）代表大会。

评论：从1873年8月初到9月初恩格斯在兰兹格特疗养。马克思告知赛拉叶的到来，他计划作为总委员会的代表参加于日内瓦召开的代表大会。信中谈到塞拉叶去日内瓦的计划，马克思分析了情况，认为不去为好，并询问恩格斯的意见。1873年9月初将在日内瓦举行国际工人协会第六次代表大会。1873年7月25日，总委员会批准了给赛拉叶的委托书，8月8日，总委员会又专门指示，力求在这次代表大会上就所有问题作出的决议都符合海牙代表大会决议的精神。赛拉叶作为不列颠联合会委员会委员，还应得到英国支部的委托书。由于情况变化，赛拉叶就没有必要再去了。

马克思信中所说的附上美国方面的材料，是指总委员会书记左尔格寄给恩格斯的一批用英文写的总委员会文件，恩格斯把这些文件译成了法文。在这些文件中，国际工人协会总委员会给日内瓦代表大会的信和委员会的年度报告，概括地描述了协会一年来进行的阶级斗争和取得的成就；文件中还有《总委员会向1873年9月8日在日内瓦召开的国际工人协会第六次全协会代表大会所作的秘密年度报告》，其中谈到国际内部的情况。

8月30日　致信恩格斯，指出：电报收到；过后赛拉叶来了，随身带着培列给戴伊斯的信。我不能为你把信留下，因为这里的联合会委员会书记戴伊斯要在星期二报告此事。不过，赛拉叶答应替你复写一份。这封信非常精彩：说应该剥夺海牙代表大会赋予总委员会的"无限的权力"。对此日内瓦人——其中也包括培列先生——的意见是一致的；据说这样一来，就有希望使一些汝拉支部转向他们。同是这个培列，多年来一直说，只要总委员会更坚决地反对汝拉人，这些支部就会转过来！这里依然表现出瑞士人的那种极其狭隘的地方观点。此外，弗兰克尔对我说，这个恶棍对于俄尔顿（即那里对瑞士地方性代表大会开会地点的称呼）所通过的决议还感到不满意！在这种情况下，那就根本谈不上为了这些人，为了这些甚至拒绝接受英国支部的委托书的人而到日内瓦去。我认为，你最好立即给赫普纳发出相反的指示，这样他就能及时接到通知。

附带说一下，拉法格和勒穆修终于分手了。散伙是在勒穆修声明自己决心这样做之后发生的，因为另一方的不满情绪已很明显。勒穆修现在寄希望于你。我认为，散伙是明智的，而且对双方来说都是必要的，因为这种老鼠与青蛙之战耗费了全部的时间。

评论：信中谈论了一些事情。告知塞拉叶带来培列给戴伊斯的信；谈论了培列、弗兰克尔的一些言论；告知已收到弗朗萨的信。国际葡萄牙各支部的领导者和组织者之一若·诺布雷－弗朗萨通过恩格斯给马克思寄来一封信，弗朗萨对给他寄去《资本论》第一卷法文版的分册表示感谢，并谈到马克思的著作对于在葡萄牙工人中间宣传共产主义思想和使他们摆脱蒲鲁东主义的影响，具有很大意义。信中还报告了国际葡萄牙组织的情况。

11 月 30 日 致信恩格斯，指出：龚佩尔特没有收到我寄给他的关于同盟的小册子。在曼彻斯特，人们一直抱怨邮局不把报纸和印刷品送到。因此，请立即给他寄去小册子以及你在《人民国家报》上发表的关于西班牙的那些文章的单行本，如果你已经收到的话。龚佩尔特说，这一切他都很感兴趣，我们应当从伦敦给他寄一些去，使他能随时了解情况，不然，他同曼彻斯特的庸人在一起，最后也会变得委靡不振。

很遗憾，可爱的洛帕廷没有碰到我。这个年青人多么顺利地摆脱了灾难呵！如果他到伦敦来，我们就能防止他接受拉甫罗夫的奉承。

昨天这里（这里的空气总的说来非常令人爽快）下了倾盆大雨，我感冒得很厉害，今天不得不呆在家里，因为必须记住：防患于未然。杜西信中对你说过的我们这里度蜜月的那一对（他们姓布里格斯）头三天就无聊得要命，以致年青的丈夫写信去邀请一个跛子朋友，这个人昨天已经来了。从这以后，根据喧哗声来判断，他们已经活跃起来了。杜西和我昨晚下象棋解闷。总的说来，我看过圣贝夫关于沙多勃利昂的书，这个作家我一向是讨厌的。如果说这个人在法国这样有名，那只是因为他在各方面都是法国式虚荣的最典型的化身，这种虚荣不是穿着十八世纪轻佻的服装，而是换上了浪漫的外衣，用新创的辞藻来加以炫耀；虚伪的深奥，拜占庭式的夸张，感情的卖弄，色彩的变幻，文字的雕琢，矫揉造作，妄自尊大，总之，无论在形式上或在内容上，都是前所未有的谎言的大杂烩。

"李卜克内西—马克思的"文风一语，是科柯斯基先生的一种非常客气的说法。然而，这看来是指我们所不熟悉的李卜克内西的法文文风。他的德文文风同科柯斯基先生的一样拙劣，因此必然会使后者感到愉快和亲切。

既然你已经开始看《资本论》的法译本，我希望你能继续看下去。我想，你会发现某些地方要比德文本好些。

评论：马克思告知去见了龚佩尔特，他因患严重的痔疮而痛苦不堪。马克思请恩格斯给他寄些关于同盟的小册子以及恩格斯在《人民国家报》上发表的关于西班牙的文章的单行本，马克思认为应当从伦敦寄些材料，使他能随时了解情况，以免陷于萎靡不振。龚佩尔特给马克思做了检查，建议他疗养，少做工作，需要长时间的散步。马克思告知错过了与洛帕廷见面。马克思期待他能到伦敦去，从而少受到拉甫罗夫的影响。

12 月 7 日　致信恩格斯，指出：在德·巴普巨著的内容提要中，作为第二册中主要一章的是"生理学资料"：

"劳动力的分析及其存在的生理学条件"："1. 卡尔·马克思关于劳动力的理论，必要劳动和剩余劳动。这一理论的巨大经济意义和社会意义；2. 对马克思所谓的劳动力的生理学分析。构成这种力的三要素：神经力、肌肉力、感觉力。"

你看，这竟成了他侵入医学领域的理由。这一章的结尾是：

"14. 上述生理学资料怎样使我们能够尽可能准确地确定劳动力的价值，确定一切交换价值的基础和整个经济学的基础。"

最后一点象是误解。下面是题为《由研究再生产的作用而获得的资料》的人口论。我从内容提要中看出，由于《资本论》的法文翻译工作进展缓慢，他不知道那里有增补，因而根本无法掌握它。

古巴奴隶主的反抗是上帝的恩赐；决不希望事情这样毫无结果地结束。卡斯特拉尔及其同伙遇到各种不愉快的困难，也使我感到高兴。

你读了教皇的通谕没有？通谕极其明显地把我们漂亮的威廉同迫害基督的使徒和信徒的罗马皇帝相提并论。

对法国议会的左翼，大概还要采用特别的议事规程。无赖们不愿大批退出。他们会失去作为公民天职的不受侵犯权，以及官方地位、议员报酬等等。

评论：马克思谈论了塞·德·巴普的著作。在信中，马克思介绍了巴普的《十九世纪社会问题的探讨与研究》的内容提要。从巴普书中提到的对于劳动力价值等问题的认识看，马克思认为巴普没有掌握自己在《资本论》中关于这些问题的分析。《资本论》法文翻译工作进展太缓慢影响了对它的理解。信中询问恩格斯是否读到了 1873 年 11 月 21 日教皇庇护九世的通谕，该通谕是针对俾斯麦政府反对德国天主教会而提出措施。

12 月 11 日　致信恩格斯，指出：罗德里希·贝奈狄克斯并不使我感到惊奇。假如他和他这类人懂得莎士比亚的话，他们怎么能鼓起勇气把他们自己的"作品"公之于众呢？

巴赞的情况很糟。奥尔良派除了这样处死一个波拿巴的将军外，不会有更廉价的方式来表现他们本身的爱国主义了。奥马尔公爵是第二个卡托。

评论：信中谈到对巴赞的处理。法国元帅巴赞在普法战争期间于 1870 年 10 月把麦茨要塞放弃给德国人，因此被控叛国而交付法庭审判。马克思讥讽了奥尔良派。

事实上，巴赞被判处死刑，后来又改为无期徒刑。巴赞在度过八个月监禁生活以后，于 1874 年 8 月轻而易举地逃到了西班牙。

1874 年

1 月 19 日 致信路德维希·库格曼，指出：你以后再也不要听信报纸上的谣言，更不要去理睬它。英国报纸有时报道说我死了，我就随它说去，也不作任何活着的表示。如果造成一种印象，似乎我在通过自己的朋友（你在这方面是个大罪人）向公众报告我的健康状况，这对于我是很不愉快的。我对于公众毫不介意，如果我偶尔患病的情况被夸大了，那至少有一个好处，即可以使我摆脱世界各地的不相识的人们对我的各种纠缠（用理论方面和其他方面的问题）。

教皇至上主义者和社会民主党人在选举中的相对胜利，是俾斯麦先生及其资产阶级走狗应得的报应。

评论：库格曼在 1874 年 1 月 13 日给恩格斯的信中，对《法兰克福报》上报道马克思患"重病"的消息表示不安。马克思在这封信中告知右边脸颊上长了一个痈，已经动了手术，但后来又生了许多小的，比较痛苦。马克思请库格曼不要理会报纸上的谣言，英国报纸有时候报道他去世了，马克思表示不需要作任何表示和回应。信中提到的教皇至上主义者和社会民主党人在选举中的相对胜利，是指在 1874 年 1 月 10 日帝国国会选举中，德国社会民主党人获得了巨大胜利；有九个人当选为议员，其中包括已监禁期满的倍倍尔和李卜克内西，他们所得的票数大大超过了 1871 年选举中所得的票数。选举表明，在左派力量加强的同时，极端反动的派别的地位也因政府联盟的削弱而加强了。

5 月 12 日 致信莫里斯·拉沙特尔，指出：今天我才把寄给我的校样发往巴黎。我的病复发了；我的医生让我到兰兹格特进行海水浴，禁止我做任何工作。真好象魔鬼亲自插了手一样。现在我感觉好一些，希望能最后了结此事。一共还有（包括已开始的一册）大约三册。

我很感激您作的修改等等。您给我指出的那句话，我已经改了。

您大概记得，我曾在寄往圣塞瓦斯田的给您的信中说过，俾斯麦支持梯也尔，但是普鲁士大使阿尔宁在国王支持下同保皇派勾结起来。俾斯麦最后战胜了阿尔宁，使他被召离开了巴黎。

评论：信中告知因为生病，从 1874 年 4 月中到 5 月 5 日在兰兹格特疗养，回来后才把《资本论》第一卷法文版校样发往巴黎。马克思感谢拉沙特尔作的修改。信中简单谈论了俾斯麦战胜了阿尔宁一事。

5 月 18 日 致信路德维希·库格曼，指出：在我不能写作的期间，我为第二卷搜集了大量新材料。但是，在法文本完全结束和我的健康完全恢复以前，我无法对这些材料进行最后的加工。

这样，夏天作何安排，尚未最后决定。

德国工人运动（以及奥地利工人运动）的发展令人十分满意。在法国，理论基础和实际的健全思想深感缺乏。在英国，现在只有农业工人的运动有所进展；产业工人应当首先摆脱他们现时的领袖。当我在海牙代表大会上揭露这些先生的时候，我知道，会因此而招致不满、诽谤等等，但是对于这一类的后果，我从来是毫不在意的。现在有的地方人们开始认识到，我只不过通过这种揭露来尽我的责任而已。

在合众国，我们党必须克服部分是经济的、部分是政治的巨大障碍，但是它将为自己铺平道路。那里最大的障碍是职业政客，这些人对每一个新的运动都要立即加以歪曲，使之变为一种新的"滥设企业者的生意"。

尽管采取了一切外交步骤，新的战争迟早是不可避免的，而在战争结束以前，未必会在什么地方发生剧烈的人民运动，或者说，运动至多只会是地方性的和无足轻重的。

俄国皇帝的驾临给伦敦的警察局带来许多麻烦，这里的政府将使他尽快离开。为了慎重起见，它向法国政府借用了四十名警察（密探），以著名的警官布洛歇为头目（阿里—巴巴和四十个强盗），以监视这里的波兰人和俄国人（在沙皇访问期间）。所谓这里的波兰人要求大赦的请愿，是俄国大使馆一手搞起来的；这里的波兰人发表了由符卢勃列夫斯基起草和签署的告英国人书，以示抗议；这个材料曾在海德公园星期日集会上广泛散发。英国报刊（极少数例外）献媚地说：沙皇是"我们的客人"；但是，尽管如此，对待俄国的真实情绪，比克里木战争以来的任何时候都更加敌视，而俄国公主加入王族与其说是减少了，不如说是增加了这种疑虑。任意废除巴黎和约关于黑海的决议，在中亚细亚进行的侵略行为和欺骗勾当等等这样的事实，使约翰牛感到厌烦，而迪斯累里如果继续执行甜蜜蜜的格莱斯顿的外交政策，就不可能长久执政。

评论：信中谈论了工人运动的情况以及自己的态度。马克思对德国、奥地利工人运动的发展十分满意。法国缺乏理论基础和健全的思想。英国的农业工人运动有所发展；1872 年 5 月，英国成立了以约瑟夫·阿尔奇为主席的全国农业工人联合会。马克思认为英国的产业工人应当首先摆脱他们当时的领袖。马克思知道自己对英国工人领袖的揭露会招致不满、诽谤等，但是他认为这是尽自己的责任。他认为在合众国，党必须克服部分是经济的、部分是政治的巨大障碍，才能铺平发展的道路。马克思认为新的战争不可避免。信中谈论俄国的外交行为及其在英国等国家遭到的敌对情绪。

7 月 15 日　致信恩格斯，指出：很遗憾，俄国皇帝没有在萨克森遭到失败。你从报纸评论中可以看出，当俄国人答应俾斯麦在布鲁塞尔会议上使他的战争纲领得到欧洲批准的时候，实际上恰恰相反，他们是打算在那里继续进行于巴黎开始的（1856 年）有关海上法的预备谈判。假如首相不是迪斯累里而是格莱斯顿的话，那他们的这种把戏就会得逞。而现在这个会议则只能以失败告终。

对俾斯麦的未遂的刺杀，看来使他暂时举止失常了。否则，尽管基辛根矿泉水起了作用，他会不会还来谈论阵亡者以及他本人为德国赢得的"自由"呢？但是，漂亮的威廉必定会认识到，如果人们认为已无需向他开枪，那是违背礼俗的。

在法国，由于害怕解散议会，这些先生们变得非常胆小。尽管麦克马洪发出庄严的普鲁士式的内阁命令，但他显然不象他装扮的那样坚决了。他也清楚，政变将使他依附于波拿巴主义者，并使七年期限法迅速完蛋。另一方面，他还担心事先没有安排或"组织"好元帅的权力就解散。如果"乡绅会议"把自己的利益看得高于自己的幻想，那末，不管它本身怎样抗拒，仍然"会使他有可能统治下去"。但是，世界历史上难道有过比这个冲突及其主角更滑稽可笑的事情吗？如果共和国依然存在下去，那罪过最小的当然是职业的共和主义者。

评论：这封信写于赖德。马克思从 1874 年 7 月中旬到 7 月底在赖德休养，恩格斯在兰兹格特疗养。马克思谈论了休养地是一个小天堂，他的健康状况在好转；当地居民的信教之风盛行，走到哪里都能看到举行某种虔诚的宗教集会的通告，并且讲求实际，赖德市镇委员会影响力比较大。信中还谈论了俄国与德国的关系，法国局势，讽刺了俾斯麦和麦克马洪。信中谈到对俾斯麦的未遂的刺杀后，俾斯麦采取了疯狂的措施。1874 年 7 月 13 日，俾斯麦在基辛根遇刺，这次谋刺是天主教僧侣因政府实行文化斗争政策而策划的。俾斯麦被手工业者库尔曼开枪打伤。信中还谈到法国的政局，资产阶级害怕解散议会。

8 月 4 日 致信恩格斯，指出：小燕妮后天到你那里去，她可能于中午十二点从梅特兰公园肯提希镇车站乘车前往。到那天我将去送她。

我的四个证人：曼宁、马西森、西顿和阿德科克，在星期六的十二点整到了律师那里，把一切必要的证件交给了法官，并在当天从他那里取走全部案卷，交给了内务部。律师认为，此事将于本星期作出决定。

附上拉法格的信，这封信我忘记告诉你了。

评论：信中谈到一些家事、交往等安排。1874 年 7 月底，燕妮·龙格在她的第一个儿子沙尔死去以后，健康状况严重恶化。马克思把她送到当时恩格斯休养的地方兰兹格特。马克思同他们一起待了一段时间。8 月下半月，恩格斯及其全家和燕妮·龙格到泽稷岛旅行。信中还谈到 1874 年 8 月初，马克思为取得英国国籍一事，向内务部提出申请。但申请遭到拒绝，理由是"马克思对普鲁士君主不忠"。

8 月 4 日 致信弗里德里希·阿道夫·左尔格，指出：我长期的沉默是完全不能原谅的，不过也还有一些可以宽恕的情况。可恶的肝病发作得很厉害，以致使我完全不能继续校订法译本（实际上几乎等于全部改写），我非常不愿意遵照医嘱到卡尔斯巴德去。他们向我担保说，我回来以后会完全恢复工作能力的，而丧失工作能力对于任何一个不愿意当牲畜的人来说，事实上等于宣判死刑。旅途要花很多钱，住在那里花费也不少；同时还不知道，愚蠢的奥地利政府是不是会驱逐我？普鲁士人也许没有那么愚蠢，但是他们喜欢唆使奥地利人采取这类败坏声誉的措施，我确实认为，报纸上关于罗什弗尔要到卡尔斯巴德去等等的谣传，是从施梯伯先生那里来的，而归根到底是针对我的。我没有多余的时间，也没有多余的钱，因此我决定加入英国国籍。但是象苏丹那样处理国籍问题的英国内务大臣，很可能会把我的所有计划打乱。问题大概会在本星期内决定。不管怎样，就是为了我的小女儿，我也要到卡尔斯巴德去，她病得很厉害，很危险，只有现在才能外出；她的医生也让她到卡尔斯巴德去。

在英国，国际目前几乎毫无生气，伦敦联合会委员会本身只是名义上还存在，尽管它的某些会员本身是积极的。这里农业工人运动的复兴是件大事。他们的初步尝试遭到了失败，这并不是坏事，而恰好相反。至于说到城市工人，遗憾的只是那帮领袖都没有进入议会。不然这倒是摆脱这帮混蛋的一条最可靠的道路。

在法国，工会在各大城市都组织起来了，并且相互取得了联系。它们只限于完成纯职业上的任务，不过，也不可能采取其他行动。否则就会遭到毫不客气的查封。但是，工人们却从而得到一种组织，这是重新有可能自由地开展运动的时期的起点。

西班牙、意大利和比利时以自己实际上的软弱无能说明了他们的超社会主义的真正含义。

在奥地利，人们在最困难的条件下工作；他们不得不极端小心谨慎；但是，他们取得了巨大的成就，即促使布拉格和其他地方的斯拉夫工人同德国工人采取一致行动。在总委员会设在伦敦的最后几年，我曾想争取达到这种相互谅解，但没有成功。

在德国，俾斯麦在为我们工作。

整个欧洲的形势是这样：它越来越导向欧洲大战。我们必须通过这一关，然后才有可能考虑采取欧洲工人阶级的某种决定性的公开行动。

再版伯·贝克尔关于拉萨尔运动的小册子，尽管书中存在各种固有的缺点，但对清除这个宗派是很有好处的。

你也许已经看到，《人民国家报》上有时刊登一些不学无术之徒的市侩幻想。这种破烂货是从教师、医生和大学生那里来的。恩格斯已经把李卜克内西痛斥了一番，看来，有时这样做对他是必要的。

在估计法国、特别是巴黎的条件时，不应当忘记，除了正式的军政当局之外，还有一帮戴着肩章的波拿巴派坏蛋在秘密工作，大名鼎鼎的共和主义者梯也尔就是靠这些人组成了军事法庭，以残杀公社社员。这些法庭设立了一种秘密恐怖法庭，到处都有它的密探，这使巴黎的工人区受到了特别严重的威胁。

评论：马克思告知因为肝病的发作耽误了回信和工作，表示非常不愿意遵照医嘱去休养。之后，马克思还是按照医生的指示，同爱琳娜一起赴卡尔斯巴德疗养。

信中和左尔格也谈到决定加入英国国籍的事情，马克思还谈论了英国、法国、西班牙、意大利、比利时、奥地利等欧洲国家的形势，认为有走向欧洲大战的趋势。马克思认为对于形势的认识应先统一思想，在此基础上才有可能考虑采取欧洲工人阶级的某种决定性的公开行动。在信中，马克思表示赞同再版贝克尔关于拉萨尔运动的小册子，虽然书中存在缺点，但对于清除拉萨尔主义很有好处。马克思还批评李卜克内西，他的《人民国家报》刊登了一些错误的论调。马克思还批判了法国梯也尔政府残杀公社社员等。

8 月 14 日 致信恩格斯，指出：我是否能在卡尔斯巴德逗留还很难说。上星期维也纳发生了一起诉讼案，对被告之一提出的各项罪名中，还有这样一条：他曾把"社会共产党人（检察官这样称呼我）卡·马·"的照片寄往伦敦。不过，法庭不认为这是犯法的。

在俄国的所有大学里都发生了新的逮捕事件，而在欧洲显然存在着这个形势是一种共同的企图，要使"国际"重新成为吓人的东西。

评论：信中讲到了形势的严峻，自己是否能在卡尔斯巴德逗留还很难说。这个形势是 1873 年 11 月至 1874 年 3 月，在俄国的彼得堡、莫斯科、基辅、敖德萨和其他城市中，对具有民粹主义情绪的知识分子和大学生进行了大逮捕。这次逮捕摧毁了所谓"柴可夫斯基派"的革命组织。这一组织在工人中间进行宣传，选读《资本论》第一卷，并从事革命书籍的出版工作。

8 月 14 日 致信燕妮·龙格，指出：在昨天的《旗帜晚报》上刊登了一篇不长的社论，一开头就说："国际已经负伤，但是没有被击毙。"这是指马赛八十人被捕一事而说的，仿佛这件事与意大利的这场滑稽剧有着潜在的联系，尽管事物的逻辑在这里十分清楚：巴赞溜掉了；因此，作为对麦克马洪的补偿，在马赛逮捕了八十名公社社员。《旗帜报》和《每日新闻》是一路货，也象警察一样厚颜无耻，它接着写道，这些革命者一旦能弄到哪怕极少的财产，就会变得非常保守，他们全是些穷光蛋，云云。在同一天的报纸上，还刊载了来自马赛的电讯，说被捕者当中有一个人是百万富翁。这些"世界上最自由的新闻界"的英国先生竟是这样一些家伙！同样令人奇怪的是，我看到的各种法国（巴黎的）报纸——其中也有很保守的——却丝毫没有把意大利的滑稽剧与"国际"联系起来。

评论：马克思告知自己长的痈已经治好，让女儿别再担心。信中谈论了一些事情，谈到意大利无政府主义者 1874 年 8 月想在博洛尼亚和阿普利亚举行起义的尝试，被认为是与国际和自己有关，是一件趣事。马克思还分享了《旗帜晚报》上歪曲的社论，赛西利亚将军的来访等事情。在信中，马克思也表达了对燕妮·龙格的儿子沙尔的思念，希望燕妮也坚强起来。

9月20日　致信麦克斯·奥本海姆，指出：我的女儿和我由于即将在布拉格与您一起度过几天而感到非常高兴，昨天一切都已准备就绪，打算明天（星期一）启程到古老的胡斯城去。但是，今天我们在收到您的友好来信的同时，也收到了汉堡的来信，因此，我不得不取道莱比锡直接到那里，以便彻底解决一些事务问题。

然而，延期并不等于取消。我几乎可以肯定，明年我还会到卡尔斯巴德来，那时我将把访问布拉格预先列入我的旅程。令姐大概已经写信告诉您，尽管布拉格本身使人感到多方面的兴趣，但是我很希望我个人与您的交往不仅限于在这里疗养地的短暂插曲。

评论：马克思表达了即将见到奥本海姆的喜悦心情。马克思按照医生的指示去疗养，因而可以在布拉格同奥本海姆一起度过几天。但是，在已经准备就绪后，不得不改变计划，要取道莱比锡、汉堡，去彻底解决一些事务问题。

1875 年

1月7日　致信威廉·李卜克内西，指出：明后天我给你寄去跋和勘误表。

由于时间不够，名词解释大部分我都没有过目。我只注意到一个地方：《Fleurs de lys》，这是针对弗略里说的，指的是在法国旧制度下打在重刑犯人身上的烙印。

关于银行的文章非常糟糕。也不应该把基尔希曼的无稽之谈登到《人民国家报》上。

评论：随信寄去了《揭露科伦共产党人案件》一书的跋和勘误表。马克思认为《人民国家报》登的关于银行法草案、国家银行的文章非常糟糕。马克思还谈到《人民国家报》在"政治评论"栏刊登了一篇短评《文化斗争和议会制度》，其中大段地摘录了尤·基尔希曼的《关于议会辩论》这本小册子。马克思认为不应该登载这篇文章。

1月9日　致信威廉·李卜克内西，指出：现寄上跋和勘误表；你一定要把我在这份没有页码的清样上面所标明的错误补充到勘误表上去；现在把它按印刷品给你寄去。今后遇到这种情况，首要条件是：清样要在《人民国家报》上刊出以前送给我。请你对跋作仔细校对。你的勒里希想得倒好，以为我有空闲。其实他是要我给他写一本关于德国国外的狩猎法的书。若有时间，我一点也不反对。但是本来我就觉得一天十二个小时还不够用。

评论：随信寄去跋和勘误表，并叮嘱要落实好，仔细校对，并要求在刊出前寄给自己清样。马克思讲述了自己的忙碌状态，感觉时间非常不够用。

1月20日　致信麦克斯·奥本海姆，指出：回信迟了，请原谅。我的工作太忙，今天才改完《资本论》尚未出版的各册的译文（法文）。只要全书一出版，我立即给您寄去；我在书中作了很多修订和补充，尤其是法文版的最后几部分。

我对您还有一项请求。医生禁止我吸烟不用烟嘴。所以我想替自己和我在此地的朋友们弄到二百个那种我在卡尔斯巴德看见过的烟嘴，这种烟嘴在吸过一支雪茄烟以后，如果不再需要就可以丢掉；此地没有这种烟嘴。但是，请注意，这是一项商业上的委托；如果您完成这项委托，就必须告诉我花了多少钱，否则的话，我就不便向您提出这类请求。

您最近若给我写信，请告知波希米亚的详细情况。

评论：信中告知自己刚刚改完《资本论》第一卷的法文译文。马克思对译文作了重大修改，对原文作了大量的修订和补充。因此马克思认为，法文版和德文原版同样具有独立的科学意义。此后第一卷的德文、俄文和其他文字的版本均参照法文版作了修订。法国的进步新闻工作者和出版者拉沙特尔承担了该书的出版事宜。全书在1872年9月至1875年11月出版。当时处在巴黎公社失败以后的政治反动条件下。1875年年中，法国政府把拉沙特尔在巴黎的出版社的法律权利转给了反动分子凯，凯拖延书的印刷并阻挠发行。《资本论》第一卷的法文版在法国和其他各国对马克思主义的传播起了很大的作用。

1月30日 致信莫里斯·拉沙特尔，指出：今天我把手稿的最后部分寄往巴黎，不包括跋以及目录和勘误表，这些只有当我拿到尚未出版的各册的时候才能编成。

同意您的意见，最后几册最好一起出版，但是这仍不能成为拉羽尔先生三个月以前停止排印的理由。（他甚至连第三十四册和第三十五册的校样还没有寄来）。我还有很多其他工作：我的德文版出版者，同样还有俄文版出版者，连续不断地给我来信，要我开始第二卷的定稿工作。所以，如果拉羽尔先生不排印，不给我随排随寄校样，而是一味拖延，那末他将对可能由此产生的再一次的延迟和中断承担责任。请您把您的意见告诉他，我不愿再给这位先生写信了。

评论：信中告知已经将《资本论》法译文的最后部分寄出。并告知《资本论》的德文版、俄文版的出版都受到关注。《资本论》俄文版出版者是尼·彼·波利亚科夫。信中谈到书的出版工作的延迟。还谈到要开始第二卷的定稿工作。马克思在写作《资本论》的过程中曾不止一次地更改这一著作的计划和结构。

2月11日 致信彼得·拉甫罗维奇·拉甫罗夫，指出：今天给您寄去德文版的一卷本（我手头再没有分册的了）和法文版的前六册。法文版中有很多修订和补充（例如，见第6册第222页，驳斥约·斯·穆勒，就是一个鲜明的例子，说明资产阶级经济学家即使怀着最良好的愿望，甚至在他们好象已经掌握真理的时候，也是本能地沿着错误道路走的）。但是法文版中最重要的修订，是在尚未出版的各部分里面，即在关于积累的几章里面。

承蒙寄送刊物，感谢之至。我最感兴趣的，是"祖国情况"栏内的文章。如果有时间，我真想从这些文章中选摘一些提供给《人民国家报》。"不是我们的"是些杰出的人。我猜想，我们的朋友洛帕廷同这篇文章有某种关系。

从圣彼得堡给我寄出了一大包书和官方出版物，但是这一包东西被窃走了，大概是俄国政府干的。那里面有《俄国农业和农业生产率委员会》和《关于赋税问题》的报告，这是第二卷中我研究俄国土地所有制等等的那一章所绝对必需的东西。

评论：随信寄去《资本论》第一卷的德文第二版和法文版的前六册，并说明法文版中作了很多修订和补充，表达了对资产阶级经济学家的驳斥，并告知在法文版中，对关于积累的几章作了最重要的修订。信中还表达了对拉甫罗夫寄来《前进！》杂志的感谢，他很感兴趣登载俄国通讯的"祖国情况"栏目，信中表达了对一些文章的关注，表示非常想从中选摘一些提供给《人民国家报》。在信中，马克思表达了对一篇通讯的判断。这是指在1874年伦敦出版的《前进！》杂志第三卷上，在"祖国情况"栏内发表了一篇没有署名的伊尔库茨克通讯；马克思认为这篇通讯的作者是洛帕廷。文章描述了他在西伯利亚接触到的一群称为"不是我们的"教派信徒。这些教派信徒否认上帝、政府当局、财产、家庭、所有一切现存的法律和风俗习惯，对于俄国现存的制度表示强烈的抗议。信中还告知从圣彼得堡寄出的一些书和出版物可能被俄国政府窃走了。

2—3月　致信恩格斯，指出：动手写吧，不过要用讥讽的笔调。这愚蠢透了，连巴枯宁也能插一手。彼得·特卡乔夫首先想向读者表明，你是把他当作自己的敌人来对待的，因此他编造出各种各样不存在的争论问题。

评论：这封信写于伦敦，是马克思在特卡乔夫的《致弗里德里希·恩格斯先生的公开信》的小册子的封面上写的。这封信是马克思读了这本小册子之后，将书附上自己的意见转交给了恩格斯，建议恩格斯对特卡乔夫给予回击。为答复特卡乔夫的攻击，恩格斯根据李卜克内西的请求和马克思的建议写了《流亡者文献》这一组文章的第四篇。

5月5日　致信威廉·白拉克，指出：对合并纲领的下列批评意见，请您阅后转交盖布和奥艾尔、倍倍尔和李卜克内西过目。我工作太忙，已经不得不远远超过医生给我规定的工作时间。所以，写这么多张纸，对我来说决不是一种"享受"。但是，为了使党内的朋友们——而这些意见就是为他们写的——以后不致误解我这方面不得不采取的步骤，这是必要的。这里指的是，在合并大会以后，恩格斯和我将要发表的一个简短的声明，声明的内容是：我们和上述原则性纲领毫不相干，我们和它毫无共同之点。

这样做是必要的，因为在国外有一种为党的敌人所热心支持的见解——一种完全荒谬的见解，仿佛我们在这里秘密地领导所谓爱森纳赫党的运动。例如巴枯宁还在他新近出版的一本俄文著作里要我不仅为这个党的所有纲领等等负责，甚至要为李卜克内西自从和人民党合作以来所采取的每一个步骤负责。

此外，我的义务也不容许我即使只用外交式的沉默方法来承认一个我认为极其糟糕的、会使党堕落的纲领。

一步实际运动比一打纲领更重要。所以，既然不可能——而局势也不容许这样做——超过爱森纳赫纲领，那就干脆缔结一个反对共同敌人的行动协定好了。但是，制定一个原则性纲领（应该是把这件事情推迟到由较长时间的共同工作准备好了的时候再做），这就是在全世界面前树立起一些可供人们用以判定党的运动水平的界碑。

拉萨尔派的领袖们之所以跑来靠拢我们，是因为他们为形势所迫。如果一开始就向他们声明决不会拿原则来做交易，那末他们就只好满足于一个行动纲领或共同行动的组织计划了。可是并没有这样做，反而允许他们拿着委托书来出席，并且自己承认他们的这种委托书是有约束力的，就是说，向那些本身需要援助的人们无条件投降。不仅如此，他们甚至在召开妥协的代表大会以前就召开代表大会，而自己的党却只是在事后才召开自己的代表大会。人们显然是想杜绝一切批评，不让自己的党有一个深思的机会。大家知道，合并这一事实本身是使工人感到满意的；但是，如果有人以为这种一时的成功不是用过高的代价换来的，那他就错了。

况且，撇开把拉萨尔的信条奉为神圣这一点不谈，这个纲领也是非常糟糕的。

评论：这封信是随着马克思的《对德国工人党纲领的几点意见》这一著作寄去的附信。信中表达了对德国工人党合并大会的立场。信中谈到，这封信是为使党内的朋友们不致误解自己而写的。1869 年 8 月 7—9 日在爱森纳赫举行的德国、奥地利和瑞士社会民主党人的全德代表大会通过了爱森纳赫纲领。爱森纳赫纲领总的来说保持了国际工人协会的各项要求的精神。但是 1875 年的哥达合并大会是对拉萨尔主义的无原则的退让，马克思、恩格斯赞同德国工人党的合并，但是反对毫无原则的合并。在合并大会后，对于哥达合并大会通过的纲领，马克思、恩格斯认为是非常糟糕的。在这封信中，马克思表示要和恩格斯发表一个声明，声明与哥达纲领毫不相干。在这封信中，马克思提出制定原则性纲领非常重要。这就是在全世界面前树立起一些可供判定党的运动水平的界碑。马克思给白拉克的这封信由恩格斯于 1891 年第一次和《哥达纲领批判》一起发表在《新时代》杂志上。

5 月 10 日 致信燕妮·马克思，指出：恩格斯建议同他一道去尚克林，这正合我的心意，为了你我也认为自己到那里去是适宜的；但是我不愿意他因为我而耽搁，另一方面，也不愿意他使我的行动自由受约束，从而使他自己和我都感到烦恼。因为我在等待巴黎寄来最后几个印张的校样，如果由于我不在而使本来就拖延了很久的最后几册的出版再拖下去，我将感到不安。这回我接连收到拉沙特尔两封信，他目前在斐维（瑞士）。这个蠢货表示对最后几册极为满意，因为它们通俗易懂，就是说连他也懂。我过去没有回答他从布鲁塞尔寄来的表示不满的信件，我现在当然也不会去回答他的废话。

关于李卜克内西—哈赛尔曼的拙劣作品的通告我已经寄出（现在已经在白拉克手里），这是一本小册子。我也给柏林的施拉姆先生写去了他请求我作的那些说明。此外，我断然拒绝给《独立报》的先生们编辑的刊物撰写任何稿件，这使维耳布罗尔感到不快。由于维耳布罗尔的缘故，我对此感到遗憾，然而这仍然是一个荒谬的建议！

评论：信中询问和关心燕妮的病，并告知自己和家中的一些事情。马克思在等《资本论》法文版的最后几个印张的校样，并告知已经收到拉沙特尔的两封信，对《资本论》的最后几册极为满意，认为其通俗易懂。告知已经把批判德国党合并纲领的小册子《哥达纲领批判》寄给了白拉克，并寄信给施拉姆。信中，马克思告知自己拒绝给《比利时独立报》撰写任何稿件，也拒绝了维耳布罗尔。维耳布罗尔写信请马克思给他在布鲁塞尔筹办的社会主义周刊《社会改革》撰稿。信中还告知洛帕廷来过。

6月18日　致信彼得·拉甫罗维奇·拉甫罗夫，指出：前天在您那里的时候，我忘了告诉您一件重要消息，这可能是您还不知道的。柏林生理学家特劳白制造成功了人造细胞。当然这还不是天然细胞：它们里面没有核。

把胶体溶液例如动物胶和硫酸铜等等混合起来，就能产生可以通过内渗而使之生长的带膜的球体。总之，膜的形成和细胞的生长已经超出了假设的范围！这是前进了一大步，而且正是时候，因为赫尔姆霍茨和其他人已经打算宣布一种荒谬的学说，胡说地球上生命的胚胎是从月亮上现成地掉下来的，即它们是靠陨石带到我们这里来的。我不能容忍这种到另外一个天体上去找答案的说法。

商业危机日益加剧。现在一切取决于将从亚洲特别是东印度市场来的消息，那些市场多少年来已经日益饱和。在某种条件（而这种条件是不大可能存在的）下，彻底破产的到来也许还可能拖延到秋天。

真正值得注意的现象是，总危机周期的时间在缩短。我一直认为这种时间不是不变的，而是逐渐缩短的；但特别可喜的是，这种时间的缩短正在露出如此明显的迹象；这是资产阶级世界的寿命的不祥之兆。

评论：信中对柏林生物学家摩·特劳白成功制造了人造细胞作出了高度评价，认为这是对一些人荒谬地认为地球上生命的胚胎是从月亮上现成地掉下来的学说的否定。马克思坚决反对到另外一个天体寻求生命起源的说法。从这封信和其他著作可以看出，马克思和恩格斯对特劳白的成就作了高度的评价。信中还谈到商业危机的日益加剧，总危机周期的缩短，认为这可喜地表现出资产阶级世界的衰亡。

7月12日　致信茹斯特·韦努伊埃，指出：您把事情告诉我，这对我是很大的帮助。我将立即写信给拉羽尔先生，让他给我一个明确的答复。

在此期间，请您把这个塞卜洛士、财产法定管理人的名字和地址写给我，并告诉我一位律师的地址，必要时，我可能找他帮忙。

如果法国政府想要出丑的话，我同欧洲新闻界有许多联系，可以象它所希望的那样，为它效劳。

评论：这是马克思写给巴黎莫里斯－拉沙特尔图书出版社经理的信，涉及《资本论》第一卷法文版出版中遇到的问题。当时拉沙特尔因参加巴黎公社活动受到迫害，流亡西班牙。而热心出版《资本论》的拉沙特尔出版社经理韦努伊埃也被解职了。凯竭力阻挠印行马克思的《资本论》。韦努伊埃离职前向凯施加压力，说如果凯不付排《资本论》法文版的最后一辑，作者将诉诸法律。凯不得不表示，他将履行合同。但他又借口资金不足拖延出版。韦努伊埃给马克思的信中谈到了上述情况。

7 月 14 日 致信玛蒂尔达·贝瑟姆－爱德华兹，指出：在您写的《国际工人协会》一文中，有事实错误，对其中一些错误，我想提起您的注意。不过，在此之前，请允许我对您的下述论断表示惊讶：

"我们认为，这一著作《资本论》的节译本应该马上发表。"

我保留有翻译权，而且在德国和英国之间有版权协定。因此，未经我事先准许，我当然要阻止任何这类删节本的发行。删节给译者（*traduttore*）变为背叛者（*traditore*）提供了特别方便的条件。校订在巴黎分册出版的未经删节的法译本，比我用法文重写这整部书还要费劲。

我估计您认识译者，并且我很希望避免一场诉讼的麻烦，所以不揣冒昧，将此事写信告诉您。

至于您文章中存在的事实错误，我只谈几点。

您写道：

"《资本论》是在蒲鲁东关于'政治经济学的错误'的概论发表后不久问世的，马克思在标题为《哲学的贫困》的篇幅不大的一章中答复了蒲鲁东的《贫困的哲学》一章"，等等。

针对蒲鲁东的大部头著作《经济矛盾的体系，或贫困的哲学》，我用法文写了一本小册子《哲学的贫困》来回答。这本小册子发表于 1847 年，而《资本论》则是在二十年之后即 1867 年才发表。我推测，您是被弗里布尔的一本最不可信的关于"国际"的著作导入谬误。

您在全文引用章程的导言和国际成立宣言的一些段落时，却不知道实际上是在援引我写的著作，您在转引一篇没有署名和没有日期的宣言时，却说，"这些论述一定是出自马克思博士本人的手笔"。可惜并非如此。我在《弗雷泽杂志》上读到这篇宣言以前，从未见过它。它显然是我的一个拥护者写的，但是，同时，它包含着一些不明确的用语，我不愿意别人把这些用语说成是我写的。

马志尼和布朗基同国际总委员会从来没有过任何"通信"。国际建立时，有一些意大利工人——马志尼的追随者和马志尼的代理人一个名叫沃尔弗的少校（在巴黎公社时期发现的文件，证明他已经是一个领取波拿巴警察局长的定期津贴的警探）成了总委员会的成员。沃尔弗提出了众所周知的由马志尼写的成立宣言和章程。因为两个文件都被拒绝，而我所草拟的被接受，所以不久之后，马志尼就嗾使他的追随者退出了总委员会，此后，马志尼一直到死都是国际的最不可调和的敌人。奥尔西尼（意大利爱国者的兄弟）从未出席过总委员会的会议，他从未在那里作过关于什么问题的任何报告——有意义的或无意义的。他只是就他在美国的活动和我有过私人通信。

波特尔从来就不是"国际"的会员，卡勒斯没有出席过巴塞尔代表大会，等等。

评论：信中告知玛·贝瑟姆－爱德华兹的《国际工人协会》一文中的一些错误，告知自己保留有《资本论》的翻译权，而且在德国和英国之间有版权协定。信中指出作者文章中存在的事实错误，包括关于《哲学的贫困》的发表时间，在引用章程的导言和国际成立宣言的一些段落时，实际上是在援引马克思的著作，以及将他人写作的宣言误以为是马克思写作的。在信中，马克思还澄清了一些情况，指出马志尼一直是国际最不可调和的敌人，等等。

8月21日　　致信恩格斯，指出：从今天起，警察不会找我的麻烦了，因为我收到了付疗养费的收据。我登记的身分是哲学博士，而不是食利者；这同我的钱袋十分相称。和我同姓的维也纳警察局长满殷勤，总是和我同时到达。

在科伦和法兰克福之间（我中途没有停留），有一个外表象凡俗人的天主教神父上车。从他和别人的谈话中得知，他是从都柏林参加完奥康奈尔纪念会回法兰克福（他在那里定居）去的。他谈笑风生。到科布伦茨这个换车的地方，车厢里就剩下我们两个人了。他是走新航线经过符利辛根来的：小汽艇显然比糟透的哈里季纵帆船要好得多。我试图引他谈谈文化斗争。但他起初持不信任态度，表现极其审慎，却大谈特谈卡佩勒阁下的口才。最后，神灵帮了我的忙。神父把他的水瓶拿了出来，水瓶是空的；此时他对我说，他自从进入荷兰以后，就又饿又渴。我把白兰地酒瓶递给他，他喝了几口以后，精神振奋。他喝了个够。旅客上车时，他用家乡话同他们开些无聊的玩笑，但同我谈话继续用英语，他的英语讲得很好。"在我们德意志帝国多么自由，谈到文化斗争，竟要用英语隐晦地谈论。"在我们到法兰克福下车前，我还没露我的姓名，我对他说，假如他最近几天在报纸上看到谈论黑色国际和红色国际之间的新阴谋，不必惊讶。在法兰克福，我得知（在《法兰克福报》编辑部），我的旅伴是穆策尔伯格先生，他差不多代替了那里的天主教主教。他想必在《法兰克福报》（他阅读这家报纸）上也看到了我的名字。该报刊载了一条关于我路过当地的简讯。

我看到了宗内曼，他刚刚因为拒绝说出通讯员的名字而又被审讯，并再次接到了缓期十天的通知，但这一次是最后一次了。宗内曼是一个有名望的人，但是他很自命不凡。他在长时间的谈话中向我说明，他的主要目的是把小资产阶级引入社会民主主义运动。他的报纸是公认的南德意志最好的交易所和商业的报纸，所以有经费来源。他很清楚，他的报纸作为政治消息的传播者给工人报刊帮了忙。但是，另一方面，这个党没有为他做任何事情。例如，他邀请了瓦耳泰希担任通讯员，可是合并的党执行委员会禁止瓦耳泰希写通讯。他说，李卜克内西在帝国国会的举止过于象一个煽动家；相反地，倍倍尔得到普遍的赞扬，等等。

评论：马克思在卡尔斯巴德治病。马克思在这个地方登记的身份是哲学博士，避免了警察找麻烦。马克思在信中还讲到他的私人医生不在，对治疗起了非常良好的作用。这是马克思表达对库格曼的不满。库格曼试图说服马克思仅限于纯理论活动，而不要参加政治斗争，马克思和库格曼之间的关系由冷淡发展到了冲突和完全破裂的地步。在这封信中，马克思介绍了一些当地的风土人情和旅途见闻。信中谈到《法兰克福报》的一次诉讼案。追究该报的理由是，该报在 1875 年 3 月 25 日和 30 日发表了关于文化斗争和关于爬虫报刊基金的文章。因拒不指出这些文章的作者，该报编辑遭到拘禁。该报主编和出版者宗内曼被捕。马克思肯定了宗内曼和《法兰克福报》在政治消息传播方面对工人的帮助。同时认为德国社会民主党没有为他做任何事情。

9 月 8 日 致信恩格斯，指出：你也许从杜西那里已经知道，8 月 18 日我亲手（小甘斯博士在场）在此地邮政总局投寄给她的第一封信被中途扣下了，没有疑问是普鲁士邮局干的。后来的几封信寄到了，最近一封信（我上周寄给她的）似乎又遭到第一封信那样的命运，否则我该收到她的回信了。

注意：卡尔·格律恩在同你竞争，明春将要出版一本自然哲学著作，他已在柏林的《天平》杂志上发表了导言，魏斯已从柏林寄给了我。

我星期六离开这里，先去布拉格，因为今天收到奥本海姆从那里寄来的信。然后从布拉格经过法兰克福回来。

评论：信中介绍了自己治疗的情况以及疗养地的情况，治疗效果非常好，马克思很满意。马克思讲到给女儿的信被邮局中途扣下，认为一定是普鲁士邮局干的。信中告知格律恩的著作与恩格斯从 1873 年 5 月开始着手写的著作《自然辩证法》相竞争。

9 月 21 日 致信海尔曼·舒马赫，指出：您 6 月 27 日的来信按时收到了，但是书比这迟得多，是在我已经离开伦敦去卡尔斯巴德治病以后寄到的。所以我回信迟了。我昨天才回来。

很感谢您来信和寄来杜能著作的第一卷；然而我还要十分不客气地请您把您所推荐的杜能的传记也给我寄来。如果您还没有《资本论》第二版，我非常乐意给您寄去。

我向来认为杜能在德国经济学家当中几乎是一个例外，因为独立的、客观的研究者在他们中间十分少见。

如果我们关于"工资"问题的观点不存在重大分歧的话，我是会完全赞成您的整个前言的。杜能和您本人把工资看作是实际经济关系的直接表现，我则把工资看作是外表形式，它掩盖着同自身表现有本质区别的内容。

评论：信中告知收到了舒马赫的信和寄来的书，是约·亨·杜能的《闭塞国家条件下的农业和国民经济学》。该书附有出版者舒马赫写的前言。并告知希望舒马赫能把他写的《约翰·亨利希·冯·杜能。研究者的一生》一书寄来。马克思认为杜能是一位独立、客观的德国经济学家，并表示，如果自己和舒马赫关于"工资"的观点不存在重大分歧的话，会完全赞成他的前言。马克思认为工资是一种外在形式，掩盖着同自身表现有本质区别的内容。

9 月 27 日　致信彼得·伊曼特，指出：我刚刚又从卡尔斯巴德治病回来。治疗对我很有帮助，但也是我不知道给我寄来的那篇文章的原因。我猜想，文章的作者是巴里，一位非常热忱的苏格兰党内同志。《弗雷泽杂志》（埃卡留斯、黑尔斯、莫特斯赫德和荣克对它都出过力，这些家伙如今十分尴尬）上的文章出自一个蹩脚的女小说家贝瑟姆－爱德华兹女士，例如，她说我的驳斥蒲鲁东的著作是《资本论》中篇幅不大的一章。

《资本论》法文版（对最后三册我作了特别大的修改）的排印经常被法国政府中断。半年多以前就已经排好的最后三册，据说现在终于可以出书了。我收到这几册后，立即给你寄去。

考布和卡·希尔施博士已从巴黎来到这里几天，他们告诉我，我们的老朋友席利（他还住在原址：圣昆廷路 4 号）境况不佳：起先在多年内他同妻子不和，损坏了身体，又失去了大部分德国委托人，因为在灾祸以后这些人不得不离开巴黎，他变得忧郁，仇视法国人，有些守旧。他本来或许可以在斯特拉斯堡过得不错，但是他自尊心太强（这是正当的），不愿去央求普鲁士人。

我发现，由于几十亿进款造成的结果，甚至在德国的庸人中间也有很大的觉醒。

评论：马克思这封信是对伊曼特 1875 年 9 月 25 日来信的答复。伊曼特询问《丹第通讯》的一位撰稿人。马克思认为文章的作者可能是巴里，并告知《弗雷泽杂志》上的《国际工人协会》一文的作者是贝瑟姆－爱德华兹女士，文中存在不少错误。还告知《资本论》法文版的排印不怎么顺利，经常受到法国政府的打断，近期终于可以出版了。告知考布和希尔施带来的关于席利的消息，境况不佳，在 1870 年普法战争爆发后，许多住在巴黎的德国人不得不离开那里。

12 月 3 日　致信彼得·拉甫罗维奇·拉甫罗夫，指出：疖子（而且还是生在左边的奶头上）使我根本不能晚间出门和出席 12 月 4 日的大会，您上我这儿来，您自己就会相信这一点。其实，我在大会上也只能重复三十年来我一直坚持的那个意见，即波兰的解放是欧洲工人阶级获得解放的条件之一。神圣同盟的新阴谋就是这一点的新证明。

评论：马克思表示因为身体患病不能参加大会，并表示自己依然坚持以前关于波兰问题的见解：波兰的解放是欧洲工人阶级获得解放的条件之一。马克思和恩格斯在 1847 年 11 月 29 日发表了关于波兰问题的第一次公开演说，是在伦敦举行的纪念 1830 年波兰起义十七周年的国际大会上发表的《论波兰的演说》。

1876 年

4 月 4 日　致信弗里德里希·阿道夫·左尔格，指出：我很高兴，终于又看到了你的手笔。对于你长时间不来信，我的理解是正确的，正是象你所解释的一样。我可以肯定地对你说，我们这里肮脏的事情也是多得无以复加，虽然人们还没有那样厚颜无耻地当众宣扬（其实，海牙代表大会后的最初一个时候也有过这种情况）。车尔尼雪夫斯基的那句话在这里是适用的："谁沿着历史的道路行进，他就不要怕沾上脏东西"。

《资本论》的最后十五册，我在 1 月初，即 1 月 3 日星期一寄给了你（我准确地知道日期，因为我把当时寄出的所有册子列了一张清单）。但是，你没有收到这些书，我并不奇怪，因为甚至从此地寄往巴黎的三册也没有寄到，所以只好再寄。1 月初这里的邮局一片混乱，每个邮政人员都不负责任。本周内我一定给你再寄去这十五册。头一次寄去的你没有收到，我感到不愉快，这只是因为我恰恰对这一部分，特别是对积累过程这一篇整个作了重大的修订，因而想让你看看。

我们想着手审阅《共产党宣言》，但作补充的时机还不成熟。

现在我向你提几项请求：

（1）可否把早逝的朋友迈耶尔保存的我在《论坛报》上发表的文章（这些文章可能是从魏德迈的遗物中拿去的）寄给我？我手里没有这些文章。

（2）可否为我（当然是由我付钱）在纽约弄到从 1873 年到现在的美国书目？我需要（为了《资本论》第二卷）亲自看看关于美国农业和土地所有制关系，以及关于信贷（恐慌、货币等以及与此有关的一切）方面是否出版了什么有用的东西。

（3）从英国报纸上根本无法了解美国目前的丑闻。你是否保存了有关的美国报纸？

评论：左尔格在 1876 年 3 月 17 日给马克思的信中，问马克思和恩格斯是否能够在庆祝美利坚合众国成立一百周年时到费拉得尔菲亚去。信中马克思表示自己和恩格斯由于健康原因都不能去。信中告知《资本论》法文版第一卷已经寄出，但由于邮局的混乱，左尔格并没有收到，他想让左尔格看看对积累过程这一篇的重大修订。信中表示想审阅在美国出版的《共产党宣言》的英译本。左尔格在 1872 年就曾请求马克思和恩格斯审阅海尔曼·迈耶尔翻译的《共产党宣言》英译本；马克思和恩格斯曾答应作必要的补充。信中还请左尔格寄来一些材料和书目，想亲自看看关于美国农业和土地所有制关系，以及关于信贷（恐慌、货币等以及与此有关的一切）等是否出版了有用的书籍。信中还希望左尔格提供报纸，以便了解在美国利用修筑铁路和在其他方面滥设投机企业而进行的大规模诈骗案。

5 月 25 日　　致信恩格斯，指出：我的意见是这样的："我们对待这些先生的态度"只能通过对杜林的彻底批判表现出来。他显然在崇拜他的那些舞弄文墨的不学无术的钻营之徒中间进行了煽动，以便阻挠这种批判；他们那一方面把希望寄托在他们所熟知的、李卜克内西的软弱性上。李卜克内西就应该（这一点必须告诉他）向这些喽罗们说清楚：他不止一次地要求这种批判；多年来（因为事情是从我第一次自卡尔斯巴德回来时开始的），我们把这看作是次要的工作，没有接受下来。正如他所知道的和他给我们的信件所证明的那样，只是在他多次寄来各种无知之徒的信件，使我们注意到那些平庸思想在党内传播的危险性的时候，我们才感到这件事情的重要性。

特别是莫斯特先生，不用说，他必定认为杜林是一个卓越的思想家，因为后者不仅在向柏林工人的演讲中，而且后来还在出版物中白纸黑字地写道，他发现唯有莫斯特使《资本论》成为合理的东西。杜林经常阿谀奉承这些无知之徒，我们是绝不会干这种事情的。莫斯特之流对于你用以迫使士瓦本的蒲鲁东主义者缄默的那种方法感到恼怒，这是很能说明问题的。这个具有警告意义的先例使他们畏惧，于是他们就想利用诽谤、心地善良的浑厚和义愤填膺的友爱来使这种批判永不能进行。

其实，根源就在于李卜克内西缺乏稿件，说老实话，从这点就可看出他的编辑才能。可是他心地狭窄到这种地步，尽管稿件缺乏，他还是不肯哪怕提一句贝克尔的《法国公社史》，或者至少从其中摘选几部分。

你会记得，不久以前，当我们谈到土耳其的时候，我向你指出过在土耳其人中出现清教徒式的政党（以可兰经为依据）的可能性。现在这已经成为事实。根据《法兰克福报》的君士坦丁堡通讯，如果这样继续下去，就要废黜苏丹，让他的弟弟继位。那个会讲土耳其语并在君士坦丁堡跟土耳其人交往很多的记者还强调指出，他们很清楚伊格纳切夫的鬼把戏，他在君士坦丁堡的基督教徒中间散布各种令人惊慌的流言蜚语。有一点是不容置疑的：套不住土耳其人，就别想消灭他们，而不敢（或者是由于财力不足还不能）利用有利时机采取坚决行动的俄国人，目前采取的冒险行动，与其说可能使土耳其人在欧洲垮台，不如说更可能使他们本国的制度崩溃。

迪希成了一头怎样的蠢驴！当英格兰完全陷于孤立的时候，他还坚持把一打左右的芬尼亚社社员关在监狱里！

关于"李希特尔"，李卜克内西在提醒时不应该仅限于暗示。不排除李希特尔带走我的通信录的可能性，但是我现在还不相信这一点。

艾希霍夫为阿尔宁效劳一事，我们在李卜克内西之前老早就知道了，在艾希霍夫憎恨俾斯麦和施梯伯的情况下，这是毫不足怪的。注意《法兰克福报》刊载了普鲁士对阿尔宁的逮捕令，根据逮捕令，要把他的钱财没收，把他本人交给柏林警察局处理，对外国当局则保证偿付费用和相互帮助！（这是由已经审理过的关于他偷窃文件一案引起的。）

评论：随信给恩格斯寄去莫斯特吹捧杜林《哲学教程》一书的稿件。马克思提出应当对杜林之流亮出明确的态度，进行彻底的批判，这些思想的传播在党内已经造成了危害。马克思批评李卜克内西刊登杜林等人的文章，指出这显示出他缺乏稿件，缺乏编辑才能，同时心胸狭隘，不肯使用贝克尔的《法国公社史》。

信中表达了对迪斯累里的愤怒。迪斯累里认为芬尼亚社社员是"罪犯和逃犯"，不准备赦免他们。这使爱尔兰议员们群情激愤。马克思和恩格斯在指出了芬尼亚运动的弱点，批评了芬尼亚社社员的密谋策略、宗派主义的和资产阶级民族主义的错误的同时，对这个运动的革命性作了很高的评价，竭力使它走上进行群众性发动并和英国工人运动共同行动的道路。

信中还谈到阿尔宁事件。德国外交官哈·阿尔宁自1872年起担任驻法大使，1874年因反对俾斯麦的政策被从巴黎召回。后来查明，他在被召回时从使馆档案中带走了一些重要的国家文件，为此被判处徒刑。在缓期服刑期满以后，普鲁士发布了对阿尔宁的逮捕令。马克思还谈论了土耳其局势，认为俄国在土耳其采取的冒险行动，不一定能使土耳其在欧洲垮台，反而会使俄国的沙皇专制制度崩溃。

6月14日 致信弗里德里希·阿道夫·左尔格，指出：今天我第三次给你寄去《资本论》的第三十一至四十四册，如果你再收不到，那就立即告诉我，那时我要同此地的邮政总局大闹一场。至于库格曼博士插手一事（还有迈斯纳，对这点我是不相信的，但是我要向他本人比较详细地问清楚这件事），我感到十分惊奇，因为我还没有去世，因而除了我以外，任何人也没有权利处置我的著作。

我所说的丑闻指的是什么，你的理解完全正确；9月底以前我还用不着这些。

现在顺便给你寄去经我修订的莫斯特的著作，我没有署名，否则我就要作更多的修改（一切涉及到价值、货币、工资以及其他许多问题的地方，我已不得不全部删去并换上自己的话）。

评论：信中告知又寄出了《资本论》法文版第一卷，并对邮局表示了强烈的不满。左尔格接连收不到邮件，马克思要到邮政总局大闹一场。随信寄出了自己修订的莫斯特的著作，并表示由于书中存在很多问题，所以自己没有署名。

6月14日 致信彼得·拉甫罗维奇·拉甫罗夫，指出：恩格斯大概已经告诉您，李卜克内西和他的朋友们有根据怀疑李希特尔进行间谍活动。如果此事得到证实，我也就能够解释，为什么自从李希特尔最后一次光临我家以来，我记通讯处的小本子就不见了。这个本子里面有我的各国通信人的地址。我十分担心的只是在俄国的一些人。

也需要提醒皮奥。

评论：信中告知李希特尔被怀疑进行间谍活动，自从李希特尔最后一次光临自己家以后，记通讯处的小本子就不见了。这个本子里面有马克思的各国通信人的地址，马克思对俄国的一些革命者表示了担心。

6月15日　致信彼得·拉甫罗维奇·拉甫罗夫，指出：我很高兴从您的来信中得知，对李·的怀疑纯粹是出于想象。

李卜克内西起初写信给恩格斯，说是对李·有怀疑，并说他（恩格斯）应该秘密地提醒在伦敦的俄国朋友们注意此事。恩格斯给他回信说，在李卜克内西把这种怀疑的根据告诉他之前，他决不做这种事。于是李卜克内西写信告诉他，有一天晚上，同《人民国家报》的几个发行人员和别的工人在一块时，李·在有点酒醉的状态下，曾企图偷走（《人民国家报》的）一包准备投寄的信件。朋友们并没有阻止他，但是伴随他走到邮局并迫使他把这包信件投寄出去。这件事转告给了李卜克内西，所以表示怀疑的并不是李卜克内西，而是过去完全相信李·的工人们。李卜克内西自己在信中说，"酒醉露真情"这句谚语远不是不容怀疑的教条，但是这个情况还是值得注意。您很清楚，一旦产生了这类怀疑，总能找得出可以从坏的方面解释的多少是模棱两可的迹象。

照我的看法，李卜克内西提醒此事，只是履行了自己的职责；无论他（在一定程度上还有我）或他的朋友们都不知道李·同您有密切联系；否则他当然不会认为有必要提醒您。为了消除这类误会，最好是开诚布公地说明。一个进行斗争的党应当准备应付一切；当我过去被指责为俾斯麦先生的奸细时，我至少是完全没有感到奇怪。

恩格斯昨天晚上曾在我这里。我问他，他是否给您写过信，他回答说没有写，他不认为自己有权就这件事写信给您，因为李卜克内西委托他把这件事秘密地告诉您，而他还没有来得及到您那里去。我告诉他，我给您写了信，于是他也表示想给您写信。

我将写信把您来信的意思告诉李卜克内西。同时，我认为，关于所发生的事情，最好一点也不要告诉李·。当李卜克内西把我的信告诉自己的朋友们时，我相信他们定会尽力（他们都是诚实的工人）纠正他们对自己同志采取的错误态度。

评论：信中谈论了李希特尔被怀疑的一些情况，马克思对此进行了澄清，李希特尔不是间谍。马克思表示党的同志们将会及时纠正他们对自己同志采取的错误态度。

7月26日　致信恩格斯，指出：在最近一号《前进》上，刊载了一篇关于巴枯宁葬礼的令人作呕的颂扬文章，主要登场人物是吉约姆、布鲁斯、两个勒克律和大名鼎鼎的卡菲埃罗。这篇文章把巴枯宁描绘为革命的"巨人"。预告同一记者的下一封信将报道关于在葬礼以后产生的两个国际（即谋求工人"自由联合"的汝拉人和追求"人民国家"的德国人)的合并计划。为了达到这个目的,只需要按照"1873 年代表大会"(吉约姆的代表大会)通过的方案把章程的第三条修改一下就行了。李卜克内西在《人民国家报》的短评(不知你读到没有)中声明,谁也不可能比我们(即他)更希望这样;他这个积习难改的饶舌者又补充说,让我们看行动,而不是看言论。吉约姆先生宣称《人民国家报》是非巴枯宁主义国际的权威,这当然使他感到高兴。拉甫罗夫显然认为,用刊载巴枯宁主义者的通讯报道的办法把这一派也拉到自己的报纸方面来,这是一种很好的营业手腕。

评论:信中告知一些家庭成员的近况,妻子燕妮身体不舒服;从 1874 年起,沙尔·龙格在皇家学院教法文,燕妮·龙格在克里门特·唐学校教德文;拉法格 1872 年迁居伦敦以后不久,就与别人合伙开设了一家石印和刻版小工场等。告知计划去卡尔斯巴德治病。女儿爱琳娜在作准备与他一起去。信中表达了对报刊上刊登的关于巴枯宁葬礼的颂扬文章的不满。转述了 1876 年 7 月 3 日巴枯宁葬礼参加者会议上通过的决议内容;《人民国家报》刊载的李卜克内西的短评中引用了这个决议。对此,马克思对李卜克内西很不满。

8 月 19 日　致信恩格斯,指出:弗累克勒斯博士告诉我一件使我大为吃惊的新闻。我问他,他那个巴黎的表姊妹沃耳曼夫人是否在这里。那是一位很有意思的女士,我是去年认识她的。他回答我说,她的丈夫在巴黎交易所的投机中丧失了自己的全部财产以及妻子的财产,以致这一家陷于绝望状态之中,不得不搬到德国的一个穷乡僻壤去居住。这件事的奇异之处在于:沃耳曼先生在巴黎开设了一家颜料厂,发了一笔大财;他从来没有在交易所干过证券交易,而是把他在生意上不用的钱(连同他妻子的钱)放心地买了奥地利国家证券。他突然出现一种怪念头:他开始觉得奥地利国家靠不住,于是便卖出自己的全部证券,并完全秘密地(没有告诉他的妻子和跟他有交情的海涅和路特希尔德)开始在交易所干起……土耳其的和秘鲁的证券的投机交易!直到倾家荡产。可怜的妻子正在忙于布置刚刚在巴黎租赁的房子,而在一天早晨,她毫无精神准备地得知,她成了一个穷光蛋。

弗里德伯格教授(布勒斯劳大学,医学家)今天告诉我,伟大的拉斯克尔出版了一本匿名的半小说体裁的书,书名是《一个男子心灵上的感受》。这些崇高的感受前面还有倍尔托特·奥艾尔巴赫先生为之吹捧的序言或引言。拉斯克尔的感受就是,所有的女人(也包括金克尔的女儿)都热恋过他,于是他说明为什么他不仅没有跟所有的女人结婚,而且跟她们当中的任何一个都没有搞出什么结果来。这大概是真正的懦弱心灵的"奥德赛"。很快就出现了讽刺作品(也是匿名的),如此令人可怕,以致奥托的伟大的弟兄忍痛花钱买下了所有还在出售的《感受》。"义务"使我离开书桌。因此,下次再写吧,如果碱性热饮料的出奇的麻醉效用使我还有可能涂涂写写的话。

这里根本没有柯瓦列夫斯基的书。但是拉甫罗夫给我寄来了一本厚厚的关于未来"国家"职能的书。不管怎样,这本书我也推迟到未来去读。在拜罗伊特的未来的音乐轰鸣之后，现在这里一切都沉浸于未来。

评论：信中询问恩格斯是否还在海边休养。写信时，马克思再一次来到卡尔斯巴德治病，虽然旅途劳顿奔波，气候炎热，但是治疗疗效很好。信中还谈到想读柯瓦列夫斯基的书，但是没有。拉甫罗夫寄来了《未来社会的国家因素》一书。信中还谈论弗累克勒斯博士告知的新闻，以及弗里德伯格教授告知拉斯克尔出版的一本匿名的半小说体裁的书。

9 月 23 日　致信威廉·白拉克，指出：利沙加勒的法文著作《公社史》（五百至六百页）现在正在印刷。出版者：昂·基斯特梅凯斯，布鲁塞尔北林荫道 60 号现代书店。这将是第一部真实的公社史。利沙加勒不仅利用了所有已经出版的资料，而且还掌握了所有其他人得不到的材料，更不用说他所描述的事件大部分是他亲眼看到的。

昨天，他给我寄来了尤利乌斯·格龙齐希从柏林寄给他的洽译这本书的信。

首先，我不认识格龙齐希；也许您能给我介绍一下他的情况。

其次，他根本没谈到书将在什么地方出版和怎样出版。因此，即使我们可以用格龙齐希先生翻译这部著作（这仅仅取决于他担负这项工作的能力），也只能让他担任译者，而决不能委托他出版。

我建议您承担这部对于我们党具有重要意义和德国读者普遍感兴趣的著作的出版工作。只是利沙加勒——他流亡在伦敦，生活自然不宽裕——由于他允许出版德文版而应得到一份利润，多少由您自己决定。

至于翻译，我会寄几个印张给格龙齐希试译——因为他是首先接洽的，而且莫斯特也推荐他，——以便能够确切了解他完成这项任务的能力。

如果您同意这个建议，将分批把原文寄给您（以及译者），这样德文译本就可以差不多与法文原著同时出版。

格龙齐希在他的信中建议分册出版，这是不能接受的，因为那样一来德文版会比法文版先出版，比利时的出版者将会对此提出抗议。

至于译者的稿酬，这个问题应该完全由您和译者本人商定。

您如能迅速答复，将不胜感激，这样不致浪费时间，而且必要时我还可以另找书商。

评论：马克思高度评价了利沙加勒的法文著作《一八七一年公社史》，认为这将是第一部真实的公社历史。信中表示可以由尤利乌斯·格龙齐希翻译这部著作，白拉克承担出版工作，认为这是一部对党具有重要意义的著作，也是德国读者普遍感兴趣的著作。信中还谈到了自己对于这一著作的翻译和出版的一些想法。

9 月 30 日　致信威廉·白拉克，指出：您同伯·贝克尔商谈的情况，我已经从您给恩格斯的一些信件中得悉，因为我们经常相互交流有关党内事务的一切情况。

一收到您的来信，我和恩格斯就全面地讨论了这个问题，并得出结论：不管同贝克尔订了什么合同都不能妨碍您出版利沙加勒的著作。

（1）您出于纯粹商业上的考虑——还在谈到利沙加勒的著作以前很久——在伯·贝克尔自己粗暴地拒绝了您的建议之后，就撤销了同伯·贝克尔订的合同。此外，您已经支付了三百塔勒的赔偿费，因而这个问题已经了结，绝不能因此就认为今后您就不能出版任何有关公社史的著作。

（2）就利沙加勒的著作与贝克尔的著作的竞争而论，这部著作无论是在您那里出版还是在别的地方出版（李卜克内西刚刚建议我们由《人民国家报》出版社出版，但是我们决不会接受），这种竞争反正总是会有的。利沙加勒的著作几周以后就将在布鲁塞尔出版，可是贝克尔的著作要到1877年5月才能脱稿。他因此而受到损失总是不可避免的。

（3）虽然贝克尔的著作和利沙加勒的著作书名都是《公社史》，但这是两部性质完全不同的著作，要不是由于商业上的或其他的考虑，本来完全可以由一个出版社来出版。

贝克尔的著作至多不过是用德国批判的观点把任何人在巴黎都可以得到的有关公社的材料加以编纂而已。

利沙加勒的著作则是一个亲身参加过所描述的事件的人所写的（因而性质近似回忆录）。此外，利沙加勒掌握有任何其他人都无法得到的这场戏剧的主要人物的大量手稿等。

这两部著作可能发生的联系仅仅是：贝克尔在利沙加勒的著作中可以找到他不能不加考虑的新资料，而且倘若贝克尔的著作已经脱稿，他也许不得不根据这种新资料大加修改。

您出版利沙加勒的著作和您建议贝克尔对材料进行加工，都是出于同样的利益，即党的利益；正如第一点中所说的，您可以满足党的利益，而丝毫不违背您同贝克尔原来所签订的出版合同。

关于这个问题就谈到这里。

至于格龙齐希先生，我想请您向莫斯特打听一下这个人。如果答复令人满意，我就把第一个印张寄给格龙齐希先生试译，以便能够判断他是否能胜任这项决非容易的工作。

利沙加勒已经给我送来前五个印张。从中可以看出，这是精印版，每页只有三十行。如果法文原著是五百到六百页，则普通德文版大概不会超过四百页。

我很同意您关于利润分配的决定；即使得不到什么利润，利沙加勒也一定会和您一样不去计较的，事实上现在也没计较。

至于译者的稿酬问题，由您自己处理。这与法国的作者没有关系。

印数、装帧、定价等等问题，您可以自己决定（利沙加勒已经授权我代他签订合同）。

在扉页上应当写上："作者同意的译本"。

利沙加勒将在法文原著的扉页上注明："版权所有"，因此如有人出版任何别的德文译本来竞争，您可以没收。

评论：信中主要谈论了利沙加勒的《一八七一年公社史》和贝克尔的《一八七一年巴黎革命公社的历史和理论》，认为贝克尔的著作至多不过是用德国批判的观点把任何人在巴黎都可以得到的有关公社的材料加以编纂而已。利沙加勒的著作则是一个亲身参加过所描述的事件的人所写的，性质近似回忆录。利沙加勒还掌握有大量手稿等。

10 月 7 日　致信彼得·拉甫罗维奇·拉甫罗夫，指出：我刚刚接到一封巴黎来信（拉沙特尔书店的一个职员寄来的），从信中可以看出，《资本论》被查禁的说法纯系无稽之谈，而且是警察和法定管理人凯先生本人所竭力散布的一种无稽之谈，已经完蛋的毕费把拉沙特尔的书店就是交给了这位凯先生监护的。

因为《资本论》是在戒严状态下出版的，在戒严解除后，它只能由普通法庭查禁，而他们害怕这样的丑事。因此，他们竭力通过暗中耍阴谋来取缔这本书。

如果您能把您的代理人居奥谈到查禁这本书情况的那封信转给我，将非常感谢。另一方面，柯瓦列夫斯基有一些俄国朋友在巴黎，他们愿意证明，甚至拉沙特尔书店也拒绝向他们出售这本书。

有了这些证据，我就可以用法律手段和要求赔偿损失的办法来威胁凯先生——他尽管是百万富翁，但十分吝啬。正是在这类威胁的压力下，他才最终同意了印完最后十五册的。根据法国的法律，他对我来说只是拉沙特尔先生的代表，即他的代理人，因此他应当履行我同拉沙特尔先生签订的合同中规定的一切条件。

今年9月份的《两大陆评论》刊登了拉弗勒先生的一篇所谓的批评《资本论》的文章。只要读一下这篇文章，就可以知道我们的资产阶级"思想家"是怎样愚蠢。拉弗勒先生毕竟太天真了，他认为如果接受了亚当·斯密和李嘉图的理论，或者甚至——说来可怕——凯里和巴师夏的理论，就摆脱不了《资本论》的极有害的结论。

祝贺您在最近一期《前进!》上发表的关于俄国泛斯拉夫主义激情的社论。这不仅仅是一篇杰作，而首先是道义上的大无畏行为。

评论：信中告知《资本论》法文版第一卷出版后遭遇到的被查禁的猜测和阴谋，以及这本书的出版商凯的种种延误出版和销售的行为。信中对拉弗勒刊载于1876 年9 月1 日《两大陆评论》杂志上的文章《德国的现代社会主义。（一）理论家》对《资本论》的批评进行了揭露。马克思认为资产阶级很愚蠢。信中赞扬了拉甫罗夫的文章《俄国人面临着南方斯拉夫问题》充满了关于俄国泛斯拉夫主义的激情。

10 月 7 日　致信威廉·李卜克内西，指出：据你给恩格斯的信来看，你已向代表大会宣布，恩格斯将写批判杜林的著作。可是恩格斯发现《人民国家报》上发表了一篇使我们极为惊讶的报道，我从卡尔斯巴德回来以后他立即把这篇报道给我看了。据这篇报道说，你曾宣布我（我连做梦也想不到）将参加同杜林先生的辩论。

现在恩格斯正忙于写他的批判杜林的著作。这对他来说是一个巨大的牺牲，因为他不得不为此而停写更加重要得多的著作。

你们的代表大会向吉约姆之流伸出了友好之手——按照现在所采取的那种形式——相对地说没有什么害处。但是，在任何情况下必须避免同这些一贯力图瓦解国际的人进行任何实际的合作。在汝拉地区各州，在意大利、西班牙，那些现在还被他们牵着鼻子走的为数极少的工人，据我看来，显然是些正直的人，而他们自己却是些不可救药的阴谋家。现在，他们发现他们在国际以外一钱不值，又想从后门混入国际，以便重施故技。

关于把利沙加勒的著作译成德文的问题，我在接到你的建议以前已经同白拉克进行了商谈并已经同他谈妥。

如果《人民国家报》，或者更确切地说，现在的《前进报》，也能够触及一下东方问题的要害，那会是及时的。最近有一期《科伦日报》写道，可以重复一个著名外交家的一句话："欧洲不再存在了"。它说，过去还谈到其他大国，而现在只提一个大国——俄国！

这是怎么回事？德国的报纸，既然不跟着俄国跑，为什么一会儿拼命责备迪斯累里，一会儿斥责安德拉西软弱无力和犹豫不决。

其实问题在于俾斯麦的政策——这就是症结所在。在普法战争时期色当会战之后，他就开始推行这种政策。目前，他通过向俄国公开献媚来遏制奥地利（在某一方面甚至遏制英国），他实质上在遏制整个大陆。俄国武装部队（根据最近的报道）从罗马尼亚各省（在霍亨索伦的热心庇护下）通过，使巴黎和伦敦确信，俄普之间订有攻守同盟。事实上，俾斯麦以他对法国的侵略政策使德国在俄国面前解除了武装，并且使德国注定扮演它现在正在扮演的角色，而这确实是"欧洲的耻辱"。

英国这里发生了转折：辉格党人为了竭力夺回内阁世俗福利而演出的感伤闹剧，就要结束了。在工人中，由于资产阶级五英镑钞票的作用，这出闹剧从莫特斯赫德、黑尔斯之流的坏蛋那里得到了它所预期的支持。格莱斯顿在偃旗息鼓，罗素勋爵也同他完全一样，只有恬不知耻的鲍勃·娄（澳大利亚的老蛊惑家；在最近一次改革运动中，在艾德蒙·伯克事件发生之后，这个家伙骂工人阶级是"肮脏的一帮"），还在把全俄专制君主说成是"被压迫者的唯一的父亲"，从而使自己成为嘲骂的对象。在伦敦，恰好是最先进的和最积极的工人举行了抗议泛斯拉夫主义者的群众大会。他们知道，每当工人阶级充当统治阶级（什么布莱特、格莱斯顿等等）的应声虫时，它就是在干可耻的事情。此外，我认为，你有责任写一篇社论，来揭露那些乔装反俄的德意志普鲁士资产阶级报刊所扮演的可鄙角色，它们最多不过是批评一下外国的大臣们，而对于自己本国的俾斯麦却保持虔诚的缄默。

又及。吉约姆之流在不了解内情的荷兰工人中间进行阴谋活动，从而把安特卫普的一个叫做万·登·阿伯勒的坏蛋强加给海牙代表大会担任临时主席。这个人，现在被他自己的支持者揭露出来，是法国政府的奸细，而且被赶出了还在比利时勉强支撑着的国际支部。这件事情竟然发生在这个集团的另外一个人巴斯特利卡先生在斯特拉斯堡公开暴露自己是波拿巴主义的奸细之后！

评论：信中询问关于《人民国家报》对1876年8月19—23日在哥达举行的德国社会主义工人党代表大会的会议报道。报道称马克思将参加同杜林的辩论。对此，李卜克内西在回信中告诉马克思，这篇报道把自己在代表大会上讲的恩格斯反对杜林说成马克思反对杜林，是报道作者尤·莫特勒的笔误。马克思告知，恩格斯为了写批判杜林的著作，不得不停写《自然辩证法》。

信中，马克思让李卜克内西要坚决避免让那些一贯力图瓦解国际的人进行任何实际的工作。以吉约姆为首的一些人，发现他们在国际以外一钱不值，又想混入国际，以便故技重施。

信中请李卜克内西阐述俄国与德国、法国问题的要害。马克思认为俾斯麦的政策是症结所在。李卜克内西遵照马克思的指示写了一篇长文《欧洲的耻辱》。信中还谈到英国辉格党的闹剧，看到了资产阶级对工人阶级的收买及危害，希望李卜克内西揭露普鲁士的资产阶级报刊的立场。

10月13日 致信列奥·弗兰克尔，指出：非常感谢你写来的那封长信，我当时不能够回信，因为我不清楚你的处境，就是说我不知道，如果我的信偶然被截去，是否会对你不利，尽管信的内容是无可指责的。如果可能的话，请你给我说明下列问题：已耕种的平原和山地（后者可能被用作牧场）之间的比例如何？

至于所谓瑞士国际代表大会，这是同盟分子、吉约姆之流搞的。他们知道，单是他们本身根本一钱不值，因而感到必须打着"联合"的旗帜重新登上公开的舞台，这单靠他们是办不到的。他们的计划得到了马隆们、潘迪们以及阿尔努们之流的支持，这些人害怕巴黎工人离开他们而"行动起来"，于是力图让人们重新想起他们是地道的工人代表。另一方面，当倍倍尔在瑞士的时候，吉约姆一伙狡猾地欺骗了他。不过问题不大。哥达代表大会没有派正式代表出席瑞士代表大会，只是一般地谈了谈工人利益的一致性。同时我向莱比锡提出了警告，如果有人以私人身分出席代表大会，他就应该对那些热衷于奉承反对国际的老阴谋家的人们持否定的态度。至于你作为总委员会的前任委员和海牙代表大会的参加者，应当采取什么行动，那是不言而喻的事情。你对和解的迷梦不能作丝毫的让步，要阴谋的强盗们总是利用这种状态来欺骗诚实的傻瓜。

利沙加勒现已开始将他的书付印，现在他正在校对该书的前几个印张。我在海牙代表大会上揭露过的那些所谓的工人领袖（英国人）、那些混蛋，在俄国－保加利亚就暴行问题掀起的运动中，在格莱斯顿、布莱特、罗伯特·娄（此人在最近一次争取改革的鼓动中骂工人阶级是肮脏的一帮）、福塞特以及其他伟大领袖的领导下捞到了数目可观的五英镑钞票。但是这些阴谋诡计都惨遭失败。这些工人领袖们、莫特斯赫德等等，就是原先不可能与之在一起召开大会来声讨扼杀公社的刽子手的那一帮坏蛋。

寄去最近一期《外交评论》。这份杂志中虽然有乌尔卡尔特的胡言乱语，但是也有一些关于被大加渲染的在保加利亚的暴行的重要事实，俄国就是利用这件事欺骗了整个信奉基督教的自由主义欧洲。

根据最可靠的消息，我通知你——最好是在匈牙利报纸上公布这个事实——几个月以前俄国政府十分秘密地停止支付它应当在一定期限支付的俄国铁路债券利息；每个部门分别得到了有关此事的通知和严守秘密的命令（我们知道，在俄国这意味着什么）。虽然如此，关于这个事实的消息不仅传到了我这里，而且传到了路透通讯社（欧洲通讯社的神圣的三位一体：路透社——哈瓦斯社——沃尔弗社的最重要的成员），但是路透社按照俄国驻伦敦大使馆的特殊愿望对这个消息保持沉默。

无论如何，这是说明俄国财政紊乱的大可注意的迹象。如果英国资产者感觉到这一点，他会重新成为土耳其人的朋友，因为不管土耳其人欠英国多少债，土耳其人的债务终归不能同俄国人的债务相比。

评论：信中马克思答复了列奥·弗兰克尔并向弗兰克尔询问匈牙利的土地占有状况。马克思揭露了所谓瑞士国际代表大会的真面目，是无政府主义者的代表大会。马克思揭露了一些所谓的英国工人领袖，或多或少都被资产阶级和政府收买了。随信还寄去了以《保加利亚起义》为总标题发表在《外交评论》第4期上的材料，以便让弗兰克尔了解保加利亚暴行的事实。信中还希望弗兰克尔在匈牙利的报纸上公布俄国财政紊乱的一些事实，以便让英国资产者了解。

10 月 21 日　致信彼得·拉甫罗维奇·拉甫罗夫，指出：寄上《派尔－麦尔新闻》的剪报。这是您写的社论（载《前进！》第42号）的摘要。虽然这是由拥有爵士等头衔的罗林森翻译的，但译得不好。柯瓦列夫斯基把这件事告诉了我，并且还寄来了摘录。他要我把您的报纸第42号给他，但是，"最美丽的法国女郎也只能拿出她拥有的东西"。我已经把这一号寄给吴亭了（寄往列日）。

柯瓦列夫斯基还告诉我（这一点您可以在您的报纸上利用），以俄国著作界最卓越的代表者自居的那一伙讨厌的俄国人已向罗林森和其他著名的英国活动家宣称，他们打算在伦敦出版杂志，以便向英国人介绍俄国真实的政治社会运动。总编辑将是哥洛赫瓦斯托夫，此外还有下流的《公民报》的其他编辑，据说还有美舍尔斯基公爵。

俄国政府已经表明它没有支付能力了，它已让彼得堡银行宣布今后不再用黄金（以及白银）支付外国期票。这一点我已料到。但这个政府在采取这种"不愉快的"措施之前，竟再次干出蠢事，企图在两三个星期之内人为地维持卢布在伦敦交易所的行市，这却是太过分了。为此它花费了约两千万卢布，这笔钱等于抛进了泰晤士河。

由政府出钱人为地维持行市，这是十八世纪的荒谬作法。当前只有俄国财政炼金术士才会干这种事。尼古拉死去之后，这种周期反复的荒诞的作法使俄国至少已经花费了一亿二千万卢布。只有还当真相信国家万能的政府才会这样做。其他政府至少都知道，"金钱没有主人"。

评论：信中寄去了《派尔－麦尔新闻》对拉甫罗夫的文章《俄国人面临着南方斯拉夫问题》的摘要剪报。还谈论了俄国思想界的一些新动向以及俄国政府的财政危机。俄国政府已经表明它没有支付能力了。

11 月 6 日　　致信威廉·白拉克，指出：我已经把格龙齐希的译稿——第一印张——同原文非常仔细地核对过，我刚才已通知他，我不同意由他翻译。

实际上，修改他的译稿（任何译者的译稿大概都需要作个别的修改）比我自己从头到尾全部翻译更费时间，而我没有这样多时间。我不能再经受这种痛苦的试验了，在校订《资本论》法译本时我已经受过一次。

我本来很想用科柯斯基，但是他的文字很不流畅，很不生动，而翻译这本书恰恰需要文字流畅生动。

我已向别的方面进行试探，但是我怀疑对方是否有时间。如果可能的话，目前最好请您设法在莱比锡物色一个职业翻译。因为这里谈的这本书不只是为工人读者写的，所以，如果一定要在写作人才不多的党内物色译者，就是说，预先就从译者必须是党员这一原则出发，这是毫无意义的。

据我所知，伯·贝克尔已在瑞士为自己找到一个出版者。

伯尔尼和解大会无非是并且从一开始就是巴枯宁主义者的阴谋，我和恩格斯刚一了解到德国人打算派自己的代表到那里去，就立即给李卜克内西写信说明了这种看法。而且几天前我们还从葡萄牙获得了有关这一点的证据。详情容后告知。

评论：信中告知在看到格龙齐希的第一印张译稿后，由于译稿的质量问题，不能由他翻译利沙加勒的《一八七一年公社史》。并表示科柯斯基也难以胜任这本书的翻译工作。马克思告知正在向其他人询问是否有时间翻译，马克思请白拉克设法在莱比锡物色一个职业翻译。译者并不一定要在党内，不必须是党员，因为党内写作人才不多，而且，《资本论》也不是仅为工人读者而写。信中，马克思表示伯尔尼和解大会从一开始就是巴枯宁主义者的阴谋。

11 月 20 日　　致信威廉·白拉克，指出：随信附上第一印张法文校样，供伊佐尔德·库尔茨小姐试译。请她将法文原稿随同译稿一起退还我（以便核对）。

利沙加勒认为，既然他的书将在 1 月初以前出版，而译本由于翻译的困难拖延下来，因此，现在最好是将德文版分册出版。

此外，还附上伟大的吉约姆的信件。"讲法语的社会主义者们所想的"，特别使我觉得可笑。这些"讲法语的"社会主义者的最典型的代表当然是勒克律兄弟（同盟的秘密合创者，而在社会主义著述方面是完全不著名的）和荷兰人血统但是从其他各方面说应是比利时人的德·巴普。

希望您在选举中获胜，象这样的农民示威是会起作用的。

评论：信中沟通了关于利沙加勒的书稿翻译和出版的一些最新情况。利沙加勒认为最好是将德文版分册出版。马克思表达了对白拉克在选举中获胜的期望。

12 月 11 日 致信恩格斯，指出：在会议（于圣詹姆斯大厅召开）闭会后，格莱斯顿先生来到了诺维柯娃女士坐的厢座，跟她握手——"为了表示〈据诺维柯娃说，他是这样讲的〉英俄之间的同盟已经存在"——并挽起她的手臂趾高气扬地从退向两旁的人群中走过；他是一个比较矮小、干瘪的人，而她则是一个真正的龙骑兵。她对柯瓦列夫斯基说："这些英国人多么笨拙！"

总司令切尔尼亚也夫先生两次拍电报询问诺维柯娃，他是否应当出席会议；她不得不答复他说，格莱斯顿先生乐意跟他单独会见，但是认为公开露面是不适宜的。

哈里逊（他在《双周评论》上发表的《十字形和半月形》一文中大吹大擂刚刚从柯瓦列夫斯基那里搬来的某些见解）在会议上（凭票入会场）当面对豪威耳说，与会的工人一无例外都属于被收买的一帮人，他（哈里逊）对这一帮人很了解。

很遗憾，查理·达尔文也让自己的名字加入了这个龌龊的示威；路易斯拒绝了。

评论：信中谈到柯瓦列夫斯基想要格·汉森的《特利尔专区的农户公社（世代相承的协作社）》一书。马克思将这本书寄给恩格斯，他认为恩格斯很快就会像自己一样读完。恩格斯在《反杜林论》中利用了汉森的这本著作。信中还谈到 1878 年 12 月 8 日，在伦敦詹姆斯大厅召开了全英会议后的一些情况，这次会议讨论了东方问题。信中，马克思还讽刺了哈里逊的《十字形和半月形》一文是搬用了柯瓦列夫斯基的某些见解。

1877 年

1 月 9 日 致信马克西姆·马克西莫维奇·柯瓦列夫斯基，指出：我了解到，有一位对党作出过很大贡献的俄国夫人，因为缺钱而不能为自己的丈夫在莫斯科找到律师。我对她的丈夫一点不了解，也不知道他是否犯罪。但是，因为审讯结果可能判决流放西伯利亚，还因为……女士决定跟自己的丈夫去（她认为他无罪），所以如能设法帮她哪怕筹措一笔辩护用的钱，也是非常重要的。……女士把自己的财产交给了丈夫管理，她自己完全不懂得这类事务，因此，只有律师能够在这方面帮助她。

塔涅耶夫先生（您认得他，我早就很尊敬他，把他看作是人民解放的忠实朋友）可能是愿意承担这个吃力不讨好的案件的唯一的莫斯科律师。因此，如果您以我的名义请求他对我们的朋友的极端困难的状况予以关怀，我将对您非常感谢。

评论：这封信是马克思根据尼古拉·吴亭在1876年12月17日给马克思的信中提出的请求和提供的情况而写的。信中交流了对俄国一位支持党的夫人伊丽莎白·德米特里耶娃因经济困难而无法为自己的丈夫伊·米·达威多夫斯基在莫斯科找到律师的事的意见，以及对莫斯科律师塔涅耶夫提供帮助的感谢。

1月21日　致信威廉·白拉克，指出：祝贺不久前在德国举行的社会民主党对自己战斗力量的检阅！这次检阅在国外产生了巨大的影响，特别是在英国，因为这里各报的柏林通讯员多年来一直竭力使不列颠的读者群众对于我党的情况产生错误的看法。但是正如约翰牛在破产时所说的那样："纸里包不住火"。

在我想最终确切地知道，同伊佐尔德小姐的事情怎么样了？（我本来不愿在选举前的鼓动期间用这件事来打搅您。）她把试译的第一印张寄给了我；我回答她说，她可以胜任这一工作，只要她不匆忙、不草率就行。我已把下面的四个印张寄给了她。但同时我也寄给她一份相当长的关于她试译的那一印张的错情表。

看来，这有点触犯了女士的自尊心，因为她的回信中流露出了一些不满的情绪。我没有因此而感到难堪，并且已经再一次写信对她说，我认为她是最后选中的译者。从那时起，已过去了几个星期，但她一直毫无消息。非常需要这位小姐作出最后决定——同意还是不同意，如果同意，她就应当切实进行工作。烦请您本着这个意思给她写封信。如果她改变了主意，那就不得不试一下肖伊兄弟，虽然我不喜欢同肖伊先生们打交道（不过这与此事没有关系）。不能再浪费时间了。如果可爱的伊佐尔德拒绝，那么她应当把她收到的那些法文印张退还给我。

评论：信中祝贺德国社会民主党在选举中取得的成绩。在1877年1月10日德意志帝国国会选举中，德国社会民主党有12人当选议员，获得了将近五十万张选票。马克思认为这是社会主义党对自己战斗力量的检阅。信中告知同《一八七一年公社史》的译者库尔茨小姐的沟通情况以及关于翻译的计划，并询问最终情况。

1月21日　致信斐迪南·弗累克勒斯，指出：德国社会民主党在帝国国会选举中对自己力量的检阅，不仅吓坏了我们最可爱的德国小市民，而且也吓坏了英国和法国的统治阶级。一家英国报纸痛心地指出，"法国社会党人矫揉造作的激情和德国社会党人求实的行动方式"成鲜明的对比。

您很熟悉的谢夫莱不久前出版了一本叫做《社会主义精髓》的小册子，这本小册子表明，甚至德国资产阶级的思想家也如何越来越受到传染病毒的感染。为了开开心，您不妨订购一下这本东西。它会使您不由自主地发笑。一方面，正如作者本人所暗示的那样，小册子是专门为基督教牧师写的，因为这些基督教牧师终究不能让自己的天主教对手垄断向社会主义的献媚。另一方面，谢夫莱先生以纯粹士瓦本的幻想来描绘未来的社会主义千年王国，说什么这将是温良的小资产者的理想王国——只有卡尔·迈尔之流才能在那里生活的天堂。

话又说回来，不管战争的结局如何，对彼得堡的"沙皇老子"有利还是不利，这个"病人"被英国自由党，即"一味追逐利润的党"的歇斯底里的博爱的嚎叫弄得晕头转向，他发出了自己国内酝酿已久的震荡行将来临的信号，这种震荡归根到底必然会结束旧欧洲的整个现状。

评论：信中交流了德国社会民主党取得选举巨大成就的影响，选举成绩吓坏了小市民，也吓坏了英国和法国的统治阶级。评论了谢夫莱的《社会主义精髓》一书，揭露了此书的立场和小资产者的幻想。马克思认为俄国面临着危机，危机将结束旧欧洲的整个现状。

1 月 21 日　致信威廉·亚历山大·弗罗恩德，指出：我的女儿向您的夫人和您衷心问好。顺便说说，她冒昧翻译了德利乌斯教授的著作《莎士比亚作品中的史诗因素》，由这里的莎士比亚学会出版（她是这个学会的会员）；她因此得到了德利乌斯先生的极大赞扬。她要我向您打听一下，反对莎士比亚的那位士瓦本教授的名字叫什么，您在卡尔斯巴德时对我们说过的他的那部著作书名是什么。这里的莎士比亚学会的主要人物弗尼瓦尔先生一心要欣赏这部著作。

"东方问题"（这个问题必然以俄国爆发革命而告终，不管对土耳其人的战争的结局如何）和社会民主党在本国内对自己战斗力量的检阅，大概已使德国文明的庸人相信，世界上还有比理查·瓦格纳的"未来的音乐"更为重要的东西。

如果您偶尔见到特劳白博士，请代我向他衷心问好，并请提醒他一下，他曾答应把他已出版的著作目录寄给我。这对我的朋友恩格斯很重要，他正在写关于自然哲学的著作，并打算比以往任何人更多地指出特劳白的科学功绩。

评论：马克思谈到自己得了喉炎，告知爱琳娜翻译了尼·德利乌斯的文章《莎士比亚作品中的史诗因素》并得到了作者的极大赞扬。在信中，马克思认为东方问题必然以俄国爆发革命而告终。信中请弗罗恩德转告特劳白博士，请他把已出版的著作目录寄来，这将有助于恩格斯关于《自然辩证法》的写作。马克思和恩格斯高度肯定特劳白的主要成就，他制成了"人造细胞"。

1 月 23 日　致信加布里埃尔·杰维尔，指出：收到您 12 月 15 日的友好来信后，我就写信给我们的朋友希尔施，谈了合同所规定的对《资本论》出版者拉沙特尔先生所承担的那些义务，根据合同规定，在未得到他的许可以前我不能接受您的方案。随后我给拉沙特尔写了信，我在日日盼复，可是杳无回音。最后，几天前我给他寄了一封挂号信，因为第一封信大概是被截走了，这在普鲁士德意志帝国是一种常见的现象。在等待拉沙特尔先生回信的时候，我仍然应当指出，即使他同意，阿·凯先生也完全能够没收任何《资本论》的《简述》。由于拉沙特尔先生因其"公社"活动被缺席判罪，如今流亡在国外，布洛利内阁依照法律把拉沙特尔书店的管理权交给了这个保守党的渣滓凯先生，他最初是不择手段地阻止印我的书，后来又阻挠它的传播。这个人很可能不顾拉沙特尔先生的许可而愚弄您，我自己同拉沙特尔先生虽然订有私人合同，但是他却完全无力对付凯先生，因为这个管理查封财产的人是他法律上的保护人。

在这种情况下，我觉得，最好把《资本论》的《简述》的出版推迟一个时期，如果需要，暂时可以小册子形式出版内容概要，这会更有益处，因为布洛克先生（在《经济学家杂志》上）和拉弗勒先生（在《两大陆评论》上）对《资本论》向法国公众作了完全错误的介绍。其实，关于这件事我从一开始就同希尔施先生讲好了。

承蒙您的厚意，给我寄来了您的著作，非常感谢。这本书叙述生动，说理透彻。

评论：信中回复了杰维尔，介绍了《资本论》出版的一些情况。杰维尔想在法国编写和出版《资本论》第一卷的《简述》。但是，他的这一计划直到1883年马克思逝世后才实现。杰维尔的著作《卡尔·马克思的〈资本论〉》发表在《社会主义丛书》中，出了好几版。

2月14日　致信威廉·白拉克，指出：利沙加勒完全同意您的合同草案，但坚决主张各地都要以您所提出的最低的价格为（每册）定价。

顺便提一下！伊佐尔德·库尔茨小姐已经给我来信，一方面告诉我，她将把手稿直接寄给您，而您应当把校样寄给我（这我不反对）；另一方面她请求继续给她寄原文校样；今天利沙加勒已经给她寄去了。但是要注意，利沙加勒在绪论中又做了一些修改，对法文原稿做了补充（非常重要）等等，因此在伊佐尔德对她已经译好的第一批稿子做出相应的修改以前，是不能送不伦瑞克付印的。就是说，假如您收到我这封信时，伊佐尔德寄去的译稿已经到了不伦瑞克，那就不要付印，而要退还给她去修改。

显然，作者本人所做的这些修改和补充，只会增加德文版的价值。

评论：信中沟通了库尔茨翻译利沙加勒著作的一些情况，包括作者进行的修改，以及对译者的要求等。马克思认为作者进行的修改和补充增加了德文版的价值。

3月3日　致信恩格斯，指出：与此信同时，寄去《人民报》和在你家里找到的莱比锡邮件。上意大利联合会发表了一项重要声明，它在声明中说，它一向遵守国际的"最初章程"，并正式同意大利各巴枯宁主义团体断绝直接的联盟关系。你必须把这件事，以及你第一封信中提到的十分有趣和使我高兴的其他事实，尽快告知《前进报》。否则李卜克内西又会在这方面干出蠢事来。

拉甫罗夫（他生活很苦）称赞你批判杜林的那些文章，但是他说，人们（即他）"对恩格斯在论战中这样温和是不习惯的"。

希尔施和他的卡斯特尔诺真是见鬼。现在，后者以他们两人的名义要求我充当他们目前正在创办的工人报纸的编辑。好象我现在有时间来干这个，——希尔施本该知道，我没有时间！如果只是为了形式而让我挂名，那么，这只是让我担负"责任"而对工作没有任何好处。因为卡斯特尔诺先生现在自己也承认,只要凯管事,他的《资本论》简述就只能是梦想,所以他想以另一种方式收拾我。我直到现在还没有发现,他或者希尔施究竟为《资本论》做了些什么事情,哪怕只做到拉弗勒或布洛克那种程度。

评论:马克思告知恩格斯,上意大利工人联合会声明正式同各巴枯宁主义团体断绝直接的联盟关系,并请恩格斯将此事告知《前进报》,请李卜克内西知晓此事。信中还告知,拉甫罗夫称赞了恩格斯批判杜林的文章,但同时表示,批判太温和了。马克思在信中还表达了对希尔施和卡斯特尔诺的不满,他们没有为《资本论》做什么事情。

3月5日 致信恩格斯,指出:附上《杜林评论》。读这个家伙的东西而不当即狠狠敲打他的脑袋,我是办不到的。

仔细阅读它,要有耐心,手里还得拿着鞭子。现在,在我这样仔细阅读之后(而从李嘉图起的那一部分,我还没有读,其中必定还有许多奇谈怪论),我将能平心静气地欣赏它了。当你潜心阅读,对他的手法了如指掌的时候,你会觉得他是一个多少令人好笑的下流作家。

又及。那篇关于格莱斯顿—诺维柯娃的极尖刻的文章,经巴里加工修饰后,前天在《名利场》上发表,《白厅评论》对这篇文章怕得要命。昨天我们在同科勒特的儿子和女儿会见时得知,他们的父亲不赞成这样做,因为格莱斯顿虽然是个疯子,但毕竟是正直的,而这种辩论是"不体面的"。

评论:马克思随信寄去了手稿《对杜林〈国民经济学批判史〉一书的评论》。这份手稿是对杜林这本书的第二版的前三章的批判。恩格斯把手稿作了修改后以《〈批判史〉论述》为题收入《反杜林论》作为第二编的第十章。信中表达了对杜林的奇谈怪论的极度不满。信中还谈到巴里按马克思指示写的文章《格莱斯顿先生和俄国的阴谋》,发表在《名利场》周刊上,揭露格莱斯顿的外交政策,引起了《白厅评论》的恐慌。一些保守党的报纸刊登了巴里的文章。文章引起了较大影响。

3月7日 致信恩格斯,指出:(1)休谟关于"劳动价格"只是在所有其他商品的价格提高之后最后才提高的这一论点,是他关于货币量的增加对工业起促进作用的看法的最重要一点,这一点还最清楚地表明(如果对此一般会有怀疑的话),他认为这种增加仅仅是因贵重金属的贬值而引起的。从我寄上的摘录中可以看出,休谟反复谈到这一点。对此杜林先生的书中只字未提;而且一般说来,他对于他所赞颂的这个休谟的论述,同对其他一切作者的论述一样草率,一样肤浅。此外,即使他觉察到了这一点(这是非常值得怀疑的),那也非常不便于在工人面前颂扬这种理论,因此,最好略而不提整个问题。

(2)我当然不想把我自己认为重农学派是资本和资本主义生产方式的最早有系统的(不象配第等只是偶然的)解释者这一观点直接告诉这个人。在我有可能详细阐明这个观点之前，完全明确地把它讲出去，那就会被形形色色的下流作家接过去并加以歪曲。正因为如此，我在寄给你的评述中没有谈及这一点。

但是，看来这并不妨碍在答复杜林时引用《资本论》的下述两段话。我引用的是法文版，因为这里不象在德文原本中那样一笔带过。

关于《经济表》：

"要是我们只考察年生产基金，每年的再生产过程是很容易理解的。但年产品的各个组成部分都必须投入商品市场。在这里，个别资本的运动和个人收入的运动交错混合在一起，消失在普遍的换位中，即消失在社会财富的流通中，这就迷惑了观察者的视线，给研究工作提出了极其复杂的问题。重农学派最大的功劳，就在于他们在自己的《经济表》中，首次企图在年产品离开流通的形式上说明年产品的再生产的情况。他们的阐述在许多方面比他们的后继者更接近真理。"（第258—259页）

关于"生产劳动"的定义：

"同样，古典政治经济学——有时本能地有时自觉地——一直把提供剩余价值看作是生产劳动的标志。它对生产劳动所下的定义，随着它对剩余价值性质的分析的加深而改变。例如，重农学派认为，只有农业劳动才是生产劳动。为什么呢？因为只有农业劳动才提供剩余价值。在重农学派看来，剩余价值只存在于地租形式中。"（第219页）

"虽然重农学派没有看出剩余价值的秘密，但他们还是非常清楚，剩余价值是'一种独立的和可以自由支配的财富，是他〈财富的占有者〉没有买却拿去卖的财富'（杜尔哥）"（《资本论》德文第2版第554页），以及剩余价值不能从流通中产生出来（同上，第141—145页）。

英国报纸的编辑们是异常奇怪的动物。《名利场》的编辑（下属人员；因为社长兼老板、半乌尔卡尔特分子鲍尔斯先生正陪夫人在西班牙养病）终于登出了那篇文章，而苏格兰的《新闻晨报》和伦敦的《白厅评论》，以及六家政府报纸，或者不如说是掌握在托利党内阁（它为这些报纸炮制材料）手里的中央报刊，则被这篇文章吓住了。

结果怎样呢？就是《名利场》的这个人为了进行报复，现在反过来自己害怕（为了事业和巴里先生的利益）刊登上述八家报纸已经发表的文章，即针对《现代评论》上格莱斯顿的文章而写的那篇文章。他写信问巴里，一旦追究诽谤的责任，他该怎么办？我已指示巴里（他已有先见地带上上述八种报纸）应该怎样回答。如果不用科勒特先生的"忧虑"来解释这些动摇（我们不管怎样也得加以克服），那我就会大错特错。的确，如果有人揭穿他们秘密外交的勾当，岂不是很糟糕吗！

顺便说一句，俄国外交已完全堕落成一种滑稽剧。伊格纳切夫先生的外交旅行，不管起初是否顺利，到头来只能是比梯也尔先生在九月四日变革以后的外交旅行更为可笑和更为丢丑的巡拜。

我从高尚的甘布齐那里收到了他亲自写的悼念最近死去的高尚的法奈利的九页长的祭文。把这一祭文寄来的目的显然是想使我悔悟,不该在关于同盟的小册子中侮辱这个法奈利。

评论:信中主要谈到对杜林的批判文章中涉及的休谟的"劳动价格"和重农学派的一些观点,是对前一封信的补充。信中谈到《经济表》,这是重农学派魁奈在经济学中第一次制定的社会总产品的再生产和流通的图解。信中还谈到巴里根据马克思的指示写成的文章《格莱斯顿先生和俄国的阴谋》和《伟大的鼓励家被戳穿了》引起了恐慌,马克思认为文章揭穿了格莱斯顿的秘密外交勾当,很有价值。信中还谈到俄国外交已完全堕落成一种滑稽剧。

3 月 16 日 致信彼得·拉甫罗维奇·拉甫罗夫,指出:有个下院议员(爱尔兰人)打算在下星期提出一项提案,建议英国政府要求俄国政府实行(在俄国)它认为土耳其必须实行的那种改革。他想利用这个机会讲一讲俄国发生的种种可怕现象。我已经把俄国政府对倔强的波兰东方礼天主教徒采取的措施的某些详细情节告诉了他。可否请您就俄国近几年来所发生的司法和警察迫害事件写一份简要综合材料(用法文)?因为时间少(我今天才得知此事),又因为写点什么总比什么也不写好,所以可否请您(因为这类事实您比我记得更清楚)写点"什么"?我想这会给您的不幸同胞带来很大的益处。

评论:信中请拉甫罗夫提供一些材料。后来,拉甫罗夫编写了关于俄国的司法和警察迫害事件的综合材料。马克思把拉甫罗夫的稿子转交给下院议员凯·奥克莱里,他在下院会议上反对迪斯累里政府的发言中利用了马克思的资料和这份综合材料。拉甫罗夫还用法文写了一篇文章《俄国的司法》,在马克思的协助下发表于英文周刊《名利场》上。

4 月 11 日 致信威廉·白拉克,指出:您的扉页很好;不过应该写"原著正文"或者就写"原著"——这随您的便——而不是"正文"。

随信把第一印张的校样退给您。这一印张还可以,因为我们的女士虽然对我表示不满,但是仍相当准确地按照我的意见修改。然而她在一些地方仍犯了离奇的错误。第14页上有这样一句话:"幸亏一个不明确的消息这时冲进了门。""一个消息",而且是"不明确的",怎么能够冲进门呢?法文是《une vague nouvelle》,意思自然是"一个新的浪潮"(人的)!

恩格斯对于《前进报》用那样的方式刊登他反对杜林的著作很不满意。先是非要他接受一定的条件,然后又经常违反这些条件。在选举期间,根本没有人看什么文章,他的论文不过是作填补空白之用;后来又把文章分成零碎的小段发表,这个星期发表一段,隔两三个星期再发表一段,这就使读者(尤其是工人)根本看不出其连贯性。恩格斯已给李卜克内西去信提出警告。他认为,他们是故意这样做的,编辑部被杜林先生的一小撮信徒吓坏了。既然那些傻瓜起先大叫大嚷，抱怨对这个极愚蠢的丑角"置之不理"，那么现在他们决定对他的观点的批判也置之不理，这是十分自然的。莫斯特先生不配说论文过于冗长。他那幸而没有问世的对杜林的颂扬才是长而又长的；不仅普通工人和象莫斯特本人那样的、自以为在很短时期内就能知道一切并学会评论一切的曾经是工人的人，而且真正有科学知识的人，都能够从恩格斯的正面阐述中汲取许多东西。如果莫斯特先生没有发现这一点，那么，我只能对他的智力表示惋惜。

评论：信中交流关于利沙加勒著作的翻译进展等情况，并表示翻译进度极其缓慢。马克思请白拉克寄一份几年来德国出版的有关那里的工商业危机的著作的概目。还对白拉克的病的治疗提出了建议。信中转达了恩格斯对于《前进报》和李卜克内西刊登恩格斯反对杜林的著作的不合理安排的不满。马克思批评了对恩格斯的批判杜林的著作的一些评价，指出莫斯特不配说论文过于冗长。马克思认为，无论是工人还是真正有科学知识的人，都能够从恩格斯的正面阐述中汲取许多东西。

4 月 17 日　致信彼得·拉甫罗维奇·拉甫罗夫，指出：您的信真使我感到惊奇。其实，您是应我的请求而不辞辛劳地写作的，您不仅立即写出了已经发表的这篇文章，而且还为一个议会议员起草了一份稿子，可是您竟认为应当感谢我！相反地，是我应当感谢您。

当您履约前来我处时，我们可以谈谈皮奥事件。

评论：信中对拉甫罗夫的文章及帮助表示感谢，并约定见面讨论皮奥事件。这个事件是丹麦社会民主党领袖皮奥和盖列夫花光了党用于在美洲建立丹麦社会党人移民区的经费以后，秘密离开了丹麦并迁居美国。

4 月 21 日　致信威廉·白拉克，指出：附页上是我又记下的库尔茨的一些重大的错误。

几个月以前，在我同库尔茨小姐最后一次通信时，我曾告诉她，由于没有时间，我顶多只能纠正任何一个对法国情况不够熟悉的外国人难以避免的事实性错误，而不能纠正一般翻译错误。

如果她因此而不更加细心地工作（我将再次牺牲自己的时间来检查一两个印张的校样），那么您就得找一个熟练的校订者，报酬则从译者的稿酬中扣除。

您应当作一个总的脚注交待一下：一切注释除特别说明者外，均系利沙加勒本人所作。这会使您免去不必要的费用，因为这样您就不必在每一页上排印几次"作者注"。

您想借助拉沙特尔印制的漫画使公众认识我的外貌，这决不使我感到高兴。

恐怕是普鲁士同俄国缔结了秘密条约，否则俄国不可能侵入罗马尼亚。工人报刊对东方问题注意得太少，它们忘记了一个事实，即政府的政策在肆意玩弄人民的生命和金钱。

无论如何，应该及时地使工人、小资产者等等的社会舆论充分动员起来，这样普鲁士政府就不能轻易地（譬如说，打算从俄国手中得到波兰的一块地方，或者靠牺牲奥地利的利益而得到某种补偿）使德国站在俄国一方加入战争或者哪怕只是为此目的的向奥地利施加压力。

评论：信中附上了库尔茨翻译的一些重大错误并表达了自己对她的翻译工作的要求和态度。马克思还谈论了普鲁士同俄国的关系，认为工人报刊对于俄国问题关注太少，看不清政府对人民的生命和金钱的肆意玩弄。马克思认为应当充分调动起社会舆论，以制约普鲁士政府。

5月31日　致信恩格斯，指出：你对土耳其形势的看法同我完全一致，我几乎逐字逐句地把这一看法告诉了符卢勃列夫斯基。

但危机日益迫近。在俄国直接影响下的马茂德－达马德及其一伙本来就很想同俄国人缔结和约，而且自然也想就废除宪法（在斥骂麦克马洪反对宪法的那一号《泰晤士报》中也鼓吹这样做）达成协议。对沙皇来说，没有比这更合心意的了；可以说到目前为止所发生的不过是预备性的军事检阅；各党派出于各种动机（况且根本不了解情况），都在渲染和夸大俄国人在小亚细亚的胜利；除了其他困难，还有刚刚处在初期阶段的财政紊乱；高加索病症暂时还只是散发性的；沙皇有可能保持住威望并摆脱这一切，而暂时还可以不必颁布宪法；此外，他还可以在西方的危机中起重要作用，如此等等。有人告诉我，米德哈特－帕沙在这里尽力推动确实关系到土耳其的命运（和俄国最近的"发展"前途）的君士坦丁堡的运动。

我早就徒然地要利沙加勒相信（他现在又对之估计过高）的事情正在法国得到证实，这就是：真正的工商业资产阶级是赞成共和制的，梯也尔统治以来的事件的确明显地证明了这一点，而"战斗派"只代表旧政党的职业政客中的余孽，而不代表任何阶级。工人们（巴黎的）遵循的口号是：这一次是资产者老爷们的事情。因此他们就袖手旁观。

从附上的《马赛曲报》的剪报中，你可以看到激进派报纸是怎样对待麦克马洪的。明智的《法兰西共和国报》向他声明，只有他辞职，问题才能得到解决；艾米尔·德·日拉丹以起诉来威胁他，但在所有的报刊中对他最冷酷无情的是主要代表小店主的《世纪报》。

然而，波拿巴派准备拔剑已经太迟了（何况这不符合布洛利的方针）。尽管如此，仍可能试图（在议院再度延期开会以后）实行戒严，这虽然是违法的，但可以用部长们负有法律责任和麦克马洪在宪法上不负责任来掩饰。这一条道路（至少波拿巴派是怂恿走这一条路的）可能还会引起暴力冲突。这是一种可能性，不过这种可能性很小。

评论：信中表示自己和恩格斯对土耳其形势的看法完全一致，虽然俄国危机日益迫近，在高加索战场上阿扎里人在俄军后方展开了阻止俄军进攻的斗争，但还不足以让沙皇亚历山大二世退却。信中还谈到法国各阶级的立场和形势，工商业资产阶级赞同共和制的立场，工人们觉察到资产阶级的立场而选择了袖手旁观。

7月18日　致信恩格斯，指出：对于维德，我将这样答复他：由于我目前的健康状况（事实上也确是如此），我不能担任任何杂志的撰稿人。

假如出现一种真正科学的社会主义杂志，那的确是很好的事。它将提供进行批评和反批评的可能性，并且我们还可以阐明一些理论问题，揭露教授和讲师们的绝顶无知，同时廓清广大公众（既包括工人，也包括资产者）的思想。可是，维德的杂志只能是伪科学的；它的撰稿人的主要核心必然是那些把《新世界》和《前进报》等等弄得摇摆不定的缺乏教养的无知之徒和浅薄的文人。毫不留情——一切批判的首要条件——在这伙人当中是做不到的；此外，还要经常照顾到通俗性，也就是要向没有知识的读者作解释。请设想一下，一种经常把读者不懂化学作为基本前提的化学杂志是什么样子的。抛开这一切，由于维德的必然撰稿人在杜林事件中的行为，也不能不小心谨慎，我们不得不同这些人保持党在政治方面所允许的相当大的距离。看来，他们的准则是：谁只用谩骂去批判自己的对手，谁就善良，而谁用真正的批评痛斥对手，谁就卑鄙。

我希望，俄国人在巴尔干彼侧的猖狂行动将激发土耳其人起来反对本国的旧制度。俄国人在土耳其欧洲部分的失败正在直接引起俄国的革命，现在连拉甫罗夫和洛帕廷也明白这一点了，因为任何书报检查已压制不住俄国报刊对于在阿尔明尼亚所受挫折的愤怒。同德国报刊在包围巴黎未获预期结果时的调子相比，彼得堡报纸的调子更具有威胁性。

评论：维德曾给马克思和恩格斯写信，请求他们为他所筹办的《新社会》杂志撰稿。马克思和恩格斯考虑到这一杂志的改良主义立场，拒绝为它撰稿。马克思信中表示不会给维德的《新社会》杂志撰稿，并谈论了他的伪科学的立场，表示要与这些人在政治方面保持相当大的距离。信中还谈论了俄土战争，认为俄国人的失败将引起俄国的革命。信中还谈到自己备受失眠症以及由此引起的脑神经混乱状态的困扰。

7月23日　致信恩格斯，指出：附上《辩论日报》，这已是一张旧报，但很有意思，尤其是由于载有关于东方战争的社论和来自俄国的通讯。还有《人民之友报》，它似乎已变成杜林先生的《通报》了。另有科勒特的《英国是土耳其的敌人……》。

现在来谈别的，首先谈谈希尔施。

他做出了很大的成绩，没有白浪费时间。我测验了他一下，例如考问了法国统计，发现他很有水平。他还告诉了我关于法国工业企业几乎普遍变为股份公司的一些很有意思的情况。第一，帝国时代的立法促进了这一点。第二，法国人不喜欢企业家的活动，宁愿尽可能过食利者的生活。因此，这种形式的企业自然是求之不得的。

　　据希尔施说（他在这方面大概把一切看得过于乐观），法国军队的军官（除了上层）都是拥护共和制的。至少下述事实是很说明问题的：加利费（正如希尔施所断言的那样，根据后来的调查，波蒙事件是事实）向甘必大先生写了一封亲笔信表示愿意为之效劳；在布洛利把他的守备部队驻守的那个城市的地方行政长官撤职以后，也就是这个加利费和总参谋部一起向被贬黜的地方行政长官表示自己的同情。这些事既行在枯干的树上……另一方面，在大部分由新人组成的下级军官中广泛流传着一种看法，认为麦克马洪解散议院是因为议院企图通过一系列法案来改善下级军官的境况。

　　关于爱丽舍宫里发生的一切，在巴黎每天都可以知道，因为在那里进进出出的波拿巴派饶舌者们是不会守口如瓶的。麦克马洪大发雷霆。这个畜生的第一句历史名言是："我在这里并将留在这里"。第二句是："够了"。现在他在说他的最后一句。他从早到晚反复地说："见鬼！"

　　希尔施一说到《前进报》就大发脾气，既由于杜林事件，也由于《打倒共和国》一文。关于这两件事，他给执行委员会（盖布等等）写了极其尖锐的信。他现在也看到，合并无论在理论方面或在实践方面都降低了党的水平。

　　关于《打倒共和国》一文，他指出，伟大的哈森克莱维尔在公社时期作为普鲁士的士兵（大概是预备兵或后备兵）到过巴黎附近，因此，他没有任何根据把自己装扮成有原则的人。

　　他肯定说，在普鲁士冲突期间，哈森克莱维尔是克雷弗尔德一家进步党人报纸的编辑，他把这个报纸出卖给了一个极端反动的家伙，他在这次出卖所引起的诉讼中使自己的名誉扫地。据白拉克亲自对他说，白拉克和同志们在任命哈森克莱维尔为具有和李卜克内西同样权利的《前进报》编辑时是知道这一点的！

　　但是，李卜克内西"犯了什么罪，受了什么罚"。拉萨尔党徒百般嘲弄和侮辱他。例如，他们对他在《前进报》领取的微薄薪水加以指责，说什么他的妻子（带着五个孩子）不应该用女仆等等。他们违反党内和新闻业中通行的一切惯例，故意搞得使李卜克内西要为所有的文章，包括那些他不在时写的文章而坐牢，以致他在《前进报》实际上扮演着法国报纸的名义编辑所扮演的那种角色。

　　希尔施下月从巴黎前往柏林。在那里他将用一个月的时间编辑石印党报；他打算把这件事办得使合并在一起的那一伙败类感到恼火。

　　附上《未来》杂志编辑部寄来的信，以防你没有收到这封信。请把它寄还我，以便作复。

　　"公民"、"思想家"和"未来的社会主义者"莫斯特想得美妙而又狡诈。总之，准备第二次合并；我们将同杜林先生在一起，因为那里没有他是不行的；同时，在莫斯特一伙人主编之下，他们将利用我们的名字恭恭敬敬地把他们的一切庸俗东西强塞给公众！在这种情况下，我倒宁愿百倍高兴地使维德满意。莫斯特毕竟使我高兴，他使我有机会以拒绝来回答他。这些家伙以为，他们是在同"驯良的小羊羔"打交道。多么无耻！

据我看来，俄国人的恫吓行为惨遭失败；这种反军事学的轻率行动在到处碰壁，它使本国军队和本国公众（尤其是刚刚在阿尔明尼亚退却之后）感到非常懊丧和丢脸。

据说，朋友洛帕廷在此期间又成了反爱国主义者了。

评论：信中附上《辩论日报》，揭露这一报纸支持杜林的立场。信中告知自己的疗养计划和想法。谈到对希尔施的评价，以及他从巴黎带来的一些消息，得知了加利费和波蒙案件以后的详情。马克思认为希尔施做出了很大成绩，并且很有水平。《前进报》把加利费和波蒙事件看作是资产阶级社会腐朽不堪的明证，而巴黎报纸避而不谈这件丑事。

信中谈到了希尔施对《前进报》的不满。《前进报》从 1877 年 6 月 10 日发表了社论《评麦克马洪先生最近的政变》以后，发表了一系列评论法国众议院的保皇派集团和共和派多数之间发生的冲突，以及共和国总统麦克马洪发动保皇派政变的企图等事件的文章。但是，报纸的编辑部对于在法国开展的争取共和制的斗争表现出了虚无主义态度，他们认为，对于无产阶级说来，不论是在资产阶级共和制的条件下还是在君主制的条件下进行活动，都没有什么两样。这种观点在《打倒共和国！》中表达得最为明显。马克思和恩格斯坚决谴责了《前进报》在这些事情上的错误政治路线。同时，信中还表达了对拉萨尔派嘲弄和侮辱李卜克内西的极大的不满。

7 月 25 日　致信恩格斯，指出：关于诺伊恩阿尔，再说几句。如果总是不断地到卡尔斯巴德去，那就是经常采取最后一着。相反地，如果饮用比较轻的医疗矿水，当病情更严重时，还有比较重的矿水留作后备。对待自己的身体，也象对待其它一切事物一样，必须要要外交手腕。

另附上盖布给希尔施的信的摘录。希尔施感到遗憾，李卜克内西的信不在身边，因为，据他说，这些信可以使我们确信，李卜克内西好几个月来同杜林集团进行了猛烈的战斗。李卜克内西大概忍受了不少不愉快的事情，还瞒着不让我们知道。

关于美国工人，你要说些什么呢？反对国内战争后产生的联合资本寡头的这第一次爆发，当然将遭到镇压，但是在美国很可能成为建立一个真正的工人政党的起点。此外，还有两个有利的情况。新总统的政策必将把黑人变成工人的同盟军，而让铁路、矿山等公司大量剥夺土地（正是最肥沃的土地）也必将把已经非常不满的西部农民变成工人的同盟军。因此，那里正在惹起麻烦，把国际的中心迁往美国，事后看来仍然是特别适宜的。

你会记得，沙耳曼尔（我不知道姓怎样写）·德·拉库尔在《法兰西共和国报》上写了一篇反对麦克马洪的尖酸刻薄并且有意侮辱的文章，其中顺便谈到他

"凑巧受伤"，如果不是这样，他就会同弗罗萨尔、法伊等一起列入光荣册。紧接着，各官方报纸报道说……因这篇侮辱性文章要追究《共和国报》。但此事没有发生，据希尔施说，是由于下述原因。麦克马洪的死敌、著名的斯托费尔（曾被麦克马洪解除军职并在巴赞受审期间与麦克马洪有严重的冲突）去见了甘必大并表示，如果事情闹到起诉的地步，他自愿充当麦克马洪在色当会战中的功勋的见证人。这很快传进了爱丽舍宫，关于起诉的想法也就搁置下来了。

关于布洛利。如你所知，他在第一届"道德秩序"内阁时还清了自己的债务，但现在又陷入了新的、整个巴黎都知道的困境。他曾等待瑞士的年老生病的亲戚（大财主）、一位姓冯·斯塔尔的夫人（著名的母老虎的亲属）的死亡。这个女人在1877年3月13日死去，把自己的全部财产遗留给了某一个女士，而布洛利没有得到分文。在这种情况下，他象多里沙尔那样说："如今是一块面包的问题。现在我的一切都吹了！"

你对于柏林人的回答是适时的。这些家伙应当感觉到，我们固然是长期忍耐，但也是坚定不移的。

评论：信中告知从希尔施那里得知，李卜克内西与杜林集团进行了好几个月的猛烈的战斗，经历了许多不愉快，却不让马克思和恩格斯知道。信中高度评价了美国工人的斗争，认为这将可能成为在美国建立一个真正的工人政党的起点。这是指从1877年开始的工人阶级同企业主的斗争。7月铁路工人的罢工，是这一斗争中最重大的事件之一。政府出动了军队，把罢工镇压下去。信中还谈到《法兰西共和报》上反对麦克马洪的文章引起的一些情况。麦克马洪和他的死敌之间的矛盾使他的起诉的想法被搁置下来了。

8月1日 致信恩格斯，指出：我认为，李卜克内西（由于推荐糊涂人阿科拉和生意人拉克鲁瓦而再次大显身手）关于赫希柏格所说的或能够说的一切，都不如赫希柏格的信能更好地刻划出他这个人。赫希柏格是第一个——在我看来他怀有最良好的意图——捐资入党并想按照自己的面貌改造党的人。他显然极少了解或根本不了解他想"国际地"网罗在自己周围的那些"国外的"党员和作家。对可敬的贝·马隆，这个连比利时的《自由报》都斥之为浅薄文人的人，他也殷勤接待！至于新教牧师的儿子埃利塞·勒克律，赫希柏格无论如何应当知道，他和他的哥哥波鲁克斯，用我们过去的《新莱茵报》发起人的话来说，是瑞士《劳动者》的"灵魂"（它的其他编辑是：茹柯夫斯基、勒弗朗塞、腊祖阿之流）。该报疯狂地反对德国工人运动，虽然它在方式上比不幸的吉约姆所能做的更精巧、更伪善。它专门揭露德国工人运动的领袖（对李卜克内西等人，自然是不指名的）是一些……寄生于工人身上、阻碍运动发展并把无产阶级力量消耗于臆造的战斗和议会空谈的人。而为了对此表示感谢，赫希柏格想把他从柏林请来当编辑！

快活的小驼子韦德几天前来到这里，以便很快地再次潜往德国。他受盖布的重托，要拉你和我为《未来》撰稿。我丝毫没有隐瞒我们拒绝的意思，并陈述了我们关于这一点的理由，这使他大为不快。同时我向他说明，如果有时间或情况需要，我们作为国际主义者，会重新进行宣传，绝不受对德国的义务的约束，绝不"归依亲爱的祖国"。

他在汉堡见到赫希柏格博士和维德。他把后者描绘成有点肤浅的、柏林式妄自尊大的人；他喜欢前者，但觉得此人还深受"现代神话"的毒害。事情是这样，这家伙（韦德）第一次到伦敦时，我用了"现代神话"这种说法来表述那些又风靡一时的关于"正义、自由、平等及其他"的女神，这对他产生了深刻的印象，因为他自己就曾为这些最高本质效过不少劳。他觉得赫希柏格受到杜林的某些感染，可见他的嗅觉比李卜克内西敏锐。

你大概已收到了梅林的书。今天再给你寄去一本驳斥特赖奇克的小册子。它写得枯燥、肤浅，但在某些方面还有点意思。

一切君主专制的痼疾是土耳其的主要祸患。塞拉尔党，它同时也就是俄国党，和那些查理一世、查理二世、詹姆斯二世、路易十六、弗里德里希－威廉四世的党一样，竭力靠勾结外国来支撑。它已经受到挫折，但还远远没有被摧毁。在第一次恐怖中，阿卜杜－凯里姆和雷迪夫被交付军事法庭，马茂德－达马德失宠，而米德哈特－帕沙被召回。但第一次惊慌刚刚过去，达马德又重新掌权，保护对他忠诚的人，仍将米德哈特流放，等等。我确信，莫斯科外交对在君士坦丁堡的策略比对在巴尔干两边的策略更为关切。

关于"价值"，考夫曼在其《价格波动论》一书的第二章（这一章很不好，甚至是完全错误的，但总还不是没有趣味的）中，在评论了当代德国、法国和英国经院学派的各种模拟的奇谈怪论之后，对"价值"作了如下完全正确的评述：

"在我们概述各种价值学说时……我们看到政治经济学家们非常了解这个范畴的重要性……尽管如此……一切研究经济科学的人都知道这一事实，即人们在口头上把价值的意义提得极高，而实际上，在序言中或多或少谈过它之后，很快就把它忘记。举不出来任何一个例子，其中对价值的论述同对其他问题的论述是有机联系的，表明序言中关于价值的阐述对以后的论述有影响。当然，我们这里指的只是和价格分离的纯粹的'价值'范畴。"

这确实是一切庸俗政治经济学的特征。这是亚当·斯密创始的。他对价值理论的为数不多的、深刻而惊人的运用是偶然表现出来的，对他的理论本身的发展没有起任何影响。李嘉图从一开始就把他的学说弄得令人费解，他的很大过错在于他企图利用那些恰恰是同他的价值理论显然最矛盾的经济事实来证明他的价值理论的正确性。

评论：信中告知了赫希伯格的一些错误的想法和举动。谈到韦德邀请自己和恩格斯为《未来》杂志撰稿，马克思表达了拒绝的意思，并告知韦德已经发现赫希伯格受到杜林的影响了。信中还谈到土耳其君主专制制度，以及俄国和土耳其塞拉尔党的关系。信中还评述了考夫曼的《价格波动论》，评论考夫曼对于价值的认识，并揭露了庸俗政治经济学的错误。

8 月 8 日 致信恩格斯，指出：我在小贮藏室里无法找到欧文的书（以及傅立叶的《虚假的行业》），因为那里乱极了（它也是卡里的卧室，女士们把装着旅行需要的各种东西的所有皮箱都堆放在那里）。

关于欧文。萨金特的著作很容易弄到。更重要的是一本关于私婚的小册子，但弄不到。小燕妮所有的两本厚书，肯定不在她家里。我在那里翻遍了，可能是龙格带走了。必要时，从老奥耳索普那里可以得到欧文的全部著作。然而，我在家里找到了欧文的一本非常重要的著作，即《人类头脑和实践中的革命》（1849 年版），欧文在这本书中对自己的全部学说作了简要概述。我已把它完全忘记了。这本书连同傅立叶的《关于四种运动的理论》和《经济的新世界》以及雨巴关于圣西门的著作一起，我今天都带到你家里去。

现在，再见吧，老朋友。该死的普鲁士人不能终止自己的争吵，而虚伪的老军士将千方百计使弗兰茨－约瑟夫做蠢事。后者只是还缺少一次匈牙利革命。

《法兰西共和国报》的君士坦丁堡记者写道，由于马茂德－达马德的阴谋，伊斯兰教老总教长因具有革命思想而被废黜，代替他的不知是一头什么样的蠢驴。该记者认为，如果宫廷倾轧不终止，君士坦丁堡就将发生动乱。

评论：信中附上了为《反杜林论》第二编第十章所作的补充。在这一章中有一部分专门用来解释弗·魁奈《经济表》的意义。信中谈到因为小贮藏室的杂乱，没有找到欧文和傅立叶的书，并表示要将找到的萨金特、欧文、傅立叶和雨巴的作品带给恩格斯。信中还对普鲁士、匈牙利、君士坦丁堡的局势表达了自己的看法，认为君士坦丁堡将面临革命和动乱。

8 月 8 日 致信威廉·白拉克，指出：至于伯·贝克尔，我坚决反对以任何方式让他参加利沙加勒的著作的出版工作。他起初在巴黎，后来在伦敦（他在这里已有两个月）破口大骂我和恩格斯——更不用说您了，并且竭力回避同我见面。正如我从巴黎所了解到的，他那满腔怒火，正是由于您出版利沙加勒的著作而引起的！对于他的谩骂和阴谋我毫不介意，但是我决不能容许这个家伙通过任何方式插手利沙加勒的事情。

至于伊佐尔德，她似乎对勒索金钱比对翻译更为擅长。

评论：这段时间，马克思与白拉克的书信往来主要是在沟通利沙加勒著作的翻译中遇到的种种问题，包括译者库尔茨翻译工作缓慢、质量不高以及注重稿酬等问题。贝克尔试图参加这一著作的出版工作，在遭到拒绝后，对马克思和恩格斯进行了谩骂。

8 月 17 日 致信威廉·白拉克，指出：我已立即着手看校样，但是，由于我的朋友肖莱马教授从曼彻斯特来到这里，我的工作不得不中断，不过他只在这里逗留几天。给您的信也是昨天动笔写的，这封信只有等到看完校样后才能写完，因为将在信中提出一些意见。

顺便提一下。我收到我的一位住在伦敦的朋友马耳特曼·巴里（他是苏格兰人）从伦敦写来的信。他曾在伦敦担任总委员会委员，是我们在英国的最热心和最能干的一位党员同志。他告诉我，他将出席根特代表大会，并且要求给他一封给到会的德国代表的介绍信。请您为他写一封上述内容的短信寄给我。

评论：信中请白拉克为巴里写一封介绍信，巴里想参加根特代表大会。马克思认为巴里是在英国最热心和最能干的一位党员同志。

9月27日　致信弗里德里希·阿道夫·左尔格，指出：根特代表大会虽然开得很不理想，但至少有一点是好的，就是吉约姆之流已为他们原来的同盟者完全抛弃。好不容易才把佛来米工人劝住，否则他们就会把伟大的吉约姆痛打一顿。饶舌家德·巴普和布里斯美对吉约姆之流大肆辱骂；约翰·黑尔斯先生也是这样。后者是按照……巴里的指示行事，巴里是我叫他去出席代表大会的，他一方面是代表大会的成员（我不了解他是作为谁的代表），另一方面是《旗帜报》（伦敦）的通讯员。就我来说，我再也不想亲自同荣克和黑尔斯打任何交道，但是他们的再次背叛（背叛汝拉人）对我们是有利的。巴里在这里执行我的一切委托；其中包括他对《泰晤士报》（该报把埃卡留斯先生解雇了）记者进行指导。我正是通过他，连续数月用化名在伦敦的上流社会报刊（《名利场》和《白厅评论》）以及英格兰、苏格兰和爱尔兰的地方报刊上，向亲俄分子格莱斯顿发射交叉火力，揭露他伙同俄国代理人诺维柯娃、俄国驻伦敦使馆等等搞的诈骗勾当；我甚至通过巴里影响英国上下两院的议员，这些议员如果发觉，在东方危机问题上，红色恐怖博士（他们这样称呼我）是他们的策动者，他们一定会大为惊愕。

这次危机是欧洲历史的一个新的转折点。俄国——我曾经根据非官方的和官方的俄文原始材料（官方材料只有少数人能看到，而我是由彼得堡的朋友们给弄到的）研究过它的情况——早已站在变革的门前，为此所必需的一切因素都已成熟了。由于土耳其好汉不仅打击了俄国军队和俄国财政，而且打击了统率军队的王朝本身（沙皇、王位继承者和其他六个罗曼诺夫），变革的爆发将提前许多年。按照一般规则，变革将从立宪的把戏开始，接着就会有一场绝妙的热闹事。要是老天爷不特别苛待我们，我们该能活到这个胜利的日子吧！

俄国大学生的愚蠢行为仅仅是一个预兆，本身毫无意义。但是，它毕竟是一个预兆。俄国社会的一切阶层目前在经济上、道德上和智力上都处于土崩瓦解的状态。

这一次，革命将从一向是反革命安然无恙的堡垒和后备军的东方开始。

俾斯麦先生高兴地看到这种打击，但是不希望事情发展得这样远。如果俄国过分削弱了，它就不能再象普法战争时那样威胁奥地利！而如果事情在那里会发展成革命，那么霍亨索伦王朝的最后保障又在哪里呢？

目前一切都取决于波兰人（波兰王国的波兰人）是否采取克制态度。目前那里千万不要举行暴动！否则俾斯麦就会马上侵入，俄国的沙文主义就会又站到沙皇那一边。相反地，如果波兰人安安静静地等待着，等到彼得堡和莫斯科都燃起烈火来，而俾斯麦那时以救世主的姿态出现，那末，普鲁士就会找到……自己的墨西哥！

我曾经向那些在自己的同胞中有影响并同我有来往的波兰人反复地说明了这一点！

同东方的危机相比，法国的危机完全是次要的事件。不过可以希望，资产阶级共和国将获得胜利，或者旧戏又要从头开演，但是任何一个民族都不可能太经常地重复同样的蠢事。

评论：信中诉说了备受失眠症困扰的烦恼。信中表示想再检查一遍《资本和劳动》这本书。魏德迈翻译了莫斯特的小册子《资本和劳动》的英译本。马克思在信中表达了对莫斯特的翻译以及书的出版过程中的种种曲折的不满。

信中询问了关于杜埃和《资本论》的出版情况，说明了自己的一些想法。马克思对乌里埃勒·卡瓦尼亚里计划自己出钱印刷《资本论》意大利文版表示了赞许。信中还谈论了俄国问题，马克思认为，俄国面临着革命，马克思期待着胜利的来临。他认为，相比俄国的危机，法国众议院保皇派集团和共和派多数之间的冲突就不重要了，并预言资产阶级共和国将获得胜利。

信中，马克思请左尔格作为在美国的指定代理人。1876 年 3 月 18 日侨居美国的德国社会主义者斐迪南·林格瑙在遗嘱中决定把自己财产的一半约七千美元赠给德国社会主义工人党。他指定倍倍尔、贝克尔、白拉克、奥·盖布、李卜克内西和马克思为遗嘱执行人。林格瑙逝世后，他的遗嘱执行人为把他遗赠的财产交给党作了努力。但是，俾斯麦通过外交压力使林格瑙的遗产没有能够交给党。

10 月 19 日　致信弗里德里希·阿道夫·左尔格，指出：随信寄上手稿，给杜埃翻译《资本论》时用。在手稿中，除了德文本中的某些改动以外，还指明了在哪些地方应当用法文版代替德文版。在给杜埃的、也是今天寄往你处的那个法文本中，也标明了手稿中所指出的地方。我在这件工作上所花费的时间比我设想的多得多。此外，当时还患着可恶的流行性感冒，至今还没有完全好。

如果能够出版的话，杜埃应当在序言中说明，除了德文第二版外，他还利用了后来出版并经我修改的法文版，但是无论如何不应当说，美国版是作者同意的。如果他要这样做，英国的书商立刻就会在英国翻印这本书，他们就有了这样做的合法权利。虽然我很愿意使得同英国有书刊出版协定的欧洲所有国家都有翻译的权利，但是在英国本土，在这个贪财的国家，我决不这样做。伦敦的书商已经几次试图不经我的允许，从而也不向我付钱就出版英文版，但是，都被我制止了。我决意不让这些先生们在我身上哪怕捞到一文钱。

　　恩格斯目前很忙，第一，要为《前进报》写稿；第二，很多庸人纷纷从德国前来拜访；第三，他本人患"流行性感冒"；第四，他妻子患病。因此，我们至今未能共同着手审阅《宣言》。

　　在德国，我们党内，与其说是在群众中，倒不如说是在领导（上层阶级出身的分子和"工人"）中，流行着一种腐败的风气。同拉萨尔分子的妥协已经导致同其他不彻底分子的妥协：在柏林（通过莫斯特）同杜林及其"崇拜者"妥协，此外，也同一帮不成熟的大学生和过分聪明的博士妥协，这些人想使社会主义有一个"更高的、理想的"转变，就是说，想用关于正义、自由、平等和博爱的女神的现代神话来代替它的唯物主义的基础（这种基础要求一个人在运用它以前认真地、客观地研究它）。《未来》杂志的出版人赫希柏格博士先生是这种倾向的一个代表者，他已经"捐资"入党，——就算他怀有"最高贵的"意图，但是，我不理会任何"意图"。世界上很难找到一种比他的《未来》杂志的纲领更可悲、更"谦逊地自负"的东西了。

　　工人本身如果象莫斯特先生那帮人一样放弃劳动而成为职业文人，他们就会不断制造"理论上的"灾难，并且随时准备加入所谓"有学问的"阶层中的糊涂虫行列。几十年来我们花费了许多劳动和精力才把空想社会主义，把对未来社会结构的一整套幻想从德国工人的头脑中清除出去，从而使他们在理论上（因而也在实践上）比法国人和英国人优越。但是，现在这些东西又流行起来，而且其形式之空虚，不仅更甚于伟大的法国和英国空想主义者，也更甚于魏特林。当然，在唯物主义的批判的社会主义出现以前，空想主义本身包含着这种社会主义的萌芽，可是现在，在这个时代以后它又出现，就只能是愚蠢的——愚蠢的、无聊的和根本反动的。

　　近来《前进报》遵从的原则大概是，不管哪里来的稿子（就是法国人所说的《copie》）都接受。例如，在最近几期中，一个连政治经济学的基本知识都不懂的家伙，竟写了一篇揭示危机"规律"的离奇文章。他所揭示的只不过是自己内心的"崩溃"罢了。而且还让一个从柏林来的厚颜无耻的蠢货用"有主权的人民"的钱，在又臭又长的文章中发表关于英国的奇谈怪论和最浅薄的泛斯拉夫主义的胡说八道！

　　又及。几年（不太久）以前出版了一种关于宾夕法尼亚煤矿工人状况的蓝皮书（不知是不是官方的）之类的资料，众所周知，这些矿工对他们的雇主现在还处于封建式的依附状态（这本书好象是在一次流血冲突之后出版的）。我特别需要这本书，要是你能给我弄到这本书，我就寄去书款；要是弄不到，你能否至少打听一下书名，这样我就可以请哈尼（在波士顿）帮忙。

　　评论：信中谈论了《资本论》出版的一些情况，表现了马克思的立场和态度。马克思表示，英国是个贪财的国家。伦敦的书商几次试图出版《资本论》英文版，都被他制止了，他决意不让这些英国人在自己身上捞到一文钱。马克思评论了德国党内的不良风气，批评《未来》杂志的纲领。这些人想用关于正义、自由、平等和博爱的现代神话来代替它的唯物主义的基础。该杂志创刊号上发表的赫希柏格的阐明纲领的社论《社会主义和科学》就充满了这种精神。马克思批评了《前进报》不加选择地随意登载文章。信中，马克思询问左尔格是否能帮助购买一本关于宾夕法尼亚煤矿工人状况的蓝皮书。英国从 19 世纪开始发表蓝皮书，它是英国经济史和外交史的主要官方资料。

10 月 23 日 致信威廉·白拉克，指出：您传来了不好的消息，但这是不难预料的。我曾经不止一次地向您指出，应当辞退那位非常可爱的伊佐尔德。她的译文，无论怎样修改也不能用。何况还要浪费时间，浪费钱等等。从法律上说，"辞退"是毫无障碍的，因为这个人没有履行、也没有能力履行她按合同所承担的义务。布洛斯以前（遗憾的是在伊佐尔德之后）就曾表示愿意翻译。

《未来》杂志完全不能令人满意。他的主要意图就是用关于"正义"等等的虚妄词句来代替唯物主义的认识。杂志的纲领非常可悲。它还允诺要提出关于未来社会结构的妄诞设想。一个资产者捐资入党后的第一个结果就不妙，而这是事先就应该预料到的事情。

《前进报》也大量刊登爱好虚荣、不学无术的年轻人的不成熟的习作。我认为，无产阶级的钱不是用来为这一类学生习作建立废品库的。

评论：信中要求向库尔茨退稿。她的译文，无论怎样修改也不能用。而且也浪费了时间和钱。马克思还批评了《未来》杂志及其纲领，批评了《前进报》不加选择地登载一些不成熟的作品。

10 月 25 日 致信西比拉·赫斯，指出：我和恩格斯非常感谢寄来两本《物质动力学说》。

我们两人都认为，我们的亡友的这部著作具有十分重要的科学价值并且为我们党增添了光荣。因此，不管我们和多年盟友的私人关系怎样，我们都将把阐明他的这部著作的意义和尽力协助它的传播看作自己的职责。

赫斯在序言中预告的那两部分的手稿是否也保存下来了？

评论：马克思感谢西拉比·赫斯给他和恩格斯寄来两本莫·赫斯的《物质动力学说》，信中肯定了这一著作的科学价值及为党增添的光荣，马克思表示要积极阐明和传播这部著作。

11 月 10 日 致信威廉·布洛斯，指出：我"不生气"（正如海涅所说的），恩格斯也一样。我们两人都把声望看得一钱不值。举一个例子就可证明：由于厌恶一切个人迷信，在国际存在的时候，我从来都不让公布那许许多多来自各国的、使我厌烦的歌功颂德的东西；我甚至从来也不予答复，偶尔答复，也只是加以斥责。恩格斯和我最初参加共产主义者秘密团体时的必要条件是：摒弃章程中一切助长迷信权威的东西。（后来，拉萨尔的所做所为却恰恰相反）。

但是，最近一次党的代表大会上所发生的那类事件，——它们一定会被党在国外的敌人充分利用——毕竟使我们要小心对待"德国的党内同志"。

我的健康状况迫使我把医生给我限定的工作时间全都用于完成我的著作；恩格斯现在正忙于写几部篇幅较大的著作，同时仍在继续为《前进报》写文章。

评论：信中说"不生气"是对布洛斯的询问的答复。由于杜林派在1877年哥达代表大会上进行攻击，布洛斯在给马克思的一封信中，问马克思和恩格斯是否真对德国党的同志们生气了。布洛斯指出德国工人比任何时候都更加重视马克思和恩格斯在报刊上发表的言论。马克思和恩格斯的声望更高了。在这封信中，马克思表示自己和恩格斯都不生气，表达他们不看重名利的态度，批评拉萨尔助长了迷信权威。信中表示希望进一步得到关于自己"和贝克斯神父的配合"的消息。这是由于布洛斯在信中告诉马克思，《北德总汇报》在几篇社论中都谈到"马克思博士和贝克斯神甫之间的互相配合"；对此，马克思并不了解。马克思表示要经常给他寄这家报纸。

1878 年

2月4日　致信威廉·李卜克内西，指出：我们最坚决地站在土耳其人方面，这有两个理由：

（1）因为我们研究了土耳其农民——也就是研究了土耳其的人民群众——并且认识到他们无疑是欧洲农民的最能干和最有道德的代表之一。

（2）因为俄国人的失败会大大加速俄国的社会变革（它的因素大量存在），从而会加速整个欧洲的急剧转变。

情况的发展不是这样。为什么？由于英国和奥地利的叛卖。

英国——我指的是英国政府——譬如说，在塞尔维亚人被击溃时救了他们；它造成一种假象，仿佛俄国人（通过英国）建议停战，停战的第一个条件是停止军事行动，从而以欺骗手段使土耳其人停止战斗。只是由于这样，俄国人才能取得最近一些突然胜利。否则他们的军队很大一部分会饿死和冻死；只是由于开辟了通往鲁美利亚——那里可以获得（即夺取）储备品，而且气候较温和——的道路，俄国人才得以逃出挤满俄国士兵的保加利亚陷阱，蜂拥南窜。迪斯累里在自己的内阁中，被伊格纳切夫的密友、俄国奸细索耳斯贝里侯爵，common place 中的大科夫塔得比伯爵和如今已辞职引退的卡纳尔文伯爵捆住了（现在还捆着）手脚。

奥地利阻挠土耳其人获得他们在门的内哥罗的胜利果实等等。

最后——这是他们最后失败的主要原因之一——土耳其人在君士坦丁堡没有及时进行革命；因此，旧塞拉尔制度的化身、苏丹的女婿马茂德－达马德仍然是战争的真正指挥者，而这就无异于由俄国内阁直接指挥反对自己的战争。这家伙一再使土耳其军队处于瘫痪状态和陷入窘境，这一点连最小的细节都可以得到证明。其实这在君士坦丁堡是众所周知的，这也就加重了土耳其人的历史过失。在这样的最严重的危机时刻不能奋起革命的人民，是无可救药的。俄国政府懂得，达马德对它有什么价值；为了使米德哈特－帕沙远离君士坦丁堡和让达马德继续执政，它比夺取普勒夫那施展了更多的战略和策略。

当然，为俄国的胜利在暗中帮忙的是……俾斯麦。他建立了三帝同盟，从而约束了奥地利。即使在普勒夫那陷落之后，奥地利只要派出十万人，俄国人就不得不乖乖地撤兵或满足于极其微小的战果。奥地利的退出立即使亲俄派在英国占了上风，因为对于英国来说，法国（由于当时的首相格莱斯顿先生加速了色当会战之后的灾祸）已不再是大陆上的军事强国了。

这样所造成的结果简直就是奥地利的崩溃，如果俄国的媾和条件被接受，从而使土耳其（至少在欧洲）今后仅仅在形式上存在的话，这一崩溃是必不可免的。土耳其是奥地利抵挡俄国及其斯拉夫侍从的堤坝。因此，在适当时机自然要首先把"波希米亚"乞求到手。

但是普鲁士作为普鲁士——即就其作为德意志的独特的对立面而言——还有其他的利益：这个意义上的普鲁士是指它的王朝；它是以俄国为"垫板"而形成现在这种状态的。俄国的失败，俄国的革命将会是普鲁士的丧钟。

否则，在普鲁士对法国取得巨大胜利并成为欧洲的头号军事强国之后，冯·俾斯麦先生本人大概也不会使普鲁士在俄国面前再一次处于象 1815 年那样的地位，而那时它在欧洲国家中是无足轻重的。

最后，对于俾斯麦、毛奇等等这些大人物来说，现在开始的一系列欧洲战争可望给他们个人带来的好处，……也远不是无关紧要的。

十分明显，普鲁士到时候必将要求"赔偿"，因为俄国的胜利全是靠着它才取得的。从俄国人对待罗马尼亚政府的行动上就可以看出这一点，本来是罗马尼亚政府在俄国的补充部队到达之前在普勒夫那城下救了那些俄国人。现在，卡尔·冯·霍亨索伦必须把俄国人在克里木战争之后割让的贝萨拉比亚部分领土归还他们，以表示感谢。柏林不会轻易同意这样做，这一点彼得堡当然知道，并且甘愿付给慷慨的补偿。

但是这整个历史还有其它方面。土耳其和奥地利是 1815 年重新修补过的旧欧洲国家制度的最后支柱，随着它们的复灭，这种制度将被彻底摧毁。将要在一连串战争（起初是"区域性的"，最后是"全面的"）中出现的这种崩溃，会加速所有这些炫耀武力、外强中干的国家的社会危机以及随之而来的灭亡。

评论：这封信和 11 日的信，是马克思就东方问题写给李卜克内西的，是为了答复李卜克内西提出的请求而写的。李卜克内西请求用一篇或几篇文章的形式给他提供评论东方问题的材料。在这封信中，马克思再一次提出，俄国在土耳其的失败将会大大加速俄国的社会变革，从而加速欧洲的变革，由于英国和奥地利的叛卖，俄国胜利了。但是，马克思认为，历史的发展终将是旧欧洲国家制度的灭亡。

2月11日　致信威廉·李卜克内西，指出：俄国人做了一件好事：他们毁坏了英国的"伟大的自由党"，使它长时间不能成为执政党；而执政的托利党也竭力通过卖国贼得比和索耳斯贝里（后者是内阁中真正的俄国工具）来自己杀死自己。

由于1848年开始的腐败时期，英国工人阶级渐渐地、愈来愈深地陷入精神堕落，最后，简直成了"伟大的自由党"即他们自己的奴役者——资本家的政党的尾巴。英国工人阶级的领导权完全落入了卖身投靠的工联首领和职业鼓动家手中。这帮家伙跟在格莱斯顿、布莱特、蒙德拉、摩里之流以及工厂主恶棍等等的后面，为了各族人民的解放者——沙皇的更大的荣誉而大喊大叫，可是自己的阶级兄弟被南威尔士矿主逼得快要饿死了，他们却无动于衷。卑鄙的家伙！为了把这一切做得更彻底，在下院最近投票时（2月7日和8日，"伟大的自由党"的大多数台柱——福斯特、娄、哈尔科特、戈申、哈廷顿甚至（2月7日）伟大的约翰·布莱特本人——为了避免表决使自己过份丢脸，在投票时丢下自己的队伍不管而逃之夭夭），下院中仅有的工人议员，而且说来可怕，是直接代表矿工的议员而且本人就是血统矿工的伯特和卑贱的麦克唐纳，竟然同颂扬沙皇的"伟大的自由党"喽罗一致投票！

但是，迅速展示出来的俄国人的计划立即驱散了魔力，破坏了"机械的鼓动"（一张张五英镑钞票就是这种机械的主要推动力）；在这种时候，莫特斯赫德、豪威耳、约翰·黑尔斯、希普顿、奥斯本之流以及所有这些坏蛋要是敢在任何一个公开的工人群众大会上讲话，就会有"生命危险"；甚至他们的"凭票入场的非公开的会议"也被人民群众用暴力冲垮和驱散。

但是迟钝的"盎格鲁撒克逊人"觉醒得太晚了，至少从当前的事件来看是如此……

俄国的外交远不是支持"基督教"对"新月"的无理的仇恨。它认为，土耳其虽然在欧洲已被压缩到君士坦丁堡和鲁美利亚的小部分地区，但是在小亚细亚、阿拉伯等地却有巩固的内地，因而应该通过攻守同盟使之受制于俄国。

在最近的一次征讨中，十二万波兰人在俄国军队中起了很大作用；现在要做的是把土耳其人同波兰人合并到一起，于是欧洲的两个最骁勇的、渴望向欧洲复仇雪耻的民族，就都将站到俄国的旗帜下，——主意倒不错！

8月28日，两名土耳其全权代表，萨迪克－埃芬蒂和阿卜杜－喀德－贝伊，在居斯特尔（普鲁士驻君士坦丁堡大使馆武官）陪同下到达阿德里安堡，俄国总参谋部设在这里已经将近一星期。9月1日，俄国全权代表（阿列克塞·奥尔洛夫和帕连）刚刚到达布加斯，吉比奇没等他们到来便开始了谈判。

但是在谈判期间吉比奇一直把自己的军队向君士坦丁堡推进。他（不顾自己的困境，或者说得确切些，是由于这种困境）骄横无耻地要求土耳其全权代表在八天的期限内同意下列条款：

布来拉、茹尔日沃和卡拉法特的要塞应当拆毁，这些地方本身划归瓦拉几亚。土耳其把黑海上的阿纳帕和波提与阿哈尔齐赫帕沙辖区割让给俄国；七十万"布尔斯"（约一亿二千万法郎）的军事赔款，缴纳赔款的保证是，将锡利斯特里亚和多瑙河各公国留给俄国人作抵押。给俄国商人大约一千五百万法郎的赔款以补偿他们的损失，赔款应分三期缴纳，每付款一次，俄国军队就后撤一步，先撤到巴尔干山麓，然后撤到这个山脉以北，最后撤到多瑙河彼岸。

土耳其政府对这些条件提出抗议，这些条件同沙皇关于不提过分要求的保证是显然矛盾的。新任普鲁士公使罗伊埃尔（缪弗林，这位"土耳其政府的朋友"和和平天使干完自己的刽子手勾当以后，于9月5日溜走），和受缪弗林欺骗的吉埃米诺将军以及罗伯特·戈登爵士一道支持土耳其政府的抗议，因为这种蛮横态度违背了约定的条件，这甚至使得"戴着胜利的花冠"的人也感到走得太远了。吉比奇知道，他在军事方面处境困难，于是作了虚假的让步：同意从正式和约中删掉关于军事赔款数额的条款；缩减赔偿俄国商人的第一期付款额，因为正象土耳其代表声称的，"最无知的人也知道，土耳其政府无力支付"。和约终于在9月5日签订。

欧洲反应强烈，英国非常愤慨；威灵顿大发雷霆；连阿伯丁也从紧急报告中看出，和约的每一项条款都包藏着危险，因而力图缔结一项普遍盟约，由所有大国（包括俄国在内）保证东方的和平。奥地利没有反对；但普鲁士破坏了这个计划，拯救了俄国，使它摆脱了欧洲会议对它的威胁。（当时，法国由于查理十世准备实行政变，打算同俄国订立秘密协定；还签订了一项秘密条约，规定法国应该取得莱茵河各省。）

这种情况使涅谢尔罗选感到可以放手地干；他给英国大臣们发了一封蛮横无礼和口吻轻蔑的电报，也就是发往伦敦给利文伯爵（俄国大使）的那封电报。

这就是普鲁士当时的所作所为，而如今它又以更大的规模重复了同样的作法。这班霍亨索伦真是好样的霍亨施陶芬！俾斯麦在他处理奥地利和法国事务时毫不费力地表现了国务才略；反对奥地利时他依靠波拿巴和意大利人，而在反对法国时他得到整个欧洲的支持。此外，他所追求的目的是由形势提出并做好了准备的。

评论：马克思批评了英国工人阶级的领导成了资本家的政党的尾巴，甚至对于南威尔士矿工的特别贫困的状况——那里由于经济危机，许多矿井倒闭，大批工人失业——也无动于衷。1878年2月7日和8日下院就英国干预俄土战争时给政府追加拨款问题进行了辩论。以福斯特和布莱特为首的自由党首领们，由反对拨款，反对任何针对俄国的行动，转变到不参加最后的表决，使保守党政府获得了可观的多数。在这次投票时，下院中的工人议员也支持自由党。这一切行为也遭到了人民群众的抗议。信中，马克思分析了俄国外交和俄国的征讨，俄国和土耳其的和约，在欧洲反应强烈。马克思认为，随着形势复杂化，才能有胜利的结局。

7 月 15 日　致信济格蒙德·肖特，指出：在您的前一封来信（6 月 30 日）中只提了一个问题：我是否收到了寄给我的德国报纸对于我写给《每日新闻》的第一封信的部分反应？我的回答是：没有；此外，没有向我提出任何别的问题。

我作梦也没有想到要写一本关于布赫尔先生的"书"。他还欠我一笔债：答复我的"三十"行字。我既没有时间，也没有理由替他去写他认为是必要的那"三千"行字。这种无稽之谈是《福斯报》驻伦敦记者散布的。就我所知，这是埃拉尔特·比斯康普博士，他是个有名的坏蛋。不过，这一次他的下流的恶作剧却获得了成功。

根据健康状况来看，我必须去卡尔斯巴德。但是，对基辛根如此感兴趣的俾斯麦先生不想让我去。用俄国人的话来说：怎么办？在万不得已时，只好选择一个还没有受到新神圣同盟的社会拯救者们监视的不列颠海滨疗养地。我的妻子病情严重，看来非去卡尔斯巴德不可，曾经是高贵的前男爵小姐冯·威斯特华伦也许不会被当作违禁品吧。

希望旅行会给您带来好处。如果您在什么地方逗留的时间较长，就请从那里给我写信来。我可能要把我用英文写的文章（尚未发表）寄给您，然而这篇文章根本没有涉及到英国人所说的亲爱的《fatherland》。

评论：信中表达了对布赫尔的态度。"三十字""三千字"的来历是，在布赫尔对马克思给《每日新闻》编辑的标题为《布赫尔先生》的信的答复中，布赫尔宣称，要驳倒马克思写给《每日新闻》的三十行文字，必须写三千行文字。对此，马克思在第二次驳斥布赫尔时回答说，"然而要一劳永逸地弄清布赫尔所作的'更正'和'补充'的真相，只要写三十行文字就足够了"。马克思在信中还谈到，自己和夫人因健康状况不好，计划去卡尔斯巴德疗养，但是，1874 年 7 月 13 日，俾斯麦在基辛根遇刺，这是天主教僧侣因为政府实行文化斗争政策而策划的。俾斯麦被手工业者爱·库尔曼开枪打伤。这影响了疗养计划。

9 月 4 日　致信弗里德里希·阿道夫·左尔格，指出：至于杜埃，我完全同意你的意见：《资本论》不交给他。

非常感谢你为费拉得尔菲亚的文件和魏德迈的《摘要》而奔走。

我和恩格斯都及时收到了自己的一份。仅就它有数不清的印刷错误这一点来说，在英国就是不受欢迎的；此外，译文的某些地方在英国也不能令人满意。而我打算（等我回来后）在伦敦出版一个修订本，并写一篇简短的序言，用魏德迈的名义出书，当然这要取得您的同意。

俾斯麦先生为我们工作得很好。

评论：马克思感谢左尔格的许多帮助。左尔格应马克思的请求，经过长时间寻找之后，替他找到了载有关于宾夕法尼亚采矿工业状况的有价值的统计材料的出版物:《宾夕法尼亚州内务秘书处 1876—1877 年度报告。第三部分:工业统计》。

9 月 17 日 致信恩格斯,指出:从莫尔文来的消息大有好转,因此我就用不着到那里去了;为了防备不测,现在医生还是每天按时前去。我从一开始就建议我的妻子这么办,一方面是为了防止时常发生的过分的惊慌,另一方面是为了避免对病人的疏忽大意;但是她、尤其是小燕妮执拗地反对这样做,她们说,不必"白白地"增加在莫尔文本来就过大的医疗费用。现在她们理会到我是对的。我还嘱咐过,只要孩子的身体容许,在天气好的时候,要每天散步。这一点医生也肯定了。这种散步,对小燕妮来说是唯一的休息,对我妻子来说——由于经常为小孩担忧而使她的治疗受到严重影响——是消除这种于她的健康有害的心情的唯一方法。当我在那里的时候,我使这一切都做到了。

欧伦堡先生(见今天的报纸)也是劳而无功。我从来也没有看到过比他那篇演说的摘要(精华)更可怜的东西了。施托尔贝格也够瞧的。颁布非常法是为了把社会民主主义运动的表面合法性也剥夺掉。这是行之有效的方法。置于非法地位,这就是把反政府的运动宣布为"违法",从而使政府不受法律之害——"合法性害死我们"——的屡试不爽的手段。赖辛施佩格是中央党内的一个莱茵的资产者。班贝尔格尔仍然信守自己的格言:"我们终究是狗"!

倍倍尔显然造成了强烈的印象(见今天的《每日新闻》)。

这是一个良好的开端。

各家英文报纸竟捏造出在敖德萨枪决我们的朋友柯瓦列夫斯基的消息。在报纸上,他的名字叫做唐-柯瓦尔斯基。这个胖子星期日来我这里的时候,向我讲了一个绝妙的笑话。在他出国以前,他的莫斯科的大学生中有几个候补"外交官"必须在他那里考试。其中有不少比他本人年岁大得多的家伙,例如门的内哥罗人,都是由俄国亚洲(外交)司出钱受高等教育的。这些家伙的特点是脑子笨,年纪大,就象过去在我们家乡的特利尔中学有一些农村来的笨人,他们准备投考教会学校(天主教的),大多数人领取助学金。

虽然俄国的分数(大学考试)是由零分到五分,但柯瓦列夫斯基只给两种分数,什么也答不上的给四分,能答上一点的给五分。在最近一次考试中,他的一个学生,一个象柱子一样高的、三十二岁的门的内哥罗人,走到他跟前说:我一定要得到五分;我知道,我什么也答不上,但是,我也知道,如果"又"得四分,亚洲司就会发给我回门的内哥罗的护照;所以我一定要得到五分。他自然出色地考了个不及格,因为柯瓦列夫斯基认为他毫无必要继续留在莫斯科,也亲自对他说明了这一点。

柯瓦列夫斯基说,最令人惊讶的是,所有这些来自门的内哥罗的家伙在莫斯科全都对俄国人怀有一种狂热的仇恨。他们自己天真地告诉他这一点,并且举出理由说,一般俄国人,特别是俄国大学生对他们不好,称他们为野蛮人和畜生。结果,俄国政府所得到的与它以自己的"恩赐"所追求的东西恰恰相反。

我们之间曾开玩笑地说：俄国社会主义者干着"骇人听闻的事情"，因此"奉公守法的"德国社会民主党人就应当被置于非法地位，——可是荒唐的施托尔贝格却郑重其事地提起这一点。他只是忘记补充一点，在俄国同这种"骇人听闻的事情"并存的是那样一种"合法性"，它是土容克俾斯麦枉费心机地力求通过他的法案来实现的理想目标。

普鲁士和奥地利所支持的俄国人现在又要求"欧洲的调停"，这是一种意味深长的征兆。

评论：信中谈到妻子和家人的健康状况。1878 年 9 月 4—14 日，马克思在莫尔文休养并照顾妻子。信中谈到伦敦各报刊登的电讯，例如《每日新闻》和《旗帜报》于 1878 年 9 月 17 日刊登了关于德意志帝国国会 9 月 16 日会议的电讯。这次会议开始讨论反社会党人非常法草案。马克思揭露了非常法的实质。这个法律把德国社会民主党置于非法地位；党的一切组织、群众性的工人组织、社会主义的和工人的刊物都被禁止，社会主义文献被没收，社会民主党人遭到迫害。信中还谈论了各家英文报纸捏造的柯瓦列夫斯基被枪决的消息。马克思肯定了俄国社会主义者的革命精神，讽刺俾斯麦政府费尽心机。非常法于 1890 年 10 月 1 日被废除。

9 月 18 日　致信恩格斯，指出：这个听任俾斯麦—施梯伯先生摆布的共和国是多么好啊！昨晚巴里来了。洛桑代表大会没有开成，这件事他还在巴黎时就已知道了，因此就留在那里。希尔施和他只是以采访记者身分去参加大会的，但是大会已被驱散了，而参加大会的人被捕了；希尔施是后来夜晚在自己住所里被捕的。次日，桀骜不驯的巴里来到警察局（带着证明他的身分是《旗帜报》记者和《白厅评论》撰稿人的证件）。在那里他找到一个小官吏并向他声明，希望见到"他的朋友"希尔施和盖得。当时那个小官吏把逮捕希尔施和盖得的两个警官的地址告诉了他。这两个警官被这位"英式煎牛排"的纠缠气坏了，最后把他赶走了。巴里毫不退缩，返回警察局，终于设法见到了伟大的吉果。这个"善于应付的"警察同伟大的巴里交谈了几句话以后，向他声明英语说不好，而巴里法语说不好，因此叫来了一位翻译。谈话的主要内容是：巴里对他说的希尔施没有参加一事，应由法院侦查员处理，而不应由警察局长处理；逮捕是"合法的"等等。对此巴里回答道："据我所知，这在法国可能是合法的，但是在英国不是合法的"。吉果以郑重的激动语气反驳道："凡是来到我们这里的外国人，必须遵守法兰—兰—兰西共—和—国的法律！"而不肯让步的巴里对此的答复是挥着帽子高呼："共和国万岁！"吉果被这呼声弄得面红耳赤，就向巴里指出，不能同他进行政治争论等等。这一次很客气地对巴里下了逐客令。

在对待我的态度上，他那幼稚可笑的放荡不羁行为达到了顶点。即：他通知我说，本周他同全家再次去哈斯廷斯，而我现在大概有时间为他准备写文章（在《十九世纪》杂志上）的资料。他这次图谋的下场恐怕比在那两个法国警官的住处更糟。

最无耻的伦敦报纸又是勒维的报纸。他在今天的社论里对他的读者说，赖辛施佩格代表"中央党"表示赞成法律（这一点勒维是在给他提供通讯稿的柏林爬虫报刊上读到的），俾斯麦保证能得到多数票。不过，勒维本人尽管无上崇拜"伟大的首相"，但是不得不承认，在同"卓越的"倍倍尔的争辩中，伟大人物"看来是失败了"。

在吴亭所收集的小册子中，我还只翻阅了阿道夫·萨姆特的小册子（《货币制度的改革》）。关于他怎样引证（他常常引证我的话，而且更多的是用复述的办法抄袭；整个小册子都是用"商品券"代替银行券的荒谬思想，实际上普鲁士政府在1848年就已经以信用证券的形式实行商品券了），现举例如下。我说："金银天然不是货币，但货币天然是金银"等等。他正确地指出页码，却引证为："金银天然是货币。马克思云云"。看来，在德国"有教养的"阶层中间，阅读能力日益衰退。这个萨姆特引证得如此荒谬和拙劣，尽管他没有任何恶意。例如，他引证配第的一句话："劳动是物质财富之父，自然界是物质财富之母"，因为我谈到"物质"财富时指出配第这句话在这里有力量等等。

又及：我们的胖子柯瓦列夫斯基在瑞士又一次遇见了罗尔斯顿，罗尔斯顿一见面就问他，是否认识曾在《法兰克福报》小品文栏内把他（罗尔斯顿）描述为骗子、懦夫等等的那个俄国社会主义者？（文章是我的妻子写的。）柯瓦列夫斯基感觉到风是从哪里刮来的，但是他照实地回答说，他不知道这样一个俄国人。但是，从那时起，罗尔斯顿（在这里又纠缠上柯瓦列夫斯基）就更疑神疑鬼了。（这篇刊登在小品文栏内的文章是由于罗尔斯顿对"俄罗斯革命文学"的卑鄙行径而引起的）。

昨天小蒙蒂菲奥里先生来我这里，他前往柏林去；他对杜西说的一段话，十分突出地表现出英国的，特别是伦敦的青年文人的特色："但愿普鲁士人使我如愿以偿，把我拘捕一两天！这是给杂志投稿或给《泰晤士报》写信的多好的材料呵！"

评论：信中详细谈到巴里带来的消息。法国政府禁止召开国际社会党人代表大会。1878年9月4日，聚集到巴黎的代表们决定秘密集会。但是警察占领了会场，驱散了会议参加者，并逮捕了组织者。10月24日，以盖得为首的38名社会党人被提交法庭审判。以记者身份去参加会议的希尔施被捕监禁，释放后被驱逐出法国。事情发生后，巴里展开了营救希尔施和盖得的努力。信中还批评了阿·萨姆特的《货币制度的改革》一书对《资本论》的荒谬和拙劣的引用。

9月24日 致信恩格斯，指出：拉甫罗夫的信是今天寄到的，我还没有回信，阅后请立即寄回。信中唯一值得注意的地方是谈到符卢勃列夫斯基的一段，这大概是真实的，因为完全符合他这个实干家的气质，此外，他对我们保持沉默，或多或少也证实了这一点。

帝国国会开会以后，我收到了政府提交帝国国会的附有说明的法案；昨天从同一个来源（白拉克）得到了帝国国会9月16日和17日会议的速记记录。在我没有看到最后这一出戏的速记记录以前，绝对无法想象普鲁士大臣们平均的愚蠢程度、他们主子的"天才"以及跟在他的屁股后面跑的土著德国资产阶级的代表们的无耻。我现在用一定的时间为英国报刊加工整理这个记录，虽然还不知道，最后是否能从这里搞出一点适于《每日新闻》刊登的东西来。

俄国人在阿富汗走的一步棋，以及土耳其的事变——这一切引起我的注意，仅仅因为这是判断欧洲国家智谋的令人信服的证据。总之，对我来说，有一点是毫无疑义的：不管俄国和普鲁士现在在世界舞台上除此以外还干些什么，这一切只会对它们的制度产生有害的后果，只会加速它们制度的彻底覆灭，决不会阻止它们制度的崩溃。

昨天老佩茨累尔到这里来了，带来了一位牧师的信，这位牧师正在出版一种杂志，也妄谈社会主义，并希望从我这里得到一些资料。俾斯麦目前重新把社会主义提上了议事日程，为此甚至把高级政治也多少置诸脑后了。

评论：信中谈论了俄国和普鲁士在阿富汗的所作所为。在1877—1878年俄土战争时期所造成的局势下，俄国政府预感到有可能同英国开战，就决定同阿富汗建立同盟关系。为此目的，1878年6月22日，俄国公使斯托列托夫到达喀布尔。他同阿富汗执政当局就缔结俄阿同盟条约问题达成了协议。但是，在英俄的分歧得到解决以后，沙皇政府撤销了俄阿同盟草案。1878年9月21日，英国公使尼·张伯伦前往喀布尔，到印度—阿富汗边境时，阿富汗当局要他返回去。这个事件使英阿关系急剧尖锐化，并使英国找到借口，在11月挑起了1878—1880年第二次英阿战争。马克思认为他们做的这一切将会加速它们制度的彻底覆灭。信中还谈到，考夫曼请求审阅他的一篇论述马克思的文章，这篇文章要收入到他出版的关于社会主义史的一本书中，后来又稍作修改于1878年12月发表在《余暇》杂志上。

10月3日　致信摩里茨·考夫曼，指出：佩茨累尔先生告诉我，您曾写过一篇关于我的《资本论》一书和我的生平的文章，这篇文章要和您的其他文章一同再版，而您希望我或恩格斯订正您的某些错误。在没有拿到所说的这篇文章之前，我自然无法断定能做到什么程度。

利沙加勒的《公社史》一书是关于公社的最好的历史著作。但是该书的第一版已售缺，而现在还没有再版。利沙加勒的地址是：伦敦西区菲茨罗伊广场菲茨罗伊街35号；他大概能给您弄到一本他写的书。

现在把关于公社的《宣言》给您寄去，这是我受国际总委员会委托在公社刚一失败之后写的。

如果您还没有不久前出版的我的朋友恩格斯的著作《欧根·杜林先生在科学中实行的变革》，我也把它给您寄去，这本书对于正确理解德国社会主义是很重要的。

评论：考夫曼请求马克思审阅他的一篇论述马克思的文章。这封信与 10 日马克思给考夫曼的两封信是对这种请求的答复。考夫曼这本书的最后两章是马克思审阅过的，该书于 1879 年出版。马克思随信寄给考夫曼恩格斯的《欧根·杜林先生在科学中实行的变革》，认为这本书有助于正确理解德国的社会主义。

11 月 10 日左右　致信阿尔弗勒德·塔朗迪埃，指出：我出面给您写信，是为了谈谈 10 月 6 日《马赛曲报》上发表的反对巴里先生的信。

当这一号《马赛曲报》完全是偶然地——这一点我可以证明——终于落到巴里先生手中时，他立即用英文写了回答并请求我把它翻译成法文。我一天一天地拖延着不完成这项委托，至于原因，您读完这封信以后就会明白。巴里先生无法既说明全部事实而又做到：

（1）不损害尚未决定命运的希尔施的名誉；

（2）不损害希尔施的还在巴黎的内兄弟的名誉；

（3）不在这里引用我的话，以免因此把我卷入同您的公开论战；

（4）不涉及您在信中提到的某些人；

（5）不暴露《马赛曲报》的不诚实。

我认为，现在不是进行这类争吵而使反动派高兴的"适当"时机。另一方面，巴里先生拥有辩护的合法权利。这就要作出抉择。我曾认为要摆脱困难，只有一个办法：希尔施到伦敦来（他曾告诉我，他如果被驱逐出法国就到这里来）。那时，由他在《马赛曲报》上发表几行不损害任何人的名誉的文字，就能使巴里先生满意了。可惜他自被驱逐以来就杳无音讯。巴里先生终于不耐烦了，由于他清楚地知道，我反对发表他的回答（这个回答在必要时可以在某一家瑞士报纸上发表），所以我们商定：

（1）他的回答暂由我保存；

（2）由我给您写信，做调解此事的尝试。

现在来谈实质性问题。

事实

（1）社会民主主义俱乐部（它在国际存在时是这个组织的支部），设在索荷广场玫瑰街 6 号，由德国和英国两个支部组成。前者选举了埃尔哈特先生为自己出席代表大会的代表，后者选举了巴里先生。伦敦曾传出消息说，由于警察禁止，代表大会将在洛桑举行，因此代表资格证就开到洛桑代表大会常务委员会去了。

现将巴里先生的代表资格证照抄如下，原件保存在我手里：

"索荷广场玫瑰街 6 号社会民主主义工人俱乐部。

英国支部。1878 年 8 月 31 日于伦敦。

公民们：本代表资格证持有人马耳特曼·巴里公民是伦敦社会民主主义俱乐部英国支部的代表。

此致瑞士洛桑社会主义代表大会常务委员会。

社会民主主义俱乐部英国支部书记弗·基茨。"

其次，巴里先生回来后，书记基茨曾写信要求他向俱乐部报告完成自己所受委托的情况。这封信也保存在我手里。

因此，完全可以证明，派遣巴里先生为代表的是社会民主主义（工人）团体，而不是象您有些"轻率地"散布的那样，是"国际警察"。

您是根据哪些有份量的事实，来"散布如此骇人听闻的指责"，说巴里先生"是这些人〈即国际警察〉派遣的"呢？

这些事实是毫无根据的，就是说，是以一个叫作舒曼的十分可疑的人物的造谣中伤为根据的，而这些造谣中伤是背着巴里先生偷偷告诉您的。这样，巴里先生没有公开答复暗中对他提出的指责，您难道觉得奇怪吗？

但是，让我们回过头来谈一下舒曼。他回到伦敦后，觉得最迫切的事莫过于向《旗帜报》这家"托利党的和波拿巴派的报纸"报告自己的平安获释。

然后这个我以前根本不认识的人，找了一个虚假的借口来见我。当我针对您在信中转述的他的造谣中伤，对他痛加斥责时，他说："但是塔朗迪埃先生是不对的，我曾明确地对他说过，我只是重复一些传闻，我个人对巴里一无所知"等等。

然后舒曼先生自己主动向我询问巴里的地址，以便去向他道歉。实际上他并没有这样做。相反，他秘密地告诉一个流亡者（他不知道这个人同我有联系），似乎马克思在同他的谈话中也把巴里当作间谍来谈论。在发生了所有这一切之后，关于您的委托人和保证人的诚实的任何说明都是多余的。后来我得到了关于他的材料，并将把它寄往哥本哈根。

您在您的信中问道，"马耳特曼·巴里先生是怎样……给《马赛曲报》写信的"。事情很简单：我交给巴里先生一封致希尔施的介绍信，希尔施带他去《马赛曲报》社并且介绍给马雷先生。回到伦敦后，巴里给希尔施的内兄弟寄去了用英文写的信；而这封信在《马赛曲报》上发表是否适宜，则应由后者决定。希尔施的内兄弟认为这封信对希尔施有利，便把它译成法文并亲自交给了《马赛曲报》编辑部。

该报纸不加任何评论地发表您的揭露，这是一种不能容许的行为，这只能用同一天报纸上刊登的您给昂利·马雷先生的信来解释。如果注意到，您是布莱德洛先生的朋友和记者，又同巴里先生和逝去的国际有私仇，这就尤其不能容许。

（2）您接着说，巴里在给《马赛曲报》的信中申辩说，"法国警察没有逮捕过他"，您还补充说，"希尔施公民并未申辩说没有逮捕过他"云云，从而给读者造成一种印象，您是在代表希尔施说话。但是希尔施公民在10月14日给我的信中说您的信是"卑鄙行为",并且证实他只是在自己获释后才知道这封信的。同时,您还忘了巴里并不是唯一作为代表出席代表大会的英国人,他们至少有十二个人,而且他们中间谁也没有被法国警察逮捕。德国社会党的中央机关报《前进报》(它现在被封闭)清楚地理解了巴里信中这句话的意思,它指出"法国政府想向俾斯麦先生讨好,逮捕了希尔施等,但是它没敢殷勤到触犯英国人"。不过,巴里先生一直同希尔施的内兄弟一致行动,他曾直截了当地向吉果先生说出自己的看法,而因为后者吩咐过对这些谈话要做记录,所以您可以从官方打听到关于巴里先生同法国警察的暧昧关系的情况。

然而,我还忘记了一点:为了给"你们的上司"增添声誉,您看来想把法国警察说成"国际警察"的牺牲品,而不是它的成员。共和政权当局对事情的理解则不同,它向希尔施的内兄弟道歉时说,"我们的上司"应该尊重"邻国当局"。

您提出的另一项控告(这也应归咎于舒曼先生的好心肠)是,巴里先生在巴黎作为"英国托利党的和……波拿巴派的报纸……《旗帜报》的记者"进行活动。

把《旗帜报》称作"波拿巴派的"报纸,这简直是开玩笑。当路易·波拿巴还是英国可以利用的有益的同盟者时,《旗帜报》曾奉承他,但不象《泰晤士报》那样恶劣,也不象当时的英国激进党领袖布莱特和科布顿先生那样天真,《旗帜报》从来没有象自由党的《每日电讯》那样卖身于波拿巴。现在——也是为了英国的利益——《旗帜报》如同几乎所有的英国报刊一样,在对待法国的态度上,已变为"温和的"甚至"机会主义的"共和国的拥护者了。

这样一来,只剩下"托利党的"这个修饰语了。请注意,这家托利党的报纸,对新神圣同盟及其领袖俾斯麦先生,没有停止抨击,而《泰晤士报》却成了俾斯麦的半官方刊物,他自己在德意志帝国国会中就这样说过。而舒曼和布莱德洛先生所属的那个所谓"国际工人同盟"的代表之一埃卡留斯先生,在巴黎代表大会上则正是作为《泰晤士报》的记者进行活动的。为什么巴里先生不可以当《旗帜报》的记者呢?您在英国住了相当长的时间,您应该知道,英国工人阶级不掌握任何一家报纸,因此在举行工人代表大会等时候,就不得不借助于自己雇主的,即辉格党人或托利党人的报纸来发消息,而在这种情况下,对于无论是前者或后者的见解,它是不能承担责任的。您在英国住了相当长的时间,您不应该给英国的政治关系贴上从法国政党的辞汇里搬来的标签。要不然的话,我确信,您是无论如何都不会同意充任英国国家官员的。

在当前情况下,如果您仿效伟大的共和主义者、《法兰西共和国报》的记者卡尔歇的先例,把书献给剑桥公爵殿下,那才是应该受到指责的。

最后谈谈您的愤慨指责中的最后一点。好大的罪名!原来是巴里先生对布莱德洛先生在他的《国民改革者》上发表的一篇毫无意义的文章竟然没有在一星期之内予以答复!……但这是情有可原的。

巴里先生对布莱德洛先生 9 月 22 日和 29 日的文章之所以不大放在心上，是因为他早在 7 月 13 日就在《旁观者》发表了自己署名的文章，详尽地阐述了他在东方战争引起英国各政党之间斗争时所采取的行动方针。他关心的是把这篇文章翻印成传单，加以"传播"。

判断巴里先生同布莱德洛先生之间的是非，是他们的"同胞们"的事情，因为，请注意，9 月 22 日和 29 日《国民改革者》上面的文章不过是重新"温习"这段往事。"同胞们"在 7 月 22 日就已作出了判断。这一天，伦敦举行了一次由社会民主主义俱乐部召集的，声援德国社会民主党反对俾斯麦的大规模公开集会。各家报纸都刊登了有关这次集会的报道，并且丝毫不向读者隐瞒，这次集会的主席是马耳特曼·巴里先生。

我完全没有涉及各个政党在东方战争时期的立场。如果一切不按照布莱德洛先生指定的道路走的人（甚至《自由人报》），都被怀疑为同什么警察有关系的话，那末我非常担心，欧洲和美国的大多数社会党人都将遭到巴里先生所遭到的命运。但是我们完全可以对这个法庭的资格表示异议，在我们看来，它是建立新神圣同盟的罪犯。巴里先生毫不理睬布莱德洛先生的无耻行径，还有特别的理由。这就是前国际总委员会大多数委员（其中包括巴里先生）1871 年通过的决定，规定不理睬布莱德洛先生，除非他能推翻总委员会所作的公开揭露：（1）《国民改革者》的编辑同普隆－普隆及其他男女波拿巴主义者有亲密关系；（2）他发表了反对国际的虚伪谰言；（3）他根据肮脏的来源——波拿巴派的和下流的报纸，诬蔑住在伦敦的公社社员。

您至少现在知道，您反对巴里先生的信是毫无根据的。对您的要求只有一点：在《马赛曲报》上发表几行声明，说明由于得到了必要的解释，您收回您的揭露。

评论：马克思在这封信中澄清和说明了关于巴里的一些事情的来龙去脉。塔朗迪埃是查·布莱德洛的《国民改革者》杂志的常驻巴黎记者。塔朗迪埃给《马赛曲报》编辑的信里面含有对巴里的污蔑性的言论，这封信刊登在《马赛曲报》上。1878 年 9 月 22 日在布莱德洛的《国民改革者》周刊上发表了一篇不长的短评，对巴里进行了卑鄙的诽谤。马克思认为，他们反对巴里是毫无根据的。

11 月 15 日　致信尼古拉·弗兰策维奇·丹尼尔逊，指出：关于《资本论》第二版，我要提出下列意见：

（1）我希望分章——以及分节——按法文版处理。

（2）译者应始终细心地把德文第二版同法文版对照，因为后一种版本中有许多重要的修改和补充（尽管在译成法文时，我迫不得已不止一次地使阐述"简化"［《aplatir》］，特别是在第一章中）。

（3）我认为作某些修改是有益的，并无论如何在一星期内设法为您准备好，以便能够在下星期六（今天是星期五）寄给您。

一俟《资本论》第二卷付印——但是这未必会早于 1879 年底——，您就将象您希望的那样得到手稿。

我收到了从彼得堡寄来的一些出版物，为此对您非常感谢。有关契切林和其他一些人对我的反驳，除了您 1877 年寄给我的东西（一篇季别尔写的文章，另一篇似乎是米海洛夫写的文章，两篇都登在《祖国纪事》上，是为答复这个自命为百科全书派的怪人茹柯夫斯基先生而写的）以外，我什么也没有看到。在此地的柯瓦列夫斯基教授曾对我说，《资本论》引起了相当热烈的论战。

我在法文版第 351 页（注释）上预言要发生的英国危机，终于在近几周内爆发了。我的朋友们，既有理论家也有一般实业界人士，当时曾经要求我删掉这个注，因为他们觉得这个注没有充分的根据，他们竟然确信，美国、德国和奥地利的危机可以说一定会成为英国危机的"贴现"。

情况会重新沿着上升路线发展的第一个国家将是北美合众国。只不过这种改善将在条件完全变了，而且是变得更坏的情况下在这里出现。人民要想摆脱垄断组织的控制和大公司（对于群众的直接福利）的毁灭性影响，将是徒然的，这些大公司从国内战争一开始就以日益加快的速度控制工业、商业、地产、铁路和金融业。美国的优秀著作家们公开地宣布了一个无可辩驳的事实：尽管反对奴隶制的战争打碎了束缚黑人的锁链，然而在另一方面，却使白人生产者遭到奴役。

现在，经济学研究者最感兴趣的对象当然是美国，特别是从 1873 年（从九月恐慌）到 1878 年这一时期，即持续危机的时期。在英国需要整整数百年才能实现的那些变化，在这里只有几年就发生了。但是研究者的注意力不应当放在比较老的、大西洋沿岸的各州上，而应放在比较新的（俄亥俄是最显著的例子）和最新的（例如加利福尼亚）各州上。

欧洲的许多蠢人认为，祸根在于象我这样的理论家和其他理论家，让他们去读一读美国的官方报告，从中吸取有益的教训。

您如果能介绍一些关于俄国金融业现状的资料，我将非常感激，而您作为一个从事银行业的人，是一定掌握这种资料的。

评论：丹尼尔逊在 1878 年 10 月 28 日（11 月 9 日）的信中告诉马克思，六七个月以前他已经写信对马克思说过，书店里《资本论》第一卷一本也没有了，存在着出版俄文第二版的问题。他请求告知，马克思是否打算对该书作新的修改。丹尼尔逊还请求马克思在《资本论》第二卷付印后，把这一卷的校样随印随寄给他。在这封信中，马克思围绕《资本论》第二版提出了一些意见。

信中提到的柯瓦列夫斯基说的《资本论》引起了相当热烈的论战是指，1877—1879 年俄国报刊上围绕马克思的《资本论》第一卷进行的论战。参加的有当时俄国最著名的学者和政论家。这次论战是由尤·茹柯夫斯基载于《欧洲通报》1877 年 9

月的《卡尔·马克思和他的〈资本论〉一书》一文挑起的。针对这篇文章出现了一系列文章，其中包括丹尼尔逊给马克思寄去的尼·季别尔的《对于尤·茹柯夫斯基先生〈卡尔·马克思和他的《资本论》一书〉一文的若干意见》（《祖国纪事》1877 年 11 月）一文，以及尼·米海洛夫斯基的《卡尔·马克思在尤·茹柯夫斯基先生的法庭上》（《祖国纪事》1877 年 10 月）一文，由于这篇文章，马克思写了给《祖国纪事》编辑部的著名信件。1878 年波·尼·契切林发表了《德国的社会主义者：二、卡尔·马克思》，与马克思进行激烈的论战。1879 年 2 月的尼·季别尔的《波·契切林反对卡·马克思》一文，是对它的答复。

信中谈到了英国的危机，马克思提醒关注美国的最新经济变化，并奉劝欧洲一些人不要将危机的祸根归罪于自己这样的理论家，应该去看美国的官方报告。信中还请丹尼尔逊介绍一些关于俄国金融业现状的材料。

11 月 28 日　致信尼古拉·弗兰策维奇·丹尼尔逊，指出：您寄来的三本书已经收到，非常感谢。我的一些俄国朋友事先已经给我打过招呼，契切林先生写出的只会是一篇很不象样的作品，然而事实上比我预料的还要糟糕。他显然对政治经济学缺乏起码的了解并且以为，巴师夏学派的陈词滥调一经以他契切林的名义发表，就会变成独创的和无可争议的真理。

上星期我没有机会着手查阅《资本论》。现在，经过查阅发现，除了译者把德文第二版同法文版对照时应作的那些修改以外，只需要作下面所提到的一些很少的修改。

头两篇（《商品和货币》和《货币转化为资本》）应该完全根据德文本翻译。德文版第 86 页倒数第 5 行应为：“事实上，每一码的价值也只是耗费在麻布总量上的社会劳动量的一部分的化身。”

法文版第十六章中（德文版第十四章中没有）增加的关于约·斯·穆勒的一节，第 222 页第 2 栏倒数第 12 行应为：“他说，我到处假定，事物的现状在工人和资本家作为阶级对立的一切地方都占统治地位”等等。下面两句应该删掉：“把地球上迄今还只是作为例外而存在的关系看作普遍的关系，这真是奇怪的错觉。我们再往下看”。而下一句应为：

“穆勒先生欣然相信，即使在工人和资本家作为阶级互相对立的经济制度下，资本家这样做也没有绝对的必要。”

危机以及随之而来的停工、工厂倒闭和破产，在各工业郡继续猛烈发展；但是在伦敦这里，各家报纸为了不惊动广大公众，千方百计地回避这些不愉快的、但是不容置辩的“事件”。因此，仅仅阅读伦敦报纸上的金融文章的人就只能得到关于当前事件的最贫乏的材料。

评论：在 1877—1879 年俄国报刊上围绕马克思的《资本论》第一卷进行了论战，马克思批评契切林的糟糕作品缺乏起码的政治经济学知识。信中又交代了一些关于《资本论》的修改。马克思揭示出危机在蔓延，而资产阶级报刊在回避和掩盖现实的危机。

1879 年

4 月 致信马克西姆·马克西莫维奇·柯瓦列夫斯基，指出：卡列也夫先生的著作非常好。只是我不完全同意他对重农学派的观点。我主张资本的理论，即现代社会结构的理论。从配第开始到休谟为止，这个理论只是根据作者生活的那个时代的需要，一部分一部分地——零零碎碎地——发展起来的。魁奈第一个把政治经济学建立在它的真正的即资本主义的基础上，而非常有趣的是，他在这样做的时候看起来却象是土地占有者的一个租户。卡列也夫先生根本不对，他说重农学派只是把一种社会职业即农业和其他社会职业即工业和商业对立起来，但是他们却从来没有象斯密那样把社会各阶级对立起来。如果卡列也夫先生还记得李嘉图给他的名著所写的序言中的主要思想（在序言中他分析了国家的三个阶级：土地占有者、资本家和耕种土地的工人），那么他就会相信，只有在农业体系里才能首先发现经济领域里的三个阶级及其相互关系，正象魁奈所做的那样。此外，对一个著作家来说，把某个作者实际上提供的东西和只是他自认为提供的东西区分开来，是十分必要的。这甚至对哲学体系也是适用的：例如，斯宾诺莎认为是自己体系的基石的东西和实际上构成这种基石的东西，两者完全不同。因此，毫不奇怪，魁奈的某些拥护者，如里维埃尔的迈尔西埃之流，认为妻的动产是整个体系的实质，而 1798 年从事写作的英国重农学派却与亚·斯密相反，根据魁奈的学说第一次证明了消灭土地私有制的必要性。

评论：马克思高度评价了卡列也夫的《十八世纪最后二十五年法国农民和农民问题》一书，这本书是柯瓦列夫斯基征得作者同意后转寄给马克思的。同时，马克思也表达了不同意见，不完全同意他对重农学派的观点。

4 月 10 日 致信尼古拉·弗兰策维奇·丹尼尔逊，指出：现在我首先应当告诉您（这完全是机密），据我从德国得到消息说，只要那里现行的制度仍然象现在这样严格，我的第二卷就不可能出版。就当前的形势而论，这个消息并没有使我感到惊奇，而且我还应当承认，它也没有使我感到气愤，这是由于：

第一，在英国目前的工业危机还没有达到顶峰之前，我决不出版第二卷。这一次的现象是十分特殊的，在很多方面都和以往的现象不同，完全撇开其他各种正在变化着的情况不谈，这是很容易用下列事实来解释的：在英国的危机发生以前，在美国、南美洲、德国和奥地利等地就出现这样严重的、几乎持续五年之久的危机，还是从来没有过的事。

因此，必须注视事件的目前进程，直到它们完全成熟，然后才能把它们"消费"到"生产上"，我的意思是"理论上"。

目前情况的特点之一是，正如您所知道的，在苏格兰以及在英格兰的一些郡，主要是西部各郡（康瓦尔和威尔士）出现了银行倒闭的现象。然而金融市场的真正中心（不仅是联合王国的，而且是世界的）伦敦直到现在还很少受到影响。与此相反，除了少数例外，那些大股份银行，如英格兰银行，至今还只是从普遍停滞中获取利润。至于这次的停滞是什么样的停滞，您可以从英国工商业界的庸人们的极端绝望中去判断，他们害怕再也看不到较好的日子了。我还从来没有看到过类似的情况，我从来没有目睹过这种惶惶不可终日的现象，尽管 1857 年和 1866 年我都在伦敦。

毫无疑问，法兰西银行的状况是有利于伦敦金融市场的条件之一，自从最近两国之间的来往发展以来，法兰西银行已经成为英格兰银行的一个分行了。法兰西银行握有大量的黄金储备，它的银行券的自由兑现还没有恢复，而在伦敦证券交易所稍稍出现一点骚乱迹象的时候，法国货币就会涌来购买暂时跌价的证券。假如去年秋天法国货币突然被收回去的话，英格兰银行就肯定会采取最后的极端的医治手段，即停止实行银行法令，那时我们这里就要发生金融破产现象了。

另一方面，美国不声不响地恢复了现金支付，这就消除了从这一方面加之于英格兰银行的储备的种种压力。但是到目前为止，使伦敦金融市场免于崩溃的主要原因，是朗卡郡和其他工业区（西部矿区除外）各银行的明显的稳定状况，虽然这些银行的的确确不仅把它们的很大一部分资金用于为工厂主的亏本生意进行票据贴现和垫款，而且把它们的很大一部分资本用来创办新的工厂，例如在奥尔丹就是这样。同时，以棉制品为主的存货，不仅在亚洲（主要是在印度）——这是运到那里去委托销售的——，而且在曼彻斯特等等地方都一天天地堆积起来。要是在工厂主当中、从而也在地方银行当中不发生一次直接影响伦敦金融市场的总崩溃，这种情况怎样才能结束，这是很难预见的。而目前到处是罢工和混乱。

我顺便说明一下，当去年所有其他行业的情况都很坏的时候，唯独铁路事业很繁荣，但是这只是一些特殊情况，如巴黎博览会等等造成的。事实上，铁路是通过增加债务和日益扩大自己的资本账户而维持着繁荣假象的。

不论这次危机可能怎样发展——仔细观察这次危机，对资本主义生产的研究者和职业理论家来说是极其重要的——，它总会象以前的各次一样地过去，并且会出现一个具有繁荣等等各个不同阶段的新的"工业周期"。

但是，在这个"表面上"如此巩固的英国社会的内部，正潜伏着另外一个危机——农业危机，它在这个社会的社会结构方面将引起巨大而严重的变化。这个问题等以后有机会我再来谈。现在来讨论这个问题，未免扯得太远了。

第二，我不仅从俄国而且也从美国等地得到了大批资料，这使我幸运地得到一个能够继续进行我的研究的"借口",而不是最后结束这项研究以便发表。

第三,我的医生警告我,要我把我的"工作日"大大缩短,否则就难免重新陷入 1874 年和以后几年的境地,那时我时常头晕,只要专心致志地工作几小时就不能再坚持下去。

关于您的极其值得注意的信,我只想讲几句。

铁路首先是作为"实业之冠"出现在那些现代化工业最发达的国家英国、美国、比利时和法国等等。我把它叫做"实业之冠",不仅是因为它终于(同远洋轮船和电报一起)成了和现代生产资料相适应的交通联络工具,而且也因为它是巨大的股份公司的基础,同时形成了从股份银行开始的其他各种股份公司的一个新的起点。总之,它给资本的积聚以一种从未预料到的推动力,而且也加速了和大大扩大了借贷资本的世界性活动,从而使整个世界陷入财政欺骗和相互借贷——资本主义形式的"国际"博爱——的罗网之中。

另一方面,铁路网在主要资本主义国家的出现,促使甚至迫使那些资本主义还只是社会的少数局部现象的国家在最短期间建立起它们的资本主义的上层建筑,并把这种上层建筑扩大到同主要生产仍以传统方式进行的社会机体的躯干完全不相称的地步。因此,毫无疑问,铁路的铺设在这些国家里加速了社会的和政治的解体,就象在比较先进的国家中加速了资本主义生产的最终发展,从而加速了资本主义生产的彻底变革一样。在一切国家中(英国除外)政府都让铁路公司依靠国库发财和发展。在美国,对铁路公司有利的是,他们无偿地得到大量国有土地,其中不仅有敷设铁路所必需的土地,而且还包括铁路两旁许多英里之内布满森林等等的土地。这样,它们就变成了最大的土地占有者。当然,移民中的小农场主是宁愿选择这种为他们的产品提供现成的运输工具的土地的。

评论:马克思感谢丹尼尔逊寄来的书。马克思告诉他,由于实施《反社会党人非常法》而形成的局势,自己和妻子都不能每年去卡尔斯巴德疗养,他们的健康状况一直很不好。由于德国的制度形势,《资本论》第二卷也不可能出版。马克思认为,1873 年的世界经济危机还没有达到顶峰。这次危机的主要中心是美国和德国。19 世纪 70 年代末,危机扩展到英国。这次危机的发展进程有助于丰富和验证自己的理论。1857 年和 1866 年两次世界经济危机曾严重影响整个大不列颠经济,但远不及这次危机严重。马克思认为还难以判断危机怎样才能结束。马克思还阐述了对铁路发展的看法,认为铁路对主要资本主义国家和资本主义不那么发达的国家都产生了重要影响。

7 月 29 日 致信卡洛·卡菲埃罗,指出:衷心感谢您寄来两本书。不久前我收到了类似的两本著作:一本是用塞尔维亚文写的,另一本是用英文写的(在美国出版)。不过这两本书都有一个毛病:虽然他们想对《资本论》作一个简明通俗的概述,但同时却过于学究式地拘泥于叙述上的科学形式。我觉得,由于这种毛病他们没有完全达到自己的主要目的——对公众产生影响,本来这类出版物就是为他们写的。而您的著作正是在这方面有很大的优点。

至于说到问题的本质，我相信，我没有弄错，我认为您在序言中阐述的观点有一个［缺陷］，就是说，其中没有指出，无产阶级解放所必需的物质条件是在资本主义生产发展过程中自发地产生的。

不过，我同意您的意见，——如果我对您的序言的理解是正确的话——，不应当过分加重所要教育的人们的负担。您完全可以在适当的时候再来谈这个题目，以便更多地强调《资本论》的唯物主义基础。

评论：这是一封草稿。马克思感谢卡·卡菲埃罗寄来的小册子《卡尔·马克思的〈资本论〉》，它是对《资本论》第一卷的通俗简述，1879 年在米兰用意大利文出版，认为这部著作相比于其他版本具有简明通俗的特点，有益于对公众产生影响。

9 月 10 日　致信恩格斯，指出：附上今天从你那里收到的几封信（其他信装在另一个信封里同时寄出）。李卜克内西没有主见。那些信恰恰证明他们所要否定的东西，也就是证实我们最初的看法，即在莱比锡把事情搞糟了，而苏黎世人就按照向他们提供的条件行事。此外，一般不得罪人的《灯笼》周刊对坏蛋凯泽尔的抨击，使他们感到恐惧，这就最清楚不过地表明，这些人是哪一类人。施拉姆尽管精明能干，但始终是个庸人。莱比锡人也已经十分"议会化"了，对他们在帝国国会里的一伙人中某个人进行公开批评，在他们看来都是亵渎圣上。

我完全同意你的意见，不能再浪费时间。要尖锐地和不客气地说出我们对《年鉴》的胡言乱语的意见，即暂且把一切都明白无误地"奉告"莱比锡人。如果他们仍旧这样对待他们的"党的机关报"，我们就必须公开宣布不承认他们。在这类事情上应当不留情面。

我没有给莫斯特回信，也不打算回信。我一回到伦敦，就去信请他亲自来。会见时，你必须到场。

最能说明俾斯麦特点的是他与俄国敌对起来的那种方式。他希望撤换哥尔查科夫，由舒瓦洛夫继任。由于没有得逞，自然而然就得出结论：那里有敌人！我也不怀疑，布赫尔不会不趁机煽起主子的恼怒。"总是回首，重温旧情。"对于我们的运动和对于整个欧洲，最有害的莫过于实现俾斯麦的计划。只要老威廉还活着，要做到这一点毕竟不那么容易。但是，俾斯麦本人成为他实施反社会党人法所造成的反动的牺牲品是不无可能的。目前东方的黑点给他助了一臂之力；他又成了"必不可少的人物"，而自由党人现在充满"爱国主义"感情，并准备拍他的马屁。在即将召开的帝国国会会议上，铁的军事预算不仅将重新恢复，而且还可能象威廉最初所希望的那样，成为"永久性的"。俄国在国外的外交获得成功的秘密在于俄国国内象死一般的沉寂。随着国内运动的发生，这种魔力也就消失了。一八五六年巴黎条约是它的最后一个胜利。从那以后就只是犯错误。

评论：信中谈到德国社会民主党内的一些情况，认为李卜克内西没有主见，施拉姆是个庸人，党内出现了盲目相信帝国国会的倾向。马克思表达了对《社会科学和社会政治年鉴》杂志的不满，后来，马克思和恩格斯在《通告信》里对该杂志的改良主义、机会主义倾向作了毁灭性的批判。

9 月 17—18 日 致信奥古斯特·倍倍尔、威廉·李卜克内西、威廉·白拉克等人，指出：这个纲领没有任何可以使人发生误会的地方，至少对我们这些从 1848 年起早就很熟悉所有这些言辞的人来说是如此。这是些小资产阶级的代表，他们满怀恐惧地声明，无产阶级被自己的革命地位所推动，可能"走得太远"。不是采取坚决的政治上的反对立场，而是全面地和解；不是对政府和资产阶级作斗争，而是企图争取他们，说服他们；不是猛烈地反抗从上面来的迫害，而是逆来顺受，并且承认惩罚是罪有应得。一切历史地必然发生的冲突都被解释为误会，而一切争论都以大体上我们完全一致这样的断语来结束。1848 年以资产阶级民主派面目出现的人，现在同样可以自命为社会民主党人。正如民主共和国对前者来说是遥远的将来的事情一样，资本主义制度的灭亡对后者来说也是遥远的将来的事情，对当前的政治实践是绝对没有意义的；因此可以尽情地和解、妥协和大谈其博爱。对待无产阶级和资产阶级之间的阶级斗争也是如此。在纸上是承认这种斗争的，因为要否认它简直已经是不可能的了，但是实际上是在抹杀、冲淡和削弱它。社会民主党不应当是工人党，它不应当招致资产阶级或其他任何人的怨恨；它应当首先在资产阶级中间大力进行宣传；党不应当把那些能吓跑资产者并且确实是我们这一代人所不能实现的远大目的放在主要地位，它最好是用全部力量和精力来实现这样一些小资产阶级的补补缀缀的改良，这些改良会巩固旧的社会制度，因而可以把最终的大崩溃变成一个逐步实现的和尽可能和平进行的瓦解过程。正是这些人在忙个不停的幌子下不仅自己什么都不干，而且还企图阻止任何事情发生，只有空谈除外；正是这些人在 1848 年和 1849 年由于自己害怕任何行动而每一步都阻碍了运动，终于使运动遭到失败；正是这些人从来看不到反动派，而十分惊奇地发现他们自己终于陷入既无法抵抗又无法逃走的绝境；正是这些人想把历史禁锢在他们的狭隘的庸人眼界之内，但是历史总是从他们身上跨过去而自己走自己的路程。

至于他们的社会主义的内容，那末在《共产党宣言》中《德国的或"真正的"社会主义》那一节里已经受到了充分的批判。在阶级斗争被当做一种不快意的"粗野的"事情放到一边去的地方，当做社会主义的基础留下来的就只是"真正的博爱"和关于"正义"的空话。

在至今占统治地位的阶级中也有人归附斗争着的无产阶级并且向它提供启蒙因素，这是发展的过程所决定的不可避免的现象。这一点我们在《共产党宣言》中已经清楚地说明了。但是这里应当指出两种情况：

第一，要对无产阶级运动有益处，这些人必须带来真正的启蒙因素。但是，这对参加运动的大多数德国资产者来说是谈不上的。无论《未来》杂志或《新社会》

杂志，都没有带来任何能使运动前进一步的东西。这里绝对没有能够促进启蒙的真正的事实材料或理论材料。这里只有把领会得很肤浅的社会主义思想和这些先生们从大学或其他什么地方搬来的各种理论观点调和起来的企图；所有这些观点一个比一个更糊涂，这是因为德国哲学的残余现在正处于腐朽的过程。他们中的每一个人都不是首先自己钻研新的科学，而宁可按照自己从外部带来的观点把这一新的科学裁剪得适合于自己，匆促地给自己造出自己的私人科学并且狂妄地立即想把它教给别人。所以，在这些先生当中，几乎是有多少脑袋就有多少观点。他们什么也没有弄清楚，只是造成了极度的混乱——幸而几乎仅仅是在他们自己当中。这些启蒙者的基本原则就是拿自己没有学会的东西教给别人，党完全可以不要这种启蒙者。

第二，如果其他阶级中的这种人参加无产阶级运动，那末首先就要求他们不要把资产阶级、小资产阶级等等的偏见的任何残余带进来，而要无条件地掌握无产阶级世界观。可是，正象已经证明的那样，这些先生满脑子都是资产阶级的和小资产阶级的观念。在德国这样的小资产阶级国家中，这种观念无疑是有存在的理由的，然而这只是在社会民主工党以外。如果这些先生组成社会民主小资产阶级党，那末他们是有充分的权利这样做的。那时我们可以同他们进行谈判，在一定的条件下结成联盟等等。但是在工人党中，他们是冒牌货。如果有理由暂时还容忍他们，那末我们就应当仅限于容忍他们，而不要让他们影响党的领导工作，并且要清楚地知道，和他们分裂只是一个时间问题。而且这个时间看来是已经到了。党怎么能够再容忍这篇文章的作者们留在自己队伍中，我们是完全不能理解的。但是，既然连党的领导也或多或少地落到了这些人的手中，那就是说党简直是受了阉割，再没有无产阶级的锐气了。

至于我们，那末，根据我们的全部经历，摆在我们面前的只有一条路。将近四十年来，我们都非常重视阶级斗争，认为它是历史的直接动力，特别是重视资产阶级和无产阶级之间的阶级斗争，认为它是现代社会变革的巨大杠杆；所以，我们决不能同那些想把这个阶级斗争从运动中勾销的人们一道走。在创立国际时，我们明确地规定了一个战斗口号：工人阶级的解放应当是工人阶级自己的事情。所以，我们不能和那些公开说什么工人太缺少教育，不能自己解放自己，因而应当由博爱的大小资产者从上面来解放的人们一道走。如果党的新机关报将采取适合于这些先生们的观点的立场，如果它将是资产阶级的报纸，而不是无产阶级的报纸，那末很遗憾，我们只好公开对此表示反对，并结束我们一向在国外代表德国党的时候所表现出来的和你们的团结一致。但愿事情不致于弄到这种地步。

这封信是为德国的委员会的全体五名委员和白拉克写的……

我们不反对让苏黎世人也看看这封信。

评论：马克思和恩格斯的这封信虽然是寄给倍倍尔的，但却是指定给德国社会民主党的全体领导的，因此这封信具有党的文件的性质。马克思在 1879 年 9 月 19

日给左尔格的信中，把这个文件叫作通告信，指定"在德国党的领袖中间内部传阅"。在信中，马克思和恩格斯详尽地分析了《社会民主党人报》的筹办过程，为争取党的中央机关报的正确政治路线和反对右倾机会主义者想控制报纸出版工作的企图进行斗争。马克思和恩格斯对社会民主党领导对机会主义采取的调和立场进行了批评。在《通告信》第三部分《苏黎世三人团的宣言》中对《德国社会主义运动的回顾》这篇改良主义文章作了详尽的分析和毁灭性的批判。马克思和恩格斯阐明了将近四十年来，他们都非常重视阶级斗争，认为它是历史的直接动力，特别是重视资产阶级和无产阶级之间的阶级斗争，认为它是现代社会变革的巨大杠杆的基本思想。他们提出了战斗口号：工人阶级的解放应当是工人阶级自己的事情等。

9 月 19 日　致信尼古拉·弗兰策维奇·丹尼尔逊，指出：我在乡下即在泽稷岛和其他沿海地方休息了将近两个月，刚刚回到伦敦。我由于神经衰弱，遵照医生的嘱咐，不得不这样做，并且在这段时间内暂时停止一切工作。由于同一原因，我也不能很好地享用您如此盛情地给我提供的那些精神食粮。但是现在我觉得身体强多了，很想能坐下来好好工作。

柯瓦列夫斯基的书，我已从他本人那里得到了。他是我的"学术上的"朋友之一，每年都要来伦敦，利用英国博物馆的珍藏。

我一处理完我不在的这段时间内积下的一些最急迫的事情，您就会收到我的更详细的信。

评论：信中马克思告诉丹尼尔逊他外出疗养休息了两个月，刚刚回到伦敦，由于神经衰弱，还无法阅读丹尼尔逊 1879 年 2 月寄来的资料。丹尼尔逊计划把柯瓦列夫斯基的《公社土地占有制，它的瓦解原因、过程和结果》的第一册寄给马克思。从马克思的这封信可以看出，柯瓦列夫斯基本人已把自己的著作寄给了他。马克思阅读和研究这本书，同时作了关于公社的性质、关于公社在各时代各民族中的地位和社会经济作用的详细摘记。

9 月 19 日　致信弗里德里希·阿道夫·左尔格，指出：我和恩格斯将不得不发表一个"公开声明"，反对莱比锡人以及同他们结合在一起的苏黎世人。

情况是这样：倍倍尔写信给我们，说想在苏黎世创办党的机关报，并要求把我们的名字列入撰稿人之中。他们准备提名希尔施当编辑。对此我们表示同意，于是我就直接写信给希尔施（他当时在巴黎，此后再度遭到驱逐），要他同意当编辑，因为只有他能使我们相信：这帮左右《未来》杂志等等，甚至已经开始钻进《前进报》的博士、大学生等等和这伙讲坛社会主义坏蛋将被撇开，党的路线会得到严格执行。但是结果希尔施发现在苏黎世有一个马蜂窝。五条汉子——赫希柏格博士（宗内曼的表弟，是靠自己的钱捐资入党的，是个温情脉脉的没出息的人），他的秘书小犹太伯恩施坦，好心的庸人卡·奥·施拉姆，还有莱比锡派来的菲勒克（也是个庸俗不堪的无知之徒，德国皇帝的非婚生子）和柏林商人辛格尔（大腹便便的小资产者，几个月以前来访问过我），这五条汉子，经莱比锡最高领导批准，宣布自己为筹备委员会，并指派三人团（赫希柏格——伯恩施坦——卡·奥·施拉姆）为苏黎世管理和监督编辑部的委员会，三人团也就应当是初审级，而倍倍尔、李卜克内西和德国领导中的其他一些人则是他们上面的最高上诉审级。希尔施首先希望了解，由谁来提供经费；李卜克内西写信说，由"党加赫希柏格博士"；希尔施剥去粉饰的词藻，一针见血地指出经费就是"赫希柏格"提供的。其次，希尔施不愿服从赫希柏格——伯恩施坦——卡·奥·施拉姆三人团。这一点他更加有理由，因为他写信要求让他了解情况，伯恩施坦对他的信却报之以官僚主义的呵叱，谴责他的《灯笼》——怪事！——极端革命等等。经过长时间的通信（李卜克内西在这当中起了并不光彩的作用）之后，希尔施拒绝担任编辑；恩格斯写信给倍倍尔说，我们也拒绝撰稿，正如我们一开始就拒绝给《未来》（赫希柏格）和《新社会》（维德）撰稿一样。这些家伙在理论上一窍不通，在实践上毫不中用，他们想把社会主义（他们是按照大学的处方来炮制社会主义的），主要是想把社会民主党弄得温和一些，把工人开导一下，或者象他们所说的，向工人注入"启蒙因素"，可是他们自己只有一些一知半解的糊涂观念。他们首先想提高党在小市民心目中的声望。这不过是些可怜的反革命空谈家。总之，周报在他们的监督下和在莱比锡人的最高监督下（编辑是福尔马尔）在苏黎世出版（或将要出版）。

当时，赫希柏格还曾到这里来拉我们。他只见到了恩格斯，恩格斯批评了赫希柏格（用路·李希特尔博士这个笔名）出版的《年鉴》，向他说明在我们和他之间隔着一条很深的鸿沟（请看看这篇可怜的东西：这篇用三颗星花署名的文章就是赫希柏格——伯恩施坦——卡·奥·施拉姆这个三人星座写的。）（而神气十足的约翰·莫斯特也带着他评论蹩脚作家谢夫莱的谄媚逢迎的文章到那里去参加表演了。）还从来没有出版过比这更使党丢脸的东西。俾斯麦迫使人们在德国沉默，使得这帮家伙的声音能清楚地听到，他这不是为自己，而是为我们做了一件多大的好事！

当恩格斯把意见开诚布公地说出来时，赫希柏格感到大吃一惊；他实际上是一个"和平"发展的拥护者，他希望完全靠"有教养的资产者"，即他自己这一类的人来解放无产阶级。据说，李卜克内西曾告诉他，实质上我们大家都同意这种看法。在德国所有的人——即所有的领袖——都赞同他赫希柏格的观点等等。

李卜克内西由于同拉萨尔派做交易而犯了一个大错误，他确实向所有这帮动摇不定的人敞开了大门，并且违背己愿地造成了使党堕落的条件，这仅仅由于反社会党人法才得以避免。

一旦"周报"——党的机关报——沿着赫希柏格的《年鉴》所开创的道路前进，我们就将被迫公开反对这种糟蹋党和理论的行为！恩格斯已草拟了给倍倍尔等人的通告信（当然，只在德国党的领袖中间内部传阅），这封信直截了当地陈述了我们的意见。这样，这些先生们就预先得到了警告，而且他们也充分了解我们，他们应当懂得，这就意味着：服从或决裂！如果他们想让自己丢脸，那就活该他们倒霉！但是我们无论如何不允许他们给我们丢脸。议会制度已经使他们变得多么愚蠢，只举下面一件事实，你就可以看出：他们指责希尔施犯了大罪，为什么呢？就只为凯泽尔这个无赖发表了关于俾斯麦的关税政策的可耻演说，因而希尔施在《灯笼》周刊上稍微刺了他一下。他们说，这怎么行，因为是党，即党的极少数国会议员授权凯泽尔这样说的！这样对这些少数人来说是更大的耻辱！然而这不过是一种可怜的遁词。他们允许凯泽尔代表他自己和他自己的选民去讲话，就确实够愚蠢的了；何况凯泽尔代表党讲了话。不管怎样，他们已患了议会迷病症，竟认为他们自己是超乎批评之上的，并且把任何批评斥为大逆不道！

评论：信中告知左尔格收到了寄来的统计材料，马克思表示非常感谢。马克思详细谈到了自己和莫斯特的分歧，以及同"苏黎世三人团"的分歧及区别。信中详细介绍了从苏黎世创办党的机关报以来，赫希伯格、伯恩施坦、施拉姆三人团的立场，与德国社会民主党内其他人的联系和分歧，以及与自己和恩格斯的往来。信中揭露和批评了"苏黎世三人团"，批评了李卜克内西同拉萨尔派做交易而犯的错误等，批评了德国社会民主党内一些人患了"议会迷"病症。

11 月 14 日 致信弗里德里希·阿道夫·左尔格，指出：我给你的那封谈到党内最近一些事件的信谅已收到。从那时以来赫希柏格和他的苏黎世同伙至少是名义上被排除于目前设在莱比锡的编辑委员会之外，而由福尔马尔在苏黎世担任编辑。他的《社会民主党人报》没有多大价值。不管怎样，我们所有的比较有名望的同志，李卜克内西、倍倍尔、白拉克等人都已摈弃赫希柏格博士（即李希特尔）的《年鉴》，虽然目前还只是不公开的。

你大概从报纸上看到了，一帮杂七杂八的反对共产主义的家伙终于在马赛代表大会上被击溃了。

评论：信中告知"苏黎世三人团"已经被排除出编辑委员会，李卜克内西和德国社会民主党的其他领导人表示自己同《社会科学和社会政治年鉴》杂志上的文章毫无关系。还谈到法国的情况。法国进步工人于 1879 年 10 月在马赛召开的社会主义工人代表大会上建立了工人党。在代表大会上进行了尖锐的政治斗争，结果盖得领导的马克思主义者取得了胜利。代表大会通过了关于建立党的决议并通过了党的章程。

1880 年

6 月 27 日 致信斐迪南·多梅拉·纽文胡斯，指出：不管我目前的健康状况如何，仅仅由于我不太懂荷兰文而无法判断这种或那种表述是否恰当，我也不能满足您的请求。

但是从我在《社会科学年鉴》（第一年卷下半册）上读到的您的文章来看，我毫不怀疑，您是向荷兰人简要叙述《资本论》的完全合适的人。我还要顺便指出，施拉姆先生（卡·奥·施·，第81页）对我的价值理论的理解是错误的。《资本论》中有一个注说，亚·斯密和李嘉图把价值和生产价格（因此更不要说市场价格了）混为一谈是错误的。他本来从这个注里就可以看到，"价值"和"生产价格"之间，因而"价值"和围绕"生产价格"而波动的市场价格之间的关系，根本不属于价值理论本身，更不能用经院式的一般词句来预先确定。

在目前条件下，《资本论》的第二册在德国不可能出版，这一点我很高兴，因为恰恰是在目前某些经济现象进入了新的发展阶段，因而需要重新加以研究。

评论：荷兰社会主义者斐·多·纽文胡斯在1880年6月19日给马克思的信中，请求马克思审阅他用荷兰文写的《资本论》第一卷的通俗简述。在这封信中，马克思表示由于健康问题以及不太懂荷兰文，无法审阅。同时，马克思表示通过阅读纽文胡斯的两篇书评：一篇评爱·哈特曼的《道德自我意识现象学》一书，另一篇评列维的《英国的"讲坛社会主义"》一书，认为他是适合向荷兰人简要叙述《资本论》的人。马克思认为，施拉姆在《关于价值理论》这篇短评中，在引用马克思《资本论》中的一页时，对马克思的价值理论作了不正确的结论。信中还谈到资本主义某些经济现象进入了新的发展阶段，需要重新加以研究。

9月12日 致信尼古拉·弗兰策维奇·丹尼尔逊，指出：我无需向您说，如果我能够去做任何一件您认为有用的事，这将使我感到很高兴，但是，只要简短地说一下我目前的处境，您就会相信，我现在不能从事理论工作。医生让我到这里来时，曾严格规定"不许做任何事情"，并且通过"悠哉游哉"来恢复自己的神经系统，忽然，早就折磨着我妻子的疾病恶化了，有造成非常不幸的结局的危险。在这种情况下，我能够挤出来工作的那一点时间，只能用到我无论如何应当完成的那些著作上去。

此外，对于广大读者来说最重要的事，也就是编制统计表和解释其中所包含的事实，您已经全部都做了。如果您要推迟发表您的著作，那是很遗憾的，我自己就急切地等待着它的发表。

在我的信里面，您认为对此有用的一切，您都可以自由支配。我担心的只是，这一类材料不多，因为我寄给您的只是一些片言只语。

目前的危机，就其时间之长、规模之大和强烈程度来说，是英国以往经历过的危机中最大的一次。但是，这一次令人奇怪的是，尽管有苏格兰和英格兰的一些地方银行的破产，却没有英国过去历次大规模周期性危机的通常结局——伦敦的金融破产。这种极不平常的情况——没有本来意义上的金融恐慌——是由于各种情况的特殊凑合引起的，现在来分析这些情况会使我扯得太远。然而，最具有决定性的情况之一是：1879 年对黄金的巨大需求，在很大程度上是在法兰西银行和德意志帝国银行协助下满足的。另一方面，美国营业的突然活跃——从 1879 年春起——影响到英国，对英国来说这是真正的 deux ex machina。

至于农业危机，它将逐渐加剧、发展，并渐渐达到它的顶点；这将在土地所有制关系中引起真正的革命，而完全不取决于工商业危机的周期。甚至象凯尔德先生这样一些乐观主义者也开始"感到不妙"了。最足以说明英国人的迟钝的是：两年来，《泰晤士报》和各种农业报纸一直在刊登租地农场主的来信，他们在来信中列举他们用在土地耕作和改善农场上的费用，把这些费用同他们按时价出售产品的收入相比较，并说明他们所得的结果是明显的亏空。请想一想，这些专家对这些统计数字大谈特谈，但是却没有一个人想到要问一问自己：如果在许多情况下把缴纳地租的费用从这些统计数字中完全删去，而在另外许多情况下"极其显著地"缩减，那末这些统计数字会是什么样呢？这就是碰不得的要害之处。虽然租地农场主自己已经不相信他们的大地主或者"帮闲文人"向他们提供的秘方，但是他们仍然不敢采取果敢的立场，因为他们认为自己正受到农业"工人阶级"的威胁。整个说来，形势很好！

我希望在欧洲不要发生普遍的战争。虽然归根到底战争非但不能阻止反而会促进社会的发展（我指的是经济的发展），但是战争无疑会造成相当长期的、没有益处的力量衰竭。

评论：1880 年 8 月 21 日（9 月 2 日）的信中，丹尼尔逊向马克思提出为俄国的一份杂志写一篇论述俄国改革后的经济的文章的请求。马克思表示由于健康状况，无法完成这项工作。信中谈到当时的经济危机，时间长、规模大、程度强，但危机的表现与以往不同，农业危机将在土地所有制关系中引起真正的革命，而不完全取决于工商业危机的周期。信中马克思也表达了不希望发生普遍的战争的想法。

11 月 4 日　致信约翰·斯温顿，指出：今天给您寄去一册法文版的《资本论》。同时应该谢谢您在《太阳报》上所写的友好的文章。

除了格莱斯顿先生在国外的"轰动一时的"失败以外，这里的政治兴趣目前都集中在爱尔兰的"土地问题"上。为什么呢？主要地因为它是英国"土地问题"的前奏。

不仅因为英国的大地主也就是爱尔兰最大的土地所有者，而且因为英国的土地制度，一旦在那被讽刺地称为"姐妹"岛的地方遭到破坏以后，在本土也就不能再维持下去了。反对这个制度的是那些受高地租和——由于美国的竞争——低价格之害的英国的租地农场主，是那些终于忍受不了自己历来象牛马般受虐待的地位的英国农业工人，以及英国那个自称为"激进党"的政党。这个党包括两类人：第一类是党的思想家，他们力求通过破坏贵族的物质基础，即半封建的土地所有制，来推翻贵族的政治统治。而躲在这些理论空谈家们的背后并驱使他们的是另一类人——狡猾、吝啬、会算计的资本家，他们完全明白，按照思想家们提出的办法来废除旧的土地法，只能把土地变为买卖的对象，而最后一定会集中到资本的手里。

另一方面，现实生活中的约翰牛非常担心，贵族的英国土地所有制在爱尔兰的要塞一旦丧失，英国对爱尔兰的政治统治也会丧失！

李卜克内西要坐六个月的牢。因为反社会党人法既没能摧毁，甚至也没能削弱德国社会民主党组织，所以俾斯麦就更加疯狂地抓住他的万应灵丹不放，自以为只要更大规模地应用，就一定会收效。因此他把戒严扩展到汉堡、阿尔托纳和其他三个北部城市。在这种情况下，德国同志们给我写了一封信，其中有这样一段话：

"反社会党人法虽然没能破坏，也决破坏不了我们的组织，但是给我们带来了几乎负担不了的金钱上的损失。接济遭到警察破坏的家庭，维持我们保留下来的几份报纸，通过秘密通讯员保持必要的联系，在整个战线上作战——这一切都需要钱。我们的财力几乎耗尽了，不得不向其他国家中我们的朋友和同情者呼吁。"

我们将在伦敦这里，在巴黎等地尽我们的力量去做。同时，我相信，象您这样有影响的人，也许可以在美国组织一次募捐。即使金钱方面的收获不大，在您所主持的公开集会上谴责俾斯麦的新政变，并在美国报纸上报道出来，在大西洋彼岸加以转载，这无疑会使这个波美拉尼亚州的 hobereau 受到沉重打击，并为欧洲所有的社会主义者所欢迎。至于更详细的情况，您可以从左尔格先生（在霍布根）那里了解到。募集到的捐款请转寄莱比锡阿姆特曼肖夫的邦议会议员奥托·弗莱塔格先生。他的地址当然不能暴露，否则德国警察干脆会把捐款没收。

评论：信中谈论了英国对爱尔兰的"土地问题"的关注。告知李卜克内西要坐牢六个月。信中请斯温顿能够发挥影响力，在美国组织一次募捐，即使不能在金钱上收获很大，但通过公开集会谴责俾斯麦的新政变，使之发挥影响，受到欧洲社会主义者的欢迎。

11 月 5 日 致信弗里德里希·阿道夫·左尔格，指出：你自己已经看到，约翰·莫斯特闹到了什么地步，另一方面，所谓党的机关报，苏黎世的《社会民主党人报》（更不用说那里的《年鉴》了）是多么可悲；独揽大权的是赫希柏格博士。关于这一点我和恩格斯经常在书信来往中同莱比锡人进行争论，而且往往争论得很激烈。但我们避免任何公开干预。比较安稳地住在国外的人，不应当使那些在国内极其艰苦的条件下工作并作出巨大牺牲的人处境更加困难，而使资产阶级和政府高兴。几个星期以前，李卜克内西来过这里，并保证一切方面都将"改善"。党组织已经恢复，这完全是秘密进行的，就是说，"秘密"到使警察不知道。

你或许已经注意到，恰恰是《平等报》（主要是由于盖得转到我们这边和我的女婿拉法格的努力）第一次成了真正的"法国的"工人报纸。连《社会主义评论》的马隆——虽然还带有同他的折衷主义本性分不开的不彻底性——也不得不声称自己（我们过去是仇敌，因为他原来是同盟的创始人之一）信仰现代科学社会主义，即德国的社会主义。我为他写了《调查表》，最初刊登在《社会主义评论》上，后来又印了大量单行本在法国发行。此后不久，盖得来到了伦敦，在这里和我们（我、恩格斯和拉法格）一起为即将到来的普选起草一个工人竞选纲领。尽管我们反对，但盖得还是认为有必要把法定最低工资之类的废话奉献给法国工人（我对他说：如果法国无产阶级仍然幼稚到需要这种诱饵的话，那末，现在就根本不值得拟定任何纲领），除了这些废话之外，这个很精练的文件在序言中用短短的几行说明了共产主义的目的，而在经济部分中只包括了真正从工人运动本身直接产生出来的要求。这是把法国工人从空话的云雾中拉回现实的土地上来的一个强有力的步骤，因此，它引起了法国一切以"制造云雾"为生的骗子手的强烈反对。虽然无政府主义者激烈反对，这个纲领还是首先在中央区，即在巴黎及其郊区被通过，接着又在其他许多工人区被通过。同时形成了这样一些工人团体，它们对纲领持反对态度，但是接受（那些不是由真正的工人，而是由游民以及少数受骗工人作为普通成员组成的无政府主义者团体不接受）纲领中的大部分"实际"要求，而在其他问题上则提出了各种各样的观点，在我看来，这种情况证明，这是法国第一次真正的工人运动。在此以前，那里只有一些宗派，它们的口号自然是来自宗派的创始人，而无产阶级群众却跟着激进的和伪装激进的资产者走，在决定性关头为这些人战斗，而在第二天就遭到由他们捧上台的家伙的屠杀、放逐等等。

在俄国——《资本论》在那里比在其他任何地方都有更多的读者，受到更大的重视——我们得到了更大的成功。在那里，我们一方面有批评家（大多数是年轻的大学教授，其中有些是我的朋友，还有一部分是评论家），另一方面有恐怖主义者的中央委员会，它最近在彼得堡秘密印发的纲领引起了在日内瓦出版《土地平分》（这是从俄文按字面译成德文的）的旅居瑞士的俄国无政府主义者的极大愤慨。他们——大多数（不是全部）是自愿离开俄国的——和冒生命危险的恐怖主义者相反，组成了所谓的宣传派（为了在俄国进行宣传，他们跑到日内瓦去了！多么荒谬！）。这些先生们反对一切政治革命行动。俄国应当一个筋斗就翻进无政府主义、共产主义、无神论的千年王国中去！他们现在就用令人讨厌的学理主义为翻这种筋斗作准备，而这种学理主义的所谓原则，是由已故的巴枯宁首创而流行起来的。

评论：信中谈论了莫斯特的情况，他对整个德国工人运动进行污蔑；苏黎世的《社会民主党人报》由赫希伯格独揽大权，对此，马克思和恩格斯以工人运动的利益为原则，并不进行公开干预，李卜克内西保证一切方面都将得到改善。马克思认为，欧洲总的形势是好的，大陆上的真正的革命政党内部也是好的。信中谈到《平等报》在盖得、拉法格的努力下，虽然还带有不彻底性，但也成了真正的法国的工人报纸。马克思应《社会主义评论》杂志的出版人贝·马隆的请求在1880年4月上半月编写了《工人调查表》。马隆只是在法国工人运动和社会主义运动蓬勃高涨的影响下，才宣称自己是科学社会主义的拥护者。

信中还告知，在 1880 年 5 月，盖得和拉法格同马克思和恩格斯一起共同制定了法国工人党的纲领。马克思也表示并不完全赞同这一纲领，但这个纲领的发表及通过都表明，这是法国第一次真正的工人运动。信中还谈到克列孟梭于 1880 年 10 月 29 日在马赛发表的演说。他在演说中提出了进行某些民主的社会改革的纲领，这一纲领中有几项是克列孟梭取自法国工人党纲领。克列孟梭的演说表明，资产阶级激进派力图通过笼络工人来捞取政治资本。这表明了社会主义思想影响的扩大。

信中还谈到《资本论》在俄国受到极大的重视，同时也指出，俄国存在多种思想的影响。一些人深受巴枯宁主义的影响。他们反对一切政治行动，鼓吹无政府主义。

12 月 8 日　致信亨利·迈尔斯·海德门，指出：我欢迎您所说的办报纲领。您说您不同意我党对英国的观点，对此我只能答复说，这个党认为英国的革命不是必然的，但是——按照历史上的先例——是可能的。如果必不可免的进化转变为革命，那末，这就不仅仅是统治阶级的过错，而且也是工人阶级的过错。前者的每一个和平的让步都是由于"外来的压力"而被迫作出的。他们的行动是随着这种压力而来的，如果说这种压力越来越削弱，那只是因为英国工人阶级不知道如何利用法律给予它的力量和自由。

在德国，工人阶级从工人运动一开始起就清楚地懂得，不经过革命，就不可能摆脱军事专制制度。同时，德国的工人也懂得，这样的革命，不预先进行组织、不掌握知识、不进行宣传，即使开始时是顺利的，但归根到底总会反过来反对他们。因此他们是在严格的法制范围内进行活动的。非法行为完全来自政府方面，它宣布工人为非法。构成工人的罪状的不是行动，而是不合他们的统治者心意的观点。幸而，这个依靠资产阶级排斥工人阶级的政府本身，现在愈来愈使资产阶级不能忍受了，因为它击中了他们的最痛处——钱袋。这种情况不可能长期继续下去。

评论：信中探讨了德国社会民主党对英国的观点，马克思坚持认为，党认为英国的革命不是必然的，但是，按照历史发展的规律，是可能的。在德国，工人阶级很清醒地认识到，不经过革命，就不可能摆脱军事专制制度。而且，革命需要进行组织、思想理论武装和宣传，才能顺利推进，而且资产阶级由于自身的经济危机，也面临着能否长期维持的考验。

1881 年

1 月 4 日　致信沙尔·龙格，指出：我这里积攒了一大堆旧报纸，要找出登载着总委员会（包括它的委员－公社社员）同大名鼎鼎的布莱德洛进行论战的那一号

《东邮报》，需要花太多的时间。不过我想列斯纳手头有《邮报》。其实对您来说这完全不重要。布莱德洛诋毁公社社员；正如您当时在《邮报》上向他声明的那样，他重复《自由》和《夜晚报》这类报纸上的最卑鄙的诽谤；他疯狂地攻击总委员会的宣言《法兰西内战》，等等，——所有这些都未必能够使他在巴黎资产阶级的眼里受到损害。

当格莱斯顿解散议会（迪斯累里借此把他推翻了）时，布莱德洛讲演的大厅挂着巨幅标语："别了，破坏圣像者，人民的救星！欢迎，圣斯蒂凡教堂的伟大勇士！"但是他失算了。他没有当选为议员，尽管他写信给布莱特和"伟大的自由党"的其他领袖，公开央求支持（央求好评），但他们对他的回答非常冷淡。他吹嘘说自己曾和终身主教（英国国教教会的）共进午餐，这也未能帮助他。

在最近一次选举中，布莱德洛之所以比较走运是由于下面的原因。他是那些支持格莱斯顿的亲俄运动，反对迪斯累里，叫喊得最凶的蛊惑者之一，而且事实上是那个想要不惜任何代价再次捞到"官家的羹肴"的政党的最狂热的代理人之一。此外，在当时面临着的决定性的选举战中，决不会轻视任何一个选区。辉格党和激进党的那套假正经不得不抛到了九霄云外。

虽然北安普顿的很多鞋匠属于布莱德洛的"宗派"，但这还不能保证他在这个城市当选；上次所有这些鞋匠一致投了他的票，但他还是落选了。不过还有另一个自由党候选人也难以当选，因为他以搞"可疑的金融交易"出名，此外，他还因另一方面的丑事丢了脸（他被人打过耳光）。此人就是拉布谢尔。他是《每日新闻》的三个所有者之一，因此，也是那个自由党的大亨，虔诚派教徒资本家赛米尔·摩里的同伙。要让布莱德洛或拉布谢尔各自单独地当选是很难的，如果把他们结合在一起就可以成功。虔诚派教徒赛米尔·摩里对无神论者布莱德洛的公开推荐（在报上发表了一封信）保证了北安普顿信教的人投他的票，而布莱德洛则保证了该市不信教的鞋匠投拉布谢尔的票。这样一来，他们两人都由北安普顿选入了议会。

布莱德洛的无耻透顶，特别表现在他耍尽手腕排挤掉其他一切有声望的无神论宣传家，因为他们象罗女士那样，不愿意成为他个人的忠实仆从（科学宣传家们正在转向其他社会阶层）。他用把党的全部基金占为己有的手段达到了这一目的。他甚至做到使伦敦全部讲演厅不对其他人开放，同时他用党的经费为自己修建了一个讲演厅。因此，罗女士及其他人只好局限于在外省讲演。如果您对此感兴趣（不过我觉得不值得去了解细节），您可以通过那些与此直接有关的人得到关于这个问题的全部情报。

评论：信中揭露了布莱德洛的一系列恶劣行径。总委员会和资产阶级激进派布莱德洛之间发生论战的原因，是布莱德洛在1871年12月11日发表公开演说时，以及他12月16日刊登在《东邮报》上的信件和1872年1月发表在他自己出版的《国民改革者》周报上的那些信件中，都有诬蔑马克思的言论。在1871年12月19日总委员会会议上，马克思指出了布莱德洛的这些言论和统治集团及资产阶级新闻界诽谤国际的运动有密切的联系，在1871年6月《法兰西内战》宣言发表后，这种诽谤更是有增无减。马克思在《东邮报》上发表了一系列声明，对布莱德洛进行揭露，布莱洛德用一系列无耻透顶的手腕取得了成功。

2月19日　致信尼古拉·弗兰策维奇·丹尼尔逊，指出：现在先谈一谈随信附上的手稿。它的作者是拉法格先生，我第二个女儿的丈夫，是我身边的学生之一。他请我向您询问一下，您是否能帮助他成为彼得堡杂志《祖国纪事》或《言语》的撰稿人（我认为，这是他能寄以希望的仅有的两种杂志）。如果有这种可能，他委托您修改和删节一切不合圣彼得堡气候的地方。至于他的"名字"，可以只用姓名开头的字母。无论如何，您会有兴趣读完这篇手稿。

我怀着极大的兴趣读完了您的文章，这篇文章的确是极富于"独创性的"。因此，它才受到人们的抵制。只要冲破墨守成规的思想罗网，那末遇到的第一件事一定是"抵制"——这是墨守成规的人一碰到困惑不解的事物时所使用的唯一的自卫武器。我在德国已经受了多年的"抵制"，而在英国现在仍然在受到抵制，稍有不同的是，在这里人们对我的攻击往往是这样荒谬和愚蠢，以致要是作公开回答都会使我感到难以为情。您就继续这样干下去吧！照我的意见，您下一步首先要研究的问题，就是上层阶级在农业中的代表，地主们的债务的惊人增长，并且要指出，他们是怎样在"新的社会支柱"的监督下在社会蒸馏器里面"结晶"的。

我在前些时候曾经写信告诉您，如果说英国所经历的一次严重的工商业危机并没有在伦敦引起金融上的彻底破产，那末这种例外现象只能用法国货币大量流入来解释。现在，连英国那些墨守成规的人也看到并且承认这一点。

英国的铁路系统和欧洲的国债制度一样，都在同一个斜面上滚动。各个铁路公司的董事中当权的巨头们不仅举借数额越来越大的新债，来扩大他们的铁路网，即扩大他们象君主专制一样进行统治的"领土"，而且扩大他们的铁路网，以便获得新的借口举借新债，从而有可能向债券、优先股票等等的持有者支付利息，以及间或以稍稍提高红利的形式给那些受骗的普通股票持有者一点小恩小惠。这种巧妙的办法迟早会导致一场可怕的灾祸。

在美国，铁路大王不仅象过去一样受到西部的农场主和其他工业"企业家"的攻击，而且还受到商业界最大的代表——纽约商会的攻击。

古耳德先生真是"嗅觉灵敏"。

在印度，不列颠政府面临着的，即使不是一次总起义，也是严重的麻烦。英国人以租税、对印度人毫无用处的铁路的红利、文武官员的养老金、阿富汗战争及其他战争的支出等等形式，每年从印度人那里拿走的东西，他们不付任何代价地从印度人那里拿走的东西——不包括他们每年在印度境内攫为己有的在内——即仅仅是印度人被迫每年无偿地送往英国的商品的价值，超过六千万印度农业和工业劳动者的收入的总额！这是残酷的敲骨吸髓的过程！那里荒年一个接着一个，而饥荒的规模之大，是欧洲迄今为止所无法想象的！印度教徒和穆斯林共同组织的真正的谋反正在进行中；不列颠政府意识到有某种东西正在"酝酿"中，但是这些笨蛋（我指的是政府官员）被他们自己那套议会的言谈和思考方式所愚弄，甚至不愿意弄清事实真相，不想了解这种迫在眉睫的危险严重到什么地步！欺骗别人结果也欺骗自己，这就是议会智慧的真谛。这倒更好！

评论：信中告知，龙格影响了克列孟梭的讲演，克列孟梭在 1880 年 10 月 29 日在马赛发表的演说中，提出了实行个别的民主和社会改革的纲领，例如：用累进的所得税和遗产税代替各种间接税；取消工资计算簿；工人参加调整工厂内部规则；把工人储金会转交工人自己管理；禁止一定年龄以下的童工劳动；缩减工时；等等。这体现了法国工人党纲领的影响。克列孟梭的演说反映了资产阶级激进派想通过向工人献媚来积累政治资本的愿望。信中认为丹尼尔逊的《我国改革后的社会经济概况》一文富于独创性，同时表达了在土地问题上的不同意见。马克思还谈论了对英国的严重工商业危机及其影响的一些认识，认为种种混乱迟早会导致危机。

2 月 22 日 致信斐迪南·多梅拉·纽文胡斯，指出：《伟人传》的作者是一个学校视察员之类的人，他写信请我把我的传记材料寄给他；此外，他还让他的出版者找我的妹夫尤塔，要尤塔说服我答应他的请求，因为我往常对这类请求都加以拒绝。这位先生——《伟人传》的作者——给我写信说，他不同意我的观点，但承认这些观点的重要性，并对我表示尊敬等等。就是这个人后来厚颜无耻地把声名狼藉的普鲁士间谍施梯伯的诽谤谰言写入了他的小册子，即硬说——大概是在某一个波恩讲坛社会主义者的怂恿下——我有意捏造引文；然而这位正人君子甚至没有花功夫去读读我发表在《人民国家报》上的同极可尊敬的布伦坦诺进行论战的文章，如果他读了我的文章，他会看到布伦坦诺起先是在《协和》杂志（工厂主的刊物）上责备我"在形式上和实质上都进行了伪造"，后来又作狡辩，似乎他对此不是这样理解的等等。一家荷兰杂志愿意向我提供篇幅来驳斥那个"学校视察员"，不过我对这种臭虫的叮咬根本置之不理。就是在伦敦的时候对这种文坛上的谎言我也从来是不屑一顾的。要是采取相反的态度，那我就不得不花费我的大部分时间从加利福尼亚起到莫斯科止到处辟谣。在比较年轻的时候，我有时给以迎头痛击，随着年龄而增长的智慧，使人避免徒劳无益地浪费精力。

您告诉我的要在即将召开的苏黎世代表大会上讨论的"问题"，在我看来是提得不正确的。在将来某个特定的时刻应该做些什么，应该马上做些什么，这当然完全取决于人们将不得不在其中活动的那个特定的历史环境。但是，现在提出这个问题是虚无缥缈的，因而实际上是一个幻想的问题，对这个问题的唯一的答复应当是对问题本身的批判。如果一个方程式的已知各项中没有包含解这个方程式的因素，那我们是不能解这个方程式的。此外，一个由于人民的胜利而突然产生的政府陷入窘境，这决不是什么特别的"社会主义的"东西。恰好相反。胜利的资产阶级政治家由于自己的"胜利"立刻感到束手束脚，而社会主义者至少可以无拘无束地采取行动。有一点您可以深信不疑，这就是如果在一个国家还没有发展到能让社会主义政府首先采取必要的措施把广大资产者威吓住，从而赢得首要的条件，即持续行动的时间，那末社会主义政府就不能在那个国家取得政权。

也许您会向我指出巴黎公社；但是，且不说这不过是在特殊条件下的一个城市的起义，而且公社中的大多数人根本不是社会主义者，也不可能是社会主义者。然而，只要懂得一点常理，公社就可能同凡尔赛达成一种对全体人民群众有利的妥协——这是当时唯一能做到的事情。只要夺取法兰西银行，就能使凡尔赛分子的吹牛马上破产，如此等等。

法国资产阶级在1789年以前所提出的一般要求，除了有相应的改变之外，大体上同无产阶级当前提出的最基本的直接要求是一样明确的，而无产阶级的这些要求在资本主义生产占统治地位的一切国家里是大致相同的。但是，在十八世纪有哪一个法国人曾经事先、先验地哪怕是极模糊地意识到用什么方式实现法国资产阶级的要求呢？对未来的革命的行动纲领作纯学理的、必然是幻想的预测，只会转移对当前斗争的注意力。世界末日日益临近的幻梦曾经煽起古代基督徒反对罗马帝国的火焰，并且给了他们取得胜利的信心。对于占统治地位的社会秩序所必然发生而且经常在我们眼前发生着的解体过程的科学理解，被旧时代幽灵的化身——各国政府日甚一日地折磨得狂怒起来的群众，同时生产资料大踏步向前的积极发展，——所有这些就足以保证：真正的无产阶级革命一旦爆发，革命的直接的下一步的行动方式的种种条件（虽然绝不会是田园诗式的）也就具备了。

我确信，建立一个新的国际工人协会的决定性的时刻还没有到来；因此，我认为，任何工人代表大会或社会党人代表大会，只要它们不和这个或那个国家当前的直接的条件联系起来，那就不仅是无用的，而且是有害的。它们只能在没完没了的翻来复去的陈词滥调之中化为乌有。

评论：信中表达了对《当代伟人传》的作者的不满，并作出了阐述。《当代伟人传》这套书是1870—1882年在哈勒姆出版的一套丛书。在这套由恩·巴尔森主编出版的丛书的第十册中刊载了阿·凯迪伊克写的马克思传。

信中答复了纽文胡斯的问题，纽文胡斯在1881年1月6日的信中告诉马克思说，荷兰社会民主党人打算把一个问题提交即将召开的苏黎世国际社会党人代表大会讨论，即：假使社会党人取得政权，为了保证社会主义的胜利，他们在政治和经济方面的首要的立法措施应当是什么。由于苏黎世州委员会不允许在那里开代表大会，所以大会在库尔召开。在信中，马克思表示建立一个新的国际工人协会的决定性的时刻还没有到来。

3 月 8 日 致信维拉·伊万诺夫娜·查苏利奇,指出:在分析资本主义生产的起源时,我说:

"因此,资本主义制度的基础是生产者同生产资料的彻底分离⋯⋯这整个发展的基础就是对农民的剥夺。这种剥夺只是在英国才彻底完成了⋯⋯但是西欧其他一切国家都正在经历着同样的运动。"(《资本论》法文版第 315 页)

可见,这一运动的"历史必然性"明确地限于西欧各国。造成这种限制的原因在第三十二章的下面这一段里已经指出:

"以个人的劳动为基础的私有制⋯⋯被以剥削他人的劳动、以雇佣劳动为基础的资本主义私有制所排挤。"(同上,第 341 页)

因此,在这种西方的运动中,问题是把一种私有制形式变为另一种私有制形式。相反地,在俄国农民中,则是要把他们的公有制变为私有制。

由此可见,在《资本论》中所作的分析,既不包括赞成俄国农村公社有生命力的论据,也不包括反对农村公社有生命力的论据。但是,从我根据自己找到的原始材料所进行的专门研究中,我深信:这种农村公社是俄国社会新生的支点;可是要使它能发挥这种作用,首先必须肃清从各方面向它袭来的破坏性影响,然后保证它具备自由发展所必需的正常条件。

评论:马克思的这封信是对维·伊·查苏利奇 1881 年 2 月 16 日来信的答复。查苏利奇代表较迟加入劳动解放社的同志们,请求马克思谈谈他对俄国历史发展的前景,特别是对俄国农村公社的命运的看法。马克思在准备给查苏利奇回信的过程中曾拟了四个草稿,这四个草稿体现了马克思关于俄国农村公社、农业生产的集体形式的综合性概述。

4 月 11 日 致信燕妮·龙格,指出:加特曼以一个普通工人的身分正在乌里治辛勤地劳动;不论用任何语言同他谈话都变得越来越困难了。日内瓦的俄国流亡者要求他拒绝承认罗什弗尔,而且要公开发表声明。他不可能也不愿意这样做,仅仅由于彼得堡委员会给罗什弗尔写过言过其实的信,而罗什弗尔已在《不妥协派报》上发表了这封信,他也不可能这样做。事实上日内瓦人长期以来力图使欧洲相信,实际上是他们在领导俄国的运动;现在,当他们自己散布的这个谎言被俾斯麦之流抓住了的时候,当这个谎言变得对他们有危害的时候,他们却作出相反的断言,妄想使全世界相信他们自己是无辜的。事实上他们只不过是一些空谈家、糊涂的无政府社会主义者,他们在俄国"战争舞台"上的影响完全等于零。

你是否注意到了圣彼得堡对谋杀事件组织者的审判?这真是一些能干的人,他们没有戏剧式的装腔作势,而是一些普通的、实干的英雄人物。空谈和实干是不可调和的对立面。彼得堡执行委员会如此努力活动,而发表的宣言却非常"克制"。它的做法与莫斯特和其他一些孩子般的空谈家的幼稚做法截然不同,后者把刺杀帝王当作一种"理论"和"法宝"加以鼓吹(象迪斯累里、萨维奇·兰多尔、马考莱、马志尼的朋友斯坦斯菲尔德这样一些非常天真的英国人就是这样做的）；相反地，前者力图使欧洲相信，他们的行动方式是俄国独特的、历史上不可避免的行动方式，对此不应多作道德说教——赞成或是反对，就象对待希沃斯的地震一样。

由于这件事情，下院发生了一件大丑事。（你知道，这些可怜的格莱斯顿分子为了迎合俾斯麦和哥尔查科夫，拿倒霉的莫斯特作样子，想要扼杀英国的出版自由，——不过他们未必能够得逞。）丘吉尔勋爵（出身于马尔波罗氏族的一个厚颜无耻的年青的托利党人）就《自由》的津贴金问题向查理·迪耳克爵士和布拉西——内阁里的两个下等角色——提出了质询。他们对此断然否认，而丘吉尔不得不说出向他提供这些情况的人。于是他说出了回避不了的马耳特曼·巴里先生！我随信给你寄去《每周快讯》（迪耳克的报纸，由"伟大的迪耳克"的弟兄、"哲学激进派"艾什顿·迪耳克主编）上关于这件事的剪报以及马耳特曼·巴里发表在《每日新闻》上的声明。显然，迪耳克在胡说八道；这个自命为未来"英吉利共和国总统"的吹牛大王是多么卑贱，由于害怕失掉自己的职位，他竟然按照俾斯麦的指示来决定赏给或不赏给哪些报纸一英镑！加特曼一到伦敦，艾什顿·迪耳克就请他吃早饭，如果这件事也弄得尽人皆知，那又会怎么样呢？不过加特曼当时拒绝了，因为他不愿意让人"展览"。

评论：信中谈论了一些家事，告诉小燕妮，家中有些朋友来访，有梅特兰的两个姑娘、朗凯斯特、唐金医生、海德门和夫人。马克思评论了希尔施，认为在他那种人当中他还算个正派人，也指出了他的缺点，是个好搬弄口舌的人，与考茨基志同道合等。信中还谈到日内瓦的俄国流亡者要求加特曼拒绝承认罗什弗尔。马克思通过此事评论了日内瓦的俄国流亡者只不过是一些空谈家、糊涂的无政府主义者。信中谈到对参加了1881年3月13日（俄历1日）刺杀皇帝亚历山大二世的事件的民意党人的审判。马克思认为这些民意党人是一些普通的、实干的英雄人物。信中还讽刺和批评了英国下院的一件丑事。

4月29日 致信燕妮·龙格，指出：在"我们的圈子"里——这是比斯利给起的绰号——没有多少新鲜事。彭普斯还在等待着博伊斯特的"信息"，同时又在顾盼着考茨基，但他至今尚未"表明态度"。她将永远感激希尔施，因为他不仅提出了正式的"求婚"，而且在他遭到拒绝以后，就在他去巴黎以前，又提出了"求婚"。这个希尔施越来越令人讨厌。我对他的"印象"越来越坏。

伦敦人最新的狂热是吹捧迪斯累里，这些约翰牛洋洋自得，陶醉于自己的宽宏大量。他们在死者临终前还敬之以烂苹果和臭鸡蛋，在他死后却对之顶礼膜拜，这难道不"高尚"吗？同时这教育了"下层阶级"：尽管他们的"天然首长"在争夺"肥缺"中相互倾轧，死亡却揭露了一个真理，"统治阶级"的领袖永远是"伟大而卓越的人物"。

正当由于从美国进口粮食和牲畜，爱尔兰（以及英国）的土地必定要跌价的时候，格莱斯顿耍了一个非常巧妙的花招——只有"愚蠢的政党"不了解这一点——，就在这样一个时刻，他使国库为土地所有者服务，使他们能够按已非其所值的价格把这些土地卖给国库！

爱尔兰土地问题的实际困难——决不光是爱尔兰有这些困难——非常之大，唯一正确的办法是让爱尔兰人实行地方自治，从而使他们自己去解决这个问题。但是，约翰牛十分愚蠢，不能理解这一点。

评论：信中祝贺小燕妮顺利分娩，告知了家人对她的关心和祝福。马克思批评了格莱斯顿的新政策，这一政策是指1881年爱尔兰土地法案中的一项条款，这个法案从1881年8月22日起成为法律。马克思认为，实行地方自治才能真正解决爱尔兰土地问题。

6月20日 致信弗里德里希·阿道夫·左尔格，指出：刚刚离开我的最后的客人是菲勒克和他的新婚妻子——她娘家也姓菲勒克。这位先生从美国回来以后，我没有见过他。前几天他让考茨基带着各种文据（其中一份是李卜克内西写的，他自己签了字并代表倍倍尔签了字）来要我签字。这些文据都涉及到通过菲勒克与《纽约人民报》等就林格瑙的遗产问题所达成的某些协议。我拒绝签字，因为象我声明过的那样，我只能通过我们的全权总代表左尔格就这件事情进行谈判。同时，我向菲勒克声明，按照我的意见，首先应当从仍保留在纽约的在美国募集的全部捐款的剩余部分中给你拿出一百二十美元，以便付给圣路易斯的律师。菲勒克今天通知我说，他已立即向纽约方面发出了相应的指示，而在莱比锡人面前由我承担责任。他来得很适时，否则明天我就会向莱比锡发出正式抗议书，反对莱比锡党的领导人的行动方式，因为在这件事上他们至今的态度是好象他们有权单独决定一切似的。

还在收到你寄来的那本亨利·乔治的书以前，我已经得到了另外两本：一本是从斯温顿那里得到的，一本是从威拉德·布朗那里得到的；因此，我把一本给了恩格斯，另一本给了拉法格。今天我只能非常简单地谈一下我对该书的意见。

这个人在理论方面是非常落后的。他根本不懂剩余价值的本质，因此，就按照英国人的榜样，在关于剩余价值的已经独立的部分的思辨中，即在关于利润、地租和利息等等的相互关系的思辨中兜圈子，而他思辨的水平甚至比英国人还要低。他的基本信条是：如果把地租付给国家，那就一切问题都解决了（在《共产党宣言》里讲到过渡措施的地方，你也能找到这种要求）。这本来是资产阶级经济学家的观点；它最早（撇开十八世纪末提出的类似要求不谈）是由李嘉图的第一批激进的信徒在他刚去世以后提出来的。1847年，我在一篇反对蒲鲁东的著作里曾经谈到这一点："穆勒（老穆勒，不是他的儿子约翰·斯图亚特，后者仅仅是略微变换形式地加以重复）、舍尔比利埃、希尔迪奇等一些经济学家之所以要求地租由国家占有以代替捐税，我们是可以理解的。这不过是产业资本家仇视土地所有者的一种公开表现而已，因为在他们的眼里，土地所有者只是整个资产阶级生产进程中的一个无用的累赘。"

　　如上所述，我们自己也把国家占有地租看做其他许许多多过渡措施中的一种。这些措施，如《宣言》也指出的，充满了内在的矛盾，这是必然的。

　　第一个把激进的英国资产阶级经济学家的这种要求变为社会主义的灵丹妙药，并且宣称这种措施可以解决现代生产方式中所包含的种种对抗的人，是科兰。他生于比利时，当过拿破仑的骠骑兵军官，在基佐当权的后期和小拿破仑执政的初期，他住在巴黎，写了一部多卷本的关于他的这个"发现"的专著以造福世界。他还有另一个发现，就是：虽然没有上帝，但是有"不灭的"人的灵魂，而且动物"没有感觉"。如果动物有感觉，即有灵魂，那末我们就是食人生番，在地球上就不可能建立正义的王国。他的少数残存的信徒，多半是比利时人，多年来每月在巴黎的《未来哲学》杂志上宣扬他的"反土地私有论"和有灵魂论等等。他们自称"有理性的集体主义者"，并且吹捧这个亨利·乔治。

　　评论：信中夸赞了左尔格的儿子是一个有才能、能干的青年，很有学识，性格可爱，精力充沛。信中谈到菲勒克和他妻子的来访，马克思表达了对于这份涉及通过菲勒克与《纽约人民报》等就林格瑙的遗产问题所达成的某些协议的态度。信中谈论了亨利·乔治的《进步和贫困》一书，批评作者在理论方面非常落后，根本不了解剩余价值的本质。马克思还批评了以科兰为代表的"社会主义者"。

　　马克思信中提到的菲勒克从美国回来，是指弗·弗里茨舍和路·菲勒克于1881年2—5月访问了美国，这是德国党根据1880年8月20—23日举行的维登代表大会的决议派他们去的。访问的目的是进行宣传并募集党的经费。虽然他们在美国召开的群众大会获得了很大的成功，并且他们为党募集了一千三百马克，但恩格斯认为，他们在访问期间，把"党的立场降低到庸俗民主派的和道貌岸然的庸夫俗子的水平"，这是"不管用什么样的美国金钱"都无法补偿的，认为把他们派往美国是一种失策。

　　7月2日　致信亨利·迈尔斯·海德门，指出：当我发现您在伦敦逗留期间对您当时已经酝酿好并已实现的计划——把遭到《十九世纪》拒绝的文章经过某些修改，作为《大家的英国》的第二、三章，即您对联盟纲领的说明加以发表——如此严守秘密时，我是感到有些吃惊的。

　　您的来信中根本没有提及为我准备的这个意外的东西，您写道："您是否认为，我应当在引用您的书时提到您的名字，等等"。

　　我觉得，这个问题您应当在发表之前提出，而不应当在发表之后。

　　您任意使用《资本论》这一尚未译成英文的著作，却不提著作本身或它的作者，蒙您赐告两个理由。

　　一个理由是，"许多人〈英国人〉对社会主义和这个字眼感到恐惧。"您在第86页上招唤"社会主义恶魔"，难道是为了减少这种"恐惧"吗？您的第二个即最后一个理由是，"真正的英国人害怕外国人教训他们"！

　　无论是在"国际"时期，还是在宪章运动时期，我都没有发现这种情况。且不谈这点。如果"真正的"英国人的这种恐惧吓坏了您，那您为什么又在序言的第 6 页上告诉他们说，第二、三章的"思想"等等，不管它们是什么东西，无论如何都打上了非国产品的印记呢？您要与之打交道的英国人，未必那样愚蠢，以致相信上述引文是出自英国作者的手笔。

尽管您的理由有些可笑，但我还是完全肯定，假如提到《资本论》和它的作者，那是个大错误。党的纲领应当避免对于个别作者或著作的明显的依赖性。我还想补充一点，对于您从《资本论》中借用来的那类新的科学发现，党的纲领也是个不合适的地方；把这些新发现放在一个明确宣布的目的与这些新发现毫无共同之处的纲领的说明中，是完全不妥当的。把它们写进为建立一个独立自主的工人阶级政党的纲领的说明中，也许有某种意义。

蒙您厚意告知，您的小册子，"虽然上面标明'价格半克朗'，并没有公开发行"，而"只是"为了"分发给民主联盟的成员等等。"我完全相信，您的意图正是这样，但是据我所知，您的出版者却持有另外的观点。我的一位朋友，在我的书房内看到了您的小册子，想得到一本，记下了它的名称和出版地点，6 月 13 日通过自己的书商威廉斯和诺盖特去定购，接着就从他们那里得到了小册子以及 6 月 14 日的发票。

所有这些都使我得出一个唯一实际的结论。万一报刊抓住您的小册子进行批评，那我可能就要被迫出来讲话，因为第二和第三章有一部分引文是直接从《资本论》中译来的，但没有加上引号同其余的文字分隔开，其余的文字很大一部分也不确切，甚至使人产生误解。

评论：这是一封草稿。马克思质询海德门任意和歪曲使用《资本论》。民主联盟是在海德门领导下建立的半资产阶级、半无产阶级性质的大不列颠的各种激进派团体的联合组织。在民主联盟的成立会议上，向与会者散发了海德门的小册子《大家的英国》，海德门把《资本论》第一卷的许多章节作为联盟的纲领条文来加以阐述，但既没有提到作者，也没有提及这一著作本身，并且作了许多歪曲。

8 月 3 日　致信恩格斯，指出：顺便说一下。顶替了希尔施在《福斯报》的位置的那个诺尔多获得了法国勋章！为此希尔施在《正义报》上揭露了他。《正义报》抨击内阁说，它竟把勋章发给一个诽谤法国的人（诺尔多是德匈犹太人，他为了维护俾斯麦，曾写书反对梯索的关于《真正数十亿的国家》的著作），就象发给想使美丽的法国承担一百亿而不是五十七亿赔款的布莱希勒德一样。

现在正在巴黎的蠢驴诺尔多写了一封信答复《正义报》，信中把自己打扮成法国的卫士，不过他当即被《正义报》和第二天的《法兰西共和国报》给揭穿了。

评论：信中讲述自己备受经济困难的压力。1881 年 6 月底到 7 月 20 日前后，马克思和他有病的妻子曾在伊斯特勒恩休养。信中讲述自己和妻子的健康状况时好时坏，讲述了休养时的一些琐事，还谈到希尔施揭露了顶替他在《福斯报》的位置的诺尔多。

8月9日　致信恩格斯，指出：我们从雅克拉尔那里得知，他曾参加过巴提诺尔的竞选大会，作为候选人出席的有：昂利·马雷、我们的雷尼亚尔博士以及……皮阿，皮阿突然地——自然得到警察许可——出人意料地在那里出现了。他遭到了难堪的嘲笑。当他谈到公社的时候，爆发了一片喊声："你们背叛了它！"雷尼亚尔的成就也并不大些。为了显示自己的反常和深奥，这个傻瓜一开始便宣称："我反对自由！"全场发出了一片叫喊声。他接着作了解释，说他指的是"修道会的自由"，这已无济于事。这位文化战士失败了，昂利·马雷也是如此。

或许极左派在人数上会有所增加，但主要的结局大概将是甘必大取胜。在法国的条件下，短促的选举时间会使那些掌握着无数"阵地"的骗子手们——那些能分配政府机构职位和支配"国库"等等的人取得优势。如果"格雷维分子"在甘必大最近几次遭到失败后有力量把他的拥护者卡佐、孔斯旦和法尔赶出内阁，那他们就能击败甘必大。"既然他们没有做到这一点，——追逐职位的人、证券投机商及其他许多人对自己说，——可见甘必大是个真正的人物！他们不敢攻击他的阵地，不能指靠他们。"尽管他干了种种蠢事，但激进的和反动的报纸每天对他进行的全面攻击只是加强他的地位。何况，农民还把甘必大看作是可能的共和主义的最极端的代表。

比斯利越来越使自己处于可笑的境地。魏勒尔本该制止在《劳动旗帜报》上颂扬麦克斯·希尔施。

评论：信中谈论了妻子和家庭以及他们的朋友龚佩尔特的一些情况。信中告知从雅克拉尔那里得知的一些情况，评论了甘必大。马克思认为比斯利使自己处于可笑的境地。埃卡留斯在文章《一个德国人对英国工联主义的看法》中赞扬了由希尔施和敦克尔于1868年创建的改良主义的德国工会即所谓的希尔施—敦克尔工会。

8月18日　致信恩格斯，指出：最近一次选民大会——在这个会上，甘必大先生从会场内知道了他第一次在伯利维尔大会时只是从会场外的人群那里得知的东西——的参加者也都是些由甘必大自己的委员会所邀请的人，这些人还是经过委员会任命的委员们的两次清洗以后才准予参加的。因此，这场丑剧便更为意味深长。两次笼罩会场的喊声都是：加利费！甘必大由此得到一条教训，就是意大利的无耻行径在巴黎是吃不开的。罗什弗尔如能公开发表演说，并能直接被提为竞选人，甘必大无疑会遭到失败。伯利维尔的工人居民由于公社事件减少了将近两万人，其大部分被小资产者所取代了。在这种情况下，伯利维尔（两个区）无论是留下来的，还是新补充进来的居民都是最落后的；他们的理想人物，超过甘必大的，就是罗什弗尔了；这两个人1869年都在那里被选为议员。

至于在巴黎的工人党的状况，一个在这点上毫无偏见的人，即利沙加勒承认，它虽然还处于萌芽状态，但是只有它一个算是站在各种色彩的资产阶级政党对面的。它的组织虽然还很弱并且多多少少是空的，但毕竟是有足够纪律性的：它能在所有各区提出自己的候选人，能在各种集会上引人注目并使官方人士感到伤脑筋。我自己从这方面注意了巴黎各种色彩的报纸，没有一家报纸不被激起反对这个共同的祸患——集体主义工人党。

关于工人党领袖们的最后分裂，最好是我以后口头告诉你。

评论：信中谈到家里的一些安排，燕妮越来越虚弱，自己去伦敦看望生病的女儿。信中评价和揭露了甘必大。甘必大在选民大会上发表了纲领，这个演说证明温和的资产阶级共和派彻底放弃了他们过去的民主改革纲领，即 1869 年甘必大在伯利维尔宣布的纲领。马克思告知巴黎的法国工人党的状况。在 19 世纪 70—80 年代的法国社会主义运动中，主张生产资料归社会公有和工人阶级积极参加政治斗争的马克思主义拥护者被称作集体主义派。他们的领导人是盖得和拉法格，因此又称盖得派——这是对法国马克思主义派的更为普遍的一种称呼。从 1879 年工人党成立之日起，在它的队伍中就进行着尖锐的思想斗争，结果于 1882 年引起了党的分裂。

12 月 7 日 致信燕妮·龙格，指出：顺便说一说，向来忠实地和我站在一起的恩格斯，按照我的请求曾经给你寄去一期《爱尔兰世界》周刊，其中载有一个爱尔兰主教反对土地所有制（私有制）的声明。这是一个最新新闻，我告诉过你妈妈，她认为你也许会把这个新闻刊登在某家法国报纸上以便吓唬法国教权派。不管怎样，这说明这些先生们是善于唱各种调子的。

（有一个名叫瓦·让德尔的人，在 1881 年 12 月 2 日的《正义报》上登了一篇题为《德国的天主教社会主义》的文章，他在这篇文章中企图证明自己的沙文主义是正确的，理由是他继拉弗勒之后真正相信我们的朋友鲁·迈耶尔（在他的《第四等级的解放斗争》一书中）的幻想的统计。而实际上，所谓的天主教社会主义者在德意志帝国存在的整个时间内只有一次选了一个议员参加帝国国会，而且这个唯一的议员选举后就立即只以"中央党党员的身分出现"。另一方面，至于天主教工人组织的数目，那末我们的鲁·迈耶尔使法国感到幸运的是，他认为法国的这种组织的数目比德国要多得多。）

刚才我收到了 12 月 7 日的《正义报》，我在其中的"新闻"栏内发现一篇悼文，文中有这么一段话：

"显然，她〈指你们的母亲〉同特利尔的律师的儿子卡尔·马克思结婚不是没有种种困难的。当时需要克服不少偏见，其中最大的当然是种族上的偏见。人所共知，这位著名的社会主义者是犹太血统。"

这种事是纯粹的臆造；当时用不着克服任何偏见。我认为，我把这些文艺的"夸张"算作沙·龙格先生的创作天才，是不会错的。就是这个作者，在谈论关于限制工作日和工厂法时，在另一号《正义报》上提到"拉萨尔和卡尔·马克思"的名字，虽然前者关于这个问题从来也没有发表过或者说过一个字。如果龙格在自己的文章中永远不再提我的名字，那就是给我的莫大恩惠了。

暗示你妈妈偶然写的一篇匿名通讯报道（实际上是为帮助厄尔文而写的），我认为是轻率的。当她给《法兰克福报和商报》写稿的时候（她从来没有给被《正义报》称之为完全反动的和庸俗的《法兰克福报》写过稿），该报（《法兰克福报和商报》）同社会主义政党还或多或少有友好的关系。

至于"冯·威斯特华伦家族"，那末他们不是莱茵人，而是不伦瑞克人。按父系说，你母亲的祖父曾是著名的不伦瑞克公爵的秘书（七年战争时）。因此，他很受不列颠政府的宠信，并同阿盖尔家族的近亲结了婚。他论述战争和政治的著作曾由冯·威斯特华伦大臣发表。另一方面，"按母系说"，你母亲的外祖父是普鲁士的一个小官吏。实际上你母亲生于勃兰登堡的萨尔茨维德尔。所有这一切，不是非知道不可的，但是，不了解这些情况，就无法纠正别人写的"传记"。

评论：信中忧伤地谈起妻子燕妮的去世等情况。信中还谈论恩格斯寄给燕妮·龙格的一期《爱尔兰世界》周刊上刊载的一个爱尔兰主教反对土地所有制（私有制）的声明。还批评了所谓的天主教社会主义者。对龙格在《正义报》及其他文章中不公正地谈论自己表达了极大的反感，并介绍了"冯·威斯特华伦家族"的一些情况。信中还谈论了燕妮·马克思关于英国演员厄尔文的文章，登载在 1875 年的《法兰克福报和商报》上，说燕妮写这篇文章，是因为当时英国报刊发动了一个反对厄尔文的运动。当时的《法兰克福报和商报》同社会主义政党还或多或少有友好的关系。

12 月 13 日　致信尼古拉·弗兰策维奇·丹尼尔逊，指出：我的德国出版者通知我，要出《资本论》第三版。这个通知来得很不适时。第一，我首先应该恢复自己的健康，第二，我想尽快地完成第二卷（即使是我不得不在国外出版它）。我现在特别想完成它，以献给我的妻子。

不过，无论如何，我要同我的出版者商妥，我对第三版只作尽量少的修改和补充；但是，另一方面，我将要求他这一次只印一千册，而不是象他所希望的那样，印三千册。将来作为第三版的这一千册售完的时候，我也许能够对该书作出目前如换一种情况本来要作的那些修改。

评论：信中告知夫人去世的消息，以及自己也深受疾病折磨的状况。信中感谢了大家对燕妮的吊唁。还谈到了迈斯纳要出版《资本论》第三版。《资本论》第一卷德文第三版在马克思逝世后才由恩格斯校订出版。马克思把自己著作的一部分称为《资本论》第二卷。

12 月 15 日　致信弗里德里希·阿道夫·左尔格，指出：英国人近来开始起劲地研究《资本论》等等。在最近的十月的（或十一月的，我记不清楚了）那一期《现代评论》上登载了约翰·雷伊写的一篇关于德国社会主义的文章（很不象样，错误连篇，但是正如我的一位英国朋友前天所说的那样，还"公正"）。为什么"公正"呢？因为约翰·雷伊没有断言，我四十年来宣传有害的理论，是出于"坏的"动机。"我必需称赞他的宽宏大量！"至少要对自己所批评的东西有足够了解的这样一种"公正"，看来是具有不列颠庸俗习气的下流文人所根本不懂的东西。

还在这以前，六月初，有个名叫海德门的人（以前他自己硬闯到我家里来）出版了一本小册子《大家的英国》。小册子是想阐述"民主联盟"的纲领，——民主联盟是不久以前由半资产阶级、半无产阶级的各种英格兰和苏格兰激进派团体组成的。关于劳动和资本的两章，不过是逐字逐句照抄或复述《资本论》而已，但是这个家伙既不提书名，也不提作者；为了使自己不被揭露，他在自己的序言的末尾说：

"至于第二章和第三章中的思想和大部分实际资料，我要感谢一位伟大的思想家和有创见的作家的著作，等等，等等。"

这个家伙写了一些荒唐的辩白信给我本人，例如说什么"英国人不喜欢外国人教训他们"，"我的名字非常令人憎恨，等等"。尽管如此，他的小册子——就它剽窃《资本论》来说——做了很好的宣传，虽然这个人是一个"脆弱的"生灵，他甚至没有足够的耐心（而要想学点东西，这是首要条件）去踏实地研究问题。所有这些可爱的中产阶级作家——如果不说是专家的话——都满怀着一种非满足不可的愿望：立即利用顺风传到他们耳朵里的任何新思想来捞取金钱，或者捞取名誉，或者捞取政治资本。这个家伙好几个晚上来我这里剽窃，想捞取和用最省力的办法学到点东西。

最后，12 月 1 日的最近一期《现代思想》月刊（我将寄一份给你）发表了厄内斯特·贝尔福特·巴克斯的一篇文章《现代思想的领袖。第二十三——卡尔·马克思》。

目前这是第一篇在英国发表的对新思想充满真正的热情并勇敢地起来反对不列颠庸俗习气的文章。不过作者所提供的关于我的传记资料大部分是不真实的，等等。在对我的经济原理的阐述及其译文（即摘自《资本论》的引文）中，有许多错误和混乱的地方，虽然如此，用大号字印成的广告在伦敦西头的墙上到处张贴，宣传这篇文章的发表，这引起了很大的轰动。对我最重要的是，还在 11 月 30 日我就收到了上述的一期《现代思想》，使我亲爱的妻子在她生命的最后几天里得到了愉快。你知道，她是多么热情地关怀所有这类事情。

评论：信中谈到英国人开始研究《资本论》，马克思批评约翰·雷伊的《卡尔·马克思的社会主义和青年黑格尔派》，批评了海德门。马克思肯定了厄内斯特·贝尔福特·巴克斯的文章《现代思想的领袖。第二十三——卡尔·马克思》，同时也指出文章中一些错误及混乱的地方。

12 月 17 日 致信燕妮·龙格，指出：我从各地和从各种民族、各种职业等等的人们那里收到的吊唁信，都赞扬妈咪，都充满了非常真诚的心情，非常深厚的同情，这是罕见的，而通常这只不过是奉行故事而已。我认为这是因为她一切都自然而真实，朴素而不做作；因此她给人的印象是富有朝气和乐观愉快。赫斯夫人甚至写道：

"由于她的逝世，自然界毁坏了它自己的杰作，因为我一辈子没有见过这样聪慧而慈爱的女人。"

李卜克内西写道，没有她，他也许已沉沦于贫困的流亡生活之中，以及其他等等。

尽管她外表柔弱，但她生来是多么异乎寻常地结实，由一点即可看出：尽管她卧床这么长时间，但她身上没有任何褥疮，这使医生深为惊讶。我最近一次患病时，只卧床两星期，就长了好些褥疮。

因为自从我恢复健康以来，天气一直很坏，所以直到现在我仍被软禁在家里。但是按照医生们的嘱咐，我下星期应该到文特诺尔（威特岛）去，然后从那里继续南行。杜西同我一起去。

你会收到（由同一个邮班同时寄出）刊登在《现代思想》月刊上的一篇关于我的文章。英国的评论如此热烈地为我们的事业辩护，这是第一次。妈咪还赶上了高兴地读到这篇文章。摘自德文"本文"的引文太坏（我是想说英文译得太坏），我已经请杜西把我们留给朋友们看的那几份加以修改《生平》那一节里面的错误无关重要。

我亲爱的孩子，现在你能给我做的最好的事情就是好好地注意自己的身体！我希望同你一起再度过许多美好的日子并很好地尽自己当外祖父的义务。

评论：信中告知从各地和从各种民族、各种职业的人们那里收到吊唁燕妮的信，都充满了非常真诚的感情，非常深厚的同情。信中分享了厄内斯特·贝尔福特·巴克斯的文章《现代思想的领袖。第二十三——卡尔·马克思》，认为这是英国的评论第一次热烈地为无产阶级的事业辩护。

1882 年

1 月 4 日　致信劳拉·拉法格，指出：亲爱的孩子，你知道，在这里，我直到现在遇到的只是消极的东西，因此不能告诉你任何积极的东西，只能告诉你一个很大的发现：在这里代表地方文坛的就有三家报纸，这里甚至有艺术学校和科学研究所，科学研究所在下星期一晚上要举行关于印度的种姓和"手工业"的大型讲演。

我今天收到了莱茵哈特从巴黎寄来的一封信，他在信中最诚挚地、怀着最深厚的同情谈到我们的巨大的不幸。德国资产阶级报纸迫不及待地宣布，有的说我死了，有的说我在最近的将来必然要死亡，这使我很开心；为了它们，"这个与世界失去联系的人"也一定要重新成为有活动能力的人。

威拉德·布朗从纽约给杜西写了一封信；他委托在新奥尔良的一个很亲近而有资格的朋友照料你们家的事情。这位朋友写道，骤然看来这里发生过大骗局，不过首先他应该进行详细的调查，以便掌握确凿的证据。

随信寄去《泰晤士报》上（1881 年 12 月 29 日的）金融论文的剪报，给保尔做为笑料，这篇文章显然是萨伊先生和路特希尔德先生给登出来的。

评论：信中告知疗养地的天气和身体情况。谈论了莱茵哈特从巴黎寄来的信，信中对燕妮的逝世表达了最诚挚、最深厚的同情。随信寄去一篇 1881 年 12 月 29 日的《泰晤士报》上的金融论文。

1 月 5 日 致信恩格斯，指出：自由协会的通告——就是不知道是北明翰的还是其他城市的——真使我感到好笑，通告说，在一个什么周年庆祝会上，不仅老布莱特，著名的教区委员和竞选老手张伯伦要发表演说，而且老奥巴德亚的"儿子"小约翰·布莱特先生和几位科布顿"小姐"也将光临。没有说起，是把一位科布顿"小姐"还是把她们全都嫁给年青的奥巴德亚，以便用最适当和最可靠的办法延续布莱特—科布顿的宗嗣。另一个场面是在阿伯康领导下召开的都柏林三千大地主大会，他们唯一的目的是"维护……这个王国中人与人之间的契约和自由"。这些人物对副专员的愤怒是可笑的。不过，他们反对格莱斯顿的论战是有充分理由的；然而只是他的高压法和他的五万士兵（更不要说警察了）才使这些先生们能对他进行这样的批评和威胁。所有这些喧嚣自然为的是要约翰牛准备清偿"赔偿费"。他这是活该。

从附上的狄慈根的信中你可看出，这个不幸的人倒退地"发展了"，并正好"走到了"《现象学》那里。我认为这件事情是无可挽救的。

评论：1881 年 12 月 29 日至 1882 年 1 月 16 日，马克思和他的小女儿爱琳娜·马克思在英国南部威特岛的文特诺尔养病。信中告知天气和健康的情况。马克思谈到北明翰自由协会于 1882 年 1 月 3 日召开的北明翰市选民的例行年会。在大会上发言的英国资产阶级激进派领袖议员张伯伦，完全赞同格莱斯顿的自由党政府对爱尔兰的政策。他们对政府为施行所谓 1881 年爱尔兰土地法而采取的那些措施进行了辩护。信中谈到都柏林英国大地主大会，会议是 1882 年 1 月 3 日在阿伯康公爵的主持下召开的。召开大会的正式借口是讨论副专员——被任命为施行与 1881 年爱尔兰土地法有关的那些措施的官员——的活动。大地主们借口这些官员的资历和阅历不足，以及议会没有规定他们的权限，断定副专员们在解决降低大地主们所得的租金时不公道。大地主们要求政府立即审理他们的上诉书，并且颁布赔偿损失的法令，以赔偿他们在政府批准降低租金时可能遭受的损失。英国大地主们这些行为背后的真正目的是阴谋破坏土地法。

1 月 12 日 致信恩格斯，指出：在《工人呼声》上，卡·施拉姆曾引用我的话抨击卡尔·毕尔克利，毕尔克利现在正在攻击施拉姆，向他证明说，他所引用的全部引文和问题毫无关系，因为我没有在任何地方谈到过他毕尔克利所提出的那种货币，即"带利息的抵押银行证券"。的确，毕尔克利感到惊奇，我没有在任何地方提到波兰人奥古斯特·采什科夫斯基（《论信贷和流通》1839 年巴黎版），虽然

"严厉的蒲鲁东"在《经济矛盾的体系》中同采什科夫斯基（毕尔克利银行证券的"第一个发现者"）进行了大量的，但是客气的论战。这个采什科夫斯基，如瑞士出生的毕尔克利所说，是个伯爵，另外他还是个"哲学博士"和"黑格尔分子"，甚至是"马克思的同乡"即"普鲁士"国民议会中的"波兹南议员"，——就是这个伯爵等等，有一天真的在巴黎（《德法年鉴》的时代）访问了我，他弄得我简直一点不想，也无法去阅读他的拙劣的作品。值得注意的是，早在为了土地贵族的利益并受他们的委托建立英格兰银行的时代，就有人试图发明一种同他们称之为"个人的"信用货币（象现代的银行券）相反的，应当同时充当流通手段的"实在的"信用货币，但是毫无结果。毕尔克利在他重新独立发现的采什科夫斯基"思想"的"历史性"诞生日期上，无论如何是大错特错了！

威廉的俾斯麦宣言最初使我感到惊异的是，普鲁士国王和德意志皇帝混在一起了！作为德意志皇帝，这个家伙甚至没有一点具有历史意义的经历，没有一点霍亨索伦的传统（在这方面，现在最惹人注目的是旅行——"普鲁士亲王"赴英宪制考察旅行！）。俾斯麦——虽然很不高明地——打出了这张牌，这在蒙森、李希特尔、亨奈耳之流作了令人作呕的充满效忠于皇上的保证之后，这是很迷人的。或许，我们还会看到些东西。

评论：信中告知，左尔格一家邀请马克思搬到纽约去住。谈论了《工人呼声》；施拉姆、毕尔克利之间的互相攻击；信中还讽刺了威廉一世，讽刺和揭露了德国历史学家和语文学家泰奥多尔·蒙森，德国政治活动家欧根·李希特尔和德国教授、进步党议员阿尔伯特·亨奈耳于 1881 年 11—12 月在德意志帝国国会会议上的发言。这些人的发言充满了效忠普鲁士国王的保证。

1 月 15 日 致信恩格斯，指出：虽然一再警告，我们的人在巴黎还是上了大当（拉法格和盖得是活该）；不过，既然他们手中还有两种报纸，那么他们凭借一定的灵活性总还能保持住战斗阵地。

俾斯麦在帝国国会中供认德国工人终于"唾弃了"他的国家社会主义，我认为，不仅直接地在德国，而且一般说来在国外这都是一个巨大胜利。卑鄙的伦敦资产阶级报刊总是极力散布相反的看法。

我接到老弗兰克尔从"国事犯监狱"寄来的极亲切的信，还收到符卢勃列夫斯基的一封信，符卢勃列夫斯基显然是受日内瓦的波兰党的委托而写的，然而他在激动之中不仅忘了代表党签署，也忘了签上他本人的名字。

如果说若夫兰象《无产者报》上论战文章中所说的那样，当时在伦敦为维护盖得进行过反对当地"国际"的示威，那末无论如何，这种示威是柏拉图式的，以致除了若夫兰本人或许还有他最亲密的同伙以外，没有任何人知道，也就是说，它完全是"私下"进行的。

评论：信中讲到俾斯麦 1882 年 1 月 9 日在帝国国会会议上的发言，他不得不承认工人群众对政府改善工人状况的意图极不相信。信中告知，列奥·弗兰克尔于1881年12月18日、瓦列里·符卢勃列夫斯基于1881年12月7日就自己夫人逝世写信来。马克思批评若夫兰只是进行了柏拉图式的示威。

1月23日   致信彼得·拉甫罗维奇·拉甫罗夫，指出：随信附上为《共产党宣言》俄文版写的几句话；因为这是供俄文译本用的，所以在修辞上不象用原著文字德文发表所必须的那么考究。

寄给您一期《现代思想》，其中载有关于我的一篇文章。作者所引用的传记资料是完全不真实的，这点不必向您多说。您的通信者，我的女儿爱琳娜向您问好，她已在寄给您的那一本上修改了英文译错了的摘自《资本论》的引文。但是，不管巴克斯先生译得多么糟糕，——我听说他还是一个十分年轻的人——毫无疑义，他是第一个对现代社会主义真正感兴趣的英国评论家。他那如此真诚的语言和充满信心的语调给人以极深刻的印象。有个约翰·雷伊，——我觉得他好象是某英国大学的政治经济学讲师，——几个月以前在《现代评论》上就同样的题目发表过一篇文章，这篇文章很肤浅（他虽然故作姿态，引用了我的一系列显然他从来没有见过的著作），但却充满了真正的不列颠人由于他们特有的愚蠢而渗透全身的那种傲慢。他竟然宽宏大量地推断，我——在几乎四十年当中——不是出于自私自利的动机，而是按照信念用错误的理论把工人阶级引入了歧途！一般说来，这里的人们开始力求对社会主义、虚无主义等等有所了解。一方面有爱尔兰和美国，另一方面有农场主和大地主之间、农业工人和农场主之间、资本主义和大地主所有制之间的不可避免的斗争；在产业工人阶级中有某些活跃的迹象，例如，不久以前下院补选时，有些地方的工人以鄙视态度否决了由公认的工联首领们提出的、由"人民的威廉"即格莱斯顿先生公开推荐的工人的官方候选人（特别是否决了国际的叛徒卑鄙的豪威耳）；在伦敦示威性地建立了激进俱乐部，这些俱乐部主要由工人、英国人和爱尔兰人混合组成，它们坚决地反对"伟大的自由党"、官方的工联主义、"人民的威廉"等等，——所有这一切使不列颠的庸夫俗子恰好在目前产生了获得关于社会主义的某些知识的愿望。遗憾的是，评论、杂志、报纸等等利用这种"需求"，仅仅是为了向读者"提供"那些卖身投靠、不学无术、阿谀奉承的每行得一便士（即使是他们每行得到一先令）的下流文人所写的乌七八糟的东西。

这里在出版名为《激进报》的"周报"，该报充满善良的愿望，在使用语言方面是大胆的（这种大胆就是放肆，而不是有力量），并企图戳穿不列颠报刊编造的谎言，尽管如此，成效不大。该报缺乏的，就是精明的编辑。几个月以前，他们曾书面和我接洽。当时，我同我亲爱的妻子一起呆在伊斯特勃恩，后来在巴黎等地，所以直到现在他们还未能同我商谈。其实我认为这没有什么用处。我越读他们的报纸，就越是深信该报是不可救药的。

评论：随信附上《〈共产党宣言〉俄文第二版序言》。马克思谈到因患有慢性支气管病，唐金医生等人想把他送到一个适合的疗养地，也许是到阿尔及尔。意大利受到禁止不能去，可能会被逮捕。随信寄去厄·贝·巴克斯的文章《现代思想的领袖。第二十三——卡尔·马克思》。马克思表示，尽管译文有些错误，但是他是第一个对现代社会主义真正感兴趣的英国评论家。而约翰·雷伊的文章《卡尔·马克思的社会主义和青年黑格尔派》很肤浅。信中马克思讽刺了总委员会前英国委员改良主义者乔治·豪威耳发表诽谤性文章《国际协会史》一事。该文对国际的历史和马克思在国际中的作用作了虚伪的论断。马克思还表达了对《激进报》的评价，认为它不可救药。

　　2月17日　致信恩格斯，指出：我在小琼尼陪同下在巴黎只拜访了一个尘世之人，就是梅萨（结果，他——梅萨使我不得不闲扯了很多，除此以外，我回到阿尔让台稍晚了一些，约在晚上七点。整夜失眠了。）我曾试图说服他，请朋友们，特别是盖得，将会晤推迟到我从阿尔及尔回来以后。但全都是白费。事实上，正是现在盖得受到各方面的猛烈攻击，所以和我"正式"会晤对他来说是重要的。为了党的利益作这种让步毕竟是应当的。因此我约定同他们会晤，盖得和杰维尔同梅萨大致在下午五点以后应约到了博马舍林荫路8号"里昂和牟罗兹旅馆"。开始我在楼下，在餐厅里接见了他们，陪同我由阿尔让台（星期三下午）到那里的杜西和小燕妮也在场，由于小燕妮在场，盖得有些发窘，因为他刚刚写过一篇反对龙格的很尖刻的文章，尽管她（小燕妮）对此事并不介意。女孩子们一走开，我就把他们先带到了我的房间，大约聊了一个小时，然后下楼去餐厅——可是梅萨却趁机悄悄地溜掉了——，在那里他们还和我一起喝了一瓶博韦酒。七点钟他们都"消失了"。此外，虽然我在晚九点就已经睡下了，到一点钟那吵得要命的车辆声还没有停止；就在这个时候（大约一点钟）我吐了，因为我又说得太多了。

　　顺便说一下。我在这里搞到一份《无产者报》（《平等报》这里也出售）。我觉得，拉法格总是在增加新的不必要的事端，而且细节可能和实际情况差得很远。至于他把傅立叶说成是"共产主义者"，现在，当他因此遭到他们的嘲笑时，不得不解释说，他是在何种意义上把傅立叶称之为"共产主义者"的。对这种"大胆的论断"可以不去管它，可以"解释"或者"补充"；最糟糕的是，总是不得不去摆脱这些鸡毛蒜皮的事。我发现他预言说得太多了。

　　评论：信中讲到由于身体欠佳提前去疗养地的一些情况。1882年2月初，马克思根据医生的建议赴阿尔及尔治病，在那里从1882年2月20日住到5月2日。在赴阿尔及尔途中，马克思顺便去看望了他在巴黎城郊阿尔让台的大女儿燕妮·龙格，在那里从2月9日住到2月16日。马克思谈到在身体状况很不好的情况下，为了党的利益，与梅萨、盖得、杰维尔的见面。马克思批评了拉法格。并告知，受到龙格的朋友的帮助，护照之类的事情没有问题。

　　3月20日　致信保尔·拉法格，指出：我亲爱的预言家。您的消息这样灵通，以致在信中说："您一定在贪婪地阅读阿尔及尔出售的一切法国报纸";其实,连"维多利亚"旅馆的其他旅客从巴黎收到的几种报纸我也不看;我的全部政治读物只限于《小庄园主报》(阿尔及利亚的小报,类似巴黎的《小报》、《小法兰西共和国报》等等)的电讯。这就是一切。

燕妮给我写信说,她把您也提到的龙格的文章寄来,但我一直没有收到。我从伦敦收到的唯一的报纸,就是《平等报》,但它根本就不能叫做报纸。

圣保罗,您这个怪人!您是怎么知道的,或者是谁告诉您说,我要"用碘酊涂擦皮肤"?您会要打断我说,这只不过是一件小事情,但是其中暴露出您的"物质的事实"的方法。根据爪子可以辨认狮子!实际上,我不是象您说的"用碘酊涂擦皮肤",而是要让人用斑蝥火胶在背上刺画,以便排除液体。第一次,当我看到被这样刺画过的左侧(胸和背)时,我觉得它真象是种上了甜瓜的小菜园。从3月16日我给恩格斯写信的时候起,无论是背上还是胸上(胸上也刺画),都没有一块干燥的地方可以再作这种手术了;这种手术在22日以前不能再作了。

您说:"附上一封准会使您发笑的邀请信。"有可能。但是这封"附上的"信还在您自己的手中,您怎能想叫我发笑呢?等以后有机会时,我要向费默先生提及他过去的同志——蒲鲁东主义者拉法格。现在,医生不让我出去,我就趁此不许任何人来经常访问或进行长时间的交谈。

上星期六,我们把和我们同住在"维多利亚"旅馆的一位名叫阿尔芒·马尼亚德的旅客埋葬在上穆斯塔法;这是一个还很年青的人,是巴黎的医生打发到这里来的。他原在巴黎一家银行做事,在阿尔及尔期间,老板们继续付给他薪金。不过,为了使他的母亲满意,他们打了电报来叫把他的尸体挖出来送回巴黎,——而且这一切费用也由他们支付。这样慷慨的事,甚至在那些掌握着"他人钱财"的人那里也是少见的。

评论:信中谈论了在阿尔及尔的见闻,谈论了自己的身体状况和治疗方式,以及当地反复无常的天气。在信中,马克思表示自己的全部政治读物只限于《小庄园主报》的电讯。他认为《平等报》根本就不能叫做报纸。

3月27日　致信燕妮·龙格,指出:亲爱的孩子,正象我已经告诉过你的,我很走运,我在这里所交往的都是些心地善良的、友好的、朴实的人们(瑞士籍的法国人和真正的法国人;在我的别墅式的旅馆中,既没有德国人,也没有英国人)。莫里斯·卡斯特拉兹先生自告奋勇在斯蒂凡医生的指导下来帮助我;甚至尼姆也不见得更能体贴入微。所以,我的孩子,你不要因为我好象无人照顾而感到苦恼。不论是男人或女人对我的照料都十分周到,另一方面,我享有"病人"的特权——当我想一个人呆着或者不想管周围事情的时候,我可以沉默不语,不闻不问等等。

实际上,我根本没有注意法国的、英国的和其他国家的日报,我只阅读电讯。我希望得到的,就是象龙格论罢工那样的文章(拉法格在给我的信中非常赞扬这些文章)。关于马萨尔的蠢事,到现在为止,除了你写信告诉我的以外,我一无所知。

请你写信给希尔施，让他把他在亚当夫人的杂志上发表的文章寄给我。我多么盼望有朝一日飞毯能把琼尼送到我这里来。我可爱的孩子要是看到摩尔人、阿拉伯人、柏柏尔人、土耳其人、黑人——总之，所有这些巴比伦人，以及掺杂有"文明的"法国人等等和迟钝的不列颠人的这个东方世界的服装（大部分是非常优美的），会感到多么惊奇。替我吻我的小哈利，高尚的狼和伟大的帕！

暂时还谈不上做什么工作，甚至不能为了再版而校订《资本论》。

评论：信中告知身体状况在不断好转，但也做不了工作，包括为了再版而校对《资本论》第一卷德文第三版。当地的天气反复无常也造成了一些不便。信中表达了自己对工人运动的关注。并请龙格写信给希尔施，把他的文章《德国的社会主义》寄来。

4月6、7日　致信燕妮·龙格，指出：你答应给我的几号《正义报》，前几天费默已交给我了（上面也有希尔施的作品，这是从亚当夫人的《评论》上转载来的）。龙格论罢工的文章写得很好。顺便说一下，在一个地方他说，拉萨尔想出来的只是词句（而不是发现了李嘉图和杜尔哥等人确定的规律本身）。而实际上他——拉萨尔——是借用了"有文化的"德国人所熟悉的歌德的说法，而歌德则是把索福克勒斯的"永恒不变的规律"改为"永恒的铁的规律"。

费默不得不在我的"房间"里沉默地坐在我的对面看书，等着我把给杜西的信写完（那一天我收到了她的以及恩格斯的来信），交信差送到城里去。

刚才从象阶梯一样层层高起的小花园（满园红花盛开）传来的喧闹声打断了我。花园有一条通向我们的阳台（它与我们别墅的第一层是连接着的）的林荫道，而我的房间（还有另外的五间）是在二楼，对着阳台顶上的小走廊；阳台和走廊前面是海景，四面是迷人的全景。就这样，喧闹声把我吸引到走廊。如果小琼尼站在我身边，看到下面花园里那个漆黑的真正黑人拉着小提琴跳舞，带着愉快而开朗的笑容敲打着长长的金属响板，用自己的身体做出优美的动作，那他会多么快活地从心眼儿里大笑起来啊。阿尔及利亚的黑人以前多数是土耳其人、阿拉伯人等等的奴隶，但在法国人的统治下得到了自由。

评论：信中表达了对小燕妮的辛苦的生活的关心。马克思谈论了资产阶级经济学家李嘉图和杜尔哥关于最低工资规律的主张。马克思告知了在反复无常的天气下的生活和见闻。

4月8日　致信恩格斯，指出：早饭后，在中午两点钟的时候本来准备睡一下，以便多少补偿一下昨夜的失眠，可是真见鬼，这个星期和下星期是法庭闭庭期间。结果我的计划被待人非常亲切的费默法官打乱了，他直到下午五点钟，即晚饭前不久才离开我这里。顺便说一下，费默在谈话中还对我讲，在他任民事法官期间，采用（而且这是作为一种"常规"）迫使阿拉伯人认罪的特殊刑讯方式；当然，这是"警察"干的（就象英国人在印度所干的那样）；法官则装作对所有这一切毫无所知。另一方面，据他说，假如有一伙阿拉伯人主要是为抢劫而杀了人，后来真正的罪犯被查了出来，抓到了，判了罪并且处死了，可是殖民主义者的受害的家庭对这样偿命也并不感到满足。它要求再多"斩首"几个，至少要多杀半打无辜的阿拉伯人。不过，这里的法国法官，即上诉法院，往往加以抵制，而在某些地方单独办案的孤立的法官如果不暂时（他们的权力不能比这更大了）把一打完全无罪的阿拉伯人以杀人或抢劫未遂等嫌疑关进监狱，不提出起诉，那末在某种场合下他们自己的生命就会受到殖民主义者的威胁。我们知道，欧洲殖民主义者不管是在一个地方定居，或者是由于事务关系在"劣等种族"中暂时居住，他们通常总是认为自己比漂亮的威廉一世更加神圣不可侵犯。而在对待"劣等种族"的那种无耻的傲慢自大和烧死活人祭摩洛赫神般的残忍上，英国人和荷兰人要超过法国人。

彭普斯的家庭使命大有希望，而海德门的政治使命，相反地应当认为大有问题。你的短信使他懊丧，那是这个青年人自作自受，何况他对我要无赖是完全预计到我自己出于"宣传上的考虑"不会公开损害他的名誉。他确实了解这一点。

跳康康舞的英雄博登施泰特和臭不可闻的美学代表人物弗里德里希·费舍是威廉一世的贺雷西和味吉尔。

评论：信中告知，通过与费默的谈话，得知欧洲殖民主义的丑恶，马克思认为，欧洲殖民主义者不管是在一个地方定居，或者是由于事务关系在"劣等种族"中暂时居住，他们通常总是认为自己比漂亮的威廉一世更加神圣不可侵犯。马克思还暗讽了德国反动诗人弗里德里希·博登施泰特和黑格尔分子、四卷本美学著作的作者弗里德里希·泰奥多尔·费舍的忠君演说。

4 月 13—14 日　致信劳拉·拉法格，指出：我由于到现在才给你写信而在责怪自己，但这并不是因为有什么特别的事情要从这里写信告诉你。我经常回想起你在伊斯特勃恩，在我生病的燕妮的床边，当你每天来亲切探望，使唠唠叨叨的老尼克感到如此快乐的时候的情景。但是，亲爱的孩子，你要知道：整个上星期和这个星期，费默都在度复活节假。他的住宅在米歇尔街（这样叫上穆斯塔法的一段路），位于耸立着"维多利亚"旅馆的小山的脚下。这个旅馆离费默那里很近很近，不过他得"爬山"，因为往上没有铺设道路。实在说，他在这段时间里如此热心地看望我，以致我想在午饭后写信的美好的打算成了泡影。一般说来，费默先生决非令人讨厌的客人，也还算幽默。在我给他看了几号《公民报》和《平等报》之后，他到我这里来时，对盖得的那种一直要继续到用印刷油墨预先把最后一个压迫者资产者斩首为止的"未来的恐怖主义"进行了不少的讥笑。费默不喜欢阿尔及尔；他，他的全家都不适应这里的气候（热病等等常来拜访），——虽然这一家的全体成员，从他的夫人开始，都是"土著人"。但最主要的还是，法官的薪水只能勉强维持很简朴的生活。在殖民地的主要城市里生活费用一向是很高的。有一点他是赞同的——任何地方，任何一个同时又是中央政权所在地的其他城市，都没有这里这么行动自由：警察缩减到最必需的最少数量，社会中的放荡不羁现象闻所未闻，——所有这一切都是因为有摩尔人的影响。事实上穆斯林居民不承认任何隶属关系：他们认为自己既不是"臣民"，也不是"被管理的人"，除了在政治问题上以外，没有任何权威，——这正是欧洲人所不能理解的。阿尔及尔的警察为数不多，而且大多数是土著人。同时，在按其本性来说都是放荡不羁的各种民族混合在一起的这种情况下，往往必不可免地发生冲突，并且卡塔卢尼亚人不辜负自己的老名声：在他们的白色或红色的腰带里——他们的腰带不是象法国人那样系在衣服底下，而是象摩尔人等一样扎在外衣上——就象经常佩戴着"饰针"一样，佩戴着长匕首，这些卡塔卢尼亚的子女不分青红皂白地"使用"它们来反对意大利人，法国人等等，以及当地人。顺便说说，几天前在奥兰省捕获了一伙制造伪币的人和他们的头目——以前的西班牙军官；原来，他们的欧洲代理机关设在卡塔卢尼亚的首都巴塞罗纳！他们中间有一部分人没有被捕，偷偷地逃到西班牙去了。这个新闻以及其他的类似新闻，我都是从费默那里听来的。法国政府方面向费默提出了两种有利的建议：第一，去新喀里多尼亚，他同时被指派在那里建立新的诉讼程序，薪俸是一万法郎（并且连家属一起都免费乘车到那里去，到达那里以后还有公家的免费住宅）或者，第二，去突尼斯，在那里他也可以得到比这里更高的法院职位，条件也更优惠。已经给了他时间进行选择；他将接受其中的一个建议。

这封信中断了，这是最愉快的：有人敲门；请进！罗扎利太太（女仆之一）给我送来了你，亲爱的白鹦鹉和好样的加斯科尼人的信——一封长信，在信纸上，和信封上一样，已经有"国民联合公司"的公章。看来这次事情成功了。这不是卡·希尔施先生所袒护的企业！另一方面，更多地触动我的，当然是我的白鹦鹉要走了。希望这还不是很快就发生的事情。姨母白鹦鹉对小燕妮和她的孩子们来说，将是很难得的，这对我来说也是某种补偿；况且也没有必要成年呆在伦敦；巴黎又这么近。顺便说一下。拉法格是否给彼得堡寄去了文章的续篇（我不知道第一次寄去的东西怎么样了）？非常重要的是不要失掉彼得堡这样的点；它的重要性将与日俱增！对于往那里写通讯的人来说也同样如此！

评论：信中怀念和妻子燕妮在1881年6月底到7月20日前后在伊斯特勃恩逗留期间和劳拉在一起的快乐情景。信中告知从费默那里得到的讯息和见闻，谈论了阿尔及尔的经济、生活和治安状况等。费默一家也很不适应当地的天气，在考虑搬离的选择。信中询问拉法格文章的情况。劳拉在1882年3月20日写给马克思的信中说，拉法格的第二篇文章彼得堡当时还没有收到，杂志的编辑为了发表第一篇，正等待着它。

5月8日 致信恩格斯，指出：在蒙特卡罗娱乐场的阅览室里，法国和意大利的一切报纸几乎都有；德国报纸陈列的情况还不错，英国报纸很少。我从今天的

《小马赛人报》上知道了"卡文迪什勋爵和伯克先生被刺杀"。这里的人们,譬如在"俄罗斯"旅馆中一起进餐的人们,对于娱乐场赌博厅里的情况(轮盘赌桌和 trente-et-quarante 赌桌上的情况)倒是更感兴趣。特别使我开心的是一个大不列颠的后代,他愁眉苦脸,怨天尤人,暴躁易怒,为什么?因为他绝对相信他能"捞到"一些金币,结果却输掉了一些金币。他不懂得即使用不列颠式的粗鲁也不能"制服"福图娜。

评论:按照医生的建议,马克思于1882年5月2日离开阿尔及尔,经过马赛和尼斯到达蒙特卡罗,马克思在这里住到6月3日,大约住了一个月时间。信中谈到,新任爱尔兰事务大臣卡文迪什勋爵和原任副大臣托马斯·亨利·伯克于1882年5月6日在都柏林的凤凰公园被小资产阶级的恐怖组织"不可战胜者"的成员所刺杀的事件。该组织中有过去的芬尼亚社社员。马克思和恩格斯不赞成芬尼亚运动仿效者的无政府主义恐怖策略。他们的意见是,这些无政府主义行动对改变英国对爱尔兰的殖民政策不会产生丝毫影响,结果只会使爱尔兰革命者遭受不必要的牺牲,使民族解放运动的力量遭到破坏。

5月20日 致信恩格斯,指出:在最近的一封信(我记不确切是直接给你的,还是给杜西或者劳拉的)中我写过,会见库奈曼医生之后将把详细情况告诉你。会见是在5月8日进行的;他是亚尔萨斯人,有渊博的科学(医学)知识;例如,还在收到你的信以前,他就把科赫博士关于杆菌的发现告诉我了。他是一个很有实践经验的人,年龄不下于五十二至五十四岁,因为1848年时他是斯特拉斯堡大学的学生;作为政治家,他把《时报》看作是适合自己气质的机关报;他说科学已经使他确信,一切都只是"缓慢地"向前运动;不能有丝毫的革命急躁情绪——否则此后它会迫使"后退"几乎同样远(譬如就象艾希特纳赫的游行一样);首要条件是教育群众和"非群众"等等。总之,在政治方面他是一个共和主义的庸人;我在这里提到这一切,是为了说明我为什么不和他谈论这个问题,而只限于谈论摩纳哥专制暴君查理三世的"马基雅弗利主义者的"政策。他认为我是1848年事件的参与者,但是除了这个时期的以外,关于我后来的社会活动,我丝毫没有让他知道。现在来谈本题吧。起先,他根据我通过他的女仆转给他的名片(上面写着:博士)判断,我是医学博士,而我转交给他的斯蒂凡医生以及我新结识的英特拉肯的医生的名片,使他对此更加深信不疑了,此外由于库奈曼想知道在伦敦谁给我看过病等等,我把唐金医生的名片也交给了他,我说他是我的朋友雷伊·朗凯斯特教授的朋友。随后我把斯蒂凡的诊断书给他看了。

评论:信中讲到和库奈曼医生见面的过程,包括有保留地交流一些政治观点,及对疾病的诊断和治疗。马克思认为库奈曼在政治方面是一个共和主义的庸人。马克思没有让他知道自己在1848年以后的社会活动。

5月26日 致信燕妮·龙格,指出:拉·(我说的是从古巴岛来的那个人)的报纸出了一些重大的差错，多半是由于无知和想"走得尽可能远"的幼稚愿望造成的。

至于《战斗报》，到目前为止我没有发现那上面有什么精彩的东西。诚然，我只读了开头的四号，不过我总归会有时间看它的！

我的心同你和孩子们在一起，我惦念他们。但是经过一系列极不愉快的"医疗"试验，我不再着急了。无论如何，希望很快同他们在一起。

评论：马克思的身体随着天气的好转而好转。在信中，马克思表达了对小燕妮和孩子们的惦念，也表示自己经过一系列极不愉快的"医疗"试验，不再着急了。马克思批评了拉法格及《平等报》。

8月3日　致信恩格斯，指出：小劳拉给我写信说，杰维尔将于8月2日晚坐车到他的故乡塔布城去。但因我表示想要见见他，梅萨提议8月2日在他家里安排一顿早饭，我可以趁此机会同拉法格一家，以及杰维尔和盖得见面。这是我第一次接受这类邀请（由于热闹的谈话或者闲聊，事后我至今仍然感到疲劳。）事情经过良好。我觉得《公民报》的人就埃及事件等所举行的一些公开集会是成功的；至于他们报纸的成绩，那末，相反地，还不能令人满意。顺便提提，且不说那些所谓的社会主义报纸，相当多的最有影响的一部分巴黎报刊，也比伦敦报刊要独立自主得多。尽管有大多数职业政客的压力，尽管有在甘必大直接领导下共同行动的《法兰西共和国报》、《时报》和《政治和文学辩论日报》的密谋，另外，尽管金融巨头（路特希尔德等）——同英国人一起对埃及进行十字军远征，对他们有直接利害关系——企图实行收买，巴黎报刊还是戳穿了想同英国或同四国同盟一起去进行干涉的一切阴谋（甚至弗雷西纳的伪装起来的阴谋）。如果没有这些报刊，克列孟梭就不可能在议会中获得胜利。在伦敦哪里有"独立自主的"报刊的一点点影子呢？

我确实不记得，洛里亚的伟大著作放在我的藏书中的什么地方；而且我认为，它不值得你花工夫去寻找。你知道，读了这部"著作"以后（或者更确切地说，读了这本书的前半部，因为我没有耐心再读下去，后半部只是翻了一下，看了看洛里亚先生怎样幻想用恰当的方式来建立他的标准理想——小土地所有制即小农所有制），洛里亚在私人场合对我的令人作呕的阿谀奉承，和在公开场合的"优越"腔调，以及为了便于反驳而对我的观点所作的某种歪曲——所有这些都一点也没有使我感到高兴。但是，尽管按最初的印象我不想和他发生任何关系，我还是比较密切地注意了他，因为他显示出有才能，因为他啃了很多书本；因为他，这个可怜的家伙，给我写了很多关于他渴望求知的信；因为他还很年轻，而他那绝非青年人的，而是自作聪明的古旧的倾向，看来，部分地要由意大利的条件来解释，部分要由他所受的教育来解释；最后，因为他在当时力所能及的范围内，力求掌握、而有时还不无成效地掌握了他在《资本论》中找到的研究方法。使我感到"好玩"和高兴的是，他为在自己的《土地所有制》中证明《资本论》已经过时而洋洋自得。虽然如此，我过去只是对这个青年人的"性格"有怀疑。

但是，当我读完了这两本小册子，在杜西来到这里两天以后，我就向她说出了自己最后的、明确的并且是非常肯定的判决，我的用语，——你猜怎么样？——就是小杜西也惊讶地发现，竟和我给她看了的你7月31日来信的用语一字不差地完全相同！所以，我们——你和我——不仅得出了完全一模一样的结论，而且对这一结论用了完全相同的表达方式！在这种条件下，今后对待他可以只限于采取讽刺性的防御，而不以任何其他的方式作出反应！他比小考茨基要坏许多倍，后者至少有些善良的愿望。

顺便说一下希尔施，如果他确实曾和梅林一起行动，那末党永远也不会原谅他这一点。如果我能见到他，那末一定直接叫他回答。但是，对于有关我的情况的争论，最好保持沉默。否则，工人们会怎么想呢——似乎我只是装病并且很不必要地浪费了这么多的时间和金钱！

评论：信中谈论了自己的健康情况，逐渐在恢复，也非常期待能见到恩格斯。信中认为就埃及事件所举行的公开集会是成功的。从1879年延续到1882年的埃及人民民族解放斗争的那些最后的事件，斗争的目的是反对巴对埃及实行财政监督的英法资本家对埃及进行殖民掠夺。马克思在这里讲的抗议英国进攻埃及和炮轰亚历山大里亚的公开集会，是盖得派的中部的联合会在《公民报》编委昂利·布里萨克、盖得和拉法格的参与下，于1882年7月底在巴黎组织的。

信中谈到梅林在希尔施唆使下，于1882年7月2日在资产阶级报纸《威塞尔报》上发表的文章。当时梅林作为社会民主党的反对者，对《社会民主党人报》进行了尖锐的批评。他借口说马克思和恩格斯同编辑部有分歧，强调报纸"不近人情"，他认为由于该报，德国工人遭到了接二连三的迫害，并且声称社会改良主义者赫希柏格是报纸的实际的鼓舞者。此外，他还说马克思的身体不好，并推测说马克思对《资本论》所进行的工作未必能够完成。恩格斯建议《社会民主党人报》编辑部登一条他在报纸上撰稿的消息，以回答梅林的文章。马克思认为，如果希尔施曾和梅林一起行动，那么党永远不会原谅他的这一行径。

8月21日　致信恩格斯，指出：利沙加勒同布鲁斯一伙的争吵产生了一个良好的结果，即后者不再拥有任何一家日报了。外交家马隆在这件事情当中对布鲁斯采取中立态度，因为他（马隆）不敢与《不妥协派报》总编辑罗什弗尔相逆，冒昧地在该报对布鲁斯之流表示同情（马隆也不"想""敢于"这样做）。

盖得和他那一派正在巩固自己的地位。

评论：信中谈论了《战斗报》编辑部的四个成员保·布鲁斯、戴诺、马鲁克和穆泰以及编辑部秘书拉毕斯基埃尔于1882年8月2日退出该报一事。他们和该报编辑利沙加勒决裂，形式上的借口是拉毕斯基埃尔发表过关于他不再做编辑部责任秘书的声明，说是因为利沙加勒限制了他的主动性，监督他的行动，并且对上述编辑部成员、拉毕斯基埃尔的朋友在报上的言论都实行了监督。马克思认为盖得和他那一派正在巩固自己的地位。

9 月 4 日　致信恩格斯，指出：巴黎市参议会议长桑让先生曾到我们旅馆里访问过我；他是我 1849—1850 年期间在伦敦认识的流亡者之一。他送给我一份曾被派往罗马参加颂扬加里波第活动的代表团（桑让本人也是其中的一个成员）向巴黎市参议会所作的正式报告；报告主要是颂扬"桑让"自己，因为他总是代表其他法国代表发言。他还把一册《资本论》拿给我看，这册书似乎是他到离此不远的森林中幽居时给他作伴的。

英国人在埃及迄今还没有获得象沃尔斯利所"预告过"的那种十分迅速的成功。

昨天我从《日内瓦报》附刊上看到，微耳和先生再次论证，他远远超过达尔文，他实际上是唯一有学问的科学家，正因为如此，他"蔑视"有机化学。

评论：马克思同女儿劳拉从 1882 年 8 月 27 日至 9 月 25 日住在瑞士的斐维（窝州），马克思很开心，身体也得到很好的恢复。信中还谈到巴黎市参议会议长桑让的到访。马克思还评论了著名的德国自然科学家和政治活动家鲁道夫·微耳和，他早期曾是达尔文主义的拥护者，在 1871 年巴黎公社以后成了反动分子，极端仇视社会主义，并且猛烈地攻击达尔文主义。例如，1877 年他要求停止教授达尔文主义，断言达尔文主义同社会主义运动有密切联系，因而对现存社会制度具有危险性。

9 月 16 日　致信恩格斯，指出：正当我坐下来给你写信的时候，茶房送来了《日内瓦日报》，上面载有倍倍尔逝世的消息。这是可怕的，是我们党的一个极为重大的不幸！他是德国（可以说是"欧洲"）工人阶级中罕见的人物。

你对我的忘我的关怀真是令人难以想象的，对此我内心时常感到惭愧，——但我现在不想谈这个问题。

在我离开巴黎之前，我就计划一定要在伦敦哪怕是度过十月份，并且一定和你在一起。弗纪埃和杜尔朗也不认为这是冒险，如果十月的天气还可以的话。这还是可能的，尽管九月份多雨。这里的气压计 8 日上升，9 日达到最高点，之后，逐渐下降到 12 日的最低点，13 日又上升（达到几乎同 11 日同样的高度），此后下降，从昨晚起又重新缓慢上升。虽然整个来说瑞士全境都在下大雨，刮大风（多次发生山崩并因此而造成了许多"伤亡事故"），但斐维附近却是例外，天气比较好（早晨和晚间头几个小时寒冷，也只是一种例外）。因此我们延长了在这里逗留的时间。这里的空气是有益于健康的。尽管一天当中温度和空气湿度不断变化，我的健康还是在好转。我认为我的支气管卡他已变为普通卡他。不过，只有到日内瓦我才能证实这一点，我打算在那里找一个高明的德国医生看一下，即让他给我听诊一下。尽管你建议的旅行令人神往，但在目前瑞士的天气条件下，未必能实现。今年这里的葡萄收成，看样子，"不怎么样"。还可以看到，在米迪峰下了雪——并且较通常为早；在汝拉山脉这是"正常"现象。

伯尔尼《联邦报》宣称沃尔斯利是一个几乎比老拿破仑还卓越的统帅。

同俄国人一起搞的阴谋，有个难题；很可能，俾斯麦乐于让俄国人去搞鬼，不过那时就必须使奥地利得到"安慰"，并且要使普鲁士的君主制得到补偿。因此，俄国人进入阿尔明尼亚可能导致普遍战争，这也许是符合俾斯麦的意愿的。

评论：马克思对倍倍尔的去世表示震惊和难过，后来得知这是个假消息。瑞士的疗养地使马克思的身体得到了很好的恢复。信中还告知生活中的一些事情，包括自己要携带管子很长的烟斗回到伦敦，小燕妮的健康令人担心，小燕妮惦记着自己的孩子等。

9 月 30 日　致信恩格斯，指出：以金融骗子杜克累尔为代表的法国政府，如果知道我在这里（特别是在议院闭会期间），也许会打发我出去旅行而不经杜尔朗医生的许可，因为在罗昂和圣亚田各自召开的社会主义者（两种社会主义者）代表大会上的"马克思派"和"反马克思派"已经作了可能作的一切，使我难于在法国呆下去。不过我也得到一些补偿，臭名远扬的同盟式党徒——马隆、布鲁斯等人——"悄悄地"诽谤说，马克思是"德国人"，也就是"普鲁士人"，所以法国的"马克思派"是祖国的叛徒，他们以为这似乎（我们的布鲁诺喜爱的用语）会对人产生影响，但这个希望"完全"落空了；这帮人甚至一次也没有敢"公开"提出这种诽谤。这是一种进步。

克列孟梭病得很厉害，还没有完全复原。他在生病期间离开巴黎的时候也带着《资本论》。看来，对法国真正或所谓的"进步"领袖们说来，在目前这已成为一种时髦了，真是如果"魔鬼病了……"

评论：信中告知自己的健康状况大大改善了。还谈到法国工人党内的分歧。1882 年秋同时召开了两个法国社会主义者代表大会：在圣亚田召开的可能派代表大会和在罗昂召开的盖得派（马克思派）代表大会。在 1882 年 9 月 25 日在圣亚田召开的法国工人党例行代表大会上，党的右翼的拥护者（可能派）在代表资格证上要尽种种诡计从而取得了多数，大会发生了分裂。马克思派小组（盖得派）退出大会，并于 9 月 26 日于罗昂举行了法国工人党第六次代表大会。留在圣亚田代表大会的可能派形式上和实质上都取消了由马克思参加制定并在 1880 年 11 月哈佛尔代表大会上通过的党的统一纲领，并且赋予一些区制定自己的竞选纲领的权利。在圣亚田代表大会赞同的、作了根本修改的纲领导言中，用恩格斯的话说，"无产阶级的阶级性已经被抛弃了"。代表大会把党内马克思派的领袖和积极活动家——盖得、拉法格、马萨尔、杰维尔、弗罗什和巴赞开除出党，并确定了党的新的名称——革命社会主义者工人党，即所谓可能派的党。

1882 年 9 月 26 日至 10 月 1 日在罗昂举行的马克思派代表大会确认自己忠于 1880 年批准的马克思主义的纲领，宣布它是党的所有联合会和小组统一的和必须遵守的纲领，肯定全国委员会背叛了党的原则，剥夺它的权力并将其成员开除出党。分裂的结果，是法国工人党在为革命的马克思主义纲领而进行的斗争中取得了胜利。

11 月 8 日　致信恩格斯，指出：慕尼黑电气展览会上展出的德普勒的实验你认为怎样？龙格答应给我找德普勒的著作（专门证明可以通过普通电报线进行远距离输电）已经将近一年了。情况是，德普勒的一个密友达尔松瓦尔博士是《正义报》的编辑，他发表了德普勒的各种研究成果。龙格照例每次都忘了把这些东西寄给我。

我非常高兴地看到了你转寄来的"报纸"，在那上面，舍布鲁克和里弗斯·威尔逊作为"伦敦债券持有者的保证人"而大出风头！在昨天《旗帜报》上登载的关于下院的辩论中，格莱斯顿为这些保证人被足骂了一通，因为这个里弗斯·威尔逊还在英国国家债务管理局担任很高的（即报酬优厚的）职务。显然，格莱斯顿被弄得狼狈不堪，他起先试图对此采取轻蔑的态度，但当人们宣布要提出反对里弗斯·威尔逊的决议来进行威胁时，格莱斯顿就撒谎说，他实际上对加尔威斯顿和伊格尔铁路公司等毫无所知。我们的伟大而神圣的老人在直布罗陀"引渡"一事上所作的表演也颇不逊色。大家都记得，这个格莱斯顿在奸诈狡猾的官僚寡头政界中，并非徒劳地曾同格莱安之流一起受教于罗伯特·皮尔爵士门下。

查理·迪耳克爵士在埃及问题上笨拙地胡说八道，愚蠢地推托躲闪，无耻地支吾搪塞，这对他来说是完全理所当然的。他既没有格莱斯顿的那种虔诚的诡辩，也没有已故的帕麦斯顿的那种风趣的嘲笑。迪耳克只不过是一个没有教养的暴发户，他把自己的厚颜无耻看作是伟大。

因为我在这里常买《旗帜报》，所以也在该报上发现了你提到的法兰克福的电讯。

顺便说一下。如果伯恩施坦给我寄来《年鉴》，那就好了，上面有奥尔登堡（我记得作者的姓好象是这样的）论述我的价值理论的文章。虽然我并不需要这篇文章，但是如果我手头有一份关于当时人们维护什么观点的材料，总是要好些。

评论：马克思询问对德普勒的实验的看法。在 1882 年慕尼黑电气展览会上，法国物理学家马赛尔·德普勒展出了他在米斯巴赫至慕尼黑之间架设的第一条实验性输电线路。马克思谈论了传遍英国报刊的轰动一时的新闻：英国国家债务管理局局长里弗斯·威尔逊和舍布鲁克勋爵作为受托人和保证人参加了得克萨斯"加尔威斯顿和伊格尔"铁路股份公司。议员们在 1882 年 11 月 6 日下院会议上提出了质问，认为身居国家财政系统要职的英国官员不应兼当投机企业的保证人，因此里弗斯·威尔逊和舍布鲁克辞去公司保证人的全权。

11 月 10 日　致信爱琳娜·马克思，指出：你那里有没有威廉·兰伦德的《庄稼汉皮尔斯的控诉》，如果没有，你能否替我到弗尼瓦尔那里去弄到一本，或者，书不贵的话，看能不能从"古籍"发行的书中买到一本。

然后请看看，你能否在一套（旧的《平等报》中（我指的是以前的《平等报》

周报）——放在我床旁的桌上——把巴黎官方经济学家称赞对欧洲来说是廉价的华人劳动的那篇文章，更确切些说是报道，给找出来？有一期以前的马隆的《评论》（摆在沙发后面我的一个书架上）所讨论的不知道是否就是这个关于华人劳动的问题。如果是，而又找不到《平等报》，你能否把这一期寄给我。

评论：信中告知，文特诺尔天气反复无常，但一天会有几小时适合长时间散步。身体状况依然不怎么好，在听医生们的建议进行治疗。马克思在身体好一些的时候就开始为恢复工作作准备。信中马克思请爱琳娜帮助购买或者查找一些资料。询问爱琳娜是否有威廉·兰伦德的《庄稼汉皮尔斯的控诉》一书，并请她帮助查询或购买。还请她帮助查找一篇文章，题为《资产阶级的爱国主义和华人》。当时官方政治经济学的代表人物勒卢阿－博利约、加尔涅、西莫宁等人称赞利用华人的廉价劳动，说华人的需求极低。1880 年 7 月 5 日，《社会主义评论》杂志第 9 期上也发表了一篇关于这个问题的文章《经济学家论华人问题》。

11 月 11 日　致信恩格斯，指出：《无产者报》奉还。很难说谁更伟大，——是向马隆和布鲁斯倾吐自己预言家的灵感的拉法格呢，还是马隆和布鲁斯这两位英雄，一对明星。这两个人不仅有意撒谎，而且甚至自我欺骗，仿佛外部世界除"阴谋"反对他们以外，没有别的事可做，仿佛实际上所有人的大脑结构同这一对贵人的一模一样。

拉法格具有黑人部落的坏特征：毫无羞耻之心；我指的是那种显得可笑的羞耻之心。

然而，如果不是有意毁灭报纸，如果不是指望（这是难以置信的）政府提出起诉把报纸埋葬掉，那末已经是时候了，是拉法格停止吹嘘他在未来革命中必将建立赫赫功勋的幼稚大话的时候了。这一次他自己把自己大大愚弄了一通。自然，由于害怕某家告密报纸摘登被查禁的《革命旗帜报》上的可怕的、警察认为非法的无政府主义言论，——要知道这家《革命旗帜报》比保尔·拉法格这个科学社会主义的地道的预言家"走得更远"，——由于害怕这种革命的竞争，拉法格就引证自己的话来证明（近来他有一个坏习惯，不仅听任自己的预言在世界上流传，而且还通过自我引证来"肯定"这些东西），《革命旗帜报》——也就是无政府主义——仅仅是抄袭了拉法格等人的深奥哲理，只不过在时机不成熟的时候准备把它付诸实现而已。预言家往往有这样的情形：他们视为自己灵感的东西，相反地常常只是留在他记忆中的过去的回音。而拉法格所写的东西和他自己所"引证的东西"，实际上无非是巴枯宁处方的回音。其实，拉法格是巴枯宁的最后一个学生，他是笃信巴枯宁的。他该重新看看他和你合写的关于"同盟"的小册子，这样就会明白，他的最新武器是从哪里借来的。是的，他花费了很多时间才理解了巴枯宁，而且是错误地理解了巴枯宁。

龙格是最后一个蒲鲁东主义者，而拉法格是最后一个巴枯宁主义者！让他们见鬼去吧！

从昨天《旗帜报》刊载的议会辩论的报告中你自然会知道，"极可尊敬的"里弗斯·威尔逊带着痛苦的心情恭恭敬敬地把自己的方案送上了祖国的祭坛，解除了他自己和高贵的娄即舍布鲁克所共同担负的保证人的职务。里弗斯·威尔逊该多痛苦啊！

评论：信中批评了拉法格和《平等报》，马克思认为，拉法格是巴枯宁的最后一个学生，他是笃信巴枯宁的，但是他错误地理解了巴枯宁。马克思认为拉法格应该停止吹嘘他在未来革命中必将建立赫赫功勋的大话了。

11 月 20 日　致信恩格斯，指出：我非常不安地等候巴黎的消息。拉法格、盖得等人招致法庭的追究，这是不可原谅的。这是可以预料到的；这都是由于"害怕"来自"无政府主义者"的竞争的缘故！真幼稚！

评论：信中期待着关于盖得等人的事情的消息。盖得、拉法格及法国工人党的其他积极活动家由于在罗昂代表大会以后在里昂、罗昂、蒙吕松、韦森、圣夏蒙以及其他城市发表的演说而受法庭审讯。法院侦查员爱德华·皮康传唤盖得和巴赞于 11 月 14 日，拉法格于 11 月 21 日到蒙吕松市初级法院出庭，罪名是煽动国内战争、凶杀、抢劫和纵火；但是被告公开宣布拒绝出庭。拉法格于 12 月 12 日被巴黎警察逮捕。1883 年 4 月底，拉法格、盖得和多尔莫瓦被木兰市陪审法庭判决六个月徒刑和罚款。盖得和拉法格从 1883 年 5 月 21 日起在巴黎的圣珀拉惹监狱服刑。

11 月 22 日　致信恩格斯，指出：正象你也马上看出来的那样，赛姆在批评我所运用的分析方法：他若无其事地把这种方法抛在一边，他不研究这种方法，而去研究我还只字未曾提到过的几何应用。

我未尝不可以用同样的态度去对待所谓微分方法本身的全部发展，——这种方法始于牛顿和莱布尼茨的神秘方法，继之以达兰贝尔和欧勒的唯理论的方法，终于拉格郎日的严格的代数方法（但始终是从牛顿—莱布尼茨的原始的基本原理出发的），——我未尝不可以用这样的话去对待分析的这一整个发展过程，说它在利用几何方法于微分学方面，也就是使之几何形象化方面，实际上并未引起任何实质性的改变。

太阳刚刚出来，正是适于散步的时刻，因此在这封信里我就暂且不再谈数学了，不过以后有机会还要回过头来细谈各种方法。

伯恩施坦关于普鲁士铁路"国有化"的消息很有意思。

我不同意他认为马隆—布鲁斯组织规模庞大的看法；盖得当时对圣亚田代表大会上"人数众多的"（！）代表团所作的分析并没有被驳倒；不过这已是无谓的争论了。法国真正的工人党的第一个组织是从马赛代表大会开始建立的；马隆当时在瑞士，布鲁斯还不知在什么地方，而《无产者报》——以及它的工团——采取了否定的立场。

艾莫斯这头蠢驴——英国官吏在埃及的喉舌——给《对埃及人的掠夺》这本小

册子的作者凯提供了在《现代评论》上发表《答辩》的机会，从而使得他的当事人的处境极其困难。里弗斯·威尔逊、罗塞耳和戈申以及同他们一起的英国内阁更是被凯弄得非常狼狈。

评论：马克思不同意赛米尔·穆尔对自己运用的分析方法的批评。数学研究，是指穆尔所写的对马克思独创的微分学论证方法的几页意见。信中还谈到法国工人党，认为 1882 年在圣亚田代表大会上形成的以马隆和布鲁斯为首的可能派的党的组织规模并不庞大。

11 月 27 日　致信恩格斯，指出：附上拉法格的信。对拉法格和盖得的愚蠢行为的气愤我先前在给你的信中就发泄过，因而已经消了一些。真是不可思议，一个在运动中处于领导地位的人，怎么能这样轻率地——不客气地说，这样愚蠢地——不知为了什么而去冒丧失一切的危险！拉法格关于中了魔的财政部的文章非常成功。

至于巴黎的"工团"，我从巴黎公正人士的言谈里得知（在阿尔让台逗留期间），这些工团可能比伦敦的工联还要坏得多。

你对于平方在变换形式的能的传递中所起的作用的论证非常好，为此向你祝贺。

评论：马克思告知恩格斯拉法格的文章《中了魔的部》非常成功，马克思通过在巴黎听到的消息，认为巴黎的"工团"可能比伦敦的工联还要坏得多。马克思还认为恩格斯对于平方在变换形式的能的传承中所起的作用的论证非常好。

12 月 4 日　致信恩格斯，指出：附上倍倍尔的来信，这封信使我很感兴趣。我不认为最近可能出现工业危机。

值得注意的是，在《人民报》上为我的价值理论而互相反驳的三个争论者——拉弗勒、卡菲埃罗、康德拉里——都在胡说八道。但是，如果就康德拉里从马隆所著的《政治经济学批判史》一书中摘录的关于我的价值理论的引文而论，马隆事实上比这三个见识浅薄的人还要肤浅。

评论：信中附上倍倍尔 1882 年 11 月 14 日的来信，该信是他从莱比锡监狱中写来的，是对恩格斯 1882 年 10 月 28 日给倍倍尔的信的答复。马克思认为最近不会发生工业危机。马克思认为《人民报》上争论自己的价值理论的三个争论者都在胡说八道，并认为马隆比这三个人还肤浅。关于马克思的价值理论的论战，是从 1882 年 10 月 8 日《人民报》上的康德拉里的文章《现代激进政治经济学批判》开始的。

12 月 8 日　致信恩格斯，指出：随信把今天收到的载有关于希普顿及其同伙消息的《无产者报》寄还给你（顺便说一下，拉法格在《平等报》上大肆颂扬了他们为支援一次法国"罢工"而进行的募捐。总之，任何一个偶然的刺激都马上会使他按照"既定的"方向转动）。

至于今天收到的你最近一张明信片中提到的那一号错寄给我、应当还给你的《无产者报》，根本就没有收到。它本来应当在昨天、今天或者至迟在本星期内寄到，但是情况并非这样；也许是邮局把它遗失了？

《社会民主党人报》应当收集有关普鲁士国有矿山等企业中工人待遇问题的资料（详细的），以便用来评价瓦盖纳—俾斯麦的国家社会主义。

评论：信中谈到《无产者报》上刊登的一则消息，是指1882年年底英国工联代表团访问法国一事。代表团团长是工联报纸《劳动旗帜报》的编辑乔治·希普顿。这一代表团的旅费是由拉芒什海峡隧道修筑股份公司支付的，代表团的目的就是为建造这一隧道进行宣传。在信中，马克思认为《社会民主党人报》应当收集详细的有关普鲁士国有矿山等企业中工人待遇问题的资料，来评价俾斯麦的国家社会主义。

12月14日　致信劳拉·拉法格，指出：你的信我全部按时收到了，我真是个大罪人！——只是到现在，从刚收到的将军来信知道保尔被捕以后，才给你写信。将军已把保尔的信和你的信附在他自己的信里转给我，所以我已了解情况了。保尔大概过几天会重新获得自由。

最近一个时期以来，保尔写出了自己最好的作品，既幽默又泼辣，既扎实又生动，而在这以前往往出现一些极端革命的词句，使我看了生气，因为我始终把它们看作"夸夸其谈"。我们的人最好把这类专长让给那些所谓的无政府主义者，他们实质上是现存秩序的支柱，而根本不会带来无秩序——他们生来就是蠢才，——混乱不是他们的过错。现时他们为"暗检室"这一"社会灾祸"效了劳。他们最坏的是，甚至最客观的"法院侦查员"——假如世上有这种侦查员的话——也不得不公开宣布：他们是绝对"没有危险的"！假如这些无政府主义者不是这样极其"无辜"，人们可以宽恕他们的一切！但他们决不因此就是"圣徒"。亨利七世（他战胜了理查三世）请求一个教皇把亨利六世列为圣徒，这个教皇说了句很恰当的俏皮话，他回答说："无辜"（即"白痴"）还不足以尊为"圣徒"。

有几本在神圣的罗斯而不是在国外印刷的新出版的俄文著作证明，我的理论正在那个国家迅速传播。不论在什么地方我所取得的成就都不会比这更使我愉快的了。我感到满意的是，我正在打击那个与英国一起构成旧社会的真正堡垒的强国。

评论：信中夸赞了拉法格发表在《平等报》上的文章《中了魔的部》，文章尖锐地批评了前财政部长莱昂·萨伊的活动。信中批评了"暗检室"，这是法国、普鲁士、奥地利和其他许多国家邮政部门所属的秘密机构，从事暗中检查信件的活动。暗检室在欧洲从君主专制时代起就已存在。信中，马克思为自己的理论在俄国迅速传播而欣喜。马克思是根据他当时读了1882年圣彼得堡出版的瓦·巴·沃龙佐夫的《俄国资本主义的命运》一书所得的印象作出的这个结论。沃龙佐夫在该书序言中谈到，俄国的"马克思学派社会主义者"肯定了俄国资本主义发展的必然性。

1883 年

1月9日 致信爱琳娜·马克思，指出：考恩关于埃及的演说，实质上还是过去海德门的英国政治的"未来的音乐"。这些长吁短叹的资产者（而考恩在这方面也是资产者），这些可怜的英国资产者，在日益加重的对历史使命所负的"责任"的重荷之下呻吟，而又如此无法反抗这种历史使命！不过，就连考恩一想到从大西洋到印度洋的牢固的侵略基地加上从三角洲到开普兰的"不列颠非洲帝国"的这幅迷人妙景，也垂涎三尺。图景真不坏呀！事实上，还有比征服埃及——在一片和平景象中征服——更无耻、更虚伪、更伪善的"征服"吗！甚至这个考恩（而他无疑是英国议员中最好的一个）也衷心赞扬这类"英雄业绩"；"我国军事实力的光辉显示"。可怜的考恩！他是地地道道的不列颠"资产者"（在这个意义上）；他以为作了一笔很大而且非常有利的交易；他看不出，既然"政治"在这个事件中起作用，英国"年迈的伟人"只不过是另外一些非不列颠人的狡猾之徒手中的工具而已，而戈申之流泰然自若地承担起了对于"内部"利益的"责任"。

考恩有时迷信到这种地步，以致认为达费林勋爵真正是超群绝伦的外交天才。让这些不列颠人见鬼去吧！

评论：信中表示收到爱琳娜的信感到很开心。天气不好，威廉森医生不建议他外出。信中批评了考恩关于埃及的演说。自由派议员、前宪章主义者约瑟夫·考恩1883 年 1 月 8 日在新堡发表演说，为英国占领埃及辩解。所谓海德门的"未来的音乐"，是暗指海德门领导的民主联盟，这个联盟提出了许许多多的资产阶级民主要求。考恩是该联盟的发起人之一。

1月10日 致信恩格斯，指出：至于"小赫普纳"，我的意见是和他打"商务性"的交道。应当通知他，他可以随意翻印我们为莱比锡版写的序言，也通知他，俄国人去年出版了一种新译本。如果他认为没有我们专写的新序言就不值得翻印《宣言》，那末，他自己认为在目前情况下怎么办最合适，就让他怎么办吧。"拿手枪顶着胸口"——这是"我们自己人"的气质和风度，因此，在和小赫普纳打交道时，对此只好象对某种理所当然的事情一样勉强容忍了。

从可怜虫迈斯纳那里我收到了 1881 年的账目；照他的话说，这是不景气的一年，但是这关系不大，因为，按照他本人的通知，在 1882 年书就将近售"完"；1881 年卖掉的愈少，1882 年卖掉的就必然愈多。我的长时间的沉默一定使他不安。穆罕默德终于向他降临了；可惜我还不能寄一包校样去，这是他更想要的东西。由于长期软禁在家，解禁只是例外，特别是由于经常恶心，或者文雅地讲，用南德意志话讲，即用卡尔·布林德太太（原科亨太太）的说法，由于天天"呕吐"（这是咳嗽的结果），我至今不能尽快地进行校对。我想只要耐心和严以律己，还是会很快重新走上正轨的。

评论：信中谈到一些事情。谈到与小赫普纳打交道的办法；迈斯纳的出版社于1872 年在汉堡出版的《资本论》第一卷德文第二版的销售情况。马克思由于咳嗽，无法尽快完成《资本论》第一卷德文第三版的校对。但是，马克思认为自己只要耐心和严以律己，很快会重新走上正轨。

马克思生平大事记

1818 年

5 月 5 日　卡尔·马克思出生于普鲁士王国莱茵省的特里尔市。

1830 年

10 月　马克思进入特里尔中学学习。

1835 年

8 月 12 日　马克思在特里尔中学的毕业考试上写作了题为《青年在选择职业时的考虑》的作文。

10 月 15 日　马克思进入波恩大学法律系学习。

1836 年

10 月 22 日　马克思转入柏林大学法律系攻读法律专业。

1837 年

4—8 月　马克思钻研黑格尔哲学，参加青年黑格尔派活动，结识了其代表人物鲍威尔兄弟等人。

1839 年

年初—1841 年 3 月　马克思开始研究希腊哲学，到 1840 年年初完成了 7 本笔记，后人将之称为《关于伊壁鸠鲁哲学的笔记》。1841 年 3 月底，完成了博士论文《德谟克利特的自然哲学和伊壁鸠鲁的自然哲学的差别》的写作。

1841 年

3 月 30 日　马克思从柏林大学毕业。

下半年　马克思研究费尔巴哈的著作《基督教的本质》。

1842 年

1 月底或 2 月初—2 月 10 日　马克思撰写《评普鲁士最近的书报检查令》一文。这是马克思写的第一篇政论文章，批判普鲁士政府 1841 年 12 月 24 日颁布的新书报检查令。

4 月　马克思开始为《莱茵报》撰稿，10 月 15 日担任该报编辑。在他的影响下，《莱茵报》的革命民主主义倾向日益明确。

10 月　马克思撰写《第六届莱茵省议会的辩论（第三篇论文）。关于林木盗窃法的辩论》，这篇论文第一次站在贫困群众的立场维护他们的物质利益，并推动了马克思从事政治经济学的研究。

11 月下半月 马克思与从德国前往英国曼彻斯特经商途经科隆的恩格斯初次见面。由于马克思当时正在反对鲍威尔兄弟，恩格斯被误认为是他们的盟友，因此此次会面"十分冷淡"。

11 月底 马克思与所谓"自由人"的黑格尔左派分子组成的柏林小组决裂。黑格尔左派分子彻底坠入了脱离实际生活和政治斗争的唯心主义哲学。

12 月底—最迟 1843 年 1 月 26 日 马克思撰写《摩泽尔记者的辩护》，发表在 1843 年 1 月的《莱茵报》。这篇文章被认为是马克思关于调查研究的开篇之作，表明了马克思在青年时代就逐步确立起为受苦难的下层民众代言的鲜明立场。

1843 年

3 月 17 日 马克思退出《莱茵报》编辑部，退出声明发表于 3 月 18 日的《莱茵报》。4 月 1 日，《莱茵报》被普鲁士政府查封。

3 月中—9 月底 马克思在莱茵省的克罗伊茨纳赫撰写《黑格尔法哲学批判》。这是马克思批判黑格尔哲学的第一部著作。

5—9 月 马克思集中研究了法国、英国、德国等欧洲国家的政治学、历史学著作，留下了统称为《克罗伊茨纳赫笔记》的五本笔记。

6 月 19 日 马克思与终身革命伴侣燕妮·冯·威斯特华伦在克罗伊茨纳赫结婚。

10 月 马克思迁居巴黎，与阿尔诺德·卢格一起创办《德法年鉴》杂志。

10 月中—12 月中 马克思撰写了《论犹太人问题》和《〈黑格尔法哲学批判〉导言》两篇论文，发表于 1844 年 2 月《德法年鉴》。这两篇论文标志着马克思已经由唯心主义者转变为唯物主义者，由革命民主主义者转变为共产主义者。

1844 年

2 月 《国民经济学批判大纲》在《德法年鉴》上发表。《国民经济学批判大纲》被马克思称为"天才的大纲"。

2 月底 《德法年鉴》第一期出版。恩格斯称《德法年鉴》为德国第一家社会主义刊物，其后由于马克思和卢格之间的原则分歧，以及经济拮据等原因，该刊未能继续出版。

3 月 26 日 马克思与卢格决裂。卢格对马克思带给《德法年鉴》的共产主义倾向持否定态度。

5 月底 6 月初—8 月 马克思撰写《1844 年经济学哲学手稿》，这是马克思第一次试图对资本主义经济制度和资产阶级政治经济学进行批判性考察，并初步阐述自己新的经济学、哲学观点和共产主义思想的一部早期文稿。

8 月 28 日前后 马克思和到达巴黎的恩格斯会面。此次会面后两人开始了伟大的友谊、共同的科学研究事业和共同的革命事业。

9—11 月 马克思与恩格斯合作撰写他们的第一部作品。这部作品他们打算题名为《神圣家族，或对批判的批判所做的批判。驳布鲁诺·鲍威尔及其伙伴》。

11 月　马克思结束了《神圣家族，或对批判的批判所做的批判。驳布鲁诺·鲍威尔及其伙伴》一书的写作，将手稿送交法兰克福的出版商。在排印过程中马克思在本书的标题上又加了"神圣家族"。

1845 年

2 月 3 日　马克思因为批评普鲁士政府被法国驱逐，被迫迁往比利时首都布鲁塞尔。

2 月 24 日前后　马克思和恩格斯合著的《神圣家族，或对批判的批判所做的批判。驳布鲁诺·鲍威尔及其伙伴》一书出版。《神圣家族》是马克思和恩格斯在确立无产阶级世界观的理论基础即辩证唯物主义和历史唯物主义过程中的一个重要里程碑。列宁指出："它奠定了革命唯物主义的社会主义的基础。"

春天　马克思写成《关于费尔巴哈的提纲》，恩格斯称之为"包含着新世界观的天才萌芽的第一个文献"。

秋天—1846 年 5 月　马克思和恩格斯撰写《德意志意识形态》。马克思和恩格斯对以费尔巴哈、鲍威尔和施蒂纳为代表的各式各样唯心史观进行了深刻的分析和批判，阐述了唯物史观的基本内容，马克思和恩格斯完成了对自己从前的哲学信仰的清算，标志着唯物史观的创立。

12 月 1 日　马克思得知普鲁士政府要求比利时政府将其驱逐出比利时的消息后，放弃了普鲁士的国籍。

1846 年

年初　马克思和恩格斯在布鲁塞尔建立了"共产主义通讯委员会"。这是马克思和恩格斯建立无产阶级政党的准备步骤。

3 月 30 日　马克思和恩格斯在布鲁塞尔共产主义通讯委员会的会议上，尖锐地批评了魏特林的"真正的社会主义"和粗糙的平均共产主义。

4 月底　马克思和恩格斯结识了从德国流亡来的威廉·沃尔弗，后者成了马克思和恩格斯的忠实战友和朋友。

5 月 11 日　马克思和恩格斯合作撰写《反克利盖的通告》，批判了以克利盖为代表的"真正的社会主义"。该文 5 月以石印单行本发表。

12 月 28 日　马克思写信给俄国作家巴·瓦·安年柯夫，批判了蒲鲁东的《经济矛盾的体系，或贫困的哲学》一书。

1847 年

1 月—6 月 15 日　马克思写作《哲学的贫困。答蒲鲁东先生的〈贫困的哲学〉》一书。

1 月 20 日　正义者同盟伦敦委员会派代表约瑟夫·莫尔到布鲁塞尔和巴黎，邀请马克思和恩格斯加入同盟并帮助改组同盟。马克思和恩格斯在确信同盟领导者愿意改组同盟并接受科学共产主义原理作为纲领基础后，同意参加同盟。

7 月初　马克思《哲学的贫困。答蒲鲁东先生的〈贫困的哲学〉》一书出版。马克思主义的新世界观与马克思主义经济学的"决定性的东西"，第一次通过这本著作公开问世。

11月29日—12月8日　马克思和恩格斯参加共产主义者同盟第二次代表大会的工作。大会委托马克思和恩格斯以宣言形式制定共产主义者同盟纲领，并批准共产主义者同盟章程。

12月9日—1848年1月底　马克思和恩格斯合作撰写《共产党宣言》。

1848年

1月—1849年8月　欧洲多国爆发资产阶级民主民族革命，史称"1848年欧洲革命"。马克思和恩格斯不但亲身参加了革命斗争实践，而且总结了革命的历史经验，为马克思后来写出《1848年至1850年的法兰西阶级斗争》《路易·波拿巴的雾月十八日》等著作提供了坚实的实践和理论基础。

2月底　《共产党宣言》第一个德文单行本在伦敦出版。

3月11日　共产主义者同盟中央委员会在巴黎成立。马克思当选为委员会主席。

3月21—29日　马克思和恩格斯撰写《共产党在德国的要求》，这是共产主义者同盟在德国民主革命中的政治纲领。

6月1日　马克思主编的《新莱茵报》创刊号在科隆出版。这是世界上最早的马克思主义报纸，德国和欧洲无产阶级革命民主派机关报，也是1848—1849年德国民主革命中最著名的民主派左翼报纸。

8月4日　马克思和恩格斯参加科隆民主协会的全体大会。马克思尖锐地批评了魏特林把政治运动和社会运动分开来的论点，指出社会利益和政治利益是密切联系的，并揭露了魏特林对德国民主革命任务的无知。

9月底—10月上半月　9月26日起，《新莱茵报》被勒令停止出版，报纸因被封而引起了经济上和组织上的巨大困难。马克思为《新莱茵报》的复刊进行了顽强的斗争。

1849年

2月7日　马克思和恩格斯因《新莱茵报》被控侮辱检察长茨魏费尔和诽谤宪兵而受审，马克思和恩格斯利用这次审讯当众揭露普鲁士政府实行反革命政变的罪行。陪审法庭宣告马克思和恩格斯及该报发行负责人科尔夫无罪。

4月5—8日和11日　马克思根据1847年12月在布鲁塞尔德意志工人协会发表的演说写成的《雇佣劳动与资本》，在《新莱茵报》陆续发表，后因报纸停刊连载中断。1880年该著作单行本在布雷斯劳出版。

5月16日　普鲁士政府下令将马克思驱逐出境，企图用这种办法迫使《新莱茵报》停刊。

5月19日　由于马克思被逐出普鲁士，恩格斯和其他编辑又遭到迫害，《新莱茵报》用红色油墨出版了最后一号。

8月23日　马克思写信告诉恩格斯，说他被从巴黎驱逐到布列塔尼的沼地，因此他决定前往伦敦。马克思建议恩格斯也到伦敦去，以便在那里一起出版杂志。

8 月 26 日前后 马克思来到伦敦，着手筹办《新莱茵报。政治经济评论》。

12 月 15 日 马克思和恩格斯草拟关于《新莱茵报。政治经济评论》即将出版的"启事"。

年底—1850 年 11 月 马克思撰写《1848 年至 1850 年的法兰西阶级斗争》一书，这部著作是由马克思为《新莱茵报。政治经济评论》杂志撰写的一组文章组成。1895 年，该书单行本在柏林出版。

1850 年

1—2 月 以马克思和恩格斯为首的共产主义者同盟中央委员会着手改组共产主义者同盟。

3 月 6 日 《新莱茵报。政治经济评论》第 1 期在汉堡出版。由于德国当局的迫害和资金的缺乏，1850 年 11 月杂志出版至第 5、6 两期合刊后，自动停刊。马克思的《1848 年至 1850 年的法兰西阶级斗争》、恩格斯的《德国维护帝国宪法的运动》《德国农民战争》等重要著作均首次在该杂志发表。

3 月和 6 月 马克思和恩格斯共同起草了两篇《共产主义者同盟中央委员会告同盟书》。

7 月 马克思和恩格斯领导的社会民主主义流亡者委员会为流亡者建立宿舍、食堂，并且为需要工作的人建立生产作坊。

9 月—1853 年 8 月 马克思重新阅读了斯密和李嘉图以及其他经济学家的大量著作，写下 24 本摘录笔记，即

《伦敦笔记》。这是 1848 年欧洲革命失败后，马克思为迎接新的革命高潮的到来加紧研究政治经济学的阶段性成果。

11 月中旬 为了在物质上帮助马克思，恩格斯当时重新回到其父亲的公司任职。马克思从此时起频繁与迁居曼彻斯特的恩格斯通信。

1851 年

4 月—6 月中旬 马克思在大英博物馆系统研究了资产阶级政治经济学著作，以及雇佣劳动和资本的关系。

8 月 8 日 马克思接受《纽约每日论坛报》的邀请为该报撰稿。在恩格斯的帮助下，马克思为该报撰稿到 1862 年 3 月。马克思由此获得一定的经济收入。

约 12 月中—1852 年 3 月 25 日 马克思撰写《路易·波拿巴的雾月十八日》一书。马克思在这本著作中第一次提出了工人阶级必须打碎资产阶级国家机器，建立工人阶级专政的重要原理，从而进一步检验、充实和发展了关于无产阶级革命和无产阶级专政的理论。

1852 年

5—6 月 马克思和恩格斯收集关于德国小资产阶级流亡者活动家们的材料，并写作《流亡中的大人物》一书，揭露小资产阶级流亡者玩弄革命阴谋的有害活动，并阐述共产主义的政治立场和理论主张。

10 月底—12 月初 马克思撰写了《揭露科隆共产党人案件》一书，抨击普鲁士政府对共产主义者"煽动叛国"和"密谋"的污蔑。

11 月 17 日　在共产主义者同盟伦敦区部会议上，马克思提议解散共产主义者同盟，因为在欧洲反动势力猖獗，共产主义者同盟盟员遭到逮捕的情况下，同盟实际上已不存在。马克思的提议被通过。

1853 年

1 月　马克思的著作《揭露科隆共产党人案件》一书在巴塞尔出版。

4 月底　马克思《揭露科隆共产党人案件》的单行本在美国波士顿出版。

5 月 20 日　马克思写了《中国革命和欧洲革命》一文。他在这篇文章中分析了中国太平军起义的原因和性质，并指出中国事变对欧洲经济和政治发展的深刻影响。

10 月 4 日—12 月 6 日　马克思深入分析英国蓝皮书、议会报告、外交文献和报刊材料，并在这一基础上写了一系列批判揭露英国政治家帕麦斯顿的文章，指出帕麦斯顿勋爵是当权的政治寡头的代表。

1854 年

1—12 月　马克思继续研究政治经济学。系统地收集有关具体经济的统计资料和其他资料。

6—7 月　随着西班牙革命事件的迫近，马克思开始研究西班牙历史。

12 月—1855 年 1 月　马克思重读他前几年写下的政治经济学笔记，并作了简单的纲要，加上了"货币、信贷、危机"的标题。

12 月 2 日前后　马克思接到由拉萨尔转来的请他给德国资产阶级民主派报纸《新奥德报》撰稿的建议，马克思接受了这一邀请。

1855 年

3 月 18 日　马克思在给恩格斯的信中表示必须在《纽约每日论坛报》上发表揭穿反动的泛斯拉夫主义思想的文章。

6 月 24 日　马克思和李卜克内西参加了在伦敦海德公园举行的群众性示威活动，反对有损人民群众利益的"禁止星期日交易法案"。

12 月 12 日—1856 年 1 月　马克思几次会见鲍威尔兄弟，马克思在写给恩格斯的信中对他们的观点作了批判性的评价，特别对布鲁诺·鲍威尔蔑视工人运动的态度提出了尖锐的批评。

1856 年

2—4 月　马克思在大英博物馆里研究 17 世纪末至 18 世纪上半叶的外交文件以及有关英俄关系的历史著作。

4 月上半月　马克思几次会见卡·沙佩尔。沙佩尔承认在共产主义者同盟分裂时期自己采取宗派冒险主义立场的错误，并对他和维利希一起参加反对马克思和恩格斯及其拥护者的派别斗争表示后悔。

4 月 14 日　马克思参加宪章派机关报《人民报》创刊四周年纪念会，发表了关于无产阶级的世界历史使命的演说。马克思指出，1848—1849 年革命没有最后完成，强调资本主义社会的矛盾必然导致社会革命和无产阶级胜利。

约 7 月初　马克思事先同恩格斯和沃尔弗作了研究，然后在给米凯尔的信中详细地论述了德国即将到来的革命的性质和动力问题。

10 月　鉴于经济危机日益临近，马克思重新开始研究政治经济学，重点研究了白银问题。

1857 年

1 月 7 日　马克思给《纽约每日论坛报》编辑部寄去一篇关于英中在广州发生冲突的文章。文章详细分析了作为在中国爆发第二次鸦片战争的导火线的中国走私船"亚罗号"事件，指出"在全部事件的过程中，错误是在英国人方面"。

7 月—1858 年 5 月　马克思撰写《1857—1858 年经济学手稿》，这部手稿被视为《资本论》的最初稿，马克思第一次制定了他的价值理论，并在此基础上制定了剩余价值理论。

7 月—1860 年 11 月　马克思和恩格斯受邀为《美国新百科全书》撰写军事方面的条目，许多条目是两人合作的成果。

8 月底—9 月中旬　马克思着手写作他的经济学著作《政治经济学批判》，草拟了这一著作的"导言"。"导言"简要地分析了资本主义制度下生产与分配、交换、消费之间的一般关系，以及生产力和生产关系之间、生产关系和法的关系、家庭关系等关系之间的辩证联系问题，阐明了辩证逻辑方法及其在政治经济学研究中的运用和发展等问题。

1858 年

1 月上半月　马克思在给恩格斯的信中表示，如果有时间，他"很愿意用两三个印张把黑格尔所发现、但同时又加以神秘化的方法中所存在的合理的东西阐述一番，使常人的理智都能够理解"。

4 月 2 日　马克思在给恩格斯的信中说明了他的经济学著作的详细计划。著作将包括六册：（1）资本；（2）土地所有制；（3）雇佣劳动；（4）国家；（5）国际贸易；（6）世界市场。

8 月 31 日—9 月 28 日　马克思撰写了一组关于对华鸦片贸易史和《天津条约》的文章，分别为《鸦片贸易史》《英中条约》《中国和英国的条约》。

9 月 20 日和 21 日　马克思为《纽约每日论坛报》写了一篇论述对华条约的文章和一篇批评马志尼的新宣言的文章。前一篇没有发表。

1859 年

1 月　马克思旨在研究资本主义生产方式和批判资产阶级政治经济学，计划写成 6 册的经济学巨著的第一分册脱稿，马克思在 1858 年 8 月就开始了这一分册的写作。

2 月 23 日　马克思把《政治经济学批判》的序言寄给柏林的出版商敦克尔。马克思在这篇序言中对唯物史观基本原理作了经典性的表述。

4 月 19 日　马克思写信给拉萨尔，批判了拉萨尔主义极其有害的特点之一，就是否认农民运动的革命性质，力图把农民描绘成反动阶级。马克思在分析拉萨尔的剧本时，阐述了一系列有关文学和美学的重要原理。

6 月 11 日　马克思的著作《政治经济学批判。第一分册》在柏林出版。

7 月 3 日前后　马克思从曼彻斯特返回伦敦后，担任了《人民报》的实际领导工作和编辑工作，他打算不仅利用这家报纸作为宣传革命无产阶级思想的讲坛，而且在一旦发生革命事件时就把它变成建立无产阶级政党的组织中心。

9 月 13—30 日　马克思以"新的对华战争"为题写了一组文章，揭露了英法殖民主义者的行为，尖锐地抨击了帕麦斯顿政府掠夺性的殖民政策。

11 月中　马克思撰写了《对华贸易》一文，以中国为例，揭露了欧洲殖民主义者对亚洲各国的掠夺行为。

1860 年

1 月—2 月初　马克思继续写研究资本诸问题的《政治经济学批判》第二分册。为此，他经常到英国博物馆去研究资产阶级政治经济学家的著作，并重新阅读恩格斯的《英国工人阶级状况》。

1 月 11—26 日　马克思和恩格斯继续密切关注美国和俄国日益迫近的革命危机。马克思在给恩格斯的信中强调指出，美国黑奴为争取消灭奴隶制的斗争和俄国废除农奴制的运动是当代最重大的事件。

2—11 月　马克思撰写《福格特先生》，反击庸俗民主主义者、波拿巴主义的代理人卡尔·福格特的诽谤性著作《我对〈总汇报〉的诉讼》。12 月以单

行本形式在伦敦出版。

11 月底—12 月 19 日　马克思研究自然科学，阅读达尔文的《物种起源》一书。马克思在给恩格斯的信中指出，此书为"我们的观点提供了自然史的基础"。

1861 年

5 月 7—10 日　马克思和恩格斯就在德国出版报纸的问题通信交换意见，由于拉萨尔提出由他领导编辑部的要求无法接受，马克思和恩格斯拒绝了拉萨尔关于共同办报的建议。

6 月—1862 年 11 月　由于美国爆发内战，马克思和恩格斯特别注意研究美国内战发生的原因。马克思在认真研究美国报刊及其他资料的基础上得出结论：美国战争的基本内容是奴隶制问题。

8 月—1863 年 7 月　马克思撰写《1861—1863 年经济学手稿》，分析了劳动和资本的关系，详细考察了有关劳动和资本的对立的各个方面，系统地研究和论述了绝对剩余价值生产和相对剩余价值生产，第一次详细分析了资本主义生产范围内提高劳动生产力的三种主要形式：协作、分工和机器或科学力量的应用。

1862 年

1—2 月　马克思着手写作《剩余价值理论》。

7 月 30 日—9 月 10 日　马克思和恩格斯密切关注着美国内战，就战争的前景通信交换意见。

10 月上半月—1864 年 9 月　马克

思和恩格斯同从流亡中回到德国的威廉·李卜克内西保持通信，从他那里得到关于德国工人运动的消息。马克思指导李卜克内西在德国工人中间宣传科学共产主义思想的实际活动。

12 月　马克思撰写"资本和利润"章的初稿，这一章的内容相当于后来的《资本论》第三卷开头的 3 篇。

12 月 28 日　马克思在给 1848 年欧洲革命的参加者德国医生路德维希·库格曼的信中说，他打算把《政治经济学批判。第一分册》的续篇作为单独的著作出版，用"资本论"作书名，并用"政治经济学批判"作副标题。

1863 年

1 月　马克思结束了《剩余价值理论》主要篇章的写作，后来计划把这一部分作为《资本论》的理论史部分出版。同时他编写《资本论》第 1 部分和第 3 部分的提纲，这两部分成了后来《资本论》第 1 卷和第 3 卷的基础。

2 月中　马克思和恩格斯收到波兰开始起义的消息。他们认为用革命方法解决波兰问题的意义重大，于是决定以伦敦德意志工人共产主义教育协会的名义就波兰起义问题发表呼吁书。

4 月初—1864 年 9 月上半月　马克思和恩格斯继续密切关注德国工人运动的发展。马克思在给李卜克内西的信中就拉萨尔开始鼓动的问题拟定了无产阶级革命家对拉萨尔的活动的策略，决定暂时不公开反对拉萨尔。

7 月—1865 年年底　马克思撰写《1863—1865 年经济学手稿》。这部手稿

被视为《资本论》的第三个手稿，建立起了《资本论》三卷的结构体系。这部手稿的第一册是《资本的生产过程》，第二册是《资本的流通过程》，第三册是《总过程的各种形态》。

8 月—1865 年 12 月　马克思决定用更为系统的形式来表述自己的经济学著作的理论部分，着手撰写新稿。经过艰辛的劳动，马克思完成了《资本论》理论部分三册的新的手稿。

1864 年

5 月 13 日　马克思和恩格斯等人参加革命战友沃尔弗的葬礼，马克思在墓前致诀别词。

9 月 28 日　马克思出席在圣马丁堂举行的国际工人会议。这次会议通过了成立国际工人协会的决议，马克思当选为协会临时委员会委员。

10 月 21—27 日　马克思重新起草了国际工人协会的纲领性文件——《国际工人协会成立宣言》和《协会临时章程》。这些文件得到起草委员会的赞同。

1865 年

1 月 24 日　马克思应《社会民主党人报》编辑部的请求，撰写文章尖锐地批判了蒲鲁东的反动小资产阶级意识形态，同样也抨击了拉萨尔的机会主义。马克思关于防止资产阶级分子钻入第一国际总委员会，巩固国际无产阶级核心的提议获得通过。

7 月 31 日　马克思写信告知恩格斯他写作《资本论》的情况。马克思还需要写 3 章才能完成这部三卷本的著作的

理论部分，此外，他还要写第四卷，专门讲述历史文献部分。

1866 年

2 月 13 日前后　马克思依照恩格斯的建议，决定首先出版《资本论》第一卷。

3 月上半月　马克思为捍卫第一国际的无产阶级性质而同资产阶级倾向进行斗争。这种倾向是由马志尼分子、小资产阶级民主主义者和英国工联改良派领袖组成的反对派带到总委员会里来的。

10 月 13 日　马克思在给库格曼的信中叙述了《资本论》的总结构，这部著作打算分四册：第一册　资本的生产过程。第二册　资本的流通过程。第三册　总过程的各种形式。第四册　理论史。

1867 年

1 月上半月　马克思继续写作《资本论》。

4 月 2 日　马克思在信中告诉恩格斯他已经写完《资本论》第一卷，并打算亲自将手稿送到汉堡出版商那里。

4 月下半月—6 月　马克思和恩格斯通过各种渠道报道《资本论》第一卷即将出版的消息，并筹备把该书译成英文和法文。

8 月 16 日　马克思看完《资本论》第一卷最后一个印张的校样。他在给恩格斯的信中衷心感谢恩格斯在他写作这部著作期间所给予的无私帮助。

8 月 24 日前后　马克思继续写作《资本论》第二卷。他考察了有关固定资本周转的问题。

9 月 14 日　马克思的政治经济学著作《资本论》第一卷德文第一版在汉堡迈斯纳出版社出版。该书研究了资本主义生产方式以及和它相适应的生产关系和交换关系，目的是揭示现代社会即资本主义社会的经济运动规律。

1868 年

4 月底　马克思研究利润率和剩余价值率之间的关系问题。他在给恩格斯的几封信中把自己研究这个问题的结论以及《资本论》后两卷的计划告诉了恩格斯，并且特别详细地叙述了第三卷的内容。

9 月 6—13 日　在布鲁塞尔举行的国际代表大会上宣读和讨论了马克思写的总委员会总结报告。参加此次会议的德国代表们还提出一项决议案，建议所有国家的工人都来学习马克思的《资本论》，促使它翻译成各种语言。

9 月 16 日　马克思致信给恩格斯，建议恩格斯写一本介绍《资本论》的通俗小册子。该计划没有实现。

12 月 22 日　第一国际总委员会在会议上一致赞同马克思关于拒绝巴枯宁的同盟加入国际工人协会的决议草案。

1869 年

1 月底　马克思计划出版自己的著作《路易·波拿巴的雾月十八日》的第二版。他重新通读和校订单行本的全文，然后把它寄给在汉堡的迈斯纳。

3—4 月　马克思在健康状况很差的情况下坚持国际工人协会繁重的事务工作和《资本论》的写作。

3 月底—4 月上半月　马克思和恩格斯密切关注德国工人运动的发展，尤其是李卜克内西和倍倍尔领导的组织与以施韦泽为首的组织之间发生的尖锐斗争。

10 月 30 日　鉴于德国资产阶级报刊掀起反对巴塞尔代表大会（国际工人协会第四次代表大会）关于把土地变为公有的决议的运动，马克思在致恩格斯的信中尖锐地批评李卜克内西和《人民国家报》所采取的犹豫不决和摇摆不定的立场。

1870 年

1 月 24 日　马克思在致德・巴普的信中详细说明了巴枯宁派在第一国际中的分裂活动。

3 月 10 日前后　马克思重新执笔写作《资本论》。

6 月 28 日　马克思在第一国际总委员会会议上发言谈到瑞士罗曼语区联合会的分裂，并建议作出一项决议支持原先的联合会委员会反对巴枯宁派的斗争。

7 月 26 日　马克思向第一国际总委员会宣读了他所写的关于普法战争的宣言。总委员会批准了宣言，决定用英文出版一千份并译成其他语言。

9 月 9 日　马克思在第一国际总委员会的非常会议上宣读他所写的关于普法战争的第二篇宣言。第二篇宣言经总委员会通过后，用英文出版一千份。

1871 年

1 月上半月　马克思和恩格斯通过第一国际总委员会组织了对被监禁的德国社会民主工党人的家属的经济援助。

3 月 18 日　巴黎工人举行起义，推翻了资产阶级反动统治，建立了无产阶级革命政权。3 月 28 日，巴黎公社成立。

3 月 19 日—5 月　马克思和恩格斯得到巴黎发生革命的消息后，仔细研究了巴黎的局势和巴黎公社活动的情报，同公社社员们建立了联系，并在关于国内外政策的各种问题上帮助他们。马克思和恩格斯组织各个国家的工人举行保卫巴黎革命无产阶级和巴黎公社的群众大会和活动。

4 月 12 日和 17 日　马克思在给库格曼的信中，援引了自己在《路易・波拿巴的雾月十八日》这一著作中提出的无产阶级必须摧毁资产阶级的军事官僚国家机器的结论，指出巴黎公社为把这一点付诸实践做了尝试。马克思赞扬公社社员们的英雄气概，同时也提出了公社的错误和弱点。

4 月 18 日—6 月初　马克思受第一国际总委员会的委托，用英文起草关于法兰西内战的宣言。宣言的目的是揭示巴黎公社的世界历史意义和对公社的经验进行理论的概括。

6 月 13 日前后　《法兰西内战》在伦敦印成小册子出版。

6—12 月　马克思和恩格斯组织对巴黎公社流亡者的救济和援助。

9 月 24 日　马克思在伦敦国际工人协会成立七周年纪念会上论述了国际的任务和目的，阐明了巴黎公社的阶级实质。

11 月 23 日　马克思在写给在美国的波尔特的信中，指出第一国际在与宗派主义斗争中的作用，强调建立第一国际就是为了用名副其实的工人阶级的组织代替社会主义的、半社会主义的宗派来进行斗争。

12 月 19 日　马克思向第一国际总委员会报告了英国政府开始对流亡的公社社员进行迫害的意图，说明了俾斯麦对无产阶级采取的反动政策，认为这种政策必然会使工人阶级进一步团结在第一国际的周围。

1872 年

3—8 月　马克思和恩格斯在同无政府主义者及其他小资产阶级分子的斗争中捍卫第一国际的纲领原则和组织原则，同时进行第一国际代表大会的筹备工作。

3 月 5 日　马克思把他和恩格斯共同起草的通告《所谓国际内部的分裂》提交第一国际总委员会，通告揭穿了巴枯宁主义这种同工人运动不相容的小资产阶级宗派主义的实质。

3 月 13—18 日　马克思起草巴黎公社一周年纪念大会的决议，把公社称为"伟大的社会革命的曙光"。

3 月 27 日　《资本论》第一卷俄文第一版在俄国出版。这是该书的第一个外文译本。

5 月底　马克思和恩格斯写的第一国际总委员会内部通告《所谓国际内部的分裂》在日内瓦出版。

5 月—1873 年 1 月　恩格斯连续撰写了三篇以住宅问题为主题的文章，分别为《蒲鲁东怎样解决住宅问题》《资产阶级怎样解决住宅问题》《再论蒲鲁东和住宅问题》，批判了蒲鲁东主义和资产阶级改良主义，阐发了科学社会主义理论，揭示了资本主义制度下住房短缺的根源是统治阶级的剥削和压迫。1872 年 12 月—1873 年 3 月，《人民国家报》出版社在莱比锡分别出版了三篇文章的单行本。1887 年 3 月，《人民国家报》出版社把三篇文章编在一起定名为《论住宅问题》出版，恩格斯作了一些修改和补充，并写了一篇序言。

6 月 24 日　马克思和恩格斯为 7 月将在莱比锡出版的《共产党宣言》德文版撰写序言。在序言中，马克思和恩格斯强调指出，巴黎公社的经验证明工人阶级必须摧毁旧的国家机器。

7 月—1873 年 5 月　《资本论》第一卷德文第二版陆续分册出版。

9 月 1 日　马克思和恩格斯到海牙参加第一国际的第五次年度代表大会。

9 月 2—7 日　马克思和恩格斯领导第一国际海牙代表大会的工作。这次大会挫败了巴枯宁分子分裂第一国际的阴谋。

9 月下半月—12 月　马克思和恩格斯写信给各国的第一国际会员，说明第一国际海牙代表大会关于号召工人阶级建立独立政党的决议的意义。

9 月 17 日—1875 年年底　《资本论》第一卷法文版陆续分册出版。

1873 年

2 月 12 日　马克思写信给第一国际总委员会委员弗·波尔特，指出国际海牙代表大会的伟大成绩在于把"腐烂分子"从第一国际中清除出去了。

3 月 24 日　马克思和恩格斯应国际工人协会不列颠联合会委员会的邀请，

出席伦敦的第一国际会员和流亡公社社员举行的巴黎公社两周年纪念大会。

5月中　《资本论》第一卷德文第二版最后一分册出版。5月底6月初，各分册合订成书出版。

9月27日　马克思写信给左尔格，分析了第一国际当前的状况，并且表示第一国际作为工人运动的组织形式在历史上已经过时了。

12月28日前后　马克思从库格曼那里得到他请求返回德国的答复，答复说只有在他放弃革命活动的条件下才能回德国。

1874年

2月—4月中　马克思的健康状况再度恶化。

8月初　马克思试图取得英国国籍，并向英国内务部提出了相应的申请书。申请被拒绝，借口是马克思对普鲁士君主不忠顺。

10月28日—12月18日　马克思的著作《揭露科隆共产党人案件》第一次在德国的《人民国家报》上发表。

1875年

1月底　马克思完成《资本论》第一卷法译本最后三个分册的审阅工作并将书稿寄往巴黎。

5月5日　马克思寄给威廉·白拉克一封信，信中附有题为《德国工人党纲领批注》的对德国工人党纲领的批评意见，后来这些批评意见和信件一起被称为《哥达纲领批判》。

5月20日—8月　为了说明剩余价值率同利润率的差别，马克思作了多次计算。他所做的这项工作，以后成为《资本论》第三卷第三章的基础。

9月20日—10月　马克思又开始研究政治经济学，花费大量时间研究俄国的土地关系。

年底　马克思亲自校订的法文版《资本论》第一卷最后一分册出版。在该书的跋中，马克思指出《资本论》法文版和德文版一样具有独立的科学价值。

1876年

年初　《资本论》第一卷法文版合订成书出版。

2月7日　马克思和恩格斯在伦敦德意志工人共产主义教育协会创立三十六周年纪念大会发表演说。马克思在发言中强调了德国第一批无产阶级组织特别是共产主义者同盟所遵循的国际主义原则。

2月中　马克思研究《资本论》第三卷的问题时，针对庸俗经济学家凯里的"级差地租和地租只是投入土地的资本的利息"这一观点写了几段评语。后来恩格斯把评语编入《资本论》第三卷第四十四章。

5月24—26日　由于德国小资产阶级思想家欧·杜林的反马克思主义观点在德国社会主义工人党部分党员中间影响日益扩大，马克思和恩格斯认为必须批判杜林的观点。

5月底　为批判杜林的错误观点，肃清他在德国社会主义工人党内造成的恶劣影响，恩格斯开始准备写作批判杜林的著作《欧根·杜林先生在科学中实行的变革》（即《反杜林论》），这部著作于 9 月开始写作，到 1878 年 6 月完成。《反杜林论》由三编构成，第一编于 1877 年 7 月，第二、三编于 1878 年 7 月以单行本形式出版。1878 年 7 月，在莱比锡出版了《反杜林论》第一版，标题为《欧根·杜林先生在科学中实行的变革。哲学·政治经济学·社会主义》。1886 年《反杜林论》第二版在苏黎世出版。

9 月 23 日—1877 年 8 月　马克思和白拉克通信，谈出版普·利沙加勒《公社史》德文版问题。马克思认为传播这一著作是德国社会主义工人党〔1875 年 5 月，德国社会民主工党（爱森纳赫派）和全德工人联合会（拉萨尔派）合并成立了德国社会主义工人党，1890 年改名为德国社会民主党〕的一件重要事情，并亲自校订该书译文。

1877 年

3 月底　马克思恢复整理《资本论》第二卷的手稿。

9 月 27 日　马克思写信告诉左尔格，他正在根据俄国原文资料研究俄国的局势。马克思认为俄国正处在革命的前夜，革命的一切因素都已具备。

10 月 19 日　马克思把《资本论》第一卷手稿寄给左尔格以便译成英文，并指出在准备出美国版的时候对正文应该作哪些修改。美国版没有出成。

10—11 月　马克思撰写《给〈祖国纪事〉编辑部的信》，阐述了俄国社会发展道路和社会历史研究中的科学方法。

1878 年

1878—1882 年　马克思系统地钻研代数学，研究并摘录拉克鲁瓦、马克费林、欧勒、波茨等人的论文，作了许多笔记，写了微分学简史。

11 月下半月—12 月　马克思写作《资本论》第二卷和第三卷，研究了土地关系史料。

12 月—1879 年 1 月　马克思继续仔细地研究金融和银行业，作了大量摘录和笔记。

1879 年

1—12 月　马克思继续进行政治经济学的研究工作，特别是研究俄国和美国的文献资料。

6—7 月　马克思和恩格斯为准备出版德国社会主义工人党的秘密中央机关报采取了一系列措施。

6 月中—9 月　马克思和恩格斯在给工人运动活动家的信中，批评莫斯特领导的"左派"无政府主义立场，批评莫斯特在他编辑的《自由》周报上攻击德国社会主义工人党领导的全部活动，特别是攻击该党对国会讲坛的利用。

9 月 17—18 日　马克思和恩格斯共同起草《给奥·倍倍尔、威·李卜克内西、威·白拉克等人的通告信》，批评在《反社会党人非常法》实施以后德国社会主义工人党内出现的右倾机会主义倾向。

下半年—1881 年年初　马克思撰写《评阿·瓦格纳的〈政治经济学教科书〉》，论述了价值理论的重要原理。

1880 年

3 月底　马克思为《平等报》发表他的著作《哲学的贫困》写前言。

5 月 4 日—5 日前后　马克思给恩格斯的《空想社会主义和科学社会主义》（1883 年出版德文单行本时书名改为《社会主义从空想到科学的发展》）一书的法文版单行本写前言，称之为"科学社会主义的入门"。

10 月—1881 年 3 月　马克思继续写《资本论》第二卷和第三卷，研究了大量官方文件和关于美国经济发展的文献。

夏—1881 年夏　马克思研究文化人类学著作，留下了大量的笔记，后人出版时称之为《人类学笔记》或《民族学笔记》或《古代社会史笔记》。

1881 年

1 月中旬—2 月　马克思收到纽文胡斯的《资本和劳动》（对《资本论》第一卷的概述）一书后，指出该书再版时应更正的地方。

3 月 8 日　马克思给俄国女革命家查苏利奇回信，再次谈到对俄国发展道路的看法。

3 月 21 日　马克思和恩格斯向斯拉夫人为纪念巴黎公社十周年在伦敦举行的大会写信表示祝贺。

6 月初　马克思同海德门断绝了一切关系。后者为了达到沽名钓誉、成为英国工人运动首领的目的而同马克思接近并自称为马克思的学生。

约 8 月底—9 月　马克思开列他所有的俄国书籍和资料清单（主要是关于 1861 年后俄国社会经济发展的），题为《我书架上的俄国资料》。阅读并摘录埃·雷·于克的《中华帝国》一书。

10 月 13 日前后—12 月上半月　马克思患重病。

12 月 2 日　马克思的妻子燕妮·马克思逝世。恩格斯在 5 日的葬礼上发表讲话并撰文悼念燕妮·马克思。

约年底—1882 年年底　马克思研究世界通史。研究的成果汇集成《编年大事记》这一著作，该著作扼要评述了欧洲的历史事件（从公元前 1 世纪到公元 17 世纪）。

年底—1882 年　马克思撰写《关于俄国 1861 年改革和改革后的发展的札记》。这是马克思系统地整理和概括他所研究的关于俄国的资料和文献的开始。

年底—1882 年　马克思研究世界通史，留下四本笔记本的手稿，恩格斯在整理这份手稿时，加上了《编年摘录》这一标题。后人出版时将之称为《历史学笔记》。

1882 年

1 月 21 日　马克思和恩格斯为格·瓦·普列汉诺夫翻译的《共产党宣言》俄译本写序言。该序言的俄译文于 1882 年 2 月 5 日发表在《民意》杂志上。

10 月 30 日—1883 年 1 月 12 日　马克思住在文特诺尔，准备《资本论》第一卷德文第三版的出版工作。

11 月　马克思密切关注马·德普勒所作的电能远距离传送的实验，要恩格斯也注意这些实验并征询意见。

11 月 11—23 日　马克思和恩格斯就法国工人党状况交换了意见，对盖得和拉法格在同法国可能派的斗争中所犯的策略上的错误进行了批评。

12 月 8 日　马克思通过恩格斯建议德国社会主义工人党中央机关报编辑部揭穿俾斯麦的"国家社会主义"。

12 月 17 日　马克思阅读恩格斯的《马尔克》手稿。在给恩格斯的信中，他对该文给予了很高的评价。

1883 年

1 月 12 日　马克思获悉自己女儿燕妮·马克思于 1 月 11 日去世的消息后返回伦敦。他的健康状况急剧恶化。

3 月 14 日（14 时 45 分）　卡尔·马克思在伦敦的寓所里逝世。

3 月 17 日　卡尔·马克思被安葬在伦敦的海格特公墓。恩格斯发表了墓前悼词，说明了马克思作为科学社会主义奠基人的理论遗产和实际革命活动的世界历史意义。

年底　恩格斯出版了《资本论》第一卷德文第三版。

1887 年

1 月初　经恩格斯审定并附有恩格斯所写《序言》的《资本论》第一卷英文版出版。

后 记

习近平总书记在庆祝中国共产党成立 100 周年大会上的讲话中强调："马克思主义是我们立党立国的根本指导思想，是我们党的灵魂和旗帜。中国共产党坚持马克思主义基本原理，坚持实事求是，从中国实际出发，洞察时代大势，把握历史主动，进行艰辛探索，不断推进马克思主义中国化时代化，指导中国人民不断推进伟大社会革命。中国共产党为什么能，中国特色社会主义为什么好，归根到底是因为马克思主义行！"中国社会科学院马克思主义研究院摘编出版《马克思思想年编》是学习习近平新时代中国特色社会主义思想，推进马克思主义中国化时代化大众化，继续发展 21 世纪马克思主义、当代中国马克思主义的尝试和努力。2021 年是中国共产党成立 100 周年，本年编也是向党的百年华诞的献礼。

《马克思思想年编》由中国社会科学院马克思主义研究院组织编撰，由中国社会科学院副院长、党组成员，当代中国研究所所长兼马克思主义研究院院长姜辉担任主编，中国社会科学院马克思主义研究院党委书记辛向阳统筹年编的整体工作。

《马克思思想年编》（书信卷）由中国社会科学院马克思主义研究院摘编完成。苑秀丽负责全书的组织及协调工作。参加本卷工作的有：苑秀丽、覃诗雅、刘海霞、邢文增、牛政科、王子凤、王游、刘向阳、冯昊。在此对各位参加本卷编撰工作的同志表示衷心的感谢！

同时衷心感谢中国社会科学出版社的大力支持和帮助！

由于水平所限，本年编在摘录和评论方面难免存在不足，恳请批评指正！

中国社会科学院马克思主义研究院

二〇二一年十月